LUDOVICO ARIOSTO

ORLANDO FURIOSO
e
CINQUE CANTI

A cura di
REMO CESERANI e SERGIO ZATTI

Volume primo
Orlando Furioso I-XXVI

UTET
LIBRERIA

UTET Libreria - Torino
www.utetlibreria.it

© 1997 Unione Tipografico-Editrice Torinese nella collana
Classici Italiani fondata da Ferdinando Neri e Mario Fubini con
la direzione di Giorgio Bárberi Squarotti

© 2006 UTET S.p.A.

Finito di stampare nel mese di ottobre 2006 da:
La Tipografica Varese S.p.A., Varese,
per conto della UTET Libreria

Ristampe: 0   1   2   3   4   5   6   7   8   9
            2006   2007   2008   2009   2010

INDICE

INTRODUZIONE

1. Nonostante le apparenze, c'è qualcosa di inafferrabile nella figura umana e poetica di Ludovico Ariosto. L'immagine che ci è stata consegnata da lui stesso nelle sue opere e da tutti quelli che lo conobbero corrisponde a quella di un personaggio buono, ricco di umanità, con la mente piena di sogni e di storie romanzesche, costretto dalla vita (e cioè: dalla durezza dei tempi, dalle necessità della famiglia, dagli interessi dei suoi signori, dalle invidie delle corti) a occuparsi di tante faccende pratiche, per cui non sarebbe stato tagliato.

Fondamentale, nel fissare questa immagine dell'Ariosto, è stato il ruolo svolto dalle *Satire*, un'opera per tanti aspetti eccezionale nella letteratura umanistica, caratterizzata com'è dall'esibizione di vicende private, problemi vizi virtù idiosincrasie e aspirazioni tutti strettamente personali, da parte di un poeta-cortigiano che in ogni altra occasione, nei gesti e negli scritti (dalle *Lettere* al *Furioso*), si è sempre fatto conoscere come particolarmente schivo e reticente. È come se il fine e suadente moralista degli esordi ai canti del poema, incontratosi con l'abile cortigiano-attore che, messa la maschera teatrale, usciva a recitare, nelle feste di corte, il prologo delle sue commedie, avesse improvvisamente deciso di buttare la maschera, rinunciare alla voce pacata, ironica, superiore alla mischia, personalizzata solo quel tanto per consentirsi qualche ammicco sorridente, per rivelarsi e dar sfogo ai suoi umori più segreti (in un'opera, del resto, che egli non pensò di dare alle stampe).

In realtà, se ben si guarda, anche nelle *Satire* la maschera il poeta continua sistematicamente a indossarla: è, questa, una maschera precisa, basata fondamentalmente su quella di Orazio satirico, e rimodellata secondo la tradizione della poesia «comica» tre e quattrocentesca e della letteratura umanistica cortigiana. Eppure, tale è stata la forza di seduzione di quella autorappresentazione ironica di un altro se stesso – gli aneddoti sulla «persona» comica, le movenze del «poeta» di corte: distratto, scontento, brontolone, innamorato di amore cortese eppure disincan-

tato osservatore dei costumi amorosi di corte, saggio di saggezza
proverbiale e favolistica, infastidito di questo e di quello, fre-
quentatore di stanze e studi di potenti ma conoscitore anche
troppo familiare del mondo, delle corti e della diplomazia e politica degli stati italiani, dotto di umanistica dottrina ma conoscitore tra scandalizzato e comprensivo dei vizi umani degli umanisti, ecc. –, tale è stata quella forza, che tutti i biografi, chi più
chi meno, han finito per accogliere gli spunti di questa apparente
biografia. A cominciare dal figlio Virginio, al quale risalgono dei
preziosi *Appunti* sulla figura del padre, una serie di annotazioni
sommarie, spesso pure intitolazioni di capitoletti da scrivere per
una «vita» del poeta, qua e là rimasti incompleti, forse destinati
a uso privato, forse notazioni a margine dopo la lettura di qualche vita o elogio considerati lacunosi o inesatti, forse pro-
memoria di notizie a favore di altri (e infatti sono in rapporto
assai stretto con la *Vita* dell'Ariosto scritta da Giovan Battista
Pigna nel 1554).

Nelle parole del figlio Virginio si avverte spesso come ai ricordi diretti e personali continuamente si affianchino e sovrappon-
gano quelli indiretti, ricavati dalle *Satire* (che del resto proprio da
Virginio furono ritrovate e fatte stampare). Ciò è evidente, per
esempio, quando Virginio racconta che il padre «appetiva le rape» (cfr. *Satira* III, 43-45), o quando parla dei rapporti con il
cardinale Ippolito o del trasferimento al servizio del duca Alfonso (cfr. *Satire* I e III). Quanto al famoso appunto XII di Virginio,
che contiene l'aneddoto sul viaggio compiuto dall'Ariosto in pianelle da Carpi a Ferrara ed è, insieme con un passo corrispondente della *Vita* del Pigna, all'origine delle tante leggende sull'Ariosto
distratto, bisogna precisare che Virginio racconta l'aneddoto per
dimostrare la gagliardia fisica del padre e le sue qualità di buon
camminatore e non accenna neppure alla distrazione. L'aneddoto, del resto, nelle parole di Virginio, è assai scarno: «Come era di
complessione robusta e sana, salvo che di un catarro; di statura
grande; a camminare a piedi gagliardo in modo, che partendosi
da Carpi venne in un giorno a Ferrara in pianelle, perché non
aveva pensato di fare cammino».

2. La storia dei ritratti dell'Ariosto è già essa una manifestazione emblematica di quel che di sfuggente c'era nella sua realtà
biografica. Per un singolare destino egli, pur vissuto all'interno di
una grande civiltà figurativa e in un momento in cui il ritratto
pittorico era un costume sociale diffuso e toccava i vertici della
perfezione artistica, è stato spesso immaginato sulla base di ritratti inesatti o addirittura, come continua a capitare ancor oggi,
raffigurato, sui frontespizi delle sue opere o delle monografie

critiche, o a corredo delle notizie su di lui nei manuali e nelle enciclopedie (a cominciare dalla *Enciclopedia italiana*) con un'immagine splendida di gentiluomo rinascimentale, dipinta da Tiziano, ora conservata alla National Gallery di Londra, che ha il solo torto di non essere l'immagine di Ludovico Ariosto.

La situazione, infatti, dei ritratti di Ariosto a noi pervenuti è abbastanza intricata. Una prima immagine sua è quella che comparve nell'edizione del *Furioso* stampata a Venezia nel 1530 dal noto tipografo (e cantastorie) ferrarese Nicolò d'Aristotele detto Zoppino. L'edizione, molto rara, prima a portare stampe in legno, aveva sul frontespizio un ritratto dell'Ariosto di profilo (rivolto a sinistra), in veste di panno e berretto, con una barba appuntita, i capelli abbastanza lunghi e fluenti, l'aria seria e pensosa, e sullo sfondo due rami di alloro e le iniziali «L. A.». Il ritratto, più piccolo di quello successivo e molto più noto del 1532, meno inciso nei particolari, più approssimativo, presenta un Ariosto più giovane di quanto potesse essere nel 1530. Esso ebbe scarsissima circolazione e ricomparve solo altre due volte in edizioni ariostesche. Se ne ignora l'autore e non si riesce a stabilire collegamenti né con i ritratti pittorici né con le più tarde medaglie.

Un secondo, e assai più importante, ritratto è quello contenuto nel *recto* della penultima carta dell'edizione definitiva del *Furioso*, stampata a Ferrara nel 1532 da Francesco Rosso da Valenza. Il ritratto, sicuramente ricavato da un disegno di Tiziano, è stato inciso dal silografo veneziano Francesco Marcolini, che l'ha incluso dentro una precedente bordura di cui era autore il savoiardo Francesco di Nanto. L'Ariosto vi è rappresentato di profilo (rivolto a destra), in età avanzata, con un volto scavato, percorso da rughe, la fronte ampia, ben distinta dalla testa calva, l'aria rappacificata e quasi si direbbe irrigidita: un Ariosto in posa, fluente però nei capelli e nella barba, dolce nell'occhio, reticente nella bocca, classicamente e nobilmente atteggiato, che consegna se stesso alla fama ormai sicura dei posteri. È evidente, nella posa e nel taglio del ritratto, il gusto delle monete e delle medaglie. L'incisione è fine, senza secchezze e chiaroscuri troppo forti, e il tutto ha una sua dolcezza contenuta e sfumata, e una sua dignità. La grandezza di Tiziano ritrattista vi è riconoscibile, e anche la mano abile del Marcolini. È l'Ariosto dell'ultimo *Furioso*, che ha curato con grande scrupolo la stampa della sua opera in tutti i particolari, e si consegna ai posteri con qualcosa di definitivo e monumentale.

È quasi altrettanto certo che Tiziano «dipinse» precedentemente un ritratto del poeta: la data *post quem* è il 1516, quando egli cominciò ad avere rapporti assai stretti con la corte ferrarese. È anche possibile, e anzi probabile che – pur tenendo conto della riservatezza dell'Ariosto, ma rapportandola ai gusti e alle esigenze di una vita e di un ruolo come quelli di un cortigiano della corte estense in quel tempo – altri pittori gli facessero in altri momenti della vita il ritratto. Quel che è sicuro è che la famiglia possedeva, a metà Cinquecento, almeno un ritratto di Ludovico: sappiamo per esempio che nel 1554 Virginio, allora a Padova, aveva mandato un incaricato a Ferrara a prendere il ritratto che lì si conservava del padre e abbiamo testimonianza che quel quadro probabilmente fece tappa a Venezia e forse lì si fermò.

Pochi anni dopo, forse non casualmente, uscì a Venezia una nuova edizione del *Furioso*, curato da G. Ruscelli e preceduto dalla *Vita* del poeta di Giovan Battista Pigna, nella quale, rispetto alla versione precedente contenute nei suoi *Romanzi*, c'è una pagina aggiunta, contenente una specie di «ritratto letterario», scritta quasi in gara con il ritratto pittorico, che si conclude proprio con un'allusione diretta al ritratto di Tiziano:

> In quanto alla forma e all'aspetto del corpo, egli ebbe la statura alta, il capo calvo, i capelli neri e crespi, la fronte spaziosa, i cigli alti e sottili, gli occhi in dentro, neri vivaci, e giocondi, il naso grande, curvo e aquilino, le labra raccolte, i denti bianchi e uguali, le guance scarne, e di color quasi olivastro, benché il corpo nel resto fosse bianchissimo; sì come anco non era peloso, la barba un poco rara che non cingea il mento infino a gli orecchi. Il collo ben proporzionato, le spalle larghe, e piegate alquanto, quali sogliono aver quasi tutti quelli, che da fanciullo hanno cominciato a stare in su i libri. Le mani asciutte, i fianchi stretti, e gli stinchi che aveano dell'inarcato, et egli dipinto di mano dell'eccellentissimo Tiziano pare che ancor sia vivo.

È impossibile dire se il ritratto inviato nel 1554 a Virginio fosse proprio quello del Tiziano e se esso sia restato a Padova o Venezia o sia invece ritornato a Ferrara. C'è infatti una testimonianza del giureconsulto padovano Gregorio Montagnana, il quale nel 1572 si recò appositamente a Ferrara «solo per satisfare la vista e l'intelletto di vedere, o sentir cose attinenti all'Ariosto». A lui un lontano discendente del poeta, cultore delle memorie ariostesche, «fece vedere il ritratto dal naturale dell'Ariosto, fatto per mano del Tiziano, ed alcuni scritti et opere, di man propria, et gli donò una medaglia, cavata, pare dal naturale». Non sappiamo se si tratta del quadro spedito a Virginio e ritornato a casa oppure se, oltre a quello spedito a Virginio, ci fosse un altro quadro di Ariosto a Ferrara e se entrambi fossero di mano di Tiziano oppure uno a lui erroneamente attribuito. Sappiamo, in ogni caso, che nel 1648 un ritratto dell'Ariosto attribuito a Tiziano si trovava a Venezia, dove fu visto e descritto con abbondanza di particolari in casa di Nicolò Renier. Secondo Carlo Ridolfi sarebbe stato proprio Tiziano, che era legato da amicizia e ammirazione con il poeta, a fare quel ritratto di lui «in maestosa maniera con veste di velluto nero foderato di pelle di lupi cervieri apparendogli nel seno con gentil sprezzatura le crespe della camiscia». Quel quadro andò probabilmente disperso nel 1666, come tutta la collezione del Renier, e tuttavia ancora all'inizio del Settecento si parla di un «Ariosto dipinto da Tiziano» visto presso i signori Vianoli in Venezia a San Casciano. Copie di questo o quel ritratto di Ariosto si trovavano, inoltre, sparse qua e là per l'Italia.

Tutto questo ha messo in grosse difficoltà gli studiosi di storia dell'arte, i quali hanno cercato di identificare, nei ritratti conservati presso i musei di tutto il mondo, quello ariostesco o quelli ariosteschi dipinti da Tiziano ed eventualmente quelli eseguiti da altri pittori. Alla National Gallery di Londra, oltre al bellissimo ritratto di gentiluomo di Tiziano erroneamente identificato in un primo tempo con l'Ariosto e poi troppe volte riprodotto come tale, ce n'è un altro, entrato nella galleria nel 1860, che nei successivi cataloghi della galleria è stato dato come «ritratto dell'Ariosto di Tiziano» e «ritratto di un poeta del Palma» fino al catalogo più recente, di Cecil Gould, che lo definisce «ritratto di un poeta, probabilmente l'Ariosto, di Palma il Vecchio»; Gould dimostra che questo ritratto non può coincidere con nessuno dei due visti a Venezia nel Sei e Settecento, l'uno in casa Renier e l'altro in casa Vianoli. Se veramente di Ariosto si tratta, si tratta di un Ariosto che è stato definito «alquanto languido» (Cavalcalselle-Crowe) e con un'«espressione dolcemente meditativa e quasi trasognata» (Firpo). Potrebbe essere l'Ariosto del primo *Furioso* (e questo sarebbe il volume che tiene in mano: il che fisserebbe la data del ritratto almeno al 1516), più giovanile e malinconico, più femmineo si direbbe di quanto ci si potrebbe aspettare: un Ariosto più incline al romanzesco che al classicheggiante, con la testa un po' piegata, gli occhi che guardano lontano, i vestiti e gli ornamenti straordinariamente sfarzosi. Al qual proposito possiamo ricordare che i documenti studiati dagli specialisti sulle spese di corte del cardinale Ippolito registrano frequenti prelievi, da parte dell'Ariosto, di stoffe preziose.

Un altro «ritratto dell'Ariosto» si trova alla biblioteca comunale di Ferrara, ricevuto in dono nel 1920 quand'era bibliotecario Giuseppe Agnelli, il quale lo esaminò, ne ricostruì l'origine e in un primo tempo si disse convinto trattarsi di un'immagine del poeta forse dipinta dal grande coetaneo Dosso Dossi. Egli lo collocò in bella vista nella sala ariostea, scrisse un saggio sui ritratti dell'Ariosto, ma poi, a poco a poco, riesaminandolo attentamente, si accorse che la testa era stata dipinta da una mano più esperta di quella che aveva dipinto il resto. Quando poi, nel 1925, per fortunata combinazione, gli fu mostrato un altro ritratto sino allora ignoto dell'Ariosto, assai più piccolo di dimensioni, molto rovinato dal tempo, posseduto in Ferrara da Ugo Oriani, si accorse che anche la testa del dipinto della biblioteca era una copia, e appunto del ritratto Oriani. Sottoposto all'esame degli esperti il ritratto venne attribuito successivamente a Sebastiano del Piombo, Bassano il Vecchio, Tiziano e, da Giovanni Piancastelli che lo restaurò, a Dosso Dossi, del che restò convinto anche Agnelli.

Questo ritratto, disperso durante la seconda guerra mondiale e oggi visibile solo in riproduzioni fotografiche, sia esso da attribuire a Dosso, a Tiziano o ad altro pittore, sia esso un originale o una copia, sembra essere all'origine o vicino all'origine di un'immagine da cui derivò tutta una serie di ritratti e copie di ritratti dell'Ariosto, fra cui quello, ampliato a tutta figura anche se rozzamente eseguito, oggi nella biblioteca ferrarese. Esso, o l'originale da cui deriva, può essere stato considerato dai familiari il ritratto del poeta eseguito da Tiziano e può avere ispirato alcune descrizioni cinquecentesche, fra cui quella del Pigna; e però non corrisponde con quello che era conservato a Venezia in casa Renier. In ogni caso, purtroppo, ci consegna un'immagine incerta, cancellata dal tempo, anche se molto suggestiva e potente, molto vicina all'Ariosto quale possiamo presumere che realmente fosse.

C'è, infine, ancora un «ritratto di Ariosto di Tiziano», che si trova dal 1947 nella galleria del John Herron Art Institute di Indianapolis. Secondo un autorevole studioso di Tiziano, Hans Tietze, esso sarebbe sicuramente l'Ariosto dipinto dal pittore veneziano attorno al 1515 e identificabile con il quadro veneziano di casa Renier. Alcuni tizianisti si sono dichiarati d'accordo con Tietze, mentre altri, fra cui H. E. Wethey, il più autorevole studioso vivente del pittore veneziano, escludono qualsiasi rapporto con il quadro di casa Renier e qualsiasi somiglianza con i ritratti certi del poeta ferrarese.

Il risultato del gran lavoro di ipotesi e attribuzioni degli specialisti fa sì che l'immagine dell'Ariosto rimanga ancor oggi per noi molto sfuggente: a parte la silografia del 1532 (e quella precedente del 1530) ci resta un non del tutto convincente, anche se affascinante, Ariosto di Palma il Vecchio, mentre l'Ariosto di Tiziano (che dovette sicuramente esistere) viene dal più recente catalogo dell'opera tizianesca, curato dal Wethey, posto fra le opere perdute, e l'Ariosto di casa Oriani, ritenuto da alcuni di Tiziano e da altri del Dossi (e comunque, per ora, anch'esso scomparso) viene dal più recente studioso del Dossi, il Gibbons, declassato a copia. Insomma, per ritrovare l'immagine fisica dell'Ariosto dobbiamo tentare di risalire dalle incisioni ai perduti disegni, dalle copie (o dalle fotografie) ai perduti originali, e lavorare d'intuizione.

3. Quello di Ariosto soggetto, come diceva Barotti, a «gagliarda astrazione» è stato a lungo un luogo comune, un'immagine resistente, e i biografi moderni sono riusciti solo in parte a correggerlo. Quest'immagine, rafforzata dall'idea stessa, prima umanistica e poi romantica, del poeta come *homo distractus* e sognatore, divenuta quasi proverbiale nelle biografie sette e ottocentesche, è ricomparsa pari pari, caricandosi di nuovo significato, nel De Sanctis. Anzi, nel De Sanctis sono presenti due diverse immagini dell'Ariosto, quella delle lezioni zurighesi del 1858-59 e quella della *Storia della letteratura italiana*, che sono fra loro diverse non solo per la diversa situazione del critico e per il robusto schema dialettico che, nella *Storia*, irrigidisce l'immagine ariostesca, affidandole un ruolo esemplare di interprete di tutta la coscienza etica e artistica del Rinascimento, ma anche, si direbbe, perché il De Sanctis doveva aver davanti, nei due momenti, documenti biografici e iconografici diversi.

Nelle lezioni il ritratto, tutto di maniera e lontano anche dai ritratti tradizionali, è evidentemente rifatto dal critico sulla sua interpretazione dell'opera ed è, da un punto di vista biografico, persino ingenuamente romantico:

> Chi guarda il suo ritratto con quel volto sereno e quelle labbra sorridenti, e legge il suo *Orlando*, gli suppone un carattere leggiero; eppure la sua vita fu tragica. Era malaticcio, sottile, con un affanno di petto che gli rendeva di quando in quando impossibile il lavoro. Il padre morì lasciandolo giovane con quattro fratelli e cinque sorelle da provvedere e la sua vita fu impiegata a provvedere non solo a sé ma a questi; in tale ingrata e prosaica lotta con le necessità della vita concepì l'*Orlando*. Possedeva un fondo inesausto di buon umore.

Nella *Storia* il De Sanctis attribuisce all'Ariosto un ruolo e un significato diversi, facendone la personificazione, non più romantica ma, se vogliamo, tendenzialmente realistica, del poeta-cortigiano tipico del Rinascimento. Questo nuovo Ariosto era una «buona pasta d'uomo», da tutti considerato distratto, perché «la vita era per lui una distrazione, un accessorio, e la sua occupazione era l'arte». Il tipo è quello dell'«uomo mezzano e borghese come quasi tutti i letterati di quel tempo, nella sua bontà e tranquillità facilmente stizzoso, e che non sa conquistare la libertà e non sa patire la servitù, e, tutto impicciolito e ritirato tra le sue contrarietà e le sue miserie, si fa spesso dar la baia per le sue distrazioni e le sue collere». Le due personalità dell'Ariosto venivano da De Sanctis divaricate al massimo: da una parte l'Ariosto uomo, quello delle *Satire* lette in chiave romanticamente autobiografica, «con una sua propria fisionomia nella scala de' Sancio Panza e de' don Abbondio», dall'altra l'artista che insegue un suo ideale di perfezione, la cui arte si accende (proprio in contrapposizione alla sua vita grigia e meschina) e si fa splendida quand'egli fantastica e compone. Come Carducci che più o meno in quegli stessi anni, oltre a dedicarsi a lungo alla poesia latina di Ariosto e a progettare una biografia del grande ferrarese che poi non scrisse mai, componeva per la donna amata il sonetto *Dietro un ritratto dell'Ariosto*, anche De Sanctis doveva avere davanti la silografia tizianesca, quando rappresentava *questo* Ariosto: «Il suo sguardo s'illumina, la sua faccia è ispirata, si sente un Iddio. Là, su quella fronte, vive ciò che è ancora vivo in Italia: l'artista». La fronte era al centro anche dell'attenzione di Carducci, sia nel sonetto famoso sia nelle pagine critiche: «Anche giovane – scriveva nello studio sulla giovinezza latina del ferrarese – l'Ariosto è il sublime smemorato, con l'alta fronte e con l'occhio tardo pieni dello stupore de' suoi grandi sogni».

Quest'immagine, e le contraddizioni interiori che essa implicava (la vita piena di grigiore e la mente piena di sogni, la realtà fitta di frustrazioni e l'amore colmo di premi), è ritornata migliaia di volte negli studi su Ariosto. Essa è tranquillamente alla base anche della biografia monumentale di Michele Catalano e ciò nonostante che quella stessa biografia sia piena di documenti e notizie, molti nuovi e inediti, riguardanti questioni di economia domestica della casa degli Ariosto, eredità e spartizioni, compravendite e prestiti, condotte quasi tutte da Ludovico, primogenito e presto capofamiglia, e condotte con una notevole capacità di districarsi fra le mille difficoltà. Giunto alla fine della sua lunga fatica, il Catalano lasciava finalmente libero l'animo suo severo di studioso e, quasi dimenticandosi del materiale raccolto, tornava a dare di Ariosto il solito ritratto poetico:

A differenza di altri poeti, pei quali le traversie economiche e politiche furono pungolo a sfruttare i doni di natura, l'Ariosto avrebbe forse prodotto di più se non fosse stato oppresso dalle contingenze della vita pratica. Questo è il dramma tormentoso ed estenuante che pesava sulla vita artistica del Poeta, trascorsa fra il desiderio di straniarsi dal mondo per abbandonarsi ai sogni geniali e la pesante giornea di cortigiano, che lo obbligava a consumare senza costrutto un tempo quanto mai prezioso per le sue magnifiche creazioni.

Un forte stimolo a superare queste contraddizioni e dicotomie è venuto, nel 1931, a un anno solo dalla pubblicazione della biografia del Catalano, da Riccardo Bacchelli con un suo bel libro, pieno di tensione drammatica, intitolato *La congiura di don Giulio d'Este*. Muovendo dalla ricostruzione storica della congiura di famiglia che minacciò di togliere il potere ad Alfonso d'Este e che ispirò nel 1506 una famosa ecloga all'Ariosto e, successivamente, due stanze del *Furioso* (III, 61-62), il Bacchelli tratteggiava un affresco colorito della corte estense e ricostruiva, con gusto di plastica rappresentazione dei gesti e dei motivi profondi delle grandi personalità del passato, l'azione diplomatica e politica dispiegata da Ercole, da Ippolito, da Alfonso per organizzare il loro Stato e tenerlo al riparo dalle minacce espansionistiche degli altri Stati italiani, e rivendicava all'Ariosto un ruolo importante non solo nell'azione diplomatica svolta al servizio dei suoi signori e in particolare, almeno in un primo tempo, del più energico e spregiudicato fra di essi, Ippolito, ma anche nella lucida capacità di comprensione della vita politica del suo tempo, anche nelle pieghe più drammatiche e nelle motivazioni riposte, e gli attribuiva una rara forza intuitiva nel seguire l'utile proprio, e, sin che vi si identificava, quello dello Stato dei suoi signori: dava, per esempio, una spiegazione tutta politica e utilitaristica del passaggio dell'Ariosto dal servizio di Ippolito a quello del duca, in concomitanza con l'affermarsi di quest'ultimo sul fratello e del passaggio, nel governo dello Stato, da una diarchia di fatto al dominio di un solo.

Ne veniva fuori, inattesamente, l'immagine di un Ariosto tutto politico, o perlomeno tutto diplomatico, assai vicino, per la passione intellettuale di conoscere il mondo dell'azione e del potere, al contemporaneo Machiavelli, e forse ancor più al Guicciardini, e diplomaticamente capace di trovare un suo posto in quel mondo. La trasformazione subita dal ritratto ariostesco nelle pagine del Bacchelli (secondo la formula «distratto sì, ma diplomatico l'Ariosto; e i diplomatici sanno, non meno dei poeti moralisti, che la distrazione vera e finta è un'arte e un artificio: fa parte dello stile») agì da stimolo, soprattutto negli anni del dopoguerra e in quelli più recenti, sugli studiosi di Ariosto, portandoli gradualmente a rivedere l'interpretazione della vita e della personalità del poeta ferrarese e a formulare nuove ipotesi. Walter Binni, Lanfranco Caretti e Cesare Segre – i maggiori ariostisti italiani degli ultimi decenni – si sono impegnati nei loro studi a reinterpretare tutta la documentazione storica e filologica, a rileggere con maggior circolarità l'intera opera, a mettere al lavoro una buona psicologia empirica. Caretti, per esempio, ha respinto decisamente ogni divaricazione fra vita e poesia nell'Ariosto e ha attribuito al poeta una «scelta consapevole» nel condurre la sua vita secondo i modi particolari che storicamente gli erano consentiti. L'Ariosto era, secondo Caretti, «un uomo che tenacemente e con assidua coerenza perseguiva un suo ideale di intimità tanto affettuosa quanto composta, evitando ogni forma di dispersione generica, di facili suggestioni emotive, mirando a concentrare e ad approfondire quei doni di umanità ricca e cordiale di cui la natura non era stata certo avara con lui». In quella interiore serietà e capacità di «armonia etica», in quel profondo impegno conoscitivo Caretti ritrovava le radici profonde della varietà e complessità della poesia ariostesca. Segre, a sua volta, studiando attentamente le opere minori accanto al poema e soffermandosi in particolare sulle preziosissime lettere che ci sono pervenute e che costituiscono uno dei più interessanti epistolari del Cinquecento, insisteva sulla profonda «moralità» ariostesca. «La moralità dell'Ariosto, tesa all'universale nelle commedie e nel *Furioso*, posata sull'estuario della meditazione nelle *Satire*, nelle lettere è ancora tutta carica del sentimento che l'ha infiammata, erta e vibrante». Dalle lettere emerge anche, secondo il Segre, sorprendentemente, una «coscienza combattiva» dell'Ariosto, che si concretizza in una scrittura che è «quadro di situazioni rigorosamente spoglio, definizione di programmi, rimprovero schietto e coraggioso al principe»; e quindi «diventa, e sono le cose più belle, accorato consuntivo morale, abbattimento, esortazione. Il carattere dell'Ariosto ci si apre [...] senza alcuna mediazione letteraria, e tuttavia con un vigore di stile proporzionato alla statura umana dello scrittore. È un carattere al quale, a costo di smentire l'Ariosto stesso, l'attitudine all'azione dev'essere riconosciuta in alto grado. Gli Estensi sapevano valutare i loro uomini».

4. Un tentativo può essere fatto di ricavare dal materiale biografico diretto e indiretto (le allusioni autobiografiche attentamente interpretate, le notizie che vengono dai documenti notarili e dalle tante altre testimonianze raccolte e vagliate dal maggior biografo moderno dell'Ariosto, Michele Catalano, le testimonianze del figlio Virginio, del Pigna e di altri contemporanei) un «ritratto critico», sia pur problematico, di Ludovico Ariosto uomo cortigiano e poeta, che cerchi di spiegarne, tendenzialmente, la personalità complessa e sfuggente, i comportamenti spesso contraddittori, i crucci interni e forse l'esistenza di situazioni conflittuali profonde.

Sulla costituzione fisica dell'Ariosto le testimonianze dei contemporanei sono univoche: egli era «per natura sua sanissimo e robustissimo del corpo» (Pigna), «di statura grande, a camminare gagliardo» (Virginio). Queste testimonianze insistono sul vigore delle lunghe membra, sul piacere che Ludovico provava a muoverle (era tutt'altro, quindi, che un sedentario!). Le testimonianze iconografiche (anche se non sempre sicure) e un accenno del Pigna dicono anche che la schiena, le spalle e i fianchi accennarono precocemente a piegarsi. Le testimonianze, inoltre, concordano nel registrare una sua continua irrequietezza, come un'ansia che lo spingeva a fare e muoversi. Questo sembra essere il significato vero di alcuni aneddoti raccontati da Virginio:

Mangiava presto e assai, e non facea distinzione di cibi. E tosto che giungeva a casa, se trovava preparato il pane, ne mangiava uno passeggiando, e fra tanto si portava la vivanda in tavola; il che come vedea, si facea dar l'acqua alle mani e mangiava la cosa che più vicina gli era. Mangiava spesso un pane dopo che avea intralasciato il mangiare. Io penso che non si ricordasse quello che facesse, perché avea l'animo intento a qualche cosa o di composizione, o di fabbrica. Intesi che essendogli sopraggiunto un forestiere a casa nell'ora che s'era desinato, gli mangiò tutto quello che se gli portò innanzi, mentre che 'l forestiero si stava ragionando, e forse con rispetto e vergogna, e poi dopo la partita del forestiero fu ripreso dal fratello ch'avesse mangiato quello che si era posto al forestiero, e non rispose altro se non ch'era stato suo danno e che doveva mangiare [...] mai non si satisfaceva de' versi suoi e li mutava e rimutava [...]

Nelle cose de' giardini teneva il modo medesimo che nel far de' versi, perché mai non lasciava cosa alcuna, che piantasse, più di tre mesi in un loco; e se piantava anime di persiche, o semente di alcuna sorte, andava tante volte a vedere se germogliava, che finalmente rompea il germoglio. E perché avea poca cognizione d'erbe, il più delle volte prossumea che qualunque erba che nascesse vicina alla cosa seminata da esso fosse quella; la custodiva con diligenzia grande fin tanto che la cosa fosse ridotta a' termini che non accascava averne dubbio. I' mi ricordo ch'avendo seminato de' capperi, ogni giorno andava a vederli, e stava con una allegrezza grande di così bella nascione. Finalmente trovò ch'erano sambuchi e che de' capperi non n'eran nati alcuni.

Questa ansiosa irrequietezza sembra avere, come controparte, non tanto la svagatezza sognante e le distrazioni su cui sono state basate tante facili ricostruzioni psicologiche, ma un'incertezza profonda, un'instabilità, un'incapacità – o grande incertezza – a decidere tra scelte troppo vincolanti («Come né stole, io non vuo' ch'anco annella / mi leghin mai»: *Sat.* II, 115-16). Sarà anche vero quello che hanno sostenuto alcuni studiosi cui si deve una ricostruzione sociologicamente attenta della carriera di Ariosto, che egli, quando aveva cominciato il suo servizio nella corte di Ippolito, si era preparato dei piani razionali e un «progetto di vita», e che la delusione provata per l'impossibilità oggettiva di attuarlo spiega la crisi degli anni 1516-20 e anche il nuovo equilibrio, con ripiegamenti e rinunce, ottenuto negli ultimi anni; ma sotto quella capacità intelligente di fare piani o dietro la baldanza vigorosa con cui l'Ariosto seppe farsi e «fabbricarsi» ben presto un posto eminente nella corte e fra i letterati italiani, e costruirsi una carriera, e anche, con la stessa energia e capacità di far piani, elevare la costruzione straordinaria del *Furioso*, c'era anche un'irrequietezza e un'indecisione di fondo, che si manifestava sia nelle cose più piccole sia in quelle più grandi, e non solo nel crescer piante, ma anche, per esempio, nell'iniziativa importante, per lui, di costruirsi la *parva domus*:

> Ma perché nel principio, che cominciò a fabbricare, l'intenzion sua non era di stanziarvi; ma avendo poi preso amore a quel giardino, si deliberò di farvi la casa. E perché male corrispondevan le cose fatte all'animo suo, solea dolersi spesso che non fosse così facile il mutar le fabbriche come li suoi versi; e rispondeva agli uomini che gli dicevano che si maravigliavano ch'esso non facesse una bella casa, essendo persona che così ben dipingeva i palazzi; a' quali rispondeva, che faceva quelli belli senza denari (appunto di Virginio).
>
> Ma dilettandosi molto d'edificare, e facendo poca spesa, fu una volta soprappreso da chi gli disse, che si maravigliava di lui che avesse nel suo libro varii edificii descritto, e magnifichi, e superbi, ch'egli poscia s'avesse fatto una casetta così poco conforme con gli scritti suoi. Egli dandogli questa festevole risposta, che porvi le pietre, e porvi le parole, non è il medesimo, il condusse nell'entrata d'essa sua casa... Intorno a questa sua casa non si contentando mai d'una cosa fatta, facea spesso rifarla, dicendo d'essere ancora tale nel far versi, essendo che molto li mutava, e rimutava (aneddoto riferito da Virginio).

L'irrequietezza manifestata da Ariosto nelle cose materiali (nei gesti e movimenti del corpo, nell'atto del nutrirsi) trovò una corrispondenza nelle incertezze e indecisioni della carriera. Sarà anche vero quello che sostengono alcuni storici dello Stato ferrarese, come il Gundersheimer, che il dominio degli Este era basato sostanzialmente su un consenso implicito fra signori, cortigiani e popolo − poiché, se i primi sfruttavano il popolo in modo energico e sistematico, il popolo dal canto suo era «disposto a essere sfruttato e accettava tale sfruttamento come prezzo necessario per le forme particolari di sicurezza di cui aveva urgentemente bisogno» − ma le visioni troppo trionfalistiche ed entusiastiche dei successi della politica estense, e in particolare della splendida politica culturale messa in atto da quei signori risultano difficilmente applicabili a molti aspetti particolari e contraddittori della storia di quegli anni e sicuramente delle vicende particolari di Ludovico Ariosto. Quel che risulta sulla base non solo delle lettere e delle *Satire* di Ariosto, ma anche del materiale abbondante raccolto (e non sempre interpretato a fondo) dal Catalano, o da un'analisi dei comportamenti di altri cortigiani, a cominciare dai familiari stessi dell'Ariosto, il padre, gli zii, i fratelli, i cugini, e poi dagli amici e colleghi, fra cui alcuni furono fedelissimi agli Este come Celio Calcagnini e Antonio Costabili e altri loro nemici dichiarati come l'amico strettissimo della gioventù di Ludovico, il signore di Carpi Alberto Pio, è che il rapporto intercorso fra l'Ariosto, il cardinale Ippolito e il duca Alfonso non fu mai del tutto pacifico. A parte le lunghe controversie giuridiche che egli ebbe, come capo della famiglia, contro gli stessi suoi signori per questioni di proprietà e interessi, deve pur significare qualcosa che, nella generazione immediatamente precedente a quella di Ludovico, tra i protagonisti, e forse i promotori, di un tentativo di congiura intessuto con Venezia ai danni di Ercole d'Este c'erano i membri della famiglia Ariosto, e in prima fila gli zii Francesco Brunoro e Ludovico, ma quasi sicuramente anche Niccolò.

Il concetto, così frequente nelle *Satire*, della «libertà», espresso com'è nei termini convenzionalmente letterari della tradizione umanistica antitirannica, cela dietro di sé, molto probabilmente, una concreta realtà sociologica che non è certo l'aspirazione romantica e individualistica all'indipendenza spirituale e politica, ma è il frutto dell'esperienza concreta di una classe di funzionari e intellettuali nobili o provenienti dalla borghesia ricca, organizzati di solito attorno ad alcune grandi famiglie, impegnati a conquistarsi potenza economica e politica nelle città e nelle campagne, costretti a muoversi, mano a mano, con manovre sempre più rischiose, dentro una trama complicata di rapporti fra le famiglie, le signorie e gli Stati, sempre più coartati dalla situazione a cercare protezione presso il potere dispotico dei signori e a funzionare, come ceto intellettuale, da mediatori nei rapporti esterni e soprattutto in quelli interni, fra l'amministrazione sempre più complessa e accentrata (proiettata verso grandi investimenti di capitali sia in opere di urbanizzazione e sistemazione dei suoli sia in opere di prestigio e di lusso, non escluse le molte manifestazioni di snobismo sfrenato) e i ceti popolari direttamente impegnati nelle attività produttive, portata quindi a reagire in vari modi alle pressioni sempre più esigenti della realtà difficilmente controllabile: dall'integrazione totale, fatta in nome dell'interesse familiare e tradotta spesso in atteggiamenti di duro e spietato egoismo, perfettamente funzionale alle necessità repressive del signore (è questo il caso di Niccolò Ariosto, il padre del poeta), alla ribellione segreta o aperta (è il caso dell'amico di gioventù Alberto Pio), alla ricerca di spazi, in vario modo conquistabili, di autonomia (ricerca di alternative, rivendicazione letteraria della «libertà», scissioni e tormenti interiori, che psicologicamente si esprimono in sfoghi di umore o in evasioni estetistiche e ideologicamente in distaccata saggezza e moralità «realistica»).

È alla luce di questi elementi che può trovare una spiegazione convincente la cosiddetta «crisi», che si manifestò nella biografia e nella carriera di Ariosto attorno al 1515-16 e si risolse, dopo il distacco dal primo signore, il cardinale Ippolito e i tentativi falliti di una sua diversa sistemazione cortigiana (a Roma, presso il nuovo papa fiorentino e mediceo Leone X), nel nuovo servizio presso il duca Alfonso e l'accettazione della realtà politica e sociale ferrarese. Ariosto visse quegli anni con partecipazione diretta e con un intuibile grosso sforzo di comprensione e di analisi dei mutamenti profondi e drammatici che avevano investito gran parte della scena politica italiana (sulla quale egli stesso era stato, in alcune occasioni, con un suo ruolo non grande, un attore). Egli preparò con cura una diversa sistemazione cortigiana, prendendo le distanze dal cardinale quando si accorse che ormai egli non era più al centro della politica ferrarese e che al governo diarchico da lui esercitato insieme con il fratello Alfonso si stava ormai sostituendo quello del solo Alfonso. Dopo una intensa rete di coinvolgimenti fiorentini e medicei (dei quali peraltro sappiamo assai poco, anche se comportarono suoi soggiorni molto lunghi nella città toscana), quando il partito mediceo riuscì a portare un suo rappresentante sul soglio pontificio, l'Ariosto cercò decisamente di ottenere una sistemazione romana, nella corte papale. Quando alle speranze subentrò la delusione, egli seppe reagire con fermezza. La trasformazione, interiore e di comportamento, dovette essere molto profonda, ma egli fu molto attento a non lasciarne mai segni troppo espliciti. Rientrò nella dimensione ferrarese, si impegnò con serietà, ma anche con amarezza e distacco, nei servizi richiesti dal suo signore (come fece quando fu inviato governatore in Garfagnana), pose mano al consolidamento della sua famiglia e delle sue personali fortune. L'irrequietezza manifestata da Ariosto nelle cose materiali trovò anche una corrispondenza, per quel che se ne può intuire sotto la gran discrezione che circonda tali argomenti, anche nelle cose d'amore, almeno sino all'incontro rappacificante (ammesso che veramente rappacificante esso sia stato) con Alessandra Benucci, un incontro che avvenne proprio negli anni della crisi e che ebbe come sfondo proprio la realtà sociale e politica fiorentina e i tentativi di Ludovico di dare una svolta nuova e diversa alla sua carriera. Certo i dati, sia pure scarsi, che abbiamo su Alessandra non sono tali da farne un modello né di dolcezza, né di affettuosità materna. La vediamo donna bella che, adorna di splendide vesti si muove nella società elegante prima fiorentina e poi (avendo seguito il poeta nella sua città) ferrarese. La immaginiamo, sulla base dei documenti, dedita a certi suoi lavori di ricamo e a piccoli traffici mercantili (che sfiorano l'usura), poco generosa a dir poco verso i figli avuti dal primo matrimonio e poi, col passare degli anni, sempre più chiusa in una sua gretta avarizia. Alessandra dovette avere anche qualità che i documenti (notarili o d'affari) o le lettere ai parenti fiorentini sui fastidi recatile dai figli (scritte probabilmente sotto sua dettatura da Ludovico) non ci mostrano, ma che possono spiegare il legame molto stretto e fedele che l'Ariosto ebbe con lei. Certo, quando l'Ariosto consegnava ad Alessandra gioie, denari e copie del *Furioso* (e però non andava a vivere stabilmente con lei) sembra quasi che ne privilegiasse le qualità protettive. E lo stesso brusco salto, dai molteplici amori della gioventù a questo amore lungo, fedele, segreto, desiderato eppur tenuto a distanza, non sembra neppur esso indicare una situazione di placido equilibrio.

L'irrequietezza manifestata da Ariosto nelle cose materiali trovò infine corrispondenza nell'attività poetica, nel linguaggio indiretto della rappresentazione artistica, in quello ironico e amaro delle *Satire*, in quello prospettico della scena teatrale, in quello immaginario dei ripensamenti, dei rifacimenti e delle giunte al poema: in quegli scritti egli diede forma, trasponendole nel linguaggio dell'arte, alle sue riflessioni sulle vicende vissute e alla sua nuovamente approfondita conoscenza degli uomini.

Se, dell'irrequietezza ariostesca, del resto ampiamente motivata dalle ragioni esterne, dai mutamenti profondi, di tipo sociale e culturale, che stava subendo l'ambiente storico in cui si trovò a operare, si vuol cercare un qualche aggancio anche privato e personale, psicologico o addirittura psicofisico, pur sapendo quanto rischiosi siano queste speculazioni, fatte per di più su un personaggio appartenente a tutt'altri tempi e anche a tutt'altra cultura medica e naturale, bisogna puntare sugli acciacchi fisici di cui sappiamo che egli sofferse, tutti collegati a quanto pare con le disfunzioni della digestione e anche con la malattia di cui morì in età non molto avanzata. Il Catalano, accomodando un po' troppo facilmente le cose in omaggio a certo suo moralismo, e restando anche troppo stretto alla lettera delle *Satire*, così descrive la situazione: «gli strapazzi causati dai numerosi viaggi, la cattiva digestione per la fretta del mangiare durante le frequenti astrazioni, qualche comune malattia venerea mal curata, forse anche gli eccessi sensuali e il tormento di non poter dedicare maggior tempo alle sue creazioni artistiche, gli travagliarono la forte fibra, abbattendolo ai confini della vecchiaia».

Conviene attenersi alle parole dei medici che, anche se sono formulate secondo le cognizioni del tempo, vengono da testimonianze dirette e da una cerchia di scienziati-naturalisti che, oltre a esser stati amici dell'Ariosto e a lui legati da comuni interessi culturali, erano gli esponenti di una delle scuole mediche allora più avanzate d'Europa. Riferisce Giambattista Giraldi che l'Ariosto fu

sovrappreso da gravissima infermità, che con acerbissimi dolori il tormentò di membro in membro, sotto la cura dell'Eccellentissimo M. Giovanni Mainardi, il quale... [insieme con gli altri medici] sin dal principio giudicò la infermità incurabile che lo tormentò per più di un anno.

E il Pigna, su notizie presumibilmente raccolte dagli stessi ambienti, spiega:

> Et il suo mangiar con fretta fu cagione, per quanto dissero i medici, che i cibi pochissimo masticati avessero maggior difficoltà nella digestione, e che per esser ella cattiva ne fosse seguita una ostruzione nel collo della vessica, alla quale volendo essi con acque aperitive porger rimedio, gli guastarono lo stomaco. E soccorrendosi con altre medicine a quest'altra indisposizione, tanto s'andò travagliando, ch'egli cadde nell'etica. Et ove per natura sua sanissimo e robustissimo del corpo, al sopragiungerlo di questa infermità parve tutto l'opposto.

Quanto allo sfondo familiare, dobbiamo ricordare che anch'esso fu, nonostante le apparenze, assai tormentato. Ariosto era nato nel Palazzo del Capitano della Cittadella di Reggio (oppure, ma meno probabilmente, nella casa dei nonni materni Malaguzzi nella stessa città). Pochissimo si sa della madre, Daria Malaguzzi. Ludovico ha un accenno affettuoso a lei in una satira (I, 213-15) e più estesamente a lei accenna Gabriele nell'*Epicedio* per il fratello. I documenti, interrogati dal Catalano, dicono assai meno di quanto lo studioso voglia far loro dire. La vita di una donna come Daria, sposa a vent'anni e madre di dieci figli, in quel tempo, era inevitabilmente consegnata al silenzio. Quel che dice di lei Giosue Carducci è puramente induttivo (anche se forse non privo di una sua verità psicologica, ricavata intuitivamente da alcuni lati del carattere di Ludovico, non importa se espressa, poi, in termini di retorica ottocentesca):

> Che la Daria fosse donna non della volgare schiera ce ne persuaderemo facilmente, ripensando e notando che i grandi poeti soglion tenere fisiologicamente molto dalle madri, o almeno che le madri loro hanno pregi o d'animo o d'ingegno o di forza e bontà d'indole insigni o più insigni che non i padri.

Del padre Niccolò, invece, si sa molto. Tralasciando di giudicare moralmente (come hanno fatto in tanti) certi atti poco limpidi della sua attività di funzionario estense, bisogna però dire che i dati che abbiamo su di lui ne fanno una personalità molto dura e decisa, spregiudicata (come del resto i suoi fratelli) nell'azionare le leve del potere e decisa a farsi strada negli uffici dello Stato ferrarese, fedele soprattutto, come del resto si richiedeva a un esponente della piccola nobiltà che voleva emergere e diventare potente, al proprio utile immediato, non molto abile forse nel trattare la gente per il verso giusto, anzi troppo scopertamente duro (e per questo odiato e combattuto) e non sempre vincente:

una figura anche troppo esemplare di padre rigido e autoritario, il cui autoritarismo si manifestò, almeno una volta, toccando la sfera sessuale e familiare, in un incidente a Lugo di Romagna, con caratteristiche di gratuita ferocia e sadismo: in quell'occasione egli fece torturare un marito che aveva colto la moglie in adulterio ma voleva soffocare lo scandalo, per strappargli il nome dell'offensore. Non meraviglia che il figlio oscillasse non poco nel far proprio o respingere il modello paterno, sia cercando di modellare, nella vita, il proprio comportamento su quello del cugino Pandolfo, che era più vecchio di lui, sia, nelle *Satire*, con lucida autoanalisi, contrapponendo alla figura severa del padre quella dolce del buon maestro, e altro padre, Gregorio da Spoleto.

Nel corso della sua esistenza Ludovico Ariosto trasmigrò varie volte da una dimora all'altra. Se si tiene presente l'importanza e la centralità della casa, o del palazzo, e dell'istituto stesso della famiglia nella società e cultura del tempo, sembra di cogliere anche qui non poche incrinature (dovute a interventi del destino, ma anche a inquietudini ariostesche) dell'immagine tradizionale del poeta «casalingo». A sei anni l'Ariosto seguì i genitori a Rovigo, e lì di nuovo abitò in una fortezza, di cui il padre era capitano e da cui prima lui, i fratelli e la madre, e poi il padre stesso, sconfitto dai Veneziani, dovettero fuggire nel 1482. Alla fortezza finita in mani nemiche subentrava la casa dei Malaguzzi, a Reggio. A nove anni, finalmente, Ludovico si trasferì nella *sua* Ferrara, vedendola probabilmente allora per la prima volta: andava ad abitare nella grande casa di famiglia in S. Maria in Bocche, nella quale vivevano gli zii Francesco e Ludovico, canonico del duomo (e a entrambi Ludovico fu poi molto affezionato). Poi la famiglia di Niccolò si trasferì nella casa dello zio Brunoro, che sorgeva lì vicino nella stessa via, e, infine, nel 1486, in una casa nuova, di recente acquistata attigua anch'essa alla «magna domus» degli zii. Qui, nelle case dei fratelli Ariosto, collettivamente designate come «magna domus», distribuendosi variamente nel tempo la famiglia, l'Ariosto trascorse molti degli anni seguenti, di volta in volta con i genitori, gli zii (quando i genitori si recarono a Modena dal 1489 al 1492), o i fratelli o presso uno dei fratelli (quando la famiglia si divise), o da solo, o con Virginio (ma vanno messi nel conto i soggiorni a Canossa, a Reggio, in Garfagnana e i viaggi). Solo nel novembre del 1529 l'Ariosto si trasferì, con Virginio, nella nuova casa che si era fatto adattare in via Mirasole, la «parva domus». Alessandra continuò, anche dopo il matrimonio clandestino (avvenuto verso il 1528-29) e dopo la costruzione della «parva domus», a vivere in una sua casa: qui il poeta si recava, trascorreva a volte la notte, teneva i danari, gli oggetti preziosi e le copie del *Furioso* (che però volle, nel testamento, fossero consegnate dopo la sua morte a Virginio).

Come si vede il poeta casalingo non ebbe mai, se non negli ultimissimi anni, una sua vera casa, e anzi ebbe di volta in volta centri diversi d'interesse: i luoghi dell'infanzia, la fortezza finita in mano ai nemici, il bel Mauriziano dei cugini, la «magna domus» (che è la casa degli ultimi anni della madre, del fratello Gabriele paralitico, ed è la casa di cui si parla nelle *Satire*), la casa della donna amata, la «sua» piccola ultima casa, così poco goduta.

Se si torna a pensare a Ludovico Ariosto, alla sua vicenda terrena, all'ambiente in cui visse, ai suoi comportamenti e progetti e dubbi e tormenti, quasi inevitabilmente accade che il ritratto di lui divenga non più unico e coerente, ma una serie di ritratti diversi, che si rimandano a specchio o si replicano e moltiplicano in un gioco complesso di mascherature e autoanalisi, assunzione di ruoli e confessioni, proiezioni di sé e sfoghi improvvisi. Con in più l'impressione che l'uno o l'altro ritratto continui a celare qualcosa e la tentazione di scavare più a fondo.

IL LAVORO DI TUTTA UNA VITA:
L'ELABORAZIONE DEL *FURIOSO* E I *CINQUE CANTI*

1. L'elaborazione del *Furioso*, verosimilmente intrapresa nei primissimi anni del secolo (1504-1505), ha accompagnato l'Ariosto lungo tutto, o quasi, l'ultimo trentennio della sua vita. Le prime testimonianze certe lo ricordano alla corte di Mantova nel febbraio del 1507 impegnato a intrattenere «cum piacere grandissimo» la sorella del duca estense, la marchesa Isabella Gonzaga, «cum la naratione de l'opera ch' el compone»; le ultime, di amici come il Giraldi Cinzio, ce lo mostrano ancora affaticato in tarda età a correggere e limare l'opera, da poco stampata per la terza volta, in vista di una nuova, e chissà mai se negli intenti definitiva, edizione: obbiettivo frustrato dal sopraggiungere repentino della morte (6 luglio 1533). Questa cura assidua è stata scandita dalle tre tappe editoriali del 1516, 1521 e 1532, in cui il magma del *Furioso* si è sedimentato in forme ogni volta mutate. Esse ci restituiscono il volto mobile di un'opera che, presto recepita nei canoni del «classico», quale suprema incarnazione della Forma rinascimentale, esibisce in realtà la storia travagliata di un incessante *work in progress*.

A rendere più accidentata questa fisionomia si aggiunge il fatto che il *Furioso* è giunto a noi non solo depositando a stampa le varianti del proprio evolversi, ma anche conservando le tracce dei suoi residui e dei suoi materiali di scarto, pure questi accuratamente documentati e vagliati dalla vivacissima filologia ariostesca. Fare la storia del *Furioso* significa oggi dunque riconoscere la progettualità mutevole della sua forma a partire anche dalle opzioni alternative che, credute a lungo possibili, Ariosto ha lasciato poi cadere dal testo o mantenuto nel testo destinandole ad altra funzione.

La prima stampa (A) ebbe luogo, come le due successive, a Ferrara e, come quelle, fu personalmente seguita dall'autore: il 22 aprile del 1516 il maestro Giovanni Mazocco dal Bondeno pubblicava l'*Orlando Furioso* in quaranta canti, frutto di almeno una decina d'anni di intenso lavoro, con dedica «allo illustrissimo e reverendissimo cardinale donno Ippolito d'Este suo signore».

Mentre l'opera conosce un'immediata e larga fortuna (come ci testimonia anche Machiavelli nella lettera all'Alamanni del dicembre 1517), il lavoro di Ariosto tuttavia non si interrompe, indirizzandosi in due direzioni principali: l'allargamento della tela del poema e la sua revisione linguistica. Quanto al primo aspetto, sappiamo da una famosa lettera a Mario Equicola che nell'autunno del 1519 il poeta sta lavorando a un «poco di giunta», che con tutta probabilità è da identificare con i cosiddetti *Cinque Canti* successivamente esclusi dalla stampa. D'altra parte, la scrittura è improntata a un ibridismo linguistico, risultante dalla patina dialettale del volgare padano venata delle sue radici ancora fortemente latineggianti, che l'Ariosto, per sua personale sensibilità di gusto, già prima della codificazione bembesca, si preoccupa di affinare nel senso del toscano illustre.

In vista di una nuova edizione del poema (di cui, sull'onda di un successo clamoroso, correvano stampe scorrettissime), Ariosto viene depositando il suo meticoloso lavoro di ripulitura linguistica su una copia della prima stampa. È questo il più vistoso, e non minimale, risultato del secondo *Furioso* (B), che il poeta affida per la pubblicazione (13 febbraio 1521) al tipografo milanese Giovanni Battista da la Pigna, ma preoccupandosi, oltre che di sostenere le spese, della diffusione e persino dello smercio dell'opera. I rari spostamenti e le rare soppressioni di ottave sparse qua e là, bilanciata da esigue aggiunte – fra cui spiccano le tre ottave di XXXVIII, 20-22 B (= XLII, 20-22 C) in onore dei Fregoso – non mutano sostanzialmente la fisionomia del primo *Furioso*, così che solo formalmente plausibile suona il vanto editoriale che proclama il nuovo poema «quasi tutto formato di nuovo e ampliato». Anche perché in questa seconda stampa non trova posto quella «giunta» che probabilmente proprio in vista di un tale progetto era stata pensata e di cui si era diffusa, insieme con l'eco, l'aspettativa.

2. Più vasto e complesso il lavoro che conduce all'ultima redazione del *Furioso*, quella in cui noi oggi leggiamo l'opera. La revisione ariostesca muta consistentemente forma e struttura del poema, accentuando certe caratteristiche che lo allontanano dalla dimensione più tradizionalmente «romanzesca» e lo avvicinano a forme più apertamente classicizzanti. Queste caratteristiche di novità, che peraltro procedono nel solco di alcune acquisizioni narrative già del primo *Furioso*, andranno esaminate ora con attenzione, per tentare poi una ricostruzione storicamente plausibile dell'intenzione artistica dell'Ariosto e del suo travaglio creativo.

Dal punto di vista linguistico, l'evento decisivo di quegli anni è la legislazione della lingua letteraria attuata dal Bembo con le *Prose della volgare lingua* (1525). L'Ariosto vi trova la conferma della sua personale ricerca di stile e di lingua, e uno stimolo a intervenire con assiduità quasi ossessiva sul suo testo, che egli sottopone «a molti begli ed eccellenti ingegni d'Italia, per averne il loro giudizio»: fra questi probabilmente il Bembo medesimo, quando ormai (febbraio del '31) siamo a ridosso della nuova stampa. Dalla *koiné* padana del primo *Furioso*, l'Ariosto si allontana sempre più radicalmente, mirando a far proprio il modello linguistico dei grandi autori del Trecento toscano, e in particolare a trasferire il sistema espressivo petrarchesco dal genere nobile della lirica al genere «basso» del poema cavalleresco. Proprio in questo consiste la novità linguisticamente rivoluzionaria del terzo *Furioso*: nell'aver integrato la tradizione canterina, a lungo radicata nelle culture della Padania, dentro l'alveo toscano e nazionale della poesia d'amore che la normativa bembesca, non senza il concorso correttorio degli stampatori, andava stabilizzando.

Ma è l'incremento della materia, che porta il poema all'attuale consistenza di 46 canti, a definire la novità sostanziale del terzo *Furioso*. Tralasciando le singole acquisizioni locali e le frequenti aggiunte di ottave dedicate a personaggi contemporanei e a fatti di carattere storico-politico, spiccano le quattro grandi creazioni nuove: la storia di Olimpia, che si situa fra i cc. IX-X-XI e comprende la famosa invettiva contro le armi da fuoco, quella di Bradamante e dei tre re nordici alla rocca di Tristano (cc. XXXII-XXXIII) con l'importante *ekphrasis* politica delle pitture di Merlino che profetizzano rovesci militari per i Francesi che invaderanno l'Italia, quella del tiranno Marganorre e della casta e fedele Drusilla, che occupa un canto interamente di nuova fattura, il XXXVII, e infine la più lunga, quella del principe greco Leone che, situandosi negli ultimi tre canti (di cui il XLV nuovo) costituisce l'ultima complicazione romanzesca prima che si sciolga il nodo delle nozze dinastiche fra Bradamante e Ruggiero.

Come già per l'edizione del '21, l'Ariosto consegna al nuovo stampatore Francesco Rosso da Valenza, una copia della precedente stampa corredata di fittissime varianti autografe «et di sopra et di sotto et dalle bande et tra mezzo» (Pigna), a cui è costretto ad allegare alcuni quaderni a parte per contenere le oltre settecento ottave di nuova creazione. Nel marzo è così intento alla revisione delle prove di stampa che, come scrive a Giovan Giacomo Calandra, non può «attendere ad altro». Questa, che è l'ultima edizione (C) curata personalmente dall'autore, vede la luce il primo ottobre del 1532. Tracce di una inesausta *quête* personale, si possono rilevare i segni di estremi interventi operati quando il testo era già in composizione. La stampa è corredata di un ritratto dell'Ariosto ricavato da un disegno di Tiziano e di un'impresa mutata rispetto alle edizioni precedenti, dove si raffiguravano le api scacciate dal fuoco del villano ingrato accompagnate dal famoso motto *Pro bono malum*. Qui invece si vedono due bisce, l'una con la lingua mozza, l'altra in procinto di subire la stessa sorte da una mano minacciosa, con il motto *Dilexisti malitiam super benignitatem*. Il vecchio motto non scompare del tutto, ma sopravvive in alcuni esemplari spostato alla fine, dopo l'*explicit* dell'ultimo verso. L'Ariosto, insoddisfatto del risultato editoriale in cui gli pareva «d'esser stato mal servito... et assassinato» (come ricorda il figlio Galasso al Bembo), riprese immediatamente l'opera correttoria, seguendo la consueta prassi di lavorare con varianti e postille sulla copia stampata, in vista di una nuova pubblicazione. Gliene mancò il tempo per la grave infermità che lo affliggeva e che lo condusse a morte nel giro di pochi mesi.

3. Il quadro del *Furioso* non risulterebbe completo senza una ricostruzione dell'intenzione artistica di Ariosto che tenesse conto anche di quelle parti che, previste nel piano dell'opera, vennero dall'autore escluse in diversi stadi di elaborazione per una serie di ragioni che si cercherà ora di indagare. Preziosissima per lo studioso ariostesco è la pubblicazione di Santorre Debenedetti dei *Frammenti autografi* del *Furioso* (Torino 1937), ovvero i manoscritti di pugno dell'Ariosto che documentano il suo lavoro creativo e correttorio sulle quattro aggiunte del '32. Un famoso studio di Contini sulle varianti soprattutto metriche e stilistiche fissa alcune linee di tendenza del *labor* ariostesco: Ariosto non parte da una traccia in prosa, ma direttamente da un'idea ritmica che gli detta avvii e princìpi del verso; mira nelle varianti a rassodare il corpo centrale del verso, isolando una nuova entità di ritmo per trovare un tempo forte in più. Sul piano della tradizione del «genere», egli punta a mantenere la conquista lirica del Poliziano senza perciò rinunciare al carattere narrativo proprio dell'ottava romanzesca; quanto infine alla prassi correttoria, per lui si riassume in una impeccabile «arte del levare». Per parte sua, Segre sottolinea come, col conforto dell'autorità bembesca, l'opera di regolarizzazione linguistica e stilistica venga proseguita con maggior rigore e convinzione: il toscano letterario si afferma sempre più egemone rispetto ai residui dialettali o latineggianti, che pure vengono saltuariamente conservati per scopi espressivi. In effetti la direzione bembesca non è affatto imperativa: basti guardare, per esempio, al fatto che, accanto al modello petrarchesco (studiato da Bigi e Cabani) si afferma largamente un meno canonico

uso di Dante (studiato da Segre e Blasucci) Altri interventi ariosteschi riguardano la sintassi, che tende a eliminare le tracce più
vistose della tecnica canterina (ripresa interstrofica di parole, rime facili in clausola d'ottava); e la metrica, dove l'*enjambement*
prosastico si riduce progressivamente a favore di una maggior
armonia fra sintassi e metro. Questi e altri, più minimali, fenomeni adombrano nel loro complesso un sostanziale cambiamento di paradigma: ovvero, il passaggio dal codice della tradizione
cavalleresca alla lezione di Petrarca e Boccaccio.

4. Dei vari tentativi di ampliamento del poema, esclusi poi dal
testo, restano documenti soltanto parziali, quasi tutti pubblicati
dal Debenedetti in appendice ai *Frammenti autografi*. Le 84 stanze
comunemente intitolate *Per la storia d'Italia* (di recente edite dal
Casadei) descrivono, scolpite in bassorilievo sullo scudo di Ullania, le sventure d'Italia dal 300 al 1300 originate dalla *translatio
imperii* da Roma a Bisanzio. Il *corpus* tramandato dalle stampe
cinquecentesche consta in realtà di due frammenti relativamente
indipendenti (ottave 1-20; 21-84), tanto è vero che il primo gode
di un'autonoma tradizione manoscritta. Questo è legato alla composizione dell'episodio di Eulalia (poi Ullania) che fu parzialmente riutilizzato dall'Ariosto nel terzo *Furioso* (c. XXXIII), là
dove si fa la storia, effigiata negli affreschi profetici di Merlino,
degli interventi in Italia dei Francesi, presentati in un'ottica piuttosto partigiana. Tale sostituzione si spiega forse anche tenendo
conto del mutato atteggiamento politico degli Estensi dopo il
1527, e in particolare del loro distacco da Francesco I e del loro
riavvicinamento a Carlo V. Il secondo frammento narra la vicenda dello scudo (da assegnare al «miglior cavallier che cinga spada») già presente nell'abbozzo autografo ariostesco detto della
Regina Elisa. Nelle 15 ottave del cosiddetto *Scudo della regina
Elisa*, lo scudo di Ullania viene esplicitamente introdotto come
uno strumento, escogitato da Alcina e da Gano, per portare la
discordia nel campo cristiano, un tema affine ai *Cinque Canti*, cui
peraltro il frammento doveva essere connesso. E in effetti questo
delle invidie, degli intrighi e delle macchinazioni sembra essere il
soggetto attorno a cui Ariosto pensò di costruire una continuazione del poema, la cui materia riflettesse in chiave fantastica la
situazione politica dell'Europa cinquecentesca divisa dalle lotte
religiose e dalla rivalità fra Francesco I e Carlo V. L'Ariosto lavorò
a questo progetto a varie riprese, ma non riuscì che a prepararne
dei frammenti parziali, i quali furono poi utilizzati e inseriti nel
terzo *Furioso* senza alterarne la struttura generale. Il più vistoso e
importante di questi frammenti è quello appunto dei *Cinque Canti*, che qui si pubblicano, con commento e introduzione, «di se-

guito» al poema secondo le indicazioni originarie delle prime stampe.

Sotto questo titolo furono divulgate dalla postuma tradizione a stampa un gruppo cospicuo di ottave rimaste a lungo confuse tra le carte ereditate dal figlio Virginio. Circa dieci anni dopo la morte del padre, questi affidò la copia, che aveva tratto da quei fogli disordinati, lacunosi e senza titolo, alla più illustre tipografia veneziana dell'epoca, i Manuzio; e fu appunto «in casa de' figliuoli di Aldo» che nel 1545 vide la luce la prima e unica edizione del *Furioso* impressa nella loro officina recante in appendice il nuovo materiale. Il frontespizio annunciava: «Orlando Furioso di Messer Ludovico Ariosto et di più aggiuntovi in fine più di cinquecento stanze del medesimo autore, non più vedute»; mentre il fascicolo di ventotto carte posto in coda al volume dichiarava a sua volta trattarsi dei «Cinque Canti di un nuovo libro di Messer Ludovico Ariosto, i quali seguono la materia del Furioso». Di questo nuovo libro si aggiunge anche che «manca il principio del primo canto», oltre a numerose altre lacune solo in parte sanate dal successivo restauro filologico. Il testo autonomo dei *Cinque Canti*, separato dal *Furioso*, fu ristampato ancora a Firenze nel 1546 dai Giunti, mentre due anni dopo a Venezia Giolito de' Ferrari pubblicò, in appendice al *Furioso*, una stampa dipendente da quella aldina, con l'ausilio di un altro testimone che servì a colmare le lacune dell'edizione Manuzio, ma anche con qualche manipolazione editoriale (Trovato). L'autografo di Virginio servì poi a un lontano cugino del poeta per trarne una preziosa copia riesumata solo nel secolo scorso: si tratta del cosiddetto codice Taddei che è il solo a riportare la ottava iniziale alfa omessa dalle stampe, e che si trova ora alla Biblioteca Comunale Ariostea di Ferrara.

5. I problemi posti dai *Cinque Canti* alla critica ariostesca sono sostanzialmente quelli della loro datazione e destinazione. Quanto alla cronologia, in assenza di prove documentarie certe, sono state avanzate ipotesi anche molto distanti fra loro, soprattutto nell'ultimo quarantennio di studi ariosteschi battezzato dall'edizione critica di Segre (1954). La maggioranza degli studiosi concorda oggi col Dionisotti nel fissare al '19 il termine alto, e con Segre nell'individuare il periodo del '26-28 come quello dell'ultimo ritocco linguistico prima della rinuncia definitiva al progetto.

Le ragioni addotte dal Dionisotti sono di ordine storico e riposano su una minuta indagine documentaria: in questa sede sarà sufficiente ricordare che certe allusioni a fatti o personaggi menzionati nei *Cinque Canti* convergono solidalmente verso il periodo 1518-19, che si propone dunque come plausibile termine *post quem.* I riferimenti alla missione diplomatica del Bibbiena cardinale in Francia (II, 52, 2) e alla candidatura imperiale di Francesco I (II, 53, 6) sono comprensibili soltanto prima della morte dell'amico letterato (1520) e dell'elezione di Carlo V (giugno 1519); la sprezzante menzione dei genovesi Doria e Adorno come pirati del mare (III, 71, 5-8) deve verosimilmente risalire a un periodo precedente la crescita di influenza e di potere di Andrea Doria in Genova e, soprattutto, la nomina a Doge (giugno 1522) di Antoniotto Adorno che, rientrato dall'esilio dopo la disfatta francese, aveva preso il posto di Ottaviano Fregoso, amico dell'Ariosto; infine, il celebre episodio di Astolfo inghiottito nel ventre della balena (IV, 13-16; 32 sgg.) è in concomitanza con un episodio analogo trattato da un poeta minore ferrarese, cortigiano estense e amico dell'Ariosto, Cassio da Narni, il quale, nel suo poema *La morte del Danese,* si era rifatto alla medesima fonte lucianea, la *Storia vera.* Anche se non è cogente l'ipotesi dionisottiana che sia il minore a imitare il maggiore, resta indicativa, come possibile termine per fissare la stesura dell'episodio ariostesco, la data della stampa ferrarese del *Danese* (6 novembre 1521).

Segre, che in un primo tempo aveva sostenuto una datazione bassa in base all'analisi linguistica dei *Cinque Canti,* ha sostanzialmente acceduto alla proposta di Dionisotti, mantenendo fermo però che proprio quelle ragioni formali inoltrano fino al periodo '26-28, dopo il rientro dalla Garfagnana del poeta, l'ultima revisione dei *Cinque Canti* prima del sacrificio in favore delle nuove addizioni del '32. Dal confronto comparativo con le diverse redazioni del *Furioso,* con i frammenti autografi dello stesso e con le *Satire* risulta che l'assetto linguistico dei *Cinque Canti* è posteriore al '25 e anteriore di poco alla stesura delle giunte. Il loro accantonamento sarebbe confermato dalla ripresa di situazioni narrative dei *Cinque Canti* nelle aggiunte del '32 (Rajna, Fontana) e dal flusso di versi e schemi ritmici dal frammento ai nuovi episodi (Casadei), che sarebbero dunque i relitti di un irreversibile naufragio.

6. Venendo al secondo punto in discussione, resta tuttora non chiarito il problema cruciale se i *Cinque Canti* costituiscano una continuazione del *Furioso* o un nuovo libro autonomo, alternativa che già divideva i primi critici cinquecenteschi vicini all'Ariosto, il Giraldi e il Pigna. L'ipotesi da sempre minoritaria della loro autonomia di romanzo è stata di recente rilanciata dalla Beer che, in uno studio sui modelli di narrativa cavalleresca utilizzati nei *Cinque Canti,* li ha ricondotti al popolare ciclo delle storie di Rinaldo. Troppi sono tuttavia i fili narrativi che intrecciano le due scritture per non credere che i *Cinque Canti* appartengano

allo stesso ambito progettuale del *Furioso*. Con tutta probabilità sarebbero stati proprio i *Cinque Canti* ad assicurare al *Furioso* il suo ruolo di «giunta» all'*Innamorato*, portando a conclusione con la morte di Ruggiero la tela interrotta del Boiardo (cfr. *Innam.*, III, 1, 3, 5-8).

Se davvero i *Cinque Canti* rappresentano un'ipotesi di ampliamento della trama del *Furioso*, si tratta di stabilire quale fosse verosimilmente il loro punto di innesto narrativo. Casadei ha recentemente avanzato in questo senso una proposta convincente che modifica le precedenti ricostruzioni. Se l'ottava iniziale dei *Cinque Canti*, la cosiddetta *alfa* del codice Taddei, corrisponde all'ottava XL, 45 del secondo *Furioso* (= XLVI, 68 C) saldando indiscutibilmente i *Cinque Canti* con l'ultimo canto del poema; è anche vero però che ciò non avviene senza incongruenze: prima fra tutte, il fatto che nei *Cinque Canti* Ruggiero e Bradamante risultano già sposati, mentre il loro matrimonio è narrato in XL, 46 (= XLVI, 73 C), ovvero al di là del presunto punto di sutura. Ma pure l'ottava I, 59 dei *Cinque Canti* rinvia chiaramente al canto finale del *Furioso*, e precisamente al passo di XL, 47-48 (= XLVI, 74-75 C) che narra i festeggiamenti per le nozze dei due progenitori estensi. Ne risulta che l'Ariosto non poteva scrivere quest'ottava dei *Cinque Canti* senza presupporre quelle del *Furioso*, e che quelle stanze, con tutto ciò che le segue (ovvero la scena fuori di Parigi fino al duello di Ruggiero e Rodomonte) devono precedere I, 59. Se le cose stanno così, allora è da prendere alla lettera l'indicazione delle prime stampe, e cioè che i *Cinque Canti* «seguono» il *Furioso*; e il punto di sutura sarà quell'ottava XL, 45 non più mantenuta all'interno del poema, ma dislocata, con qualche opportuno aggiustamento, all'inizio di un nuovo canto, il primo dei *Cinque Canti* appunto. «Una volta spostata questa stanza, si ottiene un ordinamento assai lineare: gli interi *Cinque Canti* si collocano dopo la fine di XL». Nelle intenzioni dell'Ariosto rimase probabilmente il proemio di questo primo canto «in cui doveva essere introdotto, dopo una più o meno sommaria indicazione degli avvenimenti seguiti alla morte di Rodomonte, il nuovo tema da sviluppare: il tradimento di Gano».

Alla luce di queste osservazioni è verosimile ipotizzare che i *Cinque Canti* siano nati nel periodo '19-21, negli anni delle deluse ambizioni di una rapida carriera curiale e della rottura col cardinale Ippolito; e definitivamente accantonati intorno al '28, quando cominciarono ad essere parzialmente sfruttati come materia dei nuovi episodi. Pensati come «giunta» del poema, per offrire una novità editoriale nel '21 allorché si imponeva probabilmente la necessità di una stampa sollecita prima dell'«esilio» garfagnino, essi non poterono essere inseriti, prima di ogni altra ragione artistica, per la materiale arretratezza della loro elaborazione. In seguito i *Cinque Canti* furono ripresi, forse più volte, ma la loro integrazione dovette apparire sempre più problematica, e non tanto, o non solo, per la vena cupa che li attraversa e li rende «inconciliabili» (Segre) col poema maggiore: dopo la grande svolta delle lotte fra Carlo V e Francesco I, dopo l'apparizione della «grammatica» bembiana e dei nuovi canoni letterari, l'intero quadro culturale cui il *Furioso* del '16-21 aveva fatto riferimento cambia radicalmente. I *Cinque Canti* si muovono ancora nell'orbita del primo *Furioso*, stretti fra l'arcaismo del progetto ancora boiardesco e l'urgenza di un'attualità politica che li proietta oltre quei valori e quegli ideali ormai al tramonto: un ibrido di cui Ariosto non seppe, o non volle, mai venire a capo.

7. L'ampia digressione sul frammento ci consente di ritornare ora – fra dati di fatto accertati ed ipotesi critiche da verificare – a una valutazione globale dell'intero progetto narrativo ariostesco tenendo conto delle sue opzioni, delle sue perplessità e dei suoi ripensamenti.

Ha rilevato Dionisotti la tendenza della critica a schiacciare il primo *Furioso* – opera che egli giudica già un capolavoro assoluto – sotto l'ottica del terzo, che ne differisce strutturalmente in maniera palese. Non si deve sottovalutare, dentro la prospettiva *in progress*, la differenza di orizzonte culturale riconoscibile all'interno dei due testi. Le correzioni storiche e linguistiche documentano il passaggio da un ambito municipale ad uno di più larga prospettiva nazionale (Segre), che collega l'opera ariostesca al processo di rinnovamento letterario promosso a partire dagli anni '20 del nuovo secolo. La scelta del genere cavalleresco, che poteva non apparire all'altezza di quelle ambizioni (Dionisotti), è tuttavia praticata con strumenti nuovi, con la coscienza di un approccio stilistico e ironico alla materia che colloca Ariosto decisamente sul versante dei moderni. In questa prospettiva si può leggere l'insoddisfazione per i *Cinque Canti*, cresciuta fino alla drastica decisione di cancellarli dal poema. La veste linguisticometrica dei *Cinque Canti* non è la sola del resto a mostrare una sostanziale arcaicità. Tutta la materia del frammento, per così dire, guarda all'indietro: da certi espedienti narrativi che rimandano alle tecniche proprie dei cantari e dei poemi di fine 400, al riflusso della materia dentro l'alveo boiardesco e persino pulciano. Se infatti i costanti riferimenti narrativi all'*Innamorato* fanno pensare ai *Cinque Canti* come prevista continuazione del *Furioso* che avrebbe dovuto portare a termine il disegno boiardesco con i tradimenti di Gano e la conseguente morte di Ruggiero (e questo punto d'arrivo basterebbe da solo a giustificare l'atmosfera cupa in cui si svolgono), in effetti proprio questi intrighi trovano nel *Morgante*, e in ispecie negli ultimi cantari, il referente più prossimo e, come dimostrerà il commento, più largamente utilizzato. Dentro questa tendenza «regressiva» si spiega la perdita dei due fondamentali princìpi della tecnica narrativa ariostesca nel '16: l'*entrelacement*, che viene rimpiazzato da un racconto che procede come un blocco unitario e compatto; e l'ironia, che scompare insieme con l'espressione dei valori della cortesia cavalleresca, cui faceva da controcanto tonale.

Questi due fenomeni sembrerebbero restituire il romanzesco a una dimensione più austeramente epica; e in parte è così, ma si tratta di un'epica in qualche modo di ritorno – di segno diverso da quella che condurrà alle scelte classicheggianti del '32 – perché si tratta di una riconversione preboiardesca del genere, che restaura una dimensione «carolingia» da *chanson de geste* o da cantare quattrocentesco (peraltro in tendenza comune con altre continuazioni dell'*Innamorato*). Non si tratta, come pure alcuni hanno ritenuto, talora estremizzando, di un precoce annuncio del modello eroico dell'epica tassiana (Firpo), ma semmai della ricorrente tensione ariostesca, attiva ad ogni stadio di evoluzione dell'opera, a disciplinare secondo canoni di classica chiusura la natura di *romance* aperto e polimorfo del primo *Furioso*. L'ambizione coltivata da Ariosto, nella quale si combinano la sua educazione classicista e i paradigmi bembiani e petrarcheschi, è di conformare a un'ideale armonia di strutture, tanto linguistiche che narrative, un materiale legato a tradizioni di stile popolaresco, di ibridismo linguistico, di sintassi impressionistica e paratattica (Segre).

Né andranno sottovalutate le ragioni storico-biografiche che si intrecciano indissolubilmente con le scelte artistiche. Per l'Ariosto sono gli anni amari rispecchiati nelle *Satire*: quelli che vanno dal congedo da Ippolito e dalla partenza per il governatorato della Garfagnana alla caduta delle speranze nel papa mediceo, e quelli dell'esplosione su scala europea del conflitto religioso e politico. Eventi come la battaglia di Pavia (1525) e il Sacco di Roma (1527) segnano una svolta irreversibile nelle sorti dell'Italia e dell'Europa, chiudendo quella stagione di incertezze ma anche di fervide attese di cui il primo *Furioso* era stato partecipe. Il convergere di disillusioni personali e politiche scavano invece nella attività del poeta un'ampia frattura (Dionisotti), che artisticamente si situa fra la prima stampa del poema e la rifinitura delle *Satire* passando per l'espunzione dei *Cinque Canti* dall'edizione del 1521.

D'altra parte, nella seconda metà degli anni '20, quando Ariosto compie alcune scelte decisive per il suo poema, la crisi europea ha investito nel profondo l'assetto politico e culturale del teatro continentale e, in rapporto a questo, del piccolo scenario estense. L'egemonia di Carlo V era stata sancita dalla Lega di Cambrai, e anche Alfonso d'Este, da sempre favorevole ai Francesi e avverso a Venezia e al Papa, aveva dovuto adeguarsi alle mutate circostanze correggendo avventurosamente il tiro della sua linea politica per salvaguardare le sorti precarie del ducato. L'Ariosto del terzo *Furioso* non rinuncia alla passione politica che anima fortemente i *Cinque Canti* e percorre tutti i frammenti, inclusi o rifiutati; ma la decanta, piuttosto, in una visione più globale e distaccata che supera l'urgenza (ma non la sollecitudine) delle passioni più contingenti e «patriottiche». La sua prospettiva include ormai orizzonti più vasti della politica e della cultura, a dimostrare che la sprovincializzazione dell'opera non è un fatto circoscritto alle scelte linguistiche.

Tuttavia l'atteggiamento resta con ogni evidenza contraddittorio, e comunque non confinato a un solo stato d'animo. Da un lato, certo, egli deve registrare, con l'eclissi delle fortune francesi e il trauma del Sacco, il tramonto definitivo dell'ideologia cavalleresca che aveva nutrito il primo *Furioso*, e consegna la sua amarezza alla digressione insolitamente risentita contro le armi da fuoco; dall'altro, però, si mostra consapevole e dei nuovi orizzonti culturali che si vanno delineando, come ci indicano, per esempio, le nuove ottave dedicate ai grandi pittori e ai grandi scrittori, e dell'avvento di un'epoca siglata dagli assolutismi politico-religiosi e dalla magnificenza imperiale, come documentano le ottave consacrate ai nuovi Argonauti: il panegirico delle Scoperte e degli esploratori (Colombo, Vasco, Magellano) – potenziale esaltazione dell'Avventura romanzesca – vira subito in panegirico della Conquista, cioè di Carlo V e dei suoi invitti capitani. Ma al di là dei fini encomiastici contingenti, Ariosto sembra voler coinvolgere nella sua impresa la più illustre società contemporanea, quella in parte raffigurata dal pubblico eletto che, nell'ultimo canto del *Furioso*, attende l'arrivo in porto della nave del poema.

Se si tiene conto che l'ampliamento dei *Cinque Canti* fu giudicato praticabile ancora nel periodo '26-28, la scelta delle giunte è da mettere in relazione con l'abbandono contestuale di quel progetto che, come si diceva, rinviava il *Furioso* nel solco delle varie continuazioni dell'*Innamorato*. L'episodio di Ruggiero e Leone, l'ultima e più corposa aggiunta, costituisce anche l'ultima peripezia romanzesca della storia con il compito di accentuare la componente eroico-cortese e di preparare il grande finale di marca virgiliana. Ruggiero assume le sembianze di un Enea che prima si salva grazie all'intervento di Melissa-Venere che scioglie l'obbligo di riconoscenza a Leone, e poi respinge l'orgogliosa sfida finale di Rodomonte-Turno. Tutto il finale ne esce modificato nei suoi equilibri a vantaggio della componente epica. Alla classicizzazione della lingua corrisponde per così dire una classicizzazione della struttura, rilevabile anche per altre vie. Vanno probabilmente valutati in questa ottica certi procedimenti di simmetria strutturale introdotti dalle nuove giunte: da un lato, il salvataggio di Olimpia da parte di Orlando, che prelude a quello di Angelica ad opera di Ruggiero, mette in «parallelo antagonistico» (Segre) i due eroi del poema e conferisce a Orlando una nobilitazione prima mancante, così come al testo l'occasione di un contrappunto tonale; dall'altro, i quattro episodi aggiunti sono compartiti in modo che le diverse fasi della follia di Orlando si distribuiscano perfettamente al centro del libro di 46 canti, fra la fine del XXIII e l'inizio del XXIV. A queste tendenze andrà accostata la scomparsa dell'ironia dalle giunte, che non è semplicemente la testimonianza di un atteggiamento più cupo e pessimistico, ma l'instaurazione di un diverso rapporto col «genere» che si conforma ad ambizioni espressive più alte. Questi processi di simmetria, linguistica sintattica e strutturale, dimostrano l'assimilazione in profondo della lezione di Petrarca e dei classici, così come la valorizzazione nell'epilogo del modello virgiliano sembra ad Ariosto lo strumento più adatto per chiudere gli «errori» del codice romanzesco, per disciplinare la tendenza digressiva di un testo che, da subito, ricordiamolo, a dispetto della precoce canonizzazione, si situa sui limiti di un genere e di una tradizione. Come dirà infatti il Tasso nella sua *Apologia*, «Ariosto s'assomigliò a gli epici molto più degli altri che avevano scritto innanzi» e «formò il suo poema quasi animal d'incerta natura e mezzo fra l'uno e l'altro». L'inserzione tarda della storia di Leone sembra rispondere a questa volontà di peripezia infinita che concede al *romance* un ultimo sussulto prima della definitiva liquidazione. Romanzo che tuttavia resiste là dove avevano fallito anche le istanze di chiusura dei *Cinque Canti*: la morte di Ruggiero. Nel susseguirsi dei colpi di scena finali ogni apparente conclusione si rivela per meramente prolettica di una più vera e tragica conclusione, che però sta fuori del racconto – ancora una volta, e questa volta per sempre, rinviata.

Ludovico Ariosto nacque a Reggio Emilia da Nicolò Ariosto e Daria Malaguzzi l'8 settembre 1474. La madre apparteneva ad una nobile e ricca famiglia reggiana. Il padre Niccolò, discendente da una nobile famiglia bolognese trasferitasi a Ferrara nel Trecento, era un importante funzionario dei duchi di Ferrara e si trovava in quel tempo a Reggio come capitano della cittadella e comandante della guarnigione.

La fanciullezza dell'Ariosto fu prevalentemente serena e felice. Non dovettero tuttavia mancare avvenimenti che venissero a turbare quella dominante serenità. Si può anzi facilmente immaginare che Ludovico dovette sperimentare assai presto quanto fossero fragili i confini fra la tranquilla cerchia familiare e il mondo esterno più rumoroso, popolato d'uomini d'arme e di toga, entro cui il padre svolgeva i suoi uffici.

Nel 1481 Niccolò fu trasferito a comandare la cittadella di Rovigo ed è probabile che portasse con sé la famiglia. Il piccolo Ludovico si trovò quindi, quand'aveva solo sei anni, nel 1482, nel bel mezzo della guerra tra Ferrara e Venezia. La famiglia del Capitano fu però subito trasferita a Reggio ed anche Niccolò dovette fuggire poco più tardi, quando la città cadde in mano ai Veneziani. Quelli del 1483 e 1484 furono anni tempestosi e disastrosi per lo Stato ferrarese, agitato dalla guerra con Venezia e dalle congiure. Niccolò Ariosto superò tuttavia abilmente, e con la spregiudicatezza che era tipica di molti suoi pari, la tempesta e nel 1484 si trasferì con la famiglia a Ferrara ove egli fu prima collaterale dei soldati e poi giudice dei Dodici Savi, cioè, praticamente, capo della amministrazione comunale di Ferrara. Niccolò, che era stato scelto alla carica per mettere in atto una politica di pressione fiscale capace di riassestare le finanze ferraresi dopo la guerra rovinosa, non guadagnò certo popolarità. Fu costretto a dimettersi nel 1489 e fu per tre anni capitano di Modena. Tornò in Ferrara nel 1492 e per tre anni si dedicò a ordinare l'amministrazione dei suoi beni privati. Nel 1496 ritornò alla vita pubblica e fu nominato commissario di Romagna, l'ufficio più importante e più remunerativo del ducato. Perdette però nuovamente l'impiego a causa di uno scandalo (a seguito della brutalità con cui era intervenuto in un caso di adulterio) e si ritirò di nuovo a Ferrara, ove trascorse gli ultimi anni fino alla morte, che avvenne nel 1500.

Durante tutti questi anni il giovane Ludovico non si allontanò mai da Ferrara, neppure quando il resto della famiglia seguì il padre a Modena: in quella occasione egli visse nella grande casa degli Ariosto, presso gli zii. Aveva già da tempo iniziato gli studi, sotto la guida di vari precettori e nel 1489 fu dal padre avviato agli studi di legge.

Dei precettori privati (un Domenico Catabene, studente di legge, e probabilmente un Luca Ripa, umanista e insegnante di «grammatica»), così come dei maestri d'università, l'Ariosto preferì non conservare memoria. Ricordò invece sempre con affetto gli insegnamenti di Gregorio da Spoleto, monaco agostiniano e dotto umanista, le cui lezioni egli seguì insieme ad Alberto Pio dopo che, nel 1494, aveva abbandonato gli studi di legge. L'Ariosto ricordò Gregorio da Spoleto come «colui che mi rendette liscio e lucido, mentre prima io ero simile a un rozzo legno... colui che mi diede più che il mio padre stesso, perché mi insegnò a vivere nobilmente, mentre quello solo mi insegnò a vivere tra le genti mortali» (trad. Segre). E di una cosa sola ebbe a lamentarsi, di non aver potuto profittare completamente degli insegnamenti di Gregorio e imparare, oltre al latino, anche il greco, sì da divenire un perfetto umanista.

Di quegli anni brillanti della giovinezza, l'Ariosto ricordò, oltre al maestro, l'amico indivisibile Pandolfo Ariosto, suo cugino, e gli amici letterati Alberto Pio ed Ercole Strozzi. Furono anni felici ed eleganti, condotti spesso nel cerchio della corte di Ercole (l'Ariosto entrò al servizio del Duca verso il 1497, ma già prima aveva avuto rapporti stretti e frequenti colla corte). Furono anni allietati dalle feste, dagli spassi, dalle rappresentazioni teatrali (l'Ariosto, che si era scoperto un talento per il teatro fin da fanciullo, fece più volte parte delle compagnie che allestivano spettacoli per la corte). Furono inoltre anni occupati dapprima da certi tentativi letterari in volgare (certe «baie» scritte probabilmente sul modello dei sonetti del Pistoia, a noi non pervenute), impegnati poi dagli amorosi esperimenti della lirica latina (la gioventù dell'Ariosto fu «latina», come disse il Carducci, e certo la gran parte dei carmi a noi pervenuti risale al periodo 1494-1503), occupati infine di nuovo, operosamente, da una molteplice e varia attività di composizioni in volgare, incoraggiata soprattutto dalla presenza del Bembo a Ferrara nel periodo 1498-1499 e in quello 1502-1503.

La morte del padre, nel 1500, non segnò un cambiamento brusco e totale nella vita dell'Ariosto, ma pose fine alla spensieratezza di quegli anni giovanili. Primo di numerosi fratelli, Ludovico dovette incaricarsi dell'amministrazione familiare, della sistemazione dei fratelli e delle sorelle, della sistemazione di se stesso.

Tramontata l'idea di dedicarsi totalmente a tranquilli studi umanistici, Ludovico cercò il modo di conciliare tale desiderio con una attività remunerativa nell'àmbito della corte ferrarese. L'impressione che da questo momento in avanti ci sia una duplicità nella figura dell'Ariosto, che la sua vita pratica e la sua passione poetica si avviino su due strade diverse, è un'impressione di maniera a cui ha contribuito l'Ariosto stesso quando ha scritto le *Satire*. Sarà bene non credere ciecamente a quell'opera che ha le sue ragioni letterarie, oltre a quelle autobiografiche; e sarà bene non prendere troppo alla lettera gli aneddoti sull'Ariosto distratto e fantasticatore. In realtà Ludovico Ariosto doveva essere un uomo saggio e pratico. Lo dimostrò già in questo primo periodo della sua vita (che fu anche – non lo si dimentichi – il periodo poeticamente più creativo). Allora egli si diede molto da fare, elaborò programmi ambiziosi, esplorò vie diverse per crearsi una posizione soddisfacente. Tentò dapprima di seguire l'esempio del padre e di inserirsi nella struttura laica dello Stato ferrarese e fu capitano della rocca di Canossa dal 1501 al 1503 (e in questo periodo, da una relazione con una certa Maria, una domestica che s'era portato con sé nel soggiorno a Canossa, gli nacque il primo figlio: Giambattista). Presto però egli dovette accorgersi che non era fatto per la vita militare: abbandonò quindi il suo ufficio e si ritirò per un soggiorno estivo nella villa dei cugini Malaguzzi, il Mauriziano, presso Reggio; e durante quel soggiorno è probabile che ponesse mano a un frammento di poema epico su Obizzo d'Este. Tornato a Ferrara, e mancatogli l'aiuto dello zio Ludovico, fu costretto nuovamente a cercarsi un impiego, e decise di tentare un'altra carriera, che immaginò potesse essere a lui più congeniale e potesse offrirgli maggior agio agli studi, anche se poteva alla fine metterlo di fronte al dilemma se farsi una famiglia, secondando la sua aspirazione più sincera e profonda, oppure sottomettersi agli obblighi poco graditi della carriera ecclesiastica.

Nel 1503 l'Ariosto prese gli ordini minori e nel 1504 entrò al servizio del cardinale Ippolito d'Este. Il cardinale era uomo ambizioso, spesso crudele e impulsivo, di gusti a volte grossolani a volte sfarzosi, di cultura tutt'altro che mediocre. Il servizio presso di lui non fu all'Ariosto completamente gradito, anche perché consisteva spesso nelle incombenze più umili, mentre a volte gli imponeva di affrontare viaggi e ambasciate piuttosto rischiosi.

Esso aveva però anche parecchi vantaggi. Permise all'Ariosto di crearsi a poco a poco una buona posizione economica, attraverso una complicata vicenda di acquisti, permute e traffici di benefici ecclesiastici. Gli diede tempo, pur fra le numerose incombenze, di accudire alle cose familiari (nel 1509 gli nacque un secondo figlio, Virginio, da una modesta donna di nome Orsolina che poi diventò la moglie di Antonio Malagigi, fattore degli Ariosto); gli diede inoltre tempo, non solo di scrivere le sue prime commedie per le rappresentazioni della corte estense: la *Cassaria* in prosa (1508), i *Suppositi* in prosa (1509); ma anche di scrivere la prima redazione del *Furioso* (1504-1516). E gli diede modo anche, partecipando come fece, spesso con funzioni assai delicate, nella complessa trama della politica del cardinale Ippolito e del duca Alfonso, andando spesso ambasciatore a Mantova, Firenze e Roma, trovandosi a dover sfidare più volte, per incarico dei suoi signori, le ire del papa Giulio II, sentendosi spesso sfiorato dagli avvenimenti bellici assai drammatici di quel periodo: non solo di conoscere e sperimentare da vicino i modi e gli umori della multiforme vita cinquecentesca, ma anche di mettersi in relazione con molti letterati, diplomatici e uomini politici influenti e di crearsi degli amici e dei protettori potenti, fra cui soprattutto i Medici. Egli intensificò infatti in quegli anni i rapporti con una serie di famiglie fiorentine e soggiornò più volte a Firenze.

Perciò quando, nel 1513, l'amico Giovanni de' Medici fu eletto papa col nome di Leone X, l'Ariosto intravide la possibilità di dare un diverso sbocco alla sua carriera e di inserirsi nella corte papale, magari con la promozione a una sede vescovile, o comunque con il conferimento di più sicuri benefici ecclesiastici. La linea di sviluppo della carriera a cui stava lavorando è chiara: attraverso Firenze, puntava a Roma, la città che si stava sempre più presentando come il centro più importante e avanzato della cultura di quel tempo. Le speranze dell'Ariosto andarono deluse ed è probabile che la delusione fosse assai più forte di quanto non appaia dalla satira II.

Tuttavia l'Ariosto non era uomo da imprimere svolte brusche e drammatiche alla propria vita, e dopo la missione sfortunata a Roma nel 1513, si limitò a tornare a Ferrara, al servizio degli Este. È però certo che questo avvenimento, assieme a quello, psicologicamente ad esso legato, del rifiuto di seguire il cardinale Ippolito nel suo viaggio in Ungheria e la conseguente rottura del 1517, segnino il passaggio, nella vita dell'Ariosto, da una fase di ambizioni aperte, di esperimenti volonterosi (ed è anche la fase della creazione del *Furioso*), ad una fase di ripiegamento e di ripensamento. Testimonianza del ripiegamento sono, pare, i *Cinque Canti*, singolarmante «monocromi» (come li ha definiti il Segre), e comunque privi della bella libertà narrativa del *Furioso*, dominati dalla guerra e dalla figura di Gano traditore. Testimonianza del ripensamento, ma anche del superamento della crisi, sono le *Satire* (composte fra il 1517 e il 1525), le nuove giunte al *Furioso*, i rifacimenti delle vecchie e la composizione delle nuove commedie: la *Lena* (1528-1529), il *Negromante* (1528), i *Suppositi* in versi (1529-1531), la *Cassaria* in versi (1531), gli *Studenti* (iniziata nel 1518-1519 e rimasta incompiuta).

Le *Satire* soprattutto, pur fitte come sono di piccole vendette private, di scherzosi ritratti di se stesso e degli altri, non mancano di prudenti riesamine delle esperienze passate e di chiari segni della raggiunta disincantata maturità. «Come né stole, io non vuo' ch'anco annella Mi leghin mai», proclama l'Ariosto, riproponendosi il vecchio dilemma se farsi prete o metter su famiglia. Ma intanto ha già dato il cuore ad Alessandra Benucci, una gentildonna fiorentina incontrata prima a Ferrara, poi a Firenze nel 1513 e in altre occasioni, poi di nuovo a Ferrara, e di cui il poeta s'innamorò ancor prima che morisse, nel 1515, il marito di lei Tito Strozzi. (E naturalmente l'amore per la Benucci è a sua volta collegato psicologicamente col rifiuto di seguire il cardinale Ippolito in Ungheria).

L'Ariosto, che si vedeva a poco a poco disciogliere la famiglia attorno, dopo la morte della madre verso il 1520-1521, ebbe accanto a sé soltanto il fratello Gabriele, a cui un'infermità non aveva impedito di crearsi una numerosa famiglia, e il figlio Virginio la cui educazione egli seguì amorevolmente. Nel frattempo madonna Alessandra si stabilì a Ferrara e la relazione con il poeta prese l'aspetto di un amore calmo e costante e si regolarizzò in un matrimonio celebrato in segreto nel 1527. Tale segretezza non fu imposta dall'Ariosto, il quale da tempo aveva risolto il suo dilemma e rinunciato alla condizione di *presbiter*, ma piuttosto dalla Benucci, che non volle perdere la tutela dei figli avuti dal primo matrimonio. I due coniugi, ad ogni modo, non vissero mai insieme e anche quando Ludovico riuscì a crearsi un nido tutto per sé, a costruirsi la sua *Parva domus*, egli volle a fargli compagnia soltanto il figlio Virginio.

Nelle *Satire* l'Ariosto ha più volte espresso la propria insofferenza per la «servitù» estense, e il proprio amore per la libertà. Ma anche a questo riguardo, intervenne con la maturità il prudente, disincantato compromesso. Pochi mesi dopo la partenza di Ippolito per l'Ungheria, l'Ariosto entrò infatti al servizio del duca Alfonso. E se tale servizio fu caratterizzato da onori e da incarichi sempre più ragguardevoli, non fu però privo di amarezze e di disagi economici (anzi, ci fu addirittura una lite fra l'Ariosto e il Duca, riguardante l'usurpazione della bella tenuta delle «Arioste»), e di una parentesi tutt'altro che tranquilla, quando tra il 1522 e il 1525 l'Ariosto fu governatore della Garfagnana: un governatore coscienzioso, responsabile e non privo di generosità.

Se mai ci fu un contrasto nella vita dell'Ariosto tra le esigenze pratiche e la passione della poesia, tale contrasto scomparve totalmente in questi ultimi anni: la vita e la poesia fecero tutt'uno. La cura e l'amorevolezza dedicate alla nuova casa «parva sed apta mihi», ad Alessandra, al figlio Virginio, alle rappresentazioni teatrali, alle missioni diplomatiche, agli incarichi amministrativi e ai rapporti con i molti amici letterati sono la stessa cura e la stessa amorevolezza dedicate alla continua rassettatura e ripulitura del *Furioso*. L'Ariosto degli ultimi anni è un uomo che ha imparato, e dagli insegnamenti di Gregorio da Spoleto, e da quelli più ruvidi dell'esperienza, a «vivere nobilmente».

Ludovico Ariosto si spense il 6 luglio 1533, quando la sua fama di poeta era ormai vasta in Italia e in Europa. E la morte lo colse nell'intimità della famiglia, mentre ancor progettava di migliorare e modificare il *Furioso*.

NOTA BIBLIOGRAFICA

Il testo

L'edizione moderna fondamentale dell'*Orlando furioso* è stata procurata da S. Debenedetti (Bari, Laterza, 1928) e si basa sull'ultima stampa curata dal poeta e da lui personalmente seguita nella tipografia, portata a termine a Ferrara il 1° ottobre 1532 (edizione C). L'edizione di Debenedetti tiene però anche conto delle varianti che esistono persino fra le poche copie rimaste di quell'antica, preziosa edizione – segno delle attenzioni riservate dall'autore al suo libro anche nel corso della stampa – oltre che dei numerosi refusi e dei non facili problemi derivanti dalle abitudini ortografiche ariostesche. Lo stesso S. Debenedetti ha dato alle stampe nel 1937, a Torino, presso Loescher, i *Frammenti autografi dell'«Orlando furioso»*, molto importanti per una ricostruzione completa dell'elaborazione del testo.

Il lavoro critico del Debenedetti, interrotto dalla morte, è stato successivamente ripreso, corretto e pubblicato da C. Segre in una nuova edizione critica del *Furioso* (Bologna, Commissione per i testi di lingua, 1960). Tale edizione è particolarmente utile perché registra tutte le varianti, rispetto all'edizione del 1532, di quelle del 1516 e del 1521. Il testo qui riprodotto segue fedelmente quello dell'edizione critica definitiva curata dallo stesso C. Segre, *Tutte le opere di Ludovico Ariosto*. I. *Orlando furioso*, Milano, Mondadori, 1964, che apporta alcune correzioni al testo precedente. Il testo dei *Cinque canti* segue anch'esso quello dell'edizione curata da C. Segre in L. Ariosto, *Opere minori*, Milano-Napoli, Ricciardi, 1954, ma accoglie i suggerimenti di correzione di L. Firpo in *Cinque canti*, Torino, UTET, 1963.

Commenti

Il presente commento del *Furioso* corregge, integra e aggiorna il precedente commento curato da R. Ceserani in questa stessa collana nel 1962, aggiungendovi, a cura di S. Zatti, quello dei *Cinque Canti*. Esso tiene conto del secolare lavoro esegetico compiuto sui testi ariosteschi. Fra i commenti al *Furioso*, si ricordano anzitutto le preziose chiose dei commentatori cinquecenteschi: Dolce (Venezia, 1542), Fòrnari (Firenze, 1549), Pigna (Venezia, 1554), Ruscelli (Venezia, 1556), Toscanella (Venezia, 1574), Lavezuola (Venezia, 1584), Galilei (ed. Chiari, Firenze, 1943). Fra i moderni: G. A. Barotti (Venezia, 1766), A. Panizzi (Londra,

1834), G. CASELLA (Firenze, 1877), P. PAPINI (Firenze, Sansoni, 1903; nuo-
va ed. con presentazione di G. NENCIONI, ibid., 1957), N. ZINGARELLI
(Milano, Hoepli, 1934), N. SAPEGNO (Milano, Principato, 1941), L. CARET-
TI (Milano-Napoli, Ricciardi, 1953; nuova ed. Torino, 1968), C. SEGRE
(Milano, Mondadori, 1964, 1° vol. di *Tutte le opere*, poi ristampato nella
collana «I Meridiani», 1982), G. INNAMORATI (Bologna, Zanichelli, 1967),
L. PAMPALONI (Firenze, La Nuova Italia, 1971), N. BORSELLINO (Roma,
Bulzoni, 1972), M. TURCHI, con presentazione critica di E. SANGUINETI
(Milano, Garzanti, 1974), E. BIGI, con indice dei personaggi a cura di
P. FLORIANI (Milano, Rusconi, 1982). Quest'ultimo commento è il più ampio e autorevole che sia stato sinora proposto: esamina accuratamente fatti
linguistici, stilistici e retorici, indica molte fonti letterarie sinora ignorate,
discute l'interpretazione di singoli passi, a volte proponendo di essi una
nuova lettura. Del commento di Bigi, e anche di osservazioni parziali su
questo o quel passo avanzate dagli studiosi del poema, particolarmente
numerose negli ultimi due decenni, abbiamo tenuto largamente conto
nella revisione. Per i *Cinque canti*, che hanno una tradizione esegetica assai
più povera, sono stati tenuti presente i commenti di C. SEGRE (in L. ARIO-
STO, *Opere minori*, cit.), L. FIRPO (L. ARIOSTO, *Cinque canti*, cit.) e L. CARET-
TI (L. ARIOSTO, *Cinque canti*, Venezia, Corbo & Fiore, 1974).

Utilissime, per il commento del poema e dei *Cinque canti*, oltre agli
studi sulle fonti, sullo stile e le varianti stilistiche, sui rapporti fra Ariosto e i poeti della tradizione di cui diamo indicazione particolareggiata
più avanti, e anche agli studi su singoli episodi o singole questioni testuali, di cui è stata data indicazione a suo luogo, sono state naturalmente le concordanze del *Furioso*, del *Morgante* e dell'*Innamorato* con-
sultabili presso il C.N.U.C.E. di Pisa. Concordanze e rimari dei tre grossi
poemi sono state apprestate anche (e sono utilizzabili sia su microfiche
sia su computer), a cura di D. ROBEY e M. DORIGATTI, dall'Oxford University Computing Service, con il sussidio della British Academy. Tutti e
tre i poemi (e molti altri testi) sono anche integralmente registrati su
CD-ROM e sono analizzabili (per stabilire occorrenze di parole o stringhe
di parole, prefissi suffissi, rime ecc.) nella *LIZ. Letteratura italiana Zanichelli*, a cura di P. STOPPELLI ed E. PICCHI, Bologna, Zanichelli, 1994. Per
i riferimenti storico-geografici, molto utile è stato l'indice di N. ZINGA-
RELLI all'ediz. cit. del *Furioso* e anche gli *Studi critici sopra la geografia
nell'«Orlando Furioso»* di V. M. VERNERO, Torino, Tipografia palatina,
1913; più moderno e aggiornato il saggio di A. DOROSZLAÏ, *Les sources
cartographiques et le «Roland Furieux»: Quelques hypothèses autour de l'«e-
space réel» chez l'Arioste*, in *Espaces réels et espaces imaginaires dans le
«Roland Furieux»*, citato più avanti tra le raccolte collettive, pp. 11-46.

Per le altre opere di A. si sono tenute presenti, oltre all'ediz. delle
Opere minori, a cura di C. SEGRE, Milano-Napoli, Ricciardi, 1954 e al-
l'ediz. critica di *Tutte le opere di Ludovico Ariosto*, a cura di C. SEGRE,
Milano, Mondadori, 1964, rimasta interrotta (dopo il *Furioso*, a cura di

C. SEGRE, 1965, sono usciti un volume di *Commedie*, a cura di A. CASEL-LA, G. RONCHI, E. VARASI e un volume contenente *Satire, Erbolato, Lettere*, a cura di C. SEGRE, G. RONCHI, A. STELLA, 1984), il volume III della presente collana delle *Opere: Carmina, Rime, Satire, Erbolato, Lettere*, a cura di M. SANTORO, Torino, UTET, 1989 (per il teatro è previsto un ulteriore volume apposito). Delle *Satire* è uscita una nuova ediz. critica e commentata a cura di C. SEGRE, Torino, Einaudi, 1987.

BIBLIOGRAFIE E STORIE DELLA CRITICA

Il repertorio bibliografico fondamentale è quello di G. FATINI, *Bibliografia della critica ariostesca (1510-1956)*, Firenze, Le Monnier, 1958. Esso va integrato con: D. MEDICI, *La bibliografia della critica ariostesca dal Fatini ad oggi (1957-1974)*, in *L. Ariosto: il suo tempo la sua terra la sua gente*, Estratto dal «Bollettino storico reggiano», 7, n. 27, 1974, pp. 63-150, e con la bibliografia ragionata e selettiva di R. J. RODINI-S. DI MARIA, *Ludovico Ariosto. An Annotated Bibliography of Criticism (1956-1980)*, Columbia, University of Missouri Press, 1984; su cui C. CORDIÈ, *Le bibliografie ariostee Fatini (1510-1956) e Rodini-Di Maria (1956-1980). Osservazioni e aggiunte*, in «Paideia», XLIII (1988), pp. 46-49.

Fra le storie e rassegne della critica ricordiamo: W. BINNI, *Storia della critica ariostesca*, Lucca, Lucentia, 1951; R. RAMAT, *La critica ariostesca*, Firenze, La Nuova Italia, 1954 (rifuso in *I classici italiani nella storia della critica*, a c. di W. BINNI, Firenze, La Nuova Italia, 1954, I, pp. 279-324; II ediz. ivi, 1960, pp. 359-417); A. BORLENGHI, *Ariosto*, Palermo, Palumbo, 1961; E. TUROLLA, *Rassegna ariostesca*, in «Lettere italiane», XI, 1959, pp. 94-103; R. FRATTAROLO, *Ariosto 1974*, in «Accademie e biblioteche d'Italia», 42, n. 6, 1974, pp. 426-66; P. PAOLINI, *Situazione della critica ariostesca*, in «Italianistica», 3, n. 3, 1974, pp. 3-22; M. SANTORO, *Il «nuovo corso» della critica ariostesca*, in «Cultura e scuola», 13, n. 52, 1974, pp. 20-31; G. BALDASSARRI, *Tendenze e prospettive della critica ariostesca nell'ultimo trentennio (1946-1973)*, in «La rassegna della lett. italiana», s. VII, 79, nn. 1-2, 1975, pp. 183-201; G. RATI, *L. Ariosto e la critica (1974-1985)*, in «Cultura e scuola», XXV (1986), pp. 23-35 e 27-34; C. BADINI, *Rassegna ariostesca (1976-1985)*, in «Lettere italiane», XXXVIII (1986), pp. 104-24; A. FRANCESCHETTI, *Contemporary American Re-Readings of the «Furioso»*, in A. TOSCANO, *Interpreting the Italian Renaissance. Literary Perspectives*, Stony Brook, NY, Forum Italicum, 1991, pp. 151-61; J. A. CAVALLO, *L'«Orlando furioso» nella critica nordamericana (1986-1991)*, in «Lettere italiane», XLV, 1993, pp. 129-49.

BIOGRAFIE

Resta fondamentale, per la grande quantità di notizie e documenti, la biografia di M. CATALANO, *Vita di L. Ariosto*, Genève, Olschki, 1930. Ancora utili, tra i lavori precedenti: G. BARUFFALDI, *Vita di L. Ariosto*, Ferrara, 1808; G. CAMPORI, *Notizie per la vita di L. Ariosto*, Modena, Vincenzi, 1871 e la raccolta di *Documenti inediti per servire alla vita di L. Ariosto*, a cura di G. SFORZA, «Monumenti di storia patria delle provincie modenesi», tomo unico, Modena, 1926.

Hanno dato contributi fondamentali al rinnovamento dell'interpretazione della biografia ariostesca R. BACCHELLI con il libro *La congiura di don Giulio d'Este*, Milano, Mondadori, 1931 (ripubblicato, insieme con altri scritti ariosteschi, in *La congiura di don Giulio d'Este e altri scritti ariosteschi*, Milano, Mondadori, 1958) e C. DIONISOTTI con il saggio *Chierici e laici nella letteratura italiana del primo Cinquecento* (pubblicato negli atti di un convegno nel 1960 e poi raccolto in *Geografia e storia della letteratura italiana*, Torino, Einaudi, 1967).

Buono l'apparato documentario e quello iconografico nel volume dedicato al grande pubblico *Ludovico Ariosto* nella collana «I giganti», delle edizioni Mondadori, Milano, 1968. Ha un valore piacevolmente divulgativo la biografia di A. FLAMIGNI-R. MANGARONI, *Ariosto*, Milano, Camunia, 1989.

Su aspetti ed episodi della vita: G. FUSAI, *L. Ariosto in Garfagnana e le sue relazioni con la repubblica di Lucca*, in «Atti della Accad. Lucchese di Sc., lett. ed arti», n. s., IV (1937), pp. 808-19; A. MORSELLI, *L. Ariosto tra Ippolito d'Este e Alberto Pio*, in «Atti e Mem. della Accad. di Sc., lett. ed arti di Modena», serie V, II, 1937, pp. 73-92; R. CESERANI, *Benucci, Alessandra*, in *Dizionario biografico degli italiani*, Roma, Istituto della Enciclopedia Italiana, vol. VIII, 1966, pp. 649-51.

Sull'ambiente sociale e culturale ferrarese: E. G. GARDNER, *The King of Court Poets, A Study of the Work, Life and Times of L. Ariosto*, London, Constable, 1906 (ristampa New York, Haskell, 1968); C. VON CHLEDOWSKI, *Dwór w Ferrare*, Lwów, Wende, 1907 (trad. tedesca: *Der Hof von Ferrara*, München, Müller, 1919); H. HAUVETTE, *L'Arioste et la poésie chevaleresque à Ferrare*, Paris, Librairie Champion, 1922; A. PIROMALLI, *La cultura a Ferrara al tempo dell'Ariosto*, Firenze, La Nuova Italia, 1953 (nuova ediz. Roma, Bulzoni, 1975); G. GETTO, *La corte estense luogo d'incontro di una civiltà letteraria*, in *Letteratura e critica nel tempo*, Milano, Marzorati, 1954, pp. 325-57; R. LONGHI, *Officina ferrarese*, Roma, Le edizioni d'Italia, 1934 (più volte ristampato negli anni successivi, da altri editori); E. GARIN, *Motivi della cultura ferrarese nel Rinascimento*, in *La cultura filosofica del Rinascimento italiano*, Firenze, 1961; E. SESTAN, *Gli Estensi e il loro stato al tempo dell'Ariosto*, in «La rassegna della letteratura italiana», LXXIX (1975), pp. 19-33; AA. VV., *Ferrara*, a cura di R. RENZI, Bologna, 1974; L. CHIAPPINI, *Gli Estensi*, Varese, 1967; W. L. GUNDERSHEIMER, *Ferrara. The Style of a Renaissance Despotism*, Princeton, University Press, 1973; F. ERSPAMER, *La biblioteca di don Ferrante: Duello e onore nella cultura del Cinquecento*, Roma, Bulzoni, 1982; AA. VV., *La corte e lo spazio: Ferrara estense*, a cura di G. PAPAGNO e A. QUONDAM, Roma, Bulzoni, 1982; R. CESERANI, *L'Ariosto e la cultura figurativa del suo tempo*, in AA. VV., *Studies in the Italian Renaissance. Essays in Memory of A. B. Ferruolo*, Napoli, Società Editrice Napoletana, 1985; D. LOONEY, *Ariosto's Ferrara: A National Identity between Fact and Fiction*, in «Yearbook of Comparative and General Literature», XXXIX (1990-1991), pp. 25-34.

ICONOLOGIA

G. AGNELLI, *I ritratti dell'Ariosto*, in «Rassegna d'arte antica e moderna», IX, 1922, pp. 82-98; IDEM, *Il ritratto dell'Ariosto di Dosso Dossi*, in «Emporium», 77, 1933, pp. 275-82, G. GRONAU, *Titian's «Ariosto»*, in «Burlington Magazine», 63, 1933, pp. 275-82; W. D. PEAT, *Portrait of A Man (Ludovico Ariosto)*, in «The Art Quarterly», X, 1947, pp. 65-67 (su un ritratto oggi al museo di Indianapolis, che però per molti studiosi di Tiziano non può essere identificato con Ariosto); R. CESERANI, *Dietro i ritratti di Ludovico Ariosto*, in «Giorn. Storico della Lett. Ital.», CLIII (1976), pp. 243-295; G. FRAGNITO, *Intorno alla «religione» dell'Ariosto. I dubbi del Bembo e le credenze ereticali del fratello Galasso*, in «Lettere Italiane», XLIV (1992), pp. 208-39.

MONOGRAFIE COMPLESSIVE

M. MARTI, *L. Ariosto*, in *Letteratura italiana. I Maggiori*, Milano, Marzorati, 1956, I, pp. 307-406; N. SAPEGNO, *L. Ariosto*, in *Dizionario biografico degli italiani*, Roma, Istituto della Enciclopedia Italiana, vol. IV, 1962, pp. 172-88; L. CARETTI, *L. Ariosto*, in *Storia della letteratura italiana*, diretta da E. CECCHI e N. SAPEGNO, Milano, Garzanti, III, 1966, pp. 787-895, G. INNAMORATI, *Ariosto*, in *I protagonisti della storia universale*, vol. 5, n. 39, pp. 309-336, Milano, C.E.I., 1965; R. CESERANI, in *Grande dizionario enciclopedico*, Torino, UTET, II, 1966, pp. 157-63; E. BIGI, in *Dizionario critico della letteratura italiana*, a cura di V. BRANCA, Torino, UTET, I, 1973, pp. 113-33 (nuova ediz. 1986, I, pp. 112-31); N. BORSELLINO, *Lettura dell'«Orlando furioso»*, Bari, Laterza, 1973; C. P. BRAND, *L. Ariosto. A preface of the «Orlando furioso»*, Edinburgh, University Press, 1974.

RACCOLTE COLLETTIVE DI SAGGI PER ANNIVERSARI, CELEBRAZIONI, ECC.

«L'ottava d'oro». Celebrazioni ariostesche, Ferrara, 1928; Milano, Treves, 1930 e quindi Mondadori, 1933; Numero dedicato all'Ariosto di «Notiziario culturale italiano», Istituto italiano di cultura, Parigi, XV, 3 (1974); *Per l'Ariosto*, numero speciale di «Italianistica», 1974, n. 3, a cura

di R. NEGRI, pubblicato anche come fascicolo a sé, Milano, Marzorati, 1976; *L. Ariosto: il suo tempo la sua terra la sua gente*, Atti del Convegno di studi organizzato dalla Deputaz. di Storia Patria per le antiche provincie modenesi, Sez. di Reggio Emilia, 27-28 aprile 1974, in «Bollettino storico reggiano», numero speciale, 25-30; *Convegno internazionale L. Ariosto*, Roma-Lucca-Castelnuovo di Garfagnana-Reggio Emilia-Ferrara, Atti dei Convegni Lincei, 6, Roma, Accademia Naz. dei Lincei, 1975; *Ludovico Ariosto: lingua, stile e tradizione*, Atti del Congresso organizzato dai comuni di Reggio Emilia e Ferrara, 12-16 ottobre 1974, a cura di C. SEGRE, Milano, Feltrinelli, 1976; *Ariosto 1974 in America*. Atti del congresso ariostesco, dicembre 1974, Casa italiana della Columbia University, a cura di A. SCAGLIONE, Ravenna, Longo, 1976; Numero speciale di «La rassegna della letteratura italiana», LXXIX, s. VII, 1-2, gennaio-agosto 1975; *Studi sull'Ariosto*, a cura di E. N. GIRARDI, Milano, Vita e Pensiero, 1977; *Il Rinascimento nelle corti padane. Società e cultura*. Atti del convegno «Società e cultura al tempo di L. Ariosto», Reggio Emilia-Ferrara, 22-26 ottobre 1975, con una premessa di P. ROSSI e le conclusioni di M. BERENGO, Bari, De Donato, 1977; P. DE SA WIGGINS ed E. SACCONE (a cura di), *Perspectives on Ariosto's «Orlando furioso»*, numero speciale di «Modern Language Notes», CIII, 1 (gennaio 1988); A. DOROSZLAÏ, J. GUIDI, M.-F. PIÉJUS, A. ROCHON, *Espaces réels et espaces imaginaires dans le «Roland Furieux»*, Paris, Université de la Sorbonne Nouvelle, Centre Interuniv. de Recherche sur la Renaissance italienne, 19, 1991; *Signore cortese e umanissimo. Viaggio intorno a L. Ariosto. Catalogo della mostra di Reggio Emilia 5 marzo-8 maggio 1994*, a cura di J. Bentini, Venezia, Marsilio, 1994.

LE FONTI LETTERARIE DEL FURIOSO E I FENOMENI DI INTERTESTUALITÀ

P. RAJNA, *Le fonti dell'Orlando furioso*, Firenze, Sansoni, 1876 (ristampa della II edizione, 1900, accresciuta di inediti, a cura e con presentazione di F. MAZZONI, Firenze, Sansoni, 1975); A. ROMIZI, *Le fonti latine dell'Orlando furioso*, Torino, Paravia, 1896; E. BIGI, *Petrarchismo ariostesco*, in *Dal Petrarca al Leopardi*, Milano-Napoli, Ricciardi, 1953; C. SEGRE, *La biblioteca dell'Ariosto* e *Un repertorio linguistico e stilistico dell'Ariosto: la «Commedia»*, in *Esperienze ariostesche*, Pisa, Nistri-Lischi, 1966, pp. 45-50 e 51-83; L. BLASUCCI, *La «Commedia» come fonte linguistica e stilistica dell'«Orlando furioso»*, in *Studi su Dante e Ariosto*, Milano-Napoli, Ricciardi, 1969, pp. 121-62; G. PETROCCHI, *Orazio e Ariosto*, in *I fantasmi di Tancredi*, Caltanissetta-Roma, Sciascia, 1972, pp. 261-75; D. DEL CORNO BRANCA, *L'«Orlando furioso» e il romanzo cavalleresco medievale*, Firenze, Sansoni, 1973; G. PONTE, *Boiardo e Ariosto*, in «La rassegna della letteratura italiana», LXXIX (1975), pp. 169-82; P. BALDAN, *Un orco folklorico del Boiardo tradito dall'Ariosto*, in «Il Ponte», XXX (1982), pp. 342-63;

J. WOOTEN, *From Purgatory to the Paradise of Fools: Dante, Ariosto, and Milton*, in «English Literary History», IL (1982), pp. 741-50; A. DI TOMMASO, *Boiardo/Ariosto. Textual Relations and Poetic Integrity*, in «Stanford Italian Review» IV (1984), pp. 73-91; D. JAVITCH, *The «Orlando furioso» and Ovid's Revision of the «Aeneid»*, in «Modern Language Notes», IC (1984), pp. 1023-36; L. BLASUCCI, *Riprese linguistico-stilistiche dal «Morgante» nell'«Orlando furioso»*, in *Ludovico Ariosto: lingua, stile e tradizione*, a cura di C. SEGRE, cit., pp. 137-55; D. JAVITCH, *The Imitation of Imitations in «Orlando Furioso»*, in «Renaissance Quarterly», XXXVIII (1985), pp. 215-39; G. BARBIRATO, *Elementi decameroniani in alcune novelle ariostesche*, in «Studi sul Boccaccio», XVI (1987), pp. 329-60; R. H. LANSING, *Ariosto's «Orlando furioso» and the Homeric Model*, in «Comparative Literature Studies», XXIV (1987), pp. 311-25; M. BREGOLI-RUSSO, *Boiardo, Ariosto e i commentatori del Cinquecento*, in «Annali Ist. Univ. Orientale, Napoli, Sez. Romanza», XXIX (1987), pp. 77-86; A. CASADEI, *La strategia delle varianti. Le correzioni storiche del terzo «Furioso»*, Lucca, Pacini-Fazzi, 1988; D. FACHARD, *L'immagine dell'eroe. Reminiscenze omeriche nell'«Innamorato» e nel «Furioso»*, in «Études de Lettres», I (1989), pp. 5-40; M. JOHNSON HADDAD, *Ovid's Medusa in Dante and Ariosto. The Poetics of Self-Confrontation*, in «Journal of Medieval and Renaissance Studies», XIX (1989), pp. 211-25; C. SEGRE, *Pio Rajna: Le fonti e l'arte dell'«Orlando furioso»*, in «Strumenti critici», V (1990), pp. 315-27; M. C. CABANI, *Fra omaggio e parodia. Petrarca e petrarchismo nel «Furioso»*, Pisa, Nistri-Lischi, «La porta di corno» 9, 1990; W. FEINSTEIN, *Ariosto's Parodic Rewriting of Vergil in the Episode of Cloridano and Medoro*, in «South Atlantic Review», LV (1990), pp. 17-34; R. MORABITO, *Spigolatura fra Boiardo e Ariosto*, in «Studi e Problemi di Critica Testuale», XLIII (1991), pp. 95-102; G. SANGIRARDI, *La presenza del «Decameron» nell'«Orlando furioso»*, in «Rivista di letteratura italiana», X (1992), pp. 25-67; M. JOHNSON-HADDAD, *Gelosia: Ariosto Reads Dante*, in «Stanford Italian Review», XI (1992), pp. 187-201; M. BREGOLI-RUSSO, *Boiardo, Ariosto e le Imprese*, in «Medieval Perspectives», I (1986), pp. 188-200; G. SANGIRARDI, *Boiardismo ariostesco. Presenza e trattamento dell'«Orlando Innamorato» nel «Furioso»*, Lucca, Pacini Fazzi, 1994; F. SBERLATI, *Sospensione e intrattenimento. Tracce di una tradizione orale nel «Furioso»*, in A. BATTISTINI (a cura di), *Mappe e letture. Studi in onore di E. Raimondi*, Bologna, Il Mulino, 1994, pp. 47-66.

LINGUA, STILE E METRO

B. MIGLIORINI, *Sulla lingua dell'Ariosto* (1946), in *Saggi linguistici*, Firenze, Le Monnier, 1957, pp. 178-86; E. SACCONE, *Note ariostesche*, in «Annali della Scuola Normale Superiore di Pisa», s. II, XXVIII (1959), pp. 193-242; A. LIMENTANI, *Struttura e storia dell'ottava rima*, in «Lettere italiane», XIII (1961), pp. 20-77; E. BIGI, *Appunti sulla lingua e sulla metrica dell'«Orlando furioso»*, in *La cultura del Poliziano e altri studi umanistici*, Pisa, Nistri-Lischi, 1967, pp. 164-86; L. BLASUCCI, *Osservazioni sulla struttura metrica dell'«Orlando furioso»* (1962) e *Note sulla enumerazione nell'«Orlando furioso»* (1962), in *Studi su Dante e Ariosto*, cit., 1969, pp. 73-112 e 113-20; M. FUBINI, *Gli enjambements nel «Furioso»*, in *Studi sulla letteratura italiana del Rinascimento*, Firenze, La Nuova Italia, 1971, pp. 241-47; F. CHIAPPELLI, *Sul linguaggio dell'Ariosto*, in *Convegno*, cit., Roma, 1975, pp. 1-25; K. O. MURTAUGH, *Ariosto and the Classical Simile*, Cambridge (USA), Harvard Univ. Press, 1980; A. STELLA, *Note sull'evoluzione linguistica dell'Ariosto*, in *Ludovico Ariosto: lingua, stile e tradizione*, a cura di C. SEGRE, cit., pp. 49-64; L. VANOSSI, *Valori iconici della rima nell'«Orlando furioso»*, in «Lingua nostra», LXV (1984), pp. 35-47; M. C. CABANI, *Costanti ariostesche. Tecniche di ripresa e memoria interna nell'«Orlando furioso»*, Pisa, Scuola Normale Superiore, 1990; A. RIZZO, *Similitudini e comparazioni nell'«Orlando furioso»*, in «Rassegna d. Lett. Ital.», XCIV (1990), pp. 83-88.

STUDI CRITICI SUL «FURIOSO»

Fra i contributi critici più significativi, nella secolare opera di lettura e interpretazione del poema, segnaliamo, a cominciare dall'Ottocento: U. FOSCOLO, *Narrative and Romantic Poems of the Italians* (1819), in *Saggi di letteratura italiana*, in *Opere*, Ediz. naz., vol. XI, Firenze, Le Monnier, 1958, parte II, pp. 1-199 e particolarmente pp. 119-157; V. GIOBERTI, *Del primato morale e civile degli italiani* (1843), parte II, cap. VII, in *Opere*, a cura di U. REDANÒ, Ediz. naz., vol. VIII, Milano, Bocca, 1939; F. DE SANCTIS, *Corso sulla poesia cavalleresca* (1858), in *La poesia cavalleresca e scritti vari*, a cura di M. PETRINI, Bari, Laterza, 1954, oppure *Verso il realismo*, a cura di N. BORSELLINO, Torino, Einaudi, 1965; *Storia della letteratura italiana* (1870), a cura di B. CROCE, Bari, Laterza, 1925 oppure a cura di N. GALLO, Torino, Einaudi, 1958, capitoli XII e XIII; A. SALZA, *Studi su L. Ariosto*, Città di Castello, Lapi, 1914; G. CARDUCCI, *Su l'«Orlando furioso»* (1881), in *Opere*, Ediz. naz., XIV, Bologna, Zanichelli, 1936, pp. 57-116; G. A. CESAREO, *La fantasia delll'Ariosto*, in *Critica militante*, Messina, Trimarchi, 1907, pp. 29-55; B. CROCE, *Ariosto*, in *Ariosto, Shakespeare e Corneille*, Bari, Laterza, 1920; A. MOMIGLIANO, *Saggio sull'«Orlando furioso»*, Bari, Laterza, 1928; G. RANIOLO, *Lo spirito e l'arte dell'«Orlando furioso»*, Milano, Mondadori, 1929; T. SPOERRI, *Renaissance und Barok bei Ariost und Tasso*, Bern, Haupt, 1932; A. ZOTTOLI, *Dal Boiardo all'Ariosto*, Lanciano, Carabba, 1934; E. CARRARA, *Due storie del «Furioso»*, Torino, Ediz. dell'Erma, 1935 (ristampato in parte in *Studi petrarcheschi ed altri saggi raccolti da amici e discepoli*, Torino, Bottega d'Erasmo, 1959, pp. 243-368); E. CARRARA, *Marganorre*, in «Annali della Scuola Norm.

Sup. di Pisa», s. II, IX (1940), pp. 1-20; E. LI GOTTI, *L'Ariosto narratore* e *Il linguaggio poetico dell'«Orlando furioso»*, in *Saggi*, Firenze, 1941, pp. 63-73 e 77-81; W. BINNI, *Metodo e poesia di L. Ariosto*, Messina, D'Anna, 1947; G. DE ROBERTIS, *Idea dell'«Orlando»*, in «La rassegna d'Italia», 1949, pp. 646-50; G. DE ROBERTIS, *Lettura sintomatica del Primo dell'«Orlando»*, in «Paragone», 1950, n. 4, pp. 12-17; G. DE BLASI, *L'Ariosto e le passioni*, in «Giornale storico della lett. italiana», 1952, pp. 318-62; 1953, pp. 178-203; R. RAMAT, *L'«Orlando furioso»*, in *Per la storia dello stile rinascimentale*, Messina-Firenze, D'Anna, 1953, pp. 1-73; L. CARETTI, *Ariosto e Tasso*, Torino, Einaudi, 1961; R. DURLING, *The Figure of the Poet in Renaissance Epic*, Cambridge, Harvard University Press, 1965; D. S. CARNE-ROSS, *The One and the Many: A Reading of the «Orlando furioso»*, in «Arion», 5, 1966, pp. 195-234 (part I); new series, 3, 1976, pp. 146-219 (part II); C. SEGRE, *Esperienze ariostesche*, Pisa, Nistri-Lischi, 1966; C. DIONISOTTI, *Fortuna e sfortuna del Boiardo nel Cinquecento*, in *Il Boiardo e la critica contemporanea*. Atti del Convegno di studi su M. M. Boiardo, a cura di G. Anceschi, Firenze, 1970, pp. 221-41; I. CALVINO, *L'«Orlando furioso» raccontato da I. Calvino*, Torino, Einaudi, 1970; E. DONATO, *«Per selve e boscherecci labirinti»: Desire and Narrative Structure in Ariosto's «Orlando furioso»*, in «Barroco», 4, 1972 (riprodotto anche in AA. VV. *Renaissance Theory/Renaissance Texts*, a cura di P. PARKER e D. QUINT, Baltimore, The Johns Hopkins University Press, 1986, pp. 33-63); E. SACCONE, *Il soggetto dell'«Orlando furioso»*, Napoli, Liguori, 1974; G. PA-DOAN, *L'«Orlando furioso» e la crisi del Rinascimento*, in «Lettere italiane», XXVII (1975), pp. 286-307 (anche in *Ariosto 1974 in America*, cit., pp. 1-29); L. PAMPALONI, *Per un'analisi narrativa dell'«Orlando furioso»*, in «Belfagor», XXVI (1971), pp. 135-50 e *La guerra nell'«Orlando furioso»*, ibidem, XXVI (1971), pp. 627-52; M. SANTORO, *Letture ariostesche*, Napoli, Liguori, 1973; G. FERRONI, *L'Ariosto e la concezione umanistica della follia*, in *Convegno internazionale L. Ariosto*, cit., 1975, pp. 73-92; A. FICHTER, *Poets Historical. Dynastic Epic in the Renaissance*, New Haven, Yale Univ. Press, 1982; R. BRUSCAGLI, *'Ventura' e 'inchiesta' fra Boiardo e Ariosto*, in *L. Ariosto: lingua, stile e tradizione*, cit., pp. 107-136 (poi in *Stagioni della civiltà estense*, Pisa, Nistri-Lischi, 1983, pp. 87-126); W. MORETTI, *L'ultimo Ariosto*, Bologna, Pàtron, 1977; C. P. BRAND, *L'entrelacement nell'«Orlando furioso»*, in «Giornale storico della lett. italiana», CLIV (1977), pp. 509-32; P. PARKER, *Inescapable Romance. Studies in the Poetics of a Mode*, Princeton, University Press, 1979; D. JAVITCH, *Cantus interruptus in the «Orlando furioso»*, in «Modern Language Notes», XCV (1980), pp. 66-80; M. A. DI CESARE, *Isabella and Her Hermit. Stillness at the Center of the «Orlando furioso»*, in «Mediaevalia: A Journal of Mediaeval Studies», VI (1980), pp. 311-32; G. SINICROPI, *La struttura della parodia; ovvero: Bradamante in Arli*, in «Strumenti Critici», XV (1981), pp. 232-51; A. BAILLET, *L'Arioste et les princes d'Este. Poésie et politique*, in *Le Pouvoir et la plume. Incitation, controle et répression dand l'Italie du XVIe siècle*, Paris, Univ. de la Sorbonne Nouvelle, 1982, pp. 85-95; M. CIAVOLELLA, *La licantropia d'Orlando*, in V. BRANCA et al. (a cura di), *Il Rinascimento: Aspetti e problemi attuali*, Firenze, Olschki, 1982, pp. 311-24; S. M. GILARDINO, *Per una reinterpretazione dell'Olimpia ariostesca: I contributi della filologia germanica*, ibid., pp. 329-44; G. GÜNTERT, *Le imprese di Isabella d'Este Gonzaga e l'«Orlando furioso»*, ibid., pp. 445-54; N. LAZZARO-FERRI, *Incanto, scienza e «virtù» e la conclusione dell'«Orlando furioso»*, in «Selecta. Journal of the Pacific Northwest Council on Foreign Languages», III (1982), pp. 105-111; M. SHAPIRO, *Revelation and the Vials of Sanity in the «Orlando furioso»*, in «Romance Notes», XXII (1982), pp. 329-34; ID., *Perseus and Bellerophon in «Orlando furioso»*, in «Modern Philology», LXXXI (1983), pp. 109-130; ID., *From Atlas to Atlante*, in «Comparative Literature», XXXV (1983), pp. 323-50; J. T. CHIAMPI, *Between Voice and Writing. Ariosto's Irony According to Saint John*, in «Italica», LX (1983), pp. 340-50; K. H. STIERLE, *Die Komik des Objekts in Ariosts «Orlando furioso»*, in K. H. GOLLER (a cura di), *Spätmittelalterliche Artusliteratur*, Paderborn, Schöningh, 1984, pp. 151-60; R. MANICA, *Preliminari sull'«Orlando furioso». Un paradigma ariostesco*, Roma, Bulzoni, 1983; M. SANTORO, *L'anello di Angelica*, Napoli, Federico & Ardia, 1983; G. DALLA PALMA, *Le strutture narrative dell'«Orlando furioso»*, Firenze, Olschki, 1984; G. SAVARESE, *L'«Orlando furioso» e la cultura del Rinascimento*, Roma, Bulzoni, 1984; A. GAREFFI, *Figure dell'immaginario nell'«Orlando furioso»*, Roma, Bulzoni, 1984; R. CESERANI, *Due modelli culturali e narrativi nell'«Orlando furioso»*, in «Giornale storico della lett. italiana», CLXI (1984), pp. 481-506; S. LA MONICA, *Realtà storica e immaginario bellico ariostesco*, in «Rassegna d. Lett. Ital.», LXXXIX (1985), pp. 326-58; A. ASCOLI, *Ariosto's Bitter Harmony. Crisis and Evasion in the Italian Renaissance*, Princeton, University Press, 1986; F. FIDO, *I desideri e la morte. Prolessi narrative del Furioso*, in AA. VV., *Studies in the Italian Renaissance. Essays in Memory of A. B. Ferruolo*, cit., pp. 135-43; A. MICHEL, *Du héros antique au «Roland furieux». Le Chevalier, le courtisan, le saint*, in M.-T. JONES-DAVIES (a cura di), *Le Roman de chevalerie au temps de la Renaissance*, Paris, Touzot, 1987, pp. 11-27; D. ALEXANDRE-GRAS, *Le Jardin enchanté dans les roman chevaleresque italien*, in Y. GIRAUD (a cura di), *Le Paysage à la Renaissance*, Friburgo, Eds. Universitaires, 1988, pp. 147-156; M. MURRIN, *The Siege of Paris*, in «Modern Language Notes», CIII (1988), pp. 134-53; P. BARUCCO, *Le «Roland furieux» comme palinodie ou l'Arioste, penseur tragique*, in «Revue Romane», XXIII (1988), pp. 211-40; G. LEPSCHY, *I tempi dell'Ariosto: Tempo verbale e prospettiva narrativa nel primo canto dell'«Orlando furioso»*, in AA. VV., *The Languages of Literature in Renaissance Italy*, Oxford, Clarendon Press, 1988, pp. 211-21; P. DE SA WIGGINS, *Figures in Ariosto's Tapestry: Character and Design in the «Orlando furioso»*, Baltimore, The Johns Hopkins Unversity Press, 1986; E. BONORA, *Paragrafi sull'«Orlando furioso»*, in «Giorn. st. d. lett. ital.», CIII (1986), pp. 200-34; C. P. BRAND, *From the Second to the Third Edition of the «Orlando furioso». The Marganorre Canto*, in A. L. LEPSCHY, J. TOOK e J. RHODES (a cura di), *Book Production and Letters in the Western European Renaissance*. Essays in Honor of C. Fahy, London, Mod. Humanities Research Assn., 1986, pp. 32-46; P. V. MARINELLI, *The Flight of Ariosto's Hippogriff. Genesis, Elaboration, and Function*, in K. EISENBICHLER e O. ZORZI PUGLIESE, *Ficino and Renaissance Neoplatonism*, Toronto, Dovehouse, 1986, pp. 87-99; R. BAEHR, *Ariosts Alcina und Olimpia: Zu Charakter und «Fortune» eines literarischen Stereotyps*, in S. KNALLER ed. E. MARA (a cura di), *Das Epos in der Romania*. Festschrift für Dieter Kremers zum 65. Geburtstag, Tübingen, Narr, 1986, pp. 13-28; L. KNAPP, *Ariosts «Orlando furioso». Die Kritik der Waffen und der Triumph der Liebe*, ibid., pp. 177-192; S. KNALLER, *Zur Aktualität des «Orlando furioso». Eine dramatische Umsetzung durch E. Sanguineti und L. Ronconi*, ibid., pp. 165-76; E. KANDUTH, *Ansätze zur Melodramatik in Ariosts «Orlando Furioso»*, ibid., pp. 95-112; C. SEGRE, *D'un miroir a l'autre. La Lune et la terre dans le «Roland furieux»*, in W.-D. STEMPEL e K. STIERLE, *Die Pluralität der Welten. Aspekte der Renaissance in der Romania*, Monaco, Fink, 1987, pp. 169-79; M. BEER, *Romanzi di cavalleria: l'«Orlando furioso» e il romanzo cavalleresco*, Roma, Bulzoni, 1987; S. ZATTI, *L'inchiesta, e alcune considerazioni sulla forma del «Furioso»*, in «Modern Language Notes», CIII (1988), pp. 1-30; P. V. MARINELLI, *Shaping the Ore. Image and Design in Canto I of «Orlando furioso»*, ibid., pp. 31-49; J. V. MIROLLO, *On the Significant Acoustics of Ariosto's Noisy Poem*, ibid., pp. 87-112; T. P. ROCHE, *Ariosto's Marfisa: Or, Camilla Domesticated*, ibid., pp. 113-33; J. TYLUS, *The Curse of Babel: The «Orlando furioso» and Epic (Mis)Appropriation*, ibid., pp. 154-71; A. BALDI, *Orlando e Ruggiero. Appunti per un'analisi dei canti VII-XI del «Furioso»*, in «Carte Italiane», X (1988-1989), pp. 25-40; M. SANTORO, *Ariosto e il Rinascimento*, Napoli, Liguori, 1989; P. FLORIANI, *Guerre et chevaliers «avec reproche» dans le «Roland furieux»*, in G.-A. PEROUSE, A. THIERRY e A. TOURNON (a cura di), *L'Homme de guerre au XVIe siècle*, Saint-Etienne, Univ. de Saint-Etienne, 1992, pp. 289-99; R. TOGNOLI, *L'intelligenza narrativa del «Furioso». Le idee letterarie di Ariosto*, in «Esperienze Letterarie», XIV (1989), pp. 63-76; D. SHEMEK, *That Elusive Object of Desire: Angelica in the «Orlando furioso»*, in «Annali d'Italianistica», VII (1989), pp. 116-41; ID., *Of Women, Knights, Arms and Love. The querelle des femmes in Ariosto's Poem*, in «Modern Language Notes», CIV (1989), pp. 68-97; S. ZATTI, *L'«Orlando furioso» tra epos e romanzo*, Lucca, Pacini-Fazzi, 1990; W. FEINSTEIN, *The Strategic Rhetoric of Ariosto's Invective against Firearms*, in «Italian Culture», VIII (1990), pp. 63-73; L. W. PETERSEN e D. QUARTA, *Appunti sul duello in Ariosto e in Tasso*, in «Revue Romane», XXV (1990), pp. 414-27; R. ERIKSEN, *God Enthroned: Expansion and Continuity in Ariosto, Tasso, and Milton*, in M. A. DI CESARE (a cura di), *Milton in Italy: Contexts, Images, Contradictions*, Binghamton, Medieval and Renaissance Texts and Studies, 1991, pp. 405-25; E. CHANEY, *The Visit to Vallombrosa: A Literary Tradition*, ibid., pp 113-46; A. ROCHON, *La Mer dans le «Roland furieux»*, in A. DOROSZLAÏ e altri, *Espaces réels*, cit., pp. 129-246; M.-F. PIÉJUS, *Le Pays des femmes homicide. Utopie et monde a l'envers*, ibid., pp. 87-127; J. GUIDI, *Imagination, maîtresse de vérité. L'épisode lunaire du «Roland furieux»*, ibid., pp. 47-85; J. SCHIESARI, *The Domestication of Woman in «Orlando furioso» 42 and 43, or A Snake Is Being Beaten*, in «Stanford Italian Review», X (1991), pp. 123-43; CH. ROSS, *Ariosto's Fable of Power. Bradamante at the Rocca di Tristano*, in «Italica», LXVIII (1991), pp. 155-75; J. BRYCE, *Gender and Myth in the «Orlando furioso»*, in «Italian Studies», XLVII (1992), pp. 41-50; E. SACCONE, *Figures of Silence in the «Orlando furioso»*, in «Modern language notes», CVII (1992), pp. 36-45; K. HOFFMAN, *The Court in the Work of Art. Patronage and Poetic Autonomy in the «Orlando furioso», Canto 42*, in «Quaderni d'Italianistica», XIII (1992), pp. 113-24; J. C. SITTERSON Jr., *Allusive and Elusive Meaning. Reading Ariosto's Vergilian Ending*, in «Renaissance Quarterly», XLV (1992), pp. 1-19; A. CASADEI, *Il percorso del «Furioso». Ricerche intorno alle redazioni del 1516 e del 1521*, Bologna, Il Mulino, 1993; D. LOONEY, *The Misshapen Beast: The «Furioso»'s Serpentine Narrative*, in R. A. PRIER (a cura di), *Countercurrents: On the Primacy of Texts in Literary Criticism*, Albany, State Univ. of New York Press, 1992, pp. 73-97; G. MAZZOTTA, *Power and Play: Machiavelli and Ariosto*, in C. E. LUCENTE e A. C. LABRIOLA (a cura di), *The Western Pennsylvania Symposium on World Literatures*, Greensburg, Eadmer, 1992, pp. 151-70; M. A. BALDUCCI, *Il destino di Olimpia e il motivo della «donna abbandonata»*, in «Italica», LXX (1993), pp. 303-28; M. MARCUS, *Angelica's Loveknots: The Poetics of Requited Desire in «Orlando furioso» 19 and 23*, in «Philological Quarterly», LXXII (1993), pp. 33-51.

L'ELABORAZIONE DEL «FURIOSO» E I «CINQUE CANTI»

M. DIAZ, *Le correzioni dell'«Orlando furioso»*, Napoli, Tip. R. Univers. di Tessitore, 1900; L. BONOLLO, *I «Cinque canti» di L. Ariosto*, Mantova, Baraldi e Fleischmann, 1901; G. LISIO, *Il canto primo e il canto secondo dell'«Orlando furioso»*, Milano, Soc. per le arti grafiche «La Gutemberg», 1909; L. ROSSI, *Saggio sui «Cinque canti» di L. Ariosto*, Reggio Emilia, Coop. Lavor. Tipogr., 1923; S. DEBENEDETTI, *Nota al testo* dell'ediz. critica citata dell'*Orlando furioso*, Bari, Laterza, 1928, II, pp. 397-445; M. MALKIEL-JIRMOUNSKY, *Notes sur les trois rédactions du «Roland Furieux» de l'Arioste*, in «Humanisme et Renaissance», III, 1936, pp. 429-46; S. DEBENEDETTI, ed. critica de *I frammenti autografi dell'«Orlando furioso»*, Torino, Chiantore, 1937; G. CONTINI, *Come lavorava l'Ariosto* (1937), in *Esercizi di lettura*, nuova ediz. aumentata di *Un anno di letteratura*, Torino, Einaudi, 1974, pp. 232-41; C. SEGRE, *Appunti sulle fonti dei «Cinque canti»* (1954), in *Esperienze ariostesche*, cit., pp. 121-77; C. DIONISOTTI, *Per la data dei «Cinque canti»*, in «Giornale storico della lett. italiana»,

CXXXVII (1960), pp. 1-40, C. SEGRE, *Nota al testo* dell'ediz. critica citata dell'*Orlando furioso*, 1960, pp. 1647-97; C. SEGRE, *Le correzioni dell'Ariosto all'«Orlando furioso»*, in «Terzo programma. Quaderni trimestrali», 1961, 3, pp. 140-48; C. DIONISOTTI, *Appunti sui «Cinque canti» e sugli studi ariosteschi*, in AA. VV., *Studi e problemi di critica testuale*. Convegno di studi di filologia italiana nel centenario della Commissione per i testi di lingua (7-9 aprile 1960), Bologna, Commissione dei testi di lingua, 1961, pp. 369-82; P. FONTANA, *I «Cinque canti» e la storia della poetica dell'«Orlando furioso»*, Milano, Vita e Pensiero, 1962; L. FIRPO, *Introduzione* all'ediz. citata dei *Cinque canti*, Torino, UTET, 1964, pp. 7-19; E. SACCONE, *Appunti per una definizione dei «Cinque canti»* (1965), in *Il soggetto dell'«Orlando furioso»*, cit., pp. 119-56; L. CARETTI, *Storia dei «Cinque canti»* (1974), in *Antichi e moderni*, Torino, Einaudi, 1976, pp. 121-31; L. CAPRA, *Per la datazione dei «Cinque canti» dell'Ariosto*, in «Giornale storico della lett. italiana», CLI (1974); pp. 278-95; P. FONTANA, *Ancora sui «Cinque canti» dell'Ariosto*, in «Italianistica», III (1974), pp. 97-109; L. ROSSI, *Sui «Cinque canti» di L. Ariosto*, in «Bollettino storico reggiano», VII, 28 (1974), pp. 91-150; C. F. GOFFIS, *I «Cinque canti» di un nuovo libro di M. Ludovico Ariosto*, in «La rassegna della letteratura italiana», LXXIX (1975), pp. 146-68; P. L. CERISOLA, *Il problema critico dei «Cinque canti»*, in AA. VV., *Studi sull'Ariosto*, a cura di E. N. Girardi, 1977, cit., pp. 147-86; E. SACCONE, *Prospettive sull'ultimo Ariosto*, in P. DE SA WIGGINS ed E. SACCONE (a cura di), *Perspectives on Ariosto's*, cit. pp. 55-69; W. MORETTI, *L'ideale ariostesco di un'Europa pacificata e unita e la sua crisi nel terzo «Furioso»*, in J. SALMONS e W. MORETTI (a cura di), *The Renaissance in Ferrara and Its European Horizons/Il Rinascimento a Ferrara e i suoi orizzonti europei*, Cardiff, Univ. of Wales Press, Ravenna, Lapucci, 1984, pp. 233-244; F. DUPUIGRENET DESROUSSILLES, *Au delà des variantes. Note sur les corrections d'atelier dans les textes imprimés en Italie au XVIe siècle*, in *Reécritures. Commentaires, parodies, variations dans la littérature italienne de la Renaissance*, Paris, Univ. de la Sorbonne Nouvelle, 1984, vol. II, pp. 227-45; F. ZEMPLENYI, *Krise im Wunderland. «I cinque canti» und der Übergang von der Romanze zum Epos*, in «Acta Litteraria Academiae Scientiarum Hungaricae», XXVI (1984), pp. 261-74; A. CASADEI, *Alcune considerazioni sui «Cinque canti»*, in «Giornale storico della lett. italiana», CLXV (1988), pp. 161-79 e *Notizie intorno alla prima edizione dei «Cinque canti»*, in «Schifanoia», VI (1988), pp. 205-6, poi rifusi in un capitolo del volume *Il percorso del «Furioso»*, cit., pp. 113-27; C. FAHY, *More on the 1532 Edition of Ariosto's «Orlando furioso»*, Studies in Bibliography. Papers of the Bibliographical Society of the University of Virginia, XLI, 1988, pp. 225-232; P. TROVATO, *Con ogni diligenza corretto. Le stampe e le revisioni editoriali dei testi letterari italiani (1470-1570)*, Bologna, Il Mulino, 1991; A. CASADEI, *Le ottave di Ariosto «Per la storia d'Italia»*, in «Studi di filologia italiana», L (1992), 41-92; D. QUINT, *Introduction* a L. ARIOSTO, *The*

«Cinque canti», traduz. inglese di A. SHEERS e D. QUINT, Berkeley e Los Angeles, University of California Press, 1995.

LA FORTUNA ITALIANA E INTERNAZIONALE DEL POEMA

G. FUMAGALLI, *La fortuna dell'«Orlando furioso» in Italia nel secolo XVI*, in «Atti e memorie della Deputaz. ferrarese di storia patria», XX, 3 (1912); G. FUCILLA, *European Translations and Imitations of Ariosto*, in «Romantic Review», XXV (1934); A. CIORANESCU, *L'Arioste en France, des origines à la fin du XVIIIᵉ siècle*, Paris, 1939; M. PRAZ, *Ariosto in Inghilterra*, in *Convegno internazionale*, cit., pp. 511-25; H. RÜDIGER, *Ariosto nel mondo di lingua tedesca*, ibidem, pp. 489-509 (e, nello stesso volume, saggi di altri studiosi sulla fortuna di Ariosto in Francia, Spagna, Polonia, Russia); O. MACRÌ, *L'Ariosto e la letteratura spagnola*, in «Letterature moderne», III (1952), pp. 511-25; B. WEINBERG, *The Quarrel over Ariosto and Tasso*, in *A History of Literary Criticism in the Italian Renaissance*, Chicago, 1961, vol. II; M. CHEVALIER, *L'Arioste en Espagne (1530-1650). Recherches sur l'influence du «Roland furieux»*, Bordeaux, 1966; R. C. KNIGHT, *The «Orlando furioso» in France, 1660-1669*; in J. SALMONS e W. MORETTI, *The Renaissance in Ferrara*, cit., pp. 23-40; K. W. HEMPFER, *Diskrepante Lektüren: Die «Orlando furioso»-Rezeption im Cinquecento: Historische Rezeptionsforschung als Heuristik der Interpretation*, Stuttgart, Steiner, 1987; D. JAVITCH, *Proclaiming a Classic: The Canonization of «Orlando furioso»*, Princeton, University Press, 1991.

ORLANDO FURIOSO
I-XXVI

Nei lettori, a cominciare da non pochi dei contemporanei, l'*Orlando furioso* ha lasciato un'immagine di sé straordinariamente forte e seducente: un'impressione di perfezione, di completezza e armonia strutturale, di levigatezza stilistica. Il poema già nel Cinquecento conobbe una fortuna immensa: moltissime edizioni, ampia produzione di commenti dichiarativi e interpretativi e di chiavi allegoriche, imitazioni, traduzioni (nelle principali lingue, in alcuni dialetti). Il *Furioso*, che mal si inseriva nelle classificazioni dei generi poetici formulate dai teorici di scuola neoaristotelica, divenuti potenti nel Cinquecento, continuò ciononostante ad attirare lettori. Esso alimentò controversie, come quella assai lunga fra i sostenitori del poema ariostesco e i sostenitori della *Gerusalemme Liberata* di Torquato Tasso, che appariva opera assai più regolare e conforme ai principi della poetica aristotelica. Esso spinse alcuni degli autori di poetiche del Cinquecento a rivedere la teoria dei generi per fare un posto al romanzesco. Ariosto godette anche di una larga fama europea ed ebbe fra i suoi lettori ed estimatori molti personaggi, da Galileo a Spenser, da Voltaire a Goethe, da Hegel a De Sanctis.

La fortuna di Ariosto non restò ristretta dentro le cerchie dei letterati. Molte delle storie da lui raccontate e dei personaggi inventati divennero proverbiali ed entrarono nel linguaggio comune: «sei un Sacripante!», «sei un Rodomonte!»; la conoscenza di molti episodi discese anche negli strati più bassi della popolazione, sino a rivivere in spettacoli popolareggianti come i «maggi», recitati in villaggi dell'Appennino, o come le chiassose commedie rappresentate dal teatro dei «pupi» in Sicilia.

Eppure, nonostante tutto questo, la sensibilità di noi moderni si è trovata in qualche difficoltà nell'accettare e far propria non tanto la poesia di Ariosto (che ha continuato a trovare lettori), quanto l'immagine, così diffusa, della sua perfezione canonica e «classica», del suo stile sempre «adeguato», della struttura dell'opera sempre «nobilmente armoniosa». Si pensi alla descrizione del *Furioso* come poema dell'armonia sostenuta in un famoso saggio critico di Benedetto Croce; si pensi a molte altre letture critiche novecentesche (spesso condotte per frammenti, in modo antologico), che si possono forse definire «platoniche», basate sull'idea delle corrispondenze: dall'armonia delle sfere all'armonia del cosmo all'armonia delle passioni all'armonia della singola ottava del poema ariostesco, concepita come un vero microcosmo in cui si riflette il macrocosmo. Tali descrizioni hanno rischiato, paradossalmente, di allontanare da quest'opera i lettori moderni, forniti di una sensibilità assai più inquieta e lacerata, e di trasformare il *Furioso* in un classico bello, perfetto, ma imbalsamato, irraggiungibile.

Esemplare mi sembra l'episodio del libro scritto e annunciato, e mai interamente pubblicato, del critico anglo-americano D. S. Carne-Ross. Egli, che di professione era studioso delle letterature classiche, ha scritto negli anni Sessanta un'analisi molto raffinata e interessante del primo canto del *Furioso*, facendola seguire da molte osservazioni critiche acute su altri canti ed episodi del poema. E tuttavia il suo studio *The One and the Many: A Reading of the «Orlando furioso»*, progettato originariamente come libro, è stato pubblicato solo parzialmente: una prima parte, con il titolo *Cantos 1 and 8*, uscì sulla rivista «Arion» nel 1966; una seconda parte, condensato degli ultimi due terzi del libro originario, uscì sulla rivista dieci anni dopo, nel 1976. In una nota introduttiva, Carne-Ross spiegò che quando aveva scritto quello studio egli ancora pensava che

l'artificio della civiltà, *benché* assai traballante, continuasse a tenere e l'alta cultura da cui tanto dipende questo poema potesse ancora essere invocata, magari solo per onesta finzione. Pensavo che la tradizione europea fosse ancora aperta per noi. Oggi, in questo periodo di «post» (post-letteratura, post-cristianità, post-tutto), le cose appaiono diversamente. Il Rinascimento, insieme con gran parte delle nostre grandi eredità, sembra quasi irraggiungibile, una vasta regione incantata nella quale non abbiamo più diritto di passaggio. Il compito oggi, a me pare, è di cercare di andare alle radici, cioè al mondo greco primitivo. In modo da esssere in grado, in qualche inimmaginabile futuro, di ricominciare tutto da capo. Il fiore non è per noi[1].

Sugli stessi concetti, applicati in particolare allo stile e alla lingua dell'Ariosto, Carne-Ross è ritornato in una pagina significativa che si legge in una sua successiva raccolta di saggi:

La letteratura classica dell'Europa occidentale appartiene al suo punto specifico del tempo storico conosciuto, e quando la si allontana da quel punto riesce sfigurata. Amleto, in traduzione almeno, non può por-

1. D. S. CARNE-ROSS, *The One and the Many: A Reading of the «Orlando furioso»*, in «Arion», n. s. 3 (1976), p. 146.

tare i *jeans* e rimanere Amleto. E tuttavia Dante resta importante per noi, anche se non possiamo tradurlo. Lo leggiamo, in un modo in cui non riusciamo oggi a leggere Ariosto o Tasso o Góngora o, per la stessa ragione, Milton, un poeta nel quale tantissime delle più profonde ambizioni della poesia del Rinascimento assumono la forma più grandiosa. C'è qualcosa, in tutti questi poeti, che ci respinge. Sembrano collocati nell'angolo sbagliato dell'universo. Considerate una dichiarazione famosa che echeggia in un modo o nell'altro in numerosi testi della letteratura e dell'arte rinascimentali: «Ma l'uomo è un nobile animale, splendido nelle ceneri e trionfante nella tomba». Un modo di parlare così superbo non ha posto nel nostro mondo. Persino l'umiltà cristiana è più facile da accettare, e certamente il *sermo humilis* del Medioevo è più vicino ai nostri modi del «grande» stile di tanti scrittori del Rinascimento... È una questione di lingua e di atteggiamento verso la lingua[2].

Carne-Ross cita la descrizione della morte di Dardinello nel *Furioso* (XVIII, 153-54), si sofferma sulla similitudine virgiliana che lì viene impiegata, e commenta:

Quel che colpisce in questo linguaggio è la sua *adeguatezza*. Benché l'ottava sia densa di elette memorie, il tono grave e cerimonioso, la scrittura estremamente formale, ciononostante l'azione e i sentimenti che l'azione propone a propria reazione scivolano dentro il rivestimento linguistico con la stessa facilità con cui un giovane corpo entra nella sua pelle. L'armonia della costruzione, senza segno apparente di sforzo (due quartine, ciascuna delle quali divisa in due parti bilanciate e rapportate fra loro) sembra riflettere un rapporto ugualmente armonioso fra i mezzi espressivi e ciò che deve essere espresso, fra gesti ed emozioni. Questa è, nel significato datole da Hegel, una poesia genuinamente classica. Possiamo dire, di questi versi, che essi dimostrano una grande fiducia nella capacità della lingua di rendere e «stare per» l'esperienza umana. Possiamo forse anche dire che ci vuole una grande fiducia nella vita per saper disporre i frammenti e pezzi di esperienza in una struttura così nobilmente armoniosa. Noi abbiamo un modo di pensare diverso della vita, e della morte, e per conseguenza ci sentiamo esclusi dai versi di Ariosto. È arduo immaginare che chiunque sapesse ora tradurli in poesia vivente[3].

Ciò su cui Carne-Ross ci invita a riflettere è la qualità, soprattutto linguistica, di perfetta chiusura in sé, grandiosità monumentale, armoniosa levigatezza stilistica del *Furioso*, in poche parole la sua qualità di opera canonica e di classico, impenetrabile dalla sensibilità moderna, buono soltanto per il museo.

Può sembrare una tipica situazione di *impasse*, nella quale si sono trovate anche altre grandi opere considerate, proprio perché

---

2. D. S. Carne-Ross, *Institutions. Essays in and out of Literature. Pindar to Pound*, Berkeley-Los Angeles, University of California Press, 1979, p. 136.
3. D. S. Carne-Ross, *Institutions*, cit., p. 137.

classiche e perfette, troppo remote da noi moderni e dal nostro gusto: è capitato, per esempio, al *Paradiso perduto* di Milton, che è incappato nelle riserve di un grande poeta moderno e modernista come T. S. Eliot. Come si esce da una simile *impasse*? O insistendo volontaristicamente sul valore dei classici, sulla necessità di saltare oltre l'abisso del tempo e dei cambiamenti di gusto, per leggerli, continuare a leggerli, anzi «rileggerli», come vuole la definizione di Italo Calvino, che proprio così concepisce i classici: come opere che non si leggono, ma sempre si rileggono[4]. Oppure anche rimettendo in discussione, volta per volta, per i singoli testi, proprio quel giudizio di levigatezza, perfezione formale, armonia.

È quel che è successo, per fortuna sua e di noi, all'Ariosto. La critica più recente, dopo aver sottoposto a nuove analisi l'opera intera di Ariosto e in particolare il *Furioso*, ne ha scoperto la reale disarmonia e la forte irrequietezza di fondo, recuperandola anche per questa via al gusto moderno (una cosa analoga è successa per Milton). A dar corpo a quella disarmonia e irrequietezza hanno contribuito una serie di caratteristiche dell'opera messe in rilievo dal lavoro dei filologi, dei critici e degli interpreti (fra cui parecchi studiosi stranieri, francesi, tedeschi, numerosi americani): una costituzione nel tempo fatta di pentimenti, aggiunte, revisioni; un legame assai stretto, nonostante le apparenze, con i drammatici avvenimenti del primo Cinquecento; una presenza, sotto la superficie apparentemente levigata, di temi contraddittori, ambigui, trasgressivi; una acutissima autocoscienza dello scrittore e una sua capacità di rapportarsi ironicamente alle tradizioni letterarie che lo rendono, sotto questo aspetto, molto vicino alla sensibilità contemporanea, si potrebbe addirittura dire postmoderna.

Non è un caso che molte delle scuole critiche più avanzate, in Italia, in Germania, negli Stati Uniti (sino alle tendenze più recenti dei cosiddetti «decostruzionisti») abbiano dedicato tanta attenzione all'opera di Ariosto. Non si può dimenticare, per esempio, il ruolo importante svolto, come lettore attento e molto sensibile del *Furioso*, da Italo Calvino, il quale, ariosteggiando non poco nei suoi stessi scritti, ha dimostrato nei fatti che il libro di Ariosto è tutt'altro che morto, anzi che può parlare con particolare efficacia proprio a noi postmoderni. E si può anche fare il nome dello scrittore inglese David Lodge, autore di un romanzo intitolato *Small World* (1984), nel quale l'*Orlando furioso* funziona

4. I. CALVINO, *Perché leggere i classici*, Milano, Mondadori, 1991, pp. 11-19. L'idea è stata ripresa, e trasformata in una teoria dei classici, da M. CALINESCU, *Rereading*, New Haven, Yale University Press, 1993.

come uno dei principali sottotesti e addirittura come ispiratore di alcune delle trame principali: nel romanzo c'è una impiegata delle linee aeree British Airways addetta al check-in dell'aeroporto di Heathrow che legge sottobanco l'*Orlando furioso* e, quando si presentano allo sportello i passeggeri, assegna loro posti, destinazioni e coincidenze secondo delle sue intuitive trame combinatorie, e li lancia così verso incontri e avventure.

C'è stato, nella critica ariostesca degli ultimi decenni, un netto rovesciamento delle strategie interpretative. Le cose sono talmente cambiate che è possibile, da un certo punto di vista, perfino recuperare le formule crociane contro cui la critica italiana postcrociana aveva polemizzato. Basta intendere in modo diverso formule come quelle dell'armonia, identificata con il sentimento dominante del poema, o dell'ironia, identificata con l'atteggiamento principale di Ariosto narratore; basta dare tutto il peso che meritano a concetti e situazioni caratteristici di una certa cultura e sensibilità rinascimentali, riassumibili con parole come inquietudine, scetticismo, umor malinconico, trasgressività. Basta rileggere l'ironia non come atteggiamento di superiore distacco estetico e contemplazione dei giochi del caso e del contrasto, collegandola con la contemplazione della bellezza, ma come formula freudiana di compromesso, turbamento e rovesciamento, collegandola con la nostalgia di una bellezza forse mai esistita, faticosamente da cercare.

Ci si è chiesti, riprendendo una domanda che ha percorso tutta quanta la storia della ricezione del *Furioso* fra il Cinquecento e oggi, a che *genere* appartiene il poema ariostesco. La risposta, anche in questo caso, è stata sempre meno pacifica. Si è parlato sempre più frequentemente, per definire il *Furioso*, di poema epico-romanzesco, intendendo indicare, con quel termine costituito da due elementi legati da una lineetta, la struttura peculiare su cui è costruito il poema. La formula, che ha buone ragioni per giustificarne l'impiego, rischia di nascondere una quantità di problemi: da un certo punto di vista effettivamente il *Furioso* rappresenta la fine delle narrazioni di tipo romanzesco e il ricorso a una struttura tematica e narrativa che rileva molto dell'epico; dall'altra, esso continua a mantenersi fedele ad alcuni modi tipici del romanzesco, e per questo è divenuto il bersaglio di molte critiche mosse nel Cinquecento in nome dell'ortodossia neo-aristotelica. Usando la formula del poema epico-romanzesco, i critici intendono sottolineare il suo carattere di testo misto, instabile e provvisoriamente attestato, la sua natura di formazione di compromesso, all'interno della dinamica dei generi e dei modi narrativi in uso nel Cinquecento. Eppure, paradossalmente, proprio dalla complicata origine strutturale del poema, proprio da questo suo carattere misto deriva il moderno interesse straordinario che proviamo per esso: le sue contraddizioni e tensioni strutturali lo rendono più vicino ai nostri gusti e alla nostra sensibilità. *Inescapable romance*, si intitola un bel libro della studiosa americana Patricia Parker; *Il «Furioso» fra epos e romanzo* si intitola un libro più recente del critico italiano Sergio Zatti[5].

La rilettura che la Parker conduce dell'*Orlando furioso* avviene all'interno di una ricostruzione assai più ampia, ed estesa a parecchi altri testi della letteratura europea (da Spenser, a Tasso, a Milton), dello sviluppo del *modo* romanzesco. Mentre le considerazioni di Carne-Ross sullo stile «chiuso» e perfetto del *Furioso* partivano da una identificazione fra letteratura rinascimentale e classicismo e da una impressione di irrecuperabilità per l'uomo moderno della perfezione «chiusa» del linguaggio poetico rinascimentale, la prospettiva adottata dalla Parker muove dalla modernità e risale, attraverso la letteratura romantica, sino a Milton e alla letteratura del Rinascimento, sino a quella romanzesca. Il percorso è compiuto tenendo conto delle ricette di gusto e di poetica messe in circolazione dal critico canadese Northrop Frye, grande riscopritore del romanzesco in Shakespeare, nella letteratura medievale e moderna, persino nella Bibbia. Quel percorso è compiuto anche tenendo conto del movimento di riscoperta della letteratura romantica, considerata quasi parte integrante della modernità, promosso dallo stesso Frye e sostenuto con forza dai critici del cosiddetto «decostruzionismo», Paul de Man in testa. E anche se la Parker a un certo punto cita Erich Auerbach, come studioso del romanzo cortese, mi sembra chiaro che la trafila di esperienze letterarie a cui lei fa riferimento è alternativa a quella che fa da asse portante del libro di Auerbach *Mimesis*. Auerbach infatti, analizzando il romanzesco nei poemi medievali di Chrétien de Troyes, ne metteva in rilievo rigidezze e stilizzazioni, e lo collegava con episodi sostanzialmente evasivi rispetto al lento affiorare e imporsi, nella cultura occidentale, dei modi più pieni e densi, esistenzialmente pregnanti, della rappresentazione mimetica.

Si ha così nella Parker un rovesciamento di posizioni rispetto a quelle di Carne-Ross. L'*Orlando furioso* prende un posto importante e vitale nella formazione della sensibilità letteraria moderna e postmoderna. Esaminato in questa prospettiva, sembra addirittura, molto più di altri testi rinascimentali, anticipare alcuni dei problemi fondamentali della testualità moderna: il rapporto

5. P. A. PARKER, *Inescapable romance. Studies in the Poetics of a Mode*, Princeton, N. J., Princeton University Press, 1979; S. ZATTI, *Il «Furioso» fra epos e romanzo*, Lucca, Pacini-Fazzi, 1991.

fecondamente contraddittorio fra digressione e chiusura (*closure*) testuale, la consapevole esplorazione di tutte le duplicità e molteplicità, di tutti gli «errori» del linguaggio e della narrazione, la piena coscienza di tutti i pericoli e le potenzialità dell'intertestualità. E infatti la Parker trae tutti i vantaggi interpretativi possibili dal fatto, in sé significativo, che l'uso ariostesco della parola-tema «differire», l'arte sua stessa narrativa che su tale parola-tema è fondata, sembrano precorrere e prefigurare una delle più famose parole d'ordine dell'ermeneutica derridiana e decostruzionistica: la *differance*.

L'analisi della Parker si basa su una serie di passi molto significativi e ben scelti del poema e su una rete di termini, immagini e procedimenti ricorrenti: «errore», «svisamento», «deviazione», «varia tela», «differimento», *reductio ad absurdum*. Il tema principale del suo saggio è enunciato già nel titolo: *Gli errori del romanzesco*. Si tratta di una rassegna, graduata in intensità, di *errori*: dall'utilizzazione e imitazione ariostesca dei percorsi divaganti, o «errori», dei suoi cavalieri «erranti»; alla tensione che si instaura nel testo del *Furioso* fra una narrazione divagante e la necessità di una *chiusura* narrativa; alla *selva* di allusioni che rivelano il continuo ricorrere di «errori» o deviazioni nella storia letteraria; alla rivelazione, che avviene sulla Luna, dell'errore di ogni costruzione poetica o «versione autorizzata», comprendendo addirittura, tra le versioni autorizzate, i poemi di Virgilio e Dante, e il Vangelo.

A sommare in sé tutte queste spinte contrastanti, centrifughe e centripete, c'è la grande tensione strutturale che sottende a tutto il testo, fra due modi narrativi a confronto: quello romanzesco (divagante) e quello epico (che punta alla chiusura). Uno degli apporti più originali della Parker sta nell'aver riconosciuto quella tensione in elementi di spazializzazione dei movimenti narrativi, nei quali il «divertimento» romanzesco viene rappresentato sotto forma di deviazione, diversione, digressione narrativa; oppure, sul piano delle immagini, in elementi della figurazione, come il labirinto, l'intreccio dei sentieri, la scelta fra vie diverse da percorrere («di qua, di là, di su, di giù»), l'uscir di strada come uscire di sé, e così via. Una configurazione spaziale ha anche, secondo la Parker, l'atteggiamento del narratore del poema. Non è solo, come è stato più volte messo in rilievo dai critici, che il narratore ariostesco ama intrecciare le sue storie con un gusto strutturale attento alle variazioni, alle analogie, ai contrasti fra i vari modelli di comportamento umano («altri... altri.. altri»; «a chi... a chi... a chi»; «or... or... or»; «far mi convien come fa il buono / sonator sopra il suo instrumento arguto / che spesso muta corda, e varia suono, / ricercando ora il grave, ora l'acuto»;

«Di molte fila esser bisogno parme / a condur la gran tela ch'io lavoro»). Si tratta, secondo la Parker, di una visione dall'alto, aerea, dei personaggi, dei loro rapporti e distanze, dei loro movimenti, con un impiego cosciente di forza manipolativa e una continua decostruzione delle trame narrative, e introduzione di elementi di attesa, sorpresa, sospensione e rovesciamento rispetto ai modelli tradizionali. Il gioco costante che Ariosto compie su «errare» ed «errore» porta all'estremo le qualità più frequentemente condannate del romanzesco, e il modo in cui introduce elementi di chiusura fra gli incantamenti del poema suggerisce l'emulazione studiata di un genere poetico assai venerato. Ma altri, più sotterranei, elementi del suo poema si pongono in una direzione più apertamente sovvertitrice, verso la decostruzione dell'idea stessa di una finzione narrativa priva di «errore», di un genere letterario fornito di autorità o privilegiato. È quest'ultima probabilmente l'idea più interessante e originale suggerita dalla Parker: Ariosto non è soltanto il tessitore della grande tela narrativa, che lavora in accordo con il principio della *variatio*; è anche «un tessitore di echi da altri testi» e «la molteplicità stessa di questi echi toglie sostegno a qualsiasi priorità di una singola autorità letteraria e di un singolo genere». Non saremmo, nel caso di Ariosto, di fronte alla tipica situazione descritta da Viktor Sklovskij per spiegare l'innovazione nella storia letteraria: l'uccisione di un padre (Boiardo) accompagnata dalla rivalutazione di uno zio (Virgilio). L'operazione ariostesca è molto più complessa e profondamente, ironicamente conoscitiva (si tratta, come è ovvio, di ironia romantica).

Affrontando nel libro citato *Il «Furioso» fra epos e romanzo* lo stesso nodo problematico, Sergio Zatti ricorre a una metodologia critica di tipo tematologico e psicanalitico. E infatti non è tanto sul terreno tradizionale della storia dei generi quanto su quello più sottile e ambiguo delle modalità narrative e letterarie, che si possono cogliere frutti critici interessanti e forse arrivare più vicini a carpire il segreto di una contradditorietà cercata, sperimentata, sofferta, eppure nascosta, occultata. Voglio solo accennare a un aspetto, qui, di queste contraddizioni celate, di queste potenzialità trasgressive che si presentano con l'apparenza della conformità, dell'armonia. Si tratta di contraddizioni che derivano dall'impianto stesso del poema, dalla molteplicità dei modelli, dal continuo gioco di rimandi fra l'elemento romanzesco e l'elemento epico. Dal punto di vista della trama, del *plot*, sappiamo tutti che l'elemento romanzesco si manifesta sotto la forma della ciclicità, della ripetitività, della digressione, dell'*entrelacement*, della apertura e continuità infinita delle storie raccontate e possibili, mentre l'elemento epico si manifesta sotto la forma della struttura regolata, controllata, mirata su un preciso sviluppo e una precisa conclusione, chiusa e finita. Ebbene, credo che sia necessario continuare a cercare, sotto gli elementi della chiusura epica, che sembrano prevalere e lentamente imporsi nel *Furioso* – soprattutto a mano a mano che ci si avvicina alla fine e si dissolvono le magie, scompaiono gli ippogrifi e le incantagioni, la follia lascia il posto alla saggezza, viene in primo piano l'impresa virtuosa dell'eroe epico e dinastico – continuare a cercare tutti gli elementi di dispersione, le storie che non si concludono, i fili della trama che sfuggono alla tessitura e ai nodi finali. Non è solo questione di una quantità di personaggi e di storie che sembrano perdersi sullo sfondo, pronti per essere raccolti e sfruttati dagli autori che continueranno a praticare le storie romanzesche in pieno Cinquecento: la storia di Angelica è a questo punto esemplare (ma si potrebbe aggiungerne parecchie altre). Più interessanti mi sembrano gli episodi di questo tipo che non si collocano, diciamo così, sullo sfondo del poema, come in dissolvenza, con un effetto di allontanamento dei personaggi verso altri paesaggi, altre storie, ma si collocano nel tessuto stesso testuale, vengono lì impiantati e lì lasciati, promettendo o lasciando intravedere uno sviluppo che poi non viene mai.

Un caso già abbastanza interessante riguarda Ruggiero e Doralice. Doralice, come si sa, è la bella andalusa che rappresenta la donna passionale e volubile, la donna «mobile», pronta a qualsiasi accoppiamento amoroso. Dopo il duello fra Mandricardo e Ruggiero, nel canto XXX, che si conclude con Mandricardo morto e Ruggiero ferito e curato da dame gentili, Doralice si trova in un dilemma (XXX, 71): le è stato ucciso l'uomo con cui si era recentemente e volubilmente accoppiata, non sarebbe il caso di buttarsi nelle braccia dell'altro? Si apre, per il narratore, lo spiraglio per un intervento registico malizioso e ironico; potrebbe effettivamente dare il via a una storia fra Doralice e Ruggiero:

> E Doralice istessa, che con duoli
> piangea l'amante suo pallido e bianco,
> forse con l'altre ita sarebbe in schiera,
> se di vergogna un duro fren non era.
>
> Io dico forse, non ch'io ve l'accerti,
> ma potrebbe esser stato di leggiero:
> tal la bellezza e tali erano i merti,
> i costumi e i sembianti di Ruggiero.
> Ella, per quel che già ne siamo esperti,
> sì facile era a varïar pensiero,
> che per non si veder priva d'amore,
> avria potuto in Ruggier porre il core.

Doralice, in realtà, scompare a questo punto del poema. L'Ariosto si lascia volutamente sfuggire, dopo avere giocato un po' con l'idea, la possibilità di complicare in questo modo la vicenda di Ruggiero e Bradamante. Era già successo con Alcina e Angelica, ma in quel caso era stato il personaggio a scegliere, magari suo malgrado, la strada virtuosa; qui è il narratore che ci fa intravedere una possibile ulteriore prova per Ruggiero, accenna a gettare il sasso poi si rimette la mano in tasca.

Un esempio di questi procedimenti ancora più interessante è offerto da un altro episodio che riguarda (credo non a caso) Ruggiero: è lui il personaggio che avrà la responsabilità di portare sino in fondo la soluzione epica, dinastica ed epitalamica del poema; ma è anche quello che più a lungo è stato circondato dalle incertezze dell'Ariosto, dai progetti di complicazione e di aggiunta. Ebbene, c'è un'aporia grossa nel poema che riguarda proprio Ruggiero, una storia a lungo preparata e annunciata e deliberatamente lasciata cadere, avvolta in un silenzio che riesce un poco perturbante.

Fin dai primi canti del poema viene annunciata, riguardo a Ruggiero, una conclusione, che poi non verrà mai elaborata, verrà lasciata allusivamente nel futuro, e la storia di lui sarà volutamente conclusa con il duello finale e il matrimonio con Bradamante. I maghi e i conoscitori del futuro impiantano nel testo, a cominciare già dai primi canti, una storia che mai verrà rappresentata e raccontata.

Già nel canto III (24) veniamo a sapere che Ruggiero sarà ucciso dai Maganzesi; nel canto IV (29, 7-8), Atlante diventa più preciso e introduce un'indicazione temporale:

> come il ciel mi mostra, in tempo breve
> morir cristiano a tradimento deve.

Nel canto XXXVI (64, 4) la profezia viene ripetuta:

> tra' cristiani a tradigion morrai.

Nel canto XLI (61-62), avvicinandoci alla fine, l'eremita diventa molto più preciso e dà il *plot* generale della nuova storia:

> Avea il Signor, che 'l tutto intende e vede,
> rivelato al santissimo eremita,
> che Ruggier da quel dì ch'ebbe la fede,
> dovea sette anni, e non più, stare in vita;
> che per la morte che sua donna diede
> a Pinabel, ch'a-llui fia attribuita,
> saria, e per quella ancor di Bertolagi,
> morto dai Maganzesi empi e malvagi.

E che quel tradimento andrà sì occulto,
che non se n'udirà di fuor novella;
perché nel proprio loco fia sepulto
ove anco ucciso da la gente fella:
per questo tardi vendicato et ulto
fia da la moglie e da la sua sorella.
E che col ventre pien per lunga via
da la moglie fedel cercato fia.

Forse ancora a questo fatto allude Marfisa nel canto XLV (114,
1-2), nel pieno della vicenda di Leone, là dove dice:

Con ciò sia ch'esser non possa
d'altri costei, fin che 'l fratel mio vive.

Naturalmente dietro a questa specie di storia celata o mancata, che riguarda una vicenda di rivalità interna alla feudalità
cristiana, una vicenda di tradimenti e assassini, c'è tutta la questione dell'atmosfera peculiare e caratteristica dei *Cinque canti*,
ma c'è anche la spia di una possibile percezione, nella struttura
stessa del poema, così apparentemente armoniosa, equilibratissima, di possibili incrinature interne profonde. Così come la lunga,
faticosissima, impegnatissima storia della elaborazione del poema può essere, ed è stata letta, sia come la progressiva conquista
di un dominio superiore, concluso, classico su tutte le trame, i
temi, i motivi del poema, sia come il segno di una mai totalmente
appagata insoddisfazione, di continui pentimenti, rovelli e rinunce, di una tensione vitale e artistica che, reagendo a un'epoca
storica piena di contraddizioni e rovesciamenti drammatici, ha
continuato a manifestarsi, sostanzialmente irrisolta, fino e oltre
l'ultima edizione. Al punto che non sono mancati i critici i quali
hanno spesso affacciato un dubbio e una domanda: non sarà
forse che la prima versione del poema, quella del 1516 in quaranta canti, sia da considerare un libro tutto sommato migliore,
più fuso, più unitario?

Ci sono altri aspetti del poema di Ariosto a cui ci si è tradizionalmente riferiti per riaffermare la grande capacità del poeta
ferrarese di risolvere armoniosamente, in grande classico stile, i
motivi ispiratori e i modelli letterari diversi che aveva a disposizione. Un caso tipico è costituito dai discorsi sull'ottava ariostesca, considerata la soluzione metrica armoniosa e perfetta, un
vero e proprio miracolo di equilibrio se confrontata con le diverse
e più acerbe ottave di Poliziano e Boiardo e la anch'essa diversa,
manieristica e tormentata, ottava del Tasso. E tuttavia anche in
questo caso gli studiosi moderni della metrica (essi stessi divisi in
scuole diverse) hanno fornito analisi assai più problematiche dello strumento espressivo di Ariosto, insistendo sulla flessibilità

della sua ottava, più che sulla sua uniforme perfezione, metten-
done in rilievo la dinamicità e le tensioni interne, la notevole
energia e i cambiamenti improvvisi di ritmo, portando in primo
piano i fenomeni derivanti dall'attrito fra elementi uditivi e musicali ed elementi visivi e iconici nell'esercizio metrico dell'autore
del *Furioso*. Qualcuno ha anche invitato a riflettere sulla possibilità di collegare la strutturazione spaziale dell'ottava, l'iconicità
come valore scoperto e riscoperto della dizione poetica (così come
l'accentuata visività e figuralità di molti tratti allegorici dell'affresco del poema) con l'introduzione e lo sviluppo dell'arte della
stampa, avvenuta nei decenni precedenti la composizione del
Furioso, e con i mutamenti nella pratica della lettura, e quindi
anche della scrittura, che ne derivarono. Quella dell'Ariosto si
presenta come una poesia da leggere, da vedere, che risente della
novità della composizione del testo a caratteri fissi sulla pagina
bianca e della volontà entusiastica di sfruttarne tutte le possibilità. L'entusiasmo cederà, nel corso del secolo, ad altri atteggiamenti e con un poeta come Tasso troverà espressione un diverso
sentimento di dissociazione fra elementi visivi ed elementi musicali e la tendenza a prendere un cammino diverso, in direzione
della musicalità e della melodiosità.

Se si prendono, infine, in esame questioni fondamentali come
il rapporto tra il *Furioso* e le sue cosiddette «fonti», cioè la par-
titura intertestuale del poema, o come la sua struttura narrativa
e tematica, la scelta si fa ancora più pressante e drammatica: fra
un'interpretazione che insista sul suo carattere di opera classicamente perfetta e chiusa e un'interpretazione opposta che dia importanza alle crepe interne a tanta compattezza, alla struttura
labirintica della narrazione, ai giochi teatrali delle prospettive,
agli effetti di sovraimpressione sulla razionalità estraniante della
monumentalità allegorica e della parodia lucianesca di tanti episodi.

Un elemento costante, nel rapporto fra Ariosto e le sue fonti, è
il modo singolare in cui egli è andato a pescare le storie da raccontare, o riraccontare, dentro le mitologie e i patrimoni narrativi
più arcaici, o esotici, o marginali (sino a toccare, sorprendentemente, come è noto, la mitologia germanica). Nei grandi depositi
della letteratura passata Ariosto va a cercare le storie curiose, gli
episodi rari, le versioni non canoniche dei grandi miti (con questo affiancandosi in modo originale ad atteggiamenti umanistici
ed eruditi a lui familiari, da Poliziano a Lilio Gregorio Giraldi).

Un altro elemento costante, nel rapporto fra Ariosto e le sue
fonti, è il procedimento di fusione. Ariosto non racconta mai una
storia sola, ma mette insieme tante storie. Questa è una legge
quasi costante della struttura compositiva del poema. Il gusto è

quello di sovrapporre l'una all'altra le varie storie e di fondere in un unico personaggio tanti personaggi diversi. Normalmente gli elementi ricavati dal grande patrimonio classico si combinano e sovrappongono con gli elementi ricavati dalla letteratura romanza, dal patrimonio folclorico, dalla realtà contemporanea. Orlando era ormai un personaggio fisso e consumato, soprattutto nelle storie della tradizione italiana. Boiardo facendolo diventare «innamorato» e Ariosto facendolo diventare «furioso» lo rinnovavano dall'interno, lo caricavano di nuovi significati. Ma Ariosto, mentre da una parte concentrava in lui una serie di elementi della tradizione bretone e cortese, facendone l'eroe della sublimazione amorosa e facendo comparire allusivamente, nelle sue fissazioni sognanti, nervose e tenaci, e nei suoi percorsi labirintici e perduti, quelli del grande Tristano; dall'altra parte, già attraverso l'allusione del titolo, gli faceva sorgere accanto, nella fissazione virtuosa, nel destino inesorabile, la figura di Ercole. Le storie di Ercole[6], d'altronde, affiorano nel poema anche a proposito di altri personaggi, in particolare di Ruggiero. A ciò spingeva, come si può ben capire, il legame dinastico fra Ruggiero e la casa d'Este, i cui signori contavano, al tempo dell'Ariosto, un Ippolito «erculea prole» (ma anche, possibilmente, prole di Teseo e dell'amazzone Antiope) e un Alfonso, che veniva fra due Ercoli: il padre e il figlio. Ma accanto alle storie di Ercole affiorano nel poema, collegate con questi e altri personaggi, le storie di Vulcano. Dietro a Rodomonte, poi, che scavalca le mura di Parigi, c'è l'omerico Pirro; dietro Ruggiero che libera Angelica c'è l'ovidiano Perseo, così come dietro a Olimpia c'è Arianna. Favole omeriche, virgiliane, ovidiane, lucianesche: è un continuo alludere, ripescare, far intravedere altri personaggi e altre vicende.

Il poema, da questo punto di vista, risulta organizzato su tre diversi strati: c'è uno strato centrale, che riguarda le storie di Carlo Magno, dei suoi feudatari e paladini e delle loro lotte contro Agramante saraceno e Marsilio di Spagna e i loro campioni. Le vicende si riferiscono al periodo storico dell'impero carolingio e dei primi scontri fra i regni feudali d'Europa e i regni mussulmani. Su queste vicende, con violenza storica già presente e motivante nelle *chansons de geste*, si proiettano i riflessi di avvenimenti storici successivi, in particolare di quelli delle crociate e dei grandi scontri diretti e ampi fra eserciti cristiani e mussulmani.

Sullo strato centrale si innestano storie relative a periodi pre-

6. Non si tratta tanto dell'*Hercules furens* di Seneca, un testo la cui presenza nel poema ariostesca mi sembra scarsa, quanto semmai dell'*Hercules oetaeus* o dell'Ercole di altre narrazioni e figurazioni antiche e moderne.

cedenti, anche lontanissimi nel tempo, attraverso il sistema dei paragoni e dei riferimenti classici. È sempre possibile dire che il personaggio A si comporta come il personaggio B e così rievocare una serie di vicende molto precedenti nel tempo a quelle di cui parla il poema e rese esemplari dalla loro appartenenza a un patrimonio mitologico ormai sistematizzato ed esemplare o a una storia ormai considerata perfetta e assoluta nella sua nobile monumentalità.

Sullo strato centrale si innestano inoltre molte storie relative a periodi posteriori, avvenute nel tratto di tempo intercorso fra l'epoca di Carlo Magno e quella in cui viene scritto il poema o addirittura in contemporanea con l'atto stesso della scrittura e recitazione del poema. Ciò è reso possibile dal sistema, ereditato dalla tradizione epica e romanzesca, delle profezie, dei vaticini e degli auguri, e anche dal fatto che l'autore si riserva, in quanto voce narrante e recitante, un suo proprio spazio di intervento, di uomo che vive in una corte rinascimentale del primo Cinquecento, in rapporto con signori e potenti e con tanti altri letterati e artisti del proprio tempo.

Nella complessa costruzione del poema, i due strati estremi tendono a convergere sullo strato centrale, anche in questo attraverso una generosa tendenza alla fusione, che mira a fare intravedere, dietro ogni personaggio della finzione narrativa principale, un personaggio della tradizione mitica o storica classiche, allo scopo di dargli dignità e monumentalità, valenza simbolica, anche a volte una valenza allegorica; oppure mira a fare intravedere, sovrapposti a quel personaggio, i tratti e le passioni di uomini dell'Italia e dell'Europa cinquecentesche. L'anacronismo, come è noto, è tendenza diffusa dell'epoca. Ed era pratica comune del teatro e delle feste di corte quella di rappresentare storie mitologiche o allegoriche, di contenuto leggendario o storico, comiche o tragiche, con personaggi vestiti nei costumi del proprio tempo, motivati nei gesti dalla cultura propria e dei propri spettatori.

L'operazione che ho descritto tende a dare molta rotondità ai personaggi, molto spessore. Dalla tradizione cavalleresca essi venivano in gran parte piatti e stereotipati. Ariosto, moltiplicando i loro tratti, complicando le loro storie, compie un'opera di investimento semantico, li arricchisce di significati.

Procedimenti non del tutto diversi, e altrettanto significativi, si hanno nel modo in cui Ariosto costruisce l'ampia tela narrativa del poema. Tutti sanno che l'autore del *Furioso* ha utilizzato un procedimento narrativo largamente sperimentato, quello dell'*entrelacement*. Tutti sanno anche che nella tradizione cavalleresca questo procedimento aveva uno scopo puramente tecnico, di seguire contemporaneamente personaggi che si muovevano in direzioni diverse su uno sfondo assai ampio, e uno scopo narrativo, di intrecciare le storie per tener viva l'attenzione di lettori e spettatori. Questo procedimento nel *Furioso* è divenuto complesso ed esso stesso investito di significato. Molti hanno espresso il loro stupore per la straordinaria ricchezza di rimandi interni e di parallelismi, contrapposizioni, corrispondenze fra le storie. Vien da pensare che Ariosto avesse una mente computerizzata. Già collegare esplicitamente tanti fili doveva richiedere la presenza, nel suo laboratorio di artista, di una gran carta su cui far muovere tutti i personaggi, senza perderli di vista, per riportarli al punto giusto nel momento giusto. Ma il sistema implicito delle corrispondenze fa pensare a una grammatica narrativa e generativa divenuta linguaggio naturale interiore, sistema logico raffinato eppure chiarissimo, ma anche duttile ed elastico e capace di adattarsi a nuove situazioni e a funzionare anche nelle fasi dei rifacimenti e delle aggiunte. Qualcuno ha tentato di ricostruire quella grammatica; Giuseppe Dalla Palma, in particolare, ha allestito un'ampia e chiarissima mappa, dalla quale risulta molto bene come nel poeta sia in atto un'operazione sistematica di risemantizzazione di storie ed episodi, che si caricano di significati attraverso i rapporti che hanno con le altre storie e gli altri episodi[7].

Eppure a me pare che il lavoro di Dalla Palma, perfetto nel suo funzionalismo strutturalistico, vada accompagnato, in sede di analisi interpretativa, dall'impiego di strumenti critici più complessi, e non solo di quelli psicanalitici, a cui egli tende prevalentemente a ricorrere, ma anche di quelli della storia culturale, delle ideologie letterarie, dei procedimenti retorici, dei sistemi rappresentativi.

Faccio un esempio. Fra i collegamenti e rimandi interni del *Furioso* c'è un caso che ha spesso lasciato perplessi i lettori. Nel poema ci sono due personaggi che hanno il nome di Melissa: la maga che protegge Ruggiero e si adopera per realizzare l'unione fra Ruggiero e Bradamante, e la donna mantovana, conoscitrice di incanti, che si è invaghita del cavaliere del nappo e ha ordito la trama in seguito alla quale egli ha perso la donna amata. Si tratta dello stesso personaggio o di due personaggi diversi? Pio Rajna, davanti a due tipi diversi di fate − la fata buona e la fata cattiva −, l'una collegata con vicende romanzesche, bretoni e caroline a un tempo, l'altra con una vicenda di origine ovidiana, protestava in nome della coerenza psicologica del personaggio: «i contrari si conciliano, o piuttosto si confondono. Non è, a dir

7. G. DALLA PALMA, *Le strutture narrative dell'«Orlando furioso»*, Firenze, Olschki, 1984.

vero, da lodarne il poeta»; e, a proposito della Melissa mantovana: «non ci aspetteremmo, per verità, di veder rappresentata da
lei la parte che qui le è commessa»[8]. Qualcun altro, proprio per
salvare la coerenza psicologica dei personaggi, si è sforzato di
dimostrare che erano fra loro diversi[9].

In realtà i due personaggi hanno attributi simili (le conoscenze di magia, la capacità di trasformarsi fisicamente e di trasformare anche altre persone) e c'è da domandarsi se non svolgano
funzioni narrative simili. Gli schemi di Dalla Palma sembrerebbero escludere questa possibilità. La prima Melissa svolge le sue
funzioni all'interno della *fabula* di Bradamante, nella quale compare come adiuvante maga, «destinata a proteggere regolarmente
il carattere di disegno provvidenziale che ha la ricerca amorosa
dell'eroe», a suggerirgli i modi per superare gli ostacoli, a dargli
un aiuto decisivo contro il mago antagonista Atlante[10]. La seconda Melissa compare in una diversione della *fabula* di Rinaldo,
eroe da Dalla Palma considerato «complementare» a Orlando. La
diversione, che in due storie successive, tutt'e due ispirate allo
stesso modello ovidiano, svolge il tema della fedeltà femminile
dentro il matrimonio, ha, secondo Dalla Palma, un «legame debole» con la *fabula* principale: «non c'è né l'inserimento decisivo
dell'eroe nella diversione, né un immediato rapporto paradigma-
tico di complementarità: a meno di non rilevare, come già faceva
lo Zingarelli[11], che due storie in cui c'è il richiamo alla saggezza
sono raccontate a un eroe che da una parte è appena stato liberato dalla soggezione a un oggetto d'amore indegno e perciò fatto
saggio, e dall'altra si comporta realmente in modo saggio (rifiuta
la prova del nappo)»[12]. La soluzione al dilemma va probabilmente cercata stabilendo rapporti diversi, rispetto a quelli indicati da
Dalla Palma, fra il sistema delle funzioni narrative del poema e
quello dei significati profondi, tra modelli narrativi e modelli
culturali.

Vista la qualità delle storie che compongono la «diversione»
nella *fabula* di Rinaldo, vista la presenza di un personaggio come
il cavaliere del nappo che è fra i pochi a fare la comparsa nel
poema senza avere un nome, visto lo sfondo geografico costituito
dai luoghi che saranno popolati e governati dalle dinastie man-

---

8. P. RAJNA, *Le fonti dell'«Orlando Furioso»*, Firenze, Sansoni, 1975 (riediz. a
cura di F. Mazzoni), pp. 132 e 571.

9. D. INTERNOSCIA, *Are there two Melissas, both enchanteress, in the «Furioso»?*,
in «Italica», XXV, 1948, pp. 217-26.

10. DALLA PALMA, *Le strutture narrative* cit., p. 98.

11. Cfr. N. ZINGARELLI, *Introduzione* a L. ARIOSTO, *Orlando furioso*, Milano,
Hoepli, 1959[6], p. LXV.

12. DALLA PALMA, *Le strutture narrative* cit., p. 48.

tovane e ferraresi, nei rami principali e secondari, vista la allusione non esplicita ma sicura al dramma mitologico-allegorico *Fabula di Cefalo* di Niccolò da Correggio, ricavato dalla stessa fonte ovidiana e rappresentato con successo in quegli stessi ambienti cortigiani pochi anni prima che a essi si rivolgesse Ariosto con il suo poema, visto che l'episodio del cavaliere del nappo è preceduto da una vicenda, con a protagonista Rinaldo, che è chiaramente allegorica e fa entrare in scena un personaggio del tutto allegorico, il cavaliere che ha nome Sdegno – può essere forte la tentazione di usare, nell'interpretazione di questo e di altri tratti del poema, lo strumento della critica allegorica.

Devo anzi dire, a questo proposito, che ci sono nel poema ariostesco personaggi ed episodi che chiaramente appartengono a una specie di quarto strato, rispetto ai tre precedentemente descritti: lo strato atemporale, figurativamente plastico e monumentale dell'allegoria. Ciò può avere irritato tanti lettori dal gusto sostanzialmente romantico, attirato giudizi negativi, distolto l'attenzione critica da alcuni degli episodi del poema. Ma chi abbia un po' di familiarità storica con la produzione letteraria del Quattro e Cinquecento, e non ignori gli studi di C. S. Lewis e di altri sull'allegoria medievale, quelli di Walter Benjamin sull'allegoria del teatro barocco o quelli di Paul De Man sull'allegoria romantica, può legittimamente chiedersi: che differenza c'è, in un poema come quello ariostesco, fra personaggi allegorici e personaggi «reali»? Non sono tutti, e gli uni e gli altri, volutamente privi di caratterizzazione storica e profondità psicologica, tutti realizzati nei propri gesti, nei propri comportamenti, nei propri attributi, nelle relazioni che intrecciano con gli altri personaggi? Non sono tutti, più o meno esplicitamente, ricavati dal grande serbatoio delle storie mitologiche, o narrative classiche e romanzesche? Non sono tutti indistintamente sottoposti allo stesso procedimento di investimento semantico e chiamati ad agire dentro l'universo ariostesco dei significati e con esso confrontarsi?

Il problema è delicato. Da una parte mi sembra giusto, dopo tanti anni in cui la critica ha considerato con antipatia e trascurato gli episodi allegorici del poema, riequilibrare la situazione e dare il dovuto rilievo a questa dimensione retorico-rappresentativa. D'altra parte mi sembra opportuno non porsi sulla scia di tanta facile critica allegorizzante (che ha investito prima il poema dantesco, poi la produzione petrarchesca e da ultimo si è buttata sullo scrittore «realistico» per eccellenza, Boccaccio) ed evitare di cadere nell'eccesso opposto. Credo, in altre parole, che sia un errore ridurre al semplice strato dei valori simbolici e allegorici un universo di significati così complesso come quello del *Furioso*.

L'episodio di Melissa e del cavaliere del nappo, in ogni caso, introduce un ulteriore elemento di tensione interna del poema, quello fra modalità realistica e modalità allegorica, che va a unirsi a quello fra modalità epica e modalità romanzesca. Esso, inoltre, pone in questione, sul piano dell'organizzazione strutturale del poema, la distinzione tra *fabula* e *diversione*. Siamo proprio sicuri che la *fabula* ariostesca di Rinaldo faccia di costui un personaggio costantemente (e secondo tradizione) complementare di Orlando? Siamo proprio sicuri che i due episodi del cavaliere del nappo e del giudice mantovano siano in rapporto debole con la *fabula* di Rinaldo o con quella di altri personaggi? Siamo proprio sicuri che tema principale di questi episodi sia, come sembrerebbe indicare l'esordio del canto XLIII, quello dell'avarizia?

Le domande di questo tipo si affollano e servono anch'esse a darci del *Furioso* un'immagine tutt'altro che unitaria e compatta. Chi è il vero protagonista del poema?

Orlando, come sembra indicare il titolo, oppure Ruggiero, la cui storia di formazione, maturazione e realizzazione epica campeggia nella seconda parte del poema, oppure, che so, Astolfo, o Rinaldo? Se poi si guarda alla tessitura complessiva del poema, quali sono i temi dominanti, quelli che vanno a costituirne la grande rete semantica e a realizzare concretamente i modelli ideologici e culturali che lo ispirano? C'è, per esempio, un rapporto decisamente conflittuale fra il modello dell'amore cortese che presiede alla modalità romanzesca presente nel poema, ha rapporti con un preciso contesto storico e una precisa tradizione letteraria, viene spesso ricondotto all'esperienza personale e biografica dell'autore e a correnti ideologiche molto diffuse negli ambienti cortigiani del suo tempo, e il modello dell'amore coniugale (che è poi quello che nel poema guida la storia di Ruggiero e Bradamante), presiede alla modalità epica, genealogica ed epitalamica presente soprattutto nella seconda parte del *Furioso*, e ha rapporti con un diverso contesto storico e una diversa tradizione letteraria (latina e classicheggiante).

Per un poeta come Ariosto, grande creatore di spazi metaforici e discorsi comicamente rovesciati, la possibilità di costruire con grande serietà e impegno retorico il nuovo spazio letterario e narrativo dell'amore coniugale doveva necessariamente accompagnarsi alla libera possibilità di confrontarlo continuamente con tutte le altre fenomenologie dell'amore, in tutto il loro ampio e bizzarro dispiegamento, e anche di costruirgli a fronte gli spazi lucidi e prospettici su cui proiettarlo, per scrutarne attentamente le componenti, le manifestazioni, i trionfi e le catastrofi. Così come, in un certo punto del *Furioso*, il mondo perfetto e idealiz-

zato della corte può per un momento scorgere, sulla faccia fredda
e lucida della luna, la propria immagine rovesciata nella follia,
non mancano nel poema ariostesco (ma anche fuori da esso, basta
pensare a quel controcanto ironico e amaro dell'amore coniugale
che è la satira V) i momenti in cui il grande tema dell'amore
coniugale è trattato nei suoi eccessi virtuosi, nei suoi interni tormenti (la gelosia), e anche nei suoi comici rovesciamenti.

   Come si vede, anche rispetto ai grandi modelli culturali che la
ispirano, l'opera di Ariosto si presenta più come un'occasione di
tensione e confronto, che di sintesi e risoluzione armoniosa.

ORLANDO FURIOSO*

DI MESSER LUDOVICO ARIOSTO
ALLO ILLUSTRISSIMO E REVERENDISSIMO
CARDINALE DONNO IPPOLITO DA ESTE
SUO SIGNORE

---

* *Orlando Furioso*: il titolo è foggiato su quello del poema del Boiardo, l'*Orlando Innamorato*, di cui esso vuole essere una continuazione. L'Ariosto ebbe presente anche il titolo di una tragedia di Seneca, l'*Hercules Furens*. Onde *Furioso*, usato nel senso latino di «pazzo», nobilita e classicizza il nome romanzo Orlando.

CANTO PRIMO

*Proposizione della materia, invocazione e dedica a Ippolito d'Este. Ange-
lica, dopo la rotta dei Cristiani, fugge dal campo di Carlo Magno e s'imbatte
prima in Rinaldo, poi in Ferraù. I due cavalieri vengono a duello per dispu-
tarsi l'amore di Angelica. La donna riprende la fuga. I due cavalieri interrompono il duello e si dànno all'inseguimento. Ferraù tenta di ripescare
l'elmo che gli è caduto in un fiume. Gli appare l'ombra dell'Argalia. Frattanto
Angelica incontra Sacripante e lo accetta come suo difensore. Sopraggiunge
un ignoto cavaliere (Bradamante), che abbatte Sacripante. Sopraggiunge
Baiardo, il cavallo di Rinaldo, e Sacripante se ne impossessa con l'aiuto di
Angelica. Sopraggiunge Rinaldo, che sfida Sacripante. Trepidazione di Angelica, mentre i due cavalieri si affrontano.*

1.   Le donne, i cavallier, l'arme, gli amori,
             le cortesie, l'audaci imprese io canto,

1. – 1. *Le donne, i cavallier ecc.*: l'Ariosto si propone di trattare, con ispirazione
uniforme, la materia arturiana (*le donne... gli amori... le cortesie*) e quella carolingia
(*l'arme... l'audaci imprese*). La fusione fra le due materie era già stata iniziata in
molti cantari, nell'*Orlando*, nella *Spagna* e nel *Morgante*, e attuata pienamente
nell'*Orlando Innamorato* (*Innam.*), dove compaiono le coppie «amori» e «battaglie» (III, v, 2, 1-2) e «amore» e «mirabil prove» (I, 1, 1, 5-7), così come compaiono
in una delle prime ottave del *Mambriano* (I, 5, 6-7) o addirittura nel frontespizio
della stampa del poema, definito «Libro d'arme e d'amore». Per i due primi versi
cfr. il classico proemio virgiliano «*Arma virumque cano*» (*Aen.*, I, 1) e la più com-
prensiva e ariosa formula romanza dei due versi danteschi «Le donne i cavalier
gli affanni e gli agi, Che ne invogliava amore e cortesia» (*Purg.*, XIV, 109-110), che
appare anche in una ballata per musica di E. Deschamps, col ritornello «*Armes,
amours, dames, chevaliers*» (*Oeuvres complètes*, Paris, 1878, I, p. 243). Il modulo era
già stato accolto da Poliziano nelle *Stanze* I, 7, 8: «io canto l'amor di Iulio e l'armi»
e dallo stesso Ariosto nell'*Obizzeide* (*Rime*, cap. II, 1-2): «Canterò l'arme, canterò gli

che furo al tempo che passaro i Mori
d'Africa il mare, e in Francia nocquer tanto,
seguendo l'ire e i giovenil furori
d'Agramante lor re, che si diè vanto
di vendicar la morte di Troiano
sopra re Carlo imperator romano.

2.   Dirò d'Orlando in un medesmo tratto
cosa non detta in prosa mai né in rima:
che per amor venne in furore e matto,
d'uom che sì saggio era stimato prima;
se da colei che tal quasi m'ha fatto,
che 'l poco ingegno ad or ad or mi lima,
me ne sarà però tanto concesso,
che mi basti a finir quanto ho promesso.

affanni D'amor, ch'un cavallier sostenne gravi». – 3. *al tempo ecc.*: le indicazioni cronologiche e l'impresa stessa sono puramente leggendarie. Secondo la sistemazione datale da Andrea da Barberino (*Aspromonte, Reali di Francia*), e seguita anche dal Boiardo, le linee principali di tale leggenda erano le seguenti: l'uccisione di Barbante, re di Biserta, discendente da Alessandro Magno, ad opera di Carlo Magno, diede origine alla prima guerra fra i Saraceni d'Africa e i Franchi. Il figlio di Barbante, Agolante, sbarcò in Calabria per vendicare il padre e insieme coi figli Almonte e Troiano assalì Risa (Reggio) governata da Ruggiero II. Galaciella, figlia di Agolante, durante un duello si innamorò di Ruggiero II, si fece cristiana e lo sposò. Un fratello di Ruggiero II, Beltramo, si innamorò della cognata e a sua volta tradì i parenti consegnando Risa ad Agolante. Durante l'attacco alla città morirono Ruggiero II e Milone (il padre di Orlando). Galaciella fu catturata e per punizione messa in una barca e abbandonata; essa però approdò in Libia ove partorì Ruggiero III e Marfisa. Carlo Magno allora scese in Calabria, attaccò e vinse Agolante ad Aspromonte, mentre Troiano e Almonte caddero uccisi da Orlando. Agramante, figlio di Troiano e ventiduenne re d'Africa, decise allora a sua volta di passare il mare e vendicare la morte del padre. È a quest'ultima guerra che qui si fa riferimento.

2. – 1. *Orlando*: figlio di Milone, governatore della Marca di Bretagna, protagonista eroico e severo dei poemi francesi, a cominciare dalla *Chanson de Roland*; la sua figura aveva subito un processo di adattamento e riduzione al tipo arturiano del cavaliere di ventura in alcuni cantari italiani; il Boiardo poi l'aveva presentato come «innamorato»; l'Ariosto si appresta ora a farlo diventare «furioso» d'amore; *tratto*: momento. – 2. *cosa*: la pazzia; *non detta... rima*: cfr. ORAZIO, *Carm.*, III, I, 2-3: «*carmina non prius audita*»; e DANTE, *Vita Nova*, XLII, 8; cfr. anche E. R. CURTIUS, *Lett. eur. e Medio Evo lat.*, Firenze, 1992, pp. 100-101; il topos era presente anche nella tradizione romanzesca: *La Geste Francor*, ediz. Rosellini [Brescia, 1986], CCLXI, 9023-24: «*tel cose oldirés da qui avant parler Qe vu meesme v'en avri merviler*»; *L'Entrée d'Espagne*, CCXXXI, 5484: «*Segnor jamais nuls de vos a nul dis*»; XIV, 365-67: «*Segnor car escoltez ne soit ne criz ne hu gloriose cançonc c'onques sa pier ne fu Ne vos sambleront mie de les flabes d'Artu*». – 5-8. *se da... promesso*: se la donna che amo (sicuramente Alessandra Benucci; cfr. M. CATALANO, *Vita*, I, pp. 418-419; e R. CESERANI, *Diz. bio. ital.*, Roma, 1966, *ad vocem*), che mi

3. Piacciavi, generosa Erculea prole,
    ornamento e splendor del secol nostro,
    Ippolito, aggradir questo che vuole
    e darvi sol può l'umil servo vostro.
    Quel ch'io vi debbo, posso di parole
    pagare in parte, e d'opera d'inchiostro;
    né che poco io vi dia da imputar sono;
    che quanto io posso dar, tutto vi dono.

4. Voi sentirete fra i più degni eroi,
    che nominar con laude m'apparecchio,
    ricordar quel Ruggier, che fu di voi
    e de' vostri avi illustri il ceppo vecchio.
    L'alto valore e' chiari gesti suoi
    vi farò udir, se voi mi date orecchio,
    e vostri alti pensier cedino un poco,
    sì che tra lor miei versi abbiano loco.

consuma (*lima*) e che quasi mi ha reso pazzo come Orlando, mi lascerà tanto senno che io possa mantenere la promessa di condurre a termine il poema. Si noti il tono di complimento madrigalesco di questi versi, che furono aggiunti quando il *Furioso* era quasi tutto finito. Neppure l'invocazione alla donna amata (anziché alle muse o altre deità) è una novità nella tradizione poetica. Cfr. l'esordio del c. II del i. II dell'*Innam.* e inoltre BOCCACCIO, *Filostrato*, I, 1-5 e ARIOSTO, *Obizzeide* (*Rime*, cap. II, 4-9). L'espressione *lima* del v. 6 è di origine provenzale, già ripresa da Dante (nella canz. petrosa *Così nel mio parlar*, 22) e Petrarca (*Canz.*, LXV, 5; CCLII, 3; CCXCIII, 7).

    3. – 1. *generosa Erculea prole*: il poema è dedicato al card. Ippolito d'Este (1479-1520), figlio di Ercole I e fratello di Alfonso I duca di Ferrara; *generosa* vale qui nobile per origine (lat. *generosus*) e per virtù e doti eccellenti; *Erculea* ha il senso di «discendente da Ercole I», ma anche quello di «gagliarda come Ercole», secondo una figura di antonomasia tipica della poesia encomiastica (cfr. n. a XIII, 62, 2), anche se qui potrebbe celare un sottile accento malizioso. – 2. *ornamento... nostro*: cfr. OVIDIO, *Ex. Pont.*, II, VIII, 25: «saecli decus indelebile nostri». – 5-6. *di parole... d'inchiostro*: cfr. PETRARCA, *Canz.*, XXVIII, 67: «Or con la lingua, or co' laudati incostri», e anche, per il concetto, ORAZIO, *Carm.*, IV, VIII, 11-12. – 8. *quanto... dono*: cfr. PLINIO IL GIOV., *Ep.*, III, 21, 6: «Dedit enim mihi, quantum maximum potuit».

    4. – 1. *Voi sentirete ecc.*: Cfr. BOIARDO, *Innam.*, II, 1, 4, 1-4: «Voi odirete la inclita prodezza E le virtuti de un cor pellegrino... Che ebbe Ruggier». – 3-4. *Ruggier*: Ruggiero III, figlio di Ruggiero II di Risa e di Galaciella (cfr. n. a I, 1, 3); egli secondo la leggenda seguita dal Boiardo e dall'Ariosto, fu il capostipite (*ceppo vecchio*) della dinastia estense. (*ceppo* era vocabolo dantesco: *Par.*, XVI, 106). – 5. *gesti*: gesta. – 7. *alti pensier*: preoccupazioni di carattere politico, ecclesiastico e anche militare; *cedino*: si ritraggano. Il congiuntivo *cedino* è indipendente dal *se* del v. 6, ha valore esortativo (Bigi), esprime fiducia ma anche, contemporaneamente, un tocco di dubbio elegante. – 8. *abbiano loco*: trovino posto.

5.   Orlando, che gran tempo inamorato
       fu de la bella Angelica, e per lei
       in India, in Media, in Tartaria lasciato
       avea infiniti et immortal trofei,
       in Ponente con essa era tornato,
       dove sotto i gran monti Pirenei
       con la gente di Francia e de Lamagna
       re Carlo era attendato alla campagna,

6.   per far al re Marsilio e al re Agramante
       battersi ancor del folle ardir la guancia,
       d'aver condotto, l'un, d'Africa quante
       genti erano atte a portar spada e lancia;
       l'altro, d'aver spinta la Spagna inante
       a destruzion del bel regno di Francia.
       E così Orlando arrivò quivi a punto:
       ma tosto si pentì d'esservi giunto;

7.   che vi fu tolta la sua donna poi:
       ecco il giudicio uman come spesso erra!

5. – 1. *Orlando, che ecc.*: l'Ariosto riassume rapidamente (in una serie di ottave narrative agili e legate) le vicende raccontate dal Boiardo e procura di familiarizzare il lettore con la scena principale del poema, Parigi, da cui gli eroi si disperdono e a cui periodicamente ritornano, e con i due protagonisti principali: Orlando vittima d'amore e Angelica, la bella figlia di Galafrone, re del Cataio (India), che con la sua bellezza seducente è la causa motrice di tanti viaggi e inseguimenti. Orlando infatti, innamorato di Angelica, l'aveva seguita in Oriente, dove aveva combattuto per lei alla rocca di Albraccà contro il re Agricane, uccidendolo; poi, quando essa aveva voluto ritornare in Europa per amore di Rinaldo, Orlando l'aveva seguita. Una volta giunta in Francia, tuttavia, essa aveva bevuto alla fontana del disamore, e aveva cessato di amare Rinaldo, proprio nello stesso momento in cui Rinaldo, avendo bevuto alla fontana dell'amore, si era invaghito di lei. – 3. *India... Media... Tartaria*: l'India indicava anticamente tutta l'Asia meridionale, dall'Oceano fino al golfo Persico; la Media era la regione centrale dell'Asia a sud del Caspio, abitata anticamente dai Parti; la Tartaria era la grande regione a occidente a nord del Cataio (Cina settentrionale), cioè gran parte dell'odierna Siberia. – 7. *Lamagna*: Germania.

6. – 1. *Marsilio*: leggendario re saraceno di Spagna, alleato di Agramante. – 2. *battersi... guancia*: amaramente pentirsi, come già avevano fatto in occasione di precedenti sconfitte. La mimica stilizzata del gesto ricorda i modi cari alla narrazione canterina, fatti propri anche dal Pulci e dal Boiardo; cfr. *Spagna*, III, 24; XXXVII, 7, 2-3; *Morgante*, XI, 109, 4; XX, 94, 6; *Innam.*, II, 11, 7, 7-8; XXIV, 23, 5. – 3. *l'un*: Agramante. – 5. *l'altro*: Marsilio. – 7. *a punto*: al momento opportuno.

7. – 1. *che vi fu tolta*: perché qui gli fu tolta. – 2. *ecco... erra*: il giro della frase, ma esso soltanto, è petrarchesco; cfr. *Canz.*, CX, 7: «se 'l giudicio mio non erra».

Quella che dagli esperii ai liti eoi
avea difesa con sì lunga guerra,
or tolta gli è fra tanti amici suoi,
senza spada adoprar, ne la sua terra.
Il savio imperator, ch'estinguer vòlse
un grave incendio, fu che gli la tolse.

8.   Nata pochi dì inanzi era una gara
tra il conte Orlando e il suo cugin Rinaldo;
che ambi avean per la bellezza rara
d'amoroso disio l'animo caldo.
Carlo, che non avea tal lite cara,
che gli rendea l'aiuto lor men saldo,
questa donzella, che la causa n'era,
tolse, e diè in mano al duca di Bavera;

9.   in premio promettendola a quel d'essi
ch'in quel conflitto, in quella gran giornata,
degli infideli più copia uccidessi,
e di sua man prestassi opra più grata.
Contrari ai voti poi furo i successi;
ch'in fuga andò la gente battezzata,
e con molti altri fu 'l duca prigione,
e restò abbandonato il padiglione.

10.   Dove, poi che rimase la donzella
ch'esser dovea del vincitor mercede,

− 3. *dagli... eoi*: dall'occidente (dove spunta la stella Espero), all'oriente (dove sorge l'aurora, gr. *eos*). La perifrasi era classica e petrarchesca; cfr. anche ARIOSTO, *Rime*, cap. XIV, 7. − 7. *vòlse*, volle. − 8. *un grave incendio*: la discordia fra Orlando e Rinaldo.

8. − 2. *Rinaldo*: uno dei figli di Amone di Chiaramonte (che era fratello di Milone, padre di Orlando). Ebbe gran parte nelle leggende carolingie, come vassallo ribelle e perseguitato dall'imperatore, tanto da doversi trasformare in brigante. L'Ariosto, che pure accenna qua e là (cfr. II, 4, 3-4) ai tratti tradizionali, ha fatto di lui un personaggio serio e austero. − 4. *amoroso disio*: sintagma di provenienza lirica, mediato probabilmente da G. BOCCACCIO, *Dec.*, II, 2, 39: «la donna, che tutta d'amoroso desio ardeva» (e più volte anche nelle altre sue opere) (Sangirardi). − 8. *duca di Bavera*: il vecchio Namo, uno dei più autorevoli consiglieri di Carlo Magno, che qui ricorda il Nestore omerico.

9. − 2. *giornata*: battaglia campale. Cfr. MACHIAVELLI, *Discorsi*, II, 17, 1: «zuffe campali (chiamate ne' nostri tempi con vocabolo francioso giornate, e dagli Italiani fatti d'arme)». − 5. *successi*: eventi, accadimenti. − 8. *il padiglione*: la tenda di Namo.

inanzi al caso era salita in sella,
e quando bisognò le spalle diede,
presaga che quel giorno esser rubella
dovea Fortuna alla cristiana fede:
entrò in un bosco, e ne la stretta via
rincontrò un cavallier ch'a piè venìa.

11.   Indosso la corazza, l'elmo in testa,
la spada al fianco, e in braccio avea lo scudo;
e più leggier correa per la foresta,
ch'al pallio rosso il villan mezzo ignudo.
Timida pastorella mai sì presta
non volse piede inanzi a serpe crudo,
come Angelica tosto il freno torse,
che del guerrier, ch'a piè venìa, s'accorse.

12.   Era costui quel paladin gagliardo,
figliuol d'Amon, signor di Montalbano,
a cui pur dianzi il suo destrier Baiardo
per strano caso uscito era di mano.
Come alla donna egli drizzò lo sguardo,
riconobbe, quantunque di lontano,
l'angelico sembiante e quel bel volto
ch'all'amorose reti il tenea involto.

---

10. – 3. *inanzi al caso*: prima della sconfitta dei Cristiani. – 4. *bisognò*: venne il momento opportuno. – *le spalle diede*: cfr. l'espressione latina *terga dedit* già ripresa da Dante (*Inf.*, XXXI, 117) e Petrarca (*Tr. Pud.*, 102). – 5. *rubella*: ostile (cfr. Petrarca, *Canz.*, XXIX, 18 e Bembo, *Asolani*, canz. *Sì rubella d'Amor*). – 7-8. *entrò in un bosco ecc.*: con questi due versi, con l'«alzarsi del sipario» (Sapegno) sul mondo magico della selva, inizia il racconto originale dell'Ariosto (anche se la fuga di Angelica e l'incontro con Ferraù erano già stati introdotti dall'Agostini nella continuazione all'*Innam.*, IV, IX, 99 segg.).

11. – 4. *pallio*: il drappo che, nelle corse a piedi, si dava in premio al vincitore (cfr. Dante, *Inf.*, XV, 121-122). Alcuni affreschi ferraresi testimoniano la voga di quel gioco nel mondo rinascimentale. – 5-6. *Timida pastorella ecc.*: cfr. Virgilio, *Aen.*, II, 378-381; Ovidio, *Fasti*, II, 341-342. – 7. *il freno torse*: diede di volta al cavallo.

12. – 1-2. *paladin... Montalbano*: Rinaldo, uno dei dodici paladini (*comites palatini*) di Carlo Magno e signore di Montalbano; cfr. n. a I, 8, 2. – 3. *pur dianzi*: aveva raccontato il Boiardo (*Innam.*, III, IV, 26-30; 36-40) che Rinaldo, in uno scontro con Ruggiero, era sceso da cavallo, per mettersi alla pari con l'avversario. Quando poi aveva cercato di rimontare in sella per portare aiuto ai Cristiani sconfitti, il suo cavallo (il famoso baio Baiardo, celebre per le sue prodezze) s'era messo a correre e a sfuggirgli, in direzione di una «selva oscura». – 8. *amorose reti*:

13. La donna il palafreno a dietro volta,
e per la selva a tutta briglia il caccia;
né per la rara più che per la folta,
la più sicura e miglior via procaccia:
ma pallida, tremando, e di sé tolta,
lascia cura al destrier che la via faccia.
Di su di giù, ne l'alta selva fiera
tanto girò, che venne a una riviera.

14. Su la riviera Ferraù trovosse
di sudor pieno e tutto polveroso.
Da la battaglia dianzi lo rimosse
un gran disio di bere e di riposo;
e poi, mal grado suo, quivi fermosse,
perché, de l'acqua ingordo e frettoloso,
l'elmo nel fiume si lasciò cadere,
né l'avea potuto anco rïavere.

15. Quanto potea più forte, ne veniva
gridando la donzella ispaventata.
A quella voce salta in su la riva
il Saracino, e nel viso la guata;

metafora petrarchesca (*Canz.*, CLXXXI; CCLXIII), già ripresa più volte da Ariosto nelle sue *Rime*.

13. – 1. *La donna ecc.*: il tema, centrale nella vicenda del *Furioso*, degli amanti che si avventurano si perdono e si incontrano nella selva viene qui trattato per la prima volta con alcune significative riprese (segnalate da Sangirardi) di motivi, giri verbali e sintattici della novella boccaccesca di Pietro Boccamazza e dell'Agnolella, *Dec.*, V, 3, 11 e 20: «e come seppe, verso una selva grandissima volse il suo ronzino, e tenendogli gli sproni stretti al corpo, attenendosi all'arcione. Il ronzino, sentendosi pugnere, correndo per quella selva ne la portava... La giovane fuggendo, come davanti dicemmo, non sappiendo dove andarsi, se non come il suo ronzino stesso dove più gli pareva ne la portava, si mise tanto fralla selva, che ella non poteva vedere il luogo donde in quella entrata era». – *palafreno*: i paladini cavalcavano un *ronzino* quand'erano in viaggio; si servivano invece di un *destriero* per la battaglia. *Palafreno* era il cavallo da parata. Ma spesso l'Ariosto usa *destriero* e *palafreno* come sinonimi. – 2. *il caccia*: lo spinge alla corsa. – 3. *rara... folta*: sott. «selva». – 5. *di sé tolta*: fuori di sé. – 7. *fiera*: inospitale, inculta; cfr. ORAZIO, *Serm.*, II, VI, 92: «*feris... silvis*». – 8. *riviera*: fiume (francesismo).

14. – 1. *Ferraù*: Ferraguto nell'*Innam.* (I, II, 10-11; III, 62-67); cavaliere saraceno di Spagna, figlio di Falsirone e nipote del re Marsilio; era innamorato di Angelica e per lei aveva combattuto col fratello di Angelica Argalia e l'aveva ucciso. Il morente gli aveva chiesto di gettare nel fiume il suo corpo ricoperto di tutta l'armatura. Ferraù aveva chiesto di poter trattenere l'elmo per quattro giorni; ma poi non l'aveva mai restituito.

15. – 1. *Quanto... forte*: da unire a *gridando* del v. seg. – 4. *e nel viso la guata*: cfr.

e la conosce subito ch'arriva,
ben che di timor pallida e turbata,
e sien più dì che non n'udì novella,
che senza dubbio ell'è Angelica bella.

16.   E perché era cortese, e n'avea forse
non men dei dui cugini il petto caldo,
l'aiuto che potea, tutto le porse,
pur come avesse l'elmo, ardito e baldo:
trasse la spada, e minacciando corse
dove poco di lui temea Rinaldo.
Più volte s'eran già non pur veduti,
m' al paragon de l'arme conosciuti.

17.   Cominciâr quivi una crudel battaglia,
come a piè si trovâr, coi brandi ignudi:
non che le piastre e la minuta maglia,
ma ai colpi lor non reggerian gl'incudi.
Or, mentre l'un con l'altro si travaglia,
bisogna al palafren che 'l passo studi;
che quanto può menar de le calcagna,
colei lo caccia al bosco e alla campagna.

18.   Poi che s'affaticâr gran pezzo invano
i duo guerrier per por l'un l'altro sotto,
quando non meno era con l'arme in mano
questo di quel, né quel di questo dotto;
fu primiero il signor di Montalbano,

DANTE, *Purg.*, V, 58. – 5-8. *e la conosce... bella*: in alcune di queste ottave di rapida narrazione è usata la sintassi un po' saltellante, propria dei canterini e del Boiardo.
16. – 2. *dei dui cugini*: Orlando e Rinaldo; *caldo*: cfr. I, 8, 4. – 7. *Più volte*: avevano già duellato nell'*Innam.* (II, XXIV, 43 segg.; XXIX, 53 segg.) e nella continuazione dell'Agostini (IV, X, 28 segg.). – 8. *paragon*: prova.
17. – 3. *piastre... maglia*: di *piastre*, cioè di lamine d'acciaio, era costituita l'armatura pesante, al di sotto della quale veniva portata una *maglia* sottile di ferro; l'Ariosto usa spesso la coppia di parole per designare genericamente l'armatura del guerriero. – 4. *gl'incudi*: le incudini (lat.). L'immagine iperbolica era cara alla tradizione canterina. – 6. *studi*: affretti; cfr. DANTE, *Purg.*, XXVII, 62; ARIOSTO, *Cassaria*, atto II, sc. I: «studiamo il passo». – 7-8. *quanto può... campagna*: riprende il tema della fuga di Angelica (cfr. anche *Innam.*, I, III, 78), trasferendolo questa volta in chiave di linguaggio popolaresco, che «tradisce il sorriso ariostesco» (Nardi).
18. – 3. *quando*: poiché. – 4. *questo... dotto*: cfr. AGOSTINI, continuazione all'*In-*

ch'al cavallier di Spagna fece motto,
sì come quel c'ha nel cor tanto fuoco,
che tutto n'arde e non ritrova loco.

19.   Disse al pagan: — Me sol creduto avrai,
e pur avrai te meco ancora offeso:
se questo avvien perché i fulgenti rai
del nuovo sol t'abbino il petto acceso,
di farmi qui tardar che guadagno hai?
che quando ancor tu m'abbi morto o preso,
non però tua la bella donna fia;
che, mentre noi tardian, se ne va via.

20.   Quanto fia meglio, amandola tu ancora,
che tu le venga a traversar la strada,
a ritenerla e farle far dimora,
prima che più lontana se ne vada!
Come l'avremo in potestate, allora
di ch'esser de' si provi con la spada:
non so altrimenti, dopo un lungo affanno,
che possa riuscirci altro che danno. —

21.   Al pagan la proposta non dispiacque:
così fu differita la tenzone;
e tal tregua tra lor subito nacque,
sì l'odio e l'ira va in oblivïone,
che 'l pagano al partir da le fresche acque
non lasciò a piedi il buon figliol d'Amone:
con preghi invita, et al fin toglie in groppa,
e per l'orme d'Angelica galoppa.

nam., IV, 1, 22, 6: «questo di quel, né quel di questo cura». – 8. *non ritrova loco*: non trova pace. Nell'*Innam.* (I, 1, 34, 1-2) Ferraù innamorato era descritto vivacemente che «or su l'un piede or su l'altro se muta, Grattasi il capo e non ritrova loco».

    19. – 1. *pagan*: nei romanzi cavallereschi designava genericamente i non cristiani; *creduto avrai*: sott. «offendere», cioè danneggiare. – 3. *questo*: duello. – 3-4. *i fulgenti... nuovo sol*: gli occhi di Angelica. Le espressioni sono petrarchesche (*Canz.*, CXCIV, 8; CCXLVI, 10; CCXLVIII, 3; CCCVI, 1), già però presenti in Orazio, *Carm.*, II, 12, 15: «fulgentis oculos». – 6. *morto*: ucciso. – 8. *tardian*: indugiamo.

    20. – 7. *altrimenti*: facendo diversamente.

    21. – 3. *tal tregua*: diverso l'esito del duello in Boiardo, *Innam.*, I, III, 79-80. – 4. *va in oblivïone*: vengono dimenticati, scompaiono dalla memoria (lat.). – 7. *invita*: ogg. sott. «Rinaldo».

22.   Oh gran bontà de' cavallieri antiqui!
         Eran rivali, eran di fé diversi,
         e si sentian degli aspri colpi iniqui
         per tutta la persona anco dolersi;
         e pur per selve oscure e calli obliqui
         insieme van senza sospetto aversi.
         Da quattro sproni il destrier punto arriva
         ove una strada in due si dipartiva.

23.   E come quei che non sapean se l'una
         o l'altra via facesse la donzella
         (però che senza differenzia alcuna
         apparia in amendue l'orma novella),
         si messero ad arbitrio di fortuna,
         Rinaldo a questa, il Saracino a quella.
         Pel bosco Ferraù molto s'avvolse,
         e ritrovossi al fine onde si tolse.

24.   Pur si ritrova ancor su la riviera,
         là dove l'elmo gli cascò ne l'onde.
         Poi che la donna ritrovar non spera,
         per aver l'elmo che 'l fiume gli asconde,
         in quella parte onde caduto gli era
         discende ne l'estreme umide sponde:
         ma quello era sì fitto ne la sabbia,
         che molto avrà da far prima che l'abbia.

25.   Con un gran ramo d'albero rimondo,
         di ch'avea fatto una pertica lunga,
         tenta il fiume e ricerca sino al fondo,

---

22. – 1. *Oh gran... antiqui*: pausa di riflessione e sereno commento. I romanzi francesi recavano in buona fede molti esempi di simili cortesie (cfr. P. RAJNA, *Le fonti dell'«Orlando Furioso»* cit., pp. 71 segg.); e già BOIARDO, *Innam.*, II, I, 2; II, XIII, 2; II, X, 1; II, XXIV, 2-3; II, XXVI, 1-3. – 3. *iniqui*: straordinari, violenti (lat.). – 4. *per tutta la persona*: cfr. BOCCACCIO, *Dec.*, VIII, 3, 52. – 5. *obliqui*: traversi, pericolosi (lat. *iter obliquum*). – 6. *senza... aversi*: senza diffidare l'uno dell'altro.

23. – 4. *novella*: recente. – 5. *ad arbitrio di fortuna*: il caso è la forza che provoca e dissolve tante avventure nel *Fur.* – 7. *s'avvolse*: si aggirò; cfr. BOCCACCIO, *Dec.*, V, 3, 20: «per lo salvatico luogo s'andò avvolgendo» (Sangirardi). – 8. *onde si tolse*: da dove era partito: al fiume.

24. – 1. *Pur*: nonostante tutto, malgrado i suoi sforzi (Bigi).

25. – 1. *albero*: pioppo. Per indicare l'albero in senso generico l'Ariosto usa invece, sistematicamente, il termine «arbore» (Segre). – 3. *tenta*: scandaglia. –

né loco lascia ove non batta e punga.
Mentre con la maggior stizza del mondo
tanto l'indugio suo quivi prolunga,
vede di mezzo il fiume un cavalliero
insino al petto uscir, d'aspetto fiero.

26.   Era, fuor che la testa, tutto armato,
        et avea un elmo ne la destra mano:
        avea il medesimo elmo che cercato
        da Ferraù fu lungamente invano.
        A Ferraù parlò come adirato,
        e disse: – Ah mancator di fé, marano!
        perché di lasciar l'elmo anche t'aggrevi,
        che render già gran tempo mi dovevi?

27.   Ricordati, pagan, quando uccidesti
        d'Angelica il fratel (che son quell'io),
        dietro all'altr'arme tu mi promettesti
        gittar fra pochi dì l'elmo nel rio.
        Or se Fortuna (quel che non volesti
        far tu) pone ad effetto il voler mio,
        non ti turbare; e se turbar ti déi,
        turbati che di fé mancato sei.

28.   Ma se desir pur hai d'un elmo fino,
        trovane un altro et abbil con più onore;
        un tal ne porta Orlando paladino,
        un tal Rinaldo, e forse anco migliore:
        l'un fu d'Almonte, e l'altro di Mambrino:

8. *insino... uscir*: l'improvvisa apparizione ricorda quelle degli dèi fluviali della mitologia classica (per es. quella dello Scamandro che sorge a sgridare Achille in *Il.*, XXI, 211 segg., o quella di Tiberino che compare per rassicurare Enea in *Aen.*, VIII, 31 segg.; cfr. P. RAJNA, *Le fonti dell'«Orlando Furioso»* cit., p. 74).
    26. – 6. *marano*: parola spagnola che letteralmente vale «porco» e qui, più genericamente, «traditore». – 7. *t'aggrevi*: ti pesa, ti riesce di cruccio; cfr. DANTE, *Inf.*, XIII, 56: «voi non gravi»; PETRARCA, *Canz.*, XXXVII, 37: «più m'aggravi».
    27. – 1. *Ricordati*: cfr. n. a I, 14, 1. – 4. *fra pochi dì*: nel giro di pochi giorni. – 6. *pone ad effetto*: fa in modo che si realizzi.
    28. – 1. *fino*: pregiato. – 5. *Almonte*: era stato ucciso da Orlando ad Aspromonte (cfr. n. a I, 1, 3), il quale gli aveva tolto l'elmo, la spada Durindana, l'armatura fatata e il cavallo Brigliadoro; *Mambrino*: le storie italiane di Rinaldo raccontano diffusamente le imprese di Rinaldo e dei fratelli contro il re pagano Mambrino d'Ulivante e la conquista dell'elmo quando Rinaldo finalmente uccise il re (cfr. P.

acquista un di quei duo col tuo valore;
e questo, c'hai già di lasciarmi detto,
farai bene a lasciarmi con effetto. –

29.   All'apparir che fece all'improviso
de l'acqua l'ombra, ogni pelo arricciossi,
e scolorossi al Saracino il viso;
la voce, ch'era per uscir, fermossi.
Udendo poi da l'Argalia, ch'ucciso
quivi avea già (che l'Argalia nomossi),
la rotta fede così improverarse,
di scorno e d'ira dentro e di fuor arse.

30.   Né tempo avendo a pensar altra scusa,
e conoscendo ben che 'l ver gli disse,
restò senza risposta a bocca chiusa;
ma la vergogna il cor sì gli traffisse,
che giurò per la vita di Lanfusa
non voler mai ch'altro elmo lo coprisse,
se non quel buono che già in Aspramonte
trasse del capo Orlando al fiero Almonte.

31.   E servò meglio questo giuramento,
che non avea quell'altro fatto prima.
Quindi si parte tanto malcontento,
che molti giorni poi si rode e lima.
Sol di cercare è il paladino intento
di qua di là, dove trovarlo stima.
Altra ventura al buon Rinaldo accade,
che da costui tenea diverse strade.

RAJNA, *Rinaldo da Montalbano*, in «Propugnatore», 1870, pp. 60-61). – 8. *con effetto*: di fatto.

29. – 2. *ogni... arricciossi*: cfr. DANTE, *Inf.*, XXIII, 19 e BOIARDO, *Innam.*, I, II, 4, 3-4. – 3. *e scolorossi... viso*: cfr. DANTE, *Inf.*, V, 131. La descrizione echeggia versi di Ovidio, *Met.*, III, 99-100. – 4. *la voce... fermossi*: cfr. VIRGILIO, *Aen.*, II, 774; III, 48. – 7. *improverarse*: rinfacciarsi.

30. – 5. *Lanfusa*: madre di Ferraù; cfr. XXV, 74, 5.

31. – 1. *servò*: mantenne. – 3. *Quindi*: di qui. – 4. *rode e lima*, cfr. BOIARDO, *Amor.*, CXLVIII, 8: «Che per se stesso il cor se rode e lima». – 5. *il paladino*: Orlando.

32.   Non molto va Rinaldo, che si vede
        saltare inanzi il suo destrier feroce:
        − Ferma, Baiardo mio, deh, ferma il piede!
        che l'esser senza te troppo mi nuoce. −
        Per questo il destrier sordo a lui non riede,
        anzi più se ne va sempre veloce.
        Segue Rinaldo, e d'ira si distrugge:
        ma seguitiamo Angelica che fugge.

33.   Fugge tra selve spaventose e scure,
        per lochi inabitati, ermi e selvaggi.
        Il mover de le frondi e di verzure,
        che di cerri sentia, d'olmi e di faggi,
        fatto le avea con subite paure
        trovar di qua di là strani vïaggi;
        ch'ad ogni ombra veduta o in monte o in valle,
        temea Rinaldo aver sempre alle spalle.

34.   Qual pargoletta o damma o capriuola,
        che tra le fronde del natio boschetto
        alla madre veduta abbia la gola
        stringer dal pardo, o aprirle 'l fianco o 'l petto,
        di selva in selva dal crudel s'invola,
        e di paura triema e di sospetto:
        ad ogni sterpo che passando tocca,
        esser si crede all'empia fera in bocca.

---

32. − 2. *feroce*: focoso (lat.). − 3. *Ferma... piede!* cfr. POLIZIANO, *Stanze*, I, 109, 3. − 5. *Per questo*: ciononostante.

33. − 1. *Fugge tra selve...*: riprende il tema della fuga di Angelica, in un'ottava armoniosamente orchestrata, che si vale di un lessico e di una sintassi di impronta chiaramente petrarchesca (cfr. una «fuga» diversa per tono e stile nell'*Innam.*, II, VII, 62, 3-8). − 2. *per... selvaggi*: cfr. PETRARCA, *Canz.*, CLXXVI, 1: «Per mezz'i boschi inhospiti et selvaggi». − 3. *verzure*: i commentatori spiegano «teneri virgulti», ma per Bigi «non c'è bisogno di dare un significato specifico a questo termine, poiché esso qui forma una specie di endiadi col precedente *frondi*, o piuttosto una coppia sinonimica di valore essenzialmente ritmico». − 4. *sentia*: Angelica sentiva il muoversi delle fronde degli alberi. − 6. *trovar... vïaggi*: prendere a caso, correndo qua e là, insolite vie (*viaggio* per «via» anche in DANTE, *Inf.*, I, 91; XVI, 27; ecc.). − 8. *temea... spalle*: cfr. BOIARDO, *Innam.*, II, XVI, 8, 8; II, XXI, 6, 2-6; AGOSTINI, continuazione all'*Innam.*, IV, X, 4.

34. − 1. *Qual... capriuola*: come una giovane daina o capriola; cfr. ORAZIO, *Carm.*, I, 23, 1-8; cfr. PETRARCA, *Canz.*, CCLXX, 20 e CXXVII, 36 (dove pure *pargoletta* ha funzione di aggettivo); POLIZIANO, *Stanze*, II, 31, 5. − 4. *pardo*: ghepardo. Nel Cinquecento si addestravano tali animali per la caccia.

35.   Quel dì e la notte e mezzo l'altro giorno
        s'andò aggirando, e non sapeva dove.
        Trovossi al fine in un boschetto adorno,
        che lievemente la fresca aura muove.
        Duo chiari rivi, mormorando intorno,
        sempre l'erbe vi fan tenere e nuove;
        e rendea ad ascoltar dolce concento,
        rotto tra picciol sassi, il correr lento.

36.   Quivi parendo a lei d'esser sicura
        e lontana a Rinaldo mille miglia,
        da la via stanca e da l'estiva arsura,
        di riposare alquanto si consiglia:
        tra' fiori smonta, e lascia alla pastura
        andare il palafren senza la briglia;
        e quel va errando intorno alle chiare onde,
        che di fresca erba avean piene le sponde.

37.   Ecco non lungi un bel cespuglio vede
        di prun fioriti e di vermiglie rose,
        che de le liquide onde al specchio siede,
        chiuso dal sol fra l'alte quercie ombrose;
        così vòto nel mezzo, che concede
        fresca stanza fra l'ombre più nascose:
        e la foglia coi rami in modo è mista,
        che 'l sol non v'entra, non che minor vista.

35. – 3. *boschetto adorno*: il tema tradizionale del «*locus amoenus*» (cfr. E. R. CURTIUS, *Lett. eur.* cit., pp. 218-223) è ripreso con freschezza di grazia idillica ed idealizzato nel mondo poetico dell'Ariosto; cfr., per il tessuto linguistico, PETRARCA, *Canz.*, CLXXVI, 9-14. – 5. *Duo chiari rivi ecc.*: cfr. PETRARCA, *Canz.*, CCCXXIII, 37-39: «Chiara fontana... et acque fresche e dolci... soavemente mormorando», e anche ARIOSTO, *Rime*: cap. XII, 4-6. – 6. *erbe... nuove*: cfr. BOIARDO, *Innam.*, III, IX, 24, 6, «erbette nove». – 8. *rotto... lento*: cfr. VIRGILIO, *Georg.*, I, 109-110: «*illa cadens raucum per levia murmur saxa ciet*».

36. – 1. *Quivi parendo...*: per la situazione di Angelica in questo episodio è possibile la memoria (suggerita da Bigi) di un'elegia di Pontano (*Parth.*, II, IX, 53-64): «*Quercus erat late patula densissima ramis, Dives et intacto vertice sacra comam; ... Huc dea post aestus venandi fessa labore Venerat et molli lassa quierat humo, Cui labor et strepitus rivi salientis et umbra Optatos somnos et levis aura facit*».

37. – 2. *prun*: biancospini. – 3. *liquide*: limpide (lat.). – 4. *chiuso*: riparato. – 8. *non che... vista*: e tanto meno lo sguardo (*vista*) dell'uomo, che non è così penetrante come quello del sole. Ma *vista*, come fa notare Bigi, sulla base per esempio di Dante (*Par.*, XXIII, 30 e XXX, 9) potrebbe voler significare anche «astro».

38.   Dentro letto vi fan tenere erbette,
        ch'invitano a posar chi s'appresenta.
        La bella donna in mezzo a quel si mette;
        ivi si corca, et ivi s'addormenta.
        Ma non per lungo spazio così stette,
        che un calpestio le par che venir senta:
        cheta si leva, e appresso alla riviera
        vede ch'armato un cavallier giunt'era.

39.   Se gli è amico o nemico non comprende:
        tema e speranza il dubbio cor le scuote;
        e di quella aventura il fine attende,
        né pur d'un sol sospir l'aria percuote.
        Il cavalliero in riva al fiume scende
        sopra l'un braccio a riposar le gote;
        e in un suo gran pensier tanto penètra,
        che par cangiato in insensibil pietra.

40.   Pensoso più d'un'ora a capo basso
        stette, Signore, il cavallier dolente;
        poi cominciò con suono afflitto e lasso
        a lamentarsi sì soavemente,
        ch'avrebbe di pietà spezzato un sasso,
        una tigre crudel fatta clemente.
        Sospirando piangea, tal ch'un ruscello
        parean le guancie, e 'l petto un Mongibello.

39. – 2. *dubbio*: dubbioso. Il v. ne ricorda altri di Virgilio (*Aen.*, I, 218: «*spemque metumque inter dubii...*»), del Petrarca (*Canz.*, CCLIV, 4: «sì 'l cor téma e speranza mi puntella») e del Poliziano (*Stanze*, I, 64, 5-6). – 7. *e in un suo ecc.*: le copie più attendibili dell'ed. C, contenenti i quinterni rivisti dal poeta durante la stampa, hanno la lezione «E in suo gran pensier tanto penetra», che parve «bella» al Debenedetti ed è stata difesa dal Gilbert. Sono restio ad accettarla poiché ha tutta l'apparenza di un refuso. Il Gilbert rimanda a XXIX, 42, 3; XXXV, 64, 1; e anche a *Innam.*, I, XVII, 56, 8; II, V, 53, 5; XX, 7, 5, ecc. – 8. *insensibil pietra*: oltre a Dante «petroso», vien da pensare al Petrarca di parecchi luoghi del *Canzoniere* (su cui CESERANI, *Petrarca: il nome come auto-reinvenzione poetica*, in «Quaderni petrarcheschi», IV [1987], pp. 121-137).

40. – 2. *Signore*: Ippolito d'Este, a cui l'Ariosto si rivolge spesso come al primo fra i suoi ascoltatori e lettori. – 3. *afflitto e lasso*: cfr. PULCI, *Morg.*, XIX, 2, 7. – 4. *a lamentarsi ecc.*: cfr. *Innam.*, I, XII, 18, 6-8: «Prasildo sì soave lamentava... Che avria spezzato un sasso di pietade». Le immagini iperboliche del *sasso* e della *tigre* eranodel resto patrimonio di tutta la tradizione lirica. La scena nell'insieme della malinconia sfogata in un bosco solitario, oltre ad avere un parallelo nel *loc. cit.* dell'*Innam.*, aveva moltissimi modelli brettoni (cfr. P. RAJNA, *Le fonti dell'«Orlando Furioso»* cit., pp. 75 segg.). – 8. *un Mongi-*

41.   – Pensier – dicea – che 'l cor m'aggiacci et ardi,
        e causi il duol che sempre il rode e lima,
        che debbo far, poi ch'io son giunto tardi,
        e ch'altri a côrre il frutto è andato prima?
        a pena avuto io n'ho parole e sguardi,
        et altri n'ha tutta la spoglia opima.
        Se non ne tocca a me frutto né fiore,
        perché affliger per lei mi vuo' più il core?

42.   La verginella è simile alla rosa,
        ch'in bel giardin su la nativa spina
        mentre sola e sicura si riposa,
        né gregge né pastor se le avicina;
        l'aura soave e l'alba rugiadosa,

---

bello: un vulcano (propriamente *Mongibello* era l'Etna). Per questa metafora cfr.
PETRARCA, *Canz.*, CLVII, 14; CCCXVIII, 10; PULCI, *Morg.*, XXV, 55, 5-6; BOIAR-
DO, *Innam.*, I, XXI, 28, 7-8.
    41. – 1. *aggiacci*: agghiacci; cfr. PETRARCA, *Canz.*, CXXXIV, 2; CL, 6; *Tr.
Am.*, III, 168; ARIOSTO, *Rime*, Son. XXII, 11; XII, 8. – 2. *rode e lima*: cfr. I, 31,
4. – 3. *che debbo far*: cfr. PETRARCA, *Canz.*, CCLXVIII, 1: «Che debb'io far?». –
4. *a côrre il frutto*: a godere dell'amore di Angelica. La metafora del fiore (o
delle foglie) e del frutto, assai comune nella letteratura medievale, era già
negli stilnovisti (cfr. GUINIZELLI, *Canz.* «Con gran desio», vv. 21-22); ed aveva
acquistato un significato più direttamente sensuale già nell'Angiolieri: «salì su
l'albor de l'Amore. Ed a la sua mercé colsi quel fiore, Ch'io tanto disiava
d'odorare. E po' ch'i' fu' di quell'albero sceso, Sì volsi per lo frutto risalire...»
(son. XXXV, 6-10; e già qui c'era il ricordo della favola della volpe e del-
l'aquila). La metafora godette una nuova e assai ampia stagione di fortuna
nella letteratura degli strambotti e dei madrigali: si cfr. per esempio un rispetto già attribuito a Poliziano (LXIII): «El bel giardin che tanto cultivai Un
altro il tiene, e si ricava il frutto; E la preda ch'io presi e guadagnai Un altro
a torto me n'ha privo in tutto. E pascomi di pianti e doglie e guai, Perché
chi può mi vuol così distrutto. E ho perduto il tempo e la fatica, E son
in preda della mia nemica». Ma cfr. anche ARIOSTO, *Rime*, Cap. XXVI, 79-81
e *Mambriano*, XXXIV, 43, 3. – 6. *spoglia opima*: ricco bottino (lat. *spolia
opima*).
    42. – 1. *La verginella ecc.*: la similitudine da Catullo: «*Ut flos in saeptis secretus
nascitur hortis, Ignotus pecori, nullo convolsus aratro, Quem mulcent aurae, firmat sol,
educat imber,... Multi illum pueri, multae optavere puellae; Idem cum tenui carptus
defloruit ungui, Nulli illum pueri, nullae optavere puellae; Sic virgo, dum intacta
manet, dum cara suis est: Cum castum amisit polluto corpore florem. Nec pueris iu-
cunda manet, nec cara puellis*» (*Carm.*, LXII, 39-47). Nella struttura e nelle immagini tratte dalla fonte classica vengono «assorbiti e nobilitati echi di moduli
popolareggianti» (Bigi), e cioè varie movenze della poesia quattrocentesca di
strambotti e rispetti. La stessa similitudine, usata però a sostegno di una tesi
opposta e moraleggiante, si legge in AGOSTINI, continuazione all'*Innam.*, IV, VII,

l'acqua, la terra al suo favor s'inchina:
gioveni vaghi e donne inamorate
amano averne e seni e tempie ornate.

43. Ma non sì tosto dal materno stelo
rimossa viene e dal suo ceppo verde,
che quanto avea dagli uomini e dal cielo
favor, grazia e bellezza, tutto perde.
La vergine che 'l fior, di che più zelo
che de' begli occhi e de la vita aver de',
lascia altrui côrre, il pregio ch'avea inanti
perde nel cor di tutti gli altri amanti.

44. Sia vile agli altri, e da quel solo amata
a cui di sé fece sì larga copia.
Ah, Fortuna crudel, Fortuna ingrata!
trionfan gli altri, e ne moro io d'inopia.
Dunque esser può che non mi sia più grata?
dunque io posso lasciar mia vita propia?
Ah, più tosto oggi manchino i dì miei,
ch'io viva più, s'amar non debbo lei! −

45. Se mi domanda alcun chi costui sia,
che versa sopra il rio lacrime tante,
io dirò ch'egli è il re di Circassia,
quel d'amor travagliato Sacripante;

---

39. − 6. *favor*: grazia; cfr. I, 43, 4. − 8. *e seni e tempie*: la costruzione alla latina
(*e... e*), introduce un'ulteriore *variatio* nel sapiente gioco di asindeti e polisindeti
(*l'aura e l'alba*; *l'acqua, la terra*, ecc.).

43. − 5-6. *di che... aver de'*: del quale deve aver più cura che degli occhi e della
stessa vita. La rima all'occhio (*aver de'*) non era rara nella tradizione letteraria; cfr.
DANTE, *Inf.*, VII, 28; XXVIII, 123; ecc.

44. − 2. *larga copia*: generoso dono; cfr. BOCCACCIO, *Dec.*, VI, 7, 15: «io di me
stessa gli concedeva intera copia» (Sangirardi). − 4. *inopia*: privazione. − 6. *propia*:
propria (anche in Petrarca, pure in rima con *inopia*): *Canz.*, XXIV, 11.

45. − 1. *Se mi domanda...*: il vezzo di mantenere per qualche tempo l'incognito al personaggio e di introdurre la rivelazione con una formula di questo
tipo era assai comune nei romanzi cavallereschi («*Et se aucuns me demandoit
qi li chevaliers estoi, je diroie q'il estoit...*»; cfr. P. RAJNA, *Le fonti dell'«Orlando
Furioso»* cit., p. 85). − 4. *Sacripante*: già nell'*Innam.* era presentato come fedele
sfortunato amante di Angelica. L'Ariosto, presentando il suo amore con toni
elegiaci e maliziosamente erotici, intende differenziarlo (così come fa con altri
mezzi con Rinaldo e Ferraù) dall'amore più intenso e tormentoso di Orlando
per Angelica.

io dirò ancor, che di sua pena ria
sia prima e sola causa essere amante,
e pur un degli amanti di costei:
e ben riconosciuto fu da lei.

46.   Appresso ove il sol cade, per suo amore
venuto era dal capo d'Orïente;
che seppe in India con suo gran dolore,
come ella Orlando sequitò in Ponente:
poi seppe in Francia che l'imperatore
sequestrata l'avea da l'altra gente,
per darla all'un de' duo che contra il Moro
più quel giorno aiutasse i Gigli d'oro.

47.   Stato era in campo, e inteso aveva di quella
rotta crudel che dianzi ebbe re Carlo:
cercò vestigio d'Angelica bella,
né potuto avea ancora ritrovarlo.
Questa è dunque la trista e ria novella
che d'amorosa doglia fa penarlo,
affligger, lamentare e dir parole
che di pietà potrian fermare il sole.

48.   Mentre costui così s'affligge e duole,
e fa degli occhi suoi tepida fonte,
e dice queste e molte altre parole,
che non mi par bisogno esser racconte;
l'aventurosa sua fortuna vuole
ch'alle orecchie d'Angelica sian conte:
e così quel ne viene a un'ora, a un punto,
ch'in mille anni o mai più non è raggiunto.

---

46. – 1. *Appresso... cade*: in Occidente. – 2. *dal capo d'Orïente*: dall'estremo
Oriente. – 8. *Gigli d'oro*: stemma della casa di Francia.

47. – 8. *di pietà ecc.*: cfr. n. a I, 40, 4. Ma cfr., in particolare, Ariosto, *Rime*, Cap.
XI, 75.

48. – 2. *tepida fonte*: espressione petrarchesca (*Canz.*, CLXI, 4). – 6. *conte*:
conosciute. – 7-8. *e così... raggiunto*: e così in un momento gli capita di ottenere ciò che in altre occasioni o da altri non viene ottenuto neppure in mille
anni o addirittura mai; cfr. il proverbio latino «*accidit in puncto quod non
sperabatur in anno*» e Orazio, *Epist.*, I, IV, 10: «*grata superveniet quae non
sperabitur hora*».

49.   Con molta attenzïon la bella donna
        al pianto, alle parole, al modo attende
        di colui ch'in amarla non assonna;
        né questo è il primo dì ch'ella l'intende:
        ma dura e fredda più d'una colonna,
        ad averne pietà non però scende;
        come colei c'ha tutto il mondo a sdegno,
        e non le par ch'alcun sia di lei degno.

50.   Pur tra quei boschi il ritrovarsi sola
        le fa pensar di tor costui per guida;
        che chi ne l'acqua sta fin alla gola,
        ben è ostinato se mercé non grida.
        Se questa occasïone or se l'invola,
        non troverà mai più scorta sì fida;
        ch'a lunga prova conosciuto inante
        s'avea quel re fedel sopra ogni amante.

51.   Ma non però disegna de l'affanno
        che lo distrugge alleggierir chi l'ama,
        e ristorar d'ogni passato danno
        con quel piacer ch'ogni amator più brama:
        ma alcuna finzïone, alcuno inganno
        di tenerlo in speranza ordisce e trama;
        tanto ch'a quel bisogno se ne serva,
        poi torni all'uso suo dura e proterva.

52.   E fuor di quel cespuglio oscuro e cieco
        fa di sé bella et improvisa mostra,
        come di selva o fuor d'ombroso speco
        Dïana in scena o Citerea si mostra;
        e dice all'apparir: – Pace sia teco;

---

49. – 3. *non assonna*: non è pigro, non cessa. Il verbo è dantesco (*Par.*, XXXII, 139), ma l'espressione *non assonna*, con questo preciso significato, compare in Pucci, *Centil.*, LXXIII, 31. – 5. *dura... colonna*, cfr. Petrarca, *Tr. Pud.*, 120.

50. – 5. *se l'invola*: le sfugge. – 7. *a lunga prova*: Angelica aveva avuto occasione di conoscere la fedeltà di Sacripante durante le avventure narrate nell'*Innam.*

52. – 1. *oscuro e cieco*, i due aggettivi sono qui sinonimi (cfr. Dante, *Inf.*, IV, 13 ecc.). – 3. *speco*: grotta. – 4. *Dïana... Citerea*: la prima era dea della caccia; la seconda, Venere, dea dell'amore. L'Ariosto allude, con la sua passione di uomo di teatro, a cui erano care le astuzie sceniche, le apparizioni improvvise, ecc., alle

teco difenda Dio la fama nostra,
e non comporti, contra ogni ragione,
ch'abbi di me sì falsa opiniöne. –

53.   Non mai con tanto gaudio o stupor tanto
levò gli occhi al figliuolo alcuna madre,
ch'avea per morto sospirato e pianto,
poi che senza esso udì tornar le squadre;
con quanto gaudio il Saracin, con quanto
stupor l'alta presenza e le leggiadre
maniere e il vero angelico sembiante,
improviso apparir si vide inante.

54.   Pieno di dolce e d'amoroso affetto,
alla sua donna, alla sua diva corse,
che con le braccia al collo il tenne stretto,
quel ch'al Catai non avria fatto forse.
Al patrio regno, al suo natio ricetto,
seco avendo costui, l'animo torse:
subito in lei s'avviva la speranza
di tosto riveder sua ricca stanza.

55.   Ella gli rende conto pienamente
dal giorno che mandato fu da lei
a domandar soccorso in Oriënte
al re de' Sericani e Nabatei;
e come Orlando la guardò sovente
da morte, da disnor, da casi rei;

rappresentazioni mitologico-pastorali che erano in voga nelle corti cinquecentesche. – 6. *teco*: presso di te. – 7. *comporti*: permetta.
    53. – 6. *alta presenza*: nobile portamento. L'accoppiamento di *alta presenza* e
leggiadre maniere era già in BOCCACCIO, *Dec.*, II, 8, 57: «l'alta bellezza e le laudevoli
maniere della nostra Giannetta» e in ARIOSTO, *Rime*, Canz. II, 47-49: «contra l'alto
Sembiante e le divine Manere».
    54. – 5. *patrio regno*: il Catai. – 6. *l'animo torse*: volse il pensiero. – 8. *stanza*:
dimora.
    55. – 1. *gli rende conto ecc.*: Angelica gli racconta ciò che le è accaduto dal
momento in cui (cfr. *Innam.*, II, v), trovandosi assediata nella fortezza di Albracca
dal pretendente Agricane, re dei Tartari, aveva inviato Sacripante a chiedere aiuto
a Gradasso, re di Sericana. – 4. *Sericani e Nabatei*: erano popolazioni orientali, che
abitavano gli uni (i *Seres* di TOLOMEO, *Geog.*, VI, 16, 1 segg.) le regioni centrali
dell'Asia, a sud della Tartaria e a ovest del Cataio, gli altri la *Nabatea* (cfr. PLINIO,
Nat. Hist., XXI, XVIII, 72), parte dell'Arabia Petrea. Il Boiardo aveva immaginato

e che 'l fior virginal così avea salvo,
come se lo portò del materno alvo.

56.   Forse era ver, ma non però credibile
a chi del senso suo fosse signore;
ma parve facilmente a lui possibile,
ch'era perduto in via più grave errore.
Quel che l'uom vede, Amor gli fa invisibile,
e l'invisibil fa vedere Amore.
Questo creduto fu; che 'l miser suole
dar facile credenza a quel che vuole.

57.   «Se mal si seppe il cavallier d'Anglante
pigliar per sua sciochezza il tempo buono,
il danno se ne avrà; che da qui inante
nol chiamerà Fortuna a sì gran dono:»
tra sé tacito parla Sacripante
«ma io per imitarlo già non sono,
che lasci tanto ben che m'è concesso,
e ch'a doler poi m'abbia di me stesso.

58.   Corrò la fresca e matutina rosa,
che, tardando, stagion perder potria.
So ben ch'a donna non si può far cosa
che più soave e più piacevol sia,
ancor che se ne mostri disdegnosa,
e talor mesta e flebil se ne stia:

che Gradasso avesse conquistato l'India, Taprobana, e «La Persia con l'Arabia lì
da lato» (*Innam.*, I, IV, 23, 5); cfr. C. SEGRE, *Nota al testo*, p. 1656. – 8. *alvo*, ventre
(la rima *alvo: salvo* già in DANTE, *Purg.*, XXVII, 23-25 e in PETRARCA, *Tr. Fama*, III,
47-49).
    56. – 4. *in via... errore*: nel turbamento derivato da amore; cfr. VIRGILIO, *Ecl.*,
VIII, 41; PETRARCA, *Canz.*, I, 3: «in sul mio primo giovenile errore». – 7-8. *'l miser...
vuole*: proverbio lat.: «*Quod nimis miseri volunt, Hoc facile credunt*» (SENECA, *Her.
fur.*, 313-314); cfr. anche BOIARDO, *Egl.*, VII, 76-78.
    57. – 1. *il cavallier d'Anglante*: Orlando. *Anglante* era il titolo del padre di
Orlando, *Milon d'Anglant*. – 2. *pigliar... buono*: approfittare dell'occasione favorevole.
    58. – 2. *tardando... potria*: se indugiassi a coglierla, perderebbe la sua freschez-
za (*stagion*). Il concetto non è della letteratura cortese; d'origine classica (P. RAJNA,
Le fonti dell'«Orlando Furioso» cit., pp. 86-87 rimanda a parecchi scrittori latini e
cita l'epigramma 646 dell'*Anth. lat.*, ed. RIESE: «*Collige, virgo, rosas, dum flos novus
et nova pubes, Et memor esto aevum sic properare tuum*»), esso si diffuse nella
letteratura umanistica; cfr. POLIZIANO, ballata *I' mi trovai, fanciulle*, vv. 31-32;

non starò per repulsa o finto sdegno,
ch'io non adombri e incarni il mio disegno».

59.   Così dice egli; e mentre s'apparecchia
al dolce assalto, un gran rumor che suona
dal vicin bosco gl'intruona l'orecchia,
sì che mal grado l'impresa abbandona:
e si pon l'elmo (ch'avea usanza vecchia
di portar sempre armata la persona),
viene al destriero e gli ripon la briglia,
rimonta in sella e la sua lancia piglia.

60.   Ecco pel bosco un cavallier venire,
il cui sembiante è d'uom gagliardo e fiero:
candido come nieve è il suo vestire,
un bianco pennoncello ha per cimiero.
Re Sacripante, che non può patire
che quel con l'importuno suo sentiero
gli abbia interrotto il gran piacer ch'avea,
con vista il guarda disdegnosa e rea.

61.   Come è più presso, lo sfida a battaglia;
che crede ben fargli votar l'arcione.
Quel che di lui non stimo già che vaglia
un grano meno, e ne fa paragone,
l'orgogliose minaccie a mezzo taglia,
sprona a un tempo, e la lancia in resta pone.

LORENZO, *Corinto*, 193: «Cogli la rosa, o ninfa, or ch'è il bel tempo». – 8. *adombri...*
disegno: realizzi pienamente il mio proposito, così come fanno i pittori con i loro
disegni, che prima delineano, poi ombreggiano, poi coloriscono.
  60. – 4. *pennoncello*: i commentatori, dopo aver ricordato che con questo
termine di solito era indicata la banderuola posta in cima alla lancia, avan-
zano l'ipotesi che esso qui indichi il pennacchio posto in cima all'elmo. Ma
Bigi fa notare che nella prima redazione Ariosto aveva scritto «quel dal
scudo bianco, Che la bandiera candida avea in testa» e che anche nel Boiardo viene descritto un cavaliere, Gradasso, che ha «per cimiero una bandiera
bianca» (*Innam.*, I, V, 39, 7); ne deduce trattarsi qui proprio di una banderuola. Il colore *bianco*, naturalmente, simboleggia la giovinezza e l'innocenza del
cavaliere. – 6. *sentiero*: passaggio, che viene a tracciare una linea di separazio-
ne fra Sacripante e Angelica.
  61. – 3. *stimo*: «è introdotta l'opinione personale del Poeta, come in altri casi»
(Caretti). – 4. *ne fa paragone*: dà prova colle armi di non essere da meno di lui in
valore. – 6. *resta*: ferro applicato all'armatura sul petto, contro cui si appoggiava il

Sacripante ritorna con tempesta,
e corronsi a ferir testa per testa.

62. Non si vanno i leoni o i tori in salto
a dar di petto, ad accozzar sì crudi,
sì come i duo guerrieri al fiero assalto,
che parimente si passâr gli scudi.
Fe' lo scontro tremar dal basso all'alto
l'erbose valli insino ai poggi ignudi;
e ben giovò che fur buoni e perfetti
gli osberghi sì, che lor salvaro i petti.

63. Già non fêro i cavalli un correr torto,
anzi cozzaro a guisa di montoni:
quel del guerrier pagan morì di corto,
ch'era vivendo in numero de' buoni;
quell'altro cadde ancor, ma fu risorto
tosto ch'al fianco si sentì gli sproni.
Quel del re saracin restò disteso
adosso al suo signor con tutto il peso.

64. L'incognito campion che restò ritto,
e vide l'altro col cavallo in terra,
stimando avere assai di quel conflitto,
non si curò di rinovar la guerra;
ma dove per la selva è il camin dritto,
correndo a tutta briglia si disserra;

calcio della lancia, preparandosi all'assalto. – 8. *testa per testa*: di fronte (franc. *tête à tête*); cfr. *Innam.*, I, IX, 53, 7-8: «Ma Brandimarte cadde con tempesta, E scontrarno e destrier testa per testa».

62. – 1. *in salto*: nel bosco (lat.); oppure, più probabilmente, «in caldo», cioè in amore. La similitudine dei primi due versi è classica; cfr. OMERO, *Il.*, VII, 255-257; VIRGILIO, *Aen.*, XII, 715-724: «*Ac velut ingenti Sila summove Taburno Cum duo conversis inimica in proelia tauri Frontibus incurrunt...; Illi inter sese multa vi volnera miscent Cornuaque obnixi infigunt et sanguine largo Colla armosque lavant; gemitu nemus omne remugit: Non aliter Tros Aeneas et Daunius heros Concurrunt clipeis; ingens fragor aethera complet*»; e appare anche in Petrarca, *Tr. Pud.*, 19-20: «Non con altro romor di petto dansi Duo leon feri» e nel *Mambriano*, I, 96, 1-6: «Né con altro romor si dan di petto Due fier leoni... Ovver due tauri...». – 8. *osberghi*: armature del busto.

63. – 2. *cozzaro... montoni*: cfr. VIRGILIO, *Georg.*, II, 526; DANTE, *Inf.*, XXXII, 50-51. – 3. *di corto*: poco dopo. – 5. *fu risorto*: si raddrizzò.

64. – 3. *stimando avere assai*: ritenendo di avere ottenuto abbastanza. – 6. *si disserra*: si slancia; cfr. *Innam.*, I, II, 52, 8: «nel corso tutto se disserra»; II, XX, 26, 3: «Ma 'l conte adosso a un altro se disserra» (in rima con *terra* e *guerra*). La

e prima che di briga esca il pagano,
un miglio o poco meno è già lontano.

65.   Qual istordito e stupido aratore,
poi ch'è passato il fulmine, si leva
di là dove l'altissimo fragore
appresso ai morti buoi steso l'aveva;
che mira senza fronde e senza onore
il pin che di lontan veder soleva:
tal si levò il pagano a piè rimaso,
Angelica presente al duro caso.

66.   Sospira e geme, non perché l'annoi
che piede o braccia s'abbi rotto o mosso,
ma per vergogna sola, onde a' dì suoi
né pria, né dopo il viso ebbe sì rosso:
e più, ch'oltre al cader, sua donna poi
fu che gli tolse il gran peso d'adosso.
Muto restava, mi cred'io, se quella
non gli rendea la voce e la favella.

67.   — Deh! — diss'ella — signor, non vi rincresca!
che del cader non è la colpa vostra,
ma del cavallo, a cui riposo et esca
meglio si convenia che nuova giostra.
Né perciò quel guerrier sua gloria accresca;
che d'esser stato il perditor dimostra:
così, per quel ch'io me ne sappia, stimo,
quando a lasciare il campo è stato primo. —

partenza repentina del cavaliere e il rossore di Sacripante ripetono situazioni
analoghe della letteratura brettone (cfr. P. RAJNA, *Le fonti dell'«Orlando Furioso»* cit., pp. 88-89); ma una vicenda simile ha per protagonista, nel
Morgante di Pulci (VII, 57-60) Ulivieri, che viene disarcionato sotto gli occhi
di Meridiana. Nel *Mambriano* (VI, 81), si ha l'episodio in cui Viviano rivela
a Sinodoro che è stato gettato a terra da una donna, per l'appunto Bradamante.
      65. – 1. *istordito e stupido:* stordito e attonito. Anche questa similitudine è
di ascendenza classica; cfr. OMERO, *Il.*, XIV, 414-419; OVIDIO, *Tristia,* I, III,
11-12; e anche ARIOSTO, *Carmina*, XIV, 8-13. – 5. *senza fronde... onore:* senza
l'ornamento delle fronde. – 8. *Angelica presente ecc.:* ablativo ass. solennemente
comico.
      66. – 1. *l'annoi:* gli rechi molestia. – 2. *mosso:* slogato. – 3. *a' dì suoi:* in vita sua.
      67. – 3. *esca:* cibo. – 8. *quando:* dal momento che.

68.   Mentre costei conforta il Saracino,
         ecco col corno e con la tasca al fianco,
         galoppando venir sopra un ronzino
         un messaggier che parea afflitto e stanco;
         che come a Sacripante fu vicino,
         gli domandò se con uno scudo bianco
         e con un bianco pennoncello in testa
         vide un guerrier passar per la foresta.

69.   Rispose Sacripante: – Come vedi,
         m'ha qui abbattuto, e se ne parte or ora;
         e perch'io sappia chi m'ha messo a piedi,
         fa che per nome io lo conosca ancora. –
         Et egli a lui: – Di quel che tu mi chiedi,
         io ti satisfarò senza dimora:
         tu déi saper che ti levò di sella
         l'alto valor d'una gentil donzella.

70.   Ella è gagliarda, et è più bella molto;
         né il suo famoso nome anco t'ascondo:
         fu Bradamante quella che t'ha tolto
         quanto onor mai tu guadagnasti al mondo. –
         Poi ch'ebbe così detto, a freno sciolto
         il Saracin lasciò poco giocondo,
         che non sa che si dica o che si faccia,
         tutto avvampato di vergogna in faccia.

71.   Poi che gran pezzo al caso intervenuto
         ebbe pensato invano, e finalmente
         si trovò da una femina abbattuto,
         che pensandovi più, più dolor sente;

68. – 2. *tasca*: borsa per i dispacci; il messaggero, con i suoi contrassegni di *corno*, *tasca* e *ronzino* era personaggio tipico dei romanzi cavallereschi.

70. – 3. *Bradamante*: figlia di Amone e sorella di Rinaldo; era innamorata di Ruggiero, del quale stava andando alla ricerca; era destinata (già nell'*Innam.*, II, XXI) a dar origine, con Ruggiero, alla dinastia estense. Personaggio tipico di giovane Amazzone, essa però celava, sotto la virile armatura, una femminilità gentile, che prenderà rilievo più avanti nel poema.

71. – 1-4. *Poi che... sente*: la sintassi gracile e saltellante, come nei cantari

montò l'altro destrier, tacito e muto:
e senza far parola chetamente
tolse Angelica in groppa, e differilla
a più lieto uso, a stanza più tranquilla.

72. Non furo iti duo miglia, che sonare
odon la selva che li cinge intorno,
con tal rumore e strepito, che pare
che triemi la foresta d'ogn'intorno;
e poco dopo un gran destrier n'appare,
d'oro guernito, e riccamente adorno,
che salta macchie e rivi, et a fracasso
arbori mena e ciò che vieta il passo.

73. — Se l'intricati rami e l'aer fosco —
disse la donna — agli occhi non contende,
Baiardo è quel destrier ch'in mezzo il bosco
con tal rumor la chiusa via si fende.
Questo è certo Baiardo, io 'l riconosco:
deh, come ben nostro bisogno intende!
ch'un sol ronzin per dui saria mal atto,
e ne viene egli a satisfarci ratto. —

74. Smonta il Circasso et al destrier s'accosta,
e si pensava dar di mano al freno.
Colle groppe il destrier gli fa risposta,
che fu presto a girar come un baleno;
ma non arriva dove i calci apposta:
misero il cavallier se giungea a pieno!
che nei calci tal possa avea il cavallo,
ch'avria spezzato un monte di metallo.

---

popolari, è qui usata a creare un effetto umoristico. – 5. *l'altro destrier*: quello di Angelica. – 7. *e differilla*: e la conquista di Angelica, la rimandò.

72. – 1. *sonare*: risuonare. Cfr. DANTE, *Inf.*, IX, 65-70. – 5. *gran destrier*: Baiardo, il prodigioso cavallo di Rinaldo, dotato di intelligenza e memoria. – 7-8. *a fracasso... mena*: schiantando trascina con sé. Cfr. BOIARDO, *Innam.*, I, IV, 9, 5.

73. – 2. *contende*: impedisce di vedere; cfr. PETRARCA, *Canz.*, CCC, 3 e *Tr. Am.*, I, 46-47. – 4. *si fende*: si apre. «L'espressione usata dall'Ariosto fa sentir meglio la violenza selvaggia e il terribile impeto del cavallo» (Sapegno).

74. – 3. *Colle groppe*: voltandogli le terga; cfr. *Innam.*, I, VII, 25, 8: «Presto le groppe quel destrier rivolta». – 5. *apposta*: dirige, mira.

75.   Indi va mansueto alla donzella,
      con umile sembiante e gesto umano,
      come intorno al padrone il can saltella,
      che sia duo giorni o tre stato lontano.
      Baiardo ancora avea memoria d'ella,
      ch'in Albracca il servia già di sua mano
      nel tempo che da lei tanto era amato
      Rinaldo, allor crudele, allor ingrato.

76.   Con la sinistra man prende la briglia,
      con l'altra tocca e palpa il collo e 'l petto:
      quel destrier, ch'avea ingegno a maraviglia,
      a lei, come un agnel, si fa suggetto.
      Intanto Sacripante il tempo piglia:
      monta Baiardo, e l'urta e lo tien stretto.
      Del ronzin disgravato la donzella
      lascia la groppa, e si ripone in sella.

77.   Poi rivolgendo a caso gli occhi, mira
      venir sonando d'arme un gran pedone.
      Tutta s'avvampa di dispetto e d'ira;
      che conosce il figliuol del duca Amone.
      Più che sua vita l'ama egli e desira;
      l'odia e fugge ella più che gru falcone.
      Già fu ch'esso odiò lei più che la morte;
      ella amò lui: or han cangiato sorte.

      75. – 5-8. *Baiardo ancora ecc.*: nel tempo in cui Angelica era innamorata di
      Rinaldo, mentre egli l'odiava (cfr. n. a 5, 1), durante un'assenza del paladino
      impegnato in una impresa contro Gradasso, Angelica aveva accolto e amorosa-
      mente *servito* Baiardo. Cfr. BOIARDO, *Innam.*, I, XXVIII, 44, 1-2. Più tardi i rapporti
      fra Angelica e Rinaldo si erano rovesciati, avendo ella bevuto alla fontana del-
      l'odio e lui a quella dell'amore (cfr. I, 78, 1).
      76. – 5. *il tempo piglia*: coglie il momento opportuno. – 6. *l'urta... stretto*: lo
      spinge con gli sproni e al tempo stesso lo trattiene con la briglia, secondo la più
      perfetta tecnica equestre. – 7-8. *Del ronzin... sella*: Angelica lascia la groppa, ove di
      Sacripante, e si colloca più comodamente sulla sella, dove prima sedeva il cava-
      liere.
      77. – 2. *un gran pedone*: un guerriero a piedi, prestante e robusto. È il padrone
      del *gran destrier* (I, 72, 5). – 4. *il figliuol... Amone*: Rinaldo.

78.   E questo hanno causato due fontane
        che di diverso effetto hanno liquore,
        ambe in Ardenna, e non sono lontane:
        d'amoroso disio l'una empie il core;
        chi bee de l'altra, senza amor rimane,
        e volge tutto in ghiaccio il primo ardore.
        Rinaldo gustò d'una, e amor lo strugge;
        Angelica de l'altra, e l'odia e fugge.

79.   Quel liquor di secreto venen misto,
        che muta in odio l'amorosa cura,
        fa che la donna che Rinaldo ha visto,
        nei sereni occhi subito s'oscura;
        e con voce tremante e viso tristo
        supplica Sacripante e lo scongiura
        che quel guerrier più appresso non attenda,
        ma ch'insieme con lei la fuga prenda.

80.   – Son dunque, – disse il Saracino – sono
        dunque in sì poco credito con vui,
        che mi stimiate inutile, e non buono
        da potervi difender da costui?
        Le battaglie d'Albracca già vi sono
        di mente uscite, e la notte ch'io fui
        per la salute vostra, solo e nudo,
        contra Agricane e tutto il campo, scudo? –

78. – 1. *due fontane*: si tratta delle due fontane di cui aveva parlato il Boiardo (*Innam.*, I, III, 32-40; II, XV, 26, 55-63; XX, 44-45), l'una propriamente fontana dell'odio, l'altra «riviera» dell'amore. Egli ne aveva ricevuto l'idea da modelli classici (OVIDIO, *Met.*, I, 466 e segg.) e dal *Tristan* (cfr. P. RAJNA, *Le fonti dell'«Orlando Furioso»* cit., pp. 91-95) e le aveva collocate nella prestigiosa selva di *Ardenna* (v. 3), fra il Reno e la Mosa, classico teatro di gesta leggendarie (cfr. CESARE, *De bel. gal.*, V, III; PETRARCA, *Canz.*, CLXXVII). – 2. *effetto*: efficacia. – 3. *lontane*: può intendere fra di loro (cioè che sono l'una vicina all'altra) oppure dal punto in cui si sta svolgendo l'azione, in tal caso si dovrebbe dedurre che la selva in cui si inizia il poema è proprio quella favolosa e mitica di Ardenna. – 4. *d'amoroso... core*: cfr. *Innam.*, II, XV, 59, 1-2: «Perché de amore amaro il core accende A chi la gusta l'acqua delicata» e, per *amoroso disio*, cfr. I, 8, 4.
79. – 4. *nei... oscura*: cfr. PETRARCA, *Canz.*, CXLIX, 4: «e degli occhi leggiadri meno oscura». – 7. *appresso*: vicino.
80. – 6. *la notte ecc.*: cfr. BOIARDO, *Innam.*, I, IX, 34-44: una notte, durante l'assedio di Albracca, Agricane era riuscito a penetrare nella fortezza. Sacripante allora, benché ferito e giacente, lo aveva affrontato e gli era andato incontro «vestito di camicia e il resto nudo».

81.   Non risponde ella, e non sa che si faccia,
        perché Rinaldo ormai l'è troppo appresso,
        che da lontano al Saracin minaccia,
        come vide il cavallo e conobbe esso,
        e riconobbe l'angelica faccia
        che l'amoroso incendio in cor gli ha messo.
        Quel che seguì tra questi duo superbi
        vo' che per l'altro canto si riserbi.

CANTO SECONDO

Esordio: ingiustizia di Amore, che ci fa adorare chi ci odia, e ci rende indifferenti a chi ci ama. Continua il duello fra Rinaldo e Sacripante. Angelica ne approfitta per riprendere la fuga. Incontra un eremita negromante che, per aiutarla, evoca uno spirito infernale e lo manda a sviare i due contendenti. Rinaldo si riprende Baiardo e vola verso Parigi, dove crede di trovare Angelica. Appena giunto a Parigi, Carlo Magno lo invia per aiuti in Inghilterra. Una violenta tempesta coglie la nave su cui si trova il paladino. Frattanto Bradamante, che va in cerca dell'amato Ruggiero, si imbatte in Pinabello di Maganza: il quale le racconta come Gradasso e Ruggiero siano stati catturati da un negromante (Atlante di Carena) che possiede un cavallo alato e che li ha rinchiusi in un castello. Bradamante si fa guidare verso il castello, ma il traditore maganzese, per via, la fa precipitare in una caverna.

I.   Ingiustissimo Amor, perché sì raro
        corrispondenti fai nostri desiri?
        onde, perfido, avvien che t'è sì caro
        il discorde voler ch'in duo cor miri?
        Gir non mi lasci al facil guado e chiaro,
        e nel più cieco e maggior fondo tiri:
        da chi disia il mio amor tu mi richiami,
        e chi m'ha in odio vuoi ch'adori et ami.

I. – 1-2. *perché... desiri*: perché così raramente (*raro*, avv. alla lat.) fai che i desideri di noi amanti siano concordi. Cfr. DANTE, *Par.*, III, 74: «Foran discordi li nostri desiri». Il tema qui trattato, di origine classica (ORAZIO, *Carm.*, I, XXXIII), era stato già rielaborato anche da Boiardo (cfr. *Innam.*, II, xv, 55, 1-2). – 5-6. *Gir non mi lasci ecc.*: non mi lasci passare dove il guado è facile e l'acqua limpida (amore corrisposto), e mi trascini invece dove l'acqua è profonda, torbida e pericolosa (amore tormentato).

2.   Fai ch'a Rinaldo Angelica par bella,
          quando esso a lei brutto e spiacevol pare:
          quando le parea bello e l'amava ella,
          egli odiò lei quanto si può più odiare.
          Ora s'affligge indarno e si flagella;
          così renduto ben gli è pare a pare:
          ella l'ha in odio, e l'odio è di tal sorte,
          che più tosto che lui vorria la morte.

3.   Rinaldo al Saracin con molto orgoglio
          gridò: – Scendi, ladron, del mio cavallo!
          Che mi sia tolto il mio, patir non soglio,
          ma ben fo, a chi lo vuol, caro costallo:
          e levar questa donna anco ti voglio;
          che sarebbe a lasciartela gran fallo.
          Sì perfetto destrier, donna sì degna
          a un ladron non mi par che si convegna. –

4.   – Tu te ne menti che ladrone io sia –
          rispose il Saracin non meno altiero
          – chi dicesse a te ladro, lo diria
          (quanto io n'odo per fama) più con vero.
          La pruova or si vedrà, chi di noi sia
          più degno de la donna e del destriero;
          ben che, quanto a lei, teco io mi convegna
          che non è cosa al mondo altra sì degna. –

---

2. – 5. *si flagella*: si angustia. – 6. *renduto... pare*: gli è resa la pariglia (lat. *par
pari referre*). Cfr. BOIARDO, *Innam.*, II, XV, 54, 1-4.
3. – 2. *ladron*: lo scambio di ingiurie, il battibecco e il duello chiassoso erano
un luogo obbligato dei cantari e dei poemi del Pulci e del Boiardo. L'Ariosto trova
ugualmente il modo di rinnovarlo con un'arte nitida, robusta e controllata. – 4.
costallo: costarlo. Cfr. PETRARCA, *Canz.*, CCXLVII, 8; PULCI, *Morg.*, XX, 11, 7-8. – 8.
si convegna: si addica, gli spetti.
4. – 1. *te ne menti*: la formula della smentita, il rovesciamento dell'accusa, la sfida a provare con le armi la legittimità dell'ingiuria erano anch'essi consuetudine nei poemi cavallereschi. – 4. *per fama*: Rinaldo aveva per davvero fama di «pubblico ladrone» nella tradizione; cfr. PULCI,
Morg., XI, 19-20; BOIARDO, *Innam.*, I, XXVI, 33, 1; XXVII, 15, 7; XXVIII, 5-7
ecc.; BELLO, *Mambriano*, I, 14. – 5. *La pruova or si vedrà*: cfr. *Innam.*, I,
XXVI, 64, 1: «La prova vederemo incontinente». – 7-8. *convegna... degna*: è,
rispetto ai vv. 7-8 dell'ottava precedente, una «vera risposta per le rime»
(Segre).

5.   Come soglion talor duo can mordenti,
         o per invidia o per altro odio mossi,
         avicinarsi digrignando i denti,
         con occhi bieci e più che bracia rossi;
         indi a' morsi venir, di rabbia ardenti,
         con aspri ringhi e ribuffati dossi:
         così alle spade e dai gridi e da l'onte
         venne il Circasso e quel di Chiaramonte.

6.   A piedi è l'un, l'altro a cavallo: or quale
         credete ch'abbia il Saracin vantaggio?
         Né ve n'ha però alcun; che così vale
         forse ancor men ch'un inesperto paggio;
         che 'l destrier per instinto naturale
         non volea fare al suo signore oltraggio:
         né con man né con spron potea il Circasso
         farlo a volontà sua muover mai passo.

7.   Quando crede cacciarlo, egli s'arresta;
         e se tener lo vuole, o corre o trotta:
         poi sotto il petto si caccia la testa,
         giuoca di schiene, e mena calci in frotta.
         Vedendo il Saracin ch'a domar questa
         bestia superba era mal tempo allotta,
         ferma le man sul primo arcione e s'alza,
         e dal sinistro fianco in piede sbalza.

8.   Sciolto che fu il pagan con leggier salto
         da l'ostinata furia di Baiardo,
         si vide cominciar ben degno assalto
         d'un par di cavallier tanto gagliardo.

5. – 4. *occhi... rossi*: cfr. DANTE, *Inf.*, III, 109: «con occhi di bragia». *Inf.*, VI, 91: «Li diritti occhi torse allora in biechi». Per la similitudine cfr. OVIDIO, *Met.*, VIII, 284-285. – 6. *ribuffati dossi*: con i peli irti sul dorso. – 7. *onte*: ingiurie.
    6. – 1. *A piedi*: secondo il codice di cavalleria, Sacripante è qui reo di fellonia. – 5. *per instinto naturale*: cfr. *Innam.*, I, XXVI, 26-27.
    7. – 1. *cacciarlo*: spronarlo alla corsa. – 2. *corre*: galoppa. – 4. *giuoca di schiene*: inarca la groppa, s'impenna, per scavalcarlo. – 6. *allotta*: allora. – 7. *primo arcione*: l'arcione anteriore della sella, che aveva forma alta e arcuata.
    8. – 4. *par*: coppia; nell'*Innam.* (III, II, 39, 5) Mandricardo e Gradasso sono

Suona l'un brando e l'altro, or basso or alto:
il martel di Vulcano era più tardo
ne la spelunca affumicata, dove
battea all'incude i folgori di Giove.

9.   Fanno or con lunghi ora con finti e scarsi
colpi veder che mastri son del giuoco:
or li vedi ire altieri, or rannicchiarsi,
ora coprirsi, ora mostrarsi un poco,
ora crescere inanzi, ora ritrarsi,
ribatter colpi, e spesso lor dar loco,
girarsi intorno; e donde l'uno cede,
l'altro aver posto immantinente il piede.

10.   Ecco Rinaldo con la spada adosso
a Sacripante tutto s'abbandona;
e quel porge lo scudo, ch'era d'osso,
con la piastra d'acciar temprata e buona.
Taglial Fusberta, ancor che molto grosso:
ne geme la foresta e ne risuona.
L'osso e l'acciar ne va che par di ghiaccio,
e lascia al Saracin stordito il braccio.

11.   Quando vide la timida donzella
dal fiero colpo uscir tanta ruina,
per gran timor cangiò la faccia bella,
qual il reo ch'al supplicio s'avvicina;

---

definiti un «par... gagliardo». – 7. *ne la spelunca*: la fucina di Vulcano si riteneva posta nella cavità del monte Etna. La similitudine era già nel BOIARDO, *Innam.*, I, XVI, 22: «Sì come alla fucina in Mongibello Fabrica troni il demonio Vulcano, Folgore e foco batte col martello, L'un colpo segue a l'altro a mano a mano; Cotal se odiva l'infernal flagello Di quei duo brandi con romore altano, Che sempre han seco fiamme con tempesta...».

9. – 1. *lunghi*: colpi a fondo; *scarsi*: colpi corti. – 3. *altieri*: eretti. – 5. *crescere inanzi*: protendersi in avanti. – 6. *dar loco*: scansarsi, così che i colpi cadano a vuoto. – 7. *cede*: si ritira.

10. – 2. *s'abbandona*: si spinge in un a fondo. Analoga la mossa di Ranaldo in *Innam.*, I, v, 42, 2: «Sopra del colpo tutto se abandona». – 5. *Fusberta*: la spada di Rinaldo. – 6. *ne geme... risuona*: cfr. VIRGILIO, *Aen.*, V, 149-150; XII, 722; *Innam.*, II, XXI, 5, 3-8. – 7. *par di ghiaccio*: è fragile come ghiaccio. Immagine iperbolica tradizionale nella poesia cavalleresca: *Spagna*, XXXIV, 19, 2; XXXVI, 23; PULCI, *Morg.*, XII, 61, 4-6; XXII, 130, 5; BOIARDO, *Innam.*, III, III, 39, 8. – 8. *stordito*: intormentito, indolenzito.

né le par che vi sia da tardar, s'ella
non vuol di quel Rinaldo esser rapina,
di quel Rinaldo ch'ella tanto odiava,
quanto esso lei miseramente amava.

12. Volta il cavallo, e ne la selva folta
lo caccia per un aspro e stretto calle:
e spesso il viso smorto a dietro volta;
che le par che Rinaldo abbia alle spalle.
Fuggendo non avea fatto via molta,
che scontrò un eremita in una valle,
ch'avea lunga la barba a mezzo il petto,
devoto e venerabile d'aspetto.

13. Dagli anni e dal digiuno attenuato,
sopra un lento asinel se ne veniva;
e parea, più ch'alcun fosse mai stato,
di conscïenza scrupolosa e schiva.
Come egli vide il viso delicato
de la donzella che sopra gli arriva,
debil quantunque e mal gagliarda fosse,
tutta per carità se gli commosse.

14. La donna al fraticel chiede la via
che la conduca ad un porto di mare,
perché levar di Francia si vorria
per non udir Rinaldo nominare.
Il frate, che sapea negromanzia,

---

11. – 6. *rapina*: preda. – 8. *miseramente*: perdutamente (lat. *misere*), oppure, più probabilmente, «senza speranza».
12. – 1. *Volta ecc.*: torna il tema della fuga di Angelica, con le stesse parole e rime; cfr. I, 13 e 33, 7-8. – 6. *un eremita*: questa figura riprende il «vecchio di mala semenza, Incantatore e di malizia pieno», che in *Innam.*, I, xx sorprende Fiordelisa e Brandimarte e usando una radice che fa «per forza addormentare» riesce a rapire la fanciulla, e anche il vecchione subacqueo della continuazione di Agostini. – 7-8. *lunga... aspetto*: cfr. il Catone dantesco in *Purg.*, I, 32 e 34-35.
13. – 1. *attenuato*: assottigliato, estenuato. – 7. *debil*: si riferisce a *conscïenza* e sottintende un doppio senso malizioso, secondo i modi della poesia giocosa. – 8. *se gli commosse*: gli si ridestò.
14. – 3. *levar*: partire. – 5. *sapea negromanzia*: conosceva i segreti delle arti magiche.

non cessa la donzella confortare
che presto la trarrà d'ogni periglio;
et ad una sua tasca diè di piglio.

15.   Trassene un libro, e mostrò grande effetto;
che legger non finì la prima faccia,
ch'uscir fa un spirto in forma di valletto,
e gli commanda quanto vuol ch'el faccia.
Quel se ne va, da la scrittura astretto,
dove i dui cavallieri a faccia a faccia
eran nel bosco, e non stavano al rezzo;
fra' quali entrò con grande audacia in mezzo.

16.   – Per cortesia, – disse – un di voi mi mostre,
quando anco uccida l'altro, che gli vaglia:
che merto avrete alle fatiche vostre,
finita che tra voi sia la battaglia,
se 'l conte Orlando, senza liti o giostre,
e senza pur aver rotta una maglia,
verso Parigi mena la donzella
che v'ha condotti a questa pugna fella?

17.   Vicino un miglio ho ritrovato Orlando
che ne va con Angelica a Parigi,
di voi ridendo insieme e motteggiando
che senza frutto alcun siate in litigi.
Il meglio forse vi sarebbe, or quando
non son più lungi, a seguir lor vestigi;
che s'in Parigi Orlando la può avere,
non ve la lascia mai più rivedere. –

18.   Veduto avreste i cavallier turbarsi
a quel annunzio, e mesti e sbigottiti,

---

15. – 1. *mostrò... effetto*: compì una nuova prova prodigiosa. – 2. *faccia*: pagina
(cfr. DANTE, *Purg.*, III, 126). – 5. *da la scrittura astretto*: costretto dal potere magico
di quelle parole. Uno spirito demoniaco evocato da un «libretto» magico e inviato
a compiere una falsa ambasceria si trova anche nell'*Innam.* (I, v, 32 segg.). – 7. *non
stavano al rezzo*: non stavano all'ombra, al fresco, a riposare (cfr. PULCI, *Morg.*, X, 39,
5); ma si affrontavano apertamente.
16. – 2. *vaglia*: giovi. – 3. *merto*: compenso. – 8. *fella*: feroce.
17. – 5-6. *or quando... lungi*: mentre non sono ancora troppo lontani.

senza occhi e senza mente nominarsi,
che gli avesse il rival così scherniti;
ma il buon Rinaldo al suo cavallo trarsi
con sospir che parean del fuoco usciti,
e giurar per isdegno e per furore,
se giungea Orlando, di cavargli il core.

19.   E dove aspetta il suo Baiardo, passa,
e sopra vi si lancia, e via galoppa,
né al cavallier, ch'a piè nel bosco lassa,
pur dice a Dio, non che lo 'nviti in groppa.
L'animoso cavallo urta e fracassa,
punto dal suo signor, ciò ch'egli 'ntoppa:
non ponno fosse o fiumi o sassi o spine
far che dal corso il corridor decline.

20.   Signor, non voglio che vi paia strano
se Rinaldo or sì tosto il destrier piglia,
che già più giorni ha seguitato invano,
né gli ha possuto mai toccar la briglia.
Fece il destrier, ch'avea intelletto umano,
non per vizio seguirsi tante miglia,
ma per guidar dove la donna giva,
il suo signor, da chi bramar l'udiva.

21.   Quando ella si fuggì dal padiglione,
la vide et appostolla il buon destriero,
che si trovava aver vòto l'arcione,
però che n'era sceso il cavalliero
per combatter di par con un barone,
che men di lui non era in arme fiero;

---

18. – 3. *senza occhi... nominarsi*: proclamarsi ciechi e stolti. – 6. *sospir... usciti*: infiammati dalla rabbia; cfr. I, 40, 7 e in particolare per l'espressione qui usata PETRARCA, *Canz.*, CLVII, 14; CCCXVIII, 10; BOCCACCIO, *Filostrato*, IV, 111. – 8. *giungea*: raggiungeva; *cavargli il core*: cfr. PULCI, *Morg.*, XI, 71, 8; XXII, 22, 4; BOIARDO, *Innam.*, I, III, 27, 5; *Mambriano*, VI, 56, 3; XVIII, 5, 4, ecc.
19. – 1. *passa*: si reca. – 6. *'ntoppa*: incontra. – 8. *decline*: devii (lat.).
20. – 1. *Signor*. cfr. n. a I, 40, 2. – 5-6. *Fece... seguirsi*: Baiardo, dotato come era di intelligenza, non si fece inseguire per bizzarria. – 8. *da chi... udiva*: dal quale l'aveva udito invocare bramosamente.
21. – 1. *padiglione*: del duca Namo; cfr. I, 8-10. – 2. *appostolla*: la fissò e distinse perfettamente mentre fuggiva. – 5. *con un barone*: con Ruggiero; cfr. n. a I, 12, 3.

poi ne seguitò l'orme di lontano,
bramoso porla al suo signore in mano.

22.   Bramoso di ritrarlo ove fosse ella,
per la gran selva inanzi se gli messe;
né lo volea lasciar montare in sella,
perché ad altro camin non lo volgesse.
Per lui trovò Rinaldo la donzella
una e due volte, e mai non gli successe;
che fu da Ferraù prima impedito,
poi dal Circasso, come avete udito.

23.   Ora al demonio che mostrò a Rinaldo
de la donzella li falsi vestigi,
credette Baiardo anco, e stette saldo
e mansueto ai soliti servigi.
Rinaldo il caccia, d'ira e d'amor caldo,
a tutta briglia, e sempre invêr Parigi;
e vola tanto col disio, che lento,
non ch'un destrier, ma gli parrebbe il vento.

24.   La notte a pena di seguir rimane,
per affrontarsi col signor d'Anglante:
tanto ha creduto alle parole vane
del messaggier del cauto negromante.
Non cessa cavalcar sera e dimane,
che si vede apparir la terra avante,
dove re Carlo, rotto e mal condutto,
con le reliquie sue s'era ridutto:

25.   e perché dal re d'Africa battaglia
et assedio v'aspetta, usa gran cura

---

22. – 5. *Per lui*: per merito suo. – 6. *mai non gli successe*: non gli riuscì mai di
averla in suo potere.
23. – 2. *falsi vestigi*: tracce false. – 5. *il caccia*: lo sprona alla corsa; *caldo*:
infiammato; cfr. I, 8, 4.
24. – 1. *di seguir rimane*: interrompe l'inseguimento. – 2. *signor d'Anglante*:
Orlando; cfr. I, 57, 1. – 4. *cauto*: astuto. – 5. *dimane*: mattina. – 6. *che*: finché; *la terra*:
la città (Parigi). – 7. *rotto e mal condutto*: sconfitto e ridotto in cattive condizioni. –
8. *reliquie sue*: i resti del suo esercito. Il ripiegamento dei francesi a Parigi era stato
raccontato in *Innam.*, III, IV, 46-49.

a raccor buona gente e vettovaglia,
far cavamenti e riparar le mura.
Ciò ch'a difesa spera che gli vaglia,
senza gran diferir, tutto procura:
pensa mandare in Inghilterra, e trarne
gente onde possa un novo campo farne;

26.   che vuole uscir di nuovo alla campagna,
e ritentar la sorte de la guerra.
Spaccia Rinaldo subito in Bretagna,
Bretagna che fu poi detta Inghilterra.
Ben de l'andata il paladin si lagna:
non ch'abbia così in odio quella terra;
ma perché Carlo il manda allora allora,
né pur lo lascia un giorno far dimora.

27.   Rinaldo mai di ciò non fece meno
volentier cosa; poi che fu distolto
di gir cercando il bel viso sereno
che gli avea il cor di mezzo il petto tolto:
ma, per ubidir Carlo, nondimeno
a quella via si fu subito volto,
et a Calesse in poche ore trovossi;
e giunto, il dì medesimo imbarcossi.

28.   Contra la voluntà d'ogni nocchiero,
pel gran desir che di tornare avea,
entrò nel mar ch'era turbato e fiero,
e gran procella minacciar parea.
Il Vento si sdegnò, che da l'altiero

25. – 3. *buona gente*: truppe valenti. – 4. *cavamenti*: fossati. – 8. *campo*: esercito.

26. – 1. *alla campagna*: in campo aperto. – 3. *Spaccia*: invia. – 4. *Bretagna*: i romanzieri facevano risalire la conquista dell'Inghilterra a Carlo Magno, mentre la storia attribuisce tale impresa a Guglielmo il Conquistatore (sec. XI). – 7. *allora allora*: immediatamente.

27. – 4. *gli avea... tolto*: questa, come quella precedente del *viso sereno* (v. 3), è espressione petrarchesca; cfr. *Canz.*, CV, 69; CXI, 1; CCXXXVI, 6; ecc. – 7. *Calesse*: Calais.

28. – 1-3. *Contra... fiero*: l'ostinazione di Rinaldo a volersi mettere in mare ricorda quella di Rodamonte nell'*Innam.*, II, VI, 3-4. – 4. *gran procella*: la tempesta di mare è un ingrediente immancabile nei romanzi d'avventure. Cfr. n. a XVIII,

sprezzar si vide; e con tempesta rea
sollevò il mar intorno, e con tal rabbia,
che gli mandò a bagnar sino alla gabbia.

29.   Calano tosto i marinari accorti
le maggior vele, e pensano dar volta,
e ritornar ne li medesmi porti
donde in mal punto avean la nave sciolta.
– Non convien – dice il Vento – ch'io comporti
tanta licenzia che v'avete tolta –;
e soffia e grida e naufragio minaccia,
s'altrove van, che dove egli li caccia.

30.   Or a poppa, or all'orza hann' il crudele,
che mai non cessa, e vien più ognor crescendo:
essi di qua di là con umil vele
vansi aggirando, e l'alto mar scorrendo.
Ma perché varie fila a varie tele
uopo mi son, che tutte ordire intendo,
lascio Rinaldo e l'agitata prua,
e torno a dir di Bradamante sua.

141, 5. Qui si avvertono, soprattutto per la personificazione allegorica del Vento,
echi classici di tempeste marine (per esempio VIRGILIO, *Aen.*, canto I). – 8. *gli
mandò... gabbia*: bagnò marinai e nave fino al posto di vedetta. La *gabbia* era
una gerla appesa all'albero su cui si appostava la vedetta. Cfr. BOIARDO,
Innam., III, III, 57, 5-6: «e l'onda diè tal tuffolo, Che saltar fece l'acqua in su
la gabbia».
29. – 2. *le maggior vele*: le vele più grandi. – 4. *in mal... sciolta*: avevano salpato
in un momento poco propizio.
30. – 1. *Or a poppa ecc.*: sbandando la nave, ora hanno il vento che li colpisce
da poppa, ora dalla parte opposta, la prua (*orza* propriamente era la corda che
controllava la vela latina; spesso tale termine indicava anche il punto in cui essa
era legata; *orza!* gridava anche il comandante per far mettere le vele in modo che
la prua accostasse dalla parte del vento; qui non c'è dubbio che significa «prua»).
– 3. *con umil vele*: a vele in parte ammainate, terzaruolate o, come dice il Pulci
(*Morg.*, XX, 35, 4): «temperate». – 4. *vansi aggirando*: volteggiano in balia del vento;
cfr. PULCI, *Morg.*, *loc. cit.*, 31, 4; «e vanno volteggiando un'ora o dua». – 6. *ordire*:
infatti il poema risulta dall'attenta e fine orditura (tessitura) di trame diverse. Cfr.
PETRARCA, *Canz.*, XL, 2: «a la tela novella ch'ora ordisco» (Cabani). – 7-8. *lascio...
e torno a dir*. è questa la formula tradizionale attraverso cui veniva realizzato nei
romanzi l'intreccio (*entrelacement*) delle molte e diverse storie che componevano la
fabula. Ariosto riprende la formula narrativa tradizionale e altre simili, ma le
riutilizza all'interno di una generale e ampia strategia di «orditura» funzionale
delle sue storie.

31.   Io parlo di quella inclita donzella,
        per cui re Sacripante in terra giacque,
        che di questo signor degna sorella,
        del duca Amone e di Beatrice nacque.
        La gran possanza e il molto ardir di quella
        non meno a Carlo e tutta Francia piacque
        (che più d'un paragon ne vide saldo),
        che 'l lodato valor del buon Rinaldo.

32.   La donna amata fu da un cavalliero
        che d'Africa passò col re Agramante,
        che partorì del seme di Ruggiero
        la disperata figlia d'Agolante:
        e costei, che né d'orso né di fiero
        leone uscì, non sdegnò tal amante;
        ben che concesso, fuor che vedersi una
        volta e parlarsi, non ha lor Fortuna.

33.   Quindi cercando Bradamante già
        l'amante suo, ch'avea nome dal padre,
        così sicura senza compagnia,
        come avesse in sua guardia mille squadre:
        e fatto ch'ebbe il re di Circassia
        battere il volto de l'antiqua madre,
        traversò un bosco, e dopo il bosco un monte,
        tanto che giunse ad una bella fonte.

34.   La fonte discorrea per mezzo un prato,
        d'arbori antiqui e di bell'ombre adorno,
        ch'i vïandanti col mormorio grato
        a ber invita e a far seco soggiorno:
        un culto monticel dal manco lato
        le difende il calor del mezzo giorno.

---

31. – 1. *inclita donzella*: Bradamante, sorella di Rinaldo (*di questo signor...
sorella*, v. 3); cfr. I, 70, 3. – 7. *paragon... saldo*: prova sicura.

32. – 1. *un cavalliero*: Ruggiero; figlio di Ruggiero II di Risa e di Galaciella (*la
disperata figlia d'Agolante*, v. 4); cfr. I, 1, 3 e 4, 3. – 7-8. *vedersi... parlarsi*: cfr. *Innam.*,
III, v, 38 segg.

33. – 6. *l'antiqua madre*: la terra; l'espressione, classica e usata già dal Petrarca
(*Tr. Mor.*, I, 89), è qui ripresa con intento umoristico (ma già *Mambriano*, XVI, 1,
2). – 8. *ad una bella fonte*: ritorna il motivo paesistico del «luogo ameno» (cfr. n. a
I, 35, 3) e l'idillico incontro con Pinabello ricorda quello di Angelica con Sacripante; ma poi le avventure prenderanno un diverso corso.

34. – 1. *discorrea*: scorreva qua e là (lat.). – 5. *culto*: coltivato. – 6. *difende*: tiene

Quivi, come i begli occhi prima torse,
d'un cavallier la giovane s'accorse;

35.   d'un cavallier, ch'all'ombra d'un boschetto,
nel margin verde e bianco e rosso e giallo
sedea pensoso, tacito e soletto
sopra quel chiaro e liquido cristallo.
Lo scudo non lontan pende e l'elmetto
dal faggio, ove legato era il cavallo;
et avea gli occhi molli e 'l viso basso,
e si mostrava addolorato e lasso.

36.   Questo disir, ch'a tutti sta nel core,
de' fatti altrui sempre cercar novella,
fece a quel cavallier del suo dolore
la cagion domandar da la donzella.
Egli l'aperse e tutta mostrò fuore,
dal cortese parlar mosso di quella,
e dal sembiante altier, ch'al primo sguardo
gli sembrò di guerrier molto gagliardo.

37.   E cominciò: – Signor, io conducea
pedoni e cavallieri, e venìa in campo
là dove Carlo Marsilio attendea,
perch'al scender del monte avesse inciampo;
e una giovane bella meco avea,
del cui fervido amor nel petto avampo:
e ritrovai presso a Rodonna armato
un che frenava un gran destriero alato.

lontano (lat.); cfr. ARIOSTO, *Rime*, cap. XII, 2-3: «o culto monticel che mi difendi
L'ardente sol».
    35. – 2. *verde ecc.*: l'elencazione «partita» e preziosamente decorativa dei co-
lori era della tradizione lirica; cfr. PETRARCA, *Canz.*, XXIX, 1: «Verdi panni, sanguigni oscuri o persi»; *Tr. Am.*, IV, 122-123: «ed erano le sue rive Bianche, verdi,
vermiglie, perse e gialle»; POLIZIANO, *Stanze*, I, 55, 7-8: «Ma l'erba verde, sotto i
dolci passi, Bianca gialla vermiglia azzurra fassi»; BOIARDO, *Amor.*, CXLV, 35-37.
– 4. *liquido cristallo*: l'acqua limpida (lat. *liquidus*) come cristallo; cfr. PETRARCA,
Canz., CCIXIX, 3: «e 'l mormorar de' liquidi cristalli»; POLIZIANO, *Stanze*, I, 89, 2:
«vivente e tenero cristallo». – 7. *molli*: bagnati di pianto.
    36. – 1. *disir*: la curiosità. – 2. *novella*: notizia. – 5. *l'aperse*: rivelò la cagione.
    37. – 3. *là dove*: ai piedi dei Pirenei dove Carlo Magno attendeva l'assalto di
Marsilio. – 4. *del monte*: l'altura di Montalbano, da cui doveva scendere Marsilio
(cfr. *Innam.*, II, XXII, 61; XXIII, 15); *inciampo*: ostacolo. – 7. *Rodonna*: l'antica Ro-
dumna, posta secondo Tolomeo (*Geog.*, II, 8, 14) sul fiume Liger, a nord di Tolosa.
– 8. *un... destriero alato*: un ippogrifo; cfr. IV, 18, 1.

38.   Tosto che 'l ladro, o sia mortale, o sia
        una de l'infernali anime orrende,
        vede la bella e cara donna mia;
        come falcon che per ferir discende,
        cala e poggia in uno atimo, e tra via
        getta le mani, e lei smarrita prende.
        Ancor non m'era accorto de l'assalto,
        che de la donna io senti' il grido in alto.

39.   Così il rapace nibio furar suole
        il misero pulcin presso alla chioccia,
        che di sua inavvertenza poi si duole,
        e invan gli grida, e invan dietro gli croccia.
        Io non posso seguir un uom che vole,
        chiuso tra' monti, a piè d'un'erta roccia:
        stanco ho il destrier, che muta a pena i passi
        ne l'aspre vie de' faticosi sassi.

40.   Ma, come quel che men curato avrei
        vedermi trar di mezzo il petto il core,
        lasciai lor via seguir quegli altri miei,
        senza mia guida e senza alcun rettore:
        per gli scoscesi poggi e manco rei
        presi la via che mi mostrava Amore,
        e dove mi parea che quel rapace
        portassi il mio conforto e la mia pace.

41.   Sei giorni me n'andai matina e sera
        per balze e per pendici orride e strane,
        dove non via, dove sentier non era,
        dove né segno di vestigie umane;

---

38. – 5. *poggia*: s'innalza; *tra via*: senza fermarsi. – 6. *getta le mani*: stende in
avanti le mani.
    39. – 4. *croccia*: crocchia; è il verso della chioccia (cfr. il lat. *crocitare*). –
6. *chiuso*: mentre io mi trovo chiuso. – 7. *muta... i passi*: muove i passi a stento (cfr.
BOIARDO, *Innam.*, II, V, 35, 7-8).
    40. – 3. *quegli altri miei*: i miei compagni. – 4. *rettore*: comandante. – 5. *manco
rei*: meno ripidi. – 8. *mio conforto... pace*: espressioni della poesia lirica.
    41. – 2. *strane*: selvagge, desolate. – 4. *né... umane*: neppure una traccia o un'or-
ma d'uomo; cfr. OVIDIO, *Met.*, 225-27: «*ea turba cupidine praedae Per rupes scopu-
losque aditusque carentia saxa, Quaque est difficilis, quaque est via nulla, sequuntur*»;
BOCCACCIO, *Dec.*, V, 3, 15: «Ma non vedendo per la selva né via né sentiero, né

poi giunse in una valle inculta e fiera,
di ripe cinta e spaventose tane,
che nel mezzo s'un sasso avea un castello
forte e ben posto, a maraviglia bello.

42.   Da lungi par che come fiamma lustri,
né sia di terra cotta, né di marmi.
Come più m'avicino ai muri illustri,
l'opra più bella e più mirabil parmi.
E seppi poi, come i demoni industri,
da suffumigi tratti e sacri carmi,
tutto d'acciaio avean cinto il bel loco,
temprato all'onda et allo stigio foco.

43.   Di sì forbito acciar luce ogni torre,
che non vi può né ruggine né macchia.
Tutto il paese giorno e notte scorre,
e poi là dentro il rio ladron s'immacchia.
Cosa non ha ripar che voglia tôrre:
sol dietro invan se li bestemia e gracchia.
Quivi la donna, anzi il mio cor mi tiene,
che di mai ricovrar lascio ogni spene.

44.   Ah lasso! che poss'io più che mirare
la ròcca lungi, ove il mio ben m'è chiuso?
come la volpe, che 'l figlio gridare
nel nido oda de l'aquila di giuso,
s'aggira intorno, e non sa che si fare,
poi che l'ali non ha da gir là suso.
Erto è quel sasso sì, tale è il castello,
che non vi può salir chi non è augello.

pedata di caval conoscendovi»; PETRARCA, *Canz.*, XXXV, 4. – 5. *giunse:* giunsi. – 6. *ripe:* dirupi scoscesi; *tane:* caverne. – 7. *un castello:* per la rappresentazione del castello di Atlante, l'Ariosto ha preso lo spunto dal giardino sul monte di Carena, descritto nell'*Innam.*, II, III, 28; XIV, 17 e nella continuazione dell'Agostini, IV, I, 67 e segg.
  42. – 1. *lustri:* risplenda. – 3. *illustri:* rilucenti, raggianti (lat.). – 5. *industri:* operosi. – 6. *da suffumigi... carmi:* evocati per mezzo di fumigazioni e di formule magiche. – 8. *all'onda... foco:* nelle acque infuocate dello Stige, fiume infernale; cfr. XIX, 84, 7-8.
  43. – 4. *s'immacchia:* si rintana, si nasconde. È neologismo ariostesco; cfr. *s'inselva* di XXXIII, 88, 5. – 5. *Cosa... tôrre:* non c'è cosa che il ladrone voglia prendere, che riesca a sfuggirgli. – 6. *gracchia:* strepita. – 8. *ricovrar:* ricuperare.
  44. – 3-4. *la volpe... l'aquila:* cfr. FEDRO, I, 28. – 7-8. *erto... augello:* cfr. DANTE, *Purg.*, III, 45 e 54; BOIARDO, *Innam.*, II, V, 29, 7-8; XVI, 20, 8.

45.   Mentre io tardava quivi, ecco venire
        duo cavallier ch'avean per guida un nano,
        che la speranza aggiunsero al desire;
        ma ben fu la speranza e il desir vano.
        Ambi erano guerrier di sommo ardire:
        era Gradasso l'un, re sericano;
        era l'altro Ruggier giovene forte,
        pregiato assai ne l'africana corte.

46.   «Vengon» mi disse il nano «per far pruova
        di lor virtù col sir di quel castello,
        che per via strana, inusitata e nuova
        cavalca armato il quadrupede augello».
        «Deh, signor,» dissi io lor «pietà vi muova
        del duro caso mio spietato e fello!
        Quando, come ho speranza, voi vinciate,
        vi prego la mia donna mi rendiate».

47.   E come mi fu tolta lor narrai,
        con lacrime affermando il dolor mio.
        Quei, lor mercé, mi proferiro assai,
        e giù calaro il poggio alpestre e rio.
        Di lontan la battaglia io riguardai,
        pregando per la lor vittoria Dio.
        Era sotto il castel tanto di piano,
        quanto in due volte si può trar con mano.

45. – 2. *duo cavallier:* Ruggiero e Gradasso. Anche questo episodio aveva avuto inizio nell'*Innam.* (III, VII, 37-55); un nano si era presentato ad Orlando, Brandimarte, Gradasso e Ruggiero chiedendo aiuto contro un fellone. Gradasso e Ruggiero avevano preso a seguirlo verso una «torre» (un castello): a questo punto il Boiardo aveva interrotto l'avventura. – 3-4. *la speranza... desir:* cfr. PETRARCA, *Tr. Temp.,* 55: «Segui' già le speranze e 'l van desio» (Cabani). – 6. *Gradasso:* il re di Sericana (per cui cfr. n. a I, 55, 4); nell'*Innam.* era descritto come coraggioso e «smisurato» e conservava certa sua favolosa, asiatica barbarie; nell'Ariosto perderà gran parte di quelle caratteristiche fiabesche.

46. – 3. *per via... nuova:* attraverso l'aria. «I tre aggettivi fanno sentire, con insistenza, la meraviglia del narratore» (Sapegno). – 4. *quadrupede augello:* l'ippogrifo; cfr. IV, 18, 1. – 6. *fello:* atroce. – 7. *Quando:* qualora.

47. – 2. *affermando:* dimostrando, confermando. – 3. *proferiro assai:* fecero molte promesse di aiuto. – 8. *quanto... mano:* quanto si può coprire con due colpi successivi di sasso. L'espressione, di origine omerica, si trova nei latini e in DANTE, *Purg.,* III, 69.

48.   Poi che fur giunti a piè de l'alta ròcca,
l'uno e l'altro volea combatter prima;
pur a Gradasso, o fosse sorte, tocca,
o pur che non ne fe' Ruggier più stima.
Quel Serican si pone il corno a bocca:
rimbomba il sasso e la fortezza in cima.
Ecco apparire il cavalliero armato
fuor de la porta, e sul cavallo alato.

49.   Cominciò a poco a poco indi a levarse,
come suol far la peregrina grue,
che corre prima, e poi vediamo alzarse
alla terra vicina un braccio o due;
e quando tutte sono all'aria sparse,
velocissime mostra l'ale sue.
Sì ad alto il negromante batte l'ale,
ch'a tanta altezza a pena aquila sale.

50.   Quando gli parve poi, volse il destriero,
che chiuse i vanni e venne a terra a piombo,
come casca dal ciel falcon maniero
che levar veggia l'anitra o il colombo.
Con la lancia arrestata il cavalliero
l'aria fendendo vien d'orribil rombo.
Gradasso a pena del calar s'avede,
che se lo sente addosso e che lo fiede.

51.   Sopra Gradasso il mago l'asta roppe;
ferì Gradasso il vento e l'aria vana:
per questo il volator non interroppe
il batter l'ale e quindi s'allontana.

---

48. – 3-4. *pur... stima*: tuttavia tocca a Gradasso, sia che ciò fosse stabilito per sorteggio, sia che Rinaldo, a un certo momento, rinunciasse a dare importanza a tale precedenza.

49. – 2. *la peregrina grue*: la gru migratrice. Il paragone già in Pulci, *Morg.*, XXV, 225, 5-8. – 5. *sparse*: librate.

50. – 2. *vanni*: ali. – 3. *casca*: piomba giù; *maniero*: da caccia. Questo tipo di falcone veniva addestrato a scendere senza richiamo sulla *mano* del cacciatore. Il paragone col volo veloce del falcone era comune nei poemi cavallereschi: cfr. per es. Pulci, *Morg.*, XIV, 48; XXXIII, 22; *Mambriano*, VIII, 91, 4-6. Per le rime *piombo:colombo:rombo*, cfr. Poliziano, *Stanze*, I, 121. – 5. *arrestata*: in resta; cfr. I, 61, 6.

51. – 2. *ferì... vana*: cfr. Boiardo, *Innam.*, II, xiv, 53, 8. – 4. *quindi*: di qui. –

Il grave scontro fa chinar le groppe
sul verde prato alla gagliarda alfana.
Gradasso avea una alfana, la più bella
e la miglior che mai portasse sella.

52.   Sin alle stelle il volator trascorse;
indi girossi e tornò in fretta al basso,
e percosse Ruggier che non s'accorse,
Ruggier che tutto intento era a Gradasso.
Ruggier del grave colpo si distorse,
e 'l suo destrier più rinculò d'un passo:
e quando si voltò per lui ferire,
da sé lontano il vide al ciel salire.

53.   Or su Gradasso, or su Ruggier percote
ne la fronte, nel petto e ne la schiena,
e le botte di quei lascia ognor vòte,
perché è sì presto, che si vede a pena.
Girando va con spazïose rote,
e quando all'uno accenna, all'altro mena:
all'uno e all'altro sì gli occhi abbarbaglia,
che non ponno veder donde gli assaglia.

54.   Fra duo guerrieri in terra et uno in cielo
la battaglia durò sin a quella ora,
che spiegando pel mondo oscuro velo,
tutte le belle cose discolora.
Fu quel ch'io dico, e non v'aggiungo un pelo:
io 'l vidi, i' 'l so; né m'assicuro ancora
di dirlo altrui; che questa maraviglia
al falso più ch'al ver si rassimiglia.

---

5. *le groppe*: la groppa. – 6. *alfana*: robusta cavalla araba. Anche nell'*Innam.* Gradasso cavalca un'alfana.

52. – 5. *si distorse*: si piegò.

53. – 3. *vòte*: a vuoto, date al vento. – 6. *accenna*: fa mostra di voler colpire. – 7. *abbarbaglia*: abbaglia violentemente, acceca. È neologismo petrarchesco (*Canz.*, LI, 2) «ricorrente nel *Furioso*» (Cabani).

54. – 4. *tutte... discolora*: similmente VIRGILIO, *Aen.*, VI, 272: «*et rebus nox abstulit atra colorem*». – 5. *Fu... dico*: a questo punto avvenne proprio quello che sto per raccontare. – 6. *m'assicuro*: mi arrischio (cfr. DANTE, *Inf.*, XXVIII, 113-115: «vidi cosa, ch'io avrei paura, Sanza più prova, di contarla solo; Se non che coscienza m'assicura»). – 7-8. *questa... rassimiglia*: cfr. DANTE, *Inf.*, XVI, 124-127.

55.   D'un bel drappo di seta avea coperto
        lo scudo in braccio il cavallier celeste.
        Come avesse, non so, tanto sofferto
        di tenerlo nascosto in quella veste;
        ch'immantinente che lo mostra aperto,
        forza è, chi 'l mira, abbarbagliato reste,
        e cada come corpo morto cade,
        e venga al negromante in potestade.

56.   Splende lo scudo a guisa di piropo,
        e luce altra non è tanto lucente.
        Cadere in terra allo splendor fu d'uopo
        con gli occhi abbacinati, e senza mente.
        Perdei da lungi anch'io li sensi, e dopo
        gran spazio mi rïebbi finalmente;
        né più i guerrier né più vidi quel nano,
        ma vòto il campo, e scuro il monte e il piano.

57.   Pensai per questo che l'incantatore
        avesse amendui colti a un tratto insieme,
        e tolto per virtù de lo splendore
        la libertade a-lloro, e a me la speme.
        Così a quel loco, che chiudea il mio core,
        dissi, partendo, le parole estreme.
        Or giudicate s'altra pena ria,
        che causi Amor, può pareggiar la mia. –

58.   Ritornò il cavallier nel primo duolo,
        fatta che n'ebbe la cagion palese.
        Questo era il conte Pinabel, figliuolo
        d'Anselmo d'Altaripa, maganzese;
        che tra sua gente scelerata, solo

---

55. – 2. *celeste*: che si muoveva per il cielo. – 7. *e cada ecc.*: cfr. DANTE, *Inf.*, V,
142. Già il Pulci aveva introdotto l'espressione dantesca nel poema cavalleresco;
cfr. *Morg.*, XXII, 244, 2.
56. – 1. *piropo*: carbonchio; cfr. OVIDIO, *Met.*, II, 2: «*flammas imitante pyropo*»;
PETRARCA, *Tr. Fama*, I, 43: «Poi fiammeggiava a guisa d'un piropo». Per lo scudo
dagli effetti meravigliosi, cfr. PLAUTO, *Miles glor.*, I, 1; LUCANO, *Phars.*, IX, 669;
BOIARDO, *Innam.*, I, XII, 31 e 34. – 4. *senza mente*: senza conoscenza.
57. – 2. *colti*: colpiti. – 5. *che... core*: che teneva prigioniera la donna del mio
cuore. – 6. *le parole estreme*: l'estremo saluto; cfr. PETRARCA, *Canz.*, CXXVI, 13.
58. – 3. *Pinabel*: figlio d'Anselmo d'Altaripa (nell'*Innam.*, Anselmo della Riva)

leale esser non vòlse né cortese,
ma ne li vizii abominandi e brutti
non pur gli altri adeguò, ma passò tutti.

59. La bella donna con diverso aspetto
stette ascoltando il Maganzese cheta;
che come prima di Ruggier fu detto,
nel viso si mostrò più che mai lieta:
ma quando sentì poi ch'era in distretto,
turbossi tutta d'amorosa pieta;
né per una o due volte contentosse
che ritornato a replicar le fosse.

60. E poi ch'al fin le parve esserne chiara,
gli disse: – Cavallier, datti riposo;
che ben può la mia giunta esserti cara,
parerti questo giorno aventuroso.
Andiam pur tosto a quella stanza avara
che sì ricco tesor ci tiene ascoso;
né spesa sarà invan questa fatica,
se Fortuna non m'è troppo nemica. –

61. Rispose il cavallier: – Tu vòi ch'io passi
di nuovo i monti, e mostriti la via?
A me molto non è perdere i passi,
perduta avendo ogni altra cosa mia;
ma tu per balze e ruinosi sassi
cerchi entrar in pregione; e così sia.
Non hai di che dolerti di me poi
ch'io tel predìco, e tu pur gir vi vòi. –

---

e nipote del «traditore» per eccellenza, Gano di Maganza, e, come tutti i Maganzesi, nemico giurato dei Chiaramontesi. – 8. *adeguò*: eguagliò.
    59. – 1. *diverso*: mutevole, conformantesi ai diversi punti del racconto. – 5. *in
distretto*: in prigione. – 6. *pieta*: angoscia. Le rime *cheta:lieta:pieta* hanno colore
dantesco (*Inf.*, I, 19-21) e petrarchesco (*Canz.*, CXXVI, 32-33).
    60. – 1. *chiara*: chiaramente informata. – 3. *giunta*: venuta. – 4. *aventuroso*:
fortunato. – 5. *avara*: che tiene per sé ciò che possiede; cfr. PETRARCA, *Canz.*, CCC,
1: «avara terra».
    61. – 2. *i monti*: Pirenei. – 3. *molto non è*: non è cosa molto grave; *perdere i
passi*: cfr. PETRARCA, *Canz.*, LIV, 6; LXXIV, 11: «perdendo inutilmente tanti
passi».

62.   Così dice egli, e torna al suo destriero,
      e di quella animosa si fa guida,
      che si mette a periglio per Ruggiero,
      che la pigli quel mago o che la ancida.
      In questo, ecco alle spalle il messaggiero,
      ch': – Aspetta, aspetta! – a tutta voce grida,
      il messaggier da chi il Circasso intese
      che costei fu ch'all'erba lo distese.

63.   A Bradamante il messaggier novella
      di Mompolier e di Narbona porta,
      ch'alzato li stendardi di Castella
      avean, con tutto il lito d'Acquamorta;
      e che Marsilia, non v'essendo quella
      che la dovea guardar, mal si conforta,
      e consiglio e soccorso le domanda
      per questo messo, e se le raccomanda.

64.   Questa cittade, e intorno a molte miglia
      ciò che fra Varo e Rodano al mar siede,
      avea l'imperator dato alla figlia
      del duca Amon, in ch'avea speme e fede;
      però che 'l suo valor con maraviglia
      riguardar suol, quando armeggiar la vede.
      Or, com'io dico, a domandar aiuto
      quel messo da Marsilia era venuto.

65.   Tra sì e no la giovane suspesa,
      di voler ritornar dubita un poco:
      quinci l'onore e il debito le pesa,
      quindi l'incalza l'amoroso foco.
      Fermasi al fin di seguitar l'impresa,
      e trar Ruggier de l'incantato loco;

62. – 5. *il messaggiero*: cfr. I, 68-70. – 7. *da chi*: da cui; *il Circasso*: Sacripante.

63. – 2-4. *Mompolier... Acquamorta*: Montpellier, Narbonne e il litorale provenzale di Aigues-Mortes avevano alzato le bandiere di Castiglia, cioè si erano date a Marsilio. – 6. *guardar*: difendere.

64. – 2. *ciò... siede*: la Provenza; *siede* è voce dantesca (*Inf.*, V, 97; *Par.*, IX, 16). – 3-4. *alla figlia... Amon*: a Bradamante.

65. – 1. *Tra sì e no*: cfr. DANTE, *Inf.*, VIII, 111; PETRARCA, *Canz.*, CLXVIII, 8. – 3. *quinci*: da una parte; *debito*: dovere; *le pesa*: le sta a cuore. – 4. *quindi*: dall'altra parte. – 5. *Fermasi*: decide.

e quando sua virtù non possa tanto,
almen restargli prigioniera a canto.

66.   E fece iscusa tal, che quel messaggio
parve contento rimanere e cheto.
Indi girò la briglia al suo vïaggio,
con Pinabel che non ne parve lieto;
che seppe esser costei di quel lignaggio
che tanto ha in odio in publico e in secreto:
e già s'avisa le future angosce,
se lui per maganzese ella conosce.

67.   Tra casa di Maganza e di Chiarmonte
era odio antico e inimicizia intensa;
e più volte s'avean rotta la fronte,
e sparso di lor sangue copia immensa:
e però nel suo cor l'iniquo conte
tradir l'incauta giovane si pensa;
o, come prima commodo gli accada,
lasciarla sola, e trovar altra strada.

68.   E tanto gli occupò la fantasia
il nativo odio, il dubbio e la paura,
ch'inavedutamente uscì di via:
e ritrovossi in una selva oscura,
che nel mezzo avea un monte che finia
la nuda cima in una pietra dura;
e la figlia del duca di Dordona
gli è sempre dietro, e mai non l'abandona.

66. – 1. *messaggio*: messaggero. – 2. *cheto*: soddisfatto, persuaso. – 7. *s'avisa*: s'immagina. – 8. *conosce*: riconosce.
67. – 1. *Chiarmonte*: casata cui aveva dato nome Chiaramonte, discendente di Ettore e Andromaca. Suo fratello Bernardo aveva avuto tre figli: Ottone d'Inghilterra, padre di Astolfo; Milone d'Anglante, padre di Orlando; Amone, padre di Rinaldo Bradamante Ricciardetto Alardo e Guiscardo. L'Ariosto, dopo aver descritto con elegiaca simpatia la figura di Pinabello amante sventurato ora si avvale di uno dei *topoi* tradizionali della letteratura cavalleresca, l'odio tra i Maganzesi e i Chiaramontesi, per operare una improvvisa variazione: dal Pinabello dolente al Pinabello astuto e freddo traditore («l'orditura e un gran numero di particolari» dell'episodio del tradimento derivano dal *Palamedés*; cfr. P. RAJNA, *Le fonti dell'«Orlando Furioso»*, cit., pp. 129 segg.): l'Ariosto compone secondo una sua armoniosa sintassi di temi, e non secondo la coerenza psicologica dei personaggi. – 7. *commodo gli accada*: gli si presenti l'occasione propizia.
68. – 2. *nativo*: innato. – 4. *ritrovossi... oscura*: cfr. DANTE, *Inf.*, I, 2. – 7. *Dordona*: castello della Francia sud-occidentale, sul fiume Dordogne, di cui era signore Amone.

69.   Come si vide il Maganzese al bosco,
        pensò tôrsi la donna da le spalle.
        Disse: — Prima che 'l ciel torni più fosco,
        verso uno albergo è meglio farsi il calle.
        Oltra quel monte, s'io lo riconosco,
        siede un ricco castel giù ne la valle.
        Tu qui m'aspetta; che dal nudo scoglio
        certificar con gli occhi me ne voglio. —

70.   Così dicendo, alla cima superna
        del solitario monte il destrier caccia,
        mirando pur s'alcuna via discerna,
        come lei possa tor da la sua traccia.
        Ecco nel sasso truova una caverna,
        che si profonda più di trenta braccia.
        Tagliato a picchi et a scarpelli il sasso
        scende giù al dritto, et ha una porta al basso.

71.   Nel fondo avea una porta ampla e capace,
        ch'in maggior stanza largo adito dava;
        e fuor n'uscia splendor, come di face
        ch'ardesse in mezzo alla montana cava.
        Mentre quivi il fellon suspeso tace,
        la donna, che da lungi il seguitava
        (perché perderne l'orme si temea),
        alla spelonca gli sopragiungea.

72.   Poi che si vide il traditore uscire,
        quel ch'avea prima disegnato, invano,
        o da sé torla, o di farla morire,
        nuovo argumento imaginossi e strano.
        Le si fe' incontra, e su la fe' salire
        là dove il monte era forato e vano;
        e le disse ch'avea visto nel fondo
        una donzella di viso giocondo,

---

69. – 2. *tôrsi... spalle*: liberarsi di Bradamante. – 4. *farsi il calle*: aprirsi la via.
– 7. *nudo scoglio*: la «nuda cima» fatta di «pietra dura»; cfr. II, 68, 6.
    70. – 7. *a picchi... scarpelli*: a colpi di piccone e di scalpello. – 8. *al dritto*: a picco.
    71. – 4. *montana cava*: caverna.
    72. – 1-2. *uscire... invano*: andare a vuoto. – 4. *argumento*: stratagemma. –
6. *vano*: vuoto. – 8. *giocondo*: festevole, piacente.

73.   ch' a' bei sembianti et alla ricca vesta
    esser parea di non ignobil grado;
    ma quanto più potea, turbata e mesta,
    mostrava esservi chiusa suo mal grado:
    e per saper la condizion di questa,
    ch'avea già cominciato a entrar nel guado;
    e che era uscito de l'interna grotta
    un che dentro a furor l'avea ridotta.

74.   Bradamante, che come era animosa,
    così mal cauta, a Pinabel diè fede;
    e d'aiutar la donna disïosa,
    si pensa come por colà giù il piede.
    Ecco d'un olmo alla cima frondosa
    volgendo gli occhi, un lungo ramo vede;
    e con la spada quel subito tronca,
    e lo declina giù ne la spelonca.

75.   Dove è tagliato, in man lo raccomanda
    a Pinabello, e poscia a quel s'apprende:
    prima giù i piedi ne la tana manda,
    e su le braccia tutta si suspende.
    Sorride Pinabello, e le domanda
    come ella salti; e le man apre e stende,
    dicendole: − Qui fosser teco insieme
    tutti li tuoi, ch'io ne spegnessi il seme! −

76.   Non come vòlse Pinabello avenne
    de l'innocente giovane la sorte;
    perché, giù diroccando, a ferir venne
    prima nel fondo il ramo saldo e forte.
    Ben si spezzò, ma tanto la sostenne,

73. − 6. *ch'avea... guado*: egli aveva già provato a tentare la prova (*entrar nel guado*), ad avventurarsi nella caverna. − 7. *l'interna grotta*: la «maggior stanza» di 71, 2. − 8. *dentro... ridotta*: aveva ricondotta dentro la fanciulla a viva forza.
74. − 8. *declina*: cala (lat.).
75. − 1. *raccomanda*: affida. − 2. *s'apprende*: si aggrappa. − 3. *tana*: caverna. − 6. *come ella salti*: se sappia saltare.
76. − 3. *diroccando*: precipitando di roccia in roccia; neologismo, forse sugge-

che 'l suo favor la liberò da morte.
Giacque stordita la donzella alquanto,
come io vi seguirò ne l'altro canto.

---

rito (pensa il Bigi) dal «si diroccia» di Dante, *Inf.*, XIV, 115; *ferir* battere. –
8. *seguirò*: continuerò a raccontare.

CANTO TERZO

Invocazione ad Apollo, perché aiuti il poeta a celebrare degnamente le glorie della casa d'Este. Pinabello fugge, portando con sé il cavallo di Brada-mante. Frattanto Bradamante entra nella caverna e incontra una maga be-nefica (Melissa), che le fa visitare la tomba di Merlino. La voce del mago esce dalla tomba e predice a Bradamante che sposerà Ruggiero e che da loro discenderà una stirpe gloriosa (gli Estensi). Evocati da Melissa, sfilano i fantasmi di alcuni dei discendenti di Bradamante e Ruggiero. Poi Melissa guida Bradamante verso il castello di Atlante. Le dà consigli sul modo di vincere il mago e liberare Ruggiero: dovrà uccidere il perfido ladro Brunello e impadronirsi di un anello incantato. Bradamante si pone in viaggio. Giunge ad un albergo, ove incontra Brunello.

1.   Chi mi darà la voce e le parole
          convenïenti a sì nobil suggetto?
          chi l'ale al verso presterà, che vole
          tanto ch'arrivi all'alto mio concetto?
          Molto maggior di quel furor che suole,
          ben or convien che mi riscaldi il petto;
          che questa parte al mio signor si debbe,
          che canta gli avi onde l'origine ebbe:

1. – 1. *Chi mi darà ecc.*: cfr. *Innam.*, I, XXVII, 1: «Chi mi darà la voce e le parole...». – 4. *arrivi... concetto*: sia degno del mio proposito, la celebrazione delle glorie Estensi; cfr. BOIARDO, *Amor.*, I, XV, 1-4: «Chi troverà parole e voce equale, / Che giugnan nel parlar al pensier mio? Chi darà piume al mio intelletto ed ale Sì / che volando segua el gran desio?». – 5. *furor*: estro poetico. – 7. *mio signor*: Ippolito d'Este; cfr. I, 3, 1; *si debbe*: è dedicata.

2.   di cui fra tutti li signori illustri,
        dal ciel sortiti a governar la terra,
        non vedi, o Febo, che 'l gran mondo lustri,
        più glorïosa stirpe o in pace o in guerra;
        né che sua nobiltade abbia più lustri
        servata, e servarà (s'in me non erra
        quel profetico lume che m'inspiri)
        fin che d'intorno al polo il ciel s'aggiri.

3.   E volendone a pien dicer gli onori,
        bisogna non la mia, ma quella cetra
        con che tu dopo i gigantei furori
        rendesti grazia al regnator de l'etra.
        S'instrumenti avrò mai da te migliori,
        atti a sculpire in così degna pietra,
        in queste belle imagini disegno
        porre ogni mia fatica, ogni mio ingegno.

4.   Levando intanto queste prime rudi
        scaglie n'andrò con lo scarpello inetto:
        forse ch'ancor con più solerti studi
        poi ridurrò questo lavor perfetto.
        Ma ritorniamo a quello, a cui né scudi
        potran né usberghi assicurare il petto:
        parlo di Pinabello di Maganza,
        che d'uccider la donna ebbe speranza.

---

2. − 1. *di cui*: dei quali *avi*. − 2. *sortiti*: destinati. − 3. *lustri*: illumini: cfr.
VIRGILIO, *Aen.*, IV, 607: «*Sol, qui terrarum flammis opera omnia lustras*»; ORAZIO,
Carm. saec., 9-12: «*Alme Sol... possis nihil urbe Roma Visere maius*». Il sole (*Febo*) era
patrono della poesia e delle arti. − 5. *più lustri*: per più tempo. Le rime etimolo-
giche ed equivoche *illustri: lustri: lustri* sono di derivazione petrarchesca: cfr. *Tr.
Temp.*, 103-105 (Cabani). − 6. *servata*: conservata. − 8. *fin che... s'aggiri*: fino a quando
il cielo continuerà a girare attorno al polo, fin che esisterà il mondo.
    3. − 3-4. *tu dopo... etra*: Febo, dopo la vittoria di Giove, re del cielo (*regnator de
l'etra*; cfr. STAZIO, *Silv.*, I, II, 135-136: «*aethrae Rector*»), sui giganti, ne cantò le lodi;
cfr. TIBULLO, II, 9-10: «*qualem te memorant Saturno rege fugato Victori laudes con-
cinuisse Iovi*». La precisa eco da Tibullo si sovrappone a una più generica reminiscenza dantesca: l'invocazione ad Apollo di *Par.*, I, 13-15. − 6. *degna pietra*: la
storia estense è come una pietra che il poema intende scolpire, per trarne immagini celebrative.
    4. − 1. *Levando ecc.*: continua la metafora della scultura: il poeta intende per
lo meno cominciare ad abbozzare il suo soggetto. − 3. *ancor*: più tardi; *solerti*:
diligenti (lat.). − 5. *quello*: Pinabello, contro cui Bradamante prenderà più tardi
giusta vendetta; cfr. XXII, 97 e XXIII, 2-4.

5.   Il traditor pensò che la donzella
        fosse ne l'alto precipizio morta;
        e con pallida faccia lasciò quella
        trista e per lui contaminata porta,
        e tornò presto a rimontare in sella:
        e come quel ch'avea l'anima torta,
        per giunger colpa a colpa e fallo a fallo,
        di Bradamante ne menò il cavallo.

6.   Lasciàn costui, che mentre all'altrui vita
        ordisce inganno, il suo morir procura;
        e torniamo alla donna che, tradita,
        quasi ebbe a un tempo e morte e sepoltura.
        Poi ch'ella si levò tutta stordita,
        ch'avea percosso in su la pietra dura,
        dentro la porta andò, ch'adito dava
        ne la seconda assai più larga cava.

7.   La stanza, quadra e spazïosa, pare
        una devota e venerabil chiesa,
        che su colonne alabastrine e rare
        con bella architettura era suspesa.
        Surgea nel mezzo un ben locato altare,
        ch'avea dinanzi una lampada accesa;
        e quella di splendente e chiaro foco
        rendea gran lume all'uno e all'altro loco.

8.   Di devota umiltà la donna tocca,
        come si vide in loco sacro e pio,
        incominciò col core e con la bocca,
        inginocchiata, a mandar prieghi a Dio.
        Un picciol uscio intanto stride e crocca,
        ch'era all'incontro, onde una donna uscìo

---

5. – 2. *alto*: profondo. – 4. *per lui*: da lui. – 6. *torta*: perversa.
6. – 1-3. *Lasciàn... torniamo*: cfr. II, 30, 7-8 e nel caso specifico *Mambriano*, XVIII, 72, 1-5: «Ma l'uom che trade, rare volte invecchia, Perché il suo proprio inganno alfin l'uccide. Lasciam costui che 'nsidie apparecchia Contra se stesso, e tardi se ne avvide; Torniamo a dir d'Astolfo...». – 2. *il suo morir*: cfr. n. a III, 4, 5. – 8. *cava*: caverna.
7. – 3. *rare*: preziose. – 4. *bella architettura*: «Anche in questa atmosfera misteriosa e magica, l'Ariosto conserva il suo ideale estetico di armoniosa simmetria» (Sapegno). – 8. *all'uno... loco*: a questa stanza e a quella antecedente.
8. – 5. *crocca*: cigola. – 6. *una donna*: la maga Melissa, il cui nome verrà

discinta e scalza, e sciolte avea le chiome,
che la donzella salutò per nome.

9. E disse: — O generosa Bradamante,
non giunta qui senza voler divino,
di te più giorni m'ha predetto inante
il profetico spirto di Merlino,
che visitar le sue reliquie sante
dovevi per insolito camino:
e qui son stata acciò ch'io ti riveli
quel c'han di te già statuito i cieli.

10. Questa è l'antiqua e memorabil grotta
ch'edificò Merlino, il savio mago
che forse ricordare odi talotta,
dove ingannollo la Donna del Lago.
Il sepolcro è qui giù, dove corrotta
giace la carne sua; dove egli, vago
di sodisfare a lei, che glil suase,
vivo corcossi, e morto ci rimase.

rivelato solo più avanti (VII, 66, 6); è un personaggio inventato dall'Ariosto e
unisce al nome preziosamente classico (Melissa era una sacerdotessa di Demetria
secondo LATTANZIO, *Divin. Inst.*, I, 22, commento a Pindaro) e ad alcuni attributi
della mitologia ed epica classica, altri attributi propri invece delle fate brettoni e
dei negromanti dei poemi carolingi (cfr. P. RAJNA, *Le fonti dell'Orlando Furioso*» cit.,
pp. 130 segg.). – 7. *discinta e scalza*: come erano le sacerdotesse antiche; cfr. VIRGI-
LIO, *Aen.*, IV, 509 e 518; OVIDIO, *Met.*, VII, 182-183; per la forma e il ritmo del
verso, cfr. PETRARCA, *Canz.*, XXXIII, 6: «Discinta et scalza, et desto avea 'l carbo-
ne» (Cabani).
  9. – 1. *generosa*: cfr. I, 3, 1. – 2. *non giunta ecc.*: cfr. VIRGILIO, *Aen.*, II, 777:
«*Non... sine numine divum*»; DANTE, *Inf.*, XXI, 80-82. Tutto l'episodio che segue
utilizza, trattandoli però molto personalmente, luoghi virgiliani e danteschi. –
4. *Merlino*: profeta e mago, maestro del re Artù, molto spesso ricordato nelle
leggende brettoni. L'Ariosto ripete qui quanto era raccontato nella *Historia* o *Vita
di Merlino*, resa in prosa italiana: Merlino aveva costruito, per sé e per l'amata
Donna del Lago, nella selva di Brocchian, un'arca incantata, entro cui i loro corpi
avrebbero potuto riposare incorruttibili; ma la donna, che non corrispondeva il
suo amore, lo indusse a scendere per primo nel sepolcro («cimiterio» dice la
Historia e ripete l'Ariosto, 12, 1), poi pronunciò la formula magica che sigillò per
sempre la tomba. Da allora lo spirito di Merlino rinchiuso nella tomba predice
l'avvenire a chi lo interroga: «et la sua carne puza, et el suo spirito è serrato qui
entro; et mai non uscirà infino al novissimo giorno» (cfr. P. RAJNA, *Le fonti del-
l'«Orlando Furioso»* cit., pp. 132-133). – 5. *sante*: inviolabili.
  10. – 3. *talotta*: talvolta. – 7. *glil suase*: lo persuase a fare ciò (costr. lat.). –
8. *vivo... morto*: l'antitesi, che viene ripresa all'inizio dell'ottava seguente, è di origine petrarchesca (cfr. *Canz.*, CCCXX, 8: «nel qual io vivo, et morto giacer volli»).

11.	Col corpo morto il vivo spirto alberga,
	sin ch'oda il suon de l'angelica tromba
	che dal ciel lo bandisca o che ve l'erga,
	secondo che sarà corvo o colomba.
	Vive la voce; e come chiara emerga,
	udir potrai da la marmorea tomba,
	che le passate e le future cose
	a chi gli domandò, sempre rispose.

12.	Più giorni son ch'in questo cimiterio
	venni di remotissimo paese,
	perché circa il mio studio alto misterio
	mi facesse Merlin meglio palese:
	e perché ebbi vederti desiderio,
	poi ci son stata oltre il disegno un mese;
	che Merlin, che 'l ver sempre mi predisse,
	termine al venir tuo questo dì fisse. –

13.	Stassi d'Amon la sbigottita figlia
	tacita e fissa al ragionar di questa;
	et ha sì pieno il cor di maraviglia,
	che non sa s'ella dorme o s'ella è desta:
	e con rimesse e vergognose ciglia
	(come quella che tutta era modesta)
	rispose: – Di che merito son io,
	ch'antiveggian profeti il venir mio? –

14.	E lieta de l'insolita aventura,
	dietro alla maga subito fu mossa,
	che la condusse a quella sepoltura
	che chiudea di Merlin l'anima e l'ossa.
	Era quella arca d'una pietra dura,
	lucida e tersa, e come fiamma rossa;

---

11. – 2. *sin ch'oda ecc.*: fino al giorno del giudizio universale; cfr. DANTE, *Inf.*, VI, 95: «di qua dal suon dell'angelica tromba». – 4. *corvo... colomba*: nera anima di dannato ó anima candida di beato.

12. – 2. *remotissimo paese*: Mantova. – 3-4. *perché... palese*: perché Merlino mi spiegasse un profondo mistero attinente ai miei studi magici. – 8. *fisse*: stabilì.

13. – 5. *rimesse*: abbassate; *vergognose*: timide.

14. – 6. *lucida e tersa*: cfr. DANTE, *Purg.*, IX, 95: «bianco marmo era sì pulito e terso».

tal ch'alla stanza, ben che di sol priva,
dava splendore il lume che n'usciva.

15.   O che natura sia d'alcuni marmi
che muovin l'ombre a guisa di facelle,
o forza pur di suffumigi e carmi
e segni impressi all'osservate stelle
(come più questo verisimil parmi),
discopria lo splendor più cose belle
e di scultura e di color, ch'intorno
il venerabil luogo aveano adorno.

16.   A pena ha Bradamante da la soglia
levato il piè ne la secreta cella,
che 'l vivo spirto da la morta spoglia
con chiarissima voce le favella:
– Favorisca Fortuna ogni tua voglia,
o casta e nobilissima donzella,
del cui ventre uscirà il seme fecondo
che onorar deve Italia e tutto il mondo.

17.   L'antiquo sangue che venne da Troia,
per li duo miglior rivi in te commisto,

15. – 1-2. *O che... facelle*: o fosse la particolare virtù di alcune pietre, che disperdono le tenebre come se fossero fiaccole. – 3. *suffumigi e carmi*: fumate d'incenso e formule magiche; cfr. II, 42, 6. – 4. *segni... stelle*: segni astrologici tracciati dopo avere osservato le stelle. – 7. *color*: pittura.

16. – 3. *vivo... morta*: cfr. 10, 8 e 11, 1. – 7. *del cui ventre ecc.*: l'Ariosto fedele ad un intento di schietta celebrazione dei suoi signori, fedele anche al programma classicheggiante di seguire i modelli dell'epica antica, volle porre qui, proprio all'inizio del poema, quest'episodio che, in uno scenario suggestivo, contiene l'elogio dei principi estensi. Già il Boiardo, rifacendosi a tradizioni leggendarie e ad ambizioni genealogiche assai antiche (lui che aveva anche tradotto la *Istoria imperiale* di Riccobaldo), aveva celebrato l'origine troiana degli Este (cfr. *Innam.*, II, XXI, 56 segg.). L'Ariosto seguì in più punti il Boiardo, ma si avvalse probabilmente di nuove fonti e si fece interprete di un umanesimo più consapevole e dichiarato: infatti la principale differenza fra le due genealogie sta nel fatto che, mentre per il Boiardo la fase germanica della storia estense fu lunga e importante, per l'Ariosto essa corrispose solo a un allontanamento parziale dell'Italia (cfr. P. RAJNA, *Le fonti dell'«Orlando Furioso»* cit., pp. 133-137). È probabile inoltre che a tale variazione non fossero estranei gli orientamenti della politica estense del momento.

17. – 1-2. *L'antiquo... commisto*: la leggenda boiardesca faceva risalire l'origine della famiglia estense dalla riunione delle famiglie di Bradamante (Chiaramonte) e di Ruggiero (Mongrana), le quali discendevano per diverse vie, attraverso Astia-

produrrà l'ornamento, il fior, la gioia
d'ogni lignaggio ch'abbi il sol mai visto
tra l'Indo e 'l Tago e 'l Nilo e la Danoia,
tra quanto è 'n mezzo Antartico e Calisto.
Ne la progenie tua con sommi onori
saran marchesi, duci e imperatori.

18.   I capitani e i cavallier robusti
        quindi usciran, che col ferro e col senno
        ricuperar tutti gli onor vetusti
        de l'arme invitte alla sua Italia denno.
        Quindi terran lo scettro i signor giusti,
        che, come il savio Augusto e Numa fenno,
        sotto il benigno e buon governo loro
        ritorneran la prima età de l'oro.

19.   Acciò dunque il voler del ciel si metta
        in effetto per te, che di Ruggiero
        t'ha per moglier fin da principio eletta,
        segue animosamente il tuo sentiero;
        che cosa non sarà che s'intrometta
        da poterti turbar questo pensiero,
        sì che non mandi al primo assalto in terra
        quel rio ladron ch'ogni tu o ben ti serra. –

20.   Tacque Merlino avendo così detto,
        et agio all'opre de la maga diede,
        ch'a Bradamante dimostrar l'aspetto
        si preparava di ciascun suo erede.

natte ed Ettore, dalla più alta nobiltà troiana; cfr. XXXVI, 70 segg. Il primo
verso è formato da due emistichi danteschi; cfr. *Purg.*, XI, 61; *Inf.*, I, 74. –
3. *l'ornamento... gioia*: cfr. *Innam.*, II, XXI, 55, 7-8: «Amore e legiadria e stato
giocondo, Tra quella gente fiorita nel mondo». – 5-6. *tra l'Indo... Calisto*: in tutto
il mondo, circondato dai quattro fiumi estremi: l'Indo, il Tago, il Nilo e il
Danubio (*Danoia*), e compreso fra il polo antartico e l'artico (*Calisto*, figlia del
re Licaone, era stata trasformata da Giunone in un'orsa e da Giove assunta a
costellazione: l'Orsa maggiore).
    18. – 5. *Quindi terran*: da te usciranno quelli che terranno. – 6. *Numa*: Pom-
pilio, il secondo re di Roma, sotto il cui regno, secondo la leggenda, il tempio di
Giano rimase sempre chiuso. – 8. *ritorneran*: restaureranno.
    19. – 1-2. *si metta... te*: si realizzi per mezzo tuo. – 4. *segue*: segui. – 8. *rio ladron*:
Atlante.

Avea de spirti un gran numero eletto,
non so se da l'inferno o da qual sede,
e tutti quelli in un luogo raccolti
sotto abiti diversi e varii volti.

21.   Poi la donzella a sé richiama in chiesa,
là dove prima avea tirato un cerchio
che la potea capir tutta distesa,
et avea un palmo ancora di superchio.
E perché da li spirti non sia offesa,
le fa d'un gran pentacolo coperchio;
e le dice che taccia e stia a mirarla:
poi scioglie il libro, e coi demoni parla.

22.   Eccovi fuor de la prima spelonca,
che gente intorno al sacro cerchio ingrossa;
ma come vuole entrar, la via l'è tronca,
come lo cinga intorno muro e fossa.
In quella stanza, ove la bella conca
in sé chiudea del gran profeta l'ossa,
entravan l'ombre, poi ch'avean tre volte
fatto d'intorno lor debite volte.

23.   — Se i nomi e i gesti di ciascun vo' dirti, —
dicea l'incantatrice a Bradamante
— di questi ch'or per gl'incantati spirti,
prima che nati sien, ci sono avante,
non so veder quando abbia da espedirti;

---

20. – 5. *spirti*: la rassegna degli spiriti è modellata su quella di VIRGILIO, *Aen.*, VI, 752 segg.

21. – 1. *chiesa*: cfr. III, 7, 1-2. – 2. *tirato*: tracciato. – 3. *la potea capir*: poteva contenere Bradamante. – 4. *et avea... superchio*: e aveva ancora un palmo di spazio d'avanzo. – 6. *pentacolo*: arnese magico in forma di stella a cinque punte, che qui viene posto sulla testa di Bradamante per proteggerla da effetti maligni. Per tutta la cerimonia, cfr. CELLINI, *Vita*, I, 64. – 8. *scioglie il libro*: apre il libro magico; cfr. II, 15, 5.

22. – 2. *ingrossa*: si affolla. – 3. *tronca*: impedita dall'incantesimo. – 5. *conca*: sarcofago. – 7-8. *poi ch'avean... volte*: dopo aver compiuto i tre giri rituali intorno al cerchio che protegge Bradamante.

23. – 1. *i gesti*: le gesta; *vo' dirti*: volessi dirti. Questa mossa iniziale del discorso si rifà ai modelli dell'epica classica: cfr. VIRGILIO, *Aen.*, I, 372-74. – 3. *per... spirti*: attraverso l'assunzione della loro forma compiuta dagli spiriti infernali evocati per incantesimo. – 5. *quando... espedirti*: quando potrei lasciarti libera (lat.).

che non basta una notte a cose tante:
sì ch'io te ne verrò scegliendo alcuno,
secondo il tempo, e che sarà oportuno.

24.   Vedi quel primo che ti rassimiglia
ne' bei sembianti e nel giocondo aspetto:
capo in Italia fia di tua famiglia,
del seme di Ruggiero in te concetto.
Veder del sangue di Pontier vermiglia
per mano di costui la terra aspetto,
e vendicato il tradimento e il torto
contra quei che gli avranno il padre morto.

25.   Per opra di costui sarà deserto
il re de' Longobardi Desiderio:
d'Este e di Calaon per questo merto
il bel domìno avrà dal sommo Imperio.
Quel che gli è dietro, è il tuo nipote Uberto,
onor de l'arme e del paese esperio:
per costui contra barbari difesa
più d'una volta fia la santa Chiesa.

26.   Vedi qui Alberto, invitto capitano
ch'ornerà di trofei tanti delubri:
Ugo il figlio è con lui, che di Milano
farà l'acquisto, e spiegherà i colubri.
Azzo è quell'altro, a cui resterà in mano,
dopo il fratello, il regno degl'Insubri.
Ecco Albertazzo, il cui savio consiglio
torrà d'Italia Beringario e il figlio;

24. – 1. *Vedi quel primo*: cfr. Virgilio, *Aen.*, VI, 760: «*Ille vides... qui*». Il *primo* è Ruggierino o Ruggieretto, figlio di Ruggiero e Bradamante. – 5. *del sangue di Pontier*. Ruggierino vendicherà il padre ucciso dai Maganzesi (cfr. XLI, 61 segg.) versando il sangue dei nemici (*Pontieri*, o Ponthieu era il feudo di Gano di Maganza).
25. – 1. *deserto*: sconfitto, distrutto. – 3-4. *d'Este... Imperio*: per il merito della vittoria su Desiderio, otterrà in feudo (*domino* per dominio era forma già usata da Boiardo e Pulci) da Carlo Magno (*sommo Imperio*) i castelli d'Este e di Calaone; cfr. XLI, 64-65. – 5. *Uberto*: personaggio immaginario, come altri fra quelli che sono nominati più sotto. – 6. *paese esperio*: l'Italia.
26. – 2. *delubri*: templi (lat.). – 3. *Ugo*: pare che fosse conte di Milano nel 1021. – 4. *colubri*: i serpenti (lat.), che erano dipinti nello stemma di Milano, al tempo dei Visconti però. – 6. *il regno degl'Insubri*: il territorio milanese, anticamente abitato dagli Insubri. – 7. *Albertazzo*: Alberto Azzo II, principe storico; non storico è il fatto

27.   e sarà degno a cui Cesare Otone
           Alda, sua figlia, in matrimonio aggiunga.
           Vedi un altro Ugo: oh bella successione,
           che dal patrio valor non si dislunga!
           Costui sarà, che per giusta cagione
           ai superbi Roman l'orgoglio emunga,
           che 'l terzo Otone e il pontefice tolga
           de le man loro, e 'l grave assedio sciolga.

28.   Vedi Folco, che par ch'al suo germano,
           ciò che in Italia avea, tutto abbi dato,
           e vada a possedere indi lontano
           in mezzo agli Alamanni un gran ducato;
           e dia alla casa di Sansogna mano,
           che caduta sarà tutta da un lato;
           e per la linea de la madre, erede,
           con la progenie sua la terrà in piede.

29.   Questo ch'or a nui viene è il secondo Azzo,
           di cortesia più che di guerre amico,
           tra dui figli, Bertoldo et Albertazzo.
           Vinto da l'un sarà il secondo Enrico,
           e del sangue tedesco orribil guazzo
           Parma vedrà per tutto il campo aprico;
           de l'altro la contessa glorïosa,
           saggia e casta Matilde, sarà sposa.

che gli si attribuisce, quello di aver dato a Ottone il *savio consiglio* di scendere in Italia contro Berengario I e il di lui figlio Adalberto.
   27. – 2. *Alda*: secondo fonti storiche egli sposò invece Cunizza o Cunegonda figlia di Guelfo III di Baviera; *aggiunga*: congiunga. – 3. *un altro Ugo*: si riferisce a un terzo figlio di Alberto Azzo II. – 6. *emunga*: tolga; accenna a vicende che involsero papa Gregorio V e l'imperatore Ottone III; ma Ugo non vi ebbe parte.
   28. – 1. *Folco*: storicamente, il capostipite degli Estensi, figlio, con Ugo e Guelfo, di Alberto Azzo II. Non è però vero che abbandonasse il ducato italiano al fratello Ugo e si recasse in Sassonia. L'impresa tedesca fu opera del fratello Guelfo, che riunì sotto di sé le case di Carinzia e di Baviera. – 5. *Sansogna*: Sassonia; così anche nell'*Innam.*, II, XXI, 56, 1.
   29. – 1-3. *il secondo Azzo... Bertoldo et Albertazzo*: personaggi immaginari. – 4. *il secondo Enrico*: l'imperatore Enrico IV, ma II di Franconia, fu sconfitto presso Parma non da Bertoldo ma da Alberto Azzo II d'Este. – 5. *guazzo*: palude; cfr. DANTE, *Inf.*, XII, 139. – 8. *Matilde*: di Canossa, la quale sposò veramente un Este, ma non Albertazzo, bensì Guelfo V.

30.   Virtù il farà di tal connubio degno;
        ch'a quella età non poca laude estimo
        quasi di mezza Italia in dote il regno,
        e la nipote aver d'Enrico primo.
        Ecco di quel Bertoldo il caro pegno,
        Rinaldo tuo, ch'avrà l'onor opimo
        d'aver la Chiesa de le man riscossa
        de l'empio Federico Barbarossa.

31.   Ecco un altro Azzo, et è quel che Verona
        avrà in poter col suo bel tenitorio;
        e sarà detto marchese d'Ancona
        dal quarto Otone e dal secondo Onorio.
        Lungo sarà s'io mostro ogni persona
        del sangue tuo, ch'avrà del consistorio
        il confalone, e s'io narro ogni impresa
        vinta da lor per la romana Chiesa.

32.   Obizzo vedi e Folco, altri Azzi, altri Ughi,
        ambi gli Enrichi, il figlio al padre a canto;
        duo Guelfi, di quai l'uno Umbria suggiunghi,
        e vesta di Spoleti il ducal manto.
        Ecco che 'l sangue e le gran piaghe asciughi
        d'Italia afflitta, e volga in riso il pianto:
        di costui parlo (e mostrolle Azzo quinto)
        onde Ezellin fia rotto, preso, estinto.

33.   Ezellino, immanissimo tiranno,
        che fia creduto figlio del demonio,

30. – 2. *a quella età*: Guelfo V si sposò davvero giovanissimo. – 3. *di mezza
Italia*: i domini della Contessa erano, come è noto, molto estesi. – 5. *il caro pegno*:
il figlio; cfr. VIRGILIO, *Ecl.*, VIII, 92: «*pignora cara*»; PETRARCA, *Canz.*, XXIX, 57:
«caro pegno». – 6. *Rinaldo*: personaggio immaginario; *l'onor opimo*: il ricco vanto
(lat.). – 7. *riscossa*: liberata.
    31. – 1. *un altro Azzo*: l'Ariosto fa confusione fra due Estensi: Azzo VI fu
podestà di Verona nel 1207 e marchese di Ancona nel 1208, per investitura di
Innocenzo III; Azzo VII fu marchese di Ancona nel 1218, per investitura di
Onorio III. – 6-7. *del consistorio il confalone*: la carica di gonfaloniere della Chiesa,
cioè di capitano degli eserciti papali.
    32. – 1. *Obizzo... Folco ecc.*: solo in parte si accenna a personaggi storici. –
7. *Azzo quinto*: in realtà fu Azzo VII a sconfiggere Ezzelino.
    33. – 1. *Ezellino*: da Romano (1194-1259), la cui ferocia fu proverbiale, così
come lo fu il soprannome di «figlio del diavolo». – 2. *che... demonio*: BOIARDO,

farà, troncando i sudditi, tal danno,
e distruggendo il bel paese ausonio,
che pietosi apo lui stati saranno
Mario, Silla, Neron, Caio et Antonio.
E Federico imperator secondo
fia per questo Azzo rotto e messo al fondo.

34. Terrà costui con più felice scettro
la bella terra che siede sul fiume,
dove chiamò con lacrimoso plettro
Febo il figliuol ch'avea mal retto il lume,
quando fu pianto il fabuloso elettro,
e Cigno si vestì di bianche piume;
e questa di mille oblighi mercede
gli donerà l'Apostolica sede.

35. Dove lascio il fratel Aldrobandino?
che per dar al pontefice soccorso
contra Oton quarto e il campo ghibellino

Innam., II, XXV, 47, 5-6: «Che non se crede che de patre umano, Ma de lo inferno sia quello assassino». – 3. *troncando i sudditi*: accenna all'eccidio compiuto da Ezzelino a Padova nel 1226. – 4. *il bel... ausonio*: l'Italia. – 5. *apo lui*: in confronto a lui (lat. *apud*). – 6. *Caio*: Caligola. I personaggi della storia romana qui elencati facevano parte di una tipica lista di esempi umanistici di crudeltà e tirannide (cfr., per esempio, PETRARCA, *Tr. Mort.*, II, 43). – 7. *Federico... secondo*: l'imperatore fu sconfitto a Parma nel 1148 dai guelfi, fra cui era Azzo VII.
34. – 1. *con più felice scettro*: Azzo VII governerà con più sicuro potere che non suo padre Azzo VI. – 2. *la bella terra*: Ferrara; *siede*: giace; cfr. II, 64, 2. – 3-6. *chiamò ecc.*: Fetonte, figlio di Febo, ottenne dal padre di guidare il carro del sole (*il lume*) per un giorno, ma poi non seppe reggere i cavalli e li condusse così vicino alla terra, che Giove lo fulminò e fece cadere nell'Eridano (Po). La sua morte fu pianta dal padre e addolorò le sorelle Eliadi, che furono trasformate in pioppi, stillanti dalla corteccia lagrime d'ambra (*elettro*), e anche da Cicno, favoloso re della Liguria, che fu trasformato in un cigno. Cfr. OVIDIO, *Met.*, II, 47 segg. – 6. *Cigno... bianche piume*: oltre all'episodio ovidiano, van tenuti presenti, per il tessuto verbale, due passi petrarcheschi: *Canz.*, XXIII, 51: «l'esser coverto poi di bianche piume» e 60: «ond'io presi col suon color d'un cigno». – 7-8. *e questa... sede*: e come ricompensa dei molti aiuti ricevuti la Chiesa investì gli Estensi del feudo di Ferrara. L'Ariosto, memore delle molte minacce avanzate dai papi del suo tempo di revocare l'investitura e invadere Ferrara, insiste qui volutamente sui *mille oblighi* che la Chiesa aveva verso gli Este.
35. – 1. *Dove... Aldrobandino*: la mossa iniziale sintattica è esemplata su VIRGILIO, *Aen.*, VI, 841: «*Quis te, magne Cato, tacitum aut te, Cosse, relinquat?*» (Segre). – 3. *contra Oton ecc.*: il riferimento alle campagne di Aldobrandino, fratello di Azzo VII, compiute nel 1215 contro Ottone IV e i ghibellini conti di Celano, che s'erano ribellati al papa, in Umbria e nelle Marche, ha fondamento storico.

che sarà presso al Campidoglio corso,
et avrà preso ogni luogo vicino,
e posto agli Umbri e alli Piceni il morso;
né potendo prestargli aiuto senza
molto tesor, ne chiederà a Fiorenza;

36.   e non avendo gioie o miglior pegni,
per sicurtà daralle il frate in mano.
Spiegherà i suoi vittorïosi segni,
e romperà l'esercito germano;
in seggio riporrà la Chiesa, e degni
darà supplicii ai conti di Celano;
et al servizio del sommo Pastore
finirà gli anni suoi nel più bel fiore.

37.   Et Azzo, il suo fratel, lascierà erede
del dominio d'Ancona e di Pisauro,
d'ogni città che da Troento siede
tra il mare e l'Apenin fin all'Isauro,
e di grandezza d'animo e di fede,
e di virtù, miglior che gemme et auro:
che dona e tolle ogn'altro ben Fortuna;
sol in virtù non ha possanza alcuna.

38.   Vedi Rinaldo, in cui non minor raggio
splenderà di valor, pur che non sia
a tanta essaltazion del bel lignaggio
Morte o Fortuna invidïosa e ria.
Udirne il duol fin qui da Napoli aggio,
dove del padre allor statico fia.

36. – 1. *gioia*: tesori. – 2. *per sicurtà... mano*: per ottenere l'aiuto finanziario di Firenze, Aldobrandino lasciò il fratello Azzo VII in ostaggio alla città. – 4. *romperà*: sconfiggerà. – 8. *finirà... fiore*: morirà ancor giovane.

37. – 2. *Pisauro*: Pesaro (lat. *Pisaurum*). – 3-4. *d'ogni città... Isauro*: della Marca d'Ancona, comprendente le città di Ancona e Pesaro e delimitata dai fiumi Tronto e Foglia (lat. *Isaurus*) e dall'Appennino. – 8. *in virtù*: contro la virtù. Una delle questioni fondamentali della letteratura umanistica riguardava appunto il rapporto fra la fortuna e la virtù nelle cose umane.

38. – 1. *Rinaldo*: figlio di Azzo VII. – 1-2. *in cui non minor ecc.*: il quale sarebbe stato destinato a far eccellere la virtù della sua gente, se non avesse avuto contro la fortuna e la morte invidiose. – 5-6. *Udirne... fia*: dovrò percepire il dolore, che si proverà per la sua morte, da Napoli fin qui. Rinaldo fu dato come ostaggio (*statico*)

Or Obizzo ne vien, che giovinetto
dopo l'avo sarà principe eletto.

39.   Al bel dominio accrescerà costui
Reggio giocondo e Modona feroce.
Tal sarà il suo valor, che signor lui
domanderanno i populi a una voce.
Vedi Azzo sesto, un de' figliuoli sui,
confalonier de la cristiana croce:
avrà il ducato d'Andria con la figlia
del secondo re Carlo di Siciglia.

40.   Vedi in un bello et amichevol groppo
de li principi illustri l'eccellenza:
Obizzo, Aldrobandin, Nicolò zoppo,
Alberto, d'amor pieno e di clemenza.
Io tacerò, per non tenerti troppo,
come al bel regno aggiungeran Favenza,
e con maggior fermezza Adria, che valse
da sé nomar l'indomite acque salse;

41.   come la terra, il cui produr di rose
le diè piacevol nome in greche voci,
e la città ch'in mezzo alle piscose
paludi, del Po teme ambe le foci,
dove abitan le genti disïose
che 'l mar si turbi e sieno i venti atroci.

---

all'imperatore Federico II e fu avvelenato nel 1251 da Corrado. – 7. *Obizzo*: Obizzo II, figlio di Rinaldo; *giovinetto*: successe all'avo Azzo VII nel 1264, quando aveva solo 17 anni.

39. – 1-2. *Al bel dominio ecc.*: Obizzo II conquistò nel 1288 Modena (che l'Ariosto chiama *feroce*, perché la città rimase fieramente avversa agli Estensi; cfr. ARIOSTO, *Satire*, V, 29; *Lena*, I, 1107) e nel 1289 Reggio (che egli chiama *giocondo* per i dolci ricordi della sua giovinezza). – 6. *confalonier... croce*: gonfaloniere della Chiesa. – 7. *il ducato d'Andria*: fu invece Azzo VIII a ottenere in dote la contea d'Andria, vicino a Bari, dalla moglie Beatrice, figlia di Carlo II d'Angiò.

40. – 1. *groppo*: schiera. – 3-4. *Obizzo... Alberto*: Obizzo III, figlio d'un fratello di Azzo VIII, e i suoi tre figli, Aldobrandino III, Niccolò II detto lo Zoppo e Alberto V. – 6. *Favenza*: Faenza. – 7. *Adria*: che diede il nome al mare Adriatico, fu tenuta dagli Este più a lungo di Faenza.

41. – 1. *la terra*: Rovigo, il cui nome latino *Rhodigium* si è voluto collegare col greco *rodon*: rosa. – 3. *la città*: Comacchio è posta in luogo fortunoso, fra i due rami del Po di Primaro e di Volano. – 5-6. *disïose... atroci*: perché in tali circostanze i

Taccio d'Argenta, di Lugo e di mille
altre castella e populose ville.

42.   Ve' Nicolò, che tenero fanciullo
il popul crea signor de la sua terra,
e di Tideo fa il pensier vano e nullo,
che contra lui le civil arme afferra.
Sarà di questo il pueril trastullo
sudar nel ferro e travagliarsi in guerra;
e da lo studio del tempo primiero
il fior riuscirà d'ogni guerriero.

43.   Farà de' suoi ribelli uscire a vòto
ogni disegno, e lor tornare in danno;
et ogni stratagema avrà sì noto,
che sarà duro il poter fargli inganno.
Tardi di questo s'avedrà il Terzo Oto,
e di Reggio e di Parma aspro tiranno,
che da costui spogliato a un tempo fia
e del dominio e de la vita ria.

44.   Avrà il bel regno poi sempre augumento
senza torcer mai piè dal camin dritto;
né ad alcuno farà mai nocumento,
da cui prima non sia d'ingiuria afflitto:
et è per questo il gran Motor contento
che non gli sia alcun termine prescritto;
ma duri prosperando in meglio sempre,
fin che si volga il ciel ne le sue tempre.

pesci si rifugiano dal mare entro le valli paludose di Comacchio. – 7. *Argenta...
Lugo*: borgate, l'una presso Ferrara, l'altra presso Ravenna.
42. – 1. *Nicolò*: Niccolò III, che successe ad Alberto V. – 3. *Tideo*: probabile
allusione al tentativo di un usurpatore (forse un Taddeo, lontano parente di Niccolò). – 6. *sudar nel ferro*: addestrarsi nelle armi.
43. – 5. *il Terzo Oto*: Ottobone Terzi, signore di Parma e Reggio, ucciso presso
Rubiera nel 1409, dopo aver tentato di sostituirsi a Niccolò III. – 7. *spogliato*:
privato; cfr. VIRGILIO, *Aen.*, VI, 168: «*illum vita... spoliavit*».
44. – 1. *sempre augumento*: sempre nuovi accrescimenti. – 5. *il gran Motor*:
Dio. – 6. *alcun termine*: alcun limite alla sua prosperità. – 8. *ne le sue tempre*:
gli accordi armoniosi prodotti dai movimenti delle sue sfere (il termine è
dantesco).

45.   Vedi Leonello, e vedi il primo duce,
        fama de la sua età, l'inclito Borso,
        che siede in pace, e più trionfo adduce
        di quanti in altrui terre abbino corso.
        Chiuderà Marte ove non veggia luce,
        e stringerà al Furor le mani al dorso.
        Di questo signor splendido ogni intento
        sarà che 'l popul suo viva contento.

46.   Ercole or vien, ch'al suo vicin rinfaccia,
        col piè mezzo arso e con quei debol passi,
        come a Budrio col petto e con la faccia
        il campo volto in fuga gli fermassi;
        non perché in premio poi guerra gli faccia,
        né, per cacciarlo, fin nel Barco passi.
        Questo è il signor, di cui non so esplicarme
        se fia maggior la gloria o in pace o in arme.

47.   Terran Pugliesi, Calabri e Lucani
        de' gesti di costui lunga memoria,
        là dove avrà dal re de' Catalani
        di pugna singular la prima gloria;
        e nome tra gl'invitti capitani
        s'acquisterà con più d'una vittoria:
        avrà per sua virtu la signoria,
        più di trenta anni a lui debita pria.

48.   E quanto più aver obligo si possa
        a principe, sua terra avrà a costui;
        non perché fia de le paludi mossa

45. – 1. *Leonello*: figlio di Niccolò V, tenne il dominio Estense dal 1441 al 1450. – 2. *Borso*: fratello e successore di Leonello, fu il primo a ottenere il titolo di duca (*duce*, v. 1), fu amante delle lettere e della pace (*siede in pace*, v. 3: governa in pace). L'immagine di Marte e del Furore da VIRGILIO, *Aen.*, I, 293-296.
46. – 1. *Ercole*: Ercole I, che successe a Borso nel 1471. Il *suo vicin* è Venezia che nel 1492 mosse guerra a Ercole I, ingrata e dimentica della parte che egli aveva avuto nella battaglia della Molinella, presso Budrio, in cui era stato storpiato a un piede. – 6. *Barco*: il parco, luogo di diporto e di delizie degli Estensi, poco fuori della città di Ferrara.
47. – 3. *dal re de' Catalani*: Alfonso I di Napoli, al cui servizio Ercole militò durante la sua gioventù. In quel periodo egli si distinse in un duello con un gentiluomo napoletano, Galeazzo Pandone. – 8. *più di... pria*: Ercole era figlio legittimo di Niccolò III, ma prima di lui regnarono i figli illegittimi Leonello e Borso.
48. – 3. *non perché ecc.*: allusione alle attività di bonifica promosse da Ercole

tra campi fertilissimi da lui;
non perché la farà con muro e fossa
meglio capace a' cittadini sui,
e l'ornarà di templi e di palagi,
di piazze, di teatri e di mille agi;

49.   non perché dagli artigli de l'audace
aligero Leon terrà difesa;
non perché, quando la gallica face
per tutto avrà la bella Italia accesa,
si starà sola col suo stato in pace,
e dal timore e dai tributi illesa;
non sì per questi et altri benefici
saran sue genti ad Ercol debitrici:

50.   quanto che darà lor l'inclita prole,
il giusto Alfonso e Ippolito benigno,
che saran quai l'antiqua fama suole
narrar de' figli del Tindareo cigno,
ch'alternamente si privan del sole
per trar l'un l'altro de l'aer maligno.
Sarà ciascuno d'essi e pronto e forte
l'altro salvar con sua perpetua morte.

51.   Il grande amor di questa bella coppia
renderà il popul suo via più sicuro,
che se, per opra di Vulcan, di doppia

I; cfr. Ariosto, *Carm.*, LIII, 51-65. – 5. *non perché ecc.*: allusione agli interventi urbanistici in Ferrara.
49. – 1. *non perché ecc.*: allusione alla guerra contro Venezia, il cui simbolo era il leone alato di San Marco. – 3. *non perché ecc.*: allusione alla neutralità ferrarese durante la discesa di Carlo VIII (*la gallica face*, v. 3). L'Ariosto ne fece l'elogio anche in *Carmina*, IV, 45-58.
50. – 1. *quanto che*: quanto perché (lat. *quam quod*). – 2. *Alfonso*: che successe al padre come Alfonso I; *Ippolito*: il cardinale a cui è dedicato il *Furioso* (cfr. I, 3, 1). – 3-6. *quai l'antiqua ecc.*: saranno come Castore e Polluce, figli gemelli di Leda, la quale si era unita a Tindaro e a Giove in forma di cigno. Poiché Polluce era immortale e Castore invece mortale, Polluce ottenne da Giove di alternarsi col fratello, abitando a turno nell'Ade (*aer maligno*; cfr. Dante, *Inf.*, V, 86) e nell'Olimpo; cfr. Ariosto, *Carmina*, LXII, 5-10 (scritto per la morte d'Ippolito, il 2 settembre 1520). Il paragone con i figli di Leda era di origine virgiliana (*Aen.*, VI, 121-122), ed era già stato ripreso da Poliziano nelle *Stanze* (I, 3, 7), applicato a Lorenzo e Giuliano de' Medici.

cinta di ferro avesse intorno il muro.
Alfonso è quel che col saper accoppia
sì la bontà, ch'al secolo futuro
la gente crederà che sia dal cielo
tornata Astrea dove può il caldo e il gielo.

52.   A grande uopo gli fia l'esser prudente,
e di valore assimigliarsi al padre;
che si ritroverà, con poca gente,
da un lato aver le veneziane squadre,
colei da l'altro, che più giustamente
non so se devrà dir matrigna o madre;
ma se pur madre, a lui poco più pia,
che Medea ai figli o Progne stata sia.

53.   E quante volte uscirà giorno o notte
col suo popul fedel fuor de la terra,
tante sconfitte e memorabil rotte
darà a' nimici o per acqua o per terra.
Le genti di Romagna mal condotte,
contra i vicini e lor già amici, in guerra,
se n'avedranno, insanguinando il suolo
che serra il Po, Santerno e Zannïolo.

54.   Nei medesmi confini anco saprallo
del gran Pastore il mercenario Ispano,
che gli avrà dopo con poco intervallo
la Bastìa tolta, e morto il castellano,
quando l'avrà già preso; e per tal fallo

51. – 8. *Astrea*: la Giustizia, che sembrerà tornata sulla terra, dove vige il regime delle alterne stagioni; l'espressione *il caldo e il gielo* è dantesca (*Inf.*, III, 87) e petrarchesca (*Canz.*, XI, 13).
52. – 1. *A grande... fia*: gli sarà oltremodo necessario. – 5. *colei*: la Chiesa. Il papa Giulio II si alleò con Venezia contro Ferrara. *Matrigna* sarà quindi la Chiesa per i duchi di Ferrara; o, se madre, una madre crudele come Medea o come Progne, che uccisero i propri figli. La contrapposizione è forse dantesca: *Par.*, XVI, 58-60.
53. – 5-6. *mal condotte... guerra*: trascinate per loro sventura nella guerra contro i vicini Ferraresi. – 7-8. *il suolo... Zannïolo*: presso la fortezza di Bastia (nel triangolo fra il Po, il Santerno, fiume di Imola, e il canale Zanniolo) nel 1511 gli Estensi sconfissero le truppe pontificie.
54. – 1-8. *Nei medesmi ecc.*: nello stesso anno 1511 un esercito mercenario spagnolo, assoldato dal papa e con a capo il Navarro, conquistò il forte di Bastia e trucidò il capitano rappresentante del duca, Vestidello Pagano. Quando poi

non fia, dal minor fante al capitano,
che del racquisto e del presidio ucciso
a Roma riportar possa l'aviso.

55. Costui sarà, col senno e con la lancia,
ch'avrà l'onor, nei campi di Romagna,
d'aver dato all'esercito di Francia
la gran vittoria contra Iulio e Spagna.
Nuoteranno i destrier fin alla pancia
nel sangue uman per tutta la campagna;
ch'a sepelire il popul verrà manco
tedesco, ispano, greco, italo e franco.

56. Quel ch'in pontificale abito imprime
del purpureo capel la sacra chioma,
è il liberal, magnanimo, sublime,
gran cardinal de la Chiesa di Roma
Ippolito, ch'a prose, a versi, a rime
darà materia eterna in ogni idioma;
la cui fiorita età vuol il ciel iusto
ch'abbia un Maron, come un altro ebbe Augusto.

57. Adornerà la sua progenie bella,
come orna il sol la machina del mondo
molto più de la luna e d'ogni stella;
ch'ogn'altro lume a lui sempre è secondo.
Costui con pochi a piedi e meno in sella

Alfonso riconquistò il forte e fece uccidere tutti gli occupanti, nessuno aveva l'ardire di portare la notizia a Roma; cfr. XLII, 3-5.

55. – 1. *col senno e con la lancia*: cfr. DANTE, *Inf.*, XVI, 39: «col senno... e con la spada». – 2. *nei campi di Romagna*: nella battaglia di Ravenna (1512) le artiglierie di Alfonso decisero la vittoria dei Francesi contro Giulio II e gli spagnoli; cfr. XIV, 3, 3-8. – 7-8. *ch'a sepelire ecc.*: la quale campagna non sarà bastante per accogliere le sepolture di tanti soldati diversi.

56. – 1. *Quel*: il cardinale Ippolito; cfr. I, 3, 1; *imprime*: copre (lat.). – 8. *un Maron*: un nuovo Virgilio Marone, il gran poeta dell'età d'Augusto, magnificatore delle gesta del suo imperatore. È possibile che l'Ariosto accenni, con tono tra iperbolico e malizioso, all'improvvisatore Andrea Marone che visse alla corte estense (cfr. *Sat.*, I, 115 e 171). È possibile anche, ma ancor meno probabile, che egli accenni scherzosamente a se stesso, proclamandosi nuovo Virgilio.

57. – 1-3. *Adornerà... stella*: egli sarà luminoso ornamento della sua stirpe, così come il sole è il più bell'ornamento dell'universo (*la machina del mondo*; cfr. LU-CREZIO, *De rer.*, V, 96: «*machina mundi*»), più luminoso della luna e delle stelle. –

veggio uscir mesto, e poi tornar iocondo;
che quindici galee mena captive,
oltra mill'altri legni, alle sue rive.

58.   Vedi poi l'uno e l'altro Sigismondo.
Vedi d'Alfonso i cinque figli cari,
alla cui fama ostar, che di sé il mondo
non empia, i monti non potran né i mari:
gener del re di Francia, Ercol secondo
è l'un; quest'altro (acciò tutti gl'impari)
Ippolito è, che non con minor raggio
che 'l zio, risplenderà nel suo lignaggio;

59.   Francesco, il terzo; Alfonsi gli altri dui
ambi son detti. Or, come io dissi prima,
s'ho da mostrarti ogni tuo ramo, il cui
valor la stirpe sua tanto sublima,
bisognerà che si rischiari e abbui
più volte prima il ciel, ch'io te li esprima:
e sarà tempo ormai, quando ti piaccia,
ch'io dia licenzia all'ombre, e ch'io mi taccia. –

60.   Così con voluntà de la donzella
la dotta incantatrice il libro chiuse.
Tutti gli spirti allora ne la cella
spariro in fretta, ove eran l'ossa chiuse.
Qui Bradamante, poi che la favella
le fu concessa usar, la bocca schiuse,
e domandò: – Chi son li dua sì tristi,
che tra Ippolito e Alfonso abbiamo visti?

6. *tornar iocondo*: per la vittoria nella battaglia della Polesella (1509) contro Venezia, riportata dalle forze ferraresi, guidate da Ippolito, nonostante la loro inferiorità numerica. Cfr. XV, 2. Il ruolo avuto dal cardinale Ippolito nella vittoria sui Veneziani è sottolineato anche da GUICCIARDINI, *Storia d'Italia*, VIII, 14.

58. – 1. *l'uno... Sigismondo*: rispettivamente il fratello e il figlio di Ercole I. – 2. *i cinque figli*: Ercole II, Ippolito II, Francesco (avuti da Lucrezia Borgia), Alfonso e Alfonsino (avuti da Laura Dianti). – 3. *ostar*: interporsi. – 5. *Ercol secondo*: marito di Renata di Francia, figlia di Luigi XII. – 7. *Ippolito*: divenne anche lui cardinale; *minor raggio*: cfr. 38, 1-2.

59. – 4. *sublima*: esalta.

60. – 1. *voluntà*: consenso. – 7. *li dua sì tristi*: sono Giulio e Ferrante, fratelli di Alfonso e Ippolito. Artefici di una congiura contro i fratelli, furono scoperti e

61.   Veniano sospirando, e gli occhi bassi
       parean tener d'ogni baldanza privi;
       e gir lontan da loro io vedea i passi
       dei frati sì, che ne pareano schivi. —
       Parve ch'a tal domanda si cangiassi
       la maga in viso, e fe' degli occhi rivi,
       e gridò: — Ah sfortunati, a quanta pena
       lungo instigar d'uomini rei vi mena!

62.   O bona prole, o degna d'Ercol buono,
       non vinca il lor fallir vostra bontade:
       di vostro sangue i miseri pur sono:
       qui ceda la iustizia alla pietade. —
       Indi soggiunse con più basso suono:
       — Di ciò dirti più inanzi non accade.
       Statti col dolcie in bocca, e non ti doglia
       ch'amareggiare al fin non te la voglia.

63.   Tosto che spunti in ciel la prima luce,
       piglierai meco la più dritta via
       ch'al lucente castel d'acciai' conduce,
       dove Ruggier vive in altrui balìa.
       Io tanto ti sarò compagna e duce,
       che tu sia fuor da l'aspra selva ria:

condannati al carcere perpetuo; cfr. ARIOSTO, *Ecl.*, I, dove l'argomento scottante è trattato diffusamente, ma con altro tono: là l'accusa era spietata qui è temperata dalla richiesta di clemenza. Sull'argomento, cfr. R. BACCHELLI, *La congiura di don Giulio d'Este*, Milano, 1958 e anche C. DIONISOTTI, *Documenti letterari di una congiura estense*, in «Civiltà moderna», 1937, pp. 327-340.

61. — 1-2. *Veniamo... privi:* cfr. VIRGILIO, *Aen.*, VI, 862: «*sed frons laeta parum et deiecto lumina voltu*»; DANTE, *Inf.*, VIII, 118-119: «Li occhi alla terra e le ciglia avea rase D'ogni baldanza, e dicea ne' sospiri...». — 6. *fe'... rivi:* espressione della poesia lirica, anche petrarchesca. — 8. *lungo instigar, ecc.:* l'Ariosto sostiene qui la tesi ufficiale di casa d'Este, secondo cui i congiurati furono istigati da malvagie persone, soprattutto da Albertino Boschetti. Fa notare il Dionisotti (*art. cit.*) che qui non c'è nessuna manifestazione di opportunismo, l'opportunità sarebbe stata semmai di non parlarne più. L'Ariosto invece vuol riparlare ancora una volta di quel dramma, chiarirlo a se stesso e ai lettori, riviverlo ora da una certa distanza, porlo sotto il governo delle forze che regolano la vita morale dell'uomo: la Giustizia e la Pietà.

62. — 2. *non vinca... bontade:* non vi induca l'errore di Giulio e Ferrante a rinunciare alla vostra istintiva bontà. — 6. *non accade:* non è il caso, non conviene. — 7-8. *non ti doglia... voglia:* non ti spiaccia se non ti racconto le vicende della congiura: non voglio, dopo il racconto di tanti gloriosi avvenimenti, amareggiarti alla fine.

63. — 1. *la prima luce:* l'alba. — 2. *dritta:* breve. — 5. *duce:* guida (DANTE, *Inf.*, VII, 78: «ministra e duce»). — 6. *aspra:* cfr. DANTE, *Inf.*, I, 5.

t'insegnerò, poi che saren sul mare,
sì ben la via, che non potresti errare. –

64.   Quivi l'audace giovane rimase
tutta la notte, e gran pezzo ne spese
a parlar con Merlin, che le suase
rendersi tosto al suo Ruggier cortese.
Lasciò di poi le sotterranee case,
che di nuovo splendor l'aria s'accese,
per un camin gran spazio oscuro e cieco,
avendo la spirtal femina seco.

65.   E riusciro in un burrone ascoso
tra monti inaccessibili alle genti;
e tutto 'l dì senza pigliar riposo
saliron balze e traversâr torrenti.
E perché men l'andar fosse noioso,
di piacevoli e bei ragionamenti,
di quel che fu più conferir soave,
l'aspro camin facean parer men grave:

66.   di quali era però la maggior parte,
ch'a Bradamante vien la dotta maga
mostrando con che astuzia e con qual arte
proceder de' se di Ruggiero è vaga.
– Se tu fossi – dicea – Pallade o Marte,
e conducessi gente alla tua paga
più che non ha il re Carlo e il re Agramante,
non dureresti contra il negromante;

64. – 3-4. *le suase... cortese*: la persuase a prestare (costr. lat.) subito cortese soccorso a Ruggiero. – 5-6. *di poi... che*: dopo che; *sotterranee case*: DANTE, *Inf.*, VIII, 120: «dolenti case». – 7. *gran spazio*: per un lungo tratto. – 8. *spirtal*: che aveva commercio con gli spiriti.

65. – 7. *di quel... soave*: di ciò che sembrò più gradevole a trattarsi. – 8. *l'aspro camin ecc.*: per il concetto, cfr. il proverbio lat. «*Facundus in itinere comes pro vehiculo est*»; e inoltre VIRGILIO, *Ecl.*, IX, 64; *Aen.*, VIII, 309: «*varioque viam sermone levabat*»; BOCCACCIO, *Decam.*, VI, nov. I; PULCI, *Morg.*, XXV, 310; BOIARDO, *Innam.*, II, XXVI, 20, 8: «Perché parlando se ascurta il camino».

66. – 1. *di quali*: dei quali *ragionamenti*. – 4. *vaga*: desiderosa di averlo per sé. – 5. *Pallade*: Atena, dea della guerra. – 6. *conducessi... paga*: avessi truppe al tuo soldo. – 8. *dureresti*: resisteresti, terresti testa.

67.   che, oltre che d'acciar murata sia
        la ròcca inespugnabile, e tant'alta;
        oltre che 'l suo destrier si faccia via
        per mezzo l'aria, ove galoppa e salta;
        ha lo scudo mortal che, come pria
        si scopre, il suo splendor sì gli occhi assalta,
        la vista tolle, e tanto occupa i sensi,
        che come morto rimaner conviensi.

68.   E se forse ti pensi che ti vaglia
        combattendo tener serrati gli occhi,
        come potrai saper ne la battaglia
        quando ti schivi, o l'aversario tocchi?
        Ma per fuggire il lume ch'abbarbaglia,
        e gli altri incanti di colui far sciocchi,
        ti mostrerò un rimedio, una via presta;
        né altra in tutto 'l mondo è se non questa.

69.   Il re Agramante d'Africa uno annello,
        che fu rubato in India a una regina,
        ha dato a un suo baron detto Brunello,
        che poche miglia inanzi ne camina;
        di tal virtù, che chi nel dito ha quello,
        contra il mal degl'incanti ha medicina.
        Sa de furti e d'inganni Brunel, quanto
        colui, che tien Ruggier, sappia d'incanto.

70.   Questo Brunel sì pratico e sì astuto,
        come io ti dico, è dal suo re mandato
        acciò che col suo ingegno e con l'aiuto

67. – 1. *d'acciar murata*: cinta di mura d'acciaio; cfr. IV, 12, 2. – 5. *mortal*: che
tramortisce.
68. – 4. *ti schivi*: ti debba sottrarre ai colpi. – 5. *abbarbaglia*: cfr. II, 53, 7. –
6. *far sciocchi*: rendere vani.
69. – 1. *Il re Agramante ecc.*: episodio ripreso dall'*Innam.* (II, v): Agramante
aveva appreso che non avrebbe potuto vincere Carlo Magno senza l'aiuto di Ruggiero, che era tenuto prigioniero da Atlante. Aveva anche appreso che per liberare
Ruggiero era necessario un anello magico posseduto da Angelica. L'anello (cfr.
Innam., II, III, 28-30), portato al dito, annullava ogni incantesimo; messo in bocca,
rendeva invisibili. Agramante decise di mandare l'abile nano Brunello a rubare
l'anello di Angelica e poi spedì lo stesso Brunello a liberare Ruggiero. – 3. *a un suo
baron*: Brunello era di umili origini, ma per ricompensa al servizio reso, Agramante lo creò re di Tingitana (cfr. *Innam.*, II, XVI, 14-15).

di questo annello, in tal cose provato,
di quella ròcca dove è ritenuto,
traggia Ruggier, che così s'è vantato,
et ha così promesso al suo signore,
a cui Ruggiero è più d'ogn'altro a core.

71. Ma perché il tuo Ruggiero a te sol abbia,
e non al re Agramante, ad obligarsi
che tratto sia de l'incantata gabbia,
t'insegnerò il remedio che de' usarsi.
Tu te n'andrai tre dì lungo la sabbia
del mar, ch'è oramai presso a dimostrarsi;
il terzo giorno in un albergo teco
arriverà costui c'ha l'annel seco.

72. La sua statura, acciò tu lo conosca,
non è sei palmi; et ha il capo ricciuto;
le chiome ha nere, et ha la pelle fosca;
pallido il viso, oltre il dover barbuto;
gli occhi gonfiati e guardatura losca;
schiacciato il naso, e ne le ciglia irsuto;
l'abito, acciò ch'io lo dipinga intero,
è stretto e corto, e sembra di corriero.

73. Con esso lui t'accaderà soggetto
di ragionar di quelli incanti strani:
mostra d'aver, come tu avra' in effetto,
disio che 'l mago sia teco alle mani;
ma non monstrar che ti sia stato detto
di quel suo annel che fa gl'incanti vani.
Egli t'offerirà mostrar la via
fin alla ròcca, e farti compagnia.

70. − 5. *ritenuto*: tenuto prigioniero.
71. − 2. *ad obligarsi*: a essere grato. − 6. *mar*: il golfo di Guascogna, che sta per apparire.
72. − 1. *La sua statura ecc.*: cfr. il ritratto che ne aveva dato il Boiardo: «Lungo è da cinque palmi, o poco meno, E la sua voce par corno che suona; Nel dire e nel robbare è senza freno... Curti ha i capelli, ed è negro e ricciuto» (*Innam.*, II, III, 40, 4-8). − 3. *fosca*: molto scura. − 8. *corriero*: messaggero.
73. − 1. *t'accaderà soggetto*: ti si presenterà l'occasione. − 4. *sia... mani*: si scontri con te in combattimento.

74. Tu gli va dietro: e come t'avicini
a quella ròcca sì ch'ella si scopra,
dàgli la morte; né pietà t'inchini
che tu non metta il mio consiglio in opra.
Né far ch'egli il pensier tuo s'indovini,
e ch'abbia tempo che l'annel lo copra;
perché ti spariria dagli occhi, tosto
ch'in bocca il sacro annel s'avesse posto. –

75. Così parlando, giunsero sul mare,
dove presso a Bordea mette Garonna.
Quivi, non senza alquanto lagrimare,
si dipartì l'una da l'altra donna.
La figliuola d'Amon, che per slegare
di prigione il suo amante non assonna,
caminò tanto, che venne una sera
ad uno albergo ove Brunel prim'era.

76. Conosce ella Brunel come lo vede,
di cui la forma avea sculpita in mente;
onde ne viene, ove ne va, gli chiede;
quel le risponde, e d'ogni cosa mente.
La donna, già prevista, non gli cede
in dir menzogne, e simula ugualmente
e patria e stirpe e setta e nome e sesso;
e gli volta alle man pur gli occhi spesso.

77. Gli va gli occhi alle man spesso voltando,
in dubbio sempre esser da lui rubata;
né lo lascia venir troppo accostando,
di sua condizïon ben informata.
Stavano insieme in questa guisa, quando
l'orecchia da un rumor lor fu intruonata.
Poi vi dirò, Signor, che ne fu causa,
ch'avrò fatto al cantar debita pausa.

74. – 3. *né... inchini*: e non lasciarti influenzare dalla compassione. – 6. *lo copra*: lo renda invisibile. – 8. *sacro*: incantato.
75. – 2. *Bordea*: Bordeaux; *mette*: sfocia. – 6. *non assonna*: non è pigra, non perde tempo; cfr. I, 49, 3. – 8. *prim'era*: era già arrivato.
76. – 3-4. *onde... risponde*: la rapidità è oraziana: «*"Unde venis?" et "Quo tendis?" rogat et respondet*» (*Serm.*, I, ix, 62-63). – 5. *prevista*: preavvisata. – 7. *setta*: religione.
77. – 4. *condizïon*: indole. – 8. *cantar*: era il termine tecnico con cui i cantam-panca designavano ciascun canto, o puntata, della loro storia.

CANTO QUARTO

Esordio: non è bello simulare, ma talora può essere necessario. Bradamante assiste al volo del mago Atlante sull'ippogrifo. Brunello si offre di guidarla al castello del mago. I due si incamminano; quando giungono in vista del castello, Bradamante lega Brunello a un albero e gli toglie l'anello incantato. Poi sfida il mago a battaglia e lo sconfigge. Rotto l'incantesimo, il castello scompare e i prigionieri, tra cui è Ruggiero, vengono liberati. Atlante però interviene con un altro incantesimo e fa in modo che Ruggiero sia rapito dall'ippogrifo e scompaia nel cielo. Dolore di Bradamante che parte, portando con sé Frontino, il cavallo di Ruggiero. Frattanto Rinaldo giunge in Scozia: apprende dai monaci di una badia la storia di Ginevra, figlia del re di Scozia, che è ingiustamente calunniata. Decide di andare a combattere in sua difesa. Per strada libera una donzella (Dalinda), che stava per essere uccisa da due malandrini.

1.   Quantunque il simular sia le più volte
       ripreso, e dia di mala mente indici,
       si truova pur in molte cose e molte
       aver fatti evidenti benefici,
       e danni e biasmi e morti aver già tolte;
       che non conversiam sempre con gli amici
       in questa assai piu oscura che serena
       vita mortal, tutta d'invidia piena.

1. – 1. *il simular*: sulla necessità della simulazione in molte situazioni etico-politiche, il rinvio è al pensiero di Machiavelli: *Principe*, XV e XVIII; *Discorsi*, III, XL (Bigi). – 2. *dia... indici*: sia indizio di spirito malvagio. – 5. *tolte*: evitate. – 6. *non conversiam*: l'Ariosto introduce la nota autobiografica con molto garbo, mascherandola «nel tono generico e sentenzioso» (Sapegno). – 7-8. *oscura... piena*: qualche eco di parole ed espressioni dantesche (*Inf.*, VI, 49-51) e petrarchesche (*Canz.*, VIII, 5-10: «per questa Vita mortal... senza sospetto... vita altra serena»; *Tr. Mort.*, II, 28-29: «quest'altra serena Ch'à nome vita»).

2.
Se, dopo lunga prova, a gran fatica
trovar si può chi ti sia amico vero,
et a chi senza alcun sospetto dica,
e discoperto mostri il tuo pensiero;
che de' far di Ruggier la bella amica
con quel Brunel non puro e non sincero,
ma tutto simulato e tutto finto,
come la maga le l'avea dipinto?

3.
Simula anch'ella; e così far conviene
con esso lui di finzïoni padre;
e, come io dissi, spesso ella gli tiene
gli occhi alle man, ch'eran rapaci e ladre.
Ecco all'orecchie un gran rumor lor viene.
Disse la donna: – O glorïosa Madre,
o Re del ciel, che cosa sarà questa? –
e dove era il rumor si trovò presta.

4.
E vede l'oste e tutta la famiglia,
e chi a finestre e chi fuor ne la via,
tener levati al ciel gli occhi e le ciglia,
come l'ecclisse o la cometa sia.
Vede la donna un'alta maraviglia,
che di leggier creduta non saria:
vede passar un gran destriero alato,
che porta in aria un cavalliero armato.

5.
Grandi eran l'ale e di color diverso,
e vi sedea nel mezzo un cavalliero,
di ferro armato luminoso e terso;

---

2. – 1-2. *Se, dopo... vero*: cfr. XIX, I, 1-4. – 7. *simulato*: falso (lat. *simulator*). –
8. *le l'avea*: glielo aveva.

3. – 2. *di finzïoni padre*: cfr. DANTE, *Inf.*, XXIII, 144: «padre di menzogna».
– 3. *come io dissi*; cfr. III, 77, 1-2. – 6-7. *O glorïosa ecc.*: le invocazioni e le
esclamazioni di questo tipo erano frequenti nei poemi cavallereschi (cfr. per
es. *Innam.*, II, XII, 10, e XVIII, 52); qui essa rivela il carattere femmineo e
borghese che è sempre lievemente sottinteso in Bradamante e nello stesso
tempo, di riflesso, introduce all'atmosfera stupita del canto. – 8. *presta*: sollecita, svelta.

4. – 1. *famiglia*: familiari e servitù. – 6. *di leggier*: facilmente.

5. – 1. *di color diverso*: di vario colore, variopinte; PETRARCA, *Tr. Am.*, I, 26-27:

e vêr ponente avea dritto il sentiero.
Calossi, e fu tra le montagne immerso:
e, come dicea l'oste (e dicea il vero),
quel era un negromante, e facea spesso
quel varco, or più da lungi, or più da presso.

6.   Volando, talor s'alza ne le stelle,
e poi quasi talor la terra rade;
e ne porta con lui tutte le belle
donne che trova per quelle contrade:
talmente che le misere donzelle
ch'abbino o aver si credano beltade
(come affatto costui tutte le invole)
non escon fuor sì che le veggia il sole.

7.   — Egli sul Pireneo tiene un castello —
narrava l'oste — fatto per incanto,
tutto d'acciaio, e sì lucente e bello,
ch'altro al mondo non è mirabil tanto.
Già molti cavallier sono iti a quello,
e nessun del ritorno si dà vanto:
sì ch'io penso, signore, e temo forte,
o che sian presi, o sian condotti a morte. —

8.   La donna il tutto ascolta, e le ne giova,
credendo far, come farà per certo,
con l'annello mirabile tal prova,
che ne fia il mago e il suo castel deserto;
e dice a l'oste: — Or un de' tuoi mi trova,
che più di me sia del vïaggio esperto;
ch'io non posso durar, tanto ho il cor vago
di far battaglia contra a questo mago. —

«Ma sugli omeri avea sol due grand'ali Di color mille». – 4. *dritto*: diretto; *sentiero*: la traiettoria del volo. – 8. *varco*: passaggio.

6. – 3. *con lui*: con sé. – 6. *o aver si credano*: «rapido inciso scherzoso» (Sapegno). – 7. *come... invole*: come se egli le rapisse tutte quante, senza alcuna scelta. – 8. *sì... sole*: durante il giorno.

7. – 1. *sul Pireneo*: sui monti Pirenei; *un castello*: cfr. II, 41-42. – 6. *del... vanto*: può vantarsi d'essere riuscito a tornarne. – 8. *presi*: fatti prigionieri.

8. – 1. *le ne giova*: ne è contenta, se ne compiace (lat.). – 4. *deserto*: privato dei suoi prigionieri. – 7. *durar*: resistere; *vago*: desideroso.

9.   – Non ti mancherà guida, – le rispose
        Brunello allora – e ne verrò teco io:
        meco ho la strada in scritto, et altre cose
        che ti faran piacere il venir mio. –
        Vòlse dir de l'annel; ma non l'espose
        né chiarì più, per non pagarne il fio.
        – Grato mi fia – disse ella – il venir tuo –;
        volendo dir ch'indi l'annel fia suo.

10.   Quel ch'era utile a dir, disse; e quel tacque,
        che nuocer le potea col Saracino.
        Avea l'oste un destrier ch'a costei piacque,
        ch'era buon da battaglia e da camino:
        comperollo, e partissi come nacque
        del bel giorno seguente il matutino.
        Prese la via per una stretta valle,
        con Brunello ora inanzi, ora alle spalle.

11.   Di monte in monte e d'uno in altro bosco
        giunseno ove l'altezza di Pirene
        può dimostrar, se non è l'aer fosco,
        e Francia e Spagna e due diverse arene,
        come Apennin scopre il mar schiavo e il tósco
        dal giogo onde a Camaldoli si viene.
        Quindi per aspro e faticoso calle
        si discendea ne la profonda valle.

---

9. – 3. *in scritto*: disegnata su una carta. – 5. *Vòlse dir*: intendeva alludere. «Tutta la scena è una breve ma efficace esemplificazione di quel principio della "onesta" simulazione, che l'A. aveva esposto e difeso nel proemio del canto» (Bigi). – 8. *volendo dir*: si arricchisce la commedia dei reciproci inganni di Brunello e Bradamante; *indi*: da allora in poi; oppure: a causa, di conseguenza alla venuta di Brunello (che le avrebbe permesso di impossessarsi dell'anello).

10. – 3. *un destrier*: il suo era stato rubato da Pinabello; cfr. III, 5. – 4. *buon... camino*: cfr. n. a I, 13, 1. – 6. *il matutino*: l'aurora.

11. – 1. *Di monte in monte*: PETRARCA, *Canz.*, CXXIX, 1. – 2-6. *ove l'altezza ecc.*: sulla cresta dei Pirenei (*Pirene*, alla lat.), da cui si può vedere, quando l'aria è limpida, la Francia e la Spagna sui due versanti, e le spiagge del Mediterraneo e dell'Atlantico alle due estremità della catena; a quel modo stesso che dalla vetta appenninica del Falterona, sopra l'eremo di Camaldoli, si possono vedere in lontananza i due mari, l'Adriatico (*il mar schiavo*, che bagna la Schiavonia) e il Tirreno (*il tósco*, che bagna la Toscana). Per una simile discussione umanistica sull'altezza e vastità d'orizzonte di una montagna, cfr. la lettera sul monte Ventoso, del PETRARCA, *Fam.*, IV, 1.

12.   Vi sorge in mezzo un sasso che la cima
        d'un bel muro d'acciar tutta si fascia;
        e quella tanto inverso il ciel sublima,
        che quanto ha intorno, inferïor si lascia.
        Non faccia, chi non vola, andarvi stima;
        che spesa indarno vi saria ogni ambascia.
        Brunel disse: – Ecco dove prigionieri
        il mago tien le donne e i cavallieri. –

13.   Da quattro canti era tagliato, e tale
        che parea dritto a fil de la sinopia.
        Da nessun lato né sentier né scale
        v'eran, che di salir facesser copia:
        e ben appar che d'animal ch'abbia ale
        sia quella stanza nido e tana propria.
        Quivi la donna esser conosce l'ora
        di tor l'annello e far che Brunel mora.

14.   Ma le par atto vile a insanguinarsi
        d'un uom senza arme e di sì ignobil sorte;
        che ben potrà posseditrice farsi
        del ricco annello, e lui non porre a morte.
        Brunel non avea mente a riguardarsi;
        sì ch'ella il prese, e lo legò ben forte
        ad uno abete ch'alta avea la cima:
        ma di dito l'annel gli trasse prima.

15.   Né per lacrime, gemiti o lamenti
        che facesse Brunel, lo vòlse sciorre.
        Smontò de la montagna a passi lenti,

    12. – 1. *un sasso*: una rupe rocciosa; cfr. II, 41, 7. – 3. *sublima*: erge; il verbo, con
questo significato, è dantesco (*Par.*, XXVI, 87). – 5. *Non faccia... stima*: non s'illuda.
– 6. *ambascia*: fatica.
    13. – 2. *dritto... sinopia*: tagliato a perpendicolo, come seguendo un filo tinto di
sinipia (che era terra rossa usata dai falegnami per tracciare linee sul legno da
tagliare); cfr. Pulci, *Morg.*, XXII, 214, 5; XXVII, 80, 5. – 4. *facesser copia*: offrissero
il modo (lat.).
    14. – 2. *un uom*: su Brunello, Boiardo, *Innam.*, II, III, 39, 6 e segg. Anche per
l'*atto vile* un possibile modello è nell'*Innam.*, II, XXVI, 60, 1-2.

tanto che fu nel pian sotto la torre.
E perché alla battaglia s'appresenti
il negromante, al corno suo ricorre:
e dopo il suon, con minacciose grida
lo chiama al campo, et alla pugna 'l sfida.

16.   Non stette molto a uscir fuor de la porta
l'incantator, ch'udì 'l suono e la voce.
L'alato corridor per l'aria il porta
contra costei, che sembra uomo feroce.
La donna da principio si conforta,
che vede che colui poco le nuoce:
non porta lancia né spada né mazza,
ch'a forar l'abbia o romper la corazza.

17.   Da la sinistra sol lo scudo avea,
tutto coperto di seta vermiglia;
ne la man destra un libro, onde facea
nascer, leggendo, l'alta maraviglia:
che la lancia talor correr parea,
e fatto avea a più d'un batter le ciglia;
talor parea ferir con mazza o stocco,
e lontano era, e non avea alcun tocco.

18.   Non è finto il destrier, ma naturale,
ch'una giumenta generò d'un grifo:
simile al padre avea la piuma e l'ale,

---

15. – 4. *la torre*: il castello. – 6-7. *corno... grida*: erano i mezzi tradizionali di lanciare una sfida.

16. – 6. *le nuoce*: le può nuocere. – 7. *mazza*: asta corta, nodosa e ferrata.

17. – 3. *un libro*: cfr. II, 15, 1. – 4. *l'alta maraviglia*: certe prodigiose illusioni, come, ad esempio.... – 5. *la lancia... correr*: giostrare con la lancia. – 7. *stocco*: spada corta e appuntita.

18. – 2. *grifo*: animale favoloso, aquila nella parte anteriore del corpo (capo, becco, ali, zampe anteriori), leone nella parte posteriore; cfr. PULCI, *Morg.*, XIV, 61, 8; XXI, 109, 3. L'idea dell'accoppiamento d'un grifo con una cavalla (*giumenta*; cfr. XI, 10, 3) l'Ariosto la trovava in VIRGILIO, *Ecl*, VIII, 27. Lo strano animale che ne risulta, mezzo cavallo e mezzo grifo (*ippogrifo*) è sapiente miscuglio, originale come sono tutte le invenzioni ariostesche, di elementi classici (a leggendari cavalli alati accenna PLINIO, *Nat. Hist.*, VIII, XXI, 30; molti scrittori avevano trattato la leggenda di Pegaso; cfr. OVIDIO, *Met.*, IV, 785-786; Virgilio aveva accennato, in un'immagine poetica, come esempio di cosa impossibile, a simili connubi mostruosi: *Ecl.*, VIII, 27: «*iungentur iam gryphes equis*», su cui Servio nel suo com-

li piedi anterïori, il capo e il grifo;
in tutte l'altre membra parea quale
era la madre, e chiamasi ippogrifo;
che nei monti Rifei vengon, ma rari,
molto di là dagli aghiacciati mari.

19.   Quivi per forza lo tirò d'incanto;
e poi che l'ebbe, ad altro non attese,
e con studio e fatica operò tanto,
ch'a sella e briglia il cavalcò in un mese:
così ch'in terra e in aria e in ogni canto
lo facea volteggiar senza contese.
Non finzïon d'incanto, come il resto,
ma vero e natural si vedea questo.

20.   Del mago ogn'altra cosa era figmento;
che comparir facea pel rosso il giallo:
ma con la donna non fu di momento;
che per l'annel non può vedere in fallo.
Più colpi tuttavia diserra al vento,
e quinci e quindi spinge il suo cavallo;
e si dibatte e si travaglia tutta,
come era, inanzi che venisse, instrutta.

21.   E poi che esercitata si fu alquanto
sopra il destrier, smontar vòlse anco a piede,
per poter meglio al fin venir di quanto

mento: «*Gryphes, genus ferarum in Hyperboreis nascitur montibus; omni parte leones sunt, alis et facie aquilis similes...*») e di elementi romanzi (cfr. PULCI, *Morg.*, XIII, 51, 6: «un gran caval co' denti e colle penne»; BOIARDO, *Innam.*, descrizione e prodigi di Rabicano: I, XIII, 4; XIV, 4); cfr. P. RAJNA, *Le fonti dell'«Orlando Furioso»* cit., pp. 114, segg. Nel poema di Boiardo (III, V, 37, 3-4), inoltre, come ricorda Segre, Ruggiero accenna a simili elementi favolosi nelle esperienze della sua infanzia: «E mi ricorda già che io presi in caccia Grifoni e pegasei, benché abbiano ali». – 4. *grifo*: rostro. – 7. *monti Rifei*: la leggendaria catena di monti, patria anche dei grifi, detti a volte *Iperborei*, che gli scrittori antichi ponevano vagamente nel freddo settentrione d'Europa; cfr. TOLOMEO, *Geog.*, III, V, 12, 22 e anche VIRGILIO, *Georg.*, I, 240; IV, 517-18; DANTE, *Purg.*, XXVI, 43; ARIOSTO, *Sat.*, I, 44-45.
    19. – 6. *senza contese*: senza resistenza.
    20. – 1. *figmento*: finzione (lat.). – 3. *non fu di momento*: non ebbe utilità alcuna. – 5. *Più colpi... vento*: finge però di vibrare (*diserra*; cfr. PULCI, *Morg.*, XVII, 85, 5; BOIARDO, *Innam.*, I, IV, 4, 5) alcuni colpi a vuoto. – 8. *instrutta*: istruita da Melissa; cfr. III, 66 segg.

la cauta maga instruzïon le diede.
Il mago vien per far l'estremo incanto;
che del fatto ripar né sa né crede:
scuopre lo scudo, e certo si prosume
farla cader con l'incantato lume.

22.   Potea così scoprirlo al primo tratto,
senza tenere i cavallieri a bada;
ma gli piacea veder qualche bel tratto
di correr l'asta o di girar la spada:
come si vede ch'all'astuto gatto
scherzar col topo alcuna volta aggrada;
e poi che quel piacer gli viene a noia,
dargli di morso, e al fin voler che muoia.

23.   Dico che 'l mago al gatto, e gli altri al topo
s'assimigliâr ne le battaglie dianzi;
ma non s'assimigliâr già così, dopo
che con l'annel si fe' la donna inanzi.
Attenta e fissa stava a quel ch'era uopo,
acciò che nulla seco il mago avanzi;
e come vide che lo scudo aperse,
chiuse gli occhi, e lasciò quivi caderse.

24.   Non che il fulgor del lucido metallo,
come soleva agli altri, a lei nocesse;
ma così fece acciò che dal cavallo
contra sé il vano incantator scendesse:
né parte andò del suo disegno in fallo;
che tosto ch'ella il capo in terra messe,
accelerando il volator le penne,
con larghe ruote in terra a por si venne.

---

21. – 4. *cauta*: astuta. – 6. *che... crede*: poiché non sa che vi sia, né crede che vi possa essere, un riparo contro il suo scudo incantato. – 7. *lo scudo*: cfr. II, 55-56. Anche per lo scudo ci sono fonti classiche (la testa della Gorgone, che pietrifica, spesso rappresentata al centro di uno scudo dalla superficie lucentissima) e fonti romanze (la *targa* del Veglio della Montagna nel *Viaggio di Carlo Magno in Ispagna*); cfr. P. RAJNA, *Le fonti dell'«Orlando Furioso»*, cit., pp. 120 segg.

22. – 3-4. *qualche... spada*: qualche bel colpo fatto giostrando con la lancia (*correr l'asta*; cfr. IV, 17, 5) o vibrando la spada a mulinello.

23. – 6. *nulla... avanzi*: non ottenga alcun vantaggio. – 7. *aperse*: scoperse.

24. – 4. *vano*: la cui magia ormai era vana. – 8. *con larghe ruote*: cfr. DANTE, *Inf.*, XVII, 98.

25.   Lascia all'arcion lo scudo, che già posto
        avea ne la coperta, e a piè discende
        verso la donna che, come reposto
        lupo alla macchia il caprïolo, attende.
        Senza più indugio ella si leva tosto
        che l'ha vicino, e ben stretto lo prende.
        Avea lasciato quel misero in terra
        il libro che facea tutta la guerra:

26.   e con una catena ne correa,
        che solea portar cinta a simil uso;
        perché non men legar colei credea,
        che per adietro altri legare era uso.
        La donna in terra posto già l'avea:
        se quel non si difese, io ben l'escuso;
        che troppo era la cosa differente
        tra un debol vecchio e lei tanto possente.

27.   Disegnando levargli ella la testa,
        alza la man vittorïosa in fretta;
        ma poi che 'l viso mira, il colpo arresta,
        quasi sdegnando sì bassa vendetta;
        un venerabil vecchio in faccia mesta
        vede esser quel ch'ella ha giunto alla stretta,
        che mostra al viso crespo e al pelo bianco
        età di settanta anni o poco manco.

28.   – Tommi la vita, giovene, per Dio –,
        dicea il vecchio pien d'ira e di dispetto;
        ma quella a torla avea sì il cor restio,
        come quel di lasciarla avria diletto.
        La donna di sapere ebbe disio
        chi fosse il negromante, et a che effetto
        edificasse in quel luogo selvaggio
        la ròcca, e faccia a tutto il mondo oltraggio.

---

25. – 3. *reposto*: nascosto (lat.). – 8. *il libro... guerra*: il libro magico che creava l'illusione del combattimento.

26. – 8. *un debol vecchio*: improvvisa trasformazione psicologica e stilistica, che fa di Atlante uno dei simboli più evidenti del mondo delle *Metamorfosi* ariostesche. Si tenga tuttavia presente che «l'aspetto nobilmente patetico» (Bigi) era già una caratteristica della figura di Atlante nell'*Innam.*: II, XVI, 19-20, 35, 53-54; XXI, 41, 56-61.

27. – 6. *giunto alla stretta*: messo alle strette. – 7. *crespo*: rugoso.

28. – 1. *Tommi*: toglimi. – 6. *a che effetto*: a qual fine. – 8. *a tutto il mondo*: a tutti (francesismo).

29.   – Né per maligna intenzïone, ahi lasso! –
        disse piangendo il vecchio incantatore
        – feci la bella ròcca in cima al sasso,
        né per avidità son rubatore;
        ma per ritrar sol da l'estremo passo
        un cavallier gentil, mi mosse amore,
        che, come il ciel mi mostra, in tempo breve
        morir cristiano a tradimento deve.

30.   Non vede il sol tra questo e il polo austrino
        un giovene sì bello e sì prestante:
        Ruggiero ha nome, il qual da piccolino
        da me nutrito fu, ch'io sono Atlante.
        Disio d'onore e suo fiero destino
        l'han tratto in Francia dietro al re Agramante;
        et io, che l'amai sempre più che figlio,
        lo cerco trar di Francia e di periglio.

31.   La bella ròcca solo edificai
        per tenervi Ruggier sicuramente,
        che preso fu da me, come sperai
        che fossi oggi tu preso similmente;
        e donne e cavallier, che tu vedrai,
        poi ci ho ridotti, et altra nobil gente,
        acciò che, quando a voglia sua non esca,
        avendo compagnia, men gli rincresca.

32.   Pur ch'uscir di là su non si domande,
        d'ogn'altro gaudio lor cura mi tocca;

---

29. – 5. *ritrar... passo*: sottrarre alla morte (cfr. PETRARCA, *Canz.*, CCCLXVI, 107). – 6. *gentil*: nobile; *mi mosse amore*: cfr. DANTE, *Inf.*, II, 72: «amor mi mosse». – 8. *morir... deve*: Ruggiero si convertirà al Cristianesimo e morrà per tradimento dei Maganzesi; cfr. LXI, 61 segg.

30. – 1. *austrino*: australe; cfr. i primi due versi con III, 17, 5-6. – 2. *prestante*: eccellente (lat.). – 4. *Atlante*: già il Boiardo aveva narrato dell'amore paterno di Atlante per Ruggiero e dei suoi sforzi per trattenerlo dal seguire Agramante verso una morte sicura e per convincerlo a restare nel giardino incantato costruito per lui sul monte Carena (*Innam.*, II, XVI, 19-54; XXI, 25-61); cfr. anche *Fur.*, XXXVI, 59 segg.

31. – 6. *ridotti*: condotti prigionieri. – 7. *quando... esca*: anche se non può uscire a suo piacimento.

32. – 2. *cura mi tocca*: mi prendo cura.

che quanto averne da tutte le bande
si può del mondo, è tutto in quella ròcca:
suoni, canti, vestir, giuochi, vivande,
quanto può cor pensar, può chieder bocça.
Ben seminato avea, ben cogliea il frutto;
ma tu sei giunto a disturbarmi il tutto.

33.   Deh, se non hai del viso il cor men bello,
non impedir il mio consiglio onesto!
Piglia lo scudo (ch'io tel dono) e quello
destrier che va per l'aria così presto;
e non t'impacciar oltra nel castello,
o tranne uno o duo amici e lascia il resto;
o tranne tutti gli altri, e più non chero,
se non che tu mi lasci il mio Ruggiero.

34.   E se disposto sei volermel tôrre,
deh, prima almen che tu 'l rimeni in Francia,
piacciati questa afflitta anima sciorre
de la sua scorza, ormai putrida e rancia! –
Rispose la donzella: – Lui vo' porre
in libertà: tu, se sai, gracchia e ciancia;
né mi offerir di dar lo scudo in dono,
o quel destrier, che miei, non più tuoi sono:

35.   né s'anco stesse a te di tôrre e darli,
mi parrebbe che 'l cambio convenisse.
Tu di' che Ruggier tieni per vietarli
il male influsso di sue stelle fisse.
O che non puoi saperlo, o non schivarli,
sappiendol, ciò che 'l ciel di lui prescrisse:
ma se 'l mal tuo, c'hai sì vicin, non vedi,
peggio l'altrui c'ha da venir prevedi.

33. – 2. *consiglio*: proposito. – 6. *tranne*: tirane fuori. – 7. *chero*: chiedo.
34. – 3. *sciorre*: liberare (è, riferito all'anima, termine petrarchesco: *Canz.*,
XXV, 4; CCLVI, 10; ecc.). – 4. *scorza... rancia*: corpo ormai decrepito e avvizzito.
Scorza per corpo è usato più volte dal PETRARCA, *Canz.*, CLXXXI, 1; CCLXXVIII,
3; CCCLXI, 2. Per *rancia*, cfr. DANTE, *Purg.*, II, 7-9. – 5. *Lui*: proprio lui. – 6. *se sai*:
quanto sai; *gracchia*: strepita; cfr. II, 43, 6.
35. – 1. *s'anco... te*: se anche spettasse a te. – 3. *per vietarli*: per evitargli, per allontanare da lui. – 4. *male*: cattivo. – 5. *schivarli*: ha lo stesso significato di *vietarli* (v. 3).

36.   Non pregar ch'io t'uccida, ch'i tuoi preghi
             sariano indarno; e se pur vuoi la morte,
             ancor che tutto il mondo dar la nieghi,
             da sé la può aver sempre animo forte.
             Ma pria che l'alma da la carne sleghi,
             a tutti i tuoi prigioni apri le porte. –
             Così dice la donna, e tuttavia
             il mago preso incontra al sasso invia.

37.   Legato de la sua propria catena
             andava Atlante, e la donzella appresso,
             che così ancor se ne fidava a pena,
             ben che in vista parea tutto rimesso.
             Non molti passi dietro se la mena,
             ch'a piè del monte han ritrovato il fesso,
             e li scaglioni onde si monta in giro,
             fin ch'alla porta del castel saliro.

38.   Di su la soglia Atlante un sasso tolle,
             di caratteri e strani segni insculto.
             Sotto, vasi vi son, che chiamano olle,
             che fuman sempre, e dentro han foco occulto.
             L'incantator le spezza; e a un tratto il colle
             rimane deserto, inospite et inculto;
             né muro appar né torre in alcun lato,
             come se mai castel non vi sia stato.

39.   Sbrigossi dalla donna il mago alora,
             come fa spesso il tordo da la ragna;

---

36. – 2-4. *se pur vuoi ecc.*: la sentenza, che ha sapore senechiano (cfr. *Phaedra*, 877: «*Mori volenti desse mors numquam potest*»), accentua il carattere eloquente e classicheggiante di questo discorso. Come altri discorsi del *Furioso* esso è modellato sulla «tradizione letteraria», specie della storiografia e della novellistica dal XIV al XVI secolo» (Sapegno). – 5. *sleghi*: sciolga, liberi, uccidendoti. – 7-8. *e tuttavia... invia*: e intanto che parla spinge il mago verso la rupe su cui sorge il castello.

37. – 4. *rimesso*: mansueto, docile. – 6. *il fesso*: l'apertura, che dà su una scala a chiocciola (*scaglioni*: gradini). Simile è la «salita» descritta da Boiardo, *Innam.*, II, v, 29, 1-2; II, XVI, 38, 3-7.

38. – 2. *caratteri*: figure magiche. – 3. *olle*: pentole. Cfr. *Novellino*, in *Novellino e conti del Duecento*, a cura di S. Lo NIGRO, Torino, 1963, p. 189: «In Lombardia e nella Marca si chiamano le pentole, ole». – 6. *rimane deserto*: con altrettanta rapidità svaniscono le opere d'incanto di Falerina e Dragontina (*Innam.*, II, V, 13; I, XIV, 47); *inospite*: inabitabile (cfr. PETRARCA, *Canz.*, CLXXVI, 1).

39. – 1. *Sbrigossi*: si sottrasse. – 2. *ragna*: rete per la caccia; cfr. PULCI, *Morg.*, IX,

e con lui sparve il suo castello a un'ora,
e lasciò in libertà quella compagna.
Le donne e i cavallier si trovâr fuora
de le superbe stanze alla campagna:
e furon di lor molte a chi ne dolse;
che tal franchezza un gran piacer lor tolse.

40. Quivi è Gradasso, quivi è Sacripante,
quivi è Prasildo, il nobil cavalliero
che con Rinaldo venne di Levante,
e seco Iroldo, il par d'amici vero.
Al fin trovò la bella Bradamante
quivi il desiderato suo Ruggiero,
che, poi che n'ebbe certa conoscenza,
le fe' buona e gratissima accoglienza;

41. come a colei che più che gli occhi sui,
più che 'l suo cor, più che la propria vita
Ruggiero amò dal dì ch'essa per lui
si trasse l'elmo, onde ne fu ferita.
Lungo sarebbe a dir come, e da cui,
e quanto ne la selva aspra e romita
si cercâr poi la notte e il giorno chiaro;
né, se non qui, mai più si ritrovaro.

42. Or che quivi la vede, e sa ben ch'ella
è stata sola la sua redentrice,

71, 6; XXII, 40, 3; 90, 3-4; ecc.; *Mambriano*, III, 28, 8: «Daranno come i tordi ne la ragna». – 4. *compagna*: compagnia. – 7. *molte*: «Il rammarico è maliziosamente riserbato alle donne» (Caretti). – 8. *franchezza*: liberazione.

40. – 1. *Gradasso*: cfr. III, 45, 6; *Sacripante*: che, dopo il duello con Rinaldo (cfr. II, 19, 3-4), era evidentemente finito nelle mani di Atlante. – 2-4. *Prasildo... Iroldo*: personaggi dell'*Innam.* (I, XII-XVII); modelli di vera amicizia; di pagani s'erano fatti cristiani e avevano seguito Rinaldo in Occidente; che fossero finiti nelle mani di Atlante è invenzione ariostesca. – 4. *par.* coppia.

41. – 1-3. *più che gli occhi ecc.*: cfr. I, 77, 5. Queste espressioni, proprie del linguaggio popolaresco dei rispetti, erano già state nobilitate dagli umanisti, che, spinti anche da alcuni esempi classici (CATULLO, *Carm.*, XIV, I; LXXXII), le avevano introdotte nella poesia amorosa in latino; cfr. A. NAVAGERO, *Carm.*, «Ad Hyellam», vv. 1-2: «*Dispeream, nisi tu mihi carior ipsa Atque anima, atque oculis es, mea Hyella, meis*». – 3-8. *dal dì che ecc.*: il Boiardo (*Innam.*, III, V-VI) aveva narrato dell'incontro tra Ruggiero e Bradamante; come la donna gli avesse mostrato il suo viso; e come venisse ferita in quel momento da un saracino; e come nell'inseguire il feritore si fosse smarrita. Dopo quell'episodio i due amanti non si erano più incontrati.

42. – 2. *redentrice*: liberatrice.

di tanto gaudio ha pieno il cor, che appella
sé fortunato et unico felice.
Scesero il monte, e dismontaro in quella
valle, ove fu la donna vincitrice,
e dove l'ippogrifo trovaro anco,
ch'avea lo scudo, ma coperto, al fianco.

43.   La donna va per prenderlo nel freno:
e quel l'aspetta fin che se gli accosta;
poi spiega l'ale per l'aer sereno,
e si ripon non lungi a mezza costa.
Ella lo segue: e quel né più né meno
si leva in aria, e non troppo si scosta;
come fa la cornacchia in secca arena,
che dietro il cane or qua or là si mena.

44.   Ruggier, Gradasso, Sacripante, e tutti
quei cavallier che scesi erano insieme,
chi di su, chi di giù, si son ridutti
dove che torni il volatore han speme.
Quel, poi che gli altri invano ebbe condutti
più volte e sopra le cime supreme
e negli umidi fondi tra quei sassi,
presso a Ruggiero al fin ritenne i passi.

45.   E questa opera fu del vecchio Atlante,
di cui non cessa la pietosa voglia
di trar Ruggier del gran periglio instante:
di ciò sol pensa e di ciò solo ha doglia.
Però gli manda or l'ippogrifo avante,
perché d'Europa con questa arte il toglia.

---

43. − 4. *si ripon*: torna a posarsi; 7-8. *come fa la cornacchia ecc.*: la similitudine
è già nel *Morg.*, del Pulci (XXIV, 95, 1-3): «Hai tu veduto il can con la cornacchia,
Come spesso beffato indarno corre? Ella si posa, e poi si lieva e gracchia...». Per
secca arena cfr. VIRGILIO, *Georg.*, I, 388-389: «*cornix... sola in sicca secum spatiatur
harena*».

44. − 3. *chi di su... ridutti*: alcuni scendendo, altri salendo per la costa del
monte, sono andati ad appostarsi; *di su... di giù*: l'espressione dantesca (*Inf.*, V, 43)
è il *leit-motiv* del tema di Atlante e, si può dire, di tutte le avventure del *Fur.*; cfr.
XII, 10, 5; 18, 5; 19, 2, ecc.

45. − 3. *instante*: imminente (lat.). − 6. *con questa... toglia*: egli (Atlante) riesca
ad allontanarlo per mezzo di questo stratagemma.

Ruggier lo piglia, e seco pensa trarlo;
ma quel s'arretra, e non vuol seguitarlo.

46.

Or di Frontin quel animoso smonta
(Frontino era nomato il suo destriero),
e sopra quel che va per l'aria monta,
e con li spron gli adizza il core altiero.
Quel corre alquanto, et indi i piedi ponta,
e sale inverso il ciel, via più leggiero
che 'l girifalco, a cui lieva il capello
il mastro a tempo, e fa veder l'augello.

47.

La bella donna, che sì in alto vede
e con tanto periglio il suo Ruggiero,
resta attonita in modo, che non riede
per lungo spazio al sentimento vero.
Ciò che già inteso avea di Ganimede
ch'al ciel fu assunto dal paterno impero,
dubita assai che non accada a quello,
non men gentil di Ganimede e bello.

48.

Con gli occhi fissi al ciel lo segue quanto
basta il veder; ma poi che si dilegua
sì, che la vista non può correr tanto,
lascia che sempre l'animo lo segua.
Tuttavia con sospir, gemito e pianto
non ha, né vuol aver pace né triegua.
Poi che Ruggier di vista se le tolse,
al buon destrier Frontin gli occhi rivolse:

46. – 1. *Frontin:* era stato il cavallo di Sacripante, di nome Frontelatte, baio di colore con la testa bianca, e dotato di intelligenza (cfr. *Innam.,* II, II, 69); Brunello l'aveva rubato e donato a Ruggiero, che l'aveva chiamato Frontino (*Innam.,* II, XVI, 56). – 4. *adizza:* aizza (termine dantesco: *Inf.,* XXVII, 21; come il successivo *ponta: Inf.,* XXII, 3; ecc.). – 7-8. *'l girifalco... augello:* il falcone reale, ammaestrato per la caccia, a cui il falconiere (*mastro*) tiene sugli occhi un cappuccio e lo toglie solo quando c'è in vista una preda (cfr. DANTE, *Par.,* XIX, 34: «quasi falcone ch'esce dal cappello»).
47. – 3-4. *non... vero:* non torna in sé, al senso della realtà, per lungo tempo. – 5. *Ganimede:* bellissimo giovane, figlio del re di Troia, che Giove in forma d'aquila rapì da Troia (*paterno impero,* v. 6) al cielo per farne un coppiere degli dèi; cfr. OVIDIO, *Met.,* X, 156-161. Il paragone era già in Dante, *Purg.,* IX, 23-24.
48. – 6. *pace né triegua:* PETRARCA, *Canz.,* LVII, 9; CCLXXXV, 14; CCXVI, 1.

49.   e si deliberò di non lasciarlo,
        che fosse in preda a chi venisse prima;
        ma di condurlo seco, e di poi darlo
        al suo signor, ch'anco veder pur stima.
        Poggia l'augel, né può Ruggier frenarlo:
        di sotto rimaner vede ogni cima
        et abbassarsi in guisa, che non scorge
        dove è piano il terren né dove sorge.

50.   Poi che sì ad alto vien, ch'un picciol punto
        lo può stimar chi da terra il mira,
        prende la via verso ove cade a punto
        il sol, quando col Granchio si raggira;
        e per l'aria ne va come legno unto
        a cui nel mar propizio vento spira.
        Lasciànlo andar, che farà buon camino,
        e torniamo a Rinaldo paladino.

51.   Rinaldo l'altro e l'altro giorno scórse,
        spinto dal vento, un gran spazio di mare,
        quando a ponente e quando contra l'Orse,
        che notte e dì non cessa mai soffiare.
        Sopra la Scozia ultimamente sorse,
        dove la selva Calidonia appare,

49. – 5. *Poggia*: sale. Il PETRARCA, *Canz.*, XXIII, 165, parla dell'aquila come dell'«uccel che più per l'aer poggia».

50. – 3-4. *prende... raggira*: si dirige verso quella parte dell'orizzonte dove tramonta il sole quando si trova nella costellazione del Cancro (*Granchio*), cioè verso la Spagna e l'oceano Atlantico. L'itinerario dell'ippogrifo segue infatti, nella direzione presa anche da C. Colombo, il tropico del Cancro, così come era segnato nelle carte del tempo, assai più vicino allo stretto di Gibilterra, di quanto non sia veramente. – 5. *come legno unto*: come una barca ben spalmata di pece e perciò velocissima; ricorda l'«*uncta carina*» e l'«*uncta abies*» di VIRGILIO, *Aen.*, IV, 398 e VIII, 91, e i «legni spalmati» del PETRARCA, *Canz.*, CCCXII, 2.

51. – 1. *scórse*: percorse, andando qua e là. – 3. *contra l'Orse*: verso Settentrione. – 4. *che*: il vento (v. 2) che. – 5. *sorse*: approdò o, più propriamente, gettò l'ancora; il termine è marinaresco. – 6. *la selva Calidonia*: la «*Silva Caledoniae*» degli antichi (cfr. TACITO, *Agr.*, X, XI, XXV, XXXI) che l'Ariosto, seguendo il suo solito gusto di classicizzare personaggi e luoghi romanzi, elegge qui a teatro delle avventure di tipo brettone di Rinaldo. (Le foreste dei romanzi arturiani si chiamavano invece *Broceliande, Brequehan* e *Darnantes*). E si noti anche come l'Ariosto abbia saputo abilmente immergere nell'atmosfera brettone Rinaldo, che è tipico eroe carolingio

che spesso fra gli antiqui ombrosi cerri
s'ode sonar di bellicosi ferri.

52.   Vanno per quella i cavallieri erranti,
inchiti in arme, di tutta Bretagna,
e de' prossimi luoghi e de' distanti,
di Francia, di Norvegia e de Lamagna.
Chi non ha gran valor, non vada inanti;
che dove cerca onor, morte guadagna.
Gran cose in essa già fece Tristano,
Lancillotto, Galasso, Artù e Galvano,

53.   et altri cavallieri e de la nuova
e de la vecchia Tavola famosi:
restano ancor di più d'una lor pruova
li monumenti e li trofei pomposi.
L'arme Rinaldo e il suo Baiardo truova,
e tosto si fa por nei liti ombrosi,
et al nochier comanda che si spicche
e lo vada aspettar a Beroicche.

54.   Senza scudiero e senza compagnia
va il cavallier per quella selva immensa,
facendo or una et or un'altra via,
dove più aver strane aventure pensa.
Capitò il primo giorno a una badia,
che buona parte del suo aver dispensa
in onorar nel suo cenobio adorno
le donne e i cavallier che vanno attorno.

e che è giunto qui spinto dalla missione carolingia di raccogliere aiuti per l'esercito francese (cfr. II, 26). – 8. *sonar*: risuonare.
52. – 4. *Lamagna*: Germania. – 7-8. *Tristano... Galvano*: personaggi tutti dei romanzi brettoni: Tristano e Lancillotto erano i due eroi più famosi, amanti l'uno di Isotta figlia di re Marco di Cornovaglia e l'altro di Ginevra, moglie di re Artù; Galvano era il nipote e consigliere di re Artù; Galasso il figlio di Lancillotto.
53. – 1-2. *la nuova... vecchia*: il re Uther Pendragon e il figlio, ancor più famoso, Artù, usavano convitare i cavalieri brettoni attorno a una tavola rotonda (*vecchia* quella del padre, *nuova* quella di Artù; per cui cfr. *Mambriano*, I, 52, 7-8: «E quanti cavalier ferno mai prova De la tavola vecchia e de la nova»). – 5. *truova*: prende. – 7. *si spicche*: salpi. – 8. *Beroicche*: Berwick, città portuale al confine fra l'Inghilterra e la Scozia.
54. – 6. *dispensa*: consuma. – 7. *cenobio*: convento.

55.   Bella accoglienza i monachi e l'abbate
        fêro a Rinaldo, il qual domandò loro
        (non prima già che con vivande grate
        avesse avuto il ventre amplo ristoro)
        come dai cavallier sien ritrovate
        spesso aventure per quel tenitoro,
        dove si possa in qualche fatto eggregio
        l'uom dimostrar, se merta biasmo o pregio.

56.   Risposongli ch'errando in quelli boschi,
        trovar potria strane aventure e molte:
        ma come i luoghi, i fatti ancor son foschi;
        che non se n'ha notizia le più volte.
        − Cerca − diceano − andar dove conoschi
        che l'opre tue non restino sepolte,
        acciò dietro al periglio e alla fatica
        segua la fama, e il debito ne dica.

57.   E se del tuo valor cerchi far prova,
        t'è preparata la più degna impresa
        che ne l'antiqua etade o ne la nova
        giamai da cavallier sia stata presa.
        La figlia del re nostro or se ritrova
        bisognosa d'aiuto e di difesa
        contra un baron che Lurcanio si chiama,
        che tor le cerca e la vita e la fama.

58.   Questo Lurcanio al padre l'ha accusata
        (forse per odio più che per ragione)

---

57. − 3. *grate*: gradite, squisite; 4. *amplo ristoro*: abbondante conforto. − 6. *te-nitoro*: territorio, regione. − 8. *l'uom*: pronome indefinito.
    56. − 3. *i fatti... foschi*: le imprese restano oscure, ignorate. − 8. *il debito ne dica*: e (la fama) diffonda le dovute lodi. Il desiderio di gloria è sentimento umanistico; i cavalieri arturiani cercavano piuttosto di tenere celate le loro imprese e consideravano la modestia come uno dei loro primi doveri.
    57. − 4. *presa*: intrapresa. − 5. *La figlia del re ecc.*: inizia qui la storia di Ginevra e Ariodante, raccontata in stile scorrevole e piacevolmente novellistico («sul tipo del Boccaccio di certe pagine tragiche o romanzesche, ma più leggero e riposato» [Sapegno]). Come fonti l'Ariosto ebbe presente, per i nomi e l'ambiente, vari romanzi brettoni (fra cui il *Lancelot*) e, per l'episodio centrale dell'inganno di Polinesso (che sarà poi ripreso dal Bandello e dallo Shakespeare di «*Much Ado about Nothing*») il romanzo spagnolo di JOHANOT MARTORELL, *Tirant lo blanco*, cfr. P. RAJNA, *Le fonti dell'«Orlando Furioso»*, cit., pp. 149, segg.

averla a mezza notte ritrovata
trarr'un suo amante a sé sopra un verrone.
Per le leggi del regno condannata
al fuoco fia, se non truova campione
che fra un mese, oggimai presso a finire,
l'iniquo accusator faccia mentire.

59. L'aspra legge di Scozia, empia e severa,
vuol ch'ogni donna, e di ciascuna sorte,
ch'ad uom si giunga, e non gli sia mogliera,
s'accusata ne viene, abbia la morte.
Né riparar si può ch'ella non pèra,
quando per lei non venga un guerrier forte
che tolga la difesa, e che sostegna
che sia innocente e di morire indegna.

60. Il re, dolente per Ginevra bella
(che così nominata è la sua figlia),
ha publicato per città e castella,
che s'alcun la difesa di lei piglia,
e che l'estingua la calunnia fella
(pur che sia nato di nobil famiglia),
l'avrà per moglie, et uno stato, quale
fia convenevol dote a donna tale.

61. Ma se fra un mese alcun per lei non viene,
o venendo non vince, sarà uccisa.
Simile impresa meglio ti conviene,

58. – 5. *Per le leggi del regno*: a simili leggi barbariche fanno spesso riferimento i romanzi cavallereschi. Fra i molti esempi portati da P. RAJNA, *Le fonti dell'«Orlando Furioso»* cit., pp. 154-156, quello più vicino al *Furioso* è il seg. dall'*Amadis*: «*En aquella sazon era por ley establecido que cualquiera mujer, por de estado grande é señoris que fuese, si en adulterio se hallaba, no se podria en ninguna guisa excusar la muerte; y esta tan cruel costumbre é pésuma durò hasta la venida del muy virtuoso rey Artur*». Si ricordi anche lo *statuto* di Prato (cfr. qui *statuti rei* a IV, 65, 6) in BOCCACCIO, *Decam.*, VI, VII. – 8. *faccia mentire*: dimostri che ha mentito.

59. – 2. *di ciascuna sorte*: di qualsiasi condizione sociale. – 3. *ch'ad uom... mogliera*: che abbia rapporti con un uomo, senz'essere sua moglie. – 6. *quando*: a meno che. – 7. *tolga*: si assuma.

60. – 3. *per città e castella*: cfr. PETRARCA, *Canz.*, CCVI, 47: «per oro o per cittadi o per castella»; e cfr. qui, XII, 24, 6; XIV, 62, 6; XV, 60, 4; XVIII, 67, 8; ecc. – 5. *l'estingua... fella*: cancelli da lei l'ingiusta accusa. – 7. *et uno stato*: e riceverà in dote un feudo.

ch'andar pei boschi errando a questa guisa:
oltre ch'onor e fama te n'aviene
ch'in eterno da te non fia divisa,
guadagni il fior di quante belle donne
da l'Indo sono all'Atlantee colonne;

62.   e una ricchezza appresso, et uno stato
che sempre far ti può viver contento;
e la grazia del re, se suscitato
per te gli fia il suo onor, che è quasi spento.
Poi per cavalleria tu se' ubligato
a vendicar di tanto tradimento
costei, che per commune opinïone,
di vera pudicizia è un paragone. –

63.   Pensò Rinaldo alquanto, e poi rispose:
– Una donzella dunque de' morire
perché lasciò sfogar ne l'amorose
sue braccia al suo amator tanto desire?
Sia maledetto chi tal legge pose,
e maladetto chi la può patire!
Debitamente muore una crudele,
non chi dà vita al suo amator fedele.

64.   Sia vero o falso che Ginevra tolto
s'abbia il suo amante io non riguardo a questo:
d'averlo fatto la loderei molto,
quando non fosse stato manifesto.

---

61. – 5. *onor... te n'aviene*: cfr. DANTE, *Par.*, VI, 114: «perché onore e fama li
succeda». – 6. *ch'in eterno... divisa*: cfr. DANTE, *Inf.*, V, 135: «questi, che mai da me
non fia diviso». – 8. *da l'Indo... colonne*: in tutto il mondo, dall'oriente (ove si trova
il fiume *Indo*) all'occidente (ove, presso il monte Atlante, si trovano le *colonne*
d'Ercole, lo stretto di Gibilterra; cfr. ORAZIO, *Carm.*, I, XXXIV, 11: «*Atlanteus finis*»);
cfr. III, 17, 5-6.
62. – 3. *suscitato*: restituito. – 8. *paragone*: modello.
63. – 6. *patire*: tollerare. – 7. *Debitamente*: giustamente. – 8. *dà vita*: gli dà
gioia, concedendosigli. Le idee espresse da Rinaldo, tutt'altro che ortodosse
nel mondo brettone, sono chiaramente rinascimentali; cfr. anche il ragionamento di madonna Filippa nella cit. novella del *Decameron*; sul discorso di
Rinaldo: H. RÜDIGER, *Eine Episode aus dem Orlando Furioso: Rinaldos Rede
für Ginevra und ihr moralischer Gehalt*, in «Italienische Studien», III (1980),
pp. 35-44.
64. – 4. *quando... manifesto*: purché ella avesse fatto in modo che la cosa re-

Ho in sua difesa ogni pensier rivolto:
datemi pur un chi mi guidi presto,
e dove sia l'accusator mi mene;
ch'io spero in Dio Ginevra trar di pene.

65.   Non vo' già dir ch'ella non l'abbia fatto;
        che nol sappiendo, il falso dir potrei:
        dirò ben che non de' per simil atto
        punizïon cadere alcuna in lei;
        e dirò che fu ingiusto o che fu matto
        chi fece prima li statuti rei;
        e come iniqui rivocar si denno,
        e nuova legge far con miglior senno.

66.   S'un medesimo ardor, s'un disir pare
        inchina e sforza l'uno e l'altro sesso
        a quel suave fin d'amor, che pare
        all'ignorante vulgo un grave eccesso;
        perché si de' punir donna o biasmare,
        che con uno o più d'uno abbia commesso
        quel che l'uom fa con quante n'ha appetito,
        e lodato ne va, non che impunito?

67.   Son fatti in questa legge disuguale
        veramente alle donne espressi torti;
        e spero in Dio mostrar che gli è gran male
        che tanto lungamente si comporti. –
        Rinaldo ebbe il consenso universale,
        che fur gli antiqui ingiusti e male accorti,
        che consentiro a così iniqua legge,
        e mal fa il re, che può, né la corregge.

68.   Poi che la luce candida e vermiglia
        de l'altro giorno aperse l'emispero,

stasse nascosta; anche questo è principio della teorica d'amore del Boccaccio, cfr.
per es. *Decam.*, IV, I, 35.
    65. – 6. *statuti rei*: leggi ingiuste: cfr. n. a IV, 58, 5.
    66. – 1-2. *ardor... disir... inchina e sforza*: cfr. PETRARCA, *Canz.*, CLI, 4: «fuggo
ove 'l gran desio mi sprona e 'nchina».
    67. – 2. *espressi*: evidenti. – 4. *si comporti*: sia tollerata. – 5. *universale*: di tutti
i monaci.
    68. – 1-2. *la luce... emispero*: la luce del nuovo giorno rivelò, illuminandola con

Rinaldo l'arme e il suo Baiardo piglia,
e di quella badia tolle un scudiero,
che con lui viene a molte leghe e miglia,
sempre nel bosco orribilmente fiero,
verso la terra ove la lite nuova
de la donzella de' venir in pruova.

69.   Avean, cercando abbreviar camino,
lasciato pel sentier la maggior via;
quando un gran pianto udîr sonar vicino,
che la foresta d'ogn'intorno empìa.
Baiardo spinse l'un, l'altro il ronzino
verso una valle onde quel grido uscìa:
e fra dui mascalzoni una donzella
vider, che di lontan parea assai bella;

70.   ma lacrimosa e addolorata quanto
donna o donzella o mai persona fosse.
Le sono dui col ferro nudo a canto,
per farle far l'erbe di sangue rosse.
Ella con preghi differendo alquanto
giva il morir, sin che pietà si mosse.
Venne Rinaldo; e come se n'accorse,
con alti gridi e gran minaccie accorse.

71.   Voltaro i malandrin tosto le spalle,
che 'l soccorso lontan vider venire,
e se appiattâr ne la profonda valle.
Il paladin non li curò seguire:
venne a la donna, e qual gran colpa dàlle
tanta punizïon, cerca d'udire;

i colori dell'Aurora (cfr. XII, 68, 3-4) la volta del cielo. La dittologia *candida e vermiglia* era già in Dante (*Purg.*, II, 7-8: «le bianche e le vermiglie guance... de la bella Aurora») e in Petrarca (*Canz.*, CCCX, 4: «primavera candida e vermiglia»). – 5. *a molte*: per molte; 7-8. *la terra... pruova*: la città dove la recente questione deve essere sottoposta alla prova delle armi.

69. – 2. *la maggior via*: la strada maestra. – 7. *mascalzoni*: masnadieri.

70. – 2. *donna o donzella*: donna sposata o fanciulla. – 4. *l'erbe... rosse*: nota la bella macchia di colore; cfr. DANTE, *Inf.*, X, 86 e PETRARCA, *Canz.*, CXXVIII, 50-51. – 6. *pietà*: la pietà, sotto forma di Rinaldo.

71. – 3. *se appiattâr*: andarono a nascondersi. – 5. *dàlle*: le provochi. –

e per tempo avanzar, fa allo scudiero
levarla in groppa, e torna al suo sentiero.

72.   E cavalcando poi meglio la guata
molto esser bella e di maniere accorte,
ancor che fosse tutta spaventata
per la paura ch'ebbe de la morte.
Poi ch'ella fu di nuovo domandata
chi l'avea tratta a sì infelice sorte,
incominciò con umil voce a dire
quel ch'io vo' all'altro canto differire.

7. *per tempo avanzar:* per guadagnar tempo. Rinaldo aveva fretta; cfr. IV, 69,
1-2.
    72. – 1. *la guata:* la osserva attentamente e s'accorge che. – 2. *accorte:* cortesi,
amabili; cfr. PETRARCA, *Canz.,* XXXVII, 86: «l'accorte parole». – 7. *con umil voce:*
con voce fioca.

CANTO QUINTO

Esordio: gli uomini che maltrattano le donne, agiscono contro natura. Dalinda, cameriera di Ginevra, racconta a Rinaldo la storia della padrona. Il duca d'Albania Polinesso, amante riamato di Dalinda, s'era servito di lei per entrare nelle grazie di Ginevra. Questa invece amava il cavaliere italiano Ariodante, ed aveva respinto tutte le profferte di Polinesso e di Dalinda, che aveva interceduto per lui. Adirato, Polinesso aveva deciso di organizzare una perfida trama ai danni di Ginevra. Si era vantato con Ariodante di godere l'amore della principessa e lo aveva invitato una notte ad assistere al suo incontro con la donna: nel contempo aveva indotto Dalinda a vestirsi e acconciarsi come la padrona. Ariodante, convinto del tradimento e disperato, aveva tentato di uccidersi ma era stato prevenuto dal fratello Lurcanio. Si era poi allontanato dalla reggia e dopo qualche giorno era giunta notizia della sua morte volontaria in mare. Lurcanio aveva accusato presso il padre Ginevra, dicendola colpevole della morte di Ariodante. Ora la donna sarà giustiziata, a meno che si presenti un cavaliere a difenderla contro l'accusa di Lurcanio. Udito il racconto, Rinaldo si avvia alla corte di Scozia. Colà giunto, interrompe il duello fra Lurcanio e un ignoto cavaliere che ha assunto la difesa di Ginevra. Rinaldo rivela al re la trama di Polinesso, poi sfida il colpevole e lo uccide. Polinesso, prima di morire, confessa la frode. Il cavaliere sconosciuto, su invito del re, si toglie l'elmo.

I.   Tutti gli altri animai che sono in terra,
         o che vivon quïeti e stanno in pace,
         o se vengono a rissa e si fan guerra,

---

1. – 1. *Tutti gli altri ecc.*: usando immagini e linguaggio tradizionali (cfr. VIR-
GILIO, *Aen.*, III, 147; IV, 522-523; DANTE, *Inf.*, II, 2: «li animai che sono in terra»,
con le stesse parole in rima *guerra* e *erra*), l'Ariosto ha costruito un'ottava dal
ritmo e dai concetti affatto personali. Il tema della solidarietà e rispetto fra i sessi

alla femina il maschio non la face:
l'orsa con l'orso al bosco sicura erra,
la leonessa appresso il leon giace;
col lupo vive la lupa sicura,
né la iuvenca ha del torel paura.

2.   Ch'abominevol peste, che Megera
è venuta a turbar gli umani petti?
che si sente il marito e la mogliera
sempre garrir d'ingiurïosi detti,
stracciar la faccia e far livida e nera,
bagnar di pianto i genïali letti;
e non di pianto sol, ma alcuna volta
di sangue gli ha bagnati l'ira stolta.

3.   Parmi non sol gran mal, ma che l'uom faccia
contra natura e sia di Dio ribello,
che s'induce a percuotere la faccia
di bella donna, o romperle un capello:
ma chi le dà veneno, o chi le caccia
l'alma del corpo con laccio o coltello,
ch'uomo sia quel non crederò in eterno,
ma in vista umana un spirto de l'inferno.

4.   Cotali esser doveano i duo ladroni
che Rinaldo cacciò da la donzella,
da lor condotta in quei scuri valloni
perché non se n'udisse più novella.
Io lasciai ch'ella render le cagioni
s'apparechiava di sua sorte fella
al paladin, che le fu buono amico:
or, seguendo l'istoria, così dico.

---

ha un'origine ovidiana: *Rem. am.*, 655-659: «*Sed modo dilectam scelus est odisse puellam; Exitus ingeniis convenit iste feris... Turpe vir et mulier, iuncti modo, protinus hostes*» (Cabani). – 4. *face:* fa (lat.).

2. – 1. *Megera:* furia, ira. *Megera* era una delle tre furie infernali. – 4. *garrir di:* scambiarsi vociando. – 5. *stracciar la faccia:* si vede il marito lacerare la faccia alla moglie. Cfr. la descrizione delle risse d'amore in TIBULLO, I, IX, 51-66. – 6. *genïali:* nuziali (lat. di Orazio, Virgilio e Catullo).

3. – 1. *faccia:* agisca. – 4. *o... capello:* o anche soltanto a torcerle un capello. Per questo tema, cfr. TIBULLO I, X, 59-60: «*Ah, lapis est ferrumque, suam quicumque puellam Verberat: e caelo deripit ille deos*». – 8. *in vista umana:* sotto l'apparenza di un uomo.

4. – 5. *render le cagioni:* spiegare le cause. – 6. *fella:* crudele. – 8. *seguendo:* continuando.

5. La donna incominciò: – Tu intenderai
    la maggior crudeltade e la più espressa,
    ch'in Tebe o in Argo o ch'in Micene mai,
    o in loco più crudel fosse commessa.
    E se rotando il sole i chiari rai,
    qui men ch'all'altre regïon s'appressa,
    credo ch'a noi malvolentieri arrivi,
    perché veder sì crudel gente schivi.

6. Ch'agli nemici gli uomini sien crudi,
    in ogni età se n'è veduto esempio;
    ma dar la morte a chi procuri e studi
    il tuo ben sempre, è troppo ingiusto et empio.
    E acciò che meglio il vero io ti denudi,
    perché costor volessero far scempio
    degli anni verdi miei contra ragione,
    ti dirò da principio ogni cagione.

7. Voglio che sappi, signor mio, ch'essendo
    tenera ancora, alli servigi venni
    de la figlia del re, con cui crescendo,
    buon luogo in corte et onorato tenni.
    Crudele Amore, al mio stato invidendo,
    fe' che seguace, ahi lassa! gli divenni:
    fe' d'ogni cavallier, d'ogni donzello
    parermi il duca d'Albania più bello.

---

5. – 1. *La donna ecc.*: Questa figura di Dalinda è modellata su quella di Braugain, la fida cameriera di Isotta nel *Tristan*, la quale prende il posto della padrona nel letto di Marco per salvarne l'onore. Isotta in contraccambio, temendo che trapeli il segreto, la vuol fare uccidere da due scudieri in una profonda foresta; essi però s'impietosiscono e la lasciano legata a un albero; cfr. P. RAJNA, *Le fonti dell'«Orlando Furioso»* cit., pp. 162-163. – 2. *espressa*: evidente. – 3. *Tebe... Argo... Micene*: città famose per i tragici miti di cui furono teatro; Tebe per i fatti di Edipo; Argo per il delitto delle Danaidi; Micene per la strage di Ifigenia, Agamennone e Clitennestra. – 5-8. *se rotando ecc.*: se il sole, nel suo giro, si tiene lontano da queste regioni settentrionali, probabilmente è perché vuol evitare di vedere popoli così crudeli. (Cfr. VIRGILIO, *Aen.*, I, 567-568).
    6. – 5. *denudi*: riveli (lat.).
    7. – 4. *buon luogo*: un'alta posizione; cfr. BOCCACCIO, *Decam.*, II, VI, 46; III, VII, 75. – 5. *al mio... invidendo*: avendo invidia della mia posizione; cfr. PETRARCA, *Canz.*, CCCXV, 12: «Morte ebbe invidia al mio felice stato». – 7. *donzello*: paggio, apprendista cavaliere. – 8. *Albania*: Albany, nella Scozia.

8.   Perché egli mostrò amarmi più che molto,
         io ad amar lui con tutto il cor mi mossi.
         Ben s'ode il ragionar, si vede il volto,
         ma dentro il petto mal giudicar possi.
         Credendo, amando, non cessai che tolto
         l'ebbi nel letto, e non guardai ch'io fossi
         di tutte le real camere in quella
         che più secreta avea Ginevra bella;

9.   dove tenea le sue cose più care,
         e dove le più volte ella dormia.
         Si può di quella in s'un verrone entrare,
         che fuor del muro al discoperto uscìa.
         Io facea il mio amator quivi montare;
         e la scala di corde onde salia,
         io stessa dal verron giù gli mandai
         qual volta meco aver lo desïai:

10.   che tante volte ve lo fei venire,
         quanto Ginevra me ne diede l'agio,
         che solea mutar letto, or per fuggire
         il tempo ardente, or il brumal malvagio.
         Non fu veduto d'alcun mai salire;
         però che quella parte del palagio
         risponde verso alcune case rotte,
         dove nessun mai passa o giorno o notte.

11.   Continuò per molti giorni e mesi
         tra noi secreto l'amoroso gioco:

---

8. – 3. *Ben s'ode... volto*: è facile udire i discorsi delle persone e vederne il volto. – 5. *Credendo, amando*: cfr. PETRARCA, *Tr. Am.*, II, 124: «tacendo, amando»; *che*: finché. – 6. *non guardai*: non mi preoccupai.

9. – 4. *al discoperto*: era dunque un balcone esterno non coperto né chiuso da una vetrata; cfr. il *verone* della novella boccacciana dell'usignolo, *Dec.*, V, 4, 12 e 21. Dalla stessa novella (V, 4, 29) proviene probabilmente anche l'elemento della *scala*. – 8. *qual volta*: ogni volta che.

10. – 2. *quanto... agio*: quante Ginevra, colla sua assenza, lo rese possibile. – 3. *mutar letto*: cfr. BOCCACCIO, *Dec.*, V, 4, 15-21. – 4. *brumal*: freddo tempo invernale. – 7. *rotte*: in rovina; cfr. per la scena e l'immagine BOCCACCIO, *Dec.*, II, 7, 54: «Era il palagio sopra il mare e alto molto, e quella finestra, alla quale allora era il prenze, guardava sopra certe case dall'impeto del mare fatte cadere, nelle quali rade volte e non mai andava persona» (Sangirardi).

11. – 2. *amoroso gioco*: si noti come Dalinda, per giustificare e nobilitare il suo

sempre crebbe l'amore; e sì m'accesi,
che tutta dentro io mi sentia di foco:
e cieca ne fui sì, ch'io non compresi
ch'egli fingeva molto, e amava poco;
ancor che li suo' inganni discoperti
esser doveanmi a mille segni certi.

12.   Dopo alcun dì si mostrò nuovo amante
de la bella Ginevra. Io non so appunto
s'allor cominciasse, o pur inante
de l'amor mio, n'avesse il cor già punto.
Vedi s'in me venuto era arrogante,
s'imperio nel mio cor s'aveva assunto;
che mi scoperse, e non ebbe rossore
chiedermi aiuto in questo nuovo amore.

13.   Ben mi dicea ch'uguale al mio non era,
né vero amor quel ch'egli avea a costei;
ma simulando esserne acceso, spera
celebrarne i legitimi imenei.
Dal re ottenerla fia cosa leggiera,
qualor vi sia la volontà di lei;
che di sangue e di stato in tutto il regno
non era, dopo il re, di lu' il più degno.

14.   Mi persuade, se per opra mia
potesse al suo signor genero farsi
(che veder posso che se n'alzeria
a quanto presso al re possa uomo alzarsi),
che me n'avria bon merto, e non saria
mai tanto beneficio per scordarsi;

---

amore, ricorra continuamente al linguaggio della lirica cortese e amorosa. – 3-4.
m'accesi... foco: cfr. BOCCACCIO, *Decam.*, X, VII, 13: «dell'amor di lui s'accese un
fuoco nell'anima».

12. – 1-2. *si mostrò... Ginevra*: Polinesso mostrò di avere trasferito il suo amore
a Ginevra. – 3-4. *inante... mio*: prima ancora di amare me. – 4. *punto*: trafitto
(l'espressione è petrarchesca: *Canz.*, LXI, 7). – 5. *in me*: verso di me (lat.), *venuto*:
divenuto. – 7. *mi scoperse*: mi rivelò questo suo nuovo amore.

13. – 4. *imenei*: nozze. – 7. *sangue... stato*: nobiltà di sangue e autorità di dominio; per *stato* cfr. BOCCACCIO, *Decam.*, I, 1, 15; II, 1, 30; ecc.

14. – 3-4. *veder... alzarsi*: mi rendevo conto che con un tale matrimonio la sua
posizione a corte sarebbe stata altissima, seconda solo a quella del re. – 5. *avria*

e ch'alla moglie e ch'ad ogn'altro inante
mi porrebbe egli in sempre essermi amante.

15.   Io, ch'era tutta a satisfargli intenta,
né seppi o vòlsi contradirgli mai,
e sol quei giorni io mi vidi contenta,
ch'averlo compiaciuto mi trovai;
piglio l'occasïon che s'appresenta
di parlar d'esso e di lodarlo assai;
et ogni industria adopro, ogni fatica,
per far del mio amator Ginevra amica.

16.   Feci col core e con l'effetto tutto
quel che far si poteva, e sallo Idio;
né con Ginevra mai potei far frutto,
ch'io le ponessi in grazia il duca mio:
e questo, che ad amar ella avea indutto
tutto il pensiero e tutto il suo disio
un gentil cavallier, bello e cortese,
venuto in Scozia di lontan paese;

17.   che con un suo fratel ben giovinetto
venne d'Italia a stare in questa corte;
si fe' ne l'arme poi tanto perfetto,
che la Bretagna non avea il più forte.
Il re l'amava, e ne mostrò l'effetto;
che gli donò di non picciola sorte
castella e ville e iuridizïoni,
e lo fe' grande al par dei gran baroni.

18.   Grato era al re, più grato era alla figlia
quel cavallier chiamato Arïodante,
per esser valoroso a maraviglia;
ma più, ch'ella sapea che l'era amante.

---

bon merto: sarebbe riconoscente (cfr. PULCI, *Morg.*, I, 76, 1-2: «e degli onor... Qualche volta, potendo, arà bon merto»).

15. − 1. *a satisfargli:* a fargli cosa gradita.

16. − 1. *core... effetto:* intenzioni e opere. − 3. *far frutto:* ottenere. − 5. *che:* perché; *indutto:* rivolto. − 7. *gentil:* nobile.

17. − 1. *ben giovinetto:* ancora giovanissimo. − 5. *ne... effetto:* ne diede la prova. − 6. *sorte:* valore. − 7. *iuridizïoni:* diritti feudali.

18. − 1. *Grato:* caro, ben accetto. − 4. *ma più... amante:* ma ancor di più perché

Né Vesuvio, né il monte di Siciglia,
né Troia avampò mai di fiamme tante,
quante ella conoscea che per suo amore
Arïodante ardea per tutto il core.

19. L'amar che dunque ella facea colui
con cor sincero e con perfetta fede,
fe' che pel duca male udita fui;
né mai risposta da sperar mi diede:
anzi quanto io pregava più per lui
e gli studiava d'impetrar mercede,
ella, biasmandol sempre e dispregiando,
se gli venìa più sempre inimicando.

20. Io confortai l'amator mio sovente,
che volesse lasciar la vana impresa;
né si sperasse mai volger la mente
di costei, troppo ad altro amore intesa:
e gli feci conoscer chiaramente,
come era sì d'Arïodante accesa,
che quanta acqua è nel mar, piccola dramma
non spegneria de la sua immensa fiamma.

21. Questo da me più volte Polinesso
(che così nome ha il duca) avendo udito,
e ben compreso e visto per se stesso
che molto male era il suo amor gradito;

Ginevra sapeva che egli era innamorato di lei. – 5. *il monte di Siciglia*: l'Etna; cfr. I, 40, 8. La serie iperbolica era tradizionale; cfr. per es. CATULLO, LXVIII, 53; ORAZIO, *Epod.*, XVII, 30-33; BOIARDO, *Innam.*, I, XXI, 28, 7-8: «Ché Mongibel non arde né Vulcano, Più che facesse il sir de Montealbano». – 8. *Arïodante ardea*: si noti l'allitterazione e la figura di antonomasia; cfr. *Erculea* a I, 3, 1.

19. – 2. *fede*: devozione. – 3. *fe'... fui*: fece sì che non si ascoltassero le mie parole quando cercai di intercedere per il duca d'Albania. – 6. *gli... mercede*: mi sforzavo di ottenergli il favore di Ginevra; *mercede* è voce tecnica della lirica cortese. – 8. *se... inimicando*: gli diventava sempre più ostile.

20. – 1. *confortai*: esortai. – 3. *volger*: mutare. – 7. *quanta... mar*: iperbole cara ai poeti d'amore; *piccola dramma*: una piccola parte; cfr. PETRARCA, *Canz.*, CXXV, 12-13: «E non lascia in me dramma Che non sia foco e fiamma».

non pur di tanto amor si fu rimesso,
ma di vedersi un altro preferito,
come superbo, così mal sofferse,
che tutto in ira e in odio si converse.

22.   E tra Ginevra e l'amator suo pensa
tanta discordia e tanta lite porre,
e farvi inimicizia così intensa,
che mai più non si possino comporre;
e por Ginevra in ignominia immensa
donde non s'abbia o viva o morta a tôrre:
né de l'iniquo suo disegno meco
vòlse, o con altri ragionar, che seco.

23.   Fatto il pensier: «Dalinda mia», mi dice
(che così son nomata) «saper déi,
che come suol tornar da la radice
arbor che tronchi e quattro volte e sei;
così la pertinacia mia infelice,
ben che sia tronca dai successi rei,
di germogliar non resta; che venire
pur vorria a fin di questo suo desire.

24.   E non lo bramo tanto per diletto,
quanto perché vorrei vincer la pruova;
e non possendo farlo con effetto,
s'io lo fo imaginando, anco mi giuova.
Voglio, qual volta tu mi dài ricetto,
quando allora Ginevra si ritruova
nuda nel letto, che pigli ogni vesta
ch'ella posta abbia, e tutta te ne vesta.

---

21. − 5. *non pur... rimesso*: non solo si distolse da quell'amore. − 7. *come superbo*: superbo come era. − 8. *si converse*: quell'amore (soggetto a senso) si tramutò.
22. − 4. *comporre*: pacificare.
23. − 3. *tornar*: rinascere. L'immagine da ORAZIO, *Carm.*, IV, IV, 57-60. − 6. *successi rei*: insuccessi. − 7-8. *venire... desire*: cfr. BOCCACCIO, *Dec.*, VII, 10, 14: «sperando di dovere alcuna volta pervenire al fine del suo disiderio»; *Teseida*, V, VII, 7-8: «e quanti ingegni s'usan per venire All'amoroso fin di tal desire!» (Sangirardi).
24. − 2. *vincer la pruova*: cfr. DANTE, *Inf.*, VIII, 122: «io vincerò la prova». − 3. *farlo con effetto*: realizzarlo di fatto. − 4. *s'io... giuova*: il solo illudermi di averlo realizzato, anch'esso mi può far contento. − 5. *qual volta*: ogni volta che. − 6. *quando allora*: dato che ciò avviene di solito proprio in quel momento in cui. − 8. *posta*: deposta.

25.   Come ella s'orna e come il crin dispone
        studia imitarla, e cerca il più che sai
        di parer dessa, e poi sopra il verrone
        a mandar giù la scala ne verrai.
        Io verrò a te con imaginazione
        che quella sii, di cui tu i panni avrai:
        e così spero, me stesso ingannando,
        venir in breve il mio desir sciemando».

26.   Così disse egli. Io che divisa e sevra
        e lungi era da me, non posi mente
        che questo in che pregando egli persevra,
        era una fraude pur troppo evidente;
        e dal verron, coi panni di Ginevra,
        mandai la scala onde salì sovente;
        e non m'accorsi prima de l'inganno,
        che n'era già tutto accaduto il danno.

27.   Fatto in quel tempo con Arïodante
        il duca avea queste parole o tali
        (che grandi amici erano stati inante
        che per Ginevra si fesson rivali):
        «Mi maraviglio» incominciò il mio amante
        «ch'avendoti io fra tutti li mie' uguali
        sempre avuto in rispetto e sempre amato,
        ch'io sia da te sì mal rimunerato.

28.   Io son ben certo che comprendi e sai
        di Ginevra e di me l'antiquo amore;
        e per sposa legitima oggimai
        per impetrarla son dal mio signore.
        Perché mi turbi tu? perché pur vai
        senza frutto in costei ponendo il core?
        Io ben a te rispetto avrei, per Dio,
        s'io nel tuo grado fossi, e tu nel mio».

25. – 5. *con imaginazione*: con l'illusione.
26. – 1-2. *divisa... me*: completamente separata e fuori di me; «divisa» riferita all'anima turbata e staccata dal cuore, in PETRARCA, *Tr. Am.*, III, 165; «scevra», per discosta, in DANTE, *Par.*, XVI, 13. – 3. *persevra*: insiste.
27. – 2. *tali*: simili. – 4. *si fesson*: diventassero.
28. – 1. *comprendi*: conosci (e con questo significato in DANTE, *Purg.*, XXXI, 78 e *Par.*, XXXI, 53). – 5. *mi turbi*: mi ostacoli. – 8. *grado*: condizione.

29.　　　«Et io» rispose Arïodante a lui
　　　　«di te mi meraviglio maggiormente;
　　　　che di lei prima inamorato fui,
　　　　che tu l'avessi vista solamente:
　　　　e so che sai quanto è l'amor tra nui,
　　　　ch'esser non può, di quel che sia, più ardente;
　　　　e sol d'essermi moglie intende e brama:
　　　　e so che certo sai ch'ella non t'ama.

30.　　　Perché non hai tu dunque a me il rispetto
　　　　per l'amicizia nostra, che domande
　　　　ch'a te aver debba, e ch'io t'avre' in effetto,
　　　　se tu fossi con lei di me più grande?
　　　　Né men di te per moglie averla aspetto,
　　　　se ben tu sei più ricco in queste bande:
　　　　io non son meno al re, che tu sia, grato,
　　　　ma più di te da la sua figlia amato».

31.　　　«Oh,» disse il duca a lui «grande è cotesto
　　　　errore a che t'ha il folle amor condutto!
　　　　Tu credi esser più amato; io credo questo
　　　　medesmo: ma si può vedere al frutto.
　　　　Tu fammi ciò c'hai seco, manifesto,
　　　　et io il secreto mio t'aprirò tutto;
　　　　e quel di noi che manco aver si veggia,
　　　　ceda a chi vince, e d'altro si proveggia.

32.　　　E sarò pronto se tu vuoi ch'io giuri
　　　　di non dir cosa mai che mi riveli:
　　　　così voglio ch'ancor tu m'assicuri
　　　　che quel ch'io ti dirò, sempre mi celi».
　　　　Venner dunque d'accordo alli scongiuri,
　　　　e posero le man sugli Evangeli:
　　　　e poi che di tacer fede si diero,
　　　　Arïodante incominciò primiero.

30. – 4. *se tu... grande*: se tu fossi a lei più caro di me; cfr. BOCCACCIO, *Decam.*, V, II, 1: «ed egli grande essendo col re». – 6. *bande*: contrade. – 7. *grato*: caro, ben acetto.
　　31. – 4. *al frutto*: alla prova dei fatti. – 5. *fammi... manifesto*: rivelami quali relazioni hai con lei. – 7. *manco... veggia*: risulti essere meno innanzi nei suoi favori. – 8. *d'altro... proveggia*: si cerchi un'altra amante.
　　32. – 4. *mi celi*: tenga nascosto per riguardo a me. – 5. *scongiuri*: giuramenti.

33. E disse per lo giusto e per lo dritto
     come tra sé e Ginevra era la cosa;
     ch'ella gli avea giurato e a bocca e in scritto,
     che mai non saria ad altri ch'a-llui, sposa;
     e se dal re le venìa contraditto,
     gli promettea di sempre esser ritrosa
     da tutti gli altri maritaggi poi,
     e viver sola in tutti i giorni suoi:

34. e ch'esso era in speranza, pel valore
     ch'avea mostrato in arme a più d'un segno,
     et era per mostrare a laude, a onore,
     a beneficio del re e del suo regno,
     di crescer tanto in grazia al suo signore,
     che sarebbe da lui stimato degno
     che la figliuola sua per moglie avesse,
     poi che piacer a lei così intendesse.

35. Poi disse: «A questo termine son io,
     né credo già ch'alcun mi venga appresso;
     né cerco più di questo, né desio
     de l'amor d'essa aver segno più espresso;
     né più vorrei, se non quanto da Dio
     per connubio legitimo è concesso:
     e saria invano il domandar più inanzi;
     che di bontà so come ogn'altra avanzi».

36. Poi ch'ebbe il vero Arïodante esposto
     de la mercé ch'aspetta a sua fatica,
     Polinesso, che già s'avea proposto
     di far Ginevra al suo amator nemica,
     cominciò: «Sei da me molto discosto,

33. – 1. *per lo giusto... dritto*: per filo e per segno. – 5. *contraditto*: fatta opposizione. – 6-7. *ritrosa... maritaggi*: contraria a qualsiasi altro matrimonio.
     34. – 8. *poi che... intendesse*: una volta che il re avesse capito che ciò sarebbe
stato gradito alla figlia.
     35. – 2. *mi venga appresso*: sia vicino a me nel godere i favori di Ginevra. –
4. *segno più espresso*: prova più evidente. – 8. *bontà*: virtù; *avanzi*: superi.
     36. – 2. *la mercé... fatica*: il premio che si attende come risultato della sua

e vo' che di tua bocca anco tu 'l dica;
e del mio ben veduta la radice,
che confessi me solo esser felice.

37. Finge ella teco, né t'ama né prezza;
che ti pasce di speme e di parole:
oltra questo, il tuo amor sempre a sciochezza,
quando meco ragiona, imputar suole.
Io ben d'esserle caro altra certezza
veduta n'ho, che di promesse e fole;
e tel dirò sotto la fé in secreto,
ben che farei più il debito a star cheto.

38. Non passa mese, che tre, quattro e sei
e talor diece notti, io non mi truovi
nudo abbracciato in quel piacer con lei,
ch'all'amoroso ardor par che sì giovi:
sì che tu puoi veder s'a' piacer miei
son d'aguagliar le ciance che tu pruovi.
Cedimi dunque, e d'altro ti provedi,
poi che sì inferïor di me ti vedi».

39. «Non ti vo' creder questo,» gli rispose
Arïodante «e certo so che menti;
e composto fra te t'hai queste cose
acciò che da l'impresa io mi spaventi:
ma perché a lei son troppo ingiurïose,
questo c'hai detto sostener convienti;
che non bugiardo sol, ma voglio ancora
che tu sei traditor mostrarti or ora».

---

pazienza e delle sue imprese. – 6. *'l dica*: lo ammetta. – 7. *del... radice*: riconosciuta la base su cui si fonda la mia felicità.
    37. – 2. *ti pasce... parole*: cfr. PETRARCA, *Canz.*, CCLXIV, 58: «di speme il pasce»; POLIZIANO, *Risp. cont*, I, 65: «Tu lo pasci di frasche e di parole»; VII, 3: «e pascerlo di sguardi e di parole». – 3. *sciocchezza*: vana puerilità. – 4. *imputar*: attribuire. – 5-6. *Io ben... fole*: io ho avuto ben più sicura prova d'esserle caro, che non siano vane parole e favole. – 8. *il debito*: il mio dovere.
    38. – 1. *tre... sei*: serie numerica suggerita da PETRARCA, *Canz.*, CCVI, 53-54. – 6. *le... pruovi*: le vane promesse che tu ricevi da lei. – 7. *d'altro ti provedi*: cfr. V, 31, 8.
    39. – 3. *composto fra te*: inventato (lat.) di testa tua. – 6. *sostener*: provare con le armi. – 8. *or ora*: subito.

40. Soggiunse il duca: «Non sarebbe onesto
che noi volessen la battaglia tôrre
di quel che t'offerisco manifesto,
quando ti piaccia, inanzi agli occhi porre».
Resta smarrito Arïodante a questo,
e per l'ossa un tremor freddo gli scorre;
e se creduto ben gli avesse a pieno,
venìa sua vita allora allora meno.

41. Con cor trafitto e con pallida faccia,
e con voce tremante e bocca amara
rispose: «Quando sia che tu mi faccia
veder questa aventura tua sì rara,
prometto di costei lasciar la traccia,
a te sì liberale, a me sì avara:
ma ch'io tel voglia creder, non far stima,
s'io non lo veggio con questi occhi prima».

42. «Quando ne sarà il tempo, avisarotti»,
soggiunse Polinesso, e dipartisse.
Non credo che passâr più di due notti,
ch'ordine fu che 'l duca a me venisse.
Per scoccar dunque i lacci che condotti
avea sì cheti, andò al rivale, e disse
che s'ascondesse la notte seguente
tra quelle case ove non sta mai gente:

43. e dimostrògli un luogo a dirimpetto
di quel verrone ove solea salire.
Arïodante avea preso sospetto
che lo cercasse far quivi venire,
come in un luogo dove avesse eletto
di por gli aguati, e farvelo morire,

---

40. – 2-3. *la battaglia... di quel*: intraprendere un duello per quello. – 6. *per l'ossa... scorre*: cfr. VIRGILIO, *Aen.*, II, 120-121: «*gelidusque per ima cucurrit Ossa tremor*». – 8. *venìa... meno*: sarebbe venuta meno in quello stesso momento.

41. – 1-2. *Con cor ecc.*: cfr. BOIARDO, *Innam.*, I, 1, 29, 5: «Col cor tremante e con vista cangiata». – 4. *rara*: incredibile, straordinaria. – 5. *di costei... traccia*: di smettere di corteggiare costei.

42. – 4. *ch'ordine fu*: che fu predisposto fra me e il duca Polinesso. – 5-6. *Per scoccar... cheti*: per far scattare la trappola che aveva preparato nascostamente.

sotto questa finzion, che vuol mostrargli
quel di Ginevra, ch'impossibil pargli.

44.
Di volervi venir prese partito,
ma in guisa che di lui non sia men forte;
perché accadendo che fosse assalito,
si truovi sì, che non tema di morte.
Un suo fratello avea saggio et ardito,
il più famoso in arme de la corte,
detto Lurcanio; e avea più cor con esso,
che se dieci altri avesse avuto appresso.

45.
Seco chiamollo, e vòlse che prendesse
l'arme; e la notte lo menò con lui:
non che 'l secreto suo già gli dicesse;
né l'avria detto ad esso né ad altrui.
Da sé lontano un trar di pietra il messe:
«Se mi senti chiamar, vien» disse «a nui;
ma se non senti, prima ch'io ti chiami,
non ti partir di qui, frate, se m'ami».

46.
«Va pur, non dubitar», disse il fratello:
e così vanne Arïodante cheto,
e si celò nel solitario ostello
ch'era d'incontro al mio verron secreto.
Vien d'altra parte il fraudolente e fello,
che d'infamar Ginevra era sì lieto;
e fa il segno, tra noi solito inante,
a me che de l'inganno era ignorante.

47.
Et io con veste candida, e fregiata
per mezzo a liste d'oro e d'ogn'intorno,
e con rete pur d'or, tutta adombrata

43. – 7. *sotto... finzion*: col pretesto. – 8. *quel di Ginevra*: quella infedeltà di
Ginevra.
44. – 1. *prese partito*: decise. – 7. *cor*: coraggio.
45. – 2. *con lui*: con sé.
46. – 2. *cheto*: furtivo e senza far rumore. – 3. *solitario ostello*: casa abbandonata. – 5. *fello*: traditore.
47. – 1-2. *fregiata... intorno*: ornata di fregi dorati in mezzo e agli orli. – 3. *rete*:
o «cuffia a maglia». Esempi di simili acconciature si vedono in ritratti cinquecenteschi, fra cui quelli famosi di Anna Sforza e Beatrice d'Este; *adombrata*: guer-

di bei fiocchi vermigli al capo intorno
(foggia che sol fu da Ginevra usata,
non d'alcun'altra), udito il segno, torno
sopra il verron, ch'in modo era locato,
che mi scopria dinanzi e d'ogni lato.

48.   Lurcanio in questo mezzo dubitando
        che 'l fratello a pericolo non vada,
        o come è pur commun disio, cercando
        di spïar sempre ciò che ad altri accada;
        l'era pian pian venuto seguitando,
        tenendo l'ombre e la più oscura strada:
        e a men di dieci passi a lui discosto,
        nel medesimo ostel s'era riposto.

49.   Non sappiendo io di questo cosa alcuna,
        venni al verron ne l'abito c'ho detto,
        sì come già venuta era più d'una
        e più di due fïate a buono effetto.
        Le veste si vedean chiare alla luna;
        né dissimile essendo anch'io d'aspetto
        né di persona da Ginevra molto,
        fece parere un per un altro il volto:

50.   e tanto più, ch'era gran spazio in mezzo
        fra dove io venni e quelle inculte case,
        ai dui fratelli, che stavano al rezzo,
        il duca agevolmente persuase
        quel ch'era falso. Or pensa in che ribrezzo
        Arïodante, in che dolor rimase.
        Vien Polinesso, e alla scala s'appoggia
        che giù manda'gli, e monta in su la loggia.

51.   A prima giunta io gli getto le braccia
        al collo, ch'io non penso esser veduta;

nita. – 5. *foggia:* acconciatura. – 8. *mi scopria:* mi faceva visibile.
    48. – 6. *tenendo l'ombre:* mantenendosi nell'ombra. – 8. *riposto:* nascosto.
    49. – 4. *a buon effetto:* al buon fine di trovarmi col mio amante. – 8. *un per...*
volto: il volto dell'una per quello dell'altra.
    50. – 3. *al rezzo:* all'ombra; cfr. II, 15, 7. – 4. *persuase:* fece apparire per vero
(costr. alla lat.). – 5. *ribrezzo:* senso di orrore e di rivolta morale.

lo bacio in bocca e per tutta la faccia,
come far soglio ad ogni sua venuta.
Egli più de l'usato si procaccia
d'accarezzarmi, e la sua fraude aiuta.
Quell'altro al rio spettacolo condutto,
misero sta lontano, e vede il tutto.

52.   Cade in tanto dolor, che si dispone
allora allora di voler morire:
e il pome de la spada in terra pone;
che su la punta si volea ferire.
Lurcanio che con grande ammirazione
avea veduto il duca a me salire,
ma non già conosciuto chi si fosse,
scorgendo l'atto del fratel, si mosse;

53.   e gli vietò che con la propria mano
non si passasse in quel furore il petto.
S'era più tardo o poco più lontano,
non giugnea a tempo, e non faceva effetto.
«Ah misero fratel, fratello insano,»
gridò «perc'hai perduto l'intelletto,
ch'una femina a morte trar ti debbia?
ch' ir possan tutte come al vento nebbia!

54.   Cerca far morir lei, che morir merta,
e serva a più tuo onor tu la tua morte.
Fu d'amar lei, quando non t'era aperta
la fraude sua: or è da odiar ben forte,
poi che con gli occhi tuoi tu vedi certa,
quanto sia meretrice, e di che sorte.
Serba quest'arme che volti in te stesso,
a far dinanzi al re tal fallo espresso».

51. – 3. *lo bacio in bocca*: cfr. *Innam.*, I, v, 38, 2: «in bocca l'ha baciato». – 5. *si procaccia*: si sforza.

52. – 1. *si dispone*: decide. – 2. *allora allora*: all'istante, subito. – 5. *ammirazione*: stupore.

53. – 4. *non faceva effetto*: non riusciva (a impedirgli di uccidersi). – 8. *ir*: scomparire dalla faccia della terra, dissolversi.

54. – 2. *a più tuo onor*: a un'occasione più onorevole per te. – 3. *Fu... lei*: lei fu degna d'essere amata. – 5. *certa*: in modo certo. – 6. *di che sorte*: di quale valore. – 8. *a far... espresso*: per rivelare, sostenendolo con le armi davanti al re, questo tradimento.

55.   Quando si vede Arïodànte giunto
       sopra il fratel, la dura impresa lascia;
       ma la sua intenzïon da quel ch'assunto
       avea già di morir, poco s'accascia.
       Quindi si leva, e porta non che punto,
       ma trapassato il cor d'estrema ambascia;
       pur finge col fratel, che quel furore
       non abbia più, che dianzi avea nel core.

56.   Il seguente matin, senza far motto
       al suo fratello o ad altri, in via si messe
       da la mortal disperazion condotto;
       né di lui per più dì fu chi sapesse.
       Fuor che 'l duca e il fratello, ogn'altro indòtto
       era chi mosso al dipartir l'avesse.
       Ne la casa del re di lui diversi
       ragionamenti e in tutta Scozia fêrsi.

57.   In capo d'otto o di più giorni in corte
       venne inanzi a Ginevra un vïandante,
       e novelle arrecò di mala sorte:
       che s'era in mar summerso Arïodante
       di volontaria sua libera morte,
       non per colpa di borea o di levante.
       D'un sasso che sul mar sporgea molt'alto
       avea col capo in giù preso un gran salto.

58.   Colui dicea: «Pria che venisse a questo,
       a me che a caso riscontrò per via,
       disse: "Vien meco, acciò che manifesto
       per te a Ginevra il mio successo sia;
       e dille poi, che la cagion del resto
       che tu vedrai di me, ch'or ora fia,
       è stato sol perc'ho troppo veduto:
       felice, se senza occhi io fossi suto!"

    55. – 2. *dura*: crudele. – 3-4. *ma la sua... accascia*: ma non muta il suo proposito
di morire da quel che era stato prima, quando aveva preso tale decisione. –
5. *Quindi si leva*: si allontana di lì; *punto*: trafitto.
    56. – 5. *indòtto*: ignaro.
    57. – 6. *di borea... levante*: di tempeste suscitate dai venti. – 7. *sasso*: rupe. –
8. *preso*: spiccato.
    58. – 4. *il mio successo*: quel che mi successe. – 5-6. *del resto... fia*: di quanto
inoltre vedrai ch'io farò fra poco. – 8. *suto*: stato.

59.   Eramo a caso soprà Capobasso,
         che verso Irlanda alquanto sporge in mare.
         Così dicendo, di cima d'un sasso
         lo vidi a capo in giù sott'acqua andare.
         Io lo lasciai nel mare, et a gran passo
         ti son venuto la nuova a portare».
         Ginevra, sbigottita e in viso smorta,
         rimase a quello annunzio mezza morta.

60.   Oh Dio, che disse e fece, poi che sola
         si ritrovò nel suo fidato letto!
         Percosse il seno, e si stracciò la stola,
         e fece all'aureo crin danno e dispetto,
         ripetendo sovente la parola
         ch'Arïodante avea in estremo detto:
         che la cagion del suo caso empio e tristo
         tutta venìa per aver troppo visto.

61.   Il rumor scorse di costui per tutto,
         che per dolor s'avea dato la morte.
         Di questo il re non tenne il viso asciutto,
         né cavallier né donna de la corte.
         Di tutti il suo fratel mostrò più lutto;
         e si sommerse nel dolor sì forte,
         ch'ad essempio di lui, contra se stesso
         voltò quasi la man per irgli appresso.

62.   E molte volte ripetendo seco,
         che fu Ginevra che 'l fratel gli estinse,

---

59. – 1. *Eramo*: eravamo; *Capobasso*: un promontorio sulla costa occidentale della Scozia, non identificato.

60. – 1-4. *Oh Dio, che disse ecc.*: queste scene di disperazione erano molto comuni nella letteratura dei cantari e nella narrativa popolare; di là le avevano riprese il Boccaccio (*Filocolo*, ed. Battaglia, 1938, p. 232; *Decam.*, II, 8, 22), il Pulci (*Morg.*, III, 9, 7: «graffiossi il volto e straccia i capei d'oro») e il Boiardo (*Innam.*, II, II, 7, 7-8: «Battesi 'l petto e battesse la faccia Forte piangendo, e le sue treccie straccia»). L'Ariosto ha tolto quel che di rigido e di burattinesco c'era in quelle descrizioni, e le ha rese più dolcemente elegiache, attingendo agli scrittori latini; cfr. per es. Ovidio, *Met.*, IV, 138-142; XI, 680-683 e, qui, X, 22, 1-4; 33, 7-8; XXIV, 86, 5-7; XXXII, 17, 7-8. – 3. *stola*: lunga veste. – 7. *empio*: crudele.

61. – 1. *Il rumor scorse*: la fama (lat.) si diffuse. – 3. *non... asciutto*: cfr. Dante, *Inf.*, XX, 21: «tener lo viso asciutto»; Pulci, *Morg.*, I, 86, 6.

e che non fu se non quell'atto bieco
che di lei vide, ch'a morir lo spinse;
di voler vendicarsene sì cieco
venne, e sì l'ira e sì dolor lo vinse,
che di perder la grazia vilipese,
et aver l'odio del re e del paese.

63.   E inanzi al re, quando era più di gente
la sala piena, se ne venne, e disse:
«Sappi, signor, che di levar la mente
al mio fratel, sì ch'a morir ne gisse,
stata è la figlia tua sola nocente;
ch'a lui tanto dolor l'alma trafisse
d'aver veduta lei poco pudica,
che più che vita ebbe la morte amica.

64.   Erane amante, e perché le sue voglie
disoneste non fur, nol vo' coprire:
per virtù meritarla aver per moglie
da te sperava, e per fedel servire;
ma mentre il lasso ad odorar le foglie
stava lontano, altrui vide salire,
salir su l'arbor riserbato, e tutto
essergli tolto il disïato frutto».

65.   E seguitò, come egli avea veduto
venir Ginevra sul verrone, e come
mandò la scala, onde era a lei venuto
un drudo suo, di chi egli non sa il nome,
che s'avea, per non esser conosciuto,
cambiati i panni e nascose le chiome.
Suggiunse che con l'arme egli volea
provar tutto esser ver ciò che dicea.

---

62. – 3. *bieco*: scellerato; cfr. DANTE, *Inf.*, XXV, 31: «opere bieche»; *Par.*, VI, 136: «parole biece». – 7. *di perder... vilipese*: non gli importò nulla di perdere il favore del re.
63. – 3. *levar la mente*: togliere il senno. – 5. *nocente*: colpevole (lat.).
64. – 2. *nol vo' coprire*: non voglio nasconderlo. – 3. *meritarla aver*: meritare di averla. – 5. *il lasso*: lui, Ariodante, ingenuo. – 5-8. *le foglie... il frutto*: cfr. I, 41, 4.
65. – 1. *seguitò*: continuò, dicendo. – 4. *drudo*: amante; *di chi*: del quale.

66.   Tu puoi pensar se 'l padre addolorato
       riman, quando accusar sente la figlia;
       sì perché ode di lei quel che pensato
       mai non avrebbe, e n'ha gran maraviglia;
       sì perché sa che fia necessitato
       (se la difesa alcun guerrier non piglia,
       il qual Lurcanio possa far mentire)
       di condannarla e di farla morire.

67.   Io non credo, signor, che ti sia nuova
       la legge nostra che condanna a morte
       ogni donna e donzella, che si pruova
       di sé far copia altrui ch'al suo consorte.
       Morta ne vien, s'in un mese non truova
       in sua difesa un cavallier sì forte,
       che contra il falso accusator sostegna
       che sia innocente e di morire indegna.

68.   Ha fatto il re bandir, per liberarla
       (che pur gli par ch'a torto sia accusata),
       che vuol per moglie e con gran dote darla
       a chi torrà l'infamia che l'è data.
       Chi per lei comparisca non si parla
       guerriero ancora, anzi l'un l'altro guata;
       che quel Lurcanio in arme è così fiero,
       che par che di lui tema ogni guerriero.

69.   Atteso ha l'empia sorte, che Zerbino,
       fratel di lei, nel regno non si truove;
       che va già molti mesi peregrino,
       mostrando di sé in arme inclite pruove:
       che quando si trovasse più vicino
       quel cavallier gagliardo, o in luogo dove

66. – 5. *fia necessitato*: sarà costretto, in osservanza alla legge del luogo. – 7. *far mentire*: dimostrare che ha mentito; cfr. IV, 58, 8.
67. – 3-4. *si pruova... consorte*: si dimostra che si è concessa ad altri che al marito. – 4. *far copia*: cfr. I, 44, 2. – 5. *Morta*: uccisa.
68. – 5-6. *Chi per lei... ancora*: ancora non si sente dire di alcun guerriero che si presenti in difesa di lei. – 7. *l'un... guata*: si studiano l'un l'altro.
69. – 1. *Atteso*: voluto; *Zerbino*: cfr. n. a XIII, 6-7. – 3. *peregrino*: cavaliere errante.

> potesse avere a tempo la novella,
> non mancheria d'aiuto alla sorella.

70.	Il re, ch'intanto cerca di sapere
	per altra pruova, che per arme, ancora,
	se sono queste accuse o false o vere,
	se dritto o torto è che sua figlia mora;
	ha fatto prender certe cameriere
	che lo dovrian saper, se vero fôra:
	ond'io previdi, che se presa era io,
	troppo periglio era del duca e mio.

71.	E la notte medesima mi trassi
	fuor de la corte, e al duca mi condussi;
	e gli feci veder quanto importassi
	al capo d'amendua, se presa io fussi.
	Lodommi, e disse ch'io non dubitassi:
	a' suoi conforti poi venir m'indussi
	ad una sua fortezza ch'è qui presso,
	in compagnia di dui che mi diede esso.

72.	Hai sentito, signor, con quanti effetti
	de l'amor mio fei Polinesso certo;
	e s'era debitor per tai rispetti
	d'avermi cara o no, tu 'l vedi aperto.
	Or senti il guidardon che io ricevetti,
	vedi la gran mercé del mio gran merto;
	vedi se deve, per amare assai,
	donna sperar d'esser amata mai;

73.	che questo ingrato, perfido e crudele,
	de la mia fede ha preso dubbio al fine:
	venuto è in sospizion ch'io non rivele
	al lungo andar le fraudi sue volpine.

---

70. – 6. *fôra*: fosse.
71. – 1-2. *mi... fuor*: uscii nascostamente. – 2. *mi condussi*: mi recai. – 3. *importassi*: importasse. – 4. *al capo d'amendua*: per la vita d'entrambi. – 6. *a' suoi conforti*: per suo consiglio.
72. – 1. *effetti*: prove. – 3-4. *s'era... o no*: se doveva o no, per questo, avermi cara. – 5. *guidardon*: premio. – 6. *la gran... merto*: la grande ricompensa dei miei meriti verso di lui.
73. – 2. *fede*: fedeltà, devozione. – 3. *sospizion*: sospetto (lat.). – 4. *volpine*: cfr.

Ha finto, acciò che m'allontane e cele
fin che l'ira il furor del re decline,
voler mandarmi ad un suo luogo forte;
e mi volea mandar dritto alla morte:

74.   che di secreto ha commesso alla guida,
che come m'abbia in queste selve tratta,
per degno premio di mia fé m'uccida.
Così l'intenzïon gli venìa fatta,
se tu non eri appresso alle mie grida.
Ve' come Amor ben chi lui segue, tratta! –
Così narrò Dalinda al paladino,
seguendo tuttavolta il lor cammino.

75.   A cui fu sopra ogn'avventura, grata
questa, d'aver trovata la donzella,
che gli avea tutta l'istoria narrata
de l'innocenzia di Ginevra bella.
E se sperato avea, quando accusata
ancor fosse a ragion, d'aiutar quella,
via con maggior baldanza or viene in prova,
poi che evidente la calunnia truova.

76.   E verso la città di Santo Andrea,
dove era il re con tutta la famiglia,
e la battaglia singular dovea
esser de la querela de la figlia,
andò Rinaldo quanto andar potea,
fin che vicino giunse a poche miglia;

DANTE, *Inf.*, XXVII, 74-75: «l'opere mie Non furon leonine, ma di volpe». – 5. *cele*:
mi nasconda. – 6. *decline*: diminuisca. – 7. *luogo forte*: luogo sicuro, castello. – 8. *e
mi*: e invece mi.
  74. – 1. *di... commesso*: ha dato l'ordine segreto. – 4. *l'intenzïon... fatta*: il suo
intento sarebbe stato realizzato. – 8. *seguendo tuttavolta*: mentre continuavano a
proseguire.
  75. – 1. *A cui*: al quale Rinaldo; *grata*: gradita, bene accetta. – 5-6. *quando...
fosse*: quand'anche fosse accusata. – 7. *via con maggior*: con tanto maggiore; *viene in
prova*: affronta il cimento delle armi.
  76. – 1. *Santo Andrea*: Saint Andrews, antica capitale della Scozia. – 2. *la
famiglia*: il seguito. – 3. *battaglia singular*: duello. – 4. *de la querela*: per decidere
intorno alla questione d'onore.

alla città vicino giunse, dove
trovò un scudier ch'avea più fresche nuove:

77.   ch'un cavallier istrano era venuto,
ch'a difender Ginevra s'avea tolto,
con non usate insegne, e sconosciuto,
però che sempre ascoso andava molto;
e che dopo che v'era, ancor veduto
non gli avea alcun al discoperto il volto;
e che 'l proprio scudier che gli servia
dicea giurando: — Io non so dir chi sia. —

78.   Non cavalcaro molto, ch'alle mura
si trovâr de la terra e in su la porta.
Dalinda andar più inanzi avea paura;
pur va, poi che Rinaldo la conforta.
La porta è chiusa, et a chi n'avea cura
Rinaldo domandò: — Questo ch'importa? —
E fugli detto: perché 'l popul tutto
a veder la battaglia era ridutto,

79.   che tra Lurcanio e un cavallier istrano
si fa ne l'altro capo de la terra,
ove era un prato spazïoso e piano;
e che già cominciata hanno la guerra.
Aperto fu al signor di Montealbano,
e tosto il portinar dietro gli serra.
Per la vòta città Rinaldo passa;
ma la donzella al primo albergo lassa:

80.   E dice che sicura ivi si stia
fin che ritorni a-llei, che sarà tosto;
e verso il campo poi ratto s'invia,
dove di lui guerrier dato e risposto
molto s'aveano e davan tuttavia.
Stava Lurcanio di mal cor disposto

77. — 1. *istrano*: forestiero, e misterioso. — 2. *s'avea tolto*: s'era assunto il compito.
78. — 2. *la terra*: la città. — 4. *la conforta*: la esorta affettuosamente. — 6. *ch'importa*: che significa.
79. — 2. *ne l'altro capo*: dall'altra parte.
80. — 5. *e davan tuttavia*: e continuavano a scambiarsi dei colpi. — 6. *di mal cor disposto*: fieramente ostile in cuor suo.

contra Ginevra; e l'altro in sua difesa
ben sostenea la favorita impresa.

81.　　Sei cavallier con lor ne lo steccato
eran a piedi, armati di corazza,
col duca d'Albania, ch'era montato
s'un possente corsier di buona razza.
Come a gran contestabile, a lui dato
la guardia fu del campo e de la piazza:
e di veder Ginevra in gran periglio
avea il cor lieto, et orgoglioso il ciglio.

82.　　Rinaldo se ne va tra gente e gente;
fassi far largo il buon destrier Baiardo:
chi la tempesta del suo venir sente,
a dargli via non par zoppo né tardo.
Rinaldo vi compar sopra eminente,
e ben rassembra il fior d'ogni gagliardo;
poi si ferma all'incontro ove il re siede:
ognun s'accosta per udir che chiede.

83.　　Rinaldo disse al re: − Magno signore,
non lasciar la battaglia più seguire;
perché di questi dua qualunche more,
sappi ch'a torto tu 'l lasci morire.
L'un crede aver ragione, et è in errore,
e dice il falso, e non sa di mentire;
ma quel medesmo error che 'l suo germano
a morir trasse, a lui pon l'arme in mano.

84.　　L'altro non sa se s'abbia dritto o torto;
ma sol per gentilezza e per bontade
in pericol si è posto d'esser morto,

---

81. − 1. *Sei cavallier*: i padrini al seguito dei duellanti. − 3. *duca d'Albania*:
Polinesso. − 5. *gran contestabile*: suprema autorità militare del palazzo. − 8. *avea...
ciglio*: cfr. PETRARCA, *Tr. Am.*, II, 57: «ma col cor tristo e con turbato ciglio».
82. − 6. *il fior... gagliardo*: cfr. *Innam.*, I, XXV, 36, 7-8: «E qualunque il mirasse
in su Baiardo Direbbe: questo è il fior d'ogni gagliardo». − 7. *all'incontro ove*: di
fronte al luogo dove.
83. − 2. *più seguire*: proseguire. − 5. *L'un*: Lurcanio. − 7. *germano*: fratello,
Ariodante.

per non lasciar morir tanta beltade.
Io la salute all'innocenzia porto;
porto il contrario a chi usa falsitade.
Ma, per Dio, questa pugna prima parti,
poi mi dà audienza a quel ch'io vo' narrarti. −

85. Fu da l'autorità d'un uom sì degno,
come Rinaldo gli parea al sembiante,
sì mosso il re, che disse e fece segno
che non andasse più la pugna inante;
al quale insieme et ai baron del regno
e ai cavallieri e all'altre turbe tante
Rinaldo fe' l'inganno tutto espresso,
ch'avea ordito a Ginevra Polinesso.

86. Indi s'offerse di voler provare
coll'arme, ch'era ver quel ch'avea detto.
Chiamasi Polinesso; et ei compare,
ma tutto conturbato ne l'aspetto:
pur con audacia cominciò a negare.
Disse Rinaldo: − Or noi vedrem l'effetto. −
L'uno e l'altro era armato, il campo fatto,
sì che senza indugiar vengono al fatto.

87. Oh quanto ha il re, quanto ha il suo popul caro
che Ginevra a provar s'abbi innocente!
tutti han speranza che Dio mostri chiaro
ch'impudica era detta ingiustamente.
Crudel, superbo e riputato avaro
fu Polinesso, iniquo e fraudolente;
sì che ad alcun miracolo non fia,
che l'inganno da lui tramato sia.

88. Sta Polinesso con la faccia mesta,
col cor tremante e con pallida guancia;

84. − 5-6. *Io la salute ecc.*: l'innato amore ariostesco per la giustizia si esprime
qui in toni di alta e dignitosa retorica. − 7. *parti*: sospendi, dividendo i duellanti.
85. − 7. *espresso*: manifesto.
86. − 6. *vedrem l'effetto*: vedremo alla prova delle armi chi dice il vero. − 7. *il
campo fatto*: il terreno era già stato predisposto per il duello precedente.
87. − 7. *ad... fia*: non recherebbe meraviglia a nessuno.
88. − 1-2. *con la faccia ecc.*: cfr. indietro V, 41, 1-2 e nota l'insistenza, in questo

e al terzo suon mette la lancia in resta.
Così Rinaldo inverso lui si lancia,
che disïoso di finir la festa,
mira a passargli il petto con la lancia:
né discorde al disir seguì l'effetto;
che mezza l'asta gli cacciò nel petto.

89.　　Fisso nel tronco lo transporta in terra,
lontan dal suo destrier più di sei braccia.
Rinaldo smonta subito, e gli afferra
l'elmo, pria che si levi, e gli lo slaccia:
ma quel, che non può far più troppa guerra,
gli domanda mercé con umil faccia,
e gli confessa, udendo il re e la corte,
la fraude sua che l'ha condutto a morte.

90.　　Non finì il tutto, e in mezzo la parola
e la voce e la vita l'abandona.
Il re, che liberata la figliuola
vede da morte e da fama non buona,
più s'allegra, gioisce e raconsola,
che, s'avendo perduta la corona,
ripor se la vedesse allora allora;
sì che Rinaldo unicamente onora.

91.　　E poi ch'al trar de l'elmo conosciuto
l'ebbe, perch'altre volte l'avea visto,
levò le mani a Dio, che d'un aiuto
come era quel, gli avea sì ben provisto.
Quell'altro cavallier che, sconosciuto,
soccorso avea Ginevra al caso tristo,

episodio, su tali particolari derivati dalla tradizione novellistica e cavalleresca. –
3. *al terzo suon*: al terzo squillo di tromba, dato dagli araldi. – 5. *di finir la festa*: di
dar fine alla giostra, di ucciderlo; cfr. BOIARDO, *Innam.*, I, I, 85, 8: «Tu in pochi
colpi finirà' la festa»; *Mambriano*, XIII, 27, 1: «Volea Rinaldo terminar tal festo»
e n. a XXVI, 10, 8.
　　89. – 1. *Fisso nel tronco*: tenendolo infilato nel tronco della lancia. – 6. *gli
domanda mercé*: gli chiede di risparmiarlo; tale era la consuetudine cavalleresca
per chi si arrendeva. – 7. *udendo*: mentre udiva (gerundio assoluto).
　　90. – 1-2. *in... voce*: a metà della parola e del discorso. – 8. *unicamente*: in modo
straordinario.
　　91. – 3. *levò... Dio*: non in segno di preghiera, bensì di ringraziamento; cfr.

et armato per lei s'era condutto,
stato da parte era a vedere il tutto.

92.   Dal re pregato fu di dire il nome,
           o di lasciarsi almen veder scoperto,
           acciò da lui fosse premiato, come
           di sua buona intenzion chiedeva il merto.
           Quel, dopo lunghi preghi, da le chiome
           si levò l'elmo, e fe' palese e certo
           quel che ne l'altro canto ho da seguire,
           se grata vi sarà l'istoria udire.

PETRARCA, *Canz.*, XXV, 6-7; ARIOSTO, *Sat.*, I, 184. – 7. *s'era condutto*: era giunto qui.
    92. – 8. *se... udire*: mette in scena gli ascoltatori della narrazione, recuperando i modi della narrazione tradizionale canterina, immettendoli però implicitamente nella nuova situazione della realtà cortigiana (un pubblico di ascoltatori eletto e complice).

CANTO SESTO

Esordio: i delitti non rimangono a lungo ignorati. Fra la generale letizia della corte scozzese, si scopre che il cavaliere sconosciuto è Ariodante, che si era gettato in mare, ma poi si era salvato a nuoto. Frattanto Ruggiero giunge con l'ippogrifo all'isola della maga Alcina. Scende a terra e lega il destriero a un mirto. Dall'albero esce una voce umana: è quella d'Astolfo, che è stato irretito dalla maga Alcina, e dopo esserne stato l'amante, è stato da lei tramutato in mirto. Egli esorta Ruggiero a non lasciarsi a sua volta irretire. Ruggiero si avvia verso la rocca della sorella di Alcina, la buona maga Logistilla, ma giunto nei pressi della città di Alcina, si imbatte in una torma di mostri. Ne uccide parecchi; sta per essere sopraffatto, quando escono dalla città due donzelle, che lo invitano a entrare e lo pregano di combattere con la gigantessa Erifilla, che sta a guardia del ponte.

1.   Miser chi mal oprando si confida
ch'ognor star debbia il maleficio occulto;
che quando ogn'altro taccia, intorno grida
l'aria e la terra istessa in ch'è sepulto:
e Dio fa spesso che 'l peccato guida
il peccator, poi ch'alcun dì gli ha indulto,
che sé medesmo, senza altrui richiesta,
innavedutamente manifesta.

1. – 1-2. *Miser chi ecc.*: il concetto è della saggezza comune; ma ha riscontri clasici, come, per es., in CICERONE, *De finibus*, I, XVI, 50: «*Etsi vero [humana mens] molita quippiam est, quamvis occulte fecerit, numquam tamen id confidet fore semper occultum*» e in TIBULLO, I, IX, 23-24: «*nec tibi celandi spes sit peccare paranti: Est deus, occultos qui vetat esse dolos*»; *si confida*: si illude. – 2. *maleficio*: delitto. – 4. *in ch'è sepulto*: in cui il delitto è nascosto (*sepulto* in questo senso anche in DANTE, *Par.*, VII, 58). Forse l'Ariosto pensava alla leggenda delle orecchie d'asino sepolte da Mida; cfr. OVIDIO, *Met.*, XI, 183-193. – 5-8. *e Dio fa ecc.*: e Dio, dopo aver

2.   Avea creduto il miser Polinesso
totalmente il delitto suo coprire,
Dalinda consapevole d'appresso
levandosi, che sola il potea dire:
e aggiungendo il secondo al primo eccesso,
affrettò il mal che potea differire,
e potea differire e schivar forse;
ma se stesso spronando, a morir corse:

3.   e perdé amici a un tempo e vita e stato,
e onor, che fu molto più grave danno.
Dissi di sopra, che fu assai pregato
il cavallier, ch'ancor chi sia non sanno.
Al fin si trasse l'elmo, e 'l viso amato
scoperse, che più volte veduto hanno:
e dimostrò come era Arïodante,
per tutta Scozia lacrimato inante;

4.   Arïodante, che Ginevra pianto
avea per morto, e 'l fratel pianto avea,
il re, la corte, il popul tutto quanto:
di tal bontà, di tal valor splendea.
Adunque il peregrin mentir di quanto
dianzi di lui narrò, quivi apparea;
e fu pur ver che dal sasso marino
gittarsi in mar lo vide a capo chino.

5.   Ma (come aviene a un disperato spesso,
che da lontan brama e disia la morte,
e l'odia poi che se la vede appresso,

concesso al peccatore qualche giorno, perché possa pentirsi, vedendolo renitente, fa in modo che egli stesso involontariamente si accusi.

2. – 1. *miser*: cfr. I, 1: ora applica al caso particolare la sentenza generale. – 3-4. *d'appresso levandosi*: togliendo di mezzo. – 5. *eccesso*: delitto. – 8. *se stesso spronando*: agendo con troppa precipitazione; *a morir corse*: cfr. PETRARCA, *Tr. Am.*, II, 124: «Tacendo, amando quasi a morte corse».

3. – 1. *stato*: la sua eminente posizione sociale. – 8. *lacrimato*: pianto come morto.

4. – 5-6. *Adunque... apparea*: dunque sembrava avesse mentito il pellegrino che aveva recato la notizia del suo suicidio: cfr. V, 57. – 7. *e fu pur ver*: eppure fu vero. – 8. *a capo chino*: cfr. V, 57, 8.

5. – 2. *brama e disia la morte*: cfr. PETRARCA, *Canz.*, CV, 30: «altri dì et notte la

tanto gli pare il passo acerbo e forte)
Arïodante, poi ch'in mar fu messo,
si pentì di morire; e come forte
e come destro e più d'ogn'altro ardito,
si messe a nuoto e ritornossi al lito;

6. e dispregiando e nominando folle
il desir ch'ebbe di lasciar la vita,
si messe a caminar bagnato e molle,
e capitò all'ostel d'un eremita.
Quivi secretamente indugiar volle
tanto, che la novella avesse udita,
se del caso Ginevra s'allegrasse,
o pur mesta e pietosa ne restasse.

7. Intese prima, che per gran dolore
ella era stata a rischio di morire
(la fama andò di questo in modo fuore,
che ne fu in tutta l'isola che dire):
contrario effetto a quel che per errore
credea aver visto con suo gran martìre.
Intese poi, come Lurcanio avea
fatta Ginevra appresso il padre rea.

8. Contra il fratel d'ira minor non arse,
che per Ginevra già d'amore ardesse;
che troppo empio e crudel atto gli parse,
ancora che per lui fatto l'avesse.
Sentendo poi, che per lei non comparse
cavallier che difender la volesse
(che Lurcanio sì forte era e gagliardo,
ch'ognun d'andargli contra avea riguardo;

sua morte brama». – 4. *il passo*: dalla vita alla morte; cfr. PETRARCA, *Canz.*, XXXVI, 7; CXXVI, 22; CCCXXIII, 9-11: «passo... acerba morte». – 5. *fu messo*: si fu gettato. – 6. *e come*: e come quello che era.
    6. – 1-2. *folle il desir*: cfr. PETRARCA, *Canz.*, VI, 1: «'l folle mi' desio». – 3. *molle*: fradicio. – 4. *ostel*: ricovero.
    7. – 3. *di questo*: del suo dolore. – 3-4. *in modo... che ne fu... che dire*: così che ci fu modo di commentare il fatto in tutta l'isola. – 8. *fatta... rea*: accusata.
    8. – 3. *parse*: parve. – 4. *ancor che*: benché. – 5. *comparse*: comparve. – 8. *avea riguardo*: evitava, si schermiva.

9. e chi n'avea notizia, il riputava
    tanto discreto, e sì saggio et accorto,
    che se non fosse ver quel che narrava,
    non si porrebbe a rischio d'esser morto,
    per questo la più parte dubitava
    di non pigliar questa difesa a torto);
    Arïodante, dopo gran discorsi,
    pensò all'accusa del fratello opporsi.

10. — Ah lasso! io non potrei (seco dicea)
    — sentir per mia cagion perir costei:
    troppo mia morte fôra acerba e rea,
    se inanzi a me morir vedessi lei.
    Ella è pur la mia donna e la mia dea,
    questa è la luce pur degli occhi miei:
    convien ch'a dritto e a torto, per suo scampo
    pigli l'impresa, e resti morto in campo.

11. So ch'io m'appiglio al torto; e al torto sia:
    e ne morrò; né questo mi sconforta,
    se non ch'io so che per la morte mia
    sì bella donna ha da restar poi morta.
    Un sol conforto nel morir mi fia,
    che se 'l suo Polinesso amor le porta,
    chiaramente veder avrà potuto
    che non s'è mosso ancor per darle aiuto;

---

9. – 1. *n'avea notizia*: lo conosceva. – 2. *discreto*: giudizioso, assennato. – 7. *discorsi*: riflessioni.

10. – 4. *inanzi a me*: prima di me. – 5. *Ella... dea*: cfr. PETRARCA, *Canz.*, CC-CLXVI, 98: «Or tu, Donna del ciel, tu nostra Dea». – 6. *questa... miei*: cfr. PETRARCA, *Canz.*, CCXLVI, 11: «li occhi miei che luce altra non hanno». – 7. *a dritto e a torto*: avendo ragione o anche avendo torto; «indipendentemente dalla giustizia o ingiustizia della causa non c'è alternativa per Ariodante» (Caretti).

11. – 1. *m'appiglio*: mi rivolgo, mi attengo; cfr. PETRARCA, *Canz.*, CCLXIV, 136: «et al peggior m'appiglio». – 3. *se non ch'io so*: se non fosse ch'io so. «Ariodante non si rammarica per sé ma per la donna, perché dalla morte del cavaliere sarà ritenuta comprovata la colpevolezza di Ginevra» (Caretti). – 5. *Un sol conforto*: cfr. PETRARCA, *Canz.*, VIII, 11: «un sol conforto, e de la morte, avemo»; CCCXLVIII, 12.

12.   e me, che tanto espressamente ha offeso,
        vedrà, per lei salvare, a morir giunto.
        Di mio fratello insieme, il quale acceso
        tanto fuoco ha, vendicherommi a un punto;
        ch'io lo farò doler, poi che compreso
        il fine avrà del suo crudele assunto:
        creduto vendicar avrà il germano,
        e gli avrà dato morte di sua mano. –

13.   Concluso ch'ebbe questo nel pensiero,
        nuove arme ritrovò, nuovo cavallo;
        e sopraveste nere, e scudo nero
        portò, fregiato a color verdegiallo.
        Per aventura si trovò un scudiero
        ignoto in quel paese, e menato hallo;
        e sconosciuto (come ho già narrato)
        s'appresentò contra il fratello armato.

14.   Narrato v'ho come il fatto successe,
        come fu conosciuto Arïodante.
        Non minor gaudio n'ebbe il re, ch'avesse
        de la figliuola liberata inante.
        Seco pensò che mai non si potesse
        trovar un più fedele e vero amante;
        che dopo tanta ingiuria, la difesa
        di lei, contra il fratel proprio, avea presa.

15.   E per sua inclinazion (ch'assai l'amava)
        e per li preghi di tutta la corte,
        e di Rinaldo, che più d'altri instava,
        de la bella figliuola il fa consorte.
        La duchea d'Albania, ch'al re tornava
        dopo che Polinesso ebbe la morte,
        in miglior tempo discader non puote,
        poi che la dona alla sua figlia in dote.

---

12. – 1. *espressamente*: manifestamente. – 6. *il fine*: il risultato; *assunto*, impresa.
    13. – 3. *sopraveste*: leggera tunica che si indossava sopra la corazza; *nere... nero*:
simbolo di lutto o dolore. – 4. *verdegiallo*: il colore delle foglie appassite, simbolo
di dolore e disperazione; cfr. n. a XXXII, 46, 7.
    15. – 3. *instava*: insisteva, incalzava. – 5. *duchea*: ducato. – 7. *discader*: rimaner
vacante.

16.   Rinaldo per Dalinda impetrò grazia,
            che se n'andò di tanto errore esente;
            la qual per voto, e perché molto sazia
            era del mondo, a Dio volse la mente:
            monaca s'andò a render fin in Dazia,
            e si levò in Scozia immantinente.
            Ma tempo è ormai di ritrovar Ruggiero,
            che scorre il ciel su l'animal leggiero.

17.   Ben che Ruggier sia d'animo constante,
            né cangiato abbia il solito colore,
            io non gli voglio creder che tremante
            non abbia dentro più che foglia il core.
            Lasciato avea di gran spazio distante
            tutta l'Europa, et era uscito fuore
            per molto spazio il segno che prescritto
            avea già a' naviganti Ercole invitto.

18.   Quello ippogrifo, grande e strano augello,
            lo porta via con tal prestezza d'ale,
            che lascieria di lungo tratto quello
            celer ministro del fulmineo strale.
            Non va per l'aria altro animal sì snello,
            che di velocità gli fosse uguale:
            credo ch'a pena il tuono e la saetta
            venga in terra dal ciel con maggior fretta.

---

16. – 2. *di tanto... esente*: impunita per la sua colpa ch'era pur grande. –
5. *Dazia*: da identificarsi colla Dania o Danimarca. – 7. *tempo è ormai*: cfr. n. a II,
30, 7-8.

17. – 1. *constante*: risoluto, coraggioso. – 3-4. *tremante... core*: cfr. XVIII, 80, 7; la
situazione tra di spensierato ardimento e di inquieta perplessità sarà uno dei
motivi poetici del personaggio di Ruggiero nell'episodio che segue; un personaggio
che l'Ariosto assume a tipo stilizzato e di cui si serve per comporre una variazione
allegorica sul tema dell'amore. – 6-8. *fuore... invitto*: al di là delle colonne poste da
Ercole a Gibilterra, come segno occidentale di confine ai naviganti; cfr. DANTE,
Inf., XXVI, 108: «Dov'Ercule segnò li suoi riguardi»; PULCI, *Morg.*, XXV, 130: «i
segni che Ercole già pose Acciò che i navicanti sieno accorti Di non passar più
oltre».

18. – 4. *celer ministro*: l'aquila, che portava il fulmine a Giove; cfr. ORAZIO,
Carm., IV, 4, 1: «*ministrum fulminis alitem*».

19.   Poi che l'augel trascorso ebbe gran spazio
       per linea dritta e senza mai piegarsi,
       con larghe ruote, omai de l'aria sazio,
       cominciò sopra una isola a calarsi,
       pari a quella ove, dopo lungo strazio
       far del suo amante e lungo a lui celarsi,
       la vergine Aretusa passò invano
       di sotto il mar per camin cieco e strano.

20.   Non vide né 'l più bel né 'l più giocondo
       da tutta l'aria ove le penne stese;
       né se tutto cercato avesse il mondo,
       vedria di questo il più gentil paese,
       ove, dopo un girarsi di gran tondo,
       con Ruggier seco il grande augel discese:
       culte pianure e delicati colli,
       chiare acque, ombrose ripe e prati molli.

19. – 1. *trascorso*: percorso. – 3. *con larghe ruote*: cfr. IV, 24, 8. – 5-8. *pari a quella ecc.*: simile alla Sicilia. Secondo la favola antica, la ninfa Aretusa cercò un rifugio all'amore del dio fluviale Alfeo, attraversando il mare dalla Grecia alla Sicilia. Appena giunta, però, Diana la trasformò in fonte, per sottrarla all'inseguitore; ma *invano* (v. 7), poiché Alfeo la raggiunse, mescolando le sue con le acque di lei. (Cfr. VIRGILIO, *Aen.*, III, 692-696; OVIDIO, *Met.*, V, 564-641). La reminiscenza classica aiuta fin dall'inzio a caratterizzare l'isola d'Alcina come luogo dalla geografia in parte immaginaria, anche se essa è identificabile con una delle isole, simili al Cipangu di cui parla Marco Polo, dell'Asia orientale, o *India* (cfr. VII, 39, 8), di cui si favolava non poco, e a cui credeva d'essere approdato anche C. Colombo. La letteratura offre numerosi esempi di simili paesaggi ideali di terre felici e senza peccato: l'Eden, i Campi Elisi, le Esperidi, l'isola dei Feaci, l'isola d'Avalona, il «paradiso deliziano», i giardini d'amore, ecc. (Cfr. A. GRAF, *Miti, leggende, ecc.*, Torino, 1925; LEONARDO OLSCHKI, *Storia letteraria delle scoperte geografiche*, Firenze, 1937, pp. 34-55; E. R. CURTIUS, *Lett. eur.*, cit., p. 223; P. RAJNA, *Le fonti dell'«Orlando Furioso»* cit., pp. 164-169). Come modelli letterari più diretti l'Ariosto ebbe presente i giardini del *Decameron*, da quello incantato di Madonna Dianora (X, V) a quelli fra cui trascorre la cortese brigata, e poi l'isola di Carandina nel *Mambriano*, il giardino di Falerina nell'*Innam.* (II, IV, 21-23) e le descrizioni di Cipro in Petrarca, *Tr. Am.*, IV, 100-129 e nelle *Stanze* del Poliziano (I, 70, segg.).

20. – 1. *giocondo*: piacente, gradito; cfr. PETRARCA, *Tr. Etern.*, 24: «E rifarne un più bello e più giocondo». – 4. *gentil*: leggiadro, ameno. – 5. *di gran tondo*: con larghe ruote. – 7-8. *culte pianure ecc.*: pianure coltivate e colli dal pendio dolce, acqua limpida e prati intrisi di rugiada; cfr. i *chiari rivi* di I, 35, 5 e poi VIRGILIO, *Ecl.*, X, 42: «*mollia prata*»; PETRARCA, *Tr. Am.*, IV, 101: «un'isoletta delicata e molle»; BOIARDO, *Innam.*, II, IV, 23, 1: «Dolce pianure e lieti monticelli»; ecc.

21.   Vaghi boschetti di soavi allori,
        di palme e d'amenissime mortelle,
        cedri et aranci ch'avean frutti e fiori
        contesti in varie forme e tutte belle,
        facean riparo ai fervidi calori
        de' giorni estivi con lor spesse ombrelle;
        e tra quei rami con sicuri voli
        cantando se ne gìano i rosignuoli.

22.   Tra le purpuree rose e i bianchi gigli,
        che tiepida aura freschi ognora serba,
        sicuri si vedean lepri e conigli,
        e cervi con la fronte alta e superba,
        senza temer ch'alcun gli uccida o pigli,
        pascano o stiansi rominando l'erba;
        saltano i daini e i capri isnelli e destri,
        che sono in copia in quei luoghi campestri.

23.   Come sì presso è l'ippogrifo a terra,
        ch'esser ne può men periglioso il salto,
        Ruggier con fretta de l'arcion si sferra,
        e si ritruova in su l'erboso smalto;
        tuttavia in man le redine si serra,
        che non vuol che 'l destrier più vada in alto:
        poi lo lega nel margine marino
        a un verde mirto in mezzo un lauro e un pino.

---

21. – 1. *Vaghi*: graziosi; *allori*: la botanica dell'Ariosto, pur essendo essenzialmente letteraria e stilizzata, è più coerentemente latina e mediterranea, meno
miscidata, di quella dei suoi modelli: cfr. per es. POLIZIANO, *Stanze, loc. cit.*, 82-83;
BOIARDO, *Innam.*, I, III, 37, 8: «un faggio, un pino ed una verde oliva». –
2. *amenissime*: dal profumo piacevole. – 4. *contesti*: intrecciati. – 6. *con... ombrelle*:
col folto intreccio dei loro rami; *ombrelle* è latinismo virgiliano (*Ecl.*, IX, 42, già
ripreso dal POLIZIANO, *Stanze*, I, 84, 5). – 7. *sicuri*: dalle insidie dei cacciatori.

22. – 4. *con la fronte... superba*: cfr. POLIZIANO, *Stanze*, I, 34, 2-3: «una cervia
altera e bella, Con alta fronte, con corna ramose». – 7. *capri*: caprioli; cfr. BOIARDO,
Innam., II, IV, 23, 5-8: «Conigli e caprioli e cervi isnelli, Piacevoli a guardare e
mansueti, Lepore e daini correndo d'intorno, Pieno avean tutto quel giardino
adorno».

23. – 3. *si sferra*: si libera, saltando giù. – 4. *l'erboso smalto*: il prato; cfr. DANTE,
Inf., IV, 118: «Sopra 'l verde smalto»; PULCI, *Morg.*, XVI, 109, 4; XXIV, 135, 5. –
7. *nel... marino*: sulla riva del mare. – 8. *a un verde... pino*: «L'Ariosto anche qui
predispone i dati della sua visione con un senso tutto suo di essenziale sobrietà e
di ordine armonioso, e in pochi tratti ti dà lo schema della "composizione", alla
maniera di un pittore» (Sapegno).

24. E quivi appresso ove surgea una fonte
cinta di cedri e di feconde palme,
pose lo scudo, e l'elmo da la fronte
si trasse, e disarmossi ambe le palme;
et ora alla marina et ora al monte
volgea la faccia all'aure fresche et alme,
che l'alte cime con mormorii lieti
fan tremolar dei faggi e degli abeti.

25. Bagna talor ne la chiara onda e fresca
l'asciutte labra, e con le man diguazza,
acciò che de le vene il calore esca
che gli ha acceso il portar de la corazza.
Né maraviglia è già ch'ella gl'incresca;
che non è stato un far vedersi in piazza:
ma senza mai posar, d'arme guernito,
tre mila miglia ognor correndo era ito.

26. Quivi stando, il destrier ch'avea lasciato
tra le più dense frasche alla fresca ombra,
per fuggir si rivolta, spaventato
di non so che, che dentro al bosco adombra:
e fa crollar sì il mirto ove è legato,
che de le frondi intorno il piè gli ingombra:
crollar fa il mirto e fa cader la foglia;
né succede però che se ne scioglia.

27. Come ceppo talor, che le medolle
rare e vòte abbia, e posto al fuoco sia,
poi che per gran calor quell'aria molle

24. – 1. *surgea*: sgorgava. – 2. *feconde*: buone a far frutto. – 6. *alme*: ristoratrici, benefiche.

25. – 2. *asciutte*: riarse. – 6. *non è stato... piazza*: la sua non è stata impresa così facile, come quando si fa la giostra in piazza. – 8. *tre mila*: il numero può essere indeterminato (come a XIII, 40, 2, XV, 4, 1, ecc.), a rendere la lontana favolosità del luogo; non si dimentichi però che i geografi del tempo, anche dopo Colombo, facevano il giro del tropico più corto di quanto esso sia in realtà.

26. – 2. *frasche... fresca*: allitterazione voluta. – 4. *adombra*: i commentatori spiegano variamente questo verbo: «getta ombra» oppure «fa adombrare, impaurire, il cavallo». Forse si tratta di un'ambiguità voluta, che prepara, insieme coll'allitterazione precedente, all'atmosfera colma di meraviglia e stupore dell'episodio seguente che esteriormente, ma solo esteriormente, è esemplato su quelli analoghi di Polidoro in Virgilio (*Aen.*, III, 22 segg.), di Pier della Vigna in Dante (*Inf.*, XIII) e di Fileno e Idalogo nel Boccaccio (*Filocolo*, IV e V).

27. – 1. *Come ceppo talor ecc.*: cfr. DANTE, *Inf.*, XIII, 40-44. – 3. *molle*: umida. –

resta consunta ch'in mezzo l'empìa,
dentro risuona, e con strepito bolle
tanto che quel furor truovi la via;
così murmura e stride e si coruccia
quel mirto offeso, e al fine apre la buccia.

28.   Onde con mesta e flebil voce uscìo
espedita e chiarissima favella,
e disse: — Se tu sei cortese e pio,
come dimostri alla presenza bella,
lieva questo animal da l'arbor mio:
basti che 'l mio mal proprio mi flagella,
senza altra pena, senza altro dolore
ch'a tormentarmi ancor venga di fuore. —

29.   Al primo suon di quella voce torse
Ruggiero il viso, e subito levosse;
e poi ch'uscir da l'arbore s'accorse,
stupefatto restò più che mai fosse.
A levarne il destrier subito corse;
e con le guancie di vergogna rosse:
— Qual che tu sii, perdonami, (dicea)
o spirto umano, o boschereccia dea.

30.   Il non aver saputo che s'asconda
sotto ruvida scorza umano spirto,
m'ha lasciato turbar la bella fronda
e far ingiuria al tuo vivace mirto:
ma non restar però, che non risponda

---

4. *consunta*: consumata. – 6. *tanto... via*: fino a che quel bollore trova un'uscita di sfogo.

28. – 1. *Onde*: dalla quale; *con mesta... voce*: cfr. un episodio del *Filocolo* di Boccaccio (V, 6, 3), in cui Idalogo, trasformato in pino e colpito da un dardo scagliato da Filocolo, gli si rivolge «con dolorosa voce». – 2. *espedita*: sciolta. – 4. *presenza*: aspetto. – 6. *'l mio... flagella*: la mia propria sventura mi tormenti.

29. – 1. *suon... torse*: cfr. DANTE, *Purg.*, IV, 100: «Al suo di lei [cioè di una voce] ciascun di noi si torse». Per il gesto di meraviglia, cfr. BOCCACCIO, *Filocolo*, IV, 2, 4: «A questa voce [di Fileno trasformato in fonte] Filocolo tutto stupefatto tirò indietro la mano». – 7. *Qual che tu sii ecc.*: cfr. DANTE, *Inf.*, I, 66: «Quel che tu sii, od ombra od omo certo». – 8. *boschereccia dea*: ninfa dei boschi.

30. – 4. *vivace*: vivente (lat.); secondo Bigi è da intendersi nell'altro senso latino di rigoglioso. Rinvia a DANTE, *Purg.*, XXIV, 103 e a BOCCACCIO, *Dec.*, VII,

chi tu ti sia, ch'in corpo orrido et irto,
con voce e razionale anima vivi;
se da grandine il ciel sempre ti schivi.

31.   E s'ora o mai potrò questo dispetto
        con alcun beneficio compensarte,
        per quella bella donna ti prometto,
        quella che di me tien la miglior parte,
        ch'io farò con parole e con effetto,
        ch'avrai giusta cagion di me lodarte. –
        Come Ruggiero al suo parlar fin diede,
        tremò quel mirto da la cima al piede.

32.   Poi si vide sudar su per la scorza,
        come legno dal bosco allora tratto,
        che del fuoco venir sente la forza,
        poscia ch'invano ogni ripar gli ha fatto;
        e cominciò: – Tua cortesia mi sforza
        a discoprirti in un medesmo tratto
        ch'io fossi prima, e chi converso m'aggia
        in questo mirto in su l'amena spiaggia.

33.   Il nome mio fu Astolfo; e paladino
        era di Francia, assai temuto in guerra:
        d'Orlando e di Rinaldo era cugino,

Intr. 7. – 6. *orrido et irto*: ispido e pungente; cfr. VIRGILIO, *Aen.*, III, 23: «*horrida myrtus*». – 8. *se... schivi*: che il cielo ti scampi sempre dalla grandine; il *se* ha valore deprecativo; nota come l'Ariosto sia inesauribile nello sfruttare i lati meravigliosi e sorridenti della sua nuova invenzione.

31. – 1. *dispetto*: offesa dolorosa. – 3. *bella donna*: Bradamante. – 5. *con... effetto*: colle parole e colle opere; cfr. V, 16, 1.

32. – 2. *allora tratto*: appena tagliato. – 4. *ripar*: difesa, resistenza. – 7. *converso*: trasformato.

33. – 1. *Astolfo*: personaggio dei poemi francesi e italiani, era duca di Langres e detto Langrois, onde per errore l'Anglois, l'inglese. Fu poi considerato figlio di Ottone re d'Inghilterra e quindi, poiché Ottone era fratello di Milone e di Amone, cugino di Orlando e Rinaldo. Amicissimo di Orlando era presentato, anche nel-l'*Innam.*, come personaggio bizzarro (leggermente albionico), aggraziato ed elegante, ma imbelle e inutilmente vantatore, spesso motteggiatore e comicamente pazzo. Nel *Furioso* perde quasi tutti i caratteri popolareschi, è cavaliere compiuto e signorile, gli resta però lo spirito avventuroso e la vena di follia (cfr. XXXIV,

la cui fama alcun termine non serra;
e si spettava a me tutto il domìno,
dopo il mio padre Oton, de l'Inghilterra.
Leggiadro e bel fui sì, che di me accesi
più d'una donna; e al fin me solo offesi.

34.   Ritornando io da quelle isole estreme
che da Levante il mar Indico lava,
dove Rinaldo et alcun'altri insieme
meco fur chiusi in parte oscura e cava,
et onde liberate le supreme
forze n'avean del cavallier di Brava;
vêr ponente io venìa lungo la sabbia
che del settentrïon sente la rabbia.

35.   E come la via nostra e il duro e fello
distin ci trasse, uscimmo una matina
sopra la bella spiaggia, ove un castello
siede sul mar, de la possente Alcina.
Trovammo lei ch'uscita era di quello,
e stava sola in ripa alla marina;
e senza rete e senza amo traea
tutti li pesci al lito, che volea.

84-86). – 4. *la cui... serra:* formula cara ai canterini. – 7. *leggiadro e bel:* cfr. BOIARDO, *Innam.*, I, 1, 60, 1-4: «Astolfo lo Inglese Non ebbe di bellezze il simigliante...; Leggiadro e nel vestir e nel sembiante».

34. – 1. *Ritornando ecc.:* avventure già narrate nell'*Innam.* (II, XII e XIII): la fata Morgana aveva rapito Ziliante, figlio di Monodante, re delle Isole Lontane (*isole estreme,* v. 1) nell'oceano Indiano (*che... il mar Indico lava,* v. 2), e non l'avrebbe reso se non in cambio di Orlando. Il re allora fece catturare quanti cavalieri poteva, sperando di prendere Orlando e alla fine lo ebbe nelle sue mani, insieme a Prasildo, Iroldo, Dudone, Astolfo e Rinaldo. Orlando riuscì a liberarsi, ma si recò ugualmente da Morgana, mise in salvo il giovinetto e lo riportò a Monodante, che allora lasciò liberi tutti i prigionieri, compreso Astolfo. Questi poi, giunto nel giardino della fata Alcina, fu da essa invitato a salire sul dorso di una balena. – 6. *cavallier di Brava:* Orlando, uno dei cui feudi era Brava (nella *Chanson de Roland* «Blaive») e cioè Blaye-sur-Gironde nel Saintorge, città in cui ancor si mostra la tomba di Orlando. Altrove (XXVII, 101, 6) l'Ariosto scrive *Blaia* credendo trattarsi di due città diverse. – 7. *sabbia:* il deserto dell'emisfero boreale, spazzato dal vento di settentrione.

35. – 2-4. *uscimmo una matina ecc.:* cfr. *Innam.,* II, XIII, 54, 7-8: «E cavalcando gionse una matina Al castel falso de la fata Alcina». Alcina, che l'Ariosto sceglie a rappresentare il simbolo malizioso della seduzione, già nei modelli dell'*Innam.,* e del *Mambriano* (Carandina) era esemplata sulla Calipso omerica e su Didone e Circe di Virgilio. – 6-8. *e stava sola ecc.:* cfr. *Innam., loc. cit.,* 56, 6-8, 57-59: «la fata sopra alla marina Facea venir con arte e con incanti Sin fuor de l'acqua e pesci tutti quanti».

36.   Veloci vi correvano i delfini,
        vi venìa a bocca aperta il grosso tonno;
        i capidogli coi vécchi marini
        vengon turbati dal lor pigro sonno;
        muli, salpe, salmoni e coracini
        nuotano a schiere in più fretta che ponno;
        pistrici, fisiteri, orche e balene
        escon del mar con monstruose schiene.

37.   Veggiamo una balena, la maggiore
        che mai per tutto il mar veduta fosse:
        undeci passi e più dimostra fuore
        de l'onde salse le spallaccie grosse.
        Caschiamo tutti insieme in uno errore,
        perch'era ferma e che mai non si scosse:
        ch'ella sia una isoletta ci credemo,
        così distante ha l'un da l'altro estremo.

38.   Alcina i pesci uscir facea de l'acque
        con semplici parole e puri incanti.
        Con la fata Morgana Alcina nacque,
        io non so dir s'a un parto o dopo o inanti.
        Guardommi Alcina; e subito le piacque
        l'aspetto mio, come mostrò ai sembianti:
        e pensò con astuzia e con ingegno
        tôrmi ai compagni; e riuscì il disegno.

36. – 1. *Veloci vi correvano...*: cfr. l'elenco di BOIARDO, *Innam.*, II, XIII, 57:
«Quivi eran tonni e quivi eran delfini, Lombrine e pesci spade una gran schiera;
E tanti ve eran, grandi e piccolini, Ch'io non scio dire il nome o la manera.
Diverse forme de monstri marini, Rotoni e cavodogli assai vi ne era; E fisistreri e
pistrice e balene Le ripe avevano a lei d'intorno piene». – 3. *vécchi marini*: vitelli
marini, foche (cfr. PULCI, *Morg.*, XIV, 65, 1). – 4. *pigro sonno*: cfr. CATULLO, LXIII,
37; PETRARCA, *Canz.*, LIII, 15. – 5. *muli*: triglie; *coracini*: corvòli; tutte e quatto le
specie ricordate in PLINIO, *Nat. Hist.*, IX, XVI, 18, 51 e XVIII, 32, 68. – 7. *pistrici*:
mostri marini, pesci sega, ecc.; *fisiteri*: nome scientifico dei capidogli; *orche*: cetacei
simili ai delfini.
    37. – 3. *undeci passi*: circa sedici metri; nell'*Innam.* (*loc. cit.*, 58, 4) era invece,
iperbolicamente, due miglia di lunghezza. – 4. *spallaccie*: cfr. DANTE, *Inf.*, XVII, 91.
– 5. *in uno errore*: nel medesimo errore. – 7. *credemo*: crediamo.
    38. – 1. *Alcina i pesci...*: cfr. BOIARDO, *Innam.*, II, XIII, 59, 1-4: «Or, come io dico,
la fata pescava, E non avea né rete né altro ordegno: Sol le parole che all'acqua
gettava, Facea tutti quei pesci stare al segno». – 3. *Morgana*: era già nell'*Innam.*;
qui è simbolo dell'ira. – 4. *s'a un... inanti*: se sorella gemella o maggiore o minore.
– 7. *ingegno*: inganno.

39.   Ci venne incontra con allegra faccia,
       con modi grazïosi e riverenti,
       e disse: «Cavallier, quando vi piaccia
       far oggi meco i vostri alloggiamenti,
       io vi farò veder, ne la mia caccia,
       di tutti i pesci sorti differenti:
       chi scaglioso, chi molle e chi col pelo;
       e saran più che non ha stelle il cielo.

40.   E volendo vedere una sirena
       che col suo dolce canto acheta il mare,
       passian di qui fin su quell'altra arena,
       dove a quest'ora suol sempre tornare».
       E ci mostrò quella maggior balena
       che, come io dissi, una isoletta pare.
       Io che sempre fui troppo (e me n'incresce)
       volonteroso, andai sopra quel pesce.

41.   Rinaldo m'accennava, e similmente
       Dudon, ch'io non v'andassi: e poco valse.
       La fata Alcina con faccia ridente,
       lasciando gli altri dua, dietro mi salse.
       La balena, all'ufficio diligente,
       nuotando se n'andò per l'onde salse.
       Di mia sciochezza tosto fui pentito;
       ma troppo mi trovai lungi dal lito.

42.   Rinaldo si cacciò ne l'acqua a nuoto
       per aiutarmi, e quasi si sommerse,
       perché levossi un furïoso Noto
       che d'ombra il cielo e 'l pelago coperse.
       Quel che di lui seguì poi, non m'è noto.
       Alcina a confortarmi si converse;

---

39. – 4. *far... alloggiamenti*: alloggiare oggi con me.
40. – 1. *volendo*: se volete; *una sirena*: già nell'*Innam., loc. cit.*, 62, 1-4: «Oltre a quella isoletta è una sirena: Passi là sopra chi la vôl mirare. Molto è bel pesce, né credo che apena Dece sian visti in tutto quanto il mare». – 8. *volonteroso*: pronto a tentare nuove avventure.
41. – 4. *salse*: salì, o, più probabilmente, saltò: cfr. BOIARDO, *Innam.*, II, XIII, 63, 7-8: «Come salito sopra il pesce il vide, [Alcina] Dietro li salta e de allegrezza ride». – 5. *all'ufficio diligente*: pronta a eseguire il comando della fata.
42. – 1. *Rinaldo ecc.*: cfr. *Innam., loc. cit.*, 65 e XIV, 3-8. – 3. *Noto*: vento di mezzogiorno. – 6. *si converse*: si rivolse.

e quel dì tutto e la notte che venne,
sopra quel mostro in mezzo il mar mi tenne.

43.   Fin che venimmo a questa isola bella,
di cui gran parte Alcina ne possiede,
e l'ha usurpata ad una sua sorella
che 'l padre già lasciò del tutto erede,
perché sola legitima avea quella;
e (come alcun notizia me ne diede,
che pienamente instrutto era di questo)
sono quest'altre due nate d'incesto.

44.   E come sono inique e scelerate
e piene d'ogni vizio infame e brutto,
così quella, vivendo in castitate,
posto ha ne le virtuti il suo cor tutto.
Contra lei queste due son congiurate;
e già più d'uno esercito hanno instrutto
per cacciarla de l'isola, e in più volte
più di cento castella l'hanno tolte:

45.   né ci terrebbe ormai spanna di terra
colei, che Logistilla è nominata,
se non che quinci un golfo il passo serra,
e quindi una montagna inabitata,
sì come tien la Scozia e l'Inghilterra
il monte e la riviera, separata;
né però Alcina né Morgana resta
che non le voglia tor ciò che le resta.

46.   Perché di vizii è questa coppia rea,
odia colei, perché è pudica e santa.
Ma, per tornare a quel ch'io ti dicea,

---

43. – 3. *sua sorella*: Logistilla, simbolo della ragione e della virtù (Segre suggerisce un rapporto con la figura di Logistica dell'*Hypnerotomachia Poliphili* del Colonna). – 7. *instrutto*: informato. – 8. *altre due*: Morgana e Alcina.

44. – 6. *instrutto*: ordinato, allestito (lat.: *instruere aciem*).

45. – 1. *ci terrebbe*: possederebbe nell'isola. – 3-4. *quinci... quindi*: da una parte e dall'altra. – 5-6. *sì come... separata*: così come i monti Cheviot e il fiume Tweed costituiscono una barriera naturale tra la Scozia e l'Inghilterra. – 7-8. *resta... voglia*: desistono dal proposito di volerle.

e seguir poi com'io divenni pianta,
Alcina in gran delizie mi tenea,
e del mio amore ardeva tutta quanta;
né minor fiamma nel mio core accese
il veder lei sì bella e sì cortese.

47.   Io mi godea le delicate membra:
pareami aver qui tutto il ben raccolto
che fra i mortali in più parti si smembra,
a chi più et a chi meno e a nessun molto;
né di Francia né d'altro mi rimembra:
stavomi sempre a contemplar quel volto:
ogni pensiero, ogni mio bel disegno
in lei finia, né passava oltre il segno.

48.   Io da lei altretanto era o più amato:
Alcina più non si curava d'altri;
ella ogn'altro suo amante avea lasciato,
ch'inanzi a me ben ce ne fur degli altri.
Me consiglier, me avea dì e notte a lato,
e me fe' quel che commandava agli altri:
a me credeva, a me si riportava;
né notte o dì con altri mai parlava.

49.   Deh! perché vo le mie piaghe toccando,
senza speranza poi di medicina?
Perché l'avuto ben vo rimembrando,

---

46. – 4. *e seguir*: e narrarti poi di seguito. – 7. *né... accese*: cfr. PETRARCA, *Canz.*, XXIII, 164: «ma fui ben fiamma ch'un bel guardo accense» (Cabani).

47. – 1. *le delicate membra*: cfr. PETRARCA, *Canz.*, CXXVI, 2: «le belle membra» (in rima con «rimembra»). – 2-5. *pareami aver ecc.*: mi sembrava di aver qui riunite tutte le gioie felici che sono di solito spartite fra gli uomini in quantità maggiore o minore, ma a nessuno comunque in quantità notevole. – 7-8. *ogni... segno*: tutti i miei pensieri e desideri si rivolgevano a lei e trovavano appagamento nel possesso di lei, né cercavano altro (cfr. *Mambriano*, I, 40, 7-8: «E più non si ricorda del suo regno, Tanto ha sopra costei fermo il disegno».

48. – 2. *altri*: nota la parola che rima tre volte con sé stessa, a ribadire l'orgoglioso esclusivo possesso di Astolfo. – 6. *me fe'... altri*: mi servì mentre dagli altri si faceva servire. – 7. *a me si riportava*: si rimetteva al mio giudizio.

49. – 1-2. *piaghe... medicina*: immagini appartenenti alla tradizione amorosa;

quando io patisco estrema disciplina?
Quando credea d'esser felice, e quando
credea ch'amar più mi dovesse Alcina,
il cor che m'avea dato si ritolse,
e ad altro nuovo amor tutta si volse.

50. Conobbi tardi il suo mobil ingegno,
usato amare e disamare a un punto.
Non era stato oltre a duo mesi in regno,
ch'un novo amante al loco mio fu assunto.
Da sé cacciommi la fata con sdegno,
e da la grazia sua m'ebbe disgiunto:
e seppi poi, che tratti a simil porto
avea mill'altri amanti, e tutti a torto.

51. E perché essi non vadano pel mondo
di lei narrando la vita lasciva,
chi qua chi là, per lo terren fecondo
li muta, altri in abete, altri in oliva,
altri in palma, altri in cedro, altri secondo
che vedi me su questa verde riva,
altri in liquido fonte, alcuni in fiera,
come più agrada a quella fata altiera.

52. Or tu che sei per non usata via,
signor, venuto all'isola fatale,
acciò ch'alcuno amante per te sia
converso in pietra o in onda, o fatto tale;
avrai d'Alcina scettro e signoria,
e sarai lieto sopra ogni mortale:

cfr. n. a XXXI, 5, 1-8. – 4. *estrema disciplina*: una punizione tormentosa. – 7. *si ritolse*: si riprese.
50. – 1. *mobil ingegno*: indole volubile. Dice il Petrarca che «femina è cosa mobil per natura» (*Canz.*, CLXXXIII, 12). – 2. *a un punto*: tutto d'un tratto (cfr. PETRARCA, *Tr. Am.*, III, 46: «Dell'altro, che 'n un punto ama e disama»). – 3. *in regno*: padrone del suo cuore. – 6. *disgiunto*: allontanato. – 7. *a simil porto*: a simile fine.
51. – 5-6: *secondo... me*: nella forma in cui mi vedi, in mirto. – 7. *liquido fonte*: cfr. II, 35, 4. La fiaba classica delle metamorfosi operate da Circe (VIRGILIO, *Aen.*, VII, 20; cfr. anche APULEIO, *Met.*, II, V e *Mambriano*, XXXVIII, 24) è rievocata dall'Ariosto in un linguaggio elegante e musicale, ricco di echi petrarcheschi.
52. – 1. *per non usata via*: quella del cielo. – 3. *alcuno amante*: uno degli amanti presenti di Alcina che verrà scacciato e sostituito da te. – 4. *tale*: come sono

ma certo sii di giunger tosto al passo
d'entrar o in fiera o in fonte o in legno o in sasso.

53.   Io te n'ho dato volentieri aviso;
non ch'io mi creda che debbia giovarte:
pur meglio fia che non vadi improviso,
e de' costumi suoi tu sappia parte;
che forse, come è differente il viso,
è differente ancor l'ingegno e l'arte.
Tu saprai forse riparare al danno,
quel che saputo mill'altri non hanno. –

54.   Ruggier, che conosciuto avea per fama
ch'Astolfo alla sua donna cugin era,
si dolse assai che in steril pianta e grama
mutato avesse la sembianza vera;
e per amor di quella che tanto ama
(pur che saputo avesse in che maniera)
gli avria fatto servizio: ma aiutarlo
in altro non potea, ch'in confortarlo.

55.   Lo fe' al meglio che seppe; e domandolli
poi se via c'era, ch'al regno guidassi
di Logistilla, o per piano o per colli,
sì che per quel d'Alcina non andassi.
Che ben ve n'era un'altra, ritornolli
l'arbore a dir, ma piena d'aspri sassi,
s'andando un poco inanzi alla man destra,
salisse il poggio invêr la cima alpestra.

io, un mirto. – 7. *al passo*: al momento (leggermente diverso il significato in
PETRARCA, *Canz.*, CCCXXIII, 9: «che 'n poco tempo la menaro al passo», dove
passo, in rima con sasso, è il varco della morte).
    53. – 2. *non... giovarte*: benché io non creda che il mio consiglio possa giovarti.
Astolfo ha appunto chiamato *fatale* (VI, 52, 2) l'isola d'Alcina, a sostenere (d'accordo probabilmente con l'Ariosto) che, di fronte alle lusinghe fascinose d'amore,
l'uomo è ineluttabilmente debole e impotente. – 3. *improviso*: impreparato. – 5-6.
come... l'arte: come hanno aspetto diverso, così possono avere diversa l'indole e
l'accortezza.
    54. – 2. *alla sua donna*: a Bradamante. – 3. *grama*: misera, afflitta.
    55. – 5-6. *un'altra... sassi*: la via che porta alla ragione è aspra e difficile.
L'allegoria delle due vie, risalente alla favola di Prodico su Ercole al bivio, era già
stata più volte ripresa in ambiente umanistico e, per il tramite della poesia

56.   Ma che non pensi già che seguir possa
        il suo camin per quella strada troppo:
        incontro avrà di gente ardita, grossa
        e fiera compagnia, con duro intoppo.
        Alcina ve li tien per muro e fossa
        a chi volesse uscir fuor del suo groppo.
        Ruggier quel mirto ringraziò del tutto,
        poi da lui si partì dotto et instrutto.

57.   Venne al cavallo, e lo disciolse e prese
        per le redine, e dietro se lo trasse;
        né, come fece prima, più l'ascese,
        perché mal grado suo non lo portasse.
        Seco pensava come nel paese
        di Logistilla a salvamento andasse.
        Era disposto e fermo usar ogni opra,
        che non gli avesse imperio Alcina sopra.

58.   Pensò di rimontar sul suo cavallo,
        e per l'aria spronarlo a nuovo corso:
        ma dubitò di far poi maggior fallo;
        che troppo mal quel gli ubidiva al morso.
        — Io passerò per forza, s'io non fallo —,
        dicea tra sé, ma vano era il discorso.
        Non fu duo miglia lungi alla marina,
        che la bella città vide d'Alcina.

59.   Lontan si vide una muraglia lunga
        che gira intorno, e gran paese serra;
        e par che la sua altezza al ciel s'aggiunga,
        e d'oro sia da l'alta cima a terra.

allegorico-didattica in volgare, anche nel *Mambriano* (XXVI, 81); cfr. P. RAJNA, *Le fonti dell'«Orlando Furioso»* cit., p. 175.
        56. – 3-4. *incontro... intoppo*: si scontrerà con un numeroso, selvaggio branco di gente arida, che gli farà violento impedimento. Si noti come in questo passo le rime tendano ad avere una forte consistenza: sono quasi tutte parole-rima dantesche e la serie *troppo:intoppo:groppo* si incontra anche in PETRARCA, *Tr. Fama*, II, 14-18 e in *Mambriano*, V, 13. – 4. *fiera compagnia*: cfr. DANTE, *Inf.*, XIII, 14. – 5. *per... fossa*: in luogo delle mura e del fossato. – 6. *groppo*: laccio, potere. – 8. *dotto et instrutto*: perfettamente ammaestrato.
        57. – 3. *l'ascese*: lo montò. – 7. *disposto e fermo*: fermamente risoluto. – 8. *che... sopra*: per impedire che Alcina acquistasse potere su di lui.
        59. – 1. *Lontan si vide*: vide lontano da sé. – 3. *s'aggiunga*: giunga. – 4. *d'oro*: cfr.

Alcun dal mio parer qui si dilunga,
e dice ch'ell'è alchimia: e forse ch'erra;
et anco forse meglio di me intende:
a me par oro, poi che sì risplende.

60. Come fu presso alle sì ricche mura,
che 'l mondo altre non ha de la lor sorte,
lasciò la strada che per la pianura
ampla e diritta andava alle gran porte;
et a man destra, a quella più sicura,
ch'al monte gìa, piegossi il guerrier forte:
ma tosto ritrovò l'iniqua frotta,
dal cui furor gli fu turbata e rotta.

61. Non fu veduta mai più strana torma,
più monstruosi volti e peggio fatti:
alcun' dal collo in giù d'uomini han forma,
col viso altri di simie, altri di gatti;
stampano alcun' con piè caprigni l'orma;
alcuni son centauri agili et atti;
son gioveni impudenti e vecchi stolti,
chi nudi e chi di strane pelli involti.

62. Chi senza freno in s'un destrier galoppa,
chi lento va con l'asino o col bue,
altri salisce ad un centauro in groppa,

POLIZIANO, *Stanze*, I, 71, I. – 5. *dal mio parer... dilunga*: è di parere diverso dal mio. Si noti il sapiente gioco su quelle espressioni «par» «parer» ecc., con cui l'Ariosto suggerisce la natura doppia di Alcina e al tempo stesso sottolinea la propria posizione di distaccato sorriso di fronte a quel mondo di «apparenze». – 6. *alchimia*: opera di alchimia, cioè dell'arte di mutare i metalli.

60. – 2. *sorte*: qualità, valore. – 7. *l'iniqua frotta*: dei mostri, simbolo dei diversi vizi e tentazioni. Le allegorie, descritte con arte lucida e distaccata, derivano dai molti esempi medievali (Dante, il *Quadriregio* del Frezzi, per non dire dei molti bestiari), nobilitati e lievitati da inserzioni di mitologie classiche. – 8. *dal cui... rotta*: dall'assalto furibondo di essi la strada gli fu impedita e interrotta; cfr. ORAZIO, *Carm.*, III, 27, 5: «*rumpat... iter*».

61. – 4. *simie*: scimmie; simbolo dell'adulazione; *gatti*: i simulatori. – 5. *alcun'*: i satiri (cfr. ORAZIO, *Carm.*, II, 19, 4: «*capripedum Satyrorum*»; II, XIX, 4; POLIZIANO, *Stanze*, I, III, 3-4: «par, che l'alta rena stampino Satiri e Bacchi»): simbolo di libidine. – 6. *atti*: snelli (cfr. DANTE, *Inf.*, XII, 76). I centauri rappresentano la violenza.

62. – 1. *senza freno*: come chi pecca per smoderatezza. – 2. *lento*: è chi pecca per difetto. L'*asino* e il *bue* potrebbero significare l'amore secondo e contro natura (cfr.

struzzoli molti han sotto, aquile e grue;
ponsi altri a bocca il corno, altri la coppa;
chi femina è, chi maschio, e chi amendue;
chi porta uncino e chi scala di corda,
chi pal di ferro e chi una lima sorda.

63. Di questi il capitano si vedea
aver gonfiato il ventre, e 'l viso grasso;
il qual su una testuggine sedea,
che con gran tardità mutava il passo.
Avea di qua e di là chi lo reggea,
perché egli era ebro, e tenea il ciglio basso;
altri la fronte gli asciugava e il mento,
altri i panni scuotea per fargli vento.

64. Un ch'avea umana forma i piedi e 'l ventre,
e collo avea di cane, orecchia e testa,
contra Ruggiero abaia, acciò ch'egli entre
ne la bella città ch'a dietro resta.
Rispose il cavallier: – Nol farò, mentre
avrà forza la man di regger questa! –
e gli mostra la spada, di cui volta
avea l'aguzza punta alla sua volta.

65. Quel monstro lui ferir vuol d'una lancia,
ma Ruggier presto se gli aventa addosso:
una stoccata gli trasse alla pancia,
e la fe' un palmo riuscir pel dosso.
Lo scudo imbraccia, e qua e là si lancia,
ma l'inimico stuolo è troppo grosso:
l'un quinci il punge, e l'altro quindi afferra:
egli s'arrosta, e fa lor aspra guerra.

PULCI, *Morg.*, XVIII, 129, 4). Le calvacature che seguono saranno simboli di altri vizi: gli struzzi (*struzzoli*, v. 4) della viltà; le *aquile* e le *grue* dell'orgoglio. – 5. il *corno* rappresenta la millanteria e la *coppa* la crapula. – 7-8. *uncino ecc.*: gli arnesi dei ladri; cfr. PULCI, *Morg.*, XVIII, 132-133.

63. – 1. *il capitano*: l'Ozio, la cui figura è ricalcata su quella tradizionale di Sileno; cfr. OVIDIO, *Ars. am.*, I, 543-548; POLIZIANO, *Stanze*, I, 112. – 4. *mutava...
passo*: muoveva i passi; cfr. II, 39, 7.

64. – 1. *Un ch'avea ecc.*: un cinocefalo, simbolo di maldicenza. – 5. *mentre*: finché.

65. – 3. *trasse*: vibrò. – 6. *stuolo*: esercito; cfr. DANTE, *Inf.*, VIII, 69; XIV, 32; *Par.*,
VI, 64. – 8. *s'arrosta*: si schermisce, agita attorno a sé la spada per allontanare gli assalitori, come fa chi agita la «rosta» per allontanare le mosche; cfr. DANTE, *Inf.*,

66.   L'un sin a' denti, e l'altro sin al petto
        partendo va di quella iniqua razza;
        ch'alla sua spada non s'oppone elmetto,
        né scudo, né panziera, né corazza:
        ma da tutte le parti è così astretto,
        che bisogno saria, per trovar piazza
        e tener da sé largo il popul reo,
        d'aver più braccia e man che Brïareo.

67.   Se di scoprire avesse avuto aviso
        lo scudo che già fu del negromante
        (io dico quel ch'abbarbagliava il viso,
        quel ch'all'arcione avea lasciato Atlante),
        subito avria quel brutto stuol conquiso
        e fattosel cader cieco davante;
        e forse ben, che disprezzò quel modo,
        perché virtude usar vòlse, e non frodo.

68.   Sia quel che può, più tosto vuol morire,
        che rendersi prigione a sì vil gente.
        Eccoti intanto da la porta uscire
        del muro, ch'io dicea d'oro lucente,
        due giovani ch'ai gesti et al vestire
        non eran da stimar nate umilmente,
        né da pastor nutrite con disagi,
        ma fra delizie di real palagi.

69.   L'una e l'altra sedea s'un lïocorno,
        candido più che candido armelino;

XV, 39; *Spagna*, V, 30; XXXXVIII, 39; ma soprattutto PULCI, *Morg.*, VII, 19, 2; XII, 47, 4; XIX, 41, 8; ecc.

66. – 1. *L'un sin ecc.*: il tema della strage, trattato con ingenuità iperbolica dai canterini, con gusto bizzarramente parodistico dal Pulci, con comicità gagliarda dal Boiardo, è ripreso dall'Ariosto di tanto in tanto (cfr. IX, 68-70; XIII, 35-40; XIV, 121-125; XVI, 22-27; XXV, 11-18; XXVI, 13-25; ecc.) con sereno distacco: esso «fa macchia» nel complesso armonioso del poema, ravviva il ritmo e aguzza le rime dell'ottava, rievoca i miti delle età eroiche. – 2. *partendo*: tagliando. – 4. *panziera*: armatura che proteggeva la pancia. – 5. *trovar piazza*: farsi largo intorno; espressione usata spesso nei poemi cavallereschi. – 8. *Brïareo*: mitico gigante dalle cento braccia; cfr. VIGILIO, *Aen.*, X, 565-66; DANTE, *Inf.*, XXXI, 98-99; PULCI, *Morg.*, X, 144, 1.

67. – 1. *avesse... aviso*: avesse pensato, ritenuto opportuno. – 3. *abbarbagliava*: cfr. II, 53, 7; *il viso*: la vista (lat.). – 4. *quel... Atlante*: cfr. IV, 25, 1-2. – 5. *conquiso*: sconfitto. – 7. *e forse... modo*: e forse anche disprezzò giustamente quel modo sleale di combattere. – 8. *vòlse*: volle.

69. – 1. *lïocorno*: unicorno, favoloso cavallo con un corno in fronte: simbolo della purezza. – 2. *armelino*: ermellino (cfr. PETRARCA, *Tr. Mort.*, I, 20: «un candido

l'una e l'altra era bella, e di sì adorno
abito, e modo tanto pellegrino,
che a l'uom, guardando e contemplando intorno,
bisognerebbe aver occhio divino
per far di lor giudizio: e tal saria
Beltà, s'avesse corpo, e Leggiadria.

70.   L'una e l'altra n'andò dove nel prato
Ruggiero è oppresso da lo stuol villano.
Tutta la turba si levò da lato;
e quelle al cavallier porser la mano,
che tinto in viso di color rosato,
le donne ringraziò de l'atto umano:
e fu contento, compiacendo loro,
di ritornarsi a quella porta d'oro.

71.   L'adornamento che s'aggira sopra
la bella porta e sporge un poco avante,
parte non ha che tutta non si cuopra
de le più rare gemme di Levante.
Da quattro parti si riposa sopra
grosse colonne d'integro diamante.
O vero o falso ch'all'occhio risponda,
non è cosa più bella o più gioconda.

72.   Su per la soglia e fuor per le colonne
corron scherzando lascive donzelle,

ermellino»). – 4. *pellegrino*: raro, raffinato (lat. petrarchesco). – 5-7. *che a l'uom...
giudizio*: anche l'uomo che fosse attento e le contemplasse da ogni lato, dovrebbe
avere un intuito divino per fare una scelta, esprimere un giudizio di preferenza fra
l'una e l'altra (una seconda possibile interpretazione: per esprimere su di esse un
giudizio esatto, scoprire che sotto quell'apparenza innocente si cela il male; a
favore della prima interpretazione sta la variante dell'ediz. 1516: «a far tra lor
giudicio»). Bellezza e Leggiadria si presentano all'uomo sotto forme seducenti e lo
adescano e spingono verso Alcina, la Voluttà. – 8. *Beltà... Leggiadria*: cfr. POLIZIA-
NO, *Stanze*, I, 45, 8: «Beltà la mostra a dito e Leggiadria».
    70. – 3. *si levò da lato*: si trasse da parte. – 6. *umano*: benignamente cortese.
    71. – 1. *L'adornamento*: il fregio ornamentale (per questo particolare, cfr. POLI-
ZIANO, *Stanze*, I, 97, 1-3). – 3. *non si cuopra*: non sia ricoperta. – 6. *d'integro diamante*:
tutte di diamante; cfr. POLIZIANO, *Stanze*, I, 95, 5; «sopra colonne adamantine». –
7. *O vero... risponda*: sia vero o falso ciò che appare all'occhio; cfr. VI, 59, 5-8. –
    72. – 2. *lascive*: scherzose; cfr. VIRGILIO, *Ecl.*, III, 64: «*lasciva puella*». –

che, se i rispetti debiti alle donne
servasser più, sarian forse più belle.
Tutte vestite eran di verdi gonne,
e coronate di frondi novelle.
Queste, con molte offerte e con buon viso,
Ruggier fecero entrar nel paradiso:

73. che si può ben così nomar quel loco,
ove mi credo che nascesse Amore.
Non vi si sta se non in danza e in giuoco,
e tutte in festa vi si spendon l'ore:
pensier canuto né molto né poco
si può quivi albergare in alcun core:
non entra quivi disagio né inopia,
ma si sta ognor col corno pien la Copia.

74. Qui, dove con serena e lieta fronte
par ch'ognor rida il grazïoso aprile,
gioveni e donne son: qual presso a fonte
canta con dolce e dilettoso stile;
qual d'un arbore all'ombra e qual d'un monte
o giuoca o danza o fa cosa non vile;
e qual, lungi dagli altri, a un suo fedele
discuopre l'amorose sue querele.

75. Per le cime dei pini e degli allori,
degli alti faggi e degl'irsuti abeti,
volan scherzando i pargoletti Amori:
di lor vittorie altri godendo lieti,
altri pigliando a saettare i cori
la mira quindi, altri tendendo reti;

---

3. *i rispetti... donne*: quelle regole di riserbo e pudore che si addicono alle donne. –
6. *frondi novelle*: cfr. DANTE, *Purg.*, XXIX, 93: «coronati ciascun di verde fronda».
73. – 2. *ove... Amore*: è così confermata l'analogia con il regno di Venere descritto nelle *Stanze* del Poliziano. – 5. *canuto*: serio, senile; cfr. PETRARCA, *Tr. Pud.*, 88:
«penser canuti in giovenile etate». – 7. *inopia*: povertà (lat.). – 8. *la Copia*: l'Abbondanza, rappresentata anche in molti affreschi cinquecenteschi nell'atto di versare
da un corno frutta e fiori; cfr. ORAZIO, *Carm. saec.*, 59-60: «*beata pleno Copia cornu*».
74. – 2. *rida... aprile*: cfr. POLIZIANO, *Stanze*, I, 88, 3: «ride primavera»; *grazïoso*:
è detto aprile perché concede grazie e felicità. La rima *aprile:stile* è petrarchesca
(*Canz.*, LXVII, 12-14); così pure sono petrarcheschi il vocabolario e la costruzione
che segue: «qual... qual» (*Canz.*, CXXVI, 46-52). – 6. *vile*: rozza, villana. – 8. *querele*:
lamenti (termine petrarchesco).
75. – 2. *irsuti*: dalla foglie aghiformi e pungenti. – 3-6. *volan scherzando ecc.*: cfr.

chi tempra dardi ad un ruscel più basso,
e chi gli aguzza ad un volubil sasso.

76.   Quivi a Ruggier un gran corsier fu dato,
        forte, gagliardo, e tutto di pel sauro,
        ch'avea il bel guernimento ricamato
        di prezïose gemme e di fin auro;
        e fu lasciato in guardia quello alato,
        quel che solea ubidire al vecchio Mauro,
        a un giovene che dietro lo menassi
        al buon Ruggier, con men frettosi passi.

77.   Quelle due belle giovani amorose
        ch'avean Ruggier da l'empio stuol difeso,
        da l'empio stuol che dianzi se gli oppose
        su quel camin ch'avea a man destra preso,
        gli dissero: − Signor, le virtuose
        opere vostre che già abbiamo inteso,
        ne fan sì ardite, che l'aiuto vostro
        vi chiederemo a beneficio nostro.

78.   Noi troveren tra via tosto una lama,
        che fa due parti di questa pianura.
        Una crudel, che Erifilla si chiama,
        difende il ponte, e sforza e inganna e fura
        chiunque andar ne l'altra ripa brama;
        et ella è gigantessa di statura,
        li denti ha lunghi e velenoso il morso,
        acute l'ugne, e graffia come un orso.

POLIZIANO, *Stanze*, I, 73, 1-4; 123, 1-8: «Sopra e d'intorno i piccioletti Amori Scher-
zavon nudi or qua o là volando: e Qual con ali di mille colori Giva ecc.»; *quindi*:
dalle cime degli alberi. − 8. *volubil sasso*: che ruota su se stesso, una mola; cfr.
ORAZIO, *Carm.*, II, VIII, 14-16.
        76. − 1. *corsier*: cavallo. − 2. *tutto... sauro*: dal pelo di colore uniforme, bruno
chiaro. − 4. *fin auro*: oro puro. − 6. *vecchio Mauro*: Atlante, che risiedeva sul monte
di Carena, in Mauritania (cfr. PETRARCA, *Canz.*, CXCVII, 5). − 8. *frettosi*: frettolosi
(cfr. BOCCACCIO, *Amor. vis.*, XX, 28: «frettosa pressa»).
        77. − 1. *amorose*: ispiranti amore. − 5. *virtuose*: valorose.
        78. − 1. *lama*: stagno, canale (lat. dantesco). − 3. *Erifilla*: simbolo dell'avarizia;
forse dal nome di Erifile, moglie di Anfiarao, che tradì il marito per amore di un
gioiello e che già in PETRARCA, *Tr. Am.*, I, 144 era definita «avara». − 4. *sforza*:
arresta con la forza; *fura*: deruba (lat.).

79.   Oltre che sempre ci turbi il camino,
        che libero saria se non fosse ella,
        spesso, correndo per tutto il giardino,
        va disturbando or questa cosa or quella.
        Sappiate che del populo assassino
        che vi assalì fuor de la porta bella,
        molti suoi figli son, tutti seguaci,
        empii, come ella, inospiti e rapaci. –

80.   Ruggier rispose: – Non ch'una battaglia,
        ma per voi sarò pronto a farne cento:
        di mia persona, in tutto quel che vaglia,
        fatene voi secondo il vostro intento;
        che la cagion ch'io vesto piastra e maglia,
        non è per guadagnar terre né argento,
        ma sol per farne beneficio altrui,
        tanto più a belle donne come vui. –

81.   Le donne molte grazie riferiro
        degne d'un cavallier, come quell'era:
        e così ragionando ne veniro
        dove videro il ponte e la riviera;
        e di smeraldo ornata e di zafiro
        su l'arme d'or, vider la donna altiera.
        Ma dir ne l'altro canto differisco,
        come Ruggier con lei si pose a risco.

---

79. – 1. *Oltre... camino*: oltre al fatto che ci impedisce sempre la via. – 7. *molti suoi figli*: cfr. DANTE, *Inf.*, I, 100: «Molti son li animali a cui s'ammoglia», riferito all'Avarizia.
        80. – 5. *vesto... maglia*: faccio la professione delle armi; cfr. I, 17, 3. – 6. *argento*: denaro (cfr. DANTE, *Inf.*, I, 103: «questi non ciberà terra né peltro»).
        81. – 1. *riferiro*: resero (lat.: *referre gratias*). – 4. *la riviera*: il canale, lo stagno. – 8. *si pose a risco*: l'affrontò.

CANTO SETTIMO

Esordio: chi non vede, non crede. Ruggiero abbatte Erifilla ed entra nella reggia incantata di Alcina. Conquistato dalle lusinghe della maga, egli dimentica Bradamante. Frattanto Melissa rivela a Bradamante dove si trovi Ruggiero. Si fa consegnare l'anello che rende invisibili e, con arti magiche, si reca in brevissimo tempo nell'isola di Alcina. Si presenta a Ruggiero sotto le sembianze del mago Atlante: lo rimprovera della sua lascivia e, per mezzo dell'anello, rompe l'incanto e fa vedere a Ruggiero l'aspetto lurido di Alcina incantatrice. Ruggiero esce dalla città, dopo aver ucciso i guardiani, e fugge verso l'isola di Logistilla.

I.   Chi va lontan da la sua patria, vede
      cose, da quel che già credea, lontane;
      che narrandole poi, non se gli crede,
      e stimato bugiardo ne rimane:
      che 'l sciocco vulgo non gli vuol dar fede,
      se non le vede e tocca chiare e piane.
      Per questo io so che l'inesperïenza
      farà al mio canto dar poca credenza.

2.   Poca o molta ch'io ci abbia, non bisogna
      ch'io ponga mente al vulgo sciocco e ignaro.
      A voi so ben che non parrà menzogna,

I. – 2. *lontane*: diverse. – 3. *che*: così che; *se gli*: gli si. – 5. *sciocco vulgo*: cfr. PETRARCA, *Canz.*, LI, II: «vulgo avaro e sciocco». – 6. *piane*: evidenti. – 7. *l'inesperïenza*: il fatto che molti lettori non ne hanno avuto esperienza, non le hanno toccate o vedute.
2. – I. *ch'io ci abbia*: che io ne abbia (di *credenza*, I, 8). – 3. *non parrà menzogna*:

che 'l lume del discorso avete chiaro;
et a voi soli ogni mio intento agogna
che 'l frutto sia di mie fatiche caro.
Io vi lasciai che 'l ponte e la riviera
vider, che 'n guardia avea Erifilla altiera.

3.   Quell'era armata del più fin metallo,
ch'avean di più color gemme distinto:
rubin vermiglio, crisolito giallo,
verde smeraldo con flavo iacinto.
Era montata, ma non a cavallo;
invece avea di quello un lupo spinto:
spinto avea un lupo ove si passa il fiume,
con ricca sella fuor d'ogni costume.

4.   Non credo ch'un sì grande Apulia n'abbia:
egli era grosso et alto più d'un bue.
Con fren spumar non gli facea le labbia,
né so come lo regga a voglie sue.
La sopravesta di color di sabbia
su l'arme avea la maledetta lue:
era, fuor che 'l color, di quella sorte
ch'i vescovi e i prelati usano in corte.

cfr. PETRARCA, *Canz.*, XXIII, 156: «Vero dirò (forse e' parrà menzogna)». – 4. *'l lume del discorso*: la capacità di ragionare e riflettere chiaramente. «Aver chiaro il lume del discorso per Ariosto significava veder come verità quello che per il volgo era menzogna, cioè saper astrarre come lui dalla vita per guardare le cose dal solo punto di vista dell'arte» (Zottoli). Non manca in tutto l'esordio una fine nota d'ironia. – 7. *Io vi lasciai*: cfr. n. a II, 30, 7-8. – 8. *vider*: cfr. VI, 81.

3. – 2. *distinto*: adornato, intarsiato; cfr. OVIDIO, *Met.*, V, 266: «*innumeris distinctas floribus herbas*»; DANTE, *Par.*, XVIII, 96: «Pareva argento lì d'oro distinto»; BOIARDO, *Innam.*, I, VI, 47, 7: «Di marmi bianchi e verdi ha il suol distinto». – 3. *crisolito*: topazio. – 4. *flavo iacinto*: ametista color biondo oro (lat.: *flavus hyacinthus*). – 6. *un lupo*: simbolo di cupidigia, come in DANTE, *Inf.*, I, 49-54; *spinto*: spronato, guidato. – 8. *ricca... fuor d'ogni costume*: di straordinario valore.

4. – 1. *Apulia*: Puglia, dove si trovavano lupi al tempo di ORAZIO, *Carm.*, I, XXII, 9-16; per la struttura del verso cfr. DANTE, *Inf.*, XXV, 19: «Maremma non cred'io che tante n'abbia». – 3. *labbia*: labbra. – 4. *rega*: guidi. – 5. *color di sabbia*: simbolo di infecondità e grettezza; cfr. *Innam.*, II, IX, 5, 6: «di color di terra era vestita». – 6. *lue*: peste, mostro maledetto. Prudenzio chiama l'Avarizia: «*improba lues*» (*Psychomachia*, 509). – 8. *vescovi... prelati*: allusione satirica, e dettata da ragioni di attualità politica oltre che di tradizione letteraria, alla proverbiale avarizia della corte papale.

5.   Et avea ne lo scudo e sul cimiero
       una gonfiata e velenosa botta.
       Le donne la mostraro al cavalliero,
       di qua dal ponte per giostrar ridotta,
       e fargli scorno e rompergli il sentiero,
       come ad alcuni usata era talotta.
       Ella a Ruggier, che torni a dietro, grida:
       quel piglia un'asta, e la minaccia e sfida.

6.   Non men la gigantessa ardita e presta
       sprona il gran lupo e ne l'arcion si serra,
       e pon la lancia a mezzo il corso in resta,
       e fa tremar nel suo venir la terra.
       Ma pur sul prato al fiero incontro resta;
       che sotto l'elmo il buon Ruggier l'afferra,
       e de l'arcion con tal furor la caccia,
       che la riporta indietro oltra sei braccia.

7.   E già, tratta la spada ch'avea cinta,
       venìa a levarne la testa superba:
       e ben lo potea far; che come estinta
       Erifilla giacea tra' fiori e l'erba.
       Ma le donne gridâr: – Basti sia vinta,
       senza pigliarne altra vendetta acerba.
       Ripon, cortese cavallier, la spada;
       passiamo il ponte e seguitian la strada. –

8.   Alquanto malagevole et aspretta
       per mezzo un bosco presero la via,
       che oltra che sassosa fosse e stretta,

5. – 2. *botta*: rospo, ch'era ritenuto bestia avara; qui è l'«insegna» di Erifilla; Bigi rinvia ad ALBERTO MAGNO, *De animalibus*, XXVI, 9 e a SALZA, *Imprese e divise*, 204. – 4. *ridotta*: venuta. – 5. *rompergli*: tagliargli, impedirgli. – 6. *talotta*: talvolta.

6. – 5. *sul prato... resta*: viene sbalzata già dalla lupa. – 6. *l'afferra*: la colpisce; cfr. *Innam.*, I, XVIII, 17, 7; II, XVI, 32, 4: «a l'elmo afferra». – 7-8. *e de l'arcion... braccia*: cfr. *Innam.*, I, II, 61, 7-8: «E con tanto furor di sella il caccia, Che andò longe al destrier ben sette braccia».

7. – 2. *venìa a levarne*: s'accingeva a tagliarle. – 4. *tra' fiori e l'erba*: cfr. XXVI, 76, 7; per la coppia «fiori» e «erba», cfr. DANTE, *Purg.*, VIII, 100 e PETRARCA, *Tr. Am.*, I, 90.

8. – 1. *malagevole*: anche la via del Piacere non è priva, almeno all'inizio, di

quasi su dritta alla collina gìa.
Ma poi che furo ascesi in su la vetta,
usciro in spazïosa prateria,
dove il più bel palazzo e 'l più giocondo
vider, che mai fosse veduto al mondo.

9.   La bella Alcina venne un pezzo inante
verso Ruggier fuor de le prime porte,
e lo raccolse in signoril sembiante,
in mezzo bella et onorata corte.
Da tutti gli altri tanto onore e tante
riverenzie fur fatte al guerrier forte,
che non ne potrian far più, se tra loro
fosse Dio sceso dal superno coro.

10.   Non tanto il bel palazzo era escellente
perché vincesse ogn'altro di ricchezza,
quanto ch'avea la più piacevol gente
che fosse al mondo e di più gentilezza.
Poco era l'un da l'altro differente
e di fiorita etade e di bellezza:
sola di tutti Alcina era più bella,
sì come è bello il sol più d'ogni stella.

11.   Di persona era tanto ben formata,
quanto me' finger san pittori industri;

---

difficoltà; per la descrizione cfr. DANTE, *Inf.*, XXIV, 61-63. – 7. *palazzo... giocondo*: anche l'Alcina dell'*Innam.* ha «un castelletto nobile e iocondo» (II, XIII, 55, 7).
9. – 3. *raccolse*: accolse. – 8. *superno coro*: il regno degli angeli e dei beati.
10. – 3. *quanto ch'avea*: quanto perché ospitava. – 6. *fiorita etade*: giovinezza; espressione petrarchesca. – 8. *sì... stella*: anche questa è espressione petrarchesca; cfr. pure POLIZIANO, *Risp. spic.*, X, 1-2: «Così spegne costei tutte le belle, Come 'l lume del sol tutte le stelle».
11. – 1. *Di persona ecc.*: inizia qui la descrizione minuta e decorosa della bellezza di Alcina (la seduzione), analizzata parte a parte e in ogni singola parte misuratamente perfetta. «È evidente il modo seguito dal poeta: mettere insieme a una a una le note più comuni, più convenzionali, che si sono ripetute le migliaia di volte, dalla poesia popolare alla petrarchesca; ciò che ti rende poetica quella serie di note è il ritmo, cioè il vivo respiro dal quale escono, il gusto di lieve carezza che è in ogni tocco, senza alcun peso di sensualità, un godimento olimpico delle forme, una soave contemplazione» (Ambrosini); cfr. le analoghe descrizioni di Angelica (X, 95 segg.) e di Olimpia (XI, 65 segg.); le fonti letterarie e pittoriche da citare sarebbero numerosissime: si cfr. per es. la descrizione di Sofonisba nell'*Africa* (V, 22-56) del Petrarca, quella di Fiammetta nel *Decameron* (IV, concl. 4) e

con bionda chioma lunga et annodata:
oro non è che più risplenda e lustri.
Spargeasi per la guancia delicata
misto color di rose e di ligustri;
di terso avorio era la fronte lieta,
che lo spazio finia con giusta meta.

12. Sotto duo negri e sottilissimi archi
son duo negri occhi, anzi duo chiari soli,
pietosi a riguardare, a mover parchi;
intorno cui par ch'Amor scherzi e voli,
e ch'indi tutta la faretra scarchi,
e che visibilmente i cori involi:
quindi il naso per mezzo il viso scende,
che non truova l'Invidia ove l'emende.

13. Sotto quel sta, quasi fra due vallette,
la bocca sparsa di natio cinabro;
quivi due filze son di perle elette,
che chiude et apre un bello e dolce labro:

di Emilia nel *Teseida* (XII, 53-63) di Boccaccio; quella di Antea nel *Morgante*
XV, 99, segg.) del Pulci; quella di Simonetta nelle *Stanze* (I, 42-46) di Poliziano; di figurine miniate, fatte di bianco, di rubro e di oro era inoltre ricchis-
sima la poesia popolare dei cantari, quella dei rispetti, quella petrarcheggiante
(un catalogo delle «Trenta bellezze di madonna» si deve a Brizio Visconti e
composizione analoghe hanno lasciato il Pucci e Giovanni di Nello), e perfino
quella umanistica in latino. Una specie di canone cinquecentesco della bellezza femminile si trova nei *Discorsi delle bellezze delle donne* di A. Firenzuola. –
2. *finger:* rappresentare; *industri:* esperti (lat.). – 4. *lustri:* risplenda. – 6. *ligustri:*
fiori bianchi, gigli; cfr. Ovidio, *Amor.*, II, v, 37: «*quale rosae fulgent inter sua
lilia mixtae*»; Claudiano, *Rapt. Pros.*, II, 130; Boccaccio, *Decam.* e *Tès.*, *loc.
cit.*; Poliziano, *Stanze*, I, 44, 6: «Dolce dipinto di ligustri e rose». – 8. *che...
meta:* che non si estendeva oltre il giusto limite, era ben proporzionata; cfr.
Boccaccio, *Tès.*, XXII, 55, 1-2: «La fronte sua era ampia e spazïosa, E bianca
e piana e molto delicata».
  12. – 1. *archi:* le sopracciglia; nell'Emilia di Boccaccio gli stessi attributi sono
assegnati alle ciglia: cfr. *Tès.*, XII, 55, 3-6: «sotto... Eran due ciglia più che altra cosa
nerissima e sottil». – 2. *duo chiari soli:* espressione petrarchesca. – 3. *pietosi... parchi:*
benigni nel riguardare e lenti nel girarsi. – 5. *indi:* da lì, dagli occhi; *tutta... scarchi:*
cfr. Pulci, *Morg.*, XIV, 90, 4-5: «E' traboccò giù l'arco e la faretra E le saette
d'Amor tutte quante». – 8. *non truova... emende:* neppure l'Invidia saprebbe tro-
varci alcun difetto da correggere.
  13. – 1. *vallette:* fossette. – 2. *natio cinabro:* rosso vivo, naturale. – 3. *perle elette:*
perle scelte; cfr. Petrarca, *Canz.*, CCXX, 5-6: «le perle in ch'ei [Amore] frange et
affrena Dolci parole honeste e pellegrine» e in molti altri luoghi; Boccaccio,
Amor. vis., XV, 64-65; *Tès.*, XII, 59, 6-8: «E' denti suoi si potean somigliare A

quindi escon le cortesi parolette
da render molle ogni cor rozzo e scabro;
quivi si forma quel suave riso,
ch'apre a sua posta in terra il paradiso.

14. Bianca nieve è il bel collo, e 'l petto latte;
il collo è tondo, il petto colmo e largo:
due pome acerbe, e pur d'avorio fatte,
vengono e van come onda al primo margo,
quando piacevole aura il mar combatte.
Non potria l'altre parti veder Argo:
ben si può giudicar che corrisponde
a quel ch'appar di fuor quel che s'asconde.

15. Mostran le braccia sua misura giusta;
e la candida man spesso si vede
lunghetta alquanto e di larghezza angusta,
dove né nodo appar, né vena escede.
Si vede al fin de la persona augusta
il breve, asciutto e ritondetto piede.
Gli angelici sembianti nati in cielo
non si ponno celar sotto alcun velo.

16. Avea in ogni sua parte un laccio teso,
o parli o rida o canti o passo muova:
né maraviglia è se Ruggier n'è preso,

bianche perle, spessi e ordinati». – 5. *quindi*: da qui, dalla bocca. – 6. *scabro*: grossolano. – 7-8. *quel suave... paradiso*: cfr. PETRARCA, *Canz.*, CCXLII, 6-7; POLIZIANO, *Stanze*, I, 50; PULCI, *Morg.*, XVIII, 102, 3: «da fare spalancar sei paradisi».
14. – 1. *Bianca ecc.*: il candore della gola e del seno era canonico; cfr. BOCCACCIO, *Tes.*, XII, 61, 5-6: «e 'l petto poi un pochetto eminente De' pomi vaghi per mostranza tondi»; ma vedi anche ARIOSTO, *Negromante*, 763-764 e 67-69: «Di quelle man, più che di latte candide, Più che di nieve, è uscita questa lettera?....» – Prima da lo alabastro, o sia ligustico Marmo, del petto viene, Ove fra picciole et odorate due pome giacevasi». – 4. *margo*: il margine della spiaggia (lat.). – 6. *Argo*: il mitico guardiano dai cento occhi. – 7-8. *ben si può ecc.*: cfr. OVIDIO, *Amor.*, III, II, 35-36.
15. – 3. *lunghetta*: come sotto, *ritondetto* (v. 6) è diminutivo che seconda l'opera tradizionale di stilizzazione ed è stato forse suggerito da BOCCACCIO, *Dec.*, III, 4, 6 e 9 (Sangirardi); *angusta*: stretta. – 4. *escede*: eccede, sporge. – 6. *breve, asciutto*: corto e snello. – 7. *angelici sembianti*: cfr. PETRARCA, *Canz.*, CCLXX, 84: «angelica sembianza».
16. – 1. *Avea... teso*: ognuna delle sue bellezze e ognuno dei suoi atti erano un laccio (espressione petrarchesca) nelle mani di Amore. – 2. *o parli... muova*: cfr.

poi che tanto benigna se la truova.
Quel che di lei già avea dal mirto inteso,
com'è perfida e ria, poco gli giova;
ch'inganno o tradimento non gli è aviso
che possa star con sì soave riso.

17.   Anzi pur creder vuol che da costei
        fosse converso Astolfo in su l'arena
        per li suoi portamenti ingrati e rei,
        e sia degno di questa e di più pena:
        e tutto quel ch'udito avea di lei,
        stima esser falso; e che vendetta mena,
        e mena astio et invidia quel dolente
        a lei biasmare, e che del tutto mente.

18.   La bella donna che cotanto amava,
        novellamente gli è dal cor partita;
        che per incanto Alcina gli lo lava
        d'ogni antica amorosa sua ferita;
        e di sé sola e del suo amor lo grava,
        e in quello essa riman sola sculpita:
        sì che scusar il buon Ruggier si deve,
        se si mostrò quivi incostante e lieve.

19.   A quella mensa cìtare, arpe e lire,
        e diversi altri dilettevol suoni
        faceano intorno l'aria tintinire
        d'armonia dolce e di concenti buoni.
        Non vi mancava chi, cantando, dire
        d'amor sapesse gaudii e passïoni,
        o con invenzïoni e poesie
        rappresentasse grate fantasie.

POLIZIANO, *Stanze*, I, 46, 7-8: «tanti cori Amor piglia fere o ancide, Quanto ella o dolce parla o dolce ride». – 7. *non... aviso:* non gli sembrava credibile.
    17. – 2. *converso:* trasformato. – 3. *portamenti... rei:* azioni sgarbate e spiacevoli. – 6-8. *e che vendetta ecc.:* e che astio, invidia e desiderio di vendetta spingano Astolfo a calunniare ingiustamente Alcina.
    18. – 1. *La bella donna:* Bradamante; cfr. PETRARCA, *Canz.*, XCI, 1-2: «La bella donna che cotanto amavi Subitamente s'è da noi partita». – 2. *novellamente:* or ora, improvvisamente; cfr. PETRARCA, *ibid.*, XCII, 11: «novellamente s'è da noi partito». – 4. *ferita:* cfr. n. a XXXI, 5, 1-8. – 5. *grava:* occupa, imprimendovi la sua immagine.
    19. – 1. *A quella mensa:* «alla mensa che non poteva mancare fra tante accoglienze» (Lisio); *cìtare:* cetre. – 4. *buoni:* gradevoli. – 7-8. *o con... fantasie:* o che

20.   Qual mensa trionfante e suntuosa
        di qual si voglia successor di Nino,
        o qual mai tanto celebre e famosa
        di Cleopatra al vincitor latino,
        potria a questa esser par, che l'amorosa
        fata avea posta inanzi al paladino?
        Tal non cred'io s'apparecchi dove
        ministra Ganimede al sommo Giove.

21.   Tolte che fur le mense e le vivande,
        facean, sedendo in cerchio, un giuoco lieto:
        che ne l'orecchio l'un l'altro domande,
        come più piace lor, qualche secreto;
        il che agli amanti fu commodo grande
        di scoprir l'amor lor senza divieto:
        e furon lor conclusïoni estreme
        di ritrovarsi quella notte insieme.

22.   Finîr quel giuoco tosto, e molto inanzi
        che non solea là dentro esser costume:
        con torchi allora i paggi entrati inanzi,
        le tenebre cacciâr con molto lume.
        Tra bella compagnia dietro e dinanzi
        andò Ruggiero a ritrovar le piume
        in una adorna e fresca cameretta,
        per la miglior di tutte l'altre eletta.

---

recitasse componimenti poetici o narrasse storie piacevoli. Il tema del convito era classico (OMERO, *Od.*, libro VIII; VIRGILIO, *Aen.*, I, 740 segg.) e romanzesco (PULCI, *Morg.*, XVI, 24-25; BOIARDO, *Innam.*, I, I, 12-15; CIECO, *Mambriano*, II, 39). Ma qui pare di sentir l'eco dei sontuosi conviti della corte estense. Ai costumi di quella corte riportano poi senz'altro gli accenni della st. 21 al gioco di società detto dei «segreti», allora assai di moda; cfr. CATALANO, *Vita*, I, pp. 411-412.

20. – 2. *Nino*: primo re degli Assiri, famoso, lui e i suoi successori (Semiramide, Sardanapalo) per il lusso e le raffinatezze. – 4. *vincitor latino*: prima Cesare e poi, soprattutto, Marco Antonio; cfr. PLUTARCO, *Vita di Ant.*, cap. XXVIII; PLINIO, *Nat. hist.*, IX, 35. – 6. *paladino*: non in senso proprio (come in I, 12, 1), ma nel senso di «prode, valoroso». – 7-8. *dove... Giove*: nell'Olimpo, dove Ganimede (cfr. IV, 47, 5) mesce il nettare a Giove; cfr. OVIDIO, *Met.*, X, 161: «*Iovi nectar ministrat*».

21. – 2. *un giuoco*: cfr. n. a VII, 19, 7-8; consisteva nello scambiarsi domande all'orecchio; vi accenna anche il Bembo nel son. «Io ardo, dissi e la risposta in vano...». – 5. *fu... grande*: offerse l'opportunità. – 7-8. *e furon ecc.*: alla fine del gioco combinarono per quella notte un convegno d'amore.

22. – I. *inanzi*: più presto. – 3. *torchi*: torce. – 6. *le piume*: un soffice letto.

23.   E poi che di confetti e di buon vini
       di nuovo fatti fur debiti inviti,
       e partîr gli altri riverenti e chini,
       et alle stanze lor tutti sono iti;
       Ruggiero entrò ne' profumati lini
       che pareano di man d'Aracne usciti,
       tenendo tuttavia l'orecchie attente,
       s'ancor venir la bella donna sente.

24.   Ad ogni piccol moto ch'egli udiva,
       sperando che fosse ella, il capo alzava:
       sentir credeasi, e spesso non sentiva;
       poi del suo errore accorto sospirava.
       Talvolta uscia del letto e l'uscio apriva,
       guatava fuori, e nulla vi trovava:
       e maledì ben mille volte l'ora
       che facea al trapassar tanta dimora.

25.   Tra sé dicea sovente: − Or si parte ella −;
       e cominciava a noverare i passi
       ch'esser potean da la sua stanza a quella
       donde aspettando sta che Alcina passi;
       e questi et altri, prima che la bella
       donna vi sia, vani disegni fassi.
       Teme di qualche impedimento spesso,
       che tra il frutto e la man non gli sia messo.

26.   Alcina, poi ch'a' prezïosi odori
       dopo gran spazio pose alcuna meta,

23. − 1. *confetti*: paste dolci. I *confetti* e i *buoni vini*, in coppia e «a sigla di situazioni sensualmente o affettivamente gratificanti» (Sangirardi), erano già più volte in BOCCACCIO, *Dec.*, I, 10, 14; II, 4, 24; III, Intr., 4, ecc. − 2. *debiti inviti*: le offerte che si devono fare agli ospiti. − 3. *chini*: ubbidienti al volere di Alcina. − 6. *Aracne*: mitica tessitrice della Lidia, trasformata poi in ragno; cfr. OVIDIO, *Met.*, VI. − 8. *ancor*: già.

24. − 1. *Ad ogni piccol moto...*: la scena deriva in parte da TIBULLO, I, VIII, 65-66; in parte da OVIDIO, *Her.*, XIX, 41-56. − 3. *sentir credeasi*: credeva dentro di sé di sentire. − 8. *che... dimora*: che indugiava così a lungo a passare.

25. − 4. *donde... passi*: dalla quale egli attende che Alcina esca, per venire da lui. − 7-8. *Teme... messo*: spesso teme che qualche ostacolo si frapponga fra lui e l'amore di Alcina; cfr. PETRARCA, *Canz.*, LVI, 5-8: «Qual ombra è sì crudel che 'l seme adugge Ch'al disïato frutto era sì presso?... Tra la spiga e la man qual muro è messo?».

26. − 1-2. *poi... meta*: quando, dopo molto tempo, pose fine all'operazione di

venuto il tempo che più non dimori,
ormai ch'in casa era ogni cosa cheta,
de la camera sua sola uscì fuori;
e tacita n'andò per via secreta
dove a Ruggiero avean timore e speme
gran pezzo intorno al cor pugnato insieme.

27.   Come si vide il successor d'Astolfo
sopra apparir quelle ridenti stelle,
come abbia ne le vene acceso zolfo,
non par che capir possa ne la pelle.
Or sino agli occhi ben nuota nel golfo
de le delizie e de le cose belle:
salta del letto, e in braccio la raccoglie,
né può tanto aspettar ch'ella si spoglie;

28.   ben che né gonna né faldiglia avesse;
che venne avolta in un leggier zendado
che sopra una camicia ella si messe,
bianca e suttil nel più escellente grado.
Come Ruggiero abbracciò lei, gli cesse
il manto; e restò il vel suttile e rado,
che non copria dinanzi né di dietro,
più che le rose o i gigli un chiaro vetro.

cospargersi di profumi (*odori*, lat.). – 4. *cheta*: silenziosa; aggettivo boccaccesco. –
6. *via secreta*: passaggio nascosto. – 7. *timore e speme*: cfr. n. a I, 39, 2. – 8. *pugnato
insieme*: combattuto tra loro.
    27. – 2. *ridenti stelle*: gli occhi di Alcina. – 4. *capir... pelle*: contenersi; cfr.
BOCCACCIO, *Decam.*, IX, v, 38: «non capea nel cuoio»; ARIOSTO, *Cassaria*, atto III,
sc. IV: «mi par ch'io non possa capere ne la pelle». – 5-6. *golfo de le delizie*: cfr. lat.:
sinus deliciarum. – 8. *né può... aspettar*: cfr. *Innam.*, I, XIX, 60, 6: «quella abbraccia,
e non puote aspettare».
    28. – 1. *faldiglia*: gonna di tela sostenuta da cerchi (spagn.). – 2. *zendado*:
drappo di seta sottile. – 5. *cesse*: cedette. – 6. *rado*: trasparente. – 8. *più... vetro*: più
che un vetro trasparente nasconda le rose e i gigli che contiene; si ricordi che le
carni di Alcina avevano appunto il colore delle rose e dei gigli (II, 6). L'intero
passo riprende una similitudine di origine ovidiana (*Met.*, IV, 340-55: «*at ille... nec
mora, temperie blandarum captus aquarum Mollia de tenero velamina corpore ponit...
Ille cavis velox applauso corpore palmis Desilit in latices alternaque bracchia ducens
In liquidis translucet aquis, ut eburnea siquis Signa tegat claro vel candida lilia
vitro*»), che è stata fatta propria e molte volte variata da BOCCACCIO: cfr.
per esempio *Dec.*, VI, Concl., 30: «tutte e sette si spogliarono e entrarono in esso
[laghetto], il quale non altramenti li lor corpi candidi nascondeva che farebbe
una vermiglia rosa un sottil vetro»; *Fiammetta*, I, p. 441: «e vidi lei [Venere]
ignuda, fuori solamente d'un sottilissimo drappo purpureo, il quale avvegna che

29. Non così strettamente edera preme
    pianta ove intorno abbarbicata s'abbia,
    come si stringon li dui amanti insieme,
    cogliendo de lo spirto in su le labbia
    suave fior, qual non produce seme
    indo o sabeo ne l'odorata sabbia.
    Del gran piacer ch'avean, lor dicer tocca;
    che spesso avean più d'una lingua in bocca.

30. Queste cose là dentro eran secrete,
    o se pur non secrete, almen taciute;
    che raro fu tener le labra chete
    biasmo ad alcun, ma ben spesso virtute.
    Tutte proferte et accoglienze liete
    fanno a Ruggier quelle persone astute:
    ognun lo reverisce e se gli inchina;
    che così vuol l'innamorata Alcina.

31. Non è diletto alcun che di fuor reste;
    che tutti son ne l'amorosa stanza.
    E due e tre volte il dì mutan veste,
    fatte or ad una ora ad un'altra usanza.
    Spesso in conviti, e sempre stanno in feste,
    in giostre, in lotte, in scene, in bagno, in danza.
    Or presso ai fonti, all'ombre de' poggietti,
    leggon d'antiqui gli amorosi detti;

in alcune parti il candidissimo corpo coprisse, di quello non altramente toglieva la vista a me mirante, che posta figura sotto chiaro vetro» (Sangirardi).

29. - 1. *Non così ecc.*: la similitudine da ORAZIO, *Epod.*, XV, 5-6: «*Artius atque hedera procera adstringitur ilex, Lentis adherens bracchiis*»; OVIDIO, *Met.*, IV, 365: «*Solent hederae longos intexere cursus*»; DANTE, *Inf.*, XXV, 58-59: «Ellera abbarbi-cata mai non fue Ad alber sì...». - 3. *si... insieme*: cfr. *Innam.*, I, XIX, 61, 1: «Stavan sì stretti quei duo amanti insieme». - 4-5. *de lo spirto... fior*: il bacio; cfr. XXII, 32, 7-8. - 5-6. *qual... sabbia*: profumato più soavemente di qualsiasi seme di quelle piante che crescono nelle profumate *sabbie* dell'Arabia Felice, ove abitano i Sabei; cfr. DIODORO SICULO, III, 38, 46. - 7-8. *Del gran piacer... bocca*: similmente il Boiar-do (ove, però, meno coerentemente che nell'Ariosto, l'espressione si riferisce alla assai meno maliarda Fiordiligi): «come ciascun sospira e ciascun geme De alta dolcezza, non saprebbi io dire; Lor lo dican per me, poi che a lor tocca, Che ciaschedun avea due lingue in bocca» (*Innam.*, I, XIX, 61, 5-8); e cfr., per tutta l'ottava, il capit. VIII delle *Rime* dell'Ariosto.

30. - 3-4. *che raro... virtute*: perché di rado il saper tacere fu considerato cosa riprovevole, ma spesso invece cosa degna di lode; cfr. OVIDIO, *Ars am.*, II, 603-604. - 5. *Tutte proferte*: profferte di ogni sorte.

31. - 4. *fatte*: adatte. - 6. *scene*: spettacoli teatrali. - 8. *antiqui*: autori antichi

32.   or per l'ombrose valli e lieti colli
        vanno cacciando le paurose lepri;
        or con sagaci cani i fagian folli
        con strepito uscir fan di stoppie e vepri;
        or a' tordi lacciuoli, or veschi molli
        tendon tra gli odoriferi ginepri;
        or con ami inescati et or con reti
        turbano a' pesci i grati lor secreti.

33.   Stava Ruggiero in tanta gioia e festa,
        mentre Carlo in travaglio et Agramante,
        di cui l'istoria io non vorrei per questa
        porre in oblio, né lasciar Bradamante,
        che con travaglio e con pena molesta
        pianse più giorni il disïato amante,
        ch'avea per strade disusate e nuove
        veduto portar via, né sapea dove.

34.   Di costei prima che degli altri dico,
        che molti giorni andò cercando invano
        pei boschi ombrosi e per lo campo aprico,
        per ville, per città, per monte e piano;
        né mai poté saper del caro amico,
        che di tanto intervallo era lontano.
        Ne l'oste saracin spesso venìa,
        né mai del suo Ruggier ritrovò spia.

(voce petrarchesca); *amorosi detti*: cfr. PETRARCA, *Canz.*, XXVI, 10: «al buon testor degli amorosi detti».
    32. – 3. *sagaci*: dalll'odorato fino; latinismo ripreso già dal Poliziano («sagace nari») e dal Sannazzaro («sagace oca»). Anche gli altri preziosi aggettivi dell'ottava sono di ascendenza petrarchesca («ombrose», «lieti», «odoriferi») o polizianesca («paurose»). – 3. *folli*: spaventati dai cani e dai cacciatori, tanto da volare in modo cieco e disordinato. – 4. *vepri*: arbusti spinosi (lat.). – 5. *a' tordi lacciuoli*: cfr. ORAZIO, *Epod.*, II, 31-34: «*aut trudit acris hinc et hinc multa cane Apros in obstantis plagas, Aut amite levi rara tendit retia, Turdis edacibus dolos*»; ARIOSTO, *Lir. lat.*, XXIII, 30-33: «*Tunc iuvet audaci lepores agitare Lacone, Caecaque nocturnis ponere vincla lupis, Inque plagas turdum strepitu detrudere edacem*»; *veschi*: vischi (cfr. PETRARCA, *Tr. Am.*, III, 60). – 8. *i grati lor secreti*: i lor graditi recessi.
    33. – 2. *Carlo... et Agramante*: sott.: «stavano». – 5. *con travaglio... molesta*: nella sapiente sintassi di temi poetici del *Furioso*, c'è qui una netta contrapposizione fra la *gioia e festa* (v. 1) di Ruggiero e la pena e il travaglio di Bradamante.
    34. – 2. *cercando invano*: cfr. PETRARCA, *Canz.*, CCLXXXVIII, 7: «cercando invano» (in rima con «piano» e «lontano»). – 3. *campo aprico*: campagna soleggiata. – 5. *amico*: uomo amato. – 6. *intervallo*: distanza (lat.). – 7. *Ne l'oste*: nel campo dell'esercito nemico (lat.). – 8. *spia*: indizio.

35. Ogni dì ne domanda a più di cento,
    né alcun le ne sa mai render ragioni.
    D'alloggiamento va in alloggiamento,
    cercandone e trabacche e padiglioni:
    e lo può far; che senza impedimento
    passa tra cavallieri e tra pedoni,
    mercé all'annel che fuor d'ogni uman uso
    la fa sparir quando l'è in bocca chiuso.

36. Né può né creder vuol che morto sia;
    perché di sì grande uom l'alta ruina
    da l'onde idaspe udita si saria
    fin dove il sole a riposar declina.
    Non sa né dir né imaginar che via
    far possa o in cielo o in terra; e pur meschina
    lo va cercando, e per compagni mena
    sospiri e pianti et ogni acerba pena.

37. Pensò al fin di tornare alla spelonca
    dove eran l'ossa di Merlin profeta,
    e gridar tanto intorno a quella conca,
    che 'l freddo marmo si movesse a pieta;
    che se vivea Ruggiero, o gli avea tronca
    l'alta necessità la vita lieta,
    si sapria quindi: e poi s'appiglierebbe
    a quel miglior consiglio che n'avrebbe.

38. Con questa intenzïon prese il camino
    verso le selve prossime a Pontiero,
    dove la vocal tomba di Merlino
    era nascosa in loco alpestro e fiero.

35. – 4. *trabacche*: tende; si trova spesso nei poemi cavallereschi la coppia
«trabacche e padiglioni». – 7. *fuor... uso*: in modo straordinario.
    36. – 2. *l'alta ruina*: la morte, perdita suprema; cfr. VII, 37, 6. – 3-4. *da l'onde...
declina*: dall'India, ove scorre il fiume Idaspe (cfr. ORAZIO, *Carm.*, I, XXII, 7-8:
«*fabulosus... Hydaspes*») e ove sorge il sole, fino in Occidente, ove il sole tramonta
(lat.); cioè per tutto il mondo; cfr. III, 17, 5-6.
    37. – 3. *gridar*: supplicare; *conca*: tormba; cfr. III, 22, 5. – 6. *alta necessità*: la
morte, che i Latini avevano definito «*ultima, extrema, suprema necessitas*». – 7. *si
sapria quindi*: ivi l'avrebbe saputo. – 8. *n'avrebbe*: riceverebbe da Merlino.
    38. – 2. *Pontiero*: Pontieri o Ponthieu (Piccardia), feudo del conte Gano di
Maganza. – 3. *vocal*: parlante (lat.). – 4. *fiero*: selvaggio; cfr. PETRARCA, *Canz.*,

Ma quella maga che sempre vicino
tenuto a Bradamante avea il pensiero,
quella dico io, che nella bella grotta
l'avea de la sua stirpe instrutta e dotta;

39. quella benigna e saggia incantatrice,
la quale ha sempre cura di costei,
sappiendo ch'esser de' progenitrice
d'uomini invitti, anzi di semidei;
ciascun dì vuol saper che fa, che dice,
e getta ciascun dì sorte per lei.
Di Ruggier liberato e poi perduto,
e dove in India andò, tutto ha saputo.

40. Ben veduto l'avea su quel cavallo
che reggier non potea, ch'era sfrenato,
scostarsi di lunghissimo intervallo
per sentier periglioso e non usato;
e ben sapea che stava in giuoco e in ballo
e in cibo e in ozio molle e delicato,
né più memoria avea del suo signore,
né de la donna sua, né del suo onore.

41. E così il fior de li begli anni suoi
in lunga inerzia aver potria consunto
sì gentil cavallier, per dover poi
perdere il corpo e l'anima in un punto;
e quel odor, che sol riman di noi
poscia che 'l resto fragile è defunto,

XXXVII, 104: «luoghi alpestri et feri». – 5. *quella maga*: Melissa; cfr. III, 21 segg. –
8. *instrutta e dotta*: cfr. VI, 56, 8.
39. – 6. *getta... sorte*: fa sortilegi per sapere di lei. – 8. *in India*: in Asia; cfr. n. a
VI, 19, 5-8.
40. – 2. *sfrenato*: non obbediente al freno. – 3. *intervallo*: distanza; cfr. VII, 34,
6. – 4. *sentier*: percorso; cfr. IV, 5, 4. – 6. *molle e delicato*: cfr. PETRARCA, *Tr. Am.*, IV,
101.
41. – 1. *il fior... suoi*: cfr. PETRARCA, *Canz.*, CCLXVIII, 39: «fior de gli anni
suoi»; *Tr. Fama*, I, 96. – 4. *perdere... punto*: allude alla trasformazione cui l'avrebbe
sottoposto Alcina. – 5. *odor*: buona fama; cfr. XXXV, 24, 5-8; XXXXVII, 16, 8. –

che tra' l'uom del sepulcro e in vita il serba,
gli saria stato o tronco o svelto in erba.

42.   Ma quella gentil maga, che più cura
       n'avea ch'egli medesmo di se stesso,
       pensò di trarlo per via alpestre e dura
       alla vera virtù, mal grado d'esso:
       come escellente medico, che cura
       con ferro e fuoco e con veneno spesso,
       che se ben molto da principio offende,
       poi giova al fine e grazia se gli rende.

43.   Ella non gli era facile, e talmente
       fattane cieca di superchio amore,
       che, come facea Atlante, solamente
       a darli vita avesse posto il core.
       Quel più tosto volea che lungamente
       vivesse e senza fama e senza onore,
       che, con tutta la laude che sia al mondo,
       mancasse un anno al suo viver giocondo.

44.   L'avea mandato all'isola d'Alcina,
       perché oblïasse l'arme in quella corte;
       e come mago di somma dottrina,
       ch'usar sapea gl'incanti d'ogni sorte,
       avea il cor stretto di quella regina
       ne l'amor d'esso d'un laccio sì forte,
       che non se ne era mai per poter sciorre,
       s'invechiasse Ruggier più di Nestorre.

7. *che tra'... serba*: cfr. PETRARCA, *Tr. Fama*, I, 9: «che trae l'uom del sepolcro e 'n vita il serba». – 8. *tronco... erba*: o troncato o strappato sul nascere; si riferisce a *odor*, ma avendo in mente anche il *fior* del v. 1.

42. – 3. *via... dura*: la via che conduce al regno virtuoso di Logistilla; cfr. VI, 55. – 5-8. *come escellente medico...*: cfr. POLIZIANO, *Risp. spicc.*, 74, 3-4: «crudel veneno posto in medicina Più volte torna l'uom da morte a vita» (Carducci).

43. – 1. *facile*: indulgente, arrendevole (lat.). – 2. *superchio*: soverchio. – 4. *a darli vita*: a mantenerlo in vita. – 5. *Quel*: Atlante.

44. – 7. *che... sciorre*: che non sarebbe mai riuscito a sciogliersene; immagine petrarchesca. – 8. *Nestorre*: l'eroe omerico, la cui vita si protrasse per tre generazioni.

45.   Or tornando a colei, ch'era presaga
        di quanto de' avvenir, dico che tenne
        la dritta via dove l'errante e vaga
        figlia d'Amon seco a incontrar si venne.
        Bradamante, vedendo la sua maga,
        muta la pena che prima sostenne,
        tutta in speranza; e quella l'apre il vero:
        ch'ad Alcina è condotto il suo Ruggiero.

46.   La giovane riman presso che morta,
        quando ode che 'l suo amante è così lunge;
        e più, che nel suo amor periglio porta,
        se gran rimedio e subito non giunge:
        ma la benigna maga la conforta,
        e presta pon l'impiastro ove il duol punge;
        e le promette, e giura, in pochi giorni
        far che Ruggiero a riveder lei torni.

47.   – Da che, donna (dicea), l'anello hai teco,
        che val contra ogni magica fattura,
        io non ho dubbio alcun, che s'io l'arreco
        là dove Alcina ogni tuo ben ti fura,
        ch'io non le rompa il suo disegno, e meco
        non ti rimeni la tua dolce cura.
        Me n'andrò questa sera alla prim'ora,
        e sarò in India al nascer de l'aurora. –

48.   E seguitando, del modo narrolle
        che disegnato avea d'adoperarlo,
        per trar del regno effeminato e molle
        il caro amante, e in Francia rimenarlo.

---

45. – 1. *colei*: Melissa. – 3. *vaga*: vagante a casaccio. – 7. *apre*: manifesta (lat.).
– 8. *ad Alcina è condotto*: è ridotto in potere di Alcina.
    46. – 3. *e più... porta*: e ancor più rimane smarrita, quando ode che è in
pericolo il suo amore. – 6. *presta... punge*: cfr. DANTE, *Inf.*, XXIV, 18: «e così tosto
al mal giunse l'impiastro».
    47. – 2. *fattura*: incantesimo. – 4. *fura*: rapisce (lat.). – 6. *dolce cura*: la persona
da te amata, Ruggiero (*cura* in questo senso era nei latini). – 7. *prim'ora*: della
notte.
    48. – 2. *d'adoperarlo*: di adoperare l'anello. – 3. *regno effeminato e molle*: cfr. VI,
20, 7-8; ma qui *molle* ha senso diverso e vale «tale da indurre a ozio, a mollezze»;
cfr. PETRARCA, *Tr. Am.*, IV, 101: «un'isoletta delicata e molle» (Cipro).

Bradamante l'annel del dito tolle;
né solamente avria voluto darlo,
ma dato il core e dato avria la vita,
pur che n'avesse il suo Ruggiero aita.

49. Le dà l'annello e se le raccomanda;
e più le raccomanda il suo Ruggiero,
a cui per lei mille saluti manda:
poi prese vêr Provenza altro sentiero.
Andò l'incantatrice a un'altra banda;
e per porre in effetto il suo pensiero,
un palafren fece apparir la sera,
ch'avea un piè rosso, e ogn'altra parte nera.

50. Credo fusse un Alchino o un Farfarello,
che da l'inferno in quella forma trasse;
e scinta e scalza montò sopra a quello,
a chiome sciolte e orribilmente passe:
ma ben di dito si levò l'annello,
perché gl'incanti suoi non le vietasse.
Poi con tal fretta andò, che la matina
si ritrovò ne l'isola d'Alcina.

51. Quivi mirabilmente transmutosse:
s'accrebbe più d'un palmo di statura,
e fe' le membra a proporzion più grosse;
e restò a punto di quella misura
che si pensò che 'l negromante fosse,
quel che nutrì Ruggier con sì gran cura.
Vestì di lunga barba le mascelle,
e fe' crespa la fronte e l'altra pelle.

52. Di faccia, di parole e di sembiante
sì lo seppe imitar, che totalmente

---

50. – 1. *Alchino... Farfarello*: sono nomi di diavoli danteschi (*Inf.*, XXI, 118, 123); ma l'Ariosto avrà avuto in mente anche i diavoli Astarotte e Farfarello che nel *Morg.* del Pulci trasportano Rinaldo e Ricciardetto a Roncisvalle (XXV, 219 segg.). – 3. *scinta e scalza*: cfr. III, 8, 7; *passe*: sparse (lat. *crinibus passis*). – 7-8. *Poi con tal fretta ecc.*: simili viaggi dalla velocità prodigiosa sono di regola nella letteratura cavalleresca; cfr. per es. *Innam.*, I, XII, 42, 7-8: «Sì giorno e notte con fretta camina, Che a Babilonia gionse una matina».

51. – 3. *a proporzion*: in proporzione alla statura. – 5. *'l negromante*: Atlante. – 7. *mascelle*: guancie (lat. *malae*). – 8. *crespa*: rugosa; cfr. VII, 73, 1; XX, 120, 1.

potea parer l'incantatore Atlante.
Poi si nascose, e tanto pose mente,
che da Ruggiro allontanar l'amante
Alcina vide un giorno finalmente:
c fu gran sorte; che di stare o d'ire
senza esso un'ora potea mal patire.

53.   Soletto lo trovò, come lo volle,
che si godea il matin fresco e sereno
lungo un bel rio che discorrea d'un colle
verso un laghetto limpido et ameno.
Il suo vestir deliziöso e molle
tutto era d'ozio e di lascivia pieno,
che de sua man gli avea di seta e d'oro
tessuto Alcina con sottil lavoro.

54.   Di ricche gemme un splendido monile
gli discendea dal collo in mezzo il petto;
e ne l'uno e ne l'altro già virile
braccio girava un lucido cerchietto.
Gli avea forato un fil d'oro sottile
ambe l'orecchie, in forma d'annelletto;
e due gran perle pendevano quindi,
qua' mai non ebbon gli Arabi né gl'Indi.

55.   Umide avea l'innanellate chiome
de' più suavi odor che sieno in prezzo:
tutto ne' gesti era amoroso, come
fosse in Valenza a servir donne avezzo:

52. – 4-5. *e tanto... che*: e stette in osservazione finché. – 7. *fu... sorte*: fu rara e fortunata combinazione.

53. – 1. *Soletto lo trovò ecc.*: il quadretto è classico e ricorda quello di Ercole innamorato di Onfale (OVIDIO, *Her.*, IX, 55 segg.; SENECA, *Hypp.*, 317-29; *Hercules Oetaeus*, 371-79), di Ulisse a Calipso e di Enea a Cartagine; qualche particolare deriva da BOCCACCIO, *De claris mul.*, cap. XXI: *Iole* e dal *Mambriano*, I, 59-62: «Or stato a questo modo circa un mese, Dormendo un giorno a l'ombra tutto solo...»; VI, 5 ss. e VII, 77 ss.; cfr. P. RAJNA, *Le fonti dell'«Orlando Furioso»* cit., pp. 185-187. – 3. *discorrea*: scorreva qua e là scendendo; cfr. III, 34, 1. – 5. *delizïoso e molle*: ricercato ed effeminato; cfr. VII, 48, 3. – 7. *de sua man*: con le sue stesse mani; cfr. VIRGILIO, *Aen.*, IV, 263-264; XI, 73-75: «*quas illi laeta laborum Ipsa suis quondam manibus Sidonia Dido Fecerat et tenui telas discreverat auro*».

54. – 7. *quindi*: da quell'*annelletto*.

55. – 2. *odor*: profumi (lat.); *in prezzo*: pregiati. – 4. *Valenza*: la città spagno-

non era in lui di sano altro che 'l nome;
corrotto tutto il resto, e più che mézzo.
Così Ruggier fu ritrovato, tanto
da l'esser suo mutato per incanto.

56.   Ne la forma d'Atlante se gli affaccia
colei, che la sembianza ne tenea,
con quella grave e venerabil faccia
che Ruggier sempre riverir solea,
con quello occhio pien d'ira e di minaccia,
che sì temuto già fanciullo avea;
dicendo: – È questo dunque il frutto ch'io
lungamente atteso ho del sudor mio?

57.   Di medolle già d'orsi e di leoni
ti porsi io dunque li primi alimenti;
t'ho per caverne et orridi burroni
fanciullo avezzo a strangolar serpenti,
pantere e tigri disarmar d'ungioni,
et a vivi cingial trar spesso i denti,
acciò che, dopo tanta disciplina,
tu sii l'Adone o l'Atide d'Alcina?

58.   È questo, quel che l'osservate stelle,
le sacre fibre e gli accoppiati punti,
responsi, augùri, sogni e tutte quelle
sorti, ove ho troppo i miei studi consunti,

la aveva fama nel Cinquecento di essere assai corrotta. – 6. *mézzo*: fradicio,
guasto.
     56. – 1. *se gli affaccia*: gli si presenta.
     57. – 1-2. *Di medolle ecc.*: cfr. *Innam.*, II, 1, 74, 7-8: «Però nutrito l'ha, con
gran ragione, Sol di medolle e nerbi di leone»; III, v, 35-37. Già Stazio, a
proposito dei nutrimenti concessi ad Achille da Chirone, parla di «*spissa
leonum viscera semianimiquesque lupae... medullas*» (*Achil.*, II, 99-100). – 7. *disciplina*: educazione severa (lat.). – 8. *Adone... Atide*: giovani belli ed effeminati;
Adone amato da Venere (OVIDIO, *Met.*, X, 503 segg.) e Attis da Cibele (CATUL-
LO, *Carm.*, LXIII).
     58. – 1. *È questo, quel ecc.*: l'eloquente discorso di Melissa è costruito con una
sintassi ampia e armoniosa, in uno stile latineggiante, ricco di interrogazioni
sdegnose e di nobile ironia; *l'osservate stelle ecc.*: accenno ai vari modi usati per
indovinare il futuro: l'astrologia (*osservate stelle*), l'aruspicina o esame dei visceri
degli animali (*sacre fibre*), la geomanzia, o interpretazione di linee tracciate per
terra congiungendo alcuni punti segnati a caso (*accoppiati punti*), il chiedere re-

di te promesso sin da le mammelle
m'avean, come quest'anni fusser giunti:
ch'in arme l'opre tue così preclare
esser dovean, che sarian senza pare?

59. Questo è ben veramente alto principio
onde si può sperar che tu sia presto
a farti un Alessandro, un Iulio, un Scipio!
Chi potea, ohimè! di te mai creder questo,
che ti facessi d'Alcina mancipio?
E perché ognun lo veggia manifesto,
al collo et alle braccia hai la catena
con che ella a voglia sua preso ti mena.

60. Se non ti muovon le tue proprie laudi,
e l'opre escelse a chi t'ha il cielo eletto,
la tua successïon perché defraudi
del ben che mille volte io t'ho predetto?
Deh, perché il ventre eternamente claudi,
dove il ciel vuol che sia per te concetto
la glorïosa e soprumana prole
ch'esser de' al mondo più chiara che 'l sole?

61. Deh non vietar che le più nobil alme,
che sian formate ne l'eterne idee,
di tempo in tempo abbian corporee salme
dal ceppo che radice in te aver dee!

sponsi e augùri, l'interpretare i sogni, il fare i sortilegi. Tutte queste arti erano
ancora in grande onore nel Cinquecento. – 5. *sin da le mammelle*: dall'infanzia.
　　59. – 1. *alto principio*: degno inizio. – 2. *presto*: pronto. – 3. *Alessandro...
Scipio*: Alessandro Magno, Giulio Cesare, Scipione l'Africano, esempi umanistici
di eroismo. – 5. *mancipio*: schiavo; cfr. PETRARCA, *Tr. Fama.*, I, 25, ove il
vocabolo è usato in connessione con Cesare e Scipione. – 7. *la catena*: il *monile*
di 54, 1.
　　60. – 1. *Se non... laudi*: se non ti stimola il desiderio di fama personale; cfr. un
simile inizio di discorso, rivolto da Mercurio a Enea: «*si te nulla movet tantarum
gloria rerum... Ascanium surgentem... respice*» (*Aen.*, IV, 272-276). – 2. *a chi*: a cui. –
5. *il ventre... claudi*: tieni chiuso, condanni a sterilità, il ventre di Bradamante. –
6. *per te concetto*: concepito da te. – 8. *chiara*: gloriosa.
　　61. – 1. *vietar*: impedire. – 1-4. *che le più nobil... dee*: che le anime più nobili
create da Dio, che ora risiedono nelle *eterne idee*, si incarnino, al momento a loro
assegnato, e si rivestano dei corpi dei discendenti della dinastia estense; l'Ariosto
segue qui la dottrina platonica, accolta anche da VIRGILIO, *Aen.*, VI, 713 segg. –

Deh non vietar mille trionfi e palme,
con che, dopo aspri danni e piaghe ree,
tuoi figli, tuoi nipoti e successori
Italia torneran nei primi onori!

62.   Non ch'a piegarti a questo tante e tante
anime belle aver dovesson pondo,
che chiare, illustri, inclite, invitte e sante
son per fiorir da l'arbor tuo fecondo;
ma ti dovria una coppia esser bastante:
Ippolito e il fratel; che pochi il mondo
ha tali avuti ancor fin al dì d'oggi,
per tutti i gradi onde a virtù si poggi.

63.   Io solea più di questi dui narrarti,
ch'io non facea di tutti gli altri insieme;
sì perché essi terran le maggior parti,
che gli altri tuoi, ne le virtù supreme;
sì perché al dir di lor mi vedea darti
più attenzïon, che d'altri del tuo seme:
vedea goderti che sì chiari eroi
esser dovessen dei nipoti tuoi.

64.   Che ha costei che t'hai fatto regina,
che non abbian mill'altre meretrici?
costei che di tant'altri è concubina,
ch'al fin sai ben s'ella suol far felici.
Ma perché tu conosca chi sia Alcina,
levatone le fraudi e gli artifici,
tien questo annello in dito, e torna ad ella;
ch'aveder ti potrai come sia bella. –

5. *mille trionfi e palme*: cfr. PETRARCA, *Tr. Pud.*, 96: «Mille vittoriose e chiare palme». – 6. *con che*: con cui. – 8. *torneran*: faranno ritornare.
    62. – 1-2. *Non che... pondo*: non dico che a convincerti ad abbandonare Alcina,
dovrebbero avere influenza (*pondo*) le tante anime belle. – 5. *ti dovria... bastante*:
dovrebbe bastare a convincerti. – 6. *Ippolito e il fratel*: Ippolito e Alfonso d'Este; cfr.
III, 50. – 8. *per tutti... poggi*: in tutte le condizioni dalle quali l'uomo si innalza
(*poggi*) alla virtù.
    63. – 3. *le maggior parti*: i gradi più alti. – 5-6. *perché... seme*: perché quando
parlavo di loro vedevo che tu stavi più attento che non quando parlavo di altri
tuoi discendenti.
    64. – 1. *t'hai fatto regina*: hai reso tua regina.

65.   Ruggier si stava vergognoso e muto
        mirando in terra, e mal sapea che dire;
        a cui la maga nel dito minuto
        pose l'annello, e lo fe' risentire.
        Come Ruggiero in sé fu rivenuto,
        di tanto scorno si vide assalire,
        ch'esser vorria sotterra mille braccia;
        ch'alcun veder non lo potesse in faccia.

66.   Ne la sua prima forma in uno instante,
        così parlando, la maga rivenne;
        né bisognava più quella d'Atlante,
        seguitone l'effetto per che venne.
        Per dirvi quel ch'io non vi dissi inante,
        costei Melissa nominata venne,
        ch'or diè a Ruggier di sé notizia vera,
        e dissegli a che effetto venuta era;

67.   mandata da colei, che d'amor piena
        sempre il disia, né più può starne senza,
        per liberarlo da quella catena
        di che lo cinse magica violenza:
        e preso avea d'Atlante di Carena
        la forma, per trovar meglio credenza.
        Ma poi ch'a sanità l'ha ormai ridutto,
        gli vuole aprire e far che veggia il tutto.

68.   — Quella donna gentil che t'ama tanto,
        quella che del tuo amor degna sarebbe,
        a cui, se non ti scorda, tu sai quanto
        tua libertà, da lei servata, debbe;

65. – 1. *vergognoso e muto*: cfr. VIRGILIO, *Aen.*, IV, 279: «*aspectu obmutuit amens*»; DANTE, *Purg.*, XXXI, 64-65: «Quali i fanciulli, vergognando, muti Con li occhi a terra stannosi». – 3. *minuto*: mignolo. – 4. *risentire*: ritornare in sé: anche il Boiardo usa questo verbo a indicare l'effetto dell'anello (*Innam.*, I, XIV, 43, 4). – 6. *di tanto scorno*: da tanta vergogna.

66. – 3. *quella*: la forma. – 4. *seguitone... venne*: una volta ottenuto lo scopo per cui era venuta nella reggia di Alcina. – 6. *Melissa*: cfr. n. a III, 8, 6; finora l'Ariosto non aveva rivelato il suo nome.

67. – 4. *magica violenza*: la forza dell'incantesimo. – 6. *per... credenza*: per essere più facilmente creduta. – 8. *aprire*: svelare (lat.).

68. – 3. *se non ti scorda*: se non ti dimentichi. – 4. *da lei servata*: Bradamante

questo annel che ripara ad ogni incanto
ti manda: e così il cor mandato avrebbe,
s'avesse avuto il cor così virtute,
come l'annello, atta alla tua salute. –

69. E seguitò narrandogli l'amore
che Bradamante gli ha portato e porta;
di quella insieme comendò il valore,
in quanto il vero e l'affezion comporta;
et usò modo e termine migliore
che si convenga a messaggiera accorta:
et in quel odio Alcina a Ruggier pose,
in che soglionsi aver l'orribil cose.

70. In odio gli la pose, ancor che tanto
l'amasse dianzi: e non vi paia strano,
quando il suo amor per forza era d'incanto,
ch'essendovi l'annel, rimase vano.
Fece l'annel palese ancor, che quanto
di beltà Alcina avea, tutto era estrano:
estrano avea, e non suo, dal piè alla treccia;
il bel ne sparve, e le restò la feccia.

71. Come fanciullo che maturo frutto
ripone, e poi si scorda ove è riposto,
e dopo molti giorni è ricondutto
là dove truova a caso il suo deposto,
si maraviglia di vederlo tutto
putrido e guasto, e non come fu posto;
e dove amarlo e caro aver solia,
l'odia, sprezza, n'ha schivo, e getta via:

l'aveva liberato dal castello di Atlante (cfr. IV, 39). – 5. *ripara ad*: difende contro.
– 8. *salute*: salvezza.
  69. – 3. *comendò*: lodò. – 4. *in quanto... comporta*: mantenendosi entro i limiti della verità, e al tempo stesso parlandone con affettuoso calore. – 5. *modo
e termine*: i modi e le parole. – 8. *in che*: in cui; *soglionsi... orribil cose*:
cfr. DANTE, *Purg.*, XIV, 27: «pur com'om fa dell'orribili cose»; BOCCACCIO,
Dec., III, 8, 73: «chiunque il vedeva fuggiva, come far si suole delle orribili
cose».
  70. – 3. *quando*: dal momento che. – 6. *estrano*: non suo, finto. – 8. *feccia*: il
brutto.
  71. – 4. *il suo deposto*: ciò che aveva depositato. – 8. *schivo*: schifo.

72.   così Ruggier, poi che Melissa fece
        ch'a riveder se ne tornò la fata
        con quell'annello inanzi a cui non lece,
        quando s'ha in dito, usare opra incantata,
        ritruova, contra ogni sua stima, invece
        de la bella, che dianzi avea lasciata,
        donna sì laida, che la terra tutta
        né la più vecchia avea né la più brutta.

73.   Pallido, crespo e macilente avea
        Alcina il viso, il crin raro e canuto;
        sua statura a sei palmi non giungea:
        ogni dente di bocca era caduto;
        che più d'Ecuba e più de la Cumea,
        et avea più d'ogn'altra mai vivuto.
        Ma sì l'arti usa al nostro tempo ignote,
        che bella e giovanetta parer puote.

74.   Giovane e bella ella si fa con arte,
        sì che molti ingannò come Ruggiero;
        ma l'annel venne a interpretar le carte,
        che già molti anni avean celato il vero.
        Miracol non è dunque, se si parte
        de l'animo a Ruggiero ogni pensiero
        ch'avea d'amare Alcina, or che la truova
        in guisa, che sua fraude non le giova.

75.   Ma come l'avisò Melissa, stette
        senza mutare il solito sembiante,

---

72. – 7. *donna sì laida ecc.*: per il motivo della vecchia sordida e brutta cfr. n. a XX, 120, 1.

73. – 1. *crespo*: rugoso; cfr. XXVIII, 25, 5; *macilente*: emaciato.

73. – 5. *Ecuba... Cumea*: Ecuba, moglie di Priamo re di Troia, e la Sibilla Cumana erano esempi classici di vecchiezza decrepita; cfr. XX, 120, 2. – 7. *al nostro... ignote*: ironico: le arti del trucco erano fin troppo note nel Cinquecento. Ma Segre, e con ancor maggior convinzione Bigi, ritengono qui trattarsi di un'allusione alle arti magiche, o a quelle della simulazione, della menzogna e delle frodi (su cui il poeta rifletterà nel proemio del canto seguente).

74. – 3. *a interpretar le carte*: a rivelare il mistero celato nelle carte, a rivelare la verità; l'immagine filologica riprende con malizia leggermente sacrilega, quella usata dal Petrarca parlando di Cristo: «vegnendo in terra a 'lluminar le carte Ch'avean molt'anni già celato il vero» (*Canz.*, IV, 5-6).

75. – 1. *come l'avisò*: seguendo il consiglio datogli da Melissa. – 2. *sembian-*

fin che de l'arme sue, più dì neglette,
si fu vestito dal capo alle piante;
e per non farle ad Alcina suspette,
finse provar s'in esse era aiutante,
finse provar se gli era fatto grosso,
dopo alcun dì che non l'ha avute indosso.

76. E Balisarda poi si messe al fianco
(che così nome la sua spada avea);
e lo scudo mirabile tolse anco,
che non pur gli occhi abbarbagliar solea,
ma l'anima facea sì venir manco,
che dal corpo esalata esser parea.
Lo tolse e col zendado in che trovollo,
che tutto lo copria, sel messe al collo.

77. Venne alla stalla, e fece briglia e sella
porre a un destrier più che la pece nero:
così Melissa l'avea instrutto; ch'ella
sapea quanto nel corso era leggiero.
Chi lo conosce, Rabican l'appella;
et è quel proprio che col cavalliero
del quale i venti or presso al mar fan gioco,
portò già la balena in questo loco.

78. Potea aver l'ippogrifo similmente,
che presso a Rabicano era legato;
ma gli avea detto la maga: − Abbi mente,
ch'egli è (come tu sai) troppo sfrenato. −
E gli diede intenzion che 'l dì seguente
gli lo trarrebbe fuor di quello stato,
là dove ad agio poi sarebbe instrutto
come frenarlo e farlo gir per tutto;

te: atteggiamento. − 6. *aiutante*: aitante, forte. − 7. *se... grosso*: se si era ingrassato.
76. − 1. *Balisarda*: era stata la spada di Orlando, cui l'aveva rubata Brunello, dandola a Ruggiero; cfr. XXV, 15, 7-8. − 4. *abbarbagliar*: abbagliare; PETRARCA, *Canz.*, LI, 2. − 5. *l'anima*: gli spiriti vitali. − 7. *zendado*: drappo fine di seta.
77. − 5. *Rabican*: era stato il cavallo dell'Argalia, poi passato a Rinaldo e quindi ad Astolfo; cfr. XV, 40-41. − 6-7. *cavalliero... gioco*: Astolfo, trasformato in mirto e ora battuto dai venti sulla spiaggia dell'isola.
78. − 5. *diede intenzion*: promise. − 6. *fuor... stato*: fuor dal regno di Alcina.

79. né sospetto darà, se non lo tolle,
de la tacita fuga ch'apparecchia.
Fece Ruggier come Melissa volle,
ch'invisibile ognor gli era all'orecchia.
Così fingendo, del lascivo e molle
palazzo uscì de la puttana vecchia;
e si venne accostando ad una porta,
donde è la via ch'a Logistilla il porta.

80. Assaltò li guardiani all'improviso,
e si cacciò tra lor col ferro in mano,
e qual lasciò ferito, e quale ucciso;
e corse fuor del ponte a mano a mano:
e prima che n'avesse Alcina aviso,
di molto spazio fu Ruggier lontano.
Dirò ne l'altro canto che via tenne;
poi, come a Logistilla se ne venne.

<hr>

79. – 1. *se non le tolle*: se non prende l'ippogrifo. – 2. *tacita*: segreta. –
4. *ch'invisibile... orecchia*: che lo seguiva invisibile, dandogli consigli. – 5. *lascivo e
molle*: cfr. VII, 48, 3. – 6. *puttana vecchia*: cfr. ARIOSTO, *Suppositi* in prosa, atto III,
sc. II: «puttana vecchia».
80. – 4. *a mano a mano*: subito, d'un tratto.

CANTO OTTAVO

Esordio: il mondo è pieno di simulazioni. Ruggiero sfugge all'inseguimento d'un servo di Alcina, che gli avventa contro un cane e un falcone. Alcina prepara una flotta per assalire il regno di Logistilla. Melissa entra nel regno di Alcina incustodito, rompe gli incanti e libera i cavalieri prigionieri. Frattanto Rinaldo ottiene dai re di Scozia e d'Inghilterra gli aiuti richiesti da Carlo Magno. Frattanto Angelica è perseguitata dall'eremita negromante. Essa lo sfugge, ma cade nelle mani dei corsari dell'isola di Ebuda. Per vendetta del dio Proteo, un'orca infesta il loro lido: ed essi vanno predando ovunque giovani donne da offrire in pasto al mostro. Angelica è legata a uno scoglio ed esposta all'orca. Frattanto, a Parigi, Orlando è angustiato dalla lontananza di Angelica. Una notte decide di partire segretamente in cerca della donna amata. Il fedele Brandimarte lo segue e Fiordiligi, a sua volta, segue Brandimarte.

1.   Oh quante sono incantatrici, oh quanti
    incantator tra noi, che non si sanno!
    che con lor arti uomini e donne amanti
    di sé, cangiando i visi lor, fatto hanno.
    Non con spirti constretti tali incanti,
    né con osservazion di stelle fanno;
    ma con simulazion, menzogne e frodi
    legano i cor d'indissolubil nodi.

2.   Chi l'annello d'Angelica, o più tosto
    chi avesse quel de la ragion, potria

---

1. – 2. *che non si sanno*: che non sono conosciuti come tali. – 4. *cangiando i visi lor*: dissimulando i loro sentimenti. – 5. *constretti*: evocati e spinti ad agire per opera d'arte magica.

veder a tutti il viso, che nascosto
da finzïone e d'arte non saria.
Tal ci par bello e buono, che, deposto
il liscio, brutto e rio forse parria.
Fu gran ventura quella di Ruggiero,
ch'ebbe l'annel che gli scoperse il vero.

3.   Ruggier (come io dicea) dissimulando,
su Rabican venne alla porta armato:
trovò le guardie sprovedute, e quando
giunse tra lor, non tenne il brando a lato.
Chi morto e chi a mal termine lasciando,
esce del ponte, e il rastrello ha spezzato:
prende al bosco la via; ma poco corre,
ch'ad un de' servi de la fata occorre.

4.   Il servo in pugno avea un augel grifagno
che volar con piacer facea ogni giorno,
ora a campagna, ora a un vicino stagno,
dove era sempre da far preda intorno:
avea da lato il can fido compagno:
cavalcava un ronzin non troppo adorno.
Ben pensò che Ruggier dovea fuggire,
quando lo vide in tal fretta venire.

5.   Se gli fe' incontra, e con sembiante altiero
gli domandò perché in tal fretta gisse.
Risponder non gli vòlse il buon Ruggiero:
perciò colui, più certo che fuggisse,
di volerlo arrestar fece pensiero;

2. – 4. *arte*: artificio, incantesimo. – 6. *il liscio*: il belletto.
3. – 1. *dissimulando*: celando la sua intenzione di fuggire. «Nel regno della simulazione, anche Ruggiero ricorre alla arti del fingere» (Caretti). – 3. *sprovedute*: impreparate. – 6. *rastrello*: cancello esterno, posto a qualche distanza dalla porta principale, all'imboccatura del ponte levatoio, sì che in caso di allarme i difensori avessero tempo di ritirarsi e alzare il ponte. – 8. *occorre*: s'imbatte (lat.).
4. – 1. *grifagno*: di rapina (cfr DANTE, *Inf.*, XXII, 139: «sparvier grifagno», in rima con «compagno» e «stagno»). – 6. *non troppo adorno*: poveramente bardato, oppure: «magro, d'aspetto consunto»; il servo e gli animali rappresentano, con varia allegoria, gli ostacoli che incontra chiunque voglia seguire la via della virtù.

e distendendo il braccio manco, disse:
– Che dirai tu, se subito ti fermo?
se contra questo augel non avrai schermo? –

6.   Spinge l'augello: e quel batte sì l'ale,
        che non l'avanza Rabican di corso.
        Del palafreno il cacciator giù sale,
        e tutto a un tempo gli ha levato il morso.
        Quel par da l'arco uno aventato strale,
        di calci formidabile e di morso;
        e 'l servo dietro sì veloce viene,
        che par ch'il vento, anzi che il fuoco il mene.

7.   Non vuol parere il can d'esser più tardo,
        ma segue Rabican con quella fretta
        con che le lepri suol seguire il pardo.
        Vergogna a Ruggier par, se non aspetta.
        Voltasi a quel che vien sì a piè gagliardo;
        né gli vede arme, fuor ch'una bacchetta,
        quella con che ubidire al cane insegna:
        Ruggier di trar la spada si disdegna.

8.   Quel se gli appressa, e forte lo percuote;
        lo morde a un tempo il can nel piede manco.
        Lo sfrenato destrier la groppa scuote
        tre volte e più, né falla il destro fianco.
        Gira l'augello e gli fa mille ruote,
        e con l'ugna sovente il ferisce anco:
        sì il destrier collo strido impaurisce,
        ch'alla mano e allo spron poco ubidisce.

---

5. – 6. *il braccio manco*: sul quale teneva lo sparviero. – 8. *schermo*: difesa.
6. – 2. *avanza*: supera. – 3. *palafreno*: ma prima (4, 6) era un *ronzino*; cfr. n. a
I, 13, 1; *sale*: salta (lat.). – 4. *tutto a un tempo*: nello stesso tempo. – 5. *Quel...*
strale: cfr. DANTE, *Inf.*, XVII, 136; PULCI, *Morg.*, V, 28, 2: «e va pel bosco che
pare uno strale»; BOIARDO, *Innam.*, II, XIX, 4, 5-7: «Lui via ne andava sì
presto e legiero, Che mai saetta de arco fu mandata Con tanta fretta, o da
ballestra il strale».
7. – 3. *il pardo*: il ghepardo; cfr. I, 34, 4 e *Mambriano*, V, 9, 1-2: «Non fu mai
pardo, o veltro sì leggiero, Vista la lepre, come allor fu Orlando». – 5. *quel*: il servo
di Alcina. – 8. *si disdegna*: disdegna.
8. – 4. *né... fianco*: né sbaglia la direzione dei suoi colpi, che raggiungono
Ruggiero nel fianco destro. – 5. *gli fa*: fa intorno a lui.

9.   Ruggiero, al fin constretto, il ferro caccia;
          e perché tal molestia se ne vada,
          or gli animali, or quel villan minaccia
          col taglio e con la punta de la spada.
          Quella importuna turba più l'impaccia:
          presa ha chi qua chi là tutta la strada.
          Vede Ruggiero il disonore e il danno
          che gli averrà, se più tardar lo fanno.

10.   Sa ch'ogni poco più ch'ivi rimane,
          Alcina avrà col populo alle spalle:
          di trombe, di tamburi e di campane
          già s'ode alto rumore in ogni valle.
          Contra un servo senza arme e contra un cane
          gli par ch'a usar la spada troppo falle:
          meglio e più breve è dunque che gli scopra
          lo scudo che d'Atlante era stato opra.

11.   Levò il drappo vermiglio in che coperto
          già molti giorni lo scudo si tenne.
          Fece l'effetto mille volte esperto
          il lume, ove a ferir negli occhi venne:
          resta dai sensi il cacciator deserto,
          cade il cane e il ronzin, cadon le penne,
          ch'in aria sostener l'augel non ponno.
          Lieto Ruggier li lascia in preda al sonno.

12.   Alcina, ch'avea intanto avuto aviso
          di Ruggier, che sforzato avea la porta,
          e de la guardia buon numero ucciso,
          fu, vinta dal dolor, per restar morta.
          Squarciossi i panni e si percosse il viso,
          e sciocca nominossi e malaccorta;
          e fece dar all'arme immantinente,
          e intorno a sé raccôr tutta sua gente.

---

9. – 1. *il ferro caccia*: cava dal fodero la spada. – 6. *presa*: occupata.
10. – 1. *poco... rimane*: se indugia là ancora un poco. – 3. *di trombe ecc.*: cfr.
Innam., I, I, 11, 2: «di trombe, di tamburi e di campane». – 6. *falle*: sbagli.
11. – 3. *esperto*: sperimentato (lat.). – 5. *deserto*: abbandonato. – 6. *le penne*: le
ali.
12. – 5. *Squarciossi ecc.*: cfr. V, 60, 1-4.

13.   E poi ne fa due parti, e manda l'una
        per quella strada ove Ruggier camina;
        al porto l'altra subito raguna,
        imbarca, et uscir fa ne la marina:
        sotto le vele aperte il mar s'imbruna.
        Con questi va la disperata Alcina,
        che 'l desiderio di Ruggier sì rode,
        che lascia sua città senza custode.

14.   Non lascia alcuno a guardia del palagio:
        il che a Melissa, che stava alla posta
        per liberar di quel regno malvagio
        la gente ch'in miseria v'era posta,
        diede commodità, diede grande agio
        di gir cercando ogni cosa a sua posta,
        imagini abbruciar, suggelli tôrre,
        e nodi e rombi e turbini disciorre.

15.   Indi pei campi accelerando i passi,
        gli antiqui amanti ch'erano in gran torma
        conversi in fonti, in fere, in legni, in sassi,
        fe' ritornar ne la lor prima forma.
        E quei, poi ch'allargati furo i passi,
        tutti del buon Ruggier seguiron l'orma:
        a Logistilla si salvaro; et indi
        tornaro a Sciti, a Persi, a Greci, ad Indi.

---

13. – 3. *raguna*: raduna. – 4. *imbarca*: fa entrare nelle navi. – 5. *sotto... imbruna*: cfr. *Innam.*, II, XXIX, 3, 2-3: «De le sue vele è tanto spessa l'ombra, Che 'l mar di sotto a loro è scuro e bruno».

14. – 2. *stava alla posta*: stava in agguato, pronta ad approfittare dell'occasione. – 7-8. *imagini ecc.*: strumenti vari di magia, particolarmente di magia omeopatica; le *imagini* erano figure di cera o altro materiale che rappresentavano la persona amata, e venivano trafitte con aghi o manipolate in modo da trasmettere agli amanti l'effetto voluto; i *sigilli* erano usati per imprimere segni magici su pietre o su altro materiale; i *nodi* erano matasse di fili di vario colore, che avrebbero dovuto legare le menti delle persone amate (cfr. VIRGILIO, *Ecl.*, VIII, 77); i *rombi* erano speciali circoli magici (cfr. OVIDIO, *Am.*, I, VIII, 7); i *turbini* erano specie di trottole che rendevano vani gli incantesimi. Simili arsenali magici nel *Morg.* del Pulci, XXI, 48; XXII, 102.

15. – 3. *legni*: piante; cfr. PETRARCA, *Tr. Am.*, III, 114: «fonti, fiumi, montagne, boschi e sassi». – 5. *allargati furo i passi*: la via fu aperta. – 8. *tornaro a Sciti ecc.*: ritornarono ognuno al loro paese.

16.   Li rimandò Melissa in lor paesi,
        con obligo di mai non esser sciolto.
        Fu inanzi agli altri il duca degl'Inglesi
        ad esser ritornato in uman volto;
        che 'l parentado in questo e li cortesi
        prieghi del bon Ruggier gli giovâr molto:
        oltre i prieghi, Ruggier le diè l'annello,
        acciò meglio potesse aiutar quello.

17.   A' prieghi dunque di Ruggier, rifatto
        fu 'l paladin ne la sua prima faccia.
        Nulla pare a Melissa d'aver fatto,
        quando ricovrar l'arme non gli faccia,
        e quella lancia d'or, ch'al primo tratto
        quanti ne tocca de la sella caccia:
        de l'Argalia, poi fu d'Astolfo lancia,
        e molto onor fe' a l'uno e a l'altro in Francia.

18.   Trovò Melissa questa lancia d'oro,
        ch'Alcina avea reposta nel palagio,
        e tutte l'arme che del duca fôro,
        e gli fur tolte ne l'ostel malvagio.
        Montò il destrier del negromante moro,
        e fe' montar Astolfo in groppa ad agio;
        e quindi a Logistilla si condusse
        d'un'ora prima che Ruggier vi fusse.

19.   Tra duri sassi e folte spine già
        Ruggiero intanto invêr la fata saggia,
        di balzo in balzo, e d'una in altra via
        aspra, solinga, inospita e selvaggia;

---

16. – 2. *con obligo... sciolto*: con un obbligo di riconoscenza tale che non avrebbe potuto essere sciolto. – 3. *il duca degl'Inglesi*: cfr. VI, 33, 1. – 5. *'l parentado*: l'essere cugino di Bradamante. – 7. *le diè*: diede a Melissa.

17. – 4. *quando... faccia*: qualora non gli faccia anche ricuperare le armi. – 5. *quella lancia*: la lancia fatata, invenzione del Boiardo (cfr. *Innam.*, I, II, 18, che forse ne aveva avuto lo spunto da OVIDIO, *Met.*, VII: lancia fatata di Cefalo): appartenente all'Argalia, era stata trovata da Astolfo, che con essa aveva scavalcato molti cavalieri.

18. – 4. *ne l'ostel malvagio*: nel palazzo di Alcina. – 5. *il destrier*: l'ippogrifo Atlante; *moro*: mauro; cfr. VI, 76, 6. – 6. *ad agio*: comodamente.

19. – 4. *aspra ecc.*: serie di aggettivi danteschi (cfr. *Inf.*, I, 5: «selva selvaggia e

tanto ch'a gran fatica riuscia
su la fervida nona in una spiaggia
tra 'l mare e 'l monte, al mezzodì scoperta,
arsiccia, nuda, sterile e deserta.

20.

Percuote il sole ardente il vicin colle;
e del calor che si riflette a dietro,
in modo l'aria e l'arena ne bolle,
che saria troppo a far liquido il vetro.
Stassi cheto ogni augello all'ombra molle:
sol la cicala col noioso metro
fra i densi rami del fronzuto stelo
le valli e i monti assorda, e il mare e il cielo.

21.

Quivi il caldo, la sete, e la fatica
ch'era di gir per quella via arenosa,
facean, lungo la spiaggia erma et aprica,
a Ruggier compagnia grave e noiosa.
Ma perché non convien che sempre io dica,
né ch'io vi occupi sempre in una cosa,
io lascerò Ruggiero in questo caldo,
e girò in Scozia a ritrovar Rinaldo.

22.

Era Rinaldo molto ben veduto
dal re, da la figliola e dal paese.

---

aspra e forte») e petrarcheschi (cfr. *Canz.*, XXXV, 12: «sì aspre vie né sì selvag-ge»; CLXXVI, 1: «boschi inospiti e selvaggi»). Il pretesto allegorico, che la strada della virtù sia difficile e impervia, sembra quasi dimenticato e dà occasione a una descrizione bellissima della calura estiva. – 5. *riuscia*: sbucava. – 6. *su la fervida nona*: nella calda ora del meriggio (lat.: *fervidus aestus*). – 7. *scoperta*: esposta. – 8. *arsiccia ecc.*: la serie di aggettivi è in perfetta funzione simmetrica a quella del v. 4; *arsiccia*, per «bruciata», è termine dantesco (*Inf.*, XIV, 74; *Purg.*, IX, 98).

20. – 1. *Percuote il sole*: cfr. PETRARCA, *Canz.*, CLXII, 7: «ombrose selve, ove percote il sole». – 2. *si riflette a dietro*: si riverbera, dopo aver percosso il colle. – 3. *bolle*: cfr. PETRARCA, *Canz.*, XXIV, 9-10: «non bolle la polver d'Ethiopia Sotto 'l più ardente sol». – 4. *saria troppo*: ne occorrerebbe meno. – 5. *molle*: dolce, fresca (lat.); cfr. ARIOSTO, *Rime*, Egl. I, 5: «ombra molle». – 6-8. *sol la cicala ecc.*: cfr. VIRGILIO, *Ecl.*, II, 12-13: «*at mecum raucis, tua dum vestigia lustro, Sole sub ardenti resonant arbusta cicadi*»; *Georg.*, III, 328: «*et cantu querulae rumpent arbusta cica-dae*»; ARIOSTO, *Rime*, Egl. I, 6-7: «Non odi che risuona il pianto e il colle Del canto de la stridula cicada?». – 7. *stelo*: albero.

21. – 3. *aprica*: soleggiata. – 5. *sempre io dica*: sott. «la stessa cosa». – 7. *lascerò*: cfr. n. a II, 30, 7-8. – 8. *a ritrovar Rinaldo*: cfr. VI, 16.

Poi la cagion che quivi era venuto,
più ad agio il paladin fece palese:
ch'in nome del suo re chiedeva aiuto
e dal regno di Scozia e da l'inglese;
et ai preghi suggiunse anco di Carlo,
giustissime cagion di dover farlo.

23.
Dal re, senza indugiar, gli fu risposto,
che di quanto sua forza s'estendea,
per utile et onor sempre disposto
di Carlo e de l'Imperio esser volea;
e che fra pochi dì gli avrebbe posto
più cavallieri in punto che potea;
e se non ch'esso era oggimai pur vecchio,
capitano verria del suo apparecchio.

24.
Né tal rispetto ancor gli parria degno
di farlo rimaner, se non avesse
il figlio, che di forza, e più d'ingegno,
dignissimo era a chi 'l governo desse,
ben che non si trovasse allor nel regno;
ma che sperava che venir dovesse
mentre ch'insieme aduneria lo stuolo;
e ch'adunato il troveria il figliuolo.

25.
Così mandò per tutta la sua terra
suoi tesorieri a far cavalli e gente;
navi apparecchia e munizion da guerra,
vettovaglia e danar maturamente.
Venne intanto Rinaldo in Inghilterra,
e 'l re nel suo partir cortesemente
insino a Beroicche accompagnollo;
e visto pianger fu quando lasciollo.

---

22. – 3. *che*: per la quale. – 7-8. *ai preghi... farlo*: inoltre alle preghiere di Carlo aggiunse argomenti giustissimi perché facessero quanto si chiedeva.
23. – 2. *di quanto*: per quanto. – 6. *in punto*: in assetto di guerra. – 7. *e se non ch'esso*: e se non fosse stato che egli era. – 8. *apparecchio*: esercito.
24. – 1. *tal rispetto*: tale motivo, tale considerazione. – 4. *dignissimo... a chi*: dignissimo di ricevere tale incarico di governo (costr. alla lat.). – 7. *stuolo*: esercito.
25. – 2. *far cavalli e gente*: raccogliere cavalli e milizie. – 4. *maturamente*: prontamente (lat. *mature*). – 7. *Beroicche*: Berwick, cfr. IV, 53, 8.

26.   Spirando il vento prospero alla poppa,
       monta Rinaldo, et a Dio dice a tutti:
       la fune indi al vïaggio il nocchier sgroppa;
       tanto che giunge ove nei salsi flutti
       il bel Tamigi amareggiando intoppa.
       Col gran flusso del mar quindi condutti
       i naviganti per camin sicuro
       a vela e remi insino a Londra furo.

27.   Rinaldo avea da Carlo e dal re Otone,
       che con Carlo in Parigi era assediato,
       al principe di Vallia commissione
       per contrasegni e lettere portato,
       che ciò che potea far la regïone
       di fanti e di cavalli in ogni lato,
       tutto debba a Calesio traghittarlo,
       sì che aiutar si possa Francia e Carlo.

28.   Il principe ch'io dico, ch'era, in vece
       d'Oton, rimaso nel seggio reale,
       a Rinaldo d'Amon tanto onor fece,
       che non l'avrebbe al suo re fatto uguale:
       indi alle sue domande satisfece;
       perché a tutta la gente marzïale
       e di Bretagna e de l'isole intorno
       di ritrovarsi al mar prefisse il giorno.

29.   Signor, far mi convien come fa il buono
       sonator sopra il suo instrumento arguto,
       che spesso muta corda, e varia suono,

---

26. – 3. *sgroppa*: scioglie; le tre voci «poppa», «sgroppa» e «intoppa», in rima fra loro, anche in DANTE, *Inf.*, XII, 95-99. – 4-5. *nei salsi... intoppa*: il Tamigi entra nel mare, diventando amaro (*amareggiando*) perché si mescola con le acque salate; cfr. DANTE, *Purg.*, II, 101: «dove l'acque di Tevero s'insala». – 6. *gran flusso*: l'alta marea, che aiuta le navi a risalire la corrente.

27. – 1. *re Otone*: re d'Inghilterra, il padre di Astolfo. – 3. *principe di Vallia*: principe di Galles (Wales); era titolo dato ai prìncipi ereditari inglesi dal 1283; qui è uno dei soliti anacronismi arioteschi; egli ha scritto un poema rinascimentale, non medievale. – 4. *contrasegni*: segni di riconoscimento, credenziali diplomatiche. – 5. *far*: dare. – 7. *Calesio*: Calais.

28. – 6. *marzïale*: atta alla guerra.

29. – 1. *Signor*: cfr. I, 40, 2. – 2. *arguto*: dal suono armonioso e squillante (lat.).

ricercando ora il grave, ora l'acuto.
Mentre a dir di Rinaldo attento sono,
d'Angelica gentil m'è sovenuto,
di che lasciai ch'era da lui fuggita,
e ch'avea riscontrato uno eremita.

30.   Alquanto la sua istoria io vo' seguire.
Dissi che domandava con gran cura,
come potesse alla marina gire;
che di Rinaldo avea tanta paura,
che, non passando il mar, credea morire,
né in tutta Europa si tenea sicura:
ma l'eremita a bada la tenea,
perché di star con lei piacere avea.

31.   Quella rara bellezza il cor gli accese,
e gli scaldò le frigide medolle:
ma poi che vide che poco gli attese,
e ch'oltra soggiornar seco non volle,
di cento punte l'asinello offese;
né di sua tardità però lo tolle:
e poco va di passo e men di trotto,
né stender gli si vuol la bestia sotto.

32.   E perché molto dilungata s'era,
e poco più, n'avria perduta l'orma,
ricorse il frate alla spelonca nera,

– 4. *ricercando*: è il vocabolo tecnico della musica polifonica; l'Ariosto usa un'altra (cfr. II, 30, 6) e ancor più significativa immagine per rappresentare la sua arte fatta di armonia concertante; cfr. M. MARTI, *L. Ariosto*, in *I Maggiori*, Milano, 1956, cap. VIII. L'immagine qui usata fu forse suggerita da ORAZIO, *Ars poet.*, 348-50: «*Nam neque chorda sonum reddit quem vult manus et mens, Poscentique gravem persaepe remittit acutum; Nec semper feriet quodcunque minabitur arcus*». – 7-8. *di che... eremita*: della quale smisi di raccontare mentre era sfuggita a Rinaldo e aveva incontrato un eremita; cfr. II, 12-15.
30. – 5. *non passando il mar*: se non avesse passato il mare.
31. – 2. *gli scaldò... medolle*: l'immagine era nella tradizione letteraria; Catullo l'aveva presa da Saffo: «*misellae Ignes interiorem edunt medullam*» (XXXV, 14-15); cfr. anche VIRGILIO, *Aen.*, VIII, 389-390 e PETRARCA, *Canz.*, CXCVIII, 5-6; POLIZIANO, *Stanze*, I, 41, 1-2; BOIARDO, *Amor.*, LIV, 13. – 3. *gli attese*: gli prestò attenzione. – 4. *seco*: con lui. – 5. *offese*: spronò. – 6. *lo tolle*: riesce a smuoverlo. – 8. *stender... sotto*: accelerare l'andatura.
32. – 1. *dilungata*: allontanata. – 2. *e poco più*: e se si fosse allontanata ancora un po'. – 3. *ricorse... nera*: ricorse all'aiuto dei diavoli d'inferno; cfr. PULCI, *Morg.*,

e di demoni uscir fece una torma:
e ne sceglie uno di tutta la schiera,
e del bisogno suo prima l'informa;
poi lo fa entrare adosso al corridore,
che via gli porta con la donna il core.

33.   E qual sagace can, nel monte usato
a volpi o lepri dar spesso la caccia,
che se la fera andar vede da un lato,
ne va da un altro, e par sprezzi la traccia;
al varco poi lo senteno arrivato,
che l'ha già in bocca, e l'apre il fianco e straccia:
tal l'eremita per diversa strada
aggiugnerà la donna ovunque vada.

34.   Che sia il disegno suo, ben io comprendo:
e dirollo anco a voi, ma in altro loco.
Angelica di ciò nulla temendo,
cavalcava a giornate, or molto or poco.
Nel cavallo il demon si gìa coprendo,
come si cuopre alcuna volta il fuòco,
che con sì grave incendio poscia avampa,
che non si estingue, e a pena se ne scampa.

35.   Poi che la donna preso ebbe il sentiero
dietro il gran mar che li Guasconi lava,
tenendo appresso all'onde il suo destriero,
dove l'umor la via più ferma dava;

XXV, 119, 3: «infernal grotte». Nella tradizione carolingia c'erano molti esempi di
diavoli entrati nei cavalli; cfr. per es. *Morg.*, XXV, 163 e 211.
   33. – 1. *sagace*: dall'odorato fino; cfr. VII, 32, 3. – 5. *lo senteno*: sott. «i cacciatori». – 8. *aggiugnerà*: raggiungerà.
   34. – 1. *Che sia*: in che cosa consista. Un'avventura analoga, di cui è protagonista un vecchio eremita mussulmano nell'*Innam.*, I, xx, 1 segg. – 4. *a
giornate... poco*: a tappe ora lunghe ora più brevi. – 5. *si gìa coprendo*: si
nascondeva. – 6. *come... fuoco*: come il fuoco a volte si nasconde sotto la cenere.
– 8. *a pena... scampa*: a stento si riesce a fuggirne.
   35. – 2. *dietro... lava*: lungo l'Atlantico, che bagna (lat.) la Guascogna. –
4. *dove... dava*: dove l'acqua portata dall'onda aveva rassodato la sabbia e rendeva

quel le fu tratto dal demonio fiero
ne l'acqua sì, che dentro vi nuotava.
Non sa che far la timida donzella,
se non tenersi ferma in su la sella.

36.   Per tirar briglia, non gli può dar volta:
più e più sempre quel si caccia in alto.
Ella tenea la vesta in su raccolta
per non bagnarla, e traea i piedi in alto.
Per le spalle la chioma iva disciolta,
e l'aura le facea lascivo assalto.
Stavano cheti tutti i maggior venti,
forse a tanta beltà, col mare, attenti.

37.   Ella volgea i begli occhi a terra invano,
che bagnavan di pianto il viso e 'l seno,
e vedea il lito andar sempre lontano
e decrescer più sempre e venir meno.
Il destrier, che nuotava a destra mano,
dopo un gran giro la portò al terreno
tra scuri sassi e spaventose grotte,
già cominciando ad oscurar la notte.

38.   Quando si vide sola in quel deserto,
che a riguardarlo sol, mettea paura,
ne l'ora che nel mar Febo coperto
l'aria e la terra avea lasciata oscura,
fermossi in atto ch'avria fatto incerto

---

più agevole il cammino. – 5. *quel*: il destriero; *fiero*: feroce. – 7. *timida*: spaventata.
Anche Europa, rapita da Giove in forma di Toro entro i flutti, fu presa da un senso
di «*timor*»; cfr. OVIDIO, *Fasti*, V, 605-614; *Met.*, II, 870-875.
    36. – 1. *Per tirar briglia*: per quanto tiri le briglie. – 2. *in alto*: in alto mare (lat.).
– 3-5. *la vesta... la chioma iva disciolta*: i bei particolari pittorici hanno anch'essi
modelli letterari; cfr. per es. la descrizione del ratto di Europa e quello di Proserpina in POLIZIANO, *Stanze*, I, 105, 7-8, 106, 1-2, 113, 3-5: «la sua chioma sciolta... La
bianca vesta in un bel grembo accolta». – 6. *lascivo*: scherzoso; cfr. VI, 72, 2.
    37. – 3-4. *e vedea il lito ecc.*: cfr. VIRGILIO, *Aen.*, III, 72: «*terraeque urbesque
decedunt*». – 5. *a destra mano*: diretto sempre a destra, cioè verso il nord. – 6. *al
terreno*: a terra. – 7. *scuri... spaventose*: si noti l'allitterazione.
    38. – 1. *deserto*: l'episodio ricorda quello di Arianna quando, abbandonata da
Teseo: «*desertam in sola miseram secernat harena*» (CATULLO, *Carm.*, LXIV, 57); cfr.
anche OVIDIO, *Her.*, X – 2. *a riguardarlo... paura*: cfr. DANTE, *Inf.*, I, 6: «che nel
pensier rinova la paura». – 3. *Febo coperto*: il sole tramontato, nascosto alla vista

chiunque avesse vista sua figura,
s'ella era donna sensitiva e vera,
o sasso colorito in tal maniera.

39. Stupida e fissa nella incerta sabbia,
coi capelli disciolti e rabuffati,
con le man giunte e con l'immote labbia,
i languidi occhi al ciel tenea levati,
come accusando il gran Motor che l'abbia
tutti inclinati nel suo danno i fati.
Immota e come attonita stè alquanto;
poi sciolse al duol la lingua, e gli occhi al pianto.

40. Dicea: – Fortuna, che più a far ti resta
acciò di me ti sazii e ti disfami?
che dar ti posso omai più, se non questa
misera vita? ma tu non la brami;
ch'ora a trarla del mar sei stata presta,
quando potea finir suoi giorni grami:
perché ti parve di voler più ancora
vedermi tormentar prima ch'io muora.

41. Ma che mi possi nuocere non veggio,
più di quel che sin qui nociuto m'hai.
Per te cacciata son del real seggio,
dove più ritornar non spero mai:
ho perduto l'onor, ch'è stato peggio;
che, se ben con effetto io non peccai,
io do però materia ch'ognun dica
ch'essendo vagabonda, io sia impudica.

degli uomini. – 7. *sensitiva*: viva. – 8. *o sasso colorito*: o statua dipinta; cfr. CATULLO, *loc. cit.*, 61: «*saxea ut effigies bacchantis*»; OVIDIO, *loc. cit.*, 50: «*Quamquam lapis sedes, tam lapis ipsa fuit*»; cfr. X, 34, 7-8.

39. – 1. *Stupida e fissa*: attonita e immobile; *incerta*: mobile. – 5. *il gran Motor*: Dio. – 5-6. *l'abbia... inclinati*: di aver rivolto contro di lei.

40. – 1. *Dicea:* – *Fortuna ecc.*: cfr. OVIDIO, *loc. cit.*, 82 segg. – 2. *acciò... disfami*: per appagar la fame che hai di me; per cessare di tormentarmi. – 7-8. *ti parve... tormentar*: hai voluto vedermi ancora soffrire.

41. – 4. *dove... mai*: cfr. CAVALCANTI, canz. *Perch'i' no spero di tornar giammai*. – 6. *con effetto*: in realtà. – 7. *do... materia*: offro il pretesto; anche l'Ariosto aveva i suoi dubbi; cfr. I, 56, 1-2.

42.   Ch'aver può donna al mondo più di buono,
        a cui la castità levata sia?
        Mi nuoce, ahimè! ch'io son giovane, e sono
        tenuta bella, o sia vero o bugia.
        Già non ringrazio il ciel di questo dono;
        che di qui nasce ogni ruina mia:
        morto per questo fu Argalia mio frate;
        che poco gli giovàr l'arme incantate:

43.   per questo il re di Tartaria Agricane
        disfece il genitor mio Galafrone,
        ch'in India, del Cataio era gran Cane;
        onde io son giunta a tal condizïone,
        che muto albergo da sera a dimane.
        Se l'aver, se l'onor, se le persone
        m'hai tolto, e fatto il mal che far mi puoi,
        a che più doglia anco serbar mi vuoi?

44.   Se l'affogarmi in mar morte non era
        a tuo senno crudel, pur ch'io ti sazii,
        non recuso che mandi alcuna fera
        che mi divori, e non mi tenga in strazii.
        D'ogni martìr che sia, pur ch'io ne pèra,
        esser non può ch'assai non ti ringrazii. –
        Così dicea la donna con gran pianto,
        quando le apparve l'eremita accanto.

45.   Avea mirato da l'estrema cima
        d'un rilevato sasso l'eremita
        Angelica che giunta alla parte ima
        è de lo scoglio, afflitta e sbigottita.
        Era sei giorni egli venuto prima;
        ch'un demonio il portò per via non trita:

42. – 4. *tenuta*: considerata. – 7. *morto... Argalia*: ucciso da Ferraù; cfr. I, 14, 1.

43. – 1-3. *il re... Cane*: aveva raccontato il BOIARDO, *Innam.*, I, VI, X-XVIII, come Agricane, re di Tartaria, avesse mosso guerra al padre di Angelica, Galafrone, che era il Gran Can del *Cataio* (Cina settentrionale), regione dell'*India* (Asia); cfr. n. a I, 5, 1 e 3. – 8. *a che più doglia*: a quale altro tormento.

44. – 1-2. *non era... crudel*: non ti è sembrata morte abbastanza crudele. – 2. *pur... sazii*: pur di appagare il tuo desiderio crudele di tormentarmi. – 5. *D'ogni... sia*: di qualsiasi martirio.

45. – 2. *rilevato sasso*: alto scoglio. – 6. *non trita*: non frequentata (lat.). –

e venne a lei fingendo divozione
quanta avesse mai Paulo o Ilarïone.

46.   Come la donna il cominciò a vedere,
prese, non conoscendolo, conforto;
e cessò a poco a poco il suo temere,
ben che ella avesse ancora il viso smorto.
Come fu presso disse: – Miserere,
padre, di me, ch'i' son giunta a mal porto. –
E con voce interrotta dal singulto
gli disse quel ch'a lui non era occulto.

47.   Comincia l'eremita a confortarla
con alquante ragion belle e divote;
e pon l'audaci man, mentre che parla,
or per lo seno, or per l'umide gote:
poi più sicuro va per abbracciarla;
et ella sdegnosetta lo percuote
con una man nel petto, e lo rispinge,
e d'onesto rossor tutta si tinge.

48.   Egli, ch'allato avea una tasca, aprilla,
e trassene una ampolla di liquore;
e negli occhi possenti, onde sfavilla
la più cocente face ch'abbia Amore,
spruzzò di quel leggiermente una stilla,
che di farla dormire ebbe valore.
Già resupina ne l'arena giace
a tutte voglie del vecchio rapace.

---

8. *Paulo o Ilarïone*: famosi e santi eremiti, l'uno vissuto nella Tebaide, l'altro in Palestina.
    46. – 5. *Miserere*: cfr. DANTE, *Inf.*, I, 65.
    47. – 2. *ragion... divote*: discorsi eloquenti e pieni di santa devozione. – 6. *sdegnosetta*: il diminutivo un po' malizioso è stato suggerito da BOCCACCIO, *Dec.*, X, 8, 52 e *Filostrato*, I, XXVIII, 1-2 (Sangirardi). – 8. *d'onesto... tinge*: cfr. OVIDIO, *Her.*, IV, 72: «*flava verecundus tinxerat ora rubor*».
    48. – 1. *tasca*: borsa. – 4. *la... Amore*: la più accesa fiamma d'amore (cfr. PE-TRARCA, *Canz.*, CLXXXVIII, 9-10: «L'ombra che cade da quell'humil colle Ove favilla il mio soave foco»; CXLIII, 2-3: «com'Amor proprio a' suoi seguaci instilla, L'acceso mio desir tutto sfavilla». . – 5. *di quel*: di quell'ampolla di liquore; nel-l'*Innam.* c'è un episodio analogo, ma il sonnifero è fornito da una radice; cfr. *Innam.*, I, XX, 2-8 e anche I, 1, 45.

49.   Egli l'abbraccia et a piacer la tocca,
           et ella dorme e non può fare ischermo.
           Or le bacia il bel petto, ora la bocca;
           non è chi 'l veggia in quel loco aspro et ermo.
           Ma ne l'incontro il suo destrier trabocca;
           ch'al disio non risponde il corpo infermo:
           era mal atto, perché avea troppi anni;
           e potrà peggio, quanto più l'affanni.

50.   Tutte le vie, tutti li modi tenta,
           ma quel pigro rozzon non però salta.
           Indarno il fren gli scuote, e lo tormenta;
           e non può far che tenga la testa alta.
           Al fin presso alla donna s'addormenta;
           e nuova altra sciagura anco l'assalta:
           non comincia Fortuna mai per poco,
           quando un mortal si piglia a scherno e a gioco.

51.   Bisogna, prima ch'io vi narri il caso,
           ch'un poco dal sentier dritto mi torca.
           Nel mar di tramontana invêr l'occaso,
           oltre l'Irlanda una isola si corca,
           Ebuda nominata; ove è rimaso

49. – 5. *il suo destrier*: le metafore equestri a doppio senso («il destriero», la «folle cavalcata», ecc.) erano tradizionali, come anche la satira pungente della virilità indebolita; esempi se ne possono trovare nei poeti giocosi, soprattutto in RUSTICO DI FILIPPO, son. X e XXVIII, e poi nel BOCCACCIO, *Decam.*, II, 10, 39; III, 6, 37; IV, 2, 30; ecc., e nei canti carnascialeschi.

50. – 2. *rozzon*: cavallo vecchio e di cattiva qualità; continua il linguaggio metaforico, dai doppi sensi abbastanza evidenti. – 6. *l'assalta*: assalta Agnelica. – 7-8. *non comincia... gioco*: la Fortuna, quando comincia a tormentare qualcuno, non la smette poi tanto facilmente; il tema della Fortuna, di ascendenza medievale e umanistica, era stato trattato in tutte le sue sfumature, nell'ambito del poema cavalleresco, già dal PULCI, *Morg.*, I, II, 1-2; VII, 59, 2-8; XI, 8, 1-3; XXI, 82, 1-8; ecc.; cfr. anche ARIOSTO, *Rime*, son. VI, 13; canz. V, 60; cap. XIII, 2 e I. WYSS, *Virtù und Fortuna bei Boiardo und Ariosto*, Leipzig, 1931.

51. – 2. *dal sentier dritto*: dal filo principale del racconto. – 4. *si corca*: giace. – 5. *Ebuda*: gruppo di isole (*Hebudae*) a occidente della Scozia (cfr. TOLOMEO, *Geog.*, II, II, 11; PLINIO, *Nat. Hist.*, IV, XVI; SOLINO, *Collect. Rer. Mem.*), ora Ebridi; sullo sfondo di tali isole lontane l'Ariosto narra una storia romanzesca che ripete uno schema assai comune (di mostri che si cibano di belle fanciulle ce ne sono numerosi, anche nella tradizione cavalleresca: v. per es. BOIARDO, *Innam.*, III, III, 24 ss.); ma che sembra seguire da vicino un episodio narrato da GOFFREDO DI MONMOUTH, *Britanniae Origo*, I, 20, forse suggerito dal nome di un altro gruppo di isole, le Orcadi (*Orcades*): narra Goffredo che una feroce belva marina venne dai

il popul raro, poi che la brutta orca
e l'altro marin gregge la distrusse,
ch'in sua vendetta Proteo vi condusse.

52.   Narran l'antique istorie, o vere o false,
       che tenne già quel luogo un re possente,
       ch'ebbe una figlia, in cui bellezza valse
       e grazia sì, che poté facilmente,
       poi che mostrossi in su l'arene salse,
       Proteo lasciare in mezzo l'acque ardente;
       e quello, un dì che sola ritrovolla,
       compresse, e di sé gravida lasciolla.

53.   La cosa fu gravissima e molesta
       al padre, più d'ogn'altro empio e severo:
       né per iscusa o per pietà, la testa
       le perdonò: sì può lo sdegno fiero.
       Né per vederla gravida, si resta
       di subito esequire il crudo impero:
       e 'l nipotin che non avea peccato,
       prima fece morir che fosse nato.

54.   Proteo marin, che pasce il fiero armento
       di Nettunno che l'onda tutta regge,

mari dell'Irlanda e divorava gli abitanti delle coste britanniche; un tiranno di
nome Morindo venuto per ucciderla, ebbe la stessa fine (Zingarelli). Su tale
spunto medievale l'Ariosto sembra aver voluto inserire particolari classici, traen-
doli dalle storie di Andromeda e Esione, dei Ciclopi e del Minotauro; cfr. P.
RAJNA, *Le fonti dell'«Orlando Furioso»* cit., pp. 197 segg. – 6. *raro:* scarso; *orca:* era
nome classico di cetacei e di mostri marini; cfr. PLINIO, *Nat. Hist.,* IX, VI, 15, 12
e cfr. anche n. a XVII, 29, 3. – 7. *l'altro... gregge:* gli altri mostri del mare. –
8. *Proteo:* dio marino; servo di Poseidone, attendeva ai suoi greggi (le foche ecc.);
a mezzogiorno sorgeva dal mare e dormiva nell'ombra delle rocce; secondo il
mito chi riusciva a prenderlo in tale momento poteva apprendere da lui il
futuro, ma Proteo sfuggiva alla cattura, trasformandosi nelle forme più diverse;
cfr. VIRGILIO, *Georg.,* IV, 386 segg.

52. – 2. *tenne:* governò. – 3-4. *in cui... sì:* la quale fu così bella e graziosa. –
6. *ardente:* d'amore. – 8. *compresse:* sott.: «la»: la costrinse a soggiacergli (lat. dei
comici); cfr. ARIOSTO, *Rime,* Egl. I, 65: «nascosamente compressa da lui»; *di sé...
lasciolla:* cfr. DANTE, *Inf.,* XVIII, 94: «Lasciolla quivi, gravida, soletta».

53. – 2. *empio e severo:* spietatamente severo. – 3-4. *la testa... perdonò:* le fece
grazia della testa. – 5. *si resta:* gli esecutori si trattengono; per cui tutto il paese
diventa colpevole. – 6. *impero:* comando (lat.).

54. – 1-2. *Proteo ecc.:* cfr. n. a VIII, 51, 8 e VIRGILIO, *loc. cit.,* 394-395: «*imma-*

sente de la sua donna aspro tormento,
e per grand'ira, rompe ordine e legge;
sì che a mandare in terra non è lento
l'orche e le foche, e tutto il marin gregge,
che distruggon non sol pecore e buoi,
ma ville e borghi e li cultori suoi:

55.   e spesso vanno alle città murate,
e d'ogn'intorno lor mettono assedio.
Notte e dì stanno le persone armate,
con gran timore e dispiacevol tedio:
tutte hanno le campagne abbandonate;
e per trovarvi al fin qualche rimedio
andârsi a consigliar di queste cose
all'oracol, che lor così rispose:

56.   che trovar bisognava una donzella
che fosse all'altra di bellezza pare,
et a Proteo sdegnato offerir quella,
in cambio de la morta, in lito al mare.
S'a sua satisfazion gli parrà bella,
se la terrà, né li verrà a sturbare:
se per questo non sta, se gli appresenti
una et un'altra, fin che si contenti.

57.   E così cominciò la dura sorte
tra quelle che più grate eran di faccia,
ch'a Proteo ciascun giorno una si porte,
fin che trovino donna che gli piaccia.
La prima e tutte l'altre ebbeno morte;
che tutte giù pel ventre se le caccia
un'orca, che restò presso alla foce,
poi che 'l resto partì del gregge atroce.

---

nia... Armenta... pascit». – 4. *ira*: tremende erano le ire dei numi in molti miti; *rompe... legge*: vìola le leggi di natura, che aveva separati il regno del mare da quelli terrestri. – 8. *cultori suoi*: gli abitanti di quella (lat.).

55. – 4. *tedio*: la noia delle vigilie.

56. – 5. *S'a sua... bella*: se sarà bastante bella da soddisfarlo. – 7. *non sta*: non cessa di molestarli; *se gli appresenti*: gli si offra.

57. – 1. *la dura sorte*: in Petrarca (*Canz.*, CCLIII, 5; CCCXI, 6; CCCXXIII, 12; ecc.) vale «crudele destino»; ma qui sarà usato nel senso latino di «sorteggio»; cfr. VIII, 64, 8. – 2. *grate*: graziose. – 3. *si porte*: si offra. – 7. *foce*: imboccatura del porto (cfr. DANTE, *Par.*, XIII, 138).

58.   O vera o falsa che fosse la cosa
        di Proteo (ch'io non so che me ne dica),
        servosse in quella terra, con tal chiosa,
        contra le donne un'empia lege antica:
        che di lor carne l'orca monstruosa
        che viene ogni dì al lito, si notrica.
        Ben ch'esser donna sia in tutte le bande
        danno e sciagura, quivi era pur grande.

59.   Oh misere donzelle che trasporte
        fortuna ingiurïosa al lito infausto!
        dove le genti stan sul mare accorte
        per far de le straniere empio olocausto;
        che, come più di fuor ne sono morte,
        il numer de le loro è meno esausto:
        ma perché il vento ognor preda non mena,
        ricercando ne van per ogni arena.

60.   Van discorrendo tutta la marina
        con fuste e grippi e altri legni loro,
        e da lontana parte e da vicina
        portan sollevamento al lor martoro.
        Molte donne han per forza e per rapina,
        alcune per lusinghe, altre per oro;
        e sempre da diverse regïoni
        n'hanno piene le torri e le prigioni.

61.   Passando una lor fusta a terra a terra
        inanzi a quella solitaria riva

58. – 3. *con tal chiosa*: con tale interpretazione, con tale rimando alla leggenda antica. – 6. *notrica*: nutre (il verbo è dantesco: *Purg.*, XVI, 78). – 8. *pur*. bene.
59. – 1. *misere*: infelici; *trasporte*: trasporti. – 2. *ingiurïosa*: ingiusta (cfr. PE-TRARCA, *Canz.*, LIII, 86: «fortuna ingiurïosa»). – 3. *accorte*: vigilanti. – 4. *olocausto*: sacrificio (il termine, in rima con «infausto» e «esausto», in DANTE, *Par.*, XIV, 89-93. – 5-6. *che... esausto*: poiché, quanto maggiore è il numero delle straniere morte, tanto meno viene diminuito (*esausto*) il numero delle loro donne. – 8. *per ogni arena*: per ogni paese.
60. – 1. *Van... marina*: percorrono il mare in ogni senso. – 2. *fuste... grippi*: navi piccole e leggere, adatte a corseggiare; la marina estense usava navi leggere di quel tipo, gli inventari parlano infatti di «fuste con antenne» e di «grippi cum l'arbore e timone» (Bertoni). – 4. *portan... martoro*: recano donne che serviranno ad alleviare il tormento di dover sacrificare le loro donne.

dove fra sterpi in su l'erbosa terra
la sfortunata Angelica dormiva,
smontaro alquanti galeotti in terra
per riportarne e legna et acqua viva;
e di quante mai fur belle e leggiadre
trovaro il fiore in braccio al santo padre.

62.   Oh troppo cara, oh troppo escelsa preda
per sì barbare genti e sì villane!
O Fortuna crudel, chi fia ch'il creda
che tanta forza hai ne le cose umane,
che per cibo d'un mostro tu conceda
la gran beltà, ch'in India il re Agricane
fece venir da le caucasee porte
con mezza Scizia a guadagnar la morte?

63.   La gran beltà, che fu da Sacripante
posta inanzi al suo onore e al suo bel regno;
la gran beltà ch'al gran signor d'Anglante
macchiò la chiara fama e l'alto ingegno;
la gran beltà che fe' tutto Levante
sottosopra voltarsi e stare al segno,
ora non ha (così è rimasa sola)
chi le dia aiuto pur d'una parola.

64.   La bella donna, di gran sonno oppressa,
incatenata fu prima che desta.
Portaro il frate incantator con essa

---

62. – 3. *O Fortuna ecc.*: cfr. n. a VIII, 50, 7-8; *chi fia chi 'l creda*: chi mai potrebbe
credere (cfr. PETRARCA, *Canz.*, CXXIX, 40). – 6-8. *ch'in India... morte*: aveva narrato
il BOIARDO, *Innam.*, I, VI-XIX, come Agricane, re di Tartaria (o *Scizia*, lat.) fosse
sceso dai suoi paesi e attraverso le *portae Caucasiae* (uno stretto passa tra i monti
e il Caspio; cfr. PLINIO, *Nat. Hist.*, VI, XI, 12, 30), fosse venuto ad assediare Albracca, ove Angelica era rifugiata.   .
63. – 1. *Sacripante*: cfr. I, 45, 4, e 80, 6. – 3. *signor d'Anglante*: Orlando, che per
inseguire Angelica, aveva disertato il campo cristiano; cfr. n. a I, 5, 1. – 6. *sottosopra
voltarsi*: andare a soqquadro; cfr. PETRARCA, *Tr. Am.*, I, 138: «e funne il mondo
sottosopra volto»; *stare al segno*: seguire ubbidiente i suoi capricci; cfr. PETRARCA,
ibid., 102: «'l fa qui star a segno».

nel legno pien di turba afflitta e mesta.
La vela, in cima all'arbore rimessa,
rendé la nave all'isola funesta,
dove chiuser la donna in ròcca forte,
fin a quel dì ch'a lei toccò la sorte.

65.   Ma poté sì, per esser tanto bella,
la fiera gente muovere a pietade,
che molti dì le differiron quella
morte, e serbârla a gran necessitade;
e fin ch'ebber di fuore altra donzella,
perdonaro all'angelica beltade.
Al mostro fu condotta finalmente,
piangendo dietro a lei tutta la gente.

66.   Chi narrerà l'angoscie, i pianti, i gridi,
l'alta querela che nel ciel penètra?
Maraviglia ho che non s'apriro i lidi,
quando fu posta in su la fredda pietra,
dove in catena, priva di sussidi,
morte aspettava abominosa e tetra.
Io nol dirò; che sì il dolor mi muove,
che mi sforza voltar le rime altrove,

67.   e trovar versi non tanto lugùbri,
fin che 'l mio spirto stanco si rïabbia;
che non potrian li squalidi colubri,
né l'orba tigre accesa in maggior rabbia,
né ciò che da l'Atlante ai liti rubri
venenoso erra per la calda sabbia,

64. – 4. *turba afflitta e mesta*: il gruppo delle donne catturate. – 6. *rendé*: riportò. – 8. *la sorte*: il sorteggio.
65. – 4. *a gran necessitade*: in caso estremo. – 5. *di fuore... donzella*: qualche altra fanciulla straniera. – 6. *perdonaro*: risparmiarono (costruito come il lat. *parcere*). Cfr. PETRARCA, *Canz.*, LXX, 49: «angelica beltade». – 8. *piangendo*: «Esprime bene la natura di gente feroce solo per cieca superstizione» (Casella).
66. – 3. *s'apriro*: per pietà. – 8. *mi sforza... altrove*: mi spinge a trattare un altro argomento.
67. – 1. *lugùbri*: lamentosi (lat. *lugubria verba*). – 3. *squalidi colubri*: i rugosi, orridi serpenti (lat.). – 4. *orba*: privata dei figli dal cacciatore; cfr. XVIII, 35. – 5. *da l'Atlante... rubri*: dalla catena dell'Atlante al Mar Rosso («*litore rubro*» in VIRGILIO, *Aen.*, VIII, 686; «lito rubro» in DANTE, *Par.*, VI, 79; «ciò che di sopra al Mar Rosso èe» in *Inf.*, XXIV, 90), cioè nel deserto libico, pieno di animali velenosi.

né veder né pensar senza cordoglio
Angelica legata al nudo scoglio.

68.　　Oh se l'avesse il suo Orlando saputo,
ch'era per ritrovarla ito a Parigi;
o li dui ch'ingannò quel vecchio astuto
col messo che venìa dai luoghi stigi!
fra mille morti, per donarle aiuto,
cercato avrian gli angelici vestigi:
ma che fariano, avendone anco spia,
poi che distanti son di tanta via?

69.　　Parigi intanto avea l'assedio intorno
dal famoso figliuol del re Troiano;
e venne a tanta estremitade un giorno,
che n'andò quasi al suo nimico in mano:
e se non che li voti il ciel placorno,
che dilagò di pioggia oscura il piano,
cadea quel dì per l'africana lancia
il santo Imperio e 'l gran nome di Francia.

70.　　Il sommo Creator gli occhi rivolse
al giusto lamentar del vecchio Carlo;
e con subita pioggia il fuoco tolse:
né forse uman saper potea smorzarlo.
Savio chiunque a Dio sempre si volse;
ch'altri non poté mai meglio aiutarlo.
Ben dal devoto re fu conosciuto,
che si salvò per lo divino aiuto.

71.　　La notte Orlando alle noiose piume
del veloce pensier fa parte assai.

---

68. – 3. *li dui*: Rinaldo e Sacripante; cfr. II, 15 segg. – 4. *stigi*: infernali. – 6. *gli angelici vestigi*: le angeliche orme di Angelica. – 7. *spia*: indizio.

69. – 2. *figliuol... Troiano*: Agramante; cfr. n. a I, I, 3. Il Boiardo aveva raccontato di un attacco dei saraceni a Parigi, interrotto da un temporale (*Innam.*, III, VIII, 51). L'Ariosto immagina che, dopo il temporale, Agramante ponga regolare assedio alla città e rinnovi l'attacco solo dopo due mesi e più; cfr. XIV, 10 segg. – 5. *li voti*: le preghiere dei cristiani. – 6. *dilagò*: allagò, *oscura*: perché scesa di notte; cfr. *Innam.*, III, III, 5, 7: «Terribil pioggia e nebbia orrenda e scura». – 8. *il santo Imperio*: il Sacro Romano Impero.

70. – 7. *conosciuto*: riconosciuto.

71. – 1. *La notte ecc.*: La vicenda (con l'eccezione dell'episodio del sonno) è modellata su una analoga in BOIARDO, *Innam.*, I, II, 22-28. – 1-2. *alle noiose...*

Or quinci or quindi il volta, or lo rassume
tutto in un loco, e non l'afferma mai:
qual d'acqua chiara il tremolante lume,
dal sol percossa o da' notturni rai,
per gli ampli tetti va con lungo salto
a destra et a sinistra, e basso et alto.

72. La donna sua, che gli ritorna a mente,
anzi che mai non era indi partita,
gli raccende nel core e fa più ardente
la fiamma che nel dì parea sopita.
Costei venuta seco era in Ponente
fin dal Cataio; e qui l'avea smarrita,
né ritrovato poi vestigio d'ella
che Carlo rotto fu presso a Bordella.

73. Di questo Orlando avea gran doglia, e seco
indarno a sua sciochezza ripensava.
– Cor mio, (dicea), come vilmente teco

---

assai: fa partecipe il tormentoso letto (cfr. DANTE, *Purg.*, VI, 150: «non può trovar posa in su le piume»; BOCCACCIO, *Filostrato*, V, 19, 1-2: «E sé in qua ed or in là volgendo, Sanza luogo trovar per lo suo letto»; BOIARDO, *Innam.*, I, XII, 10, 1-2: «Ora li par la piuma assai più dura. Che non suole apparere un sasso vivo») del continuo agitarsi dei suoi pensieri (cfr. PETRARCA, *Canz.*, CCLXXXVI, 1: «'l penser sì veloce»); va osservato che solo ora appare la prima volta in scena il protagonista del poema, Orlando: la ritardata presentazione ha lo scopo di «isolare in un rilievo grandioso e solitario la figura e la passione di Orlando» (Sapegno); non solo, nel vario alternarsi dei temi dell'amore, esso viene a costituire l'esempio estremo e più tipico dell'idealizzazione d'amore, che sconfina già ora con la pazzia e che nell'episodio della pazzia troverà modo di equilibrarsi in un sentimento tra di compassione e di ironia. – 3-4. *Or quinci... mai*: volge il suo pensiero ora a una cosa ora a un'altra, ora lo concentra in un punto, ma non riesce mai a fermarlo (cfr. PETRARCA, *Tr. Am.*, II, 2: «Or quinci or quindi mi volgea guardando»; IV, 28; *Tr. Fam.*, Ia, 55; *Canz.*, LXXXV, 10; CCLXXII, 6; LXXIII, 53; CCLXX, 85). – 5. *qual d'acqua ecc.*: la similitudine da Virgilio, che l'usa a proposito dei pensieri e del sogno di Enea: «*Sicut aquae tremulum labris ubi lumen aënis Sole repercussum aut radiantis imagine lunae Omnia pervolitat late loca iamque sub auras Erigitur summique ferit laquearia tecti*» (*Aen.*, VIII, 22-25).

72. – 2. *indi*: dalla mente. – 4. *nel dì*: durante il giorno. – 5. *venuta seco*: venuta con lui; cfr. I, 5, 1. – 7-8. *poi... che*: dopo che. – 8. *rotto*: sconfitto; cfr. II, 24, 7; *Bordella*: Bordeaux; cfr. III, 75, 2.

73. – 3. *Cor mio*: questa, come le espressioni usate più sotto: *dolce vita mia* (VIII, 76, 3), *speranza mia* (VIII, 77, 1), era cara ai lirici d'amore e agli autori di

mi son portato! ohimè, quanto mi grava
che potendoti aver notte e dì meco,
quando la tua bontà non mel negava,
t'abbia lasciato in man di Namo porre,
per non sapermi a tanta ingiuria opporre!

74.   Non aveva ragione io di scusarme?
e Carlo non m'avria forse disdetto:
se pur disdetto, e chi potea sforzarme?
chi ti mi volea tôrre al mio dispetto?
non poteva io venir più tosto all'arme?
lasciar più tosto trarmi il cor del petto?
Ma né Carlo né tutta la sua gente
di tormiti per forza era possente.

75.   Almen l'avesse posta in guardia buona
dentro a Parigi o in qualche ròcca forte.
Che l'abbia data a Namo mi consona,
sol perché a perder l'abbia a questa sorte.
Chi la dovea guardar meglio persona
di me? ch'io dovea farlo fino a morte;
guardarla più che 'l cor, che gli occhi miei:
e dovea e potea farlo, e pur nol fei.

76.   Deh, dove senza me, dolce mia vita,
rimasa sei sì giovane e sì bella?
come, poi che la luce è dipartita,
riman tra' boschi la smarrita agnella,
che dal pastor sperando essere udita,
si va lagnando in questa parte e in quella;
tanto che 'l lupo l'ode da lontano,
e 'l misero pastor ne piagne invano.

rispetti; cfr. nn. a IV , 41, 1-3 e a XXIX, 8, 6-8. – 4. *portato*: comportato; *mi grava*:
mi tormenta, mi duole. – 7. *in man di Namo*: cfr. I, 8, 8.
    74. – 1. *Non... scusarme*: non avevo forse io pretesti per ricusare. – 2. *disdetto*:
opposto un rifiuto. – 3. *se pur... sforzarme*: se anche avesse rifiutato, chi poteva
costringermi. – 6. *il cor del petto*: cfr. II, 27, 4.
    75. – 3. *Che l'abbia... sorte*: mi pare verosimile (*mi consona*) che l'abbia data a
Namo, solo perché io la perdessi in questo modo. – 5. *Chi... persona*: quale persona.
    76. – 3. *come*: sei rimasta come; l'immagine della *smarrita agnella* si rifà, «co-
me per un voluto riecheggiamento» (Sapegno), a quella della *pargoletta damma* di
I, 34. – 7. *tanto che*: finché.

77.   Dove, speranza mia, dove ora sei?
        vai tu soletta forse ancor errando?
        o pur t'hanno trovata i lupi rei
        senza la guardia del tuo fido Orlando?
        e il fior ch'in ciel potea pormi fra i dèi,
        il fior ch'intatto io mi venìa serbando
        per non turbarti, ohimè! l'animo casto,
        ohimè! per forza avranno colto e guasto.

78.   Oh infelice! oh misero! che voglio
        se non morir, se 'l mio bel fior colto hanno?
        O sommo Dio, fammi sentir cordoglio
        prima d'ogn'altro, che di questo danno.
        Se questo è ver, con le mie man mi toglio
        la vita, e l'alma disperata danno. –
        Così, piangendo forte e sospirando,
        seco dicea l'addolorato Orlando.

79.   Già in ogni parte gli animanti lassi
        davan riposo ai travagliati spirti,
        chi su le piume, e chi sui duri sassi,
        e chi su l'erbe, e chi su faggi o mirti:
        tu le palpèbre, Orlando, a pena abbassi,
        punto da' tuoi pensieri acuti et irti;
        né quel sì breve e fuggitivo sonno
        godere in pace anco lasciar ti ponno.

---

77. – 4. *senza la guardia*: senza la protezione. – 5. *il fior*: la verginità; cfr. n. a I,
58, 2 e cfr. anche Boiardo, *Engl.*, IX, 61-62: «Ma pur da altrui sia còlto il mio bel
fiore; Còlto, che dico?, scalpizato e guasto» e *Innam.*, I, II, 25, nell'episodio a questa
parallelo, in cui Orlando esprime il timore che «Se forse Rainaldo Trova nel bosco
la vergine bella... Giamai di man non gli uscirà polcella».
78. – 3-4. *fammi... danno*: fammi soffrire per qualsiasi altra sventura, piuttosto
che per questa. – 6. *danno*: condanno a pena eterna.
79. – 1. *animanti*: esseri animati (lat.); l'immagine è tradizionale; cfr. Virgilio, *Aen.*, IV, 522-528; VIII, 26-27: «*nox erat, et terras animalia fessa per omnis
Alituum pecudumque genus sopor altus habebat*»; Dante, *Inf.*, II, 1-3: «Lo giorno se
n'andava, e l'aere bruno toglieva li animai che sono in terra Dalle fatiche loro»;
Petrarca, *Canz.*, XXII, 1-6: «A qualunque animale alberga in terra,... tempo da
travagliare è quanto è il giorno; ma poi che 'l ciel accende le sue stelle, Qual torna
a casa e qual s'anida in selva Per aver posa almeno in fin a l'alba»; Agostini,
continuazione all'*Innam.*, VIII, 35: «Ogni animal nel bosco aspro e selvaggio Ritorna a riposarsi umile e piano, Chi sotto un pin, chi sotto un querce o un faggio,
Poi che la notte adombra i monti e il piano». – 6. *acuti et irti*: come se fossero
ortiche; cfr. XXIII, 122, 7-8.

80.   Parea ad Orlando, s'una verde riva
        d'odoriferi fior tutta dipinta,
        mirare il bello avorio, e la nativa
        purpura ch'avea Amor di sua man tinta,
        e le due chiare stelle onde nutriva
        ne le reti d'Amor l'anima avinta:
        io parlo de' begli occhi e del bel volto,
        che gli hanno il cor di mezzo il petto tolto.

81.   Sentia il maggior piacer, la maggior festa
        che sentir possa alcun felice amante:
        ma ecco intanto uscire una tempesta
        che struggea i fiori, et abbattea le piante:
        non se ne suol veder simile a questa,
        quando giostra aquilone, austro e levante.
        Parea che per trovar qualche coperto,
        andasse errando invan per un deserto.

82.   Intanto l'infelice (e non sa come)
        perde la donna sua per l'aer fosco;
        onde di qua e di là del suo bel nome
        fa risonare ogni campagna e bosco.
        E mentre dice indarno: – Misero me!
        chi ha cangiata mia dolcezza in tòsco? –
        ode la donna sua che gli domanda,
        piangendo, aiuto, e se gli raccomanda.

83.   Onde par ch'esca il grido, va veloce,
        e quinci e quindi s'affatica assai.

80. – 1. *Parea ad Orlando ecc.*: la letteratura precedente, classica e romanzesca, offriva numerosi esempi di sogni e visioni; cfr. P. RAJNA, *Le fonti dell'«Orlando Furioso»* cit., p. 206. – 2. *d'odoriferi... dipinta*: cfr. DANTE, *Par.*, XXX, 62-63: «due rive Dipinte di mirabil primavera»; OVIDIO, *Fasti*, IV, 429: «*Pictaque dissimili flore nitebat humus*»; l'aggettivo *odoriferi* è petrarchesco. – 3-5. *bello avorio... nativa purpura... due chiare stelle*: il pallore del viso, il colore roseo delle guance, gli occhi; tutte immagini derivate dalla tradizione della poesia d'amore, particolarmente petrarchesca. – 5-6. *onde... avinta*: della cui luce egli alimentava l'anima, avvinta nelle reti d'Amore (cfr. I, 12, 8). – 8. *il cor... tolto*: cfr. II, 27, 4; VIII, 74, 6.
81. – 6. *quando... levante*: quando si scontrano il vento del nord, quello del sud e quello dell'est. – 7. *Parea*: gli pareva; *coperto*: riparo.
82. – 2. *aer fosco*: cfr. DANTE, *Inf.*, XXIII, 78: «aura fosca»; XIII, 4: «di color fosco»; lo stesso aggettivo e le stesse rime anche in Petrarca più volte. – 4. *fa risonare*: cfr. VIRGILIO, *Ecl.*, I, 5. – 5. *Misero me*: rima all'occhio, come in I, 43, 6. – 6. *tòsco*: veleno, amarezza.

Oh quanto è il suo dolore aspro et atroce,
che non può rivedere i dolci rai!
Ecco ch'altronde ode da un'altra voce:
− Non sperar più gioirne in terra mai. −
A questo orribil grido risvegliossi,
e tutto pien di lacrime trovossi.

84. Senza pensar che sian l'imagin false
quando per tema o per disio si sogna,
de la donzella per modo gli calse,
che stimò giunta a danno od a vergogna,
che fulminando fuor del letto salse.
Di piastra e maglia, quanto gli bisogna,
tutto guarnissi, e Brigliadoro tolse;
né di scudiero alcun servigio vòlse.

85. E per potere entrare ogni sentiero,
che la sua dignità macchia non pigli,
non l'onorata insegna del quartiero,
distinta di color bianchi e vermigli,
ma portar vòlse un ornamento nero;
e forse acciò ch'al suo dolor simigli:
e quello avea già tolto a uno amostante,
ch'uccise di sua man pochi anni inante.

86. Da mezza notte tacito si parte,
e non saluta e non fa motto al zio;
né al fido suo compagno Brandimarte,
che tanto amar solea, pur dice a Dio.

83. − 4. *i dolci rai*: gli occhi di Angelica (espressione petrarchesca). − 5. *altron-de*: da un'altra parte. − 6. *Non... mai*: cfr. PETRARCA, *Canz.*, CCL, 14: «Non sperar di vedermi in terra mai».
84. − 1-2. *Senza... sogna*: senza considerare che sono false le immagini nate da sogni fatti sotto l'impulso del timore o del desiderio. − 3. *gli calse*: gli prese pena. − 5. *fulminando*: con uno scatto fulmineo; *salse*: saltò: cfr. VI, 41, 4. − 6. *Di piastra e maglia*: cfr. I, 17, 3. − 7. *Brigliadoro*: il cavallo che aveva tolto ad Almonte; era così chiamato nell'*Innam.*, mentre nei poemi precedenti il nome era Vegliantino.
85. − 1. *entrare*: ha valore transitivo. − 3. *insegna del quartiero*: l'insegna che aveva tolto ad Almonte, fatta a quartieri bianchi e rossi; cfr. BOIARDO, *Innam.*, II, XXIX, 14. − 5. *nero*: in segno di lutto. − 7. *amostante*: dignitario arabo; da *al-mustahlaf* con suffisso -ante (già in PULCI, *Morg.*, XII, 39, 7 ecc.).
86. − 1. *Da mezza notte*: verso mezzanotte; *si parte*: cfr. la scena simile nell'*In-nam.*, I, II, 27-28. − 3. *Brandimarte*: figlio di Monodante e fratello di Zilian-te (cfr. n. a VI, 34, 1); convertito al cristianesimo da Orlando, lo segue ovunque

Ma poi che 'l Sol con l'auree chiome sparte
del ricco albergo di Titone uscìo,
e fe' l'ombra fugire umida e nera,
s'avide il re che 'l paladin non v'era.

87.   Con suo gran dispiacer s'avede Carlo
che partito la notte è 'l suo nipote,
quando esser dovea seco e più aiutarlo;
e ritener la còlera non puote,
ch'a lamentarsi d'esso, et a gravarlo
non incominci di biasmevol note;
e minacciar, se non ritorna, e dire
che lo faria di tanto error pentire.

88.   Brandimarte, ch'Orlando amava a pare
di sé medesmo, non fece soggiorno;
o che sperasse farlo ritornare,
o sdegno avesse udirne biasmo e scorno:
e vòlse a pena tanto dimorare,
ch'uscisse fuor ne l'oscurar del giorno.
A Fiordiligi sua nulla ne disse,
perché 'l disegno suo non gl'impedisse.

89.   Era questa una donna che fu molto
da lui diletta, e ne fu raro senza;
di costumi, di grazia e di bel volto
dotata e d'accortezza e di prudenza:
e se licenzia or non n'avea tolto,
fu che sperò tornarle alla presenza
il dì medesmo; ma gli accade poi,
che lo tardò più dei disegni suoi.

---

fedelmente. A lui si accompagna sempre anche la fedele sposa Fiordiligi, che era
stata allevata con lui nel castello di Rocca Silvana; nell'*Innam.* essi sono protagonisti di una delle più fresche e gentili storie d'amore. – 6. *albergo di Titone*:
l'oriente ricco e favoloso, regno di Titone, lo sposo dell'Aurora; cfr. XII, 68, 3-4 e
PETRARCA, *Tr. Temp.*, 1-2: «De l'aureo albergo con l'Aurora inanzi Sì ratto usciva
il Sol cinto di raggi». – 7. *e fe'... nera*: cfr. VIRGILIO, *Aen.*, III, 589: «*umentem... Aurora
polo dimoverat umbram*»; PETRARCA, *Tr. Fam.*, Ia, 7-8: «Avea già il Sol la benda
umida e negra Tolta dal duro volto della Terra».
   87. – 4. *ritener la còlera*: trattenere l'ira; per la reazione di Carlo, cfr. BOIARDO,
Innam., I, II, 64-65. – 5-6. *a gravarlo... note*: a colpirlo con parole di biasimo.
   88. – 2. *non fece soggiorno*: non indugiò a seguire Orlando; similmente nell'*Innam.*, II, 11, 36, 7-8; XXVII, 36 segg.
   89. – 2. *ne fu raro senza*: raramente si allontanò da lei. – 3. *costumi*: modi
piacenti. – 8. *che lo tardò*: cosa che lo attardò.

90. E poi ch'ella aspettato quasi un mese
     indarno l'ebbe, e che tornar nol vide,
     di desiderio sì di lui s'accese,
     che si partì senza compagni o guide;
     e cercandone andò molto paese,
     come l'istoria al luogo suo dicide.
     Di questi dua non vi dico or più inante;
     che più m'importa il cavallier d'Anglante.

91. Il qual, poi che mutato ebbe d'Almonte
     le glorïose insegne, andò alla porta,
     e disse ne l'orecchio: – Io sono il conte –
     a un capitan che vi facea la scorta;
     e fattosi abassar subito il ponte,
     per quella strada che più breve porta
     agl'inimici, se n'andò diritto.
     Que che seguì, ne l'altro canto è scritto.

90. – 4. *si partì*: Fiordiligi, che cerca continuamente il suo signore è «come l'Anima che cerca l'Amore nella favola gentile di Apuleio» (Carrara); cfr. APULEIO, *Met.*, IV, 28; BOIARDO, *Innam.*, II, XIII, 9. – 6. *l'istoria*: utilizzando, con un certo distacco ironico, un topos tradizionale delle narrazioni romanzesche, Ariosto rinvia a un supposto testo autorevole (Turpino), che è la sua fonte di verità storica e conferisce autorevolezza a veridicità a quanto viene raccontando; cfr. n. a XIII, 40, 2; *al luogo suo dicide*: espone distintamente a suo luogo. – 7. *non vi dico... inante*: cfr. II, 30, 7-8.
91. – 2. *le glorïose insegne*: cfr. VIII, 85, 3-5. – 4. *scorta*: guardia. – 7. *agl'inimici*: al campo saraceno.

CANTO NONO

Esordio: Amore può tutto sui suoi soggetti. Orlando prosegue l'inchiesta di Angelica e giunge in Normandia, ove gli vengono descritti i feroci costumi degli abitanti di Ebuda. Orlando decide di recarsi nell'isola lontana e s'imbarca. Il vento però respinge la sua nave ad Anversa. Qui viene invitato alla presenza di Olimpia che gli racconta la sua storia infelice e implora il suo aiuto per liberare l'amato Bireno, che è prigioniero di Cimosco, re di Frisia. Orlando combatte contro Cimosco, che si vale di un archibugio. Il paladino uccide il re di Frisia e getta in mare l'archibugio. Nozze di Olimpia e Bireno, mentre Orlando riparte alla volta di Ebuda.

1. Che non può far d'un cor ch'abbia suggetto
    questo crudele e traditore Amore,
    poi ch'ad Orlando può levar del petto
    la tanta fé che debbe al suo signore?
    Già savio e pieno fu d'ogni rispetto,
    e de la santa Chiesa difensore:
    o per un vano amor, poco del zio,
    e di sé poco, e men cura di Dio.

2. Ma l'escuso io pur troppo, e mi rallegro
    nel mio difetto aver compagno tale;

---

1. – 1. *Che non può far ecc.*: il commento bonario del poeta rompe il tono psicologicamente teso delle ultime ottave del c. VIII: cambiamento di registro, che prepara all'andamento più esteriore e puramente avventuroso dell'«inchiesta» di Orlando; *suggetto*: assoggettato. – 7. *zio*: Carlo Magno.

ch'anch'io sono al mio ben languido et egro,
sano e gagliardo a seguitare il male.
Quel se ne va tutto vestito a negro,
né tanti amici abandonar gli cale;
e passa dove d'Africa e di Spagna
la gente era attendata alla campagna:

3.   anzi non attendata, perché sotto
alberi e tetti l'ha sparsa la pioggia
a dieci, a venti, a quattro, a sette, ad otto;
chi più distante e chi più presso alloggia.
Ognuno dorme travagliato e rotto:
chi steso in terra, e chi alla man s'appoggia.
Dormono; e il conte ucciders ne può assai:
né però stringe Durindana mai.

4.   Di tanto core è il generoso Orlando,
che non degna ferir gente che dorma.
Or questo, e quando quel luogo cercando
va, per trovar de la sua donna l'orma.
Se truova alcun che veggi, sospirando
gli ne dipinge l'abito e la forma;
e poi lo priega che per cortesia
gl'insegni andar in parte ove ella sia.

5.   E poi che venne il dì chiaro e lucente,
tutto cercò l'esercito moresco:
e ben lo potea far sicuramente,
avendo indosso l'abito arabesco;
et aiutollo in questo parimente,
che sapeva altro idioma che francesco,

---

2. – 3. *languido et egro*: fiacco e debole, che è antitesi perfettamente simmetrica di *sano* e *gagliardo*. – 4. *il male*: la dolce malattia d'amore.

3. – 5. *rotto*: spossato; cfr. ORAZIO, *Serm.*, I, 1, 5: «*fractus membra labore*». PETRARCA, *Canz.*, XVI, 8: «rotto dagli anni». – 8. *stringe Durindana*: impugna la sua spada: Durindana (*Durendal* nella *Chanson de Roland*); secondo il BOIARDO (*Innam.*, II, XI, 3; III, 1, 28) era stata la spada di Ettore, passata attraverso Pentesilea ai re africani e poi da Almonte a Orlando; cfr. XIV, 43.

4. – 1. *core*: lealtà cavalleresca. – 3. *Or... quando*: ora... ora; *cercando*: esplorando. – 5. *veggi*: vegli.

5. – 2. *moresco*: africano. – 3. *sicuramente*: con disinvoltura. – 4. *arabesco*: arabo.

e l'africano tanto avea espedito,
che parea nato a Tripoli e nutrito.

6.   Quivi il tutto cercò, dove dimora
        fece tre giorni, e non per altro effetto;
        poi dentro alle cittadi e a' borghi fuora
        non spiò sol per Francia e suo distretto,
        ma per Uvernia e per Guascogna ancora
        rivide sin all'ultimo borghetto:
        e cercò da Provenza alla Bretagna,
        e dai Picardi ai termini di Spagna.

7.   Tra il fin d'ottobre e il capo di novembre,
        ne la stagion che la frondosa vesta
        vede levarsi e discoprir le membre
        trepida pianta, fin che nuda resta,
        e van gli augelli a strette schiere insembre,
        Orlando entrò ne l'amorosa inchiesta;
        né tutto il verno appresso lasciò quella,
        né la lasciò ne la stagion novella.

8.   Passando un giorno come avea costume,
        d'un paese in un altro, arrivò dove
        parte i Normandi dai Britoni un fiume,

– 7. *espedito*: pronto, tale da parlarlo speditamente. In tutti i romanzi italiani
Orlando era presentato come un poliglotta; cfr., per es., PULCI, *Morg.*, XXI, 132, 5.
        6. – 2. *effetto*: scopo. – 3. *a' borghi fuora*: nei borghi, fuori dalle città. –
4. *Francia*: l'Île-de-France. – 5. *Uvernia*: Auvergne. – 7. *da... Bretagna*: ad est
(Provenza) a ovest (Brettagna). – 8. *Picardi*: la Piccardia era nell'estremo nord;
termini di Spagna: i Pirenei, all'estremo sud, ove segnano il confine con la
Spagna.
        7. – 1. *capo*: inizio. – 2-4. *che la frondosa... pianta*: quando la pianta, tremante
per il freddo (*trepida*), vede cadere le foglie e il tronco e i rami restare scoperti. –
5. *augelli*: uccelli migratori; *insembre*: insieme (franc. non ignoto ai trecentisti e
neppure a Dante, il quale ha pure il plurale *membre* per *membra*). Le due similitudini autunnali, delle foglie e degli uccelli, compaiono separatamente in DANTE,
Inf., III, 112-114 e V, 40-41, e quella delle foglie è anche in BOIARDO, *Innam.*, II, VII,
17, 2-3: «Quando comincia prima la freddura: L'arbor se sfronda e non vi riman
foglia»; ma erano già unite insieme nella fonte primaria di questi passi, inVIRGI-
LIO, *Aen.*, VI, 309-12: «*Quam multa in silvis autumni frigore primo Lapsa cadunt
folia, aut ad terram gurgite ab alto Quam multae glomerantur aves, ubi frigidus annus
Trans pontum fugat et terris immittit apricis*». – 6. *inchiesta*: è il vocabolo tecnico con
cui i romanzieri italiani traducevano il franc. *enqueste*, l'impresa avventurosa dei
cavalieri brettoni. – 8. *stagion novella*: la primavera.
        8. – 2-3. *dove... fiume*: dove il fiume Quesnon divide la Normandia dalla Bret-

e verso il vicin mar cheto si muove;
ch'allora gonfio e bianco gìa di spume
per nieve sciolta e per montane piove:
e l'impeto de l'acqua avea disciolto
e tratto seco il ponte, e il passo tolto.

9.   Con gli occhi cerca or questo lato or quello,
lungo le ripe il paladin, se vede
(quando né pesce egli non è, né augello)
come abbia a por ne l'altra ripa il piede:
et ecco a sé venir vede un battello,
ne la cui poppe una donzella siede,
che di volere a lui venir fa segno;
né lascia poi ch'arrivi in terra il legno.

10.   Prora in terra non pon; che d'esser carca
contra sua volontà forse sospetta.
Orlando priega lei che ne la barca
seco lo tolga, et oltre il fiume il metta.
Et ella lui: – Qui cavallier non varca,
il qual su la sua fé non mi prometta
di fare una battaglia a mia richiesta,
la più giusta del mondo e la più onesta.

11.   Sì che s'avete, cavallier, desire
di por per me ne l'altra ripa i passi,
promettetemi, prima che finire
quest'altro mese prossimo si lassi,
ch'al re d'Ibernia v'anderete a unire,
appresso al qual la bella armata fassi

tagna. – 4. *cheto*: tranquillo. – 5. *gìa*: scorreva; cfr. ORAZIO, *Carm.*, IV, 12, 3-4: «fluvii... hiberna nive turgidi»; BOIARDO, *Innam.*, I, x, 53, 2-4: «un fiume... grosso di pioggia e di neve disciolta». – 7. *disciolto*: disfatto. – 8. *il passo tolto*: reso impossibile il passaggio.

    9. – 3. *quando*: dal momento che. – 6. *poppe*: poppa (lat. *puppis*); *una donzella*: l'apparizione di una donzella su una barca in un paesaggio solitario o un varco pericoloso è inizio, nei romanzi brettoni, di una nuova avventura; cfr. anche BOIARDO, *Innam.*, II, ix, 52, 3-5: «A l'altra ripa stava una donzella... Sopra a la poppa d'una navicella».

    10. – 1. *carca*: da Orlando.

    11. – 1-2. *Sì... passi*: cfr. BOIARDO, *Innam.*, II, IX, 53, 1-2: «E cavallier, che avean molto desire Di passare oltra e prender suo viaggio»; *per me*: per mezzo mio. – 5. *Ibernia*: Irlanda (lat. *Hibernia*). – 6. *fassi*: si aduna.

per distrugger quell'isola d'Ebuda,
che, di quante il mar cinge, è la più cruda.

12. Voi dovete saper ch'oltre l'Irlanda,
fra molte che vi son, l'isola giace
nomata Ebuda, che per legge manda
rubando intorno il suo popul rapace;
e quante donne può pigliar, vivanda
tutte destina a un animal vorace
che viene ogni dì al lito, e sempre nuova
donna o donzella, onde si pasca, truova;

13. che mercanti e corsar che vanno attorno,
ve ne fan copia, e più de le più belle.
Ben potete contare, una per giorno,
quante morte vi sian donne e donzelle.
Ma se pietade in voi truova soggiorno,
se non sète d'Amor tutto ribelle,
siate contento esser tra questi eletto,
che van per far sì fruttuoso effetto. –

14. Orlando vòlse a pena udire il tutto,
che giurò d'esser primo a quella impresa,
come quel ch'alcun atto iniquo e brutto
non può sentire, e d'ascoltar gli pesa:
e fu a pensare, indi a temere indutto,
che quella gente Angelica abbia presa;
poi che cercata l'ha per tanta via,
né potutone ancor ritrovar spia.

15. Questa imaginazion sì gli confuse
e sì gli tolse ogni primier disegno,
che, quanto in fretta più potea, conchiuse
di navigare a quello iniquo regno.
Né prima l'altro sol nel mar si chiuse,
che presso a San Malò ritrovò un legno,

---

12. – 1. *Voi dovete saper ecc.*: cfr. VIII, 51-61.
13. – 2. *ve... copia*: ne recano ivi in abbondanza; *e più... belle*: e le più belle in maggior quantità. – 5. *soggiorno*: accoglienza. – 6. *d'Amor... ribelle*: espressione petrarchesca (cfr. *Canz.*, CCCXLVIII, 6-7). – 8. *effetto*: impresa.
14. – 4. *gli pesa*: gli rincresce. – 8. *spia*: indizio.
15. – 2. *gli tolse*: gli fece abbandonare. – 5. *si chiuse*: tramontò. – 6. *San Malò*:

nel qual si pose; e fatto alzar le vele,
passò la notte il monte San Michele.

16.　　Breaco e Landriglier lascia a man manca,
e va radendo il gran lito britone;
e poi si drizza invêr l'arena bianca,
onde Ingleterra si nomò Albïone;
ma il vento, ch'era da meriggie, manca,
e soffia tra il ponente e l'aquilone
con tanta forza, che fa al basso porre
tutte le vele, e sé per poppa tôrre.

17.　　Quanto il navilio inanzi era venuto
in quattro giorni, in un ritornò indietro,
ne l'alto mar dal buon nochier tenuto,
che non dia in terra e sembri un fragil vetro.
Il vento, poi che furïoso suto
fu quattro giorni, il quinto cangiò metro:
lasciò senza contrasto il legno entrare
dove il fiume d'Anversa ha foce in mare.

18.　　Tosto che ne la foce entrò lo stanco
nochier col legno afflitto, e il lito prese,
fuor d'una terra che sul destro fianco
di quel fiume sedeva, un vecchio scese,

in Brettagna; Orlando quindi non passò il fiume, ma tornò indietro verso il porto più vicino. – 8. *monte San Michele*: isolotto all'imboccatura del golfo di Saint-Malo.

16. – 1. *Breaco*: Saint-Brieuc; *Landriglier*: o Treguier: villaggi che si affacciano sul golfo. – 2. *britone*: brettone. – 4. *Albïone*: i Romani connettevano il nome celtico Albion con la bianchezza delle scogliere (delle rocce propriamente, non dell'arena) di Dover. – 5. *meriggie*: sud; cfr. DANTE, *Purg.*, XXV, 2; XXXIII, 104. – 6. *aquilone*: nord. – 8. *e sé... tôrre*: e costringe i naviganti a prenderlo di poppa.

17. – 2. *indietro*: verso il mare del Nord. – 4. *non dia... vetro*: non vada a urtare contro gli scogli e si rompa come se fosse fragile quanto il vetro. – 5. *suto*: stato. – 6. *cangiò metro*: cambiò misura, diventò meno violento. – 8. *il fiume d'Anversa*: la Schelda. L'episodio d'Olimpia, che inizia qui e continua nel canto seguente, fu aggiunto dall'Ariosto nell'ultima edizione del poema. Per tale aggiunta c'erano ragioni di equilibrio strutturale: una volta fatte delle aggiunte alla storia di Ruggiero (es.: episodio di Leone), era necessario bilanciarle con delle aggiunte alla storia di Orlando. L'Ariosto sentì inoltre probabilmente la necessità di dare una descrizione più piena del suo personaggio prima di portarlo alla crisi centrale del poema: messo a contatto con Olimpia, che rappresenta l'ideale della tenace costanza d'amore, anche Orlando, rivivendo indirettamente la propria storia d'amore, rafforza la figura ideale del proprio personaggio: quello cioè del cavaliere nobilmente e perdutamente dedito alla donna amata. Per un'analisi dell'episodio, cfr. F. CATALANO, *L'episodio di Olimpia nell'«O. F.»*, Lucca 1951.

18. – 2. *afflitto*: malconcio (lat.). – 3. *terra*: città. – 4. *sedeva*: giaceva; cfr. II, 64, 2.

di molta età, per quanto il crine bianco
ne dava indicio; il qual tutto cortese,
dopo i saluti, al conte rivoltosse,
che capo giudicò che di lor fosse.

19. E da parte il pregò d'una donzella,
     ch'a lei venir non gli paresse grave,
     la qual ritroverebbe, oltre che bella,
     più ch'altra al mondo affabile e soave;
     over fosse contento aspettar, ch'ella
     verrebbe a trovar lui fin alla nave:
     né più restio volesse esser di quanti
     quivi eran giunti cavallieri erranti;

20. che nessun altro cavallier, ch'arriva
     o per terra o per mare a questa foce,
     di ragionar con la donzella schiva,
     per consigliarla in un suo caso atroce.
     Udito questo, Orlando in su la riva
     senza punto indugiarsi uscì veloce;
     e come umano e pien di cortesia,
     dove il vecchio il menò, prese la via.

19. – 1. *una donzella*: Olimpia. La fonte della prima parte dell'episodio, secondo alcuni germanisti (cfr. O. GRUETERS, *Die Märe von der getreuen Braut*, in
«Germanisch-Romanische Monatschrift», 1911, pp. 138 segg.; ID., *Kudrun, Südeli,
Jasmin, ibid.*, 1940, p. 163; W. JUNGANDREAS, *Die Gudrunsage*, Göttingen, 1948, pp.
151-158; H. FRENZEL-GENUA, *L'episodio di Olimpia e una sua fonte nordica*, in «Giornale Italiano di Filologia», 1950, pp. 289-299; ID., *Von der Olimpia-Episode zu den
Parerga des Orlando Furioso*, in «German.-Roman. Monat.», 1955, pp. 161-179) sarebbe da rintracciare nella epopea tedesca di Kudrun, che si legge nel ben noto
Kudrunlied. Le somiglianze sono rilevanti, anche se le identificazioni di nomi proposte da Frenzel (Horants = Orlando, Hartmut = Arbante, ecc.) non sono convin-
centi (cfr. per i nomi le fini osservazioni di A. BALDINI, *Ariosto e dintorni*, pp. 67-75).
Il Frenzel ha anche tentato di spiegare in modo ingegnoso le pur notevoli differenze
fra le due storie, e ha avuto cura di additare in fonti classiche e medievali (quelle
storie di Alessandro che presentano la madre sua Olimpia come crudele assassina
del padre) la genesi della parte centrale dell'episodio, l'uccisione di Arbante, che
non ha equivalenti nel «Lied». La tesi è interessante perché proverebbe la capacità
dell'Ariosto di armonizzare nel suo poema anche i fili narrativi più esotici; essa
inoltre trova un sostegno nel fatto che fonti di origine germanica sembrano presenti
anche in altri frammenti e storie composte dopo la prima edizione (cfr. n. a XXXII,
50, 1); manca però ancora per renderla sicuramente convincente la prova che l'Ariosto conoscesse, direttamente o indirettamente, in traduzione o per rapporto orale, il
Ms. Ambras che fu fatto preparare nel 1517 dall'imperatore Massimiliano, e che è
l'unico a contenere entrambi i cicli della *Brunhildsage* e della *Gudrunsage*.
20. – 3. *schiva*: evita. – 6. *uscì*: balzò. – 7. *umano*: è sinonimo di «cortese».

21.   Fu ne la terra il paladin condutto
dentro un palazzo, ove al salir le scale,
una donna trovò piena di lutto,
per quanto il viso ne facea segnale,
e i negri panni che coprian per tutto
e le loggie e le camere e le sale;
la qual, dopo accoglienza grata e onesta
fattol seder, gli disse in voce mesta:

22.   — Io voglio che sappiate che figliuola
fui del conte d'Olanda, a lui sì grata
(quantunque prole io non gli fossi sola;
ch'era da dui fratelli accompagnata),
ch'a quanto io gli chiedea, da lui parola
contraria non mi fu mai replicata.
Standomi lieta in questo stato, avenne
che ne la nostra terra un duca venne.

23.   Duca era di Selandia, e se ne giva
verso Biscaglia a guerreggiar coi Mori.
La bellezza e l'età ch'in lui fioriva,
e li non più da me sentiti amori
con poca guerra me gli fêr captiva;
tanto più che, per quel ch'apparea fuori,
io credea e credo, e creder credo il vero,
ch'amassi et ami me con cor sincero.

21. – 1. *terra*: città. – 4. *ne facea segnale*: dimostrava. – 5. *negri panni ecc.*: «c'è la solita coreografia del dolore, ma c'è anche una segreta rispondenza con Orlando, il quale era partito, pure lui, avvolto in un ornamento nero» (Catalano). – 6. *e le loggie... sale*: i porticati e i loggiati esterni (sostenuti da colonne e pilastri), le stanze da abitare e quelle da ricevere; cfr. BOCCACCIO, *Dec.*, Intr. 90: «un palagio con bello e gran cortile nel mezzo, e con logge e con sale e con camere» (Sangirardi). – 7. *grata e onesta*: benigna e cortese.
22. – 3. *prole... sola*: figlia unica.
23. – 1. *Selandia*: Sjelland, isola della Danimarca. – 2. *Biscaglia*: regione della Spagna. – 3. *l'età... fioriva*: l'età giovanile (perifrasi petrarchesche). – 4. *li... amori*: il fatto che non ero mai stata innamorata prima di allora (pl. lat. *amores*). – 5. *captiva*: prigioniera d'amore. – 7. *io credea ecc.*: cfr. DANTE, *Inf.*, XIII, 25; Olimpia ha «un coraggio ragionato dedotto con rigore, con una logica fermezza» (Catalano); tale è la sua dedizione al proprio amore, che lo analizza minutamente, come se fosse di un'altra; si notino anche le antitesi (24, 2: *contrario... propizio*, ecc.), le parentesi, gli artifici eleganti che infiorano il suo racconto e si riportano, anche stilisticamente, a certa storiografia e novellistica cinquecentesca.

24.   Quei giorni che con noi contrario vento,
    contrario agli altri, a me propizio, il tenne
    (ch'agli altri fur quaranta, a me un momento:
    così al fuggire ebbon veloci penne),
    fummo più volte insieme a parlamento,
    dove, che 'l matrimonio con solenne
    rito al ritorno suo saria tra nui,
    poi promise egli, et io 'l promisi a lui.

25.   Bireno a pena era da noi partito
    (che così ha nome il mio fedele amante),
    che 'l re di Frisa (la qual, quanto il lito
    del mar divide il fiume, è a noi distante),
    disegnando il figliuol farmi marito,
    ch'unico al mondo avea, nomato Arbante,
    per li più degni del suo stato manda
    a domandarmi al mio padre in Olanda.

26.   Io ch'all'amante mio di quella fede
    mancar non posso, che gli aveva data,
    e ancor ch'io possa, Amor non mi conciede
    che poter voglia, e ch'io sia tanto ingrata;
    per ruinar la pratica ch'in piede
    era gagliarda, e presso al fin guidata,
    dico a mio padre, che prima ch'in Frisa
    mi dia marito, io voglio essere uccisa.

27.   Il mio buon padre, al qual sol piacea quanto
    a me piacea, né mai turbar mi vòlse,
    per consolarmi e far cessare il pianto

---

24. – 2. *tenne*: trattenne. – 4. *così... penne*: tanto furono veloci a passare. –
5. *parlamento*: colloquio. – 6. *dove*: durante il quale. – 7. *saria*: si farebbe.
    25. – 3. *Frisa*: Frisia, la parte più settentrionale dell'Olanda; le indicazioni
geografiche dell'Ariosto sono qui attinte da Plinio e dalla *Germania* di Tacito: a
quel tempo l'Olanda e la Frisia non erano separate dallo Zuider Zee (che si formò
nel sec. XII), ma soltanto da un ramo del Reno. – 7. *per*: per mezzo.
    26. – 1. *fede*: termine che torna spesso in questo episodio e che significa va-
riamente «promessa», «fedeltà», «lealtà», «onestà» e rappresenta coerentemente
il personaggio di Olimpia, idealizzazione della fedeltà eroica. – 5-6. *per ruinar...
guidata*: per troncare le trattative (*pratica* con questo senso si trova in molte *Storie*
cinquecentesche e anche nelle *Commedie* e nelle *Lettere* dell'Ariosto) di nozze, che
erano già state bene avviate ed erano vicine alla fase conclusiva.

ch'io ne facea, la pratica disciolse:
di che il superbo re di Frisa tanto
isdegno prese e a tanto odio si volse,
ch'entrò in Olanda, e cominciò la guerra
che tutto il sangue mio cacciò sotterra.

28.   Oltre che sia robusto, e sì possente,
che pochi pari a nostra età ritruova,
e sì astuto in mal far, ch'altrui nïente
la possanza, l'ardir, l'ingegno giova;
porta alcun'arme che l'antica gente
non vide mai, né, fuor ch'a lui, la nuova:
un ferro bugio, lungo da dua braccia,
dentro a cui polve et una palla caccia.

29.   Col fuoco dietro ove la canna è chiusa,
tocca un spiraglio che si vede a pena;
a guisa che toccare il medico usa
dove è bisogno d'allacciar la vena:
onde vien con tal suon la palla esclusa,
che si può dir che tuona e che balena;
né men che soglia il fulmine ove passa,
ciò che tocca arde, abatte, apre e fracassa.

30.   Pose due volte il nostro campo in rotta
con questo inganno, e i miei fratelli uccise:

---

27. – 4. *La pratica disciolse*: ruppe le trattative. – 8. *il sangue mio*: la mia famiglia.
28. – 2. *a nostra età*: nel nostro tempo. – 5. *alcun'arme*: una certa arma. – 6. *né... nuova*: né la gente moderna l'ha mai vista, fuorché in mano a lui; cfr. DANTE, *Purg.*, I, 24: «Non viste mai fuor ch'a la prima gente». – 7. *un ferro bugio*: un ferro bucato. L'archibugio in realtà fu inventato solo nel sec. XIV. Il Frenzel (*L'episodio di Olimpia* cit., p. 96) osserva che «forse l'introduzione di un pezzo di artiglieria, novità del tempo, sembrava particolarmente adatto all'ambiente nordico dell'episodio, dato che l'invenzione veniva dalla Germania». È forse inutile aggiungere che tutto l'episodio (diplomazia, furbizie, guerre, trattative, ecc.) ha una chiara fisionomia cinquecentesca; *da dua*: circa due.
29. – 1. *Col fuoco*: con la miccia accesa. – 3-4. *a guisa... vena*: come il medico tocca con dito e comprime la ferita prima di allacciar la vena. – 5. *esclusa*: espulsa. – 8. *arde ecc.*: serie di verbi che aveva carattere formulario nei cantari; cfr. *Cantare di Attila*, I, 21: «Urta fra li nemici, apre e fracassa»; e cfr. anche PULCI, *Morg.*, XVIII, 158, 4; CIECO, *Mambriano*, XIII, 28; XVII, 97; ecc.
30. – 2. *inganno*: arma insidiosa, contraria a tutti i precetti di cavalleria. –

nel primo assalto il primo; che la botta,
rotto l'usbergo, in mezzo il cor gli mise;
ne l'altra zuffa a l'altro, il quale in frotta
fuggìa, dal corpo l'anima divise;
e lo ferì lontan dietro la spalla,
e fuor del petto uscir fece la palla.

31.   Difendendosi poi mio padre un giorno
dentro un castel che sol gli era rimaso,
che tutto il resto avea perduto intorno,
lo fe' con simil colpo ire all'occaso;
che mentre andava e che facea ritorno,
provedendo or a questo or a quel caso,
dal traditor fu in mezzo gli occhi còlto,
che l'avea di lontan di mira tolto.

32.   Morto i fratelli e il padre, e rimasa io
de l'isola d'Olanda unica erede,
il re di Frisa, perché avea disio
di ben fermare in quello stato il piede,
mi fa sapere, e così al popul mio,
che pace e che riposo mi conciede,
quando io vogli or quel che non vòlsi inante,
tor per marito il suo figliuolo Arbante.

33.   Io per l'odio non sì, che grave porto
a lui e a tutta la sua iniqua schiatta,
il qual m'ha dui fratelli e 'l padre morto,
saccheggiata la patria, arsa e disfatta;
come perché a colui non vo' far torto,
a cui già la promessa aveva fatta,

3. *la botta*: la palla. – 5. *in frotta*: insieme con molti altri. – 6. *dal corpo... divise*: cfr. Dante, *Purg.*, VI, 19-20: «l'anima divisa Dal corpo suo». – 7. *lontan*: da lontano.

31. – 4. *ire all'occaso*: morire (anche nei latini si trova *occasus* per la morte). – 5-6. *mentre... caso*: mentre andava qua e là per i luoghi di difesa, provvedendo alle varie occorrenze della battaglia.

32. – 1. *Morto*: essendo stati uccisi. – 2. *isola d'Olanda*: i latini (Cesare, *De bel. gal.*, IV, 10; Plinio, *Nat. Hist.*, IV, xv, 29, 101; Tacito, *Germ.*, XXX) la chiamavano «*insula Batavorum*». – 4. *di ben... piede*: di impadronirsi saldamente.

33. – 1. *non sì*: non tanto. – 5. *come*: quanto.

ch'altr'uomo non saria che mi sposasse,
fin che di Spagna a me non ritornasse:

34.   — Per un mal ch'io patisco, ne vo' cento
patir (rispondo), e far di tutto il resto;
esser morta, arsa viva, e che sia al vento
la cener sparsa, inanzi che far questo. —
Studia la gente mia di questo intento
tôrmi: chi priega, e chi mi fa protesto
di dargli in mano me e la terra, prima
che la mia ostinazion tutti ci opprima.

35.   Così, poi che i protesti e i prieghi invano
vider gittarsi, e che pur stava dura,
presero accordo col Frisone, e in mano,
come avean detto, gli dier me e le mura.
Quel, senza farmi alcun atto villano,
de la vita e del regno m'assicura,
pur ch'io indolcisca l'indurate voglie,
e che d'Arbante suo mi faccia moglie.

36.   Io che sforzar così mi veggio, voglio,
per uscirgli di man, perder la vita;
ma se pria non mi vendico, mi doglio
più che di quanta ingiuria abbia patita.
Fo pensier molti; e veggio al mio cordoglio
che solo il simular può dare aita:
fingo ch'io brami, non che non mi piaccia,
che mi perdoni e sua nuora mi faccia.

37.   Fra molti ch'al servizio erano stati
già di mio padre io scelgo dui fratelli,

34. – 2. *e far... resto*: e arrischiare il tutto per tutto. La frase è presa dal gergo dei giocatori. – 6. *fa protesto*: minaccia.
35. – 1. *protesti*: minacce. – 2. *vider... dura*: cfr. DANTE, *Purg.*, XXVII, 34: «Quando mi vide star pur fermo e duro». – 3. *Frisone*: il re di Frisia. – 7. *indolcisca... voglie*: mitighi i miei ostinati proposti.
36. – 3-4. *mi doglio... patita*: mi addoloro di più di non vendicarmi che di ogni ingiuria già patita. – 5-6. *veggio... aita*: mi avvedo che solo la simulazione può alleviare il mio dolore. – 7. *fingo... piaccia*: non lascio vedere che non mi piace, ma fingo di desiderare.

di grande ingegno e di gran cor dotati,
ma più di vera fede, come quelli
che cresciutici in corte et allevati
si son con noi da teneri citelli;
e tanto miei, che poco lor parria
la vita por per la salute mia.

38. Communico con loro il mio disegno:
essi prometton d'essermi in aiuto.
L'un viene in Fiandra, e v'apparecchia un legno;
l'altro meco in Olanda ho ritenuto.
Or mentre i forestieri e quei del regno
s'invitano alle nozze, fu saputo
che Bireno in Biscaglia avea una armata,
per venire in Olanda, apparecchiata.

39. Però che, fatta la prima battaglia
dove fu rotto un mio fratello e ucciso,
spacciar tosto un corrier feci in Biscaglia,
che portassi a Bireno il tristo aviso;
il qual mentre che s'arma e si travaglia,
dal re di Frisa il resto fu conquiso.
Bireno, che di ciò nulla sapea,
per darci aiuto i legni sciolti avea.

40. Di questo avuto aviso il re frisone,
de le nozze al figliuol la cura lassa;
e con l'armata sua nel mar si pone:
truova il duca, lo rompe, arde e fracassa,
e, come vuol Fortuna, il fa prigione;
ma di ciò ancor la nuova a noi non passa.
Mi sposa intanto il giovene e si vuole
meco corcar come si corchi il sole.

---

37. − 3. *ingegno*: carattere (lat.); *cor*: coraggio. − 6. *citelli*: fanciulli. − 7. *miei*: a me devoti. − 8. *la vita por*: sacrificare la vita.
38. − 1. *Communico con*: comunico a (costr. e grafia lat.). − 3. *legno*: una nave. − 4. *ritenuto*: trattenuto. − 7. *armata*: flotta.
39. − 2. *rotto*: sconfitto. − 3. *spacciar*: inviare.
39. − 6. *il resto*: del paese. − 8. *sciolti*: fatti salpare.
40. − 4. *rompe... fracassa*: cfr. IX, 29, 8. − 6. *passa*: arriva. − 8. *come... sole*: non appena tramonti il sole; altro elegante artificio nel discorso di Olimpia.

41.   Io dietro alle cortine avea nascoso
         quel mio fedele; il qual nulla si mosse
         prima che a me venir vide lo sposo;
         e non l'attese che corcato fosse,
         ch'alzò un'accetta, e con sì valoroso
         braccio dietro nel capo lo percosse,
         che gli levò la vita e la parola:
         io saltai presta, e gli segai la gola.

42.   Come cadere il bue suole al macello,
         cade il malnato giovene, in dispetto
         del re Cimosco, il più d'ogn'altro fello;
         che l'empio re di Frisa è così detto,
         che morto l'uno e l'altro mio fratello
         m'avea col padre, e per meglio suggetto
         farsi il mio stato, mi volea per nuora;
         e forse un giorno uccisa avria me ancora.

43.   Prima ch'altro disturbo vi si metta,
         tolto quel che più vale e meno pesa,
         il mio compagno al mar mi cala in fretta
         da la finestra, a un canape sospesa,
         là dove attento il suo fratello aspetta
         sopra la barca ch'avea in Fiandra presa.
         Demmo le vele ai venti e i remi all'acque,
         e tutti ci salvian, come a Dio piacque.

44.   Non so se 'l re di Frisa più dolente
         del figliol morto, o se più d'ira acceso

41. – 1. *Io dietro ecc.*: «due ottave costruite con un ritmo uguale: precise e minute, finché alla fine, nell'ultimo verso, scoppia rapida ed intensa la gioia cruda della vendetta e della liberazione» (Catalano). – 7. *gli... parola*: cfr. VIR-GILIO, *Aen.*, X, 348: «*vocem animumque rapit*»; DANTE, *Purg.*, V, 100: «Quivi perdei la vista e la parola»; BOCCACCIO, *Dec.*, IV, 7, 13: «che egli perdé la vista e la parola». – 8. *segai*: tagliai (lat. *secare*); il gesto ha una violenza concentrata e quasi voluttuosa che ricorda quello di eroine tragiche antiche (per esempio Medea e Didone).
     42. – 2. *malnato*: nato sciagurato; *in dispetto*: per vendetta. – 3. *fello*: crudele traditore.
     43. – 1. *disturbo*: impedimento. – 2. *tolto... pesa*: prese le cose di maggior valore e di poco peso.

fosse contra di me, che 'l dì seguente
giunse là dove si trovò sì offeso.
Superbo ritornava egli e sua gente
de la vittoria e di Bireno preso;
e credendo venire a nozze e a festa,
ogni cosa trovò scura e funesta.

45. La pietà del figliuol, l'odio ch'aveva
a me, né dì né notte il lascia mai.
Ma perché il pianger morti non rileva,
e la vendetta sfoga l'odio assai,
la parte del pensier, ch'esser doveva
de la pietade in sospirare e in guai,
vuol che con l'odio a investigar s'unisca,
come egli m'abbia in mano e mi punisca.

46. Quei tutti che sapeva e gli era detto
che mi fossino amici, o di quei miei
che m'aveano aiutata a far l'effetto,
uccise, o lor beni arse, o li fe' rei.
Vòlse uccider Bireno in mio dispetto;
che d'altro sì doler non mi potrei:
gli parve poi, se vivo lo tenesse,
che, per pigliarmi, in man la rete avesse.

47. Ma gli propone una crudele e dura
condizïon: gli fa termine un anno,
al fin del qual gli darà morte oscura,
se prima egli per forza o per inganno,
con amici e parenti non procura,
con tutto ciò che ponno e ciò che sanno,
di darmigli in prigion: sì che la via
di lui salvare è sol la morte mia.

44. – 3. *che*: il quale re di Frisa. – 8. *scura*: orribile, dolorosa; cfr. *Innam.*, I, VI, 1, 2.
45. – 3. *non rileva*: non giova; cfr. PETRARCA, *Canz.*, CV, 4: «Il sempre sospirar nulla rileva». – 5-8. *la parte... punisca*: vuole che quella parte della sua mente che doveva essere dedicata al pianto e al lamento, si faccia una cosa sola con l'odio: affinché odio e cruccio alleati meglio escogitino il modo di vendicarsi.
46. – 3. *a far l'effetto*: a compiere il fatto. – 4. *li fe' rei*: li pose in stato di accusa (lat. *reum facere aliquem*).
47. – 3. *oscura*: atroce; cfr. IX, 44, 8; qui corrisponde allo *strazio* di IX, 49, 8. – 4. *per forza... inganno*: cfr. PETRARCA, *Canz.*, CCCLX, 65: «Per inganni et per forza».

48.   Ciò che si possa far per sua salute,
           fuor che perder me stessa, il tutto ho fatto.
           Sei castella ebbi in Fiandra, e l'ho vendute:
           e 'l poco o 'l molto prezzo ch'io n'ho tratto,
           parte, tentando per persone astute
           i guardiani corrumpere, ho distratto;
           e parte, per far muovere alli danni
           di quell'empio or gl'Inglesi, or gli Alamanni.

49.   I mezzi, o che non abbiano potuto,
           o che non abbian fatto il dover loro,
           m'hanno dato parole e non aiuto;
           e sprezzano or che n'han cavato l'oro:
           e presso al fine il termine è venuto,
           dopo il qual né la forza né 'l tesoro
           potrà giunger più a tempo, sì che morte
           e strazio schivi al mio caro consorte.

50.   Mio padre e' miei fratelli mi son stati
           morti per lui; per lui toltomi il regno;
           per lui quei pochi beni che restati
           m'eran, del viver mio soli sostegno,
           per trarlo di prigione ho disipati:
           né mi resta ora in che più far disegno,
           se non d'andarmi io stessa in mano a porre
           di sì crudel nimico, e lui disciorre.

51.   Se dunque da far altro non mi resta,
           né si truova al suo scampo altro riparo
           che per lui por questa mia vita, questa
           mia vita per lui por mi sarà caro.
           Ma sola una paura mi molesta,
           che non saprò far patto così chiaro,

---

48. – 6. *distratto*: dissipato (lat.).
49. – 1. *I mezzi*: gli intermediari, le *persone astute* di IX, 48, 5. – 3. *parole*: vane
promesse (con questo senso il lat. *verba*). – 4. *sprezzano*: non si curano più di me. –
8. *schivi*: risparmi; *consorte*: promesso sposo.
50. – 2. *morti*: uccisi. – 6. *far disegno*: fare assegnamento. – 8. *lui disciorre*:
liberare Bireno.
51. – 2. *al suo... riparo*: altro modo per provvedere alla sua salvezza. – 3-4.
por... por: offrire; si noti la costruzione chiastica.

che m'assicuri che non sia il tiranno,
poi ch'avuta m'avrà, per fare inganno.

52.   Io dubito che poi che m'avrà in gabbia
e fatto avrà di me tutti li strazii,
né Bireno per questo a lasciare abbia,
sì ch'esser per me sciolto mi ringrazii;
come periuro, e pien di tanta rabbia,
che di me sola ucider non si sazii:
e quel ch'avrà di me, né più né meno
faccia di poi del misero Bireno.

53.   Or la cagion che conferir con voi
mi fa i miei casi, e ch'io li dico a quanti
signori e cavallier vengono a noi
è solo acciò, parlandone con tanti,
m'insegni alcun d'assicurar che, poi
ch'a quel crudel mi sia condotta avanti,
non abbia a ritener Bireno ancora,
né voglia, morta me, ch'esso poi mora.

54.   Pregato ho alcun guerrier che meco sia
quando io mi darò in mano al re di Frisa;
ma mi prometta, e la sua fé mi dia,
che questo cambio sarà fatto in guisa,
ch'a un tempo io data, e liberato fia
Bireno: sì che quando io sarò uccisa,
morrò contenta, poi che la mia morte
avrà dato la vita al mio consorte.

55.   Né fino a questo dì truovo chi toglia
sopra la fede sua d'assicurarmi,

---

52. – 3-4. *né Bireno... ringrazii:* non mantenga la promessa di lasciar libero
Bireno, in modo che lui possa essermi grato del sacrificio da me compiuto. –
5. *periuro:* spergiuro (lat.). – 7. *avrà:* avrà fatto.
   53. – 1. *conferir con voi:* comunicare a voi. – 2. *e ch'io:* e per la quale io. –
5. *d'assicurar:* il modo di ottenere con sicurezza. – 7. *ritener:* trattenere prigioniero.
   54. – 1. *meco sia:* mi accompagni. – 5. *a un tempo:* simultaneamente.
   55. – 1-2. *chi... assicurarmi:* chi si assuma l'impegno di farsi lui stesso garante.

che quando io sia condotta, e che mi voglia
aver quel re, senza Bireno darmi,
egli non lascierà contra mia voglia
che presa io sia: sì teme ognun quell'armi;
teme quell'armi, a cui par che non possa
star piastra incontra, e sia quanto vuol grossa.

56. Or, s'in voi la virtù non è diforme
dal fier sembiante e da l'erculeo aspetto,
e credete poter darmegli, e tôrme
anco da lui, quando non vada retto;
siate contento d'esser meco a porme
ne le man sue: ch'io non avrò sospetto,
quando voi siate meco, se ben io
poi ne morrò, che muora il signor mio. –

57. Qui la donzella il suo parlar conchiuse,
che con pianto e sospir spesso interroppe.
Orlando, poi ch'ella la bocca chiuse,
le cui voglie al ben far mai non fur zoppe,
in parole con lei non si diffuse;
che di natura non usava troppe:
ma le promise, e la sua fé le diede,
che faria più di quel ch'ella gli chiede.

58. Non è sua intenzïon ch'ella in man vada
del suo nimico per salvar Bireno:
ben salverà amendui, se la sua spada
e l'usato valor non gli vien meno.
Il medesimo dì piglian la strada,
poi c'hanno il vento prospero e sereno.

– 3-4. *mi voglia... darmi*: Cimosco pretenda di farmi prigioniera, senza liberare in
cambio Bireno. – 8. *star... incontra*: resistere; per *piastra*, cfr. I, 17, 3.

56. – 1. *non è diforme*: è pari. – 3-4. *credete... retto*: ritenete di poter assumervi
il compito di consegnarmi a lui e anche di togliermi a lui, qualora non si
comporti giustamente, secondo i patti. – 5. *siate contento*: vogliate. – 6. *sospetto*:
timore.

57. – 4. *le cui... zoppe*: il cui (di Orlando) desiderio di operare rettamente non
fu mai difettoso. – 6. *di natura*: per natura; cfr. *Innam.*, II, XX, 59, 1-2: «Orlando per
costume e per natura Molte parole non sapeva usare».

58. – 6. *sereno*: dolce, che porta il sereno; così anche in PETRARCA, *Canz.*,
CXCVI, 1: «aura serena»; l'aggettivo è quindi quasi sinonimo di *prospero* e rispon-

Il paladin s'affretta; che di gire
all'isola del mostro avea desire.

59.   Or volta all'una, or volta all'altra banda
       per gli alti stagni il buon nochier la vela:
       scuopre un'isola e un'altra di Zilanda;
       scuopre una inanzi, e un'altra a dietro cela.
       Orlando smonta il terzo dì in Olanda;
       ma non smonta colei che si querela
       del re di Frisa: Orlando vuol che intenda
       la morte di quel rio, prima che scenda.

60.   Nel lito armato il paladino varca
       sopra un corsier di pel tra bigio e nero,
       nutrito in Fiandra e nato in Danismarca,
       grande e possente assai più che leggiero;
       però ch'avea, quando si messe in barca,
       in Bretagna lasciato il suo destriero,
       quel Brigliador sì bello e sì gagliardo,
       che non ha paragon, fuor che Baiardo.

61.   Giunge Orlando a Dordreche, e quivi truova
       di molta gente armata in su la porta;
       sì perché sempre, ma più quando è nuova,
       seco ogni signoria sospetto porta;

de al gusto petrarcheggiante delle formule binarie, armoniose e bilanciate. –
8. *isola del mostro*: Ebuda.

59. – 1. *Or volta all'una ecc.*: dopo il tono austero e tagliente del discorso
d'Olimpia, ecco un'apertura diversa, a un'atmosfera di viaggi più liberi e romanzeschi, verso un mondo in cui alla politica spicciola e alle piccole furberie guer-
resche si contrappone l'ardore ingenuo e idealistico di Orlando. – 2. *alti stagni*:
profondi specchi d'acqua limitati dalle isole intorno; nei poeti latini si trova
stagna per distese d'acqua calma e profonda. – 3. *scuopre*: giunge in vista, scorge;
cfr. LUCHINO DEL CAMPO, *Viaggio a Gerusalemme di Niccolò d'Este*, p. 130: «tanto
che la sera si scoperse l'isola di Cipro»; *Zilanda*: Zelanda, regione costiera e insu-
lare della Fiandra olandese; da non confondersi con Selandia di IX, 23, 1. – 4. *a
dietro cela*: perde di vista. – 7. *intenda*: apprenda.

60. – 1. *varca*: passa. – 3. *Danismarca*: Danimarca. – 4. *leggiero*: veloce. –
7. *Brigliador*: il suo cavallo; cfr. VIII, 84, 7. – 8. *Baiardo*: il cavallo di Rinaldo.

61. – 1. *Dordreche*: Dordrecht, nell'Olanda meridionale (lat. *Dordracum*). – 3-4.
sempre... porta: cfr. VIRGILIO, *Aen.*, I, 563-564; «*Res dura et regni novitas me talia
cogunt Moliri et late finis custode tueri*»; la sentenza ha sapore di esperienza politica
cinquecentesca: cfr. i capp. VI e VII del *Principe* di Machiavelli, il quale cita egli
stesso i due versi di Virgilio nel cap. XVII, del *Principe*.

sì perché dianzi giunta era una nuova,
che di Selandia con armata scorta
di navilii e di gente un cugin viene
di quel signor che qui prigion si tiene.

62.　　Orlando prega uno di lor, che vada
e dica al re, ch'un cavalliero errante
disia con lui provarsi a lancia e a spada;
ma che vuol che tra lor sia patto inante:
che se 'l re fa che, chi lo sfida, cada,
la donna abbia d'aver, ch'uccise Arbante,
che 'l cavallier l'ha in loco non lontano
da poter sempremai darglila in mano;

63.　　et all'incontro vuol che 'l re prometta
ch'ove egli vinto ne la pugna sia,
Bireno in libertà subito metta,
e che lo lasci andare alla sua via.
Il fante al re fa l'imbasciata in fretta:
ma quel, che né virtù né cortesia
conobbe mai, drizzò tutto il suo intento
alla fraude, all'inganno, al tradimento.

64.　　Gli par ch'avendo in mano il cavalliero,
avrà la donna ancor, che sì l'ha offeso,
s'in possanza di lui la donna è vero
che se ritruovi, e il fante ha ben inteso.
Trenta uomini pigliar fece sentiero
diverso da la porta ov'era atteso,
che dopo occulto et assai lungo giro,
dietro alle spalle al paladino usciro.

65.　　Il traditore intanto dar parole
fatto gli avea, sin che i cavalli e i fanti

---

62. – 8. *sempremai*: in qualsiasi momento.
63. – 7. *drizzò... intento*: indirizzò tutti i suoi propositi.
64. – 3-4. *s'in possanza... inteso*: se è vero che Olimpia è in potere del cavaliere e se il servo ha capito bene; si notino la prudenza un po' goffa e la furbizia da piccolo diplomatico. – 5. *Trenta uomini*: a trenta uomini (*fece* costruito come il lat. *iussit*). – 6. *diverso da*: discosto da (lat. *diversus ab*).
65. – 1-2. *dar parole... avea*: lo aveva fatto tenere a bada con vane promesse

vede esser giunti al loco ove gli vuole;
da la porta esce poi con altretanti.
Come le fere e il bosco cinger suole
perito cacciator da tutti i canti;
come appresso a Volana i pesci e l'onda
con lunga rete il pescator circonda:

66.   così per ogni via dal re di Frisa,
che quel guerrier non fugga, si provede.
Vivo lo vuole, e non in altra guisa:
e questo far sì facilmente crede,
che 'l fulmine terrestre, con che uccisa
ha tanta e tanta gente, ora non chiede;
che quivi non gli par che si convegna,
dover pigliar, non far morir, disegna.

67.   Qual cauto ucellator che serba vivi,
intento a maggior preda, i primi augelli,
acciò in più quantitade altri captivi
faccia col giuoco e col zimbel di quelli;
tal esser vòlse il re Cimosco quivi:
ma già non vòlse Orlando esser di quelli
che si lascin pigliare al primo tratto;
e tosto roppe il cerchio ch'avean fatto.

68.   Il cavallier d'Anglante, ove più spesse
vide le genti e l'arme, abbassò l'asta;

(cfr. IX, 49, 3). – 5. *come le fere ecc.*: le due similitudini da Claudiano, *In Ruf.*, II, 376-79: «*Sic ligat immensa virides indagine saltus Venator; sic attonitos ad litora pisces Aequoreus populator agit rarosque plagarum Contrahit anfractus et hiantes colligit oras*». – 7. *Volana*: Volano, paese presso le foci del Po, ove si faceva pesca abbondante; *i pesci e l'onda*: si noti il perfetto parallelismo con le *fere e il bosco* (v. 5).
    66. – 5. *'l fulmine terrestre*: l'archibugio. – 7. *si convegna*: occorra.
    67. – 3-4. *acciò... faccia*: per poter catturarne in maggior quantità. – 4. *giuoco*: consisteva nel fare svolazzare un uccello legato a un palo; *zimbel*: consisteva nel fare cantare un uccello chiuso in gabbia: erano entrambi modi per attirare gli altri uccelli. – 7. *al primo tratto*: al primo tentativo.
    68. – 2. *abbassò l'asta ecc.*: come sempre in questi casi (cfr. n. a VI, 66, 1) la descrizione della strage ravviva e rallegra il ritmo dell'ottava ariostesca, le iperboli si fanno più fantastiche, gli occhi dei canterini (v. 4: *sembrâr di pasta*)

et uno in quella e poscia un altro messe,
e un altro e un altro, che sembrâr di pasta;
e fin a sei ve n'infilzò, e li resse
tutti una lancia: e perch'ella non basta
a più capir, lasciò il settimo fuore
ferito sì, che di quel colpo muore.

69.   Non altrimente ne l'estrema arena
veggiàn le rane de canali e fosse
dal cauto arcier nei fianchi e ne la schiena,
l'una vicina all'altra, esser percosse;
né da la freccia, fin che tutta piena
non sia da un capo all'altro, esser rimosse.
La grave lancia Orlando da sé scaglia,
e con la spada entrò ne la battaglia.

70.   Rotta la lancia, quella spada strinse,
quella che mai non fu menata in fallo;
e ad ogni colpo, o taglio o punta, estinse
quando uomo a piedi, e quando uomo a cavallo:
dove toccò, sempre in vermiglio tinse
l'azzurro, il verde, il bianco, il nero, il giallo.
Duolsi Cimosco che la canna e il fuoco
seco or non ha, quando v'avrian più loco.

71.   E con gran voce e con minaccie chiede
che portati gli sian, ma poco è udito;
che chi ha ritratto a salvamento il piede
ne la città, non è d'uscir più ardito.
Il re frison che fuggir gli altri vede,
d'esser salvo egli ancor piglia partito:
corre alla porta, e vuole alzare il ponte;
ma troppo è presto ad arrivare il conte.

---

più evidenti e maliziosi. – 3. *messe*: infilzò. – 7. *a più capir*: a contenerne di
più.
     69. – 1-2. *ne l'estrema... fosse*: sull'estrema sponda di canali e ruscelli. –
3. *arcier*: fiocinatore. – 7. *grave*: per il peso degli uomini infilzati.
     70. – 2. *quella... fallo*: si noti la cadenza favolosa da canterino. – 3-4. *o taglio o
punta*: menato di taglio o di punta. – 5. *in vermiglio*: di rosso, di sangue. –
6. *l'azzurro ecc.*: i colori delle sopravvesti dei nemici; cfr. II, 35, 2 e si noti questa
parentesi di compiacimento estetico. – 7. *la canna e il fuoco*: l'archibugio. –
8. *v'avrian più loco*: sarebbero più di bisogno.

72.   Il re volta le spalle, e signor lassa
        del ponte Orlando e d'amendue le porte;
        e fugge, e inanzi a tutti gli altri passa,
        mercé che 'l suo destrier corre più forte.
        Non mira Orlando a quella plebe bassa:
        vuole il fellon, non gli altri, porre a morte;
        ma il suo destrier sì al corso poco vale,
        che restio sembra, e chi fugge, abbia l'ale.

73.   D'una in un'altra via si leva ratto
        di vista al paladin; ma indugia poco,
        che torna con nuove armi; che s'ha fatto
        portare intanto il cavo ferro e il fuoco:
        e dietro un canto postosi di piatto,
        l'attende, come il cacciatore al loco,
        coi cani armati e con lo spiedo, attende
        il fier cingial che ruinoso scende;

74.   che spezza i rami e fa cadere i sassi,
        e ovunque drizzi l'orgogliosa fronte,
        sembra a tanto rumor che si fracassi
        la selva intorno, e che si svella il monte.
        Sta Cimosco alla posta, acciò non passi
        senza pagargli il fio l'audace conte:
        tosto ch'appare, allo spiraglio tocca
        col fuoco il ferro, e quel subito scocca.

75.   Dietro lampeggia a guisa di baleno,
        dinanzi scoppia, e manda in aria il tuono.

72. – 2. *d'amendue le porte*: quella al di qua del ponte e quella al di là di esso, il «rastrello» (cfr. VIII, 3, 6). – 8. *restio*: cfr. IX, 60, 4.

73. – 1-2. *D'una... paladin*: prendendo scorciatoie e vie traverse sfugge a Orlando. – 2. *indugia poco*: non sta a lungo lontano. – 5. *di piatto*: in agguato; cfr. PULCI, *Morg.*, XI, 2, 4. – 6. *al loco*: alla posta. – 7. *armati*: di collari di ferro. – 8. *ruinoso*: impetuoso, che semina rovina. È questa la settima similitudine «padana», presa dalla caccia e dalla pesca, nel giro di dieci ottave; se non fosse che le note paesane sono trattate con tanto classico nitore e distacco, e se non fosse che dietro a queste similitudini c'è una lunga tradizione letteraria (OVIDIO, *Met.*, IV, 525-28: «*Hinc aper excitus medios violentus in hostes Fertur... Sternitur incursu nemus et propulsa fragore Silva dat*»; DANTE, *Inf.*, IX, 67-72 e XIII, 112-14; BOIARDO, *Innam.*, II, XIV, 21, 5-8: «Quale un cingial che a furia esce del monte, Che cani e cacciatori extima poco, Fiacca le broche e batte ambo le zane: Tristo colui che accanto gli rimane»), verrebbe da pensare a certi aspetti del poema eroicomico.

74. – 8. *scocca*: esplode.

Trieman le mura, e sotto i piè il terreno;
il ciel ribomba al paventoso suono.
L'ardente stral, che spezza e venir meno
fa ciò ch'incontra, e dà a nessun perdono,
sibila e stride; ma, come è il desire
di quel brutto assassin, non va a ferire.

76. O sia la fretta, o sia la troppa voglia
d'uccider quel baron, ch'errar lo faccia;
o sia che il cor, tremando come foglia,
faccia insieme tremare e mani e braccia;
o la bontà divina che non voglia
che 'l suo fedel campion sì tosto giaccia:
quel colpo al ventre del destrier si torse;
lo cacciò in terra, onde mai più non sorse.

77. Cade a terra il cavallo e il cavalliero:
la preme l'un, la tocca l'altro a pena;
che si leva sì destro e sì leggiero,
come cresciuto gli sia possa e lena.
Quale il libico Anteo sempre più fiero
surger solea da la percossa arena,
tal surger parve, e che la forza, quando
toccò il terren, si radoppiasse a Orlando.

78. Chi vide mai dal ciel cadere il foco
che con sì orrendo suon Giove disserra,
e penetrare ove un richiuso loco

75. – 4. *paventoso*: spaventoso. – 6. *e dà... perdono*: e non risparmia nessuno (costr. lat.). – 7-8. *ma... ferire*: ma non va a colpire là dove aveva desiderato Cimosco.

76. – 7. *si torse*: deviando colpì.

77. – 2. *la preme l'un*: il cavallo morto preme la terra. – 5. *Anteo*: il mitico gigante, figlio della Terra, che combatté contro Ercole. Siccome Anteo, ogni volta che toccava la terra, ricuperava le sue forze, Ercole, per poterlo vincere, lo sollevò fra le braccia e strise finché l'ebbe soffocato; cfr. XXIII, 85, 8 e inoltre LUCANO, *Phars.*, IV, 590 segg.; DANTE, *Inf.*, XXXI, 100 segg.

78. – 1. *il foco*: il fulmine (lat. *Ignis Iovis*). – 2. *disserra*: vibra; cfr. DANTE, *Par.*, XXIII, 40: «Come foco di nube si disserra»; PULCI, *Morg.*, XVII, 85, 5; BOIARDO, *Innam.*, I, V, 4, 5: «il gran colpo disserra». – 3. *un richiuso loco*: una polveriera. Dello scoppio di una polveriera, avvenuto a Milano nel 1521, racconta il MURATORI, *Annali d'Italia*, tom. X, p. 122: «Per fulmine, o per altro fuoco dell'aria, benché fosse tempo sereno, la Torre di quel Castello, dove si teneano i barili di polve da

carbon con zolfo e con salnitro serra;
ch'a pena arriva, a pena tocca un poco,
che par ch'avampi il ciel, non che la terra;
spezza le mura, e i gravi marmi svelle,
e fa i sassi volar sin alle stelle;

79. s'imagini che tal, poi che cadendo
toccò la terra, il paladino fosse:
con sì fiero sembiante aspro et orrendo,
da far tremar nel ciel Marte, si mosse.
Di che smarrito il re frison, torcendo
la briglia indietro, per fuggir voltosse;
ma gli fu dietro Orlando con più fretta
che non esce da l'arco una saetta:

80. e quel che non avea potuto prima
fare a cavallo, or farà essendo a piede.
Lo séguita sì ratto, ch'ogni stima
di chi nol vide, ogni credenza eccede.
Lo giunse in poca strada; et alla cima
de l'elmo alza la spada, e sì lo fiede,
che gli parte la testa fin al collo,
e in terra il manda a dar l'ultimo crollo.

81. Ecco levar ne la città si sente
nuovo rumor, nuovo menar di spade;
che 'l cugin di Bireno con la gente
ch'avea condutta da le sue contrade,
poi che la porta ritrovò patente,
era venuto dentro alla cittade,

---

fuoco, andò in aria con tal forza, che squarciò anche parte del muro... e portò
lontano venticinque piedi... pietre, che dieci paia di buoi avrebbero stentato a
muovere». − 4. *carbon... zolfo... salnitro:* formano insieme la polvere da sparo.
    79. − 1. *s'imagini:* dipende da *Chi vide mai* (IX, 78, 1): se qualcuno vide mai...
s'immagini. − 4. *da... Marte:* cfr. PULCI, *Morg.*, XXVI, 65, 5; 131, 6: «ché Marte credo
paura n'avea». − 8. *una saetta:* cfr. VIII, 6, 5.
    80. − 3-4. *ch'ogni... eccede:* che supera quanto può pensare o immaginare chi
non lo vide coi suoi occhi. − 6. *fiede:* ferisce. − 7-8. *gli parte... crollo:* gli taglia la testa
in due e lo fa cadere a contorcersi in un ultimo sussulto prima di morire. Le rime
baciate *collo:crollo,* allegre, un po' prese da Dante un po' dal Pulci, suggellano
spesso le scene di strage: cfr. XIV, 122, 7-8; XXIII, 59, 7-8; ecc.
    81. − 3. *'l cugin di Bireno:* cfr. IX, 61, 6-8. − 5. *patente:* spalancata; il latinismo

dal paladino in tal timor ridutta,
che senza intoppo la può scorrer tutta.

82.   Fugge il populo in rotta, che non scorge
chi questa gente sia, né che domandi;
ma poi ch'uno et un altro pur s'accorge
all'abito e al parlar, che son Selandi,
chiede lor pace, e il foglio bianco porge;
e dice al capitan che gli comandi,
e dar gli vuol contra i Frisoni aiuto,
che 'l suo duca in prigion gli ha ritenuto.

83.   Quel popul sempre stato era nimico
del re di Frisa e d'ogni suo seguace,
perché morto gli avea il signore antico,
ma più perch'era ingiusto, empio e rapace.
Orlando s'interpose come amico
d'ambe le parti, e fece lor far pace;
le quali unite, non lasciâr Frisone
che non morisse o non fosse prigione.

84.   Le porte de le carcere gittate
a terra sono, e non si cerca chiave.
Bireno al conte con parole grate
mostra conoscer l'obligo che gli have.
Indi insieme e con molte altre brigate
se ne vanno ove attende Olimpia in nave:
così la donna, a cui di ragion spetta
il dominio de l'isola, era detta;

85.   quella che quivi Orlando avea condutto
non con pensier che far dovesse tanto;
che le parea bastar, che posta in lutto

era già in Boiardo, *Innam.*, I, IV, 36, 3; II, VIII, 13, 7. – 8. *senza intoppo*: senza
trovare resistenza.

82. – 2. *che domandi*: che cosa voglia. – 4. *Selandi*: gente di Selandia. – 5. *il
foglio... porge*: dà carta bianca, si arrende a discrezione. – 8. *'l suo duca*: il duca dei
Selandi, Bireno; *ha ritenuto*: hanno tenuto; il soggetto sconcordato è *i Frisoni*.

83. – 1. *Quel popul*: gli Olandesi. – 3. *morto*: ucciso; *il signore antico*: il padre di
Olimpia. – 7. *le quali*: le quali parti, vale a dire Olandesi e Selandi.

84. – 1. *le carcere*: le carceri. – 7. *di ragion*: di diritto. – 8. *era detta*: era chiamata; solo ora ne apprendiamo il nome.

85. – 2. *non con pensier*: senza che lei pensasse. – 3. *posta in lutto*: uccisa. –

sol lei, lo sposo avesse a trar di pianto.
Lei riverisce e onora il popul tutto.
Lungo sarebbe a ricontarvi quanto
lei Bireno accarezzi, et ella lui;
quai grazie al conte rendano ambidui.

86.   Il popul la donzella nel paterno
seggio rimette, e fedeltà le giura.
Ella a Bireno, a cui con nodo eterno
la legò Amor d'una catena dura,
de lo stato e di sé dona il governo.
Et egli, tratto poi da un'altra cura,
de le fortezze e di tutto il domìno
de l'isola guardian lascia il cugino;

87.   che tornare in Selandia avea disegno,
e menar seco la fedel consorte:
e dicea voler fare indi nel regno
di Frisa esperïenzia di sua sorte;
perché di ciò l'assicurava un pegno
ch'egli avea in mano, e lo stimava forte:
la figliuola del re, che fra i captivi,
che vi fur molti, avea trovata quivi.

88.   E dice ch'egli vuol ch'un suo germano,
ch'era minor d'età, l'abbia per moglie.
Quindi si parte il senator romano
il dì medesmo che Bireno scioglie.
Non vòlse porre ad altra cosa mano,
fra tante e tante guadagnate spoglie,
se non a quel tormento ch'abbiàn detto
ch'al fulmine assimiglia in ogni effetto.

---

5. *Lei*: complemento oggetto. – 7. *accarezzi*: festeggi con atti affettuosi; cfr. BOC-
CACCIO, *Decam.*, II, 8, 79: «cominciò... a mostrar amore e a far carezze».
    86. – 4. *dura*: salda, infrangibile. – 6. *cura*: impresa.
    87. – 3-4. *fare... sorte*: muovendo di là, tentare la sorte e cercare di conquistare
il regno di Frisa. – 5-6. *di ciò... forte*: aveva la garanzia del successo dell'impresa in
ostaggio di grande valore che aveva in mano. – 7. *captivi*: prigionieri (lat.).
    88. – 3. *Quindi*: di lì, dall'Olanda; *il senator romano*: Orlando, era così designa-
to nelle leggende italiane. – 4. *scioglie*: salpa (lat. *solvit*). – 7. *tormento*: macchina per
lanciare proiettili (lat. *tormentum*, da *torquere*): è l'archibugio.

89.   L'intenzïon non già, perché lo tolle,
       fu per voglia d'usarlo in sua difesa;
       che sempre atto stimò d'animo molle
       gir con vantaggio in qualsivoglia impresa:
       ma per gittarlo in parte, onde non volle
       che mai potesse ad uom più fare offesa:
       e la polve e le palle e tutto il resto
       seco portò, ch'apparteneva a questo.

90.   E così, poi che fuor de la marea
       nel più profondo mar si vide uscito,
       sì che segno lontan non si vedea
       del destro più né del sinistro lito;
       lo tolse, e disse: — Acciò più non istea
       mai cavallier per te d'esser ardito,
       né quanto il buono val, mai più si vanti
       il rio per te valer, qui giù rimanti.

91.   O maladetto, o abominoso ordigno,
       che fabricato nel tartareo fondo
       fosti per man di Belzebù maligno
       che ruinar per te disegnò il mondo,
       all'inferno, onde uscisti, ti rasigno. —
       Così dicendo, lo gittò in profondo.
       Il vento intanto le gonfiate vele
       spinge alla via de l'isola crudele.

92.   Tanto desire il paladino preme
       di saper se la donna ivi si truova,
       ch'ama assai più che tutto il mondo insieme,
       né un'ora senza lei viver gli giova;

89. – 1. *perché lo tolle:* per la quale lo prende. – 3. *molle:* fiacco, vile. –
8. *apparteneva:* spettava (lat.).

90. – 1. *fuor de la marea:* lontano dalla zona della spiaggia, ove più si fa
sentire la marea. – 5-6. *non istea... d'esser:* non si trattenga dall'essere. – 7-8. *né
quanto... valer:* né l'uomo codardo si vanti di valere quanto il prode.

91. – 2. *tartareo fondo:* l'inferno. – 4. *per te:* per mezzo tuo. – 5. *rasigno:* resti-
tuisco (lat.). – 7. *gonfiate vele:* cfr. DANTE, *Inf.*, VII, 13, dove la stessa espressione
compare in rima con «crudele». – 8. *alla via:* alla volta.

92. – 2. *la donna:* Angelica; *ivi:* nell'isola d'Ebuda. – 4. *gli giova:* gli piace. –

che s'in Ibernia mette il piede, teme
di non dar tempo a qualche cosa nuova,
sì ch'abbia poi da dir invano: – Ahi lasso!
ch'al venir mio non affrettai più il passo. –

93.   Né scala in Inghelterra né in Irlanda
mai lasciò far, né sul contrario lito.
Ma lasciamolo andar dove lo manda
il nudo arcier che l'ha nel cor ferito.
Prima che più io ne parli, io vo' in Olanda
tornare e voi meco a tornarvi invito;
che, come a me, so spiacerebbe a voi,
che quelle nozze fosson senza noi.

94.   Le nozze belle e sontuose fanno;
ma non sì sontuose né sì belle,
come in Selandia dicon che faranno.
Pur non disegno che vegnate a quelle;
perché nuovi accidenti a nascere hanno
per disturbarle, de' quai le novelle
all'altro canto vi farò sentire,
s'all'altro canto mi verrete a udire.

---

5. *Ibernia*: Irlanda, cfr. IX, 11, 5. – 5-6. *teme... nuova*: teme di offrire l'occasione a qualche nuova distrazione.

93. – 1. *scala*: scalo. – 2. *sul contrario lito*: in Francia. – 4. *il nudo arcier*: Amore, spesso così raffigurato (per esempio in PETRARCA, *Tr. Amor.*, I, 24-27). – 6. *e voi... invito*: garbato e sorridente appello ai lettori: in quest'episodio, composto più tardi, l'Ariosto si rivolge a tutti i lettori e non al solo cardinale Ippolito. – 8. *fosson*: si svolgessero.

94. – 4. *non disegno... quelle*: non voglio che vi immaginiate di poter assistere a quelle. – 8. *all'altro... udire*: la cadenza canterina è qui più accentuata che in altre conclusioni di canto: cfr. V, 92, 8.

CANTO DECIMO

Esordio: fedeltà di Olimpia e incostanza dei giovani in amore. Bireno si innamora della giovane figlia di Cimosco e abbandona Olimpia su un'isola deserta. Disperazione di Olimpia. Frattanto Ruggiero, dopo aver superato nuove difficoltà e ostacoli, arriva al regno di Logistilla. Alcina, dopo la sconfitta delle sue navi, fugge ed è privata del regno. Melissa, Astolfo e gli altri cavalieri liberati arrivano al regno di Logistilla. Logistilla insegna a Ruggiero il modo di governare l'ippogrifo. Viaggio aereo di Ruggiero dall'isola di Alcina fino in Inghilterra. Presso Londra egli assiste alla rassegna degli eserciti raccolti da Rinaldo. Ruggiero giunge all'isola di Ebuda e scorge Angelica, legata nuda a uno scoglio. Il cavaliere tramortisce l'orca marina per mezzo dello scudo incantato e libera Angelica portandola con sé. Anch'egli s'accende d'amore per la bellissima donna.

1.   Fra quanti amor, fra quante fede al mondo
        mai si trovâr, fra quanti cor constanti,
        fra quante, o per dolente o per iocondo
        stato, fêr prove mai famosi amanti;
        più tosto il primo loco ch'il secondo
        darò ad Olimpia: e se pur non va inanti,

1. – 1. *fede*: fedi, prove di fedeltà. – 3-4. *o per... stato*: nell'avversa o nella prospera sorte. – 6. *e se... inanti*: e se anche non supera tutti. L'intento dell'Ariosto nella seconda parte dell'episodio di Olimpia, che inizia qui dopo la rottura fra i canti, sarà appunto, come dice qui, quello di gareggiare con i modelli latini (soprattutto Ovidio e Catullo, che avevano narrato la storia di Arianna nella X delle *Heroides* e nel Carme LXIV) nel delineare il ritratto della donna devota che diventa «donna abbandonata». L'episodio è tutto letterario e fiorisce «sul fondamento di una consumata esperienza umanistica» (Sapegno), ma proprio in ciò trova il modo di attingere alla qualità di mito ideale, di calma rappresentazione

ben voglio dir che fra gli antiqui e nuovi
maggior de l'amor suo non si ritruovi;

2. e che con tante e con sì chiare note
di questo ha fatto il suo Bireno certo,
che donna più far certo uomo non puote,
quando anco il petto e 'l cor mostrasse aperto.
E s'anime sì fide e sì devote
d'un reciproco amor denno aver merto,
dico ch'Olimpia è degna che non meno,
anzi più che sé ancor, l'ami Bireno:

3. e che non pur non l'abandoni mai
per altra donna, se ben fosse quella
ch'Europa et Asia messe in tanti guai,
o s'altra ha maggior titolo di bella;
ma più tosto che lei, lasci coi rai
del sol l'udita e il gusto e la favella
e la vita e la fama, e s'altra cosa
dire o pensar si può più precïosa.

4. Se Bireno amò lei come ella amato
Bireno avea, se fu sì a lei fedele
come ella a lui, se mai non ha voltato
ad altra via, che a seguir lei, le vele;
o pur s'a tanta servitù fu ingrato,
a tanta fede e a tanto amor crudele,
io vi vo' dire, e far di maraviglia
stringer le labra et inarcar le ciglia.

---

del dolore. Per un'analisi del motivo della «donna abbandonata» (nel quale si
riconoscono non solo la storia di Arianna, ma anche quelle di Medea e di Didone),
cfr. M. A. BALDUCCI, *Il destino di Olimpia e il motivo della «donna abbandonata»*, in
«Italica», LXX (Autumn 1993), pp. 303-27.

2. – 1. *note*: segni. – 6. *merto*: ricompensa.

3. – 2. *quella*: Elena, che fu causa della guerra fra Greci e Troiani. – 4. *titolo di
bella*: cfr. PETRARCA, *Tr. Am.*, I, 135: «Poi vèn colei c'ha 'l titol d'esser bella». – 5-6.
coi rai del sol: con la vista. – 6. *l'udita*: l'udito.

4. – 3-4. *se mai... vele*: se non ha mai rivolto il suo affetto ad altra donna. – 5.
servitù: devozione; cfr. XXXI, I, 4. – 7. *io vi vo' dire*: mette in scena il narratore
(secondo i modelli canterini, adattati però alla nuova realtà cortigiana) che si
rivolge agli ascoltatori, per intrattenerli, attirarne l'attenzione, suscitarne la curiosità; *e far di maraviglia ecc.*: cfr. POLIZIANO, *Stanze*, I, 103, 7-8: «Ciascun sembrar
nel volto meraviglia, Con fronte crespa e rilevate ciglia»; BOIARDO, *Innam.*, II, V,

5.   E poi che nota l'impietà vi fia,
        che di tanta bontà fu a lei mercede,
        donne, alcuna di voi mai più non sia,
        ch'a parole d'amante abbia a dar fede.
        L'amante, per aver quel che desia,
        senza guardar che Dio tutto ode e vede,
        aviluppa promesse e giuramenti,
        che tutti spargon poi per l'aria i venti.

6.   I giuramenti e le promesse vanno
        dai venti in aria disipate e sparse,
        tosto che tratta questi amanti s'hanno
        l'avida sete che gli accese et arse.
        Siate a' prieghi e a' pianti che vi fanno,
        per questo esempio, a credere più scarse.
        Bene è felice quel, donne mie care,
        ch'essere accorto all'altrui spese impare.

7.   Guardatevi da questi che sul fiore
        de' lor begli anni il viso han sì polito;
        che presto nasce in loro e presto muore,
        quasi un foco di paglia, ogni appetito.
        Come segue la lepre il cacciatore
        al freddo, al caldo, alla montagna, al lito,

41, 2-4: «Ed avea preso tanta meraviglia, Che, come fosse dal spirto divisa, Stringea la bocca ed alciava le ciglia».

5. – 1. *fia*: sarà. – 2. *mercede*: ricompensa. – 4. *ch'a parole... fede*: cfr. CATULLO, *Carm.*, LXIV, 143-148: «*Nunc iam nulla viro iuranti femina credat...*». – 7. *aviluppa*: vocabolo caro all'Ariosto comico: cfr. *Cassaria* in prosa, atto II, sc. IV; *Suppositi*, 1625; *Negromante*, 539; e anche *Sat.*, V, 138. – 8. *che... venti*: cfr. CATULLO, *loc. cit.*, 142: «*Quae cuncta aerii discerpunt irrita venti*».

6. – 1-2. *I giuramenti... sparse*: cfr. TIBULLO, *Carm.*, I, 4, 21-22: «*nec iurare time: Veneris periuria venti Inrita per terras et freta summa ferunt*». – 3. *tratta*: tolta. – 6. *scarse*: caute, renitenti; cfr. DANTE, *Purg.*, XIV, 80; *Par.*, XVII, 3. – 7-8. *Bene è felice ecc.*: sentenza latina, usata spesso dai commediografi: «*felix quem faciunt aliena pericula cautum*»; ma anche PETRARCA, *Canz.*, CV, 33: «chè conven ch'altri impare a le sue spese». E si noti quel *donne mie care*, che segna il passaggio a un tono più familiare e malizioso: il preludio sorridente serve già fin d'ora a smorzare i contorni troppo marcati della storia dolorosa di Olimpia.

7. – 2. *polito*: liscio, imberbe; cfr. PETRARCA, *Tr. Am.*, III, 54: «polite guancie». – 3. *che*: poiché. – 4. *un foco di paglia*: per il concetto cfr. SENECA, *Octavia*, 189-91: «*Iuvenilis ardor impetu primo furit, Languescit idem facile nec durat diu In Venere turpi, ceu levis flammae vapor*». – 5. *Come segue ecc.*: cfr. ORAZIO, *Serm.*, I, II, 105-108: «*leporem venator ut alta In nive sectetur, positum sic tangere nolit... meus est amor huic*

né più l'estima poi che presa vede;
e sol dietro a chi fugge affretta il piede:

8.   così fan questi gioveni, che tanto
        che vi mostrate lor dure e proterve,
        v'amano e riveriscono con quanto
        studio de' far chi fedelmente serve;
        ma non sì tosto si potran dar vanto
        de la vittoria, che, di donne, serve
        vi dorrete esser fatte; e da voi tolto
        vedrete il falso amore, e altrove volto.

9.   Non vi vieto per questo (ch'avrei torto)
        che vi lasciate amar; che senza amante
        sareste come inculta vite in orto,
        che non ha palo ove s'appoggi o piante.
        Sol la prima lanugine vi esorto
        tutta a fuggir, volubile e inconstante,
        e côrre i frutti non acerbi e duri,
        ma che non sien però troppo maturi.

10.   Di sopra io vi dicea ch'una figliuola
        del re di Frisa quivi hanno trovata,
        che fia, per quanto n'han mosso parola,
        da Bireno al fratel per moglie data.
        Ma, a dire il vero, esso v'avea la gola;
        che vivanda era troppo delicata:
        e riputato avria cortesia sciocca,
        per darla altrui, levarsela di bocca.

---

similis; nam *Transvolat in medio posita et fugentia captat*». – 7. *presa vede*: la vede
catturata.
   8. – 1-2. *tanto che*: finché. – 6. *donne*: signore, padrone (lat. *domina*, prov. *dom-
pna*; comune nei poeti dei primi secoli).
   9. – 3-4. *come... piante*: cfr. CATULLO, *Carm.*, LXII, 49-58; OVIDIO, *Met.*, XIV,
665-667. – 5. *la prima lanugine*: i giovani di primo pelo; cfr. VIRGILIO, *Aen.*, X, 324:
«*prima lanugine*». – 7. *côrre... duri*: godere l'amore degli uomini maturi ed esperti;
cfr. V, 64, 8.
   10. – 2. *quivi*: a Dordrecht; cfr. IX, 61. – 3. *fia*: sarà; *per... parola*: secondo gli
accordi preliminari; cfr. IX, 88, 1-2. – 5. *v'avea la gola*: ne era avido, la desiderava.
L'immagine della *vivanda* è presa, se pur smorzata e sfumata, dalla poesia burlesca; cfr. PULCI, *Morg.*, IV, 51-53; CIECO, *Mambriano*, V, 23, 4-5. Questi particolari
hanno l'effetto di differenziare nettamente Bireno non solo dai corrispondenti
eroi mitici che erano stati protagonisti delle storie di Arianna, Medea o Didone (e

11.   La damigella non passava ancora
        quattordici anni, et era bella e fresca,
        come rosa che spunti alora alora
        fuor de la buccia e col sol nuovo cresca.
        Non pur di lei Bireno s'inamora,
        ma fuoco mai così non accese esca,
        né se lo pongan l'invide e nimiche
        mani talor ne le mature spiche;

12.   come egli se n'accese immantinente,
        come egli n'arse fin ne le medolle,
        che sopra il padre morto lei dolente
        vide il pianto il bel viso far molle.
        E come suol, se l'acqua fredda sente,
        quella restar che prima al fuoco bolle;
        così l'ardor ch'accese Olimpia, vinto
        dal nuovo successore, in lui fu estinto.

13.   Non pur sazio di lei, ma fastidito
        n'è già così, che può vederla a pena;
        e sì de l'altra acceso ha l'appetito,
        che ne morrà, se troppo in lungo il mena:
        pur fin che giunga il dì ch'ha statuito
        a dar fine al disio, tanto l'affrena,
        che par ch'adori Olimpia, non che l'ami,
        e quel che piace a lei, sol voglia e brami.

che avevano abbandonato le loro donne per motivi alti o per seguire un destino
fatale), ma anche da qualsiasi modello romanzesco e cavalleresco, legato alla
concezione della «cortesia».
    11. – 1-2. *La damigella ecc.*: la giovane età e la freschezza erano i requisiti di
tutte le damigelle nei romanzi cavallereschi; cfr. per es. *Spagna*, XXI, 10, 8: «Al-
dabella è sana e fresca». – 3. *come rosa*: cfr. BOCCACCIO, *Dec.*, II, 7, 32: «bello e fresco
come una rosa». – 4. *buccia*: bocciuolo; cfr. POLIZIANO, *Canz. a ballo*, III, 17: «Quale
scoppiava dalla boccia ancora»; LORENZO, *Corinto*, 172-173: «Altra più giovanetta
si dislega A pena dalla boccia»; *sol nuovo*: la primavera. – 5. *pur*: solamente. –
6. *ma... esca*: ma si accese di lei con la stessa rapida violenza con cui il fuoco si
appiglia all'esca. – 7-8. *né... spiche*: o con la violenza del fuoco posto da mani
invidiose in un campo di grano; cfr. OVIDIO, *Met.*, VI, 455-456.
    12. – 2. *fin ne le medolle*: cfr. VIII, 31, 2. – 3-4. *lei dolente... far molle*: versi pieni
di echi petrarchesche. – 6. *restar*: cessare di bollire. – 7. *Olimpia*: è soggetto di
accese. – 8. *nuovo successore*: il nuovo amore per la figlia di Cimosco; cfr. OVIDIO,
Rem. am., 462: «*Successore novo vincitur omnis amor*».
    13. – 3. *appetito*: desiderio. – 6. *a dar fine al disio*: ad appagare il suo desiderio;
cfr. DANTE, *Par.*, XXXIII, 46-48.

14.   E se accarezza l'altra (che non puote
           far che non l'accarezzi più del dritto),
           non è chi questo in mala parte note;
           anzi a pietade, anzi a bontà gli è ascritto:
           che rilevare un che Fortuna ruote
           talora al fondo, e consolar l'afflitto,
           mai non fu biasmo, ma gloria sovente;
           tanto più una fanciulla, una innocente.

15.   Oh sommo Dio, come i giudicii umani
           spesso offuscati son da un nembo oscuro!
           i modi di Bireno empii e profani,
           pietosi e santi riputati furo.
           I marinari, già messo le mani
           ai remi, e sciolti dal lito sicuro,
           portavan lieti pei salati stagni
           verso Selandia il duca e i suoi compagni.

16.   Già dietro rimasi erano e perduti
           tutti di vista i termini d'Olanda
           (che per non toccar Frisa, più tenuti
           s'eran vêr Scozia alla sinistra banda),
           quando da un vento fur sopravenuti,
           ch'errando in alto mar tre dì li manda.
           Sursero il terzo, già presso alla sera,
           dove inculta e deserta un'isola era.

17.   Tratti che si fûr dentro un picciol seno,
           Olimpia venne in terra; e con diletto
           in compagnia de l'infedel Bireno
           cenò contenta e fuor d'ogni sospetto:
           indi con lui, là dove in loco ameno
           teso era un padiglione, entrò nel letto.

---

14. − 1. *accarezza*: tratta con affetto; cfr. IX, 85, 7; *l'altra*: la figlia di Cimosco. −
2. *più del dritto*: più del conveniente. − 3. *non è... note*: non c'è nessuno che gliene
faccia rimprovero; 5. *rilevare*: aiutare a rialzarsi; *Fortuna*: cfr. VIII, 50, 7-8; *ruote*:
faccia precipitare col giro della sua ruota (lat. *rotare*).
    15. − 1-2. *Oh sommo ecc.*: cfr. I, 7, 2 e anche OVIDIO, *Met.*, VI, 472-473. −
6. *sciolti*: salpati; cfr. IX, 88, 4. − 7. *stagni*: cfr. IX, 59, 2.
    16. − 2. *i termini*: il litorale. − 5. *sopravenuti*: colti. − 6. *errando... manda*: li
costringe ad errare. − 7. *Sursero*: approdarono; cfr. IV, 51, 5.
    17. − 4. *fuor... sospetto*: cfr. DANTE, *Inf.*, V, 129.

Tutti gli altri compagni ritornaro,
e sopra i legni lor si riposaro.

18.   Il travaglio del mare e la paura
       che tenuta alcun dì l'aveano desta,
       il ritrovarsi al lito ora sicura,
       lontana da rumor ne la foresta,
       e che nessun pensier, nessuna cura,
       poi che 'l suo amante ha seco, la molesta;
       fur cagion ch'ebbe Olimpia sì gran sonno,
       che gli orsi e i ghiri aver maggior nol ponno.

19.   Il falso amante che i pensati inganni
       veggiar facean, come dormir lei sente,
       pian piano esce del letto, e de' suoi panni
       fatto un fastel, non si veste altrimente;
       e lascia il padiglione; e come i vanni
       nati gli sian, rivola alla sua gente,
       e li risveglia; e senza udirsi un grido,
       fa entrar ne l'alto e abandonare il lido.

20.   Rimase a dietro il lido e la meschina
       Olimpia, che dormì senza destarse,
       fin che l'Aurora la gelata brina
       da le dorate ruote in terra sparse,
       e s'udîr le Alcïone alla marina
       de l'antico infortunio lamentarse.
       Né desta né dormendo, ella la mano
       per Bireno abbracciar stese, ma invano.

       18. − 1. *Il travaglio del mare*: il mare in burrasca. Queste ottave 18 e 19 seguo-
no abbastanza da vicino CATULLO, *Carm.*, LXIV, 116-123.
       19. − 1. *i pensati inganni*: il tradimento meditato. − 4. *altrimente*: affatto. −
5-6. *e come... sian*: e come se gli fossero spuntate le ali. − 8. *ne l'alto*: in alto mare
(lat.).
       20. − 3-4. *la gelata... sparse*: le stanze 20-22 sono tradotte letteralmente da
OVIDIO, *Her.*, X, 7-24, là dove racconta la storia di Arianna: «*Tèmpus erat,
vitrea quo primum terra pruina Spargitur...*» L'immagine del cocchio dorato
dell'Aurora (cfr. XXV, 18, 5 e anche XII, 68, 3-4) è però un'aggiunta dell'Ariosto. − 5. *le Alcïone*: uccelli marini. Secondo il mito, Alcione, moglie di Ceice,
re di Troia, si gettò in mare da una rupe quando vide il corpo del marito,
morto per naufragio: furono entrambi mutati in uccelli (cfr. OVIDIO, *Met.*, XI,
410 segg.).

21.   Nessuno truova: a sé la man ritira:
       di nuovo tenta, e pur nessuno truova.
       Di qua l'un braccio, e di là l'altro gira;
       or l'una, or l'altra gamba; e nulla giova.
       Caccia il sonno il timor: gli occhi apre, e mira:
       non vede alcuno. Or già non scalda e cova
       più le vedove piume, ma si getta
       del letto e fuor del padiglione in fretta:

22.   e corre al mar, graffiandosi le gote,
       presaga e certa ormai di sua fortuna.
       Si straccia i crini, e il petto si percuote,
       e va guardando (che splendea la luna)
       se veder cosa, fuor che 'l lito, puote;
       né, fuor che 'l lito, vede cosa alcuna.
       Bireno chiama: e al nome di Bireno
       rispondean gli Antri che pietà n'avieno.

23.   Quivi surgea nel lito estremo un sasso,
       ch'aveano l'onde, col picchiar frequente,
       cavo e ridutto a guisa d'arco al basso;
       e stava sopra il mar curvo e pendente.
       Olimpia in cima vi salì a gran passo
       (così la facea l'animo possente),
       e di lontano le gonfiate vele
       vide fuggir del suo signor crudele:

21. – 1-2. *Nessuno truova ecc.*: cfr. OVIDIO, *loc. cit.*, 11-12: «*Nullus erat. Referoque manus iterumque retempto Perque torum moveo bracchia; nullus erat*»; anche la costruzione sintattica è analoga. – 7. *vedove piume*: il letto abbandonato dal marito; in OVIDIO, *loc. cit.*, 14: «*viduo toro*».

22. – 1. *graffiandosi ecc.*: cfr. n. a V, 60, 1-4. – 2. *fortuna*: destino. – 4. *splendea la luna*: la pennellata paesistica, come altre che seguiranno, contribuisce ad attenuare la tensione dell'episodio. – 7. *Bireno... Bireno*: cfr. POLIZIANO, *Stanze*, I, 62, 7-8: «Le lunghe voci ripercosse abondono; E 'Iulio, Iulio' le valli rispondono»; 106, 7: «'Europa', suona il lito, 'Europa, riedi'». – 8. *Antri*: sono personificati; non molto diversamente in OVIDIO, *loc. cit.*, 22: «*Reddebant nomen concava saxa tuum*».

23. – 1-4. *un sasso ecc.*: l'immagine deriva in parte dal solito luogo di OVIDIO (v. 26): «*Hinc scopulus raucis pendet adesus aquis*»; e in parte da un altro luogo dello stesso poeta (*Met.*, IV, 525-528): «*Imminet aequoribus scopulus; pars ima cavatur Fluctibus...*»; ma l'ottava si tiene stretta per l'argomento al modello catulliano: *Carm.*, LXIV, 126-127. – 6. *l'animo*: la disperazione; cfr. OVIDIO, *loc. cit.*, 27: «*vires animus dabat*». Si noti la frequenza degli incisi, che rallentano il ritmo e la tensione dell'eloquente racconto. – 7-8. *vele... crudele*: le rime rimandano, con voluto contrasto, al veleggiare «fedele» di Orlando; cfr. IX, 91, 7-8. Per la scena, cfr. quella

24.   vide lontano, o le parve vedere;
        che l'aria chiara ancor non era molto.
        Tutta tremante si lasciò cadere,
        più bianca e più che nieve fredda in volto;
        ma poi che di levarsi ebbe potere,
        al camin de le navi il grido volto,
        chiamò, quanto potea chiamar più forte,
        più volte il nome del crudel consorte:

25.   e dove non potea la debil voce,
        supliva il pianto e 'l batter palma a palma.
        – Dove fuggi, crudel, così veloce?
        Non ha il tuo legno la debita salma.
        Fa che lievi me ancor: poco gli nuoce
        che porti il corpo, poi che porta l'alma. –
        E con le braccia e con le vesti segno
        fa tuttavia, perché ritorni il legno.

26.   Ma i venti che portavano le vele
        per l'alto mar di quel giovene infido,
        portavano anco i prieghi e le querele
        de l'infelice Olimpia, e 'l pianto e 'l grido;
        la qual tre volte, a se stessa crudele,
        per affogarsi si spiccò dal lido:
        pur al fin si levò da mirar l'acque,
        e ritornò dove la notte giacque.

di Alcione in OVIDIO, *Met.*, XI, 468-70: «*Dum licet insequitur fugientem lumine pinum; Haec quoque ut haud poterat, spatio submota, videri Vela tamen spectat summo fluitantia malo*» e qui XLI, 34, 7-8.
    24. – 1. *vide... vedere*: cfr. CATULLO, *Carm.*, LXIV, 55: «*Necdum etiam sese quae visit visere credit*» e OVIDIO, *Her.*, X, 33: «*Aut vidi Aut fuerant quae me vidisse putarem*». – 4. *più bianca... volto*: cfr. OVIDIO, *Her.*, X, 34: «*frigidor glacie semianimisque fui*»; PETRARCA, *Canz.*, XXX, 2: «vidi più biancha e più fredda che neve». – 6. *al camin de le navi*: nella direzione presa dalle navi.
    25. – 1-2. *e dove... palma*: cfr. OVIDIO, *Her.*, X, 39-40: «*quod voci deerat, plangore replebam; Verbera cum verbis mixta fuere meis*». – 4. *la debita salma*: il carico che dovrebbe portare; cfr. OVIDIO, *loc. cit.*, 35-36: «*Quo fugis?... Flecte ratem. Numerum non habet illa suum*». – 5. *lievi*: imbarchi.
    26. – 1. *Ma... vele*: variazione di un verso petrarchesco (*Canz.*, CCLXVII, 14): «ma 'l vento ne portava le parole», che va confrontato con OVIDIO, *Met.*, VIII, 134-135: «*an inania venti Verba ferunt, idemque tuas, ingrate, carinas?*». – 3. *portavano*: disperdevano; *querele*: lamenti (lat.). – 5. *si spiccò dal lido*: fu sul punto di gettarsi nel mare. – 6. *a se stessa crudele*: il suicidio era stato lo sbocco tragico della vicenda di altre donne abbandonate, come Didone. – 7. *si levò*: si distolse.

27.   E con la faccia in giù stesa sul letto,
        bagnandolo di pianto, dicea lui:
        – Iersera desti insieme a dui ricetto;
        perché insieme al levar non siamo dui?
        O perfido Bireno, o maladetto
        giorno ch'al mondo generata fui!
        Che debbo far? che poss'io far qui sola?
        chi mi dà aiuto? ohimè, chi mi consola?

28.   Uomo non veggio qui, non ci veggio opra
        donde io possa stimar ch'uomo qui sia;
        nave non veggio, a cui salendo sopra,
        speri allo scampo mio ritrovar via.
        Di disagio morrò; né che mi cuopra
        gli occhi sarà, né chi sepolcro dia,
        se forse in ventre lor non me lo danno
        i lupi, ohimè, ch'in queste selve stanno.

29.   Io sto in sospetto, e già di veder parmi
        di questi boschi orsi o leoni uscire,
        o tigri o fiere tal, che natura armi
        d'aguzzi denti e d'ugne da ferire.
        Ma quai fere crudel potriano farmi,
        fera crudel, peggio di te morire?
        darmi una morte, so, lor parrà assai;
        e tu di mille, ohimè, morir mi fai.

30.   Ma presupongo ancor ch'or ora arrivi
        nochier che per pietà di qui mi porti;

---

27. – 2. *lui*: a lui, al letto. – 3-4. *Iersera ecc.*: cfr. OVIDIO, *loc. cit.*, 55-58. – 7. *Che debbo far?*: cfr. I, 41, 3; oltre al luogo cit. ovidiano, cfr. CATULLO, *Carm.*, LXIV, 177 segg.: «*Nam quo me referam...*» e VIRGILIO, *Aen.*, IV, 584 segg.
28. – 1. *opra*: segno di lavoro umano; cfr. OVIDIO, *loc. cit.*, 60: «*Non hominum video, non ego facta boum*». – 5-6. *né che... sarà*: cfr. OVIDIO, *ibid.*, 120: «*Nec, mea qui digitis lumina condat, erit*».
29. – 1. *sto in sospetto*: temo. – *di veder parmi ecc.*: cfr. OVIDIO, *loc. cit.*, 83-85. – 5-6. *Ma quai... morire*: cfr. OVIDIO, *loc. cit.*, 1: «*Mitius iuveni quam te genus omne ferarum*»; il verso era già stato tradotto dal Poliziano, sempre a proposito di Arianna, in *Stanze*, I, 110, 7-8: «Ogni fera di te meno è crudele, Ognun di te più mi saria fedele». – 8. *di mille*: è iperbole petrarchesca; cfr. *Canz.*, XLIV, 12: «mi vedete straziare a mille morti».
30. – 1. *presupongo ancor*: ammesso anche; le capacità «loiche» di Olimpia (cfr. n. a IX, 23, 7) non vengono meno neppure qui, ma stonano un poco nella nuova atmosfera morbida ed elegiaca, creata sui presupposti dei modelli latini. –

e così lupi, orsi, leoni schivi,
strazi, disagi et altre orribil morti:
mi porterà forse in Olanda, s'ivi
per te si guardan le fortezze e i porti?
mi porterà alla terra ove son nata,
se tu con fraude già me l'hai levata?

31. Tu m'hai lo stato mio, sotto pretesto
di parentado e d'amicizia, tolto.
Ben fosti a porvi le tue genti presto,
per aver il dominio a te rivolto.
Tornerò in Fiandra? ove ho venduto il resto
di che io vivea, ben che non fossi molto,
per sovenirti e di prigione trarte.
Mischina! dove andrò? non so in qual parte.

32. Debbo forse ire in Frisa, ove io potei,
e per te non vi vòlsi esser regina?
il che del padre e dei fratelli miei
e d'ogn'altro mio ben fu la ruina.
Quel c'ho fatto per te non ti vorrei,
ingrato, improverar, né disciplina
dartene; che non men di me lo sai:
or ecco il guiderdon che me ne dai.

33. Deh, pur che da color che vanno in corso
io non sia presa, e poi venduta schiava!
Prima che questo, il lupo, il leon, l'orso
venga, e la tigre e ogn'altra fera brava,
di cui l'ugna mi stracci, e franga il morso;
e morta mi strascini alla sua cava. –
Così dicendo, le mani si caccia
ne' capei d'oro, e a chiocca a chiocca straccia.

---

3. *schivi*: io eviti. – 6. *per te si guardan*: sono custoditi in nome tuo; cfr. IX, 86, 5.
    31. – 3. *presto*: sollecito. – 4. *a te rivolto*: trasferito nelle tue mani; oppure: a te ubbidiente. – 6. *fossi*: fosse. – 7. *sovenirti*: venirti in aiuto.
    32. – 1-2. *potei... esser regina*: avrei potuto, sposando Arbante, diventare regina. – 6-7. *disciplina dartene*: fartene una colpa, sì che tu ne potessi trarre una lezione. – 8. *il guiderdon*: la ricompensa.
    33. – 1. *color che vanno in corso*: i corsari; cfr. BOCCACCIO, *Decam.*, VIII, 9, 1 e 30. – 2. *presa... schiava*: cfr. OVIDIO, *loc. cit.*, 89: «*Tantum ne religer dura captiva catena*». – 4. *brava*: selvaggia e feroce; cfr. PULCI, *Morg.*, XV, 32, 8. – 6. *cava*: tana. – 8. *ne' capei d'oro*: cfr. V, 60, 1-4; *chiocca*: ciocca (dial.).

34.   Corre di nuovo in su l'estrema sabbia,
        e ruota il capo e sparge all'aria il crine;
        e sembra forsennata, e ch'adosso abbia
        non un demonio sol, ma le decine;
        o, qual Ecuba, sia conversa in rabbia,
        vistosi morto Polidoro al fine.
        Or si ferma s'un sasso, e guarda il mare;
        né men d'un vero sasso, un sasso pare.

35.   Ma lasciànla doler fin ch'io ritorno,
        per voler di Ruggier dirvi pur anco,
        che nel più intenso ardor del mezzo giorno
        cavalca il lito, affaticato e stanco.
        Percuote il sol nel colle e fa ritorno:
        di sotto bolle il sabbion trito e bianco.
        Mancava all'arme ch'avea indosso, poco
        ad esser, come già, tutte di fuoco.

36.   Mentre la sete, e de l'andar fatica
        per l'alta sabbia, e la solinga via
        gli facean, lungo quella spiaggia aprica,
        noiosa e dispiacevol compagnia;
        trovò ch'all'ombra d'una torre antica
        che fuor de l'onde appresso il lito uscia,

---

34. – 2. *ruota il capo*: agita il capo, con la mimica propria della disperazione.
– 5. *Ecuba*: regina di Troia che, quando l'ultimo suo figlio, Polidoro, fu trucidato dai Greci vincitori, impazzì e fu tramutata in cagna; cfr. OVIDIO, *Met.*, XIII, 399-575; DANTE, *Inf.*, XXX, 13-21; *conversa in rabbia*: trasformata in cagna rabbiosa; oppure: messa in uno stato di furore (lat. *in furorem verti*). – 8. *un sasso pare*: cfr. OVIDIO, *Her.*, X, 49-50: «*Aut mare prospiciens in saxo frigida sedi, Quamque lapis sedes, tam lapis ipsa fui*»; e anche PETRARCA, *Canz.*, XXIII, 79-80: «fecemi, oimè lasso, D'un quasi vivo et sbigottito sasso»; CXXIX, 51: «Me freddo, pietra morta in pietra viva». M. A. BALDUCCI nell'art. cit., p. 309, avverte qui, nel tema della pietrificazione, oltre a un forte contenuto simbolico, anche l'eco di eroine antiche punite per eccesso, come Niobe. Lo stesso motivo era già in VIII, 39, 7-8.

35. – 1. *lasciànla doler*: cfr. II, 30, 7-8 e nel caso specifico CIECO, *Mambriano*, VIII, 11, 1-2: «Lasciàn costei che si lamenta e duole, E ritorniamo un poco ai duo cugini»; *ritorno*: tornerò a riprendere questa storia; cfr. XI, 33 segg. – 2. *per voler*: perché voglio. – 3-4. *che... cavalca*: cfr. VIII, 21. – 5. *fa ritorno*: si riflette; cfr. VIII, 20, 1-4. – 6. *trito*: minuto, fine. I due versi derivano da una contaminazione di versi petrarcheschi: *Canz.*, CLXII, 7: «ombrose selve ove percote il sole» e XXIV, 9-10: «chè non bolle la polver d'Ethïopia Sotto 'l più ardente sol...». – 8. *come già*: come già furono quando il fabbro le foggiò.

36. – 2. *la solinga via*: come il precedente *sabbion* fa pensare a paesaggi danteschi (*Inf.*, XIV, 28; *Purg.*, I, 118; X, 20-21); più che naturale, del resto, data la consistenza allegorica dell'episodio. – 3. *aprica*: assolata; cfr. VII, 34, 3. – 6. *uscia*:

de la corte d'Alcina eran tre donne,
che le conobbe ai gesti et alle gonne.

37.   Corcate su tapeti allessandrini
        godeansi il fresco rezzo in gran diletto,
        fra molti vasi di diversi vini
        e d'ogni buona sorte di confetto.
        Presso alla spiaggia, coi flutti marini
        scherzando, le aspettava un lor legnetto
        fin che la vela empiesse agevol òra;
        ch'un fiato pur non ne spirava allora.

38.   Queste, ch'andar per la non ferma sabbia
        vider Ruggiero al suo vïaggio dritto,
        che sculta avea la sete in su le labbia,
        tutto pien di sudore il viso afflitto,
        gli cominciaro a dir che sì non abbia
        il cor voluntaroso al camin fitto,
        ch'alla fresca e dolce ombra non si pieghi,
        e ristorar lo stanco corpo nieghi.

39.   E di lor una s'accostò al cavallo
        per la staffa tener, che ne scendesse;
        l'altra con una coppa di cristallo
        di vin spumante, più sete gli messe:
        ma Ruggiero a quel suon non entrò in ballo;
        perché d'ogni tardar che fatto avesse,
        tempo di giunger dato avria ad Alcina,
        che venìa dietro et era ormai vicina.

si ergeva. – 8. *tre donne*: allegoricamente le tentazioni che mettono alla prova chi
sia indirizzato sulla via della virtù.
        37. – 1. *allessandrini*: fabbricati ad Alessandria, riccamente preziosi. –
4. *confetto*: paste dolci; cfr. VII, 23, 1. – 6. *legnetto*: piccola nave. – 7. *agevol òra*:
un venticello soave e propizio; *òra* per «aura» in DANTE, *Purg.*, I, 115, e in
più luoghi del Petrarca; *agevol* in POLIZIANO, *Orfeo*, 87: «un ventolino agevole».
        38. – 1. *non ferma*: mobile. – 3. *sculta*: impressa, evidente. – 4. *afflitto*: stanco.
– 6. *il cor... fitto*: il cuore tanto volonteroso e tanto intento al cammino. – 7. *si
pieghi*: si lasci attrarre dall'invito.
        39. – 2. *la staffa tener*: atto di cortesia. – 5. *non entrò in ballo*: non cedette
all'invito; espressione popolaresca, cfr. anche PULCI, *Morg.*, XI, 32, 6: «né poté far
non entrassi nel ballo».

40.   Non così fin salnitro e zolfo puro,
         tocco dal fuoco, subito s'avampa;
         né così freme il mar quando l'oscuro
         turbo discende e in mezzo se gli accampa:
         come, vedendo che Ruggier sicuro
         al suo dritto camin l'arena stampa,
         e che le sprezza (e pur si tenean belle),
         d'ira arse e di furor la terza d'elle.

41.   – Tu non sei né gentil né cavalliero
         (dice gridando quanto può più forte),
         et hai rubate l'arme; e quel destriero
         non saria tuo per veruna altra sorte:
         e così, come ben m'appongo al vero,
         ti vedessi punir di degna morte;
         che fossi fatto in quarti, arso o impiccato,
         brutto ladron, villan, superbo, ingrato. –

42.   Oltr'a queste e molt'altre ingiurïose
         parole che gli usò la donna altiera,
         ancor che mai Ruggier non le rispose,
         che de sì vil tenzon poco onor spera;
         con le sorelle tosto ella si pose
         sul legno in mar, che al loro servigio v'era:
         et affrettando i remi, lo seguiva,
         vedendol tuttavia dietro alla riva.

40. – 1. *salnitro... zolfo*: la polvere da sparo; cfr. IX, 78, 4. – 3. *freme*: cfr.
PETRARCA, *Tr. Pud.*, 112: «non freme così 'l mar quando s'adira»; BOIARDO,
Innam., I, III, 2, 4-5: «Quanto non gonfia il tempestoso mare Alor che più dal
vento è travagliato». – 4. *turbo*: turbine, tempesta; cfr. DANTE, *Inf.*, III, 30; *se gli
accampa*: vi scende a sconvolgerlo tutto. La serie di rime *accampa:stampa:av-
vampa* già in DANTE, *Purg.*, VIII, 80-84. – 6. *stampa*: percorre, lasciando le sue
orme; cfr. DANTE, *Inf.*, XVI, 40: «l'arena trita»; PETRARCA, *Canz.*, XXXV, 4:
«l'arena stampi».
    41. – 4. *per... sorte*: in nessun altro modo, se non avendolo rubato. – 5. *come...
vero*: e sono ben sicura di indovinare la verità; cfr. XIII, 34, 3; XLV, 50, 4. –
7. *fatto in quarti*: squartato. – 8. *brutto... ingrato*: la serie di ingiurie era della
tradizione canterina: cfr. SPAGNA, III, 2: «malvagio traditor, can rinegato»;
PULCI, *Morg.*, XIV, 7, 1-8; BOIARDO, *Innam.*, I, IX, 7, 1: «Traditor, crudo, perfido,
ribaldo».
    42. – 2. *gli usò*: gli rivolse. – 7. *affrettando*: spingendo in fretta. – 8. *dietro alla
riva*: andare lungo la riva.

43.
Minaccia sempre, maledice e incarca;
che l'onte sa trovar per ogni punto.
Intanto a quello stretto, onde si varca
alla fata più bella, è Ruggier giunto;
dove un vecchio nochiero una sua barca
scieglier da l'altra ripa vede, a punto
come, avisato e già provisto, quivi
si stia aspettando che Ruggiero arrivi.

44.
Scioglie il nochier, come venir lo vede,
di trasportarlo a miglior ripa lieto;
che, se la faccia può del cor dar fede,
tutto benigno e tutto era discreto.
Pose Ruggier sopra il navilio il piede,
Dio ringraziando; e per lo mar quïeto
ragionando venìa col galeotto,
saggio e di lunga esperïenza dotto.

45.
Quel lodava Ruggier, che sì se avesse
saputo a tempo tôr da Alcina, e inanti
che 'l calice incantato ella gli desse,
ch'avea al fin dato a tutti gli altri amanti;
e poi, che a Logistilla si traesse,
dove veder potria costumi santi,
bellezza eterna et infinita grazia
che 'l cor notrisce e pasce, e mai non sazia.

---

43. – 1. *incarca*: carica di ingiurie; cfr. *Innam.*, II, XI, 12, 5-6: «incarca De biasmi»; *Mambriano*, XLIV, 10, 1-2: «incarca Con parole aspre». – 2. *l'onte... punto*: sa escogitare ingiurie per ferirlo in ogni punto debole. – 3. *onde si varca*: attraverso cui si passa. L'immagine è petrarchesca; cfr. *Canz.*, XXVIII, 6-8: «a Dio diletta, obediente ancella, Onde al suo regno di qua giù si varca, Ecco novellamente a la tua barca». – 4. *fata più bella*: Logistilla; cfr. VI, 43, 3. – 7. *provisto*: pronto.

44. – 1. *Scioglie*: salpa; cfr. IX, 88, 4. – 3. *se la... fede*: cfr. DANTE, *Vita nova*, XV, 5: «lo viso mostra lo dolor del core»; *Purg.*, XXVIII, 44-45: «sembianti Che soglion esser testimon del core». – 4. *discreto*: cordiale, misuratamente affabile. – 7. *galeotto*: nocchiero. – 8. *di lunga*: per lunga.

45. – 8. *'l cor... sazia*: i beni spirituali non producono mai sazietà; cfr. DANTE, *Purg.*, XXI, 1; *Par.*, II, 11-12: «pan degli angeli, del quale Vivesi qui ma non sen vien satollo»; PETRARCA, *Canz.*, CXXX, 5; CCCXLII, 2: «lagrime e doglia, il cor lasso nudrisco».

46.   – Costei (dicea) stupore e riverenza
        induce all'alma, ove si scuopre prima.
        Contempla meglio poi l'alta presenza:
        ogn'altro ben ti par di poca stima.
        Il suo amore ha dagli altri differenza:
        speme o timor negli altri il cor ti lima;
        in questo il desiderio più non chiede,
        e contento riman come la vede.

47.   Ella t'insegnerà studii più grati,
        che suoni, danze, odori, bagni e cibi;
        ma come i pensier tuoi meglio formati
        poggin più ad alto che per l'aria i nibi,
        e come de la gloria de' beati
        nel mortal corpo parte si delibi. –
        Così parlando il marinar veniva,
        lontano ancora alla sicura riva;

48.   quando vide scoprire alla marina
        molti navili, e tutti alla sua volta.
        Con quei ne vien l'ingiurïata Alcina;
        e molta di sua gente have raccolta
        per por lo stato e se stessa in ruina,
        o racquistar la cara cosa tolta.
        E bene è amor di ciò cagion non lieve,
        ma l'ingiuria non men che ne riceve.

49.   Ella non ebbe sdegno, da che nacque,
        di questo il maggior mai, ch'ora la rode;
        onde fa i remi sì affrettar per l'acque,
        che la spuma ne sparge ambe le prode.

---

46. – 2. *ove... prima*: non appena (lat. *ubi primum*) la si scopre. – 3. *Contempla... presenza*: quando tu poi abbia contemplato il suo nobile aspetto. – 5. *Il suo amore ecc.*: l'amore della virtù è diverso da ogni altro amore. – 6. *lima*: consuma; cfr. I, 2, 6. – 7. *in questo ecc.*: quando si ama la virtù non si desidera altro.

47. – 1. *studii*: occupazioni. – 2. *odori*: profumi. – 3. *ma come*: ma ti insegnerò come; *meglio formati*: informati alla virtù; – 4. *poggin*: si innalzino; *nibi*: nibbi, avvoltoi. – 5-6. *e come... delibi*: e come si possa ancor vivi pregustare almeno in parte la beatitudine celeste (*delibi* è latinismo petrachesco e corrisponde anche al *prelibare* di DANTE, *Par.*, XXIV, 4). – 8. *alla... riva*: alla riva sicura del regno di Logistilla.

48. – 1. *scoprire*: cfr. IX, 59, 3; *alla marina*: sul mare. – 2. *tutti... volta*: tutti diretti verso la barca in cui sta Ruggiero. – 6. *cara cosa*: Ruggiero. – 7. *E bene ecc.*: Alcina è spinta dall'amore ferito e ancor più dal desiderio di vendetta.

49. – 2. *rode*: tormenta. – 4. *la spuma... prode*: la spuma si sparge su entrambe

Al gran rumor né mar né ripa tacque,
et Ecco risonar per tutto s'ode.
– Scuopre, Ruggier, lo scudo, che bisogna;
se non, sei morto, o preso con vergogna. –

50.   Così disse il nocchier di Logistilla;
et oltre il detto, egli medesmo prese
la tasca e da lo scudo dipartilla,
e fe' il lume di quel chiaro e palese.
L'incantato splendor che ne sfavilla,
gli occhi degli aversari così offese,
che li fe' restar ciechi allora allora,
e cader chi da poppa e chi da prora.

51.   Un ch'era alla veletta in su la ròcca,
de l'armata d'Alcina si fu accorto;
e la campana martellando tocca,
onde il soccorso vien subito al porto.
L'artegliaria, come tempesta, fiocca
contra chi vuole al buon Ruggier far torto:
sì che gli venne d'ogni parte aita,
tal che salvò la libertà e la vita.

52.   Giunte son quattro donne in su la spiaggia,
che subito ha mandate Logistilla:
la valorosa Andronica e la saggia
Fronesia e l'onestissima Dicilla
e Sofrosina casta, che, come aggia
quivi a far più che l'altre, arde e sfavilla.

le rive dello *stretto* (X, 43, 3); l'iperbole è di origine virgiliana (*Aen.*, V, 140-143; VIII, 689-690): «*Una omnes ruere, ac totum spumare reductis Convolsum remis rostrisque tridentibus aequor*». – 6. *Ecco:* Eco, ninfa figlia dell'Aria e della Terra, spregiata amante di Narciso; alla sua morte fu tramutata in rupe e rimase di lei la voce vagante; cfr. OVIDIO, *Met.*, III, 358 segg.; la grafia con la consonante doppia era normale: cfr. PULCI, *Morg.*, XIV, 9, 6; POLIZIANO, *Stanze*, I, 60, 5. – 7. *Scuopre:* scopri.
    50. – 3. *tasca:* fodera. – 7. *allora allora:* all'istante.
    51. – 1. *alla veletta:* di vedetta, di guardia; *la ròcca:* di Logistilla. – 5. *L'artegliaria:* le macchine da guerra per lanciare proiettili.
    52. – 1. *quattro donne:* simboleggiano le quattro virtù cardinali. – 3. *Andronica:* la fortezza (gr. *Andria*). – 4. *Fronesia:* la prudenza (gr. *Phronésis*); *Dicilla:* la giustizia (gr. *Dike*). – 5. *Sofrosina:* la temperanza (gr. *Sophrosyne*). Del suo aiuto Ruggiero ha

L'esercito ch'al mondo è senza pare,
del castello esce, e si distende al mare.

53. Sotto il castel ne la tranquilla foce
di molti e grossi legni era una armata,
ad un botto di squilla, ad una voce
giorno e notte a battaglia apparecchiata.
E così fu la pugna aspra et atroce,
e per acqua e per terra, incominciata;
per cui fu il regno sottosopra volto,
ch'avea già Alcina alla sorella tolto.

54. Oh di quante battaglie il fin successe
diverso a quel che si credette inante!
Non sol ch'Alcina alor non rïavesse,
come stimossi, il fugitivo amante;
ma de le navi che pur dianzi spesse
fur sì, ch'a pena il mar ne capia tante,
fuor de la fiamma che tutt'altre avampa,
con un legnetto sol misera scampa.

55. Fuggesi Alcina, e sua misera gente
arsa e presa riman, rotta e sommersa.
D'aver Ruggier perduto ella si sente
via più doler che d'altra cosa aversa:
notte e dì per lui geme amaramente,
e lacrime per lui dagli occhi versa;
e per dar fine a tanto aspro martìre,
spesso si duol di non poter morire.

più bisogno (*come aggia Quivi a far più che l'altra*: vv. 5-6) per combattere Alcina,
che rappresenta l'intemperanza. – 8. *al mare*: lungo la spiaggia.
  53. – 1. *foce*: l'imboccatura del porto (cfr. VIII, 57, 7). – 3. *squilla*: campana. –
5. *la pugna aspra et atroce*: cfr. le locuzioni lat. *pugna aspera*, *atrox pugna*. L'incongruenza con quanto è raccontato nella st. 50 ha poca importanza e non è necessario pensare che Ruggiero abbia nel frattempo coperto lo scudo. Piuttosto è da
notare come l'Ariosto «sia tutto intento a tradurre il concetto astratto della lotta
tra la virtù e il vizio in una scena plastica e pittorica di vigorosa efficacia descrit-
tiva» (Sapegno). – 7. *sottosopra volto*: cfr. VIII, 63, 6.
  54. – 1. *successe*: riuscì. – 3. *Non sol*: in questo caso avvenne non solo. –
6. *capia*: conteneva. – 7. *tutt'altre*: tutte le altre. – 8. *un legnetto*: fa pensare alla «*vix
una sospes navis ab ignibus*» di Cleopatra (ORAZIO, *Carm.*, I, 37, 12).
  55. – 6. *lacrime... versa*: cfr. PETRARCA, *Canz.*, XXIX, 29: «Lagrime dunque che
dagli occhi versi».

56. Morir non puote alcuna fata mai,
     fin che 'l sol gira, o il ciel non muta stilo.
     Se ciò non fosse, era il dolore assai
     per muover Cloto ad inasparle il filo;
     o, qual Didon, finia col ferro i guai,
     o la regina splendida del Nilo
     avria imitata con mortifer sonno:
     ma le fate morir sempre non ponno.

57. Torniamo a quel di eterna gloria degno
     Ruggiero; e Alcina stia ne la sua pena.
     Dico di lui, che poi che fuor del legno
     si fu condutto in più sicura arena,
     Dio ringraziando che tutto il disegno
     gli era successo, al mar voltò la schena;
     et affrettando per l'asciutto il piede,
     alla ròcca ne va che quivi siede.

58. Né la più forte ancor né la più bella
     mai vide occhio mortal prima né dopo.
     Son di più prezzo le mura di quella,
     che se diamante fossino o piropo.
     Di tai gemme qua giù non si favella:
     et a chi vuol notizia averne, è d'uopo
     che vada quivi; che non credo altrove,
     se non forse su in ciel, se ne ritruove.

56. – 1. *Morir ecc.*: cfr. BOIARDO, *Innam.*, II, XXVI, 15, 1: «Perché una fata non può morir mai». – 2. *stilo*: stile, modo di girare. Il termine e l'immagine erano in Dante (*Inf.*, I, 87; *Purg.*, XXIV, 62; *Par.*, XXIV, 61) e in Petrarca (*Canz.*, CCCXXXIX, 12; *Tr. Mort.*, I, 135). – 3-4. *assai... filo*: abbastanza per indurre Cloto, una delle tre Parche (cfr. XXXIV, 88-92), a fare in fretta matassa del filo della vita di Alcina, cioè a farla morire; cfr. PETRARCA, *Canz.*, CCX, 6: «qual Parca l'innaspe?». – 5. *Didon*: regina di Cartagine, che s'uccise perché abbandonata da Enea. – 6. *la regina*: Cleopatra, che si fece mordere da un serpente velenoso. – 8. *sempre*: sempre che vogliono, quando a lor piaccia.

57. – 1. *Torniamo a quel*: cfr. n. a II, 30, 7-8. – 2. *e Alcina... pena*: cfr. X, 35, 1. – 4. *in più sicura arena*: opposta allegoricamente alla *non ferma sabbia di* X, 38, 1. – 6. *successo*: riuscito. – 8. *siede*: sta.

58. – 3. *di più prezzo*: più preziose. – 4. *piropo*: carbonchio; cfr. II, 56, 1; al carbonchio si attribuiva una luminosità portentosa nei lapidari medievali. – 5. *qua giù*: dalle nostre parti (rivolto agli ascoltatori). – 8. *se non... in ciel*: allusione alla perfezione assoluta della Ragione eterna.

59.   Quel che più fa che lor si inchina e cede
         ogn'altra gemma, è che, mirando in esse,
         l'uom sin in mezzo all'anima si vede;
         vede suoi vizii e sue virtudi espresse,
         sì che a lusinghe poi di sé non crede,
         né a chi dar biasmo a torto gli volesse:
         fassi, mirando allo specchio lucente
         se stesso, conoscendosi, prudente.

60.   Il chiaro lume lor, ch'imita il sole,
         manda splendore in tanta copia intorno,
         che chi l'ha ovunque sia, sempre che vuole,
         Febo, mal grado tuo, si può far giorno.
         Né mirabil vi son le pietre sole;
         ma la materia e l'artificio adorno
         contendon sì, che mal giudicar puossi
         qual de le due eccellenze maggior fossi.

61.   Sopra gli altissimi archi, che puntelli
         parean che del ciel fossino a vederli,
         eran giardin sì spazïosi e belli,
         che saria al piano anco fatica averli.
         Verdeggiar gli odoriferi arbuscelli
         si puon veder fra i luminosi merli,
         ch'adorni son l'estate e il verno tutti
         di vaghi fiori e di maturi frutti.

62.   Di così nobili arbori non suole
         prodursi fuor di questi bei giardini,

59. – 1. *lor si inchina:* risulti a loro inferiore. – 4. *espresse:* manifeste. – 5. *a lusinghe... di sé:* a chi gli rivolga delle lusinghe. – 7-8. *fassi... prudente:* guardandosi nello specchio, e conoscendosi, diventa saggio.
60. – 1-2. *Il chiaro lume... intorno:* cfr. PETRARCA, *Canz.,* CLXXXI, 9-10: «E 'l chiaro lume che sparir fa 'l sole Folgorava d'intorno». – 4. *Febo... giorno:* può creare la luce diurna, contro la volontà del sole; cfr. la descrizione della casa d'Amore in APULEIO, *Met.,* V, 1: «*parietes solidati massis aureis splendore proprio coruscant, ut diem suum sibi domus faciat, licet sole nolente*»; e anche quella della reggia del sole in OVIDIO, *Met.,* II, 2: «*flammasque imitante pyropo*». – 6. *la materia... l'artificio:* il materiale con cui è stato costruito l'edificio e la bella architettura. – 8. *due eccellenze:* quella del materiale e quella dell'arte.
61. – 1-2. *puntelli... vederli:* pareva, a vederli, che fossero puntelli del cielo. – 3. *giardin:* giardini pensili, simili a quelli famosi di Babilonia. – 4. *al piano:* al livello della terra. – 5. *odoriferi arbuscelli:* dal vocabolario petrarchesco, così come, più sotto, *vaghi fiori.* – 7. *l'estate e il verno:* anche questo giardino, come quello di Alcina (cfr. VI, 19 segg.) gode di un'eterna primavera.

né di tai rose o di simil vïole,
di gigli, di amaranti o di gesmini.
Altrove appar come a un medesmo sole
e nasca e viva, e morto il capo inchini,
e come lasci vedovo il suo stelo
il fior suggetto al varïar del cielo:

63.   ma quivi era perpetua la verdura,
        perpetua la beltà de' fiori eterni:
        non che benignità de la Natura
        sì temperatamente li governi;
        ma Logistilla con suo studio e cura,
        senza bisogno de' moti superni
        (quel che agli altri impossibile parea),
        sua primavera ognor ferma tenea.

64.   Logistilla mostrò molto aver grato
        ch'a lei venisse un sì gentil signore;
        e comandò che fosse accarezzato,
        e che studiasse ognun di fargli onore.
        Gran pezzo inanzi Astolfo era arrivato,
        che visto da Ruggier fu di buon core.
        Fra pochi giorni venner gli altri tutti,
        ch'a l'esser lor Melissa avea ridutti.

65.   Poi che si fûr posati un giorno e dui,
        venne Ruggiero alla fata prudente
        col duca Astolfo, che non men di lui
        avea desir di riveder Ponente.
        Melissa le parlò per amendui;

62. – 4. *gesmini*: gelsomini (lomb.). – 5. *a un medesmo sole*: nello stesso giorno. – 6. *il capo inchini*: cfr. POLIZIANO, *Stanze*, I, 84, 7. – 8. *al varïar del cielo*: al mutare del cielo, al passaggio dal giorno alla notte. Si confrontino gli ultimi quattro versi con PETRARCA, *Tr. Etern.*, 40-43: «Non avrà albergo il Sol Tauro né Pesce, Per lo cui variar nostro lavoro Or nasce, or more ed ora scema o cresce».
63. – 3. *non che*: non già che. – 4. *temperatamente*: con giusto contemperamento di sole, aria e acqua. – 6. *moti superni*: i movimenti celesti, che danno origine all'alternanza delle stagioni.
64. – 3. *accarezzato*: trattato con cortesia; cfr. IX, 85, 7. – 5. *Gran pezzo*: prima aveva detto *un'ora prima* (cfr. VIII, 18, 8). – 6. *di buon core*: con piacere. – 7. *Fra pochi giorni*: entro pochi giorni. – 8. *a l'esser... ridutti*: aveva ritrasformati in esseri umani.
65. – 1. *posati*: riposati.

e supplica la fata umilemente,
che li consigli, favorisca e aiuti,
sì che ritornin donde eran venuti.

66.   Disse la fata: – Io ci porrò il pensiero,
e fra dui dì te li darò espediti. –
Discorre poi tra sé, come Ruggiero,
e dopo lui, come quel duca aiti:
conchiude infin che 'l volator destriero
ritorni il primo agli aquitani liti;
ma prima vuol che se gli faccia un morso,
con che lo volga, e gli raffreni il corso.

67.   Gli mostra come egli abbia a far, se vuole
che poggi in alto, e come a far che cali;
e come, se vorrà che in giro vole,
o vada ratto, o che si stia su l'ali:
e quali effetti il cavallier far suole
di buon destriero in piana terra, tali
facea Ruggier che mastro ne divenne,
per l'aria, del destrier ch'avea le penne.

68.   Poi che Ruggier fu d'ogni cosa in punto,
da la fata gentil comiato prese,
alla qual restò poi sempre congiunto
di grande amore; e uscì di quel paese.
Prima di lui che se n'andò in buon punto,
e poi dirò come il guerriero inglese
tornasse con più tempo e più fatica
al magno Carlo et alla corte amica.

---

66. – 1. *ci porrò il pensiero*: ci penserò. – 2. *espediti*: liberi (lat.). – 3. *Discorre*: riflette; cfr. VI, 9, 7. – 6. *ritorni*: riconduca; *aquitani liti*: Aquitania era il nome lat. di una regione della Gallia che fu poi detta Guienna o Guascogna; là si trovava il castello di Bradamante, dove voleva andare Ruggiero. – 7. *un morso*: Logistilla che pone un freno all'ippogrifo ripete il mito di Bellerofonte che doma il cavallo alato Pégaso. L'episodio ha anche un significato allegorico: è la ragione che frena l'immaginazione, la luce intellettiva che piega a suo uso l'opera di magia.
67. – 2. *poggi*: salga. – 4. *si stia*: si sorregga. – 5. *effetti... suole*: servigi suole ottenere.
68. – 1. *d'ogni cosa in punto*: preparato appuntino per il viaggio. – 4. *amore*: riconoscenza. – 5. *Prima*: prima racconterò; *in buon punto*: felicemente. – 6. *il guerriero inglese*: Astolfo; cfr. VI, 33, 1.

69.   Quindi partì Ruggier, ma non rivenne
        per quella via che fe' già suo mal grado,
        allor che sempre l'ippogrifo il tenne
        sopra il mare, e terren vide di rado:
        ma potendogli or far batter le penne
        di qua di là, dove più gli era a grado,
        volse al ritorno far nuovo sentiero,
        come, schivando Erode, i Magi fêro.

70.   Al venir quivi, era, lasciando Spagna,
        venuto India a trovar per dritta riga,
        là dove il mare orïental la bagna;
        dove una fata avea con l'altra briga.
        Or veder si dispose altra campagna,
        che quella dove i venti Eolo instiga,
        e finir tutto il cominciato tondo,
        per aver, come il sol, girato il mondo.

71.   Quinci il Cataio, e quindi Mangïana
        sopra il gran Quinsaì vide passando:
        volò sopra l'Imavo, e Sericana
        lasciò a man destra; e sempre declinando
        da l'iperborei Sciti a l'onda ircana,
        giunse alle parti di Sarmazia: e quando
        fu dove Asia da Europa si divide,
        Russi e Pruteni e la Pomeria vide.

69. – 1. *Quindi*: di lì; *non rivenne ecc.*: ritornò in Occidente per via di terra, anziché ripercorrere l'itinerario dell'andata, che era stato tutto sull'oceano: cfr. IV, 50. – 8. *come... fêro*: cfr. *Matth.*, II, 12: «*et responso accepto in somnis ne redirent ad Herodem, per aliam viam reversi sunt in regionem suam*».
70. – 2. *India*: l'Asia; *per dritta riga*: con volo dritto. – 4. *dove... briga*: dove ferveva la contesa fra Alcina e Logistilla. – 6. *quella*: il mare; *Eolo*: il re dei venti. – 7. *tondo*: giro. Ruggiero ha compiuto metà giro del mondo da Gibilterra all'Asia attraverso l'oceano, ora lo completa attraversando l'Asia fino in Europa.
71. – 1-2. *Quindi ecc.*: passando sopra Quinsai (regione centro orientale della Cina, e nome di una città della Mangiana descritta anche da Marco Polo), vide al suo nord il Cataio (cfr. I, 5, 3) e al Sud la Mangiana. – 3. *Imavo*: grande catena di montagne dell'Imalaia fino all'Altai (lat. *Imaus*); *Sericana*: regione centrale dell'Asia (cfr. I, 55, 4). – 4-5. *declinando... Sciti*: deviando verso Sud e lasciando a Nord la Scizia iperborea, l'odierna Siberia; *onda ircana*: mar Caspio (lat. *mare Hyrcanum*) su cui si affacciava l'*Hyrcania*, provincia settentrionale della Persia; cfr. XXXIV, 36, 8. – 6. *Sarmazia*: regione asiatica, a oriente del mar Caspio. – 7. *dove... divide*: il confine dell'Asia era il fiume Tanai (Don), al di qua del quale si trovava la Sarmazia europea. – 8. *Russi*: la Russia europea; *Pruteni*: Prussiani; *Pomeria*: Pomerania.

72.   Ben che di Ruggier fosse ogni desire
        di ritornare a Bradamante presto,
        pur, gustato il piacer ch'avea di gire
        cercando il mondo, non restò per questo,
        ch'alli Pollacchi, agli Ungari venire
        non volesse anco, alli Germani, e al resto
        di quella boreale orrida terra:
        e venne al fin ne l'ultima Inghilterra.

73.   Non crediate, Signor, che però stia
        per sì lungo camin sempre su l'ale:
        ogni sera all'albergo se ne gìa,
        schivando a suo poter d'alloggiar male.
        E spese giorni e mesi in questa via,
        sì di veder la terra e il mar gli cale.
        Or presso a Londra giunto una matina,
        sopra Tamigi il volator declina.

74.   Dove ne' prati alla città vicini
        vide adunati uomini d'arme e fanti,
        ch'a suon di trombe e a suon di tamburini
        venian, partiti a belle schiere, avanti
        il buon Rinaldo, onor de' paladini;
        del qual, se vi ricorda, io dissi inanti,
        che mandato da Carlo, era venuto
        in queste parti a ricercare aiuto.

75.   Giunse a punto Ruggier, che si facea
        la bella mostra fuor di quella terra;
        e per sapere il tutto, ne chiedea

---

72. – 3-4. *gire cercando*: andare esplorando. – 6. *al resto*: ai rimanenti popoli europei. – 8. *ultima*: era l'epiteto classico per la nazione posta all'estremità dell'Europa; cfr. CATULLO, *Carm.*, XI, 11-12; ORAZIO, *Carm.*, I, 35, 29-30: «*ultimos Orbis Britannos*».

73. – 4. *schivando... poter*: evitando il più possibile; il sorriso ariostesco sfiora appena il tema tanto caro alla poesia burlesca del «malo» o del «buon albergo». – 6. *gli cale*: gli interessa. – 8. *declina*: scende.

74. – 2. *uomini d'arme*: cavalieri; *fanti*: militi gregari. – 4. *partiti*: divisi. – 6. *dissi inanti*: cfr. VIII, 26-28.

75. – 2. *mostra*: parata. L'Ariosto introduce qui un elenco di capitani e gonfaloni, che più che rifarsi alle rassegne romanzesche già presenti anche nella *Chanson de Roland* e riprese in tanti cantari, nella *Spagna*, nel Pulci, nell'*Innamo-*

un cavallier, ma scese prima in terra:
e quel, ch'affabil era, gli dicea
che di Scozia e d'Irlanda e d'Inghilterra
e de l'isole intorno eran le schiere
che quivi alzate avean tante bandiere:

76.   e finita la mostra che faceano,
alla marina se distenderanno,
dove aspettati per solcar l'Oceano
son dai navili che nel porto stanno.
I Franceschi assediati si ricreano,
sperando in questi che a salvar li vanno.
– Ma acciò tu te n'informi pienamente,
io ti distinguerò tutta la gente.

77.   Tu vedi ben quella bandiera grande,
ch'insieme pon la fiordaligi e i pardi:
quella il gran capitano all'aria spande,
e quella han da seguir gli altri stendardi.
Il suo nome, famoso in queste bande,
è Leonetto, il fior de li gagliardi,
di consiglio e d'ardire in guerra mastro,
del re nipote, e duca di Lincastro.

78.   La prima, appresso il gonfalon reale,
che 'l vento tremolar fa verso il monte,
e tien nel campo verde tre bianche ale,
porta Ricardo, di Varvecia conte.

rato (I, X, 8-16; II, XXII, 5-28) e nel *Mambriano*, sembra avere a modello i «cataloghi»
classici dei poemi di Omero, Virgilio, Stazio, e Valerio Flacco, facendone tema d'eser-
citazione geografico-umanistica (cfr. XIV, 10-28). Le notizie araldiche, a volte molto
precise, ma sempre comunque anacronistiche (poiché l'Ariosto fa diventare nobili
inglesi contemporanei i guerrieri dei tempi di Carlo Magno) le ebbe forse da Polidoro
Virgilio; cfr. P. RAJNA, *Le fonti dell'«Orlando Furioso»* cit., pp. 191 segg.; *terra*: Londra.
    76. – 2. *alla... distenderanno*: si schiereranno sulla spiaggia. – 5. *I Franceschi...
ricreano*: i Francesi assediati a Parigi si rincuorano; cfr. DANTE, *Purg.*, VII, 96: «Sì
che tardi per altri [l'Italia] si ricrea». – 8. *ti distinguerò*: ti mostrerò distintamente,
schiera per schiera; cfr. *Innam.*, I, X, 11, 5: «Io te vo' racontar tutti costoro».
    77. – 2. *fiordaligi*: il giglio (*fleur-de-lis*) di Francia; *pardi*: i leopardi d'Inghilter-
ra; i due stemmi stanno assieme perché i due regni furono in antico, secondo la
leggenda, sotto una medesima dinastia. – 3. *il gran capitano*: il comandante su-
premo. – 6. *il fior de li gagliardi*: cfr. *Innam.*, I, IX, 43. – 8. *del re ecc.*: nipote del re
Ottone e duca di Lancaster.
    78. – 1. *La prima*: sott. «bandiera». – 4. *Varvecia*: Warwick.

Del duca di Glocestra è quel segnale,
c'ha duo corna di cervio e mezza fronte.
Del duca di Chiarenza è quella face;
quel arbore è del duca d'Eborace.

79.   Vedi in tre pezzi una spezzata lancia:
gli è 'l gonfalon del duca di Nortfozia.
La fulgure è del buon conte di Cancia;
il grifone è del conte di Pembrozia.
Il duca di Sufolcia ha la bilancia.
Vedi quel giogo che due serpi assozia:
è del conte d'Esenia; e la ghirlanda
in campo azzurro ha quel di Norbelanda.

80.   Il conte d'Arindelia è quel c'ha messo
in mar quella barchetta che s'affonda.
Vedi il marchese di Barclei; e appresso
di Marchia il conte e il conte di Ritmonda:
il primo porta in bianco un monte fesso,
l'altro la palma, il terzo un pin ne l'onda.
Quel di Dorsezia è conte, e quel d'Antona,
che l'uno ha il carro, e l'altro la corona.

81.   Il falcon che sul nido i vanni inchina,
porta Raimondo, il conte di Devonia.
Il giallo e negro ha quel di Vigorina;
il can quel d'Erbia; un orso quel d'Osonia.
La croce che là vedi cristallina,
è del ricco prelato di Battonia.
Vedi nel bigio una spezzata sedia:
è del duca Ariman di Sormosedia.

---

78. − 5. *Glocestra*: Gloucester (lat. *Glocestria*); *segnale*: insegna. − 7. *Chiarenza*: Clarence. − 8. *Eborace*: York (lat. *Eboracum*).
79. − 2. *Nortfozia*: Norfolk (lat. *Northfolcia*). − 3. *Cancia*: Kent (lat. *Cantium*). − 4. *Pembrozia*: Pembrok. − 5. *Sufolcia*: Suffolk (lat. *Suffolcia*). − 6. *assozia*: unisce. − 7. *Esenia*: Essex. − 8. *Norbelanda*: Northumberland.
80. − 1. *Arindelia*: Arundel. − 3. *Barclei*: Berkeley. − 4. *Marchia*: March; *Ritmonda*: Richmond, nello Yorkshire. − 7. *Dorsezia*: Dorsetshire; *Antona*: Hampton, nello Hampshire.
81. − 1. *vanni*: ali. − 2. *Devonia*: Devon. − 3. *Vigorina*: Winchester, oppure Worcester, o forse anche Wigon, nel Lancashire. − 4. *Erbia*: Derby; *Osonia*: Oxford (lat. *Oxonium*). − 6. *Battonia*: Bath. − 8. *Sormosedia*: Somerset.

82.   Gli uomini d'arme e gli arcieri a cavallo
        di quarantaduo mila numer fanno.
        Sono duo tanti, o di cento non fallo,
        quelli ch'a piè ne la battaglia vanno.
        Mira quei segni, un bigio, un verde, un giallo,
        e di nero e d'azzur listato un panno:
        Gofredo, Enrigo, Ermante et Odoardo
        guidan pedoni, ognun col suo stendando.

83.   Duca di Bocchingamia è quel dinante;
        Enrigo ha la contea di Sarisberia;
        signoreggia Burgenia il vecchio Ermante;
        quello Odoardo è conte di Croisberia.
        Questi alloggiati più verso levante
        sono gl'Inglesi. Or volgeti all'Esperia,
        dove si veggion trentamila Scotti,
        da Zerbin, figlio del lor re, condotti.

84.   Vedi tra duo unicorni il gran leone,
        che la spada d'argento ha ne la zampa:
        quell'è del re di Scozia il gonfalone;
        il suo figliol Zerbino ivi s'accampa.
        Non è un sì bello in tante altre persone:
        Natura il fece, e poi roppe la stampa.
        Non è in cui tal virtù, tal grazia luca,
        o tal possanza: et è di Roscia duca.

85.   Porta in azzurro una dorata sbarra
        il conte d'Ottonlei ne lo stendardo.
        L'altra bandiera è del duca di Marra,
        che nel travaglio porta il leopardo.

---

82. – 1. *uomini d'arme*: cavalieri; cfr. X, 74, 2. – 3. *duo tanti*: due volte tanti.
83. – 1. *Bocchingamia*: Buckinghamshire. – 2. *Sarisberia*: Salisbury. – 3. *Burgenia*: Abergavenny. – 4. *Croisberia*: Shrewsbury. – 6. *all'Esperia*: verso Occidente. – 7. *Scotti*: Scozzesi (lat. *Scoti*). – 8. *Zerbin*: fratello di Ginevra; cfr. V, 69, 1-2.
84. – 1. *unicorni*: liocorni; cfr. VI, 69, 1. – 3. *re di Scozia*: il padre di Ginevra; cfr. IV, 60 segg. – 5. *Non è... persone*: non ce n'è uno bello quanto lui, fra tanti guerrieri. – 6. *la stampa*: lo stampo; espressione proverbiale. – 7. *Non è in cui*: non c'è altro guerriero in cui. – 8. *Roscia*: Ross, nella Scozia.
85. – 2. *Ottonlei*: Athol. – 3. *Marra*: Marr (lat. *Marria*). – 4. *travaglio*: strumento fatto di travi, entro cui i maniscalchi ponevano le bestie per ferrarle o medicarle.

Di più colori e di più augei bizzarra
mira l'insegna d'Alcabrun gagliardo,
che non è duca, conte, né marchese,
ma primo nel salvatico paese.

86. Del duca di Trasfordia è quella insegna,
dove è l'augel ch'al sol tien gli occhi franchi.
Lurcanio conte, ch'in Angoscia regna,
porta quel tauro, c'ha duo veltri ai fianchi.
Vedi là il duca d'Albania, che segna
il campo di colori azzurri e bianchi.
Quel avoltor, ch'un drago verde lania,
è l'insegna del conte di Boccania.

87. Signoreggia Forbesse il forte Armano,
che di bianco e di nero ha la bandiera;
et ha il conte d'Erelia a destra mano,
che porta in campo verde una lumiera.
Or guarda gl'Ibernesi appresso il piano:
sono duo squadre; e il conte di Childera
mena la prima, e il conte di Desmonda
da fieri monti ha tratta la seconda.

88. Ne lo stendardo il primo ha un pino ardente;
l'altro nel bianco una vermiglia banda.
Non dà soccorso a Carlo solamente
la terra inglese e la Scozia e l'Irlanda;
ma vien di Svezia e di Norvegia gente,
da Tile, e fin da la remota Islanda:
da ogni terra, insomma, che là giace,
nimica naturalmente di pace.

Forse allude all'intenzione del duca scozzese di domare il leopardo inglese. –
8. *salvatico paese*: la Scozia settentrionale, governata solo dai capi dei clan.
86. – 1. *Trasfordia*: Stratford. – 2. *l'augel*: l'aquila, che, secondo la leggenda,
può tenere gli occhi fissi al sole. – 3. *Lurcanio*: cfr. V, 44; *Angoscia*: Angus. – 5. *il
duca d'Albania*: il duca d'Albany, Ariodante; cfr. VI, 15. – 7. *lania*: dilania (lat.). –
8. *Boccania*: Buchan (lat. *Buchania*).
87. – 1. *Forbesse*: Forbes. – 3. *Erelia*: Errol. – 4. *lumiera*: lampada. – 5. *Ibernesi*:
Irlandesi; cfr. IX, 11, 5. – 6. *Childera*: Kildare (lat. *Childaria*). – 7. *Desmonda*: Desmond.
88. – 2. *vermiglia banda*: fascia trasversale rossa. – 6. *Tile*: l'«ultima Thule» dei
latini (cfr. VIRGILIO, *Georg.*, I, 30; PLINIO, *Nat. Hist.*, II, 87; IV, 104), isola a nord del-
l'Inghilterra, mai ben precisata. – 8. *nimica ecc.*: cfr. PETRARCA, *Canz.*, XXVIII, 50:
«nemica naturalmente di pace», riferito proprio alle genti dell'Europa settentrionale.

89.   Sedici mila sono, o poco manco,
        de le spelonche usciti e de le selve;
        hanno piloso il viso, il petto, il fianco,
        e dossi e braccia e gambe, come belve.
        Intorno allo stendardo tutto bianco
        par che quel pian di lor lance s'inselve:
        cosi Moratto il porta, il capo loro,
        per dipingerlo poi di sangue Moro. –

90.   Mentre Ruggier di quella gente bella,
        che per soccorrer Francia si prepara,
        mira le varie insegne, e ne favella,
        e dei signor britanni i nomi impara;
        uno et uno altro a lui, per mirar quella
        bestia sopra cui siede, unica o rara,
        maraviglioso corre e stupefatto;
        e tosto il cerchio intorno gli fu fatto.

91.   Sì che per dare ancor più maraviglia,
        e per pigliarne il buon Ruggier più gioco,
        al volante corsier scuote la briglia,
        e con gli sproni ai fianchi il tocca un poco:
        quel verso il ciel per l'aria il camin piglia,
        e lascia ognuno attonito in quel loco.
        Quindi Ruggier, poi che di banda in banda
        vide gl'Inglesi, andò verso l'Irlanda.

92.   E vide Ibernia fabulosa, dove
        il santo vecchiarel fece la cava,
        in che tanta mercé par che si truove,
        che l'uom vi purga ogni sua colpa prava.
        Quindi poi sopra il mare il destrier muove

    89. – 5. *bianco*: perché quei guerrieri non s'erano ancora segnalati in alcuna
impresa, erano ignoti. – 6. *di lor... inselve*: diventi una selva di lance.
    90. – 7. *maraviglioso*: pieno di meraviglia.
    91. – 7. *di banda in banda*: una schiera dopo l'altra.
    92. – 1. *Ibernia fabulosa*: l'Irlanda, ricca di leggende; cfr. ORAZIO, *Carm.*, I,
XXII, 7-8: «*fabulosus... Hydaspes*». – 2-4. *il santo... prava*: allude a san Patrizio che,
secondo una leggenda notissima nel Medioevo, scavò nell'Irlanda del Nord un
pozzo (*cava*) dalle acque miracolose e fornitrici di grazia (*mercé*) e perdono a chi in
esse si immergesse, contribuendo così a creare l'immagine e l'idea stessa del Purgatorio; cfr. J. LE GOFF, *La nascita del Purgatorio*, Torino, Einaudi, 1982. – 5-6. *sopra*

là dove la minor Bretagna lava:
e nel passar vide, mirando a basso,
Angelica legata al nudo sasso.

93.   Al nudo sasso, all'Isola del pianto;
che l'Isola del pianto era nomata
quella che da crudele e fiera tanto
et inumana gente era abitata,
che (come io vi dicea sopra nel canto)
per varii liti sparsa iva in armata
tutte le belle donne depredando,
per farne a un mostro poi cibo nefando.

94.   Vi fu legata pur quella matina,
dove venìa per trangugiarla viva
quel smisurato mostro, orca marina,
che di aborrevole esca si nutriva.
Dissi di sopra, come fu rapina
di quei che la trovaro in su la riva
dormire al vecchio incantatore a canto,
ch'ivi l'avea tirata per incanto.

95.   La fiera gente inospitale e cruda
alla bestia crudel nel lito espose
la bellissima donna, così ignuda
come Natura prima la compose.

---

il mare... là dove: Ruggiero parte dalle coste settentrionali dell'Irlanda (ivi era collocata da parecchie carte geografiche del tempo la «cava» di San Patrizio), esce sul mare verso occidente, con l'intenzione di scendere poi verso sud e verso la Spagna, dove è diretto (*là dove* è complemento di moto a luogo). – 6. *la minor Bretagna*: la Bretagna francese; *lava*: bagna. – 7. *e nel passar ecc.*: mentre passa sul mare, a nord-ovest della costa dell'Irlanda, e guarda il mondo dall'alto...; il trapasso è leggero, inaspettato, abilissimo, e dà nuova spinta a nuove avventure. – 8. *Angelica... sasso*: cfr. OVIDIO, *Met.*, IV, 672-73: «*Quam* [Andromeda] *simul ad duras religatam bracchia cautes Vidit Abantiades* [Perseo]». L'episodio classico aveva suggerito anche delle trascrizioni figurative, fra cui un quadro di Piero di Cosimo.
93. – 1. *Isola del pianto*: l'isola di Ebuda. Nel romanzo di Tristano si parla di un «*Chastel de Plor*»; cfr. P. RAJNA, *Le fonti dell'«Orlando Furioso»* cit., p. 203. – 5. *come... canto*: come vi ho narrato in un canto precedente; cfr. VIII, 51-60. – 6. *in armata*: con una flotta di navi.
94. – 1. *pur*: proprio. – 4. *aborrevole esca*: abominevole cibo. – 5. *Dissi di sopra*: cfr. VIII, 61-65. – 7. *vecchio incantatore*: l'eremita; cfr. VIII, 45-50.
95. – 1. *inospitale e cruda*: crudele soprattutto verso le ospiti straniere. – 4. *pri-*

Un velo non ha pure, in che richiuda
i bianchi gigli e le vermiglie rose,
da non cader per luglio o per dicembre,
di che son sparse le polite membre.

96.   Creduto avria che fosse statua finta
        o d'alabastro o d'altri marmi illustri
        Ruggiero, e su lo scoglio così avinta
        per artificio di scultori industri;
        se non vedea la lacrima distinta
        tra fresche rose e candidi ligustri
        far rugiadose le crudette pome,
        e l'aura sventolar l'aurate chiome.

97.   E come ne' begli occhi gli occhi affisse,
        de la sua Bradamante gli sovenne.
        Pietade e amore a un tempo lo traffisse,
        e di piangere a pena si ritenne;
        e dolcemente alla donzella disse,
        poi che del suo destrier frenò le penne:

ma: quand'ella nacque; *la compose*: la creò, le diede forma (lat.). – 6-7. *i bian-chi... dicembre*: il candore e il rosso vermiglio delle membra d'Angelica non potevano ricevere offesa né dal calore estivo né dal freddo invernale; cfr. VII, II e BOCCACCIO, *Tes.*, XXII, 7: «intra i gigli e le vermiglie rose»; *Dec.*, IV, Concl. 4: «e il viso ritondetto con un colore vero di bianchi gigli e di vermi-glie rose»; BOIARDO, *Amor.*, V, 9-11: «con bianchi zigli e con vermiglie rose, Coi vaghi fiori e con l'erbetta nova L'ha dimostrata al parangone Amore». «Mentre in Ariosto e Boccaccio il paragone coi fiori viene assunto all'interno della descrizione di una parte del corpo femminile (Boccaccio) o addirittura costituito a metafora che lo designa (Ariosto), in Boiardo è "Amore" che, su un vero e proprio sfondo cosmico, pone al "parangone" la bellezza della donna con quella dei gigli e rose e di tutte l'"altre cose belle" della Natura nel suo splendore primaverile» (Sangirardi). – 8. *polite membre*: membra belle, piene di grazia.
    96. – 1. *finta*: plasmata (lat. *fingo*). L'immagine è da Ovidio, là dove narra l'episodio analogo di Andromeda esposta a un mostro marino e liberata da Perseo: «*nisi quod levis aura capillos Moverat et tepido narrabant lumina fletu, Marmoreum ratus esset opus*» (*Met.*, IV, 673-675) e anche da VALERIO FLACCO, *Argon.*, II, 478-79 e segg. Cfr. X, 34, 7-8 e P. RAJNA, *Le fonti dell'«Orlando Furioso»* cit., pp. 200 segg. – 2. *illustri*: di gran pregio. – 4. *artificio*: opera; *industri*: valenti, esperti. – 5. *distinta*: ben visibile. – 6. *rose... ligustri*: cfr. VII, II, 6. – 7. *rugiadose*: bagnate di lacrime; aggettivo petrarchesco; *crudette pome*: i seni acerbi; cfr. VII, 14, 3. – 8. *aurate*: bionde; il gioco di parole tra «aura» e «aurate» è petrarchesco.

       – O donna, degna sol de la catena
       con chi i suoi servi Amor legati mena,

98.   e ben di questo e d'ogni male indegna,
       chi è quel crudel che con voler perverso
       d'importuno livor stringendo segna
       di queste belle man l'avorio terso? –
       Forza è ch'a quel parlare ella divegna
       quale è di grana un bianco avorio asperso,
       di sé vedendo quelle parte ignude,
       ch'ancor che belle sian, vergogna chiude.

99.   E coperto con man s'avrebbe il volto,
       se non eran legate al duro sasso;
       ma del pianto, ch'almen non l'era tolto,
       lo sparse, e si sforzò di tener basso.
       E dopo alcun' signozzi il parlar sciolto,
       incominciò con fioco suono e lasso:
       ma non seguì; che dentro il fe' restare
       il gran rumor che si sentì nel mare.

100.   Ecco apparir lo smisurato mostro
       mezzo ascoso ne l'onda e mezzo sorto.
       Come sospinto suol da borea o d'ostro
       venir lungo navilio a pigliar porto,
       cosi ne viene al cibo che l'è mostro
       la bestia orrenda; e l'intervallo è corto.
       La donna è mezza morta di paura;
       né per conforto altrui si rassicura.

---

97. – 7-8. *O donna ecc.*: cfr. OVIDIO, *loc. cit.*, 678-679: «*Ut stetit, O» dixit «non istis digna catenis, Sed quibus inter se cupidi iunguntur amantes*». – 8. *con chi*: con la quale.

98. – 3. *importuno livor*: il disdicevole lividore (lat.) lasciato dalle funi. – 4. *l'avorio terso*: il candido splendore; cfr. il «netto avorio» del PETRARCA, *Canz.*, CIC, 10. – 5. *Forza è*: è inevitabile. – 6. *quale... asperso*: come un bianco avorio, quando lo si sparge di rosso carminio; cfr. VIRGILIO, *Aen.*, XII, 67-69. – 7. *parte*: parti. – 8. *vergogna chiude*: il pudore di solito tiene celate sotto i vestiti.

99. – 1-2. *E coperto ecc.*: cfr. OVIDIO, *loc. cit.*, 682-683: «*manibusque modestis Celasset vultus si non religata fuisset*». – 4. *lo sparse*: cosparse il volto. – 5. *signozzi*: singhiozzi. – 6. *fioco... lasso*: voce debole e triste.

100. – 1. *Ecco apparir ecc.*: cfr. VIRGILIO, *Aen.*, II, 203-208; OVIDIO, *loc. cit.*, 706-708; VALERIO FLACCO, *loc. cit.*; DANTE, *Inf.*, XVII, 1: «Ecco la fiera...». – 2. *mezzo sorto*: per metà a galla. – 3. *ostro*: austro, vento di mezzogiorno. – 5. *mostro*: mostrato. – 8. *per conforto altrui*: per quanto Ruggiero la conforti.

101.   Tenea Ruggier la lancia non in resta,
        ma sopra mano, e percoteva l'orca.
        Altro non so che s'assimigli a questa,
        ch'una gran massa che s'aggiri e torca;
        né forma ha d'animal, se non la testa,
        c'ha gli occhi e i denti fuor, come di porca.
        Ruggier in fronte la ferìa tra gli occhi;
        ma par che un ferro o un duro sasso tocchi.

102.   Poi che la prima botta poco vale,
        ritorna per far meglio la seconda.
        L'orca, che vede sotto le grandi ale
        l'ombra di qua e di là correr su l'onda,
        lascia la preda certa litorale,
        e quella vana segue furibonda:
        dietro quella si volve e si raggira.
        Ruggier giù cala, e spessi colpi tira.

103.   Come d'alto venendo aquila suole,
        ch'errar fra l'erbe visto abbia la biscia,
        o che stia sopra un nudo sasso al sole,
        dove le spoglie d'oro abbella e liscia;
        non assalir da quel lato la vuole
        onde la velenosa e soffia e striscia,
        ma da tergo la adugna, e batte i vanni,
        acciò non se le volga e non la azzanni:

104.   così Ruggier con l'asta e con la spada,
        non dove era de' denti armato il muso,
        ma vuol che 'l colpo tra l'orecchie cada,

---

101. – 2. *sopra mano*: con la mano alta sopra la spalla, per colpire dall'alto in basso. – 4. *una gran massa*: una massa informe; cfr. MANILIO, *Astron.*, V, 585; PLINIO, *Nat. hist.*, IX, v, 12. – 6. *porca*: la zannuta femmina del cinghiale.

102. – 3. *le grandi ale*: dell'ippogrifo. – 5. *la preda... litorale*: la preda sicura, che stava legata sul lido. – 6. *quella vana*: l'ombra dell'ippogrifo; simile la scena in OVIDIO, *loc. cit.*, 712-713.

103. – 1. *Come d'alto ecc.*: la similitudine era già in Omero (*Il.*, XII, 200-203) e in Virgilio (*Aen.*, XI, 751-756), ma l'Ariosto ebbe qui presente soprattutto OVIDIO, *loc. cit.*, 714-717. – 4. *le spoglie d'oro*: le squame che luccicano al sole; *abbella e liscia*: fa belle lisciandole; cfr. DANTE, *Purg.*, VIII, 102: «leccando come bestia che si liscia»; POLIZIANO, *Stanze*, I, 87, 8: «Mentr'ella con tre lingue al sol si liscia». – 7. *adugna*: ghermisce. – 8. *non se le volga*: non gli si rivolga contro.

or su le schene, or ne la coda giuso.
Se la fera si volta, ei muta strada,
et a tempo giù cala, e poggia in suso:
ma come sempre giunga in un dïaspro,
non può tagliar lo scoglio duro et aspro.

105.   Simil battaglia fa la mosca audace
contra il mastin nel polveroso agosto,
o nel mese dinanzi o nel seguace,
l'uno di spiche e l'altro pien di mosto:
negli occhi il punge e nel grifo mordace,
volagli intorno e gli sta sempre accosto;
e quel suonar fa spesso il dente asciutto:
ma un tratto che gli arrivi, appaga il tutto.

106.   Sì forte ella nel mar batte la coda,
che fa vicino al ciel l'acqua inalzare;
tal che non sa se l'ale in aria snoda,
o pur se 'l suo destrier nuota nel mare.
Gli è spesso che disia trovarsi a proda;
che se lo sprazzo in tal modo ha a durare,
teme sì l'ale inaffi all'ippogrifo,
che brami invano avere o zucca o schifo.

107.   Prese nuovo consiglio, e fu il migliore,
di vincer con altre arme il mostro crudo:
abbarbagliar lo vuol con lo splendore
ch'era incantato nel coperto scudo.

104. – 5. *muta strada*: muta posizione. – 6. *poggia*: sale. – 7. *giunga*: colpisca; *dïaspro*: pietra dura. – 8. *scoglio*: scorza, pelle scagliosa; cfr. DANTE, *Purg.*, II, 122; POLIZIANO, *Stanze*, I, 15, 4.
105. – 1. *Simil battaglia ecc.*: cfr. OMERO, *Il.*, XVII, 570-572; DANTE, *Inf.*, XVII, 49-51. – 3. *seguace*: che viene subito dopo (lat. *sequax*). – 5. *mordace*: pronto a mordere. – 7. *e quel... asciutto*: e il mastino digrigna i denti; cfr. MANILIO, *Astron.*, V, 602-603. – 8. *un tratto... tutto*: una volta (*tratto*: cfr. I, 2, 1) che riesca al mastino di prenderla, la mosca paga il fio di tutto.
106. – 2. *al ciel*: iperboli simili si trovano non solo nei poemi cavallereschi, ma anche nei classici; come, per es., in MANILIO, *Astron.*, 604: «*pontumque extollit in astra*»; ma anche PONTANO, *Urania*, IV, 210-211. – 3. *non sa*: Ruggiero non sa; *snoda*: soggetto è 'l suo destrier (v. 4). – 8. *che brami... schifo*: da esser costretto ad aver bisogno di un galleggiante (*zucca*) o di una barca (*schifo*).
107. – 1. *Prese... migliore*: decise di cambiare piano, e il migliore gli sembrò quello. – 4. *incantato*: era imprigionato per incanto. Sullo scudo incantato cfr.

Vola nel lito; e per non fare errore,
alla donna legata al sasso nudo
lascia nel minor dito de la mano
l'annel, che potea far l'incanto vano:

108.   dico l'annel che Bradamante avea,
per liberar Ruggier, tolto a Brunello,
poi per trarlo di man d'Alcina rea,
mandato in India per Melissa a quello.
Melissa (come dianzi io vi dicea)
in ben di molti adoperò l'annello;
indi l'avea a Ruggier restituito,
dal qual poi sempre fu portato in dito.

109.   Lo dà ad Angelica ora, perché teme
che del suo scudo il fulgurar non viete,
e perché a lei ne sien difesi insieme
gli occhi che già l'avean preso alla rete.
Or viene al lito e sotto il ventre preme
ben mezzo il mar la smisurata cete.
Sta Ruggiero alla posta, e lieva il velo;
e par ch'aggiunga un altro sole al cielo.

110.   Ferì negli occhi l'incantato lume
di quella fera, e fece al modo usato.
Quale o trota o scaglion va giù pel fiume
c'ha con calcina il montanar turbato,
tal si vedea ne le marine schiume
il mostro orribilmente riversciato.
Di qua di là Ruggier percuote assai,
ma di ferirlo via non truova mai.

PONTANO, *Urania*, IV, 279 segg. – 5. *per... errore:* per impedire che anche Angelica
fosse abbagliata.
    108. – 1. *dico l'annel ecc.:* cfr. IV, 14; VII, 47-48. – 5. *come... dicea:* cfr. VIII, 14-18.
    109. – 1-2. *teme... viete:* teme che, se lo tiene al dito, quello impedisca il fulgore
dello scudo. – 4. *preso alla rete:* facendolo innamorare di lei; cfr. I, 12, 8. – 6. *cete:*
cetaceo; l'iperbole era già in OVIDIO, *loc. cit.,* 689-690: «*veniensque possidet aequor*»;
e cfr. PONTANO, *loc. cit.,* IV, 211-212. – 7. *alla posta:* appostato, pronto a intervenire;
il velo: la fodera dello scudo. – 8. *un altro sole:* cfr. DANTE, *Par.,* I, 61-63.
    110. – 1-2. *Ferì ecc.:* si costruisca: il lume incantato dardeggiò negli occhi di
quella fiera. – 4. *con calcina:* i montanari dell'Appennino versavano calce nei torrenti
per costringere i pesci a venire a galla. – 6. *riversciato:* rovesciato, caduto riverso.

111.   La bella donna tuttavolta priega
ch'invan la dura squama oltre non pesti.
– Torna, per Dio, signor: prima mi slega
(dicea piangendo), che l'orca si desti:
portami teco e in mezzo il mar mi anniega:
non far ch'in ventre al brutto pesce io resti. –
Ruggier, commosso dunque al giusto grido,
slegò la donna, e la levò dal lido.

112.   Il destrier punto, ponta i piè all'arena
e sbalza in aria, e per lo ciel galoppa;
e porta il cavalliero in su la schena,
e la donzella dietro in su la groppa.
Così privò la fera de la cena
per lei soave e delicata troppa.
Ruggier si va volgendo, e mille baci
figge nel petto e negli occhi vivaci.

113.   Non più tenne la via, come propose
prima, di circundar tutta la Spagna;
ma nel propinquo lito il destrier pose,
dove entra in mar più la minor Bretagna.
Sul lito un bosco era di querce ombrose,
dove ognor par che Filomena piagna;
ch'in mezzo avea un pratel con una fonte,
e quinci e quindi un solitario monte.

111. – 1. *tuttavolta*: tuttavia. – 7. *commosso*: dato la piega che sta prendendo il racconto, è lecito forse sentire in questa espressione l'eco della «commozione» dell'eremita; cfr. II, 13, 8.
112. – 1. *punto*: spronato. – 4. *e la donzella... groppa*: cfr. *Innam.*, I, XXIX, 44, 8: «In croppa se la pone, e via la porta». – 5. *cena*: cfr. PULCI, *Morg.*, IV, 51, 6-8: «"Questa non è" dicea "carne da darla A divorare alla fera crudele, Ma a qualche amante gentile e fedele"»; 53, 6-7: «Non mangerà sì bianco pan per certo Questo animal, ch'egli è pasto d'amanti». – 6. *troppa*: troppo. – 7-8. *mille baci figge*: cfr. VIRGILIO, *Aen.*, I, 687: «*oscula dulcia figet*». – 8. *vivaci*: pieni di fuoco vivissimo.
113. – 2. *circundar*: aggirare. – 3. *pose*: fece posare. – 4. *dove... Bretagna*: dove la penisola brettone si spinge di più nel mare. – 5. *ombrose*: aggettivo petrarchesco. – 6. *Filomena*: l'usignolo; cfr. VIRGILIO, *Georg.*, IV, 511-13: «*Qualis populea maerens Philomela sub umbra Amissos queritur fetus, quos durus arator Observans nido implumes detraxit*»; PETRARCA, *Epist. metr.*, I, 4, 20-24: «*aut... Philomela... Dum canit atque alta frondosa pendet ab ulmo Ingeminans lacrimosa piam dulcem ve querelam*»; *Canz.*, CCCX, 3; CCCI, 1; *Mambriano*, IV, 69. – 7-8. *in mezzo ecc.*: si osservi la descrizione molto stilizzata del «*locus amoenus*» (cfr. I, 35, 2).

114.   Quivi il bramoso cavallier ritenne
        l'audace corso e nel pratel discese;
        e fe' raccorre al suo destrier le penne,
        ma non a tal che più le avea distese.
        Del destrier sceso, a pena si ritenne
        di salir altri; ma tennel l'arnese:
        l'arnese il tenne, che bisognò trarre,
        e contra il suo disir messe le sbarre.

115.   Frettoloso, or da questo or da quel canto
        confusamente l'arme si levava.
        Non gli parve altra volta mai star tanto;
        che s'un laccio sciogliea, dui n'annodava.
        Ma troppo è lungo ormai, Signor, il canto,
        e forse ch'anco l'ascoltar vi grava:
        sì ch'io differirò l'istoria mia
        in altro tempo che più grata sia.

---

114. – 1. *ritenne*: fermò. – 3. *fe'... penne*: fece piegare le penne all'ippogrifo; cfr.
XXIII, 128, 4. – 4. *a tal... ecc.*: doppi sensi; per il motivo della «cavalcata» e del
salire sul destriero, cfr. VIII, 50, 2-4 e soprattutto XXVIII, 64, 5-8; D. S. CARNE-
ROSS, nella seconda parte del suo saggio *The One and the Many: A reading of the
«Orlando Furioso», II. In the Wood of Error*, in «Arion», n. s. 3/2 (1976), pp. 146-219,
alle pp. 157-158, ha fatto osservare che qui abbiamo i due cavalli alati dell'anima
di cui si parla nel *Fedro* di PLATONE, 254a, fra cui l'ippogrifo è il cavallo ubbidiente e la virilità eccitata di Ruggiero quello sregolato. – 6. *tennel l'arnese*: lo
trattenne l'armatura; cfr. *Innam.*, I, XIX, 60, 1-8. – 8. *messe le sbarre*: gli fece da
ostacolo; come si faceva per immobilizzare un cavallo.
    115. – 3. *star tanto*: impiegare così tanto tempo. – 6. *l'ascoltar vi grava*: cfr. V, 92,
8. – 8. *che... sia*: in modo che vi riesca più gradita.

CANTO UNDECIMO

Esordio: raramente accade che la ragione sappia frenare le passioni. An-
gelica sfugge, mediante l'anello incantato, al desiderio amoroso di Ruggiero;
essa si provvede, presso un pastore, di abiti rozzi e di una giumenta e parte
per il Levante. Anche l'ippogrifo s'invola a Ruggiero. Questi si mette in cam-
mino. In una foresta crede di vedere Bradamante mentre è rapita da un
gigante. Si lancia all'inseguimento del rapitore. Frattanto Orlando, gettato in
mare l'archibugio di Cimosco, giunge all'isola di Ebuda. Uccide il mostro
marino e libera Olimpia, che era stata a sua volta esposta sullo scoglio.
Sopraggiunge Oberto, re d'Irlanda, e l'isola dei feroci Ebudesi è arsa e distrut-
ta. Olimpia racconta a Orlando le sue sventure. Oberto la sposa e la fa regina.
Orlando riprende l'inchiesta di Angelica.

1.   Quantunque debil freno a mezzo il corso
        animoso destrier spesso raccolga,
        raro è però che di ragione il morso
        libidinosa furia a dietro volga,
        quando il piacere ha in pronto; a guisa d'orso
        che dal mel non sì tosto si distolga,
        poi che gli n'è venuto odore al naso,
        o qualche stilla ne gustò sul vaso.

1. – 2. *raccolga*: trattenga. – 3. *di... morso*: il freno della ragione. – 4. *libidinosa*
furia: l'impeto della passione amorosa; cfr. X, 114-115 e, per tutta l'immagine, cfr.
PETRARCA, *Canz.*, XCVIII, 1-3: «Orso, al vostro destrier si po' ben porre Un fren
che di suo corso indietro il volga, Ma 'l cor chi legherà...?». – 5. *quando... pronto*:
quando essa ha a portata di mano il modo di soddisfare il piacere. – 6. *si distolga*:
si allontani; la predilezione degli orsi per il miele era proverbiale e materia di
molte osservazioni dei bestiari.

2.

Qual raggion fia che 'l buon Ruggier raffrene,
sì che non voglia ora pigliar diletto
d'Angelica gentil che nuda tiene
nel solitario e commodo boschetto?
Di Bradamante più non gli soviene,
che tanto aver solea fissa nel petto:
e se gli ne sovien pur come prima,
pazzo è se questa ancor non prezza e stima;

3.

con la qual non saria stato quel crudo
Zenocrate di lui più continente.
Gittato avea Ruggier l'asta e lo scudo,
e si traea l'altre arme impazïente;
quando abbassando pel bel corpo ignudo
la donna gli occhi vergognosamente,
si vide in dito il prezïoso annello
che già le tolse ad Albracca Brunello.

4.

Questo è l'annel ch'ella portò già in Francia
la prima volta che fe' quel camino
col fratel suo, che v'arrecò la lancia,
la qual fu poi d'Astolfo paladino.
Con questo fe' gl'incanti uscire in ciancia
di Malagigi al petron di Merlino;
con questo Orlando et altri una matina
tolse di servitù di Dragontina;

5.

con questo uscì invisibil de la torre
dove l'avea richiusa un vecchio rio.

---

2. – 1. *Qual... raffrene*: quale ragione può esserci per trattenere Ruggiero. –
8. *questa ancor*: anche questa, Angelica.

3. – 1-2. *crudo Zenocrate*: l'austero Xenocrates, discepolo di Platone, il quale è
celebre per aver resistito alle seduzioni di Frine; cfr. VALERIO MASSIMO, *Fact. et
dict. mem.*, IV, III, Ext. 3. – 8. *già le tolse... Brunello*: cfr. n. a III, 69, 1.

4. – 1-4. *Questo è l'annel ecc.*: le avventure di Angelica e del fratello Argalia,
venuti in Francia con la lancia d'oro, sono narrate nell'*Innam.*, I, 1, 39-40; II,
17-18. – 5-6. *Con questo ecc.*: con questo anello Angelica fece riuscire vani
(*uscire in ciancia*) gli incantesimi del mago Malagigi, presso la grotta di Merlino (*petron di Merlino* anche in *Innam.*, I, 1, 27, 8); e cfr. qui, III, 9, 4 e per
l'episodio *Innam.*, I, 1, 41-52. – 7-8. *con questo ecc.*: con questo anello Angelica
liberò Orlando, quand'era prigioniero della maga Dragontina; cfr. *Innam.*, I,
XIV, 37 segg.

5. – 1-2. *con questo ecc.*: il *vecchio rio* è colui che, nell'*Innam.* (I, XIV, 29-37),

A che voglio io tutte sue prove accôrre,
se le sapete voi così come io?
Brunel sin nel giron lel venne a tôrre;
ch'Agramante d'averlo ebbe disio.
Da indi in qua sempre Fortuna a sdegno
ebbe costei, fin che le tolse il regno.

6.   Or che sel vede, come ho detto, in mano,
sì di stupore e d'allegrezza è piena,
che quasi dubbia di sognarsi invano,
agli occhi, alla man sua dà fede a pena.
Del dito se lo leva, e a mano a mano
sel chiude in bocca: e in men che non balena,
così dagli occhi di Ruggier si cela,
come fa il sol quando la nube il vela.

7.   Ruggier pur d'ogn'intorno riguardava,
e s'aggirava a cerco come un matto;
ma poi che de l'annel si ricordava,
scornato vi rimase e stupefatto:
e la sua inavvertenza bestemiava,
e la donna accusava di quello atto
ingrato e discortese, che renduto
in ricompensa gli era del suo aiuto.

8.   — Ingrata damigella, è questo quello
guiderdone — dicea — che tu mi rendi?
che più tosto involar vogli l'annello,
ch'averlo in don. Perché da me nol prendi?
Non pur quel, ma lo scudo e il destrier snello

cattura e imprigiona delle donzelle per mandarle in tributo al re d'Orgagna. –
3. *accôrre*: raccogliere. – 4. *le sapete*: si noti che costantemente l'Ariosto presume
che le storie del Boiardo siano ben «impresse» e «istabilite» (Pigna) nella mente
del lettore. – 5. *giron*: così chiama il Boiardo la cerchia delle mura di Albracca; per
l'episodio, cfr. *Innam.*, II, v, 30-33; *lel*: glielo. – 7. *Fortuna*: cfr. VIII, 50, 7-8.
    6. – 3. *dubbia*: dubbiosa, timorosa. – 5. *a mano a mano*: subito. – 7. *si cela*: un
episodio analogo nel *Mambriano*, XLI, 79 segg. – 8. *come... vela*: l'immagine letteraria
(cfr. DANTE, *Purg.*, XVII, 52-53: «Ma come al sol che nostra vista grava E per soverchio sua figura vela»; PETRARCA, *Canz.*, CCCXXIII, 17: «e 'l ciel è se nulla nube il
vela») impreziosisce questa che è la prima d'una serie di misteriose vicende, con un
addensarsi improvviso dell'aria in immagini che poi d'improvviso si svaporano, e
che preparano da lontano il tema centrale del castello incantato di Atlante.
    7. – 2. *a cerco*: a cerchio, intorno. – 4. *vi rimase*: ne rimase. – 5. *bestemiava*:
malediceva.
    8. – 2. *guiderdone*: ricompensa. – 5. *snello*: veloce, agile (ant. franc. *isnel*); con

e me ti dono, e come vuoi mi spendi;
sol che 'l bel viso tuo non mi nascondi.
Io so, crudel, che m'odi, e non rispondi. –

9.   Così dicendo, intorno alla fontana
brancolando n'andava come cieco.
Oh quante volte abbracciò l'aria vana,
sperando la donzella abbracciar seco!
Quella, che s'era già fatta lontana,
mai non cessò d'andar, che giunse a un speco
che sotto un monte era capace e grande,
dove al bisogno suo trovò vivande.

10.   Quivi un vecchio pastor, che di cavalle
un grande armento avea, facea soggiorno.
Le iumente pascean giù per la valle
le tenere erbe ai freschi rivi intorno.
Di qua di là da l'antro erano stalle,
dove fuggìano il sol del mezzo giorno.
Angelica quel dì lunga dimora
là dentro fece, e non fu vista ancora.

11.   E circa il vespro, poi che rifrescossi,
e le fu aviso esser posata assai,
in certi drappi rozzi avilupossi,
dissimil troppo ai portamenti gai,
che verdi, gialli, persi, azzurri e rossi
ebbe, e di quante foggie furon mai.
Non le può tor però tanto umil gonna,
che bella non rassembri e nobil donna.

questo significato in DANTE, *Inf.*, VIII, 14; XII, 76; ecc. e in POLIZIANO, *Stanze*, I,
34, 4; 98, 7; ecc. – 6. *come vuoi mi spendi*: fai di me quello che vuoi.
    9. – 2. *brancolando... cieco*: cfr. DANTE, *Inf.*, XXXIII, 73. – 4. *seco*: a sé. – 6. *che*:
finché; *speco*: spelonca (lat.).
    10 – 3. *iumente*: cavalle. – 6. *dove fuggìano*: dove le cavalle si ritiravano per
evitare. – 8. *ancora*: tuttavia. Angelica era resa invisibile dall'anello.
    11. – 2. *le fu aviso*: le parve; *assai*: abbastanza. – 4. *portamenti gai*: abi-
ti leggiadri. – 5. *verdi ecc.*: cfr. II, 35, 2. – 7-8. *Non le può ecc.*: anche una veste umile, tuttavia, non può impedirle di apparire bella e di nobile portamento.

12.   Taccia chi loda Fillide, o Neera,
        o Amarilli, o Galatea fugace;
        che d'esse alcuna sì bella non era,
        Titiro e Melibeo, con vostra pace.
        La bella donna tra' fuor de la schiera
        de le iumente una che più le piace.
        Allora allora se le fece inante
        un pensier di tornarsene in Levante.

13.   Ruggiero intanto, poi ch'ebbe gran pezzo
        indarno atteso s'ella si scopriva,
        e che s'avide del suo error da sezzo;
        che non era vicina e non l'udiva;
        dove lasciato avea il cavallo, avezzo
        in cielo e in terra, a rimontar veniva:
        e ritrovò che s'avea tratto il morso,
        e salia in aria a più libero corso.

14.   Fu grave e mala aggiunta all'altro danno
        vedersi anco restar senza l'augello.
        Questo, non men che 'l feminile inganno,
        gli preme al cor; ma più che questo e quello,
        gli preme e fa sentir noioso affanno
        l'aver perduto il prezïoso annello;
        per le virtù non tanto ch'in lui sono,
        quanto che fu de la sua donna dono.

15.   Oltremodo dolente si ripose
        indosso l'arme, e lo scudo alle spalle;

12. – 1-4. *Taccia ecc.*: elegante apostrofe letteraria, ove il severo, epico *Taccia* (cfr. DANTE, *Inf.*, XXV, 94 e 96: «Taccia Lucano omai...; Taccia di Cadmo e d'Aretusa Ovidio») è temperato dal sorridente *con vostra pace*. L'allusione è ai pastori di Virgilio che celebravano le belle ninfe; cfr. per *Galatea fugace* l'*Ecl.*, III, 64-65. – 5. *tra' fuor*: sceglie.
12. – 7. *Allora... inante*: all'improvviso si presentò alla sua mente.
13. – 2. *si scopriva*: si lasciava vedere. – 3. *da sezzo*: da ultimo; cfr. DANTE, *Inf.*, VII, 130; *Purg.*, XXV, 139; PETRARCA, *Tr. Am.*, IV, 36.
14. – 4. *gli preme al cor*: gli opprime il cuore; cfr. DANTE, *Inf.*, XXXIII, 5: «disperato dolor che 'l cor mi preme»; PETRARCA, *Canz.*, CCLXIV, 58: «preme 'l cor di desio». Ci sarà forse nell'episodio un sottofondo allegorico: Ruggiero, a causa della sua incontinenza, perde la ragione (simbolizzata nell'anello) e il dominio sulla propria immaginazione (l'ippogrifo, sfuggito al freno e liberamente vagante). – 8. *de... dono* di Bradamante.

dal mar slungossi, e per le piaggie erbose
prese il camin verso una larga valle,
dove per mezzo all'alte selve ombrose
vide il più largo e 'l più segnato calle.
Non molto va, ch'a destra, ove più folta
è quella selva, un gran strepito ascolta.

16.   Strepito ascolta e spaventevol suono
d'arme percosse insieme; onde s'affretta
tra pianta e pianta: e truova dui, che sono
a gran battaglia in poca piazza e stretta.
Non s'hanno alcun riguardo né perdono,
per far, non so di che, dura vendetta.
L'uno è gigante, alla sembianza fiero;
ardito l'altro e franco cavalliero.

17.   E questo con lo scudo e con la spada,
di qua di là saltando, si difende,
perché la mazza sopra non gli cada,
con che il gigante a due man sempre offende.
Giace morto il cavallo in su la strada.
Ruggier si ferma e alla battaglia attende;
e tosto inchina l'animo, e disia
che vincitore il cavalliere ne sia.

18.   Non che per questo gli dia alcuno aiuto;
ma si tira da parte, e sta a vedere.
Ecco col baston grave il più membruto

---

15. – 3. *slungossi*: si allontanò. – 6. *il più largo... calle*: la via più ampia e più battuta. I ricordi petrarcheschi (*Canz.*, CLXXVI, 12-13: «un solitario orrore D'ombrosa selva»; CXXIX, 2: «ogni segnato calle»), sono solo elementi usati a creare il rapido trapasso di paesaggio: dal «boschetto» al «gran prato» ove si svolgerà un'altra magica scena di apparizioni e sparizioni, di impronta vagamente brettone. – 8. *ascolta*: ode.

16. – 4. *in poca piazza*: in uno spazio angusto; cfr. PETRARCA, *Tr. Fama*, II, 24: «e 'n poca piazza fe' mirabil cose»; ma l'espressione era tecnica e significava il luogo in cui si svolgeva il duello, cfr. VI, 66. – 5. *perdono*: pietà.

17. – 3. *mazza*: in ossequio alla tradizione cavalleresca, in cui i cavalieri sono tutti *franchi* e i giganti *fieri*, l'Ariosto attribuisce anche al gigante una delle solite armi rozze e poco ortodosse. – 6. *attende*: guarda con attenzione. – 7. *inchina l'animo*: propende a simpatizzare col cavaliere.

18. – 2. *si tira da parte*: l'intervento sarebbe stato contro le regole della ca-

sopra l'elmo a due man del minor fere.
De la percossa è il cavallier caduto:
l'altro, che 'l vide attonito giacere,
per dargli morte l'elmo gli dislaccia;
e fa sì che Ruggier lo vede in faccia.

19. Vede Ruggier de la sua dolce e bella
e carissima donna Bradamante
scoperto il viso; e lei vede esser quella
a cui dar morte vuol l'empio gigante:
sì che a battaglia subito l'appella,
e con la spada nuda si fa inante:
ma quel, che nuova pugna non attende,
la donna tramortita in braccio prende;

20. e se l'arreca in spalla, e via la porta,
come lupo talor piccolo agnello,
o l'aquila portar ne l'ugna torta
suole o colombo o simile altro augello.
Vede Ruggier quanto il suo aiuto importa,
e vien correndo a più poter; ma quello
con tanta fretta i lunghi passi mena,
che con gli occhi Ruggier lo segue a pena.

21. Così correndo l'uno, e seguitando
l'altro, per un sentiero ombroso e fosco,
che sempre si venìa più dilatando,
in un gran prato uscîr fuor di quel bosco.
Non più di questo; ch'io ritorno a Orlando,
che 'l fulgur che portò già il re Cimosco,

---

valleria. − 4. *fere*: colpisce. − 5. *De la*: per la. − 6. *attonito*: stordito (lat. *attonitus*).

19. − 5. *l'appella*: lo sfida.

20. − 2. *come lupo... agnello*: cfr. Boccacio, *Dec.*, IX, 7, 12: «il lupo... presala forte, la cominciò a portar via come se stata fosse un piccolo agnelletto». − 3. *ugna torta*: artiglio. La doppia similitudine è presa da Virgilio, *Aen.*, IX, 563-566; ma per certa spigliatezza ricorda anche i poemi cavallereschi: Pulci, *Morg.*, XXI, 38; Boiardo, *Innam.*, I, XXIII, 12, 1-2: «via ne 'l portava e stimavalo tanto Quanto fa il lupo la vil pecorella»; Cieco, *Mambriano*, VI, 44; XLIII, 67: «E come il lupo suol portar l'agnello». − 5. *importa*: sia necessario.

21. − 2. *ombroso e fosco*: cfr. Petrarca, *Canz.*, CCCXXIII, 40: «riposto, ombroso e fosco». − 5. *Non più di questo ecc.*: anche l'episodio che segue (22-80) mancava nella prima edizione del *Furioso*; cfr. n. a II, 30, 7-8. − 6. *'l fulgur*: l'archibugio, il

avea gittato in mar nel maggior fondo,
acciò mai più non si trovasse al mondo.

22.   Ma poco ci giovò: che 'l nimico empio
de l'umana natura, il qual del telo
fu l'inventor, ch'ebbe da quel l'esempio,
ch'apre le nubi e in terra vien dal cielo;
con quasi non minor di quello scempio
che ci diè quando Eva ingannò col melo,
lo fece ritrovar da un negromante,
al tempo de' nostri avi, o poco inante.

23.   La machina infernal, di più di cento
passi d'acqua ove stè ascosa molt'anni,
al sommo tratta per incantamento,
prima portata fu tra gli Alamanni;
li quali uno et un altro esperimento
facendone, e il demonio a' nostri danni
assuttigliando lor via più la mente,
ne ritrovaro l'uso finalmente.

24.   Italia e Francia e tutte l'altre bande
del mondo han poi la crudele arte appresa.
Alcuno il bronzo in cave forme spande,
che liquefatto ha la fornace accesa;
bùgia altri il ferro; e chi picciol, chi grande
il vaso forma, che più e meno pesa:

«fulmine terrestre» (cfr. IX, 66, 5). – 7. *avea... in mar.* cfr. IX, 90-91; e si noti come l'Ariosto abilmente riecheggi anche le rime di IX 91, 6: «Così dicendo, lo gittò in profondo».

22. – 1. *ci:* a noi uomini. Ariosto echeggia posizioni diffuse fra i teorici dell'arte militare del suo tempo, fra cui il Machiavelli dell'*Arte della guerra*, I, III. – 1-2. *'l nimico... natura:* il diavolo. – 2. *telo:* l'arma da lancio (lat. *telum*), per traslato: l'archibugio, che serviva a lanciare proiettili. cfr. DANTE, *Purg.,* XII, 28-29, dove il fulmine viene definito «telo Celestial». – 3. *da quel:* dal fulmine di Giove. – 5-6. *con quasi... melo:* con danno non minore di quello che il diavolo arrecò agli uomini quando trasse in inganno Eva col pomo. – 7. *negromante:* è possibile che l'Ariosto volesse alludere al frate tedesco Bertold Schwartz (sec. XIV), a cui fu attribuita erroneamente l'invenzione della polvere pirica, ma che fu in ogni modo uno dei perfezionatori delle armi da fuoco.

23. – 1-2. *di più... acqua:* da una profonda di più di centocinquanta metri. – 4. *tra gli Alamanni:* fra i tedeschi. – 7. *assuttigliando:* aguzzando.

24. – 1. *bande:* parti. – 3. *in cave forme:* in forme di terra incavate. – 4. *che... accesa:* che è stato fuso al calore della fornace. – 5. *bùgia:* fora. – 6. *il vaso:* la canna.

e qual bombarda e qual nomina scoppio,
qual semplice cannon, qual cannon doppio;

25.   qual sagra, qual falcon, qual colubrina
sento nomar, come al suo autor più agrada;
che 'l ferro spezza, e i marmi apre e ruina,
e ovunque passa si fa dar la strada.
Rendi, miser soldato, alla fucina
pur tutte l'arme c'hai, fin alla spada;
e in spalla un scoppio o un arcobugio prendi;
che senza, io so, non toccherai stipendi.

26.   Come trovasti, o scelerata e brutta
invenzïon, mai loco in uman core?
Per te la militar gloria è distrutta,
per te il mestier de l'arme è senza onore;
per te è il valore e la virtù ridutta,
che spesso par del buono il rio migliore:
non più la gagliardia, non più l'ardire
per te può in campo al paragon venire.

27.   Per te son giti et anderan sotterra
tanti signori e cavallieri tanti,
prima che sia finita questa guerra,
che 'l mondo, ma più Italia, ha messo in pianti;
che s'io v'ho detto, il detto mio non erra,
che ben fu il più crudele e il più di quanti
mai furo al mondo ingegni empii e maligni,
ch'imaginò sì abominosi ordigni.

---

25. – 1-2. *qual sagra ecc.*: si noti la scherzosa erudizione dell'Ariosto: lo *scoppio* (24, 7) o schioppo, era un'arma da fuoco portatile: *sagra, falcone e colubrina* erano tipi diversi di artiglierie e derivavano il nome da quello di uccelli o serpenti. – 3. *marmi*: opere in muratura. – 5. *Rendi... alla fucina*: per farla rifondere. – 8. *toccherai*: riceverai.
26. – 3. *Per te*: per causa tua. – 5. *ridutta*: ridotta a tal punto. – 8. *al paragon*: al confronto, alla prova diretta.
27. – 1. *son giti... sotterra*: sono morti e moriranno. – 3. *questa guerra*: la guerra fra Carlo V e Francesco I, cominciata nei primi anni del sec. XVI, che spesso fu combattuta in Italia. – 5-8. *che s'io v'ho detto ecc.*: che (consecutiva di *tanti signori*, v. 2) se io vi ho detto che colui che inventò tali ordigni fu il più crudele fra quanti mai spiriti malvagi siano vissuti, ho detto nient'altro che la verità.

28.   E crederò che Dio, perché vendetta
        ne sia in eterno, nel profondo chiuda
        del cieco abisso quella maladetta
        anima, appresso al maladetto Giuda.
        Ma seguitiamo il cavallier ch'in fretta
        brama trovarsi all'isola d'Ebuda,
        dove le belle donne e delicate
        son per vivanda a un marin mostro date.

29.   Ma quanto avea più fretta il paladino,
        tanto parea che men l'avesse il vento.
        Spiri o dal lato destro o dal mancino,
        o ne le poppe, sempre è così lento,
        che si può far con lui poco camino;
        e rimanea talvolta in tutto spento:
        soffia talor sì averso, che gli è forza
        o di tornare, o d'ir girando all'orza.

30.   Fu volontà di Dio che non venisse
        prima che 'l re d'Ibernia in quella parte,
        acciò con più facilità seguisse
        quel ch'udir vi farò fra poche carte.
        Sopra l'isola sorti, Orlando disse

28. – 2-3. *nel profondo... abisso*: nel cerchio più basso dell'inferno (cfr. DANTE, *Inf.*, X, 58-59: «cieco Carcere»), ove fra i traditori si trova appunto Giuda. – 5. *il cavallier*: Orlando.

29. – 4. *ne le poppe*: da poppa. – 8. *o di tornare... orza*: o di tornare indietro o di mettere la prua contro il vento; II, 30, 1.

30. – 2. *prima... parte*: prima che il re d'Irlanda giungesse lì. Gli Irlandesi da tempo preparavano una spedizione contro l'isola d'Ebuda; cfr. IX, 11, 5-8. – 4. *udir... carte*: mescola ironicamente la situazione della narrazione orale (cfr. V, 92, 8) con l'utilizzazione dello strumento di trasmissione scritta (*carte*). – 5. *Sopra... sorti*: gettata l'ancora nei pressi dell'isola; cfr. IV, 51, 5. Inizia qui l'episodio movimentato della liberazione di Olimpia; l'Ariosto viene a tenzone con se stesso, riprendendo certi motivi dell'episodio della liberazione di Angelica (X, 92-111); ma non si dimentichi che i due episodi furono scritti a notevole distanza di tempo. Fra i modelli sapientemente usati dall'Ariosto sono Valerio Flacco, Manilio (*Astron.*, V, 540-615), Luciano (*Vera Historia*, I, 30, tradotto nel 1524 da N. da Lonigo, per l'episodio dell'uccisione dell'orca; cfr. anche *Cinque canti*, IV, 33 segg.) e soprattutto Ovidio, ove descrive la liberazione di Andromeda per opera di Perseo: *Met.*, IV, 668-734 (cfr. P. RAJNA, *Le fonti dell'«Orlando Furioso»*, cit., pp. 216 segg.) e anche PONTANO, *Urania*, IV, 246 segg. Nella «atmosfera letteraria e umanistica» (Sapegno) ritornano, in una nuova variazione, i temi di Olimpia, vittima di tante disavventure ma ora definitivamente fissata in un ritratto di ideale bellezza, e di Orlando, austero e coraggioso, volutamente contrapposto a Ruggiero, che ben

al suo nochiero: – Or qui potrai fermarte,
e 'l battel darmi; che portar mi voglio
senz'altra compagnia sopra lo scoglio.

31.   E voglio la maggior gomona meco,
e l'àncora maggior ch'abbi sul legno:
io ti farò veder perché l'arreco,
se con quel mostro ad affrontar mi vegno. –
Gittar fe' in mare il palischermo seco,
con tutto quel ch'era atto al suo disegno.
Tutte l'arme lasciò, fuor che la spada;
e vêr lo scoglio, sol, prese la strada.

32.   Si tira i remi al petto, e tien le spalle
volte alla parte ove discender vuole;
a guisa che del mare o de la valle
uscendo al lito, il salso granchio suole.
Era ne l'ora che le chiome gialle
la bella Aurora avea spiegate al Sole,
mezzo scoperto ancora e mezzo ascoso,
non senza sdegno di Titon geloso.

33.   Fattosi appresso al nudo scoglio, quanto
potria gagliarda man gittare un sasso,
gli pare udire e non udire un pianto;
sì all'orecchie gli vien debole e lasso.
Tutto si volta sul sinistro canto;
e posto gli occhi appresso all'onde al basso,
vede una donna, nuda come nacque,
legata a un tronco; e i piè le bagnan l'acque.

---

diversamente si comportò in simili circostanze. – 7. *battel*: canotto, piccola barca
a remi, più sotto chiamata *palischermo* o *schifo*.
    31. – 1. *gomona*: gòmena, cavo di canapa usato per ormeggiare l'àncora.
    32. – 3. *valle*: laguna; cfr. PETRARCA, *Canz.*, L, 43. – 3. *il salso granchio*: il
granchio marino, che cammina all'indietro. – 5. *le chiome gialle*: il colore del cielo
all'Aurora; cfr. VIRGILIO, *Aen.*, VII, 26: «*Aurora... lutea*»; OVIDIO, *Am.*, II, IV, 43:
«*crocies... capillis*»; ARIOSTO, *Cinque canti*, I, 52, 4: «la bionda Aurora». – 8. *Titon*: lo
sposo dell'Aurora (cfr. VIII, 86, 6 e XII, 68, 3-4) era stato detto «geloso» anche
dall'Agostini, nella sua continuazione all'*Innam.*, II, 55.
    33. – 1-2. *quanto... sasso*: cfr. II, 47, 8. – 4. *lasso*: affievolito, come di persona
affranta; cfr. X, 99, 6. Cfr. questi versi con VALERIO FLACCO, *Argon.*, II, 451-53: «*dum
litora blando Anfractu sinuosa legunt, vox accidit aures Flebile succedens, cum fracta
remurmurat unda*». – 8. *un tronco*: un palo, collocato sullo scoglio.

34.   Perché gli è ancor lontana, e perché china
        la faccia tien, non ben chi sia discerne.
        Tira in fretta ambi i remi, e s'avicina
        con gran disio di più notizia averne.
        Ma muggiar sente in questo la marina,
        e rimbombar le selve e le caverne:
        gonfiansi l'onde; et ecco il mostro appare,
        che sotto il petto ha quasi ascoso il mare.

35.   Come d'oscura valle umida ascende
        nube di pioggia e di tempesta pregna,
        che più che cieca notte si distende
        per tutto 'l mondo, e par che 'l giorno spegna;
        così nuota la fera, e del mar prende
        tanto, che si può dir che tutto il tegna:
        fremono l'onde. Orlando in sé raccolto,
        la mira altier, né cangia cor né volto.

36.   E come quel ch'avea il pensier ben fermo
        di quanto volea far, si mosse ratto;
        e perché alla donzella essere schermo,
        e la fera assalir potesse a un tratto,
        entrò fra l'orca e lei col palischermo,
        nel fodero lasciando il brando piatto:
        l'àncora con la gomona in man prese;
        poi con gran cor l'orribil mostro attese.

34. – 1-2. *china... tien*: cfr. MANILIO, *Astron.*, V, 555: «cervice reclinis». –
3. *Tira... remi*: rema vigorosamente; cfr. XI, 32, 1. – 4. *di... averne*: di sapere con più
precisione chi essa sia. – 5. *muggiar*: mugghiare. – 7-8. *et ecco ecc.* cfr. X, 109, 5-6 e
i versi colà citati di Ovidio; ma aggiungi anche VALERIO FLACCO, *Argon.*, II, 477-
79; 497-99; 513-14: «*Cum subitus fragor et fluctus Idaea moventes Cum stabulis nemora. Ecce repens consurgere ponto Belua, monstrum ingens...; et una Monstriferi
mugire sinus Sigeaque pestis Adglomerare fretum... motumque e sedibus aequor Horruit
et celsi spatiosa volumina monstri*»; MANILIO, *Astron.*, V, 580-81: «*gravidus iam sur-
gere pontus Coeperat*».
35. – 1-4. *Come ecc.*: l'immagine si trova anche in OMERO, *Il.*, XVI, 364-365
e in VALERIO FLACCO, *Argon.*, II, 515-517: «*qualis ubi gelidi Boreas convallibus
Hebri Tollitur et volucres Riphaea per ardua nubes Praecipitat; piceo nox tum
tenet omnia caelo*». – 6. *il tegna*: lo occupi. – 7. *in sé raccolto*: chiuso nella
difesa.
36. – 3. *schermo*: difesa. – 4. *a un tratto*: nello stesso tempo. – 6. *piatto*: nascosto;
lo stesso termine in DANTE, *Inf.*, XIX, 75, però con il significato più probabile di
«appiattito». – 8. *cor*: coraggio.

37.   Tosto che l'orca s'accostò, e scoperse
      nel schifo Orlando con poco intervallo,
      per ingiottirlo tanta bocca aperse,
      ch'entrato un uomo vi saria a cavallo.
      Si spinse Orlando inanzi, e se gl'immerse
      con quella àncora in gola e, s'io non fallo,
      col battello anco; e l'àncora attaccolle
      e nel palato e ne la lingua molle:

38.   sì che né più si puon calar di sopra,
      né alzar di sotto le mascelle orrende.
      Così chi ne le mine il ferro adopra,
      la terra, ovunque si fa via, suspende,
      che subita ruina non lo cuopra,
      mentre malcauto al suo lavoro intende.
      Da un amo all'altro l'àncora è tanto alta,
      che non v'arriva Orlando, se non salta.

39.   Messo il puntello, e fattosi sicuro
      che 'l mostro più serrar non può la bocca,
      stringe la spada, e per quel antro oscuro
      di qua e di là con tagli e punte tocca.
      Come si può, poi che son dentro al muro
      giunti i nimici, ben difender ròcca;
      così difender l'orca si potea
      dal paladin che ne la gola avea.

40.   Dal dolor vinta, or sopra il mar si lancia,
      e mostra i fianchi e le scagliose schene;

---

37. – 2. *con poco intervallo*: a poca distanza. – 3-4. *per ingiottirlo ecc.*: il tema e anche il tono iperbolico risale alla tradizione romanzesca classica e cavalleresca; cfr. VALERIO FLACCO, *Argon.*, II, 531: «*miseraeque inhiat iam proxima praedae*» e BOIARDO, *Innam.*, II, IV, 5-6: «La bocca tutta aperse il gran serpente, Per ingiottire quel baron soprano»; eppure l'Ariosto, fingendo di ignorare il tono iperbolico, rafforza puntigliosamente la sua descrizione con paragoni precisi e realistici: i minatori nella galleria, la rocca, l'argano, il toro, ecc.

38. – 1. *si puon... sopra*: non possono scendere giù. – 3. *mine*: miniere; *ferro*: piccone. – 4. *la terra... suspende*: puntella (lat. *suspendit*) la volta della galleria. – 5. *ruina*: frana. – 7. *amo*: la punta a uncino dell'àncora.

39. – 3. *stringe*: impugna. – 4. *con tagli e punte tocca*: ferisce con colpi di taglio e di punta; cfr. IX, 70, 3-4. – 6. *ben*: è ironico.

40. – 1-4. *Dal dolor ecc.*: cfr. OVIDIO, *Met.*, IV, 721-722: «*Vulnere laesa gravi modo se sublimis in auras Adtollit, modo subdit aquis...*»; MANILIO, *Astron.*, V, 596-98: «*Illa subit contra versoque a gurgite frontem Erigit et tortis innitens orbibus alte Emicat ac toto sublimis corpore fertur*». – 2. *schene*: la schiena, il dorso. –

or dentro vi s'attuffa, e con la pancia
muove dal fondo e fa salir l'arene.
Sentendo l'acqua il cavallier di Francia,
che troppo abonda, a nuoto fuor ne viene:
lascia l'àncora fitta, e in mano prende
la fune che da l'àncora depende.

41.   E con quella ne vien nuotando in fretta
verso lo scoglio; ove fermato il piede,
tira l'àncora a sé, ch'in bocca stretta
con le due punte il brutto mostro fiede.
L'orca a seguire il canape è constretta
da quella forza ch'ogni forza eccede,
da quella forza che più in una scossa
tira, ch'in dieci un argano far possa.

42.   Come toro salvatico ch'al corno
gittar si sente un improviso laccio,
salta di qua di là, s'aggira intorno,
si colca e lieva, e non può uscir d'impaccio;
così fuor del suo antico almo soggiorno
l'orca tratta per forza di quel braccio,
con mille guizzi e mille strane ruote
segue la fune, e scior non se ne puote.

43.   Di bocca il sangue in tanta copia fonde,
che questo oggi il mar Rosso si può dire,
dove in tal guisa ella percuote l'onde,
ch'insino al fondo le vedreste aprire;
et or ne bagna il cielo, e il lume asconde
del chiaro sol: tanto le fa salire.

---

4. *l'arene*: la sabbia del fondo marino. – 6. *troppo abonda*: cresce e minaccia di
affogarlo. – 8. *depende*: pende (lat.).

41. – 4. *fiede*: ferisce. – 6. *quella... eccede*: cfr. XXIX, 53, 4.

42. – 4. *si colca*: si corica. Nel paragone del toro ci sono elementi presi da
DANTE, *Inf.*, XII, 22-24, ove si parla del toro che «qua e là saltella»; ed elementi
presi dalla descrizione di un mostro nel BOIARDO, *Innam.*, I, IX, 5-8: «Mugia saltando e cerca uscir di impaccio: Al primo salto fo gionto nel laccio». – 5. *almo
soggiorno*: l'elemento marino, per lei vitale (lat. *almus*). – 8. *scior*: sciogliere.

43. – 1. *fonde*: versa; cfr. OVIDIO, *loc. cit.*, 728-729: «*Belua puniceo mixtos cum
sanguine fluctus Ore vomit*». – 4. *aprire*: spalancarsi. Forse c'è un ricordo dell'episodio biblico del Mar Rosso che si aperse a lasciar passare gli ebrei; ma cfr. anche
FILOSTRATO, *Imag.*, I, 29. – 5-6. *et or ne bagna ecc.*: cfr. MANILIO, *Astron.*, V, 603-604:

Rimbombano al rumor ch'intorno s'ode,
le selve, i monti e le lontane prode.

44.   Fuor de la grotta il vecchio Proteo, quando
ode tanto rumor, sopra il mare esce;
e visto entrare e uscir de l'orca Orlando,
e al lito trar sì smisurato pesce,
fugge per l'alto occeano, oblïando
lo sparso gregge: e sì il tumulto cresce,
che fatto al carro i suoi delfini porre,
quel dì Nettunno in Etiopia corre.

45.   Con Melicerta in collo Ino piangendo,
e le Nereide coi capelli sparsi,
Glauci e Tritoni e gli altri, non sappiendo
dove, chi qua chi là van per salvarsi.
Orlando al lito trasse il pesce orrendo,
col qual non bisognò più affaticarsi;
che pel travaglio e per l'avuta pena,
prima morì, che fosse in su l'arena.

46.   De l'isola non pochi erano corsi
a riguardar quella battaglia strana;

«*Efflat et in coelum pelagus, mergitque volontatem Sanguineis undis, pontumque extollit in astro*». – 7-8. *Rimbombano ecc.*: cfr. VIRGILIO, *Aen.*, V, 149-150: «*Consonat omne nemus, vocemque inclusa volutant Litora, pulsati colles clamore resultant*».
44. – 1. *Proteo*: cfr. VIII, 51, 8. Il paesaggio vien popolandosi ora, con gusto di scrupolosità umanistica non privo di un tocco di parodia, del gregge (*lo sparso gregge*; cfr. VIII, 54, 1-2) tutto degli animali mitologici marini. Lo spunto viene da PONTANO, *Urania*, IV, 269 segg. – 8. *Eïopia*: presso gli «innocenti» Etiopi gli dèi della mitologia greca si recavano spesso a banchettare; e proprio tornando dall'Etiopia Nettuno scorse Ulisse in mare secondo OMERO, *Odis.*, V, 282-284; per la scena complessiva, cfr. FILOSTRATO, *Imag.*, I, 8 e 26; II, 15, 16 e 18.
45. – 1. *Melicerta... Ino*: Ino, figlia di Cadmo, per sottrarsi al furore del marito Atamante che aveva ucciso il figlio Learco, si gettò in mare con l'altro suo figlio Melicerta: Nettuno trasformò lei in ninfa col nome di Leucotea, e il figlio in una divinità marina col nome di Palemone; cfr. OVIDIO, *Met.*, IV, 512-542. – 2-3. *Nereide... Glauci e Tritoni*: altre divinità marine; cfr. VIRGILIO, *Georg.*, I, 437: «*Glauco et Panopeae et Inoo Melicertae*»; *Aen.*, V, 822-826: «*Et senior Glauci chorus Inousque Palaemon Tritonesque citi...*».

i quai da vana religion rimorsi,
così sant'opra riputâr profana:
e dicean che sarebbe un nuovo tôrsi
Proteo nimico, e attizzar l'ira insana,
da farli porre il marin gregge in terra,
e tutta rinovar l'antica guerra;

47.   e che meglio sarà di chieder pace
prima all'offeso dio, che peggio accada;
e questo si farà, quando l'audace
gittato in mare a placar Proteo vada.
Come dà fuoco l'una a l'altra face,
e tosto alluma tutta una contrada,
così d'un cor ne l'altro si difonde
l'ira ch'Orlando vuol gittar ne l'onde.

48.   Chi d'una fromba e chi d'un arco armato,
chi d'asta, chi di spada, al lito scende;
e dinanzi e di dietro e d'ogni lato,
lontano e appresso, a più poter l'offende.
Di sì bestiale insulto e troppo ingrato
gran meraviglia il paladin si prende:
pel mostro ucciso ingiuria far si vede,
dove aver ne sperò gloria e mercede.

49.   Ma come l'orso suol, che per le fiere
menato sia da Rusci o da Lituani,
passando per la via, poco temere
l'importuno abbaiar di picciol cani,
che pur non se li degna di vedere;
così poco temea di quei villani
il paladin, che con un soffio solo
ne potrà fracassar tutto lo stuolo.

---

46. – 3. *vana religion*: superstizione. – 4. *profana*: empia. – 5-6. *tôrsi... nimico*:
farsi nemico. – 8. *l'antica guerra*: cfr. VIII, 54-55.
47. – 2. *prima... che*: prima che. – 5. *face*: fiaccola. – 6. *alluma*: illumina; cfr.
DANTE, *Par.*, XX, 1; PETRARCA, *Canz.*, CLXXXV, 5 e CCCLXVI, 29.
48. – 1. *fromba*: fionda. – 5. *insulto*: assalto. – 8. *dove*: laddove.
49. – 1. *come l'orso*: il paragone con l'orso assalito dai cani si trova già, riferito
a Rinaldo, nel *Mambriano*, XXIII, 54, 1-2. – 2. *Rusci*: Russi. – 5. *non se... vedere*: non
si degna neppure di guardarli. L'orso era usato negli spettacoli pubblici del tempo,
e le sue imprese avevano parte non piccola nel repertorio dei canterini.

50.   E ben si fece far subito piazza
        che lor si volse, e Durindana prese.
        S'avea creduto quella gente pazza
        che le dovesse far poche contese,
        quando né indosso gli vedea corazza,
        né scudo in braccio, né alcun altro arnese;
        ma non sapea che dal capo alle piante
        dura la pelle avea più che diamante.

51.   Quel che d'Orlando agli altri far non lece,
        di far degli altri a lui già non è tolto.
        Trenta n'uccise, e furo in tutto diece
        botte, o se più, non le passò di molto.
        Tosto intorno sgombrar l'arena fece;
        e per slegar la donna era già volto,
        quando nuovo tumulto e nuovo grido
        fe' risuonar da un'altra parte il lido.

52.   Mentre avea il paladin da questa banda
        così tenuto i barbari impediti,
        eran senza contrasto quei d'Irlanda
        da più parte ne l'isola saliti;
        e spenta ogni pietà, strage nefanda
        di quel popul facean per tutti i liti:
        fosse iustizia, o fosse crudeltade,
        né sesso riguardavano né etade.

53.   Nessun ripar fan gl'isolani, o poco;
        parte, ch'accolti son troppo improviso,
        parte, che poca gente ha il picciol loco,

---

50. – 1. *far... piazza*: far largo; cfr. *Innam.*, II, VII, 4, 4: «lui col brando se fa ben far piaccia». – 1-2. *subito... che*: non appena che. – 4. *le... contese*: Orlando dovesse opporre loro poca resitenza. – 5. *quando*: poiché. – 8. *dura... diamante*: Orlando era invulnerabile, tranne che sotto le piante dei piedi.
51. – 2. *tolto*: impedito. – 3. *diece*: dieci. Si noti la precisione scherzosa.
52. – 3. *quei d'Irlanda*: i soldati del re d'Irlanda; cfr. IX, 11, 5-8; XI, 30, 2. – 4. *saliti*: approdati.
53. – 1. *ripar*: difesa. – 2. *accolti... improviso*: sono colti di sorpresa (lat. *im-*

e quella poca è di nessuno aviso.
L'aver fu messo a sacco; messo fuoco
fu ne le case: il populo fu ucciso:
le mura fur tutte adeguate al suolo:
non fu lasciato vivo un capo solo.

54.   Orlando, come gli appertenga nulla
           l'alto rumor le stride e la ruina,
           viene a colei che su la pietra brulla
           avea da divorar l'orca marina.
           Guarda, e gli par conoscer la fanciulla;
           e più gli pare, e più che s'avicina:
           gli pare Olimpia; et era Olimpia certo,
           che di sua fede ebbe sì iniquo merto.

55.   Misera Olimpia! a cui dopo lo scorno
           che gli fe' Amore, anco Fortuna cruda
           mandò i corsari (e fu il medesmo giorno),
           che la portaro all'isola d'Ebuda.
           Riconosce ella Orlando nel ritorno
           che fa allo scoglio: ma perch'ella è nuda,
           tien basso il capo; e non che non gli parli,
           ma gli occhi non ardisce al viso alzarli.

56.   Orlando domandò ch'iniqua sorte
           l'avesse fatta all'isola venire
           di là dove lasciata col consorte
           lieta l'avea quanto si può più dire.
           – Non so – disse ella, – s'io v'ho, che la morte
           voi mi schivaste, grazie a riferire,

---

proviso). – 4. *aviso*: avvedutezza. – 5. *L'aver*: le possessioni. – 7. *le mura... suolo*: cfr.
LIVIO, *Ab u. cond.*, I, 29: «*Egressis urbe Albanis, Romanus passim pubblica privataque
omnia tecta adaequat solo...*». – 8. *un capo*: una persona.

54. – 1. *gli... nulla*: non lo riguardi affatto. – 3. *brulla*: nuda. – 6. *e più che
s'avicina*: e quanto più le si avvicina, tanto più gli pare. – 8. *che... merto*: che ebbe
così ingiusta ricompensa della sua fedeltà.

55. – 2. *gli*: le; *Fortuna*: cfr. VIII, 50, 7-8. – 5-6. *nel... scoglio*: quando egli
ritorna verso lo scoglio. – 7. *non che non*: non solo non. – 8. *gli occhi... alzarli*:
cfr. VALERIO FLACCO, *Argon.*, II, 470: «*Illa tremens tristique oculus deiecta pudore*».

56. – 3. *là dove*: cfr. IX, 85. – 5-6. *s'io v'ho... grazie a riferire*: se io vi debba

o da dolermi che per voi non sia
oggi finita la miseria mia.

57. Io v'ho da ringraziar ch'una maniera
di morir mi schivaste troppo enorme;
che troppo saria enorme, se la fera
nel brutto ventre avesse avuto a porme.
Ma già non vi ringrazio ch'io non pèra;
che morte sol può di miseria tôrme;
ben vi ringrazierò, se da voi darmi
quella vedrò, che d'ogni duol può trarmi. –

58. Poi con gran pianto seguitò, dicendo
come lo sposo suo l'avea tradita;
che la lasciò su l'isola dormendo,
donde ella poi fu dai corsar rapita.
E mentre ella parlava, rivolgendo
s'andava in quella guisa che scolpita
o dipinta è Dïana ne la fonte,
che getta l'acqua ad Ateone in fronte;

59. che, quanto può, nasconde il petto e 'l ventre,
più liberal dei fianchi e de le rene.
Brama Orlando ch'in porto il suo legno entre;
che lei, che sciolta avea da le catene,
vorria coprir d'alcuna veste. Or mentre
ch'a questo è intento, Oberto sopraviene,
Oberto il re d'Ibernia, ch'avea inteso
che 'l marin mostro era sul lito steso;

ringraziare. Si noti la sintassi un po' mossa e concitata, anche se nell'insieme
controllata ed elegante.

57. – 2. *troppo enorme*: troppo disumana. – 8. *quella*: quella morte.

58. – 3. *dormendo*: mentre ella ancora dormiva; cfr. X, 19-21. – 6. *in quella
guisa*: cfr. la descrizione di Ovidio (*Met.*, III, 155 segg.) del mito di Atteone, che fu
trasformato in cervo da Diana, perché l'aveva vista nuda al bagno; cfr. anche lo
stesso racconto in PETRARCA, *Canz.*, XXIII, 147-160; e si noti come l'Ariosto tenda
sempre a descrizioni di ideale plasticità.

59. – 2. *rene*: reni, il dorso. – 3. *il suo legno*: la sua nave. – 7. *Oberto*: un Oberto
del Lione è personaggio secondario dell'*Innam.* (I, XIV, 40-41), ma i due hanno in
comune solo il nome. Nella storia di Olimpia Oberto ha il ruolo che, nel mito di
Arianna, aveva Dioniso, quando giunse all'isola Dia, liberò e sposò la donna
abbandonata; cfr. P. RAJNA, *Le fonti dell'«Orlando Furioso»*, cit., p. 219.

60.   e che nuotando un cavallier era ito
a porgli in gola un'àncora assai grave;
e che l'avea così tirato al lito,
come si suol tirar contr'acqua nave.
Oberto, per veder se riferito
colui da chi l'ha inteso, il vero gli have,
se ne vien quivi; e la sua gente intanto
arde e distrugge Ebuda in ogni canto.

61.   Il re d'Ibernia, ancor che fosse Orlando
di sangue tinto, e d'acqua molle e brutto,
brutto del sangue che si trasse quando
uscì de l'orca in ch'era entrato tutto,
pel conte l'andò pur raffigurando;
tanto più che ne l'animo avea indutto,
tosto che del valor sentì la nuova,
ch'altri ch'Orlando non faria tal pruova.

62.   Lo conoscea, perch'era stato infante
d'onore in Francia, e se n'era partito
per pigliar la corona, l'anno inante,
del padre suo ch'era di vita uscito.
Tante volte veduto, e tante e tante
gli avea parlato, ch'era in infinito.
Lo corse ad abbracciare e a fargli festa,
trattasi la celata ch'avea in testa.

63.   Non meno Orlando di veder contento
si mostrò il re, che 'l re di veder lui.
Poi che furo a iterar l'abbracciamento
una o due volte tornati amendui,
narrò ad Oberto Orlando il tradimento
che fu fatto alla giovane, e da cui

---

61. – 2. *molle e brutto*: inzuppato e sporco; per *brutto* cfr. DANTE, *Inf.*, VIII, 35.
– 3. *si trasse*: si prese addosso. – 5. *raffigurando*: riconoscendo. – 6. *indutto*: immaginato (lat. «*in animum inducere*»). – 8. *pruova*: impresa.
    62. – 1. *infante*: paggio. – 6. *ch'era in infinito*: che il numero ne era infinito. –
8. *celata*: elmo.
    63. – 3. *iterar*: rinnovare; cfr. DANTE, *Purg.*, VII, 1-2: «Poscia che l'accoglienze
oneste e liete Furo iterate tre o quattro volte»; ma il gesto, che verrà più volte
ripreso nel *Furioso*, era già divenuto motivo topico nel *Decameron* di BOCCACCIO,

fatto le fu; dal perfido Bireno,
che via d'ogn'altro lo dovea far meno.

64.   Le pruove gli narrò, che tante volte
        ella d'amarlo dimostrato avea:
        come i parenti e le sustanzie tolte
        le furo, e al fin per lui morir volea;
        e ch'esso testimonio era di molte,
        e renderne buon conto ne potea.
        Mentre parlava, i begli occhi sereni
        de la donna di lagrime eran pieni.

65.   Era il bel viso suo, quale esser suole
        da primavera alcuna volta il cielo,
        quando la pioggia cade, e a un tempo il sole
        si sgombra intorno il nubiloso velo.
        E come il rosignuol dolci carole
        mena nei rami alor del verde stelo,
        così alle belle lagrime le piume
        si bagna Amore, e gode al chiaro lume.

66.   E ne la face de' begli occhi accende
        l'aurato strale, e nel ruscello amorza,
        che tra vermigli e bianchi fiori scende:
        e temprato che l'ha, tira di forza
        contra il garzon, che né scudo difende
        né maglia doppia né ferigna scorza;

II, 6, 69: «Ma poi che l'accoglienze oneste e liete furo iterate tre e quattro volte».
– 8. *via... meno*: assai meno.
    64. – 3. *sustanzie*: ricchezze. – 5. *di molte*: di molte prove. – 6. *renderne buon
conto*: farne fede. – 7. *i begli... sereni*: cfr. II, 27, 3: «il bel viso sereno».
    65. – 4. *il nubiloso velo*: il velo delle nuvole; cfr. OVIDIO, *Met.*, V, 569-571: «*ut
sol, qui tectus aquosis Nubibus ante fuit, victis e nubibus exit*»; ma l'immagine del-
l'Ariosto è tanto più commossa e preziosa. – 5-6. *dolci... rami*: intreccia soavi danze
musicali fra i rami; *carole* è termine dantesco (*Par.*, XXIV, 16; XXV, 99). – 6. *stelo*:
albero. – 7-8. *così alle belle ecc.*: Amore petrarchescamente (ma con un petrarchismo impreziosito dal *conceit*) risiede negli occhi di Angelica, si bagna le ali (*le
piume*) nelle sue lacrime, e al tempo stesso gode dello splendore di quegli occhi.
    66. – 1. *la face*: la fiamma, il *chiaro lume* (65, 8); *accende*: riscalda. – 2. *aurato
strale*: cfr. PETRARCA, *Canz.*, CLXXIV, 14: «orato... strale»; CCXCVI, 7-8: «aurato...
strale», e anche altrove; *ruscello*: delle lacrime; *amorza*: raffredda, temprandolo. –
3. *vermigli e bianchi fiori*: il colore delle guance; cfr. VII, 11, 6 e X, 95, 6. –
4. *temprato*: cfr. VI, 75, 7. – 6. *ferigna scorza*: pelle di fiera, simile alla «scagliosa

che mentre sta a mirar gli occhi e le chiome,
si sente il cor ferito, e non sa come.

67.   Le bellezze d'Olimpia eran di quelle
che son più rare: e non la fronte sola,
gli occhi e le guancie e le chiome avea belle,
la bocca, il naso, gli omeri e la gola;
ma discendendo giù da le mammelle,
le parti che solea coprir la stola,
fur di tanta escellenzia, ch'anteporse
a quante n'avea il mondo potean forse.

68.   Vinceano di candor le nievi intatte,
et eran più ch'avorio a toccar molli:
le poppe ritondette parean latte
che fuor dei giunchi allora allora tolli.
Spazio fra lor tal discendea, qual fatte
esser veggiàn fra piccolini colli
l'ombrose valli, in sua stagione amene,
che 'l verno abbia di nieve allora piene.

69.   I rilevati fianchi e le belle anche,
e netto più che specchio il ventre piano,

---

pelle» di Rodomonte (XIV, 118, 1-2). Il Gilbert (*op. cit.*, p. 245) sostiene, contro Lisio, Debenedetti e Segre, la lezione «ferrigna» della vulgata, cioè «di ferro». – 8. *non sa come*: molti degli elementi di questa descrizione provengono dalle *Stanze* di POLIZIANO, là dove viene descritto l'innamoramento di Iulio (I, 40-41): «Tosto Cupido entra a' begli occhi ascoso Al nervo adatta del suo stral la cocca; Poi tira quel col braccio poderoso... Né pria per l'aer ronzando esce 'l quadrello, Che Iulio dentro al cor sentito ha quello...; E fatto ghiotto del suo dolce aspetto, Giammai li occhi da li occhi levar puolle; Ma tutto preso dal vago splendore Non s'accorge el meschin che quivi è Amore».

67. – 1. *Le bellezze d'Olimpia ecc.*: la diffusa, estasiata descrizione della bellezza di Olimpia si rifà a quelle di Alcina (VII, 11 segg.) e di Angelica (X, 95 segg.) con una ancor più preziosa elaborazione dei temi tradizionali, con l'aggiunta di tutta una serie di paragoni umanistici, con in più un caldo e deliziosamente indiscreto tocco di sensualità. Essa serve ad attenuare il tono drammatico del rapimento e del salvataggio e prepara alla soluzione finale dell'episodio.

68. – 1. *candor*: cfr. VII, 14, 1; *le nievi*: cfr. BOIARDO, *Am.*, X, 1: «Pura mia neve ch'èi dal ciel discesa». – 2. *avorio*: cfr. X, 98, 4; *molli*: lisce, levigate. – 3. *le poppe ritondette*: cfr. VII, 14, 3; X, 96, 7. – 3-4. *latte... tolli*: per formare la «giuncata» si poneva il latte a cagliare in speciali forme di giunco. – 7. *in sua stagione*: nella stagione in cui sono perfette, in primavera; cfr. PETRARCA, *Canz.*, CXXIX, 5: «s'infra duo poggi siede ombrosa valle».

69. – 1-4. *I rilevati fianchi ecc.*: i fianchi, le anche, il ventre e le cosce di

pareano fatti, e quelle coscie bianche,
da Fidia a torno, o da più dotta mano.
Di quelle parti debbovi dir anche,
che pur celare ella bramava invano?
Dirò insomma ch'in lei dal capo al piede,
quant'esser può beltà, tutta si vede.

70. Se fosse stata ne le valli Idee
vista dal pastor frigio, io non so quanto
Vener, se ben vincea quelle tre dee,
portato avesse di bellezza il vanto;
né forse ito saria ne le Amiclee
contrade esso a violar l'ospizio santo;
ma detto avria: – Con Menelao ti resta,
Elena pur; ch'altra io non vo' che questa. –

Olimpia sembrano fatti col tornio dal famoso scultore greco Fidia o da mano
più esperta. Il tornio veniva usato per lavorare l'avorio o altri materiali preziosi.
  70. – 1. *le valli Idee*: le valli del monte Ida, nella Troade. – 2. *pastor frigio*:
Paride, al quale si presentarono le tre Dee perché assegnasse un pomo in
premio alla più bella. Il tema del giudizio di Paride che viene qui elaborato
aveva precedenti classici (PROPERZIO, *Carm.*, II, 13-14: «*Cedite, iam, divae, quas
pastor viderat olim Idaeis tunicas ponere verticibus*»; OVIDIO, *Her.*, XVI, 137-140:
«*His similes vultus, quantum reminiscor, habebat Venit in arbitrium cum Cytherea
meum; Si tu venisses pariter certamen in illud, In dubium Veneris palma futura
fuit*», dove è Paride stesso che parla), umanistici (TITO VESPASIANO STROZZI,
carme *Si Paris hanc faciem Phrigia vidisset in Ida*) e nella tradizione volgare,
da PETRARCA e BOCCACCIO a non pochi poeti del Quattrocento (fra cui con
particolare rilievo BERNARDO PULCI e PANFILO SASSO), al BOIARDO di *Pastorale*, I, 40-42 («Né sopra Xanto né a le selve idee, Là dove il bel pastor in alto
fasto Se pose a iudicar tra le tre dee»), al CIECO del *Mambriano*, II, 31: «Se
costei [Carandina] fosse al tempo de' Troiani Stata, quando il pastor diè il
pomo a Venere, Non harebbe vêr lei stese le mani Né Troia si saria conversa
in cenere, Ché mirando i bei ochi e i sguardi humani, E le membra gentil,
leggiadre e tenere, Non solamente gl'haverìa concesso Paris el pomo, ma Troia
e sé tesso». Sull'intera questione, cfr. M. MALINVERNI, *Paride in giudizio. Pre-
senze quattrocentesche in un'ottava ariostesca (ed oltre)*, in «Rivista di letteratura
italiana», IX (1991), 1-2, pp. 107-18. – 3. *quelle tre dee*: la lezione delle stampe
ariostesche è «Vener, se ben vincea quelle tre dee»; il Fòrnari ha suggerito
l'emendamento, poi accolto da molti editori, «quell'altre dee» dichiarando
d'aver avuta notizia da Virginio Ariosto che il poeta stesso aveva notato
l'errore tipografico. Il Gilbert (*op. cit.*, pp. 246-248) avanza dubbi sull'attendi-
bilità della notizia e difende la lezione contro l'obiezione che Venere era una
delle tre dee, citando il caso analogo di Guidone e dei dieci cavalieri; cfr. n. a
XX, 7-8; Segre ha ripristinato la lezione originaria. – 4. *avesse*: avrebbe. – 5-6.
né forse... santo: forse Paride non si sarebbe recato in Laconia (*Amiclee contrade*,
da Amicle, città presso Sparta) a rapire Elena, violando la sacra ospitalità
della casa di Menelao.

71.   E se fosse costei stata a Crotone,
         quando Zeusi l'imagine far vòlse,
         che por dovea nel tempio di Iunone,
         e tante belle nude insieme accolse;
         e che, per una farne in perfezione,
         da chi una parte e da chi un'altra tolse:
         non avea da tôrre altra che costei;
         che tutte le bellezze erano in lei.

72.   Io non credo che mai Bireno, nudo
         vedesse quel bel corpo; ch'io son certo
         che stato non saria mai così crudo,
         che l'avesse lasciata in quel deserto.
         Ch'Oberto se n'accende, io vi concludo,
         tanto che 'l fuoco non può star coperto.
         Si studia consolarla, e darle speme
         ch'uscirà in bene il mal ch'ora la preme:

73.   e le promette andar seco in Olanda;
         né fin che ne lo stato la rimetta,
         e ch'abbia fatto iusta e memoranda
         di quel periuro e traditor vendetta,
         non cessarà con ciò che possa Irlanda,
         e lo farà quanto potrà più in fretta.
         Cercare intanto in quelle case e in queste
         facea di gonne e di feminee veste.

74.   Bisogno non sarà, per trovar gonne,
         ch'a cercar fuor de l'isola si mande;
         ch'ogni dì se n'avea da quelle donne
         che de l'avido mostro eran vivande.
         Non fe' molto cercar, che ritrovonne
         di varie foggie Oberto copia grande;
         e fe' vestir Olimpia, e ben gl'increbbe
         non la poter vestir come vorrebbe.

---

71. – 1-4. *E se fosse ecc.*: il famoso pittore greco Zeusi (c. 424-380 a. C.), volendo dipingere Elena nel tempio di Crotone, in Magna Grecia, prese a modello cinque fanciulle, per trarne l'immagine del «bello ideale»; cfr. CICERONE, *De inv.*, II, 1; PLINIO, *Nat. hist.*, XXXV, 9; CASTIGLIONE, *Cortegiano*, I, LIII.

72. – 5. *se n'accende*: se ne innamora. – 8. *ch'uscirà... preme*: che il dolore che ora la opprime (*preme*, cfr. VI, 14, 4) si volgerà in letizia.

73. – 1. *seco*: con lei. – 2. *ne lo... rimetta*: la rifaccia regina del suo regno.

73. – 4. *quel periuro*: Bireno. – 5. *non... Irlanda*: non cesserà di usare tutta la potenza di Irlanda in suo favore.

74. – 1. *non sarà*: non c'è. – 7. *ben*: molto.

75.   Ma né sì bella seta o sì fin'oro
        mai Fiorentini industri tesser fenno;
        né chi ricama fece mai lavoro,
        postovi tempo, diligenzia e senno,
        che potesse a costui parer decoro,
        se lo fêsse Minerva o il dio di Lenno,
        e degno di coprir sì belle membre,
        che forza è ad or ad or se ne rimembre.

76.   Per più rispetti il paladino molto
        si dimostrò di questo amor contento:
        ch'oltre che 'l re non lascierebbe asciolto
        Bireno andar di tanto tradimento,
        sarebbe anch'esso per tal mezzo tolto
        di grave e di noioso impedimento,
        quivi non per Olimpia, ma venuto
        per dar, se v'era, alla sua donna aiuto.

77.   Ch'ella non v'era si chiarì di corto,
        ma già non si chiarì se v'era stata;
        perché ogn'uomo ne l'isola era morto,
        né un sol rimaso di sì gran brigata.
        Il dì seguente si partîr del porto,
        e tutti insieme andaro in una armata.
        Con loro andò in Irlanda il paladino;
        che fu per gire in Francia il suo camino.

78.   A pena un giorno si fermò in Irlanda;
        non valser preghi a far che più vi stesse:
        Amor, che dietro alla sua donna il manda,
        di fermarvisi più non gli concesse.
        Quindi si parte; e prima raccomanda

---

75. – 2. *Fiorentini*: i setaioli e i battiloro fiorentini erano allora giustamente famosi. – 5. *che... decoro*: che sembrasse a Bireno decoroso, conveniente (costr. lat.). – 6. *se... Lenno*: anche se fosse opera di Minerva, abilissima tessitrice (cfr. XLIII, 18, 4) o della fucina di Vulcano, situata secondo il mito nell'isola di Lemno. – 8. *che... rimembre*: che egli non può fare a meno di ricordare continuamente.

76. – 3. *asciolto*: assolto, impunito. – 5. *anch'esso... tolto*: anche lui, Orlando, sarebbe liberato. – 8. *sua donna*: Angelica.

77. – 1. *si chiarì di corto*: se ne accertò in breve. – 6. *in una armata*: formando una sola flotta. – 8. *che... camino*: poiché egli era diretto in Francia, e l'Irlanda si trovava sul percorso.

Olimpia al re, che servì le promesse:
ben che non bisognassi; che gli attenne
molto più, che di far non si convenne.

79. Così fra pochi dì gente raccolse;
e fatto lega col re d'Inghilterra
e con l'altro di Scozia, gli ritolse
Olanda, e in Frisa non gli lasciò terra;
et a ribellïone anco gli volse
la sua Selandia: e non finì la guerra,
che gli diè morte; né però fu tale
la pena, ch'al delitto andasse eguale.

80. Olimpia Oberto si pigliò per moglie,
e di contessa la fe' gran regina.
Ma ritorniamo al paladin che scioglie
nel mar le vele, e notte e dì camina;
poi nel medesmo porto le raccoglie,
donde pria le spiegò ne la marina:
e sul suo Brigliadoro armato salse,
e lasciò dietro i venti e l'onde salse.

81. Credo che 'l resto di quel verno cose
facesse degne di tenerne conto;
ma fur sin a quel tempo sì nascose,
che non è colpa mia s'or non le conto;
perché Orlando a far l'opre virtuose,
più che a narrarle poi, sempre era pronto:
né mai fu alcun de li suoi fatti espresso,
se non quando ebbe i testimonii appresso.

---

78. – 6. *servì*: mantenga. – 7. *attenne*: mantenne. – 8. *molto... convenne*: molto di
più di quel che aveva promesso di fare.

79. – 1. *fra pochi dì*: dopo pochi giorni. – 3. *gli ritolse*: ritolse a Bireno. – 7. *che*:
finché. – 8. *ch'al delitto... eguale*: che fosse pari al tradimento da lui compiuto.

80. – 5. *nel medesmo porto*: nel porto di Saint-Malo; cfr. IX, 15, 6.7; *le raccoglie*:
le ammaina. – 7. *salse*: salì, montò.

81. – 3. *sin a quel tempo*: perfino allora. – 5-6. *a far... più che a narrarle*: anche
in questo Orlando si distingue dagli altri cavalieri del poema; cfr. n. a IV, 56, 8; c'è
anche qui un'allusione ironica al topos delle narrazioni canterine che spesso
proclamavano l'impossibilità di dire e raccontare, per la qualità straordinaria e
inverosimile delle avventure, per la mancanza di testimonianze, per la carenza di
riscontri e fonti autenticanti.

82.   Passò il resto del verno così cheto,
        che di lui non si seppe cosa vera:
        ma poi che 'l sol ne l'animal discreto
        che portò Friso, illuminò la sfera,
        e Zefiro tornò soave e lieto
        a rimenar la dolce primavera;
        d'Orlando usciron le mirabil pruove
        coi vaghi fiori e con l'erbette nuove.

83.   Di piano in monte, e di campagna in lido,
        pien di travaglio e di dolor ne gìa;
        quando all'entrar d'un bosco, un lungo grido,
        un alto duol l'orecchie gli ferìa.
        Spinge il cavallo, e piglia il brando fido,
        e donde viene il suon, ratto s'invia:
        ma diferisco un'altra volta a dire
        quel che seguì, se mi vorrete udire.

---

82. – 1. *così cheto*: così appartato, senza fare parlare di sé. – 2. *cosa vera*: notizia precisa. – 3-4. *ma poi... sfera*: ma quando il sole venne a trovarsi nella costellazione dell'Ariete, e da lì illuminò la sfera terrestre. L'Ariete, secondo il mito, prima di essere cangiato in costellazione, aveva il vello d'oro e fu l'oggetto della spedizione degli Argonauti. Un episodio del mito è quello, qui accennato, di quando l'Ariete portò Frisso in Colchide, mentre fuggiva insieme alla sorella Elle alle persecuzioni della matrigna Ino (cfr. IGINO, *Fab.*, II, 111; BOCCACCIO, *Filocolo*, II, 26, 6). – 5-6. *e Zefiro ecc.*: cfr. PETRARCA, *Canz.* CCCX, 1: «Zefiro torna e 'l bel tempo rimena». – 7. *usciron*: tornarono a farsi note e palesi. – 8. *vaghi fiori... erbette nuove*: cfr. BOIARDO, *Amor.*, V, 10: «Coi vaghi fiori e con l'erbetta nova».
83. – 4. *un alto duol*: un grido di dolore; cfr. DANTE, *Inf.*, VIII, 65: «ma nell'orecchie mi percosse un duolo». – 5. *il brando fido*: cfr. VIRGILIO, *Aen.*, VI, 524: «*fidum... ensem*». – 6. *donde*: là onde. – 7-8. *dire... udire*: cfr. V, 92, 8.

CANTO DUODECIMO

Esordio: Orlando in cerca d'Angelica è come la dea Cerere in cerca di Proserpina. Orlando viene attratto nelle insidie del castello incantato di Atlante, indotto come è a seguire l'immagine vana di Angelica. Sono nel castello altri cavalieri, fra cui Ferraù, Brandimarte, Gradasso e Sacripante. Sopraggiunge Ruggiero, inseguendo l'immagine di Bradamante. Sopraggiunge anche Angelica che, per mezzo dell'anello, libera Sacripante, Orlando e Ferraù, e poi fugge. Mentre viene inseguita dai tre cavalieri, Angelica si pone l'anello in bocca e diventa invisibile. Orlando e Ferraù si azzuffano e Angelica, invisibile, sottrae l'elmo d'Orlando. I due cavalieri interrompono il duello e si pongono separatamente all'inseguimento di Sacripante, che credono autore del furto. Angelica giunge in un bosco e s'imbatte in un giovane mortalmente ferito (Medoro). Frattanto Orlando, sulla via di Parigi, incontra e distrugge due squadre di pagani, comandate da Alzirdo e Manilardo. Più avanti, in una spelonca, trova l'infelice Isabella e la vecchia Gabrina.

I.   Cerere, poi che da la madre Idea
           tornando in fretta alla solinga valle,
           là dove calca la montagna Etnea
           al fulminato Encelado le spalle,
           la figlia non trovò dove l'avea

1 – 1-6. *Cerere ecc.*: secondo il mito classico, Cerere, tornando dal monte Ida, ove si era recata a visitare la madre, alla valle dell'Etna (sotto cui il fulmine di Giove ha sepolto il gigante Encelado), non trovò più la figlia Proserpina, rapita da Plutone e si dette a cercarla. Per questo mito, che è usato qui dall'Ariosto come garbato e umoristico contrasto alle fatiche terrene di Orlando, cfr. il racconto di OVIDIO, *Met.*, V, 438 segg.; *Fasti*, IV, 419 segg.; e di CLAUDIANO, *Rapt. Pros.* I, 138 segg. La mossa del verso iniziale ricalca PETRARCA, *Canz.*, CII, 1: «Cesare poi che 'l traditor d'Egitto»; *madre Idea*: cfr. VALERIO FLACCO, *Argon.*, II, 536: «*Idaea ma-*

lasciata fuor d'ogni segnato calle;
fatto ch'ebbe alle guancie, al petto, ai crini
e agli occhi danno, al fin svelse duo pini;

2.   e nel fuoco gli accese di Vulcano,
e diè lor non potere esser mai spenti:
e portandosi questi uno per mano
sul carro che tiravan dui serpenti,
cercò le selve, i campi, il monte, il piano,
le valli, i fiumi, li stagni, i torrenti,
la terra e 'l mare; e poi che tutto il mondo
cercò di sopra, andò al tartareo fondo.

3.   S'in poter fosse stato Orlando pare
all'Eleusina dea, come in disio,
non avria, per Angelica cercare,
lasciato o selva o campo o stagno o rio
o valle o monte o piano o terra o mare,
il cielo e 'l fondo de l'eterno oblio;
ma poi che 'l carro e i draghi non avea,
la gìa cercando al meglio che potea.

---

ter»; *Encelado*: cfr. VIRGILIO, *Aen.*, III, 578-80; CLAUDIANO, *Rapt. Pros.*, I, 154-55. –
6. *fuor... calle*: in luogo appartato e solitario; cfr. XI, 15, 6. – 7-8. *fatto ch'ebbe... pini*:
cfr. OVIDIO, *Met.*, V, 441-442: «*illa duabus Flammiferas pinus manibus succendit ab
Aetna*» e 472-473: «*inornatos laniavit diva capillos Et repetita suis percussit pectora
palmis*»; *alle guance... danno*: cfr. V, 60, 1-4.
     2. – 2. *diè... spenti*: conferì loro la virtù di non venire mai spenti; cfr. CLAU-
DIANO, *Rapt. Pros.*, III, 400-402: «*Tum, ne deficerent tantis erroribus, ignes Semper
inocciduos insopitosque manere Iussit et arcano perfudit robora suco*». – 4. *carro...
serpenti*: cfr. OVIDIO, *Fasti*, IV, 497-498: «*frenatos curribus angues Iungit*». –
5. *cercò*: esplorò. La serie di sostantivi (vv. 5-7) usata a definire uno sfondo
paesistico in modo stilizzato e puramente fonico, è motivo petrarchesco (cfr.
Canz., XXXV, 9-10: «monti e piagge E fiumi e selve»; LXXI, 37: «O poggi, o
valli, o fiumi, o selve, o campi»; ecc.), qui ampliato e adattato alla vasta
geografia del mito classico e al respiro dell'ottava; esso è ripreso poi, con
elegante variazione (dall'asindeto al polisindeto) nell'ottava seguente (vv. 4-6).
Ma forse era qui presente anche l'eco sonora di un'altra enumerazione asinde-
tica, relativa a Persefone, in STAZIO, *Theb.*, XII, 276-277: «*Persephonen amnes
silvae freta nubila clamant, Persephonen tantum Stygii tacet aula mariti*». – 8. *al
tartareo fondo*: all'Inferno; cfr. IX, 91, 2.
     3. – 1. *pare*: pari. – 2. *Eleusina dea*: così era detta Cerere perché ad Eleusi,
nell'Attica, si celebravano i suoi misteri. – 6. *'l fondo... oblio*: il tartareo fondo (2, 8),
ove scorre il Lete, fiume dell'oblio; cfr. PETRARCA, *Canz.*, XLVI, 13: «tinti ne l'eterno oblio» (appunto, il Lete).

4.

L'ha cercata per Francia: or s'apparecchia
per Italia cercarla e per Lamagna,
per la nuova Castiglia e per la vecchia,
e poi passare in Libia il mar di Spagna.
Mentre pensa così, sente all'orecchia
una voce venir che par che piagna:
si spinge inanzi; e sopra un gran destriero
trottar si vede inanzi un cavalliero,

5.

che porta in braccio e su l'arcion davante
per forza una mestissima donzella.
Piange ella, e si dibatte, e fa sembiante
di gran dolore; et in soccorso appella
il valoroso principe d'Anglante;
che come mira alla giovane bella,
gli par colei, per cui la notte e il giorno
cercato Francia avea dentro e d'intorno.

6.

Non dico ch'ella fosse, ma parea
Angelica gentil ch'egli tant'ama.
Egli, che la sua donna e la sua dea
vede portar sì addolorata e grama,
spinto da l'ira e da la furia rea,
con voce orrenda il cavallier richiama;
richiama il cavalliero e gli minaccia,
e Brigliadoro a tutta briglia caccia.

---

4. – 2. *Lamagna*: Germania. – 4. *e poi... Spagna*: e poi a passare, per andare in Libia (cioè tutta l'Africa settentrionale), lo stretto di Gibilterra (costr. lat.).

5. – 3. *fa sembiante*: mostra nel suo atteggiamento; ma forse, con ambiguità che sarà accentuata nelle ottave seguenti, significa: «finge nel suo atteggiamento». – 5. *principe d'Anglante*: Orlando, cfr. I, 57, I. – 7-8. *la notte e il giorno... dentro e d'intorno*: si noti la sapiente simmetria della sintassi; l'espressione, in parte, era dantesca: «vago già di cercar dentro e dintorno» (*Purg.*, XXVIII, I).

6. – I. *Non dico... parea*: cfr. BOIARDO, *Innam.*, III, II, 26, 7: «Parea, dico e non vi era; ogniom ben note»; ma nell'Ariosto il motivo è assai meno esteriore e più centrale alla sua ispirazione, alla sua lucida coscienza del vario gioco di realtà e apparenza nel mondo. E si noti quanto spesso ricorra in quest'episodio quel verbo «parere». – 2. *Angelica... ama*: cfr. VII, 68, I. – 3. *donna... dea*: cfr. PETRARCA, *Canz.*, CCCLXVI, 98: «Or tu donna del ciel, tu nostra dea». – 4. *grama*: misera, afflitta; cfr. *Mambriano*, I, 77: «dolente e gramo». – 7. *gli minaccia*: lo minaccia (lat. *minare alicui*). – 8. *caccia*: spinge alla corsa; cfr. I, 13, 2.

7.　　　Non resta quel fellon, né gli risponde,
　　　　all'alta preda, al gran guadagno intento;
　　　　e sì ratto ne va per quelle fronde,
　　　　che saria tardo a seguitarlo il vento.
　　　　L'un fugge, e l'altro caccia; e le profonde
　　　　selve s'odon sonar d'alto lamento.
　　　　Correndo, usciro in un gran prato; e quello
　　　　avea nel mezzo un grande e ricco ostello.

8.　　　Di vari marmi con suttil lavoro
　　　　edificato era il palazzo altiero.
　　　　Corse dentro alla porta messa d'oro
　　　　con la donzella in braccio il cavalliero.
　　　　Dopo non molto giunse Brigliadoro,
　　　　che porta Orlando disdegnoso e fiero.
　　　　Orlando, come è dentro, gli occhi gira;
　　　　né più il guerrier, né la donzella mira.

9.　　　Subito smonta, e fulminando passa
　　　　dove più dentro il bel tetto s'alloggia:
　　　　corre di qua, corre di là, né lassa
　　　　che non vegga ogni camera, ogni loggia.
　　　　Poi che i segreti d'ogni stanza bassa
　　　　ha cerco invan, su per le scale poggia;
　　　　e non men perde anco a cercar di sopra,
　　　　che perdessi di sotto, il tempo e l'opra.

---

7. – 1. *resta*: s'arresta. – 5. *caccia*: insegue. – 5-6. *le profonde... sonar*: cfr. VIRGI-
LIO, *Aen.*, VII, 515: «*silvae insonuere profundae*». – 8. *ostello*: palazzo.

8. – 1. *Di vari... lavoro*: cfr. PULCI, *Morg.*, II, 20, 2 e BOIARDO, *Innam.*, II, VIII,
14, 8. – 2. *altiero*: maestoso, magnifico. Il motivo del palazzo incantato, già
accennato precedentemente (cfr. II, 41-42) non è ignoto alla letteratura cavalleresca (cfr. PULCI, *Morg.*, II, 25 segg.; BOIARDO, *Innam.*, I, IX, 73 segg.; CIECO,
Mambriano, XXXVI, 78), ma diventa qui tema tutto originale, tanto che il
Rajna (*Le fonti dell'«Orlando Furioso»*, cit., pp. 220-221) è disposto ad ammettere
che sia «una delle creazioni più originali e più belle dell'Ariosto». Qui è più
evidente che altrove «il carattere dell'arte ariostesca, il suo realismo magico,
concretissimo e al tempo stesso divinamente illusorio» (Sapegno). – 3. *messa
d'oro*: dorata. A Ferrara vivevano al tempo dell'Ariosto artigiani indoratori, per
es. un «messero Ludovico che mette d'oro depintore» (segnalato dal Bertoni).
Ma cfr. anche PULCI, *Morg.*, XII, 43, 2: «con certi Macometti messi ad oro»
(Segre). – 8. *mira*: vede.

9. – 2. *dove... alloggia*: nelle stanze interne dove alloggiano gli abitatori del
palazzo. – 3-4. *né lassa... vegga*: e non tralascia di vedere; *camera... loggia*: cfr. IX, 21,
6. – 6. *cerco*: esplorato; *poggia*: sale.

10.   D'oro e di seta i letti ornati vede:
        nulla de muri appar né de pareti;
        che quelle, e il suolo ove si mette il piede,
        son da cortine ascose e da tapeti.
        Di su di giù va il conte Orlando e riede;
        né per questo può far gli occhi mai lieti
        che riveggiano Angelica, o quel ladro
        che n'ha portato il bel viso leggiadro.

11.   E mentre or quinci or quindi invano il passo
        movea, pien di travaglio e di pensieri,
        Ferraù, Brandimarte e il re Gradasso,
        re Sacripante et altri cavallieri
        vi ritrovò, ch'andavano alto e basso,
        né men facean di lui vani sentieri;
        e si ramaricavan del malvagio
        invisibil signor di quel palagio.

12.   Tutti cercando il van, tutti gli danno
        colpa di furto alcun che lor fatt'abbia:
        del destrier che gli ha tolto, altri è in affanno;
        ch'abbia perduta altri la donna, arrabbia;
        altri d'altro l'accusa: e così stanno,
        che non si san partir di quella gabbia;
        e vi son molti, a questo inganno presi,
        stati le settimane intiere e i mesi.

---

10. – 4. *cortine*: arazzi. Assai famosi erano i ricchi arazzi che ornavano la corte estense. – 5. *Di su di giù ecc.*: torna il *leit-motiv* del tema di Atlante (cfr. IV, 44, 3) che sarà dominante in questo canto (18, 5; 29, 3; ecc.), come simbolo di un mondo in cui realtà e illusione si sovrappongono, le passioni umane sono irretite in inganni sottili, e vanificano al tocco scettico se pur comprensivo del poeta. – 8. *portato... leggiadro*: cfr. PETRARCA, *Canz.*, XCVI, 5-6: «Ma 'l bel viso leggiadro, che depinto Porto».

11. – 3. *Ferraù*: cfr. I, 14, 1; lo si era lasciato che andava «di qua, di là» in cerca di Orlando: cfr. I, 31, 6; *Brandimarte*: era anche lui in cerca di Orlando: cfr. VIII, 86-88; *Gradasso*: re di Sericana; cfr. I, 55, 4; era stato liberato dalla rocca di Atlante per opera di Bradamante e aveva invano «di su... di giù» inseguito l'ippogrifo: cfr. IV, 44. – 4. *Sacripante*: re di Circassia; cfr. I, 45, 4; anche lui era stato liberato da Bradamante: cfr. IV, 44. Non è detto come quei cavalieri siano ora giunti qui, ma è certo che sono anch'essi caduti vittime delle insidie di Atlante. – 5. *alto e basso*: su e giù per le scale. – 6. *vani sentieri*: inutili viaggi.

12. – 1. *cercando il van*: vanno cercando il signore del palazzo.

13.   Orlando, poi che quattro volte e sei
        tutto cercato ebbe il palazzo strano,
        disse fra sé: «Qui dimorar potrei,
        gittare il tempo e la fatica invano:
        e potria il ladro aver tratta costei
        da un'altra uscita, e molto esser lontano».
        Con tal pensiero uscì nel verde prato,
        dal qual tutto il palazzo era aggirato.

14.   Mentre circonda la casa silvestra,
        tenendo pur a terra il viso chino
        per veder s'orma appare, o da man destra
        o da sinistra, di nuovo camino;
        si sente richiamar da una finestra:
        e leva gli occhi; e quel parlar divino
        gli pare udire, e par che miri il viso,
        che l'ha, da quel che fu, tanto diviso.

15.   Pargli Angelica udir, che supplicando
        e piangendo gli dica: – Aita, aita!
        la mia virginità ti raccomando
        più che l'anima mia, più che la vita.
        Dunque in presenzia del mio caro Orlando
        da questo ladro mi sarà rapita?
        Più tosto di tua man dammi la morte,
        che venir lasci a sì infelice sorte. –

16.   Queste parole una et un'altra volta
        fanno Orlando tornar per ogni stanza,
        con passïone e con fatica molta,
        ma temperata pur d'alta speranza.

---

13. – 1. *quattro... sei*: un numero indeterminato di volte; cfr. PETRARCA, *Canz.*,
CCVI, 53: «tre volte et quattro et sei». – 2. *cercato*: esplorato; *strano*: misterioso. –
8. *aggirato*: circondato.

14. – 1. *Mentre... silvestra*: mentre gira attorno al palazzo, ch'è posto in mezzo
al bosco. – 4. *di nuovo camino*: di passaggio recente. – 7. *gli pare... e par*: cfr. n. a 6,
1. – 8. *che... diviso*: cfr. PETRARCA, *Canz.*, CCXCII, 2-3: «'l viso, Che m'avea sì da me
stesso diviso».

15. – 2. *Aita, aita!* cfr. BOIARDO, *Innam.*, II, XXXI, 34, 5-6: «Nel mezo sembra
Carlo imperatore Chiamando: – Aiuto! aiuto! – con affanno». – 3. *la mia verginità*:
cfr. VIII, 77-78. – 7-8. *Più tosto... lasci*: piuttosto che mi lasci soggiacere.

16. – 3. *con passïone... molta*: con molto affanno e travaglio spirituale. –

Talor si ferma et una voce ascolta,
che di quella d'Angelica ha sembianza
(e s'egli è da una parte, suona altronde),
che chieggia aiuto; e non sa trovar donde.

17. Ma tornando a Ruggier, ch'io lasciai quando
dissi che per sentiero ombroso e fosco
il gigante e la donna seguitando,
in un gran prato uscito era del bosco;
io dico ch'arrivò qui dove Orlando
dianzi arrivò, se 'l loco riconosco.
Dentro la porta il gran gigante passa:
Ruggier gli è appresso, e di seguir non lassa.

18. Tosto che pon dentro alla soglia il piede,
per la gran corte e per le loggie mira;
né più il gigante né la donna vede,
e gli occhi indarno or quinci or quindi aggira.
Di su di giù va molte volte e riede;
né gli succede mai quel che desira:
né si sa imaginar dove sì tosto
con la donna il fellon si sia nascosto.

19. Poi che revisto ha quattro volte e cinque
di su di giù camere e loggie e sale,
pur di nuovo ritorna, e non relinque
che non ne cerchi fin sotto le scale.
Con speme al fin che sian ne le propinque
selve, si parte: ma una voce, quale
richiamò Orlando, lui chiamò non manco,
e nel palazzo il fe' ritornar anco.

---

6. *sembianza*: apparenza. – 7. *altronde*: da un'altra parte. – 8. *donde*: da che parte
venga la voce.
  17. – 1. *ch'io lasciai*: cfr. XI, 15-21 e n. a II, 30, 7-8. – 2. *per... fosco*: cfr. XI, 21,
2 e si noti che anche le rime ripetono quelle di XI, 21. – 8. *di... lassa*: non desiste
dall'inseguirlo.
  18. – 2-3. *per la gran corte ecc.*: si ripete la situazione di Orlando (XII, 8, 7-8).
– 4. *aggira*: muove in giro. – 5. *Di su di giù ecc.*: cfr. XII, 10, 5.
  19. – 1. *quattro... cinque*: cfr. XII, 13, 1. – 2. *di su di giù*: cfr. XII, 10, 5; *camere...
sale*: cfr. IX, 21, 6. – 3. *non relinque*: non tralascia (lat. *relinquit*); cfr. DANTE, *Par.*, IX,
42; dove si hanno le stesse rime che qui. – 5. *propinque*: vicine; il latinismo ricorre
sia in DANTE che in PETRARCA, a volte in rima proprio con «cinque»: *Purg.*,
XXXIII, 41; *Tr. Fam.*, I, 130. – 8. *anco*: ancora.

20.　　Una voce medesma, una persona
　　　che paruta era Angelica ad Orlando,
　　　parve a Ruggier la donna di Dordona,
　　　che lo tenea di se medesmo in bando.
　　　Se con Gradasso o con alcun ragiona
　　　di quei ch'andavan nel palazzo errando,
　　　a tutti par che quella cosa sia,
　　　che più ciascun per sé brama e desia.

21.　　Questo era un nuovo e disusato incanto
　　　ch'avea composto Atlante di Carena,
　　　perché Ruggier fosse occupato tanto
　　　in quel travaglio, in quella dolce pena,
　　　che 'l mal'influsso n'andasse da canto,
　　　l'influsso ch'a morir giovene il mena.
　　　Dopo il castel d'acciar, che nulla giova,
　　　e dopo Alcina, Atlante ancor fa pruova.

22.　　Non pur costui, ma tutti gli altri ancora,
　　　che di valore in Francia han maggior fama,
　　　acciò che di lor man Ruggier non mora,
　　　condurre Atlante in questo incanto trama.
　　　E mentre fa lor far quivi dimora,
　　　perché di cibo non patischin brama,
　　　sì ben fornito avea tutto il palagio,
　　　che donne e cavallier vi stanno ad agio.

23.　　Ma torniamo ad Angelica, che seco
　　　avendo quell'annel mirabil tanto,
　　　ch'in bocca a veder lei fa l'occhio cieco,
　　　nel dito, l'assicura da l'incanto;
　　　e ritrovato nel montano speco

20. – 3. *la donna di Dordona*: Bradamante; cfr. II, 68, 7. – 4. *lo tenea... bando*: lo
teneva fuori di sé; anche questa, come quella analoga di 14, 8, è espressione
petrarchesca: *Canz.*, LXXVI, 3-4: «quella mia nemica Ch'ancor me di me stesso
tene in bando».
21. – 2. *Atlante di Carena*: cfr. IV, 30, 4; XXXVI, 59 segg. – 5. *che... canto*: che
venisse meno il maligno influsso degli astri, che lo destinavano a farsi cristiano e
a morir giovane, di tradimento; cfr. IV, 29, 8; LXI, 61 segg. – 8. *ancor fa pruova*: fa
un altro tentativo per salvare Ruggiero.
22. – 8. *ad agio*: a loro agio. Anche il palazzo descritto dal Pulci (*Morg.*, II, 24)
è fornito di vivande.
23. – 1. *torniamo ad Angelica*: cfr. XI, 12. – 3. *ch'in bocca... cieco*: che la rende
invisibile agli occhi altrui, se ella lo tiene in bocca. – 5. *speco*: cfr. XI, 9, 6.

cibo avendo e cavalla e veste e quanto
le fu bisogno, avea fatto disegno
di ritornare in India al suo bel regno.

24.

Orlando volentieri o Sacripante
voluto avrebbe in compagnia: non ch'ella
più caro avesse l'un che l'altro amante;
anzi di par fu a' lor disii ribella:
ma dovendo, per girsene in Levante,
passar tante città, tante castella,
di compagnia bisogno avea e di guida,
né potea aver con altri la più fida.

25.

Or l'uno or l'altro andò molto cercando,
prima ch'indizio ne trovasse o spia,
quando in cittade, e quando in ville, e quando
in alti boschi, e quando in altra via.
Fortuna al fin là dove il conte Orlando,
Ferraù e Sacripante era, la invia,
con Ruggier, con Gradasso et altri molti
che v'avea Atlante in strano intrico avolti.

26.

Quivi entra, che veder non la può il mago,
e cerca il tutto, ascosa dal suo annello;
e truova Orlando e Sacripante vago
di lei cercare invan per quello ostello.
Vede come, fingendo la sua imago,
Atlante usa gran fraude a questo e a quello.
Chi tor debba di lor, molto rivolve
nel suo pensier, né ben se ne risolve.

27.

Non sa stimar chi sia per lei migliore,
il conte Orlando o il re dei fier Circassi.
Orlando la potrà con più valore

---

24. – 4. *di par.* del pari, egualmente. – 6. *tante città, tante castella:* cfr. IV, 60, 3.
25. – 2. *spia:* traccia. – 4. *alti:* profondi; *in altra via:* altrove. – 5. *Fortuna:* cfr. VIII, 50, 7-8.
26. – 2. *cerca:* esplora; *ascosa:* resa invisibile. – 3-4. *vago... ostello:* l'uno e l'altro invano intenti a cercarla per quel palazzo. – 5. *fingendo... imago:* creando un'immagine simile a lei. – 7-8. *rivolve... pensier.* esamina dentro di sé, pensando e ripensando (lat. *revolvit*). – 8. *né... risolve:* né riesce a prendere una decisione.

meglio salvar nei perigliosi passi:
ma se sua guida il fa, sel fa signore;
ch'ella non vede come poi l'abbassi,
qualunque volta, di lui sazia, farlo
voglia minore, o in Francia rimandarlo.

28.   Ma il Circasso depor, quando le piaccia,
        potrà, se ben l'avesse posto in cielo.
        Questa sola cagion vuol ch'ella il faccia
        sua scorta, e mostri avergli fede e zelo.
        L'annel trasse di bocca, e di sua faccia
        levò dagli occhi a Sacripante il velo.
        Credette a lui sol dimostrarsi, e avenne
        ch'Orlando e Ferraù le sopravenne.

29.   Le sopravenne Ferraù et Orlando;
        che l'uno e l'altro parimente giva
        di su di giù, dentro e di fuor cercando
        del gran palazzo lei, ch'era lor diva.
        Corser di par tutti alla donna, quando
        nessuno incantamento gli impediva:
        perché l'annel ch'ella si pose in mano,
        fece d'Atlante ogni disegno vano.

30.   L'usbergo indosso aveano e l'elmo in testa
        dui di questi guerrier, dei quali io canto;
        né notte o dì, dopo ch'entraro in questa
        stanza, l'aveano mai messo da canto;
        che facile a portar, come la vesta,
        era lor, perché in uso l'avean tanto.

27. – 4. *nei perigliosi passi*: nei frangenti pericolosi. – 5. *sel fa signore*: gli si assoggetta. – 6. *ch'ella... abbassi*: né sa come poi le riuscirebbe di diminuirne la potenza. – 7-8. *qualunque... minore*: ogni volta che, stanca di lui, voglia togliergli tale signoria.
28. – 2. *se ben*: anche se. – 4. *zelo*: affetto. – 5-6. *di sua faccia... velo*: levò dagli occhi di Sacripante il velo, l'incantesimo, che gli impediva di vedere la sua faccia. – 8. *le sopravenne*: la sorpresero, sopraggiungendo all'improvviso.
29. – 1. *Le... Orlando*: ripresa in forma chiastica di XII, 28, 8. – 3. *di su di giù*: cfr. XII, 10, 5. – 5. *di par tutti*: tutti insieme; *quando*: poiché.
30. – 4. *stanza*: dimora. – 5-6. *che facile... lor*: il quale usbergo era per loro facile da portare quanto la sopravveste. Oppure *facile* può essere interpretato come un neutro: era per loro cosa facile portarlo.

Ferraù il terzo era anco armato, eccetto
che non avea, né volea avere elmetto,

31.   fin che quel non avea, che 'l paladino
tolse Orlando al fratel del re Troiano;
ch'allora lo giurò, che l'elmo fino
cercò de l'Argalia nel fiume invano:
e se ben quivi Orlando ebbe vicino,
né però Ferraù pose in lui mano;
avenne che conoscersi tra loro
non si potêr, mentre là dentro fôro.

32.   Era così incantato quello albergo,
ch'insieme riconoscer non poteansi.
Né notte mai né dì, spada né usbergo
né scudo pur dal braccio rimoveansi.
I lor cavalli con la sella al tergo,
pendendo i morsi da l'arcion, pasceansi
in una stanza che, presso all'uscita,
d'orzo e di paglia sempre era fornita.

33.   Atlante riparar non sa né puote,
ch'in sella non rimontino i guerrieri
per correr dietro alle vermiglie gote,
all'auree chiome et a' begli occhi neri
de la donzella, ch'in fuga percuote
la sua iumenta, perché volentieri
non vede i tre amanti in compagnia,
che forse tolti un dopo l'altro avria.

34.   E poi che dilungati dal palagio
gli ebbe sì, che temer più non dovea
che contra lor l'incantator malvagio
potesse oprar la sua fallacia rea;

31. – 1-2. *quel... Troiano*: quell'elmo che il paladino Orlando tolse ad Almonte, fratello del re Troiano; cfr. I, 1, 3; 28, 5. – 3. *allora lo giurò ecc.*: cfr. I, 30, 5-8. – 5-6. *e se ben... mano*: e sebbene qui, nel castello di Atlante, si trovasse ad avere Orlando vicino, non per questo Ferraù lo assalì.

32. – 2. *insieme riconoscer*: riconoscersi tra loro, reciprocamente. – 5. *al tergo*: sul dorso.

33. – 1. *riparar*: impedire. – 3. *vermiglie gote*: cfr. X, 95, 6: «vermiglie rose». – 4. *auree chiome*: cfr. X, 96, 8. – 6. *iumenta*: cavalla. – 8. *tolti*: presi per guida.

34. – 1. *dilungati*: allontanati. – 4. *fallacia rea*: male arti ingannatrici. –

l'annel, che le schivò più d'un disagio,
tra le rosate labra si chiudea:
donde lor sparve subito dagli occhi,
e gli lasciò come insensati e sciocchi.

35.   Come che fosse il suo primier disegno
di voler seco Orlando o Sacripante,
ch'a ritornar l'avessero nel regno
di Galafron ne l'ultimo Levante;
le vennero amendua subito a sdegno,
e si mutò di voglia in uno instante:
e senza più obligarsi o a questo o a quello,
pensò bastar per amendua il suo annello.

36.   Volgon pel bosco or quinci or quindi in fretta
quelli scherniti la stupida faccia;
come il cane talor, se gli è intercetta
o lepre o volpe a cui dava la caccia,
che d'improvviso in qualche tana stretta
o in folta macchia o in un fosso si caccia.
Di lor si ride Angelica proterva,
che non è vista, e i lor progressi osserva.

37.   Per mezzo il bosco appar sol una strada:
credono i cavallier che la donzella
inanzi a lor per quella se ne vada;
che non se ne può andar, se non per quella.
Orlando corre, e Ferraù non bada,
né Sacripante sprona e puntella,
Angelica la briglia più ritiene,
e dietro lor con minor fretta viene.

---

5. *schivò*: evitò. – 6. *tra le rosate ecc.*: l'invenzione dell'Ariosto è inesauribile; i cavalieri sono appena sfuggiti a un incantesimo ed ecco ricascano «nella rete di un altro incanto più tenue ed insidioso, di cui muove i fili ora il capriccio e la leggerezza di una donna» (Sapegno). – 7. *donde*: per la qual cosa.

35. – 1. *Come che*: quantunque. – 3. *ritornar*: ricondurre. – 4. *Galafron*: padre di Angelica, re del Cataio, nell'Estremo Oriente; cfr. I, 5, 1 e 3.

36. – 2. *stupida*: stupefatta, trasognata. – 3. *intercetta*: sottratta. – 7. *proterva*: spietata. L'aggettivo è riferito ad Amore in PETRARCA, *Tr. Pud.*, 135 e BOIARDO, *Amor.*, LXXXII, 60; XCIV, 41. – 8. *progressi*: il loro muoversi di qua e di là; ma l'espressione è volutamente e sorridentemente ambigua.

37. – 5. *non bada*: non indugia, non resta inattivo. – 6. *puntella*: punge il cavallo; cfr. PETRARCA, *Canz.*, CCLIV, 4: «sì 'l cor téma e speranza mi puntella».

38.   Giunti che fur, correndo, ove i sentieri
        a perder si venian ne la foresta,
        e cominciâr per l'erba i cavallieri
        a riguardar se vi trovavan pesta;
        Ferraù, che potea fra quanti altieri
        mai fosser, gir con la corona in testa,
        si volse con mal viso agli altri dui,
        e gridò lor: − Dove venite vui?

39.   Tornate a dietro, o pigliate altra via,
        se non volete rimaner qui morti:
        né in amar né in seguir la donna mia
        si creda alcun, che compagnia comporti. −
        Disse Orlando al Circasso: − Che potria
        più dir costui, s'ambi ci avesse scorti
        per le più vili e timide puttane
        che da conocchie mai traesser lane? −

40.   Poi volto a Ferraù, disse: − Uom bestiale,
        s'io non guardassi che senza elmo sei,
        di quel c'hai detto, s'hai ben detto o male,
        senz'altra indugia accorger ti farei. −
        Disse il Spagnuol: − Di quel ch'a me non cale,
        perché pigliarne tu cura ti déi?
        Io sol contra ambidui per far son buono
        quel che detto ho, senza elmo come sono. −

---

38. − 3. *e cominciâr*: e cominciato che ebbero. Ma potrebbe trattarsi di una svelta costruzione paraipotattica: ecco che cominciarono. Costruzione poco ariostesca e più cara ai poeti popolari, ma che potrebbe spiegarsi qui, dove l'Ariosto si rifà per alcune stanze ai modelli dei cantastorie e a quelli del Boiardo (*Innam.*, I, I, 85) nel descrivere il diverbio vociante e il duello tra Orlando e Ferraù. − 4. *pesta*: orma. − 5-6. *che potea... testa*: che poteva essere considerato il loro re.

39. − 2. *morti*: uccisi. − 4. *comporti*: tolleri; cfr. Boccaccio, *Tes.*, V, 13, 7-8: «Signoria Né amore stan ben con compagnia»; Boiardo, *Innam.*, I, xxv, 56, 8: «Ché compagnia non vole amor, né stato»; *Mambriano*, III, 56, 7-8: «compagnia non volse mai Amor, né Signoria»; Ariosto, *Carm.*, VII, 19-20 (a imitazione di Properzio, *Carm.*, II, XXXIV, 15-18). − 6-8. *s'ambi ecc.*: se ci avesse presi per due donnicciole di poco conto, atte solo ai più bassi servigi. Per simili ingiurie fra Orlando e Ferraù, cfr. la *Spagna*, III, 37; IV, 5; e l'*Innam.*, I, III, 73-76; per le ingiurie in genere, cfr. n. a X, 41, 8; per il possibile significato equivoco del v. 8, cfr. Boccaccio, *Decam.*, II, x, 33; «di lì e di notte ci si lavora e batticesi la lana»; VIII, 9, 26.

40. − 3. *di quel c'hai detto*: dipende da *accorger ti farei* (v. 4). − 4. *indugia*: indugio. − 5. *il Spagnuol*: Ferraù; *Di... cale*: di ciò di cui io stesso non mi curo, cioè della mancanza dell'elmo.

41.   – Deh, – disse Orlando al re di Circassia
        – in mio servigio a costui l'elmo presta,
        tanto ch'io gli abbia tratta la pazzia;
        ch'altra non vidi mai simile a questa. –
        Rispose il re: – Chi più pazzo saria?
        Ma se ti par pur la domanda onesta,
        prestagli il tuo; ch'io non sarò men atto,
        che tu sia forse, a castigare un matto. –

42.   Suggiunse Ferraù: – Sciocchi voi, quasi
        che, se mi fosse il portar elmo a grado,
        voi senza non ne fosse già rimasi;
        che tolti i vostri avrei, vostro mal grado.
        Ma per narrarvi in parte li miei casi,
        per voto così senza me ne vado,
        et anderò, fin ch'io non ho quel fino
        che porta in capo Orlando paladino. –

43.   – Dunque – rispose sorridendo il conte
        – ti pensi a capo nudo esser bastante
        far ad Orlando quel che in Aspromonte
        egli già fece al figlio d'Agolante?
        Anzi credo io, se tel vedessi a fronte,
        ne tremeresti dal capo alle piante;
        non che volessi l'elmo, ma daresti
        l'altre arme a lui di patto, che tu vesti. –

---

41. – 2. *in mio servigio*: per favore. – 3. *abbia... pazzia*: cfr. PULCI, *Morg.*, XX, 41, 3: «Costui si vuol cavargli la pazzia»; e anche XXII, 47, 6. – 5. *Chi... saria?*: chi sarà più pazzo, lui, Ferraù, che vuol combattere senza elmo, o tu, Orlando, che vuoi ch'io gli presti il mio. Per il resto dell'ottava, il Caretti spiega: «ma se proprio ti sembra che questa tua proposta sia, al contrario, assennata, vedi di dargli il tuo elmo e non chiedermi di dargli il mio, perché è bene che tu sappia, rinsavendo, che io non sarò meno valido di te nel punire un matto». Si notino la serie di accuse reciproche e i sospetti di improbabile rinsavimento. La scena è tanto più ironica se la si considera dal punto di vista di Angelica spettatrice, o dell'Ariosto, o del lettore che sa della «pazzia» futura di Orlando. È bene ricordare al proposito che nel poema, tutto costruito su una sottile trama di relazioni, queste corrispondenze non sono mai casuali. – 8. *castigare un matto*: PULCI, *Morg.*, VIII, 80, 1-3; XII, 45, 7-8.

42. – 1. *Sciocchi voi*: i pazzi siete voi. – 2. *se... grado*: se io ci tenessi a portare l'elmo. – 3. *fosse*: sareste. – 6. *voto*: giuramento; cfr. I, 30, 5-8.

43. – 1. *sorridendo*: il sorriso d'Orlando è raro nel poema ed è sempre un poco amaro; cfr. XIII, 35, 1. – 2. *bastante*: capace di. – 4. *al figlio d'Agolante*: ad Almonte; cfr. I, 1, 3; 28, 5. – 8. *di patto*: senza lottare.

44.   Il vantator Spagnuol disse: – Già molte
        fïate e molte ho così Orlando astretto,
        che facilmente l'arme gli avrei tolte,
        quante indosso n'avea, non che l'elmetto;
        e s'io nol feci, occorrono alle volte
        pensier che prima non s'aveano in petto:
        non n'ebbi, già fu, voglia; or l'aggio, e spero
        che mi potrà succeder di leggiero. –

45.   Non poté aver più pazïenzia Orlando,
        e gridò: – Mentitor, brutto marrano,
        in che paese ti trovasti, e quando,
        a poter più di me con l'arme in mano?
        Quel paladin, di che ti vai vantando,
        son io, che ti pensavi esser lontano.
        Or vedi se tu puoi l'elmo levarme,
        o s'io son buon per tôrre a te l'altre arme.

46.   Né da te voglio un minimo vantaggio. –
        Così dicendo, l'elmo si disciolse,
        e lo suspese a un ramuscel di faggio;
        e quasi a un tempo Durindana tolse.
        Ferraù non perdé di ciò il coraggio:
        trasse la spada, e in atto si raccolse,
        onde con essa e col levato scudo
        potesse ricoprirsi il capo nudo.

47.   Così li duo guerrieri incominciaro,
        lor cavalli aggirando, a volteggiarsi;

44. – 1. *Il vantator Spagnuol*: Ferraù, che aveva nei cantari e nell'*Innamorato* un piglio rude, fatto di vanteria e iattanza, conserva aluni di quei requisiti, pur adattandosi alla diversa atmosfera del *Furioso*; le sue vanterie fanno macchia, ma l'amore per Angelica ha raggentilito anche lui. – 2. *astretto*: messo alle strette. – 5. *occorrono*: vengono in mente (lat.). – 7. *già fu*: un tempo. – 8. *succeder di leggiero*: riuscire facilmente. Il «vanto» di Ferraù non ha base nei fatti, perché nell'*Innam.* il paladino non gli è mai inferiore.
    45. – 2. *marrano*: cfr. I, 26, 6. – 6. *son io*: Ferraù non l'aveva riconosciuto perché Orlando, uscendo dal castello, aveva calato la visiera dell'elmo, e perché non aveva le solite insegne (cfr. VIII, 85). – 8. *buon*: capace, abbastanza forte.
    46. – 4. *tolse*: impugnò. – 5. *di ciò*: per ciò. – 6-7. *in atto... onde*: si mise in posa tale da potere.
    47. – 2. *lor cavalli... volteggiarsi*: muovendo in giro i loro cavalli, a fare volteggi.

e dove l'arme si giungeano, e raro
era più il ferro, col ferro a tentarsi.
Non era in tutto 'l mondo un altro paro
che più di questo avessi ad accoppiarsi:
pari eran di vigor, pari d'ardire;
né l'un né l'altro si potea ferire.

48.   Ch'abbiate, Signor mio, già inteso estimo,
che Ferraù per tutto era fatato,
fuor che là dove l'alimento primo
piglia il bambin nel ventre ancor serrato:
e fin che del sepolcro il tetro limo
la faccia gli coperse, il luogo armato
usò portar, dove era il dubbio, sempre
di sette piastre fatte a buone tempre.

49.   Era ugualmente il principe d'Anglante
tutto fatato, fuor che in una parte:
ferito esser potea sotto le piante;
ma le guardò con ogni studio et arte.
Duro era il resto lor più che diamante
(se la fama dal ver non si diparte);
e l'uno e l'altro andò, più per ornato
che per bisogno, alle sue imprese armato.

50.   S'incrudelisce e inaspra la battaglia,
d'orrore in vista e di spavento piena.

- 3-4. *dove... tentarsi*: e cominciarono a saggiarsi (*tentarsi*: cfr. XLV, 74, 5), cercando
la via di ferire tra le giunture dell'armatura, dove il ferro è più sottile. – 6. *avessi
ad accoppiarsi*: meritasse di venire a paragone. Il passo va raffrontato con quello
boiardesco (*Innam.*, I, I, 91, 3-4) in cui viene descritto il duello tra Ferraù e
l'Argalia: «Non è nel mondo baron sì soprano, Che non possan costoro star seco al
paro».
    48. – 1. *già inteso ecc.*: cfr. *Spagna*, II, 38, 1-4: «se misse sopra il pettignone
Sette piastre d'acciaio temperato; E questo fe' per sua defensïone, Che tutto altrove che ivi era fatato»; BOIARDO, *Innam.*, I, II, I, 6-8. – 3. *là dove ecc.*: all'ombelico;
cfr. DANTE, *Inf.*, XXV, 85-86: «E quella parte onde prima è preso Nostro alimento». – 5. *il tetro limo*: la nera terra. – 7. *dubbio*: pericolo.
    49. – 1-2. *Era... fatato*: cfr. XI, 50, 8. – 4. *guardò*: difese. – 5. *più che diamante*: cfr.
XI, 50, 8. – 7. *per ornato*: per ornamento; cfr. quel che dice Ferraù nell'*Innam.*, I, II,
7, 6-7: «le porto per essere adorno, Non per bisogno».
    50. – 1. *inaspra*: inasprisce. È verbo petrarchesco: *Canz.*, LXX, 29; CCVI, 30. –

Ferraù quando punge e quando taglia,
né mena botta che non vada piena:
ogni colpo d'Orlando o piastra o maglia
e schioda e rompe et apre e a straccio mena.
Angelica invisibil lor pon mente,
sola a tanto spettacolo presente.

51.   Intanto il re di Circassia, stimando
che poco inanzi Angelica corresse,
poi ch'attaccati Ferraù et Orlando
vide restar, per quella via si messe,
che si credea che la donzella, quando
da lor disparve, seguitata avesse:
sì che a quella battaglia la figliuola
di Galafron fu testimonia sola.

52.   Poi che, orribil come era e spaventosa,
l'ebbe da parte ella mirata alquanto,
e che le parve assai pericolosa
così da l'un come da l'altro canto;
di veder novità voluntarosa,
disegnò l'elmo tor, per mirar quanto
fariano i duo guerrier, vistosel tolto;
ben con pensier di non tenerlo molto.

53.   Ha ben di darlo al conte intenzïone;
ma se ne vuole in prima pigliar gioco.
L'elmo dispicca, e in grembio se lo pone,
e sta a mirare i cavallieri un poco.
Di poi si parte, e non fa lor sermone;
e lontana era un pezzo da quel loco,
prima ch'alcun di lor v'avesse mente:
sì l'uno e l'altro era ne l'ira ardente.

3. *Ferraù... taglia*: accetto il suggerimento di Bigi di togliere la virgola dopo Ferraù
e interpretare *quando... quando* nel senso di «ora... ora». – 4. *non vada piena*: non
vada a segno, non colpisca in pieno. – 5. *piastra o maglia*: cfr. I, 17, 3. – 6. *a straccio
mena*: porta via a brani. La serie verbale è tecnicamente più precisa di quelle usate
nei formulari narrativi dei canterini (cfr. n. a IX, 29, 8).
    51. – 3. *attaccati*: azzuffati. – 8. *sola*: un chiasmo col *sola* di 50, 8.
    52. – 2. *da parte*: stando in disparte. – 4. *così... canto*: per entrambi i conten-
denti. – 8. *ben*: benché.
    53. – 3. *in grembio*: in grembo (lat. *gremium*). – 5. *sermone*: parola. – 7. *v'avesse
mente*: vi badasse, si accorgesse del furto.

54. Ma Ferraù, che prima v'ebbe gli occhi,
si dispiccò da Orlando, e disse a lui:
– Deh come n'ha da male accorti e sciocchi
trattati il cavallier ch'era con nui!
Che premio fia ch'al vincitor più tocchi,
se 'l bel elmo involato n'ha costui? –
Ritrassi Orlando, e gli occhi al ramo gira:
non vede l'elmo, e tutto avampa d'ira.

55. E nel parer di Ferraù concorse,
che 'l cavallier che dianzi era con loro
se lo portasse; onde la briglia torse,
e fe' sentir gli sproni a Brigliadoro.
Ferraù che del campo il vide tôrse,
gli venne dietro; e poi che giunti foro
dove ne l'erba appar l'orma novella
ch'avea fatto il Circasso e la donzella,

56. prese la strada alla sinistra il conte
verso una valle, ove il Circasso era ito:
si tenne Ferraù più presso al monte,
dove il sentiero Angelica avea trito.
Angelica in quel mezzo ad una fonte
giunta era, ombrosa e di giocondo sito,
ch'ognun che passa alle fresche ombre invita,
né, senza ber, mai lascia far partita.

57. Angelica si ferma alle chiare onde,
non pensando ch'alcun le sopravegna;
e per lo sacro annel che la nasconde,
non può temer che caso rio le avegna.
A prima giunta in su l'erbose sponde

54. – 3-4. *Deh... trattati*: cfr. BOCCACCIO, *Dec.*, VIII, 3, 44: «'Deh come egli ha ben fatto' disse allora Buffalmacco 'd'averci beffati e lasciati qui, poscia che noi fummo sì sciocchi, che noi gli credemmo...'» (Sangirardi). – 7. *Ritrassi*: si ritrae.
55. – 1. *concorse*: fu d'accordo. – 7. *novella*: recente.
56. – 4. *trito*: battuto (lat. *terere viam*); cfr. anche DANTE, *Inf.*, XVI, 40: «appresso me la rena trita». – 6. *di giocondo sito*: situata in una posizione piacevole, gradevole. – 8. *senza ber*: senza che si beva; *partita*: partenza.
57. – 2. *le sopravegna*: sopraggiunga. – 3. *sacro*: fatato, magico. – 5. *A prima*

del rivo l'elmo a un ramuscel consegna;
poi cerca, ove nel bosco è miglior frasca,
la iumenta legar, perché si pasca.

58.   Il cavallier di Spagna, che venuto
era per l'orme, alla fontana giunge.
Non l'ha sì tosto Angelica veduto,
che gli dispare, e la cavalla punge.
L'elmo, che sopra l'erba era caduto,
ritor non può, che troppo resta lunge.
Come il pagan d'Angelica s'accorse,
tosto vêr lei, pien di letizia, corse.

59.   Gli sparve, come io dico, ella davante,
come fantasma al dipartir del sonno.
Cercando egli la va per quelle piante,
né i miseri occhi più veder la ponno.
Bestemiando Macone e Trivigante,
e di sua legge ogni maestro e donno,
ritornò Ferraù verso la fonte,
u' ne l'erba giacea l'elmo del conte.

60.   Lo riconobbe, tosto che mirollo,
per lettere ch'avea scritte ne l'orlo;
che dicean dove Orlando guadagnollo,
e come e quando, et a chi fe' deporlo.
Armossene il pagano il capo e il collo;
che non lasciò, pel duol ch'avea, di tôrlo;
pel duol ch'avea di quella che gli sparve,
come sparir soglion notturne larve.

---

giunta: appena arrivata. – 6. *consegna*: affida, attacca. – 7. *miglior frasca*: il fogliame
più fitto e più tenero. – 8. *iumenta*: cavalla.
   58. – 2. *per l'orme*: seguendo le orme. – 6. *ritor*: riprendere.
   59. – 5. *Macone e Trivigante*: Apollo, Maometto e Trivigante (o Tervegan) for-
mavano, nei romanzi cavallereschi, la triade degli dèi falsi, adorati dagli infedeli.
«Tervegan», che si trova già ricordato nella *Chanson de Roland* è forse nome inventato, ma, più probabilmente, è da identificarsi con la divinità solare asiatica «Tar-
bagan», rappresentata come un feroce guerriero che viene condannato a vivere
sotterra in forma di marmotta, e adorata da tribù turco-mongole; cfr. L. OLSCHKI,
Tervagant, in «Atti Acc. Naz. Lincei», 1959, XIV, pp. 202-215. – 6. *legge*: religione;
donno: signore, cfr. DANTE, *Inf.*, XXXIII, 28: «maestro e donno». Caretti intende, per
ogni maestro e donno: «i dotti e i sacerdoti della religione». – 8. *u'*: dove (lat. *ubi*).
   60. – 3-4. *dove Orlando ecc.*: cfr. I, 1, 3 e 28, 5. – 6. *non lasciò*: non tralasciò.

61.   Poi ch'allacciato s'ha il buon elmo in testa,
           aviso gli è, che a contentarsi a pieno,
           sol ritrovare Angelica gli resta,
           che gli appar e dispar come baleno.
           Per lei tutta cercò l'alta foresta:
           e poi ch'ogni speranza venne meno
           di più poterne ritrovar vestigi,
           tornò al campo spagnuol verso Parigi;

62.   temperando il dolor che gli ardea il petto,
           di non aver sì gran disir sfogato,
           col refrigerio di portar l'elmetto
           che fu d'Orlando, come avea giurato.
           Dal conte, poi che 'l certo gli fu detto,
           fu lungamente Ferraù cercato;
           né fin quel dì dal capo gli lo sciolse,
           che fra duo ponti la vita gli tolse.

63.   Angelica invisibile e soletta
           via se ne va, ma con turbata fronte;
           che de l'elmo le duol, che troppa fretta
           le avea fatto lasciar presso alla fonte.
           «Per voler far quel ch'a me far non spetta»,
           tra sé dicea «levato ho l'elmo al conte:
           questo, pel primo merito, è assai buono
           di quanto a lui pur ubligata sono.

64.   Con buona intenzïone (e sallo Idio),
           ben che diverso e tristo effetto segua,
           io levai l'elmo: e solo il pensier mio
           fu di ridur quella battaglia a triegua;

61. – 2. *aviso... pieno*: gli pare che per soddisfare pienamente ogni suo desiderio. – 5. *cercò*: esplorò; *alta*: profonda. – 7. *vestigi*: tracce.
    62. – 1. *temperando*: attenuando, addolcendo. – 5. *'l certo*: la verità. – 7-8. *fin
quel dì ecc*.: fino al giorno in cui l'uccise presso Lazera. Di tale episodio non si parla
nel *Furioso*, ma nella *Spagna*, V, 8 segg.: «'l ponte ch'è in sul fiume, sulla via, Che
dalla terra invèr l'oste passava, Di legno tutto, chiudere il facia; E da ogni parte
una porta era grave»; cfr. anche PULCI, *Morg.*, XXIV, 16, 4; 158, 5-7.
    63. – 2. *con turbata fronte*: cfr. DANTE, *Purg.*, III, 44-45: «e qui chinò la fronte,
E più non disse, e rimase turbato». – 7-8. *questo ecc*.: questa è la prima ricompensa
che gli do per tutto il bene che mi ha fatto: degna ricompensa davvero!
    64. – 3. *levai*: portai via.

e non che per mio mezzo il suo disio
questo brutto Spagnuol oggi consegua».
Così di sé s'andava lamentando
d'aver de l'elmo suo privato Orlando.

65.   Sdegnata e malcontenta, la via prese
che le parea miglior, verso Orïente.
Più volte ascosa andò, talor palese;
secondo era oportuno, infra la gente.
Dopo molto veder molto paese,
giunse in un bosco, dove iniquamente
fra duo compagni morti un giovinetto
trovò, ch'era ferito in mezzo il petto.

66.   Ma non dirò d'Angelica or più inante;
che molte cose ho da narrarvi prima:
né sono a Ferraù né a Sacripante,
sin a gran pezzo per donar più rima.
Da lor mi leva il principe d'Anglante,
che di sé vuol che inanzi agli altri esprima
le fatiche e gli affanni che sostenne
nel gran disio, di che a fin mai non venne.

67.   Alla prima città ch'egli ritruova
(perché d'andare occulto avea gran cura)
si pone in capo una barbuta nuova,
senza mirar s'ha debil tempra o dura:
sia qual si vuol, poco gli nuoce o giova;
sì ne la fatagion si rassicura.
Così coperto, séguita l'inchiesta;
né notte, o giorno, o pioggia, o sol l'arresta.

65. – 5. *Dopo... paese*: dopo avere visto molti paesi, con un lungo viaggio. –
6. *iniquamente*: va unito a *ferito* (v. 8). Il giovanetto è Medoro, che sposerà Angelica;
cfr. XIX, 17 segg.
66. – 1. *non dirò ecc.*: cfr. n. a II, 30, 7-8. – 4. *sin a gran pezzo*: per un gran pezzo;
donar... rima: dedicare il mio racconto. – 7. *gli affanni*: riprende il motivo degli
«affanni» (DANTE, *Purg.*, XIV, 109: «Le donne e' cavalier, li affanni e li agi»), delle
«fatiche» (*Innam.*, I, 1, 1, 5-7: «i gesti smisurati, L'alta fatica e le mirabil prove Che
fece il franco Orlando per amore») e dell'«inchiesta» amorosa di Orlando; cfr.
ottava seg., v. 7. – 8. *disio*: di ritrovare Angelica; *di che*: del quale.
67. – 3. *barbuta*: elmo senza cimiero né fregi. – 6. *sì... rassicura*: tanto confida
nella sua fatagione. – 7. *l'inchiesta*: cfr. IX, 7, 6. – 8. *né notte ecc.*: la disposizione

68.   Era ne l'ora che traea i cavalli
        Febo del mar con rugiadoso pelo,
        e l'Aurora di fior vermigli e gialli
        venìa spargendo d'ogn'intorno il cielo;
        e lasciato le stelle aveano i balli,
        e per partirsi postosi già il velo:
        quando appresso a Parigi un dì passando,
        mostrò di sua virtù gran segno Orlando.

69.   In dua squadre incontrossi: e Manilardo
        ne reggea l'una, il Saracin canuto,
        re di Norizia, già fiero e gagliardo,
        or miglior di consiglio che d'aiuto;
        guidava l'altra sotto il suo stendardo
        il re di Tremisen, ch'era tenuto
        tra gli Africani cavallier perfetto:
        Alzirdo fu, da chi 'l conobbe, detto.

70.   Questi con l'altro esercito pagano
        quella invernata avean fatto soggiorno,
        chi presso alla città, chi più lontano,
        tutti alle ville o alle castella intorno:
        ch'avendo speso il re Agramante invano,
        per espugnar Parigi, più d'un giorno,

simmetrica degli accenti nel polisindeto è accorgimento ritmico tipicamente petrarchesco (Bigi).
    68. – 2. *Febo*: il sole; la figurazione mitologica era comune nei poeti classici e
volgari; l'Ariosto vi aggiunge un tocco di brillante plasticità. – 3-4. *l'Aurora ecc.*:
già in Omero, Eos dalle dita rosate è rappresentata mentre lascia al mattino il
letto dello sposo Titone e riempie il cielo di colori (cfr. *Od.*, V, 1); cfr. anche VIR-
GILIO, *Aen.*, IV, 584-585; IX, 459-460; BOIARDO, *Am.*, XLIII, 9-14: «Quando l'Aurora
il suo vecchio abandona, E de le stelle a sé richiama il coro, Poi che la porta vuole
aprire al giorno, Veder me parve un giovinetto adorno [Febo], Che avea facia di
rose e capei d'oro, D'oro e di rose avea la veste intorno»; cfr. inoltre, qui, IV, 68, 1-2;
VIII, 86, 6; X, 20; XIII, 43, 5-7; XXIII, 52, 1-2; XXV, 93, 5-8, ecc. – 5-6. *e lasciato...
velo*: le stelle, tramontando, sono come fanciulle che nell'atto di lasciare il ballo si
coprono il capo con un velo. – 8. *segno*: prova.
    69. – 1. *Manilardo*: il nome è già nel Boiardo, ove è presentato come «re
della Norizia La qual di là da Setta è mille miglia» (*Innam.*, II, XXII, 9, 1-2),
ove Setta è Ceuta (lat. *Septa*) e la Norizia un regno non ben identificato
dell'Africa. – 4. *miglior... aiuto*: più atto a consigliare che a combattere. –
8. *Alzirdo*: anch'esso personaggio boiardesco: «Questo Alzirdo era re di Tremi-
sono» (*Innam.*, II, XVII, 10, 6); *Tremisenne* o Tremisona era una città dell'Algeria
(Tlemsen o Tilimson).
    70. – 3. *città*: Parigi. – 4. *ville... castella*: borgate e villaggi (cfr. III, 41, 8).

vòlse tentar l'assedio finalmente,
poi che pigliar non lo potea altrimente.

71.   E per far questo avea gente infinita;
che oltre a quella che con lui giunt'era,
e quella che di Spagna avea seguita
del re Marsilio la real bandiera,
molta di Francia n'avea al soldo unita;
che da Parigi insino alla riviera
d'Arli, con parte di Guascogna (eccetto
alcune ròcche) avea tutto suggetto.

72.   Or cominciando i trepidi ruscelli
a sciorre il freddo giaccio in tiepide onde,
e i prati di nuove erbe, e gli arbuscelli
a rivestirsi di tenera fronde;
ragunò il re Agramante tutti quelli
che seguian le fortune sue seconde,
per farsi rassegnar l'armata torma;
indi alle cose sue dar miglior forma.

73.   A questo effetto il re di Tremisenne
con quel de la Norizia ne venìa,
per là giungere a tempo, ove si tenne
poi conto d'ogni squadra o buona o ria.
Orlando a caso ad incontrar si venne
(come io v'ho detto) in questa compagnia,
cercando pur colei, come egli era uso,
che nel carcer d'Amor lo tenea chiuso.

71. – 5. *al soldo unita*: assoldata. – 6-7. *riviera d'Arli*: il fiume che bagna Arles,
il Rodano. – 8. *suggetto*: assoggettato.
    72. – 1. *trepidi*: perché scorrono tremolando: cfr. ORAZIO, *Carm.*, II, III, 13;
Epist., I, x, 21; OVIDIO, *Met.*, XII, 279: «*trepida unda*»; e, qui, IX, 7, 2-4. – 3-4.
gli arbuscelli... fronde: è il paesaggio primaverile stilizzato della tradizione lirica; cfr. per es. LORENZO, *Rime*, LXXXVII, 1-2: «Le frondi giovinette li arbuscelli Sogliono al tempo nuovo rivestire». – 6. *le... seconde*: le sue fortunate
imprese (lat. *res. secundae*). – 7-8. *per farsi ecc.*: per far fare dai diversi capi
la rassegna delle truppe in sua presenza e quindi dare migliore assetto all'armata.
    73. – 8. *carcer d'Amor*: immagine petrarchesca.

74. Come Alzirdo appressar vide quel conte
che di valor non avea pari al mondo,
in tal sembiante, in sì superba fronte,
che 'l dio de l'arme a lui parea secondo,
restò stupito alle fattezze conte,
al fiero sguardo, al viso furibondo;
e lo stimò guerrier d'alta prodezza:
ma ebbe del provar troppa vaghezza.

75. Era giovane Alzirdo, et arrogante
per molta forza, e per gran cor pregiato.
Per giostrar spinse il suo cavallo inante:
meglio per lui, se fosse in schiera stato;
che ne lo scontro il principe d'Anglante
lo fe' cader per mezzo il cor passato.
Giva in fuga il destrier di timor pieno;
che su non v'era chi reggesse il freno.

76. Levasi un grido subito et orrendo,
che d'ogn'intorno n'ha l'aria ripiena,
come si vede il giovene, cadendo,
spicciar il sangue di sì larga vena.
La turba verso il conte vien fremendo
disordinata, e tagli e punte mena;
ma quella è più, che con pennuti dardi
tempesta il fior dei cavallier gagliardi.

77. Con qual rumor la setolosa frotta
correr da monti suole o da campagne,
se 'l lupo uscito di nascosa grotta,
o l'orso sceso alle minor montagne,

74. – 4. *'l dio de l'arme*: Marte; cfr. IX, 79, 4. – 5. *restò... conte*: cfr. PETRARCA, *Canz.*, XLIV, 4: «Raffigurato a le fattezze conte»; ma qui *conte* non vale «note, conosciute» come nel Petrarca, bensì «nobili, dignitose» come in DANTE, *Inf.*, X, 39. – 6. *viso*: vista.
75. – 2. *cor*: coraggio.
76. – 1-2. *Levasi... ripiena*, cfr. BOIARDO, *Innam.*, I, III, 5, 1-2: «Levosse un grido tanto smisurato, Che par che 'l mondo avampi e 'l cel ruini»; e anche II, XXXI, 18, 3; III, VIII, 29, 7-8, ecc. – 4. *spicciar... vena*: sprizzare tanto copioso; cfr. DANTE, *Purg.*, IX, 102; PETRARCA, *Canz.*, CCXXX, 9: «di sì larga vena»; BOIARDO, *Innam.*, I, III, 6, 7: «sprizzando il sangue fuor con tanta vena». – 6. *e tagli... mena*: e vibra colpi di taglio e di punta. – 7. *ma quella è più*: ma è più numerosa la turba di coloro; *pennuti*: si riferisce alle parti in ferro che i dardi recavano, a mo' di penne, ai lati della cocca; cfr. SENECA, *Thyest.*, 861: «*pinnata... spicula*» e PULCI, *Morg.*, II, 74, 5: «stral pennuto». – 8. *il fior... gagliardi*: Orlando; cfr. X, 77, 6.
77. – 1. *la setolosa frotta*: il branco dei porci selvatici. – 4. *minor*: più basse. –

un tener porco preso abbia talotta,
che con grugnito e gran stridor si lagne;
con tal lo stuol barbarico era mosso
verso il conte, gridando: – Adosso, adosso! –

78.   Lance, saette e spade ebbe l'usbergo
a un tempo mille, e lo scudo altretante:
chi gli percuote con la mazza il tergo,
chi minaccia da lato, e chi davante.
Ma quel, ch'al timor mai non diede albergo,
estima la vil turba e l'arme tante,
quel che dentro alla mandra, all'aer cupo,
il numer de l'agnelle estimi il lupo.

79.   Nuda avea in man quella fulminea spada
che posti ha tanti Saracini a morte:
dunque chi vuol di quanta turba cada
tenere il conto, ha impresa dura e forte.
Rossa di sangue già correa la strada,
capace a pena a tante genti morte;
perché né targa né capel difende
la fatal Durindana, ove discende,

80.   né vesta piena di cotone, o tele
che circondino il capo in mille vòlti.
Non pur per l'aria gemiti e querele,
ma volan braccia e spalle e capi sciolti.
Pel campo errando va Morte crudele

---

5. *talotta*: talora. – 8. *gridando ecc.*: cfr. Boiardo, *Innam.*, II, vii, 8, 1: «– Adosso!
adosso! – ciascadun gridando».

78. – 7. *all'aer cupo*: di notte, quando è buio. La similitudine anche nell'*Innam.*, I, xxiii, 12, 1-2.

79. – 1. *fulminea spada*: Durindana; cfr. Virgilio, *Aen.*, IV, 579-580: «*ensem
Fulmineum*». – 4. *dura e forte*: estremamente ardua. – 7. *targa*: scudo; *capel*:
elmetto; *difende*: ripara; cfr. II, 34, 6. – 8. *fatal*: fatata; oppure: che dà fatalmente
la morte.

80. – 1. *vesta... cotone*: veste imbottita. – 1-2. *tele... vòlti*: turbanti avvolti attorno al capo. – 4. *ma volan ecc.*: il tema della strage evoca le solite immagini iperboliche (cfr. n. a VI, 66, 1), con colori però qui un poco più foschi ed austeri; cfr.
Boiardo, *Innam.*, II, vii, 24, 1-2: «Per l'aria van balzando maglie e scudi, Et elmi
pien di teste, e braccia armate»; Pulci, *Morg.*, VII, 65, 8: «E fa balzar giù capi e
spalle e braccia»; XXVII, 87, 5: «E braccia e capi e mani in aria scaglia»; *sciolti*:

in molti, varii, e tutti orribil volti;
e tra sé dice: «In man d'Orlando valci
Durindana per cento de mie falci».

81.   Una percossa a pena l'altra aspetta.
Ben tosto cominciâr tutti a fuggire;
e quando prima ne veniano in fretta
(perch'era sol, credeanselo inghiottire),
non è chi per levarsi de la stretta
l'amico aspetti, e cerchi insieme gire:
chi fugge a piedi in qua, chi colà sprona;
nessun domanda se la strada è buona.

82.   Virtude andava intorno con lo speglio
che fa veder ne l'anima ogni ruga:
nessun vi si mirò, se non un veglio
a cui il sangue l'età, non l'ardir, sciuga.
Vide costui quanto il morir sia meglio,
che con suo disonor mettersi in fuga:
dico il re di Norizia; onde la lancia
arrestò contra il paladin di Francia.

83.   E la roppe alla penna de lo scudo
del fiero conte, che nulla si mosse.
Egli ch'avea alla posta il brando nudo,
re Manilardo al trapassar percosse.
Fortuna l'aiutò; che 'l ferro crudo
in man d'Orlando al venir giù voltosse:

---

spiccati (lat. *soluti*). – 6. *volti*: aspetti. – 7. *valci*: vale. – 8. *Durindana... falci*: l'immagine agricola era già in BOIARDO, *Innam.*, II, XIV, 56, 7-8: «Tagliando braccie e busti ad ogni lato, Come una falce taglia erba di prato».
81. – 3. *quando*: mentre. – 5. *stretta*: mischia. – 6. *l'amico aspetti ecc.*: simili espressioni scherzose si trovano spesso nell'*Innam.*; per es.: «L'un non aspetta che l'altro se chini A prender cosa che gli sia caduta» (II, XV, 23, 6-7). – 7. *a piedi... sprona*: cfr. BOIARDO, *Innam.*, II, VII, 16, 3: «Chi fugge a piede, e chi fugge a destriero».
82. – 1. *lo speglio*: lo specchio della virtù è la coscienza; speglio in rima con «veglio» e «meglio» già in DANTE, *Inf.*, XIV, 100-105. – 3. *un veglio... sciuga*: un vecchio, a cui l'età ha scemato le forze, non il coraggio. Il motivo del vecchio vigoroso e orgoglioso è virgiliano, cfr. *Aen.*, VI, 304; IX, 610-611. – 7. *il re di Norizia*: Manilardo; cfr. XII, 69, 1-3. – 8. *arrestò*: mise in resta.
83. – 1. *penna*: vertice, parte superiore. – 3. *alla posta*: pronto all'offesa. – 4. *al*

tirare i colpi a filo ognor non lece;
ma pur di sella stramazzar lo fece.

84.   Stordito de l'arcion quel re stramazza:
non si rivolge Orlando a rivederlo;
che gli altri taglia, tronca, fende, amazza:
a tutti pare in su le spalle averlo.
Come per l'aria, ove han sì larga piazza,
fuggon li storni da l'audace smerlo,
così di quella squadra ormai disfatta
altri cade, altri fugge, altri s'appiatta.

85.   Non cessò pria la sanguinosa spada,
che fu di viva gente il campo vòto.
Orlando è in dubbio a ripigliar la strada,
ben che gli sia tutto il paese noto.
O da man destra o da sinistra vada,
il pensier da l'andar sempre è remoto:
d'Angelica cercar, fuor ch'ove sia,
sempre è in timore, e far contraria via.

86.   Il suo camin (di lei chiedendo spesso)
or per li campi or per le selve tenne:
e sì come era uscito di se stesso,
uscì di strada; e a piè d'un monte venne,
dove la notte fuor d'un sasso fesso
lontan vide un splendor batter le penne.
Orlando al sasso per veder s'accosta,
se quivi fosse Angelica reposta.

---

trapassar: mentre gli passava accanto. – 7. *a filo*: di taglio; *ognor non lece*: non è
sempre possibile. La stessa situazione (segnalata da Segre) in BOIARDO, *Innam.*, II,
VII, 21, 5-6: «Come a Dio piacque e sua matre serena, Voltose il brando e colse de
piattone, E fo quel colpo di cotanta pena, Che tramortito lo trasse d'arzone».
    84. – 3. *taglia ecc.*: cfr. IX, 29, 8. – 4. *in su le spalle*: addosso. – 5. *piazza*: spazio; cfr.
XI, 16, 4. – 6. *smerlo*: smeriglio, piccolo falco. Anche questa immagine, in questa
zona del poema fitta di riscontri boiardeschi, ha un precedente nell'*Innam.*, II, XXV,
3, 6-7: «Ognun a più poter fa larga piazza Come avante al falcone e' storni a spargo».
    85. – 3. *è in dubbio*: perché non sa dove potrebbe ritrovare Angelica. – 7-8.
d'Angelica cercar ecc.: teme sempre di cercare Angelica in luoghi ove essa non si trovi
e di andar in direzione sbagliata. Per il v. 8 accetto la lezione di alcune copie di C,
allontanandomi dal testo Segre («teme, e di far sempre contraria via») (cfr. la sua
Nota al testo, p. 1659) e accettando la dimostrazione del GILBERT, *op. cit.*, pp. 247-248.
    86. – 5. *fuor... fesso*: dalla fessura d'una grotta. – 6. *batter le penne*: tremolare;
ma probabilmente intende meglio il Tommaseo (e con lui Bigi): «venir per l'aria
verso di lui». – 8. *reposta*: nascosta.

87.   Come nel bosco de l'umil ginepre,
         o ne la stoppia alla campagna aperta,
         quando si cerca la paurosa lepre
         per traversati solchi e per via incerta,
         si va ad ogni cespuglio, ad ogni vepre,
         se per ventura vi fosse coperta;
         così cercava Orlando con gran pena
         la donna sua, dove speranza il mena.

88.   Verso quel raggio andando in fretta il conte,
         giunse ove ne la selva si diffonde
         da l'angusto spiraglio di quel monte,
         ch'una capace grotta in sé nasconde;
         e truova inanzi ne la prima fronte
         spine e virgulti, come mura e sponde,
         per celar quei che ne la grotta stanno,
         da chi far lor cercasse oltraggio e danno.

89.   Di giorno ritrovata non sarebbe,
         ma la facea di notte il lume aperta.
         Orlando pensa ben quel ch'esser debbe;
         pur vuol saper la cosa anco più certa.
         Poi che legato fuor Brigliadoro ebbe,
         tacito viene alla grotta coperta;
         e fra li spessi rami ne la buca
         entra, senza chiamar chi l'introduca.

90.   Scende la tomba molti gradi al basso,
         dove la viva gente sta sepolta.
         Era non poco spazïoso il sasso

87. – 1. *de l'umil ginepre*: di basso ginepro (lat. *humilis*). – 3. *paurosa*: impau-
rita. – 4. *traversati solchi*: solchi che si intersecano continuamente. – 5. *vepre*: pruno
(lat.). – 6. *coperta*: nascosta.

88. – 5. *ne la prima fronte*: nell'entrata; oppure: a prima vista (lat. *prima fronte*).
– 6. *sponde*: parapetti, spallette di fossati atti alla difesa dei castelli.

89. – 2. *aperta*: palese. – 6. *coperta*: nascosta (cfr. XII, 87, 6).

90. – 1. *tomba*: caverna. Alcuni particolari dello scenario sotterraneo e alcuni
del carattere della vecchia Gabrina, sono presi dall'*Asino d'oro* di Apuleio (I, IV),
dove si racconta d'una principessa rapita dai ladroni e rinchiusa in una grotta,
custodita da una brutta vecchia. Eppure più che ad Apuleio, più che alle molte
caverne di masnadieri presenti nei romanzi brettoni e italiani, si pensa qui a certi
scorci di paesaggio cari alla novellistica popolare e neppure discari, per es., al
PULCI (*Morg.*, IV, 8, 1-8; XIX, 54, 5-7); *gradi*: gradini. – 3. *il sasso*: la dimora scavata

tagliato a punte di scarpelli in volta;
né di luce dïurna in tutto casso,
ben che l'entrata non ne dava molta;
ma ve ne venìa assai da una finestra
che sporgea in un pertugio da man destra.

91. In mezzo la spelonca, appresso a un fuoco,
era una donna di giocondo viso;
quindici anni a passar dovea di poco,
quanto fu al conte, al primo sguardo, aviso;
et era bella sì, che facea il loco
salvatico parere un paradiso;
ben ch'avea gli occhi di lacrime pregni,
del cor dolente manifesti segni.

92. V'era una vecchia; e facean gran contese
(come uso feminil spesso esser suole),
ma come il conte ne la grotta scese,
finiron le dispùte e le parole.
Orlando a salutarle fu cortese
(come con donne sempre esser si vuole),
et elle si levaro immantinente,
e lui risalutâr benignamente.

93. Gli è ver che si smarriro in faccia alquanto,
come improviso udiron quella voce,
e insieme entrare armato tutto quanto
vider là dentro un uom tanto feroce.
Orlando domandò qual fosse tanto
scortese, ingiusto, barbaro et atroce,
che ne la grotta tenesse sepolto
un sì gentile et amoroso volto.

---

nella roccia. – 4. *tagliato... volta*: scavato a forma di volta ad opera di scalpello. –
5. *casso*: privo; cfr. VIRGILIO, *Aen.*, II, 85: «*cassum lumine*»; LUCREZIO, *De rer. nat.*,
IV, 368-369: «*lumine cassus Aër*»; PETRARCA, *Canz.*, CCXCIV, 6: «de la sua luce
ignudo e casso». – 8. *che... destra*: la finestra si restringeva dall'interno verso l'esterno, fino a formare solo un pertugio.
    91. – 2. *giocondo*: piacente, bello. – 4. *quanto... aviso*: per quanto Orlando poté
giudicare a prima vista.
    93. – 2. *improviso*: improvvisamente (lat.). – 4. *feroce*: fiero (lat. *ferox*). –
8. *amoroso*: amabile, che suscita amore.

94.   La vergine a fatica gli rispose,
        interrotta da fervidi signiozzi,
        che dai coralli e da le prezïose
        perle uscir fanno i dolci accenti mozzi.
        Le lacrime scendean tra gigli e rose,
        là dove avien ch'alcuna se n'inghiozzi.
        Piacciavi udir ne l'altro canto il resto,
        Signor, che tempo è omai di finir questo.

94. – 2. *signiozzi*: singhiozzi. – 3. *coralli*: le labbra. – 4. *perle*: i denti. Anche Isabella è creatura letterariamente stilizzata; cfr. i ritratti di Alcina (VII, 10-15), di Angelica (X, 95-96) e di Olimpia (XI, 65-69). – 5. *gigli e rose*: le guance pallide e rosate; cfr. VII, 11, 6; X, 96, 6. – 6. *là dove ecc.*: nella bocca.

CANTO TERZODECIMO

Esordio: fortunati i cavalieri antichi! Isabella, figlia del re pagano di Galizia, narra a Orlando come Zerbino, figlio del re di Scozia, amandola riamato, l'avesse fatta rapire dal suo fedele Odorico, come Odorico l'avesse tradita e come, una volta liberatasi di Odorico, fosse caduta nelle mani dei ladroni. A questo punto del racconto, sopraggiungono i ladroni. Orlando li uccide tutti e poi se ne va portando con sé Isabella, mentre la vecchia Gabrina riesce a fuggire. Nel frattempo Bradamante, consigliata da Melissa, si reca al palazzo di Atlante per liberare Ruggiero; ma anche lei resta vittima dell'incanto. Frattanto Agramante si prepara ad assalire Parigi e chiama a rassegna il suo esercito.

I. Ben furo aventurosi i cavallieri
    ch'erano a quella età, che nei valloni,
    ne le scure spelonche e boschi fieri,
    tane di serpi, d'orsi e di leoni,
    trovavan quel che nei palazzi altieri
    a pena or trovar puon giudici buoni:
    donne, che ne la lor più fresca etade
    sien degne d'aver titol di beltade.

I. – 1. *aventurosi*: fortunati. Parentesi galante e maliziosa. – 3. *fieri*: selvaggi. – 5. *altieri*: maestosi. – 6. *buoni*: competenti, di gusto fine. – 7. *donne... etade*: l'espressione è petrarchesca. – 8. *titol*: vanto.

2.   Di sopra vi narrai che ne la grotta
                avea trovato Orlando una donzella,
                e che le dimandò ch'ivi condotta
                l'avesse: or seguitando, dico ch'ella,
                poi che più d'un signiozzo l'ha interrotta,
                con dolce e suavissima favella
                al conte fa le sue sciagure note,
                con quella brevità che meglio puote.

3.   – Ben che io sia certa, – dice – o cavalliero,
                ch'io porterò del mio parlar supplizio,
                perché a colui che qui m'ha chiusa, spero
                che costei ne darà subito indizio;
                pur son disposta non celarti il vero,
                e vada la mia vita in precipizio.
                E ch'aspettar poss'io da lui più gioia,
                che 'l si disponga un dì voler ch'io muoia?

4.   Isabella sono io, che figlia fui
                del re mal fortunato di Gallizia.
                Ben dissi fui; ch'or non son più di lui,
                ma di dolor, d'affanno e di mestizia.
                Colpa d'Amor: ch'io non saprei di cui
                dolermi più che de la sua nequizia;
                che dolcemente nei principii applaude,
                e tesse di nascosto inganno e fraude.

---

2. – 1. *Di sopra*: cfr. XII, 91-94. – 4. *or seguitando, dico*: cfr. DANTE, *Inf.*, VIII, 1: «Io dico seguitando». – 5. *signiozzo*: singhiozzo.

3. – 3. *spero*: mi aspetto, temo. – 4. *costei*: la vecchia; cfr. XII, 92. – 7-8. *E ch'aspettar ecc.*: e quale gioia posso aspettare da lui se non che si risolva una buona volta a farmi morire?

4. – 1. *Isabella sono io*: il racconto di Isabella elabora felicemente una storia del *Palamedés*, che ha per protagonista Karados, intrecciandovi elementi derivati dalla storia di Danayn e Girone, dello stesso romanzo (cfr. P. RAJNA, *Le fonti dell'«Orlando Furioso»*, cit., pp. 227 segg.). Nella vicenda tormentosa di Orlando, questa è una nuova pausa elegiaca, più intensamente gentile di quella di Olimpia, resa ancor più delicata dal contrasto con le due stragi descritte prima e dopo il racconto stesso. – 2. *re... Gallizia*: Maricoldo, che secondo il Boiardo (*Innam.*, II, XXIII, 60-61) fu ucciso, proprio da Orlando, nella battaglia di cui parla anche l'Ariosto all'inizio del poema. Ma qui l'Ariosto immagina che la fanciulla sia fuggita prima della battaglia e ignori la morte del padre. Egli è detto *mal fortunato* solo per la perdita della figlia. – 7. *applaude*: arride, incoraggia.

5.   Già mi vivea di mia sorte felice,
        gentil, giovane, ricca, onesta e bella:
        vile e povera or sono, or infelice;
        e s'altra è peggior sorte, io sono in quella.
        Ma voglio sappi la prima radice
        che produsse quel mal che mi flagella;
        e ben ch'aiuto poi da te non esca,
        poco non mi parrà, che te n'incresca.

6.   Mio patre fe' in Baiona alcune giostre,
        esser denno oggimai dodici mesi.
        Trasse la fama ne le terre nostre
        cavallieri a giostrar di più paesi.
        Fra gli altri (o sia ch'Amor così mi mostre,
        o che virtù pur se stessa palesi)
        mi parve da lodar Zerbino solo,
        che del gran re di Scozia era figliuolo.

7.   Il qual poi che far pruove in campo vidi
        miracolose di cavalleria,
        fui presa del suo amore; e non m'avidi,
        ch'io mi conobbi più non esser mia.
        E pur, ben che 'l suo amor così mi guidi,
        mi giova sempre avere in fantasia
        ch'io non misi il mio core in luogo immondo,
        ma nel più degno e bel ch'oggi sia al mondo.

---

5. – 1. *Già... felice*: il discorso di Isabella si adorna di numerose reminiscenze letterarie; cfr. PETRARCA, *Canz.*, CCXXXI, 1: «I' mi vivea di mia sorte contento». – 2. *gentil ecc.*: cfr. il v. simile, d'impronta originariamente petrarchesca, nel *Mambriano*, VII, 37, 1: «Costei giovine, ricca, onesta e bella». Petrarchesco è inoltre il gusto dell'antitesi nel v. seg. e, in genere, tutto il giro sintattico dell'ottava. – 5. *la prima radice*: cfr. DANTE, *Inf.*, V, 124. – 7-8. *e ben ch'aiuto ecc.*: e anche se non otterrò da te alcun aiuto, sarà sufficiente motivo di conforto, se mostrerai d'aver pietà della mia condizione.

6. – 1. *Baiona*: cittadina della Galizia, sull'Oceano Atlantico. – 5. *mi mostre*: mi induca a credere. – 6. *o... pur*: oppure. – 7. *Zerbino*: il nome e qualche particolare dell'episodio sono presi dalla storia boccaccesca di Gerbino (*Decam.*, IV, IV), la cui popolarità è attestata dall'esistenza di un quattrocentesco *Cantare di Cerbino*. La forma dialettale del nome (secondo la pronuncia ferrarese), mantenuta in tutte le edizioni del poema, e anche il tono fiabesco e avventuroso, giustificano il richiamo al cantare. Cfr. anche l'elogio di Zerbino in X, 83-84.

7. – 3-4. *non m'avidi... mia*: e non me ne avvidi, se non quando mi resi conto di non appartenere più a me stessa, ma tutta a lui; espressione petrarchesca. – 5. *così mi guidi*: mi conduca al presente stato infelice. – 6. *avere in fantasia*: pensare.

8.   Zerbino di bellezza e di valore
            sopra tutti i signori era eminente.
            Mostrommi, e credo mi portasse amore,
            e che di me non fosse meno ardente.
            Non ci mancò chi del commune ardore
            interprete fra noi fosse sovente,
            poi che di vista ancor fummo disgiunti;
            che gli animi restâr sempre congiunti.

9.   Però che dato fine alla gran festa,
            il mio Zerbino in Scozia fe' ritorno.
            Se sai che cosa è amor, ben sai che mesta
            restai, di lui pensando notte e giorno;
            et era certa che non men molesta
            fiamma intorno il suo cor facea soggiorno.
            Egli non fece al suo disio più schermi,
            se non che cercò via di seco avermi.

10.   E perché vieta la diversa fede
            (essendo egli cristiano, io saracina)
            ch'al mio padre per moglie non mi chiede,
            per furto indi levarmi si destina.
            Fuor de la ricca mia patria, che siede
            tra verdi campi allato alla marina,
            aveva un bel giardin sopra una riva,
            che colli intorno e tutto il mar scopriva.

11.   Gli parve il luogo a fornir ciò disposto,
            che la diversa religion ci vieta;
            e mi fa saper l'ordine che posto
            avea di far la nostra vita lieta.

8. – 6. *interprete*: intermediario. – 7. *poi... disgiunti*: poiché ci trovammo ancora ad essere lontani l'uno dall'altra, finita la giostra, ma questa volta lontani solo di vista.

9. – 5. *era*: ero; *molesta*: tormentosa. – 7. *non... schermi*: non oppose più resistenza. – 8. *se non che*: anzi.

10. – 3. *chiede*: chieda. – 4. *levarmi si destina*: si propone di rapirmi; cfr. BOIARDO, *Innam.*, II, VI, 2, 2: «Che di passare in Franza se destina». – 5-6. *siede... marina*: questo episodio è ricco di reminiscenze verbali dantesche, tutte dall'episodio di Francesca; cfr. *Inf.*, V, 97-98. – 8. *scopriva*: permetteva di scorgere.

11. – 1. *a fornir ciò disposto*: adatto per condurre a compimento quel proposito. – 3-4. *l'ordine... avea*: il piano che aveva predisposto; cfr. V, 42, 4. –

Appresso a Santa Marta avea nascosto
con gente armata una galea secreta,
in guardia d'Odorico di Biscaglia,
in mare e in terra mastro di battaglia.

12.   Né potendo in persona far l'effetto,
perch'egli allora era dal padre antico
a dar soccorso al re di Francia astretto,
manderia in vece sua questo Odorico,
che fra tutti i fedeli amici eletto
s'avea pel più fedele e pel più amico:
e bene esser dovea, se i benefici
sempre hanno forza d'acquistar gli amici.

13.   Verria costui sopra un navilio armato,
al terminato tempo indi a levarmi.
E così venne il giorno disïato,
che dentro il mio giardin lasciai trovarmi.
Odorico la notte, accompagnato
di gente valorosa all'acqua e all'armi,
smontò ad un fiume alla città vicino,
e venne chetamente al mio giardino.

14.   Quindi fui tratta alla galea spalmata
prima che la città n'avesse avisi.
De la famiglia ignuda e disarmata
altri fuggiro, altri restaro uccisi,

---

5. *Santa Marta*: borgo della Galizia, sul mare. – 6. *secreta*: segretamente; oppure è aggettivo (lat.) e significa: appartata, riposta. – 8. *in mare e in terra*: per mare e per terra, da quel soldato completo che era.

12. – 1. *far l'effetto*: compiere l'impresa. – 2. *padre antico*: il vecchio padre, il re di Scozia. – 3. *astretto*: costretto; cfr. X, 84. – 4. *manderia*: manderebbe; dipende da *mi fa saper* (II, 3). – 5. *eletto*: scelto. – 7. *dovea*: avrebbe dovuto.

13. – 1. *Verria*: verrebbe; dipende da *mi far saper* (XIII, 11, 3); *navilio*: nave. – 2. *terminato*: fissato; *indi*: di lì. – 6. *all'acqua e all'armi*: cfr. XIII, 11, 8. – 8. *chetamente*: cfr. un episodio simile nella boccaccesca novella di Alatiel (*Decam.*, II, VII, 72, si tratta della novella che l'Ariosto ebbe più spesso presente): «Costanzio chetamente fece armare una barca sottile, e quella una sera ne mandò vicina al giardino dove dimorava la donna».

14. – 1. *spalmata*: di pece, e quindi veloce; cfr. IV, 50, 5. – 3. *De la famiglia*: dei servi; nella novella cit. di Boccaccio, 73: «rivolto alla famiglia di lei disse: 'Niuno

parte captiva meco fu menata.
Così da la mia terra io mi divisi,
con quanto gaudio non ti potrei dire,
sperando in breve il mio Zerbin fruire.

15.   Voltati sopra Mongia eramo a pena
quando ci assalse alla sinistra sponda
un vento che turbò l'aria serena,
e turbò il mare, e al ciel gli levò l'onda.
Salta un Maestro ch'a traverso mena,
e cresce ad ora ad ora, e soprabonda;
e cresce e soprabonda con tal forza,
che val poco alternar poggia con orza.

16.   Non giova calar vele, e l'arbor sopra
corsia legar, né ruïnar castella;
che ci veggiàn mal grado portar sopra
acuti scogli, appresso alla Rocella.
Se non ci aiuta quel che sta di sopra,
ci spinge in terra la crudel procella.
Il vento rio ne caccia in maggior fretta,
che d'arco mai non si aventò saetta.

17.   Vide il periglio il Biscaglino, e a quello
usò un rimedio che fallir suol spesso:

se ne muova né faccia motto, se egli non vuol morire...'». – 5. *captiva*: prigioniera (lat.). – 8. *fruire*: godermi.
15. – 1. *Mongia*: oggi Mugia, in Galizia, tra il capo Finisterre e Coruña; *eramo*: eravamo (lat. *eramus*). – 2-3. *ci assalse... un vento ecc.*: la tempesta (cfr. n. a XVIII, 141, 5) aggiunge un altro elemento avventuroso al racconto. – 5. *Salta*: si leva improvviso: cfr. PULCI, *Morg.*, XX, 31, 2; BOIARDO, *Innam.*, III, IV, 4; *Maestro*: Maestrale; *a traverso mena*: soffia contro la nave in senso trasversale, perpendicolare alla sua rotta. – 8. *val poco... orza*; aiuta poco bordeggiare, volgendo le vele ora al lato destro, ora al sinistro; cfr. II, 30, 1 e PETRARCA, *Canz.*, CLXXX, 5: «lo qual senz'alternar poggia con orza».
16. – 1-2. *l'arbor... legar*: e fissare l'albero, perché il vento non lo spezzi, alle tavole della corsia, che era un ponte elevato sopracoperta, che serviva di passaggio dalla prua alla poppa. – 2. *ruïnar castella*: abbattere le soprastrutture, per alleggerire la nave. – 4. *Rocella*: La Rochelle, porto francese. – 7. *ne caccia*: ci spinge. – 8. *che... saetta*: cfr. VIII, 6, 5.
17. – 1. *il Biscaglino*: Odorico da Biscaglia: cfr. XIII, 11, 7. – 2. *che fallir... spesso*: infatti l'espediente non riuscì ai marinai che portavano Alatiel nella novella cit. del *Decam.* (II, VII, 10-13), ché anzi in quel caso coloro che scesero

ebbe ricorso subito al battello;
calossi, e me calar fece con esso.
Sceser dui altri, e ne scendea un drapello,
se i primi scesi l'avesser concesso;
ma con le spade li tenner discosto,
tagliâr la fune, e ci allargamo tosto.

18.   Fummo gittati a salvamento al lito
        noi che nel palischermo eramo scesi;
        periron gli altri col legno sdrucito;
        in preda al mare andâr tutti gli arnesi.
        All'eterna Bontade, all'infinito
        Amor, rendendo grazie, le man stesi,
        che non m'avessi dal furor marino
        lasciato tor di riveder Zerbino.

19.   Come ch'io avessi sopra il legno e vesti
        lasciato e gioie e l'altre cose care,
        pur che la speme di Zerbin mi resti,
        contenta son che s'abbi il resto il mare.
        Non sono, ove scendemo, i liti pesti
        d'alcun sentier, né intorno albergo appare;
        ma solo il monte, al qual mai sempre fiede
        l'ombroso capo il vento, e 'l mare il piede.

20.   Quivi il crudo tiranno Amor, che sempre
        d'ogni promessa sua fu disleale,
        e sempre guarda come involva e stempre
        ogni nostro disegno razionale,
        mutò con triste e disoneste tempre
        mio conforto in dolor, mio bene in male;

---

nel «paliscalmo» perirono, mentre Alatiel e le sue damigelle, rimaste sulla
nave, si salvarono. – 3. *battello*: cfr. XI, 30, 7. – 8. *ci allargamo*: prendemmo il
largo.

18. – 3. *sdrucito*: aperto, rotto; cfr. BOCCACCIO, *loc. cit.*, 11: «sentirono la nave
sdruscire». – 4. *arnesi*: gli attrezzi della nave e il bagaglio. – 6. *le man stesi*: cfr. V,
91, 3.

19. – 5. *pesti*: segnati. – 7. *fiede*: ferisce. – 8. *ombroso capo*: la cima selvosa; cfr.
VIRGILIO, *Aen.*, IV, 249; «*piniferum caput*».

20. – 3-4. *e sempre guarda ecc.*: e sempre si studia di inceppare e indebolire
ogni nostro proposito razionale. – 5. *tempre*: modi. Le rime *sempre:tempre:stempre*
sono in DANTE, *Purg.*, XXX, 92-96. Il Petrarca dice d'Amore che «tende lacci in sì

che quell'amico, in chi Zerbin si crede,
di desire arse, et agghiacciò di fede.

21. O che m'avesse in mar bramata ancora,
né fosse stato a dimostrarlo ardito,
o cominciassi il desiderio allora
che l'agio v'ebbe dal solingo lito;
disegnò quivi senza più dimora
condurre a fin l'ingordo suo appetito;
ma prima da sé tôrre un de li dui
che nel battel campati eran con nui.

22. Quell'era omo di Scozia, Almonio detto,
che mostrava a Zerbin portar gran fede;
e commendato per guerrier perfetto
da lui fu, quando ad Odorico il diede.
Disse a costui che biasmo era e difetto,
se mi traeano alla Rocella a piede;
e lo pregò ch'inanti volesse ire
a farmi incontra alcun ronzin venire.

23. Almonio, che di ciò nulla temea,
immantinente inanzi il camin piglia
alla città che 'l bosco ci ascondea,
e non era lontana oltra sei miglia.
Odorico scoprir sua voglia rea
all'altro finalmente si consiglia;
sì perché tor non se lo sa d'appresso,
sì perché avea gran confidenzia in esso.

24. Era Corebo di Bilbao nomato
quel di ch'io parlo, che con noi rimase;
che da fanciullo picciolo allevato
s'era con lui ne le medesme case.

diverse tempre» (*Canz.*, LV, 15). – 7. *in chi... si crede*: in cui confida. – 8. *di desire... fede*: arse d'amore per me e si raffreddò nel proposito di serbare fede all'amico; l'antitesi era petrarchesca.
21. – 1. *ancora*: già. – 3-4. *allora... lito*: allorché gliene fu suggerita l'opportunità dalla spiaggia solitaria. – 7. *ma... tôrre*: ma prima disegnò di allontanare da sé.
22. – 3. *commendato*: lodato (lat.). – 5. *che... difetto*: che era atto biasimevole e sconveniente. – 6. *Rocella*: cfr. XIII, 16, 4.
23. – 1. *temea*: sospettava. – 6. *si consiglia*: decide.
24. – 1. *Bilbao*: città spagnola, capitale della Biscaglia. – 3-4. *allevato s'era*: era

Poter con lui communicar l'ingrato
pensiero il traditor si persuase,
sperando ch'ad amar saria più presto
il piacer de l'amico, che l'onesto.

25. Corebo, che gentile era e cortese,
non lo poté ascoltar senza gran sdegno:
lo chiamò traditore, e gli contese
con parole e con fatti il rio disegno.
Grande ira all'uno e all'altro il core accese,
e con le spade nude ne fêr segno.
Al trar de' ferri, io fui da la paura
volta a fuggir per l'alta selva oscura.

26. Odorico, che mastro era di guerra,
in pochi colpi a tal vantaggio venne,
che per morto lasciò Corebo in terra,
e per le mie vestigie il camin tenne.
Prestògli Amor (se 'l mio creder non erra),
acciò potesse giungermi, le penne;
e gl'insegnò molte lusinghe e prieghi,
con che ad amarlo e compiacer mi pieghi.

27. Ma tutto è indarno; che fermata e certa
più tosto era a morir, ch'a satisfarli.
Poi ch'ogni priego, ogni lusinga esperta
ebbe e minaccie, e non potean giovarli,
si ridusse alla forza a faccia aperta.
Nulla mi val che supplicando parli
de la fé ch'avea in lui Zerbino avuta,
e ch'io ne le sue man m'era creduta.

stato allevato. – 5. *ingrato*: perché peccava di ingratitudine verso Zerbino. – 7-8.
sperando ecc.: sperando che Corebo sia più disposto a mostrarsi condiscendente
verso il piacere dell'amico, che verso l'onestà.
   25. – 1. *gentile*: di animo nobile; cfr. V, 16, 7. – 3. *contese*: cercò di impedire. –
6. *ne fêr segno*: ne diedero prova. – 8. *volta*: indotta. C'è qui l'eco delle fughe simili
di Angelica (I, 13; II, 12, ecc.).
   26. – 1. *mastro*: cfr. XIII, 11, 8. – 3. *per morto*: come morto, tramortito. – 4. *e
per... tenne*: e si mise sopra i miei passi. – 8. *con che*: con le quali.
   27. – 1. *fermata e certa*: fermamente risoluta; cfr. VIRGILIO, *Aen.*, IV, 564: «*certa
mori*», nel senso di «risoluta a morire», detto di Didone; cfr. anche PETRARCA,
Canz., LXXX, 1: «Chi è fermato di menar sua vita». – 2. *satisfarli*: soddisfare la sua
passione. – 3. *esperta*: esperimentata. – 5. *a faccia aperta*: senza più finzioni. –
8. *creduta*: affidata (lat.).

28.   Poi che gittar mi vidi i prieghi invano,
        né mi sperare altronde altro soccorso,
        e che più sempre cupido e villano
        a me venìa, come famelico orso;
        io mi difesi con piedi e con mano,
        et adopra'vi sin a l'ugne e il morso:
        pela'gli il mento, e gli graffiai la pelle,
        con stridi che n'andavano alle stelle.

29.   Non so se fosse caso, o li miei gridi
        che si doveano udir lungi una lega,
        o pur ch'usati sian correre ai lidi
        quando navilio alcun si rompe o anniega;
        sopra il monte una turba apparir vidi,
        e questa al mare e verso noi si piega.
        Come la vede il Biscaglin venire,
        lascia l'impresa, e voltasi a fuggire.

30.   Contra quel disleal mi fu adiutrice
        questa turba, signor; ma a quella image
        che sovente in proverbio il vulgo dice:
        cader de la padella ne le brage.
        Gli è ver ch'io non son stata sì infelice,
        né le lor menti ancor tanto malvage,
        ch'abbino vïolata mia persona:
        non che sia in lor virtù, né cosa buona;

31.   ma perché se mi serban, come io sono,
        vergine, speran vendermi più molto.
        Finito è il mese ottavo e viene il nono,
        che fu il mio vivo corpo qui sepolto.

28. – 2. *né... soccorso*: e vidi che non potevo sperare soccorso d'altra parte. – 6. *sin a l'ugne*: perfino le unghie.

29. – 3. *o pur... sian*: oppure che gli abitanti del luogo abbiano l'abitune. – 4. *si... anniega*: si infrange sugli scogli o va a picco.

30. – 2. *a quella image*: secondo quella immagine; le rime *image:brage:malvage* sono in DANTE, *Purg.*, XXV, 26 e *Par.*, XIX, 21. – 4. *cader... brage*: cfr. BOIARDO, *Innam.*, II, XXVI, 34, 8: «De la padella io caddi nella brase». Il modo proverbiale, che spicca qui sintatticamente più di quanto avvenga di solito nel *Furioso* (mentre è fatto normale nel *Mambriano* e nell'*Innam.*), ha la funzione di precorrere e preparare al linguaggio con cui sarà descritta la scena grottesca che segue.

31. – 2. *speran... molto*: hanno maggiori speranze di vendermi. – 4. *vivo... se-*

Del mio Zerbino ogni speme abbandono;
che già, per quanto ho da lor detti accolto,
m'han promessa e venduta a un mercadante,
che portare al soldan mi de' in Levante. –

32.   Così parlava la gentil donzella;
       e spesso con signozzi e con sospiri
       interrompea l'angelica favella,
       da muovere a pietade aspidi e tiri.
       Mentre sua doglia così rinovella,
       o forse disacerba i suoi martìri,
       da venti uomini entrâr ne la spelonca,
       armati chi di spiedo e chi di ronca.

33.   Il primo d'essi, uom di spietato viso,
       ha solo un occhio, e sguardo scuro e bieco;
       l'altro, d'un colpo che gli aveva reciso
       il naso e la mascella, è fatto cieco.
       Costui vedendo il cavalliero assiso
       con la vergine bella entro allo speco,
       volto a' compagni, disse: – Ecco augel nuovo,
       a cui non tesi, e ne la rete il truovo. –

polto: antitesi di gusto petrarchesco: cfr. per esempio *Canz.*, CCCXX, 8: «nel qual io vivo, et morto giacer volli». – 6. *accolto*: appreso. – 8. *mi de'*: mi deve.
    32. – 3. *angelica favella*: cfr. PETRARCA, *Canz.*, CLXXXI, 13: «angeliche parole». – 4. *aspidi e tiri*: serpenti della cui freddezza e velenosità parlavano i bestiari, erano spesso usati nell'antica lirica (e anche nella tradizione cavalleresca: per l'*aspide*, cfr. nn. a XX, 37, 4 e XXXII, 19, 7-8; per il *tiro* cfr. PULCI, *Morg.*, XIV, 82, 3) come termini di paragone. Qui l'espressione non è priva di un tocco d'ironia e si riallaccia a XIII, 30, 4, nel preparare la nuova atmosfera. – 5-6. *sua doglia... martìri*: il racconto di Isabella viene concluso qui con questi due versi che sono un distillato di reminiscenze letterarie: virgiliane (*Aen.*, II, 3), dantesche (*Inf.*, V, 121-122; XXXIII, 4: «Tu vui' ch'io rinovelli»), petrarchesche (*Canz.*, XXIII, 4: «perché cantando il duol si disacerba»), polizianesche (*Stanze*, I, 43, 6: «E quanto può sue cure disacerba»). – 7. *da venti*: circa venti. – 8. *spiedo*: lancia corta; *ronca*: roncola, asta con ferro adunco e tagliente: armi tipiche di ladroni e di rustiche masnade.
    33. – 1. *Il primo*: il capo. – 2. *bieco*: di traverso. – 3. *l'altro*: sottint.: occhio; *d'un colpo*: per un colpo. – 7. *Ecco... nuovo*: ecco uno strano babbeo, uno sciocco che si lascerà uccellare facilmente; cfr. BOCCACCIO, *Decam.*, VIII, v, 6: «un nuovo uccellone»; l'immagine tratta dalla cacciagione, spesso ripresa da Ariosto con un gusto di bizzarro e malizioso divertimento, era già nella tradizione cavalleresca; cfr. PULCI, *Morg.*, IX, 71, 6: «Io lo farò dar... nella ragna»; XXV, 8, 6: «Da rimanere alla pania o la ragna» e molte altre volte; BOIARDO, *Innam.*, I, XIV, 29, 4: «Come se prende lo uccelletto a ragna»; *Mambr.*, III, 15, 8.

34.	Poi disse al conte: – Uomo non vidi mai
	più commodo di te, né più oportuno.
	Non so se ti se' apposto, o se lo sai
	perché te l'abbia forse detto alcuno,
	che sì bell'arme io desïava assai,
	e questo tuo leggiadro abito bruno.
	Venuto a tempo veramente sei,
	per riparare agli bisogni miei. –

35.	Sorrise amaramente, in piè salito,
	Orlando, e fe' risposta al mascalzone:
	– Io ti venderò l'arme ad un partito
	che non ha mercadante in sua ragione. –
	Del fuoco, ch'avea appresso, indi rapito
	pien di fuoco e di fumo uno stizzone,
	trasse, e percosse il malandrino a caso,
	dove confina con le ciglia il naso.

36.	Lo stizzone ambe le palpèbre colse,
	ma maggior danno fe' ne la sinistra;
	che quella parte misera gli tolse,
	che de la luce, sola, era ministra.
	Né d'acciecarlo contentar si vòlse
	il colpo fier, s'ancor non lo registra
	tra quelli spirti che con suoi compagni
	fa star Chiron dentro ai bollenti stagni.

34. – 2. *commodo*: utile, o forse anche: compiacente (alla lat.); *oportuno*: capitato al momento giusto. – 3. *se ti se' apposto*: se l'hai indovinato. – 6. *abito bruno*: cfr. VIII, 85, 5. – 8. *riparare*: provvedere.

35. – 1. *Sorrise*: cfr. XII, 43, 1, *salito*: levatosi. – 3. *mascalzone*: masnadiero. – 3-4. *ad un... ragione*: ad un prezzo che i mercanti non registrano nella loro contabilità (lat. *reddere rationem*). – 7. *trasse*: tirò. Quello del tizzone (*stizzone*, v. 6) e altri particolari dell'episodio dello sterminio dei ladroni (cfr. n. a VI, 66, 1) sono derivati dal racconto ovidiano della lotta dei Lapiti coi Centauri (cfr. *Met.*, XII, 234 segg.). Si può ricordare che una trascrizione pittorica dell'episodio ovidiano aveva dato Piero di Cosimo in un dipinto (probabilmente una spalliera per una casa fiorentina) raffigurante appunto la *Battaglia fra i Centauri e i Lapiti*, oggi alla National Gallery di Londra.

36. – 3. *quella parte ecc.*: quell'unico occhio, che solo gli permetteva di vedere. – 5. *vòlse*: volle. – 6. *registra*: assegna. Già questo vocabolo è forse voluta e maliziosa citazione dantesca (cfr. *Inf.*, XXIX, 57) e prepara al rimando dei vv. segg. alla punizione dantesca dei violenti contro il prossimo, immersi nel sangue e sorvegliati da Chirone e da altri Centauri (*Inf.*, XII); e all'altra citazione dantesca del v. 8, per cui cfr. *Inf.*, XXII, 141: «nel mezzo del bogliente stagno».

37. Ne la spelonca una gran mensa siede
     grossa duo palmi, e spazïosa in quadro,
     che sopra un mal pulito e grosso piede,
     cape con tutta la famiglia il ladro.
     Con quell'agevolezza che si vede
     gittar la canna lo Spagnuol leggiadro,
     Orlando il grave desco da sé scaglia
     dove ristretta insieme è la canaglia.

38. A chi 'l petto, a chi 'l ventre, a chi la testa,
     a chi rompe le gambe, a chi le braccia;
     di ch'altri muore, altri storpiato resta:
     chi meno è offeso, di fuggir procaccia.
     Così talvolta un grave sasso pesta
     e fianchi e lombi, e spezza capi e schiaccia,
     gittato sopra un gran drapel di biscie,
     che dopo il verno al sol si goda e liscie.

39. Nascono casi, e non saprei dir quanti:
     una muore, una parte senza coda,
     un'altra non si può muover davanti,
     e 'l deretano indarno aggira e snoda;
     un'altra, ch'ebbe più propizii i santi,
     striscia fra l'erbe, e va serpendo a proda.
     Il colpo orribil fu, ma non mirando,
     poi che lo fece il valoroso Orlando.

40. Quei che la mensa o nulla o poco offese
     (e Turpin scrive a punto che fur sette),

---

37. – 1. *siede*: è posta. – 2. *spazïosa in quadro*: grande e quadrata. – 3. *mal pulito*: rozzo, non levigato. – 4. *cape... ladro*: basta, può accogliere il ladro con tutti i suoi. – 6. *gittar ecc.*: allude ad una specie di giostra in cui quadriglie di cavalieri si scontravano lanciandosi delle lance sottili e forate come una canna. Il gioco era stato portato dai Mori in Spagna e dagli Spagnoli in Italia; cfr. CASTIGLIONE, *Cortegiano*, I, 21. – 7. *da sé*: lungi da sé.

38. – 2. *a chi... braccia*: il verso, così come l'espressione *canaglia* (XIII, 37, 8) sono derivati dal BOIARDO, *Innam.*, II, XVIII, 56, 5 e 8: «A chi troncò le gambe, a chi le braccia»; ma il ritmo è qui lucido, disteso, distaccato. – 3. *di ch'*: del quale colpo. – 7. *biscie*: cfr. X, 103. – 8. *dopo il verno*: dopo il freddo (e può essere dopo l'inverno, o semplicemente dopo una tempesta).

39. – 1. *e non saprei dir*: cfr. XI, 81, 4. – 4. *'l deretano*: la parte posteriore. – 5. *ch'ebbe ecc.*: che fu più fortunata. – 6. *va... proda*: strisciando cerca di rifugiarsi alla proda del campo, nel fossato. – 7. *mirando*: tale da suscitare meraviglia.

40. – 2. *Turpin*: Turpino, leggendario vescovo di Reims, che accompagnò Car-

ai piedi raccomandan sue difese:
ma ne l'uscita il paladin si mette;
e poi che presi gli ha senza contese,
le man lor lega con la fune istrette,
con una fune al suo bisogno destra,
che ritrovò ne la casa silvestra.

41.   Poi li strascina fuor de la spelonca,
dove facea grande ombra un vecchio sorbo.
Orlando con la spada i rami tronca,
e quelli attacca per vivanda al corbo.
Non bisognò catena in capo adonca;
che per purgare il mondo di quel morbo,
l'arbor medesmo gli uncini prestolli,
con che pel mento Orlando ivi attaccolli.

42.   La donna vecchia, amica a' malandrini,
poi che restar tutti li vide estinti,
fuggì piangendo, e con le mani ai crini,
per selve e boscherecci labirinti.
Dopo aspri e malagevoli camini,
a gravi passi e dal timor sospinti,
in ripa un fiume in un guerrier scontrosse;
ma diferisco a ricontar chi fosse:

43.   e torno all'altra, che si raccomanda
al paladin che non la lasci sola;
e dice di seguirlo in ogni banda.
Cortesemente Orlando la consola;

lo Magno nella spedizione di Spagna e morì a Roncisvalle. A lui fu attribuita una
cronaca della *Vita di Carlo Magno* che invece fu composta da vari autori verso
l'XI-XII secolo. Tale cronaca divenne fonte d'autorità per molti romanzieri del ciclo
carolingio e, presso i nostri autori di cantari, venne citata a proposito e sproposito
a testimonianza delle gesta più iperboliche. Così anche nel PULCI, *Morg.*, XXV, 178
e nel BOIARDO, *Innam.*, I, I, 3; VI, 5; ecc.; così anche qui, con scherzosa precisione
filologica. – 5. *senza contese*: senza incontrare resistenza. – 7. *destra*: acconcia.
    41. – 4. *e quelli... corbo*: e impicca i malviventi, come cibo per i corvi. Il tema
dell'impiccagione era particolarmente caro alla tradizione giocosa; qui la scenetta
e anche le rime hanno sapore pulciano (*Morg.*, XXV, 64); cfr. anche CIECO, *Mambriano*, IV, 98. – 5. *catena... adonca*: con un uncino all'estremità. – 7. *prestolli*: gli
fornì. – 8. *con che*: con i quali.
    42. – 1. *La donna vecchia*: si saprà più avanti (XXI, 50, 3) che il suo nome era
Gabrina. – 6. *gravi*: lenti, pesanti, per l'età e la stanchezza. – 8. *diferisco*: cfr. XX, 106
segg. Il guerriero è Marfisa.
    43. – 1. *altra*: Isabella. – 4. *Cortesemente*: si noti come il riapparire di Isabella

e quindi, poi ch'uscì con la ghirlanda
di rose adorna e di purpurea stola
la bianca Aurora al solito camino,
partì con Isabella il paladino.

44.   Senza trovar cosa che degna sia
d'istoria, molti giorni insieme andaro;
e finalmente un cavallier per via,
che prigione era tratto, riscontraro.
Chi fosse, dirò poi; ch'or me ne svia
tal, di chi udir non vi sarà men caro:
la figliuola d'Amon, la qual lasciai
languida dianzi in amorosi guai.

45.   La bella donna, disïando invano
ch'a lei facesse il suo Ruggier ritorno,
stava a Marsilia, ove allo stuol pagano
dava da travagliar quasi ogni giorno;
il qual scorrea, rubando in monte e in piano,
per Linguadoca e per Provenza intorno:
et ella ben facea l'ufficio vero
di savio duca e d'ottimo guerriero.

46.   Standosi quivi, e di gran spazio essendo
passato il tempo che tornare a lei
il suo Ruggier dovea, né lo vedendo,
vivea in timor di mille casi rei.
Un dì fra gli altri, che di ciò piangendo
stava solinga, le arrivò colei
che portò ne l'annel la medicina
che sanò il cor ch'avea ferito Alcina.

---

dissolva l'atmosfera grottesca e iperbolica dell'episodio dei ladroni e segni il ritorno al tono elegiaco. – 6. *stola*: veste; nuova preziosa variazione sul mito del-
l'Aurora; cfr. n. a XII, 68, 3-4.

44. – 5. *Chi... poi*: si tratta di Zerbino; cfr. XXIII, 53. – *me ne svia*: cfr. n. a II, 30,
7-8. – 6. *di chi*: di cui. – 7. *la figliuola d'Amon*: Bradamante; *lasciai*: cfr. VII, 45-49.

45. – 6. *Linguadoca*: regione compresa fra il Rodano e i Pirenei; *Provenza*: fra
il Rodano e le Alpi. – 8. *savio... guerriero*: Carlo aveva affidato a Bradamante il
governo e la difesa di Marsiglia e della Provenza; cfr. II, 64.

46. – 2. *il tempo*: Melissa aveva promesso e giurato che sarebbe tornata «in
pochi giorni» (VII, 46, 7-8). – 6. *colei*: Melissa, che aveva liberato Ruggiero a mezzo
dell'anello; cfr. VII, 37 segg.

47.

Come a sé ritornar senza il suo amante,
dopo sì lungo termine, la vede,
resta pallida e smorta, e sì tremante,
che non ha forza di tenersi in piede:
ma la maga gentil le va davante
ridendo, poi che del timor s'avede;
e con viso giocondo la conforta,
qual aver suol chi buone nuove apporta.

48.

– Non temer – disse – di Ruggier, donzella,
ch'è vivo e sano, e come suol, t'adora;
ma non è già in sua libertà, che quella
pur gli ha levata il tuo nemico ancora:
et è bisogno che tu monti in sella,
se brami averlo, e che mi segui or ora;
che se mi segui, io t'aprirò la via
donde per te Ruggier libero fia. –

49.

E seguitò, narrandole di quello
magico error che gli avea ordito Atlante:
che simulando d'essa il viso bello,
che captiva parea del rio gigante,
tratto l'avea ne l'incantato ostello,
dove sparito poi gli era davante;
e come tarda con simile inganno
le donne e i cavallier che di là vanno.

50.

A tutti par, l'incantator mirando,
mirar quel che per sé brama ciascuno:
donna, scudier, compagno, amico; quando
il desiderio uman non è tutto uno.
Quindi il palagio van tutti cercando

---

47. – 2. *termine*: tempo. – 6. *ridendo*: sorridendo. Particolare novellistico come quello della paura di Bradamante (vv. 3-4), che dà un carattere più «borghese», meno «tragico» al suo amore.
48. – 4. *il tuo nemico*: Atlante. – 7. *t'aprirò la via*: ti mostrerò il modo.
49. – 2. *error*: inganno (che consisteva nel fare «errare» i cavalieri). – 3. *d'essa*: di Bradamante. – 4. *captiva*: prigioniera (lat.). – 7. *tarda*: trattiene, fa indugiare.
50. – 1. *A tutti par ecc.*: cfr. XII, 12. – 3. *quando*: giacché. – 5. *cercando*: esplorando.

con lungo affanno, e senza frutto alcuno;
e tanta è la speranza e il gran disire
del ritrovar, che non ne san partire.

51.   — Come tu giungi — disse — in quella parte
che giace presso all'incantata stanza,
verrà l'incantatore a ritrovarte,
che terrà di Ruggiero ogni sembianza;
e ti farà parer, con sua mal'arte,
ch'ivi lo vinca alcun di più possanza,
acciò che tu per aiutarlo vada
dove con gli altri poi ti tenga a bada.

52.   Acciò l'inganni, in che son tanti e tanti
caduti, non ti colgan, sie avertita,
che se ben di Ruggier viso e sembianti
ti parrà di veder, che chieggia aita,
non gli dar fede tu; ma, come avanti
ti vien, fagli lasciar l'indegna vita:
né dubitar perciò che Ruggier muoia,
ma ben colui che ti dà tanta noia.

53.   Ti parrà duro assai, ben lo conosco,
uccidere un che sembri il tuo Ruggiero:
pur non dar fede all'occhio tuo, che losco
farà l'incanto, e celeragli il vero.
Fèrmati, pria ch'io ti conduca al bosco,
sì che poi non si cangi il tuo pensiero;
che sempre di Ruggier rimarrai priva,
se lasci per viltà che 'l mago viva. —

51. – 1. *Come tu giungi*: non appena giungerai. – 2. *stanza*: dimora. –
4. *terrà*: avrà. – 8. *dove... bada*: nel palazzo, dove ti tratterrà prigioniera insieme agli altri.
52. – 6. *l'indegna vita*: dell'incantatore. – 8. *ma ben*: ma sii ben certa che m
orrà.
53. – 3-4. *che... incanto*: che l'incanto di Atlante renderà losco, cioè incapace di
vedere le cose quali realmente sono. – 5. *Fèrmati*: fissati fermamente in testa la tua
decisione.

54.   La valorosa giovane, con questa
       intenzïon che 'l fraudolente uccida,
       a pigliar l'arme, et a seguire è presta
       Melissa; che sa ben quanto l'è fida.
       Quella, or per terren culto, or per foresta,
       a gran giornate e in gran fretta la guida,
       cercando allevïarle tuttavia
       con parlar grato la noiosa via.

55.   E più di tutti i bei ragionamenti,
       spesso le repetea ch'uscir di lei
       e di Ruggier doveano gli eccellenti
       principi e glorïosi semidei.
       Come a Melissa fossino presenti
       tutti i secreti degli eterni dèi,
       tutte le cose ella sapea predire,
       ch'avean per molti seculi a venire.

56.   — Deh, come, o prudentissima mia scorta, —
       dicea alla maga l'inclita donzella
       — molti anni prima tu m'hai fatto accorta
       di tanta mia viril progenie bella;
       così d'alcuna donna mi conforta,
       che di mia stirpe sia, s'alcuna in quella
       metter si può tra belle e virtuose. —
       E la cortese maga le rispose:

57.   — Da te uscir veggio le pudiche donne,
       madri d'imperatori e di gran regi,

---

54. – 2. *che... uccida*: di uccidere. – 6. *a gran giornate*: con lunghe tappe; cfr. PETRARCA, *Canz.*, CCLXXII, 2 (lat. *magnis itineribus*). – 7-8. *cercando ecc.*: cfr. III, 65, 8.

55. – 2. *uscir*: discendere. – 4. *principi... semidei*: i principi estensi; cfr. VII, 39, 3-4. – 8. *ch'avean... venire*: che sarebbero accadute nel giro di molti secoli.

56. – 2. *inclita*: famosa. Come il *valorosa* di XIII, 54, 1 e il *prudentissima* di 56, 1 e gli *eccellenti* e *glorïosi* di 55, 3-4, appartiene a quegli aggettivi esornativi che si addicono allo stile encomiastico di queste stanze. – 3-4. *molti anni... bella*: mi hai informato, molti anni prima che nascessero, di tanti miei discendenti maschi (cfr. III, 16 segg.). – 5. *così... conforta*: nello stesso modo, a mio conforto, informami della mia discendenza femminile.

reparatrici e solide colonne
de case illustri e di domìni egregi;
che men degne non son ne le lor gonne,
ch'in arme i cavallier, di sommi pregi,
di pietà, di gran cor, di gran prudenza,
di somma e incomparabil continenza.

58. E s'io avrò da narrarti di ciascuna
che ne la stirpe tua sia d'onor degna,
troppo sarà; ch'io non ne veggio alcuna
che passar con silenzio mi convegna.
Ma ti farò, tra mille, scelta d'una
o di due coppie, acciò ch'a fin ne vegna.
Ne la spelonca perché nol dicesti?
che l'imagini ancor vedute avresti.

59. De la tua chiara stirpe uscirà quella
d'opere illustri e di bei studii amica,
ch'io non so ben se più leggiadra e bella
mi debba dire, o più saggia e pudica,
liberale e magnanima Isabella,
che del bel lume suo dì e notte aprica
farà la terra che sul Menzo siede,
a cui la madre d'Ocno il nome diede:

57. – 3. *reparatrici... colonne:* restauratrici e fermo sostegno. – 7. *di pietà ecc.:*
dipende da *pregi* (v. 6): lodi di pietà, di grande coraggio, ecc.
58. – 3. *troppo sarà:* sarebbe impresa troppo difficile e lunga. – 6. *acciò... vegna:*
perché mi sia possibile dar compimento alla tua richiesta. – 7. *la spelonca:* la
grotta di Merlino (III, 6 segg.).
59. – 5. *Isabella:* Isabella d'Este (1474-1539), figlia del duca Ercole I e di
Eleonora d'Aragona, sposa del marchese di Mantova, Francesco II Gonzaga; donna colta e protettrice di letterati (cfr. A. LUZIO-R. RENIER, *Mantova e Urbino,
Isabella d'Este ed Elisabetta Gonzaga*, Torino, 1893; cfr. anche qui, XXIX, 29; XLII,
84). A lei l'Ariosto era legato da amicizia, e nel 1512 aveva letto alcuni brani del
Furioso. Si mettano questi versi a confronto (particolarmente nella tessitura verbale) con l'elogio di Laura in PETRARCA, *Canz.*, CCLIV, 5-8: «Nocque ad alcuna già
l'esser sì bella; Questa più d'altra è bella et più pudica: Forse vuol Dio tal di
vertute amica Tòrre a la terra, e 'n ciel farne una stella». – 6-8. *aprica... diede:* darà
splendore alla città che si trova sul Mincio, Mantova, e a cui ha dato nome Manto,
figlia dell'indovino Tiresia, la quale generò dal Tevere il fiume Ocno. Reminiscenze virgiliane (*Aen.*, X, 198-200) e dantesche (*Inf.*, XXII, 55 segg.); cfr. anche XLII,
11, 5-6.

60.   dove onorato e splendido certame
            avrà col suo dignissimo consorte,
            chi di lor più le virtù prezzi et ame,
            e chi meglio apra a cortesia le porte.
            S'un narrerà ch'al Taro e nel Reame
            fu a liberar da' Galli Italia forte;
            l'altra dirà: «Sol perché casta visse,
            Penelope non fu minor d'Ulisse».

61.   Gran cose e molte in brevi detti accolgo
            di questa donna, e più dietro ne lasso,
            che in quelli dì ch'io mi levai dal volgo,
            mi fe' chiare Merlin dal cavo sasso.
            E s'in questo gran mar la vela sciolgo,
            di lunga Tifi in navigar trapasso.
            Conchiudo in somma ch'ella avrà, per dono
            de la virtù e del ciel, ciò ch'è di buono.

62.   Seco avrà la sorella Beatrice,
            a cui si converrà tal nome a punto:
            ch'essa non sol del ben che qua giù lice,
            per quel che viverà, toccherà il punto;
            ma avrà forza di far seco felice
            fra tutti i ricchi duci, il suo congiunto,
            il qual, come ella poi lascierà il mondo,
            così de l'infelici andrà nel fondo.

60. – 1. *certame*: gara. – 4. *chi... porte*: chi più si segnali per la sua cortesia. – 5-6. *S'un narrerà ecc.*: se il marchese Francesco potrà vantare la partecipazione vittoriosa alla battaglia di Fornovo sul Taro (1493) e a quella di Atella, nel regno di Napoli (1496), entrambe combattute contro i Francesi. Un suo elogio qui a XXVI, 49 e anche nel *Cortegiano* di CASTIGLIONE, IV, 36. – 8. *Penelope... Ulisse*: la letteratura encomiastica cinquecentesca attingeva a piene mani al patrimonio eroico e mitologico del mondo classico.

61. – 3. *mi levai dal volgo*: acquistai la fama di maga; cfr. DANTE, *Inf.*, II, 105. – 4. *mi fe'... sasso*: mi rivelò Merlino, parlandomi dalla sua tomba. – 5-6. *E s'in questo ecc.*: e se dovessi intraprendere questa navigazione (cioè narrare tutte le «gran cose» compiute da Isabella), dovrei compiere un viaggio assai più lungo di quello di Tifi, il nocchiero che condusse gli Argonauti nella Colchide (cfr. XV, 21, 3).

62. – 1. *Beatrice*: Beatrice d'Este (1475-1497) che andò sposa a Ludovico Sforza detto il Moro. – 2. *a cui... nome*: nella poesia encomiastica aveva un largo posto l'attribuzione di un carattere significativo ai nomi (cfr. I, 3, 1; V, 18, 8; XIII, 72, 3; XXVI, 132, 5-6; XXXVI, 11; ecc.); in questo caso poi c'era l'esempio illustre di Dante. – 3-4. *del ben... punto*: per tutto il tempo che vivrà, raggiungerà il sommo della felicità concessa su questa terra. – 7-8. *il qual... fondo*: Ludovico il Moro, dopo

63.   E Moro e Sforza e Viscontei colubri,
         lei viva, formidabili saranno
         da l'iperboree nievi ai lidi rubri,
         da l'Indo ai monti ch'al tuo mar via dànno:
         lei morta, andran col regno degl'Insubri,
         e con grave di tutta Italia danno,
         in servitute; e fia stimata, senza
         costei, ventura la somma prudenza.

64.   Vi saranno altre ancor, ch'avranno il nome
         medesmo, e nasceran molt'anni prima:
         di ch'una s'ornerà le sacre chiome
         de la corona di Pannonia opima;
         un'altra, poi che le terrene some
         lasciate avrà, fia ne l'ausonio clima
         collocata nel numer de le dive,
         et avrà incensi e imagini votive.

65.   De l'altre tacerò; che, come ho detto,
         lungo sarebbe a ragionar di tante;
         ben che per sé ciascuna abbia suggetto
         degno, ch'eroica e chiara tuba cante.

la morte di Beatrice, avvenuta di parto quando aveva 22 anni, toccherà il sommo dell'infelicità: infatti sarà sconfitto nel 1499 dalla lega fomata contro di lui e fatto prigioniero dai Francesi.
      63. – 1. *Moro... colubri*: Ludovico il Moro (così chiamato dal gelso dell'insegna), la famiglia Sforza e l'insegna del ducato di Milano, il biscione visconteo (cfr. III, 26, 4). – 3-4. *da l'iperboree ecc.*: in ogni parte del mondo, dalle nevi boreali al mar Rosso e dall'Indo sino ai monti di Calpe e di Abila sullo stretto di Gibilterra, che apre la via al mar Mediterraneo, su cui si specchia anche la Provenza, patria di Bradamante. Per simili determinazioni geografiche, cfr. III, 17, 5-6; IV, 61, 8; VII, 36, 3-4; e anche, dell'Ariosto, le *Rime*, Canz. V, 119-121. – 5. *regno degl'Insubri*: la Lombardia (cfr. III, 26, 6). – 7-8. *e fia... prudenza*: il Moro era stato stimato astuto e saggio ma, dopo la sconfitta e la morte di Beatrice, anche le glorie precedenti furono attribuite alla fortuna.
      64. – 3-4. *una s'ornerà ecc.*: Beatrice, figlia di Aldobrandino III, andò sposa nel 1234 ad Andrea II, re d'Ungheria (o *Pannonia*). – 5-8. *un'altra ecc.*: un'altra, dopo aver lasciato la spoglia terrena (cfr. PETRARCA, *Canz.*, XXVIII, 78, «terrena soma») sarà in Italia (*clima* nel senso di «regione» è petrarchesco: cfr. *Canz.*, CXXXV, 2: «in qualche stranio clima») beatificata. Due erano le beate Beatrice d'Este, entrambe vissute nel sec. XIII. Qui s'allude probabilmente a quella morta in Ferrara nel 1262, fondatrice del monastero di S. Antonio, e devotamente onorata dalla famiglia.
      65. – 3. *abbia*: offra. – 4. *eroica... tuba*: canto epico; cfr. DANTE, *Par.*, XXX, 35.

        Le Bianche, le Lucrezie io terrò in petto,
        e le Costanze e l'altre, che di quante
        splendide case Italia reggeranno,
        reparatrici e madri ad esser hanno.

66.   Più ch'altre fosser mai, le tue famiglie
        saran ne le lor donne aventurose;
        non dico in quella più de le lor figlie,
        che ne l'alta onestà de le lor spose.
        E acciò da te notizia anco si piglie
        di questa parte che Merlin mi espose,
        forse perch'io 'l dovessi a te ridire,
        ho di parlarne non poco desire.

67.   E dirò prima di Ricciarda, degno
        esempio di fortezza e d'onestade:
        vedova rimarrà, giovane, a sdegno
        di Fortuna; il che spesso ai buoni accade.
        I figli, privi del paterno regno,
        esuli andar vedrà in strane contrade,
        fanciulli in man degli aversari loro;
        ma infine avrà il suo male amplo ristoro.

68.   De l'alta stirpe d'Aragone antica
        non tacerò la splendida regina,
        di cui né saggia sì, né sì pudica
        veggio istoria lodar greca o latina,

– 5-6. *Bianche... Lucrezie... Costanze*: numerose furono le donne d'Este tali nomi, maritate a signori italiani. – 8. *reparatrici*: cfr. XIII, 57, 3.

66. – 1. *le tue famiglie*: i vari rami che discenderanno da te. – 2. *aventurose*: fortunate. – 3-4. *non dico... spose*: intendo fortunate ugualmente nell'onestà delle figlie e in quella delle spose. – 6. *di questa parte*: delle donne andate spose agli Estensi.

67. – 1. *Ricciarda*: Ricciarda di Saluzzo, che andò sposa a Niccolò III d'Este. I figli suoi Ercole e Sigismondo subirono l'usurpazione di Leonello e Borso e vissero alla corte di Napoli, affidati ad Alfonso d'Aragona, che poteva essere considerato loro «aversario» perché aveva dato la figlia Bianca Maria in moglie a Leonello. Morto Borso, fu ristabilita la discendenza di Ricciarda ed Ercole fu fatto duca; cfr. III, 47, 8. – 7. *in man... loro*: cfr. DANTE, *Inf.*, XXII, 45: «Venuto a man delli avversari suoi».

68. – 2. *splendida regina*: Eleonora d'Este, della real casa d'Aragona, moglie di Ercole I e madre del duca Alfonso, di Ippolito e d'Isabella. Cfr. nelle *Rime* (Cap. I) l'epicedio scritto dall'Ariosto nel 1493 per la morte di Eleonora.

né a cui Fortuna più si mostri amica:
poi che sarà da la Bontà divina
elletta madre a parturir la bella
progenie, Alfonso, Ippolito e Isabella.

69.　Costei sarà la saggia Leonora,
che nel tuo felice arbore s'inesta.
Che ti dirò de la seconda nuora,
succeditrice prossima di questa?
Lucrezia Borgia, di cui d'ora in ora
la beltà, la virtù, la fama onesta
e la fortuna crescerà, non meno
che giovin pianta in morbido terreno.

70.　Qual lo stagno all'argento, il rame all'oro,
il campestre papavere alla rosa,
pallido salce al sempre verde alloro,
dipinto vetro a gemma prezïosa;
tal a costei, ch'ancor non nata onoro,
sarà ciascuna insino a qui famosa
di singular beltà, di gran prudenzia,
e d'ogni altra lodevole eccellenzia.

71.　E sopra tutti gli altri incliti pregi
che le saranno e a viva e a morta dati,
si loderà che di costumi regi
Ercole e gli altri figli avrà dotati,
e dato gran principio ai ricchi fregi
di che poi s'orneranno in toga e armati;

---

69. - 5. *Lucrezia Borgia*: figlia di Alessandro VI e moglie di Alfonso I d'Este
(che era vedovo di Anna Sforza; perciò Lucrezia fu *seconda nuora*). Alla corte
d'Este Lucrezia fu circondata da letterati che celebravano la sua bellezza e il suo
fascino, fra cui il Tebaldeo, Ercole Strozzi e il Bembo. Altri elogi dell'Ariosto, nel
Furioso, a XLII, 83, e inoltre in un epitalamio latino (*Lir. lat.*, LIII) e nell'*Ecloga* I,
vv. 227 segg.
70. - 1-8. *Qual lo stagno ecc.*: la stessa similitudine nei vv. 253-256 dell'*Ecloga*
cit., che a loro volta derivano da VIRGILIO, *Ecl.*, V, 16-17: «*Lenta salix quantum
pallenti cedit olivae, Puniceis humilis quantum saliunca rosetis*».
71. - 5. *e dato... fregi*: e li avrà forniti, colla sua educazione, di quelle virtù. -
6. *in toga*: in pace; cfr. OVIDIO, *Met.*, XV, 746-747: «*Marte togaque Praecipuum*»;
VELLEIO PATERCOLO, I, 12, 3: «*Vir omnibus belli ac togae dotibus eminentissimus*». -

perché l'odor non se ne va sì in fretta,
ch'in nuovo vaso, o buono o rio, si metta.

72. Non voglio ch'in silenzio anco Renata
di Francia, nuora di costei, rimagna,
di Luigi il duodecimo Re nata,
e de l'eterna gloria di Bretagna.
Ogni virtù ch'in donna mai sia stata,
di poi che 'l fuoco scalda e l'acqua bagna,
e gira intorno il cielo, insieme tutta
per Renata adornar veggio ridutta.

73. Lungo sarà che d'Alda di Sansogna
narri, o de la contessa di Celano,
o di Bianca Maria di Catalogna,
o de la figlia del re sicigliano,
o de la bella Lippa da Bologna,
e d'altre; che s'io vo' di mano in mano
venirtene dicendo le gran lode,
entro in un alto mar che non ha prode. –

74. Poi che le raccontò la maggior parte
de la futura stirpe a suo grand'agio,
più volte e più le replicò de l'arte
ch'avea tratto Ruggier dentro al palagio.
Melissa si fermò, poi che fu in parte
vicina al luogo del vecchio malvagio;
e non le parve di venir più inante,
acciò veduta non fosse da Atlante.

7-8. *l'odor... metta*: cfr. ORAZIO, *Epist.*, I, II, 69-70: «*Quo semel est imbuta recens servabit odorem Testa diu*».

72. – 1. *Renata*: figlia di Luigi XII di Francia e di Anna, duchessa di Bretagna, che sposò nel 1528 Ercole II, figlio di Alfonso I d'Este e di Lucrezia Borgia. – 3. *Re nata*: per il procedimento di antonomasia, cfr. n. a XIII, 62, 2. – 6. *di poi... bagna*: da che il mondo è mondo. Di tali perifrasi abbonda la letteratura cortigiana. – 8. *ridutta*: raccolta.

73. – 1. *Alda di Sansogna*: figlia di Ottone III di Sassonia e che, secondo l'Ariosto, aveva sposato Alberto Azzo II d'Este; cfr. III, 27, 1-2. – 2. *contessa di Celano*: personaggio su cui, come su altri di tali complesse genealogie, si hanno notizie confuse. – 3. *Bianca... Catalogna*: figlia di Alfonso d'Aragona e moglie di Lionello d'Este. – 4. *figlia... siciliano*: Beatrice, figlia di Carlo II d'Angiò e moglie di Azzo VIII. – 5. *Lippa da Bologna*: Filippa di Francesco Ariosti, che divenne moglie di Obizzo III dopo esserne stata per vent'anni la concubina. Da lei discendeva anche la famiglia del poeta.

74. – 3. *le replicò de l'arte*: tornò a descriverle l'incanto. – 6. *luogo... malvagio*: la dimora d'Atlante. – 7. *parve*: sembrò opportuno.

75. E la donzella di nuovo consiglia
di quel che mille volte ormai l'ha detto.
La lascia sola; e quella oltre a dua miglia
non cavalcò per un sentiero istretto,
che vide quel ch'al suo Ruggier simiglia;
e dui giganti di crudele aspetto
intorno avea, che lo stringean sì forte,
ch'era vicino esser condotto a morte.

76. Come la donna in tal periglio vede
colui che di Ruggiero ha tutti i segni,
subito cangia in sospizion la fede,
subito oblia tutti i suoi bei disegni.
Che sia in odio a Melissa Ruggier crede,
per nuova ingiuria e non intesi sdegni,
e cerchi far con disusata trama
che sia morto da lei che così l'ama.

77. Seco dicea: «Non è Ruggier costui,
che col cor sempre, et or con gli occhi veggio?
e s'or non veggio e non conosco lui,
che mai veder o mai conoscer deggio?
perché voglio io de la credenza altrui
che la veduta mia giudichi peggio?
che senza gli occhi ancor, sol per se stesso
può il cor sentir se gli è lontano o appresso».

78. Mentre che così pensa, ode la voce
che le par di Ruggier, chieder soccorso;
e vede quello a un tempo, che veloce
sprona il cavallo e gli ralenta il morso,
e l'un nemico e l'altro suo feroce,

75. – 5. *quel... simiglia*: il mago che ha preso la forma di Ruggiero.
76. – 3. *sospizion*: sospetto; *la fede*: la fiducia che aveva nelle parole di Melissa.
– 6. *per nuova... sdegni*: per qualche ingiuria fatta di recente da Ruggiero a Melissa
o per qualche sdegno della maga, di cui Bradamante non aveva avuto notizia. –
7. *e cerchi*: e che Melissa cerchi; *disusata*: insolita, raffinatamente perfida. – 8. *morto*:
ucciso.
77. – 5-6. *perché ecc.*: perché voglio che la mia vista giudichi peggio della
credenza altrui?

che lo segue e lo caccia a tutto corso.
Di lor seguir la donna non rimase,
che si condusse al'incantate case.

79. De le quai non più tosto entrò le porte,
che fu sommersa nel commune errore.
Lo cercò tutto per vie dritte e torte
invan di su e di giù, dentro e di fuore;
né cessa notte o dì, tanto era forte
l'incanto: e fatto avea l'incantatore,
che Ruggier vede sempre, e gli favella,
né Ruggier lei, né lui riconosce ella.

80. Ma lasciàn Bradamante, e non v'incresca
udir che così resti in quello incanto;
che quando sarà il tempo ch'ella n'esca,
la farò uscire, e Ruggiero altretanto.
Come raccende il gusto il mutar esca,
così mi par che la mia istoria, quanto
or qua or là più variata sia,
meno a chi l'udirà noiosa fia.

81. Di molte fila esser bisogno parme
a condur la gran tela ch'io lavoro.
E però non vi spiaccia d'ascoltarme,
come fuor de le stanze il popul Moro
davanti al re Agramante ha preso l'arme,
che, molto minacciando ai Gigli d'oro,
lo fa assembrare ad una mostra nuova,
per saper quanta gente si ritruova.

82. Perch'oltre i cavallieri, oltre i pedoni
ch'al numero sottratti erano in copia,

---

78. – 6. *caccia*: insegue incalzandolo. – 7-8. *non rimase, che*: non ristette finché.
79. – 1. *entrò le porte*: costr. trans. alla lat. – 3. *cercò*: esplorò. Si ripete la situazione di Orlando (XII, 9 segg.) e di Ruggiero (XII, 18 segg.) e torna il *leit-motiv* «di su di giù» (cfr. n. a XII, 10, 5).
80. – 4. *la farò uscire*: cfr. XXII, 20. – 5. *esca*: cibo.
81. – 1-2. *Di molte ecc.*: cfr. II, 30, 5-6. – 4. *stanze*: alloggiamenti. – 6. *ai Gigli d'oro*: alla casa reale di Francia. – 7. *assembrare*: adunare (franc.); cfr. *Innam.*, I, I, 6, 2: «Fece la gente ne l'arme asembrare»; *mostra*: rassegna. Quella precedente era stata descritta dal BOIARDO, *Innam.*, II, XXIX.

mancavan capitani, e pur de' buoni,
e di Spagna e di Libia e d'Etïopia,
e le diverse squadre e le nazioni
givano errando senza guida propria;
per dare e capo et ordine a ciascuna,
tutto il campo alla mostra si raguna.

83. In supplimento de le turbe uccise
ne le battaglie e ne' fieri conflitti,
l'un signore in Ispagna, e l'altro mise
in Africa, ove molti n'eran scritti;
e tutti alli lor ordini divise,
e sotto i duci lor gli ebbe diritti.
Differirò, Signor, con grazia vostra,
ne l'altro canto l'ordine e la mostra.

82. – 4. *Libia*: Africa settentrionale. – 5. *e le diverse... nazioni*: e parecchie
squadre e addirittura popoli interi, dipendenti da Agramante e da Marsilio. –
6. *propria*: le rime *capia:Etïopia:propria* erano già in PETRARCA, *Tr. Am.*, II, 143-47.
  83. – 1. *supplimento*: sostituzione. – 3. *l'un*: Marsilio; *l'altro*: Agramante; *mise*:
mandò a prenderne (lat. *misit*). – 4. *scritti*: arruolati. – 5-6. *e tutti... diritti*: tutti i
rimanenti li distribuì in schiere e li avviò ai loro comandanti.

CANTO QUARTODECIMO

Esordio: elogio di Alfonso I d'Este, per la vittoria di Ravenna. Rassegna particolareggiata dell'esercito saraceno. Mandricardo parte solo alla ricerca di Orlando per punirlo dell'uccisione di Alzirdo e Manilardo. Per strada incontra Doralice, che va sposa a Rodomonte, e la rapisce. Frattanto Agramante si prepara ad espugnare Parigi. Dall'altra parte Carlo Magno prepara la difesa della città e prega Dio di concedere il suo aiuto all'esercito cristiano. Dio manda l'angelo Michele in cerca del Silenzio e della Discordia, perché intervengano in favore di Carlo. I Saraceni attaccano Parigi e Rodomonte compie gesta prodigiose.

1.   Nei molti assalti e nei crudel conflitti,
    ch'avuti avea con Francia, Africa e Spagna,
    morti erano infiniti, e derelitti
    al lupo, al corvo, all'aquila griffagna;
    e ben che i Franchi fossero più afflitti,
    che tutta avean perduta la campagna,
    più si doleano i Saracin, per molti
    principi e gran baron ch'eran lor tolti.

2.   Ebbon vittorie così sanguinose,
    che lor poco avanzò di che allegrarsi.

---

1. – 2. *ch'avuti... Spagna*: che l'esercito di Agramante e di Marsilio aveva avuto con quello di Carlo. – 3. *derelitti*: cfr. VIRGILIO, *Aen.*, IX, 485-486: «*heu terra ignota canibus data praeda Latinis alitibusque iaces*» (immagine di origine omerica). – 4. *griffagna*: rapace. – 5. *afflitti*: abbattuti, scoraggiati (lat.). – 8. *eran lor tolti*: «L'imperfetto, invece del trapassato prossimo, indica che l'effetto durava tuttavia nel presente» (Papini).

E se alle antique le moderne cose,
invitto Alfonso, denno assimigliarsi;
la gran vittoria, onde alle virtuose
opere vostre può la gloria darsi,
di ch'aver sempre lacrimose ciglia
Ravenna debbe, a queste s'assimiglia:

3.   quando, cedendo Morini e Picardi,
l'esercito normando e l'aquitano,
voi nel mezzo assaliste li stendardi
del quasi vincitor nimico ispano,
seguendo voi quei gioveni gagliardi,
che meritâr con valorosa mano
quel dì da voi, per onorati doni,
l'else indorate e gl'indorati sproni.

4.   Con sì animosi petti che vi fôro
vicini o poco lungi al gran periglio,
crollaste sì le ricche Giande d'oro,
sì rompeste il baston giallo e vermiglio,
ch'a voi si deve il trionfale alloro,
che non fu guasto né sfiorato il Giglio.
D'un'altra fronde v'orna anco la chioma
l'aver servato il suo Fabrizio a Roma.

2. – 3. *antique... moderne*: riprende lo schema retorico di PETRARCA, *Canz.*, XXVIII, 77: «volte l'antiche et le moderne carte»; *Tr. Am.*, IV, 12: «o per antiche o per moderne carte» (Cabani). – 5. *la gran vittoria*: nella battaglia di Ravenna (11 aprile 1512), vinta dai Francesi col valido aiuto degli Estensi, contro gli Spagnoli e i Pontifici. L'Ariosto non partecipò alla battaglia, ma si trovò sul campo il giorno dopo e assistette al sacco della città; cfr. *Rime*, Cap. XVI e, nel poema, XXXIII, 40-41. – 8. *a queste s'assimiglia*: la vittoria di Ravenna, ottenuta dai Francesi a caro prezzo, è simile alle vittorie sanguinose dei Saraceni.

3. – 1. *Morini*: nome antico (cfr. CESARE, *De bel. gal.*, II, 4; III, 9; ecc.), di un popolo abitante nella Gallia Belgica. – 2. *aquitano*: dei Guasconi. Tutti insieme questi nomi indicano l'esercito francese. – 3-8. *voi nel mezzo ecc.*: Alfonso ristabilì le sorti vacillanti della battaglia, intervenendo prima con le sue artiglierie, poi con trecento uomini a cavallo che, per la loro condotta, meritarono di ricevere le insegne di cavalieri (speroni d'oro e spada con l'elsa indorata); cfr. F. GUICCIARDINI, *Storia d'Italia*, X, XIII.

4. – 3. *crollaste... oro*: deste un fiero colpo alla potenza di papa Giulio II. Come altrove l'Ariosto segue la tradizione della poesia politica (che risale ai sirventesi e alle tenzoni del Trecento) e rappresenta i vari personaggi e stati a mezzo delle loro insegne. Qui lo stemma delle ghiande d'oro è quello dei Della Rovere, alla cui famiglia apparteneva il Papa. – 4. *il baston... vermiglio*: nello stemma del re di Spagna Ferdinando il Cattolico c'era un palo giallo e rosso. – 6. *il Giglio*: l'insegna della casa reale di Francia; cfr. I, 46, 8 e DANTE, *Purg.*, VII, 105. – 7-8. *D'un'altra*

5.   La gran Colonna del nome romano,
       che voi prendeste, e che servaste intera,
       vi dà più onor che se di vostra mano
       fosse caduta la milizia fiera,
       quanta n'ingrassa il campo ravegnano,
       e quanta se n'andò senza bandiera
       d'Aragon, di Castiglia e di Navarra,
       veduto non giovar spiedi né carra.

6.   Quella vittoria fu più di conforto
       che d'allegrezza; perché troppo pesa
       contra la gioia nostra il veder morto
       il capitan di Francia e de l'impresa;
       e seco avere una procella absorto
       tanti principi illustri, ch'a difesa
       dei regni lor, dei lor confederati,
       di qua da le fredd'Alpi eran passati.

7.   Nostra salute, nostra vita in questa
       vittoria suscitata si conosce,
       che difende che 'l verno e la tempesta
       di Giove irato sopra noi non crosce:
       ma né goder potiam, né farne festa,

ecc.: e un altro motivo di gloria per voi è l'aver conservato a Roma Fabrizio Colonna. Questi era il comandante dei Pontefici, fu fatto prigioniero da Alfonso e poi restituito a Roma. La coppia di rime *chioma:Roma* compare già in PETRARCA, *Canz.*, XXVIII, 81-82 in un passo in cui si parla di Augusto che «di verde lauro Tre volte triunphando ornò la chioma».

5. – 1. *La gran Colonna*: Fabrizio Colonna, sostegno e decoro di Roma (lat. *nomen Romanum*). L'espressione è ripresa dal PETRARCA, *Canz.*, X, 1-2: «Gloriosa Columna, in cui s'appoggia Nostra speranza e 'l gran nome latino»; LIII, 72. – 5. *quanta... ravegnano*: quanta ne è sepolta nella pianura ravennate: cfr. VIRGILIO, *Georg.*, I, 491-492; PETRARCA, *Tr. Fama*, III, 57: «e di che sangue quel campo s'impingue». – 6. *senza bandiera*: in fuga disordinata. – 8. *veduto... carra*: racconta il Guicciardini (*loc. cit.*) che un capitano spagnolo, Pietro di Navarra, aveva «in sul fosso alla fronte della fanteria collocate tante carrette... cariche di artiglierie minute, con uno spiedo lunghissimo sopra esse per sostenere più facilmente l'assalto de' Franzesi».

6. – 4. *il capitan di Francia*: Gastone di Foix, che fu ucciso mentre inseguiva gli Spagnoli in fuga. – 5. *e seco... absorto*: e l'essere stati travolti dalla stessa furia guerresca. – 7. *regni*: domini; *confederati*: tra cui appunto il duca di Ferrara.

7. – 2. *suscitata*: risorta. – 3. *difende*: impedisce (franc.). – 4. *Giove*: nel linguaggio allusivo di queste ottave (che è anche preziosamente letterario: cfr. PETRARCA, *Canz.*, X, 3-4: «Ch'ancor non torse del vero cammino L'ira di Giove per ventosa pioggia»; *Epist. metr.*, 11, 15: «*Bellica marmoreae domus imperiosa columnae Nec*

sentendo i gran ramarichi e l'angosce,
ch'in veste bruna e lacrimosa guancia
le vedovelle fan per tutta Francia.

8.   Bisogna che proveggia il re Luigi
di nuovi capitani alle sue squadre,
che per onor de l'aurea Fiordaligi
castighino le man rapaci e ladre,
che suore, e frati e bianchi e neri e bigi
vïolato hanno, e sposa e figlia e madre;
gittato in terra Cristo in sacramento,
per torgli un tabernaculo d'argento.

9.   O misera Ravenna, t'era meglio
ch'al vincitor non fêssi resistenza;
far ch'a te fosse inanzi Brescia speglio,
che tu lo fossi a Arimino e a Faenza.
Manda, Luigi, il buon Traulcio veglio,
ch'insegni a questi tuoi più continenza,
e conti lor quanti per simil torti
stati ne sian per tutta Italia morti.

10.   Come di capitani bisogna ora
che 'l re di Francia al campo suo proveggia,
così Marsilio et Agramante allora,

---

coeli concussa minis nec fulmine torvi Victa Iovis quondam nec turbine fessa bilustri» POLIZIANO, *Stanze*, I, 4, 4: «o Giove irato in vista più crucciosa»), indica il papa Giulio II, che in caso di vittoria avrebbe scatenato le sue ire sugli Estensi; *crosce*: si abbatta. Il verbo è probabilmente suggerito da DANTE, *Inf.*, XXIV, 119-20: «Oh potenza di Dio, quant'è severa, Che cotai colpi per vendetta croscia». – 7. *veste bruna*: cfr. PETRARCA, *Canz.*, CCLXVIII, 82: «vedova sconsolata in veste negra».

8. – 1. *re Luigi*: Luigi XII. – 3. *l'aurea Fiordaligi*: il giglio d'oro di Francia (*fleur de lis*). – 4. *le man... ladre*: dei soldati francesi i quali, durante l'assedio, compirono eccessi e sacrilegi. – 5. *frati... bigi*: frati d'ogni ordine; cfr. PETRARCA, *Canz.*, LIII, 60: «e i neri fraticelli e i bigi e i bianchi». – 7-8. *gittato ecc.*: cfr. L. A. MURATORI, *Antichità estensi*, II, 240, ove si racconta un fatto simile.

9. – 3. *speglio*: esempio. Brescia era stata messa a sacco il 19 febbraio 1512; mentre invece più tardi Rimini e Faenza preferirono arrendersi ai Francesi. – 5. *il buon Traulcio*: Giangiacomo Trivulzio, valoroso capitano al servizio dei Francesi; il quale però aveva dato esempi di ferocia quando era stato governatore di Milano (1499-1500). – 7. *conti*: racconti. – 7-8. *quanti... morti*: quanti Francesi, siano stati uccisi in Italia a causa di simili violenze. Allude ai Vespri siciliani.

per dar buon reggimento alla sua greggia,
dai lochi dove il verno fe' dimora
vuol ch'in campagna all'ordine si veggia;
perché vedendo ove bisogno sia,
guida e governo ad ogni schiera dia.

11.   Marsilio prima, e poi fece Agramante
passar la gente sua schiera per schiera.
I Catalani a tutti gli altri inante
di Dorifebo van con la bandiera.
Dopo vien, senza il suo re Folvirante,
che per man di Rinaldo già morto era,
la gente di Navarra; e lo re ispano
halle dato Isolier per capitano.

12.   Balugante del popul di Leone,
Grandonio cura degli Algarbi piglia;
il fratel di Marsilio, Falsirone,
ha seco armata la minor Castiglia.
Seguon di Madarasso il gonfalone
quei che lasciato han Malaga e Siviglia,
dal mar di Gade a Cordova feconda
le verdi ripe ovunque il Beti inonda.

13.   Stordilano e Tesira e Baricondo,
l'un dopo l'altro, mostra la sua gente:
Granata al primo, Ulisbona al secondo,
e Maiorica al terzo è ubidïente.

---

10. – 4. *reggimento*: guida. – 6. *in campagna all'ordine*: schierata in campo.
Inizia un'altra delle rassegne d'eserciti, argomento tipico della tradizione epica e
romanzesca, non ignoto al Boiardo (cfr. n. a X, 75-89).
11. – 4. *Dorifebo*: questo, come molti altri dei nomi che seguono, è preso
dall'*Innam.*, II, XXIII, 49. – 6. *per man... morto era*: cfr. *Innam.*, II, XXIV, 31-32.
12. – 1. *Leone*: antico regno della Spagna settentrionale, riunito alla Castiglia
nel sec. XI. – 2. *Grandonio*: già nella *Chanson de Roland*, comandante degli *Algarbi*,
abitanti dell'Algarve, estrema regione meridionale del Portogallo (*Innam.*, II,
XXIII, 5). – 3. *Falsirone*: personaggio di molti romanzi, a cominciare dalla *Chanson
de Roland*, era il padre di Ferraù. – 4. *minor Castiglia*: la Vecchia Castiglia. –
5. *Madarasso*: nell'*Innam.* (II, XXIII, 5) è Maradasso, re di Andalusia, la regione tra
lo stretto di Gibilterra (*mar di Gade*, v. 7, il «*Fretum Gaditaneum*» degli antichi, cfr.
PLINIO, *Nat. Hist.*, III, praef. 3) e Cordova. – 8. *le verdi... inonda*: per tutto quello
spazio in cui il Beti, o Guadalquivir, bagna le verdi rive.
13. – 3. *Ulisbona*: Lisbona, che si favoleggiava, secondo una falsa etimologia,
fosse stata fondata da Ulisse. – 4. *Maiorca*: la maggiore delle isole Baleari. –

Fu d'Ulisbona re (tolto dal mondo
Larbin) Tesira, di Larbin parente.
Poi vien Gallizia, che sua guida, in vece
di Maricoldo, Serpentino fece.

14.   Quei di Tolledo e quei di Calatrava,
di ch'ebbe Sinagon già la bandiera,
con tutta quella gente che si lava
in Guadïana e bee de la riviera,
l'audace Matalista governava;
Bianzardin quei d'Asturga in una schiera
con quei di Salamanca e di Piagenza,
d'Avila, di Zamora e di Palenza.

15.   Di quei di Saragosa e de la corte
del re Marsilio ha Ferraù il governo:
tutta la gente è ben armata e forte.
In questi è Malgarino, Balinverno,
Malzarise e Morgante, ch'una sorte
avea fatto abitar paese esterno;
che, poi che i regni lor lor furon tolti,
gli avea Marsilio in corte sua raccolti.

16.   In questa è di Marsilio il gran bastardo,
Follicon d'Almeria, con Doriconte,
Bavarte e Largalifa et Analardo,
et Archidante il sagontino conte,

---

8. *Maricoldo*: il padre di Isabella; cfr. XIII, 4, 2; *Serpentino*: della Stella (di Estella, in Navarra), personaggio della *Spagna* e dell'*Innam.*, (II, XXIII, 9).
    14. – 1. *Calatrava*: paese della Nuova Castiglia, a sud di Ciudad-Real. – 3-4. *si lava in Guadïana*: abita sulle rive del fiume Guadiana. – 6. *Bianzardin*: «*Blan-chiardrin*» nella *Chanson de Roland*, consigliere e ambasciatore di Marsilio nei romanzi carolingi; *Asturga*: o Astorga (lat. *Asturica*) capitale delle Asturie, regione settentrionale montuosa della Spagna che in antico era più estesa. Le città nominate di Salamanca, Placencia, Avila, Zamora e Palencia propriamente appartengono al Leon, all'Estremadura e alla Vecchia Castiglia.
    15. – 1. *Saragosa*: Saragozza era nei romanzi la sede abituale di Marsilio. – 5-6. *una sorte ecc.*: la medesima sorte li aveva costretti a cercare esilio in un paese straniero.
    16. – 2. *Almeria*: città della Spagna meridionale. – 3. *Largalifa*: nella *Spagna* l'«Arcaliffa» (il califfo) di Baldacca (Bagdad) era lo zio di Marsilio. Per il Boiardo sia questo che quello dell'«Amirante» (*Lamirante*, v. 5: il comandante) sono ancora dei semplici titoli (*Innam.*, I, IV, 22; 4: «Lo Argalifa c'è di Spagna e lo Amirante»). L'Ariosto invece li tratta come nomi propri. – 4. *sagontino*: di Sagunto.

e Lamirante e Langhiran gagliardo,
e Malagur ch'avea l'astuzie pronte,
et altri et altri, di quai penso, dove
tempo sarà, di far veder le pruove.

17.   Poi che passò l'esercito di Spagna
con bella mostra inanzi al re Agramante,
con la sua squadra apparve alla campagna
il re d'Oran, che quasi era gigante.
L'altra che vien, per Martasin si lagna,
il qual morto le fu da Bradamante;
e si duol ch'una femina si vanti
d'aver ucciso il re de' Garamanti.

18.   Segue la terza schiera di Marmonda,
ch'Argosto morto abbandonò in Guascogna:
a questa un capo, come alla seconda
e come anco alla quarta, dar bisogna.
Quantunque il re Agramante non abonda
di capitani, pur ne finge e sogna:
dunque Buraldo, Ormida, Arganio elesse,
e dove uopo ne fu, guida li messe.

19.   Diede ad Arganio quei di Libicana,
che piangean morto il negro Dudrinasso.
Guida Brunello i suoi di Tingitana,

17. – 4. *il re d'Oran*: Marbalusto, re d'Orano in Algeria; cfr. BOIARDO, *Innam.*, II, XXII, 22 e XXX, 5, 8: «Marbalusto, il quale era gigante». – 5. *L'altra*: l'altra schiera; *Martasin*: Martasino, che era stato ucciso da Bradamante (cfr. *Innam.*, III, VI, 13-14). – 8. *Garamanti*: nome di un antico popolo abitante nella Phasania, oggi Fezzan, nella parte centrale del Sahara. Vi accennano VIRGILIO, *Ecl.*, VIII, 44; *Aen.*, VI, 794, SILIO ITALICO, *Pun.*, II, 58-59 e PLINIO, *Nat. Hist.*, V, v, 5; cfr. XXIX, 59, 6; XXXXIII, 100, 8.

18. – 1. *Marmonda*: forse la Marmarica, regione a oriente della Cirenaica, nell'Africa settentrionale. – 3. *alla seconda*: a quella dei Garamanti. – 4. *alla quarta*: a quella di Libicana (19, 1). – 6. *ne finge e sogna*: se li crea nella sua fantasia (lat. *fingere*). Sembra di cogliere qui un filo d'ironia; sarà piuttosto l'Ariosto che, esaurito il serbatoio araldico del Boiardo, creerà nella sua fantasia questi nomi. – 7. *Buraldo*: capitano dei Garamanti; *Ormida*: della schiera di Marmonda; *Arganio*: di quella di Libicana.

19. – 1. *Libicana*: regione della Libia. – 2. *Dudrinasso*: era stato ucciso da Orlando (cfr. *Innam.*, II, XXXI, 23-24). – 3. *Brunello*: era stato in origine il servo di un re africano, poi per il furto dell'anello di Angelica (cfr. III, 69), era stato promosso da Agramante a re di Tingitana, nome latino di una parte della Mau-

con viso nubiloso e ciglio basso;
che, poi che ne la selva non lontana
dal castel ch'ebbe Atlante in cima al sasso,
gli fu tolto l'annel da Bradamante,
caduto era in disgrazia al re Agramante:

20. e se 'l fratel di Ferraù, Isoliero,
ch'a l'arbore legato ritrovollo,
non facea fede inanzi al re del vero,
avrebbe dato in su le forche un crollo.
Mutò, a' prieghi di molti, il re pensiero,
già avendo fatto porgli il laccio al collo:
gli lo fece levar, ma riserbarlo
pel primo error; che poi giurò impiccarlo:

21. sì ch'avea causa di venir Brunello
col viso mesto e con la testa china.
Seguia poi Farurante, e dietro a quello
eran cavalli e fanti di Maurina.
Venìa Libanio appresso, il re novello:
la gente era con lui di Constantina;
però che la corona e il baston d'oro
gli ha dato il re, che fu di Pinadoro.

22. Con la gente d'Esperia Soridano,
e Dorilon ne vien con quei di Setta;
ne vien coi Nasamoni Pulïano.
Quelli d'Amonia il re Agricalte affretta;

---

ritania, da Tingis, l'antica Tangeri (cfr. *Innam.*, II, XVI, 14). – 4. *nubiloso*: rannuvo-
lato; cfr. PETRARCA, *Canz.*, CLXIX, 10: «'l nubiloso altero ciglio». – 5. *poi che ne la
selva ecc.*: cfr. IV, 12-15. – 6. *sasso*: monte.
    20. – 1. *Isoliero*: cfr. XIV, 11, 8. – 7. *ma riserbarlo*: ma fece conservare il
laccio.
    21. – 4. *Maurina*: una parte della Mauritania, dal Boiardo detta Mazurina
(*Innam.*, II, XXII, 21). – 6. *Constantina*: città dell'Algeria, anticamente Cirta, capitale della Numidia. – 7. *baston*: insegna del capitano; cfr. XLIV, 98, 3. – 8. *Pinadoro*:
era stato ucciso da Ruggiero (*Innam.*, III, VI, 32).
    22. – 1. *Esperia*: si tratta dell'«*Esperium Promontorium*» o «*Esperion Keras*»,
oggi Capo Verde (cfr. *Innam.*, II, XVII, 30). – 2. *Setta*: Ceuta (lat. *Septa*), dirimpetto
a Gibilterra. – 3. *Nasamoni*: antica popolazione di predoni (cfr. PLINIO, *Nat. Hist.*,
XIII, XVII, 23), che abitava a sud-ovest della Cirenaica. – 4. *Amonia*: oasi a sud
della Cirenaica, ove sorgeva il tempio di Giove Ammone: cfr. CATULLO, *Carm.*, VII,

Malabuferso quelli di Fizano.
Da Finadurro è l'altra squadra retta,
che di Canaria viene e di Marocco;
Balastro ha quei che fur del re Tardocco.

23.   Due squadre, una di Mulga, una d'Arzilla,
seguono: e questa ha 'l suo signore antico;
quella n'è priva; e però il re sortilla,
e diella a Corineo suo fido amico.
E così de la gente d'Almansilla,
ch'ebbe Tanfìrion, fe' re Caico;
diè quella di Getulia a Rimedonte.
Poi vien con quei di Cosca Balinfronte.

24.   Quell'altra schiera è la gente di Bolga:
suo re è Clarindo, e già fu Mirabaldo.
Vien Baliverzo, il qual vuo' che tu tolga
di tutto il gregge pel maggior ribaldo.
Non credo in tutto il campo si disciolga
bandiera ch'abbia esercito più saldo
de l'altra, con che segue il re Sobrino,
né più di lui prudente Saracino.

5 segg. – 5. *Fizano*: il regno del Fezzan. – 7. *Canaria*: le isole Canarie. Finadurro
sostituisce il re Bardarico, che era stato ucciso da Rinaldo (cfr. *Innam.*, II, XXX, 23).
– 8. *Tardocco*: era re d'Alzerbe, cioè dell'isola di Gerbi, ed era stato ucciso da Sigieri
d'Arli (cfr. *Innam.*, II, XXX, 25).
    23. – 1. *Mulga*: paese dell'Algeria, dal fiume Muluka. Re di Mulga, nell'*In-
nam.*, era Balifronte, ma il Boiardo aveva fatto un errore a II, XXXI, 22, 3-4,
ove aveva attribuito il regno di Mulga a Cardorano (che prima era stato
invece presentato come re di Cosca, II, XXII, 27-28) e l'aveva fatto uccidere da
Orlando; *Arzilla*: città della costa marocchina, detta Zilio dagli antichi. Ne era
re Bambirago. – 3. *sortilla*: la destinò; cfr. DANTE, *Par.*, XI, 109; XVIII, 105. –
5. *Almansilla*: paese degli antichi Massyli, popolo della Numidia (cfr. PLINIO,
Nat. Hist., V, 4, 4). Tanfirione fu ucciso da Orlando (cfr. *Innam.*, II, XXXI, 25). –
7. *Getulia*: paese degli antichi Getuli, nella Libia interiore. Il suo re Grifaldo
era stato ucciso da Oliviero (cfr. *Innam.*, III, VIII, 41). – 8. *Cosca*: regione
africana non ben identificata.
    24. – 1. *Bolga*: paese non ben identificato. Secondo il Boiardo «è longi al
mare ed abita fra terra. Grande è il paese, tutto ardente e caldo» (*Innam.*, II,
XXII, 10, 2-3). – 2. *Mirabaldo*: ucciso da Rinaldo (*Innam.*, II, XXX, 12). –
3. *Baliverzo*: re di Normandia (*Innam.*, II, XXII, 19, 3-4); *tolga*: consideri. –
4. *ribaldo*: anche nel Boiardo è un «perfido ribaldo» e per di più un «falso
saracin», poiché è re pagano di Normandia (*Innam.*, III, VIII, 35, 8 e 11, 5). –
8. *Sobrino*: di lui dice il BOIARDO, *Innam.*, II, I, 44, 4: «è il re d'Algoco, ed ha
molto sapere»; ma cfr., qui, XIV, 66, 3.

25.   Quei di Bellamarina, che Gualciotto
         solea guidare, or guida il re d'Algieri
         Rodomonte, e di Sarza, che condotto
         di nuovo avea pedoni e cavallieri;
         che mentre il sol fu nubiloso sotto
         il gran centauro e i corni orridi e fieri,
         fu in Africa mandato da Agramante,
         onde venuto era tre giorni inante.

26.   Non avea il campo d'Africa più forte,
         né Saracin più audace di costui;
         e più temean le parigine porte,
         et avean più cagion di temer lui,
         che Marsilio, Agramante, e la gran corte
         ch'avea seguito in Francia questi dui:
         e più d'ogni altro che facesse mostra,
         era nimico de la fede nostra.

27.   Vien Prusïone, il re de l'Alvaracchie;
         poi quel de la Zumara, Dardinello.
         Non so s'abbiano o nottole o cornacchie,
         o altro manco et importuno augello,
         il qual dai tetti e da le fronde gracchie
         futuro mal, predetto a questo e a quello,
         che fissa in ciel nel dì seguente è l'ora,
         che l'uno e l'altro in quella pugna muora.

---

25. – 1. *Bellamarina*: sulla costa algerina; *Gualciotto*: ucciso da Brandimarte (*Innam.*, III, VIII, 40). – 3. *Rodomonte*: figlio di Ulieno, discendente di Nembrod. È creazione del Boiardo che forse ne raccolse il nome («Rodamonte» da «Roda 'l mon»: giromondo) alla corte di Napoli. Nell'Ariosto, per un fenomeno di assimilazione, scompare il suono catalano. Il personaggio però, nonostante sia africano, mantiene, anzi accentua nell'Ariosto, certo carattere e piglio spagnolesco. – 5-6. *mentre il sol... fieri*: quando il sole era nella costellazione del Sagittario (*il gran centauro*: Chirone, trasformato in costellazione) e del Capricorno; cioè durante la stagione invernale.

26. – 5. *corte*: esercito (lat. *cohors*). – 7. *facesse mostra*: partecipasse alla rassegna.

27. – 1. *Alvaracchie*: le Isole Fortunate che il Boiardo e l'Ariosto distinguono dalle Canarie (cfr. *Innam.*, II, XXII, 13). – 2. *la Zumara*: aferesi dalla «*Azumara*» del Boiardo (*Innam.*, II, XXII, 26): l'odierna Azemmour sulla costa del Marocco. – 3. *nottole*: civette. – 4. *manco et importuno*: sinistro e di cattivo augurio (cfr. VIRGILIO, *Georg.*, I, 470: «*importunae... volucres*». – 5. *gracchie*: vada gracchiando. Si noti come in queste due ultime ottave l'Ariosto si avvale dei mezzi tecnici dei canterini: nella prima l'iperbole (maliziosamente contraddetta da XIV, 30, 1-4), nell'altra le rime consistenti e sonore.

28.   In campo non aveano altri a venire,
        che quei di Tremisenne e di Norizia;
        né si vedea alla mostra comparire
        il segno lor, né dar di sé notizia.
        Non sapendo Agramante che si dire,
        né che pensar di questa lor pigrizia,
        uno scudiero al fin gli fu condutto
        del re di Tremisen, che narrò il tutto.

29.   E gli narrò ch'Alzirdo e Manilardo
        con molti altri de' suoi giaceano al campo.
        – Signor, – diss'egli – il cavallier gagliardo
        ch'ucciso ha i nostri, ucciso avria il tuo campo,
        se fosse stato a tôrsi via più tardo
        di me, ch'a pena ancor così ne scampo.
        Fa quel de' cavalieri e de' pedoni,
        che 'l lupo fa di capre e di montoni. –

30.   Era venuto pochi giorni avante
        nel campo del re d'Africa un signore;
        né in Ponente era, né in tutto Levante,
        di più forza di lui, né di più core.
        Gli facea grande onore il re Agramante,
        per esser costui figlio e successore
        in Tartaria del re Agrican gagliardo:
        suo nome era il feroce Mandricardo.

31.   Per molti chiari gesti era famoso,
        e di sua fama tutto il mondo empìa;
        ma lo facea più d'altro glorïoso,
        ch'al castel de la fata di Soria
        l'usbergo avea acquistato luminoso

28. – 2. *quei... di Norizia*: i seguaci di Alzirdo e Manilardo: cfr. XII, 69.

29. – 4-6. *il tuo... di me*: tutto il tuo esercito se si fosse trovato in quel luogo e fosse stato più lento di me a fuggire.

30. – 4. *core*: coraggio. – 8. *Mandricardo*: personaggio del Boiardo, figlio del re tartaro Agricane che, dopo la morte del padre per mano di Orlando (*Innam.*, I, XVIII-XIX) era venuto in Occidente per vendicare il padre e s'era impegnato in un'«inchiesta» di Orlando. Già nell'*Innam.*, il personaggio aveva i tratti del guerriero barbaro, poderoso e bizzarro, un chiaro discendente dei guerrieri tartari della storia e delle leggende medievali.

31. – 4-8. *al castel ecc.*: l'avventura è raccontata nell'*Innam.* (III, I-III): Man-

ch'Ettor troian portò mille anni pria,
per strana e formidabile aventura,
che 'l ragionarne pur mette paura.

32.   Trovandosi costui dunque presente
a quel parlar, alzò l'ardita faccia;
e si dispose andare immantinente,
per trovar quel guerrier, dietro alla traccia.
Ritenne occulto il suo pensiero in mente,
o sia perché d'alcun stima non faccia,
o perché tema, se 'l pensier palesa,
ch'un altro inanzi a lui pigli l'impresa.

33.   Allo scudier fe' dimandar come era
la sopravesta di quel cavalliero.
Colui rispose: — Quella è tutta nera,
lo scudo nero, e non ha alcun cimiero. —
E fu, Signor, la sua risposta vera,
perche lasciato Orlando avea il quartiero;
che, come dentro l'animo era in doglia,
così imbrunir di fuor vòlse la spoglia.

34.   Marsilio a Mandricardo avea donato
un destrier baio a scorza di castagna,
con gambe e chiome nere; et era nato
di frisa madre e d'un villan di Spagna.
Sopra vi salta Mandricardo armato,
e galoppando va per la campagna;
e giura non tornare a quelle schiere,
se non truova il campion da l'arme nere.

---

dricardo aveva conquistato le armi che Vulcano aveva fatto per Ettore, eccetto la
spada, da una fata di Siria, di cui era prigioniero. E per conquistare le armi aveva
dovuto uccidere mostri terrificanti. – 8. *pur*: solamente. La citazione dantesca (*Inf.*,
I, 6: «che nel pensier rinova la paura») è usata con tono leggermente umoristico.

32. – 2. *alzò l'ardita faccia*: altra citazione dantesca: «io volsi in su l'ardita
faccia» (*Purg.*, XIII, 121). – 5. *Ritenne occulto*: tenne segreto. – 6. *stima non faccia*:
non si fidi.

33. – 6. *lasciato... quartiero*: cfr. VIII, 85. – 8. *spoglia*: sopravveste.

34. – 2. *baio... castagna*: di colore marrone come la buccia della castagna. Il
Boiardo, del cavallo di Sacripante, esso pure nato «nel regno di Spagna», dice che
«Baglio era tutto a scorza di castagna» (*Innam.*, II, II, 69, 3-4). – 4. *villan*: sorta di
cavallo spagnolo. – 5. *Sopra... armato*: il saltare a cavallo armato, senza alcun aiuto,
era impresa che riusciva solo ai più forti guerrieri.

35. Molta incontrò de la paurosa gente
    che da le man d'Orlando era fuggita,
    chi del figliuol, chi del fratel dolente,
    ch'inanzi agli occhi suoi perdé la vita.
    Ancora la codarda e trista mente
    ne la pallida faccia era sculpita;
    ancor, per la paura che avuta hanno,
    pallidi, muti et insensati vanno.

36. Non fe' lungo camin, che venne dove
    crudel spettaculo ebbe et inumano,
    ma testimonio alle mirabil pruove
    che fur raconte inanzi al re africano.
    Or mira questi, or quelli morti, e muove,
    e vuol le piaghe misurar con mano,
    mosso da strana invidia ch'egli porta
    al cavallier ch'avea la gente morta.

37. Come lupo o mastin ch'ultimo giugne
    al bue lasciato morto da' villani,
    che truova sol le corna, l'ossa e l'ugne,
    del resto son sfamati augelli e cani;
    riguarda invano il teschio che non ugne:
    così fa il crudel barbaro in que' piani.
    Per duol bestemmia, e mostra invidia immensa
    che venne tardi a così ricca mensa.

38. Quel giorno e mezzo l'altro segue incerto
    il cavallier dal negro, e ne domanda.
    Ecco vede un pratel d'ombre coperto,
    che sì d'un alto fiume si ghirlanda,
    che lascia a pena un breve spazio aperto,
    dove l'acqua si torce ad altra banda.

---

35. – 5. *la codarda... mente:* l'animo vile e spaurito. – 8. *insensati:* fuori di sé.
36. – 4. *raconte:* raccontate. – 5. *e muove:* e si avvicina ai cadaveri; oppure, con feroce curiosità: li smuove per osservarli meglio. – 7. *strana:* disumana, barbara.
37. – 4. *son sfamati:* si sono sfamati. – 5. *che non ugne:* è tanto spolpato che non serve neppure a ungere il muso. – 8. *a così ricca mensa:* a così stupenda carneficina.
38. – 2. *il cavallier dal negro:* il cavaliere dalla sopravveste nera. – 4. *alto:* profondo; *si ghirlanda:* si circonda; cfr. DANTE, *Inf.,* XIV, 10-11: «la dolorosa selva l'è ghirlanda Intorno, come 'l fosso tristo ad essa»; *Purg.,* XIII, 81: «Perché da

Un simil luogo con girevol onda
sotto Ocricoli il Tevere circonda.

39.   Dove entrar si potea, con l'arme indosso
stavano molti cavallieri armati.
Chiede il pagan, chi gli avea in stuol sì grosso,
et a che effetto, insieme ivi adunati.
Gli fe' risposta il capitano, mosso
dal signoril sembiante e da' fregiati
d'oro e di gemme arnesi di gran pregio,
che lo mostravan cavalliero egregio.

40.   — Dal nostro re siàn — disse — di Granata
chiamati in compagnia de la figliuola,
la quale al re di Sarza ha maritata,
ben che di ciò la fama ancor non vola.
Come appresso la sera racchetata
la cicaletta sia, ch'or s'ode sola,
avanti al padre fra l'ispane torme
la condurremo: intanto ella si dorme. —

41.   Colui, che tutto il mondo vilipende,
disegna di veder tosto la pruova,
se quella gente o bene o mal difende
la donna, alla cui guardia si ritruova.
Disse: — Costei, per quanto se n'intende,
è bella; e di saperlo ora mi giova.

---

nulla sponda s'inghirlanda». – 8. *Ocricoli*: a Otricoli, presso Terni, il Tevere forma-va una penisoletta simile a questa.

39. – 1. *Dove entrar si potea*: nella stretta striscia di terra che congiungeva la penisola alla terraferma. – 4. *effetto*: scopo. – 5. *mosso*: indotto a far ciò. – 7. *arnesi*: armatura.

40. – 1-2. *Dal nostro ecc.*: siamo stati fatti venire di Granata dal nostro re (Stor-dilano) come scorta della sua figliola (Doralice). – 3. *re di Sarza*: Rodomonte; *maritata*: promessa sposa. Il Boiardo aveva detto che Rodomonte «tanto l'amava, Ogni giorno per lei facea gran prove» (*Innam.*, II, XXIII, 13, 1-2). – 5-6. *Come appresso... sola*: non appena verrà la sera e passerà la calura. L'Ariosto ha deliberatamente mutato, a pochi giorni di distanza, lo sfondo paesistico e stagionale: la primavera per la strage di Orlando, l'estate piena per l'amore bizzarro di Mandricardo e la leggera volubilità di Doralice. Per l'immagine, preziosamente umanistica, della cicala, cfr. VIII, 20, 6-8. – 8. *si dorme*: particolare elegante, che pare preso dalla cornice del *Decameron*.

41. – 1. *vilipende*: tiene a vile. – 2. *disegna... pruova*: l'abbattersi in un luogo solitario dove riposa una donzella e il pretendere di vederla era luogo comune dei romanzi brettoni (cfr. P. RAJNA, *Le fonti dell'«Orlando Furioso»* cit., pp. 236 segg.). – 5. *se n'intende*: si sente dire. – 6. *mi giova*: mi piace.

A-llei mi mena, o falla qui venire;
ch'altrove mi convien subito gire.

42.   – Esser per certo déi pazzo solenne, –
rispose il Granatin, né più gli disse.
Ma il Tartaro a ferir tosto lo venne
con l'asta bassa, e il petto gli trafisse;
che la corazza il colpo non sostenne,
e forza fu che morto in terra gisse.
L'asta ricovra il figlio d'Agricane,
perché altro da ferir non gli rimane.

43.   Non porta spada né baston; che quando
l'arme acquistò, che fur d'Ettor troiano,
perché trovò che lor mancava il brando,
gli convenne giurar (né giurò invano)
che fin che non togliea quella d'Orlando,
mai non porrebbe ad altra spada mano:
Durindana ch'Almonte ebbe in gran stima,
e Orlando or porta, Ettor portava prima.

44.   Grande è l'ardir del Tartaro, che vada
con disvantaggio tal contra coloro,
gridando: – Chi mi vuol vietar la strada? –
E con la lancia si cacciò tra loro.
Chi l'asta abbassa, e chi tra' fuor la spada;
e d'ogn'intorno subito gli fôro.
Egli ne fece morire una frotta,
prima che quella lancia fosse rotta.

45.   Rotta che se la vede, il gran troncone,
che resta intero, ad ambe mani afferra;
e fa morir con quel tante persone,
che non fu vista mai più crudel guerra.

---

42. – 1. *pazzo solenne*: pazzo di pazzia comune; cfr. ORAZIO, *Epist.*, I, 11, 101: «*insanire... sollemnia*». – 7. *ricovra*: ricupera, ritira dalla ferita. – 8. *altro*: altra arma.
43. – 4. *gli convenne giurar*: fu costretto dalla fata di Soria a giurare (cfr. *Innam.*, III, 11, 35-37). – 7. *Durindana*: cfr. IX, 3, 8.
44. – 1. *Grande... vada*: è tanto grande che egli non si perita di andare.
45. – 4. *che... guerra*: la formula da canterino ha una sua funzione fra le espressioni puntigliosamente enfatiche, proprie di questa scena di strage (cfr. n. a VI, 66,

Come tra' Filistei l'ebreo Sansone
con la mascella che levò di terra,
scudi spezza, elmi schiaccia, e un colpo spesso
spenge i cavalli ai cavallieri appresso.

46. Correno a morte que' miseri a gara,
né perché cada l'un, l'altro andar cessa;
che la maniera del morire, amara
lor par più assai che non è morte istessa.
Patir non ponno che la vita cara
tolta lor sia da un pezzo d'asta fessa,
e sieno sotto alle picchiate strane
a morir giunti, come biscie o rane.

47. Ma poi ch'a spese lor si furo accorti
che male in ogni guisa era morire,
sendo già presso alli duo terzi morti,
tutto l'avanzo cominciò a fuggire.
Come del proprio aver via se gli porti,
il Saracin crudel non può patire
ch'alcun di quella turba sbigottita
da lui partir si debba con la vita.

48. Come in palude asciutta dura poco
stridula canna, o in campo àrrida stoppia
contra il soffio di borea e contra il fuoco
che 'l cauto agricultore insieme accoppia,

---

1). – 5-6. *Come... terra*: episodio biblico (*Giudici*, XV, 15): mentre era condotto a
morte dai Filistei, Sansone spezzò le corde che lo tenevano avvinto, diè di piglio
a una mascella d'asino e uccise con essa più di mille nemici; cfr., per un simile
«exemplum» il *Morg.*, del Pulci, XVI, 171, 4-5. – 8. *spenge*: uccide, priva della vita.
46. – 7. *picchiate strane*: colpacci considerati non ortodossi fra cavalieri, bastonate.
47. – 4. *l'avanzo*: i rimanenti. – 5. *Come... porti*: come se gli rubasse qualcosa
che gli apparteneva.
48. – 1. *Come in palude...*: L'uso di questo tipo di paragoni per descrivere la
furia di un guerriero, risale a VIRGILIO, *Aen.*, X, 405-10: «*velut optato ventis aestate
coortis Dispersa immittit silvis incendia pastor, Correptis subito mediis extenditur una
Horrida per latos acies Volcania campos, Ille sedens victor flammas despectat ovantis.
Non aliter...*»; e cfr. anche *Mambriano*, XXXI, 26, 1-4: «Una fiamma dal vento
trasportata In qualche stoppia fa la secca paglia, Non fa come facea con la sua
spata Bradamante quel dì giunta in battaglia»; *dura*: resiste. – 2. *stridula*: che
crepita al vento; cfr. VIRGILIO, *Aen.*, VI, 704: «*virgulta sonantia*». – 4. *cauto*: astuto;

quando la vaga fiamma occupa il loco,
e scorre per li solchi, e stride e scoppia;
così costor contra la furia accesa
di Mandricardo fan 'poca difesa.

49. Poscia ch'egli restar vede l'entrata,
che mal guardata fu, senza custode;
per la via che di nuovo era segnata
ne l'erba, e al suono dei ramarchi ch'ode,
viene a veder la donna di Granata,
se di bellezze è pari alle sue lode:
passa tra i corpi de la gente morta,
dove gli dà, torcendo, il fiume porta.

50. E Doralice in mezzo il prato vede
(che così nome la donzella avea),
la qual, suffolta da l'antico piede
d'un frassino silvestre, si dolea.
Il pianto, come un rivo che succede
di viva vena, nel bel sen cadea;
e nel bel viso si vedea che insieme
de l'altrui mal si duole, e del suo teme.

cfr. II, 24, 4. – 5. *vaga*: errante; cfr. ORAZIO, *Serm.*, I, V, 73: «*vaga... flamma*». – 7. *accesa*: ardente.
    49. – 3. *di nuovo*: di recente. – 4. *al suono... ode*: guidato dal suono dei lamenti. – 8. *dove... porta*: dove il fiume, piegandosi in altra direzione, offre un passaggio.
    50. – 1. *Doralice*: l'episodio del rapimento di Doralice avrebbe un riscontro, secondo il Fornari, in un episodio che fece rumore nelle corti cinquecentesche: il rapimento per conto del Valentino di una damigella che veniva condotta in sposa a Giambattista Caracciolo. Ma esso ha un suo carattere squisitamente letterario e ha precedenti nella letteratura novellistica (*Decam.*, II, 7; II, 10 e IV, 4) e in quella romanzesca, specialmente di materia arturiana. Il personaggio, che deriva solo il nome dall'*Innam.*, è una felice incarnazione della donna volubile e infedele, «tutta sensi e niente anima» (Sapegno), così come Isabella era stata l'idealizzazione della costanza e fedeltà d'amore (l'una, osserva il Baldini, non a caso andalusa, mentre l'altra non a caso è aragonese). Per trovare analogie col personaggio, più che alla tradizione romanzesca, che è piena di damigelle saracene facili a innamorarsi e pronte a mutare amori, è meglio rivolgersi alla tradizione novellistica e pensare alle varie Alatiel del *Decameron*. – 3. *suffolta*: sorretta (lat. *suffultus*); il verbo è già in DANTE, *Inf.*, XXIX, 5 e *Par.*, XXIII, 130. «Doralice, anche nel dolore, è messa in posa come in un quadro» (Sapegno). – 5. *succede*: scaturisce (lat.).

51.   Crebbe il timor, come venir lo vide
        di sangue brutto e con faccia empia e oscura,
        e 'l grido sin al ciel l'aria divide,
        di sé e de la sua gente per paura;
        che, oltre i cavallier, v'erano guide,
        che de la bella infante aveano cura,
        maturi vecchi, e assai donne e donzelle
        del regno di Granata, e le più belle.

52.   Come il Tartaro vede quel bel viso
        che non ha paragone in tutta Spagna,
        e c'ha nel pianto (or ch'esser de' nel riso?)
        tesa d'Amor l'inestricabil ragna;
        non sa se vive o in terra o in paradiso:
        né de la sua vittoria altro guadagna,
        se non che in man de la sua prigioniera
        si dà prigione, e non sa in qual maniera.

53.   A-llei però non si concede tanto,
        che del travaglio suo le doni il frutto;
        ben che piangendo ella dimostri, quanto
        possa donna mostrar, dolore e lutto.
        Egli, sperando volgerle quel pianto
        in sommo gaudio, era disposto al tutto
        menarla seco; e sopra un bianco ubino
        montar la fece, e tornò al suo camino.

54.   Donne e donzelle e vecchi et altra gente,
        ch'eran con lei venuti di Granata,

---

51. – 2. *brutto*: imbrattato; *empia*: spietata. – 3. *divide*: lacera. Cfr. VIRGILIO, *Aen.*, II, 488: «*ferit aurea sidera clamor*». – 4. *di sé... paura*: per paura del destino suo e della sua gente. – 6. *infante*: principessa (spagn.).
52. – 4. *ragna*: rete; cfr. I, 12, 8. – 5. *non sa... paradiso*: cfr. PETRARCA, *Canz.*, CXXVI, 63: «Credendo esser in ciel, non là dov'era» (in una stanza in cui ricorrono anche le rime *paradiso:riso*); CCCXXV, 46: «I' era in terra e 'l cor in paradiso»; BOIARDO, *Innam.*, I, III, 70, 4-6: «Ma fiso riguardando nel bel viso, In bassa voce con se stesso parla: 'Sono ora quivi, o sono in Paradiso?'».
53. – 1-2. *non si concede... frutto*: non le si sottomette al punto da donarle il frutto delle sue fatiche: lei stessa; cioè: al punto di rimetterla in libertà. Alle eleganti espressioni petrarchesche (la *ragna*, la *prigione*, ecc.) si aggiunge ora questo concettino, a cui ne seguiranno altri. L'Ariosto sta avvolgendo nella sua rete sorridente il feroce Mandricardo. – 6. *al tutto*: in ogni modo. – 7. *ubino*: piccolo cavallo veloce, adatto alle donne (ant. franc. *hobin*, dall'ingl. mediev. *hoby*).

tutti licenzïò benignamente,
dicendo: − Assai da me fia accompagnata;
io mastro, io balia, io le sarò sergente
in tutti i suoi bisogni: a Dio, brigata. −
Così, non gli possendo far riparo,
piangendo e sospirando se n'andaro;

55.   tra lor dicendo: − Quanto doloroso
ne sarà il padre, come il caso intenda!
quanta ira, quanto duol ne avrà il suo sposo!
oh come ne farà vendetta orrenda!
Deh, perché a tempo tanto bisognoso
non è qui presso a far che costui renda
il sangue illustre del re Stordilano,
prima che se lo porti più lontano? −

56.   De la gran preda il Tartaro contento,
che fortuna e valor gli ha posta inanzi,
di trovar quel dal negro vestimento
non par ch'abbia la fretta ch'avea dianzi.
Correva dianzi: or viene adagio e lento;
e pensa tuttavia dove si stanzi,
dove ritruovi alcun commodo loco,
per esalar tanto amoroso foco.

57.   Tuttavolta conforta Doralice,
ch'avea di pianto e gli occhi e 'l viso molle:
compone e finge molte cose, e dice
che per fama gran tempo ben le volle;
e che la patria, e il suo regno felice
che 'l nome di grandezza agli altri tolle,

---

54. − 4. *Assai ecc.*: io le farò scorta sufficiente. − 5. *mastro... balia... sergente*: maestro di camera, nutrice e servo. − 7. *riparo*: difesa, opposizione.

55. − 1. *doloroso*: dolente; cfr. DANTE, *Inf.*, III, 17. − 3. *sposo*: il promesso sposo, Rodomonte. − 7. *il sangue*: la prole, la figlia.

56. − 3. *quel... vestimento*: Orlando. − 6. *dove... stanzi*: dove possa alloggiare. − 7-8. *loco... foco*: coppia di rime petrarchesche.

57. − 1. *Tuttavolta*: frattanto; *conforta*: cfr. BOCCACCIO, *Dec.*, II, 10, 15: «e lei, che forte piagnea, cominciò dolcemente a confortare» (Segre). − 3. *compone e finge*: immagina e inventa. Un episodio simile nel *Mambriano*, dove la damigella attaccata da Astolfo ha anch'essa gli «occhi lagrimosi e molli» (IV, 70 segg.). − 6. *che...*

lasciò, non per vedere o Spagna o Francia,
ma sol per contemplar sua bella guancia.

58.   – Se per amar, l'uom debbe essere amato,
merito il vostro amor; che v'ho amat'io:
se per stirpe, di me chi è meglio nato?
che 'l possente Agrican fu il padre mio:
se per richezza, chi ha di me più stato?
che di dominio io cedo solo a Dio:
se per valor, credo oggi aver esperto
ch'essere amato per valore io merto. –

59.   Queste parole et altre assai, ch'Amore
a Mandricardo di sua bocca ditta,
van dolcemente a consolare il core
de la donzella di paura afflitta.
Il timor cessa, e poi cessa il dolore
che le avea quasi l'anima trafitta.
Ella comincia con più pazïenza
a dar più grata al nuovo amante udienza;

60.   poi con risposte più benigne molto
a mostrarsegli affabile e cortese,
e non negargli di fermar nel volto
talor le luci di pietade accese:
onde il pagan, che da lo stral fu colto
altre volte d'Amor, certezza prese,
non che speranza, che la donna bella
non saria a' suo' desir sempre ribella.

---

tolle: che è tanto grande e ricco da oscurare la fama di tutti gli altri. – 8. *sua bella guancia*: cfr. DANTE, *Par.*, XIII, 38: «per formar la bella guancia»; ma vedi qui XXV, 49, 4.

58. – 1. *Se... amato*: se l'uomo, in grazia del suo amore, deve essere ricambiato d'amore. La frase dantesca (*Inf.*, V, 103) è ripetuta con una grazia da madrigale. – 5. *stato*: alta posizione sociale. Per i concetti cfr. OVIDIO, *Met.*, IV, 639-41: «*seu gloria tangit Te generis magni, generis mihi Iuppiter auctor; Sive es mirator rerum mirabere nostras*». – 7. *esperto*: mostrato per prova.

59. – 2. *ditta*: ispira. Anche questa è aggraziata citazione dantesca; cfr. *Purg.*, XXIV, 51-54. – 7. *pazïenza*: indulgenza. – 8. *dar... udienza*: ascoltare benevolmente; cfr. PETRARCA, *Canz.*, CXXVI, 12.

60. – 3-4. *e non... accese*: e non ricusa di fissare i suoi occhi risplendenti di compassione amorosa nel volto di lui.

61.   Con questa compagnia lieto e gioioso,
        che sì gli satisfà, sì gli diletta,
        essendo presso all'ora ch'a riposo
        la fredda notte ogni animale alletta,
        vedendo il sol già basso e mezzo ascoso,
        cominciò a cavalcar con maggior fretta;
        tanto ch'udì sonar zuffoli e canne,
        e vide poi fumar ville e capanne.

62.   Erano pastorali alloggiamenti,
        miglior stanza e più commoda, che bella.
        Quivi il guardian cortese degli armenti
        onorò il cavalliero e la donzella,
        tanto che si chiamâr da lui contenti;
        che non pur per cittadi e per castella,
        ma per tugurii ancora e per fenili
        spesso si trovan gli uomini gentili.

63.   Quel che fosse dipoi fatto all'oscuro
        tra Doralice e il figlio d'Agricane,
        a punto raccontar non m'assicuro;
        sì ch'al giudicio di ciascun rimane.
        Creder si può che ben d'accordo furo;
        che si levâr più allegri la dimane,
        e Doralice ringraziò il pastore,
        che nel suo albergo l'avea fatto onore.

64.   Indi d'uno in un altro luogo errando,
        si ritruovaro al fin sopra un bel fiume
        che con silenzio al mar va declinando,
        e se vada o se stia, mal si prosume;

61. – 3-4. *ch'a riposo... alletta*: che il freddo della notte induce ogni essere vivente al sonno: cfr. VIII, 79, 1. – 7. *canne*: zampogne; cfr. PULCI, *Morg.*, XIX, 91, 3-4: «Ma finalmente un dì busoni e corni Senton sonar». – 8. *e vide... ville*: cfr. *ibid.*, IV, 38, 7: «Cominciono a veder casali e ville»; ma anche VIRGILIO, *Ecl.*, I, 82: «*Et iam summa procul villarum culmina fumant*»; e POLIZIANO, *Stanze*, I, 54, 5: «E già dall'alte ville il fumo esala».

62. – 2. *miglior... che*: più buona che. – 5. *si chiamâr ecc.*: furono soddisfatti delle sue accoglienze. – 6. *per cittadi e per castella*: cfr. IV, 60, 3. – 7. *fenili*: fienili. – 8. *uomini gentili*: la cortesia è dote dell'animo e non retaggio di sangue.

63. – 8. *l'avea*: le aveva.

64. – 3. *declinando*: scendendo. – 4. *e se... prosume*: è difficile giudicare se scorra

limpido e chiaro sì, ch'in lui mirando,
senza contesa al fondo porta il lume.
In ripa a quello, a una fresca ombra e bella,
trovâr dui cavallieri e una donzella.

65. Or l'alta fantasia, ch'un sentier solo
non vuol ch'i' segua ognor, quindi mi guida,
e mi ritorna ove il moresco stuolo
assorda di rumor Francia e di grida,
d'intorno il padiglione ove il figliuolo
del re Troiano il santo Imperio sfida,
e Rodomonte audace se gli vanta
arder Parigi e spianar Roma santa.

66. Venuto ad Agramante era all'orecchio,
che già l'Inglesi avean passato il mare:
però Marsilio e il re del Garbo vecchio
e gli altri capitan fece chiamare.
Consiglian tutti a far grande apparecchio,
sì che Parigi possino espugnare.
Ponno esser certi che più non s'espugna,
se nol fan prima che l'aiuto giugna.

67. Già scale innumerabili per questo
da' luoghi intorno avea fatto raccorre,
et asse e travi, e vimine contesto,

o se stia fermo. – 6. *senza... lume*: lascia che lo sguardo arrivi al fondo senza
l'impedimento di alcunché di torbido; cfr. i versi (derivati da Claudiano) del
POLIZIANO, *Stanze*, I, 80, 7-8: «Con sì pura tranquilla e chiara vena Che gli occhi
non offesi al fondo mena».
  65. – 1. *alta fantasia*: espressione dantesca (*Par.*, XXXIII, 142). – 2. *quindi*: di
qui. Il seguito dell'episodio di Doralice a XXIII, 70. – 3. *il moresco stuolo*: l'esercito
saraceno. – 5-6. *il figliuolo... Troiano*: Agramante. – 7. *Rodomonte*: cfr. XIV, 25, 3. –
8. *Roma*: capitale spirituale del Sacro Romano Impero, mentre Parigi ne era solo
la capitale politica.
  66. – 3. *il re del Garbo*: il «prudente Sobrino» (XIV, 24, 7-8). Il Garbo o Algar-
vio era un regno assai vasto dell'Africa settentrionale; ne parla anche il BOCCAC-
CIO, *Decam.*, II, VII. – 5. *apparecchio*: sforzo con tutto l'esercito. Questo assalto di
Parigi (per cui cfr. anche VIRGILIO, *Aen.*, XI, 1 segg.) era già accennato nell'*Innam.*
(III, VII, 60 segg.). «L'Ariosto abbatté una parte dell'edificio incompiuto del suo
predecessore, per ricostruirlo più solido e più vasto, pur mantenendo lo stesso
disegno fondamentale e parecchi particolari» (Rajna). L'episodio della battaglia
sarà uno dei cardini essenziali del poema e dominerà i canti dal XIV al XIX
  67. – 2. *avea*: il soggetto è Agramante. – 3. *vimine contesto*: vimini intrecciati;

che lo poteano a diversi usi porre;
e navi e ponti: e più facea che 'l resto,
il primo e il secondo ordine disporre
a dar l'assalto; et egli vuol venire
tra quei che la città denno assalire.

68.   L'imperatore il dì che 'l dì precesse
de la battaglia, fe' dentro a Parigi
per tutto celebrare uffici e messe
a preti, a frati bianchi, neri e bigi;
e le gente che dianzi eran confesse,
e di man tolte agl'inimici stigi,
tutti communicâr, non altramente
ch'avessino a morire il dì seguente.

69.   Et egli tra baroni e paladini,
principi et oratori, al maggior tempio
con molta religione a quei divini
atti intervenne, e ne diè agli altri esempio.
Con le man giunte e gli occhi al ciel supini,
disse: – Signor, ben ch'io sia iniquo et empio,
non voglia tua bontà, pel mio fallire,
che 'l tuo popul fedele abbia a patire.

70.   E se gli è tuo voler ch'egli patisca,
e ch'abbia il nostro error degni supplìci,
almen la punizion si differisca
sì, che per man non sia de' tuoi nemici;
che quando lor d'uccider noi sortisca,
che nome avemo pur d'esser tuo' amici,
i pagani diran che nulla puoi,
che perir lasci i partigiani tuoi.

cfr. BOIARDO, *Innam.*, III, VIII, 5, 1 e 4: «Scale con rote e torre aveano assai... Gatti tessuti a vimine e di legno». – 5-7. *e più... assalto*: e soprattutto fa disporre la prima e la seconda schiera per l'assalto.

68. – 1. *il dì... precesse*: il giorno precedente. – 4. *frati... bigi*: frati di ogni ordine; cfr. XIV, 8, 5. – 5-6. *che... stigi*: che si erano confessate e quindi sciolte dal potere dei diavoli. – 7. *communicâr*: si comunicarono.

69. – 2. *oratori*: ambasciatori. – 3. *religione*: devozione. – 3-4. *divini atti*: funzioni religiose. – 5. *al ciel supini*: rivolti in sù; cfr. DANTE, *Purg.*, XIV, 9. – 6. *Signor ecc.*: una preghiera simile nel *Mambriano*, VII, 11-12.

70. – 5. *quando... sortisca*: qualora tocchi in sorte ai Saraceni. – 7-8. *i pagani diran ecc.*: cfr. le parole del Salmo: «*Ne quando dicant gentes: ubi est deus eorum?*».

71.   E per un che ti sia fatto ribelle,
        cento ti si faran per tutto il mondo;
        tal che la legge falsa di Babelle
        caccierà la tua fede e porrà al fondo.
        Difendi queste genti, che son quelle
        che 'l tuo sepulcro hanno purgato e mondo
        da' brutti cani, e la tua santa Chiesa
        con li vicarii suoi spesso difesa.

72.   So che i meriti nostri atti non sono
        a satisfare al debito d'un'oncia;
        né devemo sperar da te perdono,
        se riguardiamo a nostra vita sconcia:
        ma se vi aggiugni di tua grazia il dono,
        nostra ragion fia ragguagliata e concia;
        né del tuo aiuto disperar possiamo,
        qualor di tua pietà ci ricordiamo. −

73.   Così dicea l'imperator devoto,
        con umiltade e contrizion di core.
        Giunse altri prieghi e convenevol voto
        al gran bisogno e all'alto suo splendore.
        Non fu il caldo pregar d'effetto vòto;
        però che 'l genio suo, l'angel migliore,
        i prieghi tolse, e spiegò al ciel le penne,
        et a narrare al Salvator li venne.

71. − 3. *la legge... di Babelle*: la religione di Babilonia, cioè l'insieme delle religioni false. − 4. *porrà al fondo*: distruggerà. − 5-7. *son quelle... cani*: sono quelle che han liberato Gerusalemme dai Saraceni infedeli (*brutti cani*); cfr. PETRARCA, *Tr. Fama*, II, 143-44: «e non vi caglia Che 'l sepolcro di Cristo è in man de' cani». Le leggende raccontavano di una immaginaria crociata di Carlo Magno in Terrasanta. − 7-8. *e la tua... difesa*: allusione alla spedizione di Carlo Magno in Italia contro i Longobardi; cfr. DANTE, *Par.*, VI, 94-96.
72. − 2. *a satisfare... oncia*: a compensare anche in minima parte il debito contratto verso Dio coi nostri peccati. *Oncia* può significare un piccolo peso oppure una moneta di poco valore o anche una piccola misura lineare. − 4. *sconcia*: peccaminosa. − 6. *nostra... concia*: il nostro debito (*ragion*: cfr. XIII, 35, 3-4) sarà pareggiato e aggiustato.
73. − 3. *Giunse*: aggiunse. − 3-4. *convenevol... splendore*: proporzionato alla necessità del momento e alla dignità della carica. − 6. *genio*: l'angelo custode, identificato con il Genio, la divinità tutelare dei pagani. Esso è detto *migliore* perché ogni uomo ha vicino a sé anche il demonio, pessimo angelo decaduto. − 7. *tolse*: prese con sé.

74.   E furo altri infiniti in quello instante
        da tali messaggier portati a Dio;
        che come gli ascoltâr l'anime sante,
        dipinte di pietade il viso pio,
        tutte miraro il sempiterno Amante,
        e gli mostraro il commun lor disio,
        che la giusta orazion fosse esaudita
        del populo cristian che chiedea aita.

75.   E la Bontà ineffabile, ch'invano
        non fu pregata mai da cor fedele,
        leva gli occhi pietosi, e fa con mano
        cenno che venga a sé l'angel Michele.
        — Va — gli disse — all'esercito cristiano
        che dianzi in Picardia calò le vele,
        e al muro di Parigi l'appresenta
        sì, che 'l campo nimico non lo senta.

76.   Truova prima il Silenzio, e da mia parte
        gli di' che teco a questa impresa venga;
        ch'egli ben proveder con ottima arte
        saprà di quanto proveder convenga.
        Fornito questo, subito va in parte
        dove il suo seggio la Discordia tenga:
        dille che l'esca e il fucil seco prenda,
        e nel campo de' Mori il fuoco accenda;

---

74. – 1. *altri infiniti*: infinite altre preghiere, che erano state innalzate dagli altri Cristiani. – 3. *anime sante*: i beati. – 4. *dipinte... viso*: dipinte nel viso (acc. alla greca); cfr. DANTE, *Inf.*, IV, 20-21: «nel viso mi dipigne Quella pietà...»; PETRARCA, *Canz.*, XXVI, 3: «la gente di pietà depinta». – 5. *il sempiterno Amante*: Dio; cfr. DANTE, *Par.*, XXIX, 18: «eterno amore»; ma tutta la scena è dantesca; cfr. *Par.*, XXXIII, 38-39.

75. – 4. *l'angel Michele*: l'episodio è modellato su quelli classici di Mercurio inviato dall'Olimpo: OMERO, *Il.*, XXIV, 334 e segg.; STAZIO, *Theb.*, I, 292 e segg.; o di Iride che svolge lo stesso ruolo: OVIDIO, *Met.*, XI, 585 e segg.; STAZIO, *Theb.*, X, 80 e segg.; in VIRGILIO, *Aen.*, VII, 323 e segg. è Giunone stessa che discende dal cielo per incitare la furia Aletto a rompere la pace fra Latini e Troiani. – 5. *esercito cristiano*: l'esercito degli Inglesi e degli Scotti, condotto da Rinaldo; cfr. X, 74-89. – 6. *in Picardia... vele*: è approdato in Francia. – 7. *l'appresenta*: conducilo.

76. – 1. *il Silenzio*: dopo un angelo Michele che ricorda i messaggeri degli dèi pagani, Mercurio e Iride; ecco la prima di una serie di figurazioni, che solo a prima vista sono freddamente allegoriche, ma anzi sono creazioni fantastiche, atteggiate con grande finezza e con sicura capacità caratterizzante. – 5. *Fornito*: compiuto. – 7. *fucil*: l'acciarino col quale si batteva la pietra focaia onde ricavarne scintille e accendere l'esca.

77.   e tra quei che vi son detti più forti
         sparga tante zizzanie e tante liti,
         che combattano insieme; et altri morti,
         altri ne sieno presi, altri feriti,
         e fuor del campo altri lo sdegno porti,
         sì che il lor re poco di lor s'aiti. –
         Non replica a tal detto altra parola
         il benedetto augel, ma dal ciel vola.

78.   Dovunque drizza Michel angel l'ale,
         fuggon le nubi, e torna il ciel sereno.
         Gli gira intorno un aureo cerchio, quale
         veggiàn di notte lampeggiar baleno.
         Seco pensa tra via, dove si cale
         il celeste corrier per fallir meno
         a trovar quel nimico di parole,
         a cui la prima commission far vuole.

79.   Vien scorrendo ov'egli abiti, ov'egli usi;
         e se accordaro infin tutti i pensieri,
         che de frati e de monachi rinchiusi
         lo può trovare in chiese e in monasteri,
         dove sono i parlari in modo esclusi,
         che 'l Silenzio, ove cantano i salteri,
         ove dormeno, ove hanno la piatanza,
         e finalmente è scritto in ogni stanza.

80.   Credendo quivi ritrovarlo, mosse
         con maggior fretta le dorate penne;

77. – 1-4. *e tra quei ecc.*: cfr. VIRGILIO, *Aen.*, VII, 335-40: «*Tu potes unanimos armare in proelia fratres Atque odiis versare domos... Disice compositam pace, sere crimina belli, Arma velit poscatque simul rapiatque iuventus*» (Segre). – 3. *altri morti*: alcuni vengano uccisi. – 5. *lo sdegno*: è soggetto di *porti*. – 6. *s'aiti*: riceva aiuto. – 8. *il benedetto augel*: cfr. DANTE, *Purg.*, II, 38: «l'uccel divino».

78. – 2. *torna... sereno*: cfr. PETRARCA, *Tr. Mor.*, I, 153: «Fatto avea in quella parte il ciel sereno». – 3. *un aureo cerchio*: un'aureola splendente; cfr. VIRGILIO, *Aen.*, IV, 701: «*Mille trahens varios adverso sole colores*». – 5. *si cale*: gli convenga discendere. – 6. *il celeste corrier*: cfr. PETRARCA, *Canz.*, CCCXLVIII, 10: «Il re celeste, i suoi alati corrieri». – 7. *quel nimico ecc.*: il Silenzio.

79. – 1. *scorrendo*: esaminando nella mente; *usi*: pratichi. – 3. *rinchiusi*: di clausura. – 5. *sono... esclusi*: i discorsi e le conversazioni sono proibiti. – 6. *ove... salteri*: nel coro, dove essi intonano i salmi scritti nei Salteri. – 8. *scritto*: prescritto, a mezzo di scritte.

e di veder ch'ancor Pace vi fosse,
Quïete e Carità, sicuro tenne.
Ma da la opinïon sua ritrovosse
tosto ingannato, che nel chiostro venne:
non è Silenzio quivi; e gli fu ditto
che non v'abita più, fuor che in iscritto.

81.   Né Pietà, né Quïete, né Umiltade,
né quivi Amor, né quivi Pace mira.
Ben vi fur già, ma ne l'antiqua etade;
che le cacciâr Gola, Avarizia et Ira,
Superbia, Invidia, Inerzia e Crudeltade.
Di tanta novità l'angel si ammira:
andò guardando quella brutta schiera,
e vide ch'anco la Discordia v'era.

82.   Quella che gli avea detto il Padre eterno,
dopo il Silenzio, che trovar dovesse.
Pensato avea di far la via d'Averno,
che si credea che tra' dannati stesse;
e ritrovolla in questo nuovo inferno
(chi 'l crederia?) tra santi ufficii e messe.
Par di strano a Michel ch'ella vi sia,
che per trovar credea di far gran via.

83.   La conobbe al vestir di color cento,
fatto a liste inequali et infinite,
ch'or la cuoprono or no; che i passi e 'l vento
le giano aprendo, ch'erano sdrucite.
I crini avea qual d'oro e qual d'argento,
e neri e bigi, e aver pareano lite;
altri in treccia, altri in nastro eran raccolti,
molti alle spalle, alcuni al petto sciolti.

---

80 – 4. *sicuro tenne:* tenne per cosa certa. – 6. *tosto... che:* non appena che.

81. – 1. *Pietà:* devozione. – 2. *Pace:* concordia. – 4-5. *Gola ecc.:* i sette peccati capitali con la sostituzione della crudeltà alla lussuria. – 6. *si ammira:* si meraviglia.

82. – 3. *di far la via d'Averno:* di dover discendere fin giù nell'inferno. – 7. *Par di strano:* pare strano. – 8. *che per trovar:* per trovare la quale. Oppure: il quale, per trovarla.

83. – 2. *infinite:* innumerevoli. – 4. *sdrucite:* non cucite insieme. È un tratto, in un contesto che ha pochi contatti con i modelli classici, virgiliano: «*scissa... Discordia palla*» (*Aen.*, VIII, 702). – 6. *e neri e bigi:* cfr. XIV, 8, 5.

84.   Di citatorie piene e di libelli,
          d'essamine e di carte di procure
          avea le mani e il seno, e gran fastelli
          di chiose, di consigli e di letture;
          per cui le facultà de' poverelli
          non sono mai ne le città sicure.
          Avea dietro e dinanzi e d'ambi i lati,
          notai, procuratori et avocati.

85.   La chiama a sé Michele, e le commanda
          che tra i più forti Saracini scenda,
          e cagion truovi, che con memoranda
          ruina insieme a guerreggiar gli accenda.
          Poi del Silenzio nuova le domanda:
          facilmente esser può ch'essa n'intenda,
          sì come quella ch'accendendo fochi
          di qua e di là, va per diversi lochi.

86.   Rispose la Discordia: – Io non ho a mente
          in alcun loco averlo mai veduto:
          udito l'ho ben nominar sovente,
          e molto commendarlo per astuto.
          Ma la Fraude, una qui di nostra gente,
          che compagnia talvolta gli ha tenuto,
          penso che dir te ne saprà novella –;
          e verso una alzò il dito, e disse: – E' quella. –

87.   Avea piacevol viso, abito onesto,
          un umil volger d'occhi, un andar grave,
          un parlar sì benigno e sì modesto,
          che parea Gabriel che dicesse: Ave.

84. – 1-4. *citatorie ecc.*: citazioni, atti giudiziari, verbali di interrogazioni, de-
leghe, commenti alle leggi, pareri d'avvocati e illustrazioni del Codice; per tutta la
scena, cfr. *Lena*, 976-82. – 5. *facultà*: proprietà.
85. – 2. *scenda*: dai monasteri, che di solito sono sui monti, giù nei campi di
battaglia. – 3. *cagion*: pretesto; *memoranda*: da ricordarsene a lungo. – 4. *a guerreggiar gli accenda*: cfr. VIRGILIO, *Aen.*, VII, 482: «*belloque animos accendit*». – 5. *nuova*:
notizia. – 6. *n'intenda*: abbia occasione di sentirne parlare.
86. – 4. *commendarlo*: lodarlo.
87. – 1. *Avea piacevol viso*: la descrizione dantesca di Gerione (*Inf.*, XVII, 7
segg.) ha pochi contatti con questa della Fraude. – 4. *parea Gabriel ecc.*: cfr. DANTE,
Purg., X, 40; PULCI, *Morg.*, I, 2, 4: «quel dì che Gabriel tuo disse – Ave»; XVI, 1, 4,

Era brutta e deforme in tutto il resto:
ma nascondea queste fattezze prave
con lungo abito e largo; e sotto quello,
attosicato avea sempre il coltello.

88.   Domanda a costei l'angelo, che via
debba tener, sì che 'l Silenzio truove.
Disse la Fraude: – Già costui solia
fra virtudi abitare, e non altrove,
con Benedetto e con quelli d'Elia
ne le badie, quando erano ancor nuove:
fe' ne le scuole assai de la sua vita
al tempo di Pitagora e d'Archita.

89.   Mancati quei filosofi e quei santi
che lo solean tener pel camin ritto,
dagli onesti costumi ch'avea inanti,
fece alle sceleraggini tragitto.
Comminciò andar la notte con gli amanti,
indi coi ladri, e fare ogni delitto.
Molto col Tradimento egli dimora:
veduto l'ho con l'Omicidio ancora.

90.   Con quei che falsan le monete ha usanza
di ripararsi in qualche buca scura.
Così spesso compagni muta e stanza,
che 'l ritrovarlo ti saria ventura;
ma pur ho d'insegnartelo speranza:
se d'arrivare a mezza notte hai cura
alla casa del Sonno, senza fallo
potrai (che quivi dorme) ritrovallo. –

XXVII, 132, 6. – 8. *attosicato... coltello*: cfr. PULCI, *Morg.*, XXIV, 35, 6: «e 'l coltel
tossicato sempre al fianco».

88. – 5-6. *con Benedetto... nuove*: nei monasteri benedettini e carmelitani quan-
d'erano appena fondati. San Benedetto da Norcia è il fondatore dei benedettini e
il profeta Elia il leggendario fondatore dei carmelitani. – 7-8. *fe'... Archita*: trascorse
nelle scuole pitagoriche (Archita fu un filosofo pitagorico di Taranto) gran parte
della sua vita; là cioè dove si prescriveva agli scolari l'obbligo di astenersi da ogni
disputa verbale per cinque anni.

89. – 4. *fece... tragitto*: passò.

90. – 3. *stanza*: dimora. – 4. *'l ritrovarlo... ventura*: sarebbe una fortuna singolare il ritrovarlo. – 8. *ritrovallo*: ritrovarlo.

91. Ben che soglia la Fraude esser bugiarda,
pur è tanto il suo dir simile al vero,
che l'angelo le crede; indi non tarda
a volarsene fuor del monastero.
Tempra il batter de l'ale, e studia e guarda
giungere in tempo al fin del suo sentiero,
ch'alla casa del Sonno (che ben dove
era sapea) questo Silenzio truove.

92. Giace in Arabia una valletta amena,
lontana da cittadi e da villaggi,
ch'all'ombra di duo monti è tutta piena
d'antiqui abeti e di robusti faggi.
Il sole indarno il chiaro dì vi mena;
che non vi può mai penetrar coi raggi,
sì gli è la via da folti rami tronca:
e quivi entra sotterra una spelonca.

93. Sotto la negra selva una capace
e spazïosa grotta entra nel sasso,
di cui la fronte l'edera seguace
tutta aggirando va con storto passo.
In questo albergo il grave Sonno giace;
l'Ozio da un canto corpulento e grasso,
da l'altro la Pigrizia in terra siede,
che non può andare, e mal reggersi in piede.

---

91. – 5. *Tempra... ale*: regola, accelerandolo, il battere delle ali. – 6. *sentiero*: viaggio. – 7. *ch'*: così che.

92. – 1. *Giace in Arabia ecc.*: cfr. Ovidio, *Met.*, XI, 592-593: «*Est prope Cimmerios longo spelunca recessu, Mons cavus, ignavi domus et penetralia Sommi*», STAZIO, *Theb.*, X, 84: «*Stat super occiduae nebulosa cubilia noctis*». L'Ariosto, in gara con altri scrittori volgari (SANNAZZARO, *Arcadia*, prosa I: «Giace nella sommità di Partenio... un dilettevole piano»; POLIZIANO, *Stanze*, I, 73-76; AGOSTINI, *Innam.*, IV, IX, 88-90) usa le tessere offertegli dalla tradizione classica per arrivare a un mosaico che è nuova, originale, preziosa descrizione. Nuovo è soprattutto il tono di questo ìnizio «flautato e soffice» (Binni). Si noti anche come egli scelga una regione di mezzo fra quelle indicate da Ovidio e Stazio. L'Arabia (suggerita forse dal ricordo classico dei «*molles Arabi*») era abbastanza ignota al suo tempo per poter ospitare la favola mitologica. – 4. *antiqui... faggi*: i faggi e gli abeti, con gli aggettivi qui usati, appartengono alla botanica petrarchesca e polizianesca. – 8. *entra*: s'interna.

93. – 3. *edera seguace*: cfr. PERSIO, *Sat.*, *Prol.*, 6: «*hederae sequaces*»; OVIDIO, *Met.*, X, 99: «*flexipedes hederae*», POLIZIANO, *Stanze*, I, 83, 8: «l'ellera va carpon co' pie' distorti». – 5. *In questo... giace*: cfr. OVIDIO, *Met.*, XI, 612: «*Quo cubat ipse deus membris languore solutis*».

94.
Lo smemorato Oblio sta su la porta:
non lascia entrar, né riconosce alcuno;
non ascolta imbasciata, né riporta;
e parimente tien cacciato ognuno.
Il Silenzio va intorno, e fa la scorta:
ha le scarpe di feltro, e 'l mantel bruno;
et a quanti n'incontra, di lontano,
che non debban venir, cenna con mano.

95.
Se gli accosta all'orecchio, e pianamente
l'angel gli dice: – Dio vuol che tu guidi
a Parigi Rinaldo con la gente
che per dar, mena, al suo signor sussidi:
ma che lo facci tanto chetamente,
ch'alcun de' Saracin non oda i gridi;
sì che più tosto che ritruovi il calle
la Fama d'avisar, gli abbia alle spalle. –

96.
Altrimente il Silenzio non rispose,
che col capo accennando che faria;
e dietro ubidïente se gli pose;
e furo al primo volo in Picardia.
Michel mosse le squadre coraggiose,
e fe' lor breve un gran tratto di via;
si che in un dì a Parigi le condusse,
né alcun s'avide che miracol fusse.

97.
Discorreva il Silenzio, e tuttavolta,
e dinanzi alle squadre e d'ogn'intorno,
facea girare un'alta nebbia in volta,
et avea chiaro ogn'altra parte il giorno;

---

94. – 1. *Lo smemorato... porta*: cfr. STAZIO, *Theb.*, X, 89: «*Limen opaca Quies et pigra oblivio servant*». – 4. *parimente... ognuno*: tiene lontani tutti senza alcuna eccezione. – 5. *scorta*: scolta, guardia. – 8. *cenna*: fa cenno.

95. – 1. *pienamente*: con voce sommessa. – 4. *che... sussidi*: che conduce per dare soccorso al suo signore. – 7-8. *sì che ecc.*: sì che i Saraceni si trovino i Cristiani alle spalle, prima che la Fama trovi la via, il modo, per giungere ad avvisarli.

96. – 2. *che faria*: che lo avrebbe fatto. – 4. *furo al primo volo*: giunsero in un sol volo. – 6. *fe'... breve*: accorciò.

97. – 1. *Discorreva*: correva qua e là (lat.); *tuttavolta*: continuamente, nel tempo stesso. – 3. *in volta*: in giro. – 4. *et avea... giorno*: e ogni altra parte del paese godeva il giorno chiaro. Il motivo della nebbia che nasconde e così protegge i guerrieri

e non lasciava questa nebbia folta,
che s'udisse di fuor tromba né corno:
poi n'andò tra' pagani, e menò seco
un non so che, ch'ognun fe' sordo e cieco.

98.   Mentre Rinaldo in tal fretta venìa,
che ben parea da l'angelo condotto,
e con silenzio tal, che non s'udia
nel campo saracin farsene motto;
il re Agramante avea la fanteria
messo ne' borghi di Parigi, e sotto
le minacciate mura in su la fossa,
per far quel dì l'estremo di sua possa.

99   Chi può contar l'esercito che mosso
questo dì contra Carlo ha 'l re Agramante,
conterà ancora in su l'ombroso dosso
del silvoso Apennin tutte le piante;
dirà quante onde, quando è il mar più grosso,
bagnano i piedi al mauritano Atlante;
e per quanti occhi il ciel le furtive opre
degli amatori a mezza notte scuopre.

100.   Le campane si sentono a martello
di spessi colpi e spaventosi tocche;
si vede molto, in questo tempio e in quello,
alzar di mano e dimenar di bocche.

(qui un intero esercito) era un *topos* dell'epica classica: cfr. OMERO, *Od.*, VII, 14-57
(dove la nebbia protegge Ulisse) e VIRGILIO, *Aen.*, I, 411-14 (dove protegge Enea).
     98. – 2. *ben parea*: appariva che fosse. – 8. *l'estremo... possa*: il suo sforzo su-
premo.
     99. – 1. *Chi può contar ecc.*: cfr. per questo «adunaton» APOLL. RHOD., *Argon.*, IV,
214; VIRGILIO, *Georg.*, II, 105-108: «*Quem qui scire velit, Libyci velit aequoris idem
Discere quam multae Zephyro torbentur arenae, Aut, ubi navigiis violentior incidit Eurus, Nosse quot Ionii veniant ad litora fluctus*»; CATULLO, *Carm.*, LXI, 199-202: «*Illa
pulveris Africei Siderumque micantium Subducat numerum prius, Qui vostri numerare
volt Multa milia ludei*»; cfr. anche O. TESCARI, *Il tema dell'«adunaton» nell'«Orlando
Furioso» e nella «Gerusalemme»*, in «Convivium», XI, 1939, pp. 684-686. – 6. *mauritano Atlante*: la catena del monte Atlante nel Marocco. – 7. *occhi*: stelle; *Occhi del cielo*
sono il sole e la luna in DANTE, *Purg.*, XX, 132; *furtive opre*: cfr. CATULLO, *Carm.*, VII,
7-8: «*quam sidera multa, cum tacet nox, Furtivos hominum vident amores*».
     100. – 2. *tocche*: percosse; cfr. X, 51, 3 e BOIARDO, *Innam.*, I, VII, 5, 1; «Ora suona
a martello ogni campana»; III, VIII, 10. – 4. *dimenar di bocche*: muoversi affrettato

Se 'l tesoro paresse a Dio sì bello,
come alle nostre openïoni sciocche,
questo era il dì che 'l santo consistoro
fatto avria in terra ogni sua statua d'oro.

101. S'odon ramaricare i vecchi giusti,
che s'erano serbati in quelli affanni,
e nominar felici i sacri busti
composti in terra già molti e molt'anni.
Ma gli animosi gioveni robusti
che miran poco i lor propinqui danni,
sprezzando le ragion de' più maturi,
di qua di là vanno correndo a' muri.

102. Quivi erano baroni e paladini,
re, duci, cavallier, marchesi e conti,
soldati forestieri e cittadini,
per Cristo e pel suo onore a morir pronti;
che per uscire adosso ai Saracini,
pregan l'imperator ch'abbassi i ponti.
Gode egli di veder l'animo audace,
ma di lasciarli uscir non li compiace.

103. E li dispone in oportuni lochi,
per impedire ai barbari la via:
là si contenta che ne vadan pochi,
qua non basta una grossa compagnia;
alcuni han cura maneggiare i fuochi,

di labbra in preghiera. Mimica grottesca. – 6. *sciocche:* le rime *tocche:sciocche:'mboc-che* compaiono in DANTE, *Inf.*, VII, 68-72. – 5-8. *Se 'l tesoro ecc.:* se le ricchezze fossero tenute da Dio nello stesso gran conto in cui le tengono gli uomini sciocchi, in quel giorno il consesso dei beati (*santo consistoro*; cfr. DANTE, *Par.*, XXIX, 67) avrebbe potuto ottenere, come offerta votiva in cambio della loro protezione, che le statue dedicate a loro qui in terra fossero d'oro.

101. – 1. *giusti:* buoni, onesti, innocenti. – 2. *che... affanni:* di essere sopravvis-suti tra tante sventure; cfr. STAZIO, *Theb.*, XI, 418: «*Hinc questi vixisse senes*»; PETRARCA, *Canz.*, LIII, 58-59. – 3. *e nominar... anni:* e chiamare felici i morti venerandi (dal lat. *bustum* che significa il luogo dove si bruciano i cadaveri, tomba, e per metonimia, cadavere; cfr. VIRGILIO, *Aen.*, XI, 201; STAZIO, *Theb.*, XII, 248), già da molti anni sepolti (lat. *componere tumulo*). – 6. *miran... danni:* badano poco ai pericoli imminenti. – 8. *muri:* le mura della città.

102. – 2. *duci:* duchi. – 6. *ponti:* levatoi.

103. – 1. *E li dispone ecc.:* cfr. *Innam.*, III, VIII, 7. – 5. *cura... fuochi:* incarico di

le machine altri, ove bisogno sia.
Carlo di qua di là non sta mai fermo:
va soccorrendo, e fa per tutto schermo.

104. Siede Parigi in una gran pianura,
ne l'ombilico a Francia, anzi nel core;
gli passa la riviera entro le mura,
e corre, et esce in altra parte fuore.
Ma fa un'isola prima, e v'assicura
de la città una parte, e la migliore;
l'altre due (ch'in tre parti è la gran terra)
di fuor la fossa, e dentro il fiume serra.

105. Alla città, che molte miglia gira,
da molte parti si può dar battaglia:
ma perché sol da un canto assalir mira,
né volentier l'esercito sbarraglia,
oltre il fiume Agramante si ritira
verso ponente, acciò che quindi assaglia;
però che né cittade né campagna
ha dietro, se non sua, fin alla Spagna.

106. Dovunque intorno il gran muro circonda,
gran munizioni avea già Carlo fatte,
fortificando d'argine ogni sponda

preparare le materie incendiarie da scagliare contro i nemici. – 8. *fa... schermo*: allestisce difese in ogni parte.

104. – 2. *ne l'ombilico... core*: nel centro, anzi un po' più a nord, ma sempre in posizione vitale. – 3. *la riviera*: la Senna. – 5-6. *fa un'isola... migliore*: percorrendo la città a un certo punto il fiume si biforca e poi si ricongiunge, racchiudendo così un'isola che è la parte più sicura della città. – 7-8. *l'altre... serra*: le altre due parti della città, da una parte e dall'altra del fiume, sono difese esternamente dalle mura e dal fossato. Secondo Doroszlaï l'Ariosto per questa sua descrizione di Parigi aveva davanti a sé una mappa disegnata simile a quella che è stata usata per un'illustrazione del poema stampata nell'edizione Valgrisi del 1556 con un orientamento diverso da quello convenzionale: la Senna scorreva dentro la città dal basso (est) verso l'alto (ovest); a sinistra erano rappresentati i quartieri sulla riva sinistra della Senna, circondati da una cerchia di mura più ristrette, a destra quelli della riva destra, circondati da una cerchia più ampia. Quando Agramante si ritira *verso ponente* (105, 6), in realtà si ritira verso sud, attorno alle mura che circondano i quartieri sulla riva sinistra del fiume. Tenendo presente questo orientamento della mappa, tutti i dettagli della descrizione ariostesca risultano topograficamente precisi.

105. – 1. *gira*: misura nel suo circuito. – 4. *sbarraglia*: sparpaglia. – 6. *quindi*: da questo lato. – 7-8. *però che ecc.*: perché da questa parte ha le spalle sicure, dato che tutto il territorio fino alla Spagna è in mano sua.

106. – 1. *circonda*: gira. – 2. *munizioni*: fortificazioni. – 3. *ogni sponda*: del fiume

con scannafossi dentro e case matte;
onde entra ne la terra, onde esce l'onda,
grossissime catene aveva tratte:
ma fece, più ch'altrove, provedere
là dove avea più causa di temere.

107. Con occhi d'Argo il figlio di Pipino
previde ove assalir dovea Agramante;
e non fece disegno il Saracino,
a cui non fosse riparato inante.
Con Ferraù, Isoliero, Serpentino,
Grandonio, Falsirone e Balugante,
e con ciò che di Spagna avea menato,
restò Marsilio alla campagna armato.

108. Sobrin gli era a man manca in ripa a Senna,
con Pulïan, con Dardinel d'Almonte,
col re d'Oran, ch'esser gigante accenna,
lungo sei braccia dai piedi alla fronte.
Deh perché a muover men son io la penna,
che quelle genti a muover l'arme pronte?
che 'l re di Sarza, pien d'ira e di sdegno,
grida e bestemmia, e non può star più a segno.

109. Come assalire o vasi pastorali,
o le dolci reliquie de' convivi
soglion con rauco suon di stridule ali

e del fossato. – 4. *scannafossi*: condotti murati nell'interno dell'argine; *case matte*:
sotterranei a volta, con feritoie per colpire senza essere colpiti. – 6. *tratte*: tirate.
    107. – 1. *Argo*: mitico pastore dai cento occhi; *figlio di Pipino*: Carlo Magno. –
4. *riparato inante*: provveduto una difesa preventiva. – 5-6. *Ferraù ecc.*: capitani
dell'esercito spagnolo, già ricordati nella rassegna di XIV, 11-15. – 7. *con ciò*: con
tutte le schiere.
    108. – 1. *Sobrin ecc.*: i capitani africani (XIV, 22-27) sono schierati a ovest
della città (per noi a Sud) ma a ridosso delle mura, mentre quelli spagnoli sono
più lontani, alla loro sinistra. – 3. *re d'Oran*: Marbalusto, «il re d'Oran, che quasi
era gigante» (XIV, 17, 4). – 7. *'l re di Sarza*: Rodomonte; cfr. XIV, 25, 3. – 7-8. *d'ira...
segno*: cfr. PETRARCA, *Tr. Am.*, I, 98-102: «vedilo [s'intende: Nerone] andar pien d'ira
e di disdegno... ma pur Faustina 'l fa qui star a segno» (Cabani).
    109. – 1-4. *Come assalire ecc.*: la similitudine, usata qui a indicare il disordine
dell'assalto saraceno, è presa da OMERO, *Il.*, II, 469 segg.; XVI, 640 segg. «Il primo
passo omerico era stato dal Poliziano non solo tradotto nella sua versione della
Iliade, ma anche imitato nella *Sylva in scabiem*... in versi che presentano alcune

le impronte mosche a' caldi giorni estivi;
come li storni a rosseggianti pali
vanno de mature uve: così quivi,
empiendo il ciel di grida e di rumori,
veniano a dare il fiero assalto i Mori.

110.   L'esercito cristian sopra le mura
con lancie, spade e scure e pietre e fuoco
difende la città senza paura,
e il barbarico orgoglio estima poco;
e dove Morte uno et un altro fura,
non è chi per viltà ricusi il loco.
Tornano i Saracin giù ne le fosse
a furia di ferite e di percosse.

111.   Non ferro solamente vi s'adopra,
ma grossi massi, e merli integri e saldi,
e muri dispiccati con molt'opra,
tetti di torri, e gran pezzi di spaldi.
L'acque bollenti che vengon di sopra,
portano a' Mori insupportabil caldi;
e male a questa pioggia si resiste,
ch'entra per gli elmi, e fa acciecar le viste.

112.   E questa più nocea che 'l ferro quasi:
or che de' far la nebbia di calcine?

---

singolari corrispondenze con quelli ariosteschi» (Bigi). Si veda ai vv. 181-185 (ed.
Perosa, Roma, 1954): «*vix tantus vere rubenti Muscarum quondam populus mulctra-
ria circum Involitat stabulis, tenuique proboscide grandes Diripiunt gutas ac lactea
murmure rauco Obscoenae volucres huc illuc pocula raptant*». Cfr. anche FAZIO DEGLI
UBERTI, *Dittam.*, VI, 6 e BOIARDO, *Innam.*, III, VIII, 14, 3-7: «Come la mosca torna
a chi la scaccia, O la vespa aticciata, o i calavroni: Cotal parea la maledetta raccia,
Da' merli trabuccata e da' torroni, Che dirupando al fondo giù ne viene». –
4. *impronte*: importune. – 5-6. *rosseggianti... uve*: pali che sostengono le viti e sono
rosseggianti d'uva matura.
    110. – 2. *scure*: scuri. – 5. *fura*: porta via; cfr. PETRARCA, *Canz.*, CCXLVIII, 5-6:
«morte fura Prima i migliori». – 6. *ricusi il loco*: si rifiuti di prendere il posto
lasciato vacante.
    111. – 1-2. *Non ferro ecc.*: cfr. *Innam.*, III, VIII, 12, 7-8: «E foco e ferri e pietre
con gran fretta Da l'una parte a l'altra si saetta». – 2. *integri e saldi*: interi e
compatti. – 3. *opra*: fatica. – 4. *tetti*: tegole; *spaldi*: ballatoi in cima alle mura e alle
torri.
    112. – 2. *calcine*: calce viva gettata al vento; cfr. *Innam.*, III, VIII, 13, 4-8: «Giù
vengon travi e solforo e calcina, E se sentiva un fraccassar di scale, Un suon di

or che doveano far li ardenti vasi
con olio e zolfo e peci e trementine?
I cerchii in munizion non son rimasi,
che d'ogn'intorno hanno di fiamma il crine:
questi, scagliati per diverse bande,
mettono a' Saracini aspre ghirlande.

113. Intanto il re di Sarza avea cacciato
sotto le mura la schiera seconda,
da Buraldo, da Ormida accompagnato,
quel Garamante, e questo di Marmonda.
Clarindo e Soridan gli sono allato,
né par che 'l re di Setta si nasconda:
segue il re di Marocco e quel di Cosca,
ciascun perché il valor suo si conosca.

114. Ne la bandiera, ch'è tutta vermiglia,
Rodomonte di Sarza il leon spiega,
che la feroce bocca ad una briglia
che gli pon la sua donna, aprir non niega.
Al leon se medesimo assimiglia;
e per la donna che lo frena e lega,
la bella Doralice ha figurata,
figlia di Stordilan re di Granata:

115. quella che tolto avea, come io narrava,
re Mandricardo, e dissi dove e a cui.
Era costei che Rodomonte amava
più che 'l suo regno e più che gli occhi sui;
e cortesia e valor per lei mostrava,
non già sapendo ch'era in forza altrui:

arme spezzate, una roina, E fumo e polve, e tenebroso velo, Come caduto il sol
fosse dal cielo». – 5. *cerchii*: girandole di stoppa che si lanciavano infiammate sui
nemici; *munizion*: magazzini. – 8. *aspre ghirlande*: ghirlande di fuoco.

113. – 1. *cacciato*: spinto. – 3-5. *Buraldo ecc.*: capitani africani, già presentati
nella rassegna di XIV, 18-24. – 6-7. *re di Setta... di Marocco... di Cosca*: Dorilone,
Finadurro, Balifronte (XIV, 22-23).

114. – 1. *Ne la bandiera ecc.*: cfr. *Innam.*, II, VII, 28, 4-8: «Del re di Sarza in
terra è 'l confalone, Ch'era vermiglio, e dentro una regina, Quale avea posto il
freno ad un leone: Questa era Doralice da Granata, Da Rodamonte più che il
core amata».

115. – 1. *come io narrava*: cfr. 38 segg. – 6. *in forza altrui*: in potere d'altri, cioè

se saputo l'avesse, allora allora
fatto avria quel che fe' quel giorno ancora.

116. Sono appoggiate a un tempo mille scale,
che non han men di dua per ogni grado.
Spinge il secondo quel ch'inanzi sale;
che 'l terzo lui montar fa suo mal grado.
Chi per virtù, chi per paura vale:
convien ch'ognun per forza entri nel guado;
che qualunche s'adagia, il re d'Algiere,
Rodomonte crudele, uccide o fere.

117. Ognun dunque si sforza di salire
tra il fuoco e le ruine in su le mura.
Ma tutti gli altri guardano, se aprire
veggiano passo ove sia poca cura:
sol Rodomonte sprezza di venire,
se non dove la via meno è sicura.
Dove nel caso disperato e rio
gli altri fan voti, egli bestemmia Dio.

118. Armato era d'un forte e duro usbergo,
che fu di drago una scagliosa pelle.
Di questo già si cinse il petto e 'l tergo
quello avol suo ch'edificò Babelle,
e si pensò cacciar de l'aureo albergo,

---

di Mandricardo. – 7-8. *allora... ancora*: avrebbe fatto immediatamente quel che fece quello stesso giorno più tardi, cioè andare in cerca di Doralice e del rapitore; cfr. XVIII, 36.

116. – 2. *men... grado*: meno di due soldati per ogni gradino. – 5. *vale*: opera con prodezza. – 6. *entri nel guado*: espressione che può essere intesa alla lettera o in senso figurato: entri nel cimento (cfr. II, 73, 6). – 7. *s'adagia*: indugia; cfr. DANTE, *Inf.*, III, III: «Batte col remo qualunque s'adagia».

117. – 4. *poca cura*: scarsa difesa. – 7. *Dove*: mentre. Cfr. *Innam.*, II, VI, 30, 1-2: «Gli altri fan voti con molte preghiere, Ma lui minaccia al mondo e la natura».

118. – 2. *di drago... pelle*: cfr. XI, 66, 6; il particolare era già in BOIARDO, *Innam.*, II, VII, 5, 7-8; e così anche quelli seguenti: II, XIV, 33, 1-8 e 34, 1-2; II, XV, 5, 5-8. – 4. *quello avol ecc.*: Nembrotte. Cfr. *Innam.*, II, XIV, 32-33: «Ed ha quel brando sì meraviglioso, Qual già Nembroto fece fabricare, Nembroto il fier gigante, che in Tesaglia Sfidò già Dio con seco a la battaglia. Poi quel superbo per la sua arroganza Fece in Babel la torre edificare, Ché de giongere in celo avea speranza, E quello a terra tutto ruïnare». Nel Boiardo c'è una curiosa contaminazione di mitologia greca ed ebraica, che l'Ariosto ha rifiutato; cfr. anche XXVI, 121, 7-8. – 5. *aureo albergo*: il

e tôrre a Dio il governo de le stelle:
l'elmo e lo scudo fece far perfetto,
e il brando insieme; e solo a questo effetto.

119.   Rodomonte non già men di Nembrotte
indomito, superbo e furibondo,
che d'ire al ciel non tarderebbe a notte,
quando la strada si trovasse al mondo,
quivi non sta a mirar s'intere o rotte
sieno le mura, o s'abbia l'acqua fondo:
passa la fossa, anzi la corre e vola,
ne l'acqua e nel pantan fin alla gola.

120.   Di fango brutto, e molle d'acqua vanne
tra il foco e i sassi e gli archi e le balestre,
come andar suol tra le palustri canne
de la nostra Mallea porco silvestre,
che col petto, col grifo e con le zanne
fa, dovunque si volge, ample finestre.
Con lo scudo alto il Saracin sicuro
ne vien sprezzando il ciel, non che quel muro.

121.   Non sì tosto all'asciutto è Rodomonte,
che giunto si sentì su le bertresche
che dentro alla muraglia facean ponte
capace e largo alle squadre francesche.
Or si vede spezzar più d'una fronte,
far chieriche maggior de le fratesche,

cielo; cfr. PETRARCA, *Tr. Temp.*, 1, dove però indica la dimora del sole. – 8. *a questo effetto*: a tale scopo.
119. – 3. *non tarderebbe a notte*: non rimanderebbe fino a notte. – 6. *s'abbia l'acqua fondo*: se l'acqua del fossato sia così profonda da impedire il guado. – 7. *corre*: passa di corsa.
120. – 1. *brutto*: imbrattato; cfr. XIV, 51, 2 e anche DANTE, *Inf.*, VIII, 35. – 4. *Mallea*: luogo paludoso del Ferrarese, sulla sinistra del Po di Volano. – 6. *finestre*: squarci; cfr. DANTE, *Inf.*, XIII, 102.
121. – 2. *giunto... bertresche*: si seppe del suo arrivo nelle bertresche. Queste erano specie di casotti di legno posti in cima alle mura, tra merlo e merlo, e servivano alla difesa dei soldati. Ma qui l'Ariosto sembra voglia riferirsi a impalcature che facevano da ponte tra un luogo e l'altro delle mura, tra bertesca e bertesca. – 4. *francesche*: francesi. – 5. *Or si vede ecc.*: cfr. n. a VI, 66, 1. – 6. *far... fratesche*: fare tagli nelle teste più grandi delle chieriche dei frati; cfr. PULCI, *Morg.*,

braccia e capi volare; e ne la fossa
cade da' muri una fiumana rossa.

122.   Getta il pagan lo scudo, e a duo man prende
la crudel spada, e giunge il duca Arnolfo.
Costui venìa di là dove discende
l'acqua del Reno nel salato golfo.
Quel miser contra lui non si difende
meglio che faccia contra il fuoco il zolfo;
e cade in terra, e dà l'ultimo crollo,
dal capo fesso un palmo sotto il collo.

123.   Uccise di rovescio in una volta
Anselmo, Oldrado, Spineloccio e Prando:
il luogo stretto e la gran turba folta
fece girar sì pienamente il brando.
Fu la prima metade a Fiandra tolta,
l'altra scemata al populo normando.
Divise appresso da la fronte al petto,
et indi al ventre, il maganzese Orghetto.

124.   Getta da' merli Andropono e Moschino
giù ne la fossa: il primo è sacerdote;
non adora il secondo altro che 'l vino,
e le bigonce a un sorso n'ha già vuote.
Come veneno e sangue viperino
l'acque fuggia quanto fuggir si puote:
or quivi muore; e quel che più l'annoia,
è 'l sentir che ne l'acqua se ne muoia.

XIX, 176, 5: «Or pensa a quanti le zucche abbi rase». – 7-8. *ne la fossa... rossa*: cfr.
Innam., III, VIII, 25, 7-8: «e tanta n'ha percossa, Che vien da' merli il sangue nella
fossa».
    122. – 2. *giunge*: colpisce. – 3-4. *di là... golfo*: dall'Olanda, dove il Reno sfocia
nello Zuidersee. – 7-8. *dà l'ultimo crollo... collo*: cfr. IX, 80, 7-8.
    123. – 1. *di rovescio*: calando la spada dall'alto al basso e poi colpendo di
fianco. – 4. *sì pienamente*: con risultato così pieno. – 5. *la prima metade*: i primi due.
Questi nomi si riferiscono a personaggi oscuri; alcuni ricorrono altrove, ma si
tratta di omonimi. – 6. *scemata*: sottratta.
    124. – 1. *Moschino*: è un contemporaneo dell'Ariosto, Antonio Magnanino,
famoso beone, che ebbe una sua posizione nella corte Estense. Alla sua morte, nel
1497, l'informatore di Isabella d'Este scriveva: «Messer Moschino è morto, sì che
si può tagliare qualche vide a terra, essendo mancata questa sponga di vino». Di
lui l'Ariosto parla nella *Cassaria* in versi (3013) e nelle *Sat.*, II, 64-66 di lui dice che

125.   Tagliò in due parti il provenzal Luigi,
        e passò il petto al tolosano Arnaldo.
        Di Torse Oberto, Claudio, Ugo e Dionigi
        mandâr lo spirto fuor col sangue caldo;
        e presso a questi, quattro da Parigi,
        Gualtiero, Satallone, Odo et Ambaldo,
        et altri molti: et io non saprei come
        di tutti nominar la patria e il nome.

126.   La turba dietro a Rodomonte presta
        le scale appoggia, e monta in più d'un loco.
        Quivi non fanno i Parigin più testa;
        che la prima difesa lor val poco.
        San ben ch'agli nemici assai più resta
        dentro da fare, e non l'avran da gioco;
        perché tra il muro e l'argine secondo
        discende il fosso orribile e profondo.

127.   Oltra che i nostri facciano difesa
        dal basso all'alto, e mostrino valore;
        nuova gente succede alla contesa
        sopra l'erta pendice interïore,
        che fa con lancie e con saette offesa
        alla gran moltitudine di fuore,

mette «carestia ne la vernaccia». Il nome del buontempone ferrarese, accompagnato a un motivo burlesco fin troppo convenzionale (impreziosito però da una citazione oraziana: cfr. *Carm.*, I, VIII, 8-9: «*cur olivum Sanguine viperino cautius vitat*») ha qui una sua funzione di creare una macchia, aprire una parentesi giocosa nell'episodio epico.

125. – 3. *Di Torse Oberto*: Oberto di Tours, in Turenna. Questi sono tutti personaggi che non saranno più menzionati. – 4. *mandâr... caldo*: cfr. VIRGILIO, *Aen.*, II, 532; X, 487: «*una eademque via sanguis animusque sequuntur*»; IX, 414: «*vomens calidum de pectore flumen*». – 7-8. *non saprei come... nome*: cfr. XI, 81, 4.

126. – 2. *le scale ecc.*: cfr. *Innam.*, III, VIII, 26, 8: «La scala appoggia e monta senza sosta». – 3. *testa*: resistenza. – 4. *la prima difesa*: il fossato e la prima cinta di mura. – 6. *non... gioco*: non sarà un'impresa da scherzo. – 7-8. *tra il muro... profondo*: fra le mura e un terrapieno interno, che costituisce il secondo ordine di ripari, c'è un fossato privo d'acqua ma riempito di materie infiammabili.

127. – 1. *i nostri*: i Cristiani si trovano ora in posizione sfavorevole, con i nemici che li incalzano dall'alto delle mura conquistate. – 3. *nuova... contesa*: fresche forze cristiane sottentrano nella battaglia (lat. *succedere*). – 4. *erta... interïore*: l'argine interno. – 6. *di fuore*: fra le mura e il fossato che protegge il secondo

che credo ben, che saria stata meno,
se non v'era il figliuol del re Ulïeno.

128.   Egli questi conforta, e quei riprende,
e lor mal grado inanzi se gli caccia:
ad altri il petto, ad altri il capo fende,
che per fuggir veggia voltar la faccia.
Molti ne spinge et urta; alcuni prende
pei capelli, pel collo e per le braccia:
e sozzopra là giù tanti ne getta,
che quella fossa a capir tutti è stretta.

129.   Mentre lo stuol de' barbari si cala,
anzi trabocca al periglioso fondo,
et indi cerca per diversa scala
di salir sopra l'argine secondo;
il re di Sarza (come avesse un'ala
per ciascun de' suoi membri) levò il pondo
di sì gran corpo e con tant'arme indosso,
e netto si lanciò di là dal fosso.

130.   Poco era men di trenta piedi, o tanto,
et egli il passò destro come un veltro,
e fece nel cader strepito, quanto
avesse avuto sotto i piedi il feltro:
et a questo et a quello affrappa il manto,
come sien l'arme di tenero peltro,
e non di ferro, anzi pur sien di scorza:
tal la sua spada, e tanta è la sua forza!

---

argine. – 7. *saria stata meno*: sarebbe venuta meno all'impresa. – 8. *il figliuol…*
Ulïeno: Rodomonte.
    128. – 7. *sozzopra*: sottosopra, a testa in giù. – 8. *capir*: contenere.
    129. – 2. *trabocca*: precipita. – 3. *per diversa scala*: con numerose scale. –
6. *pondo*: peso (lat. dantesco e petrarchesco). – 7. *con… indosso*: impresa che il
Boiardo aveva attribuito già a Orlando (*Innam.*, II, VIII, 23, 8) e a Mandricardo
(III, III, 47, 8): «Di là da un salto andò con l'arme in dosso». Cfr. anche VIRGILIO,
Aen., IX, 815-16 e, per la descrizione di un gesto simile compiuto da Alessandro,
CURZIO RUFO, *Hist. Alex. Magni*, IX, 4-5.
    130. – 1. *o tanto*: o proprio trenta piedi (cioè circa nove metri). – 5. *affrappa…*
peltro: tagliuzza (franc. *frapper*; cfr. *Innam.*, I, IV, 48, 4: «Non dimandar se 'l frappa
con Fusberta») le armature e le vesti come se fossero, invece che di ferro, di peltro
(lega di stagno e mercurio). La similitudine del veltro, pezzo obbligato del repertorio canterino, le rime difficili, dal suono dantesco (*Inf.*, I, 101-105), il cumulo di

131.   In questo tempo i nostri, da chi tese
        l'insidie son ne la cava profonda,
        che v'han scope e fascine in copia stese,
        intorno a quai di molta pece abonda
        (né però alcuna si vede palese,
        ben che n'è piena l'una e l'altra sponda
        dal fondo cupo insino all'orlo quasi),
        e senza fin v'hanno appiattati vasi,

132.   qual con salnitro, qual con oglio, quale
        con zolfo, qual con altra simil esca;
        i nostri in questo tempo, perché male
        ai Saracini il folle ardir riesca,
        ch'eran nel fosso, e per diverse scale
        credean montar su l'ultima bertresca;
        udito il segno da oportuni lochi,
        di qua e di là fenno avampare i fochi.

133.   Tornò la fiamma sparsa, tutta in una,
        che tra una ripa e l'altra ha 'l tutto pieno;
        e tanto ascende in alto, ch'alla luna
        può d'appresso asciugar l'umido seno.
        Sopra si volve oscura nebbia e bruna,
        che 'l sole adombra, e spegne ogni sereno.
        Sentesi un scoppio in un perpetuo suono,
        simile a un grande e spaventoso tuono.

134.   Aspro concento, orribile armonia
        d'alte querele, d'ululi e di strida
        de la misera gente che peria
        nel fondo per cagion de la sua guida,

iperboli, portano l'ottava al limite della parodia. Ma subito riprende il tono epico e grandioso.

    131. – 1. *da chi*: dai quali. – 2. *cava*: fossa. – 3. *scope*: rami secchi. – 4. *a quai*: alle quali. – 8. *senza fin*: innumerevoli.

    132. – 2. *esca*: materia infiammabile. – 3. *i nostri*: riprende il soggetto di 131, 1.

    133. – 1. *Tornò... una*: le fiamme prima serpeggiarono qua e là, poi si raccolsero in un solo grande incendio. – 4. *l'umido seno*: il seno rugiadoso. «Il cielo della Luna è lo più prossimano alla terra, che niun degli altri cieli, et è umido, come si vede per gli effetti» (Fornari). – 5. *si volve*: si aggira (lat.); *nebbia*: fumo. – 7. *uno scoppio... suono*: il fragore crepitante dei vasi che scoppiano, entro il clamore degli urli dei combattenti.

    134. – 1-2. *Aspro concento... strida*: cfr. DANTE, *Inf.*, III, 25-27. – 4. *guida*: Ro-

istranamente concordar s'udia
col fiero suon de la fiamma omicida.
Non più, Signor, non più di questo canto;
ch'io son già rauco, e vo' posarmi alquanto.

domonte. – 8. *ch'io... alquanto*: una chiusa analoga, allusiva alla situazione di canto
e di ascolto (cfr. V, 92, 8) in *Mambriano*, fra il canto III e il IV.

CANTO QUINTODECIMO

Esordio: la vittoria più lodevole è quella che si ottiene con poco danno proprio. Rodomonte assiste alla strage dei suoi. Agramante a sua volta muove all'assalto, ma incontra la resistenza di Carlo e dei paladini. Frattanto Astolfo parte dall'isola di Logistilla, dopo aver ricevuto in dono dalla maga un libretto contro gli incantesimi e un corno magico. Scortato da una flotta sotto la guida di Andronica e Sofrosina giunge al golfo Persico. Scende a terra e, attraverso l'Arabia, giunge in Egitto. Sconfigge e cattura il gigantesco Caligolante. Assiste alla battaglia di Grifone e Aquilante contro il mostro Orrilo. Astolfo interviene e uccide il mostro. Insieme con Grifone e Aquilante giunge a Gerusalemme. Sansonetto accoglie lietamente i cavalieri. Grifone riceve notizia del tradimento della sua donna, Orrigille; lascia tacito la compagnia e parte per Antiochia, alla ricerca della donna infedele.

1.   Fu il vincer sempremai laudabil cosa,
vincasi o per fortuna o per ingegno:
gli è ver che la vittoria sanguinosa
spesso far suole il capitan men degno;
e quella eternamente è glorïosa,
e dei divini onori arriva al segno,
quando, servando i suoi senza alcun danno,
si fa che gl'inimici in rotta vanno.

---

1. – 2. *ingegno:* virtù; cfr. VIRGILIO, *Aen.,* II, 390: «*dolus an virtus, quis in hoste requirat?*»; MACHIAVELLI, *Ist. Fior.,* III, 13: «coloro che vincono, in qualunque modo vincano, mai non ne riportano vergogna»; CIECO, *Mambriano,* XIV, 66, 8: «vincendo, ogni cosa torna in lode». – 3. *gli è ver:* è vero però. – 6. *arriva al segno:* giunge a meritare.

2.   La vostra, Signor mio, fu degna loda,
       quando al Leone, in mar tanto feroce,
       ch'avea occupata l'una e l'altra proda
       del Po, da Francolin sin alla foce,
       faceste sì, ch'ancor che ruggir l'oda,
       s'io vedrò voi, non tremerò alla voce.
       Come vincer si de', ne dimostraste;
       ch'uccideste i nemici, e noi salvaste.

3.   Questo il pagan, troppo in suo danno audace,
       non seppe far; che i suoi nel fosso spinse,
       dove la fiamma subita e vorace
       non perdonò ad alcun, ma tutti estinse.
       A tanti non saria stato capace
       tutto il gran fosso, ma il fuoco restrinse,
       restrinse i corpi e in polve li ridusse,
       acciò ch'abile a tutti il luogo fusse.

4.   Undici mila et otto sopra venti
       si ritrovâr ne l'affocata buca,
       che v'erano discesi malcontenti;
       ma così volle il poco saggio duca.
       Quivi fra tanto lume or sono spenti,
       e la vorace fiamma li manuca:
       e Rodomonte, causa del mal loro,
       se ne va esente da tanto martoro;

5.   che tra' nemici alla ripa più interna
       era passato d'un mirabil salto.
       Se con gli altri scendea ne la caverna,
       questo era ben il fin d'ogni suo assalto.
       Rivolge gli occhi a quella valle inferna;

---

2. – 1. *degna loda*: impresa degna di lode. – 2. *Leone*: Venezia, cfr. III, 49, 1.
Allude alla battaglia della Polesella vinta da Ippolito sui Veneziani; cfr. III, 57, 6
e XL, 2-5. – 4. *Francolin*: borgo sulla riva del Po, poco distante da Ferrara.

3. – 4. *perdonò*: risparmiò; cfr. VIII, 65, 6. – 5. *A tanti... capace*: non sarebbe
stato grande abbastanza a contenerne tanti. – 8. *abile*: atto a contenere.

4. – 1. *Undici... venti*: undicimila e ventotto; la determinazione è scherzosa;
cfr. VI, 25, 8. – 5. *Quivi... spenti*: antitesi scherzosa. – 6. *manuca*: divora; cfr. DANTE,
Inf., XXXIII, 60. – 8. *martoro*: tormento.

5. – 1. *ripa... interna*: il secondo argine; cfr. XIV, 126, 7-8. – 3. *caverna*: fosso. –
5. *valle inferna*: voragine infernale; cfr. DANTE, *Purg.*, I, 45.

e quando vede il fuoco andar tant'alto,
e di sua gente il pianto ode e lo strido,
bestemmia il ciel con spaventoso grido.

6.   Intanto il re Agramante mosso avea
impetuoso assalto ad una porta;
che, mentre la crudel battaglia ardea
quivi ove è tanta gente afflitta e morta,
quella sprovista forse esser credea
di guardia, che bastasse alla sua scorta.
Seco era il re d'Arzilla Bambirago,
e Baliverzo, d'ogni vizio vago;

7.   e Corineo di Mulga, e Prusïone,
il ricco re de l'Isole beate;
Malabuferso che la regïone
tien di Fizan, sotto continua estate;
altri signori et altre assai persone
esperte ne la guerra e bene armate;
e molti ancor senza valore e nudi,
che 'l cor non s'armerian con mille scudi.

8.   Trovò tutto il contrario al suo pensiero
in questa parte il re de' Saracini:
perché in persona il capo de l'Impero
v'era, re Carlo, e de' suoi paladini,
re Salamone et il danese Ugiero,
et ambo i Guidi et ambo gli Angelini,

---

6. – 2. *ad una porta*: probabilmente la porta Saint-Michel oppure la porta Saint-Germain, da cui partivano le strade che portavano verso l'isola «de la Cité». – 5-6. *sprovista... scorta*: sprovvista di una guardia che fosse sufficiente alla sua difesa. – 7. *Bambirago ecc.*: alcuni dei re africani già menzionati nella rassegna delle truppe (XIV, 22-27).

7. – 2. *Isole beate*: le Canarie, cfr. XIV, 22, 7. – 4. *Fizan*: Fezzan; *sotto... estate*: in clima tropicale. – 7. *nudi*: privi di armatura. – 8. *'l cor... scudi*: e anche armati di mille scudi non avrebbero coraggio.

8. – 5. *re Salamone*: di Bretagna, già nella *Chanson de Roland* uno dei paladini, si trova anche nel *Morg.* e nell'*Innam.*; *il danese Ugiero*: anch'egli personaggio dei poemi francesi e italiani, è il padre di Dudone. – 6. *ambo i Guidi*: Guido di Borgogna e Guido di Monforte; cfr. BOIARDO, *Innam.*, II, XXIII, 31, 2-3: «Io dico Guido il conte de Monforte, E non il Borgognon, che è paladino»; *ambo gli Angelini*: probabilmente Angelino di Bordea (Bordeaux; cfr. *Innam.*, I, II, 37) e Angelino

e 'l duca di Bavera e Ganelone,
e Berlengier e Avolio e Avino e Otone;

9.   gente infinita poi di minor conto,
de' Franchi, de' Tedeschi e de' Lombardi,
presente il suo signor, ciascuno pronto
a farsi riputar fra i più gagliardi.
Di questo altrove io vo' rendervi conto;
ch'ad un gran duca è forza ch'io riguardi,
il qual mi grida, e di lontano accenna,
e priega ch'io nol lasci ne la penna.

10.   Gli è tempo ch'io ritorni ove lasciai
l'aventuroso Astolfo d'Inghilterra,
che 'l lungo esilio avendo in odio ormai,
di desiderio ardea de la sua terra;
come gli n'avea data pur assai
speme colei ch'Alcina vinse in guerra.
Ella di rimandarvilo avea cura
per la via più espedita e più sicura.

11.   E così una galea fu apparechiata,
di che miglior mai non solcò marina;
e perché ha dubbio per tutta fïata,
che non gli turbi il suo vïaggio Alcina,
vuol Logistilla che con forte armata
Andronica ne vada e Sofrosina,

di Bellanda (cfr. *Morg.*, XXVI, 78). – 7. *'l duca di Bavera*: Namo, il fido consigliere di Carlo; cfr. I, 8, 8; *Ganelone*: Gano di Maganza, il traditore di Roncisvalle. Assente nell'*Innamorato*, Gano appare nel *Furioso* molto di rado (cfr. XVIII, 10, 2; XLVI, 67, 3). Ha invece una parte di rilievo nei *Cinque canti*. La forma *Ganelone*, modellata sul francese *Guenelon*, compare già in DANTE, *Inf.*, XXXII, 122. – 8. *e Berlengier ecc.*: i quattro figli di Namo. Il sorriso appena accennato dell'Ariosto, che si mostra nella precisione con cui elenca i paladini – sul cui numero di dodici convengono tutti i romanzi, ma sui cui nomi c'è ampio disaccordo –, appare chiaro qui, ove si riprende una formula stereotipata, ma scompigliando l'ordine tradizionale del quartetto: «Avino, Avolio, Ottone e Berlinghieri»; cfr. *Morgante*, I, 9, 8; 10, 1; ecc.; *Mambriano*, XXIII, 26; *Innam.*, I, II, 57; II, VI, 63.
    9. – 2. *Lombardi*: Longobardi. – 5. *Di questo ecc.*: la cerniera ricorda i modi un po' sbrigativi dei canterini, ma è temperata dal solito sorriso ariostesco. – 6. *ad un gran duca*: Astolfo.
    10. – 1. *ove lasciai*: cfr. X, 65, 3-4. – 2. *aventuroso*: desideroso di avventure, cavaliere di ventura. – 6. *colei*: Logistilla; cfr. X, 66, 1-4.
    11. – 3. *per tutta fïata*: tuttavia. – 6. *Andronica... Sofrosina*: le due donne che

tanto che nel mar d'Arabi, o nel golfo
de' Persi, giunga a salvamento Astolfo.

12.   Più tosto vuol che volteggiando rada
        gli Sciti e gl'Indi e i regni nabatei,
        e torni poi per così lunga strada
        a ritrovare i Persi e gli Eritrei;
        che per quel boreal pelago vada,
        che turban sempre iniqui venti e rei,
        e sì, qualche stagion, pover di sole,
        che starne senza alcuni mesi suole.

13.   La fata, poi che vide acconcio il tutto,
        diede licenzia al duca di partire,
        avendol prima ammaestrato e instrutto
        di cose assai, che fôra lungo a dire;
        e per schivar che non sia più ridutto
        per arte maga, onde non possa uscire,
        un bello et util libro gli avea dato,
        che per suo amore avesse ognora allato.

14.   Come l'uom riparar debba agl'incanti
        mostra il libretto che costei gli diede:
        dove ne tratta o più dietro o più inanti,
        per rubrica e per indice si vede.

personificano la Fortezza e la Temperanza; cfr. X, 52. – 7-8. *mar... Persi*: il golfo
Arabico o il golfo Persico.
    12. – 1. *volteggiando rada*: costeggi, girando attorno. Astolfo parte, per questo
viaggio compiuto spanna a spanna su uno dei planisferi tolemaici, dall'estremo
oriente, ove si trova l'isola di Alcina (cfr. VI, 19, 5-8) e, attraverso l'oceano Indiano,
giunge nel golfo Persico. – 2. *Sciti... nabatei*: la Scizia meridionale (contrapposta a
quella Iperborea; cfr. X, 71, 4-5) e corrispondente press'a poco alla Cina; l'India,
cioè l'Asia meridionale (cfr. I, 5, 3); e l'Arabia Petrea (cfr. I, 55, 4). – 4. *i Persi...
Eritrei*: il golfo Persico e il mar Rosso, sulle cui rive abitano gli Eritrei. – 5. *che*:
dipende da *più tosto boreal pelago*: il mar Glaciale Artico. L'Ariosto ritenne (seguendo Plinio, Pomponio Mela e C. Nepote) che fosse possibile giungere dall'Asia
in Europa per la via del Nord. – 8. *starne senza*: stare senza sole.
    13. – 1. *acconcio*: preparato. – 5-6. *e per... uscire*: e per evitare che sia per arte
magica (sintagma ovidiano, già ripreso da PETRARCA, *Canz.*, LXXV, 3; CI, 11)
rinchiuso ancora in luogo da cui non possa uscire. – 8. *che... avesse*: perché lo
avesse (costr. lat.).
    14. – 2. *libretto*: «Il libro è tolto dalla biblioteca degli eroi boiardeschi» (Raj-
na); cfr. *Innam.*, II, IV, 5 e anche *Spagna*, XX, 29. – 4. *rubrica*: sommario dei capitoli.
«Si noti il gusto per il particolare esatto e concreto, che dona realtà alle ombre

Un altro don gli fece ancor, che quanti
doni fur mai, di gran vantaggio eccede:
e questo fu d'orribil suono un corno,
che fa fugire ognun che l'ode intorno.

15.   Dico che 'l corno è di sì orribil suono,
ch'ovunque s'oda, fa fuggir la gente:
non può trovarsi al mondo un cor sì buono,
che possa non fuggir come lo sente:
rumor di vento e di termuoto, e 'l tuono,
a par del suon di questo, era nïente.
Con molto riferir di grazie, prese
da la fata licenzia il buono Inglese.

16.   Lasciando il porto e l'onde più tranquille,
con felice aura ch'alla poppa spira,
sopra le ricche e populose ville
de l'odorifera India il duca gira,
scoprendo a destra et a sinistra mille
isole sparse; e tanto va, che mira
la terra di Tomaso, onde il nocchiero
più a tramontana poi volge il sentiero.

17.   Quasi radendo l'aurea Chersonesso,
la bella armata il gran pelago frange:

dell'immaginazione (Nardi). – 7. *un corno*: i corni magici si trovano numerosi nella letteratura cavalleresca, a cominciare dal famoso *olifant* di Orlando (cfr. DANTE, *Inf.*, XXXI, 16-18; *Spagna*; XXXVI, 33) ed essi non mancano neppure nella favolistica brettone. Un effetto analogo a quello del corno di Astolfo avevano le grida di Bravieri nel *Danese* (IV, 37, 1-4): «A questo grido che Bravier mettea, Sì com'io dico, era indemoniato, Le bestie ogniuna in terra (sì) cadea, Elle gienti cadean dall'altro lato» (cfr. P. RAJNA, *Le fonti dell'«Orlando Furioso»* cit., pp. 257 segg.).
15. – 3. *buono*: forte, intrepido. – 5. *termuoto*: terremoto. – 7. *riferir*: cfr. VI, 81, 1.
16. – 2. *felice*: propizia. – 3. *ville*: città. – 4. *odorifera*: per i molti profumati unguenti che produce l'Asia; cfr. SILIO ITALICO, *Pun.*, XVII, 647: «*odoratis... indis*»; ARIOSTO, *Rime*, Cap. XIV, 3: «l'odorato Indo». – 7. *la terra di Tomaso*: l'apostolo Tommaso sostenne il martirio a Maliapur nel Maabar. Nelle carte del Cinquecento «la penisola del moderno Camboge..., erratamente sotto il nome di Maabar o di Terra di S. Tomaso, veniva prolungata assai più al sud dell'Aurea Chersonesso (Penisola di Malacca), la quale al contrario veniva limitata di molto» (Vernero). Il Doroszlaï ha trovato che due carte dell'epoca rappresentano esattamente l'itinerario di Astolfo secondo la descrizione ariostesca: la *Universalis Cosmographia* del Waldseemüller (1507) e il mappamondo Contarini-Rosselli (1506). – 8. *a tramontana*: a nord, cioè risalendo verso la Malacca.
17. – 1. *aurea Chersonesso*: la penisola di Malacca, ricca di miniere aurifere. – 2.

e costeggiando i ricchi liti, spesso
vede come nel mar biancheggi il Gange;
e Traprobane vede, e Cori appresso;
e vede il mar che fra i duo liti s'ange.
Dopo gran via furo a Cochino, e quindi
usciro fuor dei termini degl'Indi.

18. Scorrendo il duca il mar con sì fedele
e sì sicura scorta, intender vuole,
e ne domanda Andronica, se de le
parti c'han nome dal cader del sole,
mai legno alcun che vada a remi e a vele,
nel mare orïentale apparir suole;
e s'andar può senza toccar mai terra,
chi d'India scioglia, in Francia o in Inghilterra.

19. — Tu déi sapere — Andronica risponde
— che d'ogn'intorno il mar la terra abbraccia;
e van l'una ne l'altra tutte l'onde,
sia dove bolle o dove il mar s'aggiaccia;
ma perché qui davante si difonde,
e sotto il mezzodì molto si caccia
la terra d'Etïopia, alcuno ha detto
ch'a Nettunno ir più inanzi ivi è interdetto.

frange: fende, solca. Cfr. CLAUDIANO, *De III cons. Hon.*, 56: «*frangere remis undas*». –
3. *ricchi*: di pietre preziose; *spesso*: perché il Gange ha numerose foci. – 5. *Traprobane*:
l'isola di Ceylon: *Taprobane* in lat., «Taprobana» nell'*Innam.*, e «Taprobane» nelle
prime due edizioni del *Furioso*. L'Ariosto corresse seguendo un mappamondo catalano posseduto dagli Este, in cui il nome è «*Trapobana*»; *Cori*: «capo Cornorino, col
quale termina la penisola del Dekhan» (Vernero). – 6. *il mar... ange*: il mare che si
stringe fra le due coste, a formare lo stretto di Palk. – 7. *Cochino*: Cochin o Coccin nel
Dekhan. In realtà non c'è «gran via» fra i due punti, ma l'Ariosto usava carte in cui
la costa indiana era molto diversa da quella delle carte di oggi.

18. – 1. *Scorrendo ecc.*: l'episodio che qui inizia (18-36), e che riguarda le scoperte geografiche del primo Cinquecento e le imprese dei capitani di Carlo V, è
stato aggiunto solo nell'ultima edizione del *Furioso*; esso ha qualche analogia con
un episodio del *Morg.*, del Pulci (XXV, 228-231). – 2. *intender*: sapere. – 3. *se*:
dipende da *intender*. – 4. *parti... sole*: paesi di Occidente (lat. *occidere*). – 8. *sciolga*:
salpi; cfr. IX, 88, 4.

19. – 3-4. *e van... s'aggiaccia*: tutti i mari, sia quelli delle zone polari che quelli
delle zone equatoriali, sono in comunicazione fra loro. – 5-8. *ma perché ecc.*: ma
poiché l'Africa si estende davanti a noi e si spinge molto a Sud, alcuni (Ipparco e
Tolomeo) hanno ritenuto che l'Africa si riunisse alle Indie e che non ci fosse
comunicazione fra l'Oceano Atlantico e l'Indiano.

20.　　　Per questo dal nostro indico levante
　　　　　nave non è che per Europa scioglia;
　　　　　né si muove d'Europa navigante
　　　　　ch'in queste nostre parti arrivar voglia.
　　　　　Il ritrovarsi questa terra avante,
　　　　　e questi e quelli al ritornare invoglia;
　　　　　che credeno, veggendola sì lunga,
　　　　　che con l'altro emisperio si congiunga.

21.　　　Ma volgendosi gli anni, io veggio uscire
　　　　　da l'estreme contrade di ponente
　　　　　nuovi Argonauti e nuovi Tifi, e aprire
　　　　　la strada ignota infin al dì presente:
　　　　　altri volteggiar l'Africa, e seguire
　　　　　tanto la costa de la negra gente,
　　　　　che passino quel segno onde ritorno
　　　　　fa il sole a noi, lasciando il Capricorno;

22.　　　e ritrovar del lungo tratto il fine,
　　　　　che questo fa parer dui mar diversi;
　　　　　e scorrer tutti i liti e le vicine
　　　　　isole d'Indi, d'Arabi e di Persi:
　　　　　altri lasciar le destre e le mancine

20. – 1. *indico levante*: estremo oriente dell'Asia. – 5. *terra*: la terra d'Etïopia di 19, 7. – 8. *emisperio*: «come linea di divisione non è preso l'Equatore ma un meridiano» (Vernero).
21. – 1. *volgendosi gli anni*: cfr. VIRGILIO, *Aen.*, I, 283: «lustris labentibus». – 3. *Argonauti... Tifi*: gli Argonauti, comandati da Giasone e guidati dal pilota Tifi, compirono il mitico viaggio dalla Grecia alla Colchide. I *nuovi* Argonauti sono i navigatori portoghesi e spagnoli. Analoghe predizioni in VIRGILIO, *Ecl.*, IV, 34-35: «*Alter erit tum Tiphys, et altera quae vehat Argo delectat heroas*» e in SENECA, *Medea*, 375-79: «*Venient annis saecula seris, Quibus Oceanus vincula rerum Laxet, et ingens pateat tellus, Tethysque novos detegat orbes, Nec sit terris ultima Thule*». – 4. *la strada ignota*: la strada per via di mare alle Indie. – 5. *altri*: i portoghesi, al comando di Vasco de Gama. – 7-8. *quel segno... Capricorno*: il tropico del Capricorno, dal quale dopo il solstizio d'inverno, il sole fa ritorno verso l'opposto tropico del Cancro. L'Ariosto, seguendo la dottrina tolemaica, si figura la terra come un globo immobile attorno a cui gira il sole seguendo l'eclittica limitata dai tropici.
22. – 1-2. *e ritrovar... diversi*: e scoprire l'estremità del lungo continente africano (il capo di Buona Speranza), che spingendosi tanto verso Sud crea l'illusione che l'unico Oceano sia invece distinto in due mari diversi (l'Atlantico e l'Indiano). – 5. *altri ecc.*: dipende da *veggio* e si riferisce all'impresa degli Spagnoli che, sotto la guida di Cristoforo Colombo e di Amerigo Vespucci, lasciarono dietro a sé le due rive dello stretto di Gibilterra (divise, secondo la leggenda, da Ercole) e seguendo la traccia del sole, navigando cioè sempre verso occidente, scoprirono un

rive che due per opra Erculea fêrsi;
e del sole imitando il camin tondo,
ritrovar nuove terre e nuovo mondo.

23.   Veggio la santa croce, e veggio i segni
imperïal nel verde lito eretti:
veggio altri a guardia dei battuti legni,
altri all'acquisto del paese eletti:
veggio da dieci cacciar mille, e i regni
di là da l'India ad Aragon suggetti;
e veggio i capitan di Carlo quinto,
dovunque vanno, aver per tutto vinto.

24.   Dio vuol ch'ascosa antiquamente questa
strada sia stata, e ancor gran tempo stia;
né che prima si sappia, che la sesta
e la settima età passata sia:
e serba a farla al tempo manifesta,
che vorrà porre il mondo a monarchia,
sotto il più saggio imperatore e giusto,
che sia stato o sarà mai dopo Augusto.

nuovo mondo. Si noti che l'Ariosto non aveva ancora un'idea ben chiara dell'individualità continentale dell'America; che parla di un'unica *strada ignota* verso i paesi orientali (*di là da l'India*: 23, 6; *in Orïente*: 27, 7); che con *nuovo mondo* egli indica non un continente ma una dipendenza dell'Asia, e che sembra considerare l'impresa di Colombo secondaria rispetto a quelle dei circumnavigatori dell'Africa, seguendo in ciò lo spirito pratico dei Veneziani e dei Fiorentini, i quali erano interessati a giungere in India via mare e non si resero conto dell'importanza delle nuove terre.

23. − 1-2. *i segni imperïal*: le insegne dell'imperatore Carlo V, piantate nel nuovo mondo da Cortez e Pizarro. − 3. *battuti legni*: le navi combattute dalle onde durante il viaggio. − 4. *all'acquisto... eletti*: delegati a esplorare e conquistare il paese. − 5. *da dieci... mille*: pochi conquistatori mettere in fuga migliaia di indigeni. È noto che Cortez conquistò il Messico con pochissimi uomini. − 6. *Aragon*: la Spagna.

24. − 1. *antiquamente*: sino dagli antichi tempi. − 3-4. *sesta... settima età*: da Carlo Magno a Carlo V intercorrono appunto sette secoli. − 7. *saggio imperatore*: Carlo V. Il panegirico di Carlo V fa supporre che questo episodio sia stato scritto dopo il novembre 1529, dopo cioè la Convenzione di Bologna, dalla quale i rapporti tra Ferrara e l'Imperatore uscirono molto rafforzati. È noto che l'Ariosto nel 1532 visitò Carlo V, ospite dei Gonzaga, gli presentò in omaggio una copia del poema e ne ottenne probabilmente un diploma con la nomina a poeta laureato; cfr. CATALANO, *Vita*, I, p. 608. Il passo va confrontato con quello che DANTE dedica ad Augusto: «Poi, presso al tempo che tutto 'l ciel volle Redur lo mondo a suo modo sereno, Cesare per voler di Roma il tolle... Con costui corse infino al lito rubro; con costui puose il mondo in tanta pace, Che fu serrato a Giano il suo delubro» (*Par.*, VI, 55-57 e 79-81).

25.   Del sangue d'Austria e d'Aragon io veggio
           nascer sul Reno alla sinistra riva
           un principe, al valor del qual pareggio
           nessun valor, di cui si parli o scriva.
           Astrea veggio per lui riposta in seggio,
           anzi di morta ritornata viva;
           e le virtù che cacciò il mondo, quando
           lei cacciò ancora, uscir per lui di bando.

26.   Per questi merti la Bontà suprema
           non solamente di quel grande impero
           ha disegnato ch'abbia dïadema
           ch'ebbe Augusto, Traian, Marco e Severo;
           ma d'ogni terra e quinci e quindi estrema,
           che mai né al sol né all'anno apre il sentiero:
           e vuol che sotto a questo imperatore
           solo un ovile sia, solo un pastore.

27.   E perch'abbian più facile successo
           gli ordini in cielo eternamente scritti,
           gli pon la somma Providenzia appresso
           in mare e in terra capitani invitti.
           Veggio Hernando Cortese, il quale ha messo
           nuove città sotto i cesarei editti,
           e regni in Orïente sì remoti,
           ch'a noi, che siamo in India, non son noti.

28.   Veggio Prosper Colonna, e di Pescara
           veggio un marchese, e veggio dopo loro

---

25. – 1-2. *Del sangue... riva*: Carlo V nacque a Gand, sul Reno, nel 1500 da
Filippo d'Austria e Giovanna d'Aragona. – 5. *Astrea*: la Giustizia, che abitava la terra
nell'età dell'oro; cfr. III, 51, 8. – 8. *uscir... di bando*: ritornare per opera sua dall'esilio.
    26. – 4. *Augusto... Severo*: gli imperatori romani Augusto, Traiano, Marco Au-
relio e Settimio Severo. – 5-6. *ma d'ogni terra... sentiero*: ma di ogni regione che si
trovi fuori dalla linea zodiacale, cioè che si trovi nell'estremità più remote settentrionali e meridionali del mondo, che non conoscono il sole e l'alternarsi delle
stagioni; cfr. VIRGILIO, *Aen.*, VI, 795-796: «*extra sidera tellus, Extra anni solisque
vias*». – 8. *solo... pastore*: un solo impero e un solo imperatore; cfr. *Ioann.*, X, 16: «*Et
fiet unum ovile et unus pastor*».
    27. – 5. *Hernando Cortese*: Ferdinando Cortez, conquistatore del Messico.
    28. – 1. *Prosper Colonna*: fratello di Fabrizio Colonna (cfr. XIV, 5; XXXIII, 49).
Fu capitano famoso ed ebbe parte nella vittoria di Carlo V alla Bicocca (1522). –
1-2. *di Pescara... marchese*: Francesco d'Avalos, marchese di Pescara, famoso capi-

un giovene del Vasto, che fan cara
parer la bella Italia ai Gigli d'oro:
veggio ch'entrare inanzi si prepara
quel terzo agli altri a guadagnar l'alloro;
come buon corridor ch'ultimo lassa
le mosse, e giunge, e inanzi a tutti passa.

29.   Veggio tanto il valor, veggio la fede
tanta d'Alfonso (che 'l suo nome è questo),
ch'in così acerba età, che non eccede
dopo il vigesimo anno ancora il sesto,
l'imperator l'esercito gli crede,
il qual salvando, salvar non che 'l resto,
ma farsi tutto il mondo ubidïente
con questo capitan sarà possente.

30.   Come con questi, ovunque andar per terra
si possa, accrescerà l'imperio antico;
così per tutto il mar, ch'in mezzo serra
di là l'Europa e di qua l'Afro aprico,
sarà vittorïoso in ogni guerra,
poi ch'Andrea Doria s'avrà fatto amico.
Questo è quel Doria che fa dai pirati
sicuro il vostro mar per tutti i lati.

31.   Non fu Pompeio a par di costui degno,
se ben vinse e cacciò tutti i corsari;

tano dell'esercito spagnolo e marito di Vittoria Colonna. – 3. *un giovene del Vasto*:
Alfonso d'Avalos, marchese del Vasto di Pescara, capitano dell'esercito spagnolo e
governatore di Milano; cfr. n. a XXXIII, 27, 7. – 3-4. *fan cara... d'oro*: fanno costare
cara la conquista dell'Italia ai Francesi. – 5-6. *veggio... alloro*: vedo che il terzo, Alfonso d'Avalos, si accinge a superare gli altri nella conquista della gloria militare. –
7. *corridor*: cavallo. – 8. *le mosse*: i luoghi di partenza; cfr. XLV, 71, 1; *giunge*: raggiunge.
    29. – 5. *gli crede*: gli affida (lat.). – 6-8. *il qual salvando... possente*: salvando il
quale capitano dalla morte (mentre gli altri, il Colonna e Francesco d'Avalos,
moriranno) l'imperatore potrà, non solo salvare il resto dell'esercito, ma anche
sottomettere tutto il mondo.
    30. – 2. *antico*: ereditato. – 3-4. *il mar... aprico*: il mar Mediterraneo, racchiuso
fra l'Europa e l'Africa esposta ai raggi del sole. – 6. *Andrea Doria*: patrizio e ammiraglio genovese, purgò il Mediterraneo dai pirati. Fu dapprima dalla parte dei Francesi, poi passò dalla parte di Carlo V (1528). – 8. *vostro mar*: il Mediterraneo, detto
vostro perché Astolfo, pur essendo inglese, fa parte dell'esercito di Carlo Magno.
    31. – 1. *Pompeio*: Pompeo Magno che, su ordine del senato romano, liberò in

però che quelli al più possente regno
che fosse mai, non poteano esser pari:
ma questo Doria, sol col proprio ingegno
e proprie forze, purgherà quei mari;
sì che da Calpe al Nilo, ovunque s'oda
il nome suo, tremar veggio ogni proda.

32.   Sotto la fede entrar, sotto la scorta
di questo capitan di ch'io ti parlo,
veggio in Italia, ove da lui la porta
gli sarà aperta, alla corona Carlo.
Veggio che 'l premio che di ciò riporta,
non tien per sé, ma fa alla patria darlo:
con prieghi ottien ch'in libertà la metta,
dove altri a sé l'avria forse suggetta.

33.   Questa pietà ch'egli alla patria mostra,
è degna di più onor d'ogni battaglia
ch'in Francia o in Spagna o ne la terra vostra
vincesse Iulio, o in Africa o in Tessaglia.
Né il grande Ottavio, né chi seco giostra
di par, Antonio, in più onoranza saglia
pei gesti suoi; ch'ogni lor laude amorza
l'avere usato alla lor patria forza.

quaranta giorni il Mediterraneo dai pirati. – 3-4. *quelli... pari*: i pirati dei tempi
antichi erano troppo inferiori al possente impero romano. Andra Doria invece
non fruiva di superiorità di forze; egli aveva solo dodici galee. – 7. *da Calpe al Nilo*:
da Gibilterra all'Egitto.
     32. – 1-4. *Sotto la fede... Carlo*: sotto la protezione del Doria, Carlo V nel
1529 compì il viaggio da Barcellona a Genova, per poi di là andare a Bologna a prendere la *corona* da papa Clemente. – 5-8. *Veggio... suggetta*: il Doria
ricevette dall'imperatore l'offerta del principato di Genova; ma invece che
farsene principe, preferì ridonare la libertà alla città, ch'era stata in mano dei
Francesi.
     33. – 1. *pietà*: devozione (lat.). – 3. *ne... vostra*: in questo caso *vostra* indica
l'Inghilterra (cfr. invece XV, 30, 8). – 4. *Iulio*: Giulio Cesare. – 5-6. *Ottavio... Antonio*:
Ottaviano Augusto e Antonio, suo rivale; cfr. PETRARCA, *Tr. Fama*, III, 17: «il
Mantovano che di par seco giostra» (con le stesse rime *mostra:nostra:giostra*). –
7. *gesti*: gesta; *ogni... amorza*: oscura la loro gloria. – 8. *forza*: violenza, con la guerra
civile.

34.   Questi et ogn'altro che la patria tenta
        di libera far serva, si arrosisca;
        né dove il nome d'Andrea Doria senta,
        di levar gli occhi in viso d'uomo ardisca.
        Veggio Carlo che 'l premio gli augumenta;
        ch'oltre quel ch'in commun vuol che fruisca,
        gli dà la ricca terra ch'ai Normandi
        sarà principio a farli in Puglia grandi.

35.   A questo capitan non pur cortese
        il magnanimo Carlo ha da mostrarsi,
        ma a quanti avrà ne le cesaree imprese
        del sangue lor non ritrovati scarsi.
        D'aver città, d'aver tutto un paese
        donato a un suo fedel, più ralegrarsi
        lo veggio, e a tutti quei che ne son degni,
        che d'acquistar nuov'altri imperii e regni. –

36.   Così de le vittorie le qual, poi
        ch'un gran numero d'anni sarà corso,
        daranno a Carlo i capitani suoi,
        facea col duca Andronica discorso:
        e la compagna intanto ai venti eoi
        viene allentando e raccogliendo il morso;
        e fa ch'or questo or quel propizio l'esce;
        e come vuol li minuisce e cresce.

37.   Veduto aveano intanto il mar de' Persi
        come in sì largo spazio si dilaghi;
        onde vicini in pochi giorni fêrsi

34. – 2. *Si arrosisca*: si copra di vergogna. – 5. *augumenta*: accresce. – 6-8. *oltre quel... grandi*: oltre allo stato di Genova di cui, dopo la liberazione dai Francesi, il Doria fruirà insieme ai concittadini, Carlo gli darà la signoria di Melfi in Basilicata, che fu prima possesso dei Normanni e inizio del loro dominio in Italia meridionale.
    35. – 1. *A questo... pur*: non solo a questo capitano. – 2. *ha da mostrarsi*: si mostrerà. – 4. *scarsi*: avari; cfr. PETRARCA, *Canz.*, CCCLVIII, 5: «Quei che del suo sangue non fu avaro».
    36. – 5. *e la compagna ecc.*: «Andronica (la Fortezza) parla ad Astolfo di guerre e di vittorie; la compagna Sofrosina (la Temperanza) modera i venti, simboli delle passioni» (Bolza); *eoi*: che soffiano da oriente; cfr. I, 7, 3. – 7. *propizio l'esce*: soffi propizio; cfr. quel che Virgilio dice di Eolo, in *Aen.*, I, 62-63: «*qui foedere certo Et premere et laxas sciret dare iussus habenas*».
    37. – 1. *il mar de' Persi*: il golfo Persico; cfr. XV, 11, 7-8. – 2. *si dilaghi*: si apra,

al golfo che nomâr gli antiqui Maghi.
Quivi pigliaro il porto, e fur conversi
con la poppa alla ripa i legni vaghi;
quindi, sicur d'Alcina e di sua guerra,
Astolfo il suo camin prese per terra.

38.   Passò per più d'un campo e più d'un bosco,
per più d'un monte e per più d'una valle;
ove ebbe spesso, all'aer chiaro e al fosco,
i ladroni or inanzi or alle spalle.
Vide leoni, e draghi pien di tòsco,
et altre fere attraversarsi il calle;
ma non sì tosto avea la bocca al corno,
che spaventati gli fuggian d'intorno.

39.   Vien per l'Arabia ch'è detta Felice,
ricca di mirra e d'odorato incenso,
che per suo albergo l'unica fenice
eletto s'ha di tutto il mondo immenso;
fin che l'onda trovò vendicatrice
già d'Israel, che per divin consenso
Faraone sommerse e tutti i suoi:
e poi venne alla terra degli Eroi.

40.   Lungo il fiume Traiano egli cavalca
su quel destrier ch'al mondo è senza pare,

si estenda. – 4. *al golfo... Maghi*: è la baia sulla cui imboccatura sta l'isola di Bahrein, che prese il nome di «*Magorum Sinus*» dalle antiche tribù persiane dei Magi o Maghi. – 5. *conversi*: rivolti (lat.: cfr. VIRGILIO, *Aen.*, VI, 3: «*obvertunt pelago proras*». – 6. *vaghi*: vaganti, erranti. – 7. *quindi*: di lì.
38. – 3. *all'aer chiaro e al fosco*: coppia antitetica di stampo petrarchesco; cfr. *Canz.*, CXLV, 6: «al dolce aere sereno, al fosco et greve» (Cabani). – 6. *attraversarsi*: attraversare a sé. L'Ariosto «scivola» (Rajna) su questo sfondo di Arabia selvaggia, là dove i romanzieri del ciclo carolingio avrebero inscenato uccisioni di draghi, catture di leoni, ecc.
39. – 1. *Arabia... Felice*: l'Ariosto segue la classica distinzione tolemaica tra l'Arabia felice (Yemen e Arabia peninsulare) e l'Arabia deserta o petrea (la vera e propria provincia d'Arabia). – 3. *l'unica fenice*: la fenice, detta da OVIDIO, *Amor.*, II, VI, 54: «*unica semper avis*», il mitico uccello di cui esisteva un solo esemplare nell'Arabia felice, che ogni 5 secoli risorgeva dalle proprie ceneri; cfr. PLINIO, *Nat. Hist.*, XVI, X, 2; DANTE, *Inf.*, XXIV, 106-111; PETRARCA, *Canz.*, CXXXV, 6-8; CLXXXV; CCCXXIII, 48 segg. – 5-6. *l'onda... d'Israel*: il mar Rosso (sulle cui sponde abitavano gli Eritrei; cfr. 12, 4), che vendicò gli Ebrei sommergendo le truppe del Faraone. – 8. *terra degli Eroi*: la città di Heroopolis, presso il golfo di Suez.
40. – 1. *fiume Traiano*: un canale che congiungeva il golfo di Suez al Nilo, fatto costruire dai re egiziani, poi restaurato dai Tolomei e da Traiano. – 2. *quel destrier*:

che tanto leggiermente e corre e valca,
che ne l'arena l'orma non n'appare:
l'erba non pur, non pur la nieve calca;
coi piedi asciutti andar potria sul mare;
e sì si stende al corso, e sì s'affretta,
che passa e vento e folgore e saetta.

41.   Questo è il destrier che fu de l'Argalia,
che di fiamma e di vento era concetto;
e senza fieno e biada, si nutria
de l'aria pura, e Rabican fu detto.
Venne, seguendo il duca la sua via,
dove dà il Nilo a quel fiume ricetto;
e prima che giugnesse in su la foce,
vide un legno venire a sé veloce.

42.   Naviga in su la poppa uno eremita
con bianca barba, a mezzo il petto lunga,
che sopra il legno il paladino invita,
e: – Figliuol mio, – gli grida da la lunga
– se non t'è in odio la tua propria vita,
se non brami che morte oggi ti giunga,

Rabicano, era stato il cavallo dell'Argalia, era finito nelle mani di Rinaldo e da
questi era stato donato ad Astolfo; cfr. BOIARDO, *Innam.*, I, XIII, 4: «Fu il caval fatto
per incantamento, Perché di foco e di favilla pura Fu finta una cavalla a compimento, Benché sia cosa fuora de natura. Questa dapoi se fie' pregna di vento:
Nacque il destrier veloce a dismisura, Che erba di prato né biada rodea, Ma
solamente de aria se pascea». – 3. *valca*: valica, passa da un luogo all'altro. – 5. *non
pur*: neppure; e sì che son morbide; cfr. VIRGILIO, *Aen.*, VII, 808-811; BOIARDO,
Innam., I, I, 69, 6-8: «Va tanto sospeso e leggieri, Che ne l'arena, dove pone il piede,
Signo di pianta ponto non si vede»; I, XIV, 4, 1-4: «E non rompeva l'erba tenerina,
Tanto ne andava la bestia legiera; E sopra alla rugiada matutina Veder non puossi
se passato vi era»; XVIII, 22, 5-7: «quel ne andava via tanto legiero, Che per li fiori
e per l'erba novella Nulla ne rompe il delicato pede». – 8. *passa... saetta*: cfr. VIII,
6, 5.
    41. – 1. *Questo... Argalia*: cfr. *Innam.*, I, XIII, 3, 8: «quel bon destrier che fu de
l'Argalia». – 2. *di fiamma e di vento*: cfr. *Innam.*, I, XIII, 4, 2-5: «Perché di foco e di
favilla pura Fu finta una cavalla... Questa dapoi se fie' preggna di vento». –
concetto: concepito; cfr. DANTE, *Inf.*, XII, 13. – 3-4. *senza fieno... aria pura*: cfr.
Innam., XIII, 4, 7-8: «erba di prato, né biada rodea, Ma solamente de aria se
pascea». – 6. *dove... ricetto*: dove il Nilo riceve le acque del Traiano. – 8. *un legno*:
una navicella. Tali apparizioni, con le immancabili ammonizioni, storie, offerte di
nuove avventure, erano un luogo comune della letteratura brettone (cfr. P. RAJNA,
Le fonti dell'«Orlando Furioso» cit., p. 262).
    42. – 4. *da la lunga*: da lontano. – 6. *giunga*: raggiunga.

venir ti piaccia su quest'altra arena;
ch'a morir quella via dritto ti mena.

43.   Tu non andrai più che sei miglia inante,
       che troverai la sanguinosa stanza
       dove s'alberga un orribil gigante
       che d'otto piedi ogni statura avanza.
       Non abbia cavallier né vïandante
       di partirsi da lui, vivo, speranza:
       ch'altri il crudel ne scanna, altri ne scuoia,
       molti ne squarta, e vivo alcun ne 'ngoia.

44.   Piacer, fra tanta crudeltà, si prende
       d'una rete ch'egli ha, molto ben fatta:
       poco lontana al tetto suo la tende,
       e ne la trita polve in modo appiatta,
       che chi prima nol sa, non la comprende,
       tanto è sottil, tanto egli ben l'adatta:
       e con tai gridi i peregrin minacccia,
       che spaventati dentro ve li caccia.

45.   E con gran risa, aviluppati in quella
       se li strascina sotto il suo coperto;
       né cavallier riguarda né donzella,
       o sia di grande o sia di picciol merto:
       e mangiata la carne, e le cervella
       succhiate e 'l sangue, dà l'ossa al deserto;
       e de l'umane pelli intorno intorno
       fa il suo palazzo orribilmente adorno.

46.   Prendi quest'altra via, prendila, figlio,
       che fin al mar ti fia tutta sicura. −
       − Io ti ringrazio, padre, del consiglio, −
       rispose il cavallier senza paura

---

43. − 7-8. *ne scanna... scuoia... squarta*: verbi danteschi (*Inf.*, VI, 18) ma usati
qui per il gusto di tinte volutamente e bizzarramente fosche. Inizia un episodio
fantastico e grottesco, che interrompe l'atmosfera epica della battaglia.

44. − 2. *una rete*: l'idea è del Boiardo, che racconta di un gigante, Zambardo,
che usa un simile ordigno (*Innam.*, I, v, 81-82). − 4. *trita*: minuta. − 5. *comprende*:
scorge.

45. − 2. *coperto*: casa, è il *tetto* di XV, 44, 3. − 3. *riguarda*: risparmia.

– ma non istimo per l'onor periglio,
di ch'assai più che de la vita ho cura.
Per far ch'io passi, invan tu parli meco;
anzi vo al dritto a ritrovar lo speco.

47. Fuggendo, posso con disnor salvarmi;
ma tal salute ho più che morte a schivo.
S'io vi vo, al peggio che potrà incontrarmi,
fra molti resterò di vita privo;
ma quando Dio così mi drizzi l'armi,
che colui morto, et io rimanga vivo,
sicura a mille renderò la via:
sì che l'util maggior che 'l danno fia.

48. Metto all'incontro la morte d'un solo
alla salute di gente infinita. –
– Vattene in pace, – rispose – figliuolo;
Dio mandi in difension de la tua vita
l'arcangelo Michel dal sommo polo: –
e benedillo il semplice eremita.
Astolfo lungo il Nil tenne la strada,
sperando più nel suon che ne la spada.

49. Giace tra l'alto fiume e la palude
picciol sentier ne l'arenosa riva:
la solitaria casa lo richiude,
d'umanitade e di commercio priva.

46. – 5-6. *ma non istimo... cura*: non temo alcun pericolo quando si tratta di acquistare onore, che mi importa più della mia stessa vita. – 8. *al dritto*: senza indugio; *speco*: è un palazzo (45, 8), ma è detto così perché si trova fuori mano, in luogo selvaggio.

47. – 2. *a schivo*: a schifo. Il concetto è umanistico e contrasta con il desiderio d'avventura e il senso del dovere che di solito ispiravano i cavalieri erranti in simili circostanze (il Rajna cita le parole di *Palamedés*: «*Se nous lessions ja notre chemin, ne nous ferions mie come chevalier erranz, mes ferions comme chevalier recreant. Nus chevalier errant ne doit lessier sa droite vie, se force ne li fet fere*»). – 3. *incontrarmi*: capitarmi. – 5. *drizzi*: guidi.

48. – 1. *all'incontro*: a paragone. – 5. *polo*: cielo. – 6. *semplice*: schietto, leale, come in DANTE, *Purg.*, XVI, 126, basandosi sul significato dell'aggettivo francese *simple*. – 8. *più nel suon*: del suo corno. Riduzione umoristica dell'alto ideale umanistico testé espresso.

49. – 1. *la palude*: formata dal Nilo durante le inondazioni. – 3. *richiude*: blocca. – 4. *d'umanitade... priva*: priva di ogni senso di umanità e da ogni segno di

Son fisse intorno teste e membra nude
de l'infelice gente che v'arriva.
Non v'è finestra, non v'è merlo alcuno,
onde penderne almen non si veggia uno.

50.   Qual ne le alpine ville o ne' castelli
        suol cacciator che gran perigli ha scorsi,
        su le porte attaccar l'irsute pelli,
        l'orride zampe e i grossi capi d'orsi;
        tal dimostrava il fier gigante quelli
        che di maggior virtù gli erano occorsi.
        D'altri infiniti sparse appaion l'ossa;
        et è di sangue uman piena ogni fossa.

51.   Stassi Caligorante in su la porta;
        che così ha nome il dispietato mostro
        ch'orna la sua magion di gente morta,
        come alcun suol de panni d'oro o d'ostro.
        Costui per gaudio a pena si comporta,
        come il duca lontan se gli è dimostro;
        ch'eran duo mesi, e il terzo ne venìa,
        che non fu cavallier per quella via.

52.   Vêr la palude, ch'era scura e folta
        di verdi canne, in gran fretta ne viene;

compagnia con altri uomini (cfr. «*commercio popular*» in XLIII, 14, 5; 92, 4). La descrizione della dimora di Caligolante è un abile innesto di elementi fiabeschi (la casa dell'Orco nelle fiabe popolari), romanzeschi (cfr. *Innam.*, I, VIII, 25, 3-8: il «castello crudele») e, ma abbastanza vagamente, classici (VIRGILIO, *Aen.*, VIII, 190 segg.: l'antro di Caco; VALERIO FLACCO, *Argon.*, IV, 134 segg.: caverna del feroce re dei Bebrici), (cfr. P. RAJNA, *Le fonti dell'«Orlando Furioso»* cit., pp. 202 segg.).

50. – 2. *scorsi*: corsi; cfr. ARIOSTO, *Lett.*, IV al card. Ippolito d'Este: «pericoli di affogarmi c'ho scorsi al venire in qua». – 5-6. *dimostrava... occorsi*: metteva in mostra le spoglie dei guerrieri più illustri imbattutisi (*occorsi*, cfr. VIII, 3, 8) nelle sue grinfie. – 8. *è di sangue... fossa*: cfr. VIRGILIO, *Aen.*, X, 24 e XI, 382: «*inundant sanguine fossae*».

51. – 1. *Caligorante*: nome che deriva da quello di personaggi arturiani: «Calogrinant» o «Cologrenant» (cfr. P. RAJNA, *Le fonti dell'«Orlando Furioso»* cit., p. 262). – 4. *ostro*: porpora. – 6. *dimostro*: mostrato, additato.

che disegnato avea correre in volta,
e uscire al paladin dietro alle schene;
che ne la rete, che tenea sepolta
sotto la polve, di cacciarlo ha spene,
come avea fatto gli altri peregrini
che quivi tratto avean lor rei destini.

53. Come venire il paladin lo vede,
ferma il destrier, non senza gran sospetto
che vada in quelli lacci a dar del piede,
di che il buon vecchiarel gli avea predetto.
Quivi il soccorso del suo corno chiede,
e quel sonando fa l'usato effetto:
nel cor fere il gigante che l'ascolta,
di tal timor, ch'a dietro i passi volta.

54. Astolfo suona, e tuttavolta bada;
che gli par sempre che la rete scocchi.
Fugge il fellon, né vede ove si vada;
che, come il core, avea perduti gli occhi.
Tanta è la tema, che non sa far strada,
che ne li proprii aguati non trabocchi:
va ne la rete; e quella si disserra,
tutto l'annoda, e lo distende in terra.

55. Astolfo, ch'andar giù vede il gran peso,
già sicuro per sé, v'accorre in fretta;
e con la spada in man, d'arcion disceso,
va per far di mill'anime vendetta.
Poi gli par che s'uccide un che sia preso,
viltà, più che virtù, ne sarà detta;
che legate le braccia, i piedi e il collo
gli vede sì, che non può dare un crollo.

---

52. – 3. *correre in volta*: fare un largo giro. – 7. *avea fatto*: aveva cacciato, spinto.
53. – 4. *di che... predetto*: dei quali aveva parlato poco prima il vecchio.
54. – 1. *tuttavolta bada*: e tuttavia sta attento e guardingo. – 6. *che... trabocchi*: senza traboccare. – 7. *si disserra*: scatta, si apre.
55. – 8. *dare un crollo*: fare un movimento; per le rime *collo:crollo* cfr. n. a IX, 80, 7-8, ma qui c'è un rapporto diretto con un passo dantesco: «E un'altra alle braccia, e rilegollo... sì... Che non potea con esse dare un crollo» (*Inf.*, XXV, 5-9).

56.   Avea la rete già fatta Vulcano
        di sottil fil d'acciar, ma con tal arte,
        che saria stata ogni fatica invano
        per ismagliarne la più debol parte;
        et era quella che già piedi e mano
        avea legate a Venere et a Marte:
        la fe' il geloso, e non ad altro effetto,
        che per pigliarli insieme ambi nel letto.

57.   Mercurio al fabbro poi la rete invola;
        che Cloride pigliar con essa vuole,
        Cloride bella che per l'aria vola
        dietro all'Aurora, all'apparir del sole,
        e dal raccolto lembo de la stola
        gigli spargendo va, rose e vïole.
        Mercurio tanto questa ninfa attese,
        che con la rete in aria un dì la prese.

58.   Dove entra in mare il gran fiume etïopo,
        par che la dea presa volando fosse.
        Poi nel tempio d'Anubide a Canopo
        la rete molti seculi serbosse.
        Caligorante tre mila anni dopo,
        di là, dove era sacra, la rimosse:
        se ne portò la rete il ladrone empio,
        et arse la cittade, e rubò il tempio.

59.   Quivi adattolla in modo in su l'arena,
        che tutti quei ch'avean da lui la caccia
        vi davan dentro; et era tocca a pena,
        che lor legava e collo e piedi e braccia.

---

56. – 1. *la rete... Vulcano*: Vulcano (Efesto) aveva costruito una rete per pigliare prigionieri Venere (sua moglie) e Marte; cfr. OMERO, *Odis.*, VIII, 272 segg. – 7. *effetto*: scopo.

57. – 1. *fabbro*: Vulcano. – 2. *Cloride*: divinità greca che corrisponde alla Flora dei Romani (cfr. OVIDIO, *Fasti*, V, 195; LATTANZIO, *Divin. Inst.*, I, XX, 8); era amante di Zefiro e portava fiori e fronde sulla terra; Mercurio la rapì mentre volava dietro all'Aurora. – 5. *dal... stola*: dal lembo della veste rialzata; la scena è polizianesca.

58. – 1. *il gran fiume etïopo*: il Nilo, che ha le sorgenti in Etiopia. – 3. *nel tempio... Canopo*: nel tempio del dio egiziano Anubi, che i Greci identificavano con Mercurio; *Canopo* era città sul delta del Nilo (cfr. PLINIO, *Nat. Hist.*, V, XXXI, 34). – 6. *era sacra*: era conservata con venerazione. – 8. *rubò*: derubò.

Di questa levò Astolfo una catena,
e le man dietro a quel fellon n'allaccia:
le braccia e 'l petto in guisa gli ne fascia,
che non può sciorsi: indi levar lo lascia,

60.   dagli altri nodi avendol sciolto prima,
ch'era tornato uman più che donzella.
Di trarlo seco e di mostrarlo stima
per ville, per cittadi e per castella.
Vuol la rete anco aver, di che né lima
né martel fece mai cosa più bella:
ne fa somier colui ch'alla catena
con pompa trïonfal dietro si mena.

61.   L'elmo e lo scudo anche a portar gli diede,
come a valletto, e seguitò il camino,
di gaudio empiendo, ovunque metta il piede,
ch'ir possa ormai sicuro il peregrino.
Astolfo se ne va tanto, che vede
ch'ai sepolcri di Memfi è già vicino,
Memfi per le piramidi famoso:
vede all'incontro il Cairo populoso.

62.   Tutto il popul correndo si traea
per vedere il gigante smisurato.
– Come è possibil – l'un l'altro dicea
– che quel piccolo il grande abbia legato? –
Astolfo a pena inanzi andar potea,
tanto la calca il preme da ogni lato;
e come cavallier d'alto valore
ognun l'ammira, e gli fa grande onore.

59. – 5. *una catena*: di quelle usate per stendere e legare la rete, poiché essa non si poteva smagliare (XV, 56, 3-4).
60. – 2. *tornato uman*: diventato docile. – 3. *stima*: pensa. – 4. *per ville... castella*: cfr. PETRARCA, *Canz.*, CCVI, 47: «Per oro o per cittadi o per castella» (Cabani). – 7. *ne fa somier*: lo fa portare, come da animale da soma.
61. – 2. *valletto*: infimo servo. – 3-4. *di gaudio... peregrino*: riempiendo di giubilo tutti i luoghi ove passa con la notizia che ormai i pellegrini potranno andare sicuri. – 6. *Memfi*: sulla riva sinistra del Nilo, venti chilometri a nord delle Piramidi. – 8. *all'incontro*: di fronte a Memfi, dall'altra parte del Nilo.
62. – 1. *correndo si traea*: accorreva velocemente e confusamente. – 8. *ognun... onore*: cfr. DANTE, *Inf.*, IV, 133: «Tutti lo miran, tutti onor li fanno».

63. Non era grande il Cairo così allora,
come se ne ragiona a nostra etade:
che 'l populo capir, che vi dimora,
non puon diciotto mila gran contrade;
e che le case hanno tre palchi, e ancora
ne dormono infiniti in su le strade;
e che 'l soldano v'abita un castello
mirabil di grandezza, e ricco e bello;

64. e che quindici mila suoi vasalli,
che son cristiani rinegati tutti,
con mogli, con famiglie e con cavalli
ha sotto un tetto sol quivi ridutti.
Astolfo veder vuole ove s'avalli,
e quanto il Nilo entri nei salsi flutti
a Damïata; ch'avea quivi inteso,
qualunque passa restar morto o preso.

65. Però ch'in ripa al Nilo in su la foce
si ripara un ladron dentro una torre,
ch'a paesani e a peregrini nuoce,
e fin al Cairo, ognun rubando, scorre.
Non gli può alcun resistere; et ha voce
che l'uom gli cerca invan la vita tôrre:
cento mila ferite egli ha già avuto,
né ucciderlo però mai s'è potuto.

66. Per veder se può far rompere il filo
alla Parca di lui, sì che non viva,

---

63. – 2. *se ne ragiona*: si dice che sia. – 3. *capir*: contenere. – 4. *contrade*: rioni.
– 5. *tre palchi*: tre piani. Difficilmente nel Cinquecento le case avevano più di due
piani.

64. – 1. *vasalli*: i Mammalucchi, guardia del corpo del Sultano, che erano per
lo più giovani schiavi cristiani (dall'arabo *mamluk*: schiavo, possessione) conver-
titi alla fede maomettana. – 4. *ridutti*: raccolti. – 5. *s'avalli*: entra nelle ultime valli
e si impaluda, formando il lago Mareotide. Ma forse qui l'espressione è più generica e significa solo: scende al mare. È reminiscenza dantesca: *Inf.*, XXXIV, 45: «di
là onde il Nilo s'avvalla». – 6. *quanto*: quanto grande; cfr. BOIARDO, *Innam.*, III, III,
13, 2: «Grande in quel loco è il Nilo, e sembra un mare». – 7. *Damïata*: Damietta.

65. – 1-2. *in ripa... una torre*: cfr. *Innam.*, III, II, 46, 3: «Tiene una torre in su il
fiume del Nilo». – 3. *peregrini*: forestieri (lat.). – 4. *scorre*: fa scorrerie. – 5-6. *ha voce...
tôrre*: ha fama che invano si cerca di ucciderlo; cfr. DANTE, *Inf.*, XXXIII, 85: «se 'l
conte Ugolino aveva voce...».

66. – 1-2. *Per veder... lui*: per vedere se può fare in modo che la Parca rompa

Astolfo viene a ritrovare Orrilo
(cosi avea nome), e a Damïata arriva;
et indi passa ove entra in mare il Nilo,
e vede la gran torre in su la riva,
dove s'alberga l'anima incantata
che d'un folletto nacque e d'una fata.

67.   Quivi ritruova che crudel battaglia
era tra Orrilo e dui guerrieri accesa.
Orrilo è solo; e sì que' dui travaglia,
ch'a gran fatica gli puon far difesa:
e quanto in arme l'uno e l'altro vaglia,
a tutto il mondo la fama palesa.
Questi erano i dui figli d'Oliviero,
Grifone il bianco et Aquilante il nero.

68.   Gli è ver che 'l negromante venuto era
alla battaglia con vantaggio grande;
che seco tratto in campo avea una fera,
la qual si truova solo in quelle bande:
vive sul lito e dentro alla rivera;
e i corpi umani son le sue vivande,
de le persone misere et incaute
de vïandanti e d'infelici naute.

il filo di lui, lo faccia morire. – 3. *Orrilo*: l'Ariosto trovò la storia di Orrilo lasciata
senza compimento nell'*Innam.*, da III, II, 40 a III, 21. Nelle stanze 66-73 egli dà
appunto il sunto delle cose narrate dal predecessore. Continua poi il racconto,
riprendendolo dal punto in cui il Boiardo accennava all'arrivo di un cavaliere:
«Un cavalliero armato vi arivava, Che avea preso in catena un gran gigante»
(*Innam.*, III, III, 21, 6-7). Con abile strategia l'Ariosto immagina che quel cavaliere
innominato sia Astolfo. Boiardo, nell'immaginare questo personaggio si era ispirato a due storie classiche: quella del mito dell'Idra di Lerna e quella che racconta
VIRGILIO (*Aen.*, VIII, 563-67) di un Erulo, re di Preneste, che aveva tre vite e che
per questo Evandro dovette uccidere tre volte (cfr. anche BOIARDO, *Past.*, VI,
35-37). – 8. *d'un folletto... fata*: cfr. *Innam.*, III, II, 46, 8: «Che da una fata nacque e
da un folletto».
    67. – 8. *Grifone... Aquilante*: già secondo il Boiardo essi erano figli del paladino
Oliviero, marchese di Vienne (nel Delfinato); ed erano così detti perché protetti da
due fate, delle quali l'una «a bruno era vestita, L'altra di bianco, candida e polita»
(*Innam.*, III, II, 40, 7-8).
    68. – 1. *negromante*: Orrilo, l'«anima incantata». – 3. *una fera*: «una bestia a
guisa de dragone, Che là viene appellata il cocodrile» (*Innam.*, III, II, 46, 4-5; e cfr.
anche 47, 4-6). – 5. *rivera*: fiume. – 8. *naute*: naviganti (lat.).

69. La bestia ne l'arena appresso al porto
     per man dei duo fratei morta giacea;
     e per questo ad Orril non si fa torto,
     s'a un tempo l'uno e l'altro gli nocea.
     Più volte l'han smembrato, e non mai morto,
     né, per smembrarlo, uccider si potea;
     che, se tagliato o mano o gamba gli era,
     la rapiccava, che parea di cera.

70. Or fin a' denti il capo gli divide
     Grifone, or Aquilante fin al petto.
     Egli dei colpi lor sempre si ride:
     s'adiran essi, che non hanno effetto.
     Chi mai d'alto cader l'argento vide,
     che gli alchimisti hanno mercurio detto,
     e spargere e raccor tutti i suo' membri,
     sentendo di costui, se ne rimembri.

71. Se gli spiccano il capo, Orrilo scende,
     né cessa brancolar fin che lo truovi;
     et or pel crine et or pel naso il prende,
     lo salda al collo, e non so con che chiovi.
     Piglial talor Grifone, e 'l braccio stende,
     nel fiume il getta, e non par ch'anco giovi;
     che nuota Orrilo al fondo come un pesce,
     e col suo capo salvo alla ripa esce.

72. Due belle donne onestamente ornate,
     l'una vestita a bianco e l'altra a nero,

---

69. – 1-2. *La bestia... morta giacea*: Per l'uccisione del coccodrillo, cfr. *Innam.*, III, III, 14-16. – 3-4. *e per questo... nocea*: e poiché Orrilo aveva usato a propria difesa il coccodrillo, non è ingiustizia, né violazione delle leggi cavalleresche, combattere in due contro lui. – 6. *per smembrarlo*: per quanto lo si smembrasse. – 8. *la rapiccava... cera*: cfr. DANTE, *Inf.*, XXV, 61-62: «Poi s'appiccar, come di calda cera Fossero stati».

70. – 1. *fin... divide*: cfr. VI, 66, 1-2 e anche *Innam.*, I, I, 78, 4: «'l capo insino a i denti gli ha partito» (l'immagine dai cantari). – 5. *d'alto*: dall'alto; *argento*: argento vivo. – 7. *e spargere... membri*: il mercurio cadendo si divide in tante gocce, che poi tendono a riunirsi in un tutto compatto.

71. – 1. *scende*: da cavallo. – 3. *pel naso*: cfr. *Innam.*, III, II, 56, 5-6: «E prende la sua testa per il naso, E nel suo loco quella se rassetta». – 4. *chiovi*: chiodi. – 8. *col suo capo*: nell'*Innam.*, III, III, 12 segg. è Aquilante, non Grifone, che getta le braccia, e non il capo, nel Nilo.

72. – 1. *Due belle donne*: cfr. n. a XV, 67, 8; *onestamente*: con pudore e decoro;

che de la pugna causa erano state,
stavano a riguardar l'assalto fiero.
Queste eran quelle due benigne fate
ch'avean notriti i figli d'Oliviero,
poi che li trasson teneri citelli
dai curvi artigli di duo grandi augelli,

73. che rapiti gli avevano a Gismonda,
e portati lontan dal suo paese.
Ma non bisogna in ciò ch'io mi diffonda,
ch'a tutto il mondo è l'istoria palese;
ben che l'autor nel padre si confonda,
ch'un per un altro (io non so come) prese.
Or la battaglia i duo gioveni fanno,
che le due donne ambi pregati n'hanno.

74. Era in quel clima già sparito il giorno,
all'isole ancor alto di Fortuna;
l'ombre avean tolto ogni vedere a torno
sotto l'incerta e mal compresa luna;
quando alla ròcca Orril fece ritorno,
poi ch'alla bianca e alla sorella bruna
piacque di differir l'aspra battaglia
fin che 'l sol nuovo all'orizzonte saglia.

75. Astolfo, che Grifone et Aquilante,
et all'insegne e più al ferir gagliardo,
riconosciuto avea gran pezzo inante,

---

cfr. PETRARCA, *Canz.*, CCXXV, 1: «Dodici donne honestamente lasse». – 7. *citelli*: fanciulli. – 8. *duo grandi augelli*: un'aquila e un grifo (onde i nomi di Aquilante e Grifone).

73. – 1. *Gismonda*: o Ghismonda, madre dei due fanciulli. – 4. *l'istoria*: si tratta del poema quattrocentesco *Uggieri il Danese*, in cui si racconta appunto la storia dei due fanciulli. L'Ariosto, con scherzosa filologia, nota la contraddizione: nell'*Uggieri* il padre è Ricciardetto, nel Boiardo Oliviero.

74. – 1. *clima*: paese. – 2. *all'isole... Fortuna*: mentre era ancor alto alle isole Fortunate (o «Beate»: XV, 7, 2: le Canarie) che sono poste più a Occidente; cfr. PETRARCA, *Canz.*, CXXXV, 77: «ne l'isole famose di Fortuna» (Cabani). – 4. *mal compresa*: appena visibile; cfr. VIRGILIO, *Aen.*, VI, 270: «*per incertam lunam*». – 6. *alla bianca... bruna*: alle due fate; cfr. *Innam.*, III, II, 43, 6: «disse la bianca alla donzella bruna» (Segre).

lor non fu altiero a salutar né tardo.
Essi vedendo che quel che 'l gigante
traea legato, era il baron dal pardo
(che così in corte era quel duca detto),
raccolser lui con non minore affetto.

76.   Le donne a riposare i cavallieri
menaro a un lor palagio indi vicino.
Donzelle incontra vennero e scudieri
con torchi accesi, a mezzo del camino.
Diero a chi n'ebbe cura, i lor destrieri,
trassonsi l'arme; e dentro un bel giardino
trovâr ch'apparechiata era la cena
ad una fonte limpida et amena.

77.   Fan legare il gigante alla verdura
con un'altra catena molto grossa
ad una quercia di molt'anni dura,
che non si romperà per una scossa;
e da dieci sergenti averne cura,
che la notte discior non se ne possa,
et assalirli, e forse far lor danno,
mentre sicuri e senza guardia stanno.

78.   All'abondante e sontuosa mensa,
dove il manco piacer fur le vivande,
del ragionar gran parte si dispensa
sopra d'Orrilo e del miracol grande,
che quasi par un sogno a chi vi pensa,
ch'or capo or braccio a terra se gli mande,
et egli lo raccolga e lo raggiugna,
e più feroce ognor torni alla pugna.

---

75. – 4. *lor*: è oggetto di *salutar*. – 6. *il baron dal pardo*: il leopardo era l'insegna del re d'Inghilterra (*Innam.*, I, IX, 43, 5) e forse «era indizio delle voglie variabili dello spensierato paladino» (Salza). – 8. *raccolser*: accolsero.

76. – 2. *indi vicino*: vicino a lì. – 4. *torchi*: torce. – 5. *Diero*: il soggetto è *i cavallieri* (v. 1). – 8. *ad una fonte*: presso una fontana. È il solito paesaggio stilizzato della tradizione; cfr. n. a I, 35, 3.

77. – 1. *alla verdura*: in mezzo a un verde prato. – 3. *di molt'anni*: per i molti anni di età. – 4. *che... scossa*: cfr. DANTE, *Inf.*, XXV, 9. – 5. *sergenti*: servi. – 7. *et assalirli*: e che possa assalirli. Intendi: i cavalieri e le fate.

78. – 2. *manco*: minore. – 3. *del ragionar... dispensa*: si dedica gran parte della conversazione. – 7. *raggiugna*: rappicchi.

79.   Astolfo nel suo libro avea già letto
     (quel ch'agl'incanti riparare insegna)
     ch'ad Orril non trarrà l'alma del petto
     fin ch'un crine fatal nel capo tegna;
     ma se lo svelle o tronca, fia constretto
     che suo mal grado fuor l'alma ne vegna.
     Questo ne dice il libro; ma non come
     conosca il crine in così folte chiome.

80.   Non men de la vittoria si godea,
     che se n'avesse Astolfo già la palma;
     come chi speme in pochi colpi avea
     svellere il crine al negromante e l'alma.
     Però di quella impresa promettea
     tor sugli omeri suoi tutta la salma:
     Orril farà morir, quando non spiaccia
     ai duo fratei, ch'egli la pugna faccia.

81.   Ma quei gli dànno volentier l'impresa,
     certi che debbia affaticarsi invano.
     Era già l'altra aurora in cielo ascesa,
     quando calò dai muri Orrilo al piano.
     Tra il duca e lui fu la battaglia accesa:
     la mazza l'un, l'altro ha la spada in mano.
     Di mille attende Astolfo un colpo trarne,
     che lo spirto gli sciolga da la carne.

82.   Or cader gli fa il pugno con la mazza,
     or l'uno or l'altro braccio con la mano;

---

79. – 4. *un crine fatal*: un capello fatato. Innesto dell'avventuroso mitologico classico entro quello romanzo. Il particolare del capello viene infatti dalla mitologia greco-latina, ove si trova la credenza che la morte possa essere provocata dal taglio di un capello per opera della Morte o di Proserpina o di altra dea (cfr. EURIPIDE, *Alcesti*; 74-76; *Ciris pseudo-virgil.*, 382 segg.; VIRGILIO, *Aen.*, IV, 698; *Georg.*, I, 405; OVIDIO, *Met.*, VIII, 8 segg.; IGINO, *Fab.*, 198). Il particolare si trova anche nel PETRARCA, *Tr. Mor.*, I, 113-114; e non è del tutto ignoto alla novellistica popolare; cfr. P. RAJNA, *Le fonti dell'«Orlando Furioso»* cit., pp. 206 segg. – 5-6. *fia constretto che*: si otterrà che (lat. *cogere aliquid*); Bigi pensa invece che il verbo vada riferito a Orrilo.

80. – 6. *la salma*: il peso, l'incarico.

81. – 4. *dai muri*: della sua torre. – 6. *mazza*: bastone ferrato; cfr. XI, 17, 3 e *Innam.*, III, III, 80, 8: «L'un con la spada e l'altro con la maccia». – 7. *Di mille*: fra mille.

quando taglia a traverso la corazza,
e quando il va troncando a brano a brano:
ma ricogliendo sempre de la piazza
va le sue membra Orrilo, e si fa sano.
S'in cento pezzi ben l'avesse fatto,
redintegrarsi il vedea Astolfo a un tratto.

83.   Al fin di mille colpi un gli ne colse
        sopra le spalle ai termini del mento:
        la testa e l'elmo dal capo gli tolse,
        né fu d'Orrilo a dismontar più lento.
        La sanguinosa chioma in man s'avolse,
        e risalse a cavallo in un momento;
        e la portò correndo incontra 'l Nilo,
        che rïaver non la potesse Orrilo.

84.   Quel sciocco, che del fatto non s'accorse,
        per la polve cercando iva la testa:
        ma come intese il corridor via tôrse,
        portare il capo suo per la foresta;
        immantinente al suo destrier ricorse,
        sopra vi sale, e di seguir non resta.
        Volea gridare: – Aspetta, volta, volta! –
        ma gli avea il duca già la bocca tolta.

85.   Pur, che non gli ha tolto anco le calcagna
        si riconforta, e segue a tutta briglia.
        Dietro il lascia gran spazio di campagna
        quel Rabican che corre a maraviglia.
        Astolfo intanto per la cuticagna

---

82. – 4. *il va troncando... brano*: cfr. DANTE, *Inf.*, VII, 114: «troncandosi co' denti a brano a brano»; XIII, 128. – 5. *de la piazza*: da terra. – 8. *redintegrarsi*: rifarsi intero.

83. – 1. *un gli ne colse*: Astolfo gliene assestò uno. – 5. *in man s'avolse*: afferrò avvolgendola nella mano; cfr. DANTE, *Inf.*, XXXII, 103. – 6. *risalse*: rimontò.

84. – 3. *il corridor*: il cavallo, Rabicano. – 3-4. *via tôrse, portare*: fuggir via e portare con sé.

85. – 1-2. *Pur... riconforta*: tuttavia si consola perché non gli ha tolto anche le calcagna con cui spronare il cavallo. – 5. *la cuticagna*: la pelle del capo. Il vocabolo, come altri in queste stanze, è dantesco (cfr. *Inf.*, XXXII, 97); ma nessun brivido di tragedia qui, piuttosto accuratezza espressiva, felicità di descrizione, e mirabile senso del grottesco.

va da la nuca fin sopra le ciglia
cercando in fretta, se 'l crine fatale
conoscer può, ch'Orril tiene immortale.

86.   Fra tanti e innumerabili capelli,
un più de l'altro non si stende o torce:
qual dunque Astolfo sceglierà di quelli,
che per dar morte al rio ladron raccorce?
– Meglio è – disse – che tutti io tagli o svelli: –
né si trovando aver rasoi né force,
ricorse immantinente alla sua spada,
che taglia sì, che si può dir che rada.

87.   E tenendo quel capo per lo naso,
dietro e dinanzi lo dischioma tutto.
Trovò fra gli altri quel fatale a caso:
si fece il viso allor pallido e brutto,
travolse gli occhi, e dimostrò all'occaso,
per manifesti segni, esser condutto;
e 'l busto che seguia troncato al collo,
di sella cadde, e diè l'ultimo crollo.

88.   Astolfo, ove le donne e i cavallieri
lasciato avea, tornò col capo in mano,
che tutti avea di morte i segni veri,
e mostrò il tronco ove giacea lontano.
Non so ben se lo vider volentieri,
ancor che gli mostrasser viso umano;
che la intercetta lor vittoria forse
d'invidia ai duo germani il petto morse.

89.   Né che tal fin quella battaglia avesse,
credo più fosse alle due donne grato.

86. – 2. *un più... torce*: nessuno è più lungo o più ricciuto .degli altri. – 4. *raccorce*: recida. – 5. *svelli*: strappi. – 6. *force*: forbici; le tre rime *torce:raccorce:force* sono già in DANTE, *Par.*, XVI, 5-9. – 8. *taglia... rada*: cfr. PULCI, *Morg.*, XXVII, 45, 8: «Frusberta non taglia, anzi rade».
87. – 2. *dischioma*: cfr. DANTE, *Inf.*, XXXII, 100. – 5. *all'occaso*: a morte; cfr. IX, 31, 4. – 8. *l'ultimo crollo*: il brivido grottesco trova espressione in una rima baciata, tra le più care all'Ariosto; cfr. XV, 55, 7-8 e n. a IX, 80, 7-8.
88. – 6. *viso umano*: volto cortesemente composto a letizia. – 7. *intercetta*: impedita, sottratta.

Queste, perché più in lungo si traesse
de' duo fratelli il doloroso fato
ch'in Francia par ch'in breve esser dovesse,
con loro Orrilo avean quivi azzuffato,
con speme di tenerli tanto a bada,
che la trista influenzia se ne vada.

90.   Tosto che 'l castellan di Damïata
certificossi ch'era morto Orrilo,
la columba lasciò, ch'avea legata
sotto l'ala la lettera col filo.
Quella andò al Cairo; et indi fu lasciata
un'altra altrove, come quivi è stilo:
sì che in pochissime ore andò l'aviso
per tutto Egitto, ch'era Orrilo ucciso.

91.   Il duca, come al fin trasse l'impresa,
confortò molto i nobili garzoni,
ben che da sé v'avean la voglia intesa,
né bisognavan stimuli né sproni,
che per difender de la santa Chiesa
e del romano Imperio le ragioni,
lasciasser le battaglie d'Orïente,
e cercassino onor ne la lor gente.

92.   Così Grifone et Aquilante tolse
ciascuno da la sua donna licenzia;
le quali, ancor che lor ne 'ncrebbe e dolse,
non vi seppon però far resistenzia.
Con essi Astolfo a man destra si volse;
che si deliberâr far riverenzia
ai santi luoghi ove Dio in carne visse,
prima che verso Francia si venisse.

---

89. – 5. *ch'in Francia... dovesse*: che, secondo una profezia, doveva compiersi entro breve tempo. – 8. *che... vada*: esse infatti così ragionano nell'*Innam.*, III, II, 43, 1-4: «Ma pur se puote il tempo prolungare, E far col senno forza a la fortuna: Chi fece il mondo, lo potrà mutare, E porre il sole in loco de la luna».

90. – 1. *'l castellan*: il capitano del castello. – 2. *certificossi*: seppe. – 3. *columba*: un piccione viaggiatore; *lasciò*: liberò. – 6. *altrove*: verso altra parte; *stilo*: costume. Era abitudine assai antica, nota anche ai Latini.

91. – 2. *confortò*: esortò; *garzoni*: Aquilante e Grifone. – 3. *ben che... intesa*: sebbene già per loro conto lo desiderassero ardentemente. – 8. *ne la lor gente*: fra i Cristiani.

92. – 5. *a man destra*: verso Oriente, verso la Palestina. – 6. *si deliberâr*: decisero. – 8. *si venisse*: essi venissero.

93.   Potuto avrian pigliar la via mancina,
        ch'era più dilettevole e più piana,
        e mai non si scostar da la marina;
        ma per la destra andaro orrida e strana,
        perché l'alta città di Palestina
        per questa sei giornate è men lontana.
        Acqua si truova et erba in questa via:
        di tutti gli altri ben v'è carestia.

94.   Sì che prima ch'entrassero in vïaggio,
        ciò che lor bisognò, fecion raccorre,
        e carcar sul gigante il carrïaggio,
        ch'avria portato in collo anco una torre.
        Al finir del camino aspro e selvaggio,
        da l'alto monte alla lor vista occorre
        la santa terra, ove il superno Amore
        lavò col proprio sangue il nostro errore.

95.   Trovano in su l'entrar de la cittade
        un giovene gentil, lor conoscente,
        Sansonetto da Meca, oltre l'etade,
        ch'era nel primo fior, molto prudente;
        d'alta cavalleria, d'alta bontade
        famoso, e riverito fra la gente.
        Orlando lo converse a nostra fede,
        e di sua man battesmo anco gli diede.

96.   Quivi lo trovan che disegna a fronte
        del calife d'Egitto una fortezza;

93. – 1. *la via mancina*: ora che Astolfo ha scelto la strada che va a Oriente, verso la Palestina, gli si presentano due altre strade, una a sinistra che segue la costa; e una a destra che invece taglia all'interno. Il Fòrnari voleva che le due vie avessero anche un significato allegorico: la via del vizio e quella della virtù. – 5. *alta città*: Gerusalemme è su un'altura; ma *alta* significa anche «nobile, sacra».

94. – 3. *carrïaggio*: bagaglio e provviste. – 5. *aspro e selvaggio*: cfr. DANTE, *Inf.*, I, 5. – 6. *da l'alto... occorre*: dai monti della Palestina si presenta (*occorre*: cfr. VIII, 3, 8) alla loro vista. – 7. *il superno Amore*: Cristo; cfr. DANTE, *Par.*, XXIX, 18: «l'etterno amore».

95. – 3. *Sansonetto da Meca*: è un personaggio dell'*Entrée de Spagne*, della *Spagna* e del *Morg.*: figlio del Soldano della Mecca, si affezionò ad Orlando e da lui fu fatto cavaliere. – 3-4. *oltre l'etade... prudente*: molto più saggio di quel che richiedesse la sua giovane età. È questo il *topos* del *puer senex*: cfr. CURTIUS, *Lett. eur. e Medio Evo lat.*, cit., pp. 115 e segg. – 8. *di sua man... diede*: cfr. *Spagna*, XX, 18.

96. – 1-2. *a fronte del*: per difendersi dal. – 2. *calife*: califfo, sovrano. –

e circondar vuole il Calvario monte
di muro di duo miglia di lunghezza.
Da lui raccolti fur con quella fronte
che può d'interno amor dar più chiarezza,
e dentro accompagnati, e con grande agio
fatti alloggiar nel suo real palagio.

97. Avea in governo egli la terra, e in vece
di Carlo vi reggea l'imperio giusto.
Il duca Astolfo a costui dono fece
di quel sì grande e smisurato busto,
ch'a portar pesi gli varrà per diece
bestie da soma, tanto era robusto.
Diegli Astolfo il gigante, e diegli appresso
la rete ch'in sua forza l'avea messo.

98. Sansonetto all'incontro al duca diede
per la spada una cinta ricca e bella;
e diede spron per l'uno e l'altro piede,
che d'oro avean la fibbia e la girella;
ch'esser del cavallier stati si crede,
che liberò dal drago la donzella:
al Zaffo avuti con molt'altro arnese
Sansonetto gli avea, quando lo prese.

99. Purgati de lor colpe a un monasterio
che dava di sé odor di buoni esempii,
de la passion di Cristo ogni misterio
contemplando n'andâr per tutti i tempii
ch'or con eterno obbrobrio e vituperio
agli cristiani usurpano i Mori empii.
L'Europa è in arme, e di far guerra agogna
in ogni parte, fuor ch'ove bisogna.

4. *di muro*: di un muro. – 5. *raccolti*: ricevuti; *fronte*: volto, aspetto. – 6. *chiarezza*: testimonianza, espressione.
97. – 2. *giusto*: con giustizia. – 4. *busto*: corpo, Caligolante; cfr. *Innam.*, II, VII, 11, 5: «Rodamonte, busto di gigante». – 8. *in sua forza*: nel suo potere.
98. – 2. *cinta*: cintura. – 4. *girella*: la stella o rotella dello sprone. – 5. *cavallier*: san Giorgio, che liberò da un drago la figlia del re di Libia. Quello di san Giorgio era uno dei soggetti preferiti tra i pittori della scuola ferrarese. – 7. *Zaffo*: Jaffa, città della Siria, anticamente Ioppe. – 8. *lo prese*: catturò il drago.
99. – 2. *odor*: fama. – 6. *usurpano*: cfr. DANTE, *Par.*, XV, 143-144. Il concetto era caro a Dante e a Petrarca.

100.   Mentre avean quivi l'animo divoto,
        a perdonanze e a cerimonie intenti,
        un peregrin di Grecia, a Grifon noto,
        novelle gli arecò gravi e pungenti,
        dal suo primo disegno e lungo voto
        troppo diverse e troppo differenti;
        e quelle il petto gl'infiammaron tanto,
        che gli scacciâr l'orazïon da canto.

101.   Amava il cavallier, per sua sciagura,
        una donna ch'avea nome Orrigille:
        di più bel volto e di miglior statura
        non se ne sceglierebbe una fra mille;
        ma disleale e di sì rea natura,
        che potresti cercar cittadi e ville,
        la terra ferma e l'isole del mare,
        né credo ch'una le trovassi pare.

102.   Ne la città di Constantin lasciata
        grave l'avea di febbre acuta e fiera.
        Or quando rivederla alla tornata
        più che mai bella, e di goderla spera,
        ode il meschin, ch'in Antïochia andata
        dietro un suo nuovo amante ella se n'era,
        non le parendo ormai di più patire
        ch'abbia in sì fresca età sola a dormire.

103.   Da indi in qua ch'ebbe la trista nuova,
        sospirava Grifon notte e dì sempre.

100. – 2. *perdonanze*: preghiere dirette a ottenere il perdono, l'indulgenza. Il pellegrinaggio a Gerusalemme era uno dei temi più cari alla letteratura medievale, e aveva un capostipite illustre nel «*Pèlerinage de Charlemagne à Jérusalem*» (ca. 1108). Una relazione avventurosa del pellegrinaggio compiuto da Niccolò III d'Este nei luoghi santi (1413) fu scritta da uno dei cortigiani che l'accompagnarono, Luchino del Campo. – 4. *pungenti*: dolorose. – 5. *voto*: desiderio. – 8. *gli scacciâr... canto*: gli fecero smettere.

101. – 2. *Orrigille*: personaggio del Boiardo, che aveva i suoi precedenti nei romanzi arturiani (cfr. n. a XVI, 5, 1). L'Ariosto riprende il racconto dell'amore di Orrigille e Grifone dove lo aveva lasciato il Boiardo (*Innam.*, II, III, 62 segg.; XII, 5-8; XX, 5-8) e lo elabora ulteriormente. – 5. *disleale*: cfr. *Innam.*, I, XXVIII, 53, 7-8: «l'antiqua etade e la novella Non ebbe mai più falsa damigella».

102. – 1. *città di Constantin*: Costantinopoli. – 2. *febbre*: cfr. *Innam.*, II, XX, 7, 6-8: «infirmata Era di febbre tanto acuta e forte, Che quasi è stata al ponte della morte». – 3. *tornata*: ritorno. – 7. *non le parendo*: non garbandole.

Ogni piacer ch'agli altri aggrada e giova,
par ch'a costui più l'animo distempre:
pensilo ognun, ne li cui danni pruova
Amor, se li suoi strali han buone tempre.
Et era grave sopra ogni martìre,
che 'l mal ch'avea si vergognava a dire.

104. Questo, perché mille fïate inante
già ripreso l'avea di quello amore,
di lui più saggio, il fratello Aquilante,
e cercato colei trargli del core,
colei ch'al suo giudicio era di quante
femine rie si trovin la peggiore.
Grifon l'escusa, se 'l fratel la danna;
e le più volte il parer proprio inganna.

105. Però fece pensier, senza parlarne
con Aquilante, girsene soletto
sin dentro d'Antïochia, e quindi trarne
colei che tratto il cor gli avea del petto;
trovar colui che gli l'ha tolta, e farne
vendetta tal, che ne sia sempre detto.
Dirò come ad effetto il pensier messe,
nell'altro canto, e ciò che ne successe.

103. – 4. *distempre*: strugga, turbi; è verbo petrarchesco; cfr. *Canz.*, LV, 14; CCCLIX, 38 (dove *distempre* è in rima con «sempre» e «tempre»); CCXXIV, 13 (in rima con «sempre»). – 5-6. *pensilo... tempre*: lo possono ben capire tutti coloro a danno dei quali Amore sperimenta l'acutezza dei suoi dardi.
104. – 2. *ripreso*: rimproverato. – 8. *e le più... inganna*: e il più delle volte non fa che ingannare se stesso.
105. – 3. *quindi trarne*: portar via di là. – 4. *tratto il cor*: cfr. II, 27, 4. – 6. *ne sia sempre detto*: ne viva eterno il ricordo.

CANTO SESTODECIMO

*Esordio: penosa è la sorte di chi ama una donna indegna. Grifone incon-
tra Orrigille e Martano nei pressi di Damasco. La donna astutamente gli fa
credere che Martano sia suo fratello. Tutti e tre entrano in Damasco, dove il
re di Siria ha bandito una giostra. Frattanto continua l'assalto dei Saraceni
alle mura di Parigi: Rodomonte, entrato solo nella città, vi fa orribile strage.
Sopraggiunge Rinaldo con le squadre d'Inghilterra e di Scozia e attacca l'esercito di Agramante in campo aperto. Prodezze di Zerbino e varie vicende della
battaglia. Nell'interno della città, Carlo Magno in persona e tutti i paladini
presenti dirigono il loro sforzo contro Rodomonte.*

1.   Gravi pene in amor si provan molte,
          di che patito io n'ho la maggior parte,
          e quelle in danno mio sì ben raccolte,
          ch'io ne posso parlar come per arte.
          Però s'io dico e s'ho detto altre volte,
          e quando in voce e quando in vive carte,
          ch'un mal sia lieve, un altro acerbo e fiero,
          date credenza al mio giudicio vero.

2.   Io dico e dissi, e dirò fin ch'io viva,
          che chi si truova in degno laccio preso,

1. – 3-4. *e quelle... arte:* e quelle ho, per mia sventura, così bene notate nella
mia memoria, che io posso parlarne con quell'arte consumata che proviene da
esperienza; cfr. DANTE, *Par.,* II, 95-96. L'esordio è di quelli che distillano squisitamente le personali meditazioni poetiche dell'Ariosto, facendole oggetto di paragone e commento alle vicende narrate. – 6. *in voce:* a voce; *in vive carte:* in scritti
poetici. E accenna soprattutto alle *Rime.*
     2. – 2. *in degno... preso:* invaghito d'una donna che è degna d'essere amata. –

se ben di sé vede sua donna schiva,
se in tutto aversa al suo desire acceso;
se bene Amor d'ogni mercede il priva,
poscia che 'l tempo e la fatica ha speso;
pur ch'altamente abbia locato il core,
pianger non de', se ben languisce e muore.

3.

Pianger de' quel che già sia fatto servo
di duo vaghi occhi e d'una bella treccia,
sotto cui si nasconda un cor protervo,
che poco puro abbia con molta feccia.
Vorria il miser fuggire; e come cervo
ferito, ovunque va, porta la freccia:
ha di se stesso e del suo amor vergogna,
né l'osa dire, e invan sanarsi agogna.

4.

In questo caso è il giovene Grifone,
che non si può emendare, e il suo error vede,
vede quanto vilmente il suo cor pone
in Orrigille iniqua e senza fede;
pur dal mal uso è vinta la ragione,
e pur l'arbitrio all'appetito cede:
perfida sia quantunque, ingrata e ria,
sforzato è di cercar dove ella sia.

5.

Dico, la bella istoria ripigliando,
ch'uscì de la città secretamente,

---

3. *di sé... schiva*: ritrosa nei suoi riguardi. – 5. *mercede*: ricompensa, l'essere ricambiato. – 7. *altamente*: in donna nobile e degna.

3. – 2. *vaghi*: belli, da far invaghire. – 3. *protervo*: superbo, ostinato (con significato forte, come in lat.). – 4. *poco... feccia*: che abbia poco di purezza e sia invece corrotto da malvagità. – 5-6. *come cervo ecc.*: cfr. VIRGILIO, *Aen.*, IV, 69 e 73; PETRARCA, *Canz.*, CCIX, 9-10: «E qual cervo ferito di saetta Col ferro avelenato dentr'al fianco»; BOIARDO,'*Innam.*, I, v, 14, 3: «Come cerva ferita di saetta». Era comune fra i cavalieri sfortunati in amore portare «l'impresa di un cervo accosciato con una ferita al fianco, e dentro la freccia; poi gli si poneva in bocca un ramoscello di dittamo per guarirsi» (Salza).

4. – 3. *vede*: cfr. OVIDIO, *Met.*, VII, 20-21: «*Video meliora proboque, Deteriora sequor*»; PETRARCA, *Canz.*, CCXLIV, 136: «E veggio 'l meglio et al peggior m'appiglio»; CCXXXVI, 1: «Amor, io fallo et veggio il mio fallire». – 5. *mal uso*: abitudine al vizio; cfr. DANTE, *Purg.*, XIV, 39. – 6. *l'arbitrio*: il libero arbitrio; *appetito*: passione.

5. – 1. *Dico*: cfr. X, 4, 7; *la bella... ripigliando*: cfr. XV, 101-105. La storia avventurosa di Grifone, Orrigille e Martano, con il suo valore esemplare di generosità,

né parlarne s'ardì col fratel, quando
ripreso invan da lui ne fu sovente.
Verso Rama, a sinistra declinando,
prese la via più piana e più corrente.
Fu in sei giorni a Damasco di Soria;
indi verso Antïochia se ne gìa.

6.   Scontrò presso a Damasco il cavalliero
a cui donato avea Orrigille il core:
e convenian di rei costumi in vero,
come ben si convien l'erba col fiore;
che l'uno e l'altro era di cor leggiero,
perfido l'uno e l'altro e traditore;
e copria l'uno e l'altro il suo difetto,
con danno altrui, sotto cortese aspetto.

7.   Come io vi dico, il cavallier venìa
s'un gran destrier con molta pompa armato:
la perfida Orrigille in compagnia,
in un vestire azzur d'oro fregiato,
e duo valletti, donde si servia
a portar elmo e scudo, aveva allato;
come quel che volea con bella mostra
comparire in Damasco ad una giostra.

8.   Una splendida festa che bandire
fece il re di Damasco in quelli giorni,
era cagion di far quivi venire

---

perfidia e tradimento in amore, è stata liberamente modellata soprattutto su
quella di «*Meliadus de Leonnoys*», emanazione dal grosso romanzo di *Palamedés*;
ma l'A. si riallaccia anche alle beffe giocate a Orlando dalla stessa Orrigille nel-
l'*Innam*. – 3. *quando*: dal momento che (lat.). – 5. *Rama*: o Ramla, piccola città
della Siria, a sud di Tiro. – 6. *corrente*: battuta. – 7. *Damasco*: capitale della Siria.
    6. – 1. *Scontrò*: l'incontro di Orrigille con Grifone arieggia un poco quello di
Orlando con Orrigille nell'*Innam.*, II, III, 59-61. Orrigille, che aveva ingannato
Orlando, era riuscita ugualmente a farsi perdonare. – 3. *e convenian di rei costumi*:
si accordavano nell'essere entrambi perversi. – 5. *l'uno e l'altro*: l'uno e l'altra; *di cor
leggiero*: di Orrigille aveva detto il Boiardo che era «vana e d'animo leggiero»
(*Innam.*, I, XXIX, 4, 3).
    7. – 1-2. *il cavallier... armato*: cfr. il *Palamedés*: «*Ung chevallier qui chevauchoit
en la compagnie de deux escuriers..., et chevauchoit ung grant destrier*» (P. RAJNA, *Le
fonti dell'«Orlando Furioso»* cit., p. 268). – 5. *donde*: dei quali (costruzione arditamente popolaresca).

i cavallier quanto potean più adorni.
Tosto che la puttana comparire
vede Grifon, ne teme oltraggi e scorni:
sa che l'amante suo non è sì forte,
che contra lui l'abbia a campar da morte.

9. Ma sì come audacissima e scaltrita,
ancor che tutta di paura trema,
s'acconcia il viso, e sì la voce aita,
che non appar in lei segno di tema.
Col drudo avendo già l'astuzia ordita,
corre, e fingendo una letizia estrema,
verso Grifon l'aperte braccia tende,
lo stringe al collo, e gran pezzo ne pende.

10. Dopo, accordando affettuosi gesti
alla suavità de le parole,
dicea piangendo: − Signor mio, son questi
debiti premii a chi t'adora e cole?
che sola senza te già un anno resti,
e va per l'altro, e ancor non te ne duole?
E s'io stava aspettare il tuo ritorno,
non so se mai veduto avrei quel giorno!

11. Quando aspettava che di Nicosia,
dove tu te n'andasti alla gran corte,
tornassi a me che con la febbre ria
lasciata avevi in dubbio de la morte,
intesi che passato eri in Soria:
il che a patir mi fu sì duro e forte,
che non sapendo come io ti seguissi,
quasi il cor di man propria mi traffissi.

8. − 5. *puttana*: vocabolo dei canterini e del Boiardo, ma anche della tradizione comica, a cui rimandano il tema caratteristico della perfidia, la sintassi e il lessico (*oltraggi e scorni*, v. 6) di queste stanze.

9. − 3. *sì la voce aita*: si sforza di non far tremare la voce. − 5. *drudo*: amante. − 8. *ne pende*: resta attaccata al suo collo.

10. − 1-2. *accordando... parole*: accompagnando con carezze appropriate le parole soavi. − 4. *cole*: venera. Il latinismo petrarchesco (cfr. *Canz.*, CCCXXI, 11: «honoro et còlo») impreziosisce la voluta «soavità delle parole». − 6. *e va per l'altro*: è già cominciato il secondo anno. − 7. *stava aspettare*: stavo ad aspettare.

11. − 1. *Nicosia*: città dell'isola di Cipro dove Grifone si era recato per partecipare a una giostra (*Innam.*, II, XX, 8). − 4. *in dubbio de la morte*: in pericolo di morte. − 7. *ti seguissi*: potessi seguirti.

12.   Ma Fortuna di me con doppio dono
        mostra d'aver, quel che non hai tu, cura:
        mandommi il fratel mio, col quale io sono
        sin qui venuta del mio onor sicura;
        et or mi manda questo incontro buono
        di te, ch'io stimo sopra ogni aventura:
        e bene a tempo il fa; che più tardando,
        morta sarei, te, signor mio, bramando. –

13.   E seguitò la donna fraudolente,
        di cui l'opere fur più che di volpe,
        la sua querela così astutamente,
        che riversò in Grifon tutte le colpe.
        Gli fa stimar colui, non che parente,
        ma che d'un padre seco abbia ossa e polpe:
        e con tal modo sa tesser gl'inganni,
        che men verace par Luca e Giovanni.

14.   Non pur di sua perfidia non riprende
        Grifon la donna iniqua più che bella;
        non pur vendetta di colui non prende,
        che fatto s'era adultero di quella:
        ma gli par far assai, se si difende
        che tutto il biasmo in lui non riversi ella;
        e come fosse suo cognato vero,
        d'accarezzar non cessa il cavalliero.

12. – 6. *ch'io... aventura*: che io considero più fortunato che qualsiasi altra cosa mi potesse capitare.
    13. – 2. *l'opere... volpe*: cfr. DANTE, *Inf.*, XXVII, 74-75: «l'opere mie Non furon leonine, ma di volpe». – 3. *querela*: lamento. – 5-6. *Gli fa... polpe*: fa passare l'amante non solo per suo parente, ma addirittura per suo fratello carnale; cfr. DANTE, *Inf.*, XXVII, 73: «d'ossa e di polpe». Le rime qui sono dunque quelle stesse dantesche; ma cfr. anche PULCI, *Morg.*, XVI, 84, 4: «Per fargli alfin lasciar l'ossa e le polpe» (in rima con «colpe» e «volpe»). – 8. *Luca e Giovanni*: il Vangelo. Frequente nell'Ariosto l'allusione (anche ironica) al Vangelo come verità sacrosanta: *Cassaria* (in prosa), atto IV, sc. 7; *Cassaria* (in versi), 2250; *Sat.*, IV, 34; *Lena*, 876-878. In particolare per Giovanni, cfr. *Furioso*, XXXIV, 58.
    14. – 1. *Non pur*: non solo. – 4. *adultero*: amante, detto così perché la donna era già stata promessa a Grifone. – 5. *si difende*: evita. – 7. *cognato*: fratello della donna amata.

15.   E con lui se ne vien verso le porte
           di Damasco, e da lui sente tra via,
           che là dentro dovea splendida corte
           tenere il ricco re de la Soria;
           e ch'ognun quivi, di qualunque sorte,
           o sia cristiano, o d'altra legge sia,
           dentro e di fuori ha la città sicura
           per tutto il tempo che la festa dura.

16.   Non però son di seguitar sì intento
           l'istoria de la perfida Orrigille,
           ch'a' giorni suoi non pur un tradimento
           fatto agli amanti avea, ma mille e mille;
           ch'io non ritorni a riveder dugento
           mila persone, o più de le scintille
           del fuoco stuzzicato, ove alle mura
           di Parigi facean danno e paura.

17.   Io vi lasciai, come assaltato avea
           Agramante una porta de la terra,
           che trovar senza guardia si credea:
           né più riparo altrove il passo serra;
           perché in persona Carlo la tenea,
           et avea seco i mastri de la guerra,
           duo Guidi, duo Angelini, uno Angeliero,
           Avino, Avolio, Otone e Berlingiero.

15. – 3-4. *splendida corte tenere*: tenere corte bandita, organizzare una festa sontuosa. – 6. *legge*: religione. – 7. *ha... sicura*: aveva libero accesso e dimora nella città; cfr. *Innam.*, I, 1, 9, 6-7: «Corte reale era bandita, Ed era ciascaduno assicurato».

16. – 1. *di seguitar... intento*: occupato, desideroso di proseguire. – 6. *più de le scintille*: più numerose delle scintille. Il paragone è forse di derivazione dantesca: «come nel percuoter de' ciocchi arsi Surgono innumerabili faville» (*Par.*, XVIII, 100-101). – 7. *stuzzicato*: attizzato.

17. – 1. *Io vi lasciai, come*: vi lasciai nel punto che; cfr. XV, 6-9. – 4. *né... serra*: e invece non c'era luogo maggiormente difeso per chiudere il passo ai nemici. – 5. *in persona*: cfr. XV, 8, 3. – 7. *duo Guidi, duo Angelini*: cfr. XV, 8, 6; *Angeliero*: l'Ariosto, che cita secondo la formula tradizionale il quartetto dei figli di Namo (v. 8, cfr. XV, 8, 8), introduce qui una *variatio*: il paladino Angeliero (Engelier nella *Chanson de Roland*, Angioliero di Bordella nella *Spagna*) non era stato prima menzionato.

18.   Inanzi a Carlo, inanzi al re Agramante
        l'un stuolo e l'altro si vuol far vedere,
        ove gran loda, ove mercé abondante
        si può acquistar, facendo il suo dovere.
        I Mori non però fêr pruove tante,
        che par ristoro al danno abbiano avere;
        perché ve ne restâr morti parecchi,
        ch'agli altri fur di folle audacia specchi.

19.   Grandine sembran le spesse saette
        dal muro sopra gli nimici sparte.
        Il grido insin al ciel paura mette,
        che fa la nostra e la contraria parte.
        Ma Carlo un poco et Agramante aspette;
        ch'io vo' cantar de l'africano Marte,
        Rodomonte terribile et orrendo,
        che va per mezzo la città correndo.

20.   Non so, Signor, se più vi ricordiate
        di questo Saracin tanto sicuro,
        che morte le sue genti avea lasciate
        tra il secondo riparo e 'l primo muro,
        da la rapace fiamma devorate,
        che non fu mai spettacolo più oscuro.
        Dissi ch'entrò d'un salto ne la terra
        sopra la fossa che la cinge e serra.

18. – 2. *stuolo*: esercito. – 3. *mercé*: premio. – 6. *che par... avere*: che possano
ottenere un compenso adeguato al danno subito. – 8. *fur... specchi*: esempio delle
conseguenze di una folle audacia.
    19. – 1. *Grandine sembran*: cfr. OVIDIO, *Met.*, V, 158: «*tela volant hiber-
na grandine plura*». – 2. *sparte*: gettate qua e là. – 3. *insin al ciel*: che arriva
fino al cielo (iperbole cara ai poeti cavallereschi). – 5-6. *un poco... aspette...
cantar*: cfr. n. a II, 307-8. – 7. *Rodomonte*: Rodomonte in Parigi ricorda
il Turno che penetra nel campo dei Troiani di VIRGILIO, *Aen.*, IX, 503 segg.,
il Capaneo di STAZIO, *Theb.*, X, 738 segg. e l'Agricane ad Albraccá di BOIAR-
DO, *Innam.*, I, XI, 26 segg. «Ma la pittura dell'Ariosto è a colori più smaglian-
ti, e sente di quell'iperbolico che era ingenito alla poesia cavalleresca» (Casella).
    20. – 1. *Signor*: il cardinale Ippolito d'Este; cfr. I, 40, 2. – 2. *sicuro*: senza
paura, audace. – 4. *secondo riparo*: secondo argine; cfr. XIV, 126, 7-8. –
6. *oscuro*: orribile, doloroso; cfr. IX, 44, 8. – 7. *Dissi*: cfr. XIV, 129, 5-8. – 8. *la
fossa... serra*: cfr. DANTE, *Purg.*, VI, 84: «Di quei ch'un muro ed una fossa
serra».

21.　　　Quando fu noto il Saracino atroce
　　　　all'arme istrane, alla scagliosa pelle,
　　　　là dove i vecchi e 'l popul men feroce
　　　　tendean l'orecchie a tutte le novelle,
　　　　levossi un pianto, un grido, un'alta voce,
　　　　con un batter di man ch'andò alle stelle;
　　　　e chi poté fuggir non vi rimase,
　　　　per serrarsi ne' templi e ne le case.

22.　　　Ma questo a pochi il brando rio conciede,
　　　　ch'intorno ruota il Saracin robusto.
　　　　Qui fa restar con mezza gamba un piede,
　　　　là fa un capo sbalzar lungi dal busto;
　　　　l'un tagliare a traverso se gli vede,
　　　　dal capo all'anche un altro fender giusto:
　　　　e di tanti ch'uccide, fere e caccia,
　　　　non se gli vede alcun segnare in faccia.

23.　　　Quel che la tigre de l'armento imbelle
　　　　ne' campi ircani o là vicino al Gange,
　　　　o 'l lupo de le capre e de l'agnelle
　　　　nel monte che Tifeo sotto si frange;
　　　　quivi il crudel pagan facea di quelle
　　　　non dirò squadre, non dirò falange,
　　　　ma vulgo e populazzo voglio dire,
　　　　degno, prima che nasca, di morire.

---

21. – 1. *noto*: riconosciuto. – 2. *scagliosa pelle*: cfr. XIV, 118, 1-2. – 3. *'l popul men feroce*: gli inermi: le donne e i bambini. – 5. *levossi ecc.*: cfr. *Innam.*, III, VIII, 29, 7-8: «Levossi un pianto e un strido sì feroce, Sino al ciel, credo io, gionse quella voce». – 6. *batter di man*: battere di mani in segno di disperazione; per la mimica stilizzata cfr. nn. a I, 6, 2 e V, 60, 1-4 e per questo passo in particolare cfr. DANTE, *Inf.*, III, 27.

22. – 3. *Qui fa restar ecc.*: per il tema della «strage» cfr. n. a VI, 66, 1. – 7. *fere e caccia*: ferisce e insegue. – 8. *segnare in faccia*: ferire di fronte, poiché tutti fuggono.

23. – 1. *Quel che la tigre*: ciò che la tigre fa; cfr. VIRGILIO, *Aen.*, IX, 730: «*veluti pecora inter inertia tigrim*». – 2. *ne' campi... Gange*: nell'Ircania (provincia settentrionale della Persia; cfr. VIRGILIO, *Aen.*, IV, 367: «*Hyrcanae... tigres*») e nell'India (cfr. SILIO ITALICO, *Pun.*, XII, 460: «*saltu transmittitur alite Ganges*»): regioni ove abbondano quelle fiere. – 3. *o 'l lupo... agnelle*: cfr. OMERO, *Il.*, XVI, 352-353. – 4. *nel monte... frange*: sul monte Epomeo, nell'isola d'Ischia, sotto cui sta schiacciato il gigante ribelle Tifeo; cfr. VIRGILIO, *Aen.*, IX, 715-716; ARIOSTO, *Rime*, cap. XIV, 20-21: «Ischia a Tifeo non è sì grave, non è sotto Etna Encelado sì oppresso». – 6. *falange*: falangi, schiere ordinate e compatte. – 7. *populazzo*: plebaglia. La parola

24.   Non ne trova un che veder possa in fronte,
        fra tanti che ne taglia, fora e svena.
        Per quella strada che vien dritto al ponte
        di san Michel, sì popolata e piena,
        corre il fiero e terribil Rodomonte,
        e la sanguigna spada a cerco mena:
        non riguarda né al servo né al signore,
        né al giusto ha più pietà ch'al peccatore.

25.   Religïon non giova al sacerdote,
        né la innocenzia al pargoletto giova:
        per sereni occhi o per vermiglie gote
        mercé né donna né donzella truova:
        la vecchiezza si caccia e si percuote;
        né quivi il Saracin fa maggior pruova
        di gran valor, che di gran crudeltade;
        che non discerne sesso, ordine, etade.

26.   Non pur nel sangue uman l'ira si stende
        de l'empio re, capo e signor degli empi,
        ma contra i tetti ancor, sì che n'incende
        le belle case e i profanati tempî.
        Le case eran, per quel che se n'intende,

dispregiativa (franc. *populace*) non va riferita in senso ristretto ai Parigini, né attribuita semplicemente al superbo disprezzo di Rodomonte. Va invece riportata alla tradizione cavalleresca, in cui tale contrapposizione del popolo imbelle alle gesta iperboliche degli eroi era convenzionale; cfr. BOIARDO, *Innam.*, I, IX, 30, 1-2: «Nulla ne cura quel franco barone, Se ben sei tanto fosse il populaccio»; e anche CIECO, *Mambriano*, XXVI, 51; XXXIV, 51; BOCCACCIO, *Decam.*, X, 8, 68.

24. – 2. *taglia ecc.*: cfr. nn. a IX, 29, 8; XII, 50, 6. – 3-4. *ponte di san Michel*: esisteva ai tempi dell'Ariosto ed esiste ancor oggi, non lontano da quello originario in legno. In realtà, come spiega il Doroszlaï, qui l'Ariosto scambiò con il ponte di Saint Michel l'attiguo Petit-Pont, che portava anch'esso dalla riva sinistra all'isola «de la Cité» e che si trovava allo sbocco della dritta e popolatissima via medievale di Saint-Jacques, in diretto collegamento con la porta di Saint-Jacques (quella, presumibilmente, da cui entrò Rodomonte). – 6. *sanguigna*: insanguinata; *a cerco mena*: vibra girandola intorno; cfr. PETRARCA, Red. ant. del *Tr. Fama*, 53: «menar la spada a cerco». – 7. *non riguarda...*: questi vv. e l'ottava seguente rieccheggiano la descrizione di Capaneo in STAZIO, *Theb.*, X, 751-54: «*non ullius aetas, Non cultus, non forma movet; pugnantibus idem Supplicibusque furit; non quisquam obsistere contra, Non belli temptare vices*».

25. – 4. *mercé*: pietà. – 5. *la vecchiezza... percuote*: i vecchi sono inseguiti e percossi. – 8. *ordine*: condizione sociale.

26. – 3. *tetti*: edifici. L'azione di Rodomonte ricorda qui quella di Capaneo in STAZIO, *Theb.*, X, 877-882. – 5. *se n'intende*: se ne sente dire.

quasi tutte di legno in quelli tempi:
e ben creder si può; ch'in Parigi ora
de le diece le sei son così ancora.

27.   Non par, quantunque il fuoco ogni cosa arda,
che sì grande odio ancor saziar si possa.
Dove s'aggrappi con le mani, guarda,
sì che ruini un tetto ad ogni scossa.
Signor, avete a creder che bombarda
mai non vedeste a Padova sì grossa,
che tanto muro possa far cadere,
quanto fa in una scossa il re d'Algiere.

28.   Mentre quivi col ferro il maledetto
e con le fiamme facea tanta guerra,
se di fuor Agramante avesse astretto,
perduta era quel dì tutta la terra:
ma non v'ebbe agio; che gli fu interdetto
dal paladin che venìa d'Inghilterra
col populo alle spalle inglese e scotto,
dal Silenzio e da l'angelo condotto.

29.   Dio vòlse che all'entrar che Rodomonte
fe' ne la terra, e tanto fuoco accese,
che presso ai muri il fior di Chiaramonte,
Rinaldo, giunse, e seco il campo inglese.
Tre leghe sopra avea gittato il ponte,
e torte vie da man sinistra prese;
che disegnando i barbari assalire,
il fiume non l'avesse ad impedire.

---

27. – 5. *Signor ecc.*: il cardinale Ippolito (cfr. I, 40, 2) fu presente all'assedio posto dall'imperatore Massimiliano a Padova nel 1509, durante la guerra della lega di Cambrai, quando furono usate bombarde di grosso calibro. L'episodio è raccontato da GUICCIARDINI, *Storia d'Italia*, VIII, 11.

28. – 2. *guerra*: strage. – 3. *astretto*: stretto, sforzato: sottinteso: «la terra», la città di Parigi. – 6. *paladin*: Rinaldo; cfr. XIV, 98; l'arrivo degli Inglesi e di Rinaldo fa pensare all'arrivo degli Arcadi e degli Etruschi con Enea al soccorso dei Troiani (cfr. *Aen.*, X).

29. – 3. *il fior di Chiaramonte*: Rinaldo, il più gagliardo fra i cavalieri della sua casata; cfr. X, 77, 4. – 4. *campo*: esercito. – 5. *Tre leghe sopra*: a monte di Parigi. Rinaldo passa allora la Senna e si porta sulla riva sinistra, ove era schierato Agramante (cfr. XIV, 105, 5-6: «oltre il fiume Agramante si ritira Verso ponente»). Odoardo e Arimanno resteranno invece sulla riva destra.

30.   Mandato avea sei mila fanti arcieri
       sotto l'altiera insegna d'Odoardo,
       e duo mila cavalli, e più, leggieri
       dietro alla guida d'Ariman gagliardo;
       e mandati gli avea per li sentieri
       che vanno e vengon dritto al mar picardo,
       ch'a porta San Martino e San Dionigi
       entrassero a soccorso di Parigi.

31.   I cariaggi e gli altri impedimenti
       con lor fece drizzar per questa strada.
       Egli con tutto il resto de le genti
       più sopra andò girando la contrada.
       Seco avean navi e ponti et argumenti
       da passar Senna che non ben si guada.
       Passato ognuno, e dietro i ponti rotti,
       ne le lor schiere ordinò Inglesi e Scotti.

32.   Ma prima quei baroni e capitani
       Rinaldo intorno avendosi ridutti,
       sopra la riva ch'alta era dai piani
       sì, che poteano udirlo e veder tutti,
       disse: – Signor, ben a levar le mani
       avete a Dio, che qui v'abbia condutti,
       acciò, dopo un brevissimo sudore,
       sopra ogni nazïon vi doni onore.

33.   Per voi saran dui principi salvati,
       se levate l'assedio a quelle porte:

---

30. – 2. *Odoardo*: di Croisberia; cfr. X, 82-83. – 4. *Ariman*: di Sormose-dia; X, 81. – 6. *dritto al mar picardo*: da Parigi al mare di Piccardia. – 7. *porta San Martino e San Dionigi*: porte orientali (per noi settentrionali) della città.

31. – 1. *impedimenti*: salmerie (lat.). – 2. *drizzar*: dirigere. – 5. *navi*: barche; *argumenti*: strumenti; cfr. DANTE, *Purg.*, II, 31.

32. – 2. *ridutti*: raccolti. – 3. *riva*: argine della Senna. – 5. *disse*: «Tutto il discorso di Rinaldo è costruito con arte e con sapienza di accorgimenti oratori, secondo i moduli di una tradizione che risaliva agli esempi della storiografia greco-romana, e che era stata ripresa dalla storiografia umanistica e del Rinascimento» (Sapegno); *levar le mani*: in atto di ringraziamento; cfr. V, 91, 3. – 7. *sudore*: fatica.

il vostro re, che voi sète ubligati
da servitù difendere e da morte;
et uno imperator de' più lodati
che mai tenuto al mondo abbiano corte;
e con loro altri re, duci e marchesi,
signori e cavallier di più paesi.

34. Sì che, salvando una città, non soli
Parigini ubligati vi saranno,
che molto più che per li proprii duoli,
timidi, afflitti e sbigottiti stanno
per le lor mogli e per li lor figliuoli
ch'a un medesmo pericolo seco hanno,
e per le sante vergini richiuse,
ch'oggi non sien dei voti lor deluse:

35. dico, salvando voi questa cittade,
v'ubligate non solo i Parigini,
ma d'ogn'intorno tutte le contrade.
Non parlo sol dei populi vicini;
ma non è terra per Cristianitade,
che non abbia qua dentro cittadini:
sì che, vincendo, avete da tenere
che più che Francia v'abbia obligo avere.

36. Se donavan gli antiqui una corona
a chi salvasse a un cittadin la vita,
or che degna mercede a voi si dona,
salvando multitudine infinita?
Ma se da invidia o da viltà sì buona
e sì santa opra rimarrà impedita,
credetemi che, prese quelle mura,
né Italia né Lamagna anco è sicura;

33. – 3. *il vostro re*: Ottone d'Inghilterra; VIII, 27. 1. – 7. *duci*: duchi.
34. – 1. *non soli*: non i soli. Si è proposto anche di scrivere «sol i» con la rima
composita. – 7. *le sante vergini*: le monache rinchiuse nei monasteri. – 8. *dei voti lor
deluse*: impedite di adempiere ai loro voti.
35. – 2. *v'ubligate*: vi guadagnate la riconoscenza. – 5. *per Cristianitade*: in
tutta la Cristianità. – 7. *tenere*: ritenere. – 8. *più che Francia*: non la sola Francia.
36. – 1. *Se donavan...*: cfr. CLAUDIANO, *De cons. Stil.*, III, 72-76: «*Mos erat in
veterum castris, ut tempora quercu Velaret, validis fuso qui viribus hoste Casurum
potuit morti subducere civem. At tibi quae poterit pro tantis civica reddi Moenibus?*».
una corona: la corona civica. – 3. *si dona*: con abile artificio retorico usa il presente,
a mostrare la sua sicurezza nella vittoria. – 5. *invidia*: rivalità tra le nazioni
cristiane. – 8. *né... anco*: neppure; *Lamagna*: Germania.

37.   né qualunque altra parte ove s'adori
    quel che vòlse per noi pender sul legno.
    Né voi crediate aver lontani i Mori,
    né che pel mar sia forte il vostro regno:
    che s'altre volte quelli, uscendo fuori
    di Zibeltaro e de l'Erculeo segno,
    riportâr prede da l'isole vostre,
    che faranno or, s'avran le terre nostre?

38.   Ma quando ancor nessuno onor, nessuno
    util v'inanimasse a questa impresa,
    commun debito è ben soccorrer l'uno
    l'altro, che militiàn sotto una Chiesa.
    Ch'io non vi dia rotti i nemici, alcuno
    non sia chi tema, e con poca contesa;
    che gente male esperta tutta parmi,
    senza possanza, senza cor, senz'armi. –

39.   Poté con queste e con miglior ragioni,
    con parlare espedito e chiara voce
    eccitar quei magnanimi baroni
    Rinaldo, e quello esercito feroce:
    e fu, com'è in proverbio, aggiunger sproni
    al buon corsier che già ne va veloce.
    Finito il ragionar, fece le schiere
    muover pian pian sotto le lor bandiere.

40.   Senza strepito alcun, senza rumore
    fa il tripartito esercito venire:
    lungo il fiume a Zerbin dona l'onore

---

37. – 2. *quel... legno*: Cristo, morto sulla croce. – 4. *pel mar*: perché difeso dal mare. – 6. *di Zibeltaro... segno*: da Gibilterra e dalle colonne d'Ercole (cfr. DANTE, *Inf.*, XXVI, 108: «dov'Ercule segnò li suoi riguardi»). Accenna a scorrerie dei Saraceni nell'Atlantico.

38. – 2. *inanimasse*: spronasse. – 4. *una Chiesa*: una medesima Chiesa (lat.). – 5-6. *Ch'io... contesa*: nessuno dubiti che io non vi faccia sconfiggere i nemici, e con breve lotta.

39. – 2. *espedito*: franco. – 4. *feroce*: bellicoso. – 5. *com'è in proverbio*: si tratta di un proverbio latino a larga diffusione: «*calcar addere sponte currenti*»; il ricorso ai proverbi popolari era molto comune nella letteratura giullaresca e nella tradizione canterina, spesso sotto forma di commento ai fatti narrati o di conclusione parenetica generale; in Ariosto è assai più raro e fluidamente assunto fra gli interventi della voce narrante o inserito nei commenti più ampi dell'autore (come in XXIII, 1, 7).

40. – 2. *tripartito*: diviso in tre colonne. – 3. *Zerbin*: figlio del re di Scozia; cfr.

di dover prima i barbari assalire;
e fa quelli d'Irlanda con maggiore
volger di via più tra campagna gire;
e i cavallieri e i fanti d'Inghilterra
col duca di Lincastro in mezzo serra.

41. Drizzati che gli ha tutti al lor camino,
cavalca il paladin lungo la riva,
e passa inanzi al buon duca Zerbino
e a tutto il campo che con lui veniva;
tanto ch'al re d'Orano e al re Sobrino
e agli altri lor compagni soprarriva,
che mezzo miglio appresso a quei di Spagna
guardavan da quel canto la campagna.

42. L'esercito cristian che con sì fida
e sì sicura scorta era venuto,
ch'ebbe il Silenzio e l'angelo per guida,
non poté ormai patir più di star muto.
Sentiti gli nimici, alzò le grida,
e de le trombe udir fe' il suono arguto:
e con l'alto rumor ch'arrivò al cielo,
mandò ne l'ossa a' Saracini il gelo.

43. Rinaldo inanzi agli altri il destrier punge,
e con la lancia, per cacciarla, in resta
lascia gli Scotti un tratto d'arco lunge;
ch'ogni indugio a ferir sì lo molesta.
Come groppo di vento talor giunge,

V, 69, 1-2; X, 83-84; XIII, 6, 7. – 5-6. *quelli d'Irlanda*: le due schiere irlandesi, comandate dai conti di Childeria e di Desmondia; cfr. X, 87; *con maggiore ecc.*: con giro più ampio. – 6. *più tra campagna*: più nell'interno, più lontano dal fiume. – 8. *duca di Lincastro*: Leonetto, duca di Lancaster e nipote del re d'Inghilterra; cfr. X, 77.
  41. – 4. *campo*: esercito. – 5. *re d'Orano*: Marbalusto; cfr. XIV, 17, 4; *Sobrino*; cfr. XIV, 24, 8. – 6. *soprarriva*: piomba addosso all'improvviso. – 7. *appresso*: l'armata africana era schierata a ridosso della città, quella spagnola più addietro, sulla sinistra; cfr. XIV, 108.
  42. – 6. *arguto*: acuto, penetrante (lat.). – 8. *ne l'ossa... gelo*: cfr. V, 40, 6.
  43. – 2. *e con... resta*: e con la lancia in resta, per spingerla contro i nemici. – 5. *groppo*: cfr. *Innam.*, I, 1, 76, 5-7: «Mai non fu visto can levrer, né pardo, Né alcun groppo di vento in mar turbato, Così veloci»; AGOSTINI, continuazione all'*Innam.*, IV, 1, 20: «Come un groppo di vento a mezzo il mare, Se per caso Nettuno irato

che si tra' dietro un'orrida tempesta,
tal fuor di squadra il cavallier gagliardo
venìa spronando il corridor Baiardo.

44. Al comparir del paladin di Francia,
dan segno i Mori alle future angosce:
tremare a tutti in man vedi la lancia,
i piedi in staffa, e ne l'arcion le cosce.
Re Pulïano sol non muta guancia,
che questo esser Rinaldo non conosce;
né pensando trovar sì duro intoppo,
gli muove il destrier contra di galoppo:

45. e su la lancia nel partir si stringe,
e tutta in sé raccoglie la persona;
poi con ambo gli sproni il destrier spinge,
e le redine inanzi gli abandona.
Da l'altra parte il suo valor non finge,
e mostra in fatti quel ch'in·nome suona,
quanto abbia nel giostrare e grazia et arte,
il figliuolo d'Amone, anzi di Marte.

46. Furo al segnar degli aspri colpi, pari;
che si posero i ferri ambi alla testa:
ma furo in arme et in virtù dispàri;
che l'un via passa, e l'altro morto resta.
Bisognan di valor segni più chiari,

mira... Così Gradasso, senza dimorare, A Calcatruffo un man riverso tira». –
6. *orrida tempesta*: cfr. ORAZIO, *Epod.*, XIII, 1: «*Horrida tempestas*».
44. – 2. *dan... angosce*: cominciano a mostrare i primi segni dell'angoscia. –
3-4. *tremare... cosce*: il Romizi, come già il Lavezuola, ricordava a proposito di
questi versi un passo di BATTISTA MANTOVANI, *In Robertum Sanseverinatem*, 75-
77: «*Trepidare videres Corda manusque virum tremulaque in stapede plantas Stare in
loco nescire*». – 5. *Pulïano*: re dei Nasamoni; cfr. XIV, 22, 3; *non muta guancia*: non
muta aspetto, rimane impassibile.
45. – 1. *si stringe*: si raccoglie, quasi si raggomitola su se stesso, concentrando
le forze per sostenere meglio l'urto; cfr. *Innam.*, I, II, 40, 6: «Stretto alla giostra tutto
se abandona». – 4. *inanzi*: prima di spronarlo; oppure: davanti a sé, sul collo. –
5. *non finge*: non simula. «Si tratta di valore vero, non di ostentazione di valore e
di vuota spavalderia, quale forse si deve riconoscere nell'atteggiamento, prima
descritto, del saraceno Puliano» (Sapegno). – 6. *in nome*: di fama.
46. – 1. *al segnar*: quanto a cogliere nel segno; cfr. *Innam.*, III, I, 61, 5: «A ponto
gionse dove avea segnato»; II, XXIII, 61, 3; III, VIII, 37, 5-6. – 3. *in arme et in virtù*:
nella virtù delle armi (endiadi); oppure: nella forza delle armi e nell'abilità di

che por con leggiadria la lancia in resta:
ma fortuna anco più bisogna assai;
che senza, val virtù raro o non mai.

47.   La buona lancia il paladin racquista,
e verso il re d'Oran ratto si spicca,
che la persona avea povera e trista
di cor, ma d'ossa e di gran polpe ricca.
Questo por tra bei colpi si può in lista,
ben ch'in fondo allo scudo gli l'appicca:
e chi non vuol lodarlo, abbialo escuso,
perché non si potea giunger più in suso.

48.   Non lo ritien lo scudo, che non entre,
ben che fuor sia d'acciar, dentro di palma;
e che da quel gran corpo uscir pel ventre
non faccia l'inequale e piccola alma.
Il destrier che portar si credea, mentre
durasse il lungo dì, sì grave salma,
riferì in mente sua grazie a Rinaldo,
ch'a quello incontro gli schivò un gran caldo.

49.   Rotta l'asta, Rinaldo il destrier volta
tanto leggier, che fa sembrar ch'abbia ale;
e dove la più stretta e maggior folta
stiparsi vede, impetuoso assale.
Mena Fusberta sanguinosa in volta,
che fa l'arme parer di vetro frale:

---

maneggiarle. – 6. *leggiadria*: eleganza. – 8. *senza*: senza la fortuna; cfr. III, 37, 8.
Queste considerazioni sul rapporto sempre incerto e difficile tra fortuna e virtù,
mentre rinvia, forse un po' ironicamente, a una discussione topica del tempo,
attenua un poco l'eroismo, testé esaltato, di Rinaldo; *raro*: raramente.
    47. – 1. *racquista*: ricupera, levandola dal corpo del nemico trafitto. – 2. *verso...*
spicca: si slancia verso Marbalusto (che «quasi era un gigante»: XIV, 17, 4 e cfr. anche
XIV, 108, 3-4). – 3-4. *povera... di cor*: priva di coraggio, vile; *ossa... polpe*: cfr. 13, 6. –
5. *por... lista*: annoverare. – 6. *appicca*: assesta un colpo. Voce tradizionale nei romanzi
cavallereschi, ripresa molto spesso dal Pulci. – 7. *escuso*: scusato. Era regola di cavalleria puntare la lancia alla testa dell'avversario; ma Marbalusto era troppo alto.
    48. – 1. *Non... entre*: lo scudo non gli impedisce di entrare. – 2. *palma*: legno
durissimo. – 4. *inequale*: sproporzionata al gran colpo. – 6. *salma*: peso. – 7. *riferì...*
grazie: ringraziò; cfr. VI, 81, 1. – 8. *ch'a quello... schivò*: in quella occasione gli evitò.
    49. – 3. *folta*: folla, calca. – 5. *Mena Fusberta ecc.*: si accende il motivo della
strage; cfr. n. a VI, 66, 1; *in volta*: in giro. – 6. *di vetro frale*: di fragile vetro; cfr.

tempra di ferro il suo tagliar non schiva,
che non vada a trovar la carne viva.

50. Ritrovar poche tempre e pochi ferri
può la tagliente spada, ove s'incappi;
ma targhe, altre di cuoio, altre di cerri,
giupe trapunte e attorcigliati drappi.
Giusto è ben dunque che Rinaldo atterri
qualunque assale, e fori e squarci e affrappi;
che non più si difende da sua spada,
ch'erba da falce, o da tempesta biada.

51. La prima schiera era già messa in rotta,
quando Zerbin con l'antiguardia arriva.
Il cavallier inanzi alla gran frotta
con la lancia arrestata ne veniva.
La gente sotto il suo pennon condotta,
con non minor fierezza lo seguiva:
tanti lupi parean, tanti leoni
ch'andassero assalir capre o montoni.

52. Spinse a un tempo ciascuno il suo cavallo,
poi che fur presso; e sparì immantinente
quel breve spazio, quel poco intervallo
che si vedea fra l'una e l'altra gente.
Non fu sentito mai più strano ballo;

Innam., II, xv, 4, 7: «Le barbute spezzar, come di vetro»; xxv, 16, 7: «E spezzò quello usbergo come un vetro»; III, iv, 21, 8: «L'elmo come un vetro a pezzi schianta»; e anche PULCI, *Morg.*, XX, 87, 7: «Le lance parvon due trombe di vetro». – 7-8. *tempra... viva*: non c'è armatura, per quanto di ferro ben temprato, che possa impedire alla sua spada di raggiungere la carne viva.

50. – 1. *poche... ferri*: poche armature temprate (endiadi). «Solo i cavalieri, infatti, portavano tali armature; i soldati a piedi, invece, avevano *targhe*, cioè scudi, di cuoio o di legno (*di cerri*, di legno di cerro), giubbe imbottite (*giupe trapunte*) e turbanti (*attorcigliati drappi*)» (Bigi). Per queste forme più rozze di difesa, cfr. XII, 79, 7-8, 80, 1-2. – 2. *s'incappi*: si arresti, trovando resistenza. – 6. *affrappi*: tagliuzzi; cfr. XIV, 130, 5. – 8. *erba da falce*: cfr. OMERO, *Il.*, XI, 67-71.

51. – 2. *antiguardia*: avanguardia. – 4. *arrestata*: in resta; cfr. I, 61, 6. – 5. *pennon*: insegna; propriamente era una banderuola posta in cima alla lancia; cfr. I, 60, 4. – 7. *leoni*: si ricordi che l'insegna di Zerbino recava appunto un leone; cfr. X, 84, 1.

52. – 5. *ballo*: mischia, combattimento; la metafora era assai comune nei cantari e ricorre molte volte anche nel *Morg.* e nell'*Innam.*; propria dei cantari era anche la formula *Non fu sentito ecc.*: cfr. *Innam.*, I, iv, 48, 6: «Mai non fu visto cosa più deserta»; 53, 8: «Mai non se vide più terribil cosa».

che ferian gli Scozzesi solamente:
solamente i pagani eran distrutti,
come sol per morir fosser condutti.

53.   Parve più freddo ogni pagan che ghiaccio;
parve ogni Scotto più che fiamma caldo.
I Mori si credean ch'avere il braccio
dovesse ogni cristian, ch'ebbe Rinaldo.
Mosse Sobrino i suoi schierati avaccio,
senza aspettar che lo 'nvitasse araldo:
de l'altra squadra questa era migliore
di capitano, d'arme e di valore.

54.   D'Africa v'era la men trista gente;
ben che né questa ancor gran prezzo vaglia.
Dardinel la sua mosse incontinente,
e male armata, e peggio usa in battaglia;
ben ch'egli in capo avea l'elmo lucente,
e tutto era coperto a piastra e a maglia.
Io credo che la quarta miglior sia,
con la qual Isolier dietro venìa.

55.   Trasone intanto, il buon duca di Marra,
che ritrovarsi all'alta impresa gode,
ai cavallieri suoi leva la sbarra,
e seco invita alle famose lode,
poi ch'Isolier con quelli di Navarra
entrar ne la battaglia vede et ode.
Poi mosse Arïodante la sua schiera,
che nuovo duca d'Albania fatt'era.

---

53. – 2. *caldo*: animoso. – 5. *avaccio*: presto. Voce fiorentina frequente in Dante e Boccaccio, mai usata da Petrarca. – 6. *araldo*: colui che dava il segnale dell'inizio del combattimento. – 8. *di capitano ecc.*: per capitano ecc.

54. – 2. *né... ancor*: neanche. – 3. *la sua*: la sua squadra; si tratta della gente di Zumara; cfr. XIV, 27. – 6. *a piastra e a maglia*: cfr. I, 17, 3. – 8. *Isolier*: cfr. XIV, 11, 8.

55. – 1. *Trasone... di Marra*: duca scozzese; cfr. X, 85, 3-4. – 3. *leva la sbarra*: dà via libera; espressione presa dal linguaggio delle giostre, in cui una sbarra chiudeva l'entrata dello steccato. – 4. *lode*: imprese degne di lode; cfr. XV, 2, 1 e anche DANTE, *Purg.*, XX, 36; PETRARCA, *Canz.*, CXXVIII, 109. – 7-8. *Arïodante... nuovo duca*: cfr. VI, 15, 5-8.

56.   L'alto rumor de le sonore trombe,
de' timpani e de' barbari stromenti,
giunti al continuo suon d'archi, di frombe,
di machine, di ruote e di tormenti;
e quel di che più par che 'l ciel ribombe,
gridi, tumulti, gemiti e lamenti:
rendeno un alto suon ch'a quel s'accorda,
con che i vicin, cadendo, il Nilo assorda.

57.   Grande ombra d'ogn'intorno il cielo involve,
nata dal saettar de li duo campi:
l'alito, il fumo del sudor, la polve
par che ne l'aria oscura nebbia stampi.
Or qua l'un campo, or l'altro là si volve:
vedresti or come un segua, or come scampi;
et ivi alcuno, o non troppo diviso,
rimaner morto ove ha il nimico ucciso.

58.   Dove una squadra per stanchezza è mossa,
un'altra si fa tosto andare inanti.
Di qua di là la gente d'arme ingrossa:
là cavallieri, e qua si metton fanti.
La terra che sostien l'assalto, è rossa:
mutato ha il verde ne' sanguigni manti;

56. – 2. *timpani*: tamburi; *barbari stromenti*: sono gli «stromenti alla moresca» del PULCI, *Morg.*, XVI, 25, 6. – 3. *frombe*: fionde. – 4. *tormenti*: macchine per lanciare pietre (lat. *tormenta*). – 5. *par... ribombe*: cfr. *Innam.*, II, XX, 16, 3: «e par che il cel rimbombe»; III, IV, 9, 6-8: «Ché oltra ad un colle odirno un gran rumore, Corni, tamburi et altre voce e trombe, Che par che 'l suono insino al cel rimbombe». La coppia di rime *tromba:rimbomba* era già in DANTE, *Inf.*, VI, 94-99 e in PETRARCA, *Canz.*, CLXXXVII, 1-7. – 7. *s'accorda*: è pari. – 8. *con che... assorda*: con il quale il Nilo, cadendo dalle cateratte, assorda le popolazioni vicine; cfr. CICE-RONE, *De rep.*, VI, XVIII, 19: «*Ubi Nilus... praecipitat ex altissimis montibus, ea gens quae illum locum accolit propter magnitudinem sonitus sensa audiendi caret*»; PE-TRARCA, *Canz.*, XLVIII, 9-10: «Sì come 'l Nil d'alto caggendo Co 'l gran suono i vicin d'intorno assorda»; POLIZIANO, *Stanze*, I, 28, 5-6: «Con tal tumulto, onde la gente assorda, Dall'alte cateratte il Nil rimbomba»; ARIOSTO, *Rime*, Canz. V, 153: «ove il Nilo al gran cader remugge».

57. – 1. *involve*: avvolge; cfr. VIRGILIO, *Aen.*, II, 251: «*Involvens umbra magna terramque polumque*»; XI, 610-611: «*fundunt simul undique tela Crebra... caelumque obtexitur umbra*»; XII, 578: «*et obumbrant aethera telis*»; BOIARDO, *Innam.*, III, IV, 32, 7-8: «E tale è il saettar fuor di misura, Che al nivolo de' dardi il cel se oscura». – 4. *stampi*: formi; «con idea di rilievo e di contrasto col sereno» (Ramat); cfr. anche PETRARCA, *Canz.*, CX, 5-6: «vidi un'ombra che da lato Stampava il sole». – 6. *scampi*: fugga. – 7. *diviso*: lontano; cfr. DANTE, *Purg.*, XVIII, 139.

58. – 1. *mossa*: rimossa, retrocessa. – 6. *mutato... manti*: si è vestita di colori

e dov'erano i fiori azzurri e gialli,
giaceno uccisi or gli uomini e i cavalli.

59.   Zerbin facea le più mirabil pruove
che mai facesse di sua età garzone:
l'esercito pagan che 'ntorno piove,
taglia et uccide e mena a destruzione.
Arïodante alle sue genti nuove
mostra di sua virtù gran paragone;
e dà di sé timore e meraviglia
a quelli di Navarra e di Castiglia.

60.   Chelindo e Mosco, i duo figli bastardi
del morto Calabrun re d'Aragona,
et un che reputato fra' gagliardi
era, Calamidor da Barcelona,
s'avean lasciato a dietro gli stendardi;
e credendo acquistar gloria e corona
per uccider Zerbin, gli furo addosso;
e ne' fianchi il destrier gli hanno percosso.

61.   Passato da tre lance il destrier morto
cade; ma il buon Zerbin subito è in piede;
ch'a quei ch'al suo cavallo han fatto torto,
per vendicarlo va dove gli vede:
e prima a Mosco, al giovene inaccorto,
che gli sta sopra, e di pigliar sel crede,
mena di punta, e lo passa nel fianco,
e fuor di sella il caccia freddo e bianco.

purpurei; nota la bella osservazione smagliante di colori petrarcheschi (cfr. *Tr.
Am.*, IV, 123: «E rimbombava tutta quella valle D'acque e d'augelli, et eran le sue
rive Bianche, verdi, vermiglie, perse e gialle») e cfr. IV, 70, 4 e XXXI, 89, 6.
     59. – 2. *garzone*: giovinetto. – 3. *piove*: si rovescia addosso disordinatamente e
in gran moltitudine. – 5. *nuove*: da poco sotto il suo comando; cfr. VI, 15, 5-8 e
XVI, 55, 7-8. – 6. *paragone*: modello; cfr. IV, 62, 8.
     60. – 1-4. *Chelindo ecc.*: nomi che compaiono solo qui. *Calabruno*, re d'Arago-
na, era stato ucciso da Orlando, secondo l'*Innam.*, II, XXIII, 57-58. – 6. *gloria e
corona*: corona di gloria; cfr. XVI, 36, 1.
     61. – 3. *han fatto torto*: l'hanno ucciso, contro le regole della cavalleria. –
5. *inaccorto*: incauto. – 8. *freddo e bianco*: già cadavere; ma nota come la descrizione
sia piena di note di colore e resa vivace da una sintassi molto mossa e da frequenti
echi delle descrizioni popolaresche dei cantari; senza che per questo l'Ariosto
rinunci alla stesura equilibrata ed amalgamata delle sue ottave.

62.   Poi che si vide tor, come di furto,
        Chelindo il fratel suo, di furor pieno
        venne a Zerbino, e pensò dargli d'urto;
        ma gli prese egli il corridor pel freno:
        trasselo in terra, onde non è mai surto,
        e non mangiò mai più biada né fieno;
        che Zerbin sì gran forza a un colpo mise,
        che lui col suo signor d'un taglio uccise.

63.   Come Calamidor quel colpo mira,
        volta la briglia per levarsi in fretta;
        ma Zerbin dietro un gran fendente tira,
        dicendo: — Traditore, aspetta! aspetta! —
        Non va la botta ove n'andò la mira,
        non che però lontana vi si metta;
        lui non poté arrivar, ma il destrier prese
        sopra la groppa, e in terra lo distese.

64.   Colui lascia il cavallo, e via carpone
        va per campar, ma poco gli successe;
        che venne caso che 'l duca Trasone
        gli passò sopra, e col peso l'oppresse.
        Arïodante e Lurcanio si pone
        dove Zerbino è fra le genti spesse;
        e seco hanno altri e cavallieri e conti,
        che fanno ogn'opra che Zerbin rimonti.

65.   Menava Arïodante il brando in giro,
        e ben lo seppe Artalico e Margano;
        ma molto più Etearco e Casimiro
        la possanza sentîr di quella mano:
        i primi duo feriti se ne giro,
        rimaser gli altri duo morti sul piano.
        Lurcanio fa veder quanto sia forte;
        che fere, urta, riversa e mette a morte.

---

62. – 1. *come di furto*: senza che se l'aspettasse. – 5. *onde... surto*: di dove non si
levò mai più. Le rime *furto:surto:urto* sono già in DANTE, *Inf.*, XXVI, 41-45. –
7. *mise*: impresse. – 8. *d'un taglio*: con lo stesso colpo, dato di taglio.

63. – 2. *levarsi*: fuggire di lì. – 5. *ove... mira*: dove Zerbino aveva mirato. –
6. *non che ecc.*: neanche però molto lontana da quel punto.

64. – 2. *poco gli successe*: non gli riuscì. – 3. *venne caso*: accadde. – 8. *rimonti*: a
cavallo.

65. – 2. *lo seppe*: ne fece prova. – 2-3. *Artalico... Margano... Etearco... Casimiro*:
oscuri cavalieri, menzionati solo qui. – 5. *se ne giro*: fuggirono. – 8. *riversa*: rovescia

66.   Non crediate, Signor, che fra campagna
        pugna minor che presso al fiume sia,
        né ch'a dietro l'esercito rimagna,
        che di Lincastro il buon duca seguia.
        Le bandiere assalì questo di Spagna,
        e molto ben di par la cosa gìa;
        che fanti, cavallieri e capitani
        di qua e di là sapean menar le mani.

67.   Dinanzi vien Oldrado e Fieramonte,
        un duca di Glocestra, un d'Eborace;
        con lor Ricardo, di Varvecia conte,
        e di Chiarenza il duca, Enrigo audace.
        Han Matalista e Follicone a fronte,
        e Baricondo et ogni lor seguace.
        Tiene il primo Almeria, tiene il secondo
        Granata, tien Maiorca Baricondo.

68.   La fiera pugna un pezzo andò di pare;
        che vi si discernea poco vantaggio.
        Vedeasi or l'uno or l'altro ire e tornare,
        come le biade al ventolin di maggio,
        o come sopra 'l lito un mobil mare
        or viene or va, né mai tiene un vïaggio.
        Poi che Fortuna ebbe scherzato un pezzo,
        dannosa ai Mori ritornò da sezzo.

dall'arcione; cfr. questa serie verbale con IX, 29, 8; XII, 50, 6; XXIII, 61, 2; ecc. e
nota la capacità di *variatio* propria dell'Ariosto.
    66. – 1. *Signor*: cfr. I, 40, 2; *fra campagna*: nella campagna, più discosto dal
fiume, ove era Marsilio con il grosso degli Spagnoli e dove Rinaldo aveva mandato gli Irlandesi; cfr. XVI, 40, 5-6. – 3. *l'esercito*: inglese, sotto la guida di Leonetto
di Lincastro, che era schierato fra gli Scozzesi e gli Irlandesi; cfr. XVI, 40, 7-8. –
6. *e molto... gìa*: e il combattimento metteva in rilievo il valore di entrambe le parti
e aveva esito incerto.
    67. – 1-4. *Oldrado... Fieramonte... Ricardo... Enrigo*: cfr. X, 78, 4-8. – 5-8. *Matali-
sta... Follicone... Baricondo*: guerrieri pagani; cfr. XIV, 13-16; e nota che l'Ariosto
opera qui diversi scambi di province e appartenenze rispetto a quanto detto nel
XIV.
    68. – 6. *un vïaggio*: la stessa direzione. Similitudini come queste si trovano di
frequente nei poeti; cfr. OMERO, *Il.*, II, 148-149; OVIDIO, *Her.*, XIV, 39: «*Ut leni
Zephyro graciles vibrantur aristae*»; POLIZIANO, *Stanze*, I, 110, 4-5: «tremando, come
sòle Per picciol ventolin palustre canna»; e, per la seconda, cfr. VIRGILIO, *Aen.*, XI,
624-628; DANTE, *Purg.*, X, 9: «sì come l'onda che fugge e s'appressa»; POLIZIANO,
Stanze, I, 14, 8: «E vanne e vien, come alla riva l'onde». – 8. *da sezzo*: da ultimo.

69.   Tutto in un tempo il duca di Glocestra
        a Matalista fa votar l'arcione;
        ferito a un tempo ne la spalla destra
        Fieramonte riversa Follicone:
        e l'un pagano e l'altro si sequestra,
        e tra gl'Inglesi se ne va prigione.
        E Baricondo a un tempo riman senza
        vita per man del duca di Chiarenza.

70.   Indi i pagani tanto a spaventarsi,
        indi i fedeli a pigliar tanto ardire,
        che quei non facean altro che ritrarsi
        e partirsi da l'ordine e fuggire,
        e questi andar inanzi et avanzarsi
        sempre terreno, e spingere e seguire:
        e se non vi giungea chi lor diè aiuto,
        il campo da quel lato era perduto.

71.   Ma Ferraù, che sin qui mai non s'era
        dal re Marsilio suo troppo disgiunto,
        quando vide fuggir quella bandiera,
        e l'esercito suo mezzo consunto,
        spronò il cavallo, e dove ardea più fiera
        la battaglia, lo spinse; e arrivò a punto
        che vide dal destrier cadere in terra
        col capo fesso Olimpio da la Serra;

72.   un giovinetto che col dolce canto,
        concorde al suon de la cornuta cetra,

---

69. – 1. *Tutto in un tempo*: nello stesso tempo. – 5. *si sequestra*: si allontana dal campo come prigioniero; oppure: viene fatto prigioniero (cfr. DANTE, *Purg.*, XXV, 114).

70. – 1-2. *Indi... spaventarsi... pigliar*: ed ecco che i pagani cominciano a spaventarsi, ed ecco ecc. (infiniti storici alla latina). – 4. *da l'ordine*: dal posto a cui erano stati assegnati nella schiera; cfr. XIII, 83, 5. – 5. *avanzarsi*: guadagnare. – 6. *spingere e seguire*: incalzare e inseguire.

71. – 1. *Ferraù*: cfr. XIV, 15, 1-2. – 3. *bandiera*: schiera. – 4. *consunto*: disfatto. – 8. *fesso*: spaccato; *Olimpio da la Serra*: figura gentile che rievoca esempi classici; qualche analogia egli ha con il Creteo di VIRGILIO, *Aen.*, IX, 774-777, anche se quello era un cantore d'armi: «*amicum Crethea Musis, Crethea Musarum comitem, cui carmina semper Et citharae cordi numerosque intendere nervis, Semper equos atque arma virum pugnasque canebat*».

72. – 2. *concorde*: che s'accordava; *cornuta cetra*: fatta a foggia di lira, con le due

d'intenerire un cor si dava vanto,
ancor che fosse più duro che pietra.
Felice lui, se contentar di tanto
onor sapeasi, e scudo, arco e faretra
aver in odio, e scimitarra e lancia,
che lo fecer morir giovine in Francia!

73. Quando lo vide Ferraù cadere,
che solea amarlo e avere in molta estima,
si sente di lui sol via più dolere,
che di mill'altri che periron prima:
e sopra chi l'uccise in modo fere,
che gli divide l'elmo da la cima
per la fronte, per gli occhi e per la faccia,
per mezzo il petto, e morto a terra il caccia.

74. Né qui s'indugia; e il brando intorno ruota,
ch'ogni elmo rompe, ogni lorica smaglia;
a chi segna la fronte, a chi la gota,
ad altri il capo, ad altri il braccio taglia;
or questo or quel di sangue e d'alma vòta:
e ferma da quel canto la battaglia,
onde la spaventata ignobil frotta
senza ordine fuggia spezzata e rotta.

75. Entrò ne la battaglia il re Agramante,
d'uccider gente e di far pruove vago;
e seco ha Baliverzo, Farurante,
Prusïon, Soridano e Bambirago.
Poi son le genti senza nome tante,
che del lor sangue oggi faranno un lago,

---

estremità superiori ricurve. – 5. *Felice... se*: cfr. la costruzione analoga di VIRGILIO, *Aen.*, IX, 337: «*felix, si...*».

73. – 3. *via più*: molto più. – 5. *fere*: colpisce. – 7. *per la fronte*: e passa per la fronte.

74. – 2. *ogni lorica smaglia*: rompe ogni maglia di ferro; cfr. PETRARCA, *Tr. Pud.*, 75: «colui ch'ogni lorica smaglia». – 6. *ferma... battaglia*: trattiene la fuga dei suoi e rimette in equilibrio la battaglia. – 7. *ignobil frotta*: moltitudine vile e oscura (lat.); cfr. XVI, 23, 7: *populazzo*.

75. – 2. *vago*: desideroso. – 3-4. *Baliverzo... Bambirago*: cfr. XIV, 21-27. – 5. *senza nome*: non nobili, oscure; cfr. XVI, 74, 7: «ignobil frotta». – 6. *faranno un lago*: cfr. DANTE, *Inf.*, XXV, 27; *Purg.*, V, 84; l'immagine dantesca era piaciuta agli autori dei cantari (e ripresa dal Pulci e dal Boiardo); cfr. per es. la *Spagna*, XIII, 20, 3: «di

che meglio conterei ciascuna foglia,
quando l'autunno gli arbori ne spoglia.

76. Agramante dal muro una gran banda
di fanti avendo e di cavalli tolta,
col re di Feza subito li manda,
che dietro ai padiglion piglin la volta,
e vadano ad opporsi a quei d'Irlanda,
le cui squadre vedea con fretta molta,
dopo gran giri e larghi avolgimenti,
venir per occupar gli alloggiamenti.

77. Fu 'l re di Feza ad esequir ben presto;
ch'ogni tardar troppo nociuto avria.
Raguna intanto il re Agramante il resto;
parte le squadre, e alla battaglia invia.
Egli va al fiume; che gli par ch'in questo
luogo del suo venir bisogno sia;
e da quel canto un messo era venuto
del re Sobrino a domandare aiuto.

78. Menava in una squadra più di mezzo
il campo dietro; e sol del gran rumore
tremâr gli Scotti, e tanto fu il ribrezzo,
ch'abbandonavan l'ordine e l'onore.
Zerbin, Lurcanio e Arïodante in mezzo
vi restâr soli incontra a quel furore:
e Zerbin, ch'era a piè, vi peria forse,
ma 'l buon Rinaldo a tempo se n'accorse.

---

sangue facea fare in terra un lago». – 7. *che*: dipende da *tante* (v. 5); uguale figura in VIRGILIO, *Aen.*, VI, 309-310: «*Quam multa in silvis autumni frigore primo Lapsa cadunt folia*»; OVIDIO, *Met.*, III, 729-731; DANTE, *Inf.*, III, 112-114.
    76. – 3. *re di Feza*: Malabuferso, re di «Fizan» (XV, 7, 4). – 4. *dietro... volta*: girino dietro agli attendamenti.
    77. – 1. *esequir*: eseguire l'ordine; *presto*: pronto. – 4. *parte*: divide.
    78. – 1-2. *più... campo*: più di mezzo esercito. – 3. *ribrezzo*: senso di orrore, spavento. – 4. *abbandonavan... onore*: lasciavano il luogo loro assegnato, con ciò perdendo anche l'onore. – 6. *furore*: impeto furibondo; cfr. PETRARCA, *Canz.*, CXXVIII, 93.

79.   Altrove intanto il paladin s'avea
        fatto inanzi fuggir cento bandiere.
        Or che l'orecchie la novella rea
        del gran periglio di Zerbin gli fere,
        ch'a piedi fra la gente cirenea
        lasciato solo aveano le sue schiere,
        volta il cavallo, e dove il campo scotto
        vede fuggir, prende la via di botto.

80.   Dove gli Scotti ritornar fuggendo
        vede, s'appara, e grida: — Or dove andate?
        perché tanta viltade in voi comprendo,
        che a sì vil gente il campo abbandonate?
        Ecco le spoglie, de le quali intendo
        ch'esser dovean le vostre chiese ornate.
        Oh che laude, oh che gloria, che 'l figliuolo
        del vostro re si lasci a piedi e solo! —

81.   D'un suo scudier una grossa asta afferra,
        e vede Prusïon poco lontano,
        re d'Alvaracchie, e adosso se gli serra,
        e de l'arcion lo porta morto al piano.
        Morto Agricalte e Bambirago atterra:
        dopo fere aspramente Soridano;
        e come gli altri l'avria messo a morte,
        se nel ferir la lancia era più forte.

79. - 2. *bandiere:* schiere; cfr. XVI, 71, 3. - 3-4. *l'orecchie... fere:* cfr. VIRGI-
LIO, *Aen.*, VIII, 582-583: «*gravior neu nuntius auris Volneret*». - 5. *cirenea:* di
Cirene, in Libia; ma qui, più genericamente: africana. - 8. *di botto:* senza
indugio.

80. - 2. *s'appara:* si para davanti, si presenta. - 2. *dove andate?:* cfr. VIRGILIO,
Aen., X, 369: «*Quo fugitis, socii?...*» (Pallante agli Arcadi); BOIARDO, *Innam.*, I, XI,
3, 1-2: «Fuggitevi de qui, vituperati!... popol da nïente...» (Agricane ai suoi). -
3. *comprendo:* scorgo; cfr. DANTE, *Inf.*, II, 122: «Perché tanta viltà nel cuore
allette?». - 5. *intendo:* sento dire; Rinaldo rinfaccia loro i vanti fatti prima della
battaglia.

81. - 2-3. *Prusïon... re d'Alvaracchie:* cfr. XIV, 27, 1. - 3. *adosso se gli serra:* gli si
scaglia addosso con impeto; cfr. *Innam.*, II, XIV, 44, 8; XVIII, 26, 8: «adosso a lui si
serra». - 5. *Morto... atterra:* dopo aver ucciso Agricalte, atterra anche Bambirago.
Ma i due re, con incongruenza perdonabile all'Ariosto, risusciteranno e riappari-
ranno nel poema più avanti (XL, 71-73).

82.   Stringe Fusberta, poi che l'asta è rotta,
        e tocca Serpentin, quel da la Stella.
        Fatate l'arme avea, ma quella botta
        pur tramortito il manda fuor di sella.
        E così al duca de la gente scotta
        fa piazza intorno spazïosa e bella;
        sì che senza contesa un destrier puote
        salir di quei che vanno a selle vòte.

83.   E ben si ritrovò salito a tempo,
        che forse nol facea, se più tardava;
        perché Agramante e Dardinello a un tempo,
        Sobrin col re Balastro v'arrivava.
        Ma egli, che montato era per tempo,
        di qua e di là col brando s'aggirava,
        mandando or questo or quel giù ne l'inferno
        a dar notizia del viver moderno.

84.   Il buon Rinaldo, il quale a porre in terra
        i più dannosi avea sempre riguardo,
        la spada contra il re Agramante afferra,
        che troppo gli parea fiero e gagliardo
        (facea egli sol più che mille altri guerra);
        e se gli spinse adosso con Baiardo:
        lo fere a un tempo et urta di traverso,
        sì che lui col destrier manda riverso.

85.   Mentre di fuor con sì crudel battaglia,
        odio, rabbia, furor l'un l'altro offende,
        Rodomonte in Parigi il popul taglia,
        le belle case e i sacri templi accende.
        Carlo, ch'in altra parte si travaglia,
        questo non vede, e nulla ancor ne 'ntende:

---

82. – 2. *tocca*: colpisce; *Serpentin*: cfr. XIV, 13, 8. – 5. *al duca*: a Zerbino. – 6. *fa piazza*: fa largo intorno; cfr. XI, 50, 1.
83. – 4. *Balastro*: re di Alzerbe; cfr. XIV, 22, 8. – 7-8. *giù ne l'inferno... moderno*: al Galilei questa parve una stonatura, ma non è che una delle tante parentesi sorridente – di sapore in questo caso pulcesco e sottolineata per di più dalla rima baciata – introdotte qua e là dall'Ariosto pure nel contesto uniformemente epico.
84. – 1. *buon*: valoroso; *porre in terra*: uccidere; cfr. PETRARCA, *Canz.*, XXXV, 3 e BOIARDO, *Innam.*, III, VIII, 37, 8: «a terra il pose». – 2. *riguardo*: cura.
85. – 3. *taglia*: trucida. – 4. *accende*: incendia. – 6. *nulla... 'ntende*: non ne sa

Odoardo raccoglie et Arimanno
ne la città, col lor popul britanno.

86. A-llui venne un scudier pallido in volto,
che potea a pena trar del petto il fiato.
— Ahimè! signor, ahimè! — replica molto,
prima ch'abbia a dir altro incominciato:
— Oggi il romano Imperio, oggi è sepolto;
oggi ha il suo popul Cristo abandonato:
il demonio dal cielo è piovuto oggi,
perché in questa città più non s'alloggi.

87. Satanasso (perch'altri esser non puote)
strugge e ruina la città infelice.
Volgiti e mira le fumose ruote
de la rovente fiamma predatrice;
ascolta il pianto che nel ciel percuote;
e faccian fede a quel che 'l servo dice.
Un replo solo è quel ch'a ferro e a fuoco strugge
la bella terra, e inanzi ognun gli fugge. —

88. Quale è colui che prima oda il tumulto,
e de le sacre squille il batter spesso,
che vegga il fuoco a nessun altro occulto
ch'a sé, che più gli tocca, e gli è più presso;
tal è il re Carlo, udendo il nuovo insulto,
e conoscendol poi con l'occhio istesso:
onde lo sforzo di sua miglior gente
al grido drizza e al gran rumor che sente.

---

nulla. — 7. *raccoglie*: accoglie. Gli Inglesi erano giunti dalla parte orientale ed entravano in Parigi dalle porte di San Martino e San Dionigi; cfr. XVI, 30, 7-8.
86. — 3. *replica molto*: ripete molte volte. — 7. *il demonio*: Rodomonte. Già BOIARDO l'aveva paragonato a Satanasso: *Innam.*, III, VIII, 27, 5; *dal cielo è piovuto*: cfr. DANTE, *Inf.*, VIII, 83. — 8. *in questa... alloggi*: questa città resti deserta.
87. — 3. *le fumose ruote*: le spire di fumo; cfr. ORAZIO, *Carm.*, IV, XI, 11-12: «*Sordidum flammae trepidant rotantes Vertice fumum*»; LUCANO, *Phars.*, III, 505: «*nigri spatiosa volumina fumi*». — 5. *nel ciel percuote*: arriva fino al cielo; cfr. VIRGILIO, *Aen.*, II, 488: «*ferit aurea sidera clamor*». — 7-8. *Un solo... fugge*: cfr. XVII, 8, 1-4.
88. — 2. *squille*: campane. — 3. *che vegga*: dipende da *prima* (v. 1). — 4. *ch'a sé... tocca*: tranne che a sé, a cui più che agli altri interessa ed è vicino; le espressioni e la costruzione hanno un rapido piglio narrativo. — 5. *insulto*: assalto (lat.). — 8. *drizza*: dirige.

89.   Dei paladini e dei guerrier più degni
        Carlo si chiama dietro una gran parte,
        e vêr la piazza fa drizzare i segni;
        che 'l pagan s'era tratto in quella parte.
        Ode il rumor, vede gli orribil segni
        di crudeltà, l'umane membra sparte.
        Ora non più: ritorni un'altra volta
        chi voluntier la bella istoria ascolta.

89. – 3. *la piazza*: il centro della città; *segni*: le insegne. – 6. *l'umane membra sparte*: cfr. DANTE, *Purg.*, XII, 33: «le membra... sparte». – 7. *ritorni ecc.*: qui, più che altrove (cfr. V, 92, 8) «l'Ariosto ha serbato le forme dei cantastorie popolari» (Papini).

CANTO DECIMOSETTIMO

Esordio: Iddio, per punire le colpe degli uomini, invia atroci tiranni. Carlo e i paladini si scontrano con Rodomonte. Frattanto Grifone, Orrigille e Martano giungono a Damasco. Nella città si prepara la giostra per festeggiare la liberazione del re Norandino e della sua novella sposa Lucina, figlia del re di Cipro, dall'Orco. Grifone e i compagni apprendono la storia di Norandino e Lucina da un gentile cavaliere che li ospita. Grifone e Martano partecipano alla giostra. Martano vi si mostra millantatore e codardo, mentre Grifone si mostra superiore a tutti i contendenti. Grifone, vergognoso per Martano, si allontana con lui e Orrigille dalla città. Mentr'egli dorme, Martano lo spoglia delle armi e ritorna a Damasco con Orrigille. Grifone lo insegue, indossando le armi del rivale. Scambiato per Martano è sottoposto da Norandino a una punizione infamante ed esposto al pubblico dileggio.

1.   Il giusto Dio, quando i peccati nostri
       hanno di remission passato il segno,
       acciò che la giustizia sua dimostri
       uguale alla pietà, spesso dà regno
       a tiranni atrocissimi et a mostri,
       e dà lor forza e di mal fare ingegno.
       Per questo Mario e Silla pose al mondo,
       e duo Neroni e Caio furibondo,

---

1. – 2. *di remission... segno:* il limite oltre il quale non c'è più posto per il perdono. – 6. *forza... ingegno:* cfr. DANTE, *Inf.*, XXXI, 55-56; *Purg.*, V, 111-112. – 8. *duo Neroni:* Tiberio e Nerone; *Caio:* Caligola; cfr. III, 33, 6.

2.　　　Domizïano e l'ultimo Antonino;
　　　　e tolse da la immonda e bassa plebe,
　　　　et esaltò all'imperio Massimino;
　　　　e nascer prima fe' Creonte a Tebe;
　　　　e diè Mezenzio al populo Agilino,
　　　　che fe' di sangue uman grasse le glebe;
　　　　e diede Italia a tempi men remoti
　　　　in preda agli Unni, ai Longobardi, ai Goti.

3.　　　Che d'Atila dirò? che de l'iniquo
　　　　Ezzellin da Roman? che d'altri cento?
　　　　che dopo un lungo andar sempre in obliquo,
　　　　ne manda Dio per pena e per tormento.
　　　　Di questo abbiàn non pur al tempo antiquo,
　　　　ma ancora al nostro, chiaro esperimento,
　　　　quando a noi, greggi inutili e malnati,
　　　　ha dato per guardian lupi arrabbiati:

4.　　　a cui non par ch'abbi a bastar lor fame,
　　　　ch'abbi il lor ventre a capir tanta carne;
　　　　e chiaman lupi di più ingorde brame
　　　　da boschi oltramontani a divorarne.
　　　　Di Trasimeno l'insepulto ossame
　　　　e di Canne e di Trebia poco parne
　　　　verso quel che le ripe e i campi ingrassa,
　　　　dov'Ada e Mella e Ronco e Tarro passa.

---

2. – 1. *l'ultimo Antonino*: Eliogabalo, che ebbe il nome di M. Aurelio Antonino.
– 3. *Massimino*: figliolo di un pastore di Tracia. – 4. *Creonte*: leggendario tiranno di
Tebe. – 5. *Mezenzio*: tiranno di Cere (Cerveteri), detta dai Greci Agylla; cfr. VIRGILIO,
Aen., VIII, 478-488. – 6. *che fe'... glebe*: riprende un'immagine già usata da PETRARCA,
Tr. Fama, III, 57: «E di che sangue quel campo s'impingua», che a sua volta ripren-
deva VIRGILIO, *Georg.*, I, 491-92: «*sanguine nostro... pinguescere campos*».

3. – 2. *Ezzellin*: cfr. III, 33, 1. – 3. *dopo... obliquo*: dopo che gli uomini sono
rimasti a lungo fuori della via della virtù. – 8. *lupi arrabbiati*: immagine biblica
(*Matth.*, VII, 15), cara alla letteratura polemica medievale e usata anche da DAN-
TE, *Par.*, XXVII, 55. L'Ariosto vuol qui alludere in genere ai signori italiani che
hanno chiamato gli stranieri al di qua delle Alpi (cfr. XXXIII, 41 segg.) e in
particolare a Giulio II, che dopo la battaglia di Ravenna fece intervenire i mer-
cenari svizzeri.

4. – 2. *capir*: contenere. – 5-8. *Di Trasimeno ecc.*: le stragi compiute da Annibale a danno dei Romani durante la II guerra punica sono poca cosa in confronto
a quelle fatte nelle battaglie moderne di Agnadello sull'Adda (1509), di Brescia sul
Mella (1512; cfr. XIV, 9, 3), di Ravenna sul Ronco (1512; cfr. XIV, 1-10), di Fornovo
sul Taro (1495). – 7. *ingrassa*: cfr. XIV, 5, 5. La poesia decorosamente e austera-

5.   Or Dio consente che noi siàn puniti
da populi di noi forse peggiori,
per li multiplicati et infiniti
nostri nefandi, obbrobriosi errori.
Tempo verrà ch'a depredar lor liti
andremo noi, se mai saren migliori,
e che i peccati lor giungano al segno,
che l'eterna Bontà muovano a sdegno.

6.   Doveano allora aver gli eccessi loro
di Dio turbata la serena fronte,
che scórse ogni lor luogo il Turco e 'l Moro
con stupri, uccisïon, rapine et onte:
ma più di tutti gli altri danni, fôro
gravati dal furor di Rodomonte.
Dissi ch'ebbe di lui la nuova Carlo,
e che 'n piazza venìa per ritrovarlo.

7.   Vede tra via la gente sua troncata,
arsi i palazzi, e ruinati i templi,
gran parte de la terra desolata:
mai non si vider sì crudeli esempli.
– Dove fuggite, turba spaventata?
Non è tra voi chi 'l danno suo contempli?
Che città, che refugio più vi resta,
quando si perda sì vilmente questa?

---

mente oratoria di questo esordio, degno sfondo alle scene della battaglia di Parigi,
si vale in più luoghi del linguaggio dantesco e petrarchesco. Il tema che vi è
trattato è quello delle storture dei regimi tirannici. Era, come noto, un tema assai
diffuso nella letteratura umanistica, specialmente fiorentina, del Quattrocento.
L'A. l'aveva già accolto in alcune sue liriche giovanili e tornò su di esso, con toni
amari e pessimistici, nell'esordio al II dei *Cinque canti*.
    5. – 6. *migliori*: migliori di quel che siano oggi, «non in rapporto ai barbari, i
quali sono in ogni caso peggiori» (v. 2) (Caretti).
    6. – 1. *eccessi loro*: delitti commessi dai Francesi, ai tempi di Carlo Magno. –
2. *turbata... fronte*: cfr. PETRARCA, *Canz.*, CCCLVII, 14: «E non turbò la sua fronte
serena». – 3. *che*: dipende da *allora* (v. 1); *scórse*: corse depredando. – 7. *Dissi*: cfr.
XVI, 89.
    7. – 1. *tra via*: lungo la strada; *troncata*: trucidata. – 2. *ruinati*: distrutti. –
5. *Dove fuggite ecc.*: cfr. le parole che Mnesteo rivolge ai Troiani che fuggono
spauriti davanti a Turno: «*Quo deinde fugam, quo tenditis?... Quos alios muros,
quae iam ultra moenia habetis? Unus homo et vestris, o cives, undique saeptus
Aggeribus tantas strages impune per urbem Ediderit...?*» (*Aen.*, IX, 781-785). –
6. *contempli*: consideri.

8.   Dunque un uom solo in vostra terra preso,
         cinto di mura onde non può fuggire,
         si partirà che non l'avrete offeso,
         quando tutti v'avrà fatto morire? –
         Così Carlo dicea, che d'ira acceso
         tanta vergogna non potea patire.
         E giunse dove inanti alla gran corte
         vide il pagan por la sua gente a morte.

9.   Quivi gran parte era del populazzo,
         sperandovi trovare aiuto, ascesa;
         perché forte di mura era il palazzo,
         con munizion da far lunga difesa.
         Rodomonte, d'orgoglio e d'ira pazzo,
         solo s'avea tutta la piazza presa:
         e l'una man, che prezza il mondo poco,
         ruota la spada, e l'altra getta il fuoco.

10.   E de la regal casa, alta e sublime,
         percuote e risuonar fa le gran porte.
         Gettan le turbe da le eccelse cime
         e merli e torri, e si metton per morte.
         Guastare i tetti non è alcun che stime;
         e legne e pietre vanno ad una sorte,
         lastre e colonne, e le dorate travi
         che furo in prezzo agli lor padri e agli avi.

11.   Sta su la porta il re d'Algier, lucente
         di chiaro acciar che 'l capo gli arma e 'l busto,

---

8. – 1. *preso*: chiuso (lat. *saeptus*). – 3. *che... offeso*: senza che lo abbiate colpito.
– 7. *gran corte*: reggia.
    9. – 1. *populazzo*: cfr. XVI, 23, 7. – 2. *ascesa*: la reggia era sempre posta in luogo
elevato. – 4. *munizion*: fortificazioni.
    10. – 4. *e si metton per morte*: e si considerano ormai morte. – 5. *Guastare...
stime*: non c'è alcuno che si periti di guastare l'edificio. – 6. *vanno ad una sorte*:
finiscono ad uno stesso modo. – 7. *dorate travi*: per questa espressione e per tutta
la descrizione, cfr. l'episodio dell'assalto di Pirro alla reggia di Priamo in VIRGI-
LIO, *Aen.*, II, 448-449: «*Auratasque trabes veterum decora alta parentum Devolvunt*».
    11. – 1. *Sta su la porta ecc.*: cfr. VIRGILIO, *Aen.*, II, 469-475: «*Vestibulum ante
ipsum primoque in limine Pyrrhus Exsultat, telis et luce coruscus aëna; Qualis ubi in
lucem coluber mala gramina pastus, Frigida sub terra tumidum quem bruma tegebat,
Nunc, positis novus exuviis nitidusque iuventa, Lubrica convolvit sublato pectore terga,
Arduus ad solem, et linguis micat ore trisulcis*», e anche II, 485: «*armatosque vident...
stantis in limine primo*». – 2. *acciar*: sarà da pensare che la pelle del drago (cfr. XI,

come uscito di tenebre serpente,
poi c'ha lasciato ogni squalor vetusto,
del nuovo scoglio altiero, e che si sente
ringiovenito e più che mai robusto:
tre lingue vibra, et ha negli occhi foco;
dovunque passa, ogn'animal dà loco.

12. Non sasso, merlo, trave, arco o balestra,
né ciò che sopra il Saracin percuote,
ponno allentar la sanguinosa destra
che la gran porta taglia, spezza e scuote;
e dentro fatto v'ha tanta finestra,
che ben vedere e veduto esser puote
dai visi impressi di color di morte,
che tutta piena quivi hanno la corte.

13. Suonar per gli alti e spazïosi tetti
s'odono gridi e feminil lamenti:
l'afflitte donne, percotendo i petti,
corron per casa pallide e dolenti;
e abbraccian gli usci e i genïali letti
che tosto hanno a lasciare a strane genti.
Tratta la cosa era in periglio tanto,
quando 'l re giunse, e suoi baroni accanto.

14. Carlo si volse a quelle man robuste
ch'ebbe altre volte a gran bisogni pronte.
– Non sète quelli voi, che meco fuste

66, 6; XIV, 118, 1-2) fosse coperta di lamelle d'acciaio. – 5. *scoglio*: cfr. XIV, 120, 6. – 7-8. *foco... loco*: questa coppia di rime è molto frequente in Petrarca e nell'*Innam.*; per es. I, V, 21, 7-8: «Penar fa me de amore sì gran foco, Che giorno e notte mai non trovo loco».
    12. – 1. *Non sasso ecc.*: cfr. VIRGILIO, *Aen.*, II, 479-83: «*Ipse inter primos correpta dura bipenni Limina perrumpit postisque a cardine vellit Aeratos; iamque excisa trabe firma cavavit Robora et ingentem lato dedit ore fenestram. Apparet domus intus et atria longa patescunt*». – 5. *finestra*: squarcio; cfr. XIV, 120, 6.
    13. – 1. *Suonar ecc.*: cfr. VIRGILIO, *Aen.*, II, 486-490: «*At domus interior gemitu miseroque tumultu Miscetur penitusque cavae plangoribus aedes Femineis ululant; ferit aurea sidera clamor. Tum pavidae tectis matres ingentibus errant Amplexaeque tenent postis atque oscula figunt*»; IV, 667-68; XII, 607. – 5. *genïali*: nuziali; cfr. V, 2, 6. – 8. *e suoi baroni*: Bigi propone di correggere *e' suoi baroni*.

contra Agolante – disse – in Aspramonte?
Sono le forze vostre ora sì fruste,
che, s'uccideste lui, Troiano e Almonte
con cento mila, or ne temete un solo
pur di quel sangue e pur di quello stuolo?

15. Perché debbo vedere in voi fortezza
ora minor ch'io la vedessi allora?
Mostrate a questo can vostra prodezza,
a questo can che gli uomini devora.
Un magnanimo cor morte non prezza,
presta o tarda che sia, pur che ben muora.
Ma dubitar non posso ove voi sète,
che fatto sempre vincitor m'avete. –

16. Al fin de le parole urta il destriero,
con l'asta bassa, al Saracino adosso.
Mossesi a un tratto il paladino Ugiero,
a un tempo Namo et Ulivier si è mosso,
Avino, Avolio, Otone e Berlingiero,
ch'un senza l'altro mai veder non posso:
e ferîr tutti sopra a Rodomonte
e nel petto e nei fianchi e ne la fronte.

17. Ma lasciamo, per Dio, Signore, ormai
di parlar d'ira e di cantar di morte;
e sia per questa volta detto assai
del Saracin non men crudel che forte:
che tempo è ritornar dov'io lasciai
Grifon, giunto a Damasco in su le porte
con Orrigille perfida, e con quello
ch'adulter era, e non di lei fratello.

---

14. – 4-6. *Agolante... Troiano... Almonte*: cfr. n. a I, 1, 3; 28, 5. – 8. *di quel sangue... stuolo*: africani e mussulmani anch'essi.

15. – 3. *can*: infedele. – 5. *prezza*: cura, teme.

16. – 1. *urta*: sprona. – 3-4. *Ugiero... Namo... Ulivier*: cfr. XV, 8, 5-7. – 5-6. *Avino ecc.*: cfr. XV, 8, 8; qui c'è il solito sorriso dell'Ariosto a proposito del quartetto inseparabile e del comodo endecasillabo. – 8. *petto... fianchi*: cfr. PETRARCA, *Canz.*, XLVI, 4: «Ch'io provo per lo petto et per li fianchi».

17. – 1. *per Dio*: in nome di Dio. – 5. *dov'io lasciai ecc.*: cfr. XVI, 15 e n. a II, 30, 7-8. – 8. *adulter*: amante; cfr. XVI, 14, 4.

18. De le più ricche terre di Levante,
de le più populose e meglio ornate
si dice esser Damasco, che distante
siede a Ierusalem sette giornate,
in un piano fruttifero e abondante,
non men giocondo il verno, che l'estate.
A questa terra il primo raggio tolle
de la nascente aurora un vicin colle.

19. Per la città duo fiumi cristallini
vanno inaffiando per diversi rivi
un numero infinito di giardini,
non mai di fior, non mai di fronde privi.
Dicesi ancor, che macinar molini
potrian far l'acque lanfe che son quivi;
e chi va per le vie vi sente, fuore
di tutte quelle case, uscire odore.

20. Tutta coperta è la strada maestra
di panni di diversi color lieti;
e d'odorifera erba, e di silvestra
fronda la terra e tutte le pareti.
Adorna era ogni porta, ogni finestra
di finissimi drappi e di tapeti,
ma più di belle e ben ornate donne
di ricche gemme e di superbe gonne.

21. Vedeasi celebrar dentr'alle porte,
in molti lochi, solazzevol balli;
il popul, per le vie, di miglior sorte

18. – 1. *terre:* città. – 3-4. *distante... giornate:* a sette giornate di cammino da Gerusalemme. – 8. *un vicin colle:* un colle situato a Oriente della città. Si noti la precisione topografica di questo paesaggio, che è poi quello di un Oriente tutto deliziosamente letterario.
19. – 1. *duo fiumi:* il Baradà che attraversa la città e l'Avai, che scorre vicino. – 6. *lanfe:* detto di acqua, viene dall'arabo *nafkha* (profumo) ed è nome che si dà all'acqua di fior d'arancio. In francese si trova *eau de naffe.* Il vocabolo compare nel *Decam.* (VIII, 10, 17) e nei *Motti* del Piovano Arlotto (153, 4). Anche il Pulci, seguendo un suo gusto per certe tinte arabesche, l'aveva usato nel *Morg.,* XXV, 216, 2.
20. – 2. *panni:* tappeti; *lieti:* vivaci, che allietano la vista. Dopo la collocazione topografica e la rievocazione atmosferica, Damasco si trasforma in una città italiana rinascimentale in festa; per tutto il passo cfr. la descrizione di Firenze nelle *Rime* dell'Ariosto, canz. I, 78-88.
21. – 1-2. *celebrar... balli:* fare balli (costr. lat. *celebrare convivium*). – 3. *il popul...*

maneggiar ben guarniti e bei cavalli:
facea più bel veder la ricca corte
de' signor, de' baroni e de' vasalli,
con ciò che d'India e d'eritree maremme
di perle aver si può, d'oro e di gemme.

22.   Venìa Grifone e la sua compagnia
mirando e quinci e quindi il tutto ad agio,
quando fermolli un cavalliero in via,
e gli fece smontare a un suo palagio;
e per l'usanza e per sua cortesia
di nulla lasciò lor patir disagio.
Li fe' nel bagno entrar, poi con serena
fronte gli accolse a sontuosa cena.

23.   E narrò lor come il re Norandino,
re di Damasco e di tutta Soria,
fatto avea il paesano e 'l peregrino
ch'ordine avesse di cavalleria,
alla giostra invitar, ch'al matutino
del dì sequente in piazza si faria;
e che s'avean valor pari al sembiante,
potrian mostrarlo senza andar più inante.

---

di miglior sorte: il popolo di condizioni più agiate. – 7. *eritree maremme*: spiagge del
Mar Rosso. Per *maremme* (lat. *maritima*), cfr. *Cinque Canti*, III, 69, 4.
    22. – 2. *mirando*: ammirando (lat.). – 5. *l'usanza*: secondo la consuetudine dei
castellani arturiani.
    23. – 1. *Norandino*: la storia che segue, in parte avventurosa, di un avventu-
roso classico e romanzo insieme, in parte fiabesca, è sviluppo di un episodio
rimasto frammentario nell'*Innam*. Il Boiardo racconta (II, XIX-XX) che il re di
Cipri aveva bandito un torneo per dare un marito valoroso alla figlia Lucina, e
che fra i duellanti c'era il re di Damasco, amante riamato della fanciulla: Norandino (Nar-al-din: «la luce della religione»: è questo uno dei pochi nomi arabi
nell'onomastica boiardesca e ariostesca, in genere schiettamente franco-italiana,
al punto di chiamare Angelica l'esotica principessa del Catai; e del resto anche
questo nome veniva indirettamente dalle cronache latine medievali delle crociate). Il racconto è lasciato in sospeso dal Boiardo e non si conosce l'esito del torneo.
In un altro luogo (III, III, 24 segg.) però il Boiardo accenna nuovamente a Lucina,
che è finita nelle mani di un Orco e viene liberata da Mandricardo e Gradasso; la
nave su cui viene riportata salva al padre subisce una tempesta. Ma anche questa
parte dell'episodio è lasciata interrotta. – 3. *il paesano e 'l peregrino*: i cavalieri del
luogo e quelli forestieri. – 5. *al matutino*: all'aurora; cfr. IV, 10, 6.

24.   Ancor che quivi non venne Grifone
       a questo effetto, pur lo 'nvito tenne;
       che qual volta se n'abbia occasïone,
       mostrar virtude mai non disconvenne.
       Interrogollo poi de la cagione
       di quella festa, e s'ella era solenne
       usata ogn'anno, o pure impresa nuova
       del re ch'i suoi veder volesse in pruova.

25.   Rispose il cavallier: – La bella festa
       s'ha da far sempre ad ogni quarta luna:
       de l'altre che verran, la prima è questa:
       ancora non se n'è fatta più alcuna.
       Sarà in memoria che salvò la testa
       il re in tal giorno da una gran fortuna,
       dopo che quattro mesi in doglie e 'n pianti
       sempre era stato, e con la morte inanti.

26.   Ma per dirvi la cosa pienamente,
       il nostro re, che Norandin s'appella,
       molti e molt'anni ha avuto il core ardente
       de la leggiadra e sopra ogn'altra bella
       figlia del re di Cipro: e finalmente
       avutala per moglie, iva con quella,
       con cavallieri e donne in compagnia;
       e dritto avea il camin verso Soria.

27.   Ma poi che fummo tratti a piene vele
       lungi dal porto nel Carpazio iniquo,
       la tempesta saltò tanto crudele,
       che sbigottì sin al padrone antiquo.

24. – 2. *effetto*: scopo; *lo 'nvito tenne*: accettò l'invito. – 3. *qual volta*: ogni volta che. – 6-7. *solenne... anno*: celebrata solennemente ogni anno (lat. *solemnis*, celebrato annualmente); oppure, prendendo *usata* come sostantivo (cfr. Dante, *Purg.*, XXII, 81): solenne consuetudine annuale.

25. – 2. *ad ogni quarta luna*: ogni quattro mesi. – 4. *più alcuna*: mai nessuna. – 6. *fortuna*: avventura molto pericolosa.

26. – 5. *figlia del re di Cipro*: Lucina, «la dama a meraviglia bella» (*Innam.*, II, XIX, 54, 3).

27. – 2. *nel Carpazio iniquo*: nelle acque tempestose del mare Carpazio (lat. *Carpathius*) tra Candia e Rodi, che prende il nome dall'isola di Carpathos (oggi Scarpanto). – 3. *tempesta*: cfr. n. a XVIII, 141, 5; *saltò*: si levò all'improvviso; cfr. XIII, 15, 5. – 4. *al padrone antiquo*: il vecchio, e quindi esperto, comandante della

Tre dì e tre notti andammo errando ne le
minacciose onde per camino obliquo.
Uscimo al fin nel lito stanchi e molli,
tra freschi rivi, ombrosi e verdi colli.

28.   Piantare i padiglioni, e le cortine
fra gli arbori tirar facemo lieti.
S'apparechiano i fuochi e le cucine;
le mense d'altra parte in su tapeti.
Intanto il re cercando alle vicine
valli era andato e a' boschi più secreti,
se ritrovasse capre o daini o cervi:
e l'arco gli portâr dietro duo servi.

29.   Mentre aspettamo, in gran piacer sedendo,
che da cacciar ritorni il signor nostro,
vedemo l'Orco a noi venir correndo
lungo il lito del mar, terribil mostro.
Dio vi guardi, signor, che 'l viso orrendo
de l'Orco agli occhi mai vi sia dimostro:
meglio è per fama aver notizia d'esso,
ch'andargli, sì che lo veggiate, appresso.

30.   Non gli può comparir quanto sia lungo,
sì smisuratamente e tutto grosso.
In luogo d'occhi, di color di fungo
sotto la fronte ha duo coccole d'osso.

---

nave. – 5. *Tre dì ecc.*: cfr. VIRGILIO, *Aen.*, III, 203-204: «*Tris adeo incertos caeca caligine
soles Erramus pelago, totidem sine sidere noctes*»; BOIARDO, *Innam.*, III, IV, 3-7. – 7.
Uscimo: sbarchiamo; *molli*: inzuppati. – 8. *tra freschi ecc.*: paesaggio petrarchesco; cfr.
Canz., CCXIX, 4: «freschi rivi»; CCXLIII, 1: «Fresco, ombroso, fiorito e verde colle».

28. – 1. *Piantare ecc.*: la scena ricorda quella in cui, in VIRGILIO, *Aen.*, I, 184 e
segg., viene descritto l'arrivo dei Troiani in Libia: essi preparano il fuoco e le
mense mentre Enea va a caccia insieme con Acate: «*tris litore cervos Prospicit
errantis... Constitit hic arcumque manu celerisque sagittas Corripuit, fidus quae tela
gerebat Achates*»; *cortine*: tende.

29. – 3. *l'Orco*: la figura era già stata delineata dal BOIARDO, *Innam.*, III, III, 27
segg., con elementi classici (il Polifemo bucolico e tragico di Omero e di Virgilio)
e fiabeschi (l'Orco spaventoso delle novelle popolari). Anche qui l'Ariosto rifonde
e rinnova (cfr. P. RAJNA, *Le fonti dell'«Orlando Furioso»* cit., pp. 282 segg.); nessuna
connessione c'è fra l'Orco e l'orca dell'isola di Ebuda (VIII, 51, 6), anche la grafia
è diversa, l'uno colla maiuscola, l'altra colla minuscola. – 5. *signor*: qui è Grifone,
non Ippolito d'Este; cfr. I, 40, 2. – 6. *dimostro*: mostrato.

30. – 1-2. *Non gli può... grosso*: è così smisuratamente grosso, che mal si può
giudicare la sua altezza, sembra meno alto di quel che sia; cfr. BOIARDO, *Innam.*,
III, III, 28, 3: «Grande non è, ma per sei altri è grosso». – 4. *coccole*: protuberanze

Verso noi vien (come vi dico) lungo
il lito, e par ch'un monticel sia mosso.
Mostra le zanne fuor, come fa il porco;
ha lungo il naso, il sen bavoso e sporco.

31.   Correndo viene, e 'l muso a guisa porta
        che 'l bracco suol, quando entra in su la traccia.
        Tutti che lo veggiam, con faccia smorta
        in fuga andamo ove il timor ne caccia.
        Poco il veder lui cieco ne conforta,
        quando, fiutando sol, par che più faccia,
        ch'altri non fa, ch'abbia odorato e lume:
        e bisogno al fuggire eran le piume.

32.   Corron chi qua chi là; ma poco lece
        da lui fuggir, veloce più che 'l Noto.
        Di quaranta persone, a pena diece
        sopra il navilio si salvaro a nuoto.
        Sotto il braccio un fastel d'alcuni fece,
        né il grembio si lasciò né il seno vòto:
        un suo capace zaino empissene anco,
        che gli pendea, come a pastor, dal fianco.

33.   Portòci alla sua tana il mostro cieco,
        cavata in lito al mar dentr'uno scoglio.
        Di marmo così bianco è quello speco,
        come esser soglia ancor non scritto foglio.
        Quivi abitava una matrona seco,
        di dolor piena in vista e di cordoglio;

simili a bacche; cfr. *Innam., loc. cit.*, 28, 5: «In loco de occhi ha due cocole de osso». – 7. *porco*: cinghiale; cfr. *Innam., loc. cit.*, 38, 5: «E denti ha for di bocca, come il porco».

    31. – 2. *traccia*: della selvaggina; cfr. *Innam., loc. cit.*, 31, 1: «E come un bracco seguirà la traccia». – 5. *Poco il veder ecc.*: cfr. *Innam.*, III, III, 29, 1-2 e 30, 3-4: «Né vi è diffesa, a benché non gli veda, Ché, come io dissi, il perfido è senza occhi... Ma gite voi in parte più lontana, Che quel malvagio non vi senta a naso»; *ne conforta*: ci consola. – 6. *quando*: poiché. – 8. *le piume*: le ali.

    32. – 1. *poco lece*: poco si può. – 2. *Noto*: vento di mezzogiorno, qui per vento in generale, come nei poeti latini. – 7. *zaino*: sacco di pelo.

    33. – 2. *cavata*: scavata. – 3. *speco*: grotta (lat.). – 4. *soglia*: suole. – 5. *una*

et avea in compagnia donne e donzelle
d'ogni età, d'ogni sorte, e brutte e belle.

34.   Era presso alla grotta in ch'egli stava,
quasi alla cima del giogo superno,
un'altra non minor di quella cava,
dove del gregge suo facea governo.
Tanto n'avea, che non si numerava;
e n'era egli il pastor l'estate e 'l verno.
Ai tempi suoi gli apriva e tenea chiuso,
per spasso che n'avea, più che per uso.

35.   L'umana carne meglio gli sapeva:
e prima il fa veder ch'all'antro arrivi;
che tre de' nostri giovini ch'aveva,
tutti li mangia, anzi trangugia vivi.
Viene alla stalla, e un gran sasso ne leva:
ne caccia il gregge, e noi riserra quivi.
Con quel sen va dove il suol far satollo,
sonando una zampogna ch'avea in collo.

36.   Il signor nostro intanto ritornato
alla marina, il suo danno comprende;
che truova gran silenzio in ogni lato,
vòti frascati, padiglioni e tende.
Né sa pensar chi sì l'abbia rubato;
e pien di gran timore al lito scende,
onde i nocchieri suoi vede in disparte
sarpar lor ferri e in opra por le sarte.

---

matrona: la figura è anch'essa presa dalle fiabe popolari che parlano dell'Orco. –
8. *sorte*: condizione.

34. – 2. *giogo superno*: alto scoglio. – 3. *un'altra... cava*: un'altra grotta. – 4. *del gregge... governo*: custodiva il suo gregge. – 7. *Ai tempi suoi*: nella stagione e nell'ora della giornata opportuna. – 8. *per spasso... uso*: per divertimento, più che per trarne vantaggio.

35. – 1. *meglio gli sapeva*: gli riusciva più saporita. – 7. *dove... satollo*: dove suole pascerlo. – 8. *in collo*: al collo. Il particolare bucolico è in OVIDIO, *Met.*, XIII, 786 e in POLIZIANO, *Stanze*, I, 116, 6.

36. – 2. *comprende*: scorge. – 4. *frascati*: capanne di frasche. – 7. *onde*: e dalla riva; *in disparte*: in lontananza. – 8. *sarpar... sarte*: salpare, togliere le ancore e dar mano alle sàrtie.

37. Tosto ch'essi lui veggiono sul lito,
     il palischermo mandano a levarlo:
     ma non sì tosto ha Norandino udito
     de l'Orco che venuto era a rubarlo,
     che, senza più pensar, piglia partito,
     dovunque andato sia, di seguitarlo.
     Vedersi tor Lucina sì gli duole,
     ch'o racquistarla, o non più viver vuole.

38. Dove vede apparir lungo la sabbia
     la fresca orma, ne va con quella fretta
     con che lo spinge l'amorosa rabbia,
     fin che giunge alla tana ch'io v'ho detta;
     ove con tema la maggior che s'abbia
     a patir mai, l'Orco da noi s'aspetta:
     ad ogni suono di sentirlo parci,
     ch'affamato ritorni a divorarci.

39. Quivi Fortuna il re da tempo guida;
     che senza l'Orco in casa era la moglie.
     Come ella 'l vede: «Fuggine!» gli grida
     «misero te, se l'Orco ti ci coglie!»
     «Coglia» disse «o non coglia, o salvi o uccida,
     che miserrimo i' sia non mi si toglie.
     Disir mi mena, e non error di via,
     c'ho di morir presso alla moglie mia».

40. Poi seguì, dimandandole novella
     di quei che prese l'Orco in su la riva;
     prima degli altri, di Lucina bella,
     se l'avea morta, o la tenea captiva.
     La donna umanamente gli favella,
     e lo conforta, che Lucina è viva,
     e che non è alcun dubbio ch'ella muora;
     che mai femina l'Orco non divora.

37. – 2. *palischermo*: canotto, piccola barca a remi.
38. – 3. *l'amorosa rabbia*: la disperazione e l'ira, prodotte dall'amore per Lucina. – 5-6. *con tema... mai*: con la paura più grande che si possa avere al mondo.
39. – 1-2. *da tempo... che*: nel momento che, mentre.
40. – 5. *umanamente*: cortesemente. – 6. *lo conforta, che*: lo conforta, assicurandolo che. – 7. *dubbio*: pericolo. – 8. *mai femina l'Orco*: relazioni di viaggiatori, fra cui il Vespucci, avevano diffuso ai tempi dell'Ariosto la notizia dell'esistenza di popoli cannibali, che però rifiutavano di mangiare carne femminile.

41.   «Esser di ciò argumento ti poss'io,
             e tutte queste donne che son meco:
             né a me né a lor mai l'Orco è stato rio,
             pur che non ci scostian da questo speco.
             A chi cerca fuggir, pon grave fio;
             né pace mai puon ritrovar più seco:
             o le sotterra vive, o l'incatena,
             o fa star nude al sol sopra l'arena.

42.   Quando oggi egli portò qui la tua gente,
             le femine dai maschi non divise;
             ma, sì come gli avea, confusamente
             dentro a quella spelonca tutti mise.
             Sentirà a naso il sesso differente.
             Le donne non temer che sieno uccise:
             gli uomini, siene certo; et empieranne
             di quattro, il giorno, o sei, l'avide canne.

43.   Di levar lei di qui non ho consiglio
             che dar ti possa; e contentar ti puoi
             che ne la vita sua non è periglio:
             starà qui al ben e al mal ch'avremo noi.
             Ma vattene, per Dio, vattene, figlio,
             che l'Orco non ti senta e non t'ingoi.
             Tosto che giunge, d'ogn'intorno annasa,
             e sente sin a un topo che sia in casa».

44.   Rispose il re, non si voler partire,
             se non vedea la sua Lucina prima;
             e che più tosto appresso a lei morire,
             che viverne lontan, faceva stima.
             Quando vede ella non potergli dire
             cosa che 'l muova da la voglia prima,

41. – 1. *argumento*: prova (lat.). – 3. *è stato rio*: ha fatto alcun male. – 4. *speco*: grotta. – 5. *pon grave fio*: impone una grave pena.
42. – 5. *Sentirà a naso*: cfr. BOIARDO, *Innam.*, III, III, 30, 8: «Al naso sentire»; e anche questo particolare veniva dalla favolistica popolare. – 8. *di quattro ecc.*: l'enumerazione è di gusto petrarchesco: cfr. *Canz.*, CCVI, 53-54: «I' beato direi, Tre volte et quattro et sei» (Cabani); *l'avide canne*: cfr. DANTE, *Inf.*, VI, 27: «bramose canne».
43. – 1. *Di levar lei di qui*: quanto a portar via Lucina da qui. – 7. *annasa*: cfr. 42, 5.
44. – 3. *appresso*: vicino. – 4. *faceva stima*: aveva in animo, pensava. – 6. *la*

per aiutarlo fa nuovo disegno,
e ponvi ogni sua industria, ogni suo ingegno.

45.   Morte avea in casa, e d'ogni tempo appese,
con lor mariti, assai capre et agnelle,
onde a sé et alle sue facea le spese;
e dal tetto pendea più d'una pelle.
La donna fe' che 'l re del grasso prese,
ch'avea un gran becco intorno alle budelle,
e che se n'unse dal capo alle piante,
fin che l'odor cacciò ch'egli ebbe inante.

46.   E poi che 'l tristo puzzo aver le parve,
di che il fetido becco ognora sape,
piglia l'irsuta pelle, e tutto entrarve
lo fe'; ch'ella è sì grande che lo cape.
Coperto sotto a così strane larve,
facendol gir carpon, seco lo rape
là dove chiuso era d'un sasso grave
de la sua donna il bel viso soave.

47.   Norandino ubidisce; et alla buca
de la spelonca ad aspettar si mette,
acciò col gregge dentro si conduca;
e fin a sera disïando stette.

voglia prima: il primo proposito; quello cioè di rivedere Lucina. – 7. *fa nuovo disegno*: elabora un nuovo piano.
45. – 1. *Morte*: uccise; *d'ogni tempo*: d'ogni età. – 2. *mariti*: cfr. ORAZIO, *Carm.*, I, 17, 7: «*olentis uxores mariti*». – 3. *onde... spese*: con le quali nutriva sé e le sue donne. – 8. *l'odor... inante*: il suo odore naturale.
46. – 2. *sape*: pute, odora (lat.). – 4. *cape*: contiene. – 5. *larve*: spoglie contraffatte (lat. dantesco: cfr. *Purg.*, XV, 127). – 6. *lo rape*: lo trascina (lat. *rapit*). Le rime *cape:rape:sape* erano in DANTE, *Par.*, XXVIII, 68-72. – 7. *d'un*: con un. – 8. *il bel... soave*: cfr. CINO DA PISTOIA, *Rime*, CX, 1; PETRARCA, *Canz.*, LXX, 40: «'l bel guardo soave».
47. – 3. *si conduca*: venga introdotto. – 4. *disïando*: si noti la straordinaria ricchezza di toni di questo episodio, che è uno dei più felici del poema; il fiabesco con i suoi brividi di orrore si mescola al bucolico e all'arcadico dello sfondo; il romanzesco e meraviglioso si alterna con una singolare minuzia di particolari realistici, sintetizzandosi in un'atmosfera di realismo magico; e a tutto questo si intreccia il motivo tutt'altro che secondario di Norandino con la sua ansia e

Ode la sera il suon de la sambuca,
con che 'nvita a lassar l'umide erbette,
e ritornar le pecore all'albergo
il fier pastor che lor venìa da tergo.

48.   Pensate voi se gli tremava il core,
quando l'Orco sentì che ritornava,
e che 'l viso crudel pieno d'orrore
vide appressare all'uscio de la cava;
ma poté la pietà più che 'l timore:
s'ardea, vedete, o se fingendo amava.
Vien l'Orco inanzi, e leva il sasso, et apre:
Norandino entra fra pecore e capre.

49.   Entrato il gregge, l'Orco a noi descende;
ma prima sopra sé l'uscio si chiude.
Tutti ne va fiutando: al fin duo prende;
che vuol cenar de le lor carni crude.
Al rimembrar di quelle zanne orrende,
non posso far ch'ancor non trieme e sude.
Partito l'Orco, il re getta la gonna
ch'avea di becco, e abbraccia la sua donna.

50.   Dove averne piacer deve e conforto,
vedendol quivi, ella n'ha affanno e noia:
lo vede giunto ov'ha da restar morto;
e non può far però ch'essa non muoia.
«Con tutto 'l mal» diceagli «ch'io supporto,
signor, sentia non medïocre gioia,
che ritrovato non t'eri con nui
quando da l'Orco oggi qui tratta fui.

---

trepidazione, con la testimonianza ideale della fedeltà amorosa alla sua donna. –
5. *sambuca*: zampogna.

48. – 3. *che*: quando; *pieno d'orrore*: tale da incutere spavento. – 5. *poté... timore*:
cfr. DANTE, *Inf.*, XXXIII, 75. – 6. *s'ardea... amava*: giudicate voi stessi se amava
sinceramente o se fingeva d'amare.

49. – 2. *sopra sé*: dietro a sé. – 3. *ne*: ci. – 7. *gonna*: veste.

50. – 1. *Dove*: mentre. – 2. *noia*: angoscia, dolore. – 4. *non... però*: non può
impedire per questo.

51. Che se ben il trovarmi ora in procinto
     d'uscir di vita m'era acerbo e forte;
     pur mi sarei, come è commune instinto,
     dogliuta sol de la mia trista sorte:
     ma ora, o prima o poi che tu sia estinto,
     più mi dorrà la tua che la mia morte».
     E seguitò, mostrando assai più affanno
     di quel di Norandin, che del suo danno.

52. «La speme» disse il re «mi fa venire,
     c'ho di salvarti, e tutti questi teco:
     e s'io nol posso far, meglio è morire,
     che senza te, mio sol, viver poi cieco.
     Come io ci venni, mi potrò partire;
     e voi tutt'altri ne verrete meco,
     se non avrete, come io non ho avuto,
     schivo a pigliare odor d'animal bruto».

53. La fraude insegnò a noi, che contra il naso
     de l'Orco insegnò a-llui la moglie d'esso;
     di vestirci le pelli, in ogni caso
     ch'egli ne palpi ne l'uscir del fesso.
     Poi che di questo ognun fu persuaso;
     quanti de l'un, quanti de l'altro sesso
     ci ritroviamo, uccidian tanti becchi,
     quelli che più fetean, ch'eran più vecchi.

54. Ci ungemo i corpi di quel grasso opimo
     che ritroviamo all'intestina intorno,
     e de l'orride pelli ci vestimo.
     Intanto uscì da l'aureo albergo il giorno.
     Alla spelonca, come apparve il primo

51. – 2. *acerbo e forte*: estremamente doloroso; cfr. VI, 5, 4. – 4. *dogliuta*: doluta.
– 8. *di quel... danno*: della sventura di Norandino che della propria.
    52. – 4. *mio sol... cieco*: l'espressione petrarchesca (cfr. *Tr. Mort.*, II, 1-3: «l'orribil
caso Che spense il sole... Di ch'io son qui com'uom cieco rimaso», arriva quasi alla
tensione del *conceit* e, nella sua eleganza, aggiunge un elemento decorativo alla
rappresentazione idealizzata e patetica dell'amore di Norandino. – 6. *voi tutt'altri*:
voi altri tutti. – 8. *schivo*: schifo.
    53. – 3. *in ogni caso*: nel caso. – 4. *fesso*: l'apertura della grotta; cfr. DANTE, *Inf.*,
XX, 24. – 7. *ci ritroviamo*: siamo lì.
    54. – 1. *ungemo*: ungiamo; *opimo*: abbondante. – 4. *aureo albergo*: il cielo orien-

raggio del sol, fece il pastor ritorno;
e dando spirto alle sonore canne,
chiamò il suo gregge fuor de le capanne.

55.   Tenea la mano al buco de la tana,
acciò col gregge non uscissin noi:
ci prendea al varco; e quando pelo o lana
sentia sul dosso, ne lasciava poi.
Uomini e donne uscimmo per sì strana
strada, coperti dagl'irsuti cuoi:
e l'Orco alcun di noi mai non ritenne,
fin che con gran timor Lucina venne.

56.   Lucina, o fosse perch'ella non volle
ungersi come noi, che schivo n'ebbe;
o ch'avesse l'andar più lento e molle,
che l'imitata bestia non avrebbe;
o quando l'Orco la groppa toccolle,
gridasse per la tema che le accrebbe;
o che se le sciogliessero le chiome;
sentita fu, né ben so dirvi come.

57.   Tutti eravam sì intenti al caso nostro,
che non avemmo gli occhi agli altrui fatti.
Io mi rivolsi al grido; e vidi il mostro
che già gl'irsuti spogli le avea tratti,
e fattola tornar nel cavo chiostro.
Noi altri dentro a nostre gonne piatti
col gregge andamo ove 'l pastor ci mena,
tra verdi colli in una piaggia amena.

58.   Quivi attendiamo infin che steso all'ombra
d'un bosco opaco il nasuto Orco dorma.

tale, dove si trovava il palazzo dorato di Febo; cfr. XIV, 118, 5. – 7. *spirto*: fiato;
sonore canne: della zampogna; cfr. XIV, 61, 7. – 8. *capanne*: stalle.
55. – 1. *Tenea... tana*: ricorda il gesto di Polifemo in OMERO, *Odis.*, IX, 440-45.
– 3. *pelo o lana*: il pelo delle capre, la lana delle pecore.
56. – 2. *schivo*: schifo; cfr. XVII, 52, 8. – 6. *accrebbe*: crebbe, aumentò.
57. – 4. *spogli*: spoglie. – 5. *cavo chiostro*: caverna chiusa (lat. *claustrum*: luogo
chiuso, recinto per animali). – 6. *piatti*: nascosti.
58. – 2. *opaco*: ombroso; cfr. VIRGILIO, *Aen.*, VIII, 107-108: «*opacum... nemus*»;

Chi lungo il mar, chi verso 'l monte sgombra:
sol Norandin non vuol seguir nostr'orma.
L'amor de la sua donna sì lo 'ngombra,
ch'alla grotta tornar vuol fra la torma,
né partirsene mai sin alla morte,
se non racquista la fedel consorte:

59.   che quando dianzi avea all'uscir del chiuso
vedutala restar captiva sola,
fu per gittarsi, dal dolor confuso,
spontaneamente al vorace Orco in gola;
e si mosse, e gli corse infino al muso,
né fu lontano a gir sotto la mola:
ma pur lo tenne in mandra la speranza
ch'avea di trarla ancor di quella stanza.

60.   La sera, quando alla spelonca mena
il gregge l'Orco, e noi fuggiti sente,
e c'ha da rimaner privo di cena,
chiama Lucina d'ogni mal nocente,
e la condanna a star sempre in catena
allo scoperto in sul sasso eminente.
Vedela il re per sua cagion patire,
e si distrugge, e sol non può morire.

61.   Matina e sera l'infelice amante
la può veder come s'affliga e piagna;
che le va misto fra le capre avante,
torni alla stalla o torni alla campagna.
Ella con viso mesto e supplicante
gli accenna che per Dio non vi rimanga,
perché vi sta a gran rischio de la vita,
né però a-llei può dare alcuna aita.

---

nasuto: dall'odorato finissimo. – 3. *sgombra*: fugge. – 5. *lo 'ngombra*: gli riempie la mente; cfr. PETRARCA, *Canz.*, X, 12: «D'amorosi pensieri il cor ne 'ngombra»; CCCXXVII, 8: «di sì scuri pensieri Amor m'ingombra». – 6. *la torma*: il gregge.
    59. – 1. *uscir del chiuso*: cfr. DANTE, *Purg.*, III, 79. – 6. *la mola*: le mascelle e i denti dell'orco sono come una macina da mulino. – 7. *in mandra*: nella mandria. – 8. *stanza*: luogo.
    60. – 4. *chiama... nocente*: accusa di essere colpevole; cfr. V, 63, 5. – 6. *sasso eminente*: la cima sporgente (lat.), lo scoglio. – 8. *e sol non può morire*: soltanto non può morire, perché ciò facendo annullerebbe la speranza di salvare Lucina.
    61. – 6. *vi*: in quel luogo. – 8. *però*: con tutto ciò.

62.   Così la moglie ancor de l'Orco priega
il re che se ne vada, ma non giova;
che d'andar mai senza Lucina niega,
e sempre più constante si ritruova.
In questa servitude, in che lo lega
Pietate e Amor, stette con lunga pruova
tanto, ch'a capitar venne a quel sasso
il figlio d'Agricane e 'l re Gradasso.

63.   Dove con loro audacia tanto fenno,
che liberaron la bella Lucina;
ben che vi fu aventura più che senno:
e la portâr correndo alla marina;
e al padre suo, che quivi era, la denno:
e questo fu ne l'ora matutina,
che Norandin con l'altro gregge stava
a ruminar ne la montana cava.

64.   Ma poi che 'l giorno aperta fu la sbarra,
e seppe il re la donna esser partita
(che la moglie de l'Orco gli lo narra),
e come a punto era la cosa gita;
grazie a Dio rende, e con voto n'inarra,
ch'essendo fuor di tal miseria uscita,
faccia che giunga onde per arme possa,
per prieghi o per tesoro, esser riscossa.

65.   Pien di letizia va con l'altra schiera
del simo gregge, e viene ai verdi paschi;

---

62. – 3. *d'andar... niega*: rifiuta di andare. – 5. *servitude*: fedele dipendenza amorosa; il termine è usato nell'accezione tradizionale della poesia cortese. – 8. *il figlio d'Agricane*: Mandricardo.

63. – 1. *Dove con loro ecc.*: l'Ariosto riassume qui il racconto più diffuso del BOIARDO, *Innam.*, III, III, 48 segg. – 3. *aventura*: nel racconto del Boiardo si accenna appunto al caso fortunato per cui l'Orco, precipitando in una fossa, non poté inseguire i fuggenti. – 8. *a ruminar*: a vivere fra i ruminanti; oppure: a ruminare dentro di sé piani di fuga.

64. – 1. *aperta fu la sbarra*: fu tolta la pietra che chiudeva la bocca della caverna. – 5. *con voto n'inarra*: chiede, facendo voti a Dio, che gli dia arra, promessa. – 7-8. *faccia... riscossa*: egli, Dio, faccia in modo che ella giunga presso gente dalla quale possa essere riscattata con armi, preghiere, o danaro.

65. – 1. *con l'altra schiera*: col resto del gregge. – 2. *simo*: dal naso schiacciato; cfr. VIRGILIO, *Ecl.*, X, 7: «*simae capellae*»; *verdi paschi*: è espressione dantesca: *Inf.*,

e quivi aspetta fin ch'all'ombra nera
il mostro per dormir ne l'erba caschi.
Poi ne vien tutto il giorno e tutta sera;
e al fin sicur che l'Orco non lo 'ntaschi,
sopra un navilio monta in Satalia;
e son tre mesi ch'arrivò in Soria.

66.   In Rodi, in Cipro, e per città e castella
e d'Africa e d'Egitto e di Turchia,
il re cercar fe' di Lucina bella;
né fin l'altr'ieri aver ne poté spia.
L'altr'ier n'ebbe dal suocero novella,
che seco l'avea salva in Nicosia,
dopo che molti dì vento crudele
era stato contrario alle sue vele.

67.   Per allegrezza de la buona nuova
prepara il nostro re la ricca festa;
e vuol ch'ad ogni quarta luna nuova,
una se n'abbia a far simile a questa:
che la memoria rifrescar gli giova
dei quattro mesi che 'n irsuta vesta
fu tra il gregge de l'Orco; e un giorno, quale
sarà dimane, uscì di tanto male.

68.   Questo ch'io v'ho narrato, in parte vidi,
in parte udi' da chi trovossi al tutto;
dal re, vi dico, che calende et idi

XX, 75. – 3. *ombra nera*: ombra fitta del bosco. – 5. *ne vien*: si allontana cammi-
nando. – 6. *lo 'ntaschi*: lo ponga nel suo «zaino»; cfr. XVII, 32, 7. – 7. *Satalia*: Atalia,
città sulla costa meridionale dell'Asia Minore.
   66. – 4. *fin l'altr'ieri*: sino a pochi giorni fa (cfr. DANTE, *Purg.*, XXIII, 119);
spia: indizio. – 5. *suocero*: Tibiano, re di Cipro, che risiedeva nella capitale
Nicosia.
   67. – 2. *ricca festa*: questo torneo risulta complementare a quello, indetto dal
re padre di Tisbina, per sceglierle il marito, di cui racconta l'*Innam.*, II, XIX, 55
(Segre). – 3. *ad ogni... nuova*: cfr. XVII, 25, 2. – 5. *rifrescar gli giova*: gli piace
rinnovare. – 7-8. *un giorno... male*: il giorno che uscì da tale pericolo, di cui domani
ricorre l'anniversario.
   68. – 2. *trovossi*: fu presente. – 3. *calende et idi*: normalmente i commentatori
intendono: «vi passò molti mesi»; ma mi sembra persuasiva la spiegazione di Bigi:

vi stette, fin che volse in riso il lutto:
e se n'udite mai far altri gridi,
direte a chi gli fa, che mal n'è instrutto. –
Il gentiluomo in tal modo a Grifone
de la festa narrò l'alta cagione.

69.   Un gran pezzo di notte si dispensa
dai cavallieri in tal ragionamento;
e conchiudon ch'amore e pietà immensa
mostrò quel re con grande esperimento.
Andaron, poi che si levâr da mensa,
ove ebbon grato e buono alloggiamento.
Nel seguente matin sereno e chiaro,
al suon de l'allegrezze si destaro.

70.   Vanno scorrendo timpani e trombette,
e ragunando in piazza la cittade.
Or, poi che de cavalli e de carrette
e ribombar de gridi odon le strade,
Grifon le lucide arme si rimette,
che son di quelle che si trovan rade;
che l'avea impenetrabili e incantate
la Fata bianca di sua man temprate.

71.   Quel d'Antïochia, più d'ogn'altro vile,
armossi seco, e compagnia gli tenne.
Preparate avea lor l'oste gentile
nerbose lance, e salde e grosse antenne,
e del suo parentado non umìle
compagnia tolta; e seco in piazza venne;

«vi passò tutti i giorni di quei quattro mesi: giorni indicati con due delle divisioni
del mese usate dai romani». – 4. *lutto*: pianto. – 5. *far altri gridi*: narrarne altre
versioni. – 6. *instrutto*: informato.

69. – 1. *si dispensa*: si passa, si consuma; cfr. Cieco, *Mambriano*, XXX, 7, 1-2:
«Più giorno navigando dispensoro Con vari giochi e bei ragionamenti». – 4. *grande
esperimento*: lunga e difficile prova. – 8. *al suon de l'allegrezze*: al suono degli strumenti che annunciavano la festa; per la festa, che aveva esempi letterari numero-
sissimi nella tradizione brettone, ed esempi reali nel costume rinascimentale delle
giostre, cfr. anche la descrizione del torneo di Cipri, nell'*Innam.*, II, XIX, 52 segg.

70. – 1. *scorrendo*: correndo qua e là; *timpani*: tamburi. – 2. *e ragunando...
cittade*: e invitando la popolazione a raccogliersi in piazza. – 8. *la Fata bianca*: cfr.
XV, 67; 72-73; il particolare delle armi incantate era già nell'*Innam.*, I, XXIV, 4, 5-6.

71. – 1. *Quel d'Antïochia*: Martano, l'amante di Orrigille. – 2. *seco*: con lui. –
3. *l'oste*: l'ospite (lat. *hospes*). – 4. *antenne*: lance più grosse e robuste. – 5-6. *del suo...*

e scudieri a cavallo, e alcuni a piede,
a tal servigi attissimi, lor diede.

72. Giunsero in piazza, e trassonsi in disparte,
né pel campo curâr far di sé mostra,
per veder meglio il bel popul di Marte,
ch'ad uno, o a dua, o a tre, veniano in giostra.
Chi con colori accompagnati ad arte
letizia o doglia alla sua donna mostra;
chi nel cimier, chi nel dipinto scudo
disegna Amor, se l'ha benigno o crudo.

73. Sorïani in quel tempo aveano usanza
d'armarsi a questa guisa di Ponente.
Forse ve gli inducea la vicinanza
che de' Franceschi avean continuamente,
che quivi allor reggean la sacra stanza
dove in carne abitò Dio onnipotente;
ch'ora i superbi e miseri cristiani,
con biasmi lor, lasciano in man de' cani.

74. Dove abbassar dovrebbono la lancia
in augumento de la santa fede,
tra lor si dan nel petto e ne la pancia
a destruzion del poco che si crede.

tolta: scelto una scorta d'onore, composta dai suoi parenti, che erano di nobile
condizione.
  72. – 3. *il bel popul di Marte*: i combattenti leggiadramente vestiti. – 4. *ad
uno... a tre*: cfr. DANTE, *Purg.*, III, 80: «a una, a due, a tre». – 5-6. *con colori... mostra*:
combinando i colori secondo le regole delle «imprese» e delle «divise» cavalleresche, mostrano letizia o dolore, a seconda se sono corrisposti o ignorati dalla
donna amata; cfr. VI, 13, 4; XXXII, 46, 7 e A. SALZA, *Imprese e divise ecc.*, in *Studi
su L. Ariosto*, 1914. – 8. *disegna... crudo*: esprime, a mezzo di simboli e disegni
allegorici, se Amore gli è propizio o avverso.
  73. – 1. *Sorïani*: gli abitanti della Siria. – 2. *a questa... Ponente*: secondo questa
moda occidentale. – 4. *Franceschi*: Francesi. – 5-6. *reggean... onnipotente*: governavano
i luoghi santi di Palestina; cfr., per questa leggenda, XIV, 71, 5-7. – 7. *superbi... cristiani*: cfr. DANTE, *Purg.*, X, 121: «O superbi cristian, miseri lassi». – 8. *cani*: infedeli;
cfr. PETRARCA, *Tr. Fama*, II, 142-144: «Gite, superbi, o miseri Cristiani, Consumando
l'un l'altro, e non vi caglia Che 'l sepolcro di Cristo è in man de' cani». Abbastanza
numerosi sono gli echi danteschi e petrarcheschi di queste ottave, che si riportano
alla tradizione letteraria della invettiva e della poesia esortatoria civile. Anche qui
l'Ariosto si mostra impegnato nelle vicende della sua età; ai suoi tempi nei circoli
papali si era in diverse occasioni parlato di una nuova crociata contro gli infedeli.
  74. – 1. *Dove... lancia*: mentre dovrebbero mettersi a combattere, puntando la
lancia. – 2. *in augumento*: per l'incremento, il trionfo (lat.). – 4. *del poco che si crede*:

Voi, gente ispana, e voi, gente di Francia,
volgete altrove, e voi, Svizzeri, il piede,
e voi, Tedeschi, a far più degno acquisto;
che quanto qui cercate è già di Cristo.

75.   Se Cristianissimi esser voi volete,
e voi altri Catolici nomati,
perché di Cristo gli uomini uccidete?
perché de' beni lor son dispogliati?
Perché Ierusalem non rïavete,
che tolto è stato a voi da' rinegati?
Perché Constantinopoli e del mondo
la miglior parte occupa il Turco immondo?

76.   Non hai tu, Spagna, l'Africa vicina,
che t'ha via più di questa Italia offesa?
E pur, per dar travaglio alla meschina,
lasci la prima tua sì bella impresa.
O d'ogni vizio fetida sentina,
dormi, Italia imbrïaca, e non ti pesa
ch'ora di questa gente, ora di quella
che già serva ti fu, sei fatta ancella?

77.   Se 'l dubbio di morir ne le tue tane,
Svizzer, di fame, in Lombardia ti guida,
e tra noi cerchi o chi ti dia del pane,
o, per uscir d'inopia, chi t'uccida;
le richezze del Turco hai non lontane:
caccial d'Europa, o almen di Grecia snida:

dei pochi fedeli che ancora restano. – 5. *Francia*: le rime *Francia:lancia:pancia*
erano già in DANTE, *Purg.*, XX, 71-75. – 8. *qui*: in Italia.

75. – 1-2. *Cristianissimi... Catolici*: i titoli con cui nel Cinquecento si indicavano
il re di Francia e quello di Spagna. – 5. *rïavete*: riconquistate. – 6. *che tolto... rinegati*:
che è stato ripreso (nel 1187) dai maomettani. – 8. *la miglior parte*: la Grecia e l'Asia
minore, luoghi prosperi e favoriti anche dal Cristo, che li scelse per la sua venuta.

76. – 2. *via più*: molto più; *offesa*: allude all'invasione e dominazione mussul-
mana in Spagna. – 4. *la prima... impresa*: la guerra contro gli Arabi, scacciati dalla
penisola nel 1492. – 5. *sentina*: ricettacolo. – 8. *serva... ancella*: l'invettiva degli
ultimi quattro versi si avvale frequentemente di espressioni dantesche; cfr. per es.
Purg., VI, 76-78: «Ahi serva Italia, di dolore ostello, Nave senza nocchiere in gran
tempesta, Non donna di province, ma bordello!».

77. – 1. *dubbio*: timore. Si rivolge alle truppe mercenarie svizzere al soldo dei
Francesi, degli Spagnoli e dei signori italiani. – 4. *inopia*: miseria. – 6. *snida*: snidarlo.

così potrai o del digiuno trarti,
o cader con più merto in quelle parti.

78. Quel ch'a te dico, io dico al tuo vicino
tedesco ancor: là le richezze sono,
che vi portò da Roma Constantino:
portonne il meglio, e fe' del resto dono.
Pattolo et Ermo, onde si tra' l'or fino,
Migdonia e Lidia, e quel paese buono
per tante laudi in tante istorie noto,
non è, s'andar vi vuoi, troppo remoto.

79. Tu, gran Leone, a cui premon le terga
de le chiavi del ciel le gravi some,
non lasciar che nel sonno si sommerga
Italia, se la man l'hai ne le chiome.
Tu sei Pastore; e Dio t'ha quella verga
data a portare, e scelto il fiero nome,
perché tu ruggi, e che le braccia stenda,
sì che dai lupi il grege tuo difenda.

80. Ma d'un parlar ne l'altro, ove sono ito
sì lungi dal camin ch'io faceva ora?
Non lo credo però sì aver smarrito,

---

78. – 2. *là*: a Costantinopoli. – 4. *e fe' del resto dono*: l'Ariosto mostra di credere ancora, o forse finge di credere (cfr. XXXIV, 80, 7-8), alla donazione di Costantino a papa Silvestro, che era stata dimostrata falsa dall'umanista Lorenzo Valla. – 5. *Pattolo et Ermo*: fiumi della Lidia, che gli antichi ritenevano ricchi di sabbie aurifere; cfr. VIRGILIO, *Georg.*, II, 137: «*auro turbidus Hermus*»; *Aen.*, X, 142: «*Pactolus... inrigat auro*»; LUCANO, *Phars.*, III, 209-10. – 6. *Migdonia... quel paese*: allude a terre dalla ricchezza leggendaria; la prima è la Frigia, dove il re Migdone accumulò grandi ricchezze (cfr. ORAZIO, *Carm.*, II, XII, 22: «*pinguis Phrygiae Mygdonias opes*»); la seconda è la Lidia, patria del mitico Creso; la terza è forse la «terra promessa» degli Ebrei, la Palestina. Bigi pensa piuttosto a Creta.
79. – 1-2. *Tu, gran Leone ecc.*: il riferimento è a papa Leone X Giovanni de' Medici, che ebbe una parte importante nelle vicende biografiche dell'Ariosto; cfr. CATALANO, *Vita*, I, pp. 352 segg.; sul dorso del papa (il traslato *terga* è suggerito dal nome *Leone*) è posto il carico oneroso del pontificato; cfr. ISAIA, XXII, 22: «*Dabo ei clavem domus David super humerum eius*». – 4. *se*: poiché; cfr. PETRARCA, *Canz.*, LIII, 13-14: «Dormirà sempre, e non fia chi la svegli? Le man l'avess'io avolto entro 'capegli». – 7. *ruggi*: rugga. «È facile notare l'incoerenza delle immagini: *le terga, le man, tu ruggi, le braccia*» (Ferrero). Ed è vero che l'Ariosto, così elegante e studiato in quasi tutte le digressioni di poesia civile, sembra vittima in quest'ultima ottava, di una certa frettolosità e convenzionalità.

ch'io non lo sappia ritrovare ancora.
Io dicea ch'in Soria si tenea il rito
d'armarsi, che i Franceschi aveano allora:
sì che bella in Damasco era la piazza
di gente armata d'elmo e di corazza.

81.   Le vaghe donne gettano dai palchi
sopra i giostranti fior vermigli e gialli,
mentre essi fanno a suon degli oricalchi
levare a salti et aggirar cavalli.
Ciascuno, o bene o mal ch'egli cavalchi,
vuol far quivi vedersi, e sprona e dàlli:
di ch'altri ne riporta pregio e lode;
muove altri a riso, e gridar dietro s'ode.

82.   De la giostra era il prezzo un'armatura
che fu donata al re pochi dì inante,
che su la strada ritrovò a ventura,
ritornando d'Armenia, un mercatante.
Il re di nobilissima testura
le sopraveste all'arme aggiunse, e tante
perle vi pose intorno e gemme et oro,
che la fece valer molto tesoro.

83.   Se conosciute il re quell'arme avesse,
care avute l'avria sopra ogni arnese;
né in premio de la giostra l'avria messe,
come che liberal fosse e cortese.
Lungo saria chi raccontar volesse
chi l'avea sì sprezzate e vilipese,

---

80. – 5. *il rito*: l'uso.
81. – 1. *Le vaghe donne ecc.*: scena di sapore folgoriano, che era riuscito spesso
cara ai canterini; ma cfr. anche PULCI, *Morg.*, XXV, 23, 5-6: «E gettan da' balcon
fior bianchi e gialli Le dame addosso alle genti francesche»; BOIARDO, *Innam.*, II,
XIII, 41, 7-8: «E le fanciulle e le dame amorose Gettano ad alto gigli fiori e rose».
– 3. *oricalchi*: trombe. – 4. *levare... aggirar*: impennare, saltellare e volteggiare; cfr.
BOIARDO, *Innam.*, II, XVII, 45, 1-2: «E' non se vidde mai livrer nè pardo, Il qual
levasse sì legiero il salto». – 6. *dàlli*: gli dà, lo frusta.
82. – 1. *prezzo*: premio. – 3. *a ventura*: per caso. – 5. *testura*: tessitura.
83. – 6. *chi l'avea ecc.*: si tratta di Marfisa (cfr. XVIII, 99, 1). Già il BOIARDO,
Innam., II, V, 41-42; XVI, 3-6, aveva raccontato come Brunello avesse rapito la
spada di Marfisa e come Marfisa, per meglio inseguirlo, avesse lasciato le sue armi
sulla strada.

che 'n mezzo de la strada le lasciasse,
preda a chiunque o inanzi o indietro andasse.

84.	Di questo ho da contarvi più di sotto:
or dirò di Grifon, ch'alla sua giunta
un paio e più di lancie trovò rotto,
menato più d'un taglio e d'una punta.
Dei più cari e più fidi al re fur otto
che quivi insieme avean lega congiunta;
gioveni, in arme pratichi et industri,
tutti o signori o di famiglie illustri.

85.	Quei rispondean ne la sbarrata piazza
per un dì, ad uno ad uno, a tutto 'l mondo,
prima con lancia, e poi con spada o mazza,
fin ch'al re di guardarli era giocondo;
e si foravan spesso la corazza:
per giuoco in somma qui facean, secondo
fan gli nimici capitali, eccetto
che potea il re partirli a suo diletto.

86.	Quel d'Antïochia, un uom senza ragione,
che Martano il codardo nominosse,
come se de la forza di Grifone,
poi ch'era seco, participe fosse,
audace entrò nel marzïale agone;
e poi da canto ad aspettar fermosse,
sin che finisce una battaglia fiera
che tra duo cavallier cominciata era.

---

84. – 1. *più di sotto*: cfr. XVIII, 108-109 e cfr. n. a II, 30, 7-8. – 2. *giunta*: arrivo. – 4. *taglio... punta*: colpi vibrati di taglio o di punta; cfr. IX, 70, 3. – 6. *lega congiunta*: formato un'alleanza.

85. – 1. *rispondean*: tenevano testa. – 2. *ad uno ad uno*: uno dopo l'altro, tutti otto; *a tutto 'l mondo*: a chiunque si presentasse. – 4. *giocondo*: gradito. – 7. *nimici capitali*: nemici mortali. – 8. *partirli*: separarli, farli desistere.

86. – 2. *Martano il codardo*: nel *Palamedés*, fonte di questo episodio (cfr. n. a XVI, 5, 1), il cavaliere vile è spesso appellato «*li mauvais, li couards, li honnis chevaliers*». – 4. *poi ch'era seco*: solo per il fatto che si trovava con lui. – 5. *marzïale agone*: campo della giostra.

87.   Il signor di Seleucia, di quell'uno,
        ch'a sostener l'impresa aveano tolto,
        combattendo in quel tempo con Ombruno,
        lo ferì d'una punta in mezzo 'l volto,
        sì che l'uccise: e pietà n'ebbe ognuno,
        perché buon cavallier lo tenean molto;
        et oltra la bontade, il più cortese
        non era stato in tutto quel paese.

88.   Veduto ciò, Martano ebbe paura
        che parimente a sé non avvenisse;
        e ritornando ne la sua natura,
        a pensar cominciò come fugisse.
        Grifon, che gli era appresso e n'avea cura,
        lo spinse pur, poi ch'assai fece e disse,
        contra un gentil guerrier che s'era mosso,
        come si spinge il cane al lupo adosso;

89.   che dieci passi gli va dietro o venti,
        e poi si ferma, et abbaiando guarda
        come digrigni i minacciosi denti,
        come negli occhi orribil fuoco gli arda.
        Quivi ov'erano e principi presenti
        e tanta gente nobile e gagliarda,
        fuggì lo 'ncontro il timido Martano,
        e torse 'l freno e 'l capo a destra mano.

90.   Pur la colpa potea dar al cavallo,
        chi di scusarlo avesse tolto il peso;
        ma con la spada poi fe' sì gran fallo,
        che non l'avria Demostene difeso.
        Di carta armato par, non di metallo;
        sì teme da ogni colpo essere offeso.

---

87. – 1. *Seleucia*: l'antica Seleucia, città della Siria, sul fiume Oronte; *di quel-l'uno*: uno di quegli otto. – 2. *ch'a... tolto*: che avevano preso su di sé l'incarico di sostenere la giostra. – 7. *il più cortese*: uno più cortese di lui.
88. – 3. *e ritornando... natura*: e ritornando quel codardo ch'egli era, dopo la prova di audacia data a fianco di Grifone (cfr. XVII, 86, 5). – 6. *pur*: alfine.
89. – 3-4. *come digrigni... arda*: cfr. II, 5, 3-4. – 7. *'ncontro*: scontro.
90. – 2. *tolto il peso*: assunto il grave incarico. – 4. *Demostene*: un avvocato

Fuggesi al fine, e gli ordini disturba,
ridendo intorno a-llui tutta la turba.

91. Il batter de le mani, il grido intorno
se gli levò del populazzo tutto.
Come lupo cacciato, fe' ritorno
Martano in molta fretta al suo ridutto.
Resta Grifone; e gli par de lo scorno
del suo compagno esser macchiato e brutto:
esser vorrebbe stato in mezzo il foco,
più tosto che trovarsi in questo loco.

92. Arde nel core, e fuor nel viso avampa,
come sia tutta sua quella vergogna;
perché l'opere sue di quella stampa
vedere aspetta il populo et agogna:
sì che rifulga chiara più che lampa
sua virtù, questa volta gli bisogna;
ch'un'oncia, un dito sol d'error che faccia,
per la mala impression parrà sei braccia.

93. Già la lancia avea tolta su la coscia
Grifon, ch'errare in arme era poco uso:
spinse il cavallo a tutta briglia, e poscia
ch'alquanto andato fu, la messe suso,
e portò nel ferire estrema angoscia
al baron di Sidonia, ch'andò giuso.
Ognun maravigliando in piè si leva;
che 'l contrario di ciò tutto attendeva.

eloquente come il celebre e proverbiale Demostene. – 7. *ordini*: la disposizione
ordinata degli spettatori e dei combattenti. – 8. *ridendo... turba*: «uno dei più
sarcastici ablativi assoluti dell'Ariosto» (Raniolo).
  91. – 2. *populazzo*: cfr. XVI, 23, 7. – 4. *ridutto*: luogo appartato; cfr. XVII, 72, 1.
  92. – 1. *Arde... avampa*: cfr. PETRARCA, *Canz.*, XXXV, 8: «Di fuor si legge co-
m'io dentro avampi». – 3. *di quella stampa*: dello stesso genere, codardo e ridicolo,
di quelle compiute da Martano. – 5. *lampa*: luce splendente; cfr. PETRARCA, *Canz.*,
CCCLXVI, 16: «con più chiara lampa». – 7. *un'oncia, un dito*: una piccola misura;
8. *sei braccia*: un errore enorme; cfr. *Innam.*, II, XXVI, 50, 7: «per un dito fu creduto
un braccio».
  93. – 1. *tolta su la coscia*: alzata all'altezza della coscia. – 4. *la messe suso*: la
mise in resta. – 6. *Sidonia*: l'antica Sidon, città fenicia; *andò giuso*: fu scavalcato; si
noti la precisa evidenza di questi movimenti.

94.   Tornò Grifon con la medesma antenna,
        che 'ntiera e ferma ricovrata avea,
        et in tre pezzi la roppe alla penna
        de lo scudo al signor di Lodicea.
        Quel per cader tre volte e quattro accenna,
        che tutto steso alla groppa giacea:
        pur rilevato al fin la spada strinse,
        voltò il cavallo, e vêr Grifon si spinse.

95.   Grifon, che 'l vede in sella, e che non basta
        sì fiero incontro perché a terra vada,
        dice fra sé: «Quel che non poté l'asta,
        in cinque colpi o 'n sei farà la spada».
        E su la tempia subito l'attasta
        d'un dritto tal, che par che dal ciel cada;
        e un altro gli accompagna e un altro appresso,
        tanto che l'ha stordito e in terra messo.

96.   Quivi erano d'Apamia duo germani,
        soliti in giostra rimaner di sopra,
        Tirse e Corimbo; et ambo per le mani
        del figlio d'Uliver cadêr sozzopra.
        L'uno gli arcion lascia allo scontro vani;
        con l'altro messa fu la spada in opra.
        Già per commun giudicio si tien certo
        che di costui fia de la giostra il merto.

97.   Ne la lizza era entrato Salinterno,
        gran dïodarro e maliscalco regio,
        e che di tutto 'l regno avea il governo,

94. – 2. *ricovrata*: ricuperata, tratta fuori dalla ferita. – 3. *penna*: vertice; cfr.
XII, 83, 1: «Verso spezzato in tre parti per modo che in ognuna d'esse l'accento
cade sul suono duro del *p*» (Bolza). – 4. *Lodicea*: Laodicea, città della Siria. –
5. *accenna*: dà segno, vacillando. – 6. *alla groppa*: sulla groppa.
    95. – 2. *incontro*: scontro. – 5. *l'attasta*: lo colpisce, quasi tastando se il colpo è
forte abbastanza. – 6. *dritto*: mandiritto, colpo da destra a sinistra, dall'alto in
basso.
    96. – 1. *Apamia*: l'antica Apameia, città della Frigia. – 2. *rimaner di sopra*:
riuscire vincitori. – 4. *figlio d'Uliver*: Grifone; *cadêr sozzopra*: caddero rovesciandosi.
– 5. *gli arcion... vani*: vuota l'arcione, cade. – 8. *fia*: sarà; *merto*: premio.
    97. – 2. *dïodarro*: dall'arabo-persiano *dervadar*, titolo che si dava alla persona
incaricata di far arrivare a destinazione le lettere del sultano; *maliscalco regio*: titolo
amministrativo; in origine era il conte che presiedeva alle stalle reali. – 3. *governo*:

e di sua mano era guerriero egregio.
Costui, sdegnoso ch'un guerriero esterno
debba portar di quella giostra il pregio,
piglia una lancia, e verso Grifon grida,
e molto minacciandolo lo sfida.

98.   Ma quel con un lancion gli fa risposta,
ch'avea per lo miglior fra dieci eletto,
e per non far error, lo scudo apposta,
e via lo passa e la corazza e 'l petto:
passa il ferro crudel tra costa e costa,
e fuor pel tergo un palmo esce di netto.
Il colpo, eccetto al re, fu a tutti caro;
ch'ognuno odiava Salinterno avaro.

99.   Grifone, appresso a questi, in terra getta
duo di Damasco, Ermofilo e Carmondo.
La milizia del re dal primo è retta;
del mar grande almiraglio è quel secondo.
Lascia allo scontro l'un la sella in fretta:
adosso all'altro si riversa il pondo
del rio destrier, che sostener non puote
l'alto valor con che Grifon percuote.

100.   Il signor di Seleucia ancor restava,
miglior guerrier di tutti gli altri sette;
e ben la sua possanza accompagnava
con destrier buono e con arme perfette.
Dove de l'elmo la vista si chiava,
l'asta allo scontro l'uno e l'altro mette:
pur Grifon maggior colpo al pagan diede,
che lo fe' staffeggiar dal manco piede.

---

amministrazione. – 4. *di sua mano*: quanto al suo braccio, alla sua forza militare. –
5. *esterno*: forestiero. – 6. *il pregio*: la palma, il primato cfr. 82, 1.

98. – 1. *lancion*: lancia corta e grossa. – 3. *lo scudo apposta*: prende di mira lo
scudo. – 4. *e la corazza e 'l petto*: cfr. VIRGILIO, *Aen.*, X, 337: «*thoraca simul con pectore
rumpit*». – 8. *avaro*: esoso nell'amministrazione pubblica.

99. – 4. *almiraglio*: ammiraglio (titolo arabo). – 7. *rio*: cattivo, debole.

100. – 1. *Il signor di Seleucia*: cfr. XVII, 87, 1. – 3. *accompagnava*: integrava. –
5. *Dove... chiava*: dove la visiera è inchiodata all'elmo. – 8. *staffeggiar*: perdere la
staffa.

101. Gittaro i tronchi, e si tornaro adosso
      pieni di molto ardir coi brandi nudi.
      Fu il pagan prima da Grifon percosso
      d'un colpo che spezzato avria gl'incudi.
      Con quel fender si vide e ferro et osso
      d'un ch'eletto s'avea tra mille scudi;
      e se non era doppio e fin l'arnese,
      feria la coscia ove cadendo scese.

102. Ferì quel di Seleucia alla visera
      Grifone a un tempo; e fu quel colpo tanto,
      che l'avria aperta e rotta, se non era
      fatta, come l'altr'arme, per incanto.
      Gli è un perder tempo che 'l pagan più fera:
      così son l'arme dure in ogni canto;
      e 'n più parti Grifon già fessa e rotta
      ha l'armatura a lui, né perde botta.

103. Ognun potea veder quanto di sotto
      il signor di Seleucia era a Grifone;
      e se partir non li fa il re di botto,
      quel che sta peggio, la vita vi pone.
      Fe' Norandino alla sua guardia motto
      ch'entrasse a distaccar l'aspra tenzone.
      Quindi fu l'uno, e quindi l'altro tratto;
      e fu lodato il re di sì buon atto.

104. Gli otto che dianzi avean col mondo impresa,
      e non potuto durar poi contra uno,
      avendo mal la parte lor difesa,
      usciti eran dal campo ad uno ad uno.
      Gli altri ch'eran venuti a-llor contesa,
      quivi restâr senza contrasto alcuno,

101. – 2. *nudi*: sguainati. – 4. *gl'incudi*: le incudini, cfr. I, 17, 4. – 6. *d'un... scudi*:
d'uno scudo ch'era stato scelto fra mille. – 7. *fin*: ben temprato.
102. – 2. *tanto*: tanto forte. – 4. *fatta... incanto*: cfr. XVII, 70, 7-8. – 5. *fera*:
ferisca, colpisca. – 8. *né perde botta*: e non manda un colpo a vuoto.
103. – 1. *di sotto*: inferiore. – 3. *partir*: dividere; *di botto*: presto. – 4. *vi pone*: vi
lascia. – 7. *Quindi... quindi*: da una parte, da un'altra parte.
104. – 1. *Gli otto ecc.*: cfr. XVII, 85, 1-4. – 5. *a-llor contesa*: a contendere con loro.

avendo lor Grifon, solo, interrotto
quel che tutti essi avean da far contra otto.

105. E durò quella festa così poco,
ch'in men d'un'ora il tutto fatto s'era:
ma Norandin, per far più lungo il giuoco
e per continuarlo infino a sera,
dal palco scese, e fe' sgombrare il loco;
e poi divise in due la grossa schiera;
indi, secondo il sangue e la lor prova,
gli andò accoppiando, e fe' una giostra nova.

106. Grifone intanto avea fatto ritorno
alla sua stanza, pien d'ira e di rabbia:
e più gli preme di Martan lo scorno,
che non giova l'onor ch'esso vinto abbia.
Quivi per tor l'obbrobrio ch'avea intorno,
Martano adopra le mendaci labbia;
e l'astuta e bugiarda meretrice,
come meglio sapea, gli era adiutrice.

107. O sì o no che 'l giovin gli credesse,
pur la scusa accettò, come discreto;
e pel suo meglio allora allora elesse
quindi levarsi tacito e secreto,
per tema che, se 'l populo vedesse
Martano comparir, non stesse cheto.
Così per una via nascosa e corta
usciro al camin lor fuor de la porta.

108. Grifone, o ch'egli o che 'l cavallo fosse
stanco, o gravasse il sonno pur le ciglia,

---

105. – 1. *festa*: giostra d'armi; cfr. XXVI, 10-11. – 6. *schiera*: degli sfidanti. – 7. *secondo... prova*: secondo la nobiltà della loro schiatta e il valore di cui avevano già dato prova.

106. – 3. *gli preme*: gli pesa, lo addolora. – 4. *che non giova*: che non gli faccia piacere. – 5-6. *per tor... labbia*: per eliminare la vergogna di cui si era ricoperto, inventa bugìe. – 7. *meretrice*: Orrigille.

107. – 2. *come discreto*: da uomo cortese e fiducioso quale egli era. – 3-4. *pel suo... quindi*: per il bene di Martano decise subito di allontanarsi di lì. – 8. *usciro... lor*: presero la strada che dovevano percorrere.

108. – 2. *o gravasse... ciglia*: o il sonno gli facesse chiudere gli occhi; cfr. DANTE, *Inf.*, XI, 88: «Né li gravò viltà di cor le ciglia».

al primo albergo che trovâr, fermosse,
che non erano andati oltre a dua miglia.
Si trasse l'elmo, e tutto disarmosse,
e trar fece a' cavalli e sella e briglia;
e poi serrossi in camera soletto,
e nudo per dormire entrò nel letto.

109.   Non ebbe così tosto il capo basso,
che chiuse gli occhi, e fu dal sonno oppresso
cosi profundamente, che mai tasso
né ghiro mai s'addormentò quanto esso.
Martano intanto et Orrigille a spasso
entraro in un giardin ch'era lì appresso;
et un inganno ordîr, che fu il più strano
che mai cadesse in sentimento umano.

110.   Martano disegnò tôrre il destriero,
i panni e l'arme che Grifon s'ha tratte;
e andare inanzi al re pel cavalliero
che tante pruove avea giostrando fatte.
L'effetto ne seguì, fatto il pensiero:
tolle il destrier più candido che latte,
scudo e cimiero et arme e sopraveste,
e tutte di Grifon l'insegne veste.

111.   Con gli scudieri e con la donna, dove
era il popolo ancora, in piazza venne;
e giunse a tempo che finian le pruove
di girar spade e d'arrestare antenne.
Commanda il re che 'l cavallier si truove,
che per cimier avea le bianche penne,
bianche le vesti e bianco il corridore;
che 'l nome non sapea del vincitore.

---

109. – 1. *basso*: reclinato sul guanciale. – 3-4. *tasso... ghiro*: animali il cui sonno
durante il giorno o l'ibernazione è proverbiale; cfr. X, 18, 8. – 8. *in sentimento
umano*: nella mente di un uomo. In verità non era fatto poi così raro nei romanzi;
cfr., oltre quanto narrato nel *Palamedès*, il tiro che Brunello fa a Ruggiero nell'*Innam.*, II, XXI, 28.

110. – 3. *pel cavalliero*: facendosi passare per il cavaliere. – 5. *L'effetto... pensiero*: mise subito ad effetto quanto aveva progettato.

111. – 4. *di girar... antenne*: di maneggiare le spade e mettere le lance in resta.

112.   Colui ch'indosso il non suo cuoio aveva,
         come l'asino già quel del leone,
         chiamato, se n'andò, come attendeva,
         a Norandino, in loco di Grifone.
         Quel re cortese incontro se gli leva,
         l'abbraccia e bacia, e allato se lo pone:
         né gli basta onorarlo e dargli loda,
         che vuol che 'l suo valor per tutto s'oda.

113.   E fa gridarlo al suon degli oricalchi
         vincitor de la giostra di quel giorno.
         L'alta voce ne va per tutti i palchi,
         che 'l nome indegno udir fa d'ogn'intorno.
         Seco il re vuol ch'a par a par cavalchi,
         quando al palazzo suo poi fa ritorno;
         e di sua grazia tanto gli comparte,
         che basteria, se fosse Ercole o Marte.

114.   Bello et ornato allogiamento dielli
         in corte, et onorar fece con lui
         Orrigille anco; e nobili donzelli
         mandò con essa, e cavallieri sui.
         Ma tempo è ch'anco di Grifon favelli,
         il qual né dal compagno né d'altrui
         temendo inganno, addormentato s'era,
         né mai si risvegliò fin alla sera.

115.   Poi che fu desto, e che de l'ora tarda
         s'accorse, uscì di camera con fretta,
         dove il falso cognato e la bugiarda
         Orrigille lasciò con l'altra setta;
         e quando non gli truova, e che riguarda

112. – 1-2. *Colui... leone*: Martano che non aveva addosso la sua armatura, come l'asino della favola esopiana che si era vestito di una pelle di leone. – 3. *come attendeva*: come prevedeva (di essere chiamato). – 6. *allato*: a lato, in segno di onore.

113. – 1. *E fa... oricalchi*: e lo fa proclamare al suono delle trombe. – 5. *Seco... a par a par*: con lui e al suo lato, come se fosse un suo pari. – 7. *di sua grazia... comparte*: e lo ricopre di tanti onori e cortesie.

114. – 6. *né d'altrui*: né da alcun'altra persona; oppure si può riferire, come propone il Caretti, secondo un uso dell'italiano antico, a una persona determinata: né dall'altra, cioè da Orrigille.

115. – 4. *setta*: seguito; cfr. XVI, 7. – 5. *e che riguarda*: e quando s'accorge.

non v'esser l'arme né i panni, sospetta;
ma il veder poi più sospettoso il fece
l'insegne del compagno in quella vece.

116.   Sopravien l'oste, e di colui l'informa
che già gran pezzo, di bianch'arme adorno,
con la donna e col resto de la torma
avea ne la città fatto ritorno.
Truova Grifone a poco a poco l'orma
ch'ascosa gli avea Amor fin a quel giorno;
e con suo gran dolor vede esser quello
adulter d'Orrigille, e non fratello.

117.   Di sua sciochezza indarno ora si duole,
ch'avendo il ver dal peregrino udito,
lasciato mutar s'abbia alle parole
di chi l'avea più volte già tradito.
Vendicar si potea, né seppe: or vuole
l'inimico punir, che gli è fuggito;
et è constretto con troppo gran fallo
a tor di quel vil uom l'arme e 'l cavallo.

118.   Eragli meglio andar senz'arme e nudo,
che porsi indosso la corazza indegna,
o ch'imbracciar l'abominato scudo,
o por su l'elmo la beffata insegna;
ma per seguir la meretrice e 'l drudo,
ragione in lui pari al disio non regna.
A tempo venne alla città, ch'ancora
il giorno avea quasi di vivo un'ora.

---

116. – 1. *Sopravien:* sopraggiunge. – 5-6. *Truova... giorno:* a poco a poco Grifone trova la via che lo porta alla verità e che gli era stata preclusa fino a quel giorno da Amore. – 8. *adulter:* amante; cfr. XVI, 14, 4.
117. – 2. *peregrino:* cfr. XV, 100-102. – 3. *lasciato... parole:* si sia lasciato indurre a mutare opinione dalle parole. – 7. *con troppo gran fallo:* commettendo un errore molto grave.
118. – 4. *beffata:* dal pubblico della giostra. – 6. *ragione... regna:* la ragione non trova posto nella sua mente accanto al desiderio di vendetta, che è passione ciecamente dominante. – 7. *A tempo... ch':* nel tempo, in cui. – 8. *quasi... ora:* quasi un'ora di luce.

119.   Presso alla porta ove Grifon venìa,
         siede a sinistra un splendido castello,
         che, più che forte e ch'a guerre atto sia,
         di ricche stanze è accommodato e bello.
         I re, i signori, i primi di Soria
         con alte donne in un gentil drappello
         celebravano quivi in loggia amena
         la real sontuosa e lieta cena.

120.   La bella loggia sopra 'l muro usciva
         con l'alta ròcca fuor de la cittade;
         e lungo tratto di lontan scopriva
         i larghi campi e le diverse strade.
         Or che Grifon verso la porta arriva
         con quell'arme d'obbrobrio e di viltade,
         fu con non troppa aventurosa sorte
         dal re veduto e da tutta la corte:

121.   e riputato quel di ch'avea insegna,
         mosse le donne e i cavallieri a riso.
         Il vil Martano, come quel che regna
         in gran favor, dopo 'l re è 'l primo assiso,
         e presso a-llui la donna di sé degna;
         dai quali Norandin con lieto viso
         vòlse saper chi fosse quel codardo
         che così avea al suo onor poco riguardo;

122.   che dopo una sì trista e brutta pruova,
         con tanta fronte or gli tornava inante.
         Dicea: − Questa mi par cosa assai nuova,
         ch'essendo voi guerrier degno e prestante,

---

119. − 2. *siede*: si trova, si erge; cfr. II, 64, 2. − 4. *è... bello*: è sontuosamente
fornito. − 6. *alte*: nobili; aggettivo caro al Petrarca, come petrarchesca è l'immagine
del *drappello* (v. 6): cfr. *Tr. Mor.*, I, 15: «un bel drappelletto». − 7. *amena*: ornata
sontuosamente.
      120. − 1-2. *La bella... cittade*: la loggia, così come la torre, si elevava più alta delle
mura, al di sopra della città. La *loggia* era un punto obbligato della topografia stilizzata dei romanzi cavallereschi; cfr. per es. *Innam.*, I, VI, 47-48. − 3. *e lungo... scopriva*:
e per grande distanza rivelava alla vista, lasciava vedere. − 7. *aventurosa*: fortunata.
      121. − 1. *riputato quel*: scambiato per quello. − 5. *di sé degna*: degna di lui, vile
e malvagia quanto lui.
      122. − 2. *con tanta fronte*: con tale sfrontatezza. − 3. *nuova*: strana. − 4. *prestante*:
eccellente (lat.).

costui compagno abbiate, che non truova,
di viltà, pari in terra di Levante.
Il fate forse per mostrar maggiore,
per tal contrario, il vostro alto valore.

123.   Ma ben vi giuro per gli eterni dèi,
che se non fosse ch'io riguardo a vui,
la publica ignominia gli farei,
ch'io soglio fare agli altri pari a lui.
Perpetua ricordanza gli darei,
come ognor di viltà nimico fui.
Ma sappia, s'impunito se ne parte,
grado a voi che 'l menaste in questa parte. –

124.   Colui che fu de tutti i vizii il vaso,
rispose: – Alto signor, dir non sapria
chi sia costui; ch'io l'ho trovato a caso,
venendo d'Antïochia, in su la via.
Il suo sembiante m'avea persuaso
che fosse degno di mia compagnia;
ch'intesa non n'avea pruova né vista,
se non quella che fece oggi assai trista.

125.   La qual mi spiacque sì, che restò poco,
che per punir l'estrema sua viltade,
non gli facessi allora allora un gioco,
che non toccasse più lance né spade:
ma ebbi, più ch'a-llui, rispetto al loco,
e riverenzia a vostra maestade.
Né per me voglio che gli sia guadagno
l'essermi stato un giorno o dua compagno:

123. – 2. *riguardo a vui*: ho riguardo per voi. – 5. *Perpetua... darei*: con tale pubblico vituperio, gli farei ricordare in eterno. – 7-8. *sappia... grado*: si consideri riconoscente.
124. – 1. *il vaso*: il ricettacolo; espressione foggiata sul modello biblico già da DANTE, *Inf.*, XXII, 82: «vasel d'ogne froda». – 2. *Alto*: nobile. – 7-8. *intesa... trista*: non ho sentito raccontare alcuna prova di costui, e personalmente ho visto soltanto la trista prova di oggi.
125. – 1. *restò poco*: mancò poco. – 3. *un gioco*: un tiro, un trattamento tale; cfr. PULCI, *Morg.*, III, 49, 8: «farò tal giuoco che tu piangerai»; *Mambriano*, XII, 23, 7-8: «io ti farò un tal gioco, Che in vita tua mai più non sarai cuoco». – 7. *per me*: quanto a me; *gli sia guadagno*: gli sia di vantaggio.

126.   di che contaminato anco esser parme;
        e sopra il cor mi sarà eterno peso,
        se, con vergogna del mestier de l'arme,
        io lo vedrò da noi partire illeso:
        e meglio che lasciarlo, satisfarme
        potrete, se sarà d'un merlo impeso;
        e fia lodevol opra e signorile,
        perch'el sia esempio e specchio ad ogni vile. –

127.   Al detto suo Martano Orrigille have,
        senza accennar, confermatrice presta.
        – Non son – rispose il re – l'opre sì prave,
        ch'al mio parer v'abbia d'andar la testa.
        Voglio per pena del peccato grave,
        che sol rinuovi al populo la festa. –
        E tosto a un suo baron, che fe' venire,
        impose quanto avesse ad esequire.

128.   Quel baron molti armati seco tolse,
        et alla porta della terra scese;
        e quivi con silenzio li raccolse,
        e la venuta di Grifone attese:
        e ne l'entrar sì d'improviso il colse,
        che fra i duo ponti a salvamento il prese;
        e lo ritenne con beffe e con scorno
        in una oscura stanza insin al giorno.

129.   Il Sole a pena avea il dorato crine
        tolto di grembio alla nutrice antica,
        e cominciava da le piagge alpine

126. – 1. *di che*: della qual cosa, dell'essermi accompagnato a lui. – 5. *e meglio ecc.*: e, piuttosto che lasciarlo andare, mi farete cosa gradita se lo impiccherete a un merlo delle mura. – 7. *signorile*: degna di un principe qual voi siete.

127. – 2. *senza accennar*: senza che sia necessario che Martano le faccia un cenno d'intesa. – 6. *la festa*: il divertimento, che già aveva offerto con la sua vigliaccheria.

128. – 2. *terra*: città. – 6. *fra i duo ponti*: i due ponti levatoi posti sui due fossati che cingevano la città; *a salvamento*: senza suo danno, con facilità e sicurezza; cfr. PULCI, *Morg.*, IX, 72, 2.

129. – 1. *il dorato crine*: cfr. VIRGILIO, *Aen.*, IX, 638: «*crinitus Apollo*»; DANTE, *Inf.*, XXIV, 2; PETRARCA, *Canz.*, CCXCI, 2. – 2. *nutrice antica*: Teti, la dea del mare; cfr. XXXI, 50, 4 e XXXII, 63, 4. – 3. *da le piagge alpine*: dalle cime delle montagne;

a cacciar l'ombre e far la cima aprica;
quando temendo il vil Martan ch'al fine
Grifone ardito la sua causa dica,
e ritorni la colpa ond'era uscita,
tolse licenzia, e fece indi partita,

130.   trovando idonia scusa al priego regio,
che non stia allo spettacolo ordinato.
Altri doni gli avea fatto, col pregio
de la non sua vittoria, il signor grato;
e sopra tutto un amplo privilegio,
dov'era d'alti onori al sommo ornato.
Lasciànlo andar; ch'io vi prometto certo,
che la mercede avrà secondo il merto.

131.   Fu Grifon tratto a gran vergogna in piazza,
quando più si trovò piena di gente.
Gli avean levato l'elmo e la corazza,
e lasciato in farsetto assai vilmente;
e come il conducessero alla mazza,
posto l'avean sopra un carro eminente,
che lento lento tiravan due vacche
da lunga fame attenuate e fiacche.

132.   Venian d'intorno alla ignobil quadriga
vecchie sfacciate e disoneste putte,

cfr. VIRGILIO, *Aen.*, XII, 113-114: «*summos spargebat lumine montis Orta dies*». –
4. *aprica*: luminosa. – 6. *la sua causa dica*: difenda la sua causa (lat. *causam dicere*).
130. – 1. *trovando... regio*: rifiutando con una scusa appropriata la preghiera
del re. – 3. *col pregio*: oltre al premio, l'armatura di Marfisa; cfr. 82, 1; 97, 6. –
5. *privilegio*: diploma reale, dove erano elencati gli onori concessigli. – 8. *la mercede*: la ricompensa, la punizione; cfr. XVIII, 78 segg.
131. – 1. *Fu Grifon tratto ecc.*: il tema della pubblica ignominia, oltre che ri-
chiamarsi a una precisa realtà storica rinascimentale, aveva i suoi precedenti letterari, analoghi a quelli del tema dell'impiccagione (cfr. n. a XIII, 41, 4); si cfr. per es.
la scena del vero e proprio supplizio di Astolfo nel *Morg.*, XI, 68 segg. – 4. *vilmente*:
disonoratamente. – 5. *alla mazza*: al supplizio, all'uccisione; nel «Libro dei giusti-
ziati» di Ferrara, a proposito dell'esecuzione dei congiurati contro Alfonso d'Este si
dice: «apparecchiato uno banco con una grande scure, una maza di legno». L'espressione «guidare alla mazza», «mandare alla mazza» era spesso usata, in senso proprio o più spesso metaforico, dal PULCI, *Morg.*, VI, 55, 5; XVII, 9, 2; XIX, 163, 5; XXII,
84, 7. – 6. *un carro eminente*: la «carretta» alta (*eminente*: lat. ironico) su cui si portavano i condannati al pubblico dileggio. – 8. *attenuate*: estenuate; cfr. II, 13, 1.
132. – 1. *quadriga*: la voce latina è usata qui ironicamente, come il successivo
auriga del v. 3. – 2. *sfacciate... putte*: cfr. PETRARCA, *Canz.*, CXXXVIII, 11: «putta

di che n'era una et or un'altra auriga,
e con gran biasmo lo mordeano tutte.
Lo poneano i fanciulli in maggior briga,
che, oltre le parole infami e brutte,
l'avrian coi sassi insino a morte offeso,
se dai più saggi non era difeso.

133.   L'arme che del suo male erano state
cagion, che di lui fêr non vero indicio,
da la coda del carro strascinate
patian nel fango debito supplicio.
Le ruote inanzi a un tribunal fermate
gli fêro udir de l'altrui maleficio
la sua ignominia, che 'n sugli occhi detta
gli fu, gridando un publico trombetta.

134.   Lo levâr quindi, e lo mostrâr per tutto
dinanzi a templi, ad officine e a case,
dove alcun nome scelerato e brutto,
che non gli fosse detto, non rimase.
Fuor de la terra all'ultimo condutto
fu da la turba, che si persuase
bandirlo e cacciare indi a suon di busse,
non conoscendo ben ch'egli si fusse.

135.   Sì tosto a pena gli sferraro i piedi
e liberârgli l'una e l'altra mano,
che tor lo scudo et impugnar gli vedi
la spada, che rigò gran pezzo il piano.
Non ebbe contra sé lance né spiedi;

sfacciata». – 3. *di che... auriga*: e ora una ora un'altra delle donne faceva da guidatrice del carro. – 4. *mordeano*: beffavano. – 5. *briga*: tormento; cfr. DANTE, *Par.*, VIII, 69.
133. – 2. *che... indicio*: che diedero falsa indicazione della sua identità. – 5. *tribunal*: luogo elevato, su cui si pronunciavano le pubbliche condanne e si compivano le esecuzioni; nella descrizione cit. della congiura contro Alfonso d'Este si parla di un «tribunale grande». – 8. *trombetta*: banditore.
134. – 1. *quindi*: di lì. – 3. *nome*: appellativo. – 6. *si persuase*: si risolse. – 8. *ch'egli*: chi egli.
135. – 1. *sferraro*: liberarono dai ceppi. – 4. *rigò*: di sangue. – 5. *spiedi*: lance

che senz'arme venìa il populo insano.
Ne l'altro canto diferisco il resto;
che tempo è omai, Signor, di finir questo.

---

corte e appuntite. – 6. *populo insano*: il populazzo, sciocco e sprovveduto; cfr. XVI, 23, 7.

CANTO DECIMOTTAVO

Esordio: prima di condannare bisogna permettere all'accusato di difender-
si. Continua la strage di Grifone. Frattanto, a Parigi, Carlo e i paladini
assalgono Rodomonte. Questi, dopo aver fatto strage nella città, si pone in
salvo gettandosi a nuoto nella Senna. Discordia, Superbia e Gelosia comin-
ciano ad operare nel campo saraceno. Rodomonte, appreso da un nano che
Mandricardo gli ha rapito Doralice, si allontana dal campo. Infuria la bat-
taglia sotto Parigi e Dardinello compie gesta memorabili. Frattanto a Dama-
sco Norandino, di fronte ai prodigi di valore di Grifone, riconosce il suo errore
e lo invita alla reggia. Aquilante, partito in cerca del fratello, incontra Orri-
gille e Martano, li fa prigionieri e li porta a Damasco. Norandino bandisce
un'altra giostra. Ne hanno notizia anche Astolfo e Sansonetto, che vengono a
parteciparvi. Incontrano per via Marfisa e si accompagnano con lei. A Da-
masco, Marfisa riconosce la propria armatura e se ne impadronisce, con
sdegno del re. Dopo il chiarimento, Marfisa, Astolfo, Sansonetto, Grifone e
Aquilante s'imbarcano per la Francia. Sono colti da una tempesta al largo di
Cipro. Frattanto continua la battaglia sotto le mura di Parigi. Rinaldo uccide
Dardinello e i Saraceni sono sconfitti e stretti in assedio nei loro alloggiamen-
ti. Cloridano e Medoro ritornano sul campo di battaglia per dare sepoltura al
loro re Dardinello. Uccidono parecchi cristiani immersi nel sonno. Trovano il
cadavere e se lo caricano in spalla. Sopraggiunge Zerbino con una squadra
cristiana. Mentre Cloridano fugge, Medoro, che non vuole abbandonare il
corpo di Dardinello, cerca di nascondersi in una selva.

1.   Magnanimo Signore, ogni vostro atto
       ho sempre con ragion laudato e laudo;

1. – 1. *Magnanimo Signore*: il cardinale Ippolito; cfr. I, 40, 2. – 2-3. *laudato...*
rozzo stil: questo motivo della rivendicazione dei propri meriti di cortigiano, ac-

ben che col rozzo stil duro e mal atto
gran parte de la gloria vi defraudo.
Ma più de l'altre, una virtù m'ha tratto,
a cui col core e con la lingua applaudo;
che s'ognun truova in voi ben grata udienza,
non vi truova però facil credenza.

2.   Spesso in difesa del biasmato absente
indur vi sento una et un'altra scusa,
o riserbargli almen, fin che presente
sua causa dica, l'altra orecchia chiusa;
e sempre, prima che dannar la gente,
vederla in faccia, e udir la ragion ch'usa;
differir anco e giorni e mesi et anni,
prima che giudicar negli altrui danni.

3.   Se Norandino il simil fatto avesse,
fatto a Grifon non avria quel che fece.
A voi utile e onor sempre successe:
denigrò sua fama egli più che pece.
Per lui sue genti a morte furon messe;
che fe' Grifone in dieci tagli e in diece
punte che trasse pien d'ira e bizzarro,
che trenta ne cascaro appresso al carro.

4.   Van gli altri in rotta ove il timor li caccia,
chi qua chi là, pei campi e per le strade;
e chi d'entrar ne la città procaccia,
e l'un su l'altro ne la porta cade.
Grifon non fa parole e non minaccia;
ma lasciando lontana ogni pietade,

---

compagnata da un atteggiamento di modestia, era già comparso nell'esordio al
primo canto (I, 3). – 5. *m'ha tratto*: mi ha attratto. – 7. *grata*: benigna. – 8. *credenza*:
credulità.

2. – 2. *indur*: addurre. – 4. *sua causa dica*: cfr. XVII, 129, 6; *l'altra... chiusa*: per
poi aprirla e sentirne le discolpe. – 6. *la ragion ch'usa*: la ragione che adduce. –
7. *e giorni... anni*: cfr. PETRARCA, *Tr. Temp.*, 76: «Che volan l'ore e' giorni e gli anni
e' mesi». – 8. *negli... danni*: a sfavore di qualcuno.

3. – 3. *successe*: derivò; cfr. DANTE, *Par.*, VI, 114: «onore e fama li succeda». –
4. *denigrò*: tinse di nero (figura etimologica). – 7. *trasse*: vibrò, menò; *bizzarro*: spinto
dalla stizza, crucciato; cfr. DANTE, *Inf.*, VIII, 62.

4. – 3. *procaccia*: riesce.

mena tra il vulgo inerte il ferro intorno,
e gran vendetta fa d'ogni suo scorno.

5. Di quei che primi giunsero alla porta,
che le piante a levarsi ebbeno pronte,
parte, al bisogno suo molto più accorta
che degli amici, alzò subito il ponte;
piangendo parte, o con la faccia smorta
fuggendo andò senza mai volger fronte,
e ne la terra per tutte le bande
levò grido e tumulto e rumor grande.

6. Grifon gagliardo duo ne piglia in quella
che 'l ponte si levò per lor sciagura.
Sparge de l'uno al campo le cervella;
che lo percuote ad una cote dura:
prende l'altro nel petto, e l'arrandella
in mezzo alla città sopra le mura.
Scórse per l'ossa ai terrazzani il gelo,
quando vider colui venir dal cielo.

7. Fur molti che temêr che 'l fier Grifone
sopra le mura avesse preso un salto.
Non vi sarebbe più confusïone,
s'a Damasco il soldan desse l'assalto.
Un muover d'arme, un correr di persone,
e di talacimanni un gridar d'alto,
e di tamburi un suon misto e di trombe
il mondo assorda, e 'l ciel par ne ribombe.

8. Ma voglio a un'altra volta differire
a ricontar ciò che di questo avenne.

---

5. – 2. *le piante... pronte*: ebbero i piedi pronti a fuggire di lì. – 3. *accorta*: sollecita. – 4. *il ponte*: levatoio. – 7. *la terra*: la città.

6. – 1-2. *in quella che*: nel momento in cui. – 4. *ad... dura*: contro una dura pietra. – 5. *l'arrandella*: lo impugnò e scagliò a mo' di randello; cfr. Pulci, *Morg.*, III, 72, 7; IV, 30, 7; V, 52, 5; ecc. – 7. *Scórse ecc.*: cfr. V, 40, 6; *terrazzani*: abitanti della città.

7. – 2. *preso*: spiccato. – 6. *talacimanni*: voce d'origine persiana: sacerdoti saraceni, inferiori agli «iman», che dai minareti chiamano i fedeli con alte grida. Si trova già anche nel Pulci. – 7. *tamburi... trombe*: cfr. XVI, 56.

8. – 2. *ricontar*: raccontare; *di questo*: di questo fatto; continua alla st. 59. –

Del buon re Carlo mi convien seguire,
che contra Rodomonte in fretta venne,
il qual le genti gli facea morire.
Io vi dissi ch'al re compagnia tenne
il gran Danese e Namo et Oliviero
e Avino e Avolio e Otone e Berlingiero.

9.   Otto scontri di lance, che da forza
di tali otto guerrier cacciati fôro,
sostenne a un tempo la scagliosa scorza
di ch'avea armato il petto il crudo Moro.
Come legno si drizza, poi che l'orza
lenta il nochier che crescer sente il Coro,
così presto rizzossi Rodomonte
dai colpi che gittar doveano un monte.

10.   Guido, Ranier, Ricardo, Salamone,
Ganelon traditor, Turpin fedele,
Angioliero, Angiolino, Ughetto, Ivone,
Marco e Matteo dal pian di San Michele,
e gli otto di che dianzi fei menzione,
son tutti intorno al Saracin crudele,
Arimanno e Odoardo d'Inghilterra,
ch'entrati eran pur dianzi ne la terra.

11.   Non così freme in su lo scoglio alpino
di ben fondata ròcca alta parete,

3. *seguire*: seguitare a dire. – 6. *Io vi dissi*: cfr. XVII, 14-16. – 7. *il gran Danese*: Uggiero. – 8. *e Avino ecc.*: cfr. XV, 8, 8.
9. – 1. *scontri*: colpi menati nello scontro; *da forza*: dalla forza. – 2. *cacciati*: vibrati. – 3. *la scagliosa scorza*: cfr. XI, 66, 6; XIV, 118, 2. – 5-6. *Come legno ecc.*: come la nave, che è piegata dal vento (il *Coro* è un vento di ovest-nord-ovest, in lat. *Caurus*), si raddrizza quando il nocchiero rallenta la fune (*orza*: cfr. n. a II, 30, 1), facendo abbassare le vele. È questa la prima di una serie in crescendo di similitudini, quasi tutte ispirate dall'epica classica, atte a ritrarre la forza immensa e ciecamente istintiva di Rodomonte. – 8. *gittar*: abbattere.
10. – 1. *Guido ecc.*: alcuni dei guerrieri che accompagnano Carlo Magno sono stati già ricordati; fra i nuovi menzionati sono Ranieri, probabilmente della casa di Mongrana, e non trascura di presentare i cavalieri con gli appellativi tradizionali: Gano è *traditor* (cfr. XV, 8, 7), Turpino è *fedele*. – 7. *Arimanno e Odoardo ecc.*: cfr. XVI, 85, 7-8.
11. – 1. *lo scoglio alpino*: una rupe alpestre. – 2. *di ben... parete*: l'alto muro di un

quando il furor di borea o di garbino
svelle dai monti il frassino e l'abete;
come freme d'orgoglio il Saracino,
di sdegno acceso e di sanguigna sete:
e com'a un tempo è il tuono e la saetta,
così l'ira de l'empio e la vendetta.

12.   Mena alla testa a quel che gli è più presso,
che gli è il misero Ughetto di Dordona:
lo pone in terra insino ai denti fesso,
come che l'elmo era di tempra buona.
Percosso fu tutto in un tempo anch'esso
da molti colpi in tutta la persona;
ma non gli fan più ch'all'incude l'ago:
sì duro intorno ha lo scaglioso drago.

13.   Furo tutti i ripar, fu la cittade
d'intorno intorno abandonata tutta;
che la gente alla piazza, dove accade
maggior bisogno, Carlo avea ridutta.
Corre alla piazza da tutte le strade
la turba, a chi il fuggir sì poco frutta.
La persona del re sì i cori accende,
ch'ognun prend'arme, ognuno animo prende.

14.   Come se dentro a ben rinchiusa gabbia
d'antiqua leonessa usata in guerra,

castello dalle solide fondamenta. – 3. *borea... garbino*: venti impetuosi. – 6. *sanguigna sete*: sete di sangue. – 7. *a un tempo... saetta*: cfr. PETRARCA, *Canz.*, CX, 12: «Come col balenar tona in un punto»; BOIARDO, *Innam.*, III, VI, 30, 8: «Fulmina a un tratto e seguita il baleno»; *Mambriano*, IV, 101, 1: «Non è sì presto il tuon dopo il baleno». – 8. *empio*: «Nota l'insistenza di questi epiteti, i quali giovano non tanto a caratterizzare il personaggio e a conferirgli una precisa individualità psicologica, quanto piuttosto ad attenuare e smorzare ogni rilievo individuale e a far di esso un tipo conforme a certi modelli famosi nella tradizione letteraria» (Sapegno). E i modelli saranno quelli di Anteo, di Capaneo, di Nembrotte, di Annibale, di Attila, di Agricane.

12. – 2. *che gli è*: che è. – 3. *lo pone in terra*: lo uccide; cfr. XVI, 84, 1; *fesso*: tagliato. – 4. *come che... era*: sebbene fosse. – 7. *non... ago*: non penetrano più di quanto farebbe un ago in un'incudine.

13. – 3. *accade*: si presenta, manifesta. – 4. *ridutta*: riunita. – 6. *a chi... frutta*: cui poco giova il fuggire.

14. – 1. *Come...*: i commentatori non hanno trovato nessuna fonte o modello per questa, che è una delle similitudini più ampie del poema. – 2. *antiqua*: vec-

perch'averne piacere il popul abbia,
talvolta il tauro indomito si serra;
i leoncin che veggion per la sabbia
come altiero e mugliando animoso erra,
e veder sì gran corna non son usi,
stanno da parte timidi e confusi:

15.   ma se la fiera madre a quel si lancia,
e ne l'orecchio attacca il crudel dente,
vogliono anch'essi insanguinar la guancia,
e vengono in soccorso arditamente;
chi morde al tauro il dosso e chi la pancia:
così contra il pagan fa quella gente.
Da tetti e da finestre e più d'appresso
sopra gli piove un nembo d'arme e spesso.

16.   Dei cavallieri e de la fanteria
tanta è la calca, ch'a pena vi cape.
La turba che vi vien per ogni via,
v'abbonda ad or ad or spessa come ape;
che quando, disarmata e nuda, sia
più facile a tagliar che torsi o rape,
non la potria, legata a monte a monte,
in venti giorni spenger Rodomonte.

17.   Al pagan, che non sa come ne possa
venir a capo, omai quel gioco incresce.
Poco, per far di mille, o di più, rossa
la terra intorno, il populo discresce.

chia, e perciò: *usata in guerra*: avvezza a combattere e fare strage nelle foreste. –
6. *mugliando*: mugghiando.
    15. – 3. *insanguinar*: cfr. POLIZIANO, *Stanze*, I, 39, 4: «insanguinar gli artigli»;
la guancia: il muso. – 8. *un nembo... spesso*: una quantità grande e fitta di armi; cfr.
VIRGILIO, *Aen.*, XII, 284: «*ferreus... imber*».
    16. – 2. *vi cape*: vi si contiene. – 4. *ad or ad or*: continuamente, sempre più;
come ape: come uno sciame di api. *Ape* è forse singolare come in XX, 82, 7; oppure
è plurale irregolare in -e come in PULCI, *Morg.*, XXI, 73, 3; XXVIII, 141, 5. – 5. *che
quando ecc.*: la quale turba, sebbene, così disarmata e nuda come è, sia più facile
da tagliare che non torsi di cavolo e rape (cfr. PULCI, *Morg.*, XVII, 85, 6: «lo tagliò
nel mezzo come un torso»; XX, 67, 7: «tutti gli affettavan come rape»); tuttavia,
ora che si presenta fittamente pigiata, Rodomonte non potrebbe distruggerla neppure in venti giorni.
    17. – 2. *gioco*: combattimento. – 3. *per far*: per quanto faccia. – 4. *discresce*:

Il fiato tuttavia più se gl'ingrossa,
sì che comprende al fin che, se non esce
or c'ha vigore e in tutto il corpo è sano,
vorrà da tempo uscir, che sarà invano.

18. Rivolge gli occhi orribili, e pon mente
che d'ogn'intorno sta chiusa l'uscita;
ma con ruina d'infinita gente
l'aprirà tosto, e la farà espedita.
Ecco, vibrando la spada tagliente,
che vien quel empio, ove il furor lo 'nvita,
ad assalire il nuovo stuol britanno
che vi trasse Odoardo et Arimanno.

19. Chi ha visto in piazza rompere steccato,
a cui la folta turba ondeggi intorno,
immansueto tauro accaneggiato,
stimulato e percosso tutto 'l giorno;
che 'l popul se ne fugge ispaventato,
et egli or questo or quel leva sul corno:
pensi che tale o più terribil fosse
il crudele African quando si mosse.

20. Quindici o venti ne tagliò a traverso,
altritanti lasciò del capo tronchi,
ciascun d'un colpo sol dritto o riverso;
che viti o salci par che poti e tronchi.
Tutto di sangue il fier pagano asperso,
lasciando capi fessi e bracci monchi,

diminuisce. – 5. *Il fiato... ingrossa*: cfr. *Innam.*, II, XI, 26, 8: «ormai la lena e il fiato ingrossa». – 8. *vorrà... invano*: vorrà uscire in un momento in cui sarà vano il volerlo.
18. – 1. *Rivolge*: gira attorno; *pon mente*: s'accorge. – 4. *espedita*: sgombra. – 6. *che*: dipende da *Ecco* (v. 5). – 8. *vi trasse*: condusse lì.
19. – 1. *Chi ha visto ecc.*: cfr. *Mambriano*, XLII, 24, 2-5: «Tra li nemici facea come suole Il mugulante e selvatico toro, Quando da' cani sviluppar si vole, Che a l'un col corno dà pena e martoro». – 3. *immansueto... accaneggiato*: un feroce toro aizzato e morso dai cani; cfr. CIECO, *Mambriano*, II, 7, 1: «Vedestu mai un porco accaneggiato...». – 5. *che 'l popul*: sì che il popolo; o potrebbe anche avere valore temporale: quando il popolo.
20. – 2. *altritanti*: altrettanti. – 3. *d'un colpo... riverso*: con un solo diritto o con un solo rovescio. – 4. *poti*: cfr. PULCI, *Morg.*, III, 5, 5-6: «A chi tagliava sbergo, a chi potando Venìa le mani».

e spalle e gambe et altre membra sparte,
ovunque il passo volga, al fin si parte.

21.   De la piazza si vede in guisa tôrre,
        che non si può notar ch'abbia paura;
        ma tuttavolta col pensier discorre,
        dove sia per uscir via più sicura.
        Capita al fin dove la Senna corre
        sotto all'isola, e va fuor de le mura.
        La gente d'arme e il popul fatto audace
        lo stringe e incalza, e gir nol lascia in pace.

22.   Qual per le selve nomade o massile
        cacciata va la generosa belva,
        ch'ancor fuggendo mostra il cor gentile,
        e minacciosa e lenta si rinselva;
        tal Rodomonte, in nessun atto vile,
        da strana circondata e fiera selva
        d'aste e di spade e di volanti dardi,
        si tira al fiume a passi lunghi e tardi.

23.   E sì tre volte e più l'ira il sospinse,
        ch'essendone già fuor, vi tornò in mezzo,
        ove di sangue la spada ritinse,
        e più di cento ne levò di mezzo.

21. – 1-2. *De la piazza ecc.*: lo si vede allontanarsi dalla piazza in modo che
non si può dire che abbia paura. – 3. *tuttavolta... discorre*: continuamente va cercando colla mente; cfr. VI, 9, 7; X, 66, 3. – 6. *isola*: cfr. XIV, 104, 5-6.
    22. – 1. *Qual per le selve ecc.*: la ritirata di Rodomonte è modellata su quella
di Aiace in Omero (*Il.*, XI, 547-557), di Turno in Virgilio (*Aen.*, IX, 789 segg.),
di Agricane nel Boiardo (*Innam.*, I, XI, 44-45). In tutti i modelli ricorre l'immagine del leone; ma seguito più fedelmente è il passo virgiliano: «*ceu saevom
turba leonem Cum telis premit infensis, ac territus ille, Asper acerba tuens retro
redit, et neque terga Ira dare aut virtus patitur, nec tendere contra Ille quidem hoc
cupiens potis est per tela virosque*» (*Aen.*, IX, 792-796); *nomade o massile*: della
Numidia o della Massilia, regioni africane infestate, secondo gli antichi scrittori, da fiere. – 2. *generosa*: animosa. – 3. *gentile*: nobile. – 4. *si rinselva*: cfr.
PETRARCA, *Tr. Etern.*, 114: «Come fiera scacciata che s'imbosca»; IACOPO DE'
BONINSEGNI, *Egloghe*, III, 242-43: «anzi non è nissuna Che al guardo di lei
non si rinselve» (in rima con «belve»); POLIZIANO, *Stanze*, I, 30, 7-8: «l'astuto
lupo vie più si rinselva» (in rima con *belva*). Lo stesso verbo, ma con significato diverso, e in rima comunque con «belva» e «selva» era già in DANTE,
Purg., XIV, 66.
    23. – 2. *vi*: nella selva di aste. – 4. *ne... mezzo*: ne uccise (lat. *de medio sustulit*).

Ma la ragione al fin la rabbia vinse
di non far sì, ch'a Dio n'andasse il lezzo;
e da la ripa, per miglior consiglio,
si gittò all'acqua, e uscì di gran periglio.

24. Con tutte l'arme andò per mezzo l'acque,
come s'intorno avesse tante galle.
Africa, in te pare a costui non nacque,
ben che d'Anteo ti vanti e d'Anniballe.
Poi che fu giunto a proda, gli dispiacque,
che si vide restar dopo le spalle
quella città ch'avea trascorsa tutta,
e non l'avea tutta arsa né distrutta.

25. E sì lo rode la superbia e l'ira,
che, per tornarvi un'altra volta, guarda,
e di profondo cor geme e sospira,
né vuolne uscir, che non la spiani et arda.
Ma lungo il fiume, in questa furia, mira
venir chi l'odio estingue e l'ira tarda.
Chi fosse io vi farò ben tosto udire;
ma prima un'altra cosa v'ho da dire.

26. Io v'ho da dir de la Discordia altiera,
a cui l'angel Michele avea commesso
ch'a battaglia accendesse e a lite fiera
quei che più forti avea Agramante appresso.

– 5-6. *la ragione... lezzo*: la ragione vinse la rabbia, ammonendo Rodomonte a far sì che il lezzo dei cadaveri non giungesse fino a Dio, provocando la sua vendetta; cfr. PETRARCA, *Canz.*, CXXXVI, 14: «or vivi sì ch'a Dio ne venga il lezzo». Invece che «lezzo dei cadaveri» si potrebbe interpretare, in senso figurato: fastidio, noia per tanta ferocia.

24. – 1. *Con tutte l'arme*: anche Turno: «*praeceps saltu sese omnibus armis In fluvium dedit*» (*Aen.*, IX, 815). – 2. *galle*: galleggianti che si usano dai pescatori alle estremità delle reti. – 4. *Anteo*: il gigante libico; cfr. IX, 77, 5. – 6. *dopo le spalle*: dietro di sé.

25. – 3. *di profondo cor*: nell'intimo del cuore; cfr. PETRARCA, *Canz.*, CCCX, 10: «Sospiri, che del cor profondo tragge». – 4. *che non*: senza che (lat. *quin*). – 7-8. *udire... dire*: cfr. V, 92, 8.

26. – 1. *Io v'ho da dir ecc.*: cfr. XIV, 81 segg. e si noti la ripresa dell'ultimo verso dell'ottava precedente. – 2. *commesso*: ordinato. – 3. *accendesse*: cfr. XIV, 85, 7-8. –

Uscì de' frati la medesma sera,
avendo altrui l'ufficio suo commesso:
lasciò la Fraude a guerreggiare il loco,
fin che tornasse, e a mantenervi il fuoco.

27.   E le parve ch'andria con più possanza,
se la Superbia ancor seco menasse;
e perché stavan tutte in una stanza,
non fu bisogno ch'a cercar l'andasse.
La Superbia v'andò, ma non che sanza
la sua vicaria il monaster lasciasse:
per pochi dì che credea starne absente,
lasciò l'Ipocrisia locotenente.

28.   L'implacabil Discordia in compagnia
de la Superbia si messe in camino,
e ritrovò che la medesma via
facea, per gire al campo saracino,
l'afflitta e sconsolata Gelosia;
e venìa seco un nano piccolino,
il qual mandava Doralice bella
al re di Sarza a dar di sé novella.

29.   Quando ella venne a Mandricardo in mano
(ch'io v'ho già raccontato e come e dove),
tacitamente avea commesso al nano,
che ne portasse a questo re le nuove.
Ella sperò che nol saprebbe invano,
ma che far si vedria mirabil pruove,
per rïaverla con crudel vendetta
da quel ladron che gli l'avea intercetta.

30.   La Gelosia quel nano avea trovato;
e la cagion del suo venir compresa,

---

5. *de' frati:* dal convento, ove dimorava. – 7. *a guerreggiare il loco:* a mantenere il convento in stato di guerra.

27. – 3. *in una stanza:* nella stessa dimora, nel convento. – 5-6. *ma non che... lasciasse:* non lasciando però il monastero privo della sua «luogotenente».

28. – 6. *un nano:* uno dei soliti messaggeri delle donne arturiane. – 8. *al re di Sarza:* a Rodomonte.

29. – 2. *v'ho già raccontato:* cfr. XIV, 38 segg. – 3. *commesso:* ordinato. – 5. *nol saprebbe invano:* non riceverebbe la notizia senza cercare di vendicarsi. – 8. *intercetta:* tolta, sottratta prima che giungesse a lui.

a caminar se gli era messa allato,
parendo d'aver luogo a questa impresa.
Alla Discordia ritrovar fu grato
la Gelosia; ma più quando ebbe intesa
la cagion del venir, che le potea
molto valere in quel che far volea.

31.   D'inimicar con Rodomonte il figlio
del re Agrican le pare aver suggetto:
troverà a sdegnar gli altri altro consiglio;
a sdegnar questi duo questo è perfetto.
Col nano se ne vien dove l'artiglio
del fier pagano avea Parigi astretto;
e capitaro a punto in su la riva,
quando il crudel del fiume a nuoto usciva.

32.   Tosto che riconobbe Rodomonte
costui de la sua donna esser messaggio,
estinse ogn'ira, e serenò la fronte,
e si sentì brillar dentro il coraggio.
Ogn'altra cosa aspetta che gli conte,
prima ch'alcuno abbia a lei fatto oltraggio.
Va contra il nano, e lieto gli domanda:
— Ch'è de la donna nostra? ove ti manda? —

33.   Rispose il nano: — Né più tua né mia
donna dirò quella ch'è serva altrui.
Ieri scontrammo un cavallier per via,
che ne la tolse, e la menò con lui. —
A quello annunzio entrò la Gelosia,
fredda come aspe, et abbracciò costui.

30. – 4. *parendo... impresa*: sembrandole che ci fosse posto anche per lei in
questa impresa. – 8. *valere*: giovare.
31. – 1-2. *il figlio del re Agrican*: Mandricardo. – 2. *aver suggetto*: aver trovata
l'occasione, l'argomento. – 3. *consiglio*: espediente. – 6. *astretto*: cfr. XVI, 28, 3.
32. – 2. *messaggio*: messaggero. – 4. *coraggio*: cuore (provenzalismo diffuso, di
cui si hanno esempi in Cavalcanti, Dante, Petrarca e Boiardo) per l'immagine, cfr.
BOIARDO, *Innam.*, III, v, 56, 4: «E lampeggiava al cor come una stella»; VIII, 43, 3:
«A tutti quanti sfavillava il core». – 5-6. *Ogn'altra... oltraggio*: qualsiasi cosa si
aspetta che gli narri, tranne che le sia stato fatto oltraggio da alcuno. – 8. *donna
nostra*: signora tua e del mio cuore.
33. – 4. *ne*: ce. – 6. *fredda come aspe*: ricorda il serpente che la Furia insinua nel

Seguita il nano, e narragli in che guisa
un sol l'ha presa, e la sua gente uccisa.

34.   L'acciaio allora la Discordia prese,
e la pietra focaia, e picchiò un poco,
e l'esca sotto la Superbia stese,
e fu attaccato in un momento il fuoco;
e sì di questo l'anima s'accese
del Saracin, che non trovava loco:
sospira e freme con sì orribil faccia,
che gli elementi e tutto il ciel minaccia.

35.   Come la tigre, poi ch'invan discende
nel vòto albergo, e per tutto s'aggira,
e i cari figli all'ultimo comprende
essergli tolti, avampa di tant'ira,
a tanta rabbia, a tal furor s'estende,
che né a monte né a rio né a notte mira;
né lunga via, né grandine raffrena
l'odio che dietro al predator la mena:

36.   così furendo il Saracin bizzarro
si volge al nano, e dice: – Or là t'invia –;
e non aspetta né destrier né carro,
e non fa motto alla sua compagnia.
Va con più fretta che non va il ramarro,
quando il ciel arde, a traversar la via.

petto di Amata in *Aen.*, VII, 346 segg. (*aspe* è latinismo petrarchesco: cfr. *Canz.*,
CCX, 7); *abbracciò*: avvolse nelle sue spire.
    34. – 1. *L'acciaio*: l'acciarino; cfr. XIV, 76, 7. – 6. *non trovava loco*: non tro-
vava pace; cfr. I, 18, 8; l'espressione *non trovar loco*, spesso posta in rapporto,
tramite la rima baciata, con l'immagine amorosa del *fuoco*, assai frequente in
Boiardo (cfr. *Innam.*, I, 1, 34, 2; I, v, 21, 8; II, 33, 7; III, 48, 6; V, 21, 8; ecc.) è
fatta risalire da Sangirardi a BOCCACCIO, che la impiega ampiamente nel
Decameron (per es. III, 2, 7) e nelle altre sue opere. – 8. *gli elementi... ciel*: tutto
l'universo.
    35. – 1. *Come la tigre ecc.*: cfr. OMERO, *Il.*, XVIII, 318-322; STAZIO, *Theb.*, 314-
315; SILIO ITALICO, *Pun*, XII, 458-62; LORENZO, *Selve*, II, 131, 1-5; POLIZIANO,
Stanze, I, 39, 1-4; ma l'Ariosto non si avvicina a nessuno dei modelli. – 2. *vòto*
albergo: la tana vuotata dal cacciatore. – 5. *s'estende*: giunge. – 6. *mira*: bada. –
8. *predator*: cacciatore; cfr. POLIZIANO, *Stanze*, I, 39, 8.
    36. – 1. *furendo*: infuriando (lat. *furens*); *bizzarro*: cfr. XVIII, 3, 7. – 5. *il ramarro*:
cfr. ORAZIO, *Carm.*, III, XXVII, 5-7; DANTE, *Inf.*, XXV, 79-81: «Come 'l ramarro sotto

Destrier non ha, ma il primo tor disegna,
sia di chi vuol, ch'ad incontrar lo vegna.

37.   La Discordia, ch'udì questo pensiero,
guardò, ridendo, la Superbia, e disse
che volea gire a trovare un destriero
che gli apportasse altre contese e risse;
e far volea sgombrar tutto il sentiero,
ch'altro che quello in man non gli venisse:
e già pensato avea dove trovarlo.
Ma costei lascio, e torno a dir di Carlo.

38.   Poi ch'al partir del Saracin si estinse
Carlo d'intorno il periglioso fuoco,
tutte le genti all'ordine ristrinse.
Lascionne parte in qualche debol loco:
adosso il resto ai Saracini spinse,
per dar lor scacco, e guadagnarsi il giuoco;
e gli mandò per ogni porta fuore,
da San Germano infin a San Vittore.

39.   E commandò ch'a porta San Marcello,
dov'era gran spianata di campagna,
aspettasse l'un l'altro, e in un drappello
si ragunasse tutta la compagna.
Quindi animando ognuno a far macello
tal, che sempre ricordo ne rimagna,
ai lor ordini andar fe' le bandiere,
e di battaglia dar segno alle schiere.

___

la gran fersa Dei dì canicular, cangiando sepe, Folgore par se la via attraversa». –
8. *ch'ad... vegna*: in cui si imbatta.

37. – 1. *udì*: intese. – 6. *ch'altro... venisse*: in modo che nessun altro cavallo gli
capitasse in mano; sarà il cavallo di Ruggiero: cfr. XXIII, 33 segg. – 8. *lascio... torno
a dir*: cfr. n. a II, 30, 7-8.

38. – 1-2. *si estinse... d'intorno*: estinse intorno a sé. – 3. *all'ordine ristrinse*:
radunò e riordinò. – 6. *per dar... giuoco*: per dare loro scacco matto e guadagnare la partita. Espressioni prese dal gioco degli scacchi, per il quale si
nutriva nella corte Estense una vera «passione» (Bertoni). – 8. *San Germano*:
porta della città, a ovest; *San Vittore*: porta a sud-est; entrambe al di qua
della Senna.

39. – 1. *San Marcello*: a sud; anch'essa al di qua della Senna. – 4. *compagna*:
compagnia. Carlo vuol prendere di spalle i Saraceni. – 7. *ai lor ordini*: alle schiere
assegnate.

40.   Il re Agramante in questo mezzo in sella,
        mal grado dei cristian, rimesso s'era;
        e con l'inamorato d'Isabella
        facea battaglia perigliosa e fiera:
        col re Sobrin Lurcanio si martella:
        Rinaldo incontra avea tutta una schiera;
        e con virtude e con fortuna molta
        l'urta, l'apre, ruina e mette in volta.

41.   Essendo la battaglia in questo stato,
        l'imperatore assalse il retroguardo
        dal canto ove Marsilio avea fermato
        il fior di Spagna intorno al suo stendardo.
        Con fanti in mezzo e cavallieri allato,
        re Carlo spinse il suo popul gagliardo
        con tal rumor di timpani e di trombe,
        che tutto 'l mondo par che ne rimbombe.

42.   Cominciavan le schiere a ritirarse
        de' Saracini, e si sarebbon volte
        tutte a fuggir, spezzate, rotte e sparse,
        per mai più non potere esser raccolte;
        ma 'l re Grandonio e Falsiron comparse,
        che stati in maggior briga eran più volte,
        e Balugante e Serpentin feroce,
        e Ferraù che lor dicea a gran voce:

43.   — Ah — dicea — valentuomini, ah compagni,
        ah fratelli, tenete il luogo vostro.

40. – 1. *in questo mezzo*: nel frattempo. – 2. *mal grado*: a dispetto. – 3. *l'ina-morato d'Isabella*: Zerbino che, con gli Scozzesi, aveva assalito l'armata africa-na comandata da Sobrino, sotto Parigi, a ridosso del fiume; cfr. XVI, 40-64. – 5. *si martella*: scambia colpacci; cfr. *Innam.*, II, VII, 10, 3; XI, 25, 4; ecc. – 8. *ruina e mette in volta*: sbaraglia e mette in fuga; per la serie verbale, cfr. n. a IX, 29, 8.

41. – 2. *retroguardo*: la retroguardia. – 3-4. *dal canto... Spagna*: nel punto ove Marsilio aveva collocato gli Spagnoli; cfr. XIV, 108, 1. – 5. *allato*: sui fianchi, come prescritto dagli strateghi classici. – 7. *timpani*: tamburi. – 7-8. *trombe... rimbombe*: cfr. XVI, 56; XVIII, 7, 7-8.

42. – 3. *spezzate... sparse*: nota la studiata gradualità: spezzate in grossi seg-menti, rotte in piccoli frammenti e poi disperse. – 4. *per... potere*: sì da non potere mai più. – 5. *comparse*: comparve. – 6. *in maggior briga*: in più gravi frangenti.

I nimici faranno opra di ragni,
se non manchiamo noi del dover nostro.
Guardate l'alto onor, gli ampli guadagni
che Fortuna, vincendo, oggi ci ha mostro:
guardate la vergogna e il danno estremo,
ch'essendo vinti, a patir sempre avremo. –

44.   Tolto in quel tempo una gran lancia avea,
e contra Berlingier venne di botto,
che sopra Largaliffa combattea,
e l'elmo ne la fronte gli avea rotto:
gittollo in terra, e con la spada rea
appresso a lui ne fe' cader forse otto.
Per ogni botta almanco, che disserra,
cader fa sempre un cavalliero in terra.

45.   In altra parte ucciso avea Rinaldo
tanti pagan, ch'io non potrei contarli.
Dinanzi a lui non stava ordine saldo:
vedreste piazza in tutto 'l campo darli.
Non men Zerbin, non men Lurcanio è caldo:
per modo fan, ch'ognun sempre ne parli:
questo di punta avea Balastro ucciso,
e quello a Finadur l'elmo diviso.

46.   L'esercito d'Alzerbe avea il primiero,
che poco inanzi aver solea Tardocco;
l'altro tenea sopra le squadre impero
di Zamor e di Saffi e di Marocco.
– Non è tra gli Africani un cavalliero
che di lancia ferir sappia o di stocco? –

43. – 3. *opra di ragni*: opera vana; cfr. PETRARCA, *Tr. Etern.*, 105: «che tutti fien
allor opre d'aragni». – 4. *manchiamo... del*: veniamo meno al.
44. – 1. *in quel tempo*: nel frattempo. – 2. *Berlingier*: uno dei paladini di Carlo.
– 3. *sopra Largaliffa*: contro Largaliffa; per cui cfr. XIV, 16, 3. – 5. *rea*: dannosa,
micidiale. – 7. *disserra*: vibra; cfr. IX, 78, 2.
45. – 1. *In altra parte*: nel settore in cui era schierato l'esercito africano contro
gli Scozzesi. – 2. *non potrei contarli*: cfr. XI, 81, 4. – 4. *piazza... darli*: fargli il vuoto
attorno; cfr. XI, 50, 1. – 5. *caldo*: animoso. – 6. *per modo fan, ch'*: compiono imprese
di cui. – 7-8. *Balastro... Finadur*: re africani, ma Balastro ritornerà vivo più avanti:
cfr. XL, 73, 7.
46. – 1-2. *L'esercito ecc.*: Balastro era re d'Alzerbe; cfr. XIV, 22, 8. – 3-4. *l'altro*

mi si potrebbe dir; ma passo passo
nessun di gloria degno a dietro lasso.

47.   Del re de la Zumara non si scorda,
        il nobil Dardinel figlio d'Almonte,
        che con la lancia Uberto da Mirforda,
        Claudio dal Bosco, Elio e Dulfin dal Monte,
        e con la spada Anselmo da Stanforda,
        e da Londra Raimondo e Pinamonte
        getta per terra (et erano pur forti),
        dui storditi, un piagato, e quattro morti.

48.   Ma con tutto 'l valor che di sé mostra,
        non può tener sì ferma la sua gente,
        sì ferma, ch'aspettar voglia la nostra
        di numero minor, ma più valente.
        Ha più ragion di spada e più di giostra
        e d'ogni cosa a guerra appertinente.
        Fugge la gente maura, di Zumara,
        di Setta, di Marocco e di Canara.

49.   Ma più degli altri fuggon quei d'Alzerbe,
        a cui s'oppose il nobil giovinetto;
        et or con prieghi, or con parole acerbe
        ripor lor cerca l'animo nel petto.
        – S'Almonte meritò ch'in voi si serbe
        di lui memoria, or ne vedrò l'effetto:

---

tenea ecc.: Finadurro era re di Canaria e del Marocco (*Zamor* e *Saffi* erano appunto città sulla costa marocchina). – 7. *passo passo*: un po' alla volta.

47. – 1. *Zumara*: cfr. XIV, 27, 2; *non si scorda*: non va qui taciuto. – 2. *Dardinel*: figlio di Almonte e cugino di Agramante, già nell'*Innam.* (II, XXII, 26) era presentato come principe valoroso e «Molto cortese, costumato e bello»; l'Ariosto ha avuto alla memoria il Partenopeo di Stazio (*Theb.*, IX) e il Pallante di Virgilio. – 3. *Uberto ecc.*: nomi di oscuri cavalieri inglesi; *Mirforda* sarà Mitdford. *Stanforda* sarà Stanford.

48. – 2. *ferma*: salda. – 5. *ragion... giostra*: perizia nel combattere con la spada e nel giostrare. – 6. *appertinente*: pertinente. – 7. *maura*: africana. E regni e città africane sono quelli elencati (*Canara* è l'isola Canaria).

49. – 1. *quei d'Alzerbe*: quelli del regno d'Alzerbe; cfr. XIV, 22, 8. – 2. *a cui... giovinetto*: che invano Dardinello cercò di fermare. – 3. *or con prieghi ecc.*: il discorso di Dardinello ricorda quello di Pallante in Virgilio (*Aen.*, X, 368 segg.) quando cerca di trattenere gli Arcadi: «*nunc prece nunc dictis*». – 4. *S'Almonte ecc.*: cfr. VIRGILIO, *loc. cit.*, 369-372: «*Quo fugitis, socii? per vos et fortia facta, Per ducis Euandri nomen devictaque bella Spemque meam, patriae quae nunc subit aemula laudi, Fidite ne pedibus*». – 6. *effetto*: prova.

io vedrò − dicea lor − se me, suo figlio,
lasciar vorrete in così gran periglio.

50.   State, vi priego per mia verde etade,
in cui solete aver sì larga speme:
deh non vogliate andar per fil di spade,
ch'in Africa non torni di noi seme.
Per tutto ne saran chiuse le strade,
se non andiam raccolti e stretti insieme:
troppo alto muro e troppo larga fossa
è il monte e il mar, pria che tornar si possa.

51.   Molto è meglio morir qui, ch'ai supplìci
darsi e alla discrezion di questi cani.
State saldi, per Dio, fedeli amici;
che tutti son gli altri rimedii vani.
Non han di noi più vita gli nimici;
più d'un'alma non han, più di due mani. −
Così dicendo, il giovinetto forte
al conte d'Otonlei diede la morte.

52.   Il rimembrare Almonte così accese
l'esercito african che fuggia prima,
che le braccia e le mani in sue difese
meglio, che rivoltar le spalle, estima.
Guglielmo da Burnich era uno Inglese
maggior di tutti, e Dardinello il cima,

---

50. − 1. *State*: fermatevi. − 3. *andar... spade*: essere passati a fil di spada. −
8. *il monte e il mar*: i Pirenei, per tornare in Spagna e lo stretto di Gibilterra,
per passare in Africa; cfr. VIRGILIO, *loc. cit.*, 377: «*Ecce maris magna claudit nos
obice pontus*».
51. − 2. *alla discrezion*: dipende da *darsi*: arrendersi; *cani*: per i Saraceni
sono i Cristiani a essere infedeli. − 5. *Non han ecc.*: cfr. VIRGILIO, *loc. cit.*,
375-376 «*Numina nulla premunt, mortali urgemur ab hoste Mortales, totidem
nobis animaeque manusque*». − 7-8. *Così... morte*: cfr. VIRGILIO, *loc. cit.*, 379:
«*Haec ait, et medius densos prorumpit in hostis*»; *conte d'Otonlei*: conte d'Athol;
cfr. X, 85, 2.
52. − 3-4. *che le braccia... estima*: che si convince sia meglio rivolgere mani e
braccia alla propria difesa piuttosto che volgere le spalle al nemico fuggendo. − 5.
Guglielmo da Burnich: guerriero oscuro, che appare solo qui. − 6. *maggior*: più alto;
il cima: lo decapita. «Cimare... è vocabolo tecnico dell'agricoltura e significa "spun-

e lo pareggia agli altri; e apresso taglia
il capo ad Aramon di Cornovaglia.

53.   Morto cadea questo Aramone a valle;
e v'accorse il fratel per dargli aiuto:
ma Dardinel l'aperse per le spalle
fin giù dove lo stomaco è forcuto.
Poi forò il ventre a Bogio da Vergalle,
e lo mandò del debito assoluto:
avea promesso alla moglier fra sei
mesi, vivendo, di tornare a lei.

54.   Vide non lungi Dardinel gagliardo
venir Lurcanio, ch'avea in terra messo
Dorchin, passato ne la gola, e Gardo
per mezzo il capo e insin ai denti fesso;
e ch'Alteo fuggir vòlse, ma fu tardo,
Alteo ch'amò quanto il suo core istesso;
che dietro alla collottola gli mise
il fier Lurcanio un colpo che l'uccise.

55.   Piglia una lancia, e va per far vendetta,
dicendo al suo Macon (s'udir lo puote),
che se morto Lurcanio in terra getta,
ne la moschea ne porrà l'arme vòte.
Poi traversando la campagna in fretta,
con tanta forza il fianco gli percuote,
che tutto il passa sin all'altra banda;
et ai suoi, che lo spoglino, commanda.

tar la cima" delle piante» (Papini); come sempre la strage (cfr. n. a VI, 66, 1) evoca
immagini grottesche. – 8. *Aramon di Cornovaglia*: altro personaggio oscuro.
53. – 1. *a valle*: a terra; espressione popolaresca, cara ai canterini, applicando
alla situazione del duello un'espressione dantesca: cfr. *Inf.*, XII, 46; XX, 35. –
4. *dove... forcuto*: dove la pancia si biforca nelle gambe; cfr. DANTE, *Inf.*, XXX, 51:
«l'altro che l'uomo ha forcuto». – 5. *Bogio da Vergalle*: ricordato solo qui. – 6. *del
debito assoluto*: libero dalla promessa; l'espressione è pulcesca. – 7. *fra*: entro. –
8. *vivendo*: se fosse rimasto in vita.
54. – 3. *Dorchin ecc.*: cavalieri sconosciuti. – 4. *fesso*: tagliato. – 5. *e ch'Alteo*: e
vide che Alteo.
55. – 2. *Macon*: Maometto. – 4. *vòte*: vuotate del corpo del guerriero; «Dardinello fa voto a Macone delle armi di Lurcanio, come Pallante promette di consa-
crare quelle di Aleso» (Rajna); cfr. *Aen.*, X, 417-438.

56.   Non è da domandarmi, se dolere
        se ne dovesse Arïodante il frate;
        se desïasse di sua man potere
        por Dardinel fra l'anime dannate:
        ma nol lascian le genti adito avere,
        non men de le 'nfedel le battezzate.
        Vorria pur vendicarsi, e con la spada
        di qua di là spianando va la strada.

57.   Urta, apre, caccia, atterra, taglia e fende
        qualunque lo 'mpedisce o gli contrasta.
        E Dardinel che quel disire intende,
        a volerlo saziar già non sovrasta:
        ma la gran moltitudine contende
        con questo ancora, e i suoi disegni guasta.
        Se' Mori uccide l'un, l'altro non manco
        gli Scotti uccide e il campo inglese e 'l franco.

58.   Fortuna sempremai la via lor tolse,
        che per tutto quel dì non s'accozzaro.
        A più famosa man serbar l'un vòlse;
        che l'uomo il suo destin fugge di raro.
        Ecco Rinaldo a questa strada volse,
        perch'alla vita d'un non sia riparo;
        ecco Rinaldo vien: Fortuna il guida
        per dargli onor che Dardinello uccida.

59.   Ma sia per questa volta detto assai
        dei glorïosi fatti di Ponente.

56. – 1. *Non è da domandarmi*: espressione molto usata dai canterini e anche dal Pulci e dal Boiardo. – 2. *il frate*: fratello di Lurcanio. – 5-6. *nol
lascian... battezzate*: le schiere saracene e quelle cristiane non lo lasciano passare.
    57. – 1. *Urta ecc.*: cfr. n. a IX, 29, 8; qui in particolare cfr. PULCI, *Morg.*, XVIII,
16, 7: «E rompe ed urta e taglia e straccia e spezza». – 4. *saziar*: soddisfare; *sovrasta*:
indugia. – 5-6. *contende... ancora*: ostacola anche questo.
    58. – 1. *sempremai*: sempre. – 2. *non s'accozzaro*: non riuscirono a scontrarsi. –
3. *A più... vòlse*: Fortuna volle serbare Dardinello per una mano più famosa. La
situazione è simile a quella di Pallante e Lauso (in VIRGILIO, *Aen.*, X, 426 segg.) e
l'intervento di Rinaldo è simile a quello di Turno. – 5. *Ecco... volse*: ecco che
Fortuna fece volgere Rinaldo in questa direzione. – 6. *perch'... riparo*: perché non
ci sia difesa alla vita di Dardinello.

Tempo è ch'io torni ove Grifon lasciai,
che tutto d'ira e di disdegno ardente
facea, con più timor ch'avesse mai,
tumultuar la sbigottita gente.
Re Norandino a quel rumor corso era
con più di mille armati in una schiera.

60. Re Norandin con la sua corte armata,
vedendo tutto 'l populo fuggire,
venne alla porta in battaglia ordinata,
e quella fece alla sua giunta aprire.
Grifone intanto avendo già cacciata
da sé la turba sciocca e senza ardire,
la sprezzata armatura in sua difesa
(qual la si fosse) avea di nuovo presa;

61. e presso a un tempio ben murato e forte,
che circondato era d'un'alta fossa,
in capo un ponticel si fece forte,
perché chiuderlo in mezzo alcun non possa.
Ecco, gridando e minacciando forte,
fuor de la porta esce una squadra grossa.
L'animoso Grifon non muta loco,
e fa sembiante che ne tema poco.

62. E poi ch'avicinar questo drappello
si vide, andò a trovarlo in su la strada;
e molta strage fattane e macello
(che menava a due man sempre la spada),
ricorso avea allo stretto ponticello,
e quindi li tenea non troppo a bada:
di nuovo usciva e di nuovo tornava;
e sempre orribil segno vi lasciava.

---

59. – 3. *torni... lasciai*: cfr. XVIII, 3-7 e n. a II, 30, 7-8. – 8. *più di mille*: iperbole numerica, secondo un modulo assai comune nella poesia cavalleresca.
60. – 3. *in battaglia ordinata*: in ordine di battaglia. – 4. *giunta*: arrivo. – 6. *la turba... ardire*: cfr. n. a XVI, 23, 7. – 8. *qual la si fosse*: per quanto fosse ignobile e spregiata, in quanto usata vilmente da Martano.
61. – 3. *in capo un*: in capo a un; *si fece forte*: si attestò, si fortificò. – 7. *non muta loco*: non indietreggia.
62. – 5. *ricorso avea*: faceva ricorso, si rifugiava di nuovo. – 6. *quindi... bada*: non li faceva aspettare per lungo tempo, stando in quel rifugio. – 8. *vi*: fra i nemici.

63. Quando di dritto e quando di riverso
    getta or pedoni or cavallieri in terra.
    Il popul contra lui tutto converso
    più e più sempre inaspera la guerra.
    Teme Grifone al fin restar sommerso:
    sì cresce il mar che d'ogn'intorno il serra;
    e ne la spalla e ne la coscia manca
    è già ferito, e pur la lena manca.

64. Ma la virtù, ch'ai suoi spesso soccorre,
    gli fa appo Norandin trovar perdono.
    Il re, mentre al tumulto in dubbio corre,
    vede che morti già tanti ne sono;
    vede le piaghe che di man d'Ettorre
    pareano uscite; un testimonio buono,
    che dianzi esso avea fatto indegnamente
    vergogna a un cavallier molto eccellente.

65. Poi, come gli è più presso, e vede in fronte
    quel che la gente a morte gli ha condutta,
    e fattosene avanti orribil monte,
    e di quel sangue il fosso e l'acqua brutta;
    gli è aviso di veder proprio sul ponte
    Orazio sol contra Toscana tutta:
    e per suo onore, e perché gli ne 'ncrebbe,
    ritrasse i suoi, né gran fatica v'ebbe.

63. – 1. *Quando... riverso*: dando colpi ora di diritto ora di rovescio; cfr. XVIII, 20, 3. – 2. *getta... in terra*: uccide. – 3. *converso*: rivolto. – 4. *inaspera*: inasprisce, rende aspra e crudele; cfr. XII, 50, 1. – 8. *e pur*: e anche.
64. – 1. *ai suoi*: ai suoi fedeli; ai valorosi (costruz. con il dativo, alla latina). – 3. *in dubbio*: quasi non credendo a quel che gli veniva riportato delle imprese di Grifone. – 5. *di man d'Ettorre*: l'«*exemplum*» era fra quelli più comuni nella tradizione cavalleresca: cfr. *Spagna*, XXXVII, 29, 6: «più forte ch'Ettorre»; PULCI, *Morg.*, XXI, 142, 6: «un colpo che non fe' mai tale Ettorre»; BOIARDO, *Innam.*, I, XXVII, 28, 6. – 6. *un testimonio buono*: e ciò era chiara testimonianza.
65. – 4. *brutta*: imbrattata. – 5. *gli è aviso*: gli sembra, crede. – 6. *Orazio*: Coclite, che combatté solo contro gli Etruschi; per quest'altro «*exemplum*» umanistico, presente anch'esso nel Pulci e nel Boiardo, c'era l'autorevole suggerimento del PETRARCA, *Tr. Fama*, I, 80-81: «e quel che solo Contra tutta Toscana tenne un ponte»; e cfr. la redazione anteriore, ancor più vicina al testo ariostesco: I, 41: «Orazio sol contro Toscana tutta». – 7. *per suo onore... 'ncrebbe*: per salvare il suo onore da una sicura sconfitta, e perché gli dispiacque d'aver fatto villania a così valoroso cavaliere.

66. Et alzando la man nuda e senz'arme,
     antico segno di tregua o di pace,
     disse a Grifon: – Non so, se non chiamarme
     d'avere il torto, e dir che mi dispiace:
     ma il mio poco giudicio, e lo instigarme
     altrui, cadere in tanto error mi face.
     Quel che di fare io mi credea al più vile
     guerrier del mondo, ho fatto al più gentile.

67. E se bene alla ingiuria et a quell'onta
     ch'oggi fatta ti fu per ignoranza,
     l'onor che ti fai qui s'adegua e sconta,
     o (per più vero dir) supera e avanza;
     la satisfazïon ci serà pronta
     a tutto mio sapere e mia possanza,
     quando io conosca di poter far quella
     per oro o per cittadi o per castella.

68. Chiedimi la metà di questo regno,
     ch'io son per fartene oggi possessore;
     che l'alta tua virtù non ti fa degno
     di questo sol, ma ch'io ti doni il core:
     e la tua mano, in questo mezzo, pegno
     di fé mi dona e di perpetuo amore. –
     Così dicendo, da cavallo scese,
     e vêr Grifon la destra mano stese.

69. Grifon, vedendo il re fatto benigno
     venirgli per gittar le braccia al collo,
     lasciò la spada e l'animo maligno,
     e sotto l'anche et umile abbracciollo.

66. – 1. *alzando la man nuda*: in segno di resa; cfr. Petrarca, *Canz.*, CXXVIII, 67: «alzando il dito»; CCCXXXI, 7: «alzo la mano»; è derivato dal lat. *tollere ditum*, che era la formula usata dai gladiatori quando si dichiaravano vinti. – 3. *chiamarme*: dichiarare, ammettere. – 5-6. *lo instigarme altrui*: le istigazioni altrui. – 8. *gentile*: nobile, valoroso.

67. – 3. *s'adegua e sconta*: uguaglia, anzi cancella tale onta. – 5. *la satisfazïon... pronta*: ne farò presto riparazione. – 6. *a tutto... possanza*: per quanto saprò e potrò fare. – 7. *quando... quella*: una volta che io sappia, su tua richiesta, che posso fare tale riparazione. – 8. *per oro ecc.*: cfr. Petrarca, *Canz.*, CCVI, 47: «per oro, o per cittadi, o per castella».

68. – 5. *in questo mezzo*: nel frattempo.

69. – 3. *l'animo maligno*: ogni malevolo sentimento. – 4. *sotto... abbracciollo*:

Lo vide il re di due piaghe sanguigno,
e tosto fe' venir chi medicollo;
indi portar ne la cittade adagio,
e riposar nel suo real palagio.

70.   Dove, ferito, alquanti giorni, inante
che si potesse armar, fece soggiorno.
Ma lascio lui, ch'al suo frate Aquilante
et ad Astolfo in Palestina torno,
che di Grifon, poi che lasciò le sante
mura, cercare han fatto più d'un giorno
in tutti i lochi in Solima devoti,
e in molti ancor da la città remoti.

71.   Or né l'uno né l'altro è si indovino,
che di Grifon possa saper che sia:
ma venne lor quel Greco peregrino,
nel ragionare, a caso a darne spia,
dicendo ch'Orrigille avea il camino
verso Antïochia preso di Soria,
d'un nuovo drudo, ch'era di quel loco,
di subito arsa e d'improviso fuoco.

72.   Dimandògli Aquilante, se di questo
così notizia avea data a Grifone;
e come l'affermò, s'avisò il resto,
perché fosse partito, e la cagione.
Ch'Orrigille ha seguito è manifesto
in Antïochia con intenzïone
di levarla di man del suo rivale
con gran vendetta e memorabil male.

cerimoniosità cortese; cfr. XXIV, 19, 3. – 5. *sanguigno*: sanguinante. – 7. *adagio*:
delicatamente.
    70. – 4. *torno*: cfr. XV, 100-105. – 5-6. *le sante mura*: di Gerusalemme, o *Solima*
(v. 7). – 7. *devoti*: oggetto di devozione. Cfr. PETRARCA, *Canz.*, LIII, 48-49: «a' lor
tecti... Che fur già sì devoti».
    71. – 3. *quel Greco peregrino*: cfr. XV, 100, 3-6. – 4. *ragionare*: conversare; *darne
spia*: offrire un indizio. – 5-6. *avea... Soria*: s'era avviata verso Antiochia di Siria. –
7. *un nuovo drudo*: un nuovo amante, Martano; cfr. n. a XVI, 5, 1. – 8. *di subito...
fuoco*: improvvisamente accesa di nuovo amore.
    72. – 2. *così*: come a lui. – 3. *s'avisò*: immaginò. – 8. *con gran... male*: cfr. PE-
TRARCA, *Tr. Pud.*, 105: «La gran vendetta e memorabil feo» (Cabani).

73.   Non tolerò Aquilante che 'l fratello
        solo e senz'esso a quell'impresa andasse;
        e prese l'arme, e venne dietro a quello:
        ma prima pregò il duca che tardasse
        l'andata in Francia et al paterno ostello,
        fin ch'esso d'Antïochia ritornasse.
        Scende al Zaffo e s'imbarca; che gli pare
        e più breve e miglior la via del mare.

74.   Ebbe un ostro-silocco allor possente
        tanto nel mare, e sì per lui disposto,
        che la terra del Surro il dì seguente
        vide e Saffetto, un dopo l'altro tosto.
        Passa Barutti e il Zibeletto, e sente
        che da man manca gli è Cipro discosto.
        A Tortosa da Tripoli, e alla Lizza
        e al golfo di Laiazzo il camin drizza.

75.   Quindi a levante fe' il nocchier la fronte
        del navilio voltar snello e veloce;
        et a sorger n'andò sopra l'Oronte,
        e colse il tempo, e ne pigliò la foce.
        Gittar fece Aquilante in terra il ponte,
        e n'usci armato sul destrier feroce;
        e contra il fiume il camin dritto tenne,
        tanto ch'in Antïochia se ne venne.

76.   Di quel Martano ivi ebbe ad informarse;
        et udì ch'a Damasco se n'era ito

---

73. – 4. *il duca*: Astolfo. – 7. *Zaffo*: Jaffa; cfr. XV, 98, 7.

74. – 1. *un ostro-silocco*: un vento fra l'austro, di sud, e lo scirocco, di sud-est. – 2. *per lui disposto*: a lui propizio. – 3. *la terra del Surro*: la città di Sur, o Tsur; anticamente Tiro. – 4. *Saffetto*: Sarafend, a sud di Haifa. – 5. *Barutti*: Beirut, che anche il Boiardo (*Innam.*, II, XIX, 52, 2) chiama «Baruti»: era il porto di Damasco; *Zibeletto*: probabilmente «Djebeil», tra Beirut e Tripoli di Siria, di faccia all'isola di Cipro. – 7-8. *A Tortosa ecc.*: dopo aver toccato Tripoli di Siria, volge il cammino verso Tortosa, città a nord di Tripoli (ora «Tartus»), verso Lizza, l'antica Laodicea, oggi Ladikah, e verso il golfo di Laiazzo, o di Alessandretta, al confine fra la Siria e la Turchia.

75. – 1. *Quindi a levante ecc.*: da lì il pilota fece volgere la prua (*fronte*) verso est, internandosi nel porto di Antiochia. – 3. *sorger*: approdare; cfr. IV, 51, 5; *sopra l'Oronte*: alla foce del fiume Oronte (lat. *Orontes*), che sbocca nel golfo di Antiochia. – 4. *colse il tempo*: aspettò il momento più favorevole per entrare, quello dell'alta marea. – 7. *contra il fiume*: risalendo la corrente del fiume; cfr. DANTE, *Purg.*, I, 40.

con Orrigille, ove una giostra farse
dovea solenne per reale invito.
Tanto d'andargli dietro il desir l'arse,
certo che 'l suo german l'abbia seguito,
che d'Antïochia anco quel dì si tolle;
ma già per mar più ritornar non volle.

77. Verso Lidia e Larissa il camin piega:
resta più sopra Aleppe ricca e piena.
Dio, per mostrar ch'ancor di qua non niega
mercede al bene, et al contrario pena,
Martano appresso a Mamuga una lega
ad incontrarsi in Aquilante mena.
Martano si facea con bella mostra
portare inanzi il pregio de la giostra.

78. Pensò Aquilante al primo comparire,
che 'l vil Martano il suo fratello fosse;
che l'ingannaron l'arme, e quel vestire
candido più che nievi ancor non mosse:
e con quell'oh! che d'allegrezza dire
si suole, incominciò; ma poi cangiosse
tosto di faccia e di parlar, ch'appresso
s'avide meglio, che non era desso.

79. Dubitò che per fraude di colei
ch'era con lui, Grifon gli avesse ucciso;
e: – Dimmi, – gli gridò – tu ch'esser déi

76. – 7. *anco... tolle*: parte quel giorno stesso.
77. – 1. *Verso Lidia ecc.*: si dirige verso Damasco, scendendo lungo la strada più interna, che corre parallela alla costa e attraversa la regione della Lidia e tocca le antiche città di Larissa Efesia e di Mamuga (ricordate
in Tolomeo, ma non identificabili oggi), mentre lascia invece a nord e a
oriente Aleppo. Alla ricchezza leggendaria di queste regioni l'Ariosto aveva
già accennato in XVII, 78. – 3. *ancor di qua*: anche in terra. – 4. *mercede...
pena*: premio alla virtù e punizione al vizio. – 5. *appresso... lega*: una lega
presso la città di Mamuga. – 8. *il pregio*: il premio; cioè le armi di Marfisa; cfr.
XVII, 82.
78. – 2. *il suo fratello*: Grifone, il quale aveva una bianca armatura; cfr.
XV, 67, 8. – 4. *più... mosse*: cfr. DANTE, *Purg.*, XXIX, 126: «parea neve testé
mossa».

un ladro e un traditor, come n'hai viso,
onde hai quest'arme avute? onde ti sei
sul buon destrier del mio fratello assiso?
Dimmi se 'l mio fratello è morto o vivo;
come de l'arme e del destrier l'hai privo. −

80.   Quando Orrigille udì l'irata voce,
        a dietro il palafren per fuggir volse;
        ma di lei fu Aquilante più veloce,
        e fecela fermar, vòlse o non vòlse.
        Martano al minacciar tanto feroce
        del cavallier, che sì improviso il colse,
        pallido triema, come al vento fronda,
        né sa quel che si faccia o che risponda.

81.   Grida Aquilante, e fulminar non resta,
        e la spada gli pon dritto alla strozza;
        e giurando minaccia che la testa
        ad Orrigille e a lui rimarrà mozza,
        se tutto il fatto non gli manifesta.
        Il mal giunto Martano alquanto ingozza,
        e tra sé volve se può sminuire
        sua grave colpa, e poi comincia a dire:

82.   − Sappi, signor, che mia sorella è questa,
        nata di buona e virtüosa gente,
        ben che tenuta in vita disonesta
        l'abbia Grifone obbrobrïosamente:
        e tale infamia essendomi molesta,
        né per forza sentendomi possente
        di torla a sì grande uom, feci disegno
        d'averla per astuzia e per ingegno.

---

79. − 4. *come n'hai viso*: così come hai l'aspetto del traditore. − 8. *come*: dimmi come.
80. − 2. *palafren*: cfr. I, 13, 1. − 6. *improviso*: improvvisamente. − 7. *pallido ecc.*: cfr. V, 41, 1-2.
81. − 1. *fulminar non resta*: non cessa di infuriare. − 2. *strozza*: gola. − 6. *mal giunto*: capitato in un brutto frangente per sua sventura; *ingozza*: inghiotte, preso da confusione non riesce a parlare e inghiotte saliva. «Strozza» e «ingozza» sono voci e rime dantesche (*Inf.*, VII, 125 e 129). − 7. *tra sé volve*: esamina dentro di sé; cfr. XII, 26, 7-8.
82. − 2-4. *virtüosa... obbrobrïosamente*: le dieresi rendono ancora più lungo e strascicato il discorso dell'impaurito, ma astuto, Martano.

83.   Tenni modo con lei, ch'avea desire
        di ritornare a più lodata vita,
        ch'essendosi Grifon messo a dormire,
        chetamente da lui fêsse partita.
        Così fece ella; e perché egli a seguire
        non n'abbia, et a turbar la tela ordita,
        noi lo lasciammo disarmato e a piedi;
        e qua venuti siàn, come tu vedi. –

84.   Poteasi dar di somma astuzia vanto,
        che colui facilmente gli credea;
        e, fuor che 'n torgli arme e destrier e quanto
        tenesse di Grifon, non gli nocea;
        se non volea pulir sua scusa tanto,
        che la facesse di menzogna rea:
        buona era ogn'altra parte, se non quella
        che la femina a-llui fosse sorella.

85.   Avea Aquilante in Antïochia inteso
        essergli concubina, da più genti;
        onde gridando, di furore acceso:
        – Falsissimo ladron, tu te ne menti! –
        un pugno gli tirò di tanto peso,
        che ne la gola gli cacciò duo denti:
        e senza più contesa, ambe le braccia
        gli volge dietro, e d'una fune allaccia;

86.   e parimente fece ad Orrigille,
        ben che in sua scusa ella dicesse assai.
        Quindi li trasse per casali e ville,
        né li lasciò fin a Damasco mai;
        e de le miglia mille volte mille

83. – 1. *Tenni modo con lei*: presi accordo con lei. – 6. *a turbar... ordita*: a rovinare il piano predisposto.
84. – 1. *Poteasi dar ecc.*: Martano avrebbe potuto darsi vanto di perfetta astuzia e aver ingannato facilmente Aquilante, e di averlo indotto a non nuocergli o semmai a limitarsi a prendere le cose appartenute a Grifone; se non avesse ecceduto in astuzia e non avesse troppo abbellita e perfezionata la scusa, sì da creare il sospetto che fosse menzognera. – 7. *ogn'altra parte*: ogni altro particolare.
85. – 4. *tu te ne menti*: cfr. II, 4, 1.
86. – 3. *casali e ville*: cascinali e borgate. – 5. *de le miglia... mille*: per mille volte mille miglia.

tratti gli avrebbe con pene e con guai,
fin ch'avesse trovato il suo fratello,
per farne poi come piacesse a quello.

87.   Fece Aquilante lor scudieri e some
seco tornare, et in Damasco venne,
e trovò di Grifon celebre il nome
per tutta la città batter le penne:
piccoli e grandi, ognun sapea già come
egli era, che sì ben corse l'antenne,
et a cui tolto fu con falsa mostra
dal compagno la gloria de la giostra.

88.   Il popul tutto al vil Martano infesto,
l'uno all'altro additandolo, lo scuopre.
— Non è, — dicean — non è il ribaldo questo,
che si fa laude con l'altrui buone opre?
e la virtù di chi non è ben desto,
con la sua infamia e col suo obbrobrio copre?
Non è l'ingrata femina costei,
la qual tradisce i buoni e aiuta i rei? —

89.   Altri dicean: — Come stan bene insieme
segnati ambi d'un marchio e d'una razza! —
Chi li bestemmia, chi lor dietro freme,
chi grida: — Impicca, abrucia, squarta, amazza! —
La turba per veder s'urta, si preme,
e corre inanzi alle strade, alla piazza.
Venne la nuova al re, che mostrò segno
d'averla cara più ch'un altro regno.

90.   Senza molti scudier dietro o davante,
come si ritrovò, si mosse in fretta,

---

87. – 4. *batter le penne*: volare di bocca in bocca, portato dalla Fama; cfr. XVIII, 96, 3. – 6. *egli era, che*: egli era colui che; *corse l'antenne*: aveva giostrato con la lancia; cfr. IV, 17, 5. – 7. *con falsa mostra*: mostrando le vesti e le insegne non sue.
88. – 1. *infesto*: ostile. – 2. *lo scuopre*: lo riconosce. – 5. *chi non è ben desto*: chi non sta bene all'erta, perché troppo fiducioso e perché addormentato; cfr. XVII, 108-109.
89. – 2. *segnati... razza*: portando lo stesso marchio d'infamia e i segni di una medesima natura codarda e malvagia. – 3. *bestemmia*: maledice. – 7. *mostrò segno*: dette segno.

e venne ad incontrarsi in Aquilante,
ch'avea del suo Grifon fatto vendetta;
e quello onora con gentil sembiante,
seco lo 'nvita, e seco lo ricetta;
di suo consenso avendo fatto porre
i duo prigioni in fondo d'una torre.

91.

Andaro insieme ove del letto mosso
Grifon non s'era, poi che fu ferito,
che vedendo il fratel, divenne rosso;
che ben stimò ch'avea il suo caso udito.
E poi che motteggiando un poco adosso
gli andò Aquilante, messero a partito
di dare a quelli duo iusto martoro,
venuti in man degli avversari loro.

92.

Vuole Aquilante, vuole il re che mille
strazii ne sieno fatti; ma Grifone
(perché non osa dir sol d'Orrigille)
all'uno e all'altro vuol che si perdone.
Disse assai cose, e molto ben ordille:
fugli risposto; or per conclusïone
Martano è disegnato in mano al boia,
ch'abbia a scoparlo, e non però che moia.

93.

Legar lo fanno, e non tra' fiori e l'erba,
e per tutto scopar l'altra matina.
Orrigille captiva si riserba

---

90. – 5. *con gentil sembiante*: con viso ed aspetto cortese. – 6. *ricetta*: ospita. –
7. *di suo consenso*: con il consenso di lui.

91. – 3. *divenne rosso*: per la vergogna, poiché Grifone l'aveva sconsigliato
dall'amare Orrigille; cfr. XV, 104. – 4. *ben stimò*: giustamente pensò. –
5. *motteggiando... adosso*: prendendolo in giro. – 6. *messero a partito*: misero in
discussione. – 8. *venuti... loro*: cfr. DANTE, *Inf.*, XXII, 45: «venuto a man de gli
avversari suoi».

92. – 5. *molto ben ordille*: le espose assai bene, senza che trasparisse il suo vero
pensiero. – 7. *disegnato*: consegnato. – 8. *scoparlo*: al supplizio della fustigazione a
mezzo di scope accenna più volte il PULCI, *Morg.*, XVIII, 132, 8; XIX, 142, 8;
XXVIII, 7, 8; e ne parlano, come di cosa consueta, molte cronache estensi dei
tempi dell'Ariosto; cfr. CATALANO, *Vita*, I, pp. 106-107.

93. – 1. *e non... l'erba*: e non con dolci legami d'amore su uno sfondo d'idillio;
accenno scherzoso a un verso del PETRARCA, *Tr. Am.*, I, 89-90: «Cesar, che 'n Egitto
Cleopatra legò tra' fiori e l'erba». – 2. *l'altra matina*: il mattino seguente. – 3. *captiva*

fin che ritorni la bella Lucina,
al cui saggio parere, o lieve o acerba,
rimetton quei signor la disciplina.
Quivi stette Aquilante a ricrearsi
fin che 'l fratel fu sano e poté armarsi.

94.   Re Norandin, che temperato e saggio
        divenuto era dopo un tanto errore,
        non potea non aver sempre il coraggio
        di penitenzia pieno e di dolore,
        d'aver fatto a colui danno et oltraggio,
        che degno di mercede era e d'onore:
        sì che dì e notte avea il pensiero intento
        per farlo rimaner di sé contento.

95.   E statuì nel publico conspetto
        de la città, di tanta ingiuria rea,
        con quella maggior gloria ch'a perfetto
        cavallier per un re dar si potea,
        di rendergli quel premio ch'intercetto
        con tanto inganno il traditor gli avea:
        e perciò fe' bandir per quel paese,
        che faria un'altra giostra indi ad un mese.

96.   Di ch'apparecchio fa tanto solenne,
        quanto a pompa real possibil sia:
        onde la Fama con veloci penne
        portò la nuova per tutta Soria;
        et in Fenicia e in Palestina venne,
        e tanto, ch'ad Astolfo ne diè spia,
        il qual col viceré deliberosse
        che quella giostra senza lor non fosse.

---

si riserba: viene tenuta prigioniera. – 4. *Lucina*: la moglie di Norandino, che si trovava a Nicosia, presso il padre, re di Cipro; cfr. XVII, 66. – 6. *la disciplina*: il castigo.

94. – 3. *coraggio*: cuore; cfr. XVIII, 32, 4. – 4. *penitenzia*: pentimento.

95. – 1. *statuì*: decretò. – 2. *città*: cittadinanza; *di tanta... rea*: colpevole di
averlo pubblicamente denigrato. – 5. *intercetto*: sottratto. – 8. *indi ad un mese*: di lì
a un mese.

96. – 1. *Di ch'apparecchio ecc.*: per la quale giostra prepara un allestimento
solenne e magnificamente regale. – 3. *la Fama... penne*: la Fama era personificata e
rappresentata con piedi e ali veloci; cfr. VIRGILIO, *Aen.*, IV, 173 segg. – 6. *spia*:
notizia. – 7. *viceré*: Sansonetto, che governava Gerusalemme in vece di Carlo
Magno; cfr. XV, 95, 3.

97.   Per guerrier valoroso e di gran nome
        la vera istoria Sansonetto vanta.
        Gli diè battesmo Orlando, e Carlo (come
        v'ho detto) a governar la Terra Santa.
        Astolfo con costui levò le some,
        per ritrovarsi ove la Fama canta
        sì, che d'intorno n'ha piena ogni orecchia,
        ch'in Damasco la giostra s'apparecchia.

98.   Or cavalcando per quelle contrade
        con non lunghi vïaggi, agiati e lenti,
        per ritrovarsi freschi alla cittade
        poi di Damasco il dì de' torniamenti,
        scontraro in una croce di due strade
        persona ch'al vestire e a' movimenti
        avea sembianza d'uomo, e femin'era,
        ne le battaglie a maraviglia fiera.

99.   La vergine Marfisa si nomava,
        di tal valor, che con la spada in mano
        fece più volte al gran signor di Brava
        sudar la fronte e a quel di Montalbano;
        e 'l dì e la notte armata sempre andava

97. – 2. *la vera istoria*: è soggetto. Di Sansonetto parlano a lungo l'*Entrée* e la *Spagna*. – 3-4. *come v'ho detto*: cfr. XV, 95. – 5. *levò le some*: si mise in cammino; cfr. PULCI, *Morg.*, I, 82, 4. – 6. *ove*: in Damasco (la precisazione *in Damasco* del v. 8 è pleonastica); *la Fama canta*: cfr. 96, 3 e VIRGILIO, *Aen.*, IV, 173-190: «*Fama... canebat*». – 7. *sì, che*: Bigi, ritornando alla edizione Debenedetti, propone di togliere la virgola dopo *sì* e metterla invece dopo *canta*.
98. – 2. *vïaggi*: tappe; *agiati*: fatti con agio. – 5. *croce*: crocicchio. Uno dei soliti incontri casuali e improvvisi.
99. – 1. *Marfisa*: era una creazione del Boiardo, il quale aveva trovato esempi di donne guerriere in molti romanzi precedenti (cfr. P. RAJNA, *Le fonti dell'«Orlando Furioso»* cit., pp. 289 segg.). Marfisa era una regina dell'India ed era sorella gemella di Ruggiero (cfr. XXXVI, 59, 7-8). Nell'*Innam.* il personaggio era molto rilevato, caratterizzato da gagliardia e da tratti bizzarri. L'Ariosto, come in altre occasioni, ha smorzato le tinte troppo forti e ridotto gli elementi fiabeschi o comici, senza però rinunciare a sfruttare alcune delle invenzioni del Boiardo, una volta che fossero tali da armonizzarsi col tono del suo poema. Per l'episodio del rapimento della spada di Marfisa da parte di Brunello e dell'abbandono delle armi, cfr. n. a XVII, 83, 6. Qui l'Ariosto si riattacca direttamente all'*Innam.* (II, XIX, 15, 1-4), là dove la storia era lasciata in sospeso: «E via passando con molta baldanza, Come colei che fu senza paura, Trovò duo che èno armati a scudo e lanza Sopra duo gran ronzoni alla pianura». L'Ariosto fa che i due siano Astolfo e Sansonetto. – 3. *signor di Brava*: Orlando; cfr. VI, 34, 6. – 4. *quel di Montalbano*: Rinaldo. – 5. *'l dì e la notte ecc.*: cfr. *Innam.*, I, XVI, 29, 3-4: «ben cinque anni sempre stette armata Da il sol

di qua di là cercando in monte e in piano
con cavallieri erranti riscontrarsi,
et immortale e glorïosa farsi.

100.   Com'ella vide Astolfo e Sansonetto,
ch'appresso le venian con l'arme indosso,
prodi guerrier le parvero all'aspetto;
ch'erano ambeduo grandi e di buono osso:
e perché di provarsi avria diletto,
per isfidarli avea il destrier già mosso;
quando, affissando l'occhio più vicino,
conosciuto ebbe il duca paladino.

101.   De la piacevolezza le sovenne
del cavallier, quando al Catai seco era:
e lo chiamò per nome, e non si tenne
la man nel guanto, e alzossi la visiera;
e con gran festa ad abbracciarlo venne,
come che sopra ogn'altra fosse altiera.
Non men da l'altra parte riverente
fu il paladino alla donna eccellente.

102.   Tra lor si domandaron di lor via:
e poi ch'Astolfo, che prima rispose,
narrò come a Damasco se ne gìa,
dove le genti in arme valorose
avea invitato il re de la Soria
a dimostrar lor opre virtuose;
Marfisa, sempre a far gran pruove accesa,
— Voglio esser con voi — disse — a questa impresa. —

103.   Sommamente ebbe Astolfo grata questa
compagna d'arme, e così Sansonetto.

nascente al tramontar di sera». Marfisa aveva fatto voto di non disarmarsi finché
non avesse preso in battaglia tre re: Gradasso, Agricane e Carlo Magno.
    100. – 4. *di buono osso*: robusti. – 8. *il duca paladino*: Astolfo.
    101. – 1. *piacevolezza*: gentilezza; e anche: allegria; il Boiardo aveva spesso
rappresentato Astolfo come un tipo «sollazzevole». – 2. *quando... era*: Astolfo e
Marfisa erano due vecchie conoscenze dell'assedio di Albracca; cfr. *Innam.*, I, XXVI,
18 segg. – 3-4. *non si tenne... visiera*: si tolse il guanto, per porgergli la mano, e alzò
la visiera in segno d'amicizia. – 6. *come che*: benché.
    102. – 7. *accesa*: desiderosa.

Furo a Damasco il dì inanzi la festa,
e di fuora nel borgo ebbon ricetto:
e sin all'ora che dal sonno desta
l'Aurora il vecchiarel già suo diletto,
quivi si riposâr con maggior agio,
che se smontati fossero al palagio.

104.   E poi che 'l nuovo sol lucido e chiaro
per tutto sparsi ebbe i fulgenti raggi,
la bella donna e i duo guerrier s'armaro,
mandato avendo alla città messaggi;
che, come tempo fu, lor rapportaro
che per veder spezzar frassini e faggi
re Norandino era venuto al loco
ch'avea constituito al fiero gioco.

105.   Senza più indugio alla città ne vanno,
e per la via maestra alla gran piazza,
dove aspettando il real segno stanno
quinci e quindi i guerrier di buona razza.
I premii che quel giorno si daranno
a chi vince, è uno stocco et una mazza
guerniti riccamente, e un destrier, quale
sia convenevol dono a un signor tale.

106.   Avendo Norandin fermo nel core
che, come il primo pregio, il secondo anco,
e d'ambedue le giostre il sommo onore
si debba guadagnar Grifone il bianco;
per dargli tutto quel ch'uom di valore

103. – 4. *ebbon ricetto*: trovarono albergo. – 6. *il vecchiarel*: Titone, il vecchio
sposo dell'Aurora, da lei amato in gioventù, aveva ottenuto dagli dèi l'immorta-
lità, ma non l'eterna giovinezza; cfr. VIII, 86, 6; XI, 32, 8; XII, 68, 3-4; XXXIV, 61,
5 e cfr. PROPERZIO, *Carm.*, II, 18, 7-8: «*At non Tithoni spernens Aurora senectam
Desertum Eoa passa iacere domo est*». – 8. *palagio*: palazzo reale.
104. – 1. *lucido e chiaro*: epiteti petrarcheschi. – 4. *messaggi*: messaggeri, per
informarsi dell'ora in cui si sarebbe iniziata la giostra. – 5. *rapportaro*: riferirono.
– 6. *frassini e faggi*: le aste, costituite di quei legni duri. – 8. *constituito... gioco*: scelto
per allestirvi la giostra (*constituito* è lat.).
105. – 3. *segno*: dell'inizio della giostra. – 8. *a un signor tale*: a un così valoroso
cavaliere, quale sarà senz'altro il vincitore.
106. – 1. *fermo nel core*: deciso fermamente in cuor suo. – 2. *il primo pregio*: il

dovrebbe aver, né debbe far con manco,
posto con l'arme in questo ultimo pregio
ha stocco e mazza e destrier molto egregio.

107.   L'arme che ne la giostra fatta dianzi
si doveano a Grifon che 'l tutto vinse,
e che usurpate avea con tristi avanzi
Martano che Grifone esser si finse,
quivi si fece il re pendere inanzi,
e il ben guernito stocco a quelle cinse,
e la mazza all'arcion del destrier messe,
perché Grifon l'un pregio e l'altro avesse.

108.   Ma che sua intenzïone avesse effetto
vietò quella magnanima guerriera,
che con Astolfo e col buon Sansonetto
in piazza nuovamente venuta era.
Costei, vedendo l'arme ch'io v'ho detto,
subito n'ebbe conoscenza vera:
però che già sue furo, e l'ebbe care
quanto si suol le cose ottime e rare;

109.   ben che l'avea lasciate in su la strada
a quella volta che le fur d'impaccio,
quando per rïaver sua buona spada
correa dietro a Brunel degno di laccio.
Questa istoria non credo che m'accada
altrimenti narrar; però la taccio.
Da me vi basti intendere a che guisa
quivi trovasse l'arme sue Marfisa.

premio della prima giostra, vinta da Grifone. – 6. *far con manco*: farne a meno, esserne privo. – 7. *con l'arme*: accanto alle armi, il premio della prima giostra.

    107. – 3. *con tristi avanzi*: con guadagni che ebbero per lui tristi conseguenze. – 5. *pendere*: appendere. L'armatura ha la forma di un uomo armato, a cui si può cingere lo stocco.

    108. – 4. *nuovamente*: appena allora.

    109. – 2. *a quella volta*: quella volta. Già si è accennato (cfr. XVII, 83, 6) all'episodio del rapimento della spada di Marfisa per opera del nano Brunello. L'episodio che segue ha un precedente in un'avventura di Galeoth, raccontata nel *Palamedés* (cfr. Rajna, *Fonti*, 288-290). – 5-6. *m'accada altrimenti narrar*: occorra che io la narri un'altra volta; poiché la si può leggere nell'*Innam*. – 7. *a che guisa*: in che modo.

110.   Intenderete ancor, che come l'ebbe
        riconosciute a manifeste note,
        per altro che sia al mondo, non le avrebbe
        lasciate un dì di sua persona vòte.
        Se più tenere un modo o un altro debbe
        per racquistarle, ella pensar non puote:
        ma se gli accosta a un tratto, e la man stende
        e senz'altro rispetto se le prende;

111.   e per la fretta ch'ella n'ebbe, avenne
        ch'altre ne prese, altre mandonne in terra.
        Il re, che troppo offeso se ne tenne,
        con uno sguardo sol le mosse guerra;
        che 'l popul, che l'ingiuria non sostenne,
        per vendicarlo e lance e spade afferra,
        non rammentando ciò ch'i giorni inanti
        nocque il dar noia ai cavallieri erranti.

112.   Né fra vermigli fiori, azzurri e gialli
        vago fanciullo alla stagion novella,
        né mai si ritrovò fra suoni e balli
        più volentieri ornata donna e bella;
        che fra strepito d'arme e di cavalli,
        e fra punte di lance e di quadrella,
        dove si sparga sangue e si dia morte,
        costei si truovi, oltre ogni creder forte.

113.   Spinge il cavallo, e ne la turba sciocca
        con l'asta bassa impetuosa fere;
        e chi nel collo e chi nel petto imbrocca,
        e fa con l'urto or questo or quel cadere:

110. – 2. *a manifeste note*: da chiari segni. – 3. *per altro... mondo*: per nessun'altra cosa al mondo. – 8. *rispetto*: indugio.
111. – 4. *con uno... guerra*: «con un solo sguardo minaccioso suscitò il suo popolo a guerra contro di lei» (Papini). – 7-8. *non rammentando ecc.*: non ricordandosi della strage fatta da Grifone; cfr. XVII, 135; XVIII, 3-7; 59-65.
112. – 1. *Né fra vermigli ecc.*: per il particolare madrigalesco, cfr. II, 35 2; XXXIV, 50, 2. – 2. *stagion novella*: la primavera; cfr. IX, 7, 8. – 6. *quadrella*: frecce.
113. – 2. *con l'asta bassa*: poiché combatte contro pedoni; il tema solitamente colorito della strage (cfr. n. a VI, 66, 1) acquista qui una sua caratteristica vivacità e bizzarria, trattandosi della gentile Marfisa. – 3. *imbrocca*: colpisce nel segno, là

poi con la spada uno et un altro tocca,
e fa qual senza capo rimanere,
e qual con rotto, e qual passato al fianco,
e qual del braccio privo o destro o manco.

114.   L'ardito Astolfo e il forte Sansonetto,
ch'avean con lei vestita e piastra e maglia,
ben che non venner già per tale effetto,
pur, vedendo attaccata la battaglia,
abbassan la visiera de l'elmetto,
e poi la lancia per quella canaglia;
et indi van con la tagliente spada
di qua di là facendosi far strada.

115.   I cavallieri di nazion diverse,
ch'erano per giostrar quivi ridutti,
vedendo l'arme in tal furor converse,
e gli aspettati giuochi in gravi lutti
(che la cagion ch'avesse di dolerse
la plebe irata non sapeano tutti,
né ch'al re tanta ingiuria fosse fatta),
stavan con dubbia mente e stupefatta.

116.   Di ch'altri a favorir la turba venne,
che tardi poi non se ne fu a pentire;
altri, a cui la città più non attenne
che gli stranieri, accorse a dipartire;
altri, più saggio, in man la briglia tenne,

dove aveva mirato («brocco» era uno stecco che si fissava nel centro del bersaglio;
cfr. l'ant. franc. *embrocher*). – 5. *tocca*: ferisce. – 7. *con rotto*: con il capo rotto.
114. – 2. *ch'avean... maglia*: che si erano armati appuntino (cfr. I, 17, 3) e si
erano presentati alla giostra insieme con lei. – 3. *per tale effetto*: con l'intenzione di
attaccare battaglia. – 6. *e poi la lancia*: e poi abbassano la lancia. – 7. *et indi*: e dopo
aver spezzato le lance.
115. – 2. *ridutti*: raccolti. – 3. *l'arme... converse*: che le armi, anziché essere
usate per un ordinario torneo, erano trasformate in strumento di battaglia furiosa.
– 4. *gli aspettati... lutti*: che l'atteso torneo era trasformato in un'orribile strage. –
8. *con dubbia mente*: incerti sul da farsi.
116. – 1. *Di ch'altri*: per la qual cosa alcuni. – 2. *che tardi... pentire*: e questi ben
presto si pentirono d'essere intervenuti. – 3-4. *altri... dipartire*: altri a cui non
stavano più a cuore i cittadini dei cavalieri stranieri, si intermisero per separare

mirando dove questo avesse a uscire.
Di quelli fu Grifone et Aquilante;
che per vendicar l'arme andaro inante.

117.   Essi, vedendo il re che di veneno
         avea le luci inebrïate e rosse,
         et essendo da molti instrutti a pieno
         de la cagion che la discordia mosse,
         e parendo a Grifon che sua, non meno
         che del re Norandin, l'ingiuria fosse;
         s'avean le lance fatte dar con fretta,
         e venian fulminando alla vendetta.

118.   Astolfo d'altra parte Rabicano
         venìa spronando a tutti gli altri inante,
         con l'incantata lancia d'oro in mano,
         ch'al fiero scontro abbatte ogni giostrante.
         Ferì con essa e lasciò steso al piano
         prima Grifone, e poi trovò Aquilante;
         e de lo scudo toccò l'orlo a pena,
         che lo gittò riverso in su l'arena.

119.   I cavallier di pregio e di gran pruova
         vòtan le selle inanzi a Sansonetto.
         L'uscita de la piazza il popul truova:
         il re n'arrabbia d'ira e di dispetto.
         Con la prima corazza e con la nuova
         Marfisa intanto, e l'uno e l'altro elmetto,
         poi che si vide a tutti dare il tergo,
         vincitrice venìa verso l'albergo.

---

i contendenti. – 6. *mirando... uscire*: stando ad osservare lo svolgimento e l'esito
dell'incidente. – 7. *Di quelli*: di quelli intervenuti a favore della turba. – 8. *vendicar
l'arme*: vendicare l'offesa arrecata alle armi.

117. – 1. *veneno*: ira. – 2. *le luci inebrïate*: gli occhi accesi, impregnati, come
quelli d'un ebbro; cfr. DANTE, *Inf.*, XXIX, 2. – 3. *instrutti*: informati. – 8. *fulminando*: con rapidità fulminea.

118. – 3. *l'incantata... oro*: cfr. VIII, 17, 5. – 6. *trovò*: colpì.

119. – 1. *di gran pruova*: di provato valore. – 3. *truova*: cerca, per fuggire. –
7. *poi che... tergo*: dopo che vide che tutti fuggendo le volgevano le spalle (lat. *terga
dare*).

120.   Astolfo e Sansonetto non fur lenti
         a seguitarla, e seco a ritornarsi
         verso la porta (che tutte le genti
         gli davan loco), et al rastrel fermârsi.
         Aquilante e Grifon, troppo dolenti
         di vedersi a uno incontro riversarsi,
         tenean per gran vergogna il capo chino,
         né ardian venire inanzi a Norandino.

121.   Presi e montati c'hanno i lor cavalli,
         spronano dietro agli nimici in fretta.
         Li segue il re con molti suoi vasalli,
         tutti pronti o alla morte o alla vendetta.
         La sciocca turba grida: – Dàlli dàlli! –
         e sta lontana, e le novelle aspetta.
         Grifone arriva ove volgean la fronte
         i tre compagni, et avean preso il ponte.

122.   A prima giunta Astolfo raffigura,
         ch'avea quelle medesime divise,
         avea il cavallo, avea quella armatura
         ch'ebbe dal dì ch'Orril fatale uccise.
         Né miratol, né posto gli avea cura,
         quando in piazza a giostrar seco si mise:
         quivi il conobbe, e salutollo; e poi
         gli domandò de li compagni suoi;

123.   e perché tratto avean quell'arme a terra,
         portando al re sì poca riverenza.
         Di suoi compagni il duca d'Inghilterra
         diede a Grifon non falsa conoscenza:
         de l'arme ch'attaccate avean la guerra,

---

120. – 2. *seco*: con lei. – 4. *gli davan loco*: davano loro il passaggio; *rastrel*: cancello esterno; cfr. VIII, 3, 6. – 6. *a uno incontro*: a un solo scontro.

121. – 5. *Dàlli dàlli!* cfr. XII, 77, 8. – 7-8. *ove... ponte*: i tre compagni si erano girati e affrontavano gli inseguitori, e dal rastrello erano tornati ad occupare il ponte.

122. – 1. *Astolfo raffigura*: Grifone riconosce Astolfo. – 2. *divise*: le insegne del pardo; cfr. XV, 75, 6. – 4. *dal dì... uccise*: anche quel giorno che uccise Orrilo dal capello fatato; cfr. XV, 79 segg. – 5. *cura*: attenzione.

123. – 2. *portando... riverenza*: mostrando così poco rispetto. – 3. *Di suoi*: dei suoi. – 5. *attaccate*: attaccato, suscitato.

disse che non n'avea troppa scïenza;
ma perché con Marfisa era venuto,
dar le volea con Sansonetto aiuto.

124. Quivi con Grifon stando il paladino,
viene Aquilante, e lo conosce tosto
che parlar col fratel l'ode vicino,
e il voler cangia, ch'era mal disposto.
Giungean molti di quei di Norandino,
ma troppo non ardian venire accosto;
e tanto più, vedendo i parlamenti,
stavano cheti, e per udire intenti.

125. Alcun ch'intende quivi esser Marfisa,
che tiene al mondo il vanto in esser forte,
volta il cavallo, e Norandino avisa
che s'oggi non vuol perder la sua corte,
proveggia, prima che sia tutta uccisa,
di man trarla a Tesifone e alla Morte;
perché Marfisa veramente è stata,
che l'armatura in piazza gli ha levata.

126. Come re Norandino ode quel nome
così temuto per tutto Levante,
che facea a molti anco arricciar le chiome,
ben che spesso da lor fosse distante,
è certo che ne debbia venir come
dice quel suo, se non provede inante;
però gli suoi, che già mutata l'ira
hanno in timore, a sé richiama e tira.

127. Da l'altra parte i figli d'Oliviero
con Sansonetto e col figliuol d'Otone,

---

124. – 4. *il voler*: l'intento aggressivo. – 7. *parlamenti*: conversari, trattative.
125. – 2. *tiene... forte*: in tutto il mondo è celebrata per la sua forza. –
5. *proveggia*: provveda a, procuri di. – 6. *Tesifone*: una delle Furie infernali, che per
mano di Marfisa seminerebbe la morte. – 8. *che*: quella che.
126. – 3. *arricciar le chiome*: cfr. I, 29, 2 e anche OVIDIO, *Met.*, III, 100; *Fasti*, III,
332: «*hirsutae deriguere comae*». – 5-6. *è certo... suo*: è sicuro che finirà come ha
previsto il suo messaggero. – 7. *però*: perciò.
127. – 1. *i figli d'Oliviero*: Grifone e Aquilante. – 2. *figliuol d'Otone*: Astolfo. –

supplicando a Marfisa, tanto fêro,
che si diè fine alla crudel tenzone.
Marfisa, giunta al re, con viso altiero
disse: – Io non so, signor, con che ragione
vogli quest'arme dar, che tue non sono,
al vincitor de le tue giostre in dono.

128.   Mie sono l'arme, e 'n mezzo de la via
che vien d'Armenia, un giorno le lasciai,
perché seguire a piè mi convenia
un rubator che m'avea offesa assai:
e la mia insegna testimon ne fia,
che qui si vede, se notizia n'hai. –
E la mostrò ne la corazza impressa,
ch'era in tre parti una corona fessa.

129.   – Gli è ver – rispose il re – che mi fur date,
son pochi dì, da un mercatante armeno;
e se voi me l'avesse domandate,
l'avreste avute, o vostre o no che sièno;
ch'avenga ch'a Grifon già l'ho donate,
ho tanta fede in lui, che nondimeno,
acciò a voi darle avessi anche potuto,
volentieri il mio don m'avria renduto.

130.   Non bisogna allegar, per farmi fede
che vostre sien, che tengan vostra insegna:
basti il dirmelo voi; che vi si crede
più ch'a qual altro testimonio vegna.
Che vostre sian vostr'arme si conciede
alla virtù di maggior premio degna.
Or ve l'abbiate, e più non si contenda;
e Grifon maggior premio da me prenda. –

3. *supplicando a*: costruz. col dativo alla lat., come in DANTE, *Par.*, XV, 85; XXVI,
94; XXXIII, 25. – 7. *vogli*: tu voglia.
128. – 1. *Mie sono l'arme ecc.*: cfr. XVII, 83, 6; XVIII, 109, 2. – 4. *un rubator*:
Brunello. – 8. *in tre... fessa*: cfr. *Innam.*, I, XVIII, 4, 3-4: «Nel scudo azuro aveva per
divisa Una corona in tre parte spezzata».
129. – 3. *avesse*: aveste. – 5. *avenga ch'*: sebbene. – 7. *anche*: di nuovo.
130. – 1-2. *Non bisogna ecc.*: non c'è bisogno, per dimostrare che vi appartengono, che aggiungiate come allegato, la testimonianza dell'insegna. – 4. *qual altro*:
qualunque altro. – 6. *alla virtù*: in omaggio al valore.

131.   Grifon che poco a cor avea quell'arme,
        ma gran disio che 'l re si satisfaccia,
        gli disse: – Assai potete compensarme,
        se mi fate saper ch'io vi compiaccia. –
        Tra sé disse Marfisa: «Esser qui parme
        l'onor mio in tutto», e con benigna faccia
        volle a Grifon de l'arme esser cortese;
        e finalmente in don da lui le prese.

132.   Ne la città con pace e con amore
        tornaro, ove le feste raddoppiârsi.
        Poi la giostra si fe', di che l'onore
        e 'l pregio Sansonetto fece darsi;
        ch'Astolfo e i duo fratelli e la migliore
        di lor, Marfisa, non volson provarsi,
        cercando, com'amici e buon compagni,
        che Sansonetto il pregio ne guadagni.

133.   Stati che sono in gran piacere e in festa
        con Norandino otto giornate o diece,
        perché l'amor di Francia gli molesta,
        che lasciar senza lor tanto non lece,
        tolgon licenzia; e Marfisa, che questa
        via disïava, compagnia lor fece.
        Marfisa avuto avea lungo disire
        al paragon dei paladin venire;

134.   e far esperïenza se l'effetto
        si pareggiava a tanta nominanza.

131. – 3-4. *Assai... compiaccia*: è ricompensa sufficiente per me il sapere che posso farvi cosa gradita. Si intreccia qui una gara di cortesie, su cui si staglia quella figura non priva di comicità del buon re Norandino, sfortunato organizzatore di giostre, idealista, vittima lui e il suo popolo delle stragi, delle bizze, degli inganni dei tanto ammirati cavalieri erranti. – 5-6. *Esser... tutto*: mi pare che qui l'onore sia tutto mio; oppure: mi pare che il mio onore sia tutto salvo. – 7. *volle... cortese*: volle cortesemente offrire a sua volta le armi a Grifone. – 8. *in don*: «riconoscendosi quindi obbligata a lui, come se egli ne fosse il legittimo proprietario» (Ramat).

132. – 4. *'l pregio*: il premio.

133. – 3. *gli molesta*: li spinge, li incita. – 4. *non lece*: non è giusto. – 8. *al paragon... venire*: di venire a misurarsi con i paladini.

134. – 1-2. *far esperïenza... nominanza*: sperimentare se il valore reale dei

Lascia un altro in suo loco Sansonetto,
che di Ierusalem regga la stanza.
Or questi cinque in un drappello eletto,
che pochi pari al mondo han di possanza,
licenzïati dal re Norandino,
vanno a Tripoli e al mar che v'è vicino.

135.   E quivi una caracca ritrovaro,
che per Ponente mercantie raguna.
Per loro e pei cavalli s'accordaro
con un vecchio patron ch'era da Luna.
Mostrava d'ogn'intorno il tempo chiaro,
ch'avrian per molti dì buona fortuna.
Sciolser dal lito, avendo aria serena,
e di buon vento ogni lor vela piena.

136.   L'isola sacra all'amorosa dea
diede lor sotto un'aria il primo porto,
che non ch'a offender gli uomini sia rea,
ma stempra il ferro, e quivi è 'l viver corto.
Cagion n'è un stagno: e certo non dovea
Natura a Famagosta far quel torto
d'appressarvi Costanza acre e maligna,
quando al resto di Cipro è sì benigna.

137.   Il grave odor che la palude esala
non lascia al legno far troppo soggiorno.
Quindi a un greco-levante spiegò ogni ala,

---

paladini corrispondeva alla loro fama. – 4. *stanza*: dominio. – 8. *Tripoli*: di Siria.

135. – 1. *caracca*: grande nave da carico di alto bordo e dai fianchi larghi, a tre alberi con vele quadre (dall'arabo *harraka*). – 2. *per Ponente*: per portarle in Occidente. – 4. *vecchio patron*: il comandante della nave; cfr. XVII, 27, 4; *Luna*: Luni, città toscana alla foce della Magra. – 6. *buona fortuna*: mare buono e tempo propizio.

136. – 1. *L'isola... dea*: Cipro, sacra a Venere. Un'analisi molto fine di quest'episodio si legge in L. BLASUCCI, *Un esempio del «metodo» ariostesco: la sosta a Cipro («Furioso», XVIII, 136-40)*, in *Studi su Dante e Ariosto*, Milano-Napoli, Ricciardi, 1969, pp. 163-200. – 2-4. *diede... corto*: offerse loro il primo porto (*Famagosta*: v. 6), il quale è investito da un'aria così cattiva che non solo è nociva agli uomini e ne accorcia l'esistenza, ma corrode anche il ferro. – 7. *Costanza*: città alle foci del Pedia, in zona paludosa, ora distrutta.

137. – 3. *greco-levante*: vento di nord-est; *spiegò ogni ala*: cfr. VIRGILIO, *Aen.*, III,

volando da man destra a Cipro intorno,
e surse a Pafo, e pose in terra scala;
e i naviganti uscîr nel lito adorno,
chi per merce levar, chi per vedere
la terra d'amor piena e di piacere.

138.   Dal mar sei miglia o sette, a poco a poco
si va salendo inverso il colle ameno.
Mirti e cedri e naranci e lauri il loco,
e mille altri soavi arbori han pieno.
Serpillo e persa e rose e gigli e croco
spargon da l'odorifero terreno
tanta suavità, ch'in mar sentire
la fa ogni vento che da terra spire.

139.   Da limpida fontana tutta quella
piaggia rigando va un ruscel fecondo.
Ben si può dir che sia di Vener bella
il luogo dilettevole e giocondo;
che v'è ogni donna affatto, ogni donzella
piacevol più ch'altrove sia nel mondo:
e fa la dea che tutte ardon d'amore,
giovani e vecchie, infino all'ultime ore.

140.   Quivi odono il medesimo ch'udito
di Lucina e de l'Orco hanno in Soria,
e come di tornare ella a marito
facea nuovo apparecchio in Nicosia.

520: «*velorum pandimus alas*». – 5. *surse a Pafo*: approdò (cfr. IV, 51, 5) a Pafo,
sempre nell'isola di Cipro, ove si trovava il santuario di Venere; cfr. ORAZIO, *Carm.*,
I, XXX, 1: «*O Venus regina Cnidi Paphique*». – 7. *levar*: acquistare.
    138. – 1. *sei miglia o sette*: il tempio di Venere si trovava su un colle, a qualche
distanza dal porto. A parte la solita sorprendente precisione topografica (derivata
dalle carte estensi e dalle relazioni di viaggio), il paesaggio è tutto preziosamente
letterario ed umanisticamente condotto in gara con poeti latini come Claudiano
(*Epithal. Honorii et Mariae*, vv. 47 segg.) e con poeti volgari come Petrarca (*Tr. Am.*,
IV, 100-166) e Poliziano (*Stanze*, I, 70 segg.). Un altro riscontro obbligato sarà poi
quello dell'isola d'Alcina (cfr. n. a VI, 19, 5-8). – 3. *naranci*: aranci. La solita
botanica mediterranea liricamente assaporata, cfr. n. a VI, 21, 1. – 5. *Serpillo*: timo;
persa: maggiorana; *croco*: zafferano. – 6. *odorifero*: aggettivo petrarchesco.
    139. – 2. *fecondo*: fecondatore; significato attivo alla lat., come in POLIZIANO,
Stanze, I, 97, 8. – 5. *ogni donna affatto*: tutte le donne, senza eccezioni.
    140. – 1-2. *il medesimo... Soria*: quello stesso racconto udito in Siria dell'av-
ventura di Lucina; cfr. XVII, 26 segg. – 4. *apparecchio*: preparativi; cfr. BOCCACCIO,

Quindi il padrone (essendosi espedito,
e spirando buon vento alla sua via)
l'ancore sarpa, e fa girar la proda
verso ponente, et ogni vela snoda.

141. Al vento di maestro alzò la nave
le vele all'orza, et allargossi in alto.
Un ponente-libecchio, che soave
parve a principio e fin che 'l sol stette alto,
e poi si fe' verso la sera grave,
le leva incontra il mar con fiero assalto,
con tanti tuoni e tanto ardor di lampi,
che par che 'l ciel si spezzi e tutto avampi.

142. Stendon le nubi un tenebroso velo
che né sole apparir lascia né stella.
Di sotto il mar, di sopra mugge il cielo,
il vento d'ogn'intorno, e la procella
che di pioggia oscurissima e di gelo
i naviganti miseri flagella:
e la notte più sempre si diffonde
sopra l'irate e formidabil onde.

Decam., III, 9, 26; *Nicosia*: città principale dell'isola, dove risiedeva il re; cfr. XVII, 66, 6. – 5. *espedito*: sbrigato dei suoi traffici. – 7. *l'ancore sarpa*: leva l'àncora; cfr. XVII, 36, 8; *proda*: prora. – 8. *snoda*: scioglie.
    141. – 1. *maestro*: maestrale, vento di nord-ovest. – 2. *le vele all'orza*: le vele orientate in modo da stringere il vento, prendendolo di prua; cfr. II, 30, 1 e XI, 29, 7-8; *allargossi in alto*: prese il largo (cfr. XIII, 17, 8) verso l'alto mare. – 3. *ponente-libecchio*: vento di ovest-sud-ovest. – 5. *grave*: impetuoso. La tempesta marina era un tema obbligato della letteratura epica e romanzesca; tuttavia le analogie della descrizione dell'Ariosto con quelle del Boiardo (*Innam.*, II, VI, 11-14; 27-30; XXVII, 40-44; III, III, 58-60; IV, 2-7) sono molto superficiali (come superficiali sono le analogie con OVIDIO, *Met.*, XI, 474 segg.; STAZIO, *Theb.*, V, 364 segg.; BOCCACCIO, *Filocolo*, lib. IV; CIECO, *Mambriano*, I, 20-23). Più vicino l'Ariosto in questo caso e negli altri in cui descrive una tempesta (cfr. II, 28 segg.; XIII, 15 segg.; XVII, 27 segg. ecc.) al Pulci (*Morg.*, XX, 30-37), ma là il ritmo dell'ottava era saltellante e nervoso, qui invece controllato anche se a piena orchestra; là c'era curiosità per i vocaboli esotici della marineria, qui invece puntigliosità, precisione e completezza. – 8. *par... avampi*: cfr. STAZIO, *Theb.*, V, 366: «*obnixi lacerant cava nubili venti*»; PULCI, *Morg.*, XX, 31, 8: «E par che l'aria e 'l ciel si ravviluppi».
    142. – 1. *Stendon... velo*: cfr. ARIOSTO, *Rime*, son. XX, 1: «Chiuso era il sol da un tenebroso velo». Per l'immagine, cfr. OVIDIO, *Met.*, XI, 549-50; STAZIO, *Theb.*, V, 364-66; BOIARDO, *Innam.*, II, VI, 28, 3-4. – 3. *Di sotto... di sopra*: «Qui l'Ariosto... quasi dall'alto di una rupe contempla i pericoli che prendono corpo nella sua poesia» (Foscolo). – 5. *oscurissima*: cfr. VIII, 69, 6; *gelo*: grandine. – 7-8. *la notte... onde*: cfr. VIRGILIO, *Aen.*, I, 89: «*ponto nox incubat atra*».

143.   I naviganti a dimostrare effetto
        vanno de l'arte in che lodati sono:
        chi discorre fischiando col fraschetto,
        e quanto han gli altri a far, mostra col suono;
        chi l'ancore apparechia da rispetto,
        e chi al mainare e chi alla scotta è buono;
        chi 'l timone, chi l'arbore assicura,
        chi la coperta di sgombrare ha cura.

144.   Crebbe il tempo crudel tutta la notte,
        caliginosa e più scura ch'inferno.
        Tien per l'alto il padrone, ove men rotte
        crede l'onde trovar, dritto il governo;
        e volta ad or ad or contra le botte
        del mar la proda, e de l'orribil verno,
        non senza speme mai che, come aggiorni,
        cessi fortuna, o più placabil torni.

145.   Non cessa e non si placa, e più furore
        mostra nel giorno, se pur giorno è questo,
        che si conosce al numerar de l'ore,
        non che per lume già sia manifesto.
        Or con minor speranza e più timore
        si dà in poter del vento il padron mesto:
        volta la poppa all'onde, e il mar crudele
        scorrendo se ne va con umil vele.

---

143. – 1-2. *a dimostrare... sono*: danno prova della valentia per cui sono famosi.
– 3. *discorre*: corre qua e là; *fraschetto*: fischietto (voce dialettale, di origine meridionale: «frischietto», ma documentata anche a Venezia); era usato dal còmite, o nostromo, per impartire gli ordini alla ciurma. – 5. *da rispetto*: di riserva; cfr.
PULCI, *Morg.*, XX, 34, 2: «antenna di rispetto». – 6. *mainare*: ammainare, raccogliere le vele; *alla scotta è buono*: si occupa di manovrare la corda che governa le vele, cioè alcuni marinai badano a ridurre il numero delle vele, ad ammainare le più grandi e ad issare le vele più piccole e di riserva. – 7. *assicura*: rafforza con solidi cavi. – 8. *sgombrare*: togliere ogni cosa che possa riuscire d'impaccio.
    144. – 1. *crudel*: cfr. PULCI, *Morg., loc. cit.*, 36, 1. – 3-4. *Tien... governo*: il nocchiero mantiene la rotta del timone (lat. *gubernaculum*) dritto verso l'alto mare, dove è minore il pericolo, perché le onde non sono rotte dai frangenti. – 5-6. *volta... proda*: volge la nave per prendere le ondate più grosse di prua, per evitare di rovesciarsi. –
6. *verno*: tempesta; cfr. OVIDIO, *Met.*, XI, 490: «aspera... hiems»; PETRARCA, *Canz.*,
CXXXV, 11: «Ch'è nel mio mare horribil notte et verno». – 8. *fortuna*: la tempesta.
    145. – 3. *al numerar de l'ore*: dal conteggio delle ore, fatto a mezzo della clessidra. – 6. *si dà... vento*: rinuncia alla rotta e si pone a discrezione del vento e delle onde. – 8. *con umil vele*: cfr. II, 30, 3.

146. Mentre Fortuna in mar questi travaglia,
non lascia anco posar quegli altri in terra,
che sono in Francia, ove s'uccide e taglia
coi Saracini il popul d'Inghilterra.
Quivi Rinaldo assale, apre e sbaraglia
le schiere avverse, e le bandiere atterra.
Dissi di lui, che 'l suo destrier Baiardo
mosso avea contra a Dardinel gagliardo.

147. Vide Rinaldo il segno del quartiero,
di che superbo era il figliuol d'Almonte;
e lo stimò gagliardo e buon guerriero,
che concorrer d'insegna ardia col conte.
Venne più appresso, e gli parea più vero;
ch'avea d'intorno uomini uccisi a monte.
– Meglio è – gridò – che prima io svella e spenga
questo mal germe, che maggior divenga. –

148. Dovunque il viso drizza il paladino,
levasi ognuno, e gli dà larga strada;
né men sgombra il fedel che 'l Saracino,
sì reverita è la famosa spada.
Rinaldo, fuor che Dardinel meschino,
non vede alcuno, e lui seguir non bada.
Grida: – Fanciullo, gran briga ti diede
chi ti lasciò di questo scudo erede.

149. Vengo a te per provar, se tu m'attendi,
come ben guardi il quartier rosso e bianco;

146. – 1. *Fortuna*: ha qui il significato classico umanistico di «sorte» (cfr. n. a VIII, 50, 7-8), insieme a quello medio-latino e volgare di «fortunale, temporale» (come in 144, 8). La descrizione della tempesta continua a XIX, 43 segg. – 2. *non... anco*: neanche. – 7. *Dissi di lui ecc.*: cfr. XVIII, 58, 7-8.
147. – 1. *il segno del quartiero*: l'insegna fatta a quartieri bianchi e rossi, come quella di Orlando; cfr. VIII, 85, 3. – 2-4. *di che superbo ecc.*: cfr. *Innam.*, II, XXIX, 14, 1-6: «E Dardinello, il giovanetto franco... Il quartiero ha costui vermiglio e bianco, Come suolea portare il padre Almonte; E pur cotale insegna, più né manco, Portava indosso ancora Orlando il conte». – 5. *più vero*: che Dardinello fosse *gagliardo e buon guerriero*. – 6. *a monte*: a mucchi; cfr. XVIII, 65, 3.
148. – 1-2. *Dovunque... strada*: Rinaldo assomiglia in questo punto al Turno di VIRGILIO, *Aen.*, XII, 368-69: «*Sic Turno, quacumque viam secat, agmina cedunt Conversaeque ruunt acies*»; *levasi*: fugge. – 4. *sì reverita... spada*: tanto temuta è Fusberta. – 6. *non bada*: non cessa.
149. – 2. *guardi*: difendi.

che s'ora contra me non lo difendi,
difender contra Orlando il potrai manco. –
Rispose Dardinello: – Or chiaro apprendi
che s'io lo porto, il so difender anco;
e guadagnar più onor, che briga, posso
del paterno quartier candido e rosso.

150.   Perché fanciullo io sia, non creder farme
però fuggire, o che 'l quartier ti dia:
la vita mi torrai, se mi toi l'arme;
ma spero in Dio ch'anzi il contrario fia.
Sia quel che vuol, non potrà alcun biasmarme
che mai traligni alla progenie mia. –
Così dicendo, con la spada in mano
assalse il cavallier da Montalbano.

151.   Un timor freddo tutto 'l sangue oppresse
che gli Africani aveano intorno al core,
come vider Rinaldo che si messe
con tanta rabbia incontra a quel signore,
con quanta andria un leon ch'al prato avesse
visto un torel ch'ancor non senta amore.
Il primo che ferì, fu 'l Saracino;
ma picchiò invan su l'elmo di Mambrino.

152.   Rise Rinaldo, e disse: – Io vo' tu senta,
s'io so meglio di te trovar la vena. –
Sprona, e a un tempo al destrier la briglia allenta,
e d'una punta con tal forza mena,
d'una punta ch'al petto gli appresenta,

150. – 1. *Perché*: benché. – 3. *toi*: togli.
151. – 1. *oppresse*: strinse, gelò; cfr. VIRGILIO, *Aen.*, X, 452: «*frigidus Arcadibus coit in preaecordia sanguis*». Il duello fra Dardinello e Rinaldo ha frequenti somiglianze con il duello virgiliano fra Pallante e Turno. – 6. *ch'ancor... amore*: che sia giovanissimo. Il particolare delicatamente umanistico, aggiunge una nota elegiaca alla similitudine, che è suggerita da VIRGILIO, *loc. cit.*, 454-456: «*utque leo, specula cum vidit ab alta Stare procul campis meditantem in proelia taurum, Advolat*» e ancor più da STAZIO, *Theb.*, VII, 670-73: «*Qualis ubi primam leo mane cubilibus atris Erexit rabiem et saevo speculatur ab antro... nondum bellantem fronte iuvencum*». – 8. *l'elmo di Mambrino*: cfr. I, 28, 4-5.
152. – 2. *trovar la vena*: tagliare e penetrare nella vena, sì da farne uscire il sangue. L'espressione, non priva di una sua ferocia, è suggerita dall'arte dei medici; cfr. VIRGILIO, *Aen.*, X, 481. – 4. *una punta*: una puntata, un colpo dato di

che gli la fa apparir dietro alla schena.
Quella trasse, al tornar, l'alma col sangue:
di sella il corpo uscì freddo et esangue.

153. Come purpureo fior languendo muore,
che 'l vomere al passar tagliato lassa;
o come carco di superchio umore
il papaver ne l'orto il capo abbassa:
così, giù de la faccia ogni colore
cadendo, Dardinel di vita passa;
passa di vita, e fa passar con lui
l'ardire e la virtù de tutti i sui.

154. Qual soglion l'acque per umano ingegno
stare ingorgate alcuna volta e chiuse,
che quando lor vien poi rotto il sostegno,
cascano, e van con gran rumor difuse;
tal gli African, ch'avean qualche ritegno
mentre virtù lor Dardinello infuse,
ne vanno or sparti in questa parte e in quella,
che l'han veduto uscir morto di sella.

155. Chi vuol fuggir, Rinaldo fuggir lassa,
et attende a cacciar chi vuol star saldo.
Si cade ovunque Arïodante passa,
che molto va quel dì presso a Rinaldo.
Altri Lionetto, altri Zerbin fracassa,
a gara ognuno a far gran prove caldo.

---

punta. – 7. *Quella... sangue*: la spada, tratta dalla ferita, ne fece uscire il sangue e
la vita di Dardinello; cfr. VIRGILIO, *loc. cit.*, 487.

153. – 1. *Come purpureo fior ecc.*: cfr. l'immagine del papavero in OMERO, *Il.*,
VIII, 305-309 e in OVIDIO, *Met.*, X, 189-195, che in realtà traduce Omero, aggiungendo il particolare *in horto*, e quella del fiore reciso in CATULLO, *Carm.*, XI, 22-24;
le due similitudini erano già state fuse in VIRGILIO, *Aen.*, IX, 434-437: «*inque
umeros cervix conlapsa recumbit: Purpureus veluti cum flos succisus aratro Languescit
moriens lassove papavera collo Demisere caput, pluvia cum forte gravantur*». «Il tono
elegiaco...», che già avevano le due similitudini in Virgilio, guadagna nell'Ariosto,
col passaggio dal pittoresco dei primi versi all'accorata semplicità narrativa degli
altri quattro» (Nardi). – 7. *con lui*: con sé.

154. – 1. *ingegno*: congegno. – 3. *sostegno*: argine. – 4. *cascano*: precipitano giù
a cascata. – 6. *mentre*: finché. – 8. *che*: dipende da *or* (v. 7).

155. – 4. *va... presso*: si uguaglia in valore. – 6. *caldo*: desideroso; cfr. PULCI,
Morg., XIV, 37, 8; BOIARDO, *Innam.*, II, XXI, 39, 3.

Carlo fa il suo dover, lo fa Oliviero,
Turpino e Guido e Salamone e Ugiero.

156.   I Mori fur quel giorno in gran periglio
         che 'n Pagania non ne tornasse testa;
         ma 'l saggio re di Spagna dà di piglio,
         e se ne va con quel che in man gli resta.
         Restar in danno tien miglior consiglio,
         che tutti i denar perdere e la vesta:
         meglio è ritrarsi e salvar qualche schiera,
         che, stando, esser cagion che 'l tutto pèra.

157.   Verso gli alloggiamenti i segni invia,
         ch'eron serrati d'argine e di fossa,
         con Stordilan, col re d'Andologia,
         col Portughese in una squadra grossa.
         Manda a pregar il re di Barbaria,
         che si cerchi ritrar meglio che possa;
         e se quel giorno la persona e 'l loco
         potrà salvar, non avrà fatto poco.

158.   Quel re che si tenea spacciato al tutto,
         né mai credea più riveder Biserta,
         che con viso sì orribile e sì brutto
         unquanco non avea Fortuna esperta,
         s'allegrò che Marsilio avea ridutto
         parte del campo in sicurezza certa:

156. – 2. *Pagania*: per estensione si dice di tutti i paesi abitati da non-cristiani; *testa*: uno solo. – 3. *re di Spagna*: Marsilio. – 3-4. *dà di piglio... resta*: prende, raccoglie quel che gli resta dell'esercito e si ritira (la spiegazione, data dal Papini, di «piglia su e se ne va», contrasta con l'uso dell'Ariosto; cfr. II, 14, 8; XX, 13, 6; XXVII, 89, 1; ecc.). – 5-6. *Restar... vesta*: gli sembra partito più savio lasciare il gioco, sia pure in perdita, piuttosto che restare e, magari, perdere, oltre i denari, anche i vestiti. L'immagine è presa dal linguaggio dei giocatori.
157. – 1. *i segni*: le bandiere, dietro cui seguivano le diverse schiere. – 2. *ch'eron*: i quali alloggiamenti erano. – 3. *Stordilan*: re di Granata; cfr. XIV, 13, 1-3; *re d'Andologia*: Madarasso; cfr. ivi, 12, 5-8. – 4. *Portughese*: Tesira, re di Lisbona; cfr. ivi, 13, 1-3. – 5. *il re di Barbaria*: Agramante, che con le sue truppe era schierato più sotto a Parigi. – 7. *'l loco*: gli alloggiamenti; oppure: il territorio occupato.
158. – 1. *Quel re*: Agramante; *spacciato al tutto*: cfr. *Innam.*, III, III, 47, 6: «E per spazzato al tutto se è già messo». – 2. *Biserta*: la capitale del suo regno. – 4. *unquanco*: mai fino a quel momento; *esperta*: sperimentata. – 6. *in sicurezza certa*: in luogo certamente sicuro.

et a ritrarsi cominciò, e a dar volta
alle bandiere, e fe' sonar raccolta.

159.   Ma la più parte de la gente rotta
né tromba né tambur né segno ascolta:
tanta fu la viltà, tanta la dotta,
ch'in Senna se ne vide affogar molta.
Il re Agramante vuol ridur la frotta:
seco ha Sobrino, e van scorrendo in volta;
e con lor s'affatica ogni buon duca,
che nei ripari il campo si riduca.

160.   Ma né il re, né Sobrin, né duca alcuno
con prieghi, con minaccie, con affanno
ritrar può il terzo, non ch'io dica ognuno,
dove l'insegne mal seguite vanno.
Morti o fuggiti ne son dua, per uno
che ne rimane, e quel non senza danno:
ferito è chi di dietro e chi davanti;
ma travagliati e lassi tutti quanti.

161.   E con gran tema fin dentro alle porte
dei forti allogiamenti ebbon la caccia:
et era lor quel luogo anco mal forte,
con ogni proveder che vi si faccia
(che ben pigliar nel crin la buona sorte
Carlo sapea, quando volgea la faccia),

---

159. – 1-2. *Ma la più parte... ascolta*: cfr. STAZIO, *Theb.*, VIII, 153-55: «*Sponte agmina retro Non expectato revocantum more tubarum Praecipitant*». – 3. *dotta*: paura (cfr. il verbo «dottare», l'antico franc. *doute* e DANTE, *Inf.*, XXXI, 110). – 5. *ridur la frotta*: ricondurre le truppe disordinate entro gli accampamenti. – 6. *scorrendo in volta*: correndo qua e là attorno alle truppe. – 8. *campo*: esercito.
160. – 3. *il terzo*: la terza parte dell'esercito. – 6. *non senza danno*: non illeso.
161. – 1. *con gran tema*: con grande paura. La descrizione dell'esito della battaglia, della fuga disordinata e dell'assedio segue modelli classici da Omero a Stazio. – 3. *mal forte*: poco sicuro, non sufficientemente fortificato. – 4. *con ogni... faccia*: malgrado tutti i provvedimenti che si sono presi e si prendono per rafforzarlo. – 5. *pigliar nel crin*: afferrare la Fortuna per i capelli, poiché secondo il proverbio latino, essa «*Fronte capillata est, sed post occasio calva*» (CATONE, *Distich.*, II, 62); si può vedere, in proposito, l'Epigramma XII di AUSONIO: *In simulacrum Occasionis et Paenitentiae* (che derivava a sua volta da un epigramma greco di POSIDIPPO) e la parafrasi che ne ha fatto MACHIAVELLI nel Capitolo *Dell'occasione*, in *Opere* IV, *Scritti letterari*, a c. di L. BLASUCCI, Torino, Utet, 1989, pp. 354-55. Cfr.,

se non venìa la notte tenebrosa,
che staccò il fatto, et acquetò ogni cosa;

162.   dal Creator accelerata forse,
che de la sua fattura ebbe pietade.
Ondeggiò il sangue per campagna, e corse
come un gran fiume, e dilagò le strade.
Ottanta mila corpi numerorse,
che fur quel dì messi per fil di spade.
Villani e lupi uscîr poi de le grotte
a dispogliargli e a devorar la notte.

163.   Carlo non torna più dentro alla terra,
ma contra gli nimici fuor s'accampa,
et in assedio le lor tende serra,
et alti e spessi fuochi intorno avampa.
Il pagan si provede, e cava terra,
fossi e ripari e bastïoni stampa;
va rivedendo, e tien le guardie deste,
né tutta notte mai l'arme si sveste.

164.   Tutta la notte per gli alloggiamenti
dei malsicuri Saracini oppressi
si versan pianti, gemiti e lamenti,
ma quanto più si può, cheti e soppressi.
Altri, perché gli amici hanno e i parenti
lasciati morti, et altri per se stessi,
che son feriti, e con disagio stanno:
ma più è la tema del futuro danno.

di A. la *Sat.* VI, 182-83: «l'Occasion fuggì sdegnata Poi che mi porge il crin ed io
nol prendo»; la conclusione dell'*Erbolato*, in *Opere* III, *Carmina, Rime ecc.*, a c. di
M. SANTORO, Torino, Utet, 1989, p. 463, e qui nel poema XXX, 35, 6; XXXVIII, 47,
8. – 8. *staccò il fatto*: interruppe il fatto d'armi.
  162. – 1. *accelerata forse*: come avviene, per intervento di Giove, nella *Theb.* di
Stazio (X, 1-4). – 2. *fattura*: anche i Mori sono creature di Dio; cfr. DANTE, *Purg.*,
XVII, 102. – 4. *dilagò*: allagò; cfr. STAZIO, *loc. cit.*, 5: «*panditur immenso deformis
sanguine campus*». – 5. *numerorse*: si numerarono. – 8. *dispogliargli... devorar*: i
villani a derubarli, i lupi a divorarli.
  163. – 1. *terra*: Parigi. – 4. *avampa*: fa accendere. – 5. *cava terra*: scava trincee;
per la scena di quest'ottava, cfr. OMERO, *Il.*, VIII, 509-10; 554 e 560-63; STAZIO, *loc.
cit.*, 15-16, 40-44; VIRGILIO, *Aen.*, IX, 166-171. – 6. *stampa*: forma, costruisce in gran
fretta e in gran numero; le stesse rime *accampa:stampa:avvampa* erano in DANTE,
Purg., VIII, 80-84. – 7. *rivedendo*: ispezionando (l'ordinamento dei soldati, le fortificazioni, i posti di guardia, ecc.).
  164. – 2. *oppressi*: vinti, assediati. – 4. *soppressi*: sommessi, soffocati. – 8. *ma...
danno*: cfr. PETRARCA, *Tr. Mor.*, II, 48: «e più la tema dell'eterno danno».

165.   Duo Mori ivi fra gli altri si trovaro,
        d'oscura stirpe nati in Tolomitta;
        de' quai l'istoria, per esempio raro
        di vero amore, è degna esser descritta.
        Cloridano e Medor si nominaro,
        ch'alla fortuna prospera e alla afflitta
        aveano sempre amato Dardinello,
        et or passato in Francia il mar con quello.

166.   Cloridan, cacciator tutta sua vita,
        di robusta persona era et isnella:
        Medoro avea la guancia colorita
        e bianca e grata ne la età novella;
        e fra la gente a quella impresa uscita
        non era faccia più gioconda e bella:
        occhi avea neri, e chioma crespa d'oro:
        angel parea di quei del sommo coro.

167.   Erano questi duo sopra i ripari
        con molti altri a guardar gli alloggiamenti,
        quando la Notte fra distanzie pari

165. – 1. *Duo Mori ecc.*: l'infittirsi, nell'episodio precedente della fuga e del-l'assedio, di motivi derivati dai poeti epici classici, rende agevole il passaggio dallo sfondo romanzo della lotta dei Cristiani e dei Mori (a cui si erano intrecciati non pochi motivi epici, come l'impresa di Rodomonte e l'uccisione di Dardinello, e ch'era stato interrotto da motivi fiabeschi) all'episodio che segue, di Cloridano e Medoro. Esso ha una genesi tutta umanistica e si presenta come «variazione e ricamo intorno a un celebre tema letterario» (Sapegno), addensando attorno a sé l'atmosfera classica dell'epicità eroica, della pateticità diffusa, della comicità lieta. Le fonti dell'episodio sono ben note (cfr. P. RAJNA, *Le fonti dell'«Orlando Furioso»* cit., pp. 252 segg.) e sono, per l'impianto generale e per molti particolari, l'episodio di Eurialo e Niso nel lib. IX dell'*Aen.* di Virgilio; per certi altri particolari (lo scopo dell'impresa, la preghiera alla luna), l'episodio di Opleo e Dimante nel lib. X della *Theb.* di Stazio. Un'analisi dell'episodio, dei suoi precedenti e dei suoi emuli, in M. C. CABANI, *Gli amici amanti. Coppie eroiche e sortite notturne nell'epica italiana*, Napoli, Liguori, 1995. – 2. *Tolomitta*: Tolmetta, l'antica Ptolemaide, sulla costa della Cirenaica. – 6. *afflitta*: avversa (lat.).

166. – 1. *Cloridan*: corrisponde a Niso: «*acerrimus armis... quem miserat Ida Venatrix iaculo celerem levibusque sagittis*» (*Aen.*, IX, 176-178). – 2. *isnella*: veloce e agile (ant. franc. *isnel*); cfr. XI, 8, 3. – 3. *Medoro*: corrisponde a Eurialo: «*quo pulchrior alter Non fuit Aeneadum Troiana neque induit arma, Ora puer prima signans intonsa iuventa*» (*Aen.*, IX, 179-181). – 4. *età novella*: età giovanile (cfr. DANTE, *Inf.*, XXXIII, 88). – 6. *gioconda*: piacente. – 7. *occhi... oro*: il giovinetto africano è descritto in un musicalissimo verso che sintetizza gli ideali stilizzati della tradizione canterina e cavalleresca; nel Boiardo, Amore è presentato come un «giovanetto» che «Ne gli occhi è bruno, e biondo nella testa» (*Innam.*, II, XV, 44, 6) e anche Angelica «voleva ad ogni modo un biondo» (ivi, I, II, 11, 2). – 8. *sommo coro*: dei serafini; cfr. VII, 9, 8.

167. – 2. *guardar*: far da guardia a. – 3. *fra distanzie pari*: a metà del suo

mirava il ciel con gli occhi sonnolenti.
Medoro quivi in tutti i suoi parlari
non può far che 'l signor suo non rammenti,
Dardinello d'Almonte, e che non piagna
che resti senza onor ne la campagna.

168.   Volto al compagno, disse: – O Cloridano,
io non ti posso dir quanto m'incresca
del mio signor, che sia rimaso al piano,
per lupi e corbi, ohimè! troppo degna esca.
Pensando come sempre mi fu umano,
mi par che quando ancor questa anima esca
in onor di sua fama, io non compensi
né sciolga verso lui gli oblighi immensi.

169.   Io voglio andar, perché non stia insepulto
in mezzo alla campagna, a ritrovarlo:
e forse Dio vorrà ch'io vada occulto
là dove tace il campo del re Carlo.
Tu rimarrai; che quando in ciel sia sculto
ch'io vi debba morir, potrai narrarlo;
che se Fortuna vieta sì bell'opra,
per fama almeno il mio buon cor si scuopra. –

170.   Stupisce Cloridan, che tanto core,
tanto amor, tanta fede abbia un fanciullo:
e cerca assai, perché gli porta amore,
di fargli quel pensiero irrito e nullo;

percorso, a uguale distanza dall'oriente e dall'occidente, a mezzanotte. – 4. *sonnolenti*: attributo che ravviva la personificazione della notte e dà rilievo, per contrasto, alla veglia delle sentinelle. Cfr. VIRGILIO, *Aen.*, V, 721: «*Nox atra polum bigis subvecta tenebat*». – 5. *parlari*: discorsi. – 8. *senza onor*: senza onori funebri.
168. – 1. *O Cloridano ecc.*: cfr. VIRGILIO, *Aen.*, IX, 485-86; STAZIO, *Theb.*, X, 351-53. – 4. *troppo degna esca*: troppo nobile cibo. – 6. *quando... esca*: anche se io muoia.
169. – 4. *tace*: dorme; cfr. XVIII, 72, 5. – 5. *Tu rimarrai ecc.*: cfr. quel che dice Niso a Eurialo in VIRGILIO, *Aen.*, IX, 211-215: «*Si quis in adversum rapiat casusve deusve, Tè superesse velim, tua vita dignior aetas. Sit qui me raptum pugna pretiove redemptum Mandet humo solita, aut, si qua id Fortuna vetabit, Absenti ferat inferias decoretque sepulchro*»; *sculto*: scolpito, decretato. – 8. *si scuopra*: sia conosciuto.
170. – 1. *Stupisce Cloridan*: cfr. VIRGILIO, *loc. cit.*, 197-198: «*Obstipuit magno laudum percussus amore Euryalus*»; *core*: coraggio. – 4. *irrito*: vano, senza effetto. È

ma non gli val, perch'un sì gran dolore
non riceve conforto né trastullo.
Medoro era disposto o di morire,
o nella tomba il suo signor coprire.

171.   Veduto che nol piega e che nol muove,
Cloridan gli risponde: – E verrò anch'io,
anch'io vuo' pormi a sì lodevol pruove,
anch'io famosa morte amo e disio.
Qual cosa sarà mai che più mi giove,
s'io resto senza te, Medoro mio?
Morir teco con l'arme è meglio molto,
che poi di duol, s'avvien che mi sii tolto. –

172.   Così disposti, messero in quel loco
le successive guardie, e se ne vanno.
Lascian fosse e steccati, e dopo poco
tra' nostri son, che senza cura stanno.
Il campo dorme, e tutto è spento il fuoco,
perché dei Saracin poca tema hanno.
Tra l'arme e' carrïaggi stan roversi,
nel vin, nel sonno insino agli occhi immersi.

173.   Fermossi alquanto Cloridano, e disse:
– Non son mai da lasciar l'occasïoni.
Di questo stuol che 'l mio signor trafisse,
non debbo far, Medoro, occisïoni?
Tu, perché sopra alcun non ci venisse,

---

uno dei latinismi che nobilitano e impreziosiscono quest'episodio. – 6. *trastullo*: distrazione, sollievo.

171. – 3-4. *anch'io... disio*: cfr. VIRGILIO, *loc. cit.*, 205-206. – 4. *famosa*: apportatrice di fama. – 5-8. *Qual cosa... tolto*: cfr. ORAZIO, *Carm.*, II, XVIII, 5-9 (Segre).

172. – 1. *Così disposti*: con tale risoluzione in mente. Cfr. per questa situazione VIRGILIO, *loc. cit.*, 221-23: «*Vigiles simul excitat. Illi Succedunt servantque vices: statione relicta Ipse comes Niso graditur regemque requirunt*». – 2. *successive*: che dovevano succederli. – 4. *nostri*: i Cristiani. – 7. *roversi*: riversi; cfr., per i vv. 2-8, VIRGILIO, *loc. cit.*, 314-319: «*Egressi superant fossas noctisque per umbram Castra inimica petunt, multis tamen ante futuri Exitio. Passim somno vinoque per herbam corpora fusa vident, arrectos litore currus, Inter lora rotasque viros, simul arma iacere, Vina simul*»; e per il v. 8, cfr. l'espressione virgiliana: «*somno vinoque soluti*» (*loc. cit.*, 189 e 236).

173. – 2. *Non son... l'occasïoni*: cfr. 161, 5-6. – 5. *Tu, perché ecc.*: cfr. VIRGILIO, *loc. cit.*, 321-323: «*Tu, ne qua manus se attollere nobis A tergo possit, custodi et consule longe; Haec ego vasta dabo et lato te limite ducam*».

gli occhi e l'orecchi in ogni parte poni;
ch'io m'offerisco farti con la spada
tra gli nimici spazïosa strada. –

174.   Così disse egli, e tosto il parlar tenne,
         et entrò dove il dotto Alfeo dormia,
         che l'anno inanzi in corte a Carlo venne,
         medico e mago e pien d'astrologia:
         ma poco a questa volta gli sovenne;
         anzi gli disse in tutto la bugia.
         Predetto egli s'avea, che d'anni pieno
         dovea morire alla sua moglie in seno:

175.   et or gli ha messo il cauto Saracino
         la punta de la spada ne la gola.
         Quattro altri uccide appresso all'indovino,
         che non han tempo a dire una parola:
         menzion dei nomi lor non fa Turpino,
         e 'l lungo andar le lor notizie invola:
         dopo essi Palidon da Moncalieri,
         che sicuro dormia fra duo destrieri.

176.   Poi se ne vien dove col capo giace
         appoggiato al barile il miser Grillo:
         avealo vòto, e avea creduto in pace
         godersi un sonno placido e tranquillo.
         Troncògli il capo il Saracino audace:
         esce col sangue il vin per uno spillo,
         di che n'ha in corpo più d'una bigoncia;
         e di ber sogna, e Cloridan lo sconcia.

174. – 1. *tenne*: trattenne; cfr. VIRGILIO, *loc. cit.*, 324; «*vocemque premit*». – 2. *il dotto Alfeo*: ricorda il Ramnete di VIRGILIO (*loc. cit.*, 324-327). Alcuni commentatori lo vorrebbero identificare con Pietro da Pisa (in lat. Pisa è detta *Alphea*), che visse alla corte carolingia. Altri si sono sforzati, e forse più a ragione, di ravvisarvi un qualche cortigiano estense, come ad es. l'astrologo Luca Gaurico; cfr. CATALANO, *Vita*, I, p. 188. – 5. *gli sovenne*: gli giovò (soggetto: l'astrologia).
175. – 1. *cauto*: astuto (lat.). – 5. *Turpino*: cfr. XIII, 40, 2.
176. – 6. *spillo*: il foro prodotto dalla spada è detto, con evidente gioco di parole, *spillo*, che propriamente è il foro fatto nelle botti per spillarne il vino; cfr. VIRGILIO, *loc. cit.*, 349-350: «*Purpuream vomit ille animam et cum sanguine mixta Vina refert moriens*». – 8. *lo sconcia*: lo concia male, lo uccide. Le rime *sconcia:bigoncia* erano già in DANTE, *Par.*, IX, 53-55.

177. E presso a Grillo, un Greco et un Tedesco
      spenge in dui colpi, Andropono e Conrado,
      che de la notte avean goduto al fresco
      gran parte, or con la tazza, ora col dado:
      felici, se vegghiar sapeano a desco
      fin che de l'Indo il sol passassi il guado.
      Ma non potria negli uomini il destino,
      se del futuro ognun fosse indovino.

178. Come impasto leone in stalla piena,
      che lunga fame abbia smacrato e asciutto,
      uccide, scanna, mangia, a strazio mena
      l'infermo gregge in sua balìa condutto;
      così il crudel pagan nel sonno svena
      la nostra gente, e fa macel per tutto.
      La spada di Medoro anco non ebe;
      ma si sdegna ferir l'ignobil plebe.

179. Venuto era ove il duca di Labretto
      con una dama sua dormia abbracciato;
      e l'un con l'altro si tenea sì stretto,
      che non saria tra lor l'aere entrato.
      Medoro ad ambi taglia il capo netto.
      Oh felice morire! oh dolce fato!

177. – 2. *Andropono*: è evidentemente un personaggio diverso dal sacerdote di cui si parla a XIV, 124, 1-2; e, se è lo stesso, allora si tratta probabilmente di uno scherzo privato dell'Ariosto ai danni di un cortigiano estense, amico di Moschino; cfr. XIV, 124, 3-8. – 5. *felici, se ecc.*: cfr. VIRGILIO, *loc. cit.*, 335-338. – 6. *fin... guado*: fino all'alba, quando il sole avrebbe passato a guado il fiume Indo, che è l'estremo limite orientale (la stessa funzione ha il Gange in DANTE, *Par.*, XI, 51 e, nell'ARIOSTO, *Fur.*, XIX, 106, 2). – 7. *non potria negli uomini*: non avrebbe alcuna influenza sugli uomini.

178. – 1. *Come impasto leone ecc.*: come leone digiuno; cfr. VIRGILIO, *loc. cit.*, 339-341: «*Impastus ceu plena leo per ovilia turbans — Suadet enim vesana fames — manditque trahitque Molle pecus mutumque metu, fremit ore cruento*»; BOCCACCIO, *Dec.*, IV, 4, 24: «non altramenti che un leon famelico nell'armento de' giovenchi venuto or questo or quello svenando prima co' denti e con l'unghie la sua ira sazia che la fame, con una spada in mano or questo or quel tagliando de' saracini crudelmente molti n'uccise Gerbino». – 2. *asciutto*: ridotto pelle e ossa. – 3. *a strazio mena*: strazia. – 4. *infermo*: debole (lat.). – 7. *non ebe*: non è spuntata; cioè, è operosa (lat. *hebet*).

179. – 1. *duca di Labretto*: non identificato. – 4. *non saria... entrato*: cfr. BOIARDO, *Innam.*, I, XIX, 61, 1-2: «Stavan sì stretti quei duo amanti insieme, Che l'aria non potrebbe tra lor gire». – 6. *Oh felice morire ecc.*: cfr. BOCCACCIO, *Decam.*, IV, VII, 19.

che come erano i corpi, ho così fede
ch'andâr l'alme abbracciate alla lor sede.

180. Malindo uccise e Ardalico il fratello,
che del conte di Fiandra erano figli;
e l'uno e l'altro cavallier novello
fatto avea Carlo, e aggiunto all'arme i gigli,
perché il giorno amendui d'ostil macello
con gli stocchi tornar vide vermigli:
e terre in Frisa avea promesso loro,
e date avria; ma lo vietò Medoro.

181. Gl'insidïosi ferri eran vicini
ai padiglioni che tiraro in volta
al padiglion di Carlo i paladini,
facendo ognun la guardia la sua volta;
quando da l'empia strage i Saracini
trasson le spade, e diero a tempo volta;
ch'impossibil lor par, tra sì gran torma,
che non s'abbia a trovar un che non dorma.

182. E ben che possan gir di preda carchi,
salvin pur sé, che fanno assai guadagno.
Ove più creda aver sicuri i varchi
va Cloridano, e dietro ha il suo compagno.
Vengon nel campo, ove fra spade et archi
e scudi e lance in un vermiglio stagno
giaccion poveri e ricchi, e re e vassalli,
e sozzopra con gli uomini i cavalli.

---

180. – 2. *conte di Fiandra*: conte del Belgio, non identificato. – 4. *aggiunto...
gigli*: insegna reale di Francia; si concedeva molto raramente a un cavaliere, per
particolari meriti di valore, di aggiungere i gigli alla propria insegna. – 5. *ostil
macello*: sangue nemico. – 7. *Frisa*: Frisia; cfr. IX, 25, 3.

181. – 1. *ferri*: spade. – 2. *tiraro in volta*: avevano innalzato attorno. – 4. *la sua
volta*: a turno. – 6. *trasson*: ritirarono; *diero... volta*: si allontanarono, prendendo un
diverso cammino.

182. – 1-2. *E ben che ecc.*: e quantunque potrebbero fare grande bottino, prov-
vedano piuttosto a salvare la loro vita, che sarà già grande guadagno. Cfr. VIRGI-
LIO, *loc. cit.*, 357-58: «*Multa virum solido argento perfecta relinquunt Armaque crate-
rasque simul pulchrosque tapetas*». – 3. *creda*: cong. consecutivo, alla latina; *i varchi*:
il passaggio. – 6. *vermiglio stagno*: lago di sangue; cfr. XVI, 75, 6. – 8. *sozzopra*:
sottosopra.

183.   Quivi dei corpi l'orrida mistura,
         che piena avea la gran campagna intorno,
         potea far vaneggiar la fedel cura
         dei duo compagni insino al far del giorno,
         se non traea fuor d'una nube oscura,
         a' prieghi di Medor, la Luna il corno.
         Medoro in ciel divotamente fisse
         verso la Luna gli occhi, e così disse:

184.   – O santa dea, che dagli antiqui nostri
         debitamente sei detta triforme;
         ch'in cielo, in terra e ne l'inferno mostri
         l'alta bellezza tua sotto più forme,
         e ne le selve, di fere e di mostri
         vai cacciatrice seguitando l'orme;
         mostrami ove 'l mio re giaccia fra tanti,
         che vivendo imitò tuoi studi santi. –

185.   La Luna a quel pregar la nube aperse
         (o fosse caso o pur la tanta fede),
         bella come fu allor ch'ella s'offerse,
         e nuda in braccio a Endimïon si diede.
         Con Parigi a quel lume si scoperse
         l'un campo e l'altro; e 'l monte e 'l pian si vede:
         si videro i duo colli di lontano,
         Martire a destra, e Lerì all'altra mano.

183. – 2. *piena*: riempita. – 3. *far vaneggiar*: rendere vana; *la fedel cura*: la
pietosa preoccupazione di voler dare onorata sepoltura a Dardinello. – 6. *corno*:
falce. – 8. *verso la Luna*: la preghiera alla luna era suggerita dai modelli classici
(VIRGILIO, *Aen.*, IX, 403-409 e soprattutto STAZIO, *Theb.*, X, 364-377) e offriva il
destro di aprire una bella parentesi elegiaca e di descrivere uno scorcio paesistico
squisitamente letterario (cfr. PETRARCA, *Tr. Mort.*, II, 40-41: «Così parlava, e gli
occhi avea al ciel fissi Devotamente»). Non c'è bisogno di giustificare tale preghiera, di un Saraceno a una dea pagana, ricordando che gli Arabi avevano una
mezzaluna nella loro bandiera.
184. – 2. *debitamente*: giustamente; *triforme*: Cinzia in cielo, Diana in terra,
Ecate nell'inferno; cfr. STAZIO, *loc. cit.*, 365-368: «*Arcanae moderatrix Cynthia noctis,
Si te tergeminis perhibent variare figuris Numen et in silvas alio descendere vultu*»;
ORAZIO, *Carm.*, III, XXII, 4; OVIDIO, *Met.*, VII, 94-95 e 177. – 3. *ch'in cielo... mostri*:
cfr. DANTE, *Inf.*, XIX, 11: «Che mostri in cielo, in terra e nel mal mondo». – 8. *tuoi
studi*: le tue occupazioni predilette, la caccia.
185. – 4. *a Endimïon*: allude al mito degli amori della Luna col pastore bellissimo Endimione; cfr. ARIOSTO, *Rime*, cap. IX, 8. – 8. *Martire*: Montmartre; *Lerì*:
Montléry; essi sono, per chi guarda sulle carte topografiche del tempo, l'uno a
destra l'altro a sinistra della città.

186.   Rifulse lo splendor molto più chiaro
       ove d'Almonte giacea morto il figlio.
       Medoro andò, piangendo, al signor caro;
       che conobbe il quartier bianco e vermiglio:
       e tutto 'l viso gli bagnò d'amaro
       pianto, che n'avea un rio sotto ogni ciglio,
       in sì dolci atti, in sì dolci lamenti,
       che potea ad ascoltar fermare i venti.

187.   Ma con sommessa voce e a pena udita;
       non che riguardi a non si far sentire,
       perch'abbia alcun pensier de la sua vita,
       più tosto l'odia, e ne vorrebbe uscire:
       ma per timor che non gli sia impedita
       l'opera pia che quivi il fe' venire.
       Fu il morto re sugli omeri sospeso
       di tramendui, tra lor partendo il peso.

188.   Vanno affrettando i passi quanto ponno,
       sotto l'amata soma che gl'ingombra.
       E già venìa chi de la luce è donno
       le stelle a tor del ciel, di terra l'ombra;
       quando Zerbino, a cui del petto il sonno
       l'alta virtude, ove è bisogno, sgombra,
       cacciato avendo tutta notte i Mori,
       al campo si traea nei primi albori.

186. – 2. *d'Almonte... il figlio*: Dardinello. – 4. *il quartier*: cfr. XVIII, 149, 2. – 5-6. *d'amaro pianto*: si noti l'«*enjambement*» che dà «ampiezza cantante» (Nardi) all'ottava elegiaca. – 6. *n'avea un rio*: «Questa iperbole, come pure quella del v. 8, ci richiama a certi modi... del linguaggio lirico elaborato della tradizione petrarchesca:... giova ad avvolgere il dolore di Medoro, liberandolo da ogni strazio e violenza di passione, in una atmosfera di arte e di nobile convenzione letteraria» (Sapegno).
187. – 1. *Ma con sommessa... udita*: ma erano lamenti emessi sottovoce. – 2. *riguardi*: badi. – 8. *tramendui*: ambedue; *partendo il peso*: cfr. STAZIO, *loc. cit.*, 378-80: «*amicum pondus uterque... Subiecta cervice levant*».
188. – 1-2. *Vanno ecc.*: cfr. PETRARCA, *Canz.*, L, 6: «raddoppia i passi, et più et più s'affretta»; CXXVIII, 75: «sgombra da te queste dannose some». Per la descrizione cfr. STAZIO, *loc. cit.*, 382-83: «*Eunt taciti per maesta silentia magnis Passibus exhaustasque dolent pallere tenebras*»; *amata soma*: è l'*amicum pondus* di STAZIO cit. a 187, 8. – *ingombra*: grava, impaccia. – 3. *donno*: signore (cfr. XII, 59, 6): il sole. – 5. *quando Zerbino ecc.*: l'incontro con Zerbino è modellato su quello di Eurialo e Niso con Volcente (VIRGILIO, *loc. cit.*, 367 e segg.) e su quello di Opleo e Dimante con Amfione (STAZIO, *loc. cit.*, 387 e segg.). – 6. *ove è bisogno*: quando sia necessario. – 8. *si traea*: si dirigeva.

189.   E seco alquanti cavallieri avea,
        che videro da lunge i dui compagni.
        Ciascuno a quella parte si traea,
        sperandovi trovar prede e guadagni.
        – Frate, bisogna – Cloridan dicea
        – gittar la soma, e dare opra ai calcagni;
        che sarebbe pensier non troppo accorto,
        perder duo vivi per salvare un morto. –

190.   E gittò il carco, perché si pensava
        che 'l suo Medoro il simil far dovesse:
        ma quel meschin, che 'l suo signor più amava,
        sopra le spalle sue tutto lo resse.
        L'altro con molta fretta se n'andava,
        come l'amico a paro o dietro avesse:
        se sapea di lasciarlo a quella sorte,
        mille aspettate avria, non ch'una morte.

191.   Quei cavallier, con animo disposto
        che questi a render s'abbino o a morire,
        chi qua chi là si spargono, et han tosto
        preso ogni passo onde si possa uscire.
        Da loro il capitan poco discosto,
        più degli altri è sollicito a seguire;
        ch'in tal guisa vedendoli temere,
        certo è che sian de le nimiche schiere.

192.   Era a quel tempo ivi una selva antica,
        d'ombrose piante spessa e di virgulti,
        che, come labirinto, entro s'intrica

---

189. – 2. *che videro... compagni*: cfr. VIRGILIO, *loc. cit.*, 371-72: «*Iamque* [i cavalieri di Volcente] *propinquabant castris murosque subibant, Cum procul hos laevo
flectentis limite cernunt*». – 3. *si traea*: accorreva. – 6. *dare... calcagni*: fuggire. Buon
senso borghese, prudenza, conoscenza della vita contrapposti alle identità cavalleresche.
190. – 6. *a paro o dietro*: a fianco o alle spalle.
191. – 1. *disposto*: risoluto. – 2. *render*: arrendersi. – 3-4. *chi qua... uscire*: cfr.
VIRGILIO, *loc. cit.*, 379-80: «*Obiciunt equites sese ad divortia nota Hinc atque hinc
omnemque abitum custode coronant*». – 3. *preso*: occupato. – 6. *seguire*: inseguire.
192. – 1. *una selva antica*: cfr. VIRGILIO, *Aen.*, IX, 381-383: «*Silva fuit late dumis
atque ilice nigra Horrida, quam densi complerant undique sentes; Rara per occultos*

di stretti calli e sol da bestie culti.
Speran d'averla i duo pagan sì amica,
ch'abbi a tenerli entro a' suoi rami occulti.
Ma chi del canto mio piglia diletto,
un'altra volta ad ascoltarlo aspetto.

ducebat semita calles». − 4. *culti*: abitati (lat.). − 7-8. *canto... ascoltarlo*: cfr. V, 92, 8.

CANTO DECIMONONO

Esordio: nelle avversità si rivelano i veri amici. Malgrado l'intervento pietoso di Zerbino, Medoro è ferito. Cloridano si getta contro i nemici in difesa dell'amico e muore. Sopraggiunge Angelica che cura e guarisce Medoro e si innamora di lui. I due vivono in una capanna di pastore e ivi si sposano. Poi partono per l'Oriente. Sulla costa orientale della Spagna incontrano un pazzo che tenta di assalirli. Giungono a Barcellona, ove sostano in attesa di una nave che li porti in Oriente. Frattanto Marfisa, Astolfo, Sansonetto, Grifone e Aquilante sono sospinti dalla tempesta ad Alessandria, la città delle femmine omicide che, per antica legge, uccidono o fanno schiavi tutti i cavalieri che giungono nella loro terra. I cavalieri traggono a sorte chi debba assumersi l'impresa di combattere contro dieci uomini armati che difendono la città. Marfisa, a cui tocca l'impresa, ne abbatte nove; ma il decimo le tiene testa fino alla sospensione del duello, al calar della notte. Sorpresa dei Cristiani quando il guerriero si toglie l'elmo e appare essere un giovinetto di diciotto anni. Sua sorpresa quando sa che il suo avversario era una donna.

I.
    Alcun non può saper da chi sia amato,
    quando felice in su la ruota siede;
    però c'ha i veri e i finti amici a lato,
    che mostran tutti una medesma fede.
    Se poi si cangia in tristo il lieto stato,
    volta la turba adulatrice il piede;
    e quel che di cor ama riman forte,
    et ama il suo signor dopo la morte.

1. − 2. *in su... siede*: sta sulla sommità della ruota della Fortuna (cfr. VIII, 50, 7-8), al colmo della felicità. − 4. *fede*: fedeltà. Su questo concetto sono intessuti molti proverbi, sul tipo del latino: «*Tempore felici numerantur amici; Si fortuna perit, nullus amicus erit*»; e cfr. OVIDIO, *Tristia*, I, 9; CIECO, *Mambriano*, III, 8, 1-8. − 7. *di cor*: cordialmente, sinceramente; *forte*: saldamente attaccato all'amico.

2. Se, come il viso, si mostrasse il core,
tal ne la corte è grande e gli altri preme,
e tal è in poca grazia al suo signore,
che la lor sorte muteriano insieme.
Questo umil diverria tosto il maggiore:
staria quel grande infra le turbe estreme.
Ma torniamo a Medor fedele e grato,
che 'n vita e in morte ha il suo signore amato.

3. Cercando gìa nel più intricato calle
il giovine infelice di salvarsi;
ma il grave peso ch'avea su le spalle,
gli facea uscir tutti i partiti scarsi.
Non conosce il paese, e la via falle,
e torna fra le spine a invilupparsi.
Lungi da lui tratto al sicuro s'era
l'altro, ch'avea la spalla più leggiera.

4. Cloridan s'è ridutto ove non sente
di chi segue lo strepito e il rumore:
ma quando da Medor si vede absente,
gli pare aver lasciato a dietro il core.
– Deh, come fui – dicea – sì negligente,
deh, come fui sì di me stesso fuore,
che senza te, Medor, qui mi ritrassi,
né sappia quando o dove io ti lasciassi! –

5. Così dicendo, ne la torta via
de l'intricata selva si ricaccia;
et onde era venuto si ravvia,
e torna di sua morte in su la traccia.
Ode i cavalli e i gridi tuttavia,

---

2. – 2. *preme*: umilia, opprime superbamente. – 4. *che... insieme*: accadrebbe che si scambierebbero la loro sorte. – 6. *infra le turbe estreme*: fra la folla più umile dei cortigiani.

3. – 1. *Cercando... calle*: cfr. VIRGILIO, *Aen.*, IX, 391-92: «*perplexum iter omne revolvens Fallacis silvae*». – 4. *uscir... scarsi*: riuscire vani tutti i tentativi di salvarsi; cfr. PULCI, *Morg.*, X, 128, 4; XII, 55, 5; XXVII, 240, 8; ecc. – 5. *falle*: sbaglia (lat.).

4. – 1-2. *non sente... rumore*: cfr. VIRGILIO, *loc. cit.*, 394: «*Audit equos, audit strepitus et signa sequentum*»; *chi segue*: i Cristiani inseguitori. – 3. *absente*: lontano (lat. suggerito da VIRGILIO, *loc. cit.*, 389-90). – 5. *negligente*: dimentico. «*Negligens* usavano talora i latini parlando appunto d'amicizia» (Martini).

5. – 1. *torta*: tortuosa, per i vv. 1-6 cfr. VIRGILIO, *loc. cit.*, 390-394. – 5. *tuttavia*: nuovamente.

e la nimica voce che minaccia:
all'ultimo ode il suo Medoro, e vede
che tra molti a cavallo è solo a piede.

6. Cento a cavallo, e gli son tutti intorno:
Zerbin commanda e grida che sia preso.
L'infelice s'aggira com'un torno,
e quanto può si tien da lor difeso,
or dietro quercia, or olmo, or faggio, or orno,
né si discosta mai dal caro peso.
L'ha riposato al fin su l'erba, quando
regger nol puote, e gli va intorno errando:

7. come orsa, che l'alpestre cacciatore
ne la pietrosa tana assalita abbia,
sta sopra i figli con incerto core,
e freme in suono di pietà e di rabbia;
ira la 'nvita a natural furore
a spiegar l'ugne e a insanguinar le labbia;
amor la 'ntenerisce, e la ritira
a riguardare ai figli in mezzo l'ira.

8. Cloridan, che non sa come l'aiuti,
e ch'esser vuole a morir seco ancora,
ma non ch'in morte prima il viver muti,
che via non truovi ove più d'un ne mora;
mette su l'arco un de' suoi strali acuti,
e nascoso con quel sì ben lavora,
che fora ad uno Scotto le cervella,
e senza vita il fa cader di sella.

---

6. – 3. *torno*: tornio. – 7. *riposato*: adagiato. Cfr. STAZIO, *Theb.*, X, 409-10: «*ponit miserabile corpus Ante pedes*».

7. – 1. *come orsa ecc.*: cfr. STAZIO, *loc. cit.*, 413-419: «*Ut lea, quam saevo fetam pressere cubili Venantes Numidae, natos erecta superstat, Mente sui incerta, torvum ac miserabile frendens; Illa quidem turbare globos et frangere morsu Tela queat, sed prolis amor crudelia vincit Pectora, et a media catulos circumspicit ira*». – 3. *con incerto core*: dubbiosa fra l'ira contro i nemici e la tenerezza per i figli. – 5. *natural furore*: ferocia istintiva. – 6. *insanguinar le labbia*: cfr. XVIII, 15, 3.

8. – 3-4. *ma non... mora*: ma non vuole essere ucciso prima di avere a sua volta ucciso parecchi nemici. – 7. *Scotto*: Scozzese; *cervella*: cfr. VIRGILIO, *loc. cit.*, 418-19: «*hasta... traiecto... haesit tepefacta cerebro*».

9.   Volgonsi tutti gli altri a quella banda
       ond'era uscito il calamo omicida.
       Intanto un altro il Saracin ne manda,
       perché 'l secondo a lato al primo uccida;
       che mentre in fretta a questo e a quel domanda
       chi tirato abbia l'arco, e forte grida,
       lo strale arriva e gli passa la gola,
       e gli taglia pel mezzo la parola.

10.   Or Zerbin, ch'era il capitano loro,
       non poté a questo aver più pazïenza.
       Con ira e con furor venne a Medoro,
       dicendo: – Ne farai tu penitenza. –
       Stese la mano in quella chioma d'oro,
       e strascinollo a sé con vïolenza:
       ma come gli occhi a quel bel volto mise,
       gli ne venne pietade, e non l'uccise.

11.   Il giovinetto si rivolse a' prieghi,
       e disse: – Cavallier, per lo tuo Dio,
       non esser sì crudel, che tu mi nieghi
       ch'io sepelisca il corpo del re mio.
       Non vo' ch'altra pietà per me ti pieghi,
       né pensi che di vita abbi disio:
       ho tanta di mia vita, e non più, cura,
       quanta ch'al mio signor dia sepultura.

12.   E se pur pascer vòi fiere et augelli,
       che 'n te il furor sia del teban Creonte,
       fa lor convito di miei membri, e quelli

9. – 1. *Volgonsi... altri:* cfr. VIRGILIO, *loc. cit.,* 416: «*Diversi circumspiciunt*». –
2. *calamo:* freccia (lat.). – 5. *domanda:* soggetto è il *secondo* (v. 4).
    10. – 1. *Zerbin ecc.:* nello stesso modo reagisce Volcente in VIRGILIO, *loc. cit.,*
420-23: «*Saevit atrox Volcens nec teli conspicit usquam Auctorem nec quo se ardens
immittere possit. 'Tu tamen interea calido mihi sanguine poenas Persolves amborum'
inquit*». – 2. *a questo:* a tal vista. – 5. *chioma d'oro:* cfr. STAZIO, *loc. cit.,* 421-22:
«*pueri... trahuntur Ora supina comis*».
    11. – 1. *si rivolse a' prieghi:* fece ricorso alle preghiere. – 2. *e disse ecc.:* simile la
preghiera di Dimante in STAZIO, *loc. cit.,* 427-30: «*'angusti puero date pulveris haustus
Exiguamque facem!' rogat, en rogat ipse tacentis Voltus: 'Ego infandas potior satiare
volucres, Me praebere feris, ego bella audere coegi*'». – 8. *quanta:* quanta è necessaria
perché.
    12. – 2. *che 'n te:* per essere in te; *Creonte:* tebano, che vietò fosse sepolto il
cadavere di Polinice; cfr. XVIII, 2, 4. – 3. *fa lor convito:* dà loro in pasto.

sepelir lascia del figliuol d'Almonte. –
Così dicea Medor con modi belli,
e con parole atte a voltare un monte;
e sì commosso già Zerbino avea,
che d'amor tutto e di pietade ardea.

13. In questo mezzo un cavallier villano,
avendo al suo signor poco rispetto,
ferì con una lancia sopra mano
al supplicante il delicato petto.
Spiacque a Zerbin l'atto crudele e strano;
tanto più, che del colpo il giovinetto
vide cader si sbigottito e smorto,
che 'n tutto giudicò che fosse morto.

14. E se ne sdegnò in guisa e se ne dolse,
che disse: – Invendicato già non fia! –
e pien di mal talento si rivolse
al cavallier che fe' l'impresa ria:
ma quel prese vantaggio e se gli tolse
dinanzi in un momento, e fuggì via.
Cloridan, che Medor vede per terra,
salta del bosco a discoperta guerra.

15. E getta l'arco, e tutto pien di rabbia
tra gli nimici il ferro intorno gira,
più per morir, che per pensier ch'egli abbia
di far vendetta che pareggi l'ira.

13. – 3. *sopra mano*: cfr. X, 101, 2. – 4. *delicato petto*: in VIRGILIO, *loc. cit.*, 432, è
Volcente che con la spada «*candida pectora rumpit*». – 5. *strano*: barbaro; cfr. PE-
TRARCA, *Canz.*, CCXXXVIII, 14: «l'atto dolce e strano».
14. – 3. *mal talento*: sdegno, volontà di vendetta; cfr. BOCCACCIO, *Dec.*, IV, 9, 11,
in un passo dove compare anche l'espressione *sopra mano* di 13, 3: «e come in
quella parte il vide giunto dove voleva, fellone e pieno di mal talento, con una
lancia sopra mano gli uscì addosso gridando: 'Traditor, tu se' morto'» (Sangirardi).
Per *mal talento* cfr. anche BOIARDO, *Innam.*, I, XXV, 43, 4; II, X, 60, 3 e XVII, 32, 6.
– 5. *prese vantaggio*: lo prevenne e si allontanò in tempo. – 8. *salta... guerra*: cfr.
VIRGILIO, *loc. cit.*, 438-45: «*ruit in medios... Instat non setius ac rotat ensem Fulmineum... Tum super exanimum sese proiecit amicum Confossus placidaque ibi demum
morte quievit*».

Del proprio sangue rosseggiar la sabbia
fra tante spade, e al fin venir si mira;
e tolto che si sente ogni potere,
si lascia a canto al suo Medor cadere.

16. Seguon gli Scotti ove la guida loro
per l'alta selva alto disdegno mena,
poi che lasciato ha l'uno e l'altro Moro,
l'un morto in tutto, e l'altro vivo a pena.
Giacque gran pezzo il giovine Medoro,
spicciando il sangue da sì larga vena,
che di sua vita al fin saria venuto,
se non sopravenia chi gli diè aiuto.

17. Gli sopravenne a caso una donzella,
avolta in pastorale et umil veste,
ma di real presenzia e in viso bella,
d'alte maniere e accortamente oneste.
Tanto è ch'io non ne dissi più novella,
ch'a pena riconoscer la dovreste:
questa, se non sapete, Angelica era,
del gran Can del Catai la figlia altiera.

18. Poi che 'l suo annello Angelica rïebbe,
di che Brunel l'avea tenuta priva,
in tanto fasto, in tanto orgoglio crebbe,
ch'esser parea di tutto 'l mondo schiva.
Se ne va sola, e non si degnerebbe
compagno aver qual più famoso viva:
si sdegna a rimembrar che già suo amante
abbia Orlando nomato, o Sacripante.

---

15. – 5-6. *Del proprio... mira*: vede la terra coprirsi del proprio sangue e se
stesso giunto in fin di vita. – 7. *potere*: forza.

16. – 2. *alta*: profonda; *alto*: magnanimo, nobile. «Nota... l'accorto gioco degli
epiteti:... che, pur nella diversità del senso letterale..., paion suggerire una riposta
affinità tra le forme austere e cupe del paesaggio e lo stato d'animo di Zerbino,
misto di sorda irrequietudine e di generosa tristezza» (Sapegno). – 6. *spicciando...
vena*: cfr. XII, 76, 4.

17. – 3. *real*: regale. – 4. *accortamente oneste*: sapientemente e convenientemen-
te decorose; cfr. XXIX, 43, 4. – 5. *Tanto è ecc.*: aveva lasciato Angelica a XII, 65. –
8. *gran Can*: Galafrone; cfr. VIII, 43, 1-3.

18. – 1. *'l suo annello... rïebbe*: da Ruggiero; cfr. X, 107-108. – 3. *fasto*: superbia,
ritrosia (lat.). – 4. *schiva*: sdegnosa. – 6. *qual... viva*: anche il cavaliere più insigne.
– 7-8. *già suo amante ecc.*: cfr. XII, 24-28.

19. E sopra ogn'altro error via più pentita
     era del ben che già a Rinaldo vòlse,
     troppo parendole essersi avilita,
     ch'a riguardar sì basso gli occhi volse.
     Tant'arroganzia avendo Amor sentita,
     più lungamente comportar non vòlse:
     dove giacea Medor, si pose al varco,
     e l'aspettò, posto lo strale all'arco.

20. Quando Angelica vide il giovinetto
     languir ferito, assai vicino a morte,
     che del suo re che giacea senza tetto,
     più che del proprio mal si dolea forte;
     insolita pietade in mezzo al petto
     si sentì entrar per disuate porte,
     che le fe' il duro cor tenero e molle,
     e più, quando il suo caso egli narrolle.

21. E rivocando alla memoria l'arte
     ch'in India imparò già di chirugia
     (che par che questo studio in quella parte
     nobile e degno e di gran laude sia;
     e senza molto rivoltar di carte,
     che 'l patre ai figli ereditario il dia),
     si dispose operar con succo d'erbe,
     ch'a più matura vita lo riserbe.

22. E ricordossi che passando avea
     veduta un'erba in una piaggia amena;

---

19. – 2. *a Rinaldo*: dell'amore di Angelica per Rinaldo aveva trattato a lungo il Boiardo. – 4. *riguardar sì basso*: cfr. PETRARCA, *Canz.*, XXI, 4; LXX, 25: «mirar sì basso». – 5. *Amor*: anche nel Boiardo, Amore serviva da strumento di castigo facendo innamorare Angelica di Rinaldo: «Amor vôl castigar questa superba» (*Innam.*, I, III, 40, 6). La stessa funzione Amore svolgeva nelle *Stanze* del Poliziano. Ma l'Ariosto sviluppa qui il motivo secondo un suo fine proposito d'ironia. – 6. *comportar*: sopportare.

20. – 3. *senza tetto*: senza tomba. – 6. *per disuate porte*: gli occhi, oppure, in genere: i sensi (cfr. DANTE, *Purg.*, XV, III; PETRARCA, *Canz.*, CCLXXIV, 3: «'n su le porte») di Angelica non erano abituati a ispirarle nel cuore tali impressioni di pietà e tenerezza.

21. – 2. *chirugia*: chirurgia. Anche il Boiardo presenta Angelica come esperta in tale arte: «lei cognosce l'erbe ed ogni cosa Qual se apertenga a febre medicare» (*Innam.*, I, XIV, 28, 3-4). – 5. *senza... carte*: senza studiare molti libri. – 8. *a più... riserbe*: lo faccia vivere ancora a lungo.

fosse dittamo, o fosse panacea,
o non so qual, di tal effetto piena,
che stagna il sangue, e de la piaga rea
leva ogni spasmo e perigliosa pena.
La trovò non lontana, e quella còlta,
dove lasciato avea Medor, diè volta.

23.   Nel ritornar s'incontra in un pastore
ch'a cavallo pel bosco ne veniva,
cercando una iuvenca, che già fuore
duo dì di mandra e senza guardia giva.
Seco lo trasse ove perdea il vigore
Medor col sangue che del petto usciva;
e già n'avea di tanto il terren tinto,
ch'era omai presso a rimanere estinto.

24.   Del palafreno Angelica giù scese,
e scendere il pastor seco fece anche.
Pestò con sassi l'erba, indi la prese,
e succo ne cavò fra le man bianche;
ne la piaga n'infuse, e ne distese
e pel petto e pel ventre e fin a l'anche:
e fu di tal virtù questo liquore,
che stagnò il sangue, e gli tornò il vigore;

25.   e gli diè forza, che poté salire
sopra il cavallo che 'l pastor condusse.
Non però vòlse indi Medor partire
prima ch'in terra il suo signor non fusse.
E Cloridan col re fe' sepelire;
e poi dove a lei piacque si ridusse.
Et ella per pietà ne l'umil case
del cortese pastor seco rimase.

---

22. – 3. *dittamo... panacea*: erbe medicamentose; cfr. VIRGILIO, *Aen.*, XII, 412-414 e 419; PLINIO, *Nat. hist.*, XXVI, 14 e XXV, 4; BOIARDO, *Innam.*, I, XXI, 39-40. – 4. *effetto*: efficacia. – 8. *diè volta*: ritornò.

23. – 3. *iuvenca*: giovenca.

24. – 4. *bianche*: particolare decorativo, secondo la tradizione lirica; cfr. PE-TRARCA, *Canz.*, XXXVII, 97: «le man bianche sottili»; CCVIII, 12: «la man bella e bianca». – 8. *gli tornò*: gli ridette; cfr. VIRGILIO, *Aen.*, XII, 424.

25. – 3. *indi*: di lì. – 4. *in terra*: sepolto sottoterra. – 6. *si ridusse*: si lasciò condurre.

26.   Né fin che nol tornasse in sanitade,
        volea partir: così di lui fe' stima,
        tanto se intenerì de la pietade
        che n'ebbe, come in terra il vide prima.
        Poi vistone i costumi e la beltade,
        roder si sentì il cor d'ascosa lima;
        roder si sentì il core, e a poco a poco
        tutto infiammato d'amoroso fuoco.

27.   Stava il pastore in assai buona e bella
        stanza, nel bosco infra duo monti piatta,
        con la moglie e coi figli; et avea quella
        tutta di nuovo e poco inanzi fatta.
        Quivi a Medoro fu per la donzella
        la piaga in breve a sanità ritratta:
        ma in minor tempo si sentì maggiore
        piaga di questa avere ella nel core.

28.   Assai più larga piaga e più profonda
        nel cor sentì da non veduto strale,
        che da' begli occhi e da la testa bionda
        di Medoro aventò l'Arcier c'ha l'ale.
        Arder si sente, e sempre il fuoco abonda;
        e più cura l'altrui che 'l proprio male:
        di sé non cura, e non è ad altro intenta,
        ch'a risanar chi lei fere e tormenta.

29.   La sua piaga più s'apre e più incrudisce,
        quanto più l'altra si ristringe e salda.
        Il giovine si sana: ella languisce
        di nuova febbre, or agghiacciata, or calda.
        Di giorno in giorno in lui beltà fiorisce:

---

26. – 2. *così... stima*: tanto interesse provò per lui. – 4. *come... prima*: non appena, quando. – 6. *lima*: espressione petrarchesca, non a caso usata dall'Ariosto anche a proposito del proprio amore; cfr. I, 2, 6.

27. – 2. *stanza*: dimora; *piatta*: nascosta. – 5. *per la donzella*: per opera della donzella. – 6. *a sanità ritratta*: risanata; anche le perifrasi, così come le stilizzazioni, le decorazioni e i concettini, servono a rallentare la tensione e preparare all'idillio.

28. – 3. *testa bionda*: cfr. BOIARDO, *Innam.*, I, II, 11, 2: «[Angelica] voleva ad ogni modo un biondo». – 4. *l'Arcier*: Amore. In queste due stanze si infittiscono le espressioni e i motivi petrarcheschi. – 5. *abonda*: cresce.

la misera si strugge, come falda
strugger di nieve intempestiva suole,
ch'in loco aprico abbia scoperta il sole.

30.   Se di disio non vuol morir, bisogna
che senza indugio ella se stessa aiti:
e ben le par che di quel ch'essa agogna,
non sia tempo aspettar ch'altri la 'nviti.
Dunque, rotto ogni freno di vergogna,
la lingua ebbe non men che gli occhi arditi:
e di quel colpo domandò mercede,
che, forse non sapendo, esso le diede.

31.   O conte Orlando, o re di Circassia,
vostra inclita virtù, dite, che giova?
Vostro alto onor dite in che prezzo sia,
o che mercé vostro servir ritruova.
Mostratemi una sola cortesia
che mai costei v'usasse, o vecchia o nuova,
per ricompensa e guidardone e merto
di quanto avete già per lei sofferto.

32.   Oh se potessi ritornar mai vivo,
quanto ti parria duro, o re Agricane!
che già mostrò costei sì averti a schivo
con repulse crudeli et inumane.
O Ferraù, o mille altri ch'io non scrivo,
ch'avete fatto mille pruove vane
per questa ingrata, quanto aspro vi fôra,
s'a costu' in braccio voi la vedesse ora!

---

29. – 7. *intempestiva*: caduta fuori stagione. Quella della neve che si scioglie era pure immagine cara al Petrarca (*Canz.*, XXX, 21; LXXI, 24; LXXIII, 14-15; CXXVII, 95).

30. – 3. *di quel... agogna*: quanto a quello che essa desidera, cioè l'appagamento amoroso. – 7. *e di quel... mercede*: e chiese a Medoro che facesse riparo alla ferita.

31. – 1. *re di Circassia*: Sacripante. – 3-4. *Vostro... ritruova*: dite in quale pregio sia tenuto il vostro onore, o quale ricompensa trovi la vostra devozione e fedeltà amorosa. – 7. *ricompensa... guidardone... merto*: sono i termini tradizionali della poesia cortese e indicano i modi in cui la donna corrisponde gradualmente alla «servitù» dell'amante.

32. – 2. *Agricane*: re di Tartaria, ucciso da Orlando; era personaggio dell'*Innam.* e a lui ha più volte accennato l'Ariosto: cfr. I, 80, 7-8; VIII, 43, 1-3; 62 ecc. – 8. *vedesse*: vedeste.

33.   Angelica a Medor la prima rosa
coglier lasciò, non ancor tocca inante:
né persona fu mai sì aventurosa,
ch'in quel giardin potesse por le piante.
Per adombrar, per onestar la cosa,
si celebrò con cerimonie sante
il matrimonio, ch'auspice ebbe Amore,
e pronuba la moglie del pastore.

34.   Fèrsi le nozze sotto all'umil tetto
le più solenni che vi potean farsi;
e più d'un mese poi stêro a diletto
i duo tranquilli amanti a ricrearsi.
Più lunge non vedea del giovinetto
la donna, né di lui potea saziarsi;
né per mai sempre pendergli dal collo,
il suo disir sentia di lui satollo.

35.   Se stava all'ombra o se del tetto usciva,
avea dì e notte il bel giovine a lato:
matino e sera or questa or quella riva
cercando andava, o qualche verde prato:
nel mezzo giorno un antro li copriva,
forse non men di quel commodo e grato,
ch'ebber, fuggendo l'acque, Enea e Dido,
de' lor secreti testimonio fido.

33. – 1. *la prima rosa*: cfr. I, 42 e 58. – 3. *aventurosa*: fortunata. – 4. *por le piante*: addentrarsi. – 5. *adombrar... onestar la cosa*: realizzare pienamente (cfr. I, 58, 8) e dare un aspetto di onesta legittimità all'avvenuto congiungimento amoroso. L'Ariosto ripete qui motivi ed espressioni già usati nel I canto; sono passate tante vicende, ma il tema di Angelica, ora che sta per concludersi, rimane sempre incantevolmente e sorridentemente lo stesso. – 7-8. *auspice... pronuba*: presso i Latini il testimonio che assisteva lo sposo era detto *auspice*, la donna che faceva lo stesso ufficio per la sposa *pronuba*.

34. – 2. *vi potean farsi*: vi si potevano fare. – 5-6. *Più lunge... la donna*: Angelica non vedeva nient'altro che Medoro; cfr. BOCCACCIO, *Decam.*, II, VIII, 41: «sì forte di lei s'innamorò, che più avanti di lei non vedeva». – 7. *per... collo*: per quanto fosse sempre abbracciata con lui.

35. – 1. *all'ombra*: all'interno della capanna. – 4. *cercando*: visitando, esplorando. – 7. *Enea e Dido*: Enea e Didone, in seguito a un temporale, si rifugiarono in un antro (*Aen.*, IV, 160 segg.).

36.   Fra piacer tanti, ovunque un arbor dritto
        vedesse ombrare o fonte o rivo puro,
        v'avea spillo o coltel subito fitto;
        così, se v'era alcun sasso men duro:
        et era fuori in mille luoghi scritto,
        e così in casa in altritanti il muro,
        Angelica e Medoro, in varii modi
        legati insieme di diversi nodi.

37.   Poi che le parve aver fatto soggiorno
        quivi più ch'a bastanza, fe' disegno
        di fare in India del Catai ritorno,
        e Medor coronar del suo bel regno.
        Portava al braccio un cerchio d'oro, adorno
        di ricche gemme, in testimonio e segno
        del ben che 'l conte Orlando le volea;
        e portato gran tempo ve l'avea.

38.   Quel donò già Morgana a Zilïante,
        nel tempo che nel lago ascoso il tenne;
        et esso, poi ch'al padre Monodante,
        per opra e per virtù d'Orlando venne,
        lo diede a Orlando: Orlando ch'era amante,

---

36. - 1. *ovunque un arbor ecc.*: questo motivo del nome dell'amante che incide il nome dell'amato o dell'amata sulla corteccia degli alberi o su sassi e muri ha dei modelli nel pastore Gallo di VIRGILIO, *Ecl.*, X, 52-54, in una ninfa nelle *Heroides* di OVIDIO (V, 21-22 e 25-26), nel poeta PROPERZIO in *Carm.*, I, XVIII, 1-4, 19-22, nel giovane innamorato dell'Afrodite di Prassitele secondo il racconto di LUCIANO, *Amores*, Loeb Classical Library, Londra, 1967, p. 174. Il motivo classico è stato ripreso in età umanistica da BOIARDO, *Amorum Libri*, II, 104, 64 e segg. e da SANNAZARO in vari passi dell'*Arcadia*; cfr. R. W. LEE, *Names on Trees. Ariosto into Art*, Princeton, University Press, 1977, pp. 9-11 e 30, il quale fa notare che l'Ariosto dà al motivo uno sviluppo tutto suo originale; nessuna nota elegiaca; non c'è il tema del rimpianto e del ricordo di un amore tradito; i due amanti sono entrambi presenti al momento della scrittura dei loro nomi sugli alberi e celebrano così la loro felicità; *dritto*: liscio. - 2. *ombrare*: far ombra; cfr. PETRARCA, *Tr. Mor.*, II, 17-18: «una riva La qual ombrava un bel lauro et un faggio». - 5. *fuori*: il muro esterno. - 8. *legati*: intrecciati; per questo tema cfr. VIRGILIO, *Ecl.*, X, 53-54; BOIARDO, *Amor.*, CIV, 3, 10-16; ARIOSTO, *Rime*, cap. XII, 31-33.
    37. - 3. *in India del Catai*: in quella parte dell'Asia (*India*) che prende il nome di Cataio: la Cina settentrionale; cfr. I, 5, 3. - 4. *coronar*: fare re.
    38. - 1-5. *Quel donò ecc.*: all'episodio boiardesco di Ziliante, prigioniero della fata Morgana, l'Ariosto ha già accennato in VI, 34, 1-8. Il particolare del gioiello è però invenzione dell'Ariosto. - 2. *nel lago*: la fata teneva Ziliante prigioniero in

di porsi al braccio il cerchio d'or sostenne,
avendo disegnato di donarlo
alla regina sua di ch'io vi parlo.

39. Non per amor del paladino, quanto
perch'era ricco e d'artificio egregio,
caro avuto l'avea la donna tanto,
che più non si può aver cosa di pregio.
Se lo serbò ne l'Isola del pianto,
non so già dirvi con che privilegio,
là dove esposta al marin mostro nuda
fu da la gente inospitale e cruda.

40. Quivi non si trovando altra mercede
ch'al buon pastore et alla moglie dessi,
che serviti gli avea con sì gran fede
dal dì che nel suo albergo si fur messi,
levò dal braccio il cerchio e gli lo diede,
e vòlse per suo amor che lo tenessi.
Indi saliron verso la montagna
che divide la Francia da la Spagna.

41. Dentro a Valenza o dentro a Barcellona
per qualche giorno avean pensato porsi,
fin che accadesse alcuna nave buona
che per Levante apparecchiasse a sciorsi.
Videro il mar scoprir sotto a Girona
ne lo smontar giù dei montani dorsi;
e costeggiando a man sinistra il lito,
a Barcellona andâr pel camin trito.

---

un luogo incantato, al di sotto di un lago. – 6. *sostenne*: accettò, malgrado fosse atto
poco adatto a un virile guerriero. – 8. *regina sua*: regina del suo cuore; cfr. VII, 64,
1 e XXV, 83, 2.

39. – 2. *d'artificio egregio*: d'esecuzione raffinata. – 5. *l'Isola del pianto*: Ebuda;
cfr. X, 93, 1. – 6. *non so già dirvi*: cfr. XI, 81, 4; *con che privilegio*: per quale privilegio
della sorte; oppure per quale speciale grazia degli Ebudesi.

40. – 1. *non si trovando*: non avendo con sé. – 3. *fede*: fedeltà. – 4. *si fur messi*:
erano venuti ad alloggiare. – 5. *gli lo diede*: lo diede a lei. – 7. *la montagna*: la catena
dei Pirenei.

41. – 2. *porsi*: fermarsi, soggiornare. – 3. *accadesse*: capitasse. – 3. *buona*: opportuna. – 4. *sciorsi*: salpare, partire. – 5. *scoprir*: apparire; cfr. IX, 59, 3; X, 48, 1;
Girona: città presso Barcellona. – 6. *smontar*: discendere. – 8. *camin trito*: la via
battuta (cfr. XII, 56, 4), la via maestra.

42.　　Ma non vi giunser prima, ch'un uom pazzo
　　　　giacer trovaro in su l'estreme arene,
　　　　che, come porco, di loto e di guazzo
　　　　tutto era brutto e volto e petto e schene.
　　　　Costui si scagliò lor come cagnazzo
　　　　ch'assalir forestier subito viene;
　　　　e diè lor noia, e fu per far lor scorno.
　　　　Ma di Marfisa a ricontarvi torno.

43.　　Di Marfisa, d'Astolfo, d'Aquilante,
　　　　di Grifone e degli altri io vi vuo' dire,
　　　　che travagliati, e con la morte inante,
　　　　mal si poteano incontra il mar schermire:
　　　　che sempre più superba e più arrogante
　　　　crescea fortuna le minaccie e l'ire;
　　　　e già durato era tre dì lo sdegno,
　　　　né di placarsi ancor mostrava segno.

44.　　Castello e ballador spezza e fraccassa
　　　　l'onda nimica e 'l vento ognor più fiero:
　　　　se parte ritta il verno pur ne lassa,
　　　　la taglia e dona al mar tutta il nocchiero.
　　　　Chi sta col capo chino in una cassa
　　　　su la carta appuntando il suo sentiero

---

42. – 2. *su l'estreme arene*: sull'orlo di sabbia che confina col mare. – 3. *di loto e di guazzo*: di fango e d'acqua. – 4. *brutto*: imbrattato; cfr. XIV, 51, 2 e 120, 1; *schene*: schiena. – 5. *cagnazzo*: cagnaccio. Le rime *Pazzi:cagnazzi:guazzi* erano già in DANTE, *Inf.*, XXXII, 68-72. – 7. *scorno*: offesa; dell'uomo pazzo, che è Orlando, tornerà a parlare più avanti: cfr. XXIX, 58 segg. – 8. *torno*: cfr. XVIII, 145 e n. a II, 30, 7-8.

43. – 3. *travagliati*: cfr. XVIII, 146, 1: «Mentre Fortuna in mar questi travaglia». – 4. *incontra... schermire*: trovar protezione contro la furia del mare. – 6. *fortuna*: cfr. XVIII, 144, 8; 146, 1.

44. – 1. *castello e ballador*: strutture di legno (cfr. XIII, 16, 2); il castello era costruito verso poppa, sopra coperta, e serviva come alloggiamento, magazzino, o altro; il ballatoio era un terrazzino sporgente attorno al castello, e serviva come galleria di combattimento (lat. med. *bellatorium*). Essendo a poppa tali strutture soffrivano ora maggiormente i colpi del vento. – 3. *verno*: tempesta; cfr. XVIII, 144, 6. – 4. *dona al mar*: butta in mare, per evitare che costituiscano un pericolo alle persone e per agevolare il deflusso delle onde. – 5-6. *Chi sta... sentiero*: alcuni stanno chini sulla cassa contenente la bussola, tracciando la rotta della nave su una carta nautica (è noto lo sviluppo e la perfezione dei «portolani» del tempo, nota anche la passione degli Estensi per la cartografia; in poesia a tali «carte»

a lume di lanterna piccolina,
e chi col torchio giù ne la sentina.

45.   Un sotto poppe, un altro sotto prora
si tiene inanzi l'oriuol da polve;
e torna a rivedere ogni mezz'ora
quanto è già corso, et a che via si volve:
indi ciascun con la sua carta fuora
a mezza nave il suo parer risolve,
là dove a un tempo i marinari tutti
sono a consiglio dal padron ridutti.

46.   Chi dice: — Sopra Limissò venuti
siamo, per quel ch'io trovo, alle seccagne; —
chi: — Di Tripoli appresso i sassi acuti,
dove il mar le più volte i legni fragne; —
chi dice: — Siamo in Satalia perduti,
per cui più d'un nocchier sospira e piagne. —
Ciascun secondo il parer suo argomenta,
ma tutti ugual timor preme e sgomenta.

47.   Il terzo giorno con maggior dispetto
gli assale il vento, e il mar più irato freme;
e l'un ne spezza e portane il trinchetto,
e 'l timon l'altro, e chi lo volge insieme.
Ben è di forte e di marmoreo petto
e più duro ch'acciar, ch'ora non teme.
Marfisa, che già fu tanto sicura,
non negò che quel giorno ebbe paura.

aveva già accennato il Boiardo, *Innam.*, II, xxvii, 42, 2). – 8. *chi... sentina*: alcuni stanno giù nella stiva per pomparne fuori l'acqua.

45. – 2. *l'oriuol da polve*: l'ampolletta o clessidra, usata per determinare la misura del cammino già percorso (v. 4: *quanto è già corso*). – 4. *a che via si volve*: in che direzione si vada (e ciò determinerà colui che consulta la bussola). – 5. *fuora*: sopra coperta. – 6. *il suo parer risolve*: spiega a quale conclusione sia giunto coi suoi calcoli. – 8. *a consiglio... ridutti*: riuniti a consiglio dal capitano.

46. – 1. *Limissò*: Limassol, nell'isola di Cipro. – 2. *seccagne*: secche. – 3. *Tripoli*: di Siria; *sassi*: scogli. – 5. *Satalia*: Atalia (cfr. XVII, 65, 7), città posta su un golfo assai pericoloso. – 6. *sospira e piagne*: cfr. Petrarca, *Tr. Am.*, IV, 100: «ove l'Egeo sospira e piagne».

47. – 2. *mar... irato*; cfr. Orazio, *Epod.*, II, 6: «*iratum mare*». – 3. *e l'un... trinchetto*: e il vento porta via l'albero di prua. – 4. *'l timon... insieme*: il mare porta via il timone e chi lo governa, il timoniere; cfr. Pulci, *Morg.*, XX, 34, 5-8. – 6. *ch'ora*: chi ora. – 7. *sicura*: tranquilla, senza timore; cfr. Dante, *Inf.*, XVI, 132; *Purg.*, XXVII, 31-32; *Par.*, XI, 67.

48.   Al monte Sinaì fu peregrino,
        a Gallizia promesso, a Cipro, a Roma,
        al Sepolcro, alla Vergine d'Ettino,
        e se celebre luogo altro si noma.
        Sul mare intanto, e spesso al ciel vicino
        l'afflitto e conquassato legno toma,
        di cui per men travaglio avea il padrone
        fatto l'arbor tagliar de l'artimone.

49.   E colli e casse e ciò che v'è di grave
        gitta da prora e da poppe e da sponde;
        e fa tutte sgombrar camere e giave,
        e dar le ricche merci all'avide onde.
        Altri attende alle trombe, e a tor di nave
        l'acque importune, e il mar nel mar rifonde;
        soccorre altri in sentina, ovunque appare
        legno da legno aver sdrucito il mare.

50.   Stero in questo travaglio, in questa pena
        ben quattro giorni, e non avean più schermo;
        e n'avria avuto il mar vittoria piena,
        poco più che 'l furor tenesse fermo:
        ma diede speme lor d'aria serena
        la disïata luce di santo Ermo,

48. – 1. *monte Sinaì*: in Palestina, celebre per il monastero di Santa Cate-
rina. – 1-2. *fu peregrino... promesso*: il Bandini, chiosando una lettera di Amerigo
Vespucci, dice: «In occasione di gran tempesta... sogliono i marinai e i passeggeri ancora tirare a sorte i nomi di quelli, che per pubblico voto si obbligano
a dover fare i tali e tali altri pellegrinaggi... Questo dicesi "fare i pellegrini"»;
Gallizia: ove si trovava il famoso santuario di Sant'Iacopo di Campostella;
Cipro: il santuario di Nicosia. – 3. *Sepolcro*: il Santo Sepolcro di Gerusalemme;
Vergine d'Ettino: santuario non identificato, forse nell'isola di Candia, oppure,
secondo una nota del Fornari, a Udine. – 5-6. *e spesso... toma*: e spesso, dopo
essere stata alzata verso il cielo, la nave sbattuta e sconquassata precipita giù
(cfr. il lat. *adflictus*). – 8. *l'arbor... de l'artimone*: l'albero maestro a cui è attaccata
la vela d'artimone.

49. – 1. *colli*: balle di mercanzia. – 3. *giave*: ripostigli, magazzini della stiva
(venez.). – 4. *avide*: cfr. OVIDIO, *Carm.*, I, XXVIII, 18: «*avidum mare*». –
5. *trombe*: pompe; cfr. PULCI, *loc. cit.*, XX, 32, 8; 37, 5. – 6. *e il mar... rifonde*: e
fa tornare l'acqua del mare nel mare; cfr. OVIDIO, *Met.*, XI, 488: «*aequorque
refundit in aequor*». – 7. *soccorre altri in sentina*: altri dà la sua opera nella
stiva.

50. – 2. *schermo*: modo di difendersi. – 4. *tenesse fermo*: continuasse immutato.
– 6. *la disïata... Ermo*: le tanto sospirate fiammelle di sant'Ermo (forma spagnola
del nome di sant'Erasmo, considerato patrono dei marinai), segno che la tempesta

ch'in prua s'una cocchina a por si venne;
che più non v'erano arbori né antenne.

51. Veduto fiammeggiar la bella face,
s'inginocchiaro tutti i naviganti,
e domandaro il mar tranquillo e pace
con umidi occhi e con voci tremanti.
La tempesta crudel, che pertinace
fu sin allora, non andò più inanti:
Maestro e Traversia più non molesta,
e sol del mar tiràn Libecchio resta.

52. Questo resta sul mar tanto possente,
e da la negra bocca in modo esala,
et è con lui sì il rapido corrente
de l'agitato mar ch'in fretta cala,
che porta il legno più velocemente,
che pelegrin falcon mai facesse ala,
con timor del nocchier ch'al fin del mondo
non lo trasporti, o rompa, o cacci al fondo.

53. Rimedio a questo il buon nocchier ritruova,
che commanda gittar per poppa spere;
e caluma la gomona, e fa pruova
di duo terzi del corso ritenere.

è giunta al fine; cfr. PULCI, *loc. cit.*, 33, 4. – 7. *cocchina*: vela quadra, piccola e forte, che si rizzava su un piccolo albero di fortuna, una volta che l'albero maggiore fosse stato spezzato; cfr. PULCI, *loc. cit.*, 34, 2-3.

51. – 3. *domandaro*: con preghiere a sant'Ermo. – 7. *Traversia*: vento che spira dall'alto mare. – 8. *tiràn*: signore; cfr. BOIARDO, *Innam.*, II, VI, 11, 3.

52. – 2. *da la negra bocca*: il Libeccio è personificato, sull'esempio dei classici, e raffigurato (come avveniva spesso sulle carte del tempo) con una nera bocca soffiante, perché spira dall'Africa. – 3. *è con lui... corrente*: e la corrente è, perché spinta da lui, così veloce. – 6. *che... ala*: di quanto mai ala abbia portato un falcone pellegrino (che era la più pregiata fra le specie di falcone addestrate alla caccia; cfr. PULCI, *Morg.*, XV, 109, 1-2; CIECO, *Mambriano*, XXI, 84, 3-8; ARIOSTO, *Rime*, son. XVII, 3-4). Per l'immagine, cfr. AGOSTINI, continuazione all'*Innam.*, IV, II, 85: «Per l'ampio mar la nave via cammina Tal che falcone mai fu sì veloce».

53. – 2. *per poppa*: dalla poppa; *spere*: fardelli di tavole, fascine e funi, buttate in acqua e portate a strascico dalla nave per diminuire la velocità; cfr. PULCI, *Morg.*, XX, 35, 5, 5. – 3. *caluma*: cala a poco a poco (venez.); *gomona*: gomena, a cui era attaccata l'àncora di rispetto (cfr. XVIII, 143, 5). – 3-4. *fa pruova... ritenere*:

Questo consiglio, e più l'augurio giova
di chi avea acceso in proda le lumiere:
questo il legno salvò, che peria forse,
e fe' ch'in alto mar sicuro corse.

54.   Nel golfo di Laiazzo invêr Soria
sopra una gran città si trovò sorto,
e sì vicino al lito, che scopria
l'uno e l'altro castel che serra il porto.
Come il padron s'accorse de la via
che fatto avea, ritornò in viso smorto;
che né porto pigliar quivi volea,
né stare in alto, né fuggir potea.

55.   Né potea stare in alto, né fuggire;
che gli arbori e l'antenne avea perdute:
eran tavole e travi pel ferire
del mar, sdrucite, macere e sbattute.
E 'l pigliar porto era un voler morire,
o perpetuo legarsi in servitute;
che riman serva ogni persona, o morta,
che quivi errore o ria fortuna porta.

56.   E 'l stare in dubbio era con gran periglio
che non salisser genti de la terra
con legni armati, e al suo desson di piglio,
mal atto a star sul mar, non ch'a far guerra.
Mentre il padron non sa pigliar consiglio,
fu domandato da quel d'Inghilterra,
chi gli tenea sì l'animo suspeso,
e perché già non avea il porto preso.

riesce a ridurre la velocità di due terzi. – 5. *consiglio*: espediente. – 5-6. *l'augurio... di chi*: l'intervento protettore di sant'Ermo. – 7. *questo*: questo consiglio ecc. (e nota la ripresa sintattica). Il Gilbert (*art. cit.*, pp. 249-250) difende la lezione di C: «questo legno»; accetto col Segre l'ipotesi del refuso, che rende il testo molto più chiaro.

54. – 1. *Laiazzo*: Aiazzo, nel golfo di Alessandretta, che è appunto la «gran città delle femmine omicide» (cfr. XX, 58, 1). – 2. *sorto*: approdato; cfr. IV, 51, 5. – 8. *stare in alto*: fermarsi in alto mare.

55. – 3. *ferire*: colpire (lat., come in VIRGILIO, *Aen.*, I, 114-115). – 4. *sdrucite*: sconnesse; *macere*: fradice d'acqua; *sbattute*: sconquassate. – 8. *che quivi... porta*: cfr. PETRARCA, *Canz.*, CCXXXIX, 34: «Se nostra ria fortuna è di più forza».

56. – 2. *salisser*: saltassero fuori, cfr. VIII, 6, 3. – 3. *al suo... piglio*: e catturassero la sua nave. – 6. *quel d'Inghilterra*: Astolfo.

57. Il padron narrò lui che quella riva
     tutta tenean le femine omicide,
     di quai l'antiqua legge ognun ch'arriva
     in perpetuo tien servo, o che l'uccide;
     e questa sorte solamente schiva
     chi nel campo dieci uomini conquide,
     e poi la notte può assaggiar nel letto
     diece donzelle con carnal diletto.

58. E se la prima pruova gli vien fatta,
     e non fornisca la seconda poi,
     egli vien morto, e chi è con lui si tratta
     da zappatore o da guardian di buoi.
     Se di far l'uno e l'altro è persona atta,
     impetra libertade a tutti i suoi;
     a sé non già, c'ha da restar marito
     di diece donne, elette a suo appetito.

59. Non poté udire Astolfo senza risa
     de la vicina terra il rito strano.
     Sopravien Sansonetto, e poi Marfisa,
     indi Aquilante, e seco il suo germano.
     Il padron parimente lor divisa
     la causa che dal porto il tien lontano:
     – Voglio – dicea – che inanzi il mar m'affoghi,
     ch'io senta mai di servitude i gioghi. –

60. Del parer del padrone i marinari
     e tutti gli altri naviganti furo;
     ma Marfisa e' compagni eran contrari,

---

57. – 2. *le femine omicide*: la storia di queste Amazzoni al XX, 9 segg. – 3. *di quai*: delle quali. – 6. *dieci uomini*: di simili prove, con lo stesso ricorrere del numero dieci, si trova cenno nel *Tristan*, nel *Lancelot* e in altri romanzi arturiani; cfr. P. RAJNA, *Le fonti dell'«Orlando Furioso»* cit., pp. 298 segg. – 7. *assaggiar*: cfr. CIECO, *Mambriano*, XV, 9, 7: «assaggiar le vivande d'amore». Anche di questa seconda prova si hanno precedenti nella letteratura arturiana. Il Rajna (*Le fonti dell'«Orlando Furioso»* cit., p. 302) pensa però anche al vanto di Ulivieri nel *Pelerinage de Charlemagne*, vv. 486-489.

58. – 2. *fornisca*: conduca a termine. – 3. *morto*: ucciso. – 3-4. *si tratta da*: viene trattato da, adoperato come. – 8. *elette a suo appetito*: scelte secondo il suo desiderio.

59. – 2. *il rito strano*: la bizzarra costumanza. – 4. *germano*: Grifone. – 5. *divisa*: espone.

che, più che l'acque, il lito avean sicuro.
Via più il vedersi intorno irati i mari,
che cento mila spade, era lor duro.
Parea lor questo e ciascun altro loco
dov'arme usar potean, da temer poco.

61. Bramavano i guerrier venire a proda,
ma con maggior baldanza il duca inglese;
che sa, come del corno il rumor s'oda,
sgombrar d'intorno si farà il paese.
Pigliare il porto l'una parte loda,
e l'altra il biasma, e sono alle contese;
ma la più forte in guisa il padron stringe,
ch'al porto, suo malgrado, il legno spinge.

62. Già, quando prima s'erano alla vista
de la città crudel sul mar scoperti,
veduto aveano una galea provista
di molta ciurma e di nochieri esperti
venire al dritto a ritrovar la trista
nave, confusa di consigli incerti;
che, l'alta prora alle sua poppe basse
legando, fuor de l'empio mar la trasse.

63. Entrâr nel porto remorchiando, e a forza
di remi più che per favor di vele;
però che l'alternar di poggia e d'orza
avea levato il vento lor crudele.
Intanto ripigliâr la dura scorza
i cavallieri e il brando lor fedele;
et al padrone et a ciascun che teme
non cessan dar con lor conforti speme.

60. – 4. *avean sicuro*: ritenevano sicuro.
61. – 3. *corno*: cfr. XV, 14-15. – 7. *la più forte*: il gruppo dei guerrieri cristiani;
stringe: costringe.
62. – 1-2. *quando... scoperti*: non appena (lat. *cum primum*) erano giunti in
vista della città, in modo da poter essere veduti (*scoperti*: cfr. IX, 59, 3) da terra. –
5. *al dritto*: senza indugio; cfr. XV, 46, 8. – 6. *confusa... incerti*: e i cui passeggeri erano
divisi da diversi pareri. – 7. *che*: la quale galea.
63. – 3-4. *però che... crudele*: perché il vento crudele aveva loro rotto l'albero, le
vele e le funi, sì che non potevano bordeggiare, alternando poggia ad orza; cfr. II,
30, 1 e PETRARCA, *Canz.*, CLXXX, 5: «senz'alternar poggia con orza». – 5. *la dura
scorza*: l'armatura.

64.   Fatto è 'l porto a sembianza d'una luna,
        e gira più di quattro miglia intorno:
        seicento passi è in bocca, et in ciascuna
        parte una ròcca ha nel finir del corno.
        Non teme alcuno assalto di fortuna,
        se non quando gli vien dal mezzogiorno.
        A guisa di teatro se gli stende
        la città a cerco, e verso il poggio ascende.

65.   Non fu quivi sì tosto il legno sorto
        (già l'aviso era per tutta la terra),
        che fur sei mila femine sul porto,
        con gli archi in mano, in abito di guerra;
        e per tor de la fuga ogni conforto,
        tra l'una ròcca e l'altra il mar si serra:
        da navi e da catene fu rinchiuso,
        che tenean sempre instrutte a cotal uso.

66.   Una che d'anni alla Cumea d'Apollo
        poté uguagliarsi e alla madre d'Ettorre,
        fe' chiamare il padrone, e domandollo
        se si volean lasciar la vita tôrre,
        o se voleano pur al giogo il collo,
        secondo la costuma, sottoporre.
        Degli dua l'uno aveano a tôrre: o quivi
        tutti morire, o rimaner captivi.

67.   — Gli è ver — dicea — che s'uom si ritrovasse
        tra voi così animoso e così forte,

---

64. – 1. *d'una luna*: d'una falce di luna, cioè ad arco. – 3. *in bocca*: all'imboccatura, all'ingresso. – 3-4. *in ciascuna... corno*: su ciascuna punta ha una fortezza.
La descrizione si rifà a due del BOCCACCIO: quella della Valle delle Donne in *Dec.*,
VI, Concl., 20 e 21 e quella dell'anfiteatro in cui Arcita e Palemone stanno per
contendersi Emilia nel *Teseida*, VII, CVIII-X. «La descrizione ariostesca non è
esattamente sovrapponibile a nessuno dei due precedenti boccacciani, ma conta-
mina elementi e strategie di entrambi... Le *rocche* del porto ariostesco sono due
come le porte del teatro del *Teseida*, ma ricordano più da vicino i *palagi* in forma
di *castelletto* che circondano la *Valle delle Donne*» (Sangirardi). – 5. *fortuna*: tempesta. – 6. *dal mezzogiorno*: dall'Africa.
    65. – 1. *sorto*: approdato; cfr. IV, 51, 5. – 5. *conforto*: speranza. – 8. *instrutte*:
apparecchiate; cfr. VI, 44, 6.
    66. – 1-2. *Cumea... madre d'Ettorre*: la Sibilla Cumana ed Ecuba; cfr. VII, 73, 5.
– 5. *o... pur*: oppure. – 6. *costuma*: legge (cfr. DANTE, *Inf.*, XXIX, 127). – 7. *Degli dua...
tôrre*: delle due alternative dovevano sceglierne una.

che contra dieci nostri uomini osasse
prender battaglia, e desse lor la morte,
e far con diece femine bastasse
per una notte ufficio di consorte;
egli si rimarria principe nostro,
e gir voi ne potreste al camin vostro.

68.   E sarà in vostro arbitrio il restar anco,
vogliate o tutti o parte; ma con patto,
che chi vorrà restare, e restar franco,
marito sia per diece femine atto.
Ma quando il guerrier vostro possa manco
dei dieci che gli fian nimici a un tratto,
o la seconda pruova non fornisca,
vogliàn voi siate schiavi, egli perisca. –

69.   Dove la vecchia ritrovar timore
credea nei cavallier, trovò baldanza;
che ciascun si tenea tal feritore,
che fornir l'uno e l'altro avea speranza:
et a Marfisa non mancava il core,
ben che mal atta alla seconda danza;
ma dove non l'aitasse la natura,
con la spada supplir stava sicura.

70.   Al padron fu commessa la risposta,
prima conchiusa per commun consiglio:
ch'avean chi lor potria di sé a lor posta
ne la piazza e nel letto far periglio.
Levan l'offese, et il nocchier s'accosta,
getta la fune e le fa dar di piglio;
e fa acconciare il ponte, onde i guerrieri
escono armati, e tranno i lor destrieri.

---

67. – 5. *bastasse*: avesse abbastanza vigore per.

68. – 3. *franco*: libero. – 5. *possa manco*: si dimostri meno forte. – 6. *a un tratto*: tutti contemporaneamente. – 7. *fornisca*: cfr. XIX, 58, 2.

69. – 3. *si tenea*: si riteneva. – 4. *fornir... l'altro*: superare entrambe le prove. – 6. *danza*: prova amorosa; spesso in questo senso: cfr. Boccaccio, *Decam.*, VIII, viii, 28; Pulci, *Morg.*, VIII, 12, 1.

70. – 3-4. *ch'avean... periglio*: che avevano fra loro chi era in grado di far con quella prova di sé (lat. *periculum facere*), sia nella giostra in piazza che nella prova amorosa. – 5. *Levan l'offese*: quelli della città depongono gli atteggiamenti ostili. – 8. *tranno*: traggono a terra.

71.　　E quindi van per mezzo la cittade,
　　　e vi ritruovan le donzelle altiere,
　　　succinte cavalcar per le contrade,
　　　et in piazza armeggiar come guerriere.
　　　Né calciar quivi spron, né cinger spade,
　　　né cosa d'arme puon gli uomini avere,
　　　se non dieci alla volta, per rispetto
　　　de l'antiqua costuma ch'io v'ho detto.

72.　　Tutti gli altri alla spola, all'aco, al fuso,
　　　al pettine et all'aspo sono intenti,
　　　con vesti feminil che vanno giuso
　　　insin al piè, che gli fa molli e lenti.
　　　Si tengono in catena alcuni ad uso
　　　d'arar la terra o di guardar gli armenti.
　　　Son pochi i maschi, e non son ben, per mille
　　　femine, cento, fra cittadi e ville.

73.　　Volendo tôrre i cavallieri a sorte
　　　chi di lor debba per commune scampo
　　　l'una decina in piazza porre a morte,
　　　e poi l'altra ferir ne l'altro campo;
　　　non disegnavan di Marfisa forte,
　　　stimando che trovar dovesse inciampo
　　　ne la seconda giostra de la sera;
　　　ch' ad averne vittoria abil non era.

74.　　Ma con gli altri esser vòlse ella sortita:
　　　or sopra lei la sorte in somma cade.
　　　Ella dicea: — Prima v'ho a por la vita,
　　　che v'abbiate a por voi la libertade:
　　　ma questa spada — e lor la spada addita,
　　　che cinta avea — vi do per securtade

71. – 3. *succinte*: in vesti succinte. – 5. *calciar*: calzare (lat.).

72. – 1-2. *Tutti... intenti*: tutti gli altri uomini sono dediti a lavori donneschi; cfr. DANTE, *Inf.*, XX, 121-122: «l'ago, la spola e 'l fuso». – 4. *che*: il che; *molli e lenti*: effeminati e pigri; cfr. VI, 20, 7-8; 62, 2; VII, 48, 3; 53, 5. – 7-8. *non son ben... cento*: non sono neppure cento.

73. – 1. *tôrre*: estrarre. – 5. *non disegnavan di*: non facevano assegnamento su.

74. – 1. *sortita*: sorteggiata. – 2. *in somma*: per dirla in breve. – 3. *por la vita*:

ch'io vi sciorrò tutti gl'intrichi al modo
che fe' Alessandro il gordïano nodo.

75.   Non vuo' mai più che forestier si lagni
di questa terra, fin che 'l mondo dura. –
Così disse; e non potero i compagni
torle quel che le dava sua aventura.
Dunque, o ch'in tutto perda, o lor guadagni
la libertà, le lasciano la cura.
Ella di piastre già guernita e maglia,
s'appresentò nel campo alla battaglia.

76.   Gira una piazza al sommo de la terra,
di gradi a seder atti intorno chiusa;
che solamente a giostre, a simil guerra,
a caccie, a lotte, e non ad altro s'usa:
quattro porte ha di bronzo, onde si serra.
Quivi la moltitudine confusa
de l'armigere femine si trasse;
e poi fu detto a Marfisa ch'entrasse.

77.   Entrò Marfisa s'un destrier leardo,
tutto sparso di macchie e di rotelle,
di piccol capo e d'animoso sguardo,
d'andar superbo e di fattezze belle.
Pel maggiore e più vago e più gagliardo,
di mille che n'avea con briglie e selle,
scelse in Damasco, e realmente ornollo,
et a Marfisa Norandin donollo.

rimetterci la mia vita. – 8. *Alessandro... nodo*: Gordio, re di Frigia, aveva fatto un
nodo in tal modo, che non se ne poteva trovare l'estremità. Alessandro Magno
lo tagliò con la spada. Le leggende sull'impresa di Alessandro erano diffusis-
sime nel Medioevo, soprattutto per merito dei numerosi «*Romans d'Alexan-
dre*».
    75. – 3. *potero*: forma rara, proparossitona. – 4. *torle... aventura*: toglierle il
diritto di combattere, che le era stato concesso dalla sorte. – 6. *cura*: responsabilità.
– 7. *piastre... maglia*: cfr. I, 17, 3.
    76. – 1-2. *Gira... chiusa*: nella parte più alta della città c'è una piazza circolare,
ad anfiteatro, circondata cioè da gradini su cui si può sedere. – 3. *a simil guerra*:
alla guerra per il cavaliere sfidante e i dieci campioni. – 5. *onde*: con le quali.
    77. – 1. *leardo*: grigio (lat. mediev. *liardus*; ant. franc. *liart*). – 2. *rotelle*: macchie
a forma di cerchietto; cfr. DANTE, *Inf.*, XVII, 15. – 7. *scelse*: lo scelse; *realmente*,
regalmente.

78.   Da mezzogiorno e da la porta d'austro
       entrò Marfisa; e non vi stette guari,
       ch'appropinquare e risonar pel claustro
       udì di trombe acuti suoni e chiari:
       e vide poi di verso il freddo plaustro
       entrar nel campo i dieci suoi contrari.
       Il primo cavallier ch'apparve inante,
       di valer tutto il resto avea sembiante.

79.   Quel venne in piazza sopra un gran destriero,
       che, fuor ch'in fronte e nel piè dietro manco,
       era, più che mai corbo, oscuro e nero:
       nel piè e nel capo avea alcun pelo bianco.
       Del color del cavallo il cavalliero
       vestito, volea dir che, come manco
       del chiaro era l'oscuro, era altretanto
       il riso in lui verso l'oscuro pianto.

80.   Dato che fu de la battaglia il segno,
       nove guerrier l'aste chinaro a un tratto;
       ma quel dal nero ebbe il vantaggio a sdegno:
       si ritirò, né di giostrar fece atto.
       Vuol ch'alle leggi inanzi di quel regno,
       ch'alla sua cortesia, sia contrafatto.
       Si tra' da parte e sta a veder le pruove
       ch'una sola asta farà contra a nove.

---

78. – 1. *Da mezzogiorno*: verso mezzogiorno; cfr. VIII, 86, 1; *da... austro*: dalla porta che guarda a sud. – 2. *non... guari*: non restò lì a lungo. – 3. *claustro*: recinto, piazza chiusa (lat.). – 5. *il freddo plaustro*: il carro (lat.) freddo dell'Orsa; sta a indicare il nord, cioè la direzione da cui provengono i campioni. Le tre rime in «-austro» sono dantesche (*Purg.*, XXXII, 95-99). – 6. *contrari*: avversari. – 8. *tutto il resto*: gli altri nove presi insieme.

79. – 2. *piè dietro manco*: piede posteriore sinistro. – 3. *più che... nero*: cfr. PULCI, *Morg.*, XX, 81, 7-8: «quattro destrieri... più che corbi neri». – 5-8. *Del color ecc.*: il cavaliere era vestito dello stesso colore del cavallo, a indicare che, come nel suo vestito il colore oscuro era privo di bianco, così nel suo animo il pianto era privo di riso. Per l'aggettivo «oscuro» nel senso di doloroso, cfr. IX, 44, 7; XVI, 20, 6; per la simbologia dei colori nelle sopravvesti, cfr. VI, 13, 3-4; XXXII, 46, 7.

80. – 3. *quel dal nero*: il cavaliere dalla sopravveste nera; cfr. XIV, 38, 2. – 5-6. *Vuol... contrafatto*: preferisce agire in opposizione alle leggi di quel regno che a quelle di cortesia. – 7. *tra'*: trae.

81.   Il destrier, ch'avea andar trito e soave,
    portò all'incontro la donzella in fretta,
    che nel corso arrestò lancia sì grave,
    che quattro uomini avriano a pena retta.
    L'avea pur dianzi al dismontar di nave
    per la più salda in molte antenne eletta.
    Il fier sembiante con ch'ella si mosse,
    mille faccie imbiancò, mille cor scosse.

82.   Aperse, al primo che trovò, sì il petto,
    che fôra assai che fosse stato nudo:
    gli passò la corazza e il soprapetto,
    ma prima un ben ferrato e grosso scudo.
    Dietro le spalle un braccio il ferro netto
    si vide uscir: tanto fu il colpo crudo.
    Quel fitto ne la lancia a dietro lassa,
    e sopra gli altri a tutta briglia passa.

83.   E diede d'urto a chi venìa secondo,
    et a chi terzo sì terribil botta,
    che rotto ne la schena uscir del mondo
    fe' l'uno e l'altro, e de la sella a un'otta:
    sì duro fu l'incontro e di tal pondo,
    sì stretta insieme ne venìa la frotta.
    Ho veduto bombarde a quella guisa
    le squadre aprir, che fe' lo stuol Marfisa.

84.   Sopra di lei più lance rotte furo;
    ma tanto a quelli colpi ella si mosse
    quanto nel giuoco de le caccie un muro

---

81. – 1. *andar trito e soave*: andatura veloce, a piccoli passi (l'aggettivo *trito* era in BOCCACCIO, *Dec.*, VIII, 7, 29: «fare su per la neve una carola trita»), ed elegante, senza sobbalzi. – 2. *all'incontro*: allo scontro. – 3. *nel corso*: durante la corsa; *arrestò*: mise in resta. – 6. *in molte antenne*: fra numerose lance pesanti. – 8. *mille... mille*: cifra iperbolica cara ai canterini.

82. – 2. *fôra... nudo*: il colpo sarebbe stato dato con impeto sufficiente anche se fosse stato nudo. – 3. *soprapetto*: veste imbottita che si portava sotto la corazza. – 5. *un braccio*: per la lunghezza di un braccio. – 7. *fitto*: infilzato.

83. – 1. *diede d'urto*: colpì sullo slancio, urtandoli con l'impeto del cavallo (Bigi). – 4. *de la... otta*: e li fece uscire di sella a un'ora, nello stesso momento, infilzandoli tutti e due nella stessa lancia. – 7. *a quella guisa*: con la stessa furia. – 8. *le squadre aprir*: aprire vuoti fra le schiere.

84. – 3. *giuoco de le caccie*: riferimento a una qualche varietà del gioco del

si muova a' colpi de le palle grosse.
L'usbergo suo di tempra era sì duro,
che non gli potean contra le percosse;
e per incanto al fuoco de l'Inferno
cotto, e temprato all'acque fu d'Averno.

85. Al fin del campo il destrier tenne e volse,
e fermò alquanto: e in fretta poi lo spinse
incontra gli altri, e sbarragliolli e sciolse,
e di lor sangue insin all'elsa tinse.
All'uno il capo, all'altro il braccio tolse;
e un altro in guisa con la spada cinse,
che 'l petto in terra andò col capo et ambe
le braccia, e in sella il ventre era e le gambe.

86. Lo partì, dico, per dritta misura,
de le coste e de l'anche alle confine,
e lo fe' rimaner mezza figura,
qual dinanzi all'imagini divine,
posto d'argento, e più di cera pura
son da genti lontane e da vicine,
ch'a ringraziarle e sciorre il voto vanno
de le domande pie ch'ottenute hanno.

87. Ad uno che fuggia, dietro si mise,
né fu a mezzo la piazza, che lo giunse;

---

pallone, probabilmente una specie di «palla a mano», che consisteva nel colpire e
far rimbalzare la palla contro un muro; l'espressione *de le caccie* si riferisce probabilmente all'atto dello scagliare, o *cacciare*, la palla contro o al di là del muro. –
8. *temprato... Averno*: cfr. II, 42, 8 e VIRGILIO, *Aen.*, XII, 91: «*Stygia candentem tinxerat
unda*». Le armi di Marfisa erano incantate anche secondo l'*Innam.*, I, XVIII, 5, 5-8.
    85. – 1. *tenne e volse*: frenò e fece girare. – 3. *sbarragliolli e sciolse*: li mise in
scompiglio e li disperse. – 6. *cinse*: lo colpì in pieno, brandendo la spada «a cerco»
e tagliandolo a traverso i fianchi; cfr. XVI, 24, 6; XXV, 11, 5. – 7-8. *'l petto in terra
ecc.*: di simili colpi iperbolici e allegramente feroci ci sono frequenti esempi nei
cantari; cfr. per es. *Orlando*, XI, 34, 6-8: «L'elmo tagliò, lo sbergo e lo sguardo, La
testa ancora insino alle spalle; Lo 'nbusto voltolossi quindavalle».
    86. – 1. *parti... misura*: divise esattamente. – 2. *de le coste... confine*: ai confini, al
punto di congiunzione fra i fianchi e le anche. Espressione frequente nell'*Innam.*,
ripresa da Ariosto in *Rime*, Canz. I, 94, in *Lena* 910, e anche nei *Cinque canti* II, 51,
5. – 5-6. *qual... pura*: simili a quelle mezze statuette d'argento e più comunemente
di cera, che vengono poste (il participio non concordato *posto* non è estraneo
all'uso dell'Ariosto; potrebbe però anche trattarsi di un errore dello stampatore di
B, trasmesso poi a C; in A si ha *poste* in rima) davanti alle immagini dei santi. –
8. *domande pie*: grazie invocate pietosamente.

e 'l capo e 'l collo in modo gli divise,
che medico mai più non lo raggiunse.
In somma tutti un dopo l'altro uccise,
o ferì sì ch'ogni vigor n'emunse;
e fu sicura che levar di terra
mai più non si potrian per farle guerra.

88.   Stato era il cavallier sempre in un canto,
che la decina in piazza avea condutta;
però che contra un solo andar con tanto
vantaggio opra gli parve iniqua e brutta.
Or che per una man tôrsi da canto
vide sì tosto la compagna tutta,
per dimostrar che la tardanza fosse
cortesia stata e non timor, si mosse.

89.   Con man fe' cenno di volere, inanti
che facesse altro, alcuna cosa dire;
e non pensando in sì viril sembianti
che s'avesse una vergine a coprire,
le disse: — Cavalliero, omai di tanti
esser déi stanco, c'hai fatto morire;
e s'io volessi, più di quel che sei,
stancarti ancor, discortesia farei.

90.   Che ti riposi insino al giorno nuovo,
e doman torni in campo, ti concedo.
Non mi fia onor se teco oggi mi pruovo,
che travagliato e lasso esser ti credo. —
— Il travagliare in arme non m'è nuovo,
né per sì poco alla fatica cedo; —
disse Marfisa — e spero ch'a tuo costo
io ti farò di questo aveder tosto.

---

87. – 4. *raggiunse*: ricongiunse; cfr. *Pulzella Gaia*, II, 68, 1-2: «un colpo di
buon cuor ei dia Non bisognava medico al guarire». – 6. *emunse*: tolse; cfr. III,
27, 6.

88. – 2. *la decina... avea condutta*: aveva guidato il gruppo dei dieci cavalieri. –
5. *per una man*: per mano di un solo guerriero. – 6. *compagna*: compagnia.

89. – 1. *Con man fe' cenno*: cfr. VIRGILIO, *Aen.*, XII, 692: «*significat manu*». –
3. *in sì viril sembianti*: sotto vesti e aspetto così virili. – 4. *coprire*: nascondere.

90. – 7. *a tuo costo*: a tue spese.

91.   De la cortese offerta ti ringrazio,
        ma riposare ancor non mi bisogna;
        e ci avanza del giorno tanto spazio,
        ch'a porlo tutto in ozio è pur vergogna. –
        Rispose il cavallier: – Fuss'io sì sazio
        d'ogn'altra cosa che 'l mio core agogna,
        come t'ho in questo da saziar; ma vedi
        che non ti manchi il dì più che non credi. –

92.   Così disse egli, e fe' portare in fretta
        due grosse lance, anzi due gravi antenne;
        et a Marfisa dar ne fe' l'eletta:
        tolse l'altra per sé, ch'indietro venne.
        Già sono in punto, et altro non s'aspetta
        ch'un alto suon che lor la giostra accenne.
        Ecco la terra e l'aria e il mar rimbomba
        nel mover loro al primo suon di tromba.

93.   Trar fiato, bocca aprir o battere occhi
        non si vedea de' riguardanti alcuno:
        tanto a mirare a chi la palma tocchi
        dei duo campioni, intento era ciascuno.
        Marfisa, acciò che de l'arcion trabocchi,
        si che mai non si levi, il guerrier bruno,
        drizza la lancia; e il guerrier bruno forte
        studia non men di por Marfisa a morte.

94.   Le lancie ambe di secco e suttil salce,
        non di cerro sembrâr grosso et acerbo,

---

91. – 4. *porlo*: consumarlo. – 5-6. *Fuss'io ecc.*: fossi in grado di soddisfare il
desiderio del mio cuore, come io lo sono di soddisfare il tuo desiderio di combattere. Il cavaliere in nero accenna a un suo segreto desiderio. – 8. *che non... credi*: non
t'abbia a far difetto la luce del giorno, prima di quanto tu creda. Ma per *dì* Bigi
prospetta l'ipotesi che possa significare «la vita».
    92. – 3. *dar ne fe' l'eletta*: fece dare quella che essa scelse (interpretando *eletta*
quale part. pass., come a XIX, 81, 6); oppure (interpretandolo quale sostantivo,
come in XXXV, 74, 7; XXXVIII, 74, 3): fece fare a lei la scelta. A sostegno della
seconda ipotesi si può portare BOIARDO, *Innam.*, II, XXVIII, 14, 1: «A Brandimarte
fu dato la eletta», dove si tratta pure di due lance. – 4. *ch'indietro venne*: che gli fu
riportata indietro, perché rifiutata da Marfisa. – 5. *in punto*: pronti. – 6. *accenne*: dia
il segnale d'inizio. – 7-8. *rimbomba... tromba*: cfr. XVI, 56; XVIII, 7, 7-8.
    93. – 7-8. *forte... non men*: si impegna con non minore vigore.
    94. – 1-2. *secco e suttil... grosso et acerbo*: si noti la disposizione chiastica degli

così n'andaro in tronchi fin al calce;
e l'incontro ai destrier fu sì superbo,
che parimente parve da una falce
de le gambe esser lor tronco ogni nerbo.
Cadero ambi ugualmente; ma i campioni
fur presti a disbrigarsi dagli arcioni.

95.   A mille cavallieri alla sua vita
al primo incontro avea la sella tolta
Marfisa, et ella mai non n'era uscita;
e n'uscì, come udite, a questa volta.
Del caso strano non pur sbigottita,
ma quasi fu per rimanerne stolta.
Parve anco strano al cavallier dal nero,
che non solea cader già di leggiero.

96.   Tocca avean nel cader la terra a pena,
che furo in piedi e rinovâr l'assalto.
Tagli e punte a furor quivi si mena,
quivi ripara or scudo, or lama, or salto.
Vada la botta vòta o vada piena,
l'aria ne stride e ne risuona in alto.
Quelli elmi, quelli usberghi, quelli scudi
mostrâr ch'erano saldi più ch'incudi.

97.   Se de l'aspra donzella il braccio è grave,
né quel del cavallier nimico è lieve.
Ben la misura ugual l'un da l'altro have:
quanto a punto l'un dà, tanto riceve.

aggettivi. – 3. *fin al calce*: fino al calcio, all'impugnatura. – 4. *superbo*: aspro,
violento. – 7. *Cadero*: caderono, caddero.
    95. – 1. *alla sua vita*: in vita sua; è modo popolaresco: cfr. *Orlando*, XI, 19, 2:
«Alla sua vita non fu sì doglioso». – 2. *avea la sella tolta*: aveva disarcionato. –
4. *a questa volta*: cfr. Pulci, *Morg.*, X, 64, 4: «a questa volta». – 6. *stolta*: fuori di sé,
stordita. – 8. *di leggiero*: facilmente.
    96. – 4. *ripara... salto*: parano i colpi ora con lo scudo, ora con la spada, ora
facendo un salto laterale. – 5. *Vada... piena*: vada il colpo a vuoto (cfr. II, 53, 3);
o colpisca in pieno (cfr. XII, 50, 4). – 8. *più ch'incudi*: più che incudini; cfr. I,
17, 4.
    97. – 1. *grave*: pesante, in perfetta contrapposizione con *lieve* (v. 2). – 3. *Ben...*

Chi vol due fiere audaci anime brave,
cercar più là di queste due non deve,
né cercar più destrezza né più possa;
che n'han tra lor quanto più aver si possa.

98.   Le donne, che gran pezzo mirato hanno
continuar tante percosse orrende,
e che nei cavallier segno d'affanno
e di stanchezza ancor non si comprende;
dei duo miglior guerrier lode lor danno,
che sien tra quanto il mar sua braccia estende.
Par lor che, se non fosser più che forti,
esser dovrian sol del travaglio morti.

99.   Ragionando tra sé, dicea Marfisa:
«Buon fu per me che costui non si mosse;
ch'andava a risco di restarne uccisa,
se dianzi stato coi compagni fosse,
quando io mi truovo a pena a questa guisa
di potergli star contra alle percosse».
Così dicea Marfisa; e tuttavolta
non resta di menar la spada in volta.

100.   «Buon fu per me,» dicea quell'altro ancora
«che riposar costui non ho lasciato.
Difender me ne posso a fatica ora
che de la prima pugna è travagliato.
Se fin al nuovo dì facea dimora
a ripigliar vigor, che saria stato?
Ventura ebbi io, quanto più possa aversi,
che non volesse tor quel ch'io gli offersi».

101.   La battaglia durò fin alla sera,
né chi avesse anco il meglio era palese;

have: la robustezza o il peso del braccio dei due guerrieri sono perfettamente
uguali. – 5. brave: feroci; cfr. X, 33, 4. – 7. possa: possanza, forza.
    98. – 3. e che: e hanno visto che. – 4. comprende: scorge. – 6. tra... estende: su
tutte le terre abbracciate dal mare. – 8. travaglio: fatica; cfr. Spagna, IV, 8, 7.
    99. – 2. non si mosse: non venne all'assalto insieme agli altri. – 3. andava a
risco: rischiavo. – 5-6. quando... percosse: dal momento che ora stento, affrontandolo
da sola, a riparare i suoi colpi.
    100. – 7. Ventura: fortuna. – 8. tor: accettare.

né l'un né l'altro più senza lumiera
saputo avria come schivar l'offese.
Giunta la notte, all'inclita guerriera
fu primo a dir il cavallier cortese:
– Che faren, poi che con ugual fortuna
n'ha sopragiunti la notte importuna?

102.   Meglio mi par che 'l viver tuo prolunghi
almeno insino a tanto che s'aggiorni.
Io non posso concederti che aggiunghi
fuor ch'una notte picciola ai tua giorni.
E di ciò che non gli abbi aver più lunghi,
la colpa sopra me non vuo' che torni:
torni pur sopra alla spietata legge
del sesso feminil che 'l loco regge.

103.   Se di te duolmi e di quest'altri tuoi,
lo sa colui che nulla cosa ha oscura.
Con tuoi compagni star meco tu puoi:
con altri non avrai stanza sicura;
perché la turba, a cu' i mariti suoi
oggi uccisi hai, già contra te congiura.
Ciascun di questi a cui dato hai la morte,
era di diece femine consorte.

104.   Del danno c'han da te ricevut'oggi,
disian novanta femine vendetta:
sì che se meco ad albergar non poggi,
questa notte assalito esser t'aspetta. –
Disse Marfisa: – Accetto che m'alloggi,
con sicurtà che non sia men perfetta
in te la fede e la bontà del core,
che sia l'ardire e il corporal valore.

101. – 3. *senza lumiera*: senza la luce del giorno.
102. – 3. *aggiunghi*: tu aggiunga. – 5. *di ciò... lunghi*: di avere la vita corta. –
6. *torni*: ricada.
103. – 2. *colui*: Dio. – 4. *stanza*: dimora.
104. – 3. *poggi*: sali. – 6. *con sicurtà*: fiducioso.

105.   Ma che t'incresca che m'abbi ad uccidere,
         ben ti può increscere anco del contrario.
         Fin qui non credo che l'abbi da ridere,
         perch'io sia men di te duro avversario.
         O la pugna seguir vogli o dividere,
         o farla all'uno o all'altro luminario,
         ad ogni cenno pronta tu m'avrai,
         e come et ogni volta che vorrai. –

106.   Così fu differita la tenzone,
         fin che di Gange uscisse il nuovo albóre,
         e si restò senza conclusïone
         chi d'essi duo guerrier fosse il migliore.
         Ad Aquilante venne et a Grifone
         e così agli altri il liberal signore,
         e li pregò che fin al nuovo giorno
         piacesse lor di far seco soggiorno.

107.   Tenner lo 'nvito senza alcun sospetto:
         indi, a splendor de bianchi torchi ardenti,
         tutti saliro ov'era un real tetto,
         distinto in molti adorni alloggiamenti.
         Stupefatti al levarsi de l'elmetto,
         mirandosi, restaro i combattenti;
         che 'l cavallier, per quanto apparea fuora,
         non eccedeva i diciotto anni ancora.

108.   Si maraviglia la donzella, come
         in arme tanto un giovinetto vaglia;
         si maraviglia l'altro, ch'alle chiome

---

105. – 2. *del contrario*: d'essere ucciso. – 5. *seguir*: proseguire; *dividere*: interrompere. – 6. *all'uno... luminario*: alla luce dell'uno o dell'altro astro, cioè del sole o della luna; cfr. *Genesi*, I: «*Deus fecit duo luminaria magna*». – 7. *pronta*: avrebbe dovuto dire «pronto».

106. – 1. *Così... tenzone*: cfr. I, 21, 2. – 2. *di Gange*: dall'Oriente; cfr. XVIII, 177, 6. – 6. *liberal*, è qualità essenziale cortese-cavalleresca (cfr. DANTE, *Convivio*, I, VIII, 2: «Liberalitate... è, sanza essere domandato lo dono, dare quello»); attraverso il Boccaccio essa divenne, umanizzandosi, requisito fondamentale dell'uomo rinascimentale.

107. – 1. *Tenner*: accettarono; cfr. XVII, 24, 2; *senza... sospetto*: cfr. DANTE, *Inf.*, V, 129. – 2. *torchi*: torce. – 3. *real tetto*: dimora regale. – 7. *per... fuora*: a giudicare dal suo aspetto esteriore.

s'avede con chi avea fatto battaglia:
e si domandan l'un con l'altro il nome,
e tal debito tosto si ragguaglia.
Ma come si nomasse il giovinetto,
ne l'altro canto ad ascoltar v'aspetto.

---

108. – 6. *tal... ragguaglia*: viene da entrambi subito soddisfatto il reciproco obbligo di rispondere; cfr. DANTE, *Purg.*, XIV, 28-29. – 8. *ad ascoltar v'aspetto*: cfr. V, 92, 8.

CANTO VENTESIMO

Esordio: lodi delle donne famose dell'antichità e di quelle del Cinquecento. L'ignoto valoroso guerriero si presenta come Guidon Selvaggio e narra l'origine dei costumi delle femmine omicide. Astolfo lo riconosce come suo cugino. Marfisa gli propone di unirsi a lei e ai compagni in un tentativo di fuga. Guidone, coll'aiuto dell'amata Aleria, riesce a preparare nottetempo un piano di evasione. Mentre fuggono, sono intercettati e assaliti dalle donne di Laiazzo. Astolfo dà fiato al corno incantato e mette tutti in fuga. Marfisa, Guidone, Sansonetto, Grifone e Aquilante trovano Aleria sulla spiaggia e con lei prendono il largo. Astolfo resta a terra e prende altro cammino. I sei guerrieri giungono a Marsiglia. Marfisa si separa dalla compagnia; gli altri cinque giungono a un castello, il cui signore li ospita cortesemente ma di notte li fa imprigionare e impone loro di osservare un malvagio costume. Marfisa frattanto incontra Gabrina, la vecchia che custodiva Isabella nella caverna dei ladroni. La prende con sé sul cavallo al guado di un torrente. Sopraggiunge Pinabello con la sua amante, che si prende gioco di Gabrina. Marfisa scavalca Pinabello e costringe la donna a donare i suoi abiti e il palafreno a Gabrina. Proseguono il cammino. Incontrano Zerbino, che ride alla vista di Gabrina. Marfisa lo sfida, col patto che chi perde dovrà servire fedelmente la vecchia. Zerbino vinto è costretto a mantenere il patto. La vecchia lo tormenta e gli dà false notizie di Isabella.

1.   Le donne antique hanno mirabil cose
         fatto ne l'arme e ne le sacre muse;
         e di lor opre belle e glorïose

---

1. – 1. *mirabil cose*: cfr. PETRARCA, *Tr. Fama*, II, 24: «E 'n poca piazza fe' mirabil cose». – 2. *ne l'arme... muse*: nelle imprese militari, nelle arti e nelle scienze; sul *topos sapientia et fortitudo*, cfr. E. R. CURTIUS, *Letteratura europea* cit., pp. 196

gran lume in tutto il mondo si diffuse.
Arpalice e Camilla son famose,
perché in battaglia erano esperte et use;
Safo e Corinna, perché furon dotte,
splendono illustri, e mai non veggon notte.

2.　　　Le donne son venute in eccellenza
di ciascun'arte ove hanno posto cura;
e qualunque all'istorie abbia avvertenza,
ne sente ancor la fama non oscura.
Se 'l mondo n'è gran tempo stato senza,
non però sempre il mal influsso dura;
e forse ascosi han lor debiti onori
l'invidia o il non saper degli scrittori.

3.　　　Ben mi par di veder ch'al secol nostro
tanta virtù fra belle donne emerga,
che può dare opra a carte et ad inchiostro,

---

segg. – 5. *Arpalice*: principessa della Tracia, amazzone e famosa guerriera, cfr. VIRGILIO, *Aen.*, I, 316-317; *Camilla*: l'eroina virgiliana, figlia di Metabo re dei Volsci; cfr. *Aen.*, VII, 803 segg.; XI, 432 segg. – 7. *Safo*: Saffo, la poetessa di Lesbo; cfr. ORAZIO, *Carm.*, IV, IX, 10-12; *Corinna*: l'accenno a Corinna, poetessa di Tanagra in Beozia, è segno di un umanesimo abbastanza prezioso. Per secoli essa è stata solo un nome, e non sempre fu inclusa nel canone alessandrino dei nove lirici greci. Di lei la tradizione ricordava che aveva sconfitto quattro volte Pindaro in gara poetica. Il fatto che proprio Corinna e Saffo compaiano appaiate nel *Parnaso* di Raffaello, che affresca le Stanze vaticane, è indice non solo della familiarità di Ariosto con gli ambienti della cultura romana, da lui frequentati nel corso di parecchi viaggi e missioni diplomatiche presso la corte papale, ma anche di scambi molto speciali e raffinati tra umanesimo letterario e umanesimo figurativo (cfr. R. CESERANI, *L. Ariosto e la cultura figurativa del suo tempo*, in *Studies in the Italian Renaissance. Essays in Memory of A. B. Ferruolo*, a cura di G. P. BIASIN, A. N. MANCINI e N. J. PERELLA, Napoli, Società Editrice Napoletana, 1985, pp. 145-66); *dotte*: esperte nel poetare (lat.). – 8. *non veggon notte*: non conoscono l'oblio: cfr. ORAZIO, *loc. cit.*, 27-28: «*ignotique longa nocte*».
　　2. – 3. *qualunque... abbia avvertenza*: chiunque consideri con attenzione. – 6. *il mal influsso*: l'influsso sfavorevole della fortuna. – 7-8. *e forse... scrittori*: e forse l'invidia o l'ignoranza degli scrittori (e saranno gli scrittori dei secoli oscuri) hanno tenuto nascosti gli onori che eran loro dovuti. Osserva analogamente il CASTIGLIONE, *Cortegiano*, III, 13 come «gli omini siano stati sempre parcissimi nello scrivere le laudi delle donne».
　　3. – 2. *emerga*: venga in luce, risalti. – 3. *opra*: argomento, soggetto di lavoro; l'Ariosto stesso più avanti (nell'esordio del XXXVII e al XLII, 79 segg.) tesserà l'elogio delle donne famose del suo tempo; *carte... inchiostro*: cfr. PETRARCA, *Canz.*,

perché nei futuri anni si disperga,
e perché, odiose lingue, il mal dir vostro
con vostra eterna infamia si sommerga:
e le lor lode appariranno in guisa,
che di gran lunga avanzeran Marfisa.

4. Or pur tornando a lei, questa donzella
al cavallier che l'usò cortesia,
de l'esser suo non niega dar novella,
quando esso a lei voglia contar chi sia.
Sbrigossi tosto del suo debito ella:
tanto il nome di lui saper disia.
– Io son – disse – Marfisa: – e fu assai questo;
che si sapea per tutto 'l mondo il resto.

5. L'altro comincia, poi che tocca a lui,
con più proemio a darle di sé conto,
dicendo: – Io credo che ciascun di vui
abbia de la mia stirpe il nome in pronto;
che non pur Francia e Spagna e i vicin sui,
ma l'India, l'Etïopia e il freddo Ponto
han chiara cognizion di Chiaramonte,
onde uscì il cavallier ch'uccise Almonte,

6. e quel ch'a Chiarïello e al re Mambrino
diede la morte, e il regno lor disfece.
Di questo sangue, dove ne l'Eusino
l'Istro ne vien con otto corna o diece,

XXIII, 99. – 4. *si disperga*: si diffonda. – 5. *odiose lingue*: lingue ostili degli scrittori invidiosi e dei maldicenti. – 8. *avanzeran*: supereranno.

    4. – 2. *l'usò*: le usò. – 5. *debito*: cfr. XIX, 108, 6. – 7. *assai*: abbastanza.

    5. – 2. *con più proemio*: con più lungo preambolo. – 4. *abbia... in pronto*: abbia presente (lat. *habere in promptu*). – 5. *i vicin sui*: i paesi a loro vicini, cioè le altre parti d'Europa. – 6. *Ponto*: antico regno sull'Eusino (mar Nero), ove nel Medioevo fu fondato l'impero di Trebisonda. È detto *freddo* perché si trova a nord; ma cfr. OVIDIO, *Tristia*, V, x, 1. – 7. *Chiaramonte*: cfr. II, 67, 1. – 8. *il cavallier... Almonte*: Orlando; cfr. I, 1, 3; 28, 5.

    6. – 1. *quel*: Rinaldo; *Chiarïello... Mambrino*: sul duello fra Rinaldo e Mambrino cfr. n. a I, 28, 5. Chiariello era un gigante che aveva una parte considerevole nella storia delle avventure di Rinaldo, successivamente alla morte di Mambrino. Egli era fratello di Mambrino e Brunamonte e fu vinto in battaglia da Rinaldo, malgrado l'aiuto ricevuto da un leone. Da quel fatto derivava anche l'insegna del leone propria di Rinaldo; cfr. P. RAJNA, *Rinaldo da Montalbano*, in «Propugnatore», N. S., III, 1870, P. I, p. 137. – 3-4. *dove... diece*: dove il Danubio (lat. *Hister*) sbocca

al duca Amone, il qual già peregrino
vi capitò, la madre mia mi fece:
e l'anno è ormai ch'io la lasciai dolente,
per gire in Francia a ritrovar mia gente.

7.   Ma non potei finire il mio vïaggio,
che qua mi spinse un tempestoso Noto.
Son dieci mesi o più che stanza v'aggio,
che tutti i giorni e tutte l'ore noto.
Nominato son io Guidon Selvaggio,
di poca pruova ancora e poco noto.
Uccisi qui Argilon da Melibea
con dieci cavallier che seco avea.

8.   Feci la pruova ancor de le donzelle:
così n'ho diece a' miei piaceri allato;
et alla scelta mia son le più belle,
e son le più gentil di questo stato.
E queste reggo e tutte l'altre; ch'elle
di sé m'hanno governo e scettro dato:
così daranno a qualunque altro arrida
Fortuna sì, che la decina ancida. –

9.   I cavallier domandano a Guidone,
com'ha sì pochi maschi il tenitoro;
e s'alle moglie hanno suggezïone,
come esse l'han negli altri lochi a loro.
Disse Guidon: – Più volte la cagione

con otto o dieci bracci (lat. *cornua*) nel mar Nero. – 5. *al duca Amone*: cioè al padre
di Rinaldo. Il personaggio che qui parla, Guidon Selvaggio, era molto noto ai
lettori di romanzi cavallereschi e aveva avuto una parte considerevole nelle *Storie
di Rinaldo* e nella *Regina Ancroia*. In quei romanzi però era presentato come
bastardo di Rinaldo e figlio di Costanza. L'Ariosto l'ha fatto fratello di Rinaldo
per non caricare troppo di anni il paladino; cfr. P. RAJNA, *Le fonti dell'«Orlando
Furioso»* cit., p. 306.
    7. – 2. *Noto*: vento di mezzogiorno; cfr. VI, 42, 3. – 3. *stanza v'aggio*: qui dimoro.
– 4. *noto*: conto. – 8. *con dieci*: dovrebbe dire «con nove»; ma l'uso di contare il
capitano come incluso nel numero della schiera che comanda non era ignoto; cfr.
XIX, 88, 2: «la decina» e DANTE, *Inf.*, XXI, 120: «E Barbariccia guidi la decina»;
cfr. inoltre GILBERT, *art. cit.*, p. 246.
    8. – 3. *alla scelta mia*: secondo il mio gusto; cfr. BOCCACCIO, *Decam.*, VIII, VII,
4: «essendosi ella d'un giovinetto bello e leggiadro a sua scelta innamorata».
    9. – 2. *tenitoro*: territorio, regione. – 4. *negli altri lochi*: nel resto del mondo.

udita n'ho da poi che qui dimoro;
e vi sarà, secondo ch'io l'ho udita,
da me, poi che v'aggrada, riferita.

10. Al tempo che tornâr dopo anni venti
da Troia i Greci (che durò l'assedio
dieci, e dieci altri da contrari venti
furo agitati in mar con troppo tedio),
trovâr che le lor donne agli tormenti
di tanta absenzia avean preso rimedio:
tutte s'avean giovani amanti eletti,
per non si raffreddar sole nei letti.

11. Le case lor trovaro i Greci piene
de l'altrui figli; e per parer commune
perdonano alle mogli, che san bene
che tanto non potean viver digiune;
ma ai figli degli adulteri conviene
altrove procacciarsi altre fortune;

10. – 1. *Al tempo che ecc.*: cfr. I, 1, 3. La storia che segue, ricca di avventure romanzesche, di antichi miti rivisitati e rinnovati, di improvvise aperture fiabesche, è il prodotto di un'abile fusione di elementi classici e romanzi. L'avvio alla storia è dato dalla leggenda di Falanto, capo dei partenii (bastardi) nati a Sparta durante la guerra messenica e fondatore del regno di Taranto (cfr. GIUSTINO, *Hist.*, III, IV, 8 segg.). L'Ariosto sostituisce allo sfondo spartano quello della guerra di Troia. Le donne guerriere riassumono in sé i miti delle Amazzoni (cfr. GIUSTINO, *Hist.*, II, 4; STRABONE, *Georg.*, XI, 5; BOCCACCIO, *Tes.*, I, 6 segg.) e delle donne di Lemno, presto amate e presto lasciate dagli Argonauti (cfr. VALERIO FLACCO, *Argon.*, II, 311 segg.; STAZIO, *Theb.*, V, 346 segg.; DANTE, *Inf.*, XVIII, 88-90) e prendono qualche particolare anche dalla storia di Arianna (OVIDIO, *Her.*, X; CATULLO, *Carm.*, LXIV, 52-201). Ma le leggende antiche sono qua e là contaminate con leggende medievali. Lo stesso mito delle donne guerriere era tutt'altro che ignoto ai romanzieri francesi (che parlano del «Regno Feminoro»). Un episodio del *Morg.* (XXII, 156 segg.) ha analogie con quello qui narrato. Alcuni episodi intrecciati poi, molti dettagli e certo colore qua e là sono derivati da romanzi di materia arturiana; cfr. P. RAJNA, *Le fonti dell'«Orlando Furioso»* cit., pp. 293 segg.; E. MUSACCHIO, *Amore, ragione e follia. Una rilettura dell'«Orlando Furioso»*, Roma, Bulzoni, 1983, pp. 141-45; M.-F. PIÉJUS, *Le Pays des femmes homicides*, in A. DOROSZLAÏ-J. GUIDI-M. F. PIÉJUS-A. ROCHON, *Espaces réels et espaces imaginaires dans le «Roland Furieux»*, Paris, Centre Univers. de recherche sur la Renaissance italienne 19, 1991, pp. 88-126. – 4. *con troppo tedio*: con molto tormento. – 8. *per non si raffreddar*: cfr. XV, 102, 7-8; ma la chiusa d'ottava ha qui una cadenza più fortemente ovidiana (*Her.*, I, 7: «*Non ego deserto iacuissem frigida lecto*»), comico-realistica e boccaccesca (cfr. *Decam.*, IV, 10, 42).

11. – 2. *per parer commune*: per comune decisione; tutti d'accordo. – 4. *tanto*: così a lungo; *digiune*: prive di vivanda amorosa; cfr. XIX, 57, 7 e BOCCACCIO,

che tolerar non vogliono i mariti
che più alle spese lor sieno notriti.

12.   Sono altri esposti, altri tenuti occulti
da le lor madri e sostenuti in vita.
In varie squadre quei ch'erano adulti
feron, chi qua chi là, tutti partita.
Per altri l'arme son, per altri culti
gli studi e l'arti; altri la terra trita;
serve altri in corte; altri è guardian di gregge,
come piace a colei che qua giù regge.

13.   Partì fra gli altri un giovinetto, figlio
di Clitemnestra, la crudel regina,
di diciotto anni, fresco come un giglio,
o rosa còlta allor di su la spina.
Questi, armato un suo legno, a dar di piglio
si pose e a depredar per la marina
in compagnia di cento giovinetti
del tempo suo, per tutta Grecia eletti.

14.   I Cretesi in quel tempo, che cacciato
il crudo Idomeneo del regno aveano,
e per assicurarsi il nuovo stato,
d'uomini e d'arme adunazion faceano;
fêro con bon stipendio lor soldato
Falanto (così al giovine diceano),

Decam., II, x, 32. − 8. *più... notriti*: non siano più oltre nutriti; oppure: per di più
siano nutriti.
    12. − 1. *esposti*: abbandonati (lat.). − 2. *sostenuti in vita*: mantenuti in vita,
nutriti. − 6. *altri... trita*: altri lavora la terra, diventa agricoltore. − 8. *colei*: la
Fortuna (cfr. VIII, 50, 7-8) presentata qui, più che altro, come caso, forza risolu-
trice di avventure romanzesche. La frase riecheggia, formalmente, quella di DAN-
TE, *Inf.*, X, 80: «della donna che qui regge».
    13. − 2. *Clitemnestra*: moglie di Agamennone. − 3-4. *fresco come ecc.*: sono le
immagini con cui i canterini esaltavano la bellezza e che già Pulci e Boiardo
avevano ripreso frequentemente. − 5. *a dar di piglio*: a portar via, a fare il corsaro.
− 8. *del tempo suo*: della sua stessa età.
    14. − 2. *il crudo Idomeneo*: Idomeneo, re di Creta, figlio di Deucalione e nipote
di Minosse; al ritorno da Troia, durante una burrasca, aveva fatto voto di sacrificare il primo uomo che avrebbe incontrato approdando in patria. E primo fu suo
figlio, che egli immolò. Una peste punitiva convinse poi i Cretesi a espellere il re;
cfr. SERVIO, *Commento a Aen.*, III, 121. − 4. *adunazion*: raccolta. − 6. *così... diceano*:

e lui con tutti quei che seco avea
poser per guardia alla città Dictea.

15. Fra cento alme città ch'erano in Creta,
Dictea più ricca e più piacevol era,
di belle donne et amorose lieta,
lieta di giochi da matino a sera:
e com'era ogni tempo consueta
d'accarezzar la gente forestiera,
fe' a costor sì, che molto non rimase
a fargli anco signor de le lor case.

16. Eran giovani tutti e belli affatto
(che 'l fior di Grecia avea Falanto eletto):
sì ch'alle belle donne, al primo tratto
che v'apparîr, trassero i cor del petto.
Poi che non men che belli, ancora in fatto
si dimostrâr buoni e gagliardi al letto,
si fêro ad esse in pochi dì sì grati,
che sopra ogn'altro ben n'erano amati.

17. Finita che d'accordo è poi la guerra
per cui stato Falanto era condutto,
e lo stipendio militar si serra,
sì che non v'hanno i giovani più frutto,
e per questo lasciar voglion la terra;
fan le donne di Creta maggior lutto,
e per ciò versan più dirotti pianti,
che se i lor padri avesson morti avanti.

così era chiamato. – 8. *città Dictea*: prende il nome dal monte cretese «Dicta» o «Dicte», sul quale secondo la leggenda fu allevato Giove.

15. – 1. *cento... città*: Creta era anche detta «Hecatompolis» ed era celebrata dai classici per l'antica civiltà, la fertilità e la magnificenza. – 3. *lieta*: ricca, rigogliosa (lat.). – 6. *accarezzar*: accogliere con manifestazioni di affetto e cortesia; cfr. IX, 85, 7. – 7-8. *molto... case*: poco mancò che diventassero i veri padroni delle case. Ciò non avvenne poiché tali relazioni furono intrecciate con segretezza e senza che i veri padroni delle case, padri, mariti, fratelli, ne fossero a conoscenza. Bigi preferisce intendere: «Non tardò molto che li fecero addirittura padroni delle loro case, delle loro famiglie».

16. – 1. *affatto*: perfettamente. – 3. *al primo tratto*: dal primo momento. – 6. *al letto*: nel fare all'amore. – 7. *grati*: graditi.

17. – 1. *d'accordo*: con un patto di pace. – 2. *condutto*: assoldato. – 3. *si serra*: finisce, viene interrotto. – 8. *i lor padri... avanti*: avessero davanti agli occhi i cadaveri dei loro padri, così da ispirar loro il pianto funebre.

18.   Da le lor donne i gioveni assai fôro,
        ciascun per sé, di rimaner pregati:
        né volendo restare, esse con loro
        n'andâr, lasciando e padri e figli e frati,
        di ricche gemme e di gran summa d'oro
        avendo i lor dimestici spogliati;
        che la pratica fu tanto secreta,
        che non sentì la fuga uomo di Creta.

19.   Sì fu propizio il vento, sì fu l'ora
        commoda, che Falanto a fuggir colse,
        che molte miglia erano usciti fuora,
        quando del danno suo Creta si dolse.
        Poi questa spiaggia, inabitata allora,
        trascorsi per fortuna li raccolse.
        Qui si posaro, e qui sicuri tutti
        meglio del furto lor videro i frutti.

20.   Questa lor fu per dieci giorni stanza
        di piaceri amorosi tutta piena.
        Ma come spesso avvien che l'abondanza
        seco in cor giovenil fastidio mena,
        tutti d'accordo fur di restar sanza
        femine, e liberarsi di tal pena;
        che non è soma da portar sì grave,
        come aver donna, quando a noia s'have.

18. – 4. *frati*: fratelli. – 6. *dimestici*: congiunti, quelli di casa (lat.). – 7. *pratica*: trattative segrete; cfr. IX, 26, 5. – 8. *sentì*: ebbe sentore.

19. – 2. *commoda*: opportuna; *colse*: scelse. – 6. *trascorsi per fortuna*: usciti di rotta a causa di una tempesta. – 8. *meglio... frutti*: con più agio goderono il frutto del loro furto, cioè l'amore delle donne; cfr. V, 64, 8.

20. – 1. *Questa... stanza*: quest'isola fu dimora a loro. – 3. *spesso avvien che...*: per questa asserzione di tipo proverbiale, cfr. BOCCACCIO, *Dec.*, IV, 3, 20: «E in tal maniera dimorando, avvenne, sì come noi veggiamo tutto il giorno avvenire che quantunque le cose molto piacciano avendone soperchia copia rincrescono» e 22: «Ma così come la copia delle cose genera fastidio»; *Fiammetta*, V, p. 508: «la soperchia copia che le mogli fanno di sé a' loro mariti, è cagione di tostano rincrescimento»; *Filocolo*, II, 9, p. 160: «Né niuno desidera più avanti che solo il viso, il quale per forza conviene che per troppa copia, se stare gli lascia, rincresca, però che delle cose di che l'uomo abondevole si truova, sfastidiano». – 6. *pena*: il «fastidio», la noia derivante dalla sazietà. – 7. *soma*: peso, carico. – 8. *a noia s'have*: viene a noia.

21. Essi che di guadagno e di rapine
    eran bramosi, e di dispendio parchi,
    vider ch'a pascer tante concubine,
    d'altro che d'aste avean bisogno e d'archi:
    sì che sole lasciâr qui le meschine,
    e se n'andâr di lor ricchezze carchi
    là dove in Puglia in ripa al mar poi sento
    ch'edificâr la terra di Tarento.

22. Le donne, che si videro tradite
    dai loro amanti in che più fede aveano,
    restâr per alcun dì sì sbigottite,
    che statue immote in lito al mar pareano.
    Visto poi che da gridi e da infinite
    lacrime alcun profitto non traeano,
    a pensar cominciaro e ad aver cura
    come aiutarsi in tanta lor sciagura.

23. E proponendo in mezzo i lor pareri,
    altre diceano: in Creta è da tornarsi;
    e più tosto all'arbitrio de' severi
    padri e d'offesi lor mariti darsi,
    che nei deserti liti e boschi fieri,
    di disagio e di fame consumarsi.
    Altre dicean che lor saria più onesto
    affogarsi nel mar, che mai far questo;

24. e che manco mal era meretrici
    andar pel mondo, andar mendiche o schiave,
    che se stesse offerire agli supplìci
    di ch'eran degne l'opere lor prave.
    Questi e simil partiti le infelici
    si proponean, ciascun più duro e grave.

---

21. − 2. *di dispendio parchi*: moderati nello spendere. − 4. *aste... archi*: strumenti appunto di rapina. − 8. *Tarento*: Taranto.
22. − 2. *in che... aveano*: nei quali avevano più fiducia che in ogni altro uomo. − 4. *statue immote*: come Olimpia e Arianna; cfr. X, 34, 8.
23. − 1. *proponendo... pareri*: suggerendo piani diversi in una riunione (lat. «*in medium proferre*»). − 3-5. *più tosto... fieri*: cfr. il lamento di Arianna in CATULLO, LXIV, 178-80: «*Idaeosne petam montes?... An patris auxilium sperem? Quemne ipsa reliqui...?*»; *darsi*: il discorso si fa indiretto. − 7. *onesto*: dignitoso, onorevole.
24. − 1. *manco mal*: male minore. − 3. *supplìci*: castighi. − 6. *ciascun... grave*:

Tra loro al fine una Orontea levosse,
ch'origine traea dal re Minosse;

25.   la più gioven de l'altre e la più bella
        e la più accorta, e ch'avea meno errato:
        amato avea Falanto, e a lui pulzella
        datasi, e per lui il padre avea lasciato.
        Costei mostrando in viso et in favella
        il magnanimo cor d'ira infiammato,
        redarguendo di tutte altre il detto,
        suo parer disse, e fe' seguirne effetto.

26.   Di questa terra a lei non parve tôrsi,
        che conobbe feconda e d'aria sana,
        e di limpidi fiumi aver discorsi,
        di selve opaca, e la più parte piana;
        con porti e foci, ove dal mar ricorsi
        per ria fortuna avea la gente estrana,
        ch'or d'Africa portava, ora d'Egitto
        cose diverse e necessarie al vitto.

27.   Qui parve a lei fermarsi, e far vendetta
        del viril sesso che le avea sì offese:
        vuol ch'ogni nave, che da venti astretta
        a pigliar venga porto in suo paese,
        a sacco, a sangue, a fuoco al fin si metta;
        né de la vita a un sol si sia cortese.
        Così fu detto e così fu concluso,
        e fu fatta la legge e messa in uso.

ogni progetto più arduo e gravoso di quelli presi in considerazione prima. – 7. *una Orontea*: una certa Orontea. Anche nella sua origine da Minosse questo personaggio ricalca la figura e la situazione di Arianna.

25. – 2. *accorta*: saggia; *avea meno errato*: perché non aveva lasciato il marito o i figli, ma solo il padre, ed era ancora «pulzella». – 5. *in viso et in favella*: cfr. PETRARCA, *Tr. Mort.*, II, 64: «*Riconobbila al volto e a la favella*». – 7. *di tutte altre*: di tutte le altre. – 8. *fe'... effetto*: riuscì a fare accettare e mettere in effetto il suo progetto.

26. – 1. *non parve tôrsi*: non parve opportuno che si dovessero allontanare. – 3. *discorsi*: corsi; cioè era percorsa e irrigata da limpidi fiumi; cfr. II, 34, 1; VII, 53, 3. – 4. *opaca*: ombrosa. – 5. *ricorsi*: rifugi.

27. – 1. *parve... fermarsi*: le parve opportuno (lat. *visum est*) che si dovessero stabilire. – 3. *astretta*: costretta. – 5. *a sacco... metta*: prima sia depredata, sforzando e uccidendo la ciurma, e poi sia messa a fuoco.

28.   Come turbar l'aria sentiano, armate
        le femine correan su la marina,
        da l'implacabile Orontea guidate,
        che diè lor legge e si fe' lor regina:
        e de le navi ai liti lor cacciate
        faceano incendi orribili e rapina,
        uom non lasciando vivo, che novella
        dar ne potesse o in questa parte o in quella.

29.   Così solinghe vissero qualch'anno,
        aspre nimiche del sesso virile:
        ma conobbero poi, che 'l proprio danno
        procaccierian, se non mutavan stile:
        che se di lor propagine non fanno,
        sarà lor legge in breve irrita e vile,
        e mancherà con l'infecondo regno,
        dove di farla eterna era il disegno.

30.   Sì che, temprando il suo rigore un poco,
        scelsero, in spazio di quattro anni interi,
        di quanti capitaro in questo loco
        dieci belli e gagliardi cavallieri,
        che per durar ne l'amoroso gioco
        contr'esse cento fosser buon guerrieri.
        Esse in tutto eran cento; e statuito
        ad ogni lor decina fu un marito.

31.   Prima ne fur decapitati molti
        che riusciro al paragon mal forti.
        Or questi dieci a buona pruova tolti,
        del letto e del governo ebbon consorti;
        facendo lor giurar che, se più còlti
        altri uomini verriano in questi porti,

28. – 1. *Come... sentiano*: non appena sentivano minaccia di tempesta. – 5. *ai... cacciate*: spinte sulle loro rive dalla tempesta.
29. – 5. *di lor... fanno*: non danno a sé discendenza. – 6. *irrita e vile*: vana e senza valore. – 7. *e mancherà*: e tale legge verrà meno. – 8. *dove*: mentre.
30. – 2. *in spazio*: nel corso. – 5. *per durar*: nel sostenere; *amoroso gioco*: cfr. V, II, 2; ma qui l'immagine del *gioco* è allusiva, si riferisce più concretamente alla «giostra» d'amore e viene in tal senso rafforzata dall'espressione *guerrieri* del v. 6. – 7. *statuito*: assegnato per legge.
31. – 2. *al paragon mal forti*: poco gagliardi di fronte alla prova. – 5-6. *se più*

essi sarian che, spenta ogni pietade,
li porriano ugualmente a fil di spade.

32.　　Ad ingrossare, et a figliar appresso
le donne, indi a temere incominciaro
che tanti nascerian del viril sesso,
che contra lor non avrian poi riparo;
e al fine in man degli uomini rimesso
saria il governo ch'elle avean sì caro:
sì ch'ordinâr, mentre eran gli anni imbelli,
far sì, che mai non fosson lor ribelli.

33.　　Acciò il sesso viril non le soggioghi,
uno ogni madre vuol la legge orrenda
che tenga seco; gli altri, o li suffoghi,
o fuor del regno li permuti o venda.
Ne mandano per questo in varii luoghi:
e a chi gli porta dicono che prenda
femine, se a baratto aver ne puote;
se non, non torni almen con le man vòte.

34.　　Né uno ancora alleverian, se senza
potesson fare, e mantenere il gregge.
Questa è quanta pietà, quanta clemenza
più ai suoi ch'agli altri usa l'iniqua legge:
gli altri condannan con ugual sentenza;
e solamente in questo si corregge,
che non vuol che, secondo il primiero uso,
le femine gli uccidano in confuso.

colti ecc.: se altri uomini arrivassero nei loro porti e fossero catturati, sarebbero
loro, i dieci mariti ecc. − 8. ugualmente: tutti, senza eccezione.
　　32. − 1. ingrossare: ingravidare. − 4. riparo: difesa. − 7. mentre... imbelli: mentre
i figli erano ancora fanciulli.
　　33. − 2. uno: un solo figlio maschio. − 3. li suffoghi: li soffochi, strangolandoli.
− 4. permuti: scambi con femmine. − 8. non torni... vòte: ritorni col danaro ricavato
dalla vendita.
　　34. − 1. Né uno ancora: neanche uno (lat. ne unum quidem). − 2. mantenere il gregge: conservare la società. − 3-5. Questa... sentenza: questo è quel poco di clemenza che viene usata nei riguardi dei maschi nati nel luogo; mentre quelli che capitano di fuori sono tutti impietosamente uccisi. − 6. si
corregge: è modificato, rispetto alla stesura primitiva. − 8. in confuso: alla rin-
fusa.

35.   Se dieci o venti o più persone a un tratto
        vi fosser giunte, in carcere eran messe:
        e d'una al giorno, e non di più, era tratto
        il capo a sorte, che perir dovesse
        nel tempio orrendo ch'Orontea avea fatto,
        dove un altare alla Vendetta eresse;
        e dato all'un de' dieci il crudo ufficio
        per sorte era di farne sacrificio.

36.   Dopo molt'anni alle ripe omicide
        a dar venne di capo un giovinetto,
        la cui stirpe scendea dal buono Alcide,
        di gran valor ne l'arme, Elbanio detto.
        Qui preso fu, ch'a pena se n'avide,
        come quel che venìa senza sospetto;
        e con gran guardia in stretta parte chiuso,
        con gli altri era serbato al crudel uso.

37.   Di viso era costui bello e giocondo,
        e di maniere e di costumi ornato;
        e di parlar sì dolce e sì facondo,
        ch'un aspe volentier l'avria ascoltato:
        sì che, come di cosa rara al mondo,
        de l'esser suo fu tosto rapportato
        ad Alessandra figlia d'Orontea,
        che di molt'anni grave anco vivea.

38.   Orontea vivea ancora; e già mancate
        tutt'eran l'altre ch'abitâr qui prima:

---

35. – 4. *il capo*: la testa che doveva cadere sotto la scure. – 5-6. *tempio... alla Vendetta*: di un simile tempio parla il mito di Ecate, figlia di Perse, che uccise il padre, si impossessò del suo regno ed eresse un tempio ad Artemide Taurica, a cui sacrificava i viaggiatori che capitavano nel luogo; cfr. P. RAJNA, *Le fonti dell'«Orlando Furioso»* cit., p. 295.

36. – 2. *a dar... capo*: capitò. – 3. *buono Alcide*: valoroso (lat.) Ercole. – 8. *al crudel uso*: secondo il crudele costume.

37. – 1. *bello e giocondo*: bello e piacente. – 2. *di maniere e di costumi*: di belle maniere e costumi aggraziati. – 4. *un aspe... ascoltato*: secondo i bestiari medievali l'aspide era un serpente crudele, che invano si sarebbe tentato di fare addormentare; e se qualcuno tentava di adescarlo con una musica dolce, si chiudeva un orecchio con la coda e l'altro lo poneva contro la terra e riempiva di sabbia; cfr. per es. il *Bestiario tosco-veneziano*, 12 e, qui nel poema, n. a XXXII, 19, 7-8.

e diece tante e più n'erano nate,
e in forza eran cresciute e in maggior stima;
né tra diece fucine che serrate
stavan pur spesso, avean più d'una lima;
e dieci cavallieri anco avean cura
di dare a chi venìa fiera aventura.

39.   Alessandra, bramosa di vedere
il giovinetto ch'avea tante lode,
da la sua matre in singular piacere
impetra sì, ch'Elbanio vede et ode;
e quando vuol partirne, rimanere
si sente il core ove è chi 'l punge e rode:
legar si sente e non sa far contesa,
e al fin dal suo prigion si trova presa.

40.   Elbanio disse a lei: «Se di pietade
s'avesse, donna, qui notizia ancora,
come se n'ha per tutt'altre contrade,
dovunque il vago sol luce e colora;
io vi osarei, per vostr'alma beltade
ch'ogn'animo gentil di sé inamora,
chiedervi in don la vita mia, che poi
saria ognor presto a spenderla per voi.

41.   Or quando fuor d'ogni ragion qui sono
privi d'umanitade i cori umani,
non vi domanderò la vita in dono,
che i prieghi miei so ben che sarian vani;
ma che da cavalliero, o tristo o buono

38. – 3. *diece tante*: dieci volte tante. – 5-6. *né tra diece ecc.*: e ogni gruppo di
dieci donne aveva un solo uomo che le serviva; anzi spesso anche quelle dovevano
tenere chiuse le loro fucine. L'allusione equivoca alle *fucine* e alle *lime* è nello stile
della poesia burlesca e dei canti carnascialeschi. – 8. *fiera aventura*: amara sorpresa.

39. – 2. *ch'avea tante lode*: che era tanto lodato. – 3. *in singular piacere*: come
concessione particolare. – 6-8. *punge e rode... legar... prigion*: espressioni petrarchesche, che già erano state usate nei cantari e nel *Morg.*, dove veniva descritto
l'innamoramento di donzelle saracine per qualche prigioniero cristiano.

40. – 2. *notizia*: conoscenza. – 3. *tutt'altre*: tutte le altre. – 5. *vi*: qui. – 6. *ogn'animo... inamora*: concetto stilnovistico, tante volte ripetuto nella poesia d'amore. –
8. *saria... presto*: sarei pronto.

41. – 1. *quando*: dal momento che; *fuor d'ogni ragion*: al di fuori d'ogni possi-

ch'io sia, possi morir con l'arme in mani,
e non come dannato per giudicio,
o come animal bruto in sacrificio».

42. Alessandra gentil, ch'umidi avea,
per la pietà del giovinetto, i rai,
rispose: «Ancor che più crudele e rea
sia questa terra, ch'altra fosse mai;
non concedo però che qui Medea
ogni femina sia, come tu fai:
e quando ogn'altra così fosse ancora,
me sola di tant'altre io vo' trar fuora.

43. E se ben per adietro io fossi stata
empia e crudel, come qui sono tante,
dir posso che suggetto ove mostrata
per me fosse pietà, non ebbi avante.
Ma ben sarei di tigre più arrabbiata,
e più duro avre' il cor che di diamante,
se non m'avesse tolto ogni durezza
tua beltà, tuo valor, tua gentilezza.

44. Così non fosse la legge più forte,
che contra i peregrini è statuita,
come io non schiverei con la mia morte
di ricomprar la tua più degna vita.
Ma non è grado qui di sì gran sorte,
che ti potesse dar libera aita;
e quel che chiedi ancor, ben che sia poco,
difficile ottener fia in questo loco.

bilità d'intendimento umano. – 6. *possi*: io possa. – 7. *giudicio*: esecuzione capitale.

42. – 1. *umidi*: bagnati di pianto. – 2. *per la pietà... rai*: cfr. PETRARCA, *Canz.*, III, 2: «per la pietà del suo fattore i rai», ove *rai* vale, come qui, occhi. – 5. *Medea*: esempio di donna crudele; cfr. III, 52, 8. – 6. *fai*: dici. – 7. *quando... ancora*: quand'anche.

43. – 3-4. *suggetto... avante*: prima d'ora non mi si è presentata persona per la quale io sentissi pietà. – 5-6. *tigre... diamante*: paragoni tradizionali della poesia d'amore.

44. – 1-4. *Così non fosse... vita*: vorrei che la legge qui stabilita contro i forestieri non fosse più forte di ogni volontà umana, come invece è ora; e ciò voglio con quella stessa intensità e sincerità con cui anche non esiterei a riscattare con la mia morte la tua vita che è più degna della mia. – 5-6. *Ma non... aita*: ma non c'è in questa città persona tanto potente che possa aiutarti liberamente.

45.   Pur io vedrò di far che tu l'ottenga,
        ch'abbi inanzi al morir questo contento;
        ma mi dubito ben che te n'avenga,
        tenendo il morir lungo, più tormento».
        Suggiunse Elbanio: «Quando incontra io venga
        a dieci armato, di tal cor mi sento,
        che la vita ho speranza di salvarme,
        e ucider lor, se tutti fosser arme».

46.   Alessandra a quel detto non rispose
        se non un gran sospiro, e dipartisse,
        e portò nel partir mille amorose
        punte nel cor, mai non sanabil, fisse.
        Venne alla madre, e voluntà le pose
        di non lasciar che 'l cavallier morisse,
        quando si dimostrasse così forte,
        che, solo, avesse posto i dieci a morte.

47.   La regina Orontea fece raccorre
        il suo consiglio, e disse: «A noi conviene
        sempre il miglior che ritroviamo, porre
        a guardar nostri porti e nostre arene;
        e per saper chi ben lasciar, chi tôrre,
        prova è sempre da far, quando gli avviene;
        per non patir, con nostro danno, a torto,
        che regni il vile, e chi ha valor sia morto.

48.   A me par, se a voi par, che statuito
        sia, ch'ogni cavallier per lo avvenire,

---

45. – 2. *questo contento*: questa soddisfazione. – 3-4. *mi dubito... tormento*: temo
che in questo modo, differendo la morte, te ne venga maggior tormento. – 8. *se
tutti fosser arme*: se fossero tutto armi (espressione analoga a quelle tutt'occhi,
tutt'orecchi); se cioè non offrissero parti vulnerabili ai miei colpi. L'iperbole è
ardita.
   46. – 3-4. *amorose punte*: saette d'amore; cfr. PETRARCA, *Canz.*, CCXCVII, 8. –
4. *nel cor... fisse*: infitte nel cuore, in cui avevano prodotto ferite insanabili. –
5. *voluntà le pose*: riuscì a mettere in lei il desiderio.
   47. – 1. *raccorre*: adunare. – 4. *guardar*: difendere. – 6. *quando gli avviene*:
quando si presenta l'occasione di farla.

che fortuna abbia tratto al nostro lito,
prima ch'al tempio si faccia morire,
possa egli sol, se gli piace il partito,
incontra i dieci alla battaglia uscire;
e se di tutti vincerli è possente,
guardi egli il porto, e seco abbia altra gente.

49. Parlo così, perché abbiàn qui un prigione
che par che vincer dieci s'offerisca.
Quando, sol, vaglia tante altre persone,
dignissimo è, per Dio, che s'esaudisca.
Così in contrario avrà punizïone,
quando vaneggi e temerario ardisca».
Orontea fine al suo parlar qui pose,
a cui de le più antique una rispose:

50. «La principal cagion ch'a far disegno
sul comercio degli uomini ci mosse,
non fu perch'a difender questo regno
del loro aiuto alcun bisogno fosse;
che per far questo abbiamo ardire e ingegno
da noi medesme, e a sufficienza posse:
così senza sapessimo far anco,
che non venisse il propagarci a manco!

51. Ma poi che senza lor questo non lece,
tolti abbiàn, ma non tanti, in compagnia,
che mai ne sia più d'uno incontra diece,
sì ch'aver di noi possa signoria.
Per conciper di lor questo si fece,
non che di lor difesa uopo ci sia.
La lor prodezza sol ne vaglia in questo,
e sieno ignavi e inutili nel resto.

48. – 3. *fortuna*: tempesta. – 8. *guardi... gente*: sia incaricato della difesa del porto, e tenga con sé parte di coloro che sono arrivati con lui.
49. – 3. *Quando*: nel caso che. – 5-6. *Così in contrario... ardisca*: ma sia invece punito nel caso che il suo vanto sia pazzesco e il suo ardimento sia solo temerarietà. – 8. *de le... una*: una delle più vecchie.
50. – 1-2. *a far... uomini*: a dare una regola ai nostri rapporti con gli uomini. – 6. *posse*: forze. – 7-8. *così senza ecc.*: così sapessimo noi anche far a meno di loro, senza che venisse a mancare la nostra discendenza.
51. – 3. *incontra diece*: contro dieci donne. – 5. *Per conciper di lor*: per concepire figli da loro. – 7. *ne vaglia in questo*: ci sia di aiuto in questa necessità del concepire.

52.   Tra noi tenere un uom che sia sì forte,
        contrario è in tutto al principal disegno.
        Se può un solo a dieci uomini dar morte,
        quante donne farà stare egli al segno?
        Se i dieci nostri fosser di tal sorte,
        il primo dì n'avrebbon tolto il regno.
        Non è la via di dominar, se vuoi
        por l'arme in mano a chi può più di noi.

53.   Pon mente ancor, che quando così aiti
        Fortuna questo tuo, che i dieci uccida,
        di cento donne che de' lor mariti
        rimarran prive, sentirai le grida.
        Se vuol campar, proponga altri partiti,
        ch'esser di dieci giovani omicida.
        Pur, se per far con cento donne è buono
        quel che dieci fariano, abbi perdono».

54.   Fu d'Artemia crudel questo il parere
        (cosi avea nome); e non mancò per lei
        di far nel tempio Elbanio rimanere
        scannato inanzi agli spietati dèi.
        Ma la madre Orontea che compiacere
        vòlse alla figlia, replicò a colei
        altre et altre ragioni, e modo tenne
        che nel senato il suo parer s'ottenne.

55.   L'aver Elbanio di bellezza il vanto
        sopra ogni cavallier che fosse al mondo,
        fu nei cor de le giovani di tanto,
        ch'erano in quel consiglio, e di tal pondo,

52. – 2. *al principal disegno*: allo scopo principale della nostra legge. – 4. *stare...
al segno*: ubbidirgli; cfr. VIII, 63, 6. – 6. *n'avrebbon*: ci avrebbero. – 7. *Non è... se vuoi*:
si noti la sintassi spigliata del discorso diretto, non estranea del tutto alla tradizione dell'ottava canterina.
    53. – 1. *quando*: qualora. – 7. *Pur.* tuttavia; *buono*: in grado, capace. – 8. *abbi
perdono*: sia graziato.
    54. – 1. *Artemia*: il nome ricorda quello di Artemide, con la quale erano
connessi i culti crudeli della Tauride; cfr. n. XX, 35, 5-6. – 2-3. *non... far.* per quanto
stava in lei fece il possibile per fare. – 7. *modo tenne*: fece in modo. – 8. *s'ottenne*:
prevalse.
    55. – 3-4. *di tanto... e di tal pondo*: argomento di tanta importanza e di peso

che 'l parer de le vecchie andò da canto,
che con Artemia volean far secondo
l'ordine antiquo; né lontan fu molto
ad esser per favore Elbanio assolto.

56.   Di perdonargli in somma fu concluso,
ma poi che la decina avesse spento,
e che ne l'altro assalto fosse ad uso
di diece donne buono, e non di cento.
Di carcer l'altro giorno fu dischiuso;
e avuto arme e cavallo a suo talento,
contra dieci guerrier, solo, si mise,
e l'uno appresso all'altro in piazza uccise.

57.   Fu la notte seguente a prova messo
contra diece donzelle ignudo e solo,
dove ebbe all'ardir suo sì buon successo,
che fece il saggio di tutto lo stuolo.
E questo gli acquistò tal grazia appresso
ad Orontea, che l'ebbe per figliuolo;
e gli diede Alessandra e l'altre nove
con ch'avea fatto le notturne prove.

58.   E lo lasciò con Alessandra bella,
che poi diè nome a questa terra, erede,
con patto, ch'a servare egli abbia quella
legge, et ogn'altro che da lui succede:
che ciascun che già mai sua fiera stella
farà qui por lo sventurato piede,
elegger possa, o in sacrificio darsi,
o con dieci guerrier, solo, provarsi.

---

tale. – 5. *andò da canto*: fu scartato; anche in questa ottava il lessico e la sintassi
(«*che... che... che*») seguono la tradizione dell'ottava narrativa popolare. – 7-8. *né
lontan... assolto*: ed Elbanio fu vicino ad essere messo in libertà.

   56. – 1. *perdonargli*: risparmiarlo. – 2. *ma... spento*: ma solo dopo che avesse
ucciso i dieci cavalieri. – 3-4. *ne l'altro... buono*: nell'assalto amoroso fosse tanto
gagliardo da usare con dieci donne. – 5. *l'altro giorno*: il giorno seguente. – 6. *a suo
talento*: a sua scelta.

   57. – 4. *fece... stuolo*: provò ciascuna delle donne appartenenti al gruppo. –
7. *gli diede*: gli diede in sposa.

   58. – 2. *terra*: la città di Alessandretta. – 3. *servare*: conservare, osservare. –
5. *già mai*: una volta, un qualsiasi momento; *fiera stella*: crudele destino. –
7. *elegger*: scegliere.

59.   E se gli avvien che 'l dì gli uomini uccida,
        la notte con le femine si provi;
        e quando in questo ancor tanto gli arrida
        la sorte sua, che vincitor si trovi,
        sia del femineo stuol principe e guida,
        e la decina a scelta sua rinovi,
        con la qual regni, fin ch'un altro arrivi,
        che sia più forte, e lui di vita privi.

60.   Appresso a dua mila anni il costume empio
        si è mantenuto, e si mantiene ancora;
        e sono pochi giorni che nel tempio
        uno infelice peregrin non mora.
        Se contra dieci alcun chiede, ad esempio
        d'Elbanio, armarsi (che ve n'è talora),
        spesso la vita al primo assalto lassa;
        né di mille uno all'altra prova passa.

61.   Pur ci passano alcuni, ma sì rari,
        che su le dita annoverar si ponno.
        Uno di questi fu Argilon: ma guari
        con la decina sua non fu qui donno;
        che cacciandomi qui venti contrari,
        gli occhi gli chiusi in sempiterno sonno.
        Così fossi io con lui morto quel giorno,
        prima che viver servo in tanto scorno.

62.   Che piaceri amorosi e riso e gioco,
        che suole amar ciascun de la mia etade,
        le purpure e le gemme e l'aver loco
        inanzi agli altri ne la sua cittade,
        potuto hanno, per Dio, mai giovar poco

---

59. – 5. *femineo stuol*: popolazione femminile. – 6. *la decina*: i dieci cavalieri
incaricati della guardia della città.
    60. – 1. *Appresso a*: circa. – 3. *e sono... che*: e sono poco frequenti i giorni in cui.
– 8. *né... passa*: e nemmeno uno su mille riesce nella prova d'amore.
    61. – 3. *Argilon*: cfr. XX, 7, 7-8. – 3-4. *ma guari... donno*: ma non fu principe del
luogo con la sua decina per lungo tempo. – 6. *gli occhi... sonno*: cfr. VIRGILIO, *Aen.*,
X, 745-746. Le rime *donno:ponno:sonno* erano già in DANTE, *Inf.*, XXXIII, 26-30. –
8. *prima che*: piuttosto che.
    62. – 1. *e riso e gioco*: cfr. PETRARCA, *Canz.*, CCLXX, 80. – 3-4. *aver loco... cittade*:
occupare una posizione sociale preminente nella propria città: ideale cortese-
umanistico. – 5. *mai*: sempre mai, sempre.

all'uom che privo sia di libertade:
e 'l non poter mai più di qui levarmi,
servitù grave e intolerabil parmi.

63.   Il vedermi lograr dei miglior anni
il più bel fiore in sì vile opra e molle,
tiemmi il cor sempre in stimulo e in affanni,
et ogni gusto di piacer mi tolle.
La fama del mio sangue spiega i vanni
per tutto 'l mondo, e fin al ciel s'estolle;
che forse buona parte anch'io n'avrei,
s'esser potessi coi fratelli miei.

64.   Parmi ch'ingiuria il mio destin mi faccia,
avendomi a sì vil servigio eletto;
come chi ne l'armento il destrier caccia,
il qual d'occhi o di piedi abbia difetto,
o per altro accidente che dispiaccia,
sia fatto all'arme e a miglior uso inetto:
né sperando io, se non per morte, uscire
di sì vil servitù, bramo morire. –

65.   Guidon qui fine alle parole pose,
e maledì quel giorno per isdegno,
il qual dei cavallieri e de le spose
gli diè vittoria in acquistar quel regno.
Astolfo stette a udire, e si nascose
tanto, che si fe' certo a più d'un segno
che, come detto avea, questo Guidone
era figliuol del suo parente Amone.

---

63. – 1. *lograr*: consumare. – 2. *molle*: lussuriosa. – 3. *in stimulo*: inquieto. –
5. *del mio sangue*: della mia stirpe; *i vanni*: le ali; cfr. XVIII, 96, 3. – 6. *s'estolle*:
s'innalza (lat.).

64. – 3-6. *come chi... inetto*: come succede al cavallo che, perché zoppo o cieco
o colpito da altro accidente, diventa inetto all'uso della guerra e viene ricacciato
nella mandria.

65. – 5-6. *si nascose tanto, che*: celò la propria identità, non si fece conoscere, finché. – 8. *suo parente Amone*: suo zio, fratello di suo padre Ottone. Guidone era quindi suo cugino. Quello dell'agnizione di un parente in
terra saracena era «*topos*» caro ai romanzieri; cfr. per es. PULCI, *Morg.*, XX,
104 segg.

66.   Poi gli rispose: − Io sono il duca inglese,
            il tuo cugino Astolfo; − et abbracciollo,
            e con atto amorevole e cortese,
            non senza sparger lagrime, baciollo.
            − Caro parente mio, non più palese
            tua madre ti potea por segno al collo;
            ch'a farne fede che tu sei de' nostri,
            basta il valor che con la spada mostri. −

67.   Guidon, ch'altrove avria fatto gran festa
            d'aver trovato un sì stretto parente,
            quivi l'accolse con la faccia mesta,
            perché fu di vedervilo dolente.
            Se vive, sa ch'Astolfo schiavo resta,
            né il termine è più là che 'l dì seguente;
            se fia libero Astolfo, ne more esso:
            sì che 'l ben d'uno è il mal de l'altro espresso.

68.   Gli duol che gli altri cavallieri ancora
            abbia, vincendo, a far sempre captivi;
            né più, quando esso in quel contrasto mora,
            potrà giovar che servitù lor schivi:
            che se d'un fango ben gli porta fuora,
            e poi s'inciampi come all'altro arrivi,
            avrà lui senza pro vinto Marfisa;
            ch'essi pur ne fien schiavi, et ella uccisa.

69.   Da l'altro canto avea l'acerba etade,
            la cortesia e il valor del giovinetto
            d'amore intenerito e di pietade
            tanto a Marfisa et ai compagni il petto,
            che, con morte di lui lor libertade
            esser dovendo, avean quasi a dispetto:

66. − 6. *segno*: di riconoscimento.
67. − 6. *più là*: più lontano. − 7. *ne more esso*: morirà lui, Grifone. − 8. *espresso*: manifesto, evidente.
68. − 3-4. *né più ecc.*: né, qualora anche lui morisse nello scontro, potrà aiutarli molto di più, così da evitare la schiavitù. − 5-8. *che se ecc.*: che se Marfisa potrà liberarli dal primo impiccio, dallo scontro guerresco, ma poi inciamperà nel secondo, lo scontro amoroso, si vedrà che anche la vittoria su di lui sarà stata inutile, perché essi saranno ugualmente fatti schiavi, e lei sarà uccisa.
69. − 1. *l'acerba etade*: la giovane età. − 5-6. *che... dispetto*: che avevano a noia

e se Marfisa non può far con manco
ch'uccider lui, vuol essa morir anco.

70.　Ella disse a Guidon: – Vientene insieme
con noi, ch'a viva forza usciren quinci. –
– Deh – rispose Guidon – lascia ogni speme
di mai più uscirne, o perdi meco o vinci. –
Ella suggiunse: – Il mio cor mai non teme
di non dar fine a cosa che cominci;
né trovar so la più sicura strada
di quella ove mi sia guida la spada.

71.　Tal ne la piazza ho il tuo valor provato,
che, s'io son teco, ardisco ad ogn'impresa.
Quando la turba intorno allo steccato
sarà domani in sul teatro ascesa,
io vo' che l'uccidian per ogni lato,
o vada in fuga o cerchi far difesa,
e ch'agli lupi e agli avoltoi del loco
lasciamo i corpi, e la cittade al fuoco. –

72.　Suggiunse a lei Guidon: – Tu m'avrai pronto
a seguitarti et a morirti a canto,
ma vivi rimaner non facciàn conto;
bastar ne può di vendicarci alquanto:
che spesso dieci mila in piazza conto
del popul feminile, et altretanto
resta a guardare e porto e ròcca e mura,
né alcuna via d'uscir trovo sicura. –

73.　Disse Marfisa: – E molto più sieno elle
degli uomini che Serse ebbe già intorno,

la libertà loro, poiché dovevano ottenerla con la morte di lui. – 7-8. *non può... lui:*
non può ottenere la libertà con minor danno che uccidere lui.
　　70. – 4. *o perdi... vinci:* sia che tu perda nel duello con me oppure che tu vinca.
– 5-6. *non teme di non:* costruz. lat. «*non timet ne*».
　　71. – 2. *ardisco... impresa:* mi sento il coraggio di affrontare qualsiasi impresa
(cfr. lat. *audere in aliquid*). – 4. *teatro:* l'anfiteatro; cfr. XIX, 76, 2.
　　72. – 4. *bastar... alquanto:* potrà esserci sufficiente soddisfare quella di prenderci qualche vendetta.
　　73. – 2. *Serse:* l'esempio umanistico dell'esercito sterminato del re di Persia

e sieno più de l'anime ribelle
ch'uscîr del ciel con lor perpetuo scorno;
se tu sei meco, o almen non sie con quelle,
tutte le voglio uccidere in un giorno. –
Guidon suggiunse: – Io non ci so via alcuna
ch'a valer n'abbia, se non val quest'una.

74.   Ne può sola salvar, se ne succede,
quest'una ch'io dirò, ch'or mi soviene.
Fuor ch'alle donne, uscir non si concede,
né metter piede in su le salse arene:
e per questo commettermi alla fede
d'una de le mie donne mi conviene,
del cui perfetto amor fatta ho sovente
più pruova ancor, ch'io non farò al presente.

75.   Non men di me tôrmi costei disia
di servitù, pur che ne venga meco;
che così spera, senza compagnia
de le rivali sue, ch'io viva seco.
Ella nel porto o fuste o saettia
farà ordinar, mentre è ancor l'aer cieco,
che i marinari vostri troveranno
acconcia a navigar, come vi vanno.

76.   Dietro a me tutti in un drappel ristretti,
cavallieri, mercanti e galeotti,
ch'ad albergarvi sotto a questi tetti
meco, vostra mercé, sète ridotti,

---

era già stato usato da PETRARCA, *Tr. Am.*, II, 136; PULCI, *Morg.*, XXVI, 110, 6-7 e
BOIARDO, *Innam.*, II, XXIX, 2, 5-8. – 3. *l'anime ribelle*: degli angeli guidati da
Lucifero: esempio biblico. – 5. *sei... sie*: «il primo indicativo mostra la convinzione
di Marfisa che Grifone sia con lei; il secondo congiuntivo mostra la lontana
supposizione, che potesse essere con quelle» (Papini). – 8. *quest'una*: questa sola
che segue.
    74. – 1. *Ne può... succede*: ci può salvare soltanto, se il piano riesce a buon fine.
– 3. *uscir... concede*: non è concesso uscire dalla città. – 4. *le salse arene*: la riva del
mare. – 5. *commettermi alla fede*: affidarmi alla fedeltà (lat. *fidei se committere*). –
7. *perfetto*: sincero, assoluto.
    75. – 5. *fuste*: tipo di nave leggera e veloce (lat. *fustis*); cfr. VIII, 60, 2; *saettia*:
tipo di nave anch'essa di piccola dimensione e molto veloce. – 6. *cieco*: privo di
stelle, tenebroso; aggettivo dantesco. – 8. *come vi vanno*: non appena vi giungono.
    76. – 2. *galeotti*: marinai. – 4. *vostra mercé*: per vostra cortesia; forma di com-

avrete a farvi amplo sentier coi petti,
se del nostro camin siamo interrotti:
così spero, aiutandoci le spade,
ch'io vi trarrò de la crudel cittade. –

77. – Tu fa come ti par, – disse Marfisa –
ch'io son per me d'uscir di qui sicura.
Più facil fia che di mia mano uccisa
la gente sia, che è dentro a queste mura,
che mi veggi fuggire, o in altra guisa
alcun possa notar ch'abbi paura.
Vo' uscir di giorno, e sol per forza d'arme;
che per ogn'altro modo obbrobrio parme.

78. S'io ci fossi per donna conosciuta,
so ch'avrei da le donne onore e pregio;
e volentieri io ci sarei tenuta,
e tra le prime forse del collegio:
ma con costoro essendoci venuta,
non ci vo' d'essi aver più privilegio.
Troppo error fôra ch'io mi stessi o andassi
libera, e gli altri in servitù lasciassi. –

79. Queste parole et altre seguitando,
mostrò Marfisa che 'l rispetto solo
ch'avea al periglio de' compagni (quando
potria loro il suo ardir tornare in duolo),
la tenea che con alto e memorando
segno d'ardir non assalia lo stuolo:
e per questo a Guidon lascia la cura
d'usar la via che più gli par sicura.

plimento; *sète ridotti*: siete riuniti. – 6. *se... interrotti*: se ci fosse chiusa la strada.
77. – 3-5. *Più facil fia... che mi veggi*: sarà più facile... che tu mi veda. – 6. *ch'abbi*: che io abbia.
78. – 1. *S'io ci fossi*: se io fossi qui, in questa città. – 4. *collegio*: comunità, società (lat. *collegium*; cfr. DANTE, *Conv.*, IV, 27, 71; *Inf.*, XXIII, 91; *Purg.*, XXVI, 129; ecc.).
79. – 3. *quando*: poiché, dal momento che. – 4. *tornare in duolo*: recare danno. – 5. *la tenea*: la tratteneva; *memorando*: tale da essere ricordato a lungo.

80.   Guidon la notte con Aleria parla
        (così avea nome la più fida moglie),
        né bisogno gli fu molto pregarla,
        che la trovò disposta alle sue voglie.
        Ella tolse una nave e fece armarla,
        e v'arrecò le sue più ricche spoglie,
        fingendo di volere al nuovo albóre
        con le compagne uscire in corso fuore.

81.   Ella avea fatto nel palazzo inanti
        spade e lancie arrecar, corazze e scudi,
        onde armar si potessero i mercanti
        e i galeotti ch'eran mezzo nudi.
        Altri dormiro, et altri stêr vegghianti,
        compartendo tra lor gli ozii e gli studi;
        spesso guardando, e pur con l'arme indosso,
        se l'orïente ancor si facea rosso.

82.   Dal duro volto de la terra il sole
        non tollea ancora il velo oscuro et atro;
        a pena avea la licaonia prole
        per li solchi del ciel volto l'aratro:
        quando il femineo stuol, che veder vuole
        il fin de la battaglia, empì il teatro,
        come ape del suo claustro empie la soglia,
        che mutar regno al nuovo tempo voglia.

83.   Di trombe, di tambur, di suon de corni
        il popul risonar fa cielo e terra,

80. – 4. *disposta alle sue voglie*: favorevole al suo progetto. – 6. *spoglie*: veste. – 8. *uscire in corso*: andare a corseggiare; cfr. X, 33, 1.

81. – 6. *compartendo... studi*: distribuendo tra loro riposi e incarichi. – 7. *pur*: sempre.

82. – 1. *duro volto*: la superficie ruvida. – 2. *atro*: nero; cfr. PETRARCA, *Redaz. ant. Tr. Fam.*, I, 7-8: «Avea già 'l sol la benda umida e negra Tolto dal duro volto della terra». – 3-4. *a pena ecc.*: umanistico riferimento all'orsa che volge il suo aratro per il cielo. La figlia di Licaone è, secondo il mito (OVIDIO, *Met.*, 401-530; *Fasti*, II, 173; PROPERZIO, *El.*, II, XXVIII, 23-24), Callisto che fu sedotta da Giove, mutata in orsa da Giunone, in costellazione da Giove. – 6. *il fin de la battaglia*: la fine dello scontro tra Guidone e Marfisa; cfr. XIX, 101-102. – 7-8. *come ape... voglia*: come uno sciame di api (cfr. XVIII, 16, 4) che a primavera voglia trasmigrare e cambiare regina, e quindi si affolla sulla soglia dell'alveare (*claustro*: cfr. XIX, 78, 3).

così citando il suo signor, che torni
a terminar la cominciata guerra.
Aquilante e Grifon stavano adorni
de le lor arme, e il duca d'Inghilterra,
Guidon, Marfisa, Sansonetto e tutti
gli altri, chi a piedi e chi a cavallo instrutti.

84. Per scender dal palazzo al mare e al porto,
la piazza traversar si convenia,
né v'era altro camin lungo né corto:
così Guidon disse alla compagnia.
E poi che di ben far molto conforto
lor diede, entrò senza rumore in via;
e ne la piazza, dove il popul era,
s'appresentò con più di cento in schiera.

85. Molto affrettando i suoi compagni, andava
Guidone all'altra porta per uscire:
ma la gran moltitudine che stava
intorno armata, e sempre atta a ferire,
pensò, come lo vide che menava
seco quegli altri, che volea fuggire;
e tutta a un tratto agli archi suoi ricorse,
e parte, onde s'uscia, venne ad opporse.

86. Guidone e gli altri cavallier gagliardi,
e sopra tutti lor Marfisa forte,
al menar de le man non furon tardi,
e molto fêr per isforzar le porte:
ma tanta e tanta copia era dei dardi
che, con ferite dei compagni e morte,
pioveano lor di sopra e d'ogn'intorno,
ch'al fin temean d'averne danno e scorno.

83. – 3. *citando*: chiamando, sollecitando (lat. molto raro); *signor*: Grifone. –
8. *instrutti*: apparecchiati; cfr. VI, 44, 6; XIX, 65, 8.
84. – 5. *conforto*: incoraggiamenti, esortazioni.
85. – 2. *all'altra porta*: alla porta dello steccato opposto a quella per cui erano
entrati. – 8. *onde s'uscia*: alla porta d'uscita.
86. – 3. *tardi*: lenti, pigri.

87.   D'ogni guerrier l'usbergo era perfetto;
       che se non era, avean più da temere.
       Fu morto il destrier sotto a Sansonetto;
       quel di Marfisa v'ebbe a rimanere.
       Astolfo tra sé disse: «Ora, ch'aspetto
       che mai mi possa il corno più valere?
       Io vo' veder, poi che non giova spada,
       s'io so col corno assicurar la strada».

88.   Come aiutar ne le fortune estreme
       sempre si suol, si pone il corno a bocca.
       Par che la terra e tutto 'l mondo trieme,
       quando l'orribil suon ne l'aria scocca.
       Sì nel cor de la gente il timor preme,
       che per disio di fuga si trabocca
       giù del teatro sbigottita e smorta,
       non che lasci la guardia de la porta.

89.   Come talor si getta e si periglia
       e da finestra e da sublime loco
       l'esterrefatta subito famiglia,
       che vede appresso e d'ogn'intorno il fuoco,
       che, mentre le tenea gravi le ciglia
       il pigro sonno, crebbe a poco a poco;
       così, messa la vita in abandono,
       ognun fuggìa lo spaventoso suono.

---

87. – 3. *morto*: ucciso. – 4. *a rimanere*: a restare ucciso. – 5. *ch'aspetto*: perché aspetto. Si potrebbe anche intendere: che cosa aspetto, dividendo la frase in due interrogative. – 6. *corno*: cfr. XV, 14, 7; la comparsa del corno di Astolfo dà uno slancio più concitato e allegro alla scena già ricca di movimento; Astolfo e il suo corno sono sempre il segnale di una bizzarra vacanza per la fantasia ariostesca.

88. – 1. *ne... estreme*: nei momenti di estremo pericolo. – 2. *si suol*: egli è solito. – 4. *scocca*: si diffonde improvviso, come strale scoccato da una freccia; cfr. IX, 74, 8. – 6. *si trabocca*: si precipita. – 8. *non che lasci*: oltre a lasciare.

89. – 1. *si periglia*: si mette in grave pericolo. – 2. *da sublime loco*: dalla parte più alta della casa. – 3. *esterrefatta*: atterrita (lat. *exterrere* combinato con *expave-facere*); *subito*: va collegato con *che* del v. 5; è meno probabile che sia da prendere invece nel senso di «improvvisamente». – 5-6. *mentre... sonno*: mentre il pigro (cfr. VI, 36, 4) sonno le teneva chiuse le ciglia; cfr. XVII, 108, 2. – 7. *messa... in abandono*: senza più preoccuparsi della propria vita; cfr. BOCCACCIO, *Decam.*, Intr., 22: «ciascun (quasi non più viver dovesse) aveva, sì come sé, le sue cose messe in abbandono».

90.   Di qua di là, di su di giù smarrita
        surge la turba, e di fuggir procaccia.
        Son più di mille a un tempo ad ogni uscita:
        cascano a monti, e l'una l'altra impaccia.
        In tanta calca perde altra la vita;
        da palchi e da finestre altra si schiaccia:
        più d'un braccio si rompe e d'una testa,
        di ch'altra morta, altra storpiata resta.

91.   Il pianto e 'l grido insino al ciel saliva,
        d'alta ruina misto e di fraccasso.
        Affretta, ovunque il suon del corno arriva,
        la turba spaventata in fuga il passo.
        Se udite dir che d'ardimento priva
        la vil plebe si mostri e di cor basso,
        non vi maravigliate; che natura
        è de la lepre aver sempre paura.

92.   Ma che direte del già tanto fiero
        cor di Marfisa e di Guidon Selvaggio?
        dei dua giovini figli d'Oliviero,
        che già tanto onoraro il lor lignaggio?
        Già cento mila avean stimato un zero;
        e in fuga or se ne van senza coraggio,
        come conigli, o timidi colombi
        a cui vicino alto rumor rimbombi.

93.   Così noceva ai suoi come agli strani
        la forza che nel corno era incantata.

---

90. – 1. *Di qua... giù*: cfr. IV, 44, 3: il *leit-motif* di Atlante e dei suoi incanti è ora ripreso qui e adattato alle dimensioni bizzarre e iperboliche degli incanti di Astolfo. – 2. *surge*: balza da sedere. – 4. *l'una l'altra*: non si dimentichi che la turba è costituita esclusivamente da donne. – 6. *da palchi... schiaccia*: gettandosi dai solai e dalle finestre altre si schiacciano in terra. – 8. *di ch'altra... resta*: cfr. XIII, 38, 3.

91. – 5. *Se udite dir*: cfr. V, 92, 8. – 6. *la vil plebe*: cfr. n. a «populazzo», XVI, 23, 7. – 7-8. *natura... paura*: cfr. PULCI, *Morg.*, XIV, 77, 4-5: «La lepre paürosa e meschinella Par che si fugga, temendo ogni caso».

92. – 3. *figli d'Oliviero*: Grifone e Aquilante. – 7. *come conigli ecc.*: anche i numerosi paragoni animaleschi son segno che la fantasia dell'Ariosto si sta prendendo una divertita, attivissima, vacanza.

93. – 1. *ai suoi... strani*: agli amici come ai nemici. – 2. *la forza... incantata*: la forza incantata che era nel corno; oppure, e forse meglio: la forza che era infusa

Sansonetto, Guidone e i duo germani
fuggon dietro a Marfisa spaventata;
né fuggendo ponno ir tanto lontani,
che lor non sia l'orecchia anco intronata.
Scorre Astolfo la terra in ogni lato,
dando via sempre al corno maggior fiato.

94.   Chi scese al mare, e chi poggiò su al monte,
e chi tra i boschi ad occultar si venne:
alcuna, senza mai volger la fronte,
fuggir per dieci dì non si ritenne:
uscì in tal punto alcuna fuor del ponte,
ch'in vita sua mai più non vi rivenne.
Sgombraro in modo e piazze e templi e case,
che quasi vòta la città rimase.

95.   Marfisa e 'l bon Guidone e i duo fratelli
e Sansonetto, pallidi e tremanti,
fuggiano inverso il mare, e dietro a quelli
fuggiano i marinari e i mercatanti;
ove Aleria trovâr, che, fra i castelli,
loro avea un legno apparechiato inanti.
Quindi, poi ch'in gran fretta li raccolse,
diè i remi all'acqua et ogni vela sciolse.

96.   Dentro e d'intorno il duca la cittade
avea scorsa dai colli insino all'onde;
fatto avea vòte rimaner le strade:
ognun lo fugge, ognun se gli nasconde.
Molte trovate fur, che per viltade
s'eran gittate in parti oscure e immonde;

---

nel corno per incanto. – 3. *i duo germani*: i due fratelli. – 8. *via sempre... maggior.*
ancor sempre più tanto.
   94. – 1. *poggiò*: salì. – 3. *alcuna*: qualcuna delle femminelle omicide. – 4. *non
si ritenne*: non cessò. – 5-6. *uscì... rivenne*: uscì con tanto spavento dalla città, che
in vita sua si guardò bene dal rivaricare quel ponte levatoio.
   95. – 1. *bon*: valoroso. – 5. *castelli*: che chiudevano l'entrata del porto; cfr. XIX,
54, 4. – 8. *diè i remi ecc.*: cfr. IX, 43, 7.
   96. – 6. *in parti... immonde*: nelle edizioni precedenti aveva detto: «in le latrine
immonde», cioè: nelle fogne; ed è un particolare di più nella pagina comicamente
colorita.

e molte, non sappiendo ove s'andare,
messesi a nuoto et affogate in mare.

97.   Per trovare i compagni il duca viene,
        che si credea di riveder sul molo.
        Si volge intorno, e le deserte arene
        guarda per tutto, e non v'appare un solo.
        Leva più gli occhi, e in alto a vele piene
        da sé lontani andar li vede a volo:
        sì che gli convien fare altro disegno
        al suo camin, poi che partito è il legno.

98.   Lasciamolo andar pur (né vi rincresca
        che tanta strada far debba soletto
        per terra d'infedeli e barbaresca,
        dove mai non si va senza sospetto:
        non è periglio alcuno, onde non esca
        con quel suo corno, e n'ha mostrato effetto);
        e dei compagni suoi pigliamo cura,
        ch'al mar fuggian tremando di paura.

99.   A piena vela si cacciaron lunge
        da la crudele e sanguinosa spiaggia:
        e poi che di gran lunga non li giunge
        l'orribil suon ch'a spaventar più gli aggia,
        insolita vergogna sì gli punge,
        che, com'un fuoco, a tutti il viso raggia.
        L'un non ardisce a mirar l'altro, e stassi
        tristo, senza parlar, con gli occhi bassi.

100.   Passa il nocchiero, al suo vïaggio intento,
        e Cipro e Rodi, e giù per l'onda egea

97. – 5. *in alto*: in alto mare; *a vele piene*: cfr. X, 23, 7. – 7-8. *gli convien... camin*: deve pensare ad altro itinerario.
98. – 3. *barbaresca*: più che barbarica, è da intendere: abitata da saraceni; l'Africa settentrionale si chiamava appunto Barberia. – 4. *senza sospetto*: senza paura di possibili pericoli. – 6. *n'ha... effetto*: ne ha data la prova. – 8. *al mar*: per il mare, nel mare.
99. – 2. *sanguinosa*: a causa dei barbari sacrifici. – 3. *di gran... giunge*: da lontano non li raggiunge. – 6. *raggia*: si accende di rossore.
100. – 2. *Cipro e Rodi*: ritornano quindi sulla rotta in parte già percorsa (cfr.

da sé vede fuggire isole cento
col periglioso capo di Malea;
e con propizio et immutabil vento
asconder vede la greca Morea;
volta Sicilia, e per lo mar Tirreno
costeggia de l'Italia il lito ameno:

101. e sopra Luna ultimamente sorse,
dove lasciato avea la sua famiglia.
Dio ringraziando che 'l pelago corse
senza più danno, il noto lito piglia.
Quindi un nochier trovâr per Francia sciorse,
il qua'l di venir seco li consiglia:
e nel suo legno ancor quel dì montaro,
et a Marsilia in breve si trovaro.

102. Quivi non era Bradamante allora,
ch'aver solea governo del paese;
che se vi fosse, a far seco dimora
gli avria sforzati con parlar cortese.
Sceser nel lito, e la medesima ora
dai quattro cavallier congedo prese
Marfisa, e da la donna del Selvaggio;
e pigliò alla ventura il suo vïaggio,

103. dicendo che lodevole non era
ch'andasser tanti cavallieri insieme:

XVIII, 136), da cui li aveva allontanati la tempesta; *l'onde egea*: il mare Egeo. –
4. *Malea*: promontorio del Peloponneso, oggi Mallia; la sua pericolosità era spesso
ricordata dagli scrittori classici (per es. STAZIO, *Theb.*, II, 33-34). – 6. *asconder*:
dileguarsi; *Morea*: il Peloponneso. – 7. *volta*: gira intorno.
101. – 1. *Luna*: Luni, da cui il capitano era originario; cfr. XVIII, 135, 4;
ultimamente sorse: alfine approdò: cfr. IV, 51, 5. – 4. *il noto... piglia*: sbarca nel porto
a lui familiare. – 5. *Quindi... sciorse*: trovarono un nocchiero che era in procinto di
partire (*sciorse*: cfr. XIX, 41, 4) di lì alla volta della Francia. – 7. *ancor quel dì*: quel
giorno stesso.
102. – 1-2. *Quivi non era ecc.*: in quel momento Bradamante non si trovava a
Marsiglia, che pur era capitale della provincia affidata al suo governo (cfr. II, 64); noi
sappiamo infatti che Bradamante si era posta alla ricerca di Ruggiero ed era finita
prigioniera degli inganni di Atlante; cfr. XIII, 79. – 3. *fosse*: fosse stata. – 5. *la medesima ora*: in quello stesso momento, subito. – 7. *la donna del Selvaggio*: Aleria, donna
di Guidon Selvaggio. – 8. *alla ventura*: «I cavalieri dei romanzi della Tavola Rotonda
possono bensì accompagnarsi incontrandosi; ma basta che giungano a un trivio, a
un quadrivio, perché ognuno abbia l'obbligo di prendere una via diversa» (Rajna).

che gli storni e i colombi vanno in schiera,
i daini e i cervi e ogn'animal che teme;
ma l'audace falcon, l'aquila altiera,
che ne l'aiuto altrui non metton speme,
orsi, tigri, leon, soli ne vanno;
che di più forza alcun timor non hanno.

104. Nessun degli altri fu di quel pensiero;
sì ch'a lei sola toccò a far partita.
Per mezzo i boschi e per strano sentiero
dunque ella se n'andò sola e romita.
Grifone il bianco et Aquilante il nero
pigliâr con gli altri duo la via più trita,
e giunsero a un castello il dì seguente,
dove albergati fur cortesemente.

105. Cortesemente dico in apparenza,
ma tosto vi sentîr contrario effetto;
che 'l signor del castel, benivolenza
fingendo e cortesia, lor dè ricetto:
e poi la notte, che sicuri senza
timor dormian, gli fe' pigliar nel letto;
né prima li lasciò, che d'osservare
una costuma ria li fe' giurare.

106. Ma vo' seguir la bellicosa donna,
prima, Signor, che di costor più dica.
Passò Druenza, il Rodano e la Sonna,
e venne a piè d'una montagna aprica.

---

103. – 3-7. *storni... colombi ecc.*: gli animali descritti nei bestiari e usati tanto
frequentemente nei cantari a paragone della natura coraggiosa o pavida dei cavalieri. – 7. *orsi, tigri, ecc.*: cfr. PETRARCA, *Canz.*, LIII, 71: «Orsi, lupi, leoni, aquile
et serpi». – 8. *di più... hanno*: non temono di incontrare chi sia più forte di loro.
104. – 3. *per mezzo i boschi*: cfr. PETRARCA, *Canz.*, CLXXVI, 1: «Per mezz'i
boschi inhospiti et selvaggi»; *strano*: fuori mano, poco frequentato. – 4. *sola e
romita*: sola e tutta assorta in sé (cfr. DANTE, *Purg.*, VI, 72). – 5. *Grifone... nero*: cfr.
XV, 67, 8. – 6. *con gli altri duo*: con Guidone e Sansonetto; *trita*: battuta; cfr. XII,
56, 4.
105. – 3. *'l signor del castel*: è Pinabello di Maganza; la vicenda prosegue a
XXII, 52 segg. – 6. *gli fe'... letto*: cfr. XXII, 53, 3. – 8. *una costuma*: un'usanza, una
legge; cfr. XIX, 66, 6.
106. – 1-2. *vo' seguir... dica*: cfr. n. a II, 30, 7-8; *la bellicosa donna*: Marfisa. –
3. *Druenza*: la Durance (lat. *Druentia*), affluente di sinistra del Rodano; *Sonna*: la

Quivi lungo un torrente, in negra gonna
vide venire una femina antica,
che stanca e lassa era di lunga via,
ma via più afflitta di malenconia.

107.   Questa è la vecchia che solea servire
ai malandrin nel cavernoso monte,
là dove alta giustizia fe' venire
e dar lor morte il paladino conte.
La vecchia, che timore ha di morire
per le cagion che poi vi saran conte,
già molti dì va per via oscura e fosca,
fuggendo ritrovar chi la conosca.

108.   Quivi d'estrano cavallier sembianza
l'ebbe Marfisa all'abito e all'arnese:
e perciò non fuggì, com'avea usanza
fuggir dagli altri ch'eran del paese;
anzi con sicurezza e con baldanza
si fermò al guado, e di lontan l'attese:
al guado del torrente, ove trovolla,
la vecchia le uscì incontra e salutolla.

109.   Poi la pregò che seco oltr'a quell'acque
ne l'altra ripa in groppa la portasse.
Marfisa, che gentil fu da che nacque,
di là dal fiumicel seco la trasse;
e portarla anch'un pezzo non le spiacque,
fin ch'a miglior camin la ritornasse,
fuor d'un gran fango; e al fin di quel sentiero
si videro all'incontro un cavalliero.

110.   Il cavallier su ben guernita sella,
di lucide arme e di bei panni ornato,

Saône, affluente di destra. – 6. *antica*: vecchia. – 8. *malenconia*: collera, umor
nero.

107. – 1. *Questa è la vecchia ecc.*: cfr. XIII, 42. – 3. *alta giustizia*: l'alta giustizia
di Dio. – 4. *conte*: Orlando. – 6. *conte*: raccontate. – 8. *fuggendo*: evitando.

108. – 1-2. *Quivi... arnese*: qui Marfisa sembrò a lei, per il modo di vestire e per
la foggia dell'armatura, un cavaliere straniero. – 7. *ove trovolla*: dove Marfisa la trovò.

109. – 6. *ritornasse*: riconducesse; cfr. XII, 35, 3. – 8. *all'incontro*: venire incontro.

verso il fiume venìa, da una donzella
e da un solo scudiero accompagnato.
La donna ch'avea seco era assai bella,
ma d'altiero sembiante e poco grato,
tutta d'orgoglio e di fastidio piena,
del cavallier ben degna che la mena.

111.   Pinabello, un de' conti maganzesi,
era quel cavallier ch'ella avea seco;
quel medesmo che dianzi a pochi mesi
Bradamante gittò nel cavo speco.
Quei sospir, quei singulti così accesi,
quel pianto che lo fe' già quasi cieco,
tutto fu per costei ch'or seco avea,
che 'l negromante allor gli ritenea.

112.   Ma poi che fu levato di sul colle
l'incantato castel del vecchio Atlante,
e che poté ciascuno ire ove volle,
per opra e per virtù di Bradamante;
costei, ch'agli disii facile e molle
di Pinabel sempre era stata inante,
si tornò a lui, et in sua compagnia
da un castello ad un altro or se ne gìa.

113.   E sì come vezzosa era e mal usa,
quando vide la vecchia di Marfisa,
non si poté tenere a bocca chiusa
di non la motteggiar con beffe e risa.
Marfisa altiera, appresso a cui non s'usa
sentirsi oltraggio in qualsivoglia guisa,

110. – 6. *poco grato*: poco gradevole, piacevole. – 7. *fastidio*: alterigia, sofisti-
cheria (lat.).

111. – 1. *Pinabello ecc.*: cfr. II, 67. – 3-4. *quel medesmo... speco*: quel medesimo
che pochi mesi prima gettò Bradamante nella grotta; cfr. II, 70-75. – 5-8. *Quei
sospir ecc.*: cfr. II, 37 segg., dove Pinabello racconta a Bradamante come il mago
Atlante (il *negromante* del v. 8) avesse rapita la sua donna e la tenesse prigioniera.
E si noti come Pinabello si trasformi una volta ancora: prima amante sventurato,
poi freddo traditore, ora vigliacco vanitoso.

112. – 1-4. *Ma poi che ecc.*: cfr. IV, 38-39. – 5. *facile e molle*: arrendevole e
condiscendente; cfr. VII, 43, 1 e DANTE, *Inf.*, XIX, 86.

113. – 1. *vezzosa... e mal usa*: smorfiosa e maleducata. – 3. *non si poté... motteggiar*: non poté trattenersi, restando a bocca chiusa, dal motteggiarla. – 5-6. *appres-*

rispose d'ira accesa alla donzella,
che di lei quella vecchia era più bella;

114. e ch'al suo cavallier volea provallo,
con patto di poi tôrre a lei la gonna
e il palafren ch'avea, se da cavallo
gittava il cavallier di ch'era donna.
Pinabel che faria, tacendo, fallo,
di risponder con l'arme non assonna:
piglia lo scudo e l'asta, e il destrier gira,
poi vien Marfisa a ritrovar con ira.

115. Marfisa incontra una gran lancia afferra,
e ne la vista a Pinabel l'arresta,
e sì stordito lo riversa in terra,
che tarda un'ora a rilevar la testa.
Marfisa, vincitrice de la guerra,
fe' trarre a quella giovane la vesta,
et ogn'altro ornamento le fe' porre,
e ne fe' il tutto alla sua vecchia tôrre:

116. e di quel giovenile abito vòlse
che si vestisse e se n'ornasse tutta;
e fe' che 'l palafreno anco si tolse,
che la giovane avea quivi condutta.
Indi al preso camin con lei si volse,
che quant'era più ornata, era più brutta.
Tre giorni se n'andâr per lunga strada,
senza far cosa onde a parlar m'accada.

117. Il quarto giorno un cavallier trovaro,
che venìa in fretta galoppando solo.

---

so... *guisa*: che non tollera che chi sia presso a lei si senta fare oltraggio in qualsiasi
forma.
114. – 4. *di ch'era donna*: di cui lei era donna. – 5. *faria... fallo*: perché accet-
terebbe l'offesa alla bellezza della sua donna. – 6. *assonna*: indugia.
115. – 1. *incontra*: dall'altra parte. – 2. *ne la vista... arresta*: e la pone in resta,
mirando alla visiera dell'elmo di Pinabello, cfr. XVII, 100, 5-6. – 7. *porre*: deporre.
– 8. *tôrre*: prendere.
116. – 3. *fe' che... tolse*: fece che prendesse. – 8. *onde a parlar m'accada*: di cui
non mi pare che sia il caso di parlare; cfr. III, 62, 6.

Se di saper chi sia forse v'è caro,
dicovi ch'è Zerbin, di re figliuolo,
di virtù esempio e di bellezza raro,
che se stesso rodea d'ira e di duolo
di non aver potuto far vendetta
d'un che gli avea gran cortesia interdetta.

118.   Zerbino indarno per la selva corse
         dietro a quel suo che gli avea fatto oltraggio;
         ma sì a tempo colui seppe via tôrse,
         sì seppe nel fuggir prender vantaggio,
         sì il bosco e sì una nebbia lo soccorse,
         ch'avea offuscato il matutino raggio,
         che di man di Zerbin si levò netto,
         fin che l'ira e il furor gli uscì del petto.

119.   Non poté, ancor che Zerbin fosse irato,
         tener, vedendo quella vecchia, il riso;
         che gli parea dal giovenile ornato
         troppo diverso il brutto antiquo viso;
         et a Marfisa, che le venìa a lato,
         disse: − Guerrier, tu sei pien d'ogni aviso,
         che damigella di tal sorte guidi,
         che non temi trovar chi te la invidi. −

120.   Avea la donna (se la crespa buccia
         può darne indicio) più de la Sibilla,

117. − 4. *di re figliuolo*: figlio del re di Scozia. − 5. *di virtù... raro*: raro esempio di virtù e di bellezza. − 8. *d'un... interdetta*: contro uno che gli aveva impedito di far la vita salva a Medoro; cfr. XIX, 13-14.

118. − 2. *quel suo*: quel soldato della sua squadra. − 3-4. *via tôrse... prender vantaggio*: cfr. XIX, 14, 5-6. − 7. *netto*: completamente.

119. − 3. *ornato*: vestiti, acconciatura. − 4. *antiquo*: vecchio. − 6. *aviso*: prudenza, accortezza.

120. − 1. *la crespa buccia*: la pelle rugosa; per *crespa* cfr. XXVIII, 25, 5; per *buccia* VII, 73, 1 e DANTE, *Purg.*, XXIII, 25. Sullo sfondo di avventure derivate dai romanzi arturiani, senza ignorare certi spunti del *Palamedés* e del *Perceval* (cfr. P. RAJNA, *Le fonti dell'«Orlando Furioso»* cit., pp. 313 segg.), in cui si trovano donne diaboliche e brutte, simili a Gabrina, similmente schernite o contese, l'Ariosto qui introduce una descrizione caricaturale della donna vecchia sordida e brutta, per cui aveva precedenti nella letteratura latina (imitati anche nella sua lirica: XXI: «*In Lenam*») e nella letteratura giocosa volgare: si cfr. per es. il son. LI del Cavalcanti: «Guata, Manetto, quella scrignatuzza», e il CXXVII dell'Angiolieri: «Deh guata, Ciampol, ben questa vecchiuzza», dove ci sono lo stesso gusto, le stesse rime e anche qualche immagine simile («a punto sembra una bertuzza»); cfr. anche la descrizione di Alcina: VII, 72 segg. − 2. *più de la Sibilla*: più anni della

e parea, così ornata, una bertuccia,
quando per muover riso alcun vestilla;
et or più brutta par, che si coruccia,
e che dagli occhi l'ira le sfavilla:
ch'a donna non si fa maggior dispetto,
che quando o vecchia o brutta le vien detto.

121.   Mostrò turbarse l'inclita donzella,
per prenderne piacer, come si prese;
e rispose a Zerbin: — Mia donna è bella,
per·Dio, via più che tu non sei cortese;
come ch'io creda che la tua favella
da quel che sente l'animo non scese:
tu fingi non conosca sua beltade,
per escusar la tua somma viltade.

122.   E chi saria quel cavallier, che questa
sì giovane e sì bella ritrovasse
senza più compagnia ne la foresta,
e che di farla sua non si provasse?
— Sì ben — disse Zerbin — teco s'assesta,
che saria mal ch'alcun te la levasse;
et io per me non son così indiscreto,
che te ne privi mai: stanne pur lieto.

123.   S'in altro conto aver vuoi a far meco,
di quel ch'io vaglio son per farti mostra;
ma per costei non mi tener sì cieco,
che solamente far voglia una giostra.
O brutta o bella sia, restisi teco:
non vo' partir tanta amicizia vostra.
Ben vi sète accoppiati: io giurerei,
com'ella è bella, tu gagliardo sei. —

Sibilla Cumana; cfr. VII, 73, 5. – 6. *dagli occhi... sfavilla*: cfr. PETRARCA, *Canz.*, CXI, II: «né 'l dolce sfavillar degli occhi suoi».
    121. – 1-2. *Mostrò... prese*: Marfisa finse di offendersi, per divertirsi, come infatti fece. – 4. *via più*: molto di più. – 5. *come ch'io*: sebbene io. – 6. *da quel... scese*: non viene direttamente da quel che senti dentro, non è sincera.
    122. – 3. *senza più compagnia*: senz'altra compagnia che quella di un solo cavaliere. – 5. *teco s'assesta*: si adatta a te.
    123. – 1. *in altro conto*: per altra ragione. – 4. *solamente... una giostra*: neppure un gioco d'armi, un duello sportivo.

124.   Suggiunse a lui Marfisa: – Al tuo dispetto
        di levarmi costei provar convienti.
        Non vo' patir ch'un sì leggiadro aspetto
        abbi veduto, e guadagnar nol tenti. –
        Rispose a lei Zerbin: – Non so a ch'effetto
        l'uom si metta a periglio e si tormenti,
        per riportarne una vittoria poi,
        che giovi al vinto, e al vincitore annoi. –

125.   – Se non ti par questo partito buono,
        te ne do un altro, e ricusar nol dèi: –
        disse a Zerbin Marfisa – che s'io sono
        vinto da te, m'abbia a restar costei;
        ma s'io te vinco, a forza te la dono.
        Dunque provian chi de' star senza lei:
        se perdi, converrà che tu le faccia
        compagnia sempre, ovunque andar le piaccia. –

126.   – E così sia – , Zerbin rispose; e vòlse
        a pigliar campo subito il cavallo.
        Si levò su le staffe e si raccolse
        fermo in arcione, e per non dare in fallo,
        lo scudo in mezzo alla donzella colse;
        ma parve urtasse un monte di metallo:
        et ella in guisa a lui toccò l'elmetto,
        che stordito il mandò di sella netto.

127.   Troppo spiacque a Zerbin l'esser caduto,
        ch'in altro scontro mai più non gli avvenne,
        e n'avea mille e mille egli abbattuto;
        et a perpetuo scorno se lo tenne.
        Stette per lungo spazio in terra muto;
        e più gli dolse poi che gli sovenne
        ch'avea promesso e che gli convenia
        aver la brutta vecchia in compagnia.

124. – 5. *a ch'effetto*: a che scopo. – 8. *annoi*: rechi molestia; cfr. I, 66, 1.
125. – 1. *partito*: proposta.
126. – 2. *a pigliar campo*: allontanarsi lo spazio necessario per prendere la rincorsa prima di lanciarsi all'assalto; l'espressione è molto comune nel *Morg.* e nell'*Innam..* – 6. *un monte di metallo*: cfr. I, 74, 8. – 7. *toccò*: colpì. Bella attenuazione ironica, che fa sentire l'inesorabile facilità del colpo e contrasta con le tante iperboli del repertorio tradizionale. – 8. *netto*: con precisione e prontezza.
127. – 1. *Troppo*: molto. – 4. *a perpetuo... tenne*: lo considerò come suo eterno disonore. – 7. *gli convenia*: doveva.

128.	Tornando a lui la vincitrice in sella,
	disse ridendo: – Questa t'appresento;
	e quanto più la veggio e grata e bella,
	tanto, ch'ella sia tua, più mi contento.
	Or tu in mio loco sei campion di quella;
	ma la tua fé non se ne porti il vento,
	che per sua guida e scorta tu non vada
	(come hai promesso) ovunque andar l'aggrada. –

129.	Senza aspettar risposta urta il destriero
	per la foresta, e subito s'imbosca.
	Zerbin, che la stimava un cavalliero,
	dice alla vecchia: – Fa ch'io lo conosca. –
	Et ella non gli tiene ascoso il vero,
	onde sa che lo 'ncende e che l'attosca:
	– Il colpo fu di man d'una donzella,
	che t'ha fatto votar – disse – la sella.

130.	Pel suo valor costei debitamente
	usurpa a' cavallieri e scudo e lancia;
	e venuta è pur dianzi d'Orïente
	per assaggiare i paladin di Francia. –
	Zerbin di questo tal vergogna sente,
	che non pur tinge di rossor la guancia,
	ma restò poco di non farsi rosso
	seco ogni pezzo d'arme ch'avea indosso.

131.	Monta a cavallo, e se stesso rampogna
	che non seppe tener strette le cosce.
	Tra sé la vecchia ne sorride, e agogna

128. – 1. *Tornando... sella*: tornando a lui, dopo che era passata via sullo slancio, senza cadere di sella. – 2. *appresento*: dono. – 4. *mi contento*: sono lieta. – 7. *che*: così che.

129. – 2. *s'imbosca*: cfr. XVIII, 22, 4. – 4. *Fa ch'io lo conosca*: cfr. DANTE, *Inf.*, VI, 82: «fa ch'io li conosca» (in rima con «attosca»). – 6. *onde... attosca*: con la quale ella sa che può infiammarlo d'ira e avvelenarlo d'invidia. – 7-8. *d'una donzella... sella*: cfr. I, 69, 7-8.

130. – 1-2. *debitamente... lancia*: a buon diritto prende le armi, che spetterebbero solo agli uomini. – 4. *assaggiare*: mettere alla prova, sperimentare; cfr. XVIII, 133-134. – 6. *tinge... guancia*: cfr. DANTE, *Inf.*, XXXI, 2: «mi tinse l'una e l'altra guancia». – 7. *restò... farsi*: mancò poco che non si facesse.

di stimularlo e di più dargli angosce.
Gli ricorda ch'andar seco bisogna:
e Zerbin, ch'ubligato si conosce,
l'orecchie abbassa, come vinto e stanco
destrier c'ha in bocca il fren, gli sproni al fianco.

132.　　E sospirando: − Ohimè, Fortuna fella, −
dicea − che cambio è questo che tu fai?
Colei che fu sopra le belle bella,
ch'esser meco dovea, levata m'hai.
Ti par ch'in luogo et in ristor di quella
si debba por costei ch'ora mi dai?
Stare in danno del tutto era men male,
che fare un cambio tanto diseguale.

133.　　Colei che di bellezze e di virtuti
unqua non ebbe e non avrà mai pare,
sommersa e rotta tra gli scogli acuti
hai data ai pesci et agli augei del mare;
e costei che dovria già aver pasciuti
sotterra i vermi, hai tolta a perservare
dieci o venti anni più che non devevi,
per dar più peso agli mie' affanni grevi. −

134.　　Zerbin così parlava; né men tristo
in parole e in sembianti esser parea
di questo nuovo suo sì odioso acquisto,
che de la donna che perduta avea.
La vecchia, ancor che non avesse visto

---

131. − 4. *stimularlo*: punzecchiarlo; *di più... angosce*: di procurargli altri tormenti. − 7. *vinto*: domato; il paragone scherzoso, tratto dalla vita degli animali (cfr. ORAZIO, *Serm.*, I, IX, 20-21: «*Demitto auriculas, ut iniquae mentis asellus, Cum gravius dorso subiit onus*»), non risparmia neppure Zerbino, uno dei più puri e genuini seguaci degli ideali di cavalleria.

132. − 1. *Fortuna fella*: traditrice fortuna; cfr. VIII, 50, 7-8. − 3. *Colei*: Isabella; cfr. XII, 91 segg. − 5. *ristor*: compenso. − 7. *in danno*: in perdita; cfr. XVIII, 156, 5.

133. − 3. *sommersa e rotta*: annegata e naufragata. Così credeva Zerbino che fosse finita Isabella a seguito della tempesta; cfr. XIII, 15-17 (a XIII, 16, 4 c'è appunto l'espressione *acuti scogli*). − 6. *hai... perservare*: hai voluto serbare in vita.

mai più Zerbin, per quel ch'ora dicea
s'avvide esser colui di che notizia
le diede già Issabella di Galizia.

135. Se 'l vi ricorda quel ch'avete udito,
costei da la spelonca ne veniva,
dove Issabella, che d'amor ferito
Zerbino avea, fu molti dì captiva.
Più volte ella le avea già riferito
come lasciasse la paterna riva,
e come rotta in mar da la procella,
si salvasse alla spiaggia di Rocella.

136. E sì spesso dipinto di Zerbino
le avea il bel viso e le fattezze conte,
ch'ora udendol parlare, e più vicino
gli occhi alzandogli meglio ne la fronte,
vide esser quel per cui sempre meschino
fu d'Issabella il cor nel cavo monte;
che di non veder lui più si lagnava,
che d'esser fatta ai malandrini schiava.

137. La vecchia, dando alle parole udienza,
che con sdegno e con duol Zerbino versa,
s'avede ben ch'egli ha falsa credenza
che sia Issabella in mar rotta e sommersa:
e ben ch'ella del certo abbia scïenza,
per non lo rallegrar, pur la perversa
quel che far lieto lo potria, gli tace,
e sol gli dice quel che gli dispiace.

134. – 6. *mai più*: mai altra volta.
135. – 1. *quel... udito*: cfr. XII, 91-92; XIII, 42. – 4. *captiva*: prigioniera (lat.). –
8. *Rocella*: la Rochelle; cfr. XIII, 16, 4.
136. – 2. *le fattezze conte*: i tratti nobili, avvenenti; cfr. XII, 74, 5. – 5. *meschino*:
addolorato, misero. – 6. *cavo monte*: grotta.
137. – 1. *dando... udienza*: ascoltando; cfr. PETRARCA, *Canz.*, CXXVI, 12. –
2. *versa*: spande, effonde. – 5. *del certo*: della verità, e cioè che Isabella era stata
liberata da Orlando; cfr. XIII, 43.

138.	— Odi tu, — gli disse ella — tu che sei
cotanto altier, che sì mi scherni e sprezzi,
se sapessi che nuova ho di costei
che morta piangi, mi faresti vezzi:
ma più tosto che dirtelo, torrei
che mi strozzassi o fêssi in mille pezzi;
dove, s'eri vêr me più mansueto,
forse aperto t'avrei questo secreto. —

139.	Come il mastin che con furor s'aventa
adosso al ladro, ad achetarsi è presto,
che quello o pane o cacio gli appresenta,
o che fa incanto approprïato a questo;
così tosto Zerbino umil diventa,
e vien bramoso di sapere il resto,
che la vecchia gli accenna che di quella,
che morta piange, gli sa dir novella.

140.	E volto a lei con più piacevol faccia,
la supplica, la prega, la scongiura
per gli uomini, per Dio, che non gli taccia
quanto ne sappia, o buona o ria ventura.
— Cosa non udirai che pro ti faccia: —
disse la vecchia pertinace e dura
— non è Issabella, come credi, morta;
ma viva sì, ch'a' morti invidia porta.

141.	È capitata in questi pochi giorni
che non n'udisti, in man di più di venti;
sì che, qualora anco in man tua ritorni,
ve' se sperar di côrre il fior convienti. —
Ah vecchia maladetta, come adorni

138. – 2. *scherni:* schernisci. – 5. *torrei:* preferirei. – 7. *dove:* mentre.

139. – 1. *Come il mastin ecc.:* cfr. DANTE, *Inf.,* VI, 28-29; XXI, 44-45: «E mai non fu mastino sciolto Con tanta fretta a seguitar lo furo». – 3. *che:* tosto che. – 4. *fa incanto... questo:* fa un qualche incanto adatto allo scopo di chetarlo. – 5-7. *tosto... che la vecchia gli accenna:* non appena la vecchia gli fa capire.

140. – 5. *che pro ti faccia:* che possa arrecarti sollievo. – 8. *ma viva... porta:* ma conduce una vita tale da portar invidia ai morti.

141. – 4. *ve'... convienti:* vedi da te stesso se è opportuno che tu speri di godere la sua verginità; cfr. I, 55, 7.

la tua menzogna! e tu sai pur se menti.
Se ben in man de venti ell'era stata,
non l'avea alcun però mai vïolata.

142.   Dove l'avea veduta domandolle
Zerbino, e quando, ma nulla n'invola,
che la vecchia ostinata più non volle
a quel c'ha detto aggiungere parola.
Prima Zerbin le fece un parlar molle,
poi minacciolle di tagliar la gola:
ma tutto è invan ciò che minaccia e prega;
che non può far parlar la brutta strega.

143.   Lasciò la lingua all'ultimo in riposo
Zerbin, poi che 'l parlar gli giovò poco;
per quel ch'udito avea, tanto geloso,
che non trovava il cor nel petto loco;
d'Issabella trovar sì disïoso,
che saria per vederla ito nel fuoco:
ma non poteva andar più che volesse
colei, poi ch'a Marfisa lo promesse.

144.   E quindi per solingo e strano calle,
dove a lei piacque, fu Zerbin condotto;
né per o poggiar monte o scender valle
mai si guardaro in faccia o si fêr motto.
Ma poi ch'al mezzodì volse le spalle
il vago sol, fu il lor silenzio rotto
da un cavallier che nel camin scontraro.
Quel che seguì, ne l'altro canto è chiaro.

142. – 2. *nulla n'invola*: non le strappa alcuna notizia. – 5. *molle*: dolce, suasivo.
143. – 4. *loco*: pace; cfr. I, 18, 8. – 7-8. *più... colei*: se non dove volesse Gabrina.
144. – 1. *strano calle*: via poco frequentata. Si ricordi che Gabrina cerca di evitare di incontrare persone che la conoscano; cfr. XX, 107, 5-8. – 3. *né per... valle*: né per quanto salissero monti o scendessero valli, per tutto il lungo viaggio. – 4. *guardaro... motto*: cfr. DANTE, *Inf.*, XXXIII, 47-48: «io guardai Nel viso a' miei figliuoli sanza far motto». – 6. *vago*: errante, vagante. – 8. *chiaro*: chiarito, raccontato.

CANTO VENTESIMOPRIMO

Esordio: bisogna sempre tener fede alle promesse. Zerbino e Gabrina pro-
seguono il viaggio e incontrano Ermonide d'Olanda, che vuole gli sia conse-
gnata Gabrina per vendicare le offese da lei ricevute. Zerbino difende la
vecchia e ferisce gravemente il cavaliere. Questi narra la storia dei delitti
commessi da Gabrina: la perfida donna ha fatto uccidere suo marito Argeo da
Filandro, fratello di Ermonide; poi da un medico ha fatto uccidere Filandro;
infine ha tolto di mezzo anche il medico, pericoloso testimone; imprigionata da
Ermonide e messa al rogo, è riuscita a fuggire. Ora Ermonide, morente, con-
siglia a Zerbino di liberarsi della vecchia prima che trami qualche tradimento
a suo danno. Zerbino non può venir meno alla parola data, e si rimette in
viaggio con Gabrina, che gli è sempre più odiosa. Verso sera giungono in un
luogo ove s'ode lo strepito d'una fiera battaglia.

I.   Né fune intorto crederò che stringa
     soma così, né così legno chiodo,
     come la fé ch'una bella alma cinga
     del suo tenace indissolubil nodo.
     Né dagli antiqui par che si dipinga
     la santa Fé vestita in altro modo,
     che d'un vel bianco che la cuopra tutta:
     ch'un sol punto, un sol neo la può far brutta.

1. – 1-2. *Né fune intorto ecc.*: non così fortemente un canapo attorcigliato (*in-*
torto, lat.; cfr. BOIARDO, *Amor.*, XVIII, 7) tiene stretta la soma al basto, né così
fortemente il legno stringe il chiodo che vi è confitto; cfr. ARIOSTO, *Rime*, Canz. I,
133-135: «E lo legaro in così stretti nodi, Che più saldi un tenace Canape mai non
strinse né catene». – 7. *d'un vel bianco*: lo spunto viene da ORAZIO, *Carm.*, I, XXXV,
21-22: «*et albo rara Fides... velata panno*», ma viene qui disciolto nel tono conver-
sevole, e disteso in più sfumata e calda rappresentazione pittorica.

2.   La fede unqua non debbe esser corrotta,
         o data a un solo, o data insieme a mille;
         e così in una selva, in una grotta,
         lontan da le cittadi e da le ville,
         come dinanzi a tribunali, in frotta
         di testimon, di scritti e di postille,
         senza giurare o segno altro più espresso,
         basti una volta che s'abbia promesso.

3.   Quella servò, come servar si debbe
         in ogni impresa, il cavallier Zerbino:
         e quivi dimostrò che conto n'ebbe,
         quando si tolse dal proprio camino
         per andar con costei, la qual gl'increbbe,
         come s'avesse il morbo sì vicino,
         o pur la morte istessa; ma potea,
         più che 'l disio, quel che promesso avea.

4.   Dissi di lui, che di vederla sotto
         la sua condotta tanto al cor gli preme,
         che n'arrabbia di duol, né le fa motto;
         e vanno muti e taciturni insieme:
         dissi che poi fu quel silenzio rotto,
         ch'al mondo il sol mostrò le ruote estreme,
         da un cavalliero aventuroso errante,
         ch'in mezzo del camin lor si fe' inante.

---

2. – 1. *unqua*: mai; *corrotta*: macchiata, violata; cfr. ARIOSTO, *Rime*, cap. XV, 43-45: «La fede mai esser non dee corrotta, ecc.». – 5-6. *in frotta... postille*: in mezzo a una frotta di testimoni, e fra gran quantità di dichiarazioni e attestazioni scritte; cfr. XIV, 84, 1-4. – 7-8. *senza... promesso*: cfr. BOIARDO, *Innam.*, I, XXVIII, 28, 5-8: «egli è chiaro e palese Che tra gentile e generosa gente Solo a parole se observa la fede: Senza giurare l'uno all'altro crede».

3. – 3. *che conto n'ebbe*: in che considerazione tenne la fede data. – 5. *gl'increbbe*: gli dispiacque, gli riuscì fastidiosa. – 6. *il morbo*: la peste. – 7-8. *ma potea... disio*: ma più che il desiderio di rivedere Isabella, aveva il potere su di lui; cfr. XVII, 48, 5.

4. – 1. *Dissi*: cfr. XX, 132 segg. – 2. *condotta*: scorta; *gli preme*: gli pesa, gli duole; cfr. XVII, 106, 3. – 5. *dissi*: cfr. XX, 144. – 5-6. *poi... ch'al mondo... estreme*: dopo che il sole passò col suo carro il culmine del cielo (cfr. XX, 144, 5-6) e solo le ruote posteriori furono visibili; cioè durante il pomeriggio. – 7. *aventuroso*: desideroso di avventure; cfr. XV, 10, 2; *errante*: e che proprio per incontrare tali avventure girava per il mondo.

5.   La vecchia che conobbe il cavalliero,
       ch'era nomato Ermonide d'Olanda,
       che per insegna ha ne lo scudo nero
       attraversata una vermiglia banda,
       posto l'orgoglio e quel sembiante altiero,
       umilmente a Zerbin si raccomanda,
       e gli ricorda quel ch'esso promise
       alla guerriera ch'in sua man la mise.

6.   Perché di lei nimico e di sua gente
       era il guerrier che contra lor venìa:
       ucciso ad essa avea il padre innocente,
       e un fratello che solo al mondo avia;
       e tuttavolta far del rimanente,
       come degli altri, il traditor disìa.
       – Fin ch'alla guardia tua, donna, mi senti, –
       dicea Zerbin – non vo' che tu paventi. –

7.   Come più presso il cavallier si specchia
       in quella faccia che sì in odio gli era:
       – O di combatter meco t'apparecchia, –
       gridò con voce minacciosa e fiera
       – o lascia la difesa de la vecchia,
       che di mia man secondo il merto pèra.
       Se combatti per lei, rimarrai morto;
       che così avviene a chi s'appiglia al torto. –

8.   Zerbin cortesemente a lui risponde
       che gli è desir di bassa e mala sorte,
       et a cavalleria non corrisponde
       che cerchi dare ad una donna morte:

---

5. – 2. *Ermonide*: è personaggio inventato dall'Ariosto, anche se l'episodio è esemplato su un altro simile del romanzo arturiano di *Palamedés*; cfr. P. RAJNA, *Le fonti dell'«Orlando Furioso»* cit., pp. 318 segg. – 4. *attraversata... banda*: una striscia rossa per traverso, a significare desiderio di vendetta, sul fondo nero, che significa lutto. – 5. *posto*: deposto.

6. – 4. *avia*: aveva. – 5. *tuttavolta*: tuttavia, non ancora soddisfatto; *del rimanente*: degli altri componenti della famiglia.

7. – 1. *si specchia*: guarda fissamente, con attenzione; cfr. DANTE, *Inf.*, XXXII, 54. – 8. *così avviene... torto*: per «giudizio di Dio», il colpevole sottoposto a prova pericolosa doveva di necessità soccombere.

8. – 2-4. *gli è desir ecc.*: è pensiero basso e vile, e non corrisponde alle regole

se pur combatter vuol, non si nasconde;
ma che prima consideri ch'importe
ch'un cavallier, com'era egli, gentile,
voglia por man nel sangue feminile.

9.   Queste gli disse e più parole invano;
e fu bisogno al fin venire a' fatti.
Poi che preso a bastanza ebbon del piano,
tornârsi incontra a tutta briglia ratti.
Non van sì presti i razzi fuor di mano,
ch'al tempo son de le allegrezze tratti,
come andaron veloci i duo destrieri
ad incontrare insieme i cavallieri.

10.   Ermonide d'Olanda segnò basso,
che per passare il destro fianco attese:
ma la sua debol lancia andò in fracasso,
e poco il cavallier di Scozia offese.
Non fu già l'altro colpo vano e casso:
roppe lo scudo, e sì la spalla prese,
che la forò da l'uno all'altro lato,
e riversar fe' Ermonide sul prato.

11.   Zerbin che si pensò d'averlo ucciso,
di pietà vinto, scese in terra presto,
e levò l'elmo da lo smorto viso;
e quel guerrier, come dal sonno desto,
senza parlar guardò Zerbino fiso;
e poi gli disse: – Non m'è già molesto
ch'io sia da te abbattuto, ch'ai sembianti
mostri esser fior de' cavallieri erranti;

---

della cavalleria, quello di chi voglia uccidere una donna. – 5. *non si nasconde*:
lui, Zerbino, non si tira indietro, accetta la sfida. – 6. *ch'importe*: come sia
grave.
     9. – 3. *preso... del piano*: preso la rincorsa; cfr. XX, 126, 2. – 5. *razzi*: fuochi
lavorati. – 6. *de le allegrezze*: delle pubbliche feste; cfr. XVII, 69, 8; *tratti*: lanciati. –
8. *ad incontrare*: a fare scontrare.
     10. – 1. *segnò*: mirò; cfr. XVI, 46, 1. – 2. *per passare attese*: mirò a trafiggere. –
3. *andò in fracasso*: si fracassò. – 5. *casso*: senza effetto; cfr. BOIARDO, *Innam.*, I, i, 81,
1: «Non pur di quelle botte alcuna cassa». – 6. *prese*: colpì.
     11. – 8. *fior de' cavallieri*: cfr. X, 77, 6.

12.   ma ben mi duol che questo per cagione
         d'una femina perfida m'avviene,
         a cui non so come tu sia campione;
         che troppo al tuo valor si disconviene.
         E quando tu sapessi la cagione
         ch'a vendicarmi di costei mi mene,
         avresti, ognor che rimembrassi, affanno
         d'aver, per campar lei, fatto a me danno.

13.   E se spirto a bastanza avrò nel petto
         ch'io il possa dir (ma del contrario temo),
         io ti farò veder ch'in ogni effetto
         scelerata è costei più ch'in estremo.
         Io ebbi già un fratel che giovinetto
         d'Olanda si partì, donde noi semo,
         e si fece d'Eraclio cavalliero,
         ch'allor tenea de' Greci il sommo impero.

14.   Quivi divenne intrinseco e fratello
         d'un cortese baron di quella corte,
         che nei confin di Servia avea un castello
         di sito ameno e di muraglia forte.
         Nomossi Argeo colui di ch'io favello,
         di questa iniqua femina consorte,
         la quale egli amò sì, che passò il segno
         ch'a un uom si convenia, come lui, degno.

12. – 6. *mi mene*: mi meni, mi tragga.

13. – 3. *in ogni effetto*: in ogni suo atto. – 4. *più ch'in estremo*: al di là di ogni
limite. – 6. *Eraclio*: imperatore di Costantinopoli, che però regnò (610-641) in età
cronologicamente anteriore a quella di Carlo Magno.

14. – 1. *intrinseco e fratello*: amico intimo e quasi fratello. La storia che
segue (14-58) è esemplata, con più aderenza del solito, su un episodio del
Palamedés: cfr. P. RAJNA, *Le fonti dell'«Orlando Furioso»* cit., pp. 318 segg.
L'Ariosto ha però tagliato, variato, approfondito la prolissa narrazione francese. Inoltre ha inserito, nella trama romanzesca, motivi tratti dalla novellistica:
così la damigella, che era là personaggio secondario rispetto al cavaliere leale,
prende qui il centro del racconto. Gabrina riassume in sé, accentuando le
note di perfidia, il tema novellistico della donna innamorata e respinta che si
fa calunniatrice; per cui cfr. la novella II, 8 del *Decam.* e tutte le fonti
(bibliche, classiche e medievali) che sono proposte dai commentatori del Boccaccio. – 3. *Servia*: Serbia. – 4. *sito*: posizione.

15. Ma costei, più volubile che foglia
     quando l'autunno è più priva d'umore,
     che 'l freddo vento gli arbori ne spoglia,
     e le soffia dinanzi al suo furore;
     verso il marito cangiò tosto voglia,
     che fisso qualche tempo ebbe nel core;
     e volse ogni pensiero, ogni disio
     d'acquistar per amante il fratel mio.

16. Ma né sì saldo all'impeto marino
     l'Acrocerauno d'infamato nome,
     né sta sì duro incontra borea il pino
     che rinovato ha più di cento chiome,
     che quanto appar fuor de lo scoglio alpino,
     tanto sotterra ha le radici; come
     il mio fratello a' prieghi di costei,
     nido de tutti i vizii infandi e rei.

17. Or, come avviene a un cavallier ardito,
     che cerca briga e la ritrova spesso,
     fu in una impresa il mio fratel ferito,
     molto al castel del suo compagno appresso,
     dove venir senza aspettare invito
     solea, fosse o non fosse Argeo con esso;
     e dentro a quel per riposar fermosse
     tanto che del suo mal libero fosse.

15. – 1-4. *più volubile che foglia ecc.*: cfr. OVIDIO, *Her.*, V, 109-110: «*Tu levior foliis tunc cum sine pondere succi Mobilibus ventis arida facta cadunt*»; BOCCACCIO, *Filocolo*, III (ed. Battaglia, pp. 205-206): «Tu, mobile giovane, ti se' piegato, come fanno le frondi al vento, quando l'autunno le ha d'umore private»; e cfr. n. a XVI, 75, 7-8. – 4. *le soffia*: le trascina, le sospinge; va previsto il plurale logico «foglie».

16. – 2. *Acrocerauno*: promontorio nell'Epiro, tristemente noto per gli scogli pericolosi; cfr. ORAZIO, *Carm.*, I, III, 20: «*infamis scopulos Acroceraunia*». – 4. *rinovato... chiome*: ha rimesso foglie più di cento volte, cioè ha più di cento anni. – 5-6. *quanto appar... radici*: quanto si erge alto fuori dalla roccia, tanto si affonda sottoterra colle sue radici; cfr. VIRGILIO, *Aen.*, IV, 441-446: «*Ac velut annoso validam cum robore quercum Alpini Boreae nunc hinc nunc flatibus illinc Eruere inter se certant,... Ipsa haeret scopulis et quantum vertice ad auras Aetherias, tantum radice in Tartara tendit*». – 8. *infandi*: innominabili (lat.); *rei*: cfr. PETRARCA, *Canz.*, CXXXVII, 2: «D'ira di Dio, e di vitii empii et rei».

17. – 4. *molto... appresso*: molto vicino al castello di Argeo. – 8. *tanto che*: finché.

18.   Mentre egli quivi si giacea, convenne
        ch'in certa sua bisogna andasse Argeo.
        Tosto questa sfacciata a tentar venne
        il mio fratello, et a sua usanza feo;
        ma quel fedel non oltre più sostenne
        avere ai fianchi un stimulo sì reo:
        elesse, per servar sua fede a pieno,
        di molti mal quel che gli parve meno.

19.   Tra molti mal gli parve elegger questo:
        lasciar d'Argeo l'intrinsichezza antiqua;
        lungi andar sì, che non sia manifesto
        mai più il suo nome alla femina iniqua.
        Ben che duro gli fosse, era più onesto
        che satisfare a quella voglia obliqua,
        o ch'accusar la moglie al suo signore,
        da cui fu amata a par del proprio core.

20.   E de le sue ferite ancora infermo
        l'arme si veste, e del castel si parte;
        e con animo va constante e fermo
        di non mai più tornare in quella parte.
        Ma che gli val? ch'ogni difesa e schermo
        gli disipa Fortuna con nuova arte:
        ecco il marito che ritorna intanto,
        e trova la moglier che fa gran pianto,

21.   e scapigliata e con la faccia rossa;
        e le domanda di che sia turbata.
        Prima ch'ella a rispondere sia mossa,
        pregar si lascia più d'una fïata,

18. – 1. *giacea*: giaceva infermo; cfr. BOCCACCIO, *Decam.*, I, 1, 22 e 27. – 1-2. *convenne... Argeo*: bisognò che Argeo andasse via per certi suoi affari. – 4. *et... feo*: e fece come era usa di fare, cioè agì con perfidia e tradimenti; il periodo è ricco di cadenze novellistiche. – 7. *elesse*: scelse. – 8. *meno*: minore.

19. – 2. *l'intrinsichezza antiqua*: la lunga amicizia. – 3-4. *che non... iniqua*: che il suo nome non giunga più all'orecchio di quella femmina malvagia. – 6. *obliqua*: torta, malvagia; cfr. XVII, 3, 3.

20. – 6. *disipa*: rende vano; *Fortuna*: cfr. VIII, 50, 7-8; *con nuova arte*: con astuzia inusitata.

21. – 1. *scapigliata*: cfr. BOCCACCIO, *Decam.*, II, VIII, 22: «messesi le mani ne'

pensando tuttavia come si possa
vendicar di colui che l'ha lasciata:
e ben convenne al suo mobile ingegno
cangiar l'amore in subitano sdegno.

22.   «Deh,» disse al fine «a che l'error nascondo
c'ho commesso, signor, ne la tua absenzia?
che quando ancora io 'l celi a tutto 'l mondo,
celar nol posso alla mia conscïenzia.
L'alma che sente il suo peccato immondo,
pate dentro da sé tal penitenzia,
ch'avanza ogn'altro corporal martire
che dar mi possa alcun del mio fallire;

23.   quando fallir sia quel che si fa a forza:
ma sia quel che si vuol, tu sappil' anco;
poi con la spada da la immonda scorza
scioglie lo spirto imaculato e bianco,
e le mie luci eternamente ammorza;
che dopo tanto vituperio, almanco
tenerle basse ognor non mi bisogni,
e di ciascun ch'io vegga, io mi vergogni.

24.   Il tuo compagno ha l'onor mio distrutto:
questo corpo per forza ha vïolato;
e perché teme ch'io ti narri il tutto,
or si parte il villan senza commiato».
In odio con quel dir gli ebbe ridutto
colui che più d'ogn'altro gli fu grato.
Argeo lo crede, et altro non aspetta;
ma piglia l'arme e corre a far vendetta.

25.   E come quel ch'avea il paese noto,
lo giunse che non fu troppo lontano;

---

capelli e rabbuffatigli e stracciatigli tutti»; e cfr. la scena con XXIV, 86, 5-8. –
5. *tuttavia*: continuamente. – 7. *ingegno*: indole.
    22. – 6. *pate*: soffre; *penitenzia*: pena. – 7. *avanza*: supera.
    23. – 1. *quando... forza*: se si può considerare colpa quel che si è sforzati a fare.
– 3. *scorza*: corpo; cfr. IV, 34, 4. – 4. *scioglie*: sciogli, libera (cfr. PETRARCA, *Canz.*,
CCLXXXIII, 4; CCCXLIV, 11; ecc.). – 5. *ammorza*: spegni, cioè: uccidimi. – 7. *tenerle
basse*: tenere le luci, gli occhi, bassi.
    24. – 5. *gli ebbe ridutto*: gli fece venire. – 7. *lo crede*: crede al *dir* (v. 5) della
donna.

che 'l mio fratello, debole et egroto,
senza sospetto se ne gìa pian piano:
e brevemente, in un loco remoto
pose, per vendicarsene, in lui mano.
Non trova il fratel mio scusa che vaglia;
ch'in somma Argeo con lui vuol la battaglia.

26.   Era l'un sano e pien di nuovo sdegno,
infermo l'altro, et all'usanza amico:
sì ch'ebbe il fratel mio poco ritegno
contra il compagno fattogli nimico.
Dunque Filandro di tal sorte indegno
(de l'infelice giovene ti dico:
così avea nome), non sofrendo il peso
di sì fiera battaglia, restò preso.

27.   «Non piaccia a Dio che mi conduca a tale
il mio giusto furore e il tuo demerto,»
gli disse Argeo «che mai sia omicidiale
di te ch'amava; e me tu amavi certo,
ben che nel fin me l'hai mostrato male:
pur voglio a tutto il mondo fare aperto
che, come fui nel tempo de l'amore,
così ne l'odio son di te migliore.

28.   Per altro modo punirò il tuo fallo,
che le mie man più nel tuo sangue porre».
Così dicendo, fece sul cavallo
di verdi rami una bara comporre,
e quasi morto in quella riportallo
dentro al castello in una chiusa torre,

25. – 3. *egroto*: infermo (lat.). – 5. *brevemente*: per farla breve, per dirla in breve; cfr. BOCCACCIO, *Decam.*, II, VIII, 73. – 6. *pose... mano*: lo assalì.

26. – 1. *nuovo*: sorto di recente. – 2. *all'usanza*: secondo l'usato; contrapposto *a nuovo* (v. 1). – 3. *ritegno*: difesa, resistenza. – 8. *preso*: prigioniero.

27. – 1. *a tale*: a tal punto. – 2. *demerto*: colpa. – 3. *omicidiale*: uccisore (lat. *homicidalis*; «micidiale», con questo senso, si trova spesso nel Boccaccio). – 5. *nel fin*: da ultimo.

28. – 2. *che... porre*: che col porre le mie mani nel tuo sangue (cfr. XXI, 8, 8) più di quanto abbia già fatto. – 4. *bara*: barella: cfr. il *Palamedés*: «*Et maintenant fist faire une biere chevaucheresse, et me mist dedens*» (in P. RAJNA, *Le fonti dell'«Orlando Furioso»* cit., p. 333).

dove in perpetuo per punizïone
condannò l'innocente a star prigione.

29.   Non però ch'altra cosa avesse manco,
che la libertà prima del partire;
perché nel resto, come sciolto e franco
vi commandava e si facea ubidire.
Ma non essendo ancor l'animo stanco
di questa ria del suo pensier fornire,
quasi ogni giorno alla prigion veniva;
ch'avea le chiavi, e a suo piacer l'apriva:

30.   e movea sempre al mio fratello assalti,
e con maggiore audacia che di prima.
«Questa tua fedeltà» dicea «che valti,
poi che perfidia per tutto si stima?
Oh che trionfi glorïosi et alti!
oh che superbe spoglie e preda opima!
o che merito al fin te ne risulta,
se, come a traditore, ognun t'insulta!

31.   Quanto utilmente, quanto con tuo onore
m'avresti dato quel che da te volli!
Di questo sì ostinato tuo rigore
la gran mercé che tu guadagni, or tolli:
in prigion sei, né crederne uscir fuore,
se la durezza tua prima non molli.
Ma quando mi compiacci, io farò trama
di racquistarti e libertade e fama».

32.   «No, no» disse Filandro «aver mai spene
che non sia, come suol, mia vera fede,

---

29. – 1-2. *Non però... partire*: non mancava però di nulla, tranne che della
libertà di cui prima godeva. – 3. *sciolto e franco*: perfettamente libero. –
6. *questa ria*: Gabrina; *del suo pensier fornire*: di operare per portare a termine
il suo progetto.
30. – 2. *di prima*: prima. – 3. *valti*: ti vale. – 4. *per... stima*: ovunque, presso tutti
è interpretata. – 6. *preda opima*: cfr. I, 41, 6. – 8. *a traditore... t'insulta*: cfr. il costrutto
lat. *insultare alicui*.
31. – 4. *mercé*: guadagno. – 6. *molli*: mitighi, allenti. – 7. *quando*: qualora, se;
farò trama: preparerò un piano, un intrigo.
32. – 1. *aver mai*: non aver mai. – 2. *che non... fede*: che la mia lealtà non sia

se ben contra ogni debito mi avviene
ch'io ne riporti sì dura mercede,
e di me creda il mondo men che bene:
basta che inanti a quel che 'l tutto vede,
e mi può ristorar di grazia eterna,
chiara la mia innocenzia si discerna.

33. Se non basta ch'Argeo mi tenga preso,
tolgami ancor questa noiosa vita.
Forse non mi fia il premio in ciel conteso
de la buona opra, qui poco gradita.
Forse egli, che da me si chiama offeso,
quando sarà quest'anima partita,
s'avedrà poi d'avermi fatto torto,
e piangerà il fedel compagno morto».

34. Così più volte la sfacciata donna
tenta Filandro, e torna senza frutto.
Ma il cieco suo desir, che non assonna
del scelerato amor traer construtto,
cercando va più dentro ch'alla gonna
suoi vizii antiqui, e ne discorre il tutto.
Mille pensier fa d'uno in altro modo,
prima che fermi in alcun d'essi il chiodo.

35. Stette sei mesi che non messe piede,
come prima facea, ne la prigione;
di che il miser Filandro e spera e crede
che costei più non gli abbia affezïone.

vera come suole essere. – 3. *contra ogni debito*: contro il giusto. – 6. *quel*: Dio.

33. – 2. *noiosa*: gravosa, penosa. – 3. *conteso*: negato. – 4. *la buona... gradita*: cfr. DANTE, *Par.*, VI, 129: «fu l'ovra grande e bella mal gradita». – 5. *egli*: Argeo.

34. – 3. *non assonna*: non cessa, non desiste; cfr. I, 49, 3. – 4. *traer*: trarre. – 5-6. *cercando... tutto*: esplora e penetra ben dentro la sua fantasia erotica e passa in rassegna tutti i suoi vizi più inveterati; cfr. PETRARCA, *Canz.*, XXIII, 34: «non essermi passato oltra la gonna» (parlando dello strale d'Amore). – 7-8. *Mille... chiodo*: fa mille progetti, passando da uno all'altro, prima di fermarsi su alcuno di essi. «Metafora tratta dai legnaiuoli, i quali sogliono spesse volte provare e rifiutar delle tavole e de' legni o pur d'essi mutar le bande, prima che vi conficchino i chiodi» (Fornari). Cfr. *Innam.*, II, XXVII, 37, 1-2: «Mostrando quasi aver fermato il chiodo Che in ogni forma Orlando vuol seguire».

35. – 1. *che non messe*: senza che mettesse. – 3. *di che*: per la qual cosa. –

Ecco Fortuna, al mal propizia, diede
a questa scelerata occasïone
di metter fin con memorabil male
al suo cieco appetito irrazionale.

36. Antiqua nimicizia avea il marito
con un baron detto Morando il bello,
che, non v'essendo Argeo, spesso era ardito
di correr solo, e sin dentro al castello;
ma s'Argeo v'era, non tenea lo 'nvito,
né s'accostava a dieci miglia a quello.
Or per poterlo indur che ci venisse,
d'ire in Ierusalem per voto disse.

37. Disse d'andare; e partesi ch'ognuno
lo vede, e fa di ciò sparger le grida:
né il suo pensier, fuor che la moglie, alcuno
puote saper; che sol di lei si fida.
Torna poi nel castello all'aer bruno,
né mai, se non la notte, ivi s'annida;
e con mutate insegne al nuovo albóre,
senza vederlo alcun, sempre esce fuore.

38. Se ne va in questa e in quella parte errando,
e volteggiando al suo castello intorno,
pur per veder se credulo Morando
volesse far, come solea, ritorno.
Stava il dì tutto alla foresta; e quando
ne la marina vedea ascoso il giorno,
venìa al castello, e per nascose porte
lo togliea dentro l'infedel consorte.

---

8. *cieco... irrazionale*: sregolata e bestiale passione; cfr. BOCCACCIO, *Decam.*, II, X, 36:
«appetito disordinato e disonesto».

36. − 4. *correr*: far scorrerie nel territorio di Argeo. − 5. *non tenea lo 'nvito*: non
accettava l'invito; cfr. XVII, 24, 2; ma l'espressione è ironica e forse presa dal gergo
del gioco dei dadi, in cui valeva: non accettava la sfida; qui tutto sommato vuol
dire: si teneva lontano. − 7. *indur... venisse*: indurlo a venirci.

37. − 1. *partesi ch'*: parte quando, in un momento che. − 2. *sparger le grida*:
diffondere la voce. − 5. *all'aer bruno*: all'imbrunire. − 6. *ivi s'annida*: vi dimora,
come uccello che torna nascostamente al suo nido. − 7. *con mutate insegne*: con
insegne diverse da quelle solite, per non farsi riconoscere.

38. − 2. *volteggiando*: girando qua e là; continua l'immagine dell'uccello, come
in *s'annida* (37, 6). − 6. *il giorno*: il sole. − 8. *togliea dentro*: faceva entrare.

39. Crede ciascun, fuor che l'iniqua moglie,
che molte miglia Argeo lontan si trove.
Dunque il tempo oportuno ella si toglie:
al fratel mio va con malizie nuove.
Ha di lagrime a tutte le sue voglie
un nembo che dagli occhi al sen le piove.
«Dove potrò» dicea «trovare aiuto,
che in tutto l'onor mio non sia perduto?

40. E col mio quel del mio marito insieme,
il qual se fosse qui, non temerei.
Tu conosci Morando, e sai se teme,
quando Argeo non ci sente, òmini e dèi.
Questi or pregando, or minacciando, estreme
prove fa tuttavia, né alcun de' miei
lascia che non contamini, per trarmi
a' suoi disii, né so s'io potrò aitarmi.

41. Or c'ha inteso il partir del mio consorte,
e ch'al ritorno non sarà sì presto,
ha avuto ardir d'entrar ne la mia corte
senza altra scusa e senz'altro pretesto;
che se ci fosse il mio signor per sorte,
non sol non avria audacia di far questo,
ma non si terria ancor, per Dio, sicuro
d'appressarsi a tre miglia a questo muro.

42. E quel che già per messi ha ricercato,
oggi me l'ha richiesto a fronte a fronte,
e con tai modi, che gran dubbio è stato
de lo avvenirmi disonore et onte;

39. − 3. *si toglie*: sceglie, coglie. − 5. *a tutte... voglie*: a sua piena volontà.
40. − 4. *quando... sente*: quando sa che Argeo non è qui. − 6. *tuttavia*: continuamente. − 6-7. *né... contamini*: e non cessa dal corrompere qualcuno dei miei. −
8. *aitarmi*: difendermi.
41. − 4. *altra... altro*: alcuna... alcun.
42. − 3-4. *gran dubbio... onte*: c'è stato gran pericolo che me ne derivasse diso-

e se non che parlar dolce gli ho usato,
e finto le mie voglie alle sue pronte,
saria a forza, di quel suto rapace,
che spera aver per mie parole in pace.

43. Promesso gli ho, non già per osservargli
(che fatto per timor, nullo è il contratto);
ma la mia intenzïon fu per vietargli
quel che per forza avrebbe allora fatto.
Il caso è qui: tu sol pòi rimediargli;
del mio onor altrimenti sarà tratto,
e di quel del mio Argeo, che già m'hai detto
aver o tanto, o più che 'l proprio, a petto.

44. E se questo mi nieghi, io dirò dunque
ch'in te non sia la fé di che ti vanti;
ma che fu sol per crudeltà, qualunque
volta hai sprezzati i miei suplici pianti;
non per rispetto alcun d'Argeo, quantunque
m'hai questo scudo ognora opposto inanti.
Saria stato tra noi la cosa occulta;
ma di qui aperta infamia mi risulta».

45. «Non si convien» disse Filandro «tale
prologo a me, per Argeo mio disposto.
Narrami pur quel che tu vuoi, che quale
sempre fui, di sempre essere ho proposto;
e ben ch'a torto io ne riporti male,
a lui non ho questo peccato imposto.
Per lui son pronto andare anco alla morte,
e siami contra il mondo e la mia sorte».

nore e onta. – 5. *se non che*: se non fosse stato che. – 7-8. *saria... pace*: avrebbe rapito, preso colla forza quello che ora, dopo quel che gli ho detto, spera di ottenere pacificamente.

43. – 1. *non già per osservargli*: non però coll'intenzione di mantenere la promessa. – 5. *Il caso è qui*: la questione è in questi termini. – 6. *del mio onor... tratto*: ci sarà una detrazione, una sminuizione del mio onore (Bigi). – 8. *a petto*: a cuore.

44. – 3-4. *fu sol... pianti*: ogni volta che hai rifiutato le mie preghiere, lo facesti per crudeltà. – 5-6. *quantunque m'hai*: benché tu m'abbia (costr. lat.); *questo scudo*: questo pretesto a tua difesa. – 7. *la cosa*: la relazione amorosa. – 8. *di qui*: da questa relazione con Morando; *risulta*: deriverà.

45. – 1. *Non si convien*: non c'è bisogno. – 2. *per... disposto*: che son sempre pronto a servire il mio signore. – 3. *quale*: fedele come. – 4. *proposto*: stabilito. – 6. *imposto*: attribuito.

46.   Rispose l'empia: «Io voglio che tu spenga
       colui che 'l nostro disonor procura.
       Non temer ch'alcun mal di ciò t'avenga;
       ch'io te ne mostrerò la via sicura.
       Debbe egli a me tornar come rivenga
       su l'ora terza la notte più scura;
       e fatto un segno de ch'io l'ho avvertito,
       io l'ho a tor dentro, che non sia sentito.

47.   A te non graverà prima aspettarme
       ne la camera mia dove non luca,
       tanto che dispogliar gli faccia l'arme,
       e quasi nudo in man te lo conduca».
       Così la moglie conducesse parme
       il suo marito alla tremenda buca;
       se per dritto costei moglie s'appella,
       più che furia infernal crudele e fella.

48.   Poi che la notte scelerata venne,
       fuor trasse il mio fratel con l'arme in mano;
       e ne l'oscura camera lo tenne,
       fin che tornasse il miser castellano.
       Come ordine era dato, il tutto avvenne;
       che 'l consiglio del mal va raro invano.
       Così Filandro il buono Argeo percosse,
       che si pensò che quel Morando fosse.

49.   Con esso un colpo il capo fesse e il collo;
       ch'elmo non v'era, e non vi fu riparo.
       Pervenne Argeo, senza pur dare un crollo,
       de la misera vita al fine amaro:

46. – 1. *spenga*: uccida. – 2. *nostro*: mio e di mio marito. – 5-6. *come rivenga... scura*: quando alla terza ora dopo il crepuscolo, la notte diviene più scura; cfr. VII, 47, 7 e, qui indietro, 38, 5-6. – 8. *io... dentro*: io devo farlo entrare; cfr. XXI, 38, 8.
47. – 2. *dove non luca*: dove sia buio perfetto; cfr. DANTE, *Inf.*, IV, 151. – 5. *Così... parme*: in questo modo mi pare che la moglie conducesse. Ermonide non è sicuro di tutti i particolari. – 6. *buca*: tranello, insidia; o forse intende: la sepoltura. – 7. *se... s'appella*: se è giusto chiamare moglie costei.
48. – 1. *scelerata*: funesta, macchiata dal delitto (lat.). – 6. *va raro invano*: di rado riesce senza effetto.
49. – 1. *Con... colpo*: con un sol colpo; cfr. DANTE, *Inf.*, XXXII, 62; *fesse*: tagliò; cfr. *Spagna*, XVI, 40, 8: «fino al petto il fende». – 3. *senza... crollo*: cfr. IX, 80, 7-8. –

e tal l'uccise, che mai non pensollo,
né mai l'avria creduto: oh caso raro!
che cercando giovar, fece all'amico
quel di che peggio non si fa al nimico.

50.   Poscia ch'Argeo non conosciuto giacque,
rende a Gabrina il mio fratel la spada.
Gabrina è il nome di costei, che nacque
sol per tradire ognun che in man le cada.
Ella, che 'l ver fin a quell'ora tacque,
vuol che Filandro a riveder ne vada
col lume in mano il morto ond'egli è reo:
e gli dimostra il suo compagno Argeo.

51.   E gli minaccia poi, se non consente
all'amoroso suo lungo desire,
di palesare a tutta quella gente
quel ch'egli ha fatto, e nol può contradire;
e lo farà vituperosamente
come assassino e traditor morire:
e gli ricorda che sprezzar la fama
non de', se ben la vita sì poco ama.

52.   Pien di paura e di dolor rimase
Filandro, poi che del suo error s'accorse.
Quasi il primo furor gli persuase
d'uccider questa, e stette un pezzo in forse:
e se non che ne le nimiche case
si ritrovò (che la ragion soccorse),
non si trovando avere altr'arme in mano,
coi denti la stracciava a brano a brano.

5. *e tal... pensollo*: e l'uccise uno che egli non avrebbe mai sospettato. Si noti la sintassi, varia e articolata, liberamente modellata sulle narrazioni popolaresche: il soggetto di *non pensollo* e *mai l'avria creduto* è Argeo; quello di *fece all'amico* è invece Filandro.
    50. – 1. *giacque*: cadde. – 3. *Gabrina*: non ne aveva mai detto il nome prima. – 7. *ond'egli è reo*: della cui morte egli è autore.
    51. – 2. *amoroso... desire*: cfr. I, 8, 4. – 4. *e nol può contradire*: e non potrebbe portare prove in contrario; cfr. il *Palamedés*: «*Il me crairont bien de ceste chose, car il faiz est bien apparans*» (in P. RAJNA, *Le fonti dell'«Orlando Furioso»* cit., p. 338).
    52. – 1. *paura*: della vergogna che gliene sarebbe derivata. 3-4. *Quasi... questa*: il primo impeto d'ira lo spinse quasi a uccidere costei. – 6. *soccorse*: gli venne in aiuto, facendoglielo ricordare. – 8. *a brano a brano*: cfr. XV, 82, 4.

53.   Come ne l'alto mar legno talora,
        che da duo venti sia percosso e vinto,
        ch'ora uno inanzi l'ha mandato, et ora
        un altro al primo termine respinto,
        e l'han girato da poppa e da prora,
        dal più possente al fin resta sospinto;
        così Filandro, tra molte contese
        de' duo pensieri, al manco rio s'apprese.

54.   Ragion gli dimostrò il pericol grande,
        oltre il morir, del fine infame e sozzo,
        se l'omicidio nel castel si spande;
        e del pensare il termine gli è mozzo.
        Voglia o non voglia, al fin convien che mande
        l'amarissimo calice nel gozzo.
        Pur finalmente ne l'afflitto core
        più de l'ostinazion poté il timore.

55.   Il timor del supplicio infame e brutto
        promstter fece, con mille scongiuri,
        che faria di Gabrina il voler tutto,
        se di quel luogo se partian sicuri.
        Così per forza colse l'empia il frutto
        del suo disire, e poi lasciâr quei muri.
        Così Filandro a noi fece ritorno,
        di sé lasciando in Grecia infamia e scorno.

---

53. – 1-6. *Come ne l'alto ecc.*: cfr. STAZIO, *Theb.*, I, 193-196: «*Qualiter hinc geli-dus Boreas, hinc nubifer Eurus Vela trahunt, mutat mediae fortuna carinae,... hic imperat, ille minatur*». – 4. *al primo termine*: al punto da cui s'era mosso. – 8. *al manco... s'apprese*: si aggrappò, si appigliò (cfr. II, 75, 2) al meno funesto. Cfr. PETRARCA, *Canz.*, CCLXIV, 136: «Et veggio 'l meglio, et al peggior m'ap-piglio».
54. – 2. *infame e sozzo*: vergognoso e infamante. – 3. *l'omicidio*: la noti-zia dell'omicidio. – 4. *e del pensare... mozzo*: e tale considerazione gli tronca ogni altro pensiero; cfr. DANTE, *Inf.*, XIII, 30: «li pensier c'hai si faran tutti monchi». Si notino il linguaggio teso, la sintassi mossa, il metro agitato di queste ottave, che addensano attorno a Gabrina un'aria di truce perfidia e attorno a Filandro macchie di odio e di violenza, sfumature di cupa tristezza, misteriose pennellate di predestinazione. – 8. *più... timore*: cfr. XVII, 48, 5; XXI, 3, 7-8; l'eco di Dante (*Inf.*, XXXIII, 75) sembra qui più accentuata che altrove.
55. – 2. *scongiuri*: giuramenti. – 5. *colse... frutto*: cfr. V, 64, 8; XX, 19, 8. – 6. *quei muri*: quelle città. – 7. *a noi*: in Olanda.

56.   E portò nel cor fisso il suo compagno
        che così scioccamente ucciso avea,
        per far con sua gran noia empio guadagno,
        d'una Progne crudel, d'una Medea.
        E se la fede e il giuramento, magno
        e duro freno, non lo ritenea,
        come al sicuro fu, morta l'avrebbe;
        ma, quanto più si puote, in odio l'ebbe.

57.   Non fu da indi in qua rider mai visto:
        tutte le sue parole erano meste,
        sempre sospir gli uscian dal petto tristo;
        et era divenuto un nuovo Oreste,
        poi che la madre uccise e il sacro Egisto,
        e che l'ultrice Furie ebbe moleste.
        E senza mai cessar, tanto l'afflisse
        questo dolor, ch'infermo al letto il fisse.

58.   Or questa meretrice, che si pensa
        quanto a quest'altro suo poco sia grata,
        muta la fiamma già d'amore intensa
        in odio, in ira ardente et arrabbiata;
        né meno è contra al mio fratello accensa,
        che fosse contra Argeo la scelerata:
        e dispone tra sé levar dal mondo,
        come il primo marito, anco il secondo.

59.   Un medico trovò d'inganni pieno,
        sufficïente et atto a simil uopo,

56. – 3. *con sua gran noia*: con grave suo tormento. – 4. *Progne... Medea*: esempi di donne crudeli; cfr. III, 52, 8; XX, 42, 5. – 5-6. *magno... freno*: grande e tenace freno.
57. – 3. *sospir... petto*: cfr. Petrarca, *Canz.*, LXXVIII, 5: «Di sospir' molti mi sgombrava il petto». – 4-6. *Oreste... moleste*: Oreste, per vendicare la morte del padre Agamennone, uccise la madre Clitemnestra e il suo amante Egisto (*sacro* va inteso latinamente: maledetto, esecrabile, profanatore) e fu poi perseguitato dal rimorso, sotto forma delle Furie vendicatrici (cfr. Virgilio, *Aen.*, IV, 473: «*ultrices... Dirae*»). – 8. *al letto il fisse*: cfr. Orazio, *Serm.*, I, 1, 81: «*lecto te adfixit*».
58. – 1. *si pensa*: pensandoci su, si accorge. – 2. *quest'altro suo*: il suo nuovo marito, Filandro. – 4. *ira... arrabbiata*: ira appassionata e convertita in rabbia bestiale; cfr. Petrarca, *Canz.*, CCXXXII, 5: «L'ira Tideo a tal rabbia sospinse»; Boccaccio, *Decam.*, II, v, 48: «fu presso a convertire in rabbia la sua ira».
59. – 1. *Un medico trovò* ecc.: in questa seconda parte, la storia di Gabrina (che è «per due terzi medievale, per un terzo antica», Rajna) segue una fonte classica,

che sapea meglio uccider di veneno,
che risanar gl'infermi di silopo;
e gli promesse, inanzi più che meno
di quel che domandò, donargli, dopo
ch'avesse con mortifero liquore
levatole dagli occhi il suo signore.

60. Già in mia presenza e d'altre più persone
venìa col tòsco in mano il vecchio ingiusto,
dicendo ch'era buona pozïone
da ritornare il mio fratel robusto.
Ma Gabrina con nuova intenzïone,
pria che l'infermo ne turbasse il gusto,
per tòrsi il consapevole d'appresso,
o per non dargli quel ch'avea promesso,

61. la man gli prese, quando a punto dava
la tazza dove il tòsco era celato,
dicendo: «Ingiustamente è se 'l ti grava
ch'io tema per costui c'ho tanto amato.
Voglio esser certa che bevanda prava
tu non gli dia, né succo avelenato;
e per questo mi par che 'l beveraggio
non gli abbi a dar, se non ne fai tu il saggio».

62. Come pensi, signor, che rimanesse
il miser vecchio conturbato allora?
La brevità del tempo sì l'oppresse,
che pensai non poté che meglio fôra;
pur, per non dar maggior sospetto, elesse
il calice gustar senza dimora:

ispirandosi a un episodio narrato da Apuleio nel X libro delle *Metamorfosi*, capp.
XXIII-XXVIII; cfr. P. RAJNA, *Le fonti dell'«Orlando Furioso»* cit., pp. 341 segg. –
4. *silopo*: sciroppo: qui per qualsiasi medicina. – 5-6. *e gli promesse... donargli*: e
promise di dargli piuttosto più che meno di quello che egli chiese.
   60. – 2. *ingiusto*: iniquo, crudele. – 4. *da ritornare*: tale da far ritornare. –
5. *con... intenzïone*: con un nuovo malvagio pensiero. – 6. *pria... gusto*: prima che il gusto di questa bevanda turbasse l'infermo. – 7. *consapevole*: com-
plice.
   61. – 3. *Ingiustamente... grava*: avresti torto se ti spiacesse. – 5. *prava*: nociva. –
8. *saggio*: assaggio.
   62. – 3. *l'oppresse*: lo strinse, lo mise in angustia. – 4. *che meglio fôra*: quale

e l'infermo, seguendo una tal fede,
tutto il resto pigliò, che si gli diede.

63.   Come sparvier che nel piede grifagno
tenga la starna, e sia per trarne pasto,
dal can che si tenea fido compagno,
ingordamente è sopragiunto e guasto;
così il medico intento al rio guadagno,
donde sperava aiuto ebbe contrasto.
Odi di summa audacia esempio raro!
e così avvenga a ciascun altro avaro.

64.   Fornito questo, il vecchio s'era messo,
per ritornare alla sua stanza, in via,
et usar qualche medicina appresso,
che lo salvasse da la peste ria;
ma da Gabrina non gli fu concesso,
dicendo non voler ch'andasse pria
che 'l succo ne lo stomaco digesto
il suo valor facesse manifesto.

65.   Pregar non val, né far di premio offerta,
che lo voglia lasciar quindi partire.
Il disperato, poi che vede certa
la morte sua, né la poter fuggire,
ai circonstanti fa la cosa aperta;
né la seppe costei troppo coprire.
E così quel che fece agli altri spesso,
quel buon medico al fin fece a se stesso:

66.   e seguitò con l'alma quella ch'era
già de mio frate caminata inanzi.

sarebbe stato il partito migliore. – 7. *seguendo... fede*: nel testo di Apuleio: «*Quam fidem secutus*».

63. – 1. *piede grifagno*: artiglio rapace; cfr. DANTE, *Inf.*, XXII, 139: «sparvier grafagno» (in rima con «compagno»). – 3. *si tenea*: riteneva gli fosse. – 4. *guasto*: disturbato. – 6. *donde*: proprio da colei da cui; *ebbe contrasto*: trovò opposizione ai propri disegni. – 8. *avaro*: avido di denaro.

64. – 2. *stanza*: dimora. – 4. *peste ria*: nel testo di Apuleio: «*salutifera potione pestem praecedentis veneni festinas extinguere*». – 8. *valor*: efficacia.

65. – 1. *far... offerta*: offrire in cambio il premio pattuito. – 2. *che*: affinché. – 5. *fa... aperta*: svela.

66. – 2. *già... inanzi*: s'era avviata poco prima per il suo cammino. –

Noi circonstanti, che la cosa vera
del vecchio udimmo, che fe' pochi avanzi,
pigliammo questa abominevol fera,
più crudel di qualunque in selva stanzi;
e la serrammo in tenebroso loco,
per condannarla al meritato fuoco. –

67. Questo Ermonide disse, e più voleva
seguir, com'ella di prigion levossi;
ma il dolor de la piaga sì l'aggreva,
che pallido ne l'erba riversossi.
Intanto duo scudier, che seco aveva,
fatto una bara avean di rami grossi:
Ermonide si fece in quella porre;
ch'indi altrimente non si potea tôrre.

68. Zerbin col cavallier fece sua scusa,
che gl'increscea d'averli fatto offesa;
ma, come pur tra cavallieri s'usa,
colei che venìa seco avea difesa:
ch'altrimente sua fé saria confusa;
perché, quando in sua guardia l'avea presa,
promesse a sua possanza di salvarla
contra ognun che venisse a disturbarla.

69. E s'in altro potea gratificargli,
prontissimo offeriase alla sua voglia.
Rispose il cavallier, che ricordargli
sol vuol, che da Gabrina si discioglia
prima ch'ella abbia cosa a machinargli,
di ch'esso indarno poi se penta e doglia.
Gabrina tenne sempre gli occhi bassi,
perché non ben risposta al vero dassi.

---

4. *del vecchio*: dal vecchio; *fe' pochi avanzi*: non fece gran guadagno; cfr. XVIII, 107, 3. – 6. *stanzi*: viva. È variazione del petrarchesco (*Canz.*, XXII, 5) «et qual s'anida in selva» (Cabani).

67. – 3. *l'aggreva*: l'opprime. – 6. *bara*: cfr. XXI, 28, 4.

68. – 5. *sua fé... confusa*: la sua lealtà sarebbe macchiata; cfr. XXI, 1, 8.

69. – 1. *gratificargli*: fargli cosa grata (lat. *gratificari alicui*). – 4. *si discioglia*: si liberi, si allontani.

70.   Con la vecchia Zerbin quindi partisse
             al già promesso debito vïaggio;
             e tra sé tutto il dì la maledisse,
             che far gli fece a quel barone oltraggio.
             Et or che pel gran mal che gli ne disse
             chi lo sapea, di lei fu instrutto e saggio,
             se prima l'avea a noia e a dispiacere,
             or l'odia sì che non la può vedere.

71.   Ella che di Zerbin sa l'odio a pieno,
             né in mala voluntà vuole esser vinta,
             un'oncia a lui non ne riporta meno:
             la tien di quarta, e la rifà di quinta.
             Nel cor era gonfiata di veneno,
             e nel viso altrimente era dipinta.
             Dunque ne la concordia ch'io vi dico,
             tenean lor via per mezzo il bosco antico.

72.   Ecco volgendo il sol verso la sera,
             udiron gridi e strepiti e percosse,
             che facean segno di battaglia fiera
             che, quanto era il rumor, vicina fosse.
             Zerbino, per veder la cosa ch'era,
             verso il rumore in gran fretta si mosse:
             non fu Gabrina lenta a seguitarlo.
             Di quel ch'avvenne, all'altro canto io parlo.

---

70. – 2. *debito*: dovuto, poiché vi si era obbligato. – 6. *instrutto e saggio*: perfettamente, minutamente informato; cfr. DANTE, *Purg.*, V, 30: «Di vostra condizion
fatene saggi».

71. – 3. *un'oncia... meno*: non lo ricambia con minor misura di odio; cfr. XIV,
72, 2. – 4. *la tien... quinta*: lo riceve di quarta e lo rimanda di quinta; gli rende la
pariglia con qualcosa di più. L'espressione è presa dal linguaggio della scherma. –
6. *nel viso... dipinta*: in viso fingeva altro sentimento.

72. – 4. *quanto era il rumor*: per quanto poteva giudicarsi dal rumore.

CANTO VENTESIMOSECONDO

Esordio: il poeta si giustifica con le donne per aver detto male di una di loro. Zerbino arriva, insieme a Gabrina, in una valle e vi trova un cavaliere ucciso. Frattanto Astolfo da Alessandria giunge in Francia e capita nel palazzo incantato di Atlante. Per mezzo del corno e del libretto magico distrugge gli incantesimi di Atlante: si impossessa dell'ippogrifo e vorrebbe partirsene in volo: ma è in dubbio e non sa a chi affidare Rabicano. Frattanto Ruggiero e Bradamante, liberati da Atlante, si incontrano e si riconoscono. Ruggiero acconsente a recarsi con la donna a Vallombrosa per farsi cristiano e poi chiederla in sposa. Per via incontrano una donzella che piange per compassione di un giovinetto condannato al rogo per aver amato la figlia del re Marsilio. Ruggiero e Bradamante le promettono aiuto e si avviano con lei. A un certo punto trovano la strada sbarrata da quattro cavalieri: sono Grifone, Aquilante, Sansonetto e Guidon Selvaggio costretti, per soddisfare il desiderio della donna di Pinabello, che è stata offesa da Marfisa, ad assalire e spogliare i cavalieri che passano di lì. Ruggiero scavalca Sansonetto e lo ferisce al braccio. Bradamante riconosce in Pinabello il traditore che aveva tentato di ucciderla e lo insegue mentre lui fugge spaurito. Intanto Ruggiero combatte con gli altri tre cavalieri. Grifone squarcia il velo che copre lo scudo incantato di Ruggiero: tutti cadono tramortiti. Ruggiero si pone sulle orme di Bradamante, accompagnato dalla donzella; irritato per la vittoria troppo facile, getta lo scudo incantato in un pozzo. Frattanto Bradamante, che ha ucciso Pinabello, ritorna sul luogo della battaglia; non trova Ruggiero e lo cerca invano.

1.   Cortesi donne e grate al vostro amante,
      voi che d'un solo amor sète contente,

---

1. – 1. *Cortesi donne:* cfr. BOCCACCIO, *Decam.,* IV, Intr., 2: «Carissime donne»; *grate:* riconoscenti per l'amor che vi porta e che quindi contraccambiate. –

come che certo sia, fra tante e tante,
che rarissime siate in questa mente;
non vi dispiaccia quel ch'io dissi inante,
quando contra Gabrina fui sì ardente,
e s'ancor son per spendervi alcun verso,
di lei biasmando l'animo perverso.

2. Ella era tale; e come imposto fummi
da chi può in me, non preterisco il vero.
Per questo io non oscuro gli onor summi
d'una e d'un'altra ch'abbia il cor sincero.
Quel che 'l Maestro suo per trenta nummi
diede a' Iudei, non nocque a Ianni o a Piero;
né d'Ipermestra è la fama men bella,
se ben di tante inique era sorella.

3. Per una che biasmar cantando ardisco
(che l'ordinata istoria così vuole),
lodarne cento incontra m'offerisco,
e far lor virtù chiara più che 'l sole.
Ma tornando al lavor che vario ordisco,
ch'a molti, lor mercé, grato esser suole,
del cavallier di Scozia io vi dicea,
ch'un alto grido appresso udito avea.

3-4. *come che... mente*: benché sia cosa certa quella che io penso, che siate pochissime ad avere tale disposizione d'animo.
2. – 1-2. *come... me*: come mi è stato ordinato da chi ha potere su di me. L'allusione, garbata e maliziosa, non va scandagliata con troppa curiosità; e non è il caso di vederci adombrata l'imposizione di uno degli Este. Sarà piuttosto un'allusione volutamente ambigua, fatta per scaricare la responsabilità in parte sulle spalle della Musa (cioè della fantasia, delle esigenze artistiche) in parte, con un ammicco e forse con uno scherzo privato, su una potenza terrena a cui il poeta finge di dover sottomettersi. Si cfr. una simile galante difesa in XXIX, 2; *Cinque Canti*, IV, 1-3 e nell'*Innam.* del Boiardo, II, XII, 4, 1-2: «Deh! non guardate, damigelle, al sdegno, Che altrui fa ragionar come gli piace...»; *non... vero*: non tralascio (lat. *praeterire*) la verità. – 3. *Per questo*: ciò facendo. – 5. *Quel*: Giuda, che vendé Cristo per trenta denari. – 6. *non nocque... Piero*: non sminuì con ciò la fama degli altri apostoli; cfr. PETRARCA, *Canz.*, XCV, 12; «non a Maria, non nocque a Pietro». – 7. *Ipermestra*: fu l'unica fra le cinquanta Danaidi che si rifiutò di eseguire il volere del padre e di uccidere il marito la notte delle nozze. L'esempio è portato anche da ORAZIO, *Carm.*, III, XI, 26 segg. e OVIDIO, *Ars. am.*, III, 9-22.
3. – 2. *l'ordinata istoria*: cfr. VIII, 90, 6; XIII, 40, 2. – 3. *incontra*: in compenso. – 5. *vario ordisco*: compongo intrecciando episodi; cfr. PETRARCA, *Canz.*, XL, 2: «A la tela novella ch'ora ordisco». – 6. *lor mercé*: bontà loro. – 7. *cavallier di Scozia*: Zerbino.

4.

Fra due montagne entrò in un stretto calle
onde uscia il grido, e non fu molto inante,
che giunse dove in una chiusa valle
si vide un cavallier morto davante.
Chi sia dirò; ma prima dar le spalle
a Francia voglio, e girmene in Levante,
tanto ch'io trovi Astolfo paladino,
che per Ponente avea preso il camino.

5.

Io lo lasciai ne la città crudele,
onde col suon del formidabil corno
avea cacciato il populo infedele,
e gran periglio toltosi d'intorno,
et a' compagni fatto alzar le vele,
e dal lito fuggir con grave scorno.
Or seguendo di lui, dico che prese
la via d'Armenia, e uscì di quel paese.

6.

E dopo alquanti giorni in Natalia
trovossi, e inverso Bursia il camin tenne;
onde, continuando la sua via
di qua dal mare, in Tracia se ne venne.
Lungo il Danubio andò per l'Ungaria;
e come avesse il suo destrier le penne,
i Moravi e i Boemi passò in meno
di venti giorni, e la Franconia e il Reno.

7.

Per la selva d'Ardenna in Aquisgrana
giunse e in Barbante, e in Fiandra al fin s'imbarca.
L'aura che soffia verso tramontana

---

4. – 5. *Chi sia dirò:* cfr. XXIII, 38 segg. e n. a II, 30, 7-8. – 7. *tanto ch':* finché.

5. – 1. *lo lasciai:* cfr. XX, 97-98. – 5. *a' compagni ecc.:* cfr. XX, 93. – 7-8. *prese la via d'Armenia:* prese verso nord, seguendo la strada che attraversa l'Armenia (o Asia minore).

6. – 1. *Natalia:* Anatolia, in Asia Minore. – 2. *Bursia:* città della Bitinia (Anatolia), anticamente Prusa (cfr. PLINIO, *Nat. Hist.*, V, XXXII, 43), oggi Brussa. – 4. *di qua dal mare:* dopo aver attraversato lo stretto dei Dardanelli. – 6. *il suo destrier:* Rabicano; cfr. n. a XV, 40, 2. – 7. *i Moravi e i Boemi:* la Moravia e la Boemia. – 8. *Franconia:* regione della Baviera.

7. – 1. *Ardenna:* cfr. I, 78, 3. – 2. *Barbante:* Brabante, regione dei paesi bassi. –

la vela in guisa in su la prora carca,
ch'a mezzo giorno Astolfo non lontana
vede Inghilterra, ove nel lito varca.
Salta a cavallo, e in tal modo lo punge,
ch'a Londra quella sera ancora giunge.

8.   Quivi sentendo poi che 'l vecchio Otone
già molti mesi inanzi era in Parigi,
e che di nuovo quasi ogni barone
avea imitato i suoi degni vestigi;
d'andar subito in Francia si dispone:
e così torna al porto di Tamigi,
onde con le vele alte uscendo fuora,
verso Calessio fe' drizzar la prora.

9.   Un ventolin che leggiermente all'orza
ferendo, avea adescato il legno all'onda,
a poco a poco cresce e si rinforza;
poi vien sì, ch'al nocchier ne soprabonda.
Che li volti la poppa al fine è forza;
se non, gli caccierà sotto la sponda.
Per la schena del mar tien dritto il legno,
e fa camin diverso al suo disegno.

10.   Or corre a destra, or a sinistra mano,
di qua di là, dove fortuna spinge,

4. *carca*: gonfia. – 6. *nel lito varca*: scende a terra. – 8. *quella sera ancora*: quella stessa sera; cfr. XIV, 115, 8; XX, 101, 7.

8. – 1. *Otone*: suo padre, re d'Inghilterra. – 2. *già... inanzi*: già da molti mesi. – 3. *di nuovo*: di recente. – 4. *imitato... vestigi*: seguito le orme, il suo nobile esempio. – 8. *Calessio*: Calais; cfr. II, 27, 7.

9. – 1-2. *leggiermente... ferendo*: dolcemente spirando da prua, sì che la nave doveva stringere il vento; cfr. II, 30, 1; XI, 29, 7-8; XVIII, 141, 2. – 2. *avea adescato*: aveva indotto la nave a partire, appunto perché spirava dolcemente. – 4. *ne soprabonda*: soffia con intensità superiore alle sue forze; cfr. XIII, 15, 6, ma qui c'è un tocco d'ironia. – 6. *gli... sponda*: finirà con l'affondargli la nave. – 7. *Per la schena... legno*: dirige la nave nel senso della lunghezza della Manica (*schena* è metafora per la linea mediana del canale).

10. – 2. *fortuna*: tempesta; altri propone d'intendere «sorte»; ma è chiaro che qui ci troviamo di fronte al solito comunissimo «*topos*» della tempesta; cfr. n. a XVIII, 141, 5. «Correre il mare senza una burrasca, sarebbe un'enormità» (Rajna).

e piglia terra al fin presso a Roano;
e come prima il dolce lito attinge,
fa rimetter la sella a Rabicano,
e tutto s'arma e la spada si cinge.
Prende il camino, et ha seco quel corno
che gli val più che mille uomini intorno.

11. E giunse, traversando una foresta,
a piè d'un colle ad una chiara fonte,
ne l'ora che 'l monton di pascer resta,
chiuso in capanna, o sotto un cavo monte.
E dal gran caldo e da la sete infesta
vinto, si trasse l'elmo da la fronte;
legò il destrier tra le più spesse fronde,
e poi venne per bere alle fresche onde.

12. Non avea messo ancor le labra in molle,
ch'un villanel che v'era ascoso appresso,
sbuca fuor d'una macchia, e il destrier tolle,
sopra vi sale, e se ne va con esso.
Astolfo il rumor sente, e 'l capo estolle;
e poi che 'l danno suo vede sì espresso,
lascia la fonte, e sazio senza bere,
gli va dietro correndo a più potere.

13. Quel ladro non si stende a tutto corso;
che dileguato si saria di botto:
ma or lentando, or raccogliendo il morso,
se ne va di galoppo e di buon trotto.
Escon del bosco dopo un gran discorso;
e l'uno e l'altro al fin si fu ridotto
là dove tanti nobili baroni
eran senza prigion più che prigioni.

– 3. *Roano*: Rouen, in Normandia. – 4. *come... attinge*: non appena tocca (lat. *attingit*) la sospirata terra.

11. – 3. *ne l'ora... resta*: verso mezzogiorno, quando l'armento si ritira dal pascolo. – 5. *infesta*: fastidiosa.

12. – 2. *villanel*: altra trasfigurazione di Atlante. – 5. *estolle*: alza (lat. *extollit*). – 6. *espresso*: evidente. – 7. *sazio senza bere*: non sentendo più la sete.

13. – 1. *non... corso*: non fa correre Rabicano così veloce quanto potrebbe. – 5. *un gran discorso*: un gran correre qua e là. – 6. *si fu ridotto*: giunse. – 8. *più che prigioni*: perché erano legati al luogo dalla forza dell'incanto.

14.   Dentro il palagio il villanel si caccia
           con quel destrier che i venti al corso adegua.
           Forza è ch'Astolfo, il qual lo scudo impaccia,
           l'elmo e l'altr'arme, di lontan lo segua.
           Pur giunge anch'egli, e tutta quella traccia
           che fin qui avea seguita, si dilegua;
           che più né Rabican né 'l ladro vede,
           e gira gli occhi, e indarno affretta il piede:

15.   affretta il piede e va cercando invano
           e le loggie e le camere e le sale;
           ma per trovare il perfido villano,
           di sua fatica nulla si prevale.
           Non sa dove abbia ascoso Rabicano,
           quel suo veloce sopra ogni animale;
           e senza frutto alcun tutto quel giorno
           cercò di su di giù, dentro e d'intorno.

16.   Confuso e lasso d'aggirarsi tanto,
           s'avvide che quel loco era incantato;
           e del libretto ch'avea sempre a canto,
           che Logistilla in India gli avea dato,
           acciò che, ricadendo in nuovo incanto,
           potessi aitarsi, si fu ricordato:
           all'indice ricorse, e vide tosto
           a quante carte era il rimedio posto.

17.   Del palazzo incantato era difuso
           scritto nel libro; e v'eran scritti i modi
           di fare il mago rimaner confuso,
           e a tutti quei prigion di sciorre i nodi.
           Sotto la soglia era uno spirto chiuso,
           che facea questi inganni e queste frodi:
           e levata la pietra ov'è sepolto,
           per lui sarà il palazzo in fumo sciolto.

14. − 1. *il palagio*: ritorna il tema del palazzo incantato di Atlante; cfr. XII, 7 segg.; XIII, 78 segg.; ecc. − 2. *al corso adegua*: è pari in velocità; cfr. VIRGILIO, *Aen.*, X, 248: «*ventos aequante sagitta*». − 3. *il qual*: è complemento oggetto. − 5-6. *tutta... dilegua*: e ogni traccia di colui che egli aveva inseguito scompare.
15. − 1. *cercando*: esplorando. − 2. *loggie... sale*: cfr. IX, 21, 6. − 4. *nulla si prevale*: non trae alcun profitto. − 6. *quel suo... animale*: quel suo cavallo, veloce più di ogni altro. − 8. *dentro e d'intorno*: cfr. DANTE, *Purg.*, XXVIII, 1: «Vago già di cercar dentro e dintorno».
16. − 3. *libretto*: cfr. XV, 14. − 8. *a quante carte*: a quale pagina; *posto*: indicato.
17. − 1. *difuso*: diffusamente. − 8. *per lui*: per opera sua, di Astolfo.

18.   Desideroso di condurre a fine
           il paladin sì glorïosa impresa,
           non tarda più che 'l braccio non inchine
           a provar quanto il grave marmo pesa.
           Come Atlante le man vede vicine
           per far che l'arte sua sia vilipesa,
           sospettoso di quel che può avvenire,
           lo va con nuovi incanti ad assalire.

19.   Lo fa con dïaboliche sue larve
           parer da quel diverso, che solea:
           gigante ad altri, ad altri un villan parve,
           ad altri un cavallier di faccia rea.
           Ognuno in quella forma in che gli apparve
           nel bosco il mago, il paladin vedea;
           sì che per rïaver quel che gli tolse
           il mago, ognuno al paladin si volse.

20.   Ruggier, Gradasso, Iroldo, Bradamante,
           Brandimarte, Prasildo, altri guerrieri
           in questo nuovo error si fêro inante,
           per distruggere il duca accesi e fieri.
           Ma ricordossi il corno in quello instante,
           che fe' loro abbassar gli animi altieri.
           Se non si soccorrea col grave suono,
           morto era il paladin senza perdono.

21.   Ma tosto che si pon quel corno a bocca
           e fa sentire intorno il suono orrendo,

---

18. – 3. *non tarda... inchine*: non indugia ad abbassare le braccia. – 6. *per...
vilipesa*: a render vana l'opera della sua arte.
    19. – 1. *Lo*: Astolfo; *larve*: trasfigurazioni, false immagini. – 5. *Ognuno*: dei
cavalieri prigionieri.
    20. – 1-2. *Iroldo... Prasildo*: cfr. IV, 40, 2-4. – 3. *in questo... error*: presi da questa
nuova e strana illusione. – 4. *distruggere*: mettere a morte. – 7. *grave*: importuno,
insopportabile. – 8. *senza perdono*: senza misericordia o più probabilmente sarà da
intendere: senza aver tempo di confessarsi e chiedere la remissione dei suoi peccati; e sarà frase scherzosa sul tipo di quella usata più volte dal Pulci: «dar
l'ultimo asciolvere».

a guisa dei colombi, quando scocca
lo scoppio, vanno i cavallier fuggendo.
Non meno al negromante fuggir tocca,
non men fuor de la tana esce temendo
pallido e sbigottito, e se ne slunga
tanto, che 'l suono orribil non lo giunga.

22.   Fuggì il guardian coi suo' prigioni; e dopo
de le stalle fuggîr molti cavalli,
ch'altro che fune a ritenerli era uopo,
e seguiro i patron per varii calli.
In casa non restò gatta né topo
al suon che par che dica: Dàlli, dàlli.
Sarebbe ito con gli altri Rabicano,
se non ch'all'uscir venne al duca in mano.

23.   Astolfo, poi ch'ebbe cacciato il mago,
levò di su la soglia il grave sasso,
e vi ritrovò sotto alcuna imago,
et altre cose che di scriver lasso:
e di distrugger quello incanto vago,
di ciò che vi trovò, fece fraccasso,
come gli mostra il libro che far debbia;
e si sciolse il palazzo in fumo e in nebbia.

24.   Quivi trovò che di catena d'oro
di Ruggiero il cavallo era legato,

---

21. – 3. *a guisa dei colombi*: cfr. XX, 92, 7; *scocca*: esplode; cfr. IX, 74, 8. – 4. *scoppio*: schioppo; cfr. XI, 24, 7. – 7. *se ne slunga*: se ne allontana.

22. – 5. *gatta né topo*: né carceriere, né prigionieri. «Il linguaggio sembra volersi adeguare ai modi dei rimatori burleschi e berneschi» (Sapegno). Cfr. Boc-caccio, *Decam.*, VIII, IX, 34; Pulci, *Morg.*, I, 67, 3; XIV, 79, 2-3; ecc. – 6. *Dàlli, dàlli*: cfr. XVIII, 121, 5.

23. – 3. *imago*: figura magica di cera; cfr. VIII, 14, 7-8. – 5. *vago*: desideroso. – 6. *fece fraccasso*: fracassò; espressione popolaresca; cfr. Boiardo, *Innam.*, I, IV, 62, 3: «Di ciò che gli è davanti, fa fracasso».

24. – 1. *di catena d'oro*: cfr. *Innam.*, I, XIII, 27, 2: «de catena d'oro era legato». – 2. *il cavallo*: l'ippogrifo. «Un'idea eccellente fu quella di far capitare l'ippogrifo in potere di Astolfo...: la cavalcatura più strana, nelle mani del cavaliere più

parlo di quel che 'l negromante moro
per mandarlo ad Alcina gli avea dato;
a cui poi Logistilla fe' il lavoro
del freno, ond'era in Francia ritornato,
e girato da l'India all'Inghilterra
tutto avea il lato destro de la terra.

25. Non so se vi ricorda che la briglia
lasciò attaccata all'arbore quel giorno
che nuda da Ruggier sparì la figlia
di Galafrone, e gli fe' l'alto scorno.
Fe' il volante destrier, con maraviglia
di chi lo vide, al mastro suo ritorno;
e con lui stette infin al giorno sempre,
che de l'incanto fur rotte le tempre.

26. Non potrebbe esser stato più giocondo
d'altra aventura Astolfo, che di questa;
che per cercar la terra e il mar, secondo
ch'avea desir, quel ch'a cercar gli resta,
e girar tutto in pochi giorni il mondo,
troppo venìa questo ippogrifo a sesta.
Sapea egli ben quanto a portarlo era atto,
che l'avea altrove assai provato in fatto.

27. Quel giorno in India lo provò, che tolto
da la savia Melissa fu di mano
a quella scelerata che travolto
gli avea in mirto silvestre il viso umano:
e ben vide e notò come raccolto
gli fu sotto la briglia il capo vano
da Logistilla, e vide come instrutto
fosse Ruggier di farlo andar per tutto.

---

matto» (Rajna). – 3. *parlo di quel ecc.*: cfr. IV, 45. – 5. *a cui poi ecc.*: cfr. X, 66 segg. –
8. *il lato destro*: l'emisfero orientale.

25. – 1. *Non so se vi ricorda ecc.*: cfr. XI, 3-15. – 3-4. *la figlia di Galafrone*:
Angelica. – 6. *al mastro suo*: al suo padrone, Atlante. – 8. *de l'incanto... le tempre*: i
congegni dell'incanto (cfr. DANTE, *Par.*, XXIV, 13).

26. – 3. *cercar*: esplorare. – 6. *a sesta*: perfettamente opportuno. – 8. *in fatto*: in
pratica.

27. – 1. *Quel giorno ecc.*: cfr. VIII, 17-18. – 3. *quella scelerata*: Alcina, che lo
aveva tramutato in un mirto. – 5. *raccolto*: domato, legato. – 6. *vano*: restio al freno.
– 7. *instrutto*: istruito, fatto esperto; cfr. X, 66-67.

28.
Fatto disegno l'ippogrifo tôrsi,
la sella sua, ch'appresso avea, gli messe;
e gli fece, levando da più morsi
una cosa et un'altra, un che lo resse;
che dei destrier ch'in fuga erano corsi,
quivi attaccate eran le briglie spesse.
Ora un pensier di Rabicano solo
lo fa tardar che non si leva a volo.

29.
D'amar quel Rabicano avea ragione;
che non v'era un miglior per correr lancia,
e l'avea da l'estrema regïone
de l'India cavalcato insin in Francia.
Pensa egli molto; e in somma si dispone
darne più tosto ad un suo amico mancia,
che, lasciandolo quivi in su la strada,
se l'abbia il primo ch'a passarvi accada.

30.
Stava mirando se vedea venire
pel bosco o cacciatore o alcun villano,
da cui far si potesse indi seguire
a qualche terra, e trarvi Rabicano.
Tutto quel giorno e sin all'apparire
de l'altro stette riguardando invano.
L'altro matin, ch'era ancor l'aer fosco,
veder gli parve un cavallier pel bosco.

31.
Ma mi bisogna, s'io vo' dirvi il resto,
ch'io trovi Ruggier prima e Bradamante.
Poi che si tacque il corno, e che da questo
loco la bella coppia fu distante,
guardò Ruggiero, e fu a conoscer presto

28. – 1. *Fatto... tôrsi*: avendo deciso di prendersi l'ippogrifo. – 4. *un che lo resse*: un morso buono per reggerlo, per guidarlo. – 6. *spesse*: in gran numero.
29. – 2. *correr lancia*: giostrare con la lancia; cfr. IV, 17, 5. – 5. *in somma*: alfine. – 6. *darne... mancia*: farne dono (cfr. DANTE, *Inf.*, XXXI, 6). – 8. *accada*: capiti.
30. – 3-4. *indi... terra*: scortare da lì fino a qualche città. – 7. *L'altro matin*: il giorno seguente; *aer fosco*: cfr. DANTE, *Inf.*, XXIII, 78; XXVIII, 104. – 8. *un cavallier*: è Bradamante; cfr. XXIII, 9.
31. – 5. *guardò Ruggiero*: Ruggiero si fermò e guardò attorno.

quel che fin qui gli avea nascoso Atlante:
fatto avea Atlante che fin a quell'ora
tra lor non s'eran conosciuti ancora.

32. Ruggier riguarda Bradamante, et ella
riguarda lui con alta maraviglia,
che tanti dì l'abbia offuscato quella
illusïon sì l'animo e le ciglia.
Ruggiero abbraccia la sua donna bella,
che più che rosa ne divien vermiglia;
e poi di su la bocca i primi fiori
cogliendo vien dei suoi beati amori.

33. Tornaro ad iterar gli abbracciamenti
mille fïate, et a tenersi stretti
i duo felici amanti, e sì contenti,
ch'a pena i gaudii lor capiano i petti.
Molto lor duol che per incantamenti,
mentre che fur negli errabondi tetti,
tra lor non s'eran mai riconosciuti,
e tanti lieti giorni eran perduti.

34. Bradamante, disposta di far tutti
i piaceri che far vergine saggia
debbia ad un suo amator, sì che di lutti,
senza il suo onore offendere, il sottraggia;
dice a Ruggier, se a dar gli ultimi frutti
lei non vuol sempre aver dura e selvaggia,

32. – 1. *riguarda*: guarda attentamente. – 7. *di su... fiori*: i baci; cfr. VII, 29, 4-5 e BOCCACCIO, *Dec.*, V, 3, 53: «e quivi i primi frutti del loro amore dolcissimamente sentirono».

33. – 1. *iterar*: rinnovare; cfr. XI, 63, 3. – 2. *tenersi stretti*: cfr. VII, 29, 3. – 4. *a pena... petti*: i loro cuori contenevano a stento la gioia. – 6. *errabondi tetti*: nel castello ove avevano vagato a lungo e inutilmente; cfr. CATULLO, *Carm.*, LXIV, 113.

34. – 3-4. *sì che... sottraggia*: gli allevii le pene d'amore, senza con questo macchiare il proprio onore. – 5-6. *se a dar ecc.*: se non vuol che lei gli rimanga sempre crudelmente restia (*selvaggia* era aggettivo caro alla tradizione lirica fino a Petrarca ed era stato assunto da Cino da Pistoia come «*senhal*» della sua donna), a

la faccia domandar per buoni mezzi
al padre Amon: ma prima si battezzi.

35.　　Ruggier, che tolto avria non solamente
viver cristiano per amor di questa,
com'era stato il padre, e antiquamente
l'avolo e tutta la sua stirpe onesta;
ma, per farle piacere, immantinente
data le avria la vita che gli resta:
– Non che ne l'acqua, – disse – ma nel fuoco
per tuo amor porre il capo mi fia puoco. –

36.　　Per battezzarsi dunque, indi per sposa
la donna aver, Ruggier si messe in via,
guidando Bradamante a Vallombrosa
(così fu nominata una badia
ricca e bella, né men religïosa,
e cortese a chiunque vi venìa);
e trovaro all'uscir de la foresta
donna che molto era nel viso mesta.

37.　　Ruggier, che sempre uman, sempre cortese
era a ciascun, ma più alle donne molto,
come le belle lacrime comprese
cader rigando il delicato volto,
n'ebbe pietade, e di disir s'accese
di saper il suo affanno; et a lei volto,
dopo onesto saluto, domandolle
perch'avea sì di pianto il viso molle.

concedergli le ultime gioie d'amore; cfr. V, 64, 8; XX, 19, 8. – 7. *mezzi*: intermediari,
messaggeri.
　　35. – 1. *tolto*: accettato, acconsentito. – 3. *com'era stato ecc.*: cfr. XXXVI, 70 segg.
– 4. *onesta*: nobile. – 7. *ne l'acqua*: del battesimo.
　　36. – 3. *Vallombrosa*: non si tratta del celebre monastero di Toscana, che agì
solo come suggestione, ma piuttosto di una badia immaginaria. – 6. *cortese*: ospi-
tale.
　　37. – 3. *comprese*: vide, scorse; cfr. DANTE, *Purg.*, XXXI, 78. – 4. *cader... volto*:
cfr. X, 96; XI, 64 segg.; VIRGILIO, *Aen.*, VI, 699: «*largo fletu... ora rigabat*». – 6. *saper
il suo affanno*: per una situazione simile, che risale a modelli arturiani (cfr. P.
RAJNA, *Le fonti dell'«Orlando Furioso»* cit., pp. 355 segg.), cfr. BOIARDO, *Innam.*, XVI,
60 segg. – 7. *onesto*: cortese; cfr. IX, 21, 7.

38.   Et ella, alzando i begli umidi rai,
        umanissimamente gli rispose,
        e la cagion de' suoi penosi guai,
        poi che le domandò, tutta gli espose.
        – Gentil signor, – disse ella – intenderai
        che queste guancie son sì lacrimose
        per la pietà ch'a un giovinetto porto,
        ch'in un castel qui presso oggi fia morto.

39.   Amando una gentil giovane e bella,
        che di Marsilio re di Spagna è figlia,
        sotto un vel bianco e in feminil gonella,
        finta la voce e il volger de le ciglia,
        egli ogni notte si giacea con quella,
        senza darne sospetto alla famiglia:
        ma sì secreto alcuno esser non puote,
        ch'al lungo andar non sia chi 'l vegga e note.

40.   Se n'accorse uno, e ne parlò con dui;
        gli dui con altri, insin ch'al re fu detto.
        Venne un fedel del re l'altr'ieri a nui,
        che questi amanti fe' pigliar nel letto;
        e ne la ròcca gli ha fatto ambedui
        divisamente chiudere in distretto:
        né credo per tutto oggi ch'abbia spazio
        il gioven, che non mora in pena e in strazio.

41.   Fuggita me ne son per non vedere
        tal crudeltà; che vivo l'arderanno:
        né cosa mi potrebbe più dolere,

<hr />

38. – 1. *i begli... rai*: cfr. PETRARCA, *Canz.*, CCCXLIII, 14: «Umida li occhi e l'una e l'altra gota». – 2. *umanissimamente*: con grande cortesia. – 8. *fia morto*: sarà ucciso.

39. – 3. *sotto un vel bianco*: nascondendosi sotto un bianco velo; la storia di Fiordispina e Ricciardetto sarà raccontata più avanti: cfr. XXV, 26-70. – 8. *note*: noti, scopra. Il proverbio da *Matth.*, X, 26: «*Nihil est opertum quod non revelabitur*».

40. – 2. *fu detto*: fu riferito. – 4. *pigliar nel letto*: cfr. XXII, 53, 3. – 6. *divisamente*: separatamente; *in distretto*: in prigione; cfr. II, 59, 5. – 7. *per tutto... spazio*: tempo fino alla fine della giornata.

che faccia di sì bel giovine il danno;
né potrò aver giamai tanto piacere,
che non si volga subito in affanno,
che de la crudel fiamma mi rimembri,
ch'abbia arsi i belli e delicati membri. –

42.   Bradamante ode, e par ch'assai le prema
questa novella, e molto il cor l'annoi;
né par che men per quel dannato tema,
che se fosse uno dei fratelli suoi.
Né certo la paura in tutto scema
era di causa, come io dirò poi.
Si volse ella a Ruggiero, e disse: – Parme
ch'in favor di costui sien le nostr'arme. –

43.   E disse a quella mesta: – Io ti conforto
che tu vegga di porci entro alle mura;
che se 'l giovine ancor non avran morto,
più non l'uccideran, stanne sicura. –
Ruggiero, avendo il cor benigno scorto
de la sua donna e la pietosa cura,
sentì tutto infiammarsi di desire
di non lasciare il giovine morire.

44.   Et alla donna, a cui dagli occhi cade
un rio di pianto, dice: – Or che s'aspetta?
Soccorrer qui, non lacrimare accade:
fa ch'ove è questo tuo, pur tu ci metta.
Di mille lancie trar, di mille spade
tel promettian, pur che ci meni in fretta:
ma studia il passo più che puoi; che tarda
non sia l'aita, e intanto il fuoco l'arda. –

41. – 4. *che*: di quella che faccia. – 6-7. *subito... che*: non appena che. Si noti la sintassi narrativa a membretti corti, uniti da molti *che*.
42. – 1. *le prema*: le spiaccia. – 2. *il cor l'annoi*: l'addolori; cfr. I, 66, 1. – 3. *dannato*: condannato. – 5-6. *scema era di causa*: priva di motivo; infatti il giovane era Ricciardetto, fratello di Bradamante; cfr. XXV, 24. – 7. *Parme*: mi sembra giusto (lat. *videtur*).
43. – 1. *ti conforto*: ti esorto. – 5. *avendo... scorto*: avendo percepito il sentimento di pietà del cuore.
44. – 2. *un rio di pianto*: cfr. XIV, 50, 5. – 3. *accade*: occorre. – 4. *fa... metta*: procura soltanto di farci giungere là dove sta questo giovane che ti sta a cuore. – 5. *Di mille*: di mezzo a mille. – 7. *studia*: affretta; cfr. I, 16, 6.

45.   L'alto parlare e la fiera sembianza
di quella coppia a maraviglia ardita,
ebbon di tornar forza la speranza
colà dond'era già tutta fuggita;
ma perch'ancor, più che la lontananza,
temeva il ritrovar la via impedita,
e che saria per questo indarno presa,
stava la donna in sé tutta sospesa.

46.   Poi disse lor: – Facendo noi la via
che dritta e piana va fin a quel loco,
credo ch'a tempo vi si giungeria,
che non sarebbe ancora acceso il fuoco:
ma gir convien per così torta e ria,
che 'l termine d'un giorno saria poco
a riuscirne; e quando vi saremo,
che troviam morto il giovine mi temo. –

47.   – E perché non andian – disse Ruggiero
– per la più corta? – E la donna rispose:
– Perché un castel de' conti da Pontiero
tra via si trova, ove un costume pose,
non son tre giorni ancora, iniquo e fiero
a cavallieri e a donne aventurose,
Pinabello, il peggior uomo che viva,
figliuol del conte Anselmo d'Altariva.

48.   Quindi né cavallier né donna passa,
che se ne vada senza ingiuria e danni:
l'uno e l'altro a piè resta; ma vi lassa
il guerrier l'arme, e la donzella i panni.
Miglior cavallier lancia non abbassa,
e non abbassò in Francia già molt'anni,
di quattro che giurato hanno al castello
la legge mantener di Pinabello.

---

45. – 1. *alto*: nobile. – 3. *ebbon... speranza*: ebbero la forza di far ritornare la speranza. – 4. *colà*: nell'animo della fanciulla.
46. – 5. *ria*: aspra, malagevole. – 7. *riuscirne*: riuscirvi, ad arrivare in quel luogo.
47. – 3. *conti da Pontiero*: conti di Maganza; cfr. VII, 38, 2. – 4. *costume*: legge. – 6. *aventurose*: di ventura, erranti.
48. – 1. *Quindi*: per di lì. – 5-6. *Miglior... anni*: non c'è e non c'è stato da molto tempo in Francia cavaliere che combatta più valorosamente.

49.   Come l'usanza (che non è più antiqua
        di tre dì) cominciò, vi vo' narrare;
        e sentirete se fu dritta o obliqua
        cagion che i cavallier fece giurare.
        Pinabello ha una donna così iniqua,
        così bestial, ch'al mondo è senza pare;
        che con lui, non so dove, andando un giorno,
        ritrovò un cavallier che le fe' scorno.

50.   Il cavallier, perché da lei beffato
        fu d'una vecchia che portava in groppa,
        giostrò con Pinabel ch'era dotato
        di poca forza e di superbia troppa;
        et abbattello, e lei smontar nel prato
        fece, e provò s'andava dritta o zoppa:
        lasciolla a piede, e fe' de la gonella
        di lei vestir l'antiqua damigella.

51.   Quella ch'a piè rimase, dispettosa,
        e di vendetta ingorda e sitibonda,
        congiunta a Pinabel che d'ogni cosa
        dove sia da mal far, ben la seconda,
        né giorno mai, né notte mai riposa,
        e dice che non fia mai più gioconda,
        se mille cavallieri e mille donne
        non mette a piedi, e lor tolle arme e gonne.

52.   Giunsero il dì medesmo, come accade,
        quattro gran cavallieri ad un suo loco,
        li quai di rimotissime contrade
        venuti a queste parti eran di poco;

---

49. – 1. *l'usanza*: l'usanza malvagia è di ispirazione arturiana; cfr. P. RAJNA, *Le fonti dell'«Orlando Furioso»* cit., pp. 358-359. – 3. *obliqua*: storta, ingiusta; cfr. XVII, 3, 3; XXI, 19, 6. – 8. *un cavallier*: è Marfisa; cfr. XX, 110-116.

50. – 2. *d'una vecchia*: a proposito d'una vecchia: Gabrina. – 6. *provò... zoppa*: la fece andare a piedi; beffa per la superba e agghindata cavallerizza. – 8. *antiqua damigella*: nota (anche qui) la beffarda combinazione tra l'aggettivo e il nome.

51. – 1. *dispettosa*: indispettita, contrariata; cfr. DANTE, *Purg.*, X, 69. – 2. *ingorda e sitibonda*: avida e assetata. – 3. *d'ogni*: in ogni. – 4. *la seconda*: l'asseconda.

52. – 1. *Giunsero ecc.*: cfr. XX, 104-105; *come accade*: come capita talvolta nei romanzi, e qui «siamo in piena Tavola Rotonda» (Rajna). – 2. *loco*: castello. – 4. *di poco*: da poco.

di tal valor, che non ha nostra etade
tant'altri buoni al bellicoso gioco:
Aquilante, Grifone e Sansonetto,
et un Guidon Selvaggio giovinetto.

53.   Pinabel, con sembiante assai cortese,
al castel ch'io v'ho detto gli raccolse.
La notte poi tutti nel letto prese,
e presi tenne; e prima non li sciolse,
che li fece giurar ch'un anno e un mese
(questo fu a punto il termine che tolse)
stariano quivi, e spoglierebbon quanti
vi capitasson cavallieri erranti;

54.   e le donzelle ch'avesson con loro,
porriano a piedi, e torrian lor le vesti.
Così giurâr, così costretti fôro
ad osservar, ben che turbati e mesti.
Non par che fin a qui contra costoro
alcun possa giostrar, ch'a piè non resti:
e capitati vi sono infiniti,
ch'a piè e senz'arme se ne son partiti.

55.   E ordine tra lor, che chi per sorte
esce fuor prima, vada a correr solo:
ma se trova il nimico così forte,
che resti in sella, e getti lui nel suolo,
sono ubligati gli altri infin a morte
pigliar l'impresa tutti in uno stuolo.
Vedi or, se ciascun d'essi è così buono,
quel ch'esser de', se tutti insieme sono.

---

53. – 2. *raccolse*: accolse. – 3. *nel letto prese*: cfr. XX, 105, 6: «gli fe' pigliar nel letto» e cfr. BOCCACCIO, *Dec.*, V, 6, 25: «Partissi adunque il re turbato della camera, e comandò che i due amanti, così ignudi come erano, fossero presi e legati» e BOIARDO, *Innam.*, I, XIV, 50, 8; II, II, 49, 1: «La notte poi nel letto fuor' pigliati». – 4. *presi tenne*: tenne prigionieri. – 6. *un anno e un mese*: nota la cadenza da fiaba e cfr. BOCCACCIO, *Decam.*, X, IX, 42: «m'aspetti uno anno e un mese e un dì». – 6. *tolse*: prese, fissò.

54. – 4. *ad osservar*: a mantenere il giuramento. – 7. *infiniti*: iperbole fiabesca: non è il caso di obiettare che l'usanza dura solo da tre giorni.

55. – 1. *È ordine tra lor*: è stato stabilito tra loro. – 2. *correr*: assalire con la lancia. – 6. *pigliar... stuolo*: uscire alla battaglia in una sola schiera.

56.   Poi non conviene all'importanzia nostra
        che ne vieta ogni indugio, ogni dimora,
        che punto vi fermiate a quella giostra;
        e presuppongo che vinciate ancora,
        che vostra alta presenzia lo dimostra;
        ma non è cosa da fare in un'ora:
        et è gran dubbio che 'l giovine s'arda,
        se tutto oggi a soccorrerlo si tarda. –

57.   Disse Ruggier: – Non riguardiamo a questo:
        facciàn nui quel che si può far per nui;
        abbia chi regge il ciel cura del resto,
        o la Fortuna, se non tocca a lui.
        Ti fia per questa giostra manifesto,
        se buoni siamo d'aiutar colui
        che per cagion sì debole e sì lieve,
        come n'hai detto, oggi bruciar si deve. –

58.   Senza risponder altro, la donzella
        si messe per la via ch'era più corta.
        Più di tre miglia non andâr per quella,
        che si trovaro al ponte et alla porta
        dove si perdon l'arme e la gonnella,
        e de la vita gran dubbio si porta.
        Al primo apparir lor, di su la ròcca
        è chi duo botti la campana tocca.

59.   Et ecco de la porta con gran fretta,
        trottando s'un ronzino, un vecchio uscìo;
        e quel venìa gridando: – Aspetta, aspetta:
        restate olà, che qui si paga il fio;

---

56. – 1. *Poi*: inoltre. – 1-2. *all'importanzia... dimora*: ogni indugio che ci impe-
disca di condurre a termine la nostra importante missione. – 4. *presuppongo...
ancora*: ammetto anche. – 5. *alta presenzia*: nobile portamento.

57. – 1. *riguardiamo*: badiamo. – 2. *nui*: da parte nostra. – 4. *la Fortuna*: cfr.
VIII, 50, 7-8.

58. – 4. *ponte*: ponte levatoio. – 6. *e de la vita... porta*: e si corre grande pericolo
della vita. – 7-8. *di su la ròcca... tocca*: e c'è chi, stando sulla torre, suona la campana
con due colpi; il segnale d'allarme è anch'esso di tipo arturiano; cfr. P. Rajna, *Le
fonti dell'«Orlando Furioso»* cit., p. 361.

59. – 3. *Aspetta, aspetta*: cfr. II, 62, 6. – 4. *restate olà*: fermatevi, voi; *qui... fio*: qui

e se l'usanza non v'è stata detta,
che qui si tiene, or ve la vo' dir io. –
E contar loro incominciò di quello
costume, che servar fa Pinabello.

60.   Poi seguitò, volendo dar consigli,
com'era usato agli altri cavallieri:
– Fate spogliar la donna, – dicea – figli,
e voi l'arme lasciateci e i destrieri;
e non vogliate mettervi a perigli
d'andare incontra a tai quattro guerrieri.
Per tutto vesti, arme e cavalli s'hanno:
la vita sol mai non ripara il danno. –

61.   – Non più, – disse Ruggier – non più; ch'io sono
del tutto informatissimo, e qui venni
per far prova di me, se così buono
in fatti son, come nel cor mi tenni.
Arme, vesti e cavallo altrui non dono,
s'altro non sento che minaccie e cenni;
e son ben certo ancor, che per parole
il mio compagno le sue dar non vuole.

62.   Ma, per Dio, fa ch'io vegga tosto in fronte
quei che ne voglion tôrre arme e cavallo;
ch'abbiamo da passar anco quel monte,
e qui non si può far troppo intervallo. –
Rispose il vecchio: – Eccoti fuor del ponte
chi vien per farlo –: e non lo disse in fallo;
ch'un cavallier n'uscì, che sopraveste
vermiglie avea, di bianchi fior conteste.

---

si paga un pedaggio; cfr. DANTE, *Inf.*, XXVII, 135; *Purg.*, XI, 88. – 8. *servar*: osservare.

60. – 2. *usato*: solito fare. – 8. *la vita... danno*: solo la vita, una volta perduta, la non si può più riacquistare; cfr. ORAZIO, *Carm.*, IV, VII, 13-16.

61. – 3-4. *se così... tenni*: se sono così valoroso in realtà, come mi ritengo nel mio animo. – 6. *minaccie e cenni*: parole minacciose.

62. – 4. *intervallo*: indugio (lat.). – 6. *per farlo*: per far sì che tu lo veda in fronte; *e non... fallo*: e non sbagliò. – 8. *conteste*: ricamate.

63.   Bradamante pregò molto Ruggiero
         che le lasciasse in cortesia l'assunto
         di gittar de la sella il cavalliero
         ch'avea di fiori il bel vestir trapunto;
         ma non poté impetrarlo, e fu mestiero
         a lei far ciò che Ruggier vòlse a punto.
         Egli vòlse l'impresa tutta avere,
         e Bradamante si stesse a vedere.

64.   Ruggiero al vecchio domandò, chi fosse
         questo primo ch'uscia fuor de la porta.
         – È Sansonetto; – disse – che le rosse
         veste conosco e i bianchi fior che porta. –
         L'uno di qua, l'altro di là si mosse
         senza parlarsi, e fu l'indugia corta;
         che s'andaro a trovar coi ferri bassi,
         molto affrettando i lor destrieri i passi.

65.   In questo mezzo de la ròcca usciti
         eran con Pinabel molti pedoni,
         presti per levar l'arme et espediti
         ai cavallier ch'uscian fuor degli arcioni.
         Veniansi incontra i cavallieri arditi,
         fermando in su le reste i gran lancioni,
         grossi duo palmi, di nativo cerro,
         che quasi erano uguali insino al ferro.

66.   Di tali n'avea più d'una decina
         fatto tagliar di su lor ceppi vivi
         Sansonetto a una selva indi vicina,
         e portatone duo per giostrar quivi.
         Aver scudo e corazza adamantina
         bisogna ben, che le percosse schivi.

---

63. – 2. *l'assunto*: il compito. – 5. *impetrarlo*: ottenerlo.
64. – 6. *indugia*: indugio. – 7. *a trovar... bassi*: a colpire con le lance abbassate.
65. – 3. *presti... et espediti*: svelti e pronti. – 7. *di nativo cerro*: di cerro naturale, non lavorato. – 8. *che... ferro*: che erano dello stesso spessore quasi fino alla punta di ferro.
66. – 3. *indi*: rispetto a quel luogo. – 5. *adamantina*: dura come il diamante; cfr. ORAZIO, *Carm.*, I, VI, 13: «*tunica adamantina*». – 6. *le percosse schivi*: difenda dai colpi.

Aveane fatto dar, tosto che venne,
l'uno a Ruggier, l'altro per sé ritenne.

67.   Con questi, che passar dovean gl'incudi
       (sì ben ferrate avean le punte estreme),
       di qua e di là fermandoli agli scudi,
       a mezzo il corso si scontraro insieme.
       Quel di Ruggiero, che i demòni ignudi
       fece sudar, poco del colpo teme:
       de lo scudo vo' dir che fece Atlante,
       de le cui forze io v'ho già detto inante.

68.   Io v'ho già detto che con tanta forza
       l'incantato splendor negli occhi fere,
       ch'al discoprirsi ogni veduta ammorza,
       e tramortito l'uom fa rimanere:
       perciò, s'un gran bisogno non lo sforza,
       d'un vel coperto lo solea tenere.
       Si crede ch'anco impenetrabil fosse,
       poi ch'a questo incontrar nulla si mosse.

69.   L'altro, ch'ebbe l'artefice men dotto,
       il gravissimo colpo non sofferse.
       Come tocco da fulmine, di botto
       diè loco al ferro, e pel mezzo s'aperse;
       diè loco al ferro, e quel trovò di sotto
       il braccio ch'assai mal si ricoperse;
       sì che ne fu ferito Sansonetto,
       e de la sella tratto al suo dispetto.

70.   E questo il primo fu di quei compagni
       che quivi mantenean l'usanza fella,
       che de le spoglie altrui non fe' guadagni,
       e ch'alla giostra uscì fuor de la sella.
       Convien chi ride, anco talor si lagni,

67. – 1. *passar... incudi*: cfr. I, 17, 4. – 3. *di qua... fermandoli*: l'uno e l'altro avversario mirando agli scudi. – 6. *fece sudar*: quando lo fabbricarono nella loro fucina. – 8. *v'ho già detto inante*: cfr. II, 55-56; VIII, 10-11; ecc.
68. – 5. *sforza*: costringe a far diversamente. – 8. *a questo... mosse*: in questo scontro non si scosse affatto.
69. – 1. *L'altro*: lo scudo di Sansonetto; *men dotto*: meno esperto. – 6. *si ricoperse*: si era protetto (con quello scudo poco efficace).
70. – 2. *mantenean... fella*: osservavano la legge iniqua. – 5-6. *Convien... ribella*:

e Fortuna talor trovi ribella.
Quel da la ròcca, replicando il botto,
ne fece agli altri cavallieri motto.

71.   S'era accostato Pinabello intanto
a Bradamante, per saper chi fusse
colui che con prodezza e valor tanto
il cavallier del suo castel percusse.
La giustizia di Dio, per dargli quanto
era il merito suo, vi lo condusse
su quel destrier medesimo ch'inante
tolto avea per inganno a Bradamante.

72.   Fornito a punto era l'ottavo mese
che, con lei ritrovandosi a camino,
(se 'l vi raccorda) questo Maganzese
la gittò ne la tomba di Merlino,
quando da morte un ramo la difese,
che seco cadde, anzi il suo buon destino;
e trassene, credendo ne lo speco
ch'ella fosse sepolta, il destrier seco.

73.   Bradamante conosce il suo cavallo,
e conosce per lui l'iniquo conte;
e poi ch'ode la voce, e vicino hallo
con maggiore attenzion mirato in fronte:
– Questo è il traditor – disse –, senza fallo,
che procacciò di farmi oltraggio et onte:
ecco il peccato suo, che l'ha condutto
ove avrà de' suoi merti il premio tutto. –

capita che chi ride perché la Fortuna gli è favorevole, debba poi dolersi, quando la Fortuna gli si volge contro. Concetto molto comune nella letteratura
classica e romanza; cfr. VIII, 50, 7-8. Per la formulazione cfr. PETRARCA, *Canz.*,
LXXI, 87-88: «convensi Che l'extremo del riso assaglia il pianto». – 7. *repli-*
cando il botto: tornando a suonare la campana. – 8. *ne fece... motto*: ne diede
avviso.
    71. – 4. *percusse*: colpì. – 8. *tolto avea ecc.*: cfr. II, 69-76.
    72. – 1. *Fornito*: finito, passato. – 7-8. *e trassene... seco*: e credendo che lei fosse
morta sepolta nella grotta, se ne portò via il cavallo.
    73. – 2. *per lui*: per mezzo di quello. – 8. *de' suoi... tutto*: la piena ricompensa
delle sue colpe.

74.   Il minacciare e il por mano alla spada
        fu tutto a un tempo, e lo aventarsi a quello;
        ma inanzi tratto gli levò la strada,
        che non poté fuggir verso il castello.
        Tolta è la speme ch'a salvar si vada,
        come volpe alla tana, Pinabello.
        Egli gridando e senza mai far testa,
        fuggendo si cacciò ne la foresta.

75.   Pallido e sbigottito il miser sprona,
        che posto ha nel fuggir l'ultima speme.
        L'animosa donzella di Dordona
        gli ha il ferro ai fianchi, e lo percuote e preme:
        vien con lui sempre, e mai non l'abbandona.
        Grande è il rumore, e il bosco intorno geme.
        Nulla al castel di questo ancor s'intende,
        però ch'ognuno a Ruggier solo attende.

76.   Gli altri tre cavallier de la fortezza
        intanto erano usciti in su la via;
        et avean seco quella male avezza
        che v'avea posta la costuma ria.
        A ciascun di lor tre, che 'l morir prezza
        più ch'aver vita che con biasmo sia,
        di vergogna arde il viso, e il cor di duolo,
        che tanti ad assalir vadano un solo.

77.   La crudel meretrice ch'avea fatto
        por quella iniqua usanza et osservarla,
        il giuramento lor ricorda e il patto
        ch'essi fatti l'avean, di vendicarla.
        — Se sol con questa lancia te gli abbatto,

74. – 3. *ma... strada*: ma anzitutto, prima di ogni altra cosa (*inanzi tratto*: cfr. BOCCACCIO, *Dec.*, II, 5, 77; PULCI, *Morg.*, XXIV, 40, 2), gli tagliò la strada. – 7. *senza... testa*: senza mai voltarsi per far resistenza; cfr. XIV, 126, 3.

75. – 3. *donzella di Dordona*: Bradamante, figlia di Amone; cfr. II, 68, 7. – 6. *il bosco... geme*: cfr. II, 10, 6. – 7. *s'intende*: si conosce. – 8. *attende*: bada.

76. – 3. *quella male avezza*: la donna di Pinabello, che «vezzosa era e mal usa» (XX, 113, 1). – 4. *costuma*: legge; cfr. XIX, 66, 6; XX, 105, 3; ecc. – 5. *'l morir prezza*: preferisce morire; cfr. XVII, 15, 5-6.

77. – 5. *te gli abbatto*: lo abbatto per te.

perché mi vòi con altre accompagnarla? –
dicea Guidon Selvaggio – e s'io ne mento,
levami il capo poi, ch'io son contento. –

78.   Così dicea Grifon, così Aquilante.
Giostrar da sol a sol volea ciascuno,
e preso e morto rimanere inante
ch'incontra un sol volere andar più d'uno.
La donna dicea loro: – A che far tante
parole qui senza profitto alcuno?
Per tôrre a colui l'arme io v'ho qui tratti,
non per far nuove leggi e nuovi patti.

79.   Quando io v'avea in prigione, era da farme
queste escuse, e non ora, che son tarde.
Voi dovete il preso ordine servarme,
non vostre lingue far vane e bugiarde. –
Ruggier gridava lor: – Eccovi l'arme,
ecco il destrier c'ha nuovo e sella e barde;
i panni de la donna eccovi ancora:
se li volete, a che più far dimora? –

80.   La donna del castel da un lato preme,
Ruggier da l'altro li chiama e rampogna,
tanto ch'a forza si spiccaro insieme,
ma nel viso infiammati di vergogna.
Dinanzi apparve l'uno e l'altro seme
del marchese onorato di Borgogna;
ma Guidon, che più grave ebbe il cavallo,
venìa lor dietro con poco intervallo.

81.   Con la medesima asta con che avea
Sansonetto abbattuto, Ruggier viene,
coperto da lo scudo che solea

---

78. – 2. *da sol a sol*: secondo la legge infrangibile della cavalleria.
79. – 1. *era da farme*: dovevate addurre. – 3. *il preso... servarme*: osservare il patto che avete fatto con me. – 6. *barde*: bardatura, armatura.
80. – 1. *preme*: incalza. – 3. *si spiccaro insieme*: vennero insieme all'assalto. – 5-6. *l'uno... Borgogna*: i due figli di Oliviero, Grifone e Aquilante; cfr. XV, 67, 8. – 7. *grave*: pesante, lento.

Atlante aver sui monti di Pirene:
dico quello incantato, che splendea
tanto, ch'umana vista nol sostiene;
a cui Ruggier per l'ultimo soccorso
nei più gravi perigli avea ricorso.

82. Ben che sol tre fïate bisognolli,
e certo in gran perigli, usarne il lume:
le prime due, quando dai regni molli
si trasse a più lodevole costume;
la terza, quando i denti mal satolli
lasciò de l'orca alle marine spume,
che dovean devorar la bella nuda
che fu a chi la campò poi così cruda.

83. Fuor che queste tre volte, tutto 'l resto
lo tenea sotto un velo in modo ascoso,
ch'a discoprirlo esser potea ben presto,
che del suo aiuto fosse bisognoso.
Quivi alla giostra ne venia con questo,
come io v'ho detto ancora, sì animoso,
che quei tre cavallier che vedea inanti,
manco temea che pargoletti infanti.

84. Ruggier scontra Grifone, ove la penna
de lo scudo alla vista si congiunge.
Quel di cader da ciascun lato accenna,
et al fin cade, e resta al destrier lunge.
Mette allo scudo a lui Grifon l'antenna;
ma pel traverso e non pel dritto giunge:
e perché lo trovò forbito e netto,
l'andò strisciando, e fe' contrario effetto.

81. – 4. *monti di Pirene*: i Pirenei; cfr. IV, 11, 2. – 6. *umana vista nol sostiene*: cfr. PETRARCA, *Canz.*, LXXIII, 81; CCLXXXIV, 12. – 8. *avea ricorso*: ricorreva.

82. – 1. *tre fïate bisognolli*: gli fu necessario tre volte. – 3. *dai regni molli*: il «regno effeminato e molle» (VII, 48, 3) di Alcina, da cui egli fuggì; cfr. VIII, 10-11; X, 50. – 5-8. *quando ecc.*: quando liberò Angelica dall'Orca; cfr. X, 110 segg. – 8. *così cruda*: così crudele, poiché si sottrasse alle sue attenzioni; cfr. XI, 6.

83. – 1. *tutto 'l resto*: del tempo. – 4. *che*: tosto che.

84. – 1. *la penna*: il vertice, la parte superiore; cfr. XII, 83, 1. – 2. *alla vista... congiunge*: giunge fino quasi all'altezza della visiera dell'elmo, così da coprire tutto il viso e lasciar scoperti solo gli occhi. – 3. *Quel*: Grifone. – 5. *Mette*: mira. – 7. *forbito e netto*: ben temprato e liscio. – 8. *fe' contrario effetto*: perché finì col danneggiare se stesso.

85.   Roppe il velo e squarciò, che gli copria
        lo spaventoso et incantato lampo,
        al cui splendor cader si convenìa
        con gli occhi ciechi, e non vi s'ha alcun scampo.
        Aquilante, ch'a par seco venìa,
        stracciò l'avanzo, e fe' lo scudo vampo.
        Lo splendor ferì gli occhi ai duo fratelli
        et a Guidon, che correa dopo quelli.

86.   Chi di qua, chi di là cade per terra:
        lo scudo non pur lor gli occhi abbarbaglia,
        ma fa che ogn'altro senso attonito erra.
        Ruggier, che non sa il fin de la battaglia,
        volta il cavallo; e nel voltare afferra
        la spada sua che sì ben punge e taglia:
        e nessun vede che gli sia all'incontro;
        che tutti eran caduti a quello scontro.

87.   I cavallieri e insieme quei ch'a piede
        erano usciti, e così le donne anco,
        e non meno i destrier in guisa vede,
        che par che per morir battano il fianco.
        Prima si maraviglia, e poi s'avvede
        che 'l velo ne pendea dal lato manco:
        dico il velo di seta, in che solea
        chiuder la luce di quel caso rea.

88.   Presto si volge, e nel voltar, cercando
        con gli occhi va l'amata sua guerriera;
        e vien là dove era rimasa, quando
        la prima giostra cominciata s'era.
        Pensa ch'andata sia (non la trovando)
        a vietar che quel giovine non pèra,
        per dubbio ch'ella ha forse che non s'arda
        in questo mezzo ch'a giostrar si tarda.

85. – 3. *si convenìa*: si doveva. – 6. *e fe'... vampo*: e lo scudo si accese di improvviso bagliore.
    86. – 2-3. *non pur... erra*: cfr. VII, 76, 4-6. – 6. *la spada... taglia*: cfr. PETRARCA,
Tr. Mor., I, 42: «con la mia spada, la qual punge e seca».
    87. – 4. *battano il fianco*: ansino affannosamente; cfr. VIRGILIO, *Aen.*, IX, 415:
«*longis singultibus ilia pulsat*». – 8. *di quel... rea*: colpevole di quanto era accaduto.
    88. – 6. *vietar*: impedire. – 7. *dubbio*: timore. – 8. *in questo... tarda*: nel tempo
che si passa qui, indugiando a giostrare.

89.   Fra gli altri che giacean vede la donna,
       la donna che l'avea quivi guidato.
       Dinanzi se la pon, si come assonna,
       e via cavalca tutto conturbato.
       D'un manto ch'essa avea sopra la gonna,
       poi ricoperse lo scudo incantato;
       e i sensi rïaver le fece, tosto,
       che 'l nocivo splendor ebbe nascosto.

90.   Via se ne va Ruggier con faccia rossa
       che, per vergogna, di levar non osa:
       gli par ch'ognuno improverar gli possa
       quella vittoria poco glorïosa.
       «Ch'emenda poss'io fare, onde rimossa
       mi sia una colpa tanto obbrobrïosa?
       che ciò ch'io vinsi mai, fu per favore,
       diran, d'incanti, e non per mio valore».

91.   Mentre così pensando seco giva,
       venne in quel che cercava a dar di cozzo;
       che 'n mezzo de la strada soprarriva
       dove profondo era cavato un pozzo.
       Quivi l'armento alla calda ora estiva
       si ritraea, poi ch'avea pieno il gozzo.
       Disse Ruggiero: — Or proveder bisogna,
       che non mi facci, o scudo, più vergogna.

92.   Più non starai tu meco; e questo sia
       l'ultimo biasmo c'ho d'averne al mondo. —
       Così dicendo, smonta ne la via:
       piglia una grossa pietra e di gran pondo,
       e la lega allo scudo, et ambi invia
       per l'alto pozzo a ritrovarne il fondo;

---

89. – 3. *Dinanzi... assonna*: se la pone davanti sul cavallo, così tramortita
come è.
90. – 5. *emenda*: ammenda; *rimossa*: cancellata. – 7. *ciò ch'io vinsi mai*: ogni
mia vittoria.
91. – 2. *dar di cozzo*: imbattersi; cfr. PULCI, *Morg.*, IX, 76, 4; e nota che ricorrono
le stesse rime. – 3. *soprarriva*: giunge. – 6. *poi... gozzo*: dopo la pastura; cfr. 11, 3-4.
92. – 5. *invia*: getta; cfr. l'azione analoga di Orlando, che butta in mare l'archibugio; cfr. IX, 89-91. – 6. *alto*: profondo.

e dice: — Costà giù statti sepulto,
e teco stia sempre il mio obbrobrio occulto. —

93. Il pozzo è cavo, e pieno al sommo d'acque:
grieve è lo scudo, e quella pietra grieve.
Non si fermò fin che nel fondo giacque:
sopra si chiuse il liquor molle e lieve.
Il nobil atto e di splendor non tacque
la vaga Fama, e divulgollo in breve;
e di rumor n'empì, suonando il corno,
e Francia e Spagna e le provincie intorno.

94. Poi che di voce in voce si fe' questa
strana aventura in tutto il mondo nota,
molti guerrier si missero all'inchiesta
e di parte vicina e di remota:
ma non sapean qual fosse la foresta
dove nel pozzo il sacro scudo nuota;
che la donna che fe' l'atto palese,
dir mai non vòlse il pozzo né il paese.

95. Al partir che Ruggier fe' dal castello,
dove avea vinto con poca battaglia;
che i quattro gran campion di Pinabello
fece restar come uomini di paglia;
tolto lo scudo, avea levato quello
lume che gli occhi e gli animi abbarbaglia:
e quei che giaciuti eran come morti,
pieni di meraviglia eran risorti.

96. Né per tutto quel giorno si favella
altro fra lor, che de lo strano caso,
e come fu che ciascun d'essi a quella

93. — 1. *cavo*: profondo. — 2. *grieve*: pesante. — 4. *liquor*: acqua (lat.); *lieve*: è
contrapposto a *grieve*, ma ha in più un senso di mobilità e facile fluidità. — 5. *di
splendor*: splendido. — 6. *vaga*: vagante; così ha già chiamato la fiamma (XIV, 48, 5)
e il sole (XX, 144).
94. — 3. *inchiesta*: cfr. IX, 7, 6. — 6. *sacro*: fatato, magico; cfr. XII, 57, 3. — 7. *la
donna*: evidentemente quella che accompagnava Ruggiero; *fe'... palese*: rivelò.
95. — 4. *come uomini di paglia*: come fantocci di paglia, usati nelle esercitazio-
ni; cfr. PULCI, *Morg.*, XXI, 142, 1-2: «Chiaristante credette un uom di paglia Trovar». CIECO, *Mambriano*, XIX, 64, 8: «Come se Orlando fosse un uom di paglia».

orribil luce vinto era rimaso.
Mentre parlan di questo, la novella
vien lor di Pinabel giunto all'occaso:
che Pinabello è morto hanno l'aviso,
ma non sanno però chi l'abbia ucciso.

97.   L'ardita Bradamante in questo mezzo
giunto avea Pinabello a un passo stretto;
e cento volte gli avea fin a mezzo
messo il brando pei fianchi e per lo petto.
Tolto ch'ebbe dal mondo il puzzo e 'l lezzo
che tutto intorno avea il paese infetto,
le spalle al bosco testimonio volse
con quel destrier che già il fellon le tolse.

98.   Vòlse tornar dove lasciato avea
Ruggier; né seppe mai trovar la strada.
Or per valle or per monte s'avvolgea:
tutta quasi cercò quella contrada.
Non vòlse mai la sua fortuna rea
che via trovasse onde a Ruggier si vada.
Questo altro canto ad ascoltare aspetto
chi de l'istoria mia prende diletto.

96. − 6. *giunto all'occaso*: morto; cfr. IX, 31, 4.

97. − 3. *a mezzo*: a mezza lama. − 4. *fianchi... petto*: cfr. PETRARCA, *Canz.*, XLVI, 4: «per lo petto e per li fianchi». − 5. *il puzzo e 'l lezzo*: la pessima fama, il cattivo fastidioso esempio di corruzione; cfr. XVIII, 23, 5. − 7. *testimonio*: testimone di tale uccisione.

98. − 3. *s'avvolgea*: si aggirava. − 4. *cercò*: esplorò. − 6. *onde... si vada*: per la quale si arrivi. − 7-8. *ascoltare... aspetto*: cfr. V, 92, 8.

CANTO VENTESIMOTERZO

Esordio: ognuno si studi di giovare agli altri. Bradamante incontra Astolfo, che le affida le sue armi e il cavallo Rabicano, e poi parte sull'ippogrifo. Bradamante giunge a Montalbano, da dove invia Ippalca col cavallo Frontino a Vallombrosa, in traccia di Ruggiero. Ippalca incontra per via Rodomonte che le toglie il cavallo. Frattanto Zerbino e Gabrina giungono dove giace il cadavere di Pinabello. La donna incolpa Zerbino dell'uccisione e il cavaliere è condannato a morte da Anselmo d'Altaripa; ma è salvato in tempo da Orlando che lo ricongiunge a Isabella. Sopraggiunge Mandricardo che sfida Orlando per avere Durindana. Il fiero duello è interrotto dalla fuga del cavallo di Mandricardo. Questi si impossessa del cavallo di Gabrina e si prende gioco della vecchia. Frattanto Orlando capita nel bosco ove ebbe luogo l'idillio tra Angelica e Medoro. Le scritte sugli alberi e il racconto di un pastore gli dànno la certezza dell'amore di Angelica per un altro. Disperazione e pazzia di Orlando.

1. Studisi ognun giovare altrui; che rade
   volte il ben far senza il suo premio fia:
   e se pur senza, almen non te ne accade
   morte né danno né ignominia ria.
   Chi nuoce altrui, tardi o per tempo cade
   il debito a scontar, che non s'oblia.
   Dice il proverbio, ch'a trovar si vanno
   gli uomini spesso, e i monti fermi stanno.

1. – 2. *fia*: rimarrà. – 3. *accade*: deriva. – 5. *tardi... cade*: tardi o presto è portato dal caso. – 7. *Dice il proverbio*: cfr. n. a XVI, 39, 5; *a trovar si vanno*: s'incontrano.

2.
Or vedi quel ch'a Pinabello avviene
per essersi portato iniquamente:
è giunto in somma alle dovute pene,
dovute e giuste alla sua ingiusta mente.
E Dio, che le più volte non sostiene
veder patire a torto uno innocente,
salvò la donna; e salverà ciascuno
che d'ogni fellonia viva digiuno.

3.
Credette Pinabel questa donzella
già d'aver morta, e colà giù sepulta;
né la pensava mai veder, non ch'ella
gli avesse a tor degli error suoi la multa.
Né il ritrovarsi in mezzo le castella
del padre, in alcun util gli risulta.
Quivi Altaripa era tra monti fieri
vicina al tenitorio di Pontieri.

4.
Tenea quell'Altaripa il vecchio conte
Anselmo, di ch'uscì questo malvagio,
che, per fuggir la man di Chiaramonte,
d'amici e di soccorso ebbe disagio.
La donna al traditore a piè d'un monte
tolse l'indegna vita a suo grande agio;
che d'altro aiuto quel non si provede,
che d'alti gridi e di chiamar mercede.

5.
Morto ch'ella ebbe il falso cavalliero
che lei voluto avea già porre a morte,
vòlse tornare ove lasciò Ruggiero;
ma non lo consentì sua dura sorte,

---

2. – 1. *Or vedi ecc.*: dopo la sentenza generale, ecco l'applicazione e l'*exemplum* garbatamente e bonariamente suggerito al lettore. – 3. *in somma*: alla fine. – 4. *mente*: indole. Il gioco di parole tra *giusto* e *ingiusto* è anch'esso garbato e bonario e costituisce un'eco puramente verbale del verso dantesco: «ingiusto fece me contra me giusto» (*Inf.*, XIII, 72). – 5. *sostiene*: tollera. – 8. *digiuno*: scevro, libero.

3. – 2. *colà giù*: nella grotta di Merlino; cfr. III, 5. – 3-4. *non ch'ella... multa*: e tanto meno che gli facesse pagare il fio (lat. *suscipere poenam*) dei suoi peccati. – 7. *fieri*: selvaggi. – 8. *tenitorio*: territorio; *Pontieri*: era il feudo di Gano di Maganza; cfr. VII, 38, 2; *Altaripa* (v. 7) faceva parte del sistema dei feudi maganzesi, ma era specificamente affidato al conte Anselmo e al figlio Pinabello.

4. – 2. *di ch'uscì*: da cui nacque. – 3. *la man di Chiaramonte*: di Bradamante: cfr. II, 67, 1. – 4. *disagio*: mancanza, difetto; cfr. DANTE, *Inf.*, XXXIV, 99. – 8. *chiamar mercede*: invocare pietà.

5. – 1. *falso*: sleale, traditore. – 4. *sua dura sorte*: anche nell'*Innam.*, Bradaman-

che la fe' travïar per un sentiero
che la portò dov'era spesso e forte,
dove più strano e più solingo il bosco,
lasciando il sol già il mondo all'aer fosco.

6. Né sappiendo ella ove potersi altrove
la notte riparar, si fermò quivi
sotto le frasche in su l'erbette nuove,
parte dormendo, fin che 'l giorno arrivi,
parte mirando ora Saturno or Giove,
Venere e Marte e gli altri erranti divi;
ma sempre, o vegli o dorma, con la mente
contemplando Ruggier come presente.

7. Spesso di cor profondo ella sospira,
di pentimento e di dolor compunta,
ch'abbia in lei, più ch'amor, potuto l'ira.
– L'ira – dicea – m'ha dal mio amor disgiunta:
almen ci avessi io posta alcuna mira,
poi ch'avea pur la mala impresa assunta,
di saper ritornar donde io veniva;
che ben fui d'occhi e di memoria priva. –

8. Queste et altre parole ella non tacque,
e molto più ne ragionò col core.
Il vento intanto di sospiri, e l'acque
di pianto facean pioggia di dolore.

te dopo aver inseguito e ucciso un cavaliere, smarrisce la via e non sa ritrovare
Ruggiero (cfr. *Innam.*, III, VI, 27-28). – 6. *spesso e forte*: folto e difficile da districar-
sene; cfr. DANTE, *Inf.*, I, 5. – 8. *lasciando il sol*: mentre il sole lasciava; gerundio
assoluto.
6. – 3. *erbette nuove*: cfr. I, 35, 6. – 6. *erranti divi*: i pianeti, che prendono i nomi
dalle divinità mitologiche.
7. – 1. *di cor profondo*: nell'intimo del cuore; cfr. XVIII, 25, 3. – 2. *compunta*:
afflitta, turbata; cfr. DANTE, *Inf.*, I, 15: «Che m'avea di paura il cor compunto»;
PETRARCA, *Canz.*, CCI, 7: «Ch'i' non sia d'ira et di dolor compunto». – 5-7. *almen
ci avessi ecc.*: almeno avessi guardato con attenzione la strada fatta, sì da saper poi
ritornare ecc.
8. – 3-4. *Il vento ecc.*: le immagini del Petrarca (*Canz.*, CLXXXIX, 7-10;
CCXXXV, 9-10: «lagrimosa pioggia e fieri venti D'infiniti sospiri»; CCCI, 1-5) non
sono né caricate al modo dei petrarchisti cortigiani del tardo Quattrocento, né
parodiate, e neanche sfumate d'ironia; piuttosto sono sapientemente impreziosite,

Dopo una lunga aspettazion pur nacque
in orïente il disïato albóre:
et ella prese il suo destrier ch'intorno
giva pascendo, et andò contra il giorno.

9.   Né molto andò, che si trovò all'uscita
del bosco, ove pur dianzi era il palagio,
là dove molti dì l'avea schernita
con tanto error l'incantator malvagio.
Ritrovò quivi Astolfo, che fornita
la briglia all'ippogrifo avea a grande agio,
e stava in gran pensier di Rabicano,
per non sapere a chi lasciarlo in mano.

10.   A caso si trovò che fuor di testa
l'elmo allor s'avea tratto il paladino;
sì che tosto ch'uscì de la foresta,
Bradamante conobbe il suo cugino.
Di lontan salutollo, e con gran festa
gli corse, e l'abbracciò poi più vicino;
e nominossi, et alzò la visiera,
e chiaramente fe' veder ch'ell'era.

11.   Non potea Astolfo ritrovar persona
a chi il suo Rabican meglio lasciasse,
perché dovesse averne guardia buona
e renderglielo poi come tornasse,
de la figlia del duca di Dordona;
e parvegli che Dio gli la mandasse.
Vederla volentier sempre solea,
ma pel bisogno or più ch'egli n'avea.

e intonate all'atmosfera idillica e madrigalesca che decora queste ottave. – 5. *pur*:
finalmente. – 8. *contra il giorno*: verso oriente.

9. – 2. *il palagio*: il palazzo di Atlante, che qui è detto l'*incantator malvagio* (v.
4). – 5-6. *fornita... agio*: aveva finito di apprestare la briglia all'ippogrifo, con grande
facilità, perché era grande la quantità di briglie rimaste in quel luogo; cfr. XXII,
28-30.

10. – 1. *A caso si trovò*: per caso capitò. – 6. *più vicino*: quando le fu più vicino.
– 8. *ch'ell'era*: che era lei.

11. – 2. *a chi*: a cui; *meglio*: va unito con *de la figlia* (v. 5). – 8. *ma... avea*: ma ora
ancor più volentieri perché aveva bisogno di lei.

12. Da poi che due e tre volte ritornati
     fraternamente ad abbracciar si fôro,
     e si fôr l'uno a l'altro domandati
     con molta affezïon de l'esser loro;
     Astolfo disse: – Ormai, se dei pennati
     vo' 'l paese cercar, troppo dimoro –:
     et aprendo alla donna il suo pensiero,
     veder le fece il volator destriero.

13. A lei non fu di molta maraviglia
     veder spiegare a quel destrier le penne;
     ch'altra volta, reggendogli la briglia
     Atlante incantator, contra le venne;
     e le fece doler gli occhi e le ciglia:
     sì fisse dietro a quel volar le tenne
     quel giorno, che da lei Ruggier lontano
     portato fu per camin lungo e strano.

14. Astolfo disse a lei, che le volea
     dar Rabican, che sì nel corso affretta,
     che, se scoccando l'arco si movea,
     si solea lasciar dietro la saetta;
     e tutte l'arme ancor, quante n'avea,
     che vuol che a Montalban gli le rimetta,
     e gli le serbi fin al suo ritorno;
     che non gli fanno or di bisogno intorno.

15. Volendosene andar per l'aria a volo,
     aveasi a far quanto potea più lieve.
     Tiensi la spada e 'l corno, ancor che solo
     bastargli il corno ad ogni risco deve.

---

12. – 1-2. *Da poi... fôro*: cfr. XI, 63, 3. – 4. *de l'esser loro*: del loro stato presente e delle avventure passate. – 5-6. *dei pennati... 'l paese*: quel burlone di Astolfo si dimostra buon conoscitore del Boccaccio e cita nientemeno che l'India Pastinaca di Fra Cipolla e il favoloso luogo dove volano non i pennuti, bensì i pennati, cioè le roncole per potare gli alberi; cfr. *Decam.*, VI, X, 42; *cercar*: esplorare; *dimoro*: indugio.

13. – 3. *altra volta*: cfr. IV, 16 segg. – 5. *e le fece ecc.*: cfr. IV, 47-48.

14. – 2. *affretta*: è veloce. – 3. *se... movea*: se partiva in corsa nello stesso momento in cui l'arco scoccava. – 4. *lasciar... la saetta*: cfr. BOIARDO, *Innam.*, I, XIII, 28, 6-7. – 6. *Montalban*: castello in riva alla Dordogna nella Guascogna, feudo di Bradamante, Rinaldo e di tutti i Chiaramontesi; *gli le rimetta*: le porti per lui.

Bradamante la lancia che 'l figliuólo
portò di Galafrone, anco riceve;
la lancia che di quanti ne percuote
fa le selle restar subito vòte.

16. Salito Astolfo sul destier volante,
lo fa mover per l'aria lento lento;
indi lo caccia sì, che Bradamante
ogni vista ne perde in un momento.
Così si parte col pilota inante
il nochier che gli scogli teme e 'l vento;
e poi che 'l porto e i liti a dietro lassa,
spiega ogni vela e inanzi ai venti passa.

17. La donna, poi che fu partito il duca,
rimase in gran travaglio de la mente:
che non sa come a Montalban conduca
l'armatura e il destrier del suo parente;
però che 'l cor le cuoce e le manuca
l'ingorda voglia e il desiderio ardente
di riveder Ruggier, che, se non prima,
a Vallombrosa ritrovar lo stima.

18. Stando quivi suspesa, per ventura
si vede inanzi giungere un villano,
dal qual fa rassettar quella armatura,
come si puote, e por su Rabicano;
poi di menarsi dietro gli diè cura
i duo cavalli, un carco e l'altro a mano:
ella n'avea duo prima; ch'avea quello
sopra il qual levò l'altro a Pinabello.

---

15. − 5-6. *la lancia ecc.*: la lancia dell'Argalia; cfr. VIII, 17, 5.
16. − 2. *lento lento*: cfr. DANTE, *Inf.*, XVII, 115, a proposito di Gerione: «sen va notando lenta lenta». − 3. *caccia*: sprona. − 5. *col pilota inante*: facendosi rimorchiare da un battello guidato da un pilota fin che esce dal porto. − 8. *inanzi... passa*: e procede spinto dal vento; oppure, può intendersi: va più veloce del vento.
17. − 5-6. *'l cor... ardente*: il desiderio cocente le brucia il cuore (cfr. CATULLO, *Carm.*, LXXXIII, 6: «*Iratast, hoc est, uritur et coquitur*»; BOCCACCIO, *Decam.*, IV, Concl. 15) e la voglia ingorda glielo divora (cfr. XV, 4, 5); si noti il chiasmo.
18. − 3. *rassettar*: raccogliere e mettere insieme. − 5-6. *poi... a mano*: poi gli ordinò di menarsi dietro a mano i due cavalli; l'uno (Rabicano) col carico dell'armatura, l'altro (che fu di Pinabello) senza carico. − 7. *prima*: prima di ricevere anche quello di Astolfo. Si noti la concisione di queste ottave di trapasso narrativo.

19.   Di Vallombrosa pensò far la strada,
        che trovar quivi il suo Ruggier ha speme;
        ma qual più breve o qual miglior vi vada,
        poco discerne, e d'ire errando teme.
        Il villan non avea de la contrada
        pratica molta; et erreranno insieme.
        Pur andare a ventura ella si messe,
        dove pensò che 'l loco esser dovesse.

20.   Di qua di là si volse, né persona
        incontrò mai da domandar la via.
        Si trovò uscir del bosco in su la nona,
        dove un castel poco lontan scopria,
        il qual la cima a un monticel corona.
        Lo mira, e Montalban le par che sia:
        et era certo Montalbano; e in quello
        avea la matre et alcun suo fratello.

21.   Come la donna conosciuto ha il loco,
        nel cor s'attrista, e più ch'i' non so dire:
        sarà scoperta, se si ferma un poco,
        né più le sarà lecito a partire;
        se non si parte, l'amoroso foco
        l'arderà sì, che la farà morire:
        non vedrà più Ruggier, né farà cosa
        di quel ch'era ordinato a Vallombrosa.

22.   Stette alquanto a pensar; poi si risolse
        di voler dar a Montalban le spalle:
        e verso la badia pur si rivolse;
        che quindi ben sapea qual era il calle.
        Ma sua fortuna, o buona o trista, vòlse
        che prima ch'ella uscisse de la valle,

19. – 3. *qual*: quale strada. – 4. *poco discerne*: non sa.
20. – 1. *si volse*: si aggirò. – 3. *in su la nona*: nelle prime ore del pomeriggio; cfr. VIII, 19, 6. – 4. *scopria*: scorgeva. – 8. *la matre... fratello*: la madre di Bradamante, Rinaldo, Guicciardo, Alardo e Ricciardetto era Beatrice, figlia di Namo di Baviera e moglie di Amone.
21. – 4. *lecito a*: lecito di. – 7-8. *né farà ecc.*: e non compirà nessuna delle cose che lei e Ruggiero avevano stabilito di fare a Vallombrosa; cfr. XXII, 36.
22. – 4. *quindi*: di lì.

scontrasse Alardo, un de' fratelli sui;
né tempo di celarsi ebbe da lui.

23.

Veniva da partir gli alloggiamenti
per quel contado a cavallieri e a fanti;
ch'ad instanzia di Carlo nuove genti
fatto avea de le terre circonstanti.
I saluti e i fraterni abbracciamenti
con le grate accoglienze andaro inanti;
e poi, di molte cose a paro a paro
tra lor parlando, in Montalban tornaro.

24.

Entrò la bella donna in Montalbano,
dove l'avea con lacrimosa guancia
Beatrice molto desïata invano,
e fattone cercar per tutta Francia.
Or quivi i baci e il giunger mano a mano
di matre e di fratelli estimò ciancia
verso gli avuti con Ruggier complessi,
ch'avrà ne l'alma eternamente impressi.

25.

Non potendo ella andar, fece pensiero
ch'a Vallombrosa altri in suo nome andasse
immantinente ad avisar Ruggiero
de la cagion ch'andar lei non lasciasse;
e lui pregar (s'era pregar mistero)
che quivi per suo amor si battezzasse,
e poi venisse a far quanto era detto,
sì che si desse al matrimonio effetto.

23. – 1. *partir*: assegnare. – 3-4. *nuove... avea*: aveva raccolto nuove milizie; cfr. VIII, 25, 2. – 6. *grate*: cortesi; solito topos dantesco della cerimoniosità: cfr. XI, 63, 3; *andaro inanti*: furono la prima cosa che facessero. – 7. *a paro a paro*: cavalcando fianco a fianco. – 8. *tornaro*: giunsero.
24. – 5. *giunger mano a mano*: le strette di mano. – 6. *ciancia*: cosa di nessun conto. Simili tocchi da personaggio di novella «borghese» si trovano altre volte riferiti a Bradamante. – 7. *verso*: a paragone di; *complessi*: abbracci; cfr. XXXI, 32, 6.
25. – 4. *lasciasse*: lasciava (costr. lat.). – 5. *s'era... mistero*: se era mestieri, se c'era bisogno. – 7. *quanto era detto*: quel che si era convenuto.

26.   Pel medesimo messo fe' disegno
        di mandar a Ruggiero il suo cavallo,
        che gli solea tanto esser caro: e degno
        d'essergli caro era ben senza fallo;
        che non s'avria trovato in tutto 'l regno
        dei Saracin, né sotto il signor Gallo,
        più bel destrier di questo o più gagliardo,
        eccetti Brigliador, soli, e Baiardo.

27.   Ruggier, quel dì che troppo audace ascese
        su l'ippogrifo, e verso il ciel levosse,
        lasciò Frontino, e Bradamante il prese
        (Frontino, che 'l destrier così nomosse);
        mandollo a Montalbano, e a buone spese
        tener lo fece, e mai non cavalcosse,
        se non per breve spazio e a picciol passo;
        sì ch'era più che mai lucido e grasso.

28.   Ogni sua donna tosto, ogni donzella
        pon seco in opra, e con suttil lavoro
        fa sopra seta candida e morella
        tesser ricamo di finissimo oro;
        e di quel cuopre et orna briglia e sella
        del buon destrier: poi sceglie una di loro,
        figlia di Callitrefia sua nutrice,
        d'ogni secreto suo fida uditrice.

29.   Quanto Ruggier l'era nel core impresso,
        mille volte narrato avea a costei:
        la beltà, la virtude, i modi d'esso
        esaltato l'avea fin sopra i dèi.
        A sé chiamolla, e disse: — Miglior messo
        a tal bisogno elegger non potrei;

26. – 2. *il suo cavallo*: Frontino. – 6. *il signor Gallo*: il re dei Franchi, Carlo Magno. – 8. *eccetti*: eccettuati (lat.).

27. – 1. *quel dì ecc.*: cfr. IV, 46-49. – 5. *a buone spese*: con buon nutrimento. – 6. *non cavalcosse*: non era stato cavalcato.

28. – 3. *morella*: di colore scuro, quasi nero. – 7. *Callitrefia*: nome greco che significa appunto «buona nutrice». – 8. *uditrice*: confidente.

che di te né più fido né più saggio
imbasciator, Ippalca mia, non aggio. –

30.   Ippalca la donzella era nomata.
             – Va – , le dice, e l'insegna ove de' gire;
             e pienamente poi l'ebbe informata
             di quanto avesse al suo signore a dire;
             e far la scusa se non era andata
             al monaster: che non fu per mentire;
             ma che Fortuna, che di noi potea
             più che noi stessi, da imputar s'avea.

31.   Montar la fece s'un ronzino, e in mano
             la ricca briglia di Frontin le messe:
             e se sì pazzo alcuno o sì villano
             trovasse, che levar le lo volesse;
             per fargli a una parola il cervel sano,
             di chi fosse il destrier sol gli dicesse;
             che non sapea sì ardito cavalliero,
             che non tremasse al nome di Ruggiero.

32.   Di molte cose l'ammonisce e molte,
             che trattar con Ruggier abbia in sua vece;
             le qual poi ch'ebbe Ippalca ben raccolte,
             si pose in via, né più dimora fece.
             Per strade e campi e selve oscure e folte
             cavalcò de le miglia più di diece;

29. – 8. *Ippalca*: nome greco che significava «colei che conduce il cavallo». La
figura della donzella messaggera è frequentissima nei romanzi arturiani; l'Ariosto
però, con il solito procedimento di abile contaminazione letteraria, le ha dato un
nome greco e l'ha accompagnata con la madre «nutrice», cioè con un «personaggio altrettanto ignoto al romanzo cavalleresco, quanto familiare alla drammatica
classica e classicizzante» (Rajna).
     30. – 4. *signore*: in senso amoroso, come nella lirica di tradizione cortese. –
6. *monaster*: Vallombrosa; *che... mentire*: e che gli dicesse che, se non vi andò, ciò
non avvenne per suo disprezzo della parola data. – 7. *Fortuna*: cfr. VIII, 50, 7-8;
potea: ha potere.
     31. – 1. *ronzino*: cavallo da viaggio. – 5. *a una parola*: con una sola parola. –
7. *sapea*: conosceva.
     32. – 1. *Di molte... l'ammonisce*: la istruisce su molti argomenti (costruz. lat.:
admonere aliquem de aliqua re). – 3. *ben raccolte*: ascoltate con attenzione e assimi-
late; cfr. DANTE, *Par.*, IV, 88. – 4. *dimora*: indugio. – 6. *de le... diece*: più di dieci
miglia, precisazione generica, per: «molte miglia».

che non fu a darle noia chi venisse,
né a domandarla pur dove ne gisse.

33.   A mezzo il giorno, nel calar d'un monte,
in una stretta e malagevol via
si venne ad incontrar con Rodomonte,
ch'armato un piccol nano e a piè seguia.
Il Moro alzò vêr lei l'altiera fronte,
e bestemmiò l'eterna Ierarchia,
poi che sì bel destrier, sì bene ornato,
non avea in man d'un cavallier trovato.

34.   Avea giurato che 'l primo cavallo
torria per forza, che tra via incontrasse.
Or questo è stato il primo; e trovato hallo
più bello e più per lui, che mai trovasse:
ma torlo a una donzella gli par fallo;
e pur agogna averlo, e in dubbio stasse.
Lo mira, lo contempla, e dice spesso:
– Deh perché il suo signor non è con esso! –

35.   – Deh ci fosse egli! – gli rispose Ippalca
– che ti faria cangiar forse pensiero.
Assai più di te val chi lo cavalca,
né lo pareggia al mondo altro guerriero. –
– Chi è – le disse il Moro – che sì calca
l'onore altrui? – Rispose ella: – Ruggiero. –
E quel suggiunse: – Adunque il destrier voglio,
poi ch'a Ruggier, sì gran campion, lo toglio.

36.   Il qual, se sarà ver, come tu parli,
che sia sì forte, e più d'ogn'altro vaglia,

---

33. – 2. *in una stretta... via*: cfr. DANTE, *Inf.*, XXIV, 61-63, e qui VII, 8, 1-4. –
4. *armato... seguia*: seguiva armato e a piedi un nano, che gli faceva da guida
nella sua ricerca di Doralice e Mandricardo; cfr. XVIII, 36. – 6. *l'eterna Ierarchia*: la gerarchia degli angeli, tutta la corte celeste; cfr. BOCCACCIO, *Decam.*, I,
1, 85.

34. – 4. *più per lui*: più adatto a lui. – 5. *fallo*: atto vile e poco consono alle
leggi della cavalleria.

35. – 5. *calca*: calpesta, avvilisce con la sua eccellenza; cfr. DANTE, *Inf.*, XIX,
105.

non che il destrier, ma la vettura darli
converrammi, e in suo albitrio fia la taglia.
Che Rodomonte io sono, hai da narrarli,
e che, se pur vorrà meco battaglia,
mi troverà; ch'ovunque io vada o stia,
mi fa sempre apparir la luce mia.

37. Dovunque io vo, sì gran vestigio resta,
che non lo lascia il fulmine maggiore. –
Così dicendo, avea tornate in testa
le redine dorate al corridore:
sopra gli salta; e lacrimosa e mesta
rimane Ippalca, e spinta dal dolore
minaccia Rodomonte e gli dice onta:
non l'ascolta egli, e su pel poggio monta.

38. Per quella via dove lo guida il nano
per trovar Mandricardo e Doralice,
gli viene Ippalca dietro di lontano,
e lo bestemmia sempre e maledice.
Ciò che di questo avvenne, altrove è piano.
Turpin, che tutta questa istoria dice,
fa qui digresso, e torna in quel paese
dove fu dianzi morto il Maganzese.

39. Dato avea a pena a quel loco le spalle
la figliuola d'Amon, ch'in fretta gìa,
che v'arrivò Zerbin per altro calle

36. – 3. *la vettura*: il nolo, il prezzo del trasporto; cfr. ARIOSTO, *Satire*, V, 134. –
4. *in suo... taglia*: a suo arbitrio sarebbe il prezzo del riscatto. – 8. *la luce mia*: lo
splendore della mìa fama. Si noti l'insistenza vanagloriosa su se stesso: *meco... mi...
mi... mia.*

37. – 1. *vestigio*: traccia; cfr. ARIOSTO, *Negromante*, 543-546: «e le vestigie Sue
tuttavia, dovunque passa, restano, Come de la lumaca, o per più simile Comparazion, di grandine o di fulmine». – 3. *tornate in testa*: rimesse sulla testa, mentre prima
pendevano, essendo il cavallo condotto a mano da Ippalca. – 7. *onta*: ingiuria.

38. – 5. *altrove è piano*: è fatto chiaro in altro luogo; cfr. XXIV, 94 segg. –
6. *Turpin*: cfr. VIII, 90, 6; XIII, 40, 2. – 7. *digresso*: digressione (lat.); cfr. *Mambriano*,
XXXVIII, 85, 5. – 7. *in quel paese*: nei feudi maganzesi di Pontieri e Altaripa. –
8. *il Maganzese*: Pinabello; cfr. XXII, 97.

39. – 2. *la figliuola d'Amon*: Bradamante. – 3. *v'arrivò Zerbin*: cfr. XXII, 4. E
nota l'abile intreccio fra le varie avventure: Pinabello già altra volta si era incontrato con Gabrina e ora il suo cadavere serve, con perfetta saldatura, a ulterior-

con la fallace vecchia in compagnia:
e giacer vide il corpo ne la valle
del cavallier, che non sa già chi sia;
ma, come quel ch'era cortese e pio,
ebbe pietà del caso acerbo e rio.

40. Giaceva Pinabello in terra spento,
versando il sangue per tante ferite,
ch'esser doveano assai, se più di cento
spade in sua morte si fossero unite.
Il cavallier di Scozia non fu lento
per l'orme che di fresco eran scolpite
a porsi in avventura, se potea
saper chi l'omicidio fatto avea.

41. Et a Gabrina dice che l'aspette;
che senza indugio a lei farà ritorno.
Ella presso al cadavero si mette,
e fissamente vi pon gli occhi intorno;
perché, se cosa v'ha che le dilette,
non vuol ch'un morto invan più ne sia adorno,
come colei che fu, tra l'altre note,
quanto avara esser più femina puote.

42. Se di portarne il furto ascosamente
avesse avuto modo o alcuna speme,
la sopravesta fatta riccamente
gli avrebbe tolta, e le bell'arme insieme.
Ma quel che può celarsi agevolmente,
si piglia, e 'l resto fin al cor le preme.
Fra l'altre spoglie un bel cinto levonne,
e se ne legò i fianchi infra due gonne.

---

mente complicare e a portare a soluzione la storia di Gabrina e Zerbino. –
4. *fallace*: ingannatrice. – 8. *acerbo e rio*: coppia d'aggettivi petrarcheschi; cfr. *Canz.*,
CLXXII, 9; CCCXXV, 111: «Morte acerba e rea»; *acerbo* riferito a *caso* anche in
VIRGILIO, *Aen.*, V, 700: «casu concussus acerbo».
    40. – 3-4. *ch'esser... unite*: che sarebbero apparse molte anche se, invece di uno,
fossero state opera di cento spade. – 7. *a porsi avventura*: a mettersi alla prova,
cercando di vedere.
    41. – 5. *le dilette*: le piaccia. – 7. *tra l'altre note*: ad altre pecche che aveva; cfr.
DANTE, *Purg.*, XI, 34. – 8. *avara*: avida; cfr. XXI, 63, 8.
    42. – 6. *e 'l resto... preme*: e quel che rimane, poiché non può pigliarlo, le
procura grande tristezza. – 8. *infra due gonne*: nascosto fra l'una e l'altra gonna.

43.　Poco dopo arrivò Zerbin, ch'avea
seguito invan di Bradamante i passi,
perché trovò il sentier che si torcea
in molti rami ch'ivano alti e bassi:
e poco omai del giorno rimanea,
né volea al buio star fra quelli sassi;
e per trovare albergo diè le spalle
con l'empia vecchia alla funesta valle.

44.　Quindi presso a dua miglia ritrovaro
un gran castel che fu detto Altariva,
dove per star la notte si fermaro,
che già a gran volo inverso il ciel saliva.
Non vi ster molto, ch'un lamento amaro
l'orecchie d'ogni parte lor feriva;
e veggon lacrimar da tutti gli occhi,
come la cosa a tutto il popul tocchi.

45.　Zerbino dimandonne, e gli fu detto
che venut'era al cont'Anselmo aviso,
che fra duo monti in un sentiero istretto
giacea il suo figlio Pinabello ucciso.
Zerbin, per non ne dar di sé sospetto,
di ciò si finge nuovo, e abbassa il viso;
ma pensa ben, che senza dubbio sia
quel ch'egli trovò morto in su la via.

46.　Dopo non molto la bara funèbre
giunse, a splendor di torchi e di facelle,
là dove fece le strida più crebre
con un batter di man gire alle stelle,
e con più vena fuor de le palpèbre
le lacrime inundar per le mascelle:

---

43. – 3-4. *si torcea... bassi:* si divideva piegandosi in sentieri che salivano e scendevano.

44. – 2. *Altariva:* cfr. 3, 7. – 4. *che:* la quale notte. Per la personificazione della notte, cfr. DANTE, *Purg.*, IX, 7-9. – 6. *l'orecchie... feriva:* cfr. DANTE, *Inf.*, VIII, 65: «ne l'orecchie mi percosse un duolo». – 8. *come... tocchi:* come se si trattasse di un lutto che colpiva tutta la popolazione del villaggio.

45. – 6. *nuovo:* ignaro della cosa.

46. – 1. *la bara funèbre:* la barella con il funebre carico. – 2. *torchi:* torce. – 3. *più crebre:* più frequenti (lat. dantesco; cfr. *Par.*, XIX, 69). – 4. *con... man:* solita mimica della disperazione; cfr. I, 6, 2 e DANTE, *Inf.*, III, 27. – 5-6. *con più vena...*

ma più de l'altre nubilose et atre
era la faccia del misero patre.

47.   Mentre apparecchio si facea solenne
        di grandi essequie e di funèbri pompe,
        secondo il modo et ordine che tenne
        l'usanza antiqua e ch'ogni età corrompe;
        da parte del signore un bando venne,
        che tosto il popular strepito rompe,
        e promette gran premio a chi dia aviso
        chi stato sia che gli abbia il figlio ucciso.

48.   Di voce in voce e d'una in altra orecchia
        il grido e 'l bando per la terra scorse,
        fin che l'udì la scelerata vecchia
        che di rabbia avanzò le tigri e l'orse;
        e quindi alla ruina s'apparecchia
        di Zerbino, o per l'odio che gli ha forse,
        o per vantarsi pur, che sola priva
        d'umanitade in uman corpo viva;

49.   o fosse pur per guadagnarsi il premio:
        a ritrovar n'andò quel signor mesto;
        e dopo un verisimil suo proemio,
        gli disse che Zerbin fatto avea questo:
        e quel bel cinto si levò di gremio,
        che 'l miser padre a riconoscer presto,
        appresso il testimonio e tristo uffizio
        de l'empia vecchia, ebbe per chiaro indizio.

inundar: più copiosamente scorrere; cfr. PETRARCA, *Canz.*, CCXXX, 9-10: «Sì profondo era et di sì larga vena Il pianger mio». – 6. *mascelle*: guance. – 7. *nubilose et atre*: annuvolate e cupe; concordanza per attrazione; *atre*, così come *patre*, è latinismo.

47. – 4. *ogni età corrompe*: il tempo che passa altera, modifica. – 6. *rompe*: interrompe. – 7. *aviso*: notizia.

48. – 4. *che di rabbia avanzò*: che per la rabbiosa malvagità superò. – 6. *o per... forse*: o forse a motivo dell'odio che porta contro di lui. – 7-8. *o per... viva*: o forse soltanto per potersi vantare di essere la sola creatura umana priva di umanità, di pietà.

49. – 3. *dopo... proemio*: dopo un preambolo atto a rendere credibile quel che stava per dire. – 5. *gremio*: grembo (lat.). – 6-8. *che 'l miser padre ecc.*: che il povero

50.   E lacrimando al ciel leva le mani,
        che 'l figliuol non sarà senza vendetta.
        Fa circundar l'albergo ai terrazzani;
        che tutto 'l popul s'è levato in fretta.
        Zerbin che gli nimici aver lontani
        si crede, e questa ingiuria non aspetta,
        dal conte Anselmo, che si chiama offeso
        tanto da lui, nel primo sonno è preso;

51.   e quella notte in tenebrosa parte
        incatenato, e in gravi ceppi messo.
        Il sole ancor non ha le luci sparte,
        che l'ingiusto supplicio è già commesso:
        che nel loco medesimo si squarte,
        dove fu il mal c'hanno imputato ad esso.
        Altra esamina in ciò non si facea:
        bastava che 'l signor così credea.

52.   Poi che l'altro matin la bella Aurora
        l'aer seren fe' bianco e rosso e giallo,
        tutto 'l popul gridando: — Mora, mora, —
        vien per punir Zerbin del non suo fallo.
        Lo sciocco vulgo l'accompagna fuora,
        senz'ordine, chi a piede e chi a cavallo;
        e 'l cavallier di Scozia a capo chino
        ne vien legato in s'un piccol ronzino.

padre ebbe subito a riconoscere come prova evidente del delitto, a seguito della
testimonianza e dell'azione malvagia della vecchia.
    50. – 1. *leva le mani*: in atto di giuramento. – 3. *albergo*: dove evidentemen-
te alloggiava Zerbino; *terrazzani*: abitanti del villaggio. – 8. *preso*: fatto prigioniero.
    51. – 3. *le luci sparte*: diffusi i suoi raggi sul mondo. – 4. *supplicio*: sentenza;
commesso: ordinato. – 7. *esamina*: indagine, processo; cfr. XIV, 84, 2.
    52. – 1. *l'altro matin*: il mattino seguente. – 2. *bianco... giallo*: il tocco coloristico
(cfr. II, 35, 2) apre un indugio lirico nel racconto incalzante dell'avventura spia-
cevole di Zerbino. Ma cfr. DANTE, *Purg.*, II, 7-9: «Sì che le bianche e le vermiglie
guance... de la bella Aurora Per troppa etate divenivan rance». – 3. *gridando... mora*:
cfr. DANTE, *Par.*, VIII, 75; PULCI, *Morg.*, XXVIII, 11, 1-2: «E come e' fu sopra il
carro il ribaldo, Il popol grida intorno: 'Muoia, muoia'». – 5. *Lo sciocco vulgo*: cfr.
XVI, 23, 7.

53.
Ma Dio, che spesso gl'innocenti aiuta,
né lascia mai ch'in sua bontà si fida,
tal difesa gli avea già proveduta,
che non v'è dubbio più ch'oggi s'uccida.
Quivi Orlando arrivò, la cui venuta
alla via del suo scampo gli fu guida.
Orlando giù nel pian vide la gente
che traea a morte il cavallier dolente.

54.
Era con lui quella fanciulla, quella
che ritrovò ne la selvaggia grotta,
del re galego la figlia Issabella,
in poter già de' malandrin condotta,
poi che lasciato avea ne la procella
del truculento mar la nave rotta:
quella che più vicino al core avea
questo Zerbin, che l'alma onde vivea.

55.
Orlando se l'avea fatta compagna,
poi che de la caverna la riscosse.
Quando costei li vide alla campagna,
domandò Orlando chi la turba fosse.
— Non so —, diss'egli; e poi su la montagna
lasciolla, e verso il pian ratto si mosse.
Guardò Zerbino, et alla vista prima
lo giudicò baron di molta stima.

56.
E fattosegli appresso, domandollo
per che cagione e dove il menin preso.
Levò il dolente cavalliero il collo,
e meglio avendo il paladino inteso,
rispose il vero; e così ben narrollo,
che meritò dal conte esser difeso.
Bene avea il conte alle parole scorto
ch'era innocente, e che moriva a torto.

53. — 1. gl'innocenti aiuta: cfr. XXIII, 3, 5-6. — 4. dubbio: timore. — 6. alla via... guida: lo portò a salvamento.

54. — 1. quella fanciulla: cfr. XII, 91-94; XIII, 2 segg. — 3. re galego: re di Galizia, Maricoldo. — 6. truculento: orrendo, minaccioso; cfr. CATULLO, Carm., LXIV, 179: «truculentum... aequor».

55. — 2. riscosse: liberò. — 3. li vide: vide coloro che trascinavano Zerbino. — 5. Non so: «Nota il costume di Orlando, che sempre vien figurato distratto e taciturno sino alla pazzia: il quale, domandato da Isabella, risponde solo: non so» (Galilei). — 7. alla vista prima: a prima vista. — 8. stima: valore.

56. — 2. preso: prigioniero, legato. — 7. scorto: compreso.

57.   E poi che 'ntese che commesso questo
        era dal conte Anselmo d'Altariva,
        fu certo ch'era torto manifesto;
        ch'altro da quel fellon mai non deriva.
        Et oltre a-cciò, l'uno era all'altro infesto
        per l'antiquissimo odio che bolliva
        tra il sangue di Maganza e di Chiarmonte;
        e tra lor eran morti e danni et onte.

58.   — Slegate il cavallier, — gridò — canaglia, —
        il conte a' masnadieri — o ch'io v'uccido. —
        — Chi è costui che sì gran colpi taglia? —
        rispose un che parer volle il più fido.
        — Se di cera noi fussimo o di paglia,
        e di fuoco egli, assai fôra quel grido. —
        E venne contra il paladin di Francia:
        Orlando contra lui chinò la lancia.

59.   La lucente armatura il Maganzese,
        che levata la notte avea a Zerbino,
        e postasela indosso, non difese
        contro l'aspro incontrar del paladino.
        Sopra la destra guancia il ferro prese:
        l'elmo non passò già, perch'era fino;
        ma tanto fu de la percossa il crollo,
        che la vita gli tolse e roppe il collo.

60.   Tutto in un corso, senza tor di resta
        la lancia, passò un altro in mezzo 'l petto:
        quivi lasciolla, e la mano ebbe presta
        a Durindana; e nel drappel più stretto
        a chi fece due parti de la testa,

57. – 1. *commesso*: ordinato; cfr. 51, 4. – 4. *fellon*: traditore. – 5. *infesto*: nemico.
– 6. *antiquissimo odio*: cfr. II, 58, 3-4.
58. – 3. *sì... taglia*: vibra tali minacce, parla così da bravaccio. – 4. *il più fido*:
il più fedele al suo signore; ma anche: il più fiducioso nelle proprie forze. – 5. *di paglia*: cfr. XXII, 95, 5. – 6. *assai... grido*: sarebbero ugualmente di troppo quelle minacce.
59. – 1. *il Maganzese*: è complemento oggetto. – 4. *incontrar*: urto della lancia.
– 5. *prese*: colpì. – 7-8. *il crollo... collo*: le rime baciate di IX, 80, 7-8 e di altri luoghi, sono riprese qui con una lieve variazione: *crollo* vale, urto, veemenza.
60. – 1. *Tutto in un corso*: nella stessa corsa. – 3-4. *la mano... Durindana*: la

a chi levò dal busto il capo netto;
forò la gola a molti; e in un momento
n'uccise e messe in rotta più di cento.

61.   Più del terzo n'ha morto, e 'l resto caccia
e taglia e fende e fiere e fora e tronca.
Chi lo scudo, e chi l'elmo che lo 'mpaccia,
e chi lascia lo spiedo e chi la ronca;
chi al lungo, chi al traverso il camin spaccia:
altri s'appiatta in bosco, altri in spelonca.
Orlando, di pietà questo dì privo,
a suo poter non vuol lasciarne un vivo.

62.   Di cento venti (che Turpin sottrasse
il conto), ottanta ne periro almeno.
Orlando finalmente si ritrasse
dove a Zerbin tremava il cor nel seno.
S'al ritornar d'Orlando s'allegrasse,
non si potria contare in versi a pieno.
Se gli saria per onorar prostrato;
ma si trovò sopra il ronzin legato.

63.   Mentre ch'Orlando, poi che lo disciolse,
l'aiutava a ripor l'arme sue intorno,
ch'al capitan de la sbirraglia tolse,
che per suo mal se n'era fatto adorno;
Zerbino gli occhi ad Issabella volse,
che sopra il colle avea fatto soggiorno,
e poi che de la pugna vide il fine,
portò le sue bellezze più vicine.

mano prontamente afferrò la spada. – 6. *a chi... netto*: cfr. PULCI, *Morg.*, III, 72, 6: «a
un pagan levò il capo di netto».
61. – 1. *Più del terzo ecc.*: è il solito tema iperbolico della strage; cfr. VI, 66, 1;
morto: ucciso; *caccia*: insegue. La serie verbale che segue (cfr. n. a IX, 29, 8) è
particolarmente attenta alla gradazione semantica e alla disposizione fonica e
ritmica. – 4. *lo spiedo... la ronca*: cfr. XIII, 32, 8. – 5. *chi al lungo... spaccia*: chi
percorre velocemente il cammino per allontanarsi per via dritta, chi se la batte
per viottoli traversi. Cfr. PULCI, *Morg.*, VI, 42, 2: «Con quanta furia spacciava il
cammino». – 8. *a suo poter*: per quanto era in suo potere.
62. – 1. *Turpin*: cfr. 38, 6. – 1-2. *sottrasse il conto*: fece la sottrazione (lat. *subducere rationem*).
63. – 2. *ripor... intorno*: rimettersi addosso. – 4. *per suo mal*: per sua disgrazia.
– 6. *avea... soggiorno*: si era fermata.

64.   Quando apparir Zerbin si vide appresso
        la donna che da lui fu amata tanto,
        la bella donna che per falso messo
        credea sommersa, e n'ha più volte pianto;
        com'un ghiaccio nel petto gli sia messo,
        sente dentro aggelarsi, e triema alquanto:
        ma tosto il freddo manca, et in quel loco
        tutto s'avampa d'amoroso fuoco.

65.   Di non tosto abbracciarla lo ritiene
        la riverenza del signor d'Anglante;
        perché si pensa, e senza dubbio tiene
        ch'Orlando sia de la donzella amante.
        Così cadendo va di pene in pene,
        e poco dura il gaudio ch'ebbe inante;
        il vederla d'altrui peggio sopporta,
        che non fe' quando udì ch'ella era morta.

66.   E molto più gli duol che sia in podesta
        del cavalliero a cui cotanto debbe;
        perché volerla a lui levar né onesta
        né forse impresa facile sarebbe.
        Nessuno altro da sé lassar con questa
        preda partir senza romor vorrebbe:
        ma verso il conte il suo debito chiede
        che se lo lasci por sul collo il piede.

67.   Giunsero taciturni ad una fonte,
        dove smontaro e fêr qualche dimora.

64. – 3. *per falso messo*: per false notizie; cfr. XX, 132-133 e 137. – 5. *com'un ghiaccio... messo*: cfr. PETRARCA, *Canz.*, CXIX, 28: «onde mi nacque un ghiaccio». – 6. *aggelarsi... triema*: cfr. V, 40, 6. – 7. *manca*: scompare; *in quel loco*: in sua vece. – 8. *tutto... fuoco*: cfr. XIX, 26, 8.
    65. – 2. *del signor d'Anglante*: verso Orlando. – 3. *senza... tiene*: ritiene per certo.
    66. – 1. *in podesta*: in potere. – 6. *romor*: contesa, lite. – 6-7. *ma verso il conte ecc.*: ma il suo debito verso Orlando esige che si lasci porre da lui il piede sul collo.
    67. – 1. *una fonte*: più indietro (XIV, 64, 2-8) aveva parlato di «un bel fiume»,

Trassesi l'elmo il travagliato conte,
et a Zerbin lo fece trarre ancora.
Vede la donna il suo amatore in fronte,
e di subito gaudio si scolora;
poi torna come fiore umido suole
dopo gran pioggia all'apparir del sole.

68. E senza indugio e senza altro rispetto
corre al suo caro amante, e il collo abbraccia;
e non può trar parola fuor del petto,
ma di lacrime il sen bagna e la faccia.
Orlando attento all'amoroso affetto,
senza che più chiarezza se gli faccia,
vide a tutti gl'indizii manifesto
ch'altri esser, che Zerbin, non potea questo.

69. Come la voce aver poté Issabella,
non bene asciutta ancor l'umida guancia,
sol de la molta cortesia favella,
che l'avea usata il paladin di Francia.
Zerbino, che tenea questa donzella
con la sua vita pare a una bilancia,
si getta a' piè del conte, e quello adora
come a chi gli ha due vite date a un'ora.

70. Molti ringraziamenti e molte offerte
erano per seguir tra i cavallieri,

---

che scende largo verso il mare. – 3. *travagliato*: affaticato. – 7-8. *torna come fiore ecc.*: cfr. la similitudine del BOIARDO, *Innam.*, I, XII, 85, 3-8: «Come dopo la pioggia le vïole Se sbatteno, e la rosa e il bianco fiore; Poi, quando al cel sereno appare il sole, Apron le foglie, e torna il bel colore: Così Prasildo alla lieta novella Dentro se allegra e nel viso se abella»; e nota la diversa intensità lirica e la più tenera vaghezza pittorica dei due versi ariosteschi; ma secondo il Bigi è anche da vedere un passo dell'*Ambra* di POLIZIANO, 195-20: «*Haud aliter verno cum pulsa rosaria nimbo Frondentis rutilum virgae spoliantur honorem, Defluit expirans dominae cruor, ictaque lapsis Commoritur foliis halantum gratia florum; Ast ubi mox clarum iubar aureus exseruit sol, Augescunt recidiva novis tum germina truncis, Laetaque nativas ostentat purpura gemmas*», e dello stesso l'epistola dedicatoria della versione di Erodiano (in *Opera*, Basilea 1553, 313): «*nos iam ipsos colligamus, atque ut gravati pluvia flores, peneque decidui, ad novae lucis radios erigamur*».

68. – 1. *rispetto*: ritegno. – 6. *senza... faccia*: senza che gli si debba chiarire meglio la cosa.

69. – 2. *non bene... guancia*: la costruzione è quella dell'ablativo assoluto latino. – 5-6. *tenea... bilancia*: l'amava nella stessa misura in cui amava la sua vita.

se non udian sonar le vie coperte
dagli arbori di frondi oscuri e neri.
Presti alle teste lor, ch'eran scoperte,
posero gli elmi, e presero i destrieri:
et ecco un cavalliero e una donzella
lor sopravien, ch'a pena erano in sella.

71.   Era questo guerrier quel Mandricardo
che dietro Orlando in fretta si condusse
per vendicar Alzirdo e Manilardo,
che 'l paladin con gran valor percusse:
quantunque poi lo seguitò più tardo;
che Doralice in suo poter ridusse,
la quale avea con un troncon di cerro
tolta a cento guerrier carchi di ferro.

72.   Non sapea il Saracin però, che questo,
ch'egli seguia, fosse il signor d'Anglante:
ben n'avea indizio e segno manifesto
ch'esser dovea gran cavalliero errante.
A lui mirò più ch'a Zerbino, e presto
gli andò con gli occhi dal capo alle piante;
e i dati contrasegni ritrovando,
disse: — Tu se' colui ch'io vo cercando.

73.   Sono omai dieci giorni — gli soggiunse
— che di cercar non lascio i tuo' vestigi:
tanto la fama stimolommi e punse,
che di te venne al campo di Parigi,
quando a fatica un vivo sol vi giunse
di mille che mandasti ai regni stigi;
e la strage contò, che da te venne
sopra i Norizii e quei di Tremisenne.

---

70. – 4. *di frondi... neri*: oscuri e neri per le fronde. – 8. *ch'a pena*: quando appena.
71. – 1. *quel Mandricardo*: cfr. XIV, 30 segg. – 4. *percusse*: colpì e fece stramaz-
zare; cfr. XII, 83-84.
72. – 7. *i dati contrasegni*: i contrassegni fornitigli dallo scudiero scampato alla
strage; cioè la sopravveste, lo scudo e il cimiero tutti neri; cfr. XIV, 33.
73. – 6. *ai regni stigi*: cfr. XVI, 83, 7-8; qui con un ricordo di PETRARCA, *Tr.
Fama*, Ia, 133: «Vidi coloro ch'andaro al regno stigio» (Cabani). – 8. *i Norizii...
Tremisenne*: i soldati di Alzirdo, re di Norizia e quelli di Manilardo, re di Tremisenne; cfr. XII, 69.

74. Non fui, come lo seppi, a seguir lento,
e per vederti e per provarti appresso:
e perché m'informai del guernimento
c'hai sopra l'arme, io so che tu sei desso;
e se non l'avessi anco, e che fra cento
per celarti da me ti fossi messo,
il tuo fiero sembiante mi faria
chiaramente veder che tu quel sia. –

75. – Non si può – gli rispose Orlando – dire
che cavallier non sii d'alto valore;
però che sì magnanimo desire
non mi credo albergasse in umil core.
Se 'l volermi veder ti fa venire,
vo' che mi veggi dentro, come fuore:
mi leverò questo elmo da le tempie,
acciò ch'a punto il tuo desire adempie.

76. Ma poi che ben m'avrai veduto in faccia,
all'altro desiderio ancora attendi:
resta ch'alla cagion tu satisfaccia,
che fa che dietro questa via mi prendi;
che veggi se 'l valor mio si confaccia
a quel sembiante fier che sì commendi. –
– Orsù, – disse il pagano – al rimanente;
ch'al primo ho satisfatto interamente. –

77. Il conte tuttavia dal capo al piede
va cercando il pagan tutto con gli occhi:
mira ambi i fianchi, indi l'arcion; né vede

74. – 1. *a seguir*: inseguirti. – 2. *e per vederti... appresso*: prima per vederti e poi, successivamente, per sperimentare il tuo valore. – 3-4. *guernimento... arme*: la sopravveste.

75. – 4. *albergasse*: albergasse mai; *umil*: vile. – 8. *acciò... adempie*: affinché tu possa soddisfare interamente il tuo desiderio.

76. – 2. *all'altro... attendi*: procura di soddisfare anche l'altro tuo desiderio (la costruz. ricalca quella lat., con il dativo), quello di provarmi in duello. – 3-5. *resta ch'alla ecc.*: infatti ti rimane ancora da soddisfare quel desiderio che ti ha indotto a venir dietro a me, a seguire le mie orme; e ti rimane da vedere se il mio valore corrisponde. – 7. *al rimanente*: veniamo a questo secondo desiderio.

77. – 1. *tuttavia*: continuamente, per tutto questo tempo. – 2. *cercando*: osservando, esaminando. La situazione è simile a quella fra Ruggiero e Mandricardo nell'*Innam.*, III, VI, 43 segg.

pender né qua né là mazze né stocchi.
Gli domanda di ch'arme si provede,
s'avvien che con la lancia in fallo tocchi.
Rispose quel: – Non ne pigliar tu cura:
così a molt'altri ho ancor fatto paura.

78.   Ho sacramento di non cinger spada,
         fin ch'io non tolgo Durindana al conte;
         e cercando lo vo per ogni strada,
         acciò più d'una posta meco sconte.
         Lo giurai (se d'intenderlo t'aggrada)
         quando mi posi quest'elmo alla fronte,
         il qual con tutte l'altr'arme ch'io porto,
         era d'Ettòr, che già mill'anni è morto.

79.   La spada sola manca alle buone arme:
         come rubata fu, non ti so dire.
         Or che la porti il paladino, parme;
         e di qui vien ch'egli ha sì grande ardire.
         Ben penso, se con lui posso accozzarme,
         fargli il mal tolto ormai ristituire.
         Cercolo ancor, che vendicar disio
         il famoso Agrican genitor mio.

80.   Orlando a tradimento gli diè morte:
         ben so che non potea farlo altrimente. –
         Il conte più non tacque, e gridò forte:
         – E tu, e qualunque il dice, se ne mente.
         Ma quel che cerchi t'è venuto in sorte:
         io sono Orlando, e uccisil giustamente;
         e questa è quella spada che tu cerchi,
         che tua sarà, se con virtù la merchi.

---

78. – 1. *Ho sacramento*: ho fatto giuramento (lat.); cfr. XIV, 43, 4-6. – 4. *più...
sconte*: mi sconti più di una partita, cioè mi paghi più di un conto che ho con lui.
L'espressione è dal linguaggio dai giocatori.
    79. – 3. *parme*: mi sembra d'aver sentito dire. – 5. *accozzarme*: scontrarmi. –
7. *Cercolo ancor, che*: inoltre lo cerco, perché. – 7-8. *vendicar... Agrican*: cfr. n. a XIV,
38, 8.
    80. – 4. *E tu... mente*: formula tradizionale di smentita a un'accusa ingiuriosa.
– 8. *merchi*: guadagni; cfr. PETRARCA, *Canz.*, CCXII, 13: «Pur lagrime et sospiri et
dolor merco».

81.   Quantunque sia debitamente mia,
        tra noi per gentilezza si contenda:
        né voglio in questa pugna ch'ella sia
        più tua che mia; ma a un arbore s'appenda.
        Levala tu liberamente via,
        s'avvien che tu m'uccida o che mi prenda. –
        Così dicendo, Durindana prese,
        e 'n mezzo il campo a un arbuscel l'appese.

82.   Già l'un da l'altro è dipartito lunge,
        quanto sarebbe un mezzo tratto d'arco;
        già l'uno contra l'altro il destrier punge,
        né de le lente redine gli è parco;
        già l'uno e l'altro di gran colpo aggiunge
        dove per l'elmo la veduta ha varco.
        Parveno l'aste, al rompersi, di gielo;
        e in mille scheggie andâr volando al cielo.

83.   L'una e l'altra asta è forza che si spezzi;
        che non voglion piegarsi i cavallieri,
        i cavallier che tornano coi pezzi
        che son restati appresso i calci interi.
        Quelli, che sempre fur nel ferro avezzi,
        or, come duo villan per sdegno fieri
        nel partir acque o termini de prati,
        fan crudel zuffa di duo pali armati.

81. – 1. *debitamente*: legittimamente, poiché acquistata per diritto di vittoria. – 2. *per gentilezza*: per cortesia e in omaggio alle più nobili leggi cavalleresche. – 5. *Levala... via*: prenditela. – 7-8. Così *dicendo ecc.*: cfr. XII, 46, 2-3: «Così dicendo, l'elmo si disciolse, E lo suspese a un ramuscel di faggio».
82. – 1. è *dipartito lunge*: si è allontanato. – 4. *né... parco*: e non è parco nell'allentargli le redini, cioè lo lascia libero di correre al galoppo. – 5. *di... aggiunge*: con un gran colpo giunge, batte. – 6. *dove... varco*: alla visiera. – 7. *di gielo*: di ghiaccio; cfr. II, 10, 7.
83. – 3-4. *coi pezzi... interi*: coi tronconi che sono rimasti interi, per il maggiore spessore, vicino al calcio, all'impugnatura. – 5. *nel ferro avezzi*: abituati alle armi di ferro. – 6-8. *come duo villan ecc.*: come due villani accesisi di sdegno nel distribuire fra loro le acque di irrigazione o nel fissare i confini dei loro prati, si azzuffano a bastonate; la similitudine da OMERO, *Il.*, XII, 421-426. La situazione ricorda quella del duello fra Mandricardo e Gradasso armati di tronchi d'albero nell'*Innam.*, III, VI, 47-48.

84. Non stanno l'aste a quattro colpi salde,
     e mancan nel furor di quella pugna.
     Di qua e di là si fan l'ire più calde;
     né da ferir lor resta altro che pugna.
     Schiodano piastre, e straccian maglie e falde,
     pur che la man, dove s'aggraffi, giugna.
     Non desideri alcun, perché più vaglia,
     martel più grave o più dura tanaglia.

85. Come può il Saracin ritrovar sesto
     di finir con suo onore il fiero invito?
     Pazzia sarebbe il perder tempo in questo,
     che nuoce al feritor più ch'al ferito.
     Andò alle strette l'uno e l'altro, e presto
     il re pagano Orlando ebbe ghermito:
     lo strigne al petto; e crede far le prove
     che sopra Anteo fe' già il figliol di Giove.

86. Lo piglia con molto impeto a traverso:
     quando lo spinge, e quando a sé lo tira;
     et è ne la gran còlera sì immerso,
     ch'ove resti la briglia poco mira.
     Sta in sé raccolto Orlando, e ne va verso
     il suo vantaggio, e alla vittoria aspira:
     gli pon la cauta man sopra le ciglia
     del cavallo, e cader ne fa la briglia.

---

84. – 1. *a quattro colpi*: neppure dopo i primi quattro colpi. – 2. *mancan*: vengono meno, si sbriciolano. – 5. *Schiodano... straccian*: cfr. XII, 50, 5-6; *falde*: parte dell'armatura, fatta di lamine, che scendeva dalla pancera a difendere le reni e le cosce. – 6. *pur... giugna*: purché la mano giunga dove possa fare presa, appigliarsi. – 7-8. *Non desideri... tanaglia*: nessuno, una volta provvisto di tali pugni e di tali mani atte a far presa, sentirebbe la mancanza di un più potente martello o di una tenaglia.

85. – 1. *sesto*: modo. – 2. *invito*: sfida. – 3. *in questo*: in questo modo di combattere. – 4. *nuoce*: per il dolore che si riceve dando pugni contro l'armatura. – 5. *alle strette*: alla lotta corpo a corpo. – 6. *il re... ghermito*: Mandricardo ghermì. L'uso del trapassato remoto al posto del normale passato remoto era frequente nella tradizione canterina, per ragioni di rima, e anche nell'*Innam.* Per *ghermito* cfr. DANTE, *Inf.*, XXII, 138. – 8. *Anteo... Giove*: allude alla lotta fra Ercole e Anteo; cfr. IX, 77, 5.

86. – 4. *ove... mira*: non bada alla briglia. – 5. *in sé raccolto*: chiuso nella difesa; cfr. XI, 35, 7. – 5-6. *ne va... vantaggio*: cerca di trar vantaggio dalla disattenzione di Mandricardo. – 7. *cauta*: accorta; cfr. II, 24, 4.

87.   Il Saracino ogni poter vi mette,
        che lo soffoghi, o de l'arcion lo svella:
        negli urti il conte ha le ginocchia strette;
        né in questa parte vuol piegar né in quella.
        Per quel tirar che fa il pagan, constrette
        le cingie son d'abandonar la sella.
        Orlando è in terra, e a pena sel conosce;
        ch'i piedi ha in staffa, e stringe ancor le cosce.

88.   Con quel rumor ch'un sacco d'arme cade,
        risuona il conte, come il campo tocca.
        Il destrier c'ha la testa in libertade,
        quello a chi tolto il freno era di bocca,
        non più mirando i boschi che le strade,
        con ruinoso corso si trabocca,
        spinto di qua e di là dal timor cieco;
        e Mandricardo se ne porta seco.

89.   Doralice che vede la sua guida
        uscir del campo e torlesi d'appresso,
        e mal restarne senza si confida,
        dietro, correndo, il suo ronzin gli ha messo.
        Il pagan per orgoglio al destrier grida,
        e con mani e con piedi il batte spesso;
        e, come non sia bestia, lo minaccia
        perché si fermi, e tuttavia più il caccia.

90.   La bestia ch'era spaventosa e poltra,
        senza guardarsi ai piè, corre a traverso.

87. – 2. *che lo soffoghi*: per soffocarlo. – 6. *le cingie*: le cinghie che legano la sella al cavallo.

88. – 1. *Con quel... cade*: cfr. *Orlando*, XLII, 28, 2: «nel cader parve di pietre una massa». – 2. *il campo*: il terreno. – 4. *quello a chi*: quel cavallo a cui. – 5. *non più... strade*: non badando se corre attraverso boschi o sulla strada. – 6. *si trabocca*: si precipita; cfr. XIV, 129, 1.

89. – 2. *del campo*: del terreno su cui si era combattuto. – 3. *mal... confida*: si sente poco sicura a restare senza di lui. – 5. *per orgoglio*: con ira; *grida*: gli grida ingiurie. – 8. *tuttavia... caccia*: e ottiene solo di incitarlo maggiormente alla corsa.

90. – 1. *spaventosa e poltra*: spaventata e facile ad adombrare; cfr. DANTE, *Purg.*, XXIV, 135: «come fan bestie spaventate e poltre». – 2. *senza... piè*: senza

Già corso avea tre miglia, e seguiva oltra,
s'un fosso a quel desir non era avverso;
che, sanza aver nel fondo o letto o coltra,
ricevé l'uno e l'altro in sé riverso.
Diè Mandricardo in terra aspra percossa;
né però si fiaccò né si roppe ossa.

91.   Quivi si ferma il corridore al fine;
ma non si può guidar, che non ha freno.
Il Tartaro lo tien preso nel crine,
e tutto è di furore e d'ira pieno.
Pensa, e non sa quel che di far destine.
– Pongli la briglia del mio palafreno; –
la donna gli dicea – che non è molto
il mio feroce, o sia col freno o sciolto. –

92.   Al Saracin parea discortesia
la proferta accettar di Doralice;
ma fren gli farà aver per altra via
Fortuna a' suoi disii molto fautrice.
Quivi Gabrina scelerata invia,
che, poi che di Zerbin fu traditrice,
fuggia, come la lupa che lontani
oda venire i cacciatori e i cani.

93.   Ella avea ancora indosso la gonnella,
e quei medesmi giovenili ornati
che furo alla vezzosa damigella
di Pinabel, per lei vestir, levati;
et avea il palafreno anco di quella,
dei buon del mondo e degli avantaggiati.

---

guardare ove mette i piedi. – 3. *seguiva oltra*: avrebbe proseguito. – 5. *coltra*: coltre. – 6. *ricevé... in sé*: accolse.

91. – 3. *crine*: criniera. – 5. *e non sa... destine*: e non sa risolversi sul da farsi.

92. – 4. *fautrice*: propizia (lat.). – 6. *poi... traditrice*: cfr. 48-49; e nota come questo personaggio grottesco serva da legame nel mobile gioco delle avventure di questo canto. – 7-8. *come la lupa... i cani*: il motivo classico (OMERO, *Il.*, XV, 586-588; VIRGILIO, *Aen.*, XI, 809-813; STAZIO, *Theb.*, IV, 363-68) è combinato con quello medievale dei bestiari; cfr. anche PULCI, *Morg.*, XIV, 76, 2-3: «e 'l lupo fuor del bosco svergognato, Gridato dalla gente e da' can morso».

93. – 1. *la gonnella*: cfr. XX, 115-116. – 3. *vezzosa*: smorfiosa; cfr. XX, 113, 1. – 6. *dei buon ecc.*: che era uno dei più buoni ed eccellenti del mondo; cfr. BOIARDO,

La vecchia sopra il Tartaro trovosse,
ch'ancor non s'era accorta che vi fosse.

94. L'abito giovenil mosse la figlia
     di Stordilano, e Mandricardo a riso,
     vedendolo a colei che rassimiglia
     a un babuino, a un bertuccione in viso.
     Disegna il Saracin torle la briglia
     pel suo destriero, e riuscì l'aviso.
     Toltogli il morso, il palafren minaccia,
     gli grida, lo spaventa, e in fuga il caccia.

95. Quel fugge per la selva, e seco porta
     la quasi morta vecchia di paura
     per valli e monti e per via dritta e torta,
     per fossi e per pendici alla ventura.
     Ma il parlar di costei sì non m'importa,
     ch'io non debba d'Orlando aver più cura,
     ch'alla sua sella ciò ch'era di guasto,
     tutto ben racconciò sanza contrasto.

96. Rimontò sul destriero, e ste' gran pezzo
     a riguardar che 'l Saracin tornasse.
     Nol vedendo apparir, vòlse da sezzo
     egli esser quel ch'a ritrovarlo andasse:
     ma, come costumato e bene avezzo,
     non prima il paladin quindi si trasse,
     che con dolce parlar grato e cortese
     buona licenzia dagli amanti prese.

97. Zerbin di quel partir molto si dolse;
     di tenerezza ne piangea Issabella:

Innam., I, IX, 53, 1-2: «un gran destriero, Che fu ben certo delli avantaggiati!». –
7. sopra... trovosse: sopraggiunse, «sopravvenne» (XII, 28, 8).
    94. – 2. Stordilano: il re di Granata, di cui era figlia Doralice; e Mandricardo: e
perfino Mandricardo, che pure era adirato. – 4. babuino... bertuccione: variazione a
distanza sul motivo già sviluppato dell'aspetto scimmiesco della vecchia: cfr. XX,
120. – 6. riuscì l'aviso: mise in opera il suo disegno. – 8. gli grida: lo garrisce.
    95. – 8. sanza contrasto: senza essere disturbato.
    96. – 2. riguardar: aspettare. – 3. da sezzo: da ultimo. – 6. quindi si trasse:
s'allontanò di lì.

voleano ir seco, ma il conte non vòlse
lor compagnia, ben ch'era e buona e bella;
e con questa ragion se ne disciolse,
ch'a guerrier non è infamia sopra quella
che, quando cerchi un suo nimico, prenda
compagno che l'aiuti e che 'l difenda.

98.   Li pregò poi, che quando il Saracino,
prima ch'in lui, si riscontrasse in loro,
gli dicesser ch'Orlando avria vicino
ancor tre giorni per quel tenitoro;
ma dopo, che sarebbe il suo camino
verso le 'nsegne dei bei gigli d'oro,
per esser con l'esercito di Carlo,
acciò, volendol, sappia onde chiamarlo.

99.   Quelli promiser farlo volentieri,
e questa e ogn'altra cosa al suo comando.
Feron camin diverso i cavallieri,
di qua Zerbino, e di là il conte Orlando.
Prima che pigli il conte altri sentieri,
all'arbor tolse, e a sé ripose il brando;
e dove meglio col pagan pensosse
di potersi incontrare, il destrier mosse.

100.   Lo strano corso che tenne il cavallo
del Saracin pel bosco senza via,
fece ch'Orlando andò duo giorni in fallo,
né lo trovò, né poté averne spia.
Giunse ad un rivo che parea cristallo,
ne le cui sponde un bel pratel fioria,
di nativo color vago e dipinto,
e di molti e belli arbori distinto.

97. – 3. *seco*: con lui. – 6. *sopra quella*: superiore a quella. – 7. *che... prenda*: di
prendere.
98. – 1. *quando*: qualora. – 3. *avria vicino*: lo starebbe inseguendo. – 4. *tenitoro*:
territorio; cfr. IV, 55, 6. – 6. *verso... oro*: verso il campo di Carlo Magno; cfr. I, 46, 8.
99. – 6. *all'arbor... brando*: cfr. XXIII, 81, 7-8.
100. – 2. *senza via*: cfr. DANTE, *Inf.*, XIII, 2-3: «bosco Che da nessun sentiero
era segnato». – 3. *in fallo*: errando qua e là inutilmente. – 4. *spia*: indizio. – 5. *rivo...
cristallo*: cfr. II, 35, 4. – 7. *di nativo color*: dei colori della natura. – 8. *distinto*:

101.   Il merigge facea grato l'orezzo
al duro armento et al pastore ignudo;
sì che né Orlando sentia alcun ribrezzo,
che la corazza avea, l'elmo e lo scudo.
Quivi egli entrò per riposarvi in mezzo;
e v'ebbe travaglioso albergo e crudo,
e più che dir si possa empio soggiorno,
quell'infelice e sfortunato giorno.

102.   Volgendosi ivi intorno, vide scritti
molti arbuscelli in su l'ombrosa riva.
Tosto che fermi v'ebbe gli occhi e fitti,
fu certo esser di man de la sua diva.
Questo era un di quei lochi già descritti,
ove sovente con Medor veniva
da casa del pastore indi vicina
la bella donna del Catai regina.

103.   Angelica e Medor con cento nodi
legati insieme, e in cento lochi vede.
Quante lettere son, tanti son chiodi
coi quali Amore il cor gli punge e fiede.
Va col pensier cercando in mille modi
non creder quel ch'al suo dispetto crede:
ch'altra Angelica sia, creder si sforza,
ch'abbia scritto il suo nome in quella scorza.

---

adornato; cfr. VII, 3, 2. «Questo paese sembra uno dei consueti riposi idillici del *Furioso* (cfr. n. a I, 35, 3), ed è invece uno dei luoghi centrali dell'azione. Orlando vi giunge portato dalla logica del caso; di qui la naturalezza con cui l'Ariosto inizia la narrazione del più straordinario avvenimento del suo romanzo» (Ramat).

101. – 1. *Il merigge*: la calura dell'ora meridiana; *orezzo*: fresca ombra, ove spira un vento leggero; cfr. X, 37, 2: «fresco rezzo» e 7: «agevol ora»; ma più specificamente DANTE, *Purg.*, XXIV, 150. – 2. *al duro... ignudo*: all'armento, sebbene sia *duro* (lat.), cioè abituato alle intemperie, e al pastore, sebbene sia *ignudo*. – 3. *sì... ribrezzo*: tanto che neppure Orlando tremava dal freddo (ironico); cfr. XXXII, 71 e DANTE, *Inf.*, XVII, 85. – 7. *empio*: funesto. – 8. *quell'infelice... giorno*: cfr. PETRARCA, *Canz.*, CLVII, 1: «Quel sempre acerbo et honorato giorno» (Cabani).

102. – 3. *fermi... fitti*: prima placidamente soffermati, poi intensamente fissati. – 4. *sua diva*: Angelica. – 5. *già descritti*: cfr. XIX, 27-36. – 7. *indi vicina*: poco lontana da lì.

103. – 4. *fiede*: ferisce. – 6. *non creder... crede*: di convincersi che non sia vero ciò che a suo dispetto gli par vero. Il bisticcio non è scherzoso, me nemmeno è commossa, tormentata resa stilistica dell'angoscia di Orlando. È solo uno dei tanti

104.   Poi dice: – Conosco io pur queste note:
        di tal'io n'ho tante vedute e lette.
        Finger questo Medoro ella si puote:
        forse ch'a me questo cognome mette. –
        Con tali opinïon dal ver remote
        usando fraude a sé medesmo, stette
        ne la speranza il malcontento Orlando,
        che si seppe a se stesso ir procacciando.

105.   Ma sempre più raccende e più rinuova,
        quanto spenger più cerca, il rio sospetto:
        come l'incauto augel che si ritrova
        in ragna o in visco aver dato di petto,
        quanto più batte l'ale e più si prova
        di disbrigar, più vi si lega stretto.
        Orlando viene ove s'incurva il monte
        a guisa d'arco in su la chiara fonte.

106.   Aveano in su l'entrata il luogo adorno
        coi piedi storti edere e viti erranti.
        Quivi soleano al più cocente giorno
        stare abbracciati i duo felici amanti.
        V'aveano i nomi lor dentro e d'intorno,
        più che in altro dei luoghi circonstanti,
        scritti, qual con carbone e qual con gesso,
        e qual con punte di coltelli impresso.

107.   Il mesto conte a piè quivi discese;
        e vide in su l'entrata de la grotta

particolari (più cupi e severi in questa prima parte) che il poeta serenamente
allinea per descrivere la varia, multiforme fenomenologia della pazzia.
    104. – 1. *Conosco... note*: io conosco bene questi caratteri. – 4. *cognome*: soprannome. – 8. *che si... procacciando*: quella speranza che si seppe costruire nella mente.
    105. – 1-2. *raccende... spenger*: cfr. PETRARCA, *Canz.*, CXXXV, 74: «Così più volte ha 'l cor racceso e spento». – 3-4. *come l'incauto ecc.*: la similitudine presa dalla caccia colla rete per uccellare era cara alla tradizione poetica, a cominciare da OVIDIO, *Met.*, XI, 73-75: «*Utque suum laqueis, quos callidus abdidit anceps, Crus ubi commisit volucris sensitque teneri, Plangitur ac trepidans adstringit vincula motu*» e SENECA, *De via*, III, XVI, 1; e cfr. anche PETRARCA, *Canz.*, CCLVII, 8; CCLXIII, 7 e dell'A. *Studenti*, 1386-89. – 7. *s'incurva il monte*: formando una grotta. Il paesaggio rimane armonico, placido, sereno. – 8. *a guisa d'arco*: cfr. X, 23, 3.
    106. – 1. *adorno*: adornato. – 2. *coi piedi... erranti*: cfr. XIV, 93, 3. – 3. *al più cocente giorno*: nelle ore in cui il sole è più caldo; cfr. XIX, 35, 5. – 5. *V'aveano ecc.*: cfr. XIX, 36; *dentro e d'intorno*: cfr. XXII, 15, 8.

parole assai, che di sua man distese
Medoro avea, che parean scritte allotta.
Del gran piacer che ne la grotta prese,
questa sentenzia in versi avea ridotta.
Che fosse culta in suo linguaggio io penso;
et era ne la nostra tale il senso:

108. «Liete piante, verdi erbe, limpide acque,
spelunca opaca e di fredde ombre grata,
dove la bella Angelica che nacque
di Galafron, da molti invano amata,
spesso ne le mie braccia nuda giacque;
de la commodità che qui m'è data,
io povero Medor ricompensarvi
d'altro non posso, che d'ognior lodarvi;

109. e di pregare ogni signore amante,
e cavallieri e damigelle, e ognuna
persona, o paesana o vïandante,
che qui sua volontà meni o Fortuna;
ch'all'erbe, all'ombre, all'antro, al rio, alle piante
dica: benigno abbiate e sole e luna,
e de le ninfe il coro, che proveggia
che non conduca a voi pastor mai greggia».

107. – 4. *allotta*: proprio allora. – 5-6. *Del gran... ridotta*: a esprimere il grande
piacere goduto nella grotta, aveva composto questa iscrizione in versi. – 7. *Che
fosse... penso*: la sentenza era in verso, non solo, ma io penso (anche se non posso
giudicare esattamente poiché si tratta di una lingua straniera) che essa fosse
composta in un linguaggio elaborato, elegante. – 8. *ne la nostra*: nel nostro linguaggio. C'è un errore di concordanza, che si spiega tenendo presente che nelle
due edizioni precedenti (A e B) del *Furioso* l'Ariosto aveva scritto: «in la sua
lingua io penso»; correggendo il v. 7 in C l'Ariosto non si preoccupò della scon-
cordanza.
108. – 1. *Liete piante ecc.*: cfr. PETRARCA, *Canz.*, CLXII, 1: «Lieti fiori e felici e
ben nate erbe ecc.». – 2. *opaca*: ombrosa (lat.). – 5. *nuda giacque*: il particolare
sensuoso era anche in XVIII, 185, 4 e anche là in relazione a Medoro. – 6. *commodità*: agio, piacere. – 8. *d'altro*: con altro.
109. – 3. *o paesana o vïandante*: o del luogo o forestiera. – 5. *all'erbe ecc.*: cfr.
PETRARCA, *Canz.*, CCCIII, 5: «fior, frondi, erbe, ombre, antri, onde, aure soavi»; e
nota la «struttura simmetrica del polisindeto, impostata – oltre che sull'identità
quantitativa dei suoi membri – sul bilanciamento della coppia di plurali femminili con quella di singolari maschili» (Bigi). – 6. *benigno*: ricco di benefici influssi.
– 7-8. *che proveggia... greggia*: che vi preservi dai guasti che potrebbero recare le
greggi condotte lì da qualche pastore.

110. Era scritto in arabico, che 'l conte
      intendea così ben come latino:
      fra molte lingue e molte ch'avea pronte,
      prontissima avea quella il paladino;
      e gli schivò più volte e danni et onte,
      che si trovò tra il popul saracino:
      ma non si vanti, se già n'ebbe frutto;
      ch'un danno or n'ha, che può scontargli il tutto.

111. Tre volte e quattro e sei lesse lo scritto
      quello infelice, e pur cercando invano
      che non vi fosse quel che v'era scritto;
      e sempre lo vedea più chiaro e piano:
      et ogni volta in mezzo il petto afflitto
      stringersi il cor sentia con fredda mano.
      Rimase al fin con gli occhi e con la mente
      fissi nel sasso, al sasso indifferente.

112. Fu allora per uscir del sentimento,
      sì tutto in preda del dolor si lassa.
      Credete a chi n'ha fatto esperimento,
      che questo è 'l duol che tutti gli altri passa.
      Caduto gli era sopra il petto il mento,
      la fronte priva di baldanza e bassa;
      né poté aver (che 'l duol l'occupò tanto)
      alle querele voce, o umore al pianto.

113. L'impetuosa doglia entro rimase,
      che volea tutta uscir con troppa fretta.
      Così veggiàn restar l'acqua nel vase,

---

110. – 2. *latino*: la sua stessa lingua. – 3. *avea pronte*: parlava speditamente; cfr.
IX, 5, 7. – 6. *che*: quando. – 8. *scontargli*: fargli scontare.
111. – 5-6. *in mezzo... mano*: cfr. PETRARCA, *Canz.*, XXIII, 72-73: «Questa che
col mirar gli animi fura, M'aperse il petto, e 'l cor prese con mano». – 8. *al sasso
indifferente*: lui stesso non differente da un sasso; cfr. X, 34, 8.
112. – 2. *si lassa*: si abbandona. – 3. *Credete ecc.*: breve nota autobiografica, tra
di partecipazione sentimentale e di saggio, esperto distacco; tra la confessione e la
pedagogia. – 6. *priva... bassa*: cfr. III, 61, 1-2. – 8. *alle querele... pianto*: cfr. OVIDIO,
Her., XV, 111: «*lacrimae deerant oculis, et verba palato*».
113. – 3. *vase*: vaso. La similitudine è stata forse ispirata da un passo di
PLINIO IL GIOVANE, *Ep.*, IV, XXX: «*in ampullis ceterisque generis eiusdem... non hians
nec statim patens exitus. Nam illa quoque, quamquam prona atque vergentia, per*

che largo il ventre e la bocca abbia stretta;
che nel voltar che si fa in su la base,
l'umor che vorria uscir, tanto s'affretta,
e ne l'angusta via tanto s'intrica,
ch'a goccia a goccia fuore esce a fatica.

114.   Poi ritorna in sé alquanto, e pensa come
possa esser che non sia la cosa vera:
che voglia alcun così infamare il nome
de la sua donna e crede e brama e spera,
o gravar lui d'insoportabil some
tanto di gelosia, che se ne pèra;
et abbia quel, sia chi si voglia stato,
molto la man di lei bene imitato.

115.   In così poca, in così debol speme
sveglia gli spirti e gli rifranca un poco;
indi al suo Brigliadoro il dosso preme,
dando già il sole alla sorella loco.
Non molto va, che da le vie supreme
dei tetti uscir vede il vapor del fuoco,
sente cani abbaiar, muggiare armento:
viene alla villa, e piglia alloggiamento.

116.   Languido smonta, e lascia Brigliadoro
a un discreto garzon che n'abbia cura:
altri il disarma, altri gli sproni d'oro
gli leva, altri a forbir va l'armatura.
Era questa la casa ove Medoro
giacque ferito, e v'ebbe alta avventura.

quasdam obluctantis animae moras crebris quasi singultibus sistunt, quod effundunt».
– 4. largo... stretta: si noti il chiasmo perfetto. – 5. che nel voltar... base: perché
quando lo si rovescia. – 6. l'umor: il liquido.

114. – 4. e crede e brama e spera: «gradazione in senso discendente» (Nardi). –
5-6. o gravar... gelosia: oppure che qualcuno voglia gravarlo di tanto insopportabile
peso di gelosia.

115. – 2. sveglia: rianima. – 4. dando... loco: mentre il sole cede il posto alla
luna: «soror pulcherrima Phoebi» (OVIDIO, Her., XI, 45); e cfr. anche DANTE, Purg.,
XXIII, 120. – 5. da le vie supreme: dagli alti comignoli; o forse dalle aperture nelle
parti più alte del tetto, come s'usava anticamente. – 6. il vapor del fuoco: il fumo.
Per questa nota paesistica, cfr. XIV, 61, 8.

116. – 2. discreto: esperto, capace. – 5. la casa: cfr. XIX, 25, 7-8.

Corcarsi Orlando e non cenar domanda,
di dolor sazio e non d'altra vivanda.

117. Quanto più cerca ritrovar quïete,
tanto ritrova più travaglio e pena;
che de l'odiato scritto ogni parete,
ogni uscio, ogni finestra vede piena.
Chieder ne vuol: poi tien le labra chete;
che teme non si far troppo serena,
troppo chiara la cosa che di nebbia
cerca offuscar, perché men nuocer debbia.

118. Poco gli giova usar fraude a se stesso;
che senza domandarne, è chi ne parla.
Il pastor che lo vede così oppresso
da sua tristizia, e che voria levarla,
l'istoria nota a sé, che dicea spesso
di quei duo amanti a chi volea ascoltarla,
ch'a molti dilettevole fu a udire,
gl'incominciò senza rispetto a dire:

119. come esso a' prieghi d'Angelica bella
portato avea Medoro alla sua villa,
ch'era ferito gravemente; e ch'ella
curò la piaga, e in pochi dì guarilla:
ma che nel cor d'una maggior di quella
lei ferì Amor; e di poca scintilla
l'accese tanto e sì cocente fuoco,
che n'ardea tutta, e non trovava loco:

120. e sanza aver rispetto ch'ella fusse
figlia del maggior re ch'abbia il Levante,
da troppo amor constretta si condusse

117. – 3. *l'odiato scritto*: non si tratta di allucinazione, ma di vere scritte; cfr. XIX, 36, 6-8. – 6. *teme... serena*: teme di rendere a se stesso troppo evidente.
118. – 4. *levarla*: alleviarla; cfr. CATULLO, *Carm.*, II, 10: «*Et tristis animi levare curas*». – 8. *senza rispetto*: senza badare all'effetto che la storia faceva su Orlando.
119. – 2. *villa*: cfr. XXIII, 115, 8. – 4-6. *piaga... ferì Amor*: le stesse espressioni petrarchesche nella narrazione diretta dell'episodio; cfr. XIX, 27-29. – 8. *loco*: pace; cfr. I, 18, 8.

a farsi moglie d'un povero fante.
All'ultimo l'istoria si ridusse,
che 'l pastor fe' portar la gemma inante,
ch'alla sua dipartenza, per mercede
del buono albergo, Angelica gli diede.

121. Questa conclusïon fu la secure
che 'l capo a un colpo gli levò dal collo,
poi che d'innumerabil battiture
si vide il manigoldo Amor satollo.
Celar si studia Orlando il duolo; e pure
quel gli fa forza, e male asconder pòllo:
per lacrime e suspir da bocca e d'occhi
convien, voglia o non voglia, al fin che scocchi.

122. Poi ch'allargare il freno al dolor puote
(che resta solo e senza altrui rispetto),
giù dagli occhi rigando per le gote
sparge un fiume di lacrime sul petto:
sospira e geme, e va con spesse ruote
di qua di là tutto cercando il letto;

---

120. – 4. *povero fante*: umile soldato, al servizio di Dardinello. «Con quanta arte sono state scelte le umili parole *moglie d'un povero fante* in opposizione al superbo appellativo *figlia del maggior re ecc.!*» (Bolza). – 5. *All'ultimo... ridusse*: la conclusione della storia fu. – 6. *la gemma*: il gioiello; cfr. XIX, 37-40. – 7. *mercede*: compenso.

121. – 1. *la secure*: la scure. – 3-4. *poi... satollo*: dopo che il carnefice Amore si ritenne sazio d'avergli dato infinite battiture. – 8. *convien... scocchi*: è inevitabile che prorompa. Cfr. PETRARCA, *Canz.*, LV, 8: «Conven che 'l duol per gli occhi si distille»; LXXXVII, 7-8: «conven ch'eterne Lagrime per la piaga il cor trabocchi». *Scocchi* è forse suggerito da DANTE, *Purg.*, VI, 130-32. «Con questo scoppio drammatico s'interrompe d'un tratto la malinconia tetra in cui giaceva Orlando e comincia il ruinoso precipitare verso la pazzia» (Momigliano). Ma in verità né il tono prima era di romantica malinconia, né lo stacco è fortemente drammatico; anche se è vero che la seconda parte dell'episodio, preannunciata già in queste ottave e meglio sviluppata più avanti, segna un generale cambiamento di registro: scompare la commozione per il tormento d'amore e subentra la meraviglia per le gesta «smisurate» e grottesche di Orlando furioso.

122. – 1. *allargare il freno*: dare sfogo; cfr. PETRARCA, *Canz.*, XXIII, 113: «A le lagrime triste allargai 'l freno». – 4. *un fiume di lacrime*: l'espressione appartiene alla tradizione lirica, ma qui ha una sua precisa funzione, nello spostare lo stile della seconda parte dell'episodio verso l'iperbolico. – 5. *spesse ruote*: continue giravolte. – 6. *cercando*: esplorando, provando; cfr. CATULLO, *Carm.*, L, 13-14; OVI-

e più duro ch'un sasso, e più pungente
che se fosse d'urtica, se lo sente.

123. In tanto aspro travaglio gli soccorre
che nel medesmo letto in che giaceva,
l'ingrata donna venutasi a porre
col suo drudo più volte esser doveva.
Non altrimenti or quella piuma abborre,
né con minor prestezza se ne leva,
che de l'erba il villan che s'era messo
per chiuder gli occhi, e vegga il serpe appresso.

124. Quel letto, quella casa, quel pastore
immantinente in tant'odio gli casca,
che senza aspettar luna, o che l'albóre
che va dinanzi al nuovo giorno nasca,
piglia l'arme e il destriero, et esce fuore
per mezzo il bosco alla più oscura frasca;
e quando poi gli è aviso d'esser solo,
con gridi et urli apre le porte al duolo.

125. Di pianger mai, mai di gridar non resta;
né la notte né 'l dì si dà mai pace.
Fugge cittadi e borghi, e alla foresta
sul terren duro al discoperto giace.
Di sé si maraviglia ch'abbia in testa
una fontana d'acqua sì vivace,
e come sospirar possa mai tanto;
e spesso dice a sé così nel pianto:

DIO, *Am.*, I, 2, 3-4; BOCCACCIO, *Filostrato*, V, 19; BOIARDO, *Innam.*, I, XII, 9, 7-8; 10, 1-2: «Che la quïete del dormir gli è tolta, Né trova loco, e ben spesso si volta; Ora li par la piuma assai più dura Che non suole apparer un sasso vivo»; e cfr. anche VIII, 71; XXVIII, 90; XXXII, 13.
123. − 1. *gli soccorre*: gli viene in mente. − 4. *drudo*: amante. − 7-8. *il villan ecc.*: la similitudine in VIRGILIO, *Aen.*, II, 379-381; sarà ripresa più avanti dall'Ariosto in XXXIX, 32, 3-8.
124. − 2. *gli casca*: gli viene. − 6. *alla più oscura frasca*: dove il fogliame è più fitto. − 7. *gli è aviso*: gli pare.
125. − 5-6. *in testa... vivace*: cfr. BOCCACCIO, *Decam.*, IV, 1, 55: «non altramenti che se una fonte d'acqua nella testa avuta avesse»; e per *fonte* cfr. I, 48, 2; per *vivace*, DANTE, *Par.*, XXXIII, 12.

126. — Queste non son più lacrime, che fuore
stillo dagli occhi con sì larga vena.
Non suppliron le lacrime al dolore:
finîr, ch'a mezzo era il dolore a pena.
Dal fuoco spinto ora il vitale umore
fugge per quella via ch'agli occhi mena;
et è quel che si versa, e trarrà insieme
e 'l dolore e la vita all'ore estreme.

127. Questi ch'indizio fan del mio tormento,
sospir non sono, né i sospir son tali.
Quelli han triegua talora; io mai non sento
che 'l petto mio men la sua pena esali.
Amor che m'arde il cor, fa questo vento,
mentre dibatte intorno al fuoco l'ali.
Amor, con che miracolo lo fai,
che 'n fuoco il tenghi, e nol consumi mai?

128. Non son, non sono io quel che paio in viso:
quel ch'era Orlando è morto et è sotterra;
la sua donna ingratissima l'ha ucciso:
sì, mancando di fé, gli ha fatto guerra.
Io son lo spirto suo da lui diviso,

126. – 1. *Queste non son* ecc.: l'Ariosto ebbe qui presente, per il concetto generale, l'epigramma *Ad Amorem* di Michele Marullo: «*Quid tantum lachrymis meis proterve Insultus puer? ecc.*» (cfr. P. RAJNA, *Le fonti dell'«Orlando Furioso»* cit., p. 402, che lo riporta completo). Le espressioni del resto appartengono a tutta la tradizione petrarchesca; e non sono da giudicare «frigidamente lambiccate»: come quelle del lamento di Olimpia e dell'invocazione di Medoro alla luna, esse vanno considerate come il «linguaggio naturale» (Zottoli) di personaggi che sono essenzialmente letterari; esse inoltre vanno lette non isolate, ma come un elemento fra i tanti, un elemento che qui, per es., svuota dall'interno, con lucido puntiglio, l'atmosfera elegiaca, e prepara quella iperbolica della pazzia. – 2. *larga vena*: cfr. PETRARCA, *Canz.*, CCXXX, 9: «Sì profondo era, e di sì larga vena Il pianger mio». – 5. *fuoco*: passione; *vitale umore*: l'essenza vitale. Anche queste sono espressioni petrarchesche. – 6. *quella via*: la via delle lacrime. – 7-8. *et è quel* ecc.: quello che ne esce ora non è pianto, ma quell'umore che inaridirà il mio corpo e porrà fine al mio dolore e alla mia vita.

127. – 5. *vento*: il vento dei sospiri; espressione assai frequente nel Petrarca, che compare, per es., in *Canz.*, XVII, 2, in una quartina dove anche ricorrono le rime *viso:diviso*. – 6. *dibatte... ali*: Amore è personificato, e rappresentato mentre agita le sue ali per alimentare il fuoco del cuore. – 8. *il tenghi*: tieni il mio cuore.

128. – 1. *Non son* ecc.: nell'epigramma citato: «*Non sum, non ego, quem putas Marullum*». – 4. *guerra*: come metafora per il tormento amoroso è petrarchesca; cfr. *Canz.*, CCCII, 7: «I' so' colei che ti die' tanta guerra». – 5. *lo spirto*: l'anima.

ch'in questo inferno tormentandosi erra,
acciò con l'ombra sia, che sola avanza,
esempio a chi in Amor pone speranza. –

129.　　Pel bosco errò tutta la notte il conte;
allo spuntar della dïurna fiamma
lo tornò il suo destin sopra la fonte
dove Medoro insculse l'epigramma.
Veder l'ingiuria sua scritta nel monte
l'accese sì, ch'in lui non restò dramma
che non fosse odio, rabbia, ira e furore;
né più indugiò, che trasse il brando fuore.

130.　　Tagliò lo scritto e 'l sasso, e sin al cielo
a volo alzar fe' le minute schegge.
Infelice quell'antro, et ogni stelo
in cui Medoro e Angelica si legge!
Così restâr quel dì, ch'ombra né gielo
a pastor mai non daran più, né a gregge:
e quella fonte, già sì chiara e pura,
da cotanta ira fu poco sicura;

131.　　che rami e ceppi e tronchi e sassi e zolle
non cessò di gittar ne le bell'onde,
fin che da sommo ad imo sì turbolle,
che non furo mai più chiare né monde.
E stanco al fin, e al fin di sudor molle,
poi che la lena vinta non risponde
allo sdegno, al grave odio, all'ardente ira,
cade sul prato, e verso il ciel sospira.

---

129. – 2. *dïurna fiamma*: il sole. – 3. *tornò*: ricondusse; *il suo destin*: il caso. «Dal cooperare di questi due personaggi, l'eroico e appassionato Orlando, il Caso capriccioso e indifferente, risulta anche qui l'armonia» (Fubini). – 4. *insculse*: scolpì (lat.); *epigramma*: iscrizione. – 6. *dramma*: la più piccola parte; cfr. PETRARCA, *Canz.*, CXXV, 12-13: «Et non lascia in me dramma Che non sia foco et fiamma».

130. – 1. *Tagliò ecc.*: in un altro episodio famoso della tradizione, Orlando aveva tagliato la roccia con Durindana a Roncisvalle; cfr. *Spagna*, XXXVI, 33-35; PULCI, *Morg.*, XXVII, 108. E, in un altro episodio, nell'*Innam.*, I, XXVI, 3, Orlando, preso da gelosia per Rinaldo, aveva mandato in pezzi «Un gran Macon di pietra marmorina». – 3. *stelo*: albero. – 5. *Così restâr*: furono così ridotti; *gielo*: frescura.

131. – 1. *rami e ceppi ecc.*: polisindeto come a 109, 5. – 3. *da sommo ad imo*: dalla superficie al fondo; cfr. ORAZIO, *Serm.*, II, III, 308-309: «*ab imo Ad summum*».

132.   Afflitto e stanco al fin cade ne l'erba,
        e ficca gli occhi al cielo, e non fa motto.
        Senza cibo e dormir così si serba,
        che 'l sole esce tre volte e torna sotto.
        Di crescer non cessò la pena acerba,
        che fuor del senno al fin l'ebbe condotto.
        Il quarto dì, da gran furor commosso,
        e maglie e piastre si stracciò di dosso.

133.   Qui riman l'elmo, e là riman lo scudo,
        lontan gli arnesi, e più lontan l'usbergo:
        l'arme sue tutte, in somma vi concludo,
        avean pel bosco differente albergo.
        E poi si squarciò i panni, e mostrò ignudo
        l'ispido ventre e tutto 'l petto e 'l tergo;
        e cominciò la gran follia, sì orrenda,
        che de la più non sarà mai ch'intenda.

134.   In tanta rabbia, in tanto furor venne,
        che rimase offuscato in ogni senso.
        Di tor la spada in man non gli sovenne;
        che fatte avria mirabil cose, penso.
        Ma né quella, né scure, né bipenne
        era bisogno al suo vigore immenso.
        Quivi fe' ben de le sue prove eccelse,
        ch'un alto pino al primo crollo svelse:

135.   e svelse dopo il primo altri parecchi,
        come fosser finocchi, ebuli o aneti;

---

132. – 3. *si serba*: rimane. – 6. *che*: finché. – 7-8. *Il quarto dì... dosso*: anche Tristano, impazzito per amore, nel romanzo toscano della *Tavola Ritonda* «lascia andare suo cavallo, e gitta via sue armi, e stracciasi sua toga e pelasi suoi biondi capelli e squarciasi suo bello viso» (segnalato da D. DEL CORNO BRANCA, *L'Ariosto e la tradizione del romanzo medievale*, p. 94).

133. – 2. *arnesi*: le varie parti dell'armatura. – 4. *albergo*: sede. – 5. *si squarciò i panni*: cfr. PETRARCA, *Tr. Am.*, 57: «squarciati ne porto il petto e' panni». – 8. *che... intenda*: che nessuno sentirà mai parlare di una follia più grandiosa di questa. L'Ariosto indica già qui il suo proposito di grandiosità e di originalità (onde il richiamo alle fonti, alla follia di Tristano e di Lancillotto, agli accenni impliciti in tutta la lunga storia del personaggio di Orlando – cfr. P. RAJNA, *Le fonti dell'«Orlando Furioso»* cit., pp. 393 segg. – riesce qui meno opportuna del solito).

134. – 4. *fatte... cose*: cfr. PETRARCA, *Tr. Fama*, II, 24: «E 'n poca piazza fe' mirabil cose». – 5. *bipenne*: scure a due tagli (lat. *bipennis*).

135. – 2. *come fosser finocchi*: cfr. BOIARDO, *Innam.*, III, III, 29, 4: «Stirpar le

e fe' il simil di querce e d'olmi vecchi,
di faggi e d'orni e d'illici e d'abeti.
Quel ch'un ucellator, che s'apparecchi
il campo mondo, fa, per por le reti,
dei giunchi e de le stoppie e de l'urtiche,
facea de cerri e d'altre piante antiche.

136.   I pastor che sentito hanno il fracasso,
lasciando il gregge sparso alla foresta,
chi di qua, chi di là, tutti a gran passo
vi vengono a veder che cosa è questa.
Ma son giunto a quel segno il qual s'io passo
vi potria la mia istoria esser molesta;
et io la vo' più tosto diferire,
che v'abbia per lunghezza a fastidire.

---

quercie a guisa de finocchi»; *ebuli*: o ebbi, come gli *aneti*, sono tipi di piante non dissimili dal finocchio. – 4. *illici*: elci (lat. *ilices*). – 6. *mondo*: sgombro, pulito. – 8. *antiche*: annose.

136. – 4. *vi vengono*: corrono in quel luogo. – 7. *diferire*: rinviare. In questo modo l'episodio della follia d'Orlando viene ad essere collocato a cavallo fra i due canti centrali del poema.

CANTO VENTESIMOQUARTO

Esordio: Amore non è che insania. Straordinarie gesta di Orlando furioso.
Frattanto Zerbino e Isabella si incontrano con alcuni cavalieri che portano il
traditore Odorico da Biscaglia proprio a Zerbino perché lo punisca. Giunge in
buon punto Gabrina: Zerbino obbliga Odorico ad assumersi la difesa del-
l'odiata vecchia. (Degna fine di entrambi: Odorico impiccherà Gabrina e finirà
a sua volta impiccato per opera di Almonio). Zerbino e Isabella giungono sul
luogo dell'impazzimento di Orlando e raccolgono le armi del paladino. Insie-
me alla sopraggiunta Fiordiligi ascoltano il racconto delle pazzie fatto da un
pastorello spaurito. Arriva Mandricardo che si impadronisce di Durindana.
Zerbino affronta il Saraceno e muore in duello. Disperazione di Isabella. Un
eremita le impedisce di uccidersi e la convince a dedicarsi al servizio di Dio.
Fatto comporre il cadavere partono alla volta di un monastero di Provenza.
Frattanto Mandricardo s'imbatte in Rodomonte. Feroce duello. Sopraggiunge
un messo di Agramante che, con l'aiuto di Doralice, persuade i due campioni
a sospendere il duello e ad accorrere in difesa del campo saraceno assediato.

I.   Chi mette il piè su l'amorosa pania,
         cerchi ritrarlo, e non v'inveschi l'ale;
         che non è in somma amor, se non insania,
         a giudizio de' savi universale:
         e se ben come Orlando ognun non smania,
         suo furor mostra a qualch'altro segnale.

1. – 1. *pania*: materia vischiosa usata nella caccia colla rete per uccellare. La
stessa immagine nel ca. XXXIV, 81, 1; cfr. anche XXIII, 105, 3-4 e poi DANTE, *Inf.*,
XXII, 144; PETRARCA, *Canz.*, XL, 3; LXXXIII, 6; XCIX, 8; CLXV, 5; ecc.; BOCCAC-
CIO, *Decam.*, X, VI, 24: «sì nell'amorose panie s'invescò, che quasi ad altro pensar
non poteva»; ARIOSTO, *Cinque canti*, II, 67, 5-8. – 3. *in somma*: in conclusione;

E quale è di pazzia segno più espresso
che, per altri voler, perder se stesso?

2.   Varii gli effetti son, ma la pazzia
è tutt'una però, che li fa uscire.
Gli è come una gran selva, ove la via
conviene a forza, a chi vi va, fallire:
chi su, chi giù, chi qua, chi là travia.
Per concludere in somma, io vi vo' dire:
a chi in amor s'invecchia, oltr'ogni pena,
si convengono i ceppi e la catena.

3.   Ben mi si potria dir: – Frate, tu vai
l'altrui mostrando, e non vedi il tuo fallo. –
Io vi rispondo che comprendo assai,
or che di mente ho lucido intervallo;
et ho gran cura (e spero farlo ormai)
di riposarmi e d'uscir fuor di ballo:
ma tosto far, come vorrei, nol posso;
che 'l male è penetrato infin all'osso.

---

insania: nei classici è frequente l'uso di «insanire» per innamorarsi: cfr. VIRGILIO, *Ecl.*, VI, 47; PETRARCA, CCCLXVI, 117; POLIZIANO, *Stanze*, I, 13, 5-6: «Costui che 'l volgo errante chiama Amore È dolce insania a chi più niente scorge» (ma il Bigi osserva che «nel passo del Poliziano la sentenza non è, come qui, presentata quale pensiero del poeta, anzi quale massima di valore universale, bensì è posta in bocca a Iulio, ad esprimere il suo iniziale atteggiamento polemico verso l'amore»). – 8. *che... stesso*: similmente il Bembo: «e 'n tanto mi riscuoto e veggo espresso Che per cercar altrui perdo me stesso» (ed. DIONISOTTI, I, p. 51), a cui l'Ariosto nelle edizioni A e B era stato ancora più vicino: «che, per cercar altrui, perdea se stesso».
2. – 2. *li fa uscire*: li produce. – 3. *come una gran selva ecc.*: cfr. ORAZIO, *Serm.*, II, III, 48-51: «*Velut silvis, ubi passim Palantis error certo de tramite pellit, Ille sinistrorsum, hic dextrorsum abit, unus utrisque Error, sed variis illudit partibus*». – 4. *fallire*: sbagliare. – 5. *chi su, chi giù ecc.*: riprende a piena voce il *leit-motif* già tante volte incontrato; cfr. IV, 44, 3; *travia*: esce di strada. – 7. *oltr'ogni pena*: oltre le pene che gli vengono dall'essere innamorato.
3. – 1-2. *Ben mi si potria ecc.*: i due versi sono ironica e arguta citazione dal Petrarca, che in tono ben altrimenti intimo e pensoso aveva detto: «Ben si po' dire a me: Frate, tu vai Mostrando altrui la via, dove sovente Fosti smarrito et or se' più che mai» (*Canz.*, XCIV, 12-14). A loro volta i versi di Petrarca riprendevano ORAZIO, *Serm.*, I, III, 19-20: «*Nunc aliquis dicat mihi: 'Quid tu? Nullane habes vitia?'*». Di PETRARCA si può inoltre vedere *Canz.*, CCXXXVI, 1: «Amor, io fallo, et veggio il mio fallire». – 6. *uscir fuor di ballo*: liberarmi dai travagli d'amore; cfr. PETRARCA, *Canz.*, CV, 39; PULCI, *Morg.*, VIII, 12, 1. – 8. *infin all'osso*: cfr. OVIDIO, *Her.*, IV, 70: «*Acer in extremis ossibus haesit amor*»; XVI, 278: «*descendit volnus ad ossa meum*»; ARIOSTO, *Rime*, Canz. III, 22: «Amor, che dentro ho già da ciascun osso»; e anche

4.   Signor, ne l'altro canto io vi dicea
       che 'l forsennato e furïoso Orlando
       trattesi l'arme e sparse al campo avea,
       squarciati i panni, via gittato il brando,
       svelte le piante, e risonar facea
       i cavi sassi e l'alte selve; quando
       alcun' pastori al suon trasse in quel lato
       lor stella, o qualche lor grave peccato.

5.   Viste del pazzo l'incredibil prove
       poi più d'appresso e la possanza estrema,
       si voltan per fuggir, ma non sanno ove,
       sì come avviene in subitana tema.
       Il pazzo dietro lor ratto si muove:
       uno ne piglia, e del capo lo scema
       con la facilità che torria alcuno
       da l'arbor pome, o vago fior dal pruno.

6.   Per una gamba il grave tronco prese,
       e quello usò per mazza adosso al resto:
       in terra un paio addormentato stese,
       ch'al novissimo dì forse fia desto.
       Gli altri sgombraro subito il paese,
       ch'ebbono il piede e il buono aviso presto.
       Non saria stato il pazzo al seguir lento,
       se non ch'era già volto al loro armento.

7.   Gli agricultori, accorti agli altru' esempli,
       lascian nei campi aratri e marre e falci:

PULCI, *Morg.* XVI, 55, 2-4: «Lasciar costei dunque io non voglio o posso... Però che questo è mal che sta nell'osso».

   4. – 6. *i cavi sassi*: le caverne; *alte*: profonde. – 8. *lor stella... peccato*: richiama, in tono bonario e malizioso, le due ipotesi, l'una scientifica l'altra religiosa, avanzate dal Boccaccio per spiegare la peste (*Decam.*, Intr., 8).

   5. – 4. *subitana*: subitanea; cfr. DANTE, *Purg.*, III, 1 e *Par.*, VI, 78. – 6. *scema*: priva. L'immagine ricorda certe altre del PULCI, *Morg.*, III, 8, 8; XVIII, 13, 8, ma è più festosa e sorridente.

   6. – 4. *ch'al novissimo... desto*: così profondamente addormentato che forse si desterà solo nel giorno del giudizio universale; cfr. DANTE, *Inf.*, VI, 94-95: «più non si desta Di qua dal suon de l'angelica tromba». – 5-6. *Gli altri... presto*: gli altri che ebbero le gambe leste e il pensiero pronto, sgombrarono subito il luogo.

   7. – 1. *accorti... esempli*: resi accorti da quel che era successo agli altri. – 2. *aratri e marre e falci*: cfr. OVIDIO, *Met.*, XI, 35-36: «*Vacuosque iacent dispersa per*

chi monta su le case e chi sui templi
(poi che non son sicuri olmi né salci),
onde l'orrenda furia si contempli,
ch'a pugni, ad urti, a morsi, a graffi, a calci,
cavalli e buoi rompe, fraccassa e strugge;
e ben è corridor chi da lui fugge.

8. Già potreste sentir come ribombe
l'alto rumor ne le propinque ville
d'urli, e di corni, rusticane trombe,
e più spesso che d'altro, il suon di squille;
e con spuntoni et archi e spiedi e frombe
veder dai monti sdrucciolarne mille,
et altritanti andar da basso ad alto,
per fare al pazzo un villanesco assalto.

9. Qual venir suol nel salso lito l'onda
mossa da l'austro ch'a principio scherza,
che maggior de la prima è la seconda,
e con più forza poi segue la terza;
et ogni volta più l'umore abonda,
e ne l'arena più stende la sferza:
tal contra Orlando l'empia turba cresce,
che giù da balze scende e di valli esce.

10. Fece morir diece persone e diece,
che senza ordine alcun gli andaro in mano:
e questo chiaro esperimento fece,

---

agros Sarculaque rastrique graves longique ligones»; ma si noti l'armonioso gioco delle coppie, degli asindeti e dei polisindeti, delle parentesi, tutti mezzi con cui l'Ariosto mette ordine nell'agitato mondo della pazzia. – 5. *onde*: da dove; *si contempli*: si possa contemplare.

8. – 1. *ribombe*: rimbombi. – 2. *propinque ville*: villaggi vicini (lat.). – 3. *corni... trombe*: corni, che sono per i contadini come le trombe per i soldati. – 4. *squille*: campane. – 5. *spuntoni*: armi rustiche: aste munite d'una punta di ferro; *frombe*: fionde. Analoghe enumerazioni in PULCI, *Morg.*, III, 5, 2: «Con lance e spade, con dardi e spuntoni»; X, 46, 2: «E lance e spiedi e saette e spuntoni». – 6. *sdruccio-larne*: calar giù a precipizio e in disordine.

9. – 1. *Qual venir ecc.*: la similitudine è derivata da OMERO, *Il.*, IV, 422-427, CATULLO, *Carm.*, LXIV, 269-277 e VIRGILIO, *Aen.*, VII, 528-530. – 2. *l'austro*: il vento in genere. – 5. *l'umore abonda*: l'acqua cresce e si gonfia nell'onda. – 6. *più*: più estesamente, più profondamente. – 7. *empia*: ostile, adirata.

10. – 2. *senza ordine alcun*: senz'ordine di schiere, disordinatamente. –

ch'era assai più sicur starne lontano.
Trar sangue da quel corpo a nessun lece,
che lo fere e percuote il ferro invano.
Al conte il re del ciel tal grazia diede,
per porlo a guardia di sua santa fede.

11.   Era a periglio di morire Orlando,
        se fosse di morir stato capace.
        Potea imparar ch'era a gittare il brando,
        e poi voler senz'arme essere audace.
        La turba già s'andava ritirando,
        vedendo ogni suo colpo uscir fallace.
        Orlando, poi che più nessun l'attende,
        verso un borgo di case il camin prende.

12.   Dentro non vi trovò piccol né grande;
        che 'l borgo ognun per tema avea lasciato.
        V'erano in copia povere vivande,
        convenïenti a un pastorale stato.
        Senza il pane discerner da le giande,
        dal digiuno e da l'impeto cacciato,
        le mani e il dente lasciò andar di botto
        in quel che trovò prima, o crudo o cotto.

13.   E quindi errando per tutto il paese,
        dava la caccia e agli uomini e alle fere;
        e scorrendo pei boschi, talor prese
        i capri isnelli e le damme leggiere.
        Spesso con orsi e con cingiai contese,
        e con man nude li pose a giacere:
        e di lor carne con tutta la spoglia
        più volte il ventre empì con fiera voglia.

5. *lece*: è concesso; infatti Orlando era invulnerabile; cfr. XI, 50, 8. – 7-8. *Al conte...
fede*: cfr. XXXIV, 63, 5-6.

11. – 3. *ch'era*: quale rischio comportava. – 6. *uscir fallace*: riuscire vano.

12. – 4. *stato*: condizione, modo di vita. – 5. *giande*: ghiande; che sono appunto
le «povere vivande» (cfr. PETRARCA, *Canz.*, L, 22-23) di cui si nutrono i pastori, ma
sono anche le vivande salvatiche di chi viva allo stato ferino. – 6. *cacciato*: stimo-
lato.

13. – 4. *capri*: caprioli; cfr. VI, 22, 7; *damme*: daini; cfr. I, 34, 1; nota la bella
simmetria sintattica e ritmica di questo verso. – 5. *cingiai*: cinghiali. – 6. *e... giacere*:
e li abbatté senza usare alcuna arma. – 7. *la spoglia*: la pelle. Allo stesso modo si

14.   Di qua, di là, di su, di giù discorre
        per tutta Francia; e un giorno a un ponte arriva,
        sotto cui largo e pieno d'acqua corre
        un fiume d'alta e di scoscesa riva.
        Edificato accanto avea una torre
        che d'ogn'intorno e di lontan scopriva.
        Quel che fe' quivi, avete altrove a udire;
        che di Zerbin mi convien prima dire.

15.   Zerbin, da poi ch'Orlando fu partito,
        dimorò alquanto, e poi prese il sentiero
        che 'l paladino inanzi gli avea trito,
        e mosse a passo lento il suo destriero.
        Non credo che duo miglia anco fosse ito,
        che trar vide legato un cavalliero
        sopra un picciol ronzino, e d'ogni lato
        la guardia aver d'un cavalliero armato.

16.   Zerbin questo prigion conobbe tosto
        che gli fu appresso, e così fe' Issabella:
        era Odorico il Biscaglin, che posto
        fu come lupo a guardia de l'agnella.
        L'avea a tutti gli amici suoi preposto
        Zerbino in confidargli la donzella,
        sperando che la fede che nel resto
        sempre avea avuta, avesse ancora in questo.

17.   Come era a punto quella cosa stata,
        venìa Issabella raccontando allotta:
        come nel palischermo fu salvata,

comportano gli eroi arturiani Yvain (nel poema *Chevalier au Lion*) e Tristano, il quale, per esempio, nella *Tavola ritonda*: «andava ignudo e scalzo... e alcuna fiata, egli prendeva alcuna fiera con mano per qualche avventura, della quale egli cosìe cruda se ne mangiava» (cfr. P. RAJNA, *Le fonti dell'«Orlando Furioso»* cit., p. 400 e D. DELCORNO BRANCA, *L'Ariosto e la tradizione del romanzo medievale*, p. 94).

14. – 1. *Di qua ecc.*: cfr. XXIV, 2, 5; *discorre*: corre qua e là (lat.). – 5. *Edificato... torre*: accanto al fiume era edificata una torre. – 6. *scopriva*: dominava, permetteva di vedere tutto il paese. – 7. *altrove*: cfr. XXIX, 40 segg. e n. a II, 30, 7-8.

15. – 1. *Zerbin*: cfr. XXIII, 99. – 3. *inanzi... trito*: aveva battuto, percorso avanti a lui.

16. – 3. *Odorico*: cfr. XIII, 11-12. – 7. *fede*: lealtà.

17. – 2. *allotta*: appunto allora. – 3. *come nel palischermo ecc.*: cfr. XIII, 14 segg.

prima ch'avesse il mar la nave rotta;
la forza che l'avea Odorico usata;
e come tratta poi fosse alla grotta.
Né giunt'era anco al fin di quel sermone,
che trarre il malfattor vider prigione.

18. I duo ch'in mezzo avean preso Odorico,
d'Issabella notizia ebbeno vera;
e s'avisaro esser di lei l'amico,
e 'l signor lor, colui ch'appresso l'era;
ma più, che ne lo scudo il segno antico
vider dipinto di sua stirpe altiera:
e trovâr, poi che guardâr meglio al viso,
che s'era al vero apposto il loro aviso.

19. Saltaro a piedi, e con aperte braccia
correndo se n'andâr verso Zerbino,
e l'abbracciaro ove il maggior s'abbraccia,
col capo nudo e col ginocchio chino.
Zerbin, guardando l'uno e l'altro in faccia,
vide esser l'un Corebo il Biscaglino,
Almonio l'altro, ch'egli avea mandati
con Odorico in sul navilio armati.

20. Almonio disse: — Poi che piace a Dio
(la sua mercé) che sia Issabella teco,
io posso ben comprender, signor mio,
che nulla cosa nuova ora t'arreco,
s'io vo' dir la cagion che questo rio
fa che così legato vedi meco;
che da costei, che più sentì l'offesa,
a punto avrai tutta l'istoria intesa.

– 5. *forza*: violenza; cfr. XIII, 27, 5. – 6. *tratta... alla grotta*: portata dai ladroni nella grotta.

18. – 2. *notizia ebbeno vera*: la riconobbero. – 3. *s'avisaro*: si immaginarono. – 5. *il segno antico*: il leone fra due unicorni; cfr. X, 84, 1-4. – 8. *aviso*: supposizione.

19. – 1. *Saltaro... braccia*: cfr. DANTE, *Purg.*, VI, 73-75. – 3. *l'abbracciaro... abbraccia*: per queste cerimoniosità, cfr. DANTE, *Purg.*, VII, 15: «e abbracciò là 've il minor s'appiglia». – 6-7. *Corebo... Almonio*: cfr. XIII, 17 segg.

20. – 2. *la sua mercé*: per sua grazia.

21.
Come dal traditore io fui schernito
quando da sé levommi, saper déi;
e come poi Corebo fu ferito,
ch'a difender s'avea tolto costei.
Ma quanto al mio ritorno sia seguito,
né veduto né inteso fu da lei,
che te l'abbia potuto riferire:
di questa parte dunque io ti vo' dire.

22.
Da la cittade al mar ratto io veniva
con cavalli ch'in fretta avea trovati,
sempre con gli occhi intenti s'io scopriva
costor che molto a dietro eran restati.
Io vengo inanzi, io vengo in su la riva
del mare, al luogo ove io gli avea lasciati:
io guardo, né di loro altro ritrovo,
che ne l'arena alcun vestigio nuovo.

23.
La pésta seguitai, che mi condusse
nel bosco fier; né molto adentro fui,
che, dove il suon l'orecchie mi percusse,
giacere in terra ritrovai costui.
Gli domandai che de la donna fusse,
che d'Odorico, e chi avea offeso lui.
Io me n'andai, poi che la cosa seppi,
il traditor cercando per quei greppi.

24.
Molto aggirando vommi, e per quel giorno
altro vestigio ritrovar non posso.
Dove giacea Corebo al fin ritorno,
che fatto appresso avea il terren sì rosso,
che poco più che vi facea soggiorno,
gli saria stato di bisogno il fosso

---

21. – 1. *Come dal traditore ecc.*: cfr. XIII, 22-23. – 2. *levommi*: mi allontanò. –
3. *e come poi ecc.*: cfr. XIII, 24-26. – 4. *a difender... costei*: s'era assunto il compito di
difendere Isabella.

22. – 3. *scopriva*: scorgevo. – 8. *vestigio nuovo*: orma recente. Sono le orme di
Odorico, Corebo e Isabella, che si erano avviati verso il bosco che stava tra la spiaggia e la città (cfr. XIII, 23, 3). Echi di DANTE, *Inf.*, XVI, 40: «L'altro ch'appresso me
l'arena trita» e PETRARCA, *Canz.*, XXXV, 4: «Ove vestigio human l'arena stampi».

23. – 3. *il suon*: il suono dei lamenti di Corebo che era rimasto in terra «per
morto» (cfr. XIII, 26, 3); *percusse*: colpì (lat.).

23. – 8. *il traditor*: Odorico; *greppi*: dirupi.

24. – 2. *vestigio*: orma. – 4. *appresso*: è precisazione non di tempo ma di luogo,
e si riferisce al *terren*: la terra vicina a lui. – 6. *il fosso*: la fossa funebre.

e i preti e i frati più per sotterrarlo,
ch' i medici e che 'l letto per sanarlo.

25. Dal bosco alla città feci portallo,
e posi in casa d'uno ostier mio amico,
che fatto sano in poco termine hallo
per cura et arte d'un chirurgo antico.
Poi d'arme proveduti e di cavallo
Corebo et io cercammo d'Odorico,
ch'in corte del re Alfonso di Biscaglia
trovammo; e quivi fui seco a battaglia.

26. La giustizia del re, che il loco franco
de la pugna mi diede, e la ragione,
et oltre alla ragion la Fortuna anco,
che spesso la vittoria, ove vuol, pone,
mi giovâr sì, che di me poté manco
il traditore; onde fu mio prigione.
Il re, udito il gran fallo, mi concesse
di poter farne quanto mi piacesse.

27. Non l'ho voluto uccider né lasciarlo,
ma, come vedi, trarloti in catena;
perché vo' ch'a te stia di giudicarlo,
se morire o tener si deve in pena.
L'avere inteso ch'eri appresso a Carlo,
e 'l desir di trovarti qui mi mena.
Ringrazio Dio che mi fa in questa parte,
dove lo sperai meno, ora trovarte.

28. Ringraziolo anco, che la tua Issabella
io veggo (e non so come) che teco hai:

---

25. – 2. *ostier*: oste. – 3. *in poco termine*: entro breve tempo. – 4. *antico*: vecchio
e quindi capace. – 7. *Alfonso di Biscaglia*: anche dal Boiardo era presentato come
eccezione fra i re spagnuoli, in quanto «Bon cristïano e de alta gagliardia» (*In-nam.*, II, XXIII, 6, 4-8). – 8. *fui... battaglia*: venni con lui a duello.

26. – 1. *loco franco*: il campo franco, cioè il luogo ove era permesso di decidere
fra cavalieri con un duello le questioni d'onore, per concessione del signore del
territorio. – 2. *la ragione*: la giustizia della causa che io difendevo. – 5. *di me...
manco*: fu meno valoroso di me.

27. – 1. *lasciarlo*: liberarlo. – 2. *trarloti*: ho voluto portartelo. – 4. *morire*: ucci-dere.

di cui, per opra del fellon, novella
pensai che non avessi ad udir mai. −
Zerbino ascolta Almonio e non favella,
fermando gli occhi in Odorico assai;
non sì per odio, come che gl'incresce
ch'a sì mal fin tanta amicizia gli esce.

29.	Finito ch'ebbe Almonio il suo sermone,
Zerbin riman gran pezzo sbigottito,
che chi d'ogn'altro men n'avea cagione,
sì espressamente il possa aver tradito.
Ma poi che d'una lunga ammirazione
fu, sospirando, finalmente uscito,
al prigion domandò se fosse vero
quel ch'avea di lui detto il cavalliero.

30.	Il disleal con le ginocchia in terra
lasciò cadersi, e disse: − Signor mio,
ognun che vive al mondo pecca et erra:
né differisce in altro il buon dal rio,
se non che l'uno è vinto ad ogni guerra
che gli vien mossa da un piccol disio,
l'altro ricorre all'arme e si difende:
ma se 'l nimico è forte, anco ei si rende.

31.	Se tu m'avessi posto alla difesa
d'una tua ròcca, e ch'al primiero assalto
alzate avessi, senza far contesa,
degl'inimici le bandiere in alto;
di viltà, o tradimento, che più pesa,

28. − 7. *non sì... incresce*: non tanto per odio, quanto perché lo addolora e stupisce. − 8. *gli esce*: riesce.
29. − 4. *espressamente*: irrefutabilmente. − 5. *ammirazione*: stupore.
30. − 2. *Signor mio ecc.*: il discorso di Odorico è abile, fondato su argomentazioni che si direbbero boccaccesche; si tratta però di una abilità troppo scoperta e sofistica, compiaciuta delle metafore che usa, che finisce col sembrare semplice loquacità e che contrasta con il taciturno stupore di Zerbino. − 7. *l'altro*: il buono.
31. − 1-2. *difesa... ròcca*: la stessa immagine militaresca era stata usata dall'A., in un contesto amoroso, come metafora della lealtà e costanza dell'amante, nel Capitolo XX delle *Rime*. − 3. *contesa*: resistenza. − 3-4. *alzate... le bandiere*: in segno di resa o di tradimento. − 5. *che più pesa*: la quale accusa di tradimento è più grave.

sugli occhi por mi si potria uno smalto:
ma s'io cedessi a forza, son ben certo
che biasmo non avrei, ma gloria e merto.

32. Sempre che l'inimico è più possente,
più chi perde accettabile ha la scusa.
Mia fé guardar dovea non altrimente
ch'una fortezza d'ogn'intorno chiusa:
così, con quanto senno e quanta mente
da la somma Prudenzia m'era infusa,
io mi sforzai guardarla; ma al fin vinto
da intolerando assalto, ne fui spinto. –

33. Così disse Odorico, e poi soggiunse
(che saria lungo a ricontarvi il tutto)
mostrando che gran stimolo lo punse,
e non per lieve sferza s'era indutto.
Se mai per prieghi ira di cor si emunse,
s'umiltà di parlar fece mai frutto,
quivi far lo dovea; che ciò che muova
di cor durezza, ora Odorico trova.

34. Pigliar di tanta ingiuria alta vendetta,
tra il sì Zerbino e il no resta confuso:
il vedere il demerito lo alletta
a far che sia il fellon di vita escluso;
il ricordarsi l'amicizia stretta

– 6. *sugli occhi... smalto*: mi si potrebbe tacciare. Forse l'Ariosto ha ricordato i traditori danteschi con gli occhi sigillati dal ghiaccio; cfr. *Inf.*, XXXIII, 128. – 7. *a forza*: di una forza superiore.

32. – 1. *Sempre... possente*: quanto più potente. – 3. *guardar*: difendere. – 4. *chiusa*: assediata. – 8. *intolerando*: irresistibile (lat.); *spinto*: sconfitto.

33. – 1. *soggiunse*: continuò. – 2. *saria lungo... tutto*: cfr. XI, 81, 4. – 3. *mostrando*: dimostrando. – 4. *sferza*: stimolo, tentazione. – 5. *Se... emunse*: se mai per forza di preghiere l'ira fu tolta, rimossa dal cuore. – 7-8. *ciò... trova*: Odorico trova tutti gli argomenti adatti a mitigare la durezza di Zerbino.

34. – 1. *Pigliar ecc.*: se debba pigliare. – 2. *il sì... il no*: cfr. DANTE, *Inf.*, VIII, 111: «Che no e sì nel capo mi tenciona»; PETRARCA, *Canz.*, CLXVIII, 8: «Né sì né no nel cor mi sona intero»; *confuso*: incerto. – 3. *il vedere... alletta*: la constatazione della

ch'era stata tra lor per sì lungo uso,
con l'acqua di pietà l'accesa rabbia
nel cor gli spegne, e vuol che mercé n'abbia.

35.   Mentre stava così Zerbino in forse
di liberare, o di menar captivo,
o pur il disleal dagli occhi tôrse
per morte, o pur tenerlo in pena vivo;
quivi rignando il palafreno corse,
che Mandricardo avea di briglia privo;
e vi portò la vecchia che vicino
a morte dianzi avea tratto Zerbino.

36.   Il palafren, ch'udito di lontano
avea quest'altri, era tra lor venuto,
e la vecchia portatavi, ch'invano
venìa piangendo e domandando aiuto.
Come Zerbin lei vide, alzò la mano
al ciel che sì benigno gli era suto,
che datogli in arbitrio avea que' dui
che soli odiati esser dovean da lui.

37.   Zerbin fa ritener la mala vecchia,
tanto che pensi quel che debba farne:
tagliarle il naso e l'una e l'altra orecchia
pensa, et esempio a' malfattori darne;
poi gli par assai meglio, s'apparecchia
un pasto agli avoltoi di quella carne.
Punizïon diversa tra sé volve;
e così finalmente si risolve.

---

gravità della colpa lo spinge. – 6. *uso*: consuetudine. – 7. *l'acqua... l'accesa rabbia*:
cfr. per simili *conceit* XXVIII, 89, 7-8; XXX, 79, 7-8. – 8. *vuol... abbia*: lo spinge ad
avere compassione.

35. – 2. *captivo*: prigioniero. – 5. *rignando*: ringhiando, o più propriamente:
nitrendo; *il palafreno*: cfr. XXIII, 94-95. – 7. *la vecchia*: Gabrina; una volta
ancora, ma è l'ultima volta, la vecchia perfida e brutta attraversa la strada di
Zerbino. L'ultima volta l'aveva accusato di aver ucciso Pinabello; cfr. XXIII,
48 segg.

36. – 2. *quest'altri*: palafreni. – 3. *portatavi*: vi aveva portato. – 5-6. *alzò... ciel*: in
segno di ringraziamento; cfr. IV, 91, 3; *suto*: stato.

37. – 5-6. *apparecchia... avoltoi*: impiccandola; cfr. XIII, 41, 4. – 7. *tra sé volve*:
esamina dentro di sé.

38.   Si rivolta ai compagni, e dice: – Io sono
        di lasciar vivo il disleal contento;
        che s'in tutto non merita perdono,
        non merita anco sì crudel tormento.
        Che viva e che slegato sia gli dono,
        però ch'esser d'Amor la colpa sento;
        e facilmente ogni scusa s'ammette,
        quando in Amor la colpa si reflette.

39.   Amore ha volto sottosopra spesso
        senno più saldo che non ha costui,
        et ha condotto a via maggiore eccesso
        di questo, ch'oltraggiato ha tutti nui.
        Ad Odorico debbe esser rimesso:
        punito esser debbo io, che cieco fui,
        cieco a dargline impresa, e non por mente
        che 'l fuoco arde la paglia facilmente. –

40.   Poi mirando Odorico: – Io vo' che sia –
        gli disse – del tuo error la penitenza,
        che la vecchia abbi un anno in compagnia,
        né di lasciarla mai ti sia licenza;
        ma notte e giorno, ove tu vada o stia,
        un'ora mai non te ne trovi senza;
        e fin a morte sia da te difesa
        contra ciascun che voglia farle offesa.

41.   Vo', se da lei ti sarà commandato,
        che pigli contra ognun contesa e guerra:
        vo' in questo tempo che tu sia ubligato
        tutta Francia cercar di terra in terra. –
        Così dicea Zerbin; che pel peccato
        meritando Odorico andar sotterra,
        questo era porgli inanzi un'alta fossa,
        che fia gran sorte che schivar la possa.

38. – 4. *non... anco*: neanche. – 5. *gli dono*: gli faccio grazia. – 8. *in Amor... si reflette*: va a cadere su Amore.

39. – 1. *volto sottosopra*: sconvolto; cfr. PETRARCA, *Tr. Am.*, I, 138; «E funne il mondo sottosopra vòlto». – 3. *a... eccesso*: a colpa ben maggiore. – 5. *debbe... rimesso*: bisogna perdonare tale colpa. – 7. *a dargline impresa*: ad affidargli una tale impresa.

40. – 7. *fin a morte*: anche a costo di morirne.

41. – 4. *cercar*: esplorare, percorrere. – 5. *che*: pensando che. – 7. *questo... fossa*: questa punizione consisteva nel porlo di fronte a incessante pericolo di morte. – 8. *gran sorte*: in questo modo l'onere diretto della punizione viene affidato a un'en-

42.   Tante donne, tanti uomini traditi
        avea la vecchia, e tanti offesi e tanti,
        che chi sarà con lei, non senza liti
        potrà passar de' cavallieri erranti.
        Così di par saranno ambi puniti:
        ella de' suoi commessi errori inanti,
        egli di tôrne la difesa a torto;
        né molto potrà andar che non sia morto.

43.   Di dover servar questo, Zerbin diede
        ad Odorico un giuramento forte,
        con patto che se mai rompe la fede,
        e ch'inanzi gli càpiti per sorte,
        senza udir prieghi e averne più mercede,
        lo debba far morir di cruda morte.
        Ad Almonio e a Corebo poi rivolto,
        fece Zerbin che fu Odorico sciolto.

44.   Corebo, consentendo Almonio, sciolse
        il traditore al fin, ma non in fretta;
        ch'all'uno e all'altro esser turbato dolse
        da sì desiderata sua vendetta.
        Quindi partissi il disleale, e tolse
        in compagnia la vecchia maledetta.
        Non si legge in Turpin che n'avvenisse;
        ma vidi già un autor che più ne scrisse.

---

tità al di sopra del giudizio umano, il caso, che può confermare o correggere tale
fallibile giudizio. L'idea per la punizione venne all'Ariosto dai romanzi arturiani,
ove però di un simile accoppiamento si parla più per un gusto d'avventura e di
bizzarria che d'altro.

42. – 3-4. *non senza... erranti*: non potrà cavarsela senza battersi spesso con
cavalieri erranti. – 5. *di par.* del pari.

43. – 1. *servar questo*: osservare questa regola; *diede*: impose. – 2. *forte*: solenne.
– 5. *mercede*: compassione. – 8. *fece... che fu*: ordinò che fosse.

44. – 3-4. *esser... vendetta*: spiacque di essere distolto dal prendersi una vendetta così a lungo desiderata. – 7. *in Turpin*: cfr. XIII, 40, 2. – 8. *un autor.* l'accenno
è in parte ironico, nel voler contrapporre al Turpino storico di leggende ed eroismi
idealizzati, un qualche ignoto cronichista, umile rapportatore della assai meno
idelizzata realtà; in parte scherzosamente filologico, in quanto nella fonte citata di
APULEIO, *Met.,* VII, 30, la vecchia fa proprio quella fine lì: «Et ecce de quondam
ramo procerae cupressus induta laqueum anus illa pendebat»; cfr. P. RAJNA, *Le fonti
dell'«Orlando Furioso»* cit., p. 342.

45.   Scrive l'autore, il cui nome mi taccio,
        che non furo lontani una giornata,
        che per tôrsi Odorico quello impaccio,
        contra ogni patto et ogni fede data,
        al collo di Gabrina gittò un laccio,
        e che ad un olmo la lasciò impiccata;
        e ch'indi a un anno (ma non dice il loco)
        Almonio a lui fece il medesmo giuoco.

46.   Zerbin che dietro era venuto all'orma
        del paladin, né perder la vorrebbe,
        manda a dar di sé nuove alla sua torma,
        che star senza gran dubbio non ne debbe:
        Almonio manda, e di più cose informa,
        che lungo il tutto a ricontar sarebbe;
        Almonio manda, e a lui Corebo appresso;
        né tien, fuor ch'Issabella, altri con esso.

47.   Tant'era l'amor grande che Zerbino,
        e non minor del suo quel che Issabella
        portava al virtuoso paladino;
        tanto il desir d'intender la novella
        ch'egli avesse trovato il Saracino
        che del destrier lo trasse con la sella;
        che non farà all'esercito ritorno,
        se non finito che sia il terzo giorno;

48.   il termine ch'Orlando aspettar disse
        il cavallier ch'ancor non porta spada.
        Non è alcun luogo dove il conte gisse,
        che Zerbin pel medesimo non vada.

45. – 1. *Scrive l'autore*: cfr. XIII, 40, 2. – 2. *una giornata*: una giornata di cammino. – 7. *indi a un anno*: un anno dopo; *ma non dice il loco*: nota la scherzosa precisione in un contesto che è allegramente frettoloso e sbrigativo. – 8. *il medesmo giuoco*: lo stesso trattamento (cfr. PULCI, *Morg.*, III, 49, 8), cioè la impiccò, secondo quanto stabilito da Zerbino (cfr. XXIV, 43, 4-6).
46. – 2. *del paladin*: Orlando. – 3. *torma*: squadra di cavalieri (lat. *turma*), da cui si era allontanato per inseguire il feritore di Medoro; cfr. XIX, 16; XX, 117-118. – 4. *star... debbe*: deve certamente essere in grande apprensione per lui. – 5. *e... informa*: e lo incarica di informare la sua schiera su molte cose.
47. – 5-6. *il Saracino... sella*: Mandricardo; cfr. XXIII, 87.
48. – 1-2. *il termine... spada*: tre giorni infatti erano stati fissati da Orlando

Giunse al fin tra quegli arbori che scrisse
l'ingrata donna, un poco fuor di strada;
e con la fonte e col vicino sasso
tutti li ritruovò messi in fracasso.

49.   Vede lontan non sa che luminoso,
e trova la corazza esser del conte;
e trova l'elmo poi, non quel famoso
ch'armò già il capo all'africano Almonte.
Il destrier ne la selva più nascoso
sente anitrire, e leva al suon la fronte;
e vede Brigliador pascer per l'erba,
che dall'arcion pendente il freno serba.

50.   Durindana cercò per la foresta,
e fuor la vide del fodero starse.
Trovò, ma in pezzi, ancor la sopravesta
ch'in cento lochi il miser conte sparse.
Issabella e Zerbin con faccia mesta
stanno mirando, e non san che pensarse:
pensar potrian tutte le cose, eccetto
che fosse Orlando fuor dell'intelletto.

51.   Se di sangue vedessino una goccia,
creder potrian che fosse stato morto.
Intanto lungo la corrente doccia
vider venire un pastorello smorto.
Costui pur dianzi avea di su la roccia
l'alto furor de l'infelice scorto,
come l'arme gittò, squarciossi i panni,
pastori uccise, e fe' mill'altri danni.

come termine alla sua ricerca di Mandricardo; cfr. XXIII, 98. – 5. *che scrisse*: che incise. – 6. *donna*: Angelica. – 8. *messi in fracasso*: fracassati.

49. – 3-4. *non quel... Almonte*: infatti l'elmo era stato preso da Angelica e poi da Ferraù; cfr. XII, 52-61. L'episodio di Zerbino che recupera le armi di Orlando ha un modello in un episodio del *Tristan*, quello in cui Galvano recupera le armi abbandonate da Palamidesse (cfr. RAJNA, *Fonti*, cit., pp. 406-407). – 6. *sente anitrire*: sente nitrire; il costrutto è dialettale.

51. – 1. *vedessino*: vedessero. – 2. *morto*: ucciso. – 3. *la corrente doccia*: il canale d'acqua, il fiumicello (*doccia* per «canale» si trova in DANTE, *Inf.*, XIV, 117; XXIII, 46, dove ricorrono le stesse rime, ed è documentato a Ferrara nel XIV sec.); cfr. XXIII, 105 e 130-131.

52. Costui, richiesto da Zerbin, gli diede
vera informazïon di tutto questo.
Zerbin si maraviglia, e a pena il crede;
e tuttavia n'ha indizio manifesto.
Sia come vuole, egli discende a piede,
pien di pietade, lacrimoso e mesto;
e ricogliendo da diversa parte
le reliquie ne va ch'erano sparte.

53. Del palafren discende anco Issabella,
e va quell'arme riducendo insieme.
Ecco lor sopraviene una donzella
dolente in vista, e di cor spesso geme.
Se mi domanda alcun chi sia, perch'ella
così s'affligge, e che dolor la preme,
io gli risponderò che è Fiordiligi
che de l'amante suo cerca i vestigi.

54. Da Brandimarte senza farle motto
lasciata fu ne la città di Carlo,
dov'ella l'aspettò sei mesi od otto;
e quando al fin non vide ritornarlo,
da un mare all'altro si mise, fin sotto
Pirene e l'Alpe, e per tutto a cercarlo:
l'andò cercando in ogni parte, fuore
ch'al palazzo d'Atlante incantatore.

---

52. – 4. *indizio manifesto*: nelle cose fracassate e nelle armi. – 8. *le reliquie*: le armi abbandonate da Orlando (dal lat. *relinquo*).

53. – 2. *riducendo*: raccogliendo. – 3. *lor sopraviene*: li raggiunge. – 4. *dir cor...
geme*: trae lamenti dal profondo del cuore; cfr. XVIII, 25, 3. – 5. *Se mi domanda ecc.*: cfr. I, 45, 1. – 6. *preme*: cfr. DANTE, *Inf.*, XXXIII, 5: «Disperato dolor che 'l cor mi preme». – 7. *Fiordiligi*: aveva lasciato Parigi in cerca dello sposo Brandimarte; cfr. VIII, 88-90.

54. – 3. *sei mesi od otto*: altrove (VIII, 90, 1) aveva detto «quasi un mese». – 4. *non vide ritornarlo*: non lo vide ritornare. – 5. *da un mare all'altro*: dal mare di Brettagna a quello di Provenza. Più che una reminiscenza dantesca (*Inf.*, XXVI, 100-105) c'è qui uno dei soliti colpi d'occhio arioteschi fatti sul planisfero. – 6. *Pirene*: Pirenei; cfr. IV, 11, 2-6.

55. Se fosse stata a quell'ostel d'Atlante,
     veduto con Gradasso andare errando
     l'avrebbe, con Ruggier, con Bradamante,
     e con Ferraù prima e con Orlando;
     ma poi che cacciò Astolfo il negromante
     col suon del corno orribile e mirando,
     Brandimarte tornò verso Parigi:
     ma non sapea già questo Fiordiligi.

56. Come io vi dico, sopraggiunta a caso
     a quei duo amanti Fiordiligi bella,
     conobbe l'arme, e Brigliador rimaso
     senza il patrone e col freno alla sella.
     Vide con gli occhi il miserabil caso,
     e n'ebbe per udita anco novella;
     che similmente il pastorel narrolle
     aver veduto Orlando correr folle.

57. Quivi Zerbin tutte raguna l'arme,
     e ne fa come un bel trofeo su 'n pino;
     e volendo vietar che non se n'arme
     cavallier paesan né peregrino,
     scrive nel verde ceppo in breve carme:
     «Armatura d'Orlando paladino»;
     come volesse dir: nessun la muova,
     che star non possa con Orlando a prova.

58. Finito ch'ebbe la lodevol opra,
     tornava a rimontar sul suo destriero;
     et ecco Mandricardo arrivar sopra,
     che visto il pin di quelle spoglie altiero,
     lo priega che la cosa gli discuopra:

55. – 2-3. *veduto... l'avrebbe*: cfr. XII, 11, 3; XXII, 20, 2. – 5. *poi che ecc.*: cfr. XXII, 21. – 6. *mirando*: meraviglioso (lat.).
    56. – 6. *per udita*: ascoltando con l'orecchie.
    57. – 4. *paesan né peregrino*: né nativo del luogo né forestiero; cfr. XVII, 23, 3. – 5. *carme*: iscrizione (lat.). Anche Enea, in VIRGILIO, *Aen.*, III, 287-88, ha fatto affiggere sulle porte di un tempio uno scudo con una sua iscrizione: «*rem carmine signo: 'Aeneas haec de Danais victoribus arma'*».
    58. – 3. *arrivar sopra*: sopraggiungere. – 4. *altiero*: orgoglioso. – 5. *gli discuopra*:

e quel gli narra, come ha inteso il vero.
Allora il re pagan lieto non bada,
che viene al pino, e ne leva la spada,

59.   dicendo: – Alcun non me ne può riprendere;
non è pur oggi ch'io l'ho fatta mia,
et il possesso giustamente prendere
ne posso in ogni parte, ovunque sia.
Orlando che temea quella difendere,
s'ha finto pazzo, e l'ha gittata via;
ma quando sua viltà pur così scusi,
non debbe far ch'io mia ragion non usi. –

60.   Zerbino a lui gridava: – Non la tôrre,
o pensa non l'aver senza questione.
Se togliesti così l'arme d'Ettorre,
tu l'hai di furto, più che di ragione. –
Senz'altro dir l'un sopra l'altro corre,
d'animo e di virtù gran paragone.
Di cento colpi già rimbomba il suono,
né bene ancor ne la battaglia sono.

61.   Di prestezza Zerbin pare una fiamma
a tôrsi ovunque Durindana cada:
di qua di là saltar come una damma
fa 'l suo destrier dove è miglior la strada.
E ben convien che non ne perda dramma;

---

gli spieghi. – 7. *non bada*: non indugia; cfr. XII, 37, 5. – 8. *che*: probabilmente è consecutivo: sì che; ma potrebbe essere anche relativo di *re pagano* (v. 7), oppure anche causale.

59. – 2. *non... mia*: Mandricardo allude all'impresa da lui compiuta al castello della fata di Soria (cfr. XIV, 31, 4-8), dove aveva conquistato le armi di Ettore. Egli riteneva di aver diritto anche alla spada e già aveva accusato Orlando di furto (cfr. XXIII, 79, 1-2). – 6. *s'ha finto pazzo*: s'è finto pazzo. – 7. *ma... scusi*: ma quand'anche egli cerchi in questo modo di scusare la sua viltà. – 8. *ragion*: diritto.

60. – 2. *senza questione*: senza contesa. – 3. *Se togliesti così*: se nello stesso modo hai acquistato le armi di Ettore. – 6. *d'animo... paragone*: nell'assalto essi costituiscono esempio, modello (cfr. IV, 62, 8) di coraggio e valore. Ma potrebbe anche significare: «prova, cimento» (cfr. I, 61, 4).

61. – 2. *tôrsi*: sottrarsi. – 3. *come una damma*: come un daino; di simili paragoni è ricca la tradizione cavalleresca: cfr. PULCI, *Morg.*, V, 48, 1-2; BOIARDO, *Innam.*, II, XVII, 45, 1-2. – 5. *ben... dramma*: ed è necessario che non perda la più

ch'andrà, s'un tratto il coglie quella spada,
a ritrovar gl'innamorati spirti
ch'empion la selva degli ombrosi mirti.

62.   Come il veloce can che 'l porco assalta
        che fuor del gregge errar vegga nei campi,
        lo va aggirando, e quinci e quindi salta;
        ma quello attende ch'una volta inciampi:
        così, se vien la spada o bassa od alta,
        sta mirando Zerbin come ne scampi;
        come la vita o l'onor salvi a un tempo,
        tien sempre l'occhio, e fiere e fugge a tempo.

63.   Da l'altra parte, ovunque il Saracino
        la fiera spada vibra o piena o vòta,
        sembra fra due montagne un vento alpino
        ch'una frondosa selva il marzo scuota;
        ch'ora la caccia a terra a capo chino,
        or gli spezzati rami in aria ruota.
        Ben che Zerbin più colpi e fùggia e schivi,
        non può schivare al fin, ch'un non gli arrivi.

64.   Non può schivare al fine un gran fendente
        che tra 'l brando e lo scudo entra sul petto.
        Grosso l'usbergo, e grossa parimente
        era la piastra, e 'l panziron perfetto:
        pur non gli steron contra, et ugualmente

piccola parte, di tale destrezza (cfr. V, 20, 7). – 8. *la selva... mirti*: il bosco dei mirti nei campi Elisi, dove VIRGILIO, *Aen.*, VI, 440-444, pone le anime degli amanti. Cfr. anche PETRARCA, *Tr. Am.*, I, 149-150: «gran parte Empion del bosco e degli ombrosi mirti».

62. – 1. *Come il veloce can ecc.*: al cane è paragonato Zerbino, al porco Mandricardo. – 2. *gregge*: branco. – 4. *ma... inciampi*: e intanto *quello*, il porco, attende che il cane almeno una volta inciampi, per colpirlo a morte. – 8. *fiere*: colpisce.

63. – 2. *vibra o piena o vòta*: colpisce in pieno o vibra il colpo a vuoto; cfr. XIX, 96, 5. – 3. *un vento alpino*: la similitudine, qui così elegante e preziosa, di origine virgiliana (*Aen.*, IV, 441-46), era stata rielaborata da BOIARDO, *Innam.*, II, XIV, 57, 3-6: «Come ne l'Alpe la mina e il vento Abbatte e' faggi con furore atterra: Cotale il Saracin pien d'ardimento Tra' cavallieri a piedi se disferra»; II, XVII, 47, 6: «Né abatte il vento sì spesso le fronde». – 4. *il marzo*: di marzo, che è mese ventoso. – 5. *la caccia... chino*: la incurva fino a terra. – 7. *fùggia*: fugga, cfr. DANTE, *Inf.*, XV, 6.

64. – 1. *Non... fine*: ripresa di un intero emistichio dall'ultimo verso dell'ottava precedente. – 2. *entra sul petto*: cfr. OMERO, *Il.*, IV, 130-38; BOIARDO, *Innam.*, I, XIX, 11, 1-2: «Il crudel brando nel petto dichina, E rompe el sbergo e taglia el pancirone». – 4. *la piastra*: cfr. I, 17, 3; *il panziron*: la panziera; cfr. VI, 66, 4. – 5. *non gli*

alla spada crudel dieron ricetto.
Quella calò tagliando ciò che prese,
la corazza e l'arcion fin su l'arnese.

65.   E se non che fu scarso il colpo alquanto,
       per mezzo lo fendea come una canna;
       ma penetra nel vivo a pena tanto,
       che poco più che la pelle gli danna:
       la non profonda piaga è lunga quanto
       non si misureria con una spanna.
       Le lucid'arme il caldo sangue irriga
       per sino al piè di rubiconda riga.

66.   Così talora un bel purpureo nastro
       ho veduto partir tela d'argento
       da quella bianca man più ch'alabastro,
       da cui partire il cor spesso mi sento.
       Quivi poco a Zerbin vale esser mastro
       di guerra, et aver forza e più ardimento;
       che di finezza d'arme e di possanza
       il re di Tartaria troppo l'avanza.

67.   Fu questo colpo del pagan maggiore
       in apparenza, che fosse in effetto;

steron contra: non gli fecero resistenza; ugualmente: tutti, sia l'usbergo che la piastra
che la panziera. – 6. dieron ricetto: aprirono il varco, lasciarono penetrare. – 7. prese:
colpì. – 8. l'arnese: l'armatura; qui si intende quella parte dell'armatura che proteggeva le reni e le cosce.
   65. – 1. E se... alquanto: e se non fosse stato alquanto corto il colpo. – 4. danna:
danneggia, ferisce. – 8. rubiconda: rossa (lat.). Il particolare pittorico prezioso (di
origine virgiliana: Aen., XII, 308: «sparso late rigat arma cruore») prepara all'ottava
contemplativa che segue.
   66. – 1. Così talora ecc.: la spinta alla similitudine è tutta letteraria, e viene
da OMERO, Il, IV, 141-146; ma il riferimento preciso e autobiografico va ad
Alessandra Benucci, che l'Ariosto vide ricamare, con mani bianchissime, certe
sopravvesti d'argento per i suoi figlioli, inserendovi una lista rossa; ma cfr.
CATALANO, Vita, I, pp. 395 segg. e anche ARIOSTO, Rime, Son. XXVI. –
4. partire: riprende il partire del v. 2, con un gioco di parole che si intona al
motivo madrigalesco e petrarchesco di questi versi; cfr. Canz., XXIII, 72-73:
«Questa che col mirar gli animi fura, M'aperse il petto, e 'l cor prese con
mano». – 6. e più: e più ancora che forza. – 7. finezza d'arme: eccellenza e
forbitezza delle armi, che, non si dimentichi, erano quelle incantate di Ettore;
possanza: forza fisica; contrapposta all'esperto armeggiare e alla sveltezza di
Zerbino.

tal ch'Issabella se ne sente il core
fendere in mezzo all'agghiacciato petto.
Zerbin pien d'ardimento e di valore
tutto s'infiamma d'ira e di dispetto;
e quanto più ferire a due man puote,
in mezzo l'elmo il Tartaro percuote.

68.   Quasi sul collo del destrier piegosse
per l'aspra botta il Saracin superbo;
e quando l'elmo senza incanto fosse,
partito il capo gli avria il colpo acerbo.
Con poco differir ben vendicosse,
né disse: A un'altra volta io te la serbo;
e la spada gli alzò verso l'elmetto,
sperandosi tagliarlo infin al petto.

69.   Zerbin che tenea l'occhio ove la mente,
presto il cavallo alla man destra volse;
non sì presto però, che la tagliente
spada fuggisse, che lo scudo colse.
Da sommo ad imo ella il partì ugualmente,
e di sotto il braccial roppe e disciolse;
e lui ferì nel braccio, e poi l'arnese
spezzògli, e ne la coscia anco gli scese.

70.   Zerbin di qua di là cerca ogni via,
né mai di quel che vuol, cosa gli avviene;
che l'armatura sopra cui feria,
un piccol segno pur non ne ritiene.
Da l'altra parte il re di Tartaria
sopra Zerbino a tal vantaggio viene,
che l'ha ferito in sette parti o in otto,
tolto lo scudo, e mezzo l'elmo rotto.

---

67. – 3-4. *il core fendere*: riprende l'immagine petrarchesca di 66, 2 e 4; e
aggiunge un tono di tenera grazia elegiaca all'insieme.
68. – 3. *quando... fosse*: se fosse stato. – 5. *Con poco differir*: senza indugio.
69. – 1. *tenea... mente*: osservava con l'occhio le mosse dell'avversario e subito
con la mente decideva sul modo di schivarle. – 4. *fuggisse*: evitasse. – 5. *Da sommo
ad imo*: da cima a fondo; cfr. XXIII, 131, 3; *ugualmente*: in parti uguali. – 6. *e di
sotto... disciolse*: e dalla parte di sotto dello scudo tagliò il bracciale, che legava lo
scudo al braccio. – 7. *l'arnese*: l'armatura.
70. – 2. *gli avviene*: gli riesce di ottenere. – 3. *feria*: vibrava colpi. – 4. *pur non*:
neppure.

71. Quel tuttavia più va perdendo il sangue;
    manca la forza, e ancor par che nol senta:
    il vigoroso cor che nulla langue,
    val sì, che 'l debol corpo ne sostenta.
    La donna sua, per timor fatta esangue,
    intanto a Doralice s'appresenta,
    e la priega e la supplica per Dio,
    che partir voglia il fiero assalto e rio.

72. Cortese come bella, Doralice,
    né ben sicura come il fatto segua,
    fa volentier quel ch'Issabella dice,
    e dispone il suo amante a pace e a triegua.
    Così a' prieghi de l'altra l'ira ultrice
    di cor fugge a Zerbino e si dilegua:
    et egli, ove a lei par, piglia la strada,
    senza finir l'impresa de la spada.

73. Fiordiligi, che mal vede difesa
    la buona spada del misero conte,
    tacita duolsi, e tanto le ne pesa,
    che d'ira piange e battesi la fronte.
    Vorria aver Brandimarte a quella impresa;
    e se mai lo ritrova e gli lo conte,
    non crede poi che Mandricardo vada
    lunga stagione altier di quella spada.

74. Fiordiligi cercando pure invano
    va Brandimarte suo matina e sera;
    e fa camin da lui molto lontano,
    da lui che già tornato a Parigi era.
    Tanto ella se n'andò per monte e piano,

71. – 1. *tuttavia più*: continuamente, sempre più. – 3. *che nulla langue*: che non vien meno per nulla. – 8. *partir*: dividere, spartire.

72. – 2. *né... segua*: e incerta sul possibile esito del duello, temendo che Mandricardo possa ancora avere la peggio; *pace... triegua*: coppia di concetti petrarcheschi. – 5. *ira ultrice*: ira vendicatrice (lat.). – 7. *ove a lei par*: nella direzione che a lei piace; oppure: dal momento che a lei piace così.

73. – 4. *battersi la fronte*: cfr. I, 6, 2. – 6. *se mai... conte*: «L'indicativo *ritrova* dice la ferma speranza di ritrovarlo, il congiuntivo *conte* accenna al dubbio se gli rivelerà l'accaduto, per non esporlo a nuovi pericoli» (Papini); ma questa spiegazione sembra a Bigi troppo sottile ed egli spiega il *conte* come pura esigenza di rima.

74. – 1. *pure*: continuamente. – 5. *per monte e piano*: le rime *piano:lontano:in-*

che giunse ove, al passar d'una riviera,
vide e conobbe il miser paladino;
ma diciàn quel ch'avvenne di Zerbino:

75. che 'l lasciar Durindana sì gran fallo
gli par, che più d'ogn'altro mal gl'incresce;
quantunque a pena star possa a cavallo
per molto sangue che gli è uscito et esce.
Or poi che dopo non troppo intervallo
cessa con l'ira il caldo, il dolor cresce:
cresce il dolor sì impetuosamente,
che mancarsi la vita se ne sente.

76. Per debolezza più non potea gire;
sì che fermossi appresso una fontana.
Non sa che far né che si debba dire
per aiutarlo la donzella umana.
Sol di disagio lo vede morire;
che quindi è troppo ogni città lontana,
dove in quel punto al medico ricorra,
che per pietade o premio gli soccorra.

77. Ella non sa, se non invan dolersi,
chiamar fortuna e il cielo empio e crudele.
– Perché, ahi lassa! – dicea – non mi sommersi
quando levai ne l'Oceàn le vele? –

vano erano già in PETRARCA, *Canz.*, CCLXXXVIII, 2-7. – 6. *riviera*: fiume. –
7. *vide... paladino*: l'incontro fra Fiordiligi e Orlando sarà descritto nel ca.
XXXIX, 43 segg.
75. – 1. *che*: al quale. «È uno di quei *che*, che il popolo mette là vagamente,
senza riferimento sintattico determinato, ma che nell'intenzione sono relativi»
(Papini). – 6. *il caldo*: il fervore dell'azione, il calore fisico della passione e
dell'ira.
76. – 4. *umana*: pietosa; l'aggettivo, molto diffuso e puramente esornativo
nella tradizione canterina (specia in rima), riacquista qui una sua precisa carica
semantica. – 5. *disagio*: mancanza di cure. – 6. *quindi*: da quel luogo. – 7. *in quel
punto*: in tale frangente. – 8. *premio*: prezzo; *gli soccorra*: gli venga in aiuto (cfr.
XVIII, 64, 1). La situazione aveva molti esempi nella letteratura romanzesca (cfr.
P. RAJNA, *Le fonti dell'«Orlando Furioso»* cit., pp. 351-352); ma l'elaborazione del-
l'Ariosto è tutta originale, e le somiglianze con la storia di Piramo e Tisbe in
OVIDIO, *Met.*, IV, 54 segg., o con quella di Iroldo e Tisbina nel BOIARDO, *Innam.*, I,
XII, 43 segg., riguardano solo qualche dettaglio.
77. – 2. *chiamar... crudele*: cfr. BOIARDO, *Innam.*, I, III, 46, 8: «Chiama le stelle,
il sole e il ciel crudele». – 4. *levai... le vele*: spiegai le vele; cioè quando fuggii dalla

Zerbin che i languidi occhi ha in lei conversi,
sente più doglia, ch'ella si querele,
che de la passïon tenace e forte
che l'ha condutto omai vicino a morte.

78.   – Così, cor mio, vogliate, – le diceva,
        – dopo ch'io sarò morto, amarmi ancora,
        come solo il lasciarvi è che m'aggreva
        qui senza guida, e non già perch'io mora:
        che se in sicura parte m'accadeva
        finir de la mia vita l'ultima ora,
        lieto e contento e fortunato e pieno
        morto sarei, poi ch'io vi moro in seno.

79.   Ma poi che 'l mio destino iniquo e duro
        vol ch'io vi lasci, e non so in man di cui;
        per questa bocca e per questi occhi giuro,
        per queste chiome onde allacciato fui,
        che disperato nel profondo oscuro
        vo de lo 'nferno, ove il pensar di vui
        ch'abbia così lasciata, assai più ria
        sarà d'ogn'altra pena che vi sia. –

80.   A questo la mestissima Issabella,
        declinando la faccia lacrimosa
        e congiungendo la sua bocca a quella
        di Zerbin, languidetta come rosa,

casa paterna e mi misi pel mare; cfr. XIII, 13 segg. – 5. *conversi*: rivolti (lat.). –
7. *passïon*: patimento; *tenace e forte*: cfr. PETRARCA, *Tr. Am.*, II, 117: «amor tenace e
forte» (in rima con «morte» e «sorte»).
        78. – 1. *Così... vogliate*: preghiera e lamento assieme, raddolcita dal ritmo len-
to, pieno di pause e singulti. – 3. *m'aggreva*: mi pesa, mi tormenta; cfr. I, 26, 7.
        79. – 4. *onde... fui*: dalle quali fui stretto nei lacci d'amore. L'immagine pe-
trarchesca (*Canz.*, LIX, 4; CXCVII, 9; CCLXX, 56; ecc.) era stata ripresa in un
madrigale dell'Ariosto: «le chiome bionde, Di che più volte hai la tua rete intesta»
(*Rime*, mad. I, 6-7). – 5-8. *che disperato... sia*: nell'*Innam.*, I, XII, 51, 5-8, è Iroldo che
dice: «'e nello inferno andrò... Ma quando ancor saprò che me sei tolta, Morrò, se
morir possi un'altra volta'».
        80. – 2. *declinando*: chinando. – 3. *congiungendo la sua bocca*: cfr. VII, 29, 4-5;
XXII, 32, 7-8. – 4. *languidetta come rosa*: la rosa che impallidisce è paragonata alla
bocca di Zerbino, non a quella d'Isabella. La similitudine della rosa, cara all'Ariosto (cfr. I, 42-43; 58; X, 11, 3-4; XXII, 32, 6), fa pensare anche qui ai modelli classici
e volgari, ma soprattutto fa pensare a un'ottava del Poliziano, che ha le stesse

rosa non colta in sua stagion, sì ch'ella
impallidisca in su la siepe ombrosa,
disse: – Non vi pensate già, mia vita,
far senza me quest'ultima partita.

81.   Di ciò, cor mio, nessun timor vi tocchi;
      ch'io vo' seguirvi o in cielo o ne lo 'nferno.
      Convien che l'uno e l'altro spirto scocchi,
      insieme vada, insieme stia in eterno.
      Non sì tosto vedrò chiudervi gli occhi,
      o che m'ucciderà il dolore interno,
      o se quel non può tanto, io vi prometto
      con questa spada oggi passarmi il petto.

82.   De' corpi nostri ho ancor non poca speme,
      che me' morti che vivi abbian ventura.
      Qui forse alcun capiterà, ch'insieme,
      mosso a pietà, darà lor sepoltura. –
      Così dicendo, le reliquie estreme
      de lo spirto vital che morte fura,
      va ricogliendo con le labra meste,
      fin ch'una minima aura ve ne reste.

rime, e certi tratti stilistici simili: «la mammoletta verginella... languida cade» (*Stanze*, I, 78, 1-8). L'ottava ariostesca è però più caldamente e liricamente armoniosa. – 6. *ombrosa*: aggettivo petrarchesco. – 7-8. *Non... senza me*: nell'*Innam.*, loc. cit., 53, 1-2, é Tisbina che dice: «Adunque credi, ... Ch'io mai potessi senza te campare?'»; *ultima partita*: è espressione petrarchesca: cfr. *Canz.*, LVI, 13.
   81. – 1-4. *Di ciò... eterno*: ancora Tisbina, in *Innam.*, loc. cit., 53, 7-8, 54, 1-2: «'Ora te pensi de andar nello inferno E me lasciare interra in pianto eterno? Io fui e son tua ancor, mentre son viva, e sempre serò tua, poi che sia morta'»; *cor mio*: cfr. i precedenti *cor mio* (XXIV, 78, 1) e *mia vita* (XXIV, 80, 7), le note a IV, 41, 1-3; VIII, 73, 3; XXIX, 8, 6-8, e osserva la particolare delicatezza del motivo in questo caso. – 3. *scocchi*: si sciolga dal corpo, come la freccia scocca dall'arco; cfr. PETRARCA, *Tr. Tem.*, I, 82: «non aspettare che la morte scocchi». – 8. *spada... petto*: simile la morte di Tisbe in OVIDIO, *Met.*, loc. cit., e quella di Tisbina in *Innam.*, loc. cit., I, XII, 55, 4: «'Poi me darò la morte per me stessa'».
   82. – 1. *De' corpi nostri ecc.*: cfr. OVIDIO, loc. cit., IV, 154-57: «*Hoc tamen amborum verbis estote rogati... Ut quos certus amor, quos hora novissima iunxit, Componi tumulo non invideatis eodem*»; *Innam.*, loc. cit., 55, 5-6: «Con te ne l'altro mondo io vo' venire, E teco in un sepolcro serò messa». – 2. *me'*: meglio; *abbian ventura*: siano fortunati. – 4-5. *le reliquie... fura*: gli ultimi palpiti dello spirito vitale che la morte rapisce. Anche questa immagine è letteraria e si rifà a un pio rito praticato comunemente dagli antichi. VIRGILIO, per es., descrive Anna che raccoglie l'ultimo respiro sulle labbra di Didone: «*si quis super halitus errat, Ore legam*» (*Aen.*, IV, 684-685) e Ovidio descrive lo stesso rito tra Cefalo e Procri (*Ars. am.*, III, 743-746;

83.   Zerbin la debol voce riforzando,
         disse: – Io vi priego e supplico, mia diva,
         per quello amor che mi mostraste, quando
         per me lasciaste la paterna riva;
         e se commandar posso, io vel commando,
         che fin che piaccia a Dio, restiate viva;
         né mai per caso pogniate in oblio
         che quanto amar si può v'abbia amato io.

84.   Dio vi provederà d'aiuto forse,
         per liberarvi d'ogni atto villano,
         come fe' quando alla spelonca torse,
         per indi trarvi, il senator romano.
         Così (la sua mercé) già vi soccorse
         nel mare e contra il Biscaglin profano:
         e se pure avverrà che poi si deggia
         morire, allora il minor mal s'elleggia. –

85.   Non credo che quest'ultime parole
         potesse esprimer sì, che fosse inteso;
         e finì come il debol lume suole,
         cui cera manchi od altro in che sia acceso.
         Chi potrà dire a pien come si duole,
         poi che si vede pallido e disteso,
         la giovanetta, e freddo come ghiaccio
         il suo caro Zerbin restare in braccio?

86.   Sopra il sanguigno corpo s'abbandona,
         e di copiose lacrime lo bagna;

Met., VII, 860-861: «*et in me Infelicem animam nostroque exhalat in ore*»). Il motivo
sarà poi ripreso, anche in altri contesti, nel Cinquecento, con una curiosa mesco-
lanza di sensualità e platonismo. Cfr. N. J. PERELLA, *The Kiss Sacred and Profane*,
Berkeley, The Univ. of California Press, 1969.
    83. – 7. *per caso*: per nessun caso che possa avvenire.
    84. – 2. *allo villano*: violenza. – 3. *torse*: indirizzò, condusse. – 4. *il senator ro-
mano*: Orlando, che liberò Isabella dalla prigionia del ladroni. – 5. *la sua mercé*: per
sua grazia. – 6. *il Biscaglin profano*: l'empio Odorico; cfr. DANTE, *Inf.*, VI, 21: «i miseri
profani». – 7-8. *e se pure... elleggia*: ma se la morte vi sarà l'unico scampo ad atti di
violenza, allora essa sarà il minor male. L'Ariosto, che è sempre attento pianifica-
tore delle sue narrazioni, preannuncia già qui quale sarà la fine di Isabella.
    85. – 3-4. *e finì... acceso*: cfr. PETRARCA, *Tr. Mor.*, I, 163-164: «A guisa d'un soave
e chiaro lume Cui nutrimento a poco a poco manca».
    86. – 1. *Sopra il ecc.*: i gesti di disperazione di Isabella sono modellati sulla

e stride sì, ch'intorno ne risuona
a molte miglia il bosco e la campagna.
Né alle guancie né al petto si perdona,
che l'uno e l'altro non percuota e fragna;
e straccia a torto l'auree crespe chiome,
chiamando sempre invan l'amato nome.

87.　　In tanta rabbia, in tal furor sommersa
l'avea la doglia sua, che facilmente
avria la spada in se stessa conversa,
poco al suo amante in questo ubidïente;
s'uno eremita ch'alla fresca e tersa
fonte avea usanza di tornar sovente
da la sua quindi non lontana cella,
non s'opponea, venendo, al voler d'ella.

88.　　Il venerabile uom, ch'alta bontade
avea congiunta a natural prudenzia,
et era tutto pien di caritade,
di buoni esempi ornato e d'eloquenzia,
alla giovan dolente persuade
con ragioni efficaci pazïenzia;
et inanzi le puon, come uno specchio,
donne del Testamento e nuovo e vecchio.

tradizione tragico-patetica della letteratura classica; ma cfr. V, 60, 1-4 e in particolare, qui, OVIDIO, *loc. cit.*, 138-43: «*percutit indignos claro plangore lacertos, Et
laniata comas amplexaque corpus amatum Vulnera supplevit lacrimis fletumque cruo-
ri Miscuit... 'Pyrame' clamavit 'quis te mihi casus ademit? Pyrame, responde...'*»; *sanguigno*: insanguinato. – 3-4. *d'intorno... campagna*: cfr. VIRGILIO, *Aen.*, XII, 928-29:
«*totus... remugit Mons circum et vocem late nemora alta remittunt*». – 5-6. *Né... fragna*:
e non ha pietà, riguardo, per il proprio viso e per il proprio petto, sì da non
percuotere e lacerare entrambi.
　　87. – 1. *In tanta rabbia ecc.*: cfr. XXIII, 134, 1. – 3. *conversa*: rivolta; cfr.
PETRARCA, *Canz.*, XXIX, 38: «L'amata spada in se stessa contorse». – 7. *quindi*:
di là.
　　88. – 2. *natural prudenzia*: buon senso (lat.). – 4. *di buoni esempi ornato*:
parlatore fornito di esempi adatti a edificare e convincere. Si tratta di una
lode canonica, attribuita spesso agli eroi del BOCCACCIO, *Decam.*, I, VII, 7:
«presto parlatore e ornato»; ma l'Ariosto la usa con una punta di ironia. –
5-6. *alla... pazïenza*: induce la giovane addolorata alla rassegnazione con efficaci argomentazioni (costr. lat.). – 7. *le puon*: le pone; *specchio*: modello a cui
ispirarsi.

89.   Poi le fece veder, come non fusse
        alcun, se non in Dio, vero contento,
        e ch'eran l'altre transitorie e flusse
        speranze umane, e di poco momento;
        e tanto seppe dir, che la ridusse
        da quel crudele et ostinato intento,
        che la vita sequente ebbe disio
        tutta al servigio dedicar di Dio.

90.   Non che lasciar del suo signor voglia unque
        né 'l grand'amor, né le reliquie morte:
        convien che l'abbia ovunque stia et ovunque
        vada, e che seco e notte e dì le porte.
        Quindi aiutando l'eremita dunque,
        ch'era de la sua età valido e forte,
        sul mesto suo destrier Zerbin posaro,
        e molti dì per quelle selve andaro.

91.   Non vòlse il cauto vecchio ridur seco,
        sola con solo, la giovane bella
        là dove ascosa in un selvaggio speco
        non lungi avea la solitaria cella;
        fra sé dicendo: «Con periglio arreco
        in una man la paglia e la facella».
        Né si fida in sua età né in sua prudenzia,
        che di sé faccia tanta esperïenzia.

89. – 2. *vero contento*: vera letizia. – 3-4. *eran... momento*: e tutte le altre speranze umane erano passeggere e fugaci (lat. *fluxae*) e di poca importanza (lat. *parvi
momenti*). – 5. *ridusse*: distolse. – 7. *sequente*: che le rimaneva.
    90. – 1. *unque*: mai. – 2. *le reliquie morte*: le spoglie mortali. È possibile che l'A.
tenesse qui presente la storia della regina di Castiglia Giovanna (detta la Pazza)
che, rimasta vedova di Filippo il Bello nel 1506, si pose in viaggio per la Spagna
portandosi sempre dietro il feretro del marito. – 5. *Quindi... dunque*: dopo ciò,
dunque, con l'aiuto dell'eremita. – 6. *de la sua età*: per la sua età (compl. di
limitazione); cfr. n. a XII, 82, 3.
    91. – 1. *Nol vòlse ecc.*: evidentemente nel suo patrimonio di «buoni esempi»
c'erano anche certe novellette del *Decameron* sulle tentazioni degli eremiti; cfr.
anche la figurina dell'eremita nell'*Innam.*, III, VIII, 54 segg. – 5-6. *Con periglio...
facella*: è pericoloso portare la paglia e il fuoco nella stessa mano; cfr. 39, 8, dove
viene ricordato lo stesso proverbio (da Zerbino a proposito di Isabella). – 8. *esperïenzia*: prova.

92.   Di condurla in Provenza ebbe pensiero,
         non lontano a Marsilia in un castello,
         dove di sante donne un monastero
         ricchissimo era, e di edificio bello:
         e per portarne il morto cavalliero,
         composto in una cassa aveano quello,
         che 'n un castel ch'era tra via, si fece
         lunga e capace, e ben chiusa di pece.

93.   Più e più giorni gran spazio di terra
         cercaro, e sempre per lochi più inculti;
         che pieno essendo ogni cosa di guerra,
         voleano gir più che poteano occulti.
         Al fine un cavallier la via lor serra,
         che lor fe' oltraggi e disonesti insulti;
         di cui dirò quando il suo loco fia;
         ma ritorno ora al re di Tartaria.

94.   Avuto ch'ebbe la battaglia il fine
         che già v'ho detto, il giovin si raccolse
         alle fresche ombre e all'onde cristalline;
         et al destrier la sella 'l freno tolse,
         e lo lasciò per l'erbe tenerine
         del prato andar pascendo ove egli vòlse:
         ma non ste' molto, che vide lontano
         calar dal monte un cavalliero al piano.

95.   Conobbel, come prima alzò la fronte,
         Doralice, e mostrollo a Mandricardo,
         dicendo: – Ecco il superbo Rodomonte,
         se non m'inganna di lontan lo sguardo.
         Per far teco battaglia cala il monte:
         or ti potrà giovar l'esser gagliardo.
         Perduta avermi a grande ingiuria tiene,
         ch'era sua sposa, e a vendicar si viene. –

92. – 2. *lontano a Marsilia*: lontano da Marsilia; *castello*: villaggio. – 7. *tra via*: lungo la strada da essi percorsa.
93. – 2. *cercaro*: percorsero; *sempre... più inculti*: sempre più disabitati. – 5. *un cavallier*: Rodomonte; cfr. XXVII, 95. – 7. *quando... fia*: quando verrà il momento opportuno. – 8. *re di Tartaria*: Mandricardo.
94. – 1. *la battaglia*: con Zerbino.
95. – 1. *come prima*: non appena. – 4. *lo sguardo*: la vista. – 8. *era sua sposa*: era la sua promessa sposa; cfr. XIV, 40 segg.

96.   Qual buono astor che l'anitra o l'acceggia,
        starna o colombo o simil altro augello
        venirsi incontra di lontano veggia,
        leva la testa e si fa lieto e bello;
        tal Mandricardo, come certo deggia
        di Rodomonte far strage e macello,
        con letizia e baldanza il destrier piglia,
        le staffe ai piedi, e dà alla man la briglia.

97.   Quando vicini fur sì, ch'udir chiare
        tra lor poteansi le parole altiere,
        con le mani e col capo a minacciare
        incominciò gridando il re d'Algiere,
        ch'a penitenza gli faria tornare,
        che per un temerario suo piacere
        non avesse rispetto a provocarsi
        lui ch'altamente era per vendicarsi.

98.   Rispose Mandricardo: – Indarno tenta
        chi mi vuol impaurir per minacciarme:
        così fanciulli o femine spaventa,
        o altri che non sappia che sieno arme;
        me non, cui la battaglia più talenta
        d'ogni riposo; e son per adoprarme
        a piè, a cavallo, armato e disarmato,
        sia alla campagna, o sia ne lo steccato. –

96. – 1. *astor*: uccello che si ammaestrava per la caccia; *acceggia*: beccaccia. Per la similitudine, cfr. DANTE, *Par.*, XIX, 34-36: «Quasi falcone ch'esce del cappello, Move la testa e con l'ali si plaude, Voglia mostrando e facendosi bello»; PULCI, *Morg.*, IV, 55, 5-6: «Il falcone ha cavato il cappello: Non so se starna ha veduta o acceggia».

97. – 4. *il re d'Algiere*: Rodomonte. – 5-8. *ch'a penitenza ecc.*: che lo farebbe pentire del non aver avuto ritegno, per soddisfare un temerario piacere, di provocare contro di sé Rodomonte che se ne sarebbe solennemente vendicato.

98. – 2. *per minacciarme*: col minacciarmi. – 3. *così fanciulli ecc.*: lo scambio di minacce appartiene alla tradizione romanzesca e tutta questa scena ricorda quello del duello fra Danayn e Girone nel *Palamedés* (cfr. P. RAJNA, *Le fonti dell'«Orlando Furioso»* cit., p. 411); l'Ariosto ha qui pure inserito un ricordo classico, riprendendo le parole di Ettore ad Aiace nell'*Il.*, VII, 234-236. – 5. *talenta*: riesce gradita. – 6. *adoprarme*: dar prova del mio valore. – 8. *sia... steccato*: sia in campo aperto che in piazza d'armi.

99.   Ecco sono agli oltraggi, al grido, all'ire,
        al trar de' brandi, al crudel suon de' ferri;
        come vento che prima a pena spire,
        poi cominci a crollar frassini e cerri,
        et indi oscura polve in cielo aggire,
        indi gli arbori svella e case atterri,
        sommerga in mare, e porti ria tempesta
        che 'l gregge sparso uccida alla foresta.

100.   De' duo pagani, senza pari in terra,
        gli audacissimi cor, le forze estreme
        parturiscono colpi, et una guerra
        convenïente a sì feroce seme.
        Del grande e orribil suon triema la terra,
        quando le spade son percosse insieme:
        gettano l'arme insin al ciel scintille,
        anzi lampadi accese a mille a mille.

101.   Senza mai riposarsi o pigliar fiato
        dura fra quei duo re l'aspra battaglia,
        tentando ora da questo, or da quel lato
        aprir le piastre e penetrar la maglia.
        Né perde l'un, né l'altro acquista il prato;
        ma come intorno sian fosse o muraglia,
        o troppo costi ogn'oncia di quel loco,
        non si parton d'un cerchio angusto e poco.

---

99. – 1-2. *Ecco sono ecc.*: cfr. II, 5, 7-8. «Non isfugga... la maestria con cui
l'autore al corto e rapido crescendo de' due primi versi, fa corrispondere negli
altri sei il progressivo crescere ed infuriare d'una tempesta» (Bolza). – 3. *come
vento ecc.*: cfr. VIRGILIO, *Aen.*, II, 416-419; STAZIO, *Theb.*, VII, 625-627: «*ventus uti
primas struit inter nubila viris, Lenis adhuc, frondesque et aperta cacumina gestat,
Mox rapuit nemus et montes patefacit opacos*»; DANTE, *Inf.*, IX, 67-72: «un vento
Impetuoso per gli avversi ardori, Che fier la selva e sanz'alcun rattento Li rami
schianta, abbatte e porta fuori; Dinanzi polveroso va superbo, E fa fuggir le
fiere e li pastori».

100. – 2. *estreme*: somme; impareggiabili. – 3. *parturiscono*: producono. – 4. *a
sì... seme*: a guerrieri di schiatta così fiera. – 7. *gettano... scintille*: cfr. BOIARDO,
Innam., III, VII, 45, 5-6: «E ciascun colpo fuoco e fiama getta, Come sfavilla un
ferro alla fucina». – 8. *lampadi*: lampade, strisce di fuoco. Siamo in piena festa
dell'iperbolico.

101. – 5. *il prato*: terreno. – 6. *come... muraglia*: cfr. XLV, 75, 1-8. – 7. *ogn'oncia*:
anche la più piccola parte; cfr. XLV, 72, 2. – 8. *angusto e poco*: ristretto e insuffi-
ciente.

102. Fra mille colpi il Tartaro una volta
      colse a duo mani in fronte il re d'Algiere;
      che gli fece veder girare in volta
      quante mai furon fiacole e lumiere.
      Come ogni forza all'African sia tolta,
      le groppe del destrier col capo fere:
      perde la staffa, et è, presente quella
      che cotant'ama, per uscir di sella.

103. Ma come ben composto e valido arco
      di fino acciaio in buona somma greve,
      quanto si china più, quanto è più carco,
      e più lo sforzan martinelli e lieve;
      con tanto più furor, quanto è poi scarco,
      ritorna, e fa più mal che non riceve:
      così quello African tosto risorge,
      e doppio il colpo all'inimico porge.

104. Rodomonte a quel segno ove fu colto,
      colse a punto il figliol del re Agricane.
      Per questo non poté nuocergli al volto,
      ch'in difesa trovò l'arme troiane;
      ma stordì in modo il Tartaro, che molto
      non sapea s'era vespero o dimane.
      L'irato Rodomonte non s'arresta,
      che mena l'altro, e pur segna alla testa.

105. Il cavallo del Tartaro, ch'aborre
      la spada che fischiando cala d'alto,
      al suo signor con suo gran mal soccorre,

102. – 3-4. *gli fece... lumiere*: cfr. BOIARDO, *Innam.*, I, XVI, 25, 7-8: «a lui parve di veder le stelle, E il mondo lucigar tutto a fiammelle»; I, XXIII, XXIII, 31, 1-3. – 6. *le groppe... fere*: cfr. BOIARDO, *loc. cit.*, 25, 4: «su la groppa la testa percosse».
103. – 1. *arco*: arco di balestra. – 2. *di fino... greve*: massiccio per la grande quantità di acciaio ben temprato di cui è fatto. – 3. *si china*: viene piegato, teso; *carco*: compresso. – 4. *martinelli e lieve*: argani e leve. – 5. *(quanto*: quando). Segre in un primo tempo aveva emendato in «quando», poi vi ha rinunciato, spiegando il *quanto* come influsso del precedente *tanto* e rinviando a XLIII, 114, 7 per un fenomeno analogo; *scarco*: viene scaricato. – 6. *e fa... riceve*: ed è tanto più forte quanto più era stato sforzato.
104. – 1. *a quel segno*: in quello stesso punto, cioè in fronte. – 3. *Per questo*: ciò nonostante. – 4. *l'arme troiane*: l'elmo di Ettore. – 6. *non sapea... dimane*: cfr. BOIARDO, *loc. cit.*, 25, 5: «non sa se egli è da sera, o da matina». – 8. *l'altro*: il secondo colpo; aveva detto (XXIV, 103, 8) che il colpo era «doppio»; *segna*: mira.
105. – 1. *aborre*: teme, cerca di evitare. – 3. *al suo... soccorre*: salva il padrone

perché s'arretra, per fuggir, d'un salto:
il brando in mezzo il capo gli trascorre,
ch'al signor, non a lui, movea l'assalto.
Il miser non avea l'elmo di Troia,
come il patrone; onde convien che muoia.

106.   Quel cade, e Mandricardo in piedi guizza,
non più stordito, e Durindana aggira.
Veder morto il cavallo entro gli adizza,
e fuor divampa un grave incendio d'ira.
L'African, per urtarlo, il destrier drizza;
ma non più Mandricardo si ritira,
che scoglio far soglia da l'onde: e avvenne
che 'l destrier cadde, et egli in piè si tenne.

107.   L'African che mancarsi il destrier sente,
lascia le staffe e sugli arcion si ponta,
e resta in piedi e sciolto agevolmente:
così l'un l'altro poi di pari affronta.
La pugna più che mai ribolle ardente,
e l'odio e l'ira e la superbia monta:
et era per seguir; ma quivi giunse
in fretta un messaggier che gli disgiunse.

108.   Vi giunse un messaggier del popul Moro,
di molti che per Francia eran mandati
a richiamare agli stendardi loro
i capitani e i cavallier privati;
perché l'imperator dai gigli d'oro
gli avea gli alloggiamenti già assediati;
e se non è il soccorso a venir presto,
l'eccidio suo conosce manifesto.

(costruz. lat. col dativo) con grave danno per se stesso. – 5. *gli trascorre*: gli va a
cadere. – 6. *movea l'assalto*: era indirizzato.
    106. – 2. *aggira*: vibra in giro, ruota. – 3. *adizza*: aizza, attizza (cfr. DANTE, *Inf.*,
XXVII, 21, anche lì in rima con *guizzo* e *drizzo*). – 4. *divampa*: fa divampare. – 5.
drizza: dirige, muove contro. – 7. *scoglio*: l'immagine è classica (cfr. VIRGILIO, *Aen.*,
VII, 586-590; X, 693-696) ed è stata usata anche dal BOIARDO, *Innam.*, I, XXVII, 6, 3-4.
    107. – 2. *si ponta*: si appoggia, per sollevarsi. – 4. *di pari*: tutt'e due a piedi. –
6. *monta*: cresce. – 7. *et era per seguir*: e la cosa sarebbe andata avanti così.
    108. – 2. *di molti*: uno fra i tanti. – 4. *i cavallier privati*: i semplici cavalieri, che
facevano a sé e non comandavano alcuna schiera. – 5. *l'imperator... oro*: Carlo
Magno. – 8. *l'eccidio... manifesto*: il popolo moro vede prossimo il suo sterminio.

109. Riconobbe il messaggio i cavallieri,
oltre all'insegne, oltre alle sopraveste,
al girar de le spade, e ai colpi fieri
ch'altre man non farebbeno che queste.
Tra lor però non osa entrar, che speri
che fra tant'ira sicurtà gli preste
l'esser messo del re; né si conforta
per dir ch'imbasciator pena non porta.

110. Ma viene a Doralice, et a lei narra
ch'Agramante, Marsilio e Stordilano,
con pochi dentro a mal sicura sbarra
sono assediati dal popul cristiano.
Narrato il caso, con prieghi ne inarra
che faccia il tutto ai duo guerrieri piano,
e che gli accordi insieme, e per lo scampo
del popul saracin li meni in campo.

111. Tra i cavallier la donna di gran core
si mette, e dice loro: – Io vi comando,
per quanto so che mi portate amore,
che riserbiate a miglior uso il brando,
e ne vegnate subito in favore
del nostro campo saracino, quando
si trova ora assediato ne le tende,
e presto aiuto, o gran ruina attende. –

112. Indi il messo soggiunse il gran periglio
dei Saracini, e narrò il fatto a pieno;
e diede insieme lettere del figlio
del re Troiano al figlio d'Ulïeno.
Si piglia finalmente per consiglio
che i duo guerrier, deposto ogni veneno,

109. – 1. *il messaggio*: il messaggero. – 5. *che speri*: con la speranza, con sufficiente fiducia. – 8. *per dir*: col dire, per quanto si dica; *imbasciator... porta*: frase
proverbiale. E viene da pensare ai pericoli corsi dall'Ariosto ambasciatore.
110. – 2. *Stordilano*: era il padre di Doralice. – 3. *sbarra*: riparo. Sulla ritirata
e l'assedio, cfr. XVIII, 157 segg. – 5. *ne inarra*: ottenne da lei l'arra, la promessa (Cfr.
PETRARCA, *Canz.*, CCXXIII, 4). – 6. *faccia... piano*: spieghi.
111. – 1. *di gran core*: con grande coraggio. – 6. *quando*: dal momento che (lat.).
– 8. *presto*: sollecito.
112. – 1. *soggiunse*: descrisse per parte sua. – 3-4. *figlio... Troiano*: Agramante;
figlio d'Ulïeno: Rodomonte. – 5. *Si... consiglio*: si decide. – 6. *veneno*: odio (lat.).

facciano insieme triegua fin al giorno
che sia tolto l'assedio ai Mori intorno;

113.   e senza più dimora, come pria
liberato d'assedio abbian lor gente,
non s'intendano aver più compagnia,
ma crudel guerra e inimicizia ardente,
fin che con l'arme diffinito sia
chi la donna aver de' meritamente.
Quella, ne le cui man giurato fue,
fece la sicurtà per amendue.

114.   Quivi era la Discordia impazïente,
inimica di pace e d'ogni triegua;
e la Superbia v'è, che non consente
né vuol patir che tale accordo segua.
Ma più di lor può Amor quivi presente,
di cui l'alto valor nessuno adegua;
e fe' ch'indietro, a colpi di saette,
e la Discordia e la Superbia stette.

115.   Fu conclusa la triegua fra costoro,
sì come piacque a chi di lor potea.
Vi mancava uno dei cavalli loro;
che morto quel del Tartaro giacea:
però vi venne a tempo Brigliadoro,
che le fresche erbe lungo il rio pascea.
Ma al fin del canto io mi trovo esser giunto;
sì ch'io farò, con vostra grazia, punto.

113. – 1. *e senza più dimora*: e allora, senza ulteriore indugio; *come pria*: non appena. – 3. *non... compagnia*: non pensino che possa esserci più alleanza tra di loro. – 8. *fece la sicurtà*: si fece all'uno garante della lealtà dell'altro.

114. – 1. *la Discordia*: cfr. XVIII, 26 segg. – 6. *di cui... adegua*: il cui valore nessuno uguaglia. – 7-8. *e fe' ch'indietro... stette*: e fece stare indietro.

115. – 2. *a chi di lor potea*: ad Amore; ma potrebbe anche alludere a Doralice. – 5. *Brigliadoro*: cfr. XXIV, 49, 7-8.

CANTO VENTESIMOQUINTO

Esordio: grande è il contrasto nell'animo dei giovani fra il desiderio di gloria e la passione amorosa. Rodomonte, Mandricardo, Doralice e il nano messaggero vanno verso Parigi. Capitano in un prato dove si trovano a riposare quattro cavalieri e una donna. Frattanto anche Ruggiero ha ricevuto il messaggio che lo richiama al campo di Agramante; prosegue tuttavia per la sua strada e giunge in tempo per salvare dal rogo Ricciardetto, che egli scambia per la sorella Bradamante, tanto essi si assomigliano. Ricciardetto gli rivela la propria identità e gli racconta la sua storia: Fiordispina, figlia del re Marsilio, s'era innamorata di Bradamante, credendola un cavaliere. Egli, approfittando della sua somiglianza con la sorella, aveva ottenuto con un inganno l'amore della fanciulla; ma poi, scoperto, era stato condannato al rogo. Ruggiero e Ricciardetto giungono al castello di Agrismonte, tenuto da Aldigiero, cugino di Ricciardetto, e vengono informati che Lanfusa, madre di Ferraù, sta per consegnare Malagigi e Viviano, fratelli di Aldigiero, che erano stati fatti prigionieri, al maganzese Bertolagi di Baiona. Ruggiero, Ricciardetto e Aldigiero partono al loro soccorso; ma prima di partire Ruggiero scrive una lunga lettera a Bradamante, spiegando che deve accorrere in difesa di Agramante e che si vede costretto a rimandare il battesimo. I tre guerrieri si mettono in via e si imbattono in un cavaliere che porta per insegna, sull'armatura fregiata d'oro, una fenice in campo verde.

1. Oh gran contrasto in giovenil pensiero,
    desir di laude et impeto d'amore!
    né chi più vaglia, ancor si trova il vero;
    che resta or questo or quel superïore.
    Ne l'uno ebbe e ne l'altro cavalliero

---

1. – 3. *né chi... vero:* né si può accertare con sicurezza quale dei due sentimenti abbia più «valore» (cfr. XXIV, 114, 6). – 5. *l'uno... l'altro cavalliero:* Mandricardo e

quivi gran forza il debito e l'onore;
che l'amorosa lite s'intermesse,
fin che soccorso il campo lor s'avesse.

2. Ma più ve l'ebbe Amor: che se non era
che così commandò la donna loro,
non si sciogliea quella battaglia fiera,
che l'un n'avrebbe il triunfale alloro;
et Agramante invan con la sua schiera
l'aiuto avria aspettato di costoro.
Dunque Amor sempre rio non si ritrova:
se spesso nuoce, anco talvolta giova.

3. Or l'uno e l'altro cavallier pagano,
che tutti ha differiti i suoi litigi,
va, per salvar l'esercito africano,
con la donna gentil verso Parigi;
e va con essi ancora il piccol nano
che seguitò del Tartaro i vestigi,
fin che con lui condotto a fronte a fronte
avea quivi il geloso Rodomonte.

4. Capitaro in un prato ove a diletto
erano cavallier sopra un ruscello,
duo disarmati e duo ch'avean l'elmetto,
e una donna con lor di viso bello.
Chi fosser quelli, altrove vi fia detto;
or no, che di Ruggier prima favello,
del buon Ruggier di cui vi fu narrato
che lo scudo nel pozzo avea gittato.

5. Non è dal pozzo ancor lontano un miglio,
che venire un corrier vede in gran fretta,

Rodomonte. – 6. *quivi*: in questa circostanza; *il debito*: il senso del dovere. – 7. *che...
intermesse*: tanto che la lite causata dall'amore venne interrotta (lat. *intermittere*).
– 8. *fin... s'avesse*: finché si fosse da parte loro soccorso il campo saraceno.
    2. – 1. *ve l'ebbe*: ebbe quivi forza. – 2. *la donna loro*: Doralice. – 4. *che*: finché. –
5. *schiera*: esercito.
    3. – 2. *ha*: hanno. – 5. *nano*: cfr. XVIII, 28 segg. – 6. *Tartaro*: Mandricardo.
    4. – 1-2. *a diletto erano*: stavano a ricrearsi; *sopra*: sulla riva di un. – 5. *altrove*:
cfr. XXVI, 67 segg. e a n. II, 30, 7-8. – 7. *vi fu narrato*: cfr. XXII, 90-94.

di quei che manda di Troiano il figlio
ai cavallieri onde soccorso aspetta;
dal qual ode che Carlo in tal periglio
la gente saracina tien ristretta,
che, se non è chi tosto le dia aita,
tosto l'onor vi lascierà o la vita.

6. Fu da molti pensier ridutto in forse
Ruggier, che tutti l'assaliro a un tratto;
ma qual per lo miglior dovesse tôrse,
né luogo avea né tempo a pensar atto.
Lasciò andare il messaggio, e 'l freno torse
là dove fu da quella donna tratto,
ch'ad or ad or in modo egli affrettava,
che nessun tempo d'indugiar le dava.

7. Quindi seguendo il camin preso, venne
(già declinando il sole) ad una terra
che 'l re Marsilio in mezzo Francia tenne,
tolta di man di Carlo in quella guerra.
Né al ponte né alla porta si ritenne,
che non gli niega alcuno il passo o serra,
ben ch'intorno al rastrello e in su le fosse
gran quantità d'uomini e d'arme fosse.

8. Perch'era conosciuta da la gente
quella donzella ch'avea in compagnia,
fu lasciato passar liberamente,
né domandato pure onde venìa.

5. – 3. *di Troiano il figlio*: Agramante. – 6. *ristretta*: assediata, incalzata. – 7. *se non è ecc.*: cfr. XXIV, 108, 7-8. – 8. *l'onor vi lascierà*: la gente saracena perderà l'onore.

6. – 1. *ridutto in forse*: messo in dubbio. – 3. *qual... tôrse*: quale fra tali pensieri dovesse scegliere come migliore. – 5. *messaggio*: messaggero. – 6. *quella donna*: quella che aveva pregato lui e Bradamante di recarsi a soccorrere un giovane che era stato condannato al rogo; cfr. XXII, 36 segg. – 7. *ad or... affrettava*: di tanto in tanto le faceva fretta in modo tale.

7. – 2. *declinando*: quando tramontava. Gerundio assoluto; *terra*: città. In precedenza aveva parlato di *un castel* (XXII, 38, 8) e di una *ròcca* (XXII, 40, 6). – 3. *in mezzo Francia*: in mezzo alla Francia. – 5. *si ritenne*: si fermò; cfr. X, 114, 1. – 6. *niega*: impedisce. – 7. *rastrello*: cancello esterno; cfr. VIII, 3, 6. – 8. *d'uomini e d'arme*: di uomini armati; l'endiadi anche in PETRARCA, *Canz.*, CLXXVI, 2: «Onde vanno a gran rischio uomini et arme».

Giunse alla piazza, e di fuoco lucente,
e piena la trovò di gente ria;
e vide in mezzo star con viso smorto
il giovine dannato ad esser morto.

9.   Ruggier come gli alzò gli occhi nel viso,
che chino a terra lacrimoso stava,
di veder Bradamante gli fu aviso,
tanto il giovine a lei rassimigliava.
Più dessa gli parea, quanto più fiso
al volto e alla persona il riguardava;
e fra sé disse: «O questa è Bradamante,
o ch'io non son Ruggier com'era inante.

10.   Per troppo ardir si sarà forse messa
del garzon condennato alla difesa;

---

8. – 5. *di fuoco lucente*: illuminata dal fuoco. – 8. *dannato*: condannato. Il tema del supplizio e le vicende della liberazione erano un luogo comune della letteratura arturiana e carolingia; qui l'Ariosto sembra però aver sentito maggiormente la suggestione (anche per le somiglianze della colpa che diede luogo alla punizione e al supplizio) della storia di Tristano e di quelle boccaccesche di Florio e Biancofiore nel *Filocolo* e di Gian da Procida nel *Decam.*, V, VI; cfr. P. RAJNA, *Le fonti dell'«Orlando Furioso»* cit., pp. 364 segg.

9. – 2. *chino... stava*: cfr. BOCCACCIO, *Decam.*, V, VI, 29: «stavano con le teste basse e il loro infortunio piangevano». – 3. *gli fu aviso*: credette. – 6. *il riguardava*: cfr. BOCCACCIO, *loc. cit.*, 30: «appresso venuto il giovane a riguardare, senza troppo menare il riconobbe». – 7-8. *O questa... inante*: l'equivoco in cui cade Ruggiero di fronte a Ricciardetto serve all'A. per risolvere la vicenda di Fiordispina, che Boiardo aveva lasciata inconclusa, mentre era innamorata senza speranza di Bradamante (*Innam.*, III, VIII, 63; IX, 25). Quella che viene qui ricostruita è la situazione molto diffusa nella letteratura novellistica e comico-teatrale: lo scambio di due gemelli (come nella commedia plautina dei *Menaechmi*, notissima a Ferrara, tradotta e rappresentata sulle scene negli anni di A.), complicata e resa più maliziosa dalla differenziazione del sesso dei due gemelli. Questo dei gemelli dal ruolo sessuale differenziato era motivo sfruttato abilmente nella commedia del Bibbiena *Calandra* (1513). Con questa differenza, fatta notare da G. FERRONI, *Da Bradamante a Ricciardetto. Interferenze testuali e scambi di sesso*, in *La parola ritrovata. Fonti e analisi letteraria*, a c. di C. DI GIROLAMO e I. PACCAGNELLA, Palermo, Sellerio, 1982, pp. 137-59: «la destinazione integralmente erotica dell'episodio ariostesco sfugge a quell'orizzonte familiare offerto dai *Menaechmi* e ripreso dalla *Calandria*, come a quel punto di vista di umanesimo platonizzante che il Bibbiena carica sul motivo dell'androginismo». Molte vaghe le somiglianze con la commedia elegiaca *Alda* di Guillaume de Blois, uno scrittore del XII secolo, sostenute da P. RAJNA, *Ricciardetto e Fiordispina*, in *Todd Memorial Volumes. Philological Studies*, vol. II, a cura di J. D. FITZGERALD e P. TAYLOR, New York, 1930, pp. 91-105.

10. – 1-2. *si sarà... difesa*: avrà preso la difesa del giovane condannato (lat.

e poi che mal la cosa l'è successa,
ne sarà stata, come io veggo, presa.
Deh perché tanta fretta, che con essa
io non potei trovarmi a questa impresa?
Ma Dio ringrazio che ci son venuto,
ch'a tempo ancora io potrò darle aiuto».

11.   E sanza più indugiar la spada stringe
        (ch'avea all'altro castel rotta la lancia),
        e adosso il vulgo inerme il destrier spinge
        per lo petto, pei fianchi e per la pancia.
        Mena la spada a cerco, et a chi cinge
        la fronte, a chi la gola, a chi la guancia.
        Fugge il popul gridando; e la gran frotta
        resta o sciancata o con la testa rotta.

12.   Come stormo d'augei ch'in ripa a un stagno
        vola sicuro e a sua pastura attende,
        s'improviso dal ciel falcon grifagno
        gli dà nel mezzo et un ne batte o prende,
        si sparge in fuga, ognun lascia il compagno,
        e de lo scampo suo cura si prende;
        così veduto avreste far costoro,
        tosto che 'l buon Ruggier diede fra loro.

---

condemnatus). Si ricordi che in un primo tempo Ruggiero e Bradamante erano partiti insieme per compiere l'impresa e poi si erano smarriti e separati; cfr. XXII, 97. – 3. *successa*: riuscita. – 4. *ne*: per questo; oppure: da costoro.

11. – 1. *stringe*: impugna (lat.). – 2. *altro castel*: quello di Pinabello; cfr. XXII, 84-86. – 4. *per lo petto... pancia*: spinge avanti il cavallo, che urta la gente col petto; lo fa rinculare e così la urta coi fianchi; lo fa camminare di traverso e la urta colla pancia. Cfr. PETRARCA, *Canz.*, XLVI, 4: «per lo petto et per li fianchi». – 5. *Mena.... cerco*: vibra intorno; cfr. XVI, 24, 6; *cinge*: ferisce, colpisce in pieno col taglio della spada; come in XIX, 85, 6. Pare che la voce fosse viva nel dialetto romagnolo. – 5. *sciancata*: storpiata.

12. – 1. *Come stormo d'augei ecc.*: già altre volte il tema della strage (cfr. VI, 66, 1) aveva dato il destro a una elaborata similitudine; cfr. XIII, 38-39. Qui la similitudine è suggerita da DANTE, *Purg.*, II, 124-129 e da BOIARDO, *Innam.*, II, XVII, 19, 3-6: «Come da l'aria giù scende il falcone, E dà nel mezo a un groppo di cornacchie: Lor, sparpagnate a gran confusïone, Cridando van per arbori e per macchie». – 4. *gli dà nel mezzo*: piomba nel mezzo. – 5. *compagno*: le rime *compagno:grifagno:stagno* già in DANTE, *Inf.*, XXII, 137-41.

13.   A quattro o sei dai colli i capi netti
       levò Ruggier, ch'indi a fuggir fur lenti;
       ne divise altretanti infin ai petti,
       fin agli occhi infiniti e fin ai denti.
       Concioderò che non trovasse elmetti,
       ma ben di ferro assai cuffie lucenti:
       e s'elmi fini anco vi fosser stati,
       così gli avrebbe, o poco men, tagliati.

14.   La forza di Ruggier non era quale
       or si ritrovi in cavallier moderno,
       né in orso né in leon né in animale
       altro più fiero, o nostrale od esterno.
       Forse il Tremuoto le sarebbe uguale,
       forse il Gran diavol; non quel de lo 'nferno,
       ma quel del mio signor, che va col fuoco
       ch'a cielo e a terra e a mar si fa dar loco.

15.   D'ogni suo colpo mai non cadea manco
       d'un uomo in terra, e le più volte un paio;
       e quattro a un colpo e cinque n'uccise anco,
       sì che si venne tosto al centinaio.
       Tagliava il brando che trasse dal fianco,
       come un tenero latte, il duro acciaio.

---

13. – 1. *A quattro o sei*: cfr. PETRARCA, *Canz.*, CCVI, 54: «tre volte et quattro et sei»; *i capi netti*: cfr. XXIII, 60, 6. L'allegra strage è condotta sul filo del grottesco e dell'iperbolico e, più ancora che quelle precedenti (cfr. soprattutto XIII, 38; XVI, 22-27; XVIII, 3-7; XXIII, 59-62), sul filo della sbrigliata parodia delle molte stragi di cui sono pieni i romanzi e i cantari. – 2. *ch'indi... lenti*: di coloro che furono lenti a fuggire di lì. – 5. *Concioderò*: ammetto. – 6. *cuffie*: rozzi, ma robusti, copricapi per soldati.

14. – 3-4. *né in orso ecc.*: richiamo, in chiave di parodia, alle metafore di animali domestici o esotici continuamente avanzate nei cantari per esaltare l'animosità dei cavalieri. – 5-6. *Tremuoto... Gran diavol*: allude a certi colossali cannoni usati da Alfoso d'Este. «Il Giovio nella *Vita* di Alfonso I descrive l'effetto dei colpi di due cannoni ferraresi all'assedio di Legnano (1510)... Una di queste grosse artiglierie portava scolpito nel bronzo il proprio nome: *Gran diavolo*; l'altra, a parere del Giovio, era chiamata *Terremoto* per il suo terribile rimbombo» (Catalano). – 8. *a cielo... loco*: cfr. PETRARCA, *Tr. Pud.*, 21: «Che cielo e terra e mar dar loro fansi»; *Mambriano*, VIII, 27, 2-3: «duo folgori accesi, Che in ciel, in terra, in mar si fan dar loco».

15. – 1. *D'ogni suo colpo*: ad ogni suo colpo. – 5. *che... fianco*: «È una zeppa. Ruggiero lo rotava già da tanto tempo» (Nardi). – 6. *come... acciaio*: tagliava il duro acciaio come se fosse tenero latte; l'immagine è pulcesca (*Morg.*, XVIII, 106, 4). –

Falerina, per dar morte ad Orlando,
fe' nel giardin d'Orgagna il crudel brando.

16.   Averlo fatto poi ben le rincrebbe,
che 'l suo giardin disfar vide con esso.
Che strazio dunque, che ruina debbe
far or ch'in man di tal guerriero è messo?
Se mai Ruggier furor, se mai forza ebbe,
se mai fu l'alto suo valore espresso,
qui l'ebbe, il pose qui, qui fu veduto,
sperando dare alla sua donna aiuto.

17.   Qual fa la lepre contra i cani sciolti,
facea la turba contra lui riparo.
Quei che restaro uccisi, furo molti;
furo infiniti quei ch'in fuga andaro.
Avea la donna intanto i lacci tolti,
ch'ambe le mani al giovine legaro;
e come poté meglio, presto armollo,
gli diè una spada in mano e un scudo al collo.

18.   Egli che molto è offeso, più che puote
si cerca vendicar di quella gente:
e quivi son sì le sue forze note,
che riputar si fa prode e valente.
Già avea attufato le dorate ruote
il Sol ne la marina d'occidente,
quando Ruggier vittorïoso e quello
giovine seco uscîr fuor del castello.

19.   Quando il garzon sicuro de la vita
con Ruggier si trovò fuor de le porte,

7-8. *Falerina... brando*: si tratta della spada Balisarda (cfr. VII, 76, 1-2). Secondo quanto narra il Boiardo (*Innam.*, II, IV, 6-7; V, 13, segg.; XVI, 2 e 48-54) la spada fu fabbricata dalla fata Falerina per uccidere Orlando, ma Orlando se ne impadronì e distrusse con essa il giardino incantato di Orgagna. Ruggiero l'aveva avuta in dono da Brunello, che l'aveva rubata a Orlando.

16. – 6. *espresso*: manifesto.

17. – 1. *Qual fa la lepre ecc.*: cfr. PULCI, *Morg.*, XXI, 146, 3-4: «Pareva una lepretta in mezzo a' cani, Come veggiam talvolta presa a caccia».

18. – 3. *son... note*: vengono fatte conoscere così chiaramente. – 5. *attufato*: cfr. PETRARCA, *Canz.*, L, 46; *dorate ruote*: cfr. X, 20, 4; XVII, 129, 1.

gli rendé molta grazia et infinita
con gentil modi e con parole accorte,
che non lo conoscendo, a dargli aita
si fosse messo a rischio de la morte;
e pregò che 'l suo nome gli dicesse,
per sapere a chi tanto obligo avesse.

20.   «Veggo» dicea Ruggier «la faccia bella
e le belle fattezze e 'l bel sembiante,
ma la suavità de la favella
non odo già de la mia Bradamante;
né la relazïon di grazie è quella
ch'ella usar debba al suo fedele amante.
Ma se pur questa è Bradamante, or come
ha sì tosto in oblio messo il mio nome?»

21.   Per ben saperne il certo, accortamente
Ruggier le disse: – Io v'ho veduto altrove;
et ho pensato e penso, e finalmente
non so né posso ricordarmi dove.
Ditemel voi, se vi ritorna a mente,
e fate che 'l nome anco udir mi giove,
acciò che saper possa a cui mia aita
dal fuoco abbia salvata oggi la vita. –

22.   – Che voi m'abbiate visto esser potria, –
rispose quel – che non so dove o quando:
ben vo pel mondo anch'io la parte mia,
strane aventure or qua or là cercando.
Forse una mia sorella stata fia,
che veste l'arme e porta al lato il brando;
che nacque meco, e tanto mi somiglia,
che non ne può discerner la famiglia.

19. – 4. *accorte*: cortesi; cfr. IV, 72, 2.
20. – 5. *la relazïon di grazie*: l'atto di ringraziamento (lat. *relatio gratiarum*).
21. – 1. *accortamente*: abilmente; cfr. XXXVIII, 48, 1. – 2. *le*: abile sfumatura narrativa: in A e in B aveva scritto «gli». – 6. *e fate... giove*: e fate in modo che io abbia il piacere di udire il vostro nome.
22. – 1-2. *Che voi... quando*: è possibile che voi mi abbiate già visto, ma non so dire né dove né quando potremmo esserci già incontrati. – 5. *stata fia*: sarà stata, quella che avete incontrato. – 7. *nacque meco*: è mia gemella. Questo è particolare inventato dall'Ariosto. – 8. *che... famiglia*: che neppure i familiari riescono a di-

23.   Né primo né secondo né ben quarto
       sète di quei ch'errore in ciò preso hanno:
       né 'l padre né i fratelli né chi a un parto
       ci produsse ambi, scernere ci sanno.
       Gli è ver che questo crin raccorcio e sparto
       ch'io porto, come gli altri uomini fanno,
       et il suo lungo e in treccia al capo avvolta,
       ci solea far già differenzia molta:

24.   ma poi ch'un giorno ella ferita fu
       nel capo (lungo saria a dirvi come),
       e per sanarla un servo di Iesù
       a mezza orecchia le tagliò le chiome,
       alcun segno tra noi non restò più
       di differenzia, fuor che 'l sesso e 'l nome.
       Ricciardetto son io, Bradamante ella;
       io fratel di Rinaldo, essa sorella.

25.   E se non v'increscesse l'ascoltarmi,
       cosa direi che vi faria stupire,
       la qual m'occorse per assimigliarmi
       a lei: gioia al principio e al fin martìre. –
       Ruggiero il qual più grazïosi carmi,
       più dolce istoria non potrebbe udire,
       che dove alcun ricordo intervenisse
       de la sua donna, il pregò sì, che disse.

---

stinguerci l'uno dall'altra. Cfr. PLAUTO, *Menaechmi*, 18-21: «*Ei sunt nati filii gemini duo, Ita forma simili pueri ut mater sua Non internosse posset quae mammam dabat, Neque adeo mater ipsa quae illos peperat*»; BIBBIENA, *Calandria*, Argum.: «un figliolo maschio chiamato Lidio e una femmina chiamata Santilla, amendua d'un parto nati, tanto di forma e di presenzia simili che, dove il vestire la differenzia non facea, non era chi l'uno dall'altro cognoscere potessi».

23. – 3-4. *chi... ambi*: nostra madre. – 5. *raccorcio e sparto*: corto e spartito. – 8. *ci solea... molta*: soleva essere segno di differenza fra di noi.

24. – 1. *un giorno ella ferita fu*: il fatto è raccontato nell'*Innam.*, III, V, 45-46. La rima tronca è usata nel poema solo qui e a XXVII, 85. – 3. *un servo di Iesù*: il Boiardo aveva narrato appunto che Bradamante, trovatasi sperduta e ferita, era stata medicata da un eremita, il quale dovette «le chiome tagliare Per la ferita, che era grande e strana» (*Innam.*, III, VIII, 61, 5-6).

25. – 4. *gioia... martìre*: le frasi canoniche delle storie d'amore. Cfr. POLIZIANO, *Stanze*, II, 27, 7: «Dolce all'entrar, all'uscir troppo amara» (è detto della Fortuna). – 5. *carmi*: narrazioni, racconti. L'A., che ha appena fatto riferire da Ricciardetto la storia raccontata da Boiardo, prende qui ironicamente le distanze da quella che egli variamente definisce, accentuandone sempre l'elemento letterario e di finzione, *carmi* e *istoria* (v. 6) e *fabula* (27, 5). – 8. *che disse*: che narrò la storia.

26.   – Accade a questi dì, che pei vicini
        boschi passando la sorella mia,
        ferita da uno stuol de Saracini
        che senza l'elmo la trovâr per via,
        fu di scorciarsi astretta i lunghi crini,
        se sanar vòlse d'una piaga ria
        ch'avea con gran periglio ne la testa;
        e così scorcia errò per la foresta.

27.   Errando giunse ad una ombrosa fonte;
        e perché afflitta e stanca ritrovosse,
        dal destrier scese e disarmò la fronte,
        e su le tenere erbe addormentosse.
        Io non credo che fabula si conte,
        che più di questa istoria bella fosse.
        Fiordispina di Spagna soprarriva,
        che per cacciar nel bosco ne veniva.

28.   E quando ritrovò la mia sirocchia
        tutta coperta d'arme, eccetto il viso,
        ch'avea la spada in luogo di conocchia,
        le fu vedere un cavalliero aviso.
        La faccia e le viril fattezze adocchia
        tanto, che se ne sente il cor conquiso;
        la invita a caccia, e tra l'ombrose fronde
        lunge dagli altri al fin seco s'asconde.

---

26. – 1. *a questi dì*: in uno dei giorni passati. – 8. *scorcia*: con i cappelli scorciati.

27. – 1. *Errando giunse ecc.*: cfr. BOIARDO, *Innam.*, III, VIII, 62, 3: «Lei se partitte e gionse a una riviera». – 2. *afflitta*: affaticata (lat.). – 3. *disarmò la fronte*: si tolse l'elmo. – 5. *fabula*: narrazione di fatti immaginari; cfr. n. a 25, 5. – 6. *istoria*: storia veramente accaduta. I due vocaboli sono ben distinti anche nel *Decam.* del Boccaccio (Proemio, 13). – 7. *Fiordispina di Spagna*: figlia del re Marsilio; *soprarriva*: sopraggiunge; cfr. *Innam.*, *loc. cit.*, 63, 5-8.

28. – 1. *sirocchia*: sorella. «Qui Bradamante cessa per qualche tempo di essere la donna guerriera, e si trasforma in un altro tipo analogo: la femmina travestita da uomo». Così il Rajna (*Le fonti dell'«Orlando Furioso»* cit., p. 368), che dà numerosi esempi di questo tipo tradizionale (fra tutti notevole quello della *Bella Camilla*, poemetto del Trecento, che il Boiardo avrà conosciuto, ma non l'Ariosto). Già il Boiardo aveva iniziato a infondere in quel tipo tradizionale una sua vita acerba e leggiadra; e l'Ariosto l'ha arricchito e preso a fondamento di uno dei più freschi episodi del poema. – 3. *conocchia*: la rocca per filare. Nota le tre rime dantesche (*Purg.*, XXI, 26-30), non prive qui di un lieve sorriso, che sottolinea la prima fra le «sostituzioni» di cui si compone l'episodio. – 4. *le fu... aviso*: credette.

29.   Poi che l'ha seco in solitario loco
        dove non teme d'esser sopraggiunta,
        con atti e con parole a poco a poco
        le scopre il fisso cuor di grave punta.
        Con gli occhi ardenti e coi sospir di fuoco
        le mostra l'alma di disio consunta.
        Or si scolora in viso, or si raccende;
        tanto s'arrischia, ch'un bacio ne prende.

30.   La mia sorella avea ben conosciuto
        che questa donna in cambio l'avea tolta:
        né dar poteale a quel bisogno aiuto,
        e si trovava in grande impaccio avvolta.
        «Gli è meglio» dicea seco «s'io rifiuto
        questa avuta di me credenza stolta
        e s'io mi mostro femina gentile,
        che lasciar riputarmi un uomo vile».

31.   E dicea il ver; ch'era viltade espressa,
        convenïente a un uom fatto di stucco,
        con cui sì bella donna fosse messa,
        piena di dolce e di nettareo succo,
        e tuttavia stesse a parlar con essa,
        tenendo basse l'ale come il cucco.
        Con modo accorto ella il parlar ridusse,
        che venne a dir come donzella fusse;

32.   che gloria, qual già Ippolita e Camilla,
        cerca ne l'arme; e in Africa era nata

29. – 2. *sopraggiunta*: raggiunta dai suoi accompagnatori (era uscita alla caccia). – 4. *il fisso... punta*: il cuore trafitto (lat. *fixus*) dalla saetta di Amore. Il solito linguaggio di amore è qui ripreso con insistenza lievemente maliziosa. – 5-6. *Con gli occhi... consunta*: cfr. *Innam.*, III, IX, 3, 5-8: «mirando in viso A Bradamante, par che si disfaccia E del desio se strugga a poco a poco, Come rugiada al sole, o cera al foco». – 8. *un bacio ne prende*: le dà un bacio di sorpresa.
    30. – 2. *in cambio... tolta*: l'aveva scambiata per un cavaliere. – 3. *né... aiuto*: nel Boiardo i pensieri di Bradamante sono più grossolanamente maliziosi; cfr. *Innam.*, *loc. cit.*, IX, 11, 6-8; per *aiuto*, cfr. BOCCACCIO, *Decam.*, III, X, 29. – 5. *rifiuto*: confuto, correggo (lat.). – 6. *stolta*: errata. – 8. *vile*: incapace di rispondere alle profferte d'amore d'una bella damigella.
    31. – 1. *espressa*: palese. – 2. *fatto di stucco*: senza vigore e volontà. – 4. *nettareo succo*: soavità amorosa; *come il cucco*: come il cuculo, che di giorno dorme. Nota le rime, che sono facile spia dell'allegra malizia del poeta. – 7-8. *il parlar... che*: condusse il discorso in modo che.
    32. – 1. *Ippolita*: regina delle Amazzoni, che combatté contro Ercole e Teseo,

in lito al mar ne la città d'Arzilla,
a scudo e a lancia da fanciulla usata.
Per questo non si smorza una scintilla
del fuoco de la donna inamorata.
Questo rimedio all'alta piaga è tardo:
tant'avea Amor cacciato inanzi il dardo.

33.   Per questo non le par men bello il viso,
men bel lo sguardo e men belli i costumi;
per ciò non torna il cor, che già diviso
da lei, godea dentro gli amati lumi.
Vedendola in quell'abito, l'è aviso
che può far che 'l desir non la consumi;
e quando, ch'ella è pur femina, pensa,
sospira e piange e mostra doglia immensa.

34.   Chi avesse il suo ramarico e 'l suo pianto
quel giorno udito, avria pianto con lei.
«Quai tormenti» dicea «furon mai tanto
crudel, che più non sian crudeli i miei?
D'ogn'altro amore, o scelerato o santo,
il desïato fin sperar potrei;
saprei partir la rosa da le spine:
solo il mio desiderio è senza fine!

divenne moglie di Teseo e gli partorì Ippolito; *Camilla*: cfr. XX, 1, 5. – 3. *Arzilla*: è
la città di Bambirago (cfr. XIV, 23, 1); naturalmente la notizia è falsa: Bradamante
vuol farsi passare per saracena. – 4. *usata*: avvezzata. – 7. *alta piaga*: cfr. PETRARCA,
Canz., CXCV, 8: «l'alta piaga amorosa» (e anche in altri luoghi).
    33. – 3-4. *non torna... lumi*: il cuore non ritorna nel petto, e ormai separato da
lei, vive felice negli occhi amati; cfr. PETRARCA, *Canz.*, CXXXIX, 5-6: «Il cor che
mal suo guado a torno mando È con voi sempre»; *Tr. Mor.*, II, 88-89: «Mai diviso
Da te non fu 'l mio cor». La situazione scabrosa illumina di ironica malizia queste
ottave petrarcheggianti. – 5. *Vedendola... aviso*: quando la guarda, e la vede vestita
da guerriero, crede. – 7. *e quando*: ma quando.
    34. – 3. *Quai tormenti ecc.*: il lamento di Fiordispina ha punti di contatto con
quello ovidiano di Ifi, la fanciulla figlia di Liddio che si innamora di Iante e che
viene da Iside trasformata in maschio: cfr. *Met.*, IX, 726-763. Osserva il Ferroni nel
saggio cit. p. 148: «Basta il riferimento ovidiano per individuare la forte presenza,
nell'episodio del *Furioso*, del motivo metaforico, che si insinua su forme sessuali
dagli incerti confini, che il gioco dell'immaginario spinge a svolgersi e mutarsi, in
un'instabilità che appare ora gioiosa ora minacciosa». – 6. *il desïato fin*: l'appagamento. – 7. *partir... spine*: cogliere la rosa dal ramo spinoso; cfr. I, 42; 58, 1; XIX, 33,
1-2; ecc. «Fiordispina vede la propria impossibile soddisfazione quasi come una
gioiosa divisione dentro il proprio stesso nome» (Ferroni, saggio cit., p. 149).

35.   Se pur volevi, Amor, darmi tormento
       che t'increscesse il mio felice stato,
       d'alcun martìr dovevi star contento,
       che fosse ancor negli altri amanti usato.
       Né tra gli uomini mai né tra l'armento,
       che femina ami femina ho trovato:
       non par la donna all'altre donne bella,
       né a cervie cervia, né all'agnelle agnella.

36.   In terra, in aria, in mar, sola son io
       che patisco da te sì duro scempio;
       e questo hai fatto acciò che l'error mio
       sia ne l'imperio tuo l'ultimo esempio.
       La moglie del re Nino ebbe disio,
       il figlio amando, scelerato et empio,
       e Mirra il padre, e la Cretense il toro:
       ma gli è più folle il mio, ch'alcun dei loro.

37.   La femina nel maschio fe' disegno,
       speronne il fine, et ebbelo, come odo:
       Pasife ne la vacca entrò del legno,
       altre per altri mezzi e vario modo.
       Ma se volasse a me con ogni ingegno
       Dedalo, non potria scioglier quel nodo
       che fece il mastro troppo diligente,
       Natura d'ogni cosa più possente».

---

35. – 2. *che... stato*: perché ti dispiaceva il mio stato felice. – 3-4. *d'alcun usato*: cfr. OVIDIO, *loc. cit.*, 730: «*Naturale malum saltem et de more dedissent*». – 5-6. *Né tra gli uomini ecc.*: cfr. *ibid.*, 731-734: «*Nec vaccam vaccae, neque equas amor equarum; urit oves aries, sequitur sua femina cervum etc.*».

36. – 2. *duro scempio*: cfr. PETRARCA, *Canz.*, XXIII, 10: «'l mio duro scempio». – 4. *l'ultimo esempio*: l'esempio estremo, per la sua eccezionalità. – 5. *La moglie del re Nino*: Semiramide, regina di Assiria, esempio di lussuria in tutto il Medio Evo (cfr. DANTE, *Inf.*, V, 52-60); di lei si raccontava che avesse amato incestuosamente il figlio Ninia. – 7. *Mirra*: arse di amore incestuoso per il padre Cinira, re di Cipro, cfr. DANTE, *Epist.*, VII, 24; *Inf.*, XXX, 38-39. Adone fu il frutto dell'incesto, cfr. OVIDIO, *Met.*, X, 298-502; *la Cretense*: Pasifae, moglie di Minosse, re di Creta, che si unì con un toro e gli partorì il Minotauro; anche Ifi, nel luogo cit. di OVIDIO, IX, 735-737, la ricorda come *exemplum*. – 8. *ma... il mio*: cfr. OVIDIO, *loc. cit.*, 737: «*meus est furiosior illo*».

37. – 1-4. *La femina ecc.*: cfr. OVIDIO, *loc. cit.*, 738-740: «*Tamen illa secuta est Spem Veneris, tamen illa dolis et immagine vaccae Passa bovem est*». – 5-6. *Ma... Dedalo*: cfr. OVIDIO, *loc. cit.*, 742-743: «*Ipse licet revolet ceratis Dedalus alis, Quid faciet?*» *Dedalo* naturalmente è *exemplum* di artefice abilissimo. – 6-7. *quel nodo... diligente*: quell'intrico che la Natura (*il mastro*) ha creato con grande diligenza. – 8. *Natura... possente*: cfr. OVIDIO, *loc. cit.*, 757: «*natura, potentior omnibus istis*».

38.   Così si duole e si consuma et ange
      la bella donna, e non s'accheta in fretta.
      Talor si batte il viso e il capel frange,
      e di sé contra sé cerca vendetta.
      La mia sorella per pietà ne piange,
      et è a sentir di quel dolor constretta.
      Del folle e van disio si studia trarla;
      ma non fa alcun profitto, e invano parla.

39.   Ella ch'aiuto cerca e non conforto,
      sempre più si lamenta e più si duole.
      Era del giorno il termine ormai corto;
      che rosseggiava in occidente il sole,
      ora oportuna da ritrarsi in porto
      a chi la notte al bosco star non vuole;
      quando la donna invitò Bradamante
      a questa terra sua poco distante.

40.   Non le seppe negar la mia sorella:
      e così insieme ne vennero al loco,
      dove la turba scelerata e fella
      posto m'avria, se tu non v'eri, al fuoco.
      Fece là dentro Fiordispina bella
      la mia sirocchia accarezzar non poco:
      e rivestita di feminil gonna,
      conoscer fe' a ciascun ch'ella era donna.

41.   Però che conoscendo che nessuno
      util traea da quel virile aspetto,
      non le parve anco di voler ch'alcuno
      biasmo di sé per questo fosse detto:

---

38. – 1. *ange*: si tormenta; è lat. petrarchesco; cfr. *Canz.*, CXLVIII, 6; CCLXXVII, 3 (dove il verbo appare in rima con *piange:frange*). – 3. *si batte... frange*: cfr. XXIX, 86, 5-6. – 4. *di sé... vendetta*: punisce se stessa della sua frenesia. – 6. *constretta*: stretta da angoscia, tormentata (lat.).

39. – 1. *aiuto*: cfr. 30, 3; cfr. BOIARDO, *Innam.*, I, VI, 21, 1: «Perch'io vorrebbi aiuto, e non conforto». – 3. *del giorno il termine*: il tempo concesso al giorno. – 5. *in porto*: nel proprio rifugio; cfr. PETRARCA, *Canz.*, LXXX, 5-6: «Però sarebbe da ritrarsi in porto Mentre al governo anchor crede la vela». – 8. *terra*: città.

40. – 1. *negar*: dir di no (lat.). – 6. *accarezzar*: accogliere cortesemente, con atti e con parole.

41. – 3-4. *non... detto*: neanche le parve opportuno di tirarsi addosso dei rim-

féllo anco, acciò che 'l mal ch'avea da l'uno
virile abito, errando, già concetto,
ora con l'altro, discoprendo il vero,
provassi di cacciar fuor del pensiero.

42.   Commune il letto ebbon la notte insieme,
        ma molto differente ebbon riposo;
        che l'una dorme, e l'altra piange e geme
        che sempre il suo desir sia più focoso.
        E se 'l sonno talor gli occhi le preme,
        quel breve sonno è tutto imaginoso:
        le par veder che 'l ciel l'abbia concesso
        Bradamante cangiata in miglior sesso.

43.   Come l'infermo acceso di gran sete,
        s'in quella ingorda voglia s'addormenta,
        ne l'interrotta e turbida quïete,
        d'ogn'acqua che mai vide si ramenta;
        così a costei di far sue voglie liete
        l'imagine del sonno rappresenta.
        Si desta; e nel destar mette la mano,
        e ritrova pur sempre il sogno vano.

44.   Quanti prieghi la notte, quanti voti,
        offerse al suo Macone e a tutti i dèi,
        che con miracoli apparenti e noti
        mutassero in miglior sesso costei!
        ma tutti vede andar d'effetto vòti,
        e forse ancora il ciel ridea di lei.
        Passa la notte; e Febo il capo biondo
        traea del mare, e dava luce al mondo.

---

proveri. – 5-8. *féllo... pensiero*: lo fece anche per provare a scacciare dalla propria mente quella passione che essa aveva concepito e causa dello scambio di vesti, ristabilendo davanti ai propri occhi le vesti femminili originarie.

42. – 3-4. *e geme che*: e si lamenta che. – 6. *imaginoso*: pieno di visioni e allucinazioni; cfr. CATULLO, *Carm.*, XLI, 8.

43. – 3. *ne... quïete*: nel sonno agitato e turbato. – 5-6. *di far... rappresenta*: vede nella visione realizzato il suo desiderio, cioè vede Bradamante trasformata in maschio. Il motivo boccaccesco degli attributi virili che appaiono e scompaiono, nella visione e nella realtà, tra continui dubbi e malferma certezza, è il motivo dominante dell'episodio ed è narrato con tocchi di leggera e delicata lascivia.

44. – 2. *Macone*: Maometto; cfr. XII, 59, 5. – 3. *apparenti e noti*: manifesti e palpabili. – 7. *Febo*: il sole; *biondo*: dorato.

45.   Poi che 'l dì venne e che lasciaro il letto,
a Fiordispina s'augumenta doglia;
che Bradamante ha del partir già detto,
ch'uscir di questo impaccio avea gran voglia.
La gentil donna un ottimo ginetto
in don da lei vuol che partendo toglia,
guernito d'oro, et una sopravesta
che riccamente ha di sua man contesta.

46.   Accompagnolla un pezzo Fiordispina,
poi fe' piangendo al suo castel ritorno.
La mia sorella sì ratto camina,
che venne a Montalbano anco quel giorno.
Noi suoi fratelli e la madre meschina
tutti le siamo festeggiando intorno;
che di lei non sentendo, avuto forte
dubbio e tema avevàn de la sua morte.

47.   Mirammo (al trar de l'elmo) al mozzo crine,
ch'intorno al capo prima s'avolgea;
così le sopraveste peregrine
ne fêr maravigliar, ch'indosso avea.
Et ella il tutto dal principio al fine
narronne, come dianzi io vi dicea:
come ferita fosse al bosco, e come
lasciasse, per guarir, le belle chiome;

48.   e come poi dormendo in ripa all'acque,
la bella cacciatrice sopragiunse,
a cui la falsa sua sembianza piacque;
e come da la schiera la disgiunse.
Del lamento di lei poi nulla tacque,
che di pietade l'anima ci punse;

---

45. – 2. *s'augumenta*: cresce. – 3. *ha... detto*: ha stabilito di partire ed ha già preso congedo (lat. *vale dicto*). – 5. *ginetto*: piccolo e veloce cavallo spagnolo. – 8. *contesta*: ricamata (lat.).

46. – 3. *ratto*: veloce. – 4. *anco... giorno*: quello stesso giorno. – 5. *meschina*: addolorata, perché non avevano notizie (*non sentendo*: v. 7) di Bradamante.

47. – 1. *Mirammo*: fummo presi da meraviglia. – 3. *peregrine*: belle ed esotiche.

48. – 3. *falsa*: che indusse a credere il falso (lat.). – 4. *disgiunse*: allontanò.

e come alloggiò seco, e tutto quello
che fece fin che ritornò al castello.

49. Di Fiordispina gran notizia ebb'io,
ch'in Siragozza e già la vidi in Francia,
e piacquer molto all'appetito mio
i suoi begli occhi e la polita guancia:
ma non lasciai fermarvisi il disio;
che l'amar senza speme è sogno e ciancia.
Or, quando in tal ampiezza mi si porge,
l'antiqua fiamma subito risorge.

50. Di questa speme Amore ordisce i nodi,
che d'altre fila ordir non li potea,
onde mi piglia: e mostra insieme i modi
che da la donna avrei quel ch'io chiedea.
A succeder saran facil le frodi;
che come spesso altri ingannato avea
la simiglianza c'ho di mia sorella,
forse anco ingannerà questa donzella.

51. Faccio o nol faccio? Al fin mi par che buono
sempre cercar quel che diletti sia.
Del mio pensier con altri non ragiono,
né vo' ch'in ciò consiglio altri mi dia.
Io vo la notte ove quell'arme sono
che s'avea tratte la sorella mia:
tolgole, e col destrier suo via camino,
né sto aspettar che luca il matutino.

---

49. – 1. *gran... io*: io conoscevo bene e apprezzavo la sua bellezza. – 2. *Siragoz-za*: sede del re di Spagna, Marsilio. – 3. *appetito*: cfr. BOCCACCIO, *Decam.*, II, II, 35; III, X, 6. – 4. *polita guancia*: grazioso viso; cfr. X, 95, 8; il tocco era fiabesco e anche petrarchesco; si veda l'uso burlesco fatto di questa formula dall'Ariosto nella *Cassaria* in prosa, III, 6. – 6. *sogno e ciancia*: vano immaginare e chiacchierare. Sembra alludere, rovesciandolo, al v. 749 del lamento di Ifi, in *Met.* cit.: «*Spes est quae capiat, spes est quae pascat amorem*». (Ferroni). – 7. *quando... porge*: poiché mi si offre l'occasione di amare con ampia speranza di riuscire. – 8. *antiqua fiamma*: cfr. VIRGILIO, *Aen.*, IV, 23; DANTE, *Purg.*, XXX, 48.

50. – 1-3. *Di questa... piglia*: Amore ordisce la tela per pigliarmi con i fili offerti da questa nuova promettente situazione, perché altrimenti non poteva prendermi. – 4. *che*: per mezzo dei quali. – 5. *A succeder ecc.*: l'inganno riuscirà facilmente.

51. – 1-2. *buono... sia*: sia sempre bene cercare ciò che dà piacere. – 7. *tolgole*: le prendo. – 8. *matutino*: alba.

52.   Io me ne vo la notte (Amore è duce)
         a ritrovar la bella Fiordispina;
         e v'arrivai che non era la luce
         del sole ascosa ancor ne la marina.
         Beato è chi correndo si conduce
         prima degli altri a dirlo alla regina,
         da lei sperando per l'annunzio buono
         acquistar grazia e riportarne dono.

53.   Tutti m'aveano tolto così in fallo,
         com'hai tu fatto ancor, per Bradamante;
         tanto più che le vesti ebbi e 'l cavallo
         con che partita era ella il giorno inante.
         Vien Fiordispina di poco intervallo
         con feste incontra e con carezze tante,
         e con sì allegro viso e sì giocondo,
         che più gioia mostrar non potria al mondo.

54.   Le belle braccia al collo indi mi getta,
         e dolcemente stringe, e bacia in bocca.
         Tu puoi pensar s'allora la saetta
         dirizzi Amor, s'in mezzo il cor mi tocca.
         Per man mi piglia, e in camera con fretta
         mi mena; e non ad altri, ch'a lei, tocca
         che da l'elmo allo spron l'arme mi slacci;
         e nessun altro vuol che se n'impacci.

55.   Poi fattasi arrecare una sua veste
         adorna e ricca, di sua man la spiega,
         e come io fossi femina, mi veste,
         e in reticella d'oro il crin mi lega.
         Io muovo gli occhi con maniere oneste,

---

52. – 1. *Amore è duce*: Amore è guida; cfr. PETRARCA, *Tr. Am.*, I, 13: «sommo duce». – 4. *ascosa... ne la marina*: tramontata. – 6. *a dirlo*: ad annunciare il suo arrivo.

53. – 1. *tolto... in fallo*: scambiato; cfr. 30, 2. – 4. *con che*: con cui. – 5. *di poco intervallo*: dopo breve tempo. – 6. *carezze*; cfr. 40, 6. – 7. *giocondo*: piacente, bello.

54. – 1. *al collo*: cfr. XIX, 34, 7. – 4. *dirizzi*: scagli; *mi tocca*: mi ferisca.

55. – 2. *adorna e ricca*: riccamente ornata. – 4. *reticella*: cuffia; cfr. n. a V, 47, 3. – 5. *con maniere oneste*: con atti modesti e pudichi. L'espressione appartiene alla

né ch'io sia donna alcun mio gesto niega.
La voce ch'accusar mi potea forse,
sì ben usai, ch'alcun non se n'accorse.

56.   Uscimmo poi là dove erano molte
persone in sala, e cavallieri e donne,
dai quali fummo con l'onor raccolte,
ch'alle regine fassi e gran madonne.
Quivi d'alcuni mi risi io più volte,
che non sappiendo ciò che sotto gonne
si nascondesse valido e gagliardo,
mi vagheggiavan con lascivo sguardo.

57.   Poi che si fece la notte più grande,
e già un pezzo la mensa era levata,
la mensa, che fu d'ottime vivande,
secondo la stagione, apparecchiata;
non aspetta la donna ch'io domande
quel che m'era cagion del venir stata:
ella m'invita, per sua cortesia,
che quella notte a giacer seco io stia.

58.   Poi che donne e donzelle ormai levate
si furo, e paggi e camerieri, intorno,
essendo ambe nel letto dispogliate,
coi torchi accesi che parea di giorno,
io cominciai: «Non vi maravigliate,
madonna, se sì tosto a voi ritorno;
che forse v'andavate imaginando
di non mi riveder fin Dio sa quando.

tradizione della lirica in lode di donna; il modo come essa è qui ripresa è però
pieno di maliziosa ironia. − 6. *niega:* fa capire. − 7. *accusar:* tradire.
    56. − 3. *raccolte:* accolte. − 4. *gran madonne:* nobili dame.
    57. − 1. *grande:* profonda. − 2. *già un pezzo:* già da un pezzo. − 8. *giacer seco:*
l'episodio ha qualche analogia con la vicenda di Ercole presso Onfale (OVIDIO,
Her., IX, 55 segg.; *Fasti*, II, 317 segg.) e con un episodio della storia di Tristano e
Isotta; cfr. P. RAJNA, *Le fonti dell'«Orlando Furioso»* cit., pp. 369 segg.; ma Segre ha
ricordato anche il travestimento femminile di Achille, operato da Teti: «*impexos
certo domat ordine crines Ac sua dilecta cervice monilia transfert; Et picturato cohibens
vestigia limbo Incessum motumque docet fandique pudorem... fallitque tuentes Ambi-
guus tenuique latens discrimine sexus*», in STAZIO, *Achill*, I, 328-31; 336-37.
    58. − 1-2. *donne e donzelle... paggi e camerieri:* si noti la bella simmetria; *intorno:*
d'intorno. − 4. *torchi:* torce.

59.   Dirò prima la causa del partire,
        poi del ritorno l'udirete ancora.
        Se 'l vostro ardor, madonna, intiepidire
        potuto avessi col mio far dimora,
        vivere in vostro servizio e morire
        voluto avrei, né starne senza un'ora;
        ma visto quanto il mio star vi nocessi,
        per non poter far meglio, andare elessi.

60.   Fortuna mi tirò fuor del camino
        in mezzo un bosco d'intricati rami,
        dove odo un grido risonar vicino,
        come di donna che soccorso chiami.
        V'accorro, e sopra un lago cristallino
        ritrovo un fauno ch'avea preso agli ami
        in mezzo l'acqua una donzella nuda,
        e mangiarsi, il crudel, la volea cruda.

61.   Colà mi trassi, e con la spada in mano
        (perch'aiutar non la potea altrimente)
        tolsi di vita il pescator villano:
        ella saltò ne l'acqua immantinente.
        "Non m'avrai" disse "dato aiuto invano:
        ben ne sarai premiato e riccamente
        quanto chieder saprai, perché son ninfa
        che vivo dentro a questa chiara linfa;

---

59. – 2. *poi.. ancora*: poi udrete anche la causa del ritorno. – 3. *intiepidire*: attenuare. – 6. *starne senza*: restare senza voi.

60. – 1. *Fortuna... camino*: il caso (cfr. VIII, 50, 7-8) mi condusse fuori strada. La fiaba di Ricciardetto si riallaccia a storie di tradizione orientale e romanza, e deriva qualche particolare anche da miti classici; cfr. P. Rajna, *Le fonti dell'«Orlando Furioso»* cit., p. 370. – 5. *sopra*: sulla riva di; *cristallino*: cfr. II, 35, 4. – 6. *fauno*: divinità boschereccia; cfr. Ariosto, *Lir. lat.*, VI, 4: «*silvicolae Fauni*». – 8. *cruda*: si noti il brivido antropofago, che ricorda l'orca dell'isola d'Ebuda.

61. – 2. *aiutar... altrimente*: pare un lieve scherzo a doppio senso sul motivo che percorre tutto l'episodio; cfr. XXV, 30, 3 e 39, 1; altrove, invece che di una *spada*, si tratta di un'asta (cfr. Cieco, *Mambriano*, XVI, 61, 6) o di una lancia (Ariosto, *Negromante*, 108) a cui viene alluso con evidente doppio senso. – 6. *riccamente*: generosamente. – 7. *quanto... saprai*: con quanto vorrai chiedere; cfr. Ovidio, *Met.*, XII, 200: «*Elige, quid voveas!*». – 8. *chiara linfa*: limpida fonte; cfr. Poliziano, *Stanze*, 52, 7: «qualche chiara e fresca linfa» (anche là in rima con «ninfa»: si tratta di una coppia di rime umanistiche abbastanza comune).

62. et ho possanza far cose stupende,
 e sforzar gli elementi e la natura.
 Chiedi tu, quanto il mio valor s'estende,
 poi lascia a me di satisfarti cura.
 Dal ciel la luna al mio cantar discende,
 s'agghiaccia il fuoco, e l'aria si fa dura;
 et ho talor con semplici parole
 mossa la terra, et ho fermato il sole."

63. Non le domando a questa offerta unire
 tesor, né dominar populi e terre,
 né in più virtù né in più vigor salire,
 né vincer con onor tutte le guerre;
 ma sol che qualche via donde il desire
 vostro s'adempia, mi schiuda e disserre:
 né più le domando un ch'un altro effetto,
 ma tutta al suo giudicio mi rimetto.

64. Ebbile a pena mia domanda esposta,
 ch'un'altra volta la vidi attuffata;
 né fece al mio parlare altra risposta,
 che di spruzzar vêr me l'acqua incantata:
 la qual non prima al viso mi s'accosta,
 ch'io (non so come) son tutta mutata.
 Io 'l veggo, io 'l sento, e a pena vero parmi:
 sento in maschio, di femina, mutarmi.

65. E se non fosse che senza dimora
 vi potete chiarir, nol credereste:

62. – 1. *possanza... stupende*: potere di operare miracoli meravigliosi. – 2. *sforzar*: piegare a mia volontà. – 3. *quanto... s'estende*: per quanto si estende il mio potere. La ninfa viene qui a identificarsi piuttosto con una fata medievale; cfr. ARIOSTO, *Cinque Canti*, I, 9, 1-2: «Queste, ch'or Fate, e dali antichi fòro Già dette Ninfe e Dee con più bel nome». – 5. *Dal ciel... discende*: gli antichi attribuivano tali poteri alle incantatrici; cfr. ARISTOFANE, *Nuvole*, 750; PETRONIO, *Sat.*, 129: «*in hac civitate, in qua mulieres etiam lunam deducunt*» e *Sat.*, 134, 12: «*lunae descendit imago Carminibus deducta meis*»; VIRGILIO, *Ecl.*, VIII, 69: «*Carmina vel caelo possunt deducere lunam*».

63. – 1. *Non... unire*: a questa sua offerta, non le chiedo di ammassare. – 4-5. *qualche... disserre*: mi mostri e riveli qualche modo per cui io possa soddisfare il vostro desiderio. – 7. *un... effetto*: un'azione più che un'altra.

64. – 4. *spruzzar... acqua incantata*: è l'atto di Diana che trasforma in cervo Atteone; cfr. OVIDIO, *Met.*, III, 189 segg.; PETRARCA, *Canz.*, XXIII, 155-157.

65. – 1. *senza dimora*: senza indugio. – 2. *vi potete chiarir*: potete voi stessa

e qual nell'altro sesso, in questo ancora
ho le mie voglie ad ubbidirvi preste.
Commandate lor pur, che fieno or ora
e sempremai per voi vigile e deste».
Così le dissi; e feci ch'ella istessa
trovò con man la veritade espressa.

66.   Come interviene a chi già fuor di speme
di cosa sia che nel pensier molt'abbia,
che mentre più d'esserne privo geme,
più se n'afflige e se ne strugge e arrabbia;
se ben la trova poi, tanto gli preme
l'aver gran tempo seminato in sabbia,
e la disperazion l'ha sì male uso,
che non crede a se stesso, e sta confuso:

67.   così la donna, poi che tocca e vede
quel di ch'avuto avea tanto desire,
agli occhi, al tatto, a se stessa non crede,
e sta dubbiosa ancor di non dormire;
e buona prova bisognò a far fede
che sentia quel che le parea sentire.
«Fa, Dio,» disse ella «se son sogni questi,
ch'io dorma sempre, e mai più non mi desti».

68.   Non rumor di tamburi o suon di trombe
furon principio all'amoroso assalto,
ma baci ch'imitavan le colombe,
davan segno or di gire, or di fare alto.
Usammo altr'arme che saette o frombe.
Io senza scale in su la ròcca salto

accertare quanto v'ho detto. – 3. *qual*: come. – 4. *preste*: pronte. – 5-6. *or... sempre-mai*: ora e sempre; *vigile*: vigili.
   66. – 5. *gli preme*: lo addolora; cfr. XVII, 106, 3. – 6. *seminato in sabbia*: sprecato le sue fatiche. – 7. *uso*: abituato.
   67. – 4. *e sta... dormire*: e dubita di essere in preda a un sogno.
   68. – 2. *amoroso assalto*: l'immagine della «battaglia d'amore», con tutte le espressioni metaforiche che le si accompagnano, era assai comune nella tradizione letteraria. Il trionfo di Ricciardetto segna anche lo scoppio aperto di quell'energia metaforica e allusiva che era rimasta sottintesa per tutto l'episodio. – 3. *baci... colombe*: cfr. MARZIALE, *Epigr.*, XI, 104, 9: «*Basia me capiunt blandas imitata columbas*». – 5. *frombe*: fionde. – 6. *la ròcca*: anche la metafora dell'assalto ad una

e lo stendardo piantovi di botto,
e la nimica mia mi caccio sotto.

69. Se fu quel letto la notte dinanti
pien di sospiri e di querele gravi,
non stette l'altra poi senza altretanti
risi, feste, gioir, giochi soavi.
Non con più nodi i flessuosi acanti
le colonne circondano e le travi,
di quelli con che noi legammo stretti
e colli e fianchi e braccia e gambe e petti.

70. La cosa stava tacita fra noi,
sì che durò il piacer per alcun mese:
pur si trovò chi se n'accorse poi,
tanto che con mio danno il re lo 'ntese.
Voi che mi liberaste da quei suoi
che ne la piazza avean le fiamme accese,
comprendere oggimai potete il resto;
ma Dio sa ben con che dolor ne resto. –

71. Così a Ruggier narrava Ricciardetto,
e la notturna via facea men grave,
salendo tuttavia verso un poggietto
cinto di ripe e di pendici cave.
Un erto calle e pien di sassi e stretto
apria il camin con faticosa chiave.
Sedea al sommo un castel detto Agrismonte,
ch'ave' in guardia Aldigier di Chiaramonte.

rocca ricorre spesso nella tradizione. – 8. *la nimica... sotto*: cfr. PULCI, *Morg.*, XXII, 167, 1-2: «Arcalida s'appicca con Guicciardo, e finalmente sotto se lo caccia».
69. – 2. *querele gravi*: profondi lamenti. – 4. *risi... giochi*: cfr. PETRARCA, *Canz.*, CCLXX, 80: «Il pensar e 'l tacer, il riso e 'l gioco». – 5. *Non con più nodi ecc.*: cfr. VII, 29, 1 segg. e i passi citati colà in nota, ma anche e soprattutto ARIOSTO, *Rime*, cap. VIII, 19-21: «O complessi iterati, che con tanti Nodi cingete i fianchi, il petto, il collo, Che non ne fan più l'edere o li acanti».
70. – 1. *tacita*: segreta; cfr. BOCCACCIO, *Decam.*, II, II, 20; X, IV, 19: «tacitamente». – 3. *pur... poi*: ma alfine. – 7. *oggimai*: ormai.
71. – 2. *la notturna via*: il cammino notturno; cfr. III, 65, 6-8. – 4. *cave*: in cui si aprivano delle grotte. – 6. *faticosa chiave*: arduo passaggio. La metafora deriva dal concetto di «aprirsi un passaggio». – 7. *Agrismonte*: anche nelle *Storie di Ri-*

72. Di Buovo era costui figliuol bastardo,
     fratel di Malagigi e di Viviano:
     chi legitimo dice di Gherardo,
     è testimonio temerario e vano.
     Fosse come si voglia, era gagliardo,
     prudente, liberal, cortese, umano;
     e facea quivi le fraterne mura
     la notte e il dì guardar con buona cura.

73. Raccolse il cavallier cortesemente,
     come dovea, il cugin suo Riacciardetto,
     ch'amò come fratello; e parimente
     fu ben visto Ruggier per suo rispetto.
     Ma non gli uscì già incontra allegramente
     come era usato, anzi con tristo aspetto,
     perch'uno aviso il giorno avuto avea,
     che nel viso e nel cor mesto il facea.

74. A Ricciardetto in cambio di saluto
     disse: – Fratello, abbiàn nuova non buona.
     Per certissimo messo oggi ho saputo
     che Bertolagi iniquo di Baiona
     con Lanfusa crudel s'è convenuto,
     che prezïose spoglie esso a lei dona,

---

naldo era presentato come feudo di Buovo. È da identificare forse con Aigremont, nel dipartimento del Gard.

72. – 1. *figliuol bastardo*: Aldigieri era figlio naturale di Buovo d'Agrismonte, che era fratello d'Amone, il padre di Rinaldo, Ricciardetto, ecc. Gli altri due figli di Buovo erano Malagigi e Viviano. – 3-4. *chi legitimo ecc.*: il Pulci presenta Aldigieri come figlio di Gherardo da Rossiglione, come figlio illegittimo però (*Morg.*, XX, 105). Probabilmente l'Ariosto ebbe presente un'altra fonte. – 7. *le fraterne mura*: le mura del castello che apparteneva ai fratelli Malagigi e Viviano.

73. – 1. *Raccolse*: accolse. – 4. *per suo rispetto*: per riguardo a Ricciardetto.

74. – 4. *Bertolagi... di Baiona*: si tratta di un signore cristiano, che appartiene alla stirpe Maganzese, fiera nemica dei Chiaramontesi (cfr. n. a II, 67, 1). Già il Boiardo aveva narrato la cattura di Viviano e Malagigi, per opera di Rodamonte e Ferraguto, i quali li avevano consegnati a Marsilio (cfr. *Innam.*, II, XXII, 60-61; XXIII, 3-4). L'Ariosto fa qui leva sul motivo, tradizionale nei romanzi, dei rapporti segreti che i Maganzesi intrattengono con i Saraceni; cfr. P. Rajna, *Le fonti dell'«Orlando Furioso»* cit., p. 372. – 5. *Lanfusa*: è, tradizionalmente nei romanzi (cfr. *Spagna*, VI, 21 segg.), la crudele madre di Ferraù, che

et essa a lui pon nostri frati in mano,
il tuo bon Malagigi e il tuo Viviano.

75. Ella dal dì che Ferraù li prese,
     gli ha ognor tenuti in loco oscuro e fello,
     fin che 'l brutto contratto e discortese
     n'ha fatto con costui di ch'io favello.
     Gli de' mandar domane al Maganzese
     nei confin tra Baiona e un suo castello.
     Verrà in persona egli a pagar la mancia
     che compra il miglior sangue che sia in Francia.

76. Rinaldo nostro n'ho avisato or ora,
     et ho cacciato il messo di galoppo;
     ma non mi par ch'arrivar possa ad ora
     che non sia tarda, che 'l camino è troppo.
     Io non ho meco gente da uscir fuora:
     l'animo è pronto, ma il potere è zoppo.
     Se gli ha quel traditor, li fa morire:
     sì che non so che far, non so che dire. –

77. La dura nuova a Ricciardetto spiace,
     e perché spiace a lui, spiace a Ruggiero;
     che poi che questo e quel vede che tace,
     né tra' profitto alcun del suo pensiero,
     disse con grande ardir: – Datevi pace:
     sopra me quest'impresa tutta chero;
     e questa mia varrà per mille spade
     a riporvi i fratelli in libertade.

custodisce i paladini prigionieri. – 7. *et... mano*: e lei in cambio gli consegna i nostri fratelli.

75. – 3. *discortese*: contrario alle leggi di cortesia. – 7. *la mancia*: il prezzo.

76. – 2. *cacciato*: spedito. – 6. *l'animo... zoppo*: la frase è evangelica (*Marc.*, XIV, 38: «*Spiritus quidem promptus, caro vero infirma*»), ed era stata ripresa dal PETRARCA, *Canz.*, CCVIII, 14: «Lo spirto è pronto, ma la carne è stanca» (e anche *Tr. Mor.*, II, 53), ma l'Ariosto l'ha riecheggiata a suo modo e con quel *zoppo* ha dato un'impronta sua ironica alla sentenza, riallacciandosi a un'altra espressione petrarchesca: «debile et Zoppo Da l'un de' lati» (in rima con *galoppo:troppo*), *Canz.*, LXXXVIII, 5-6.

77. – 4. *né... pensiero*: né trae alcuna decisione pratica dal suo meditare silenzioso. – 6. *sopra me*: che sia affidata a me; *chero*: chiedo.

78.   Io non voglio altra gente, altri sussidi;
        ch'io credo bastar solo a questo fatto:
        io vi domando solo un che mi guidi
        al luogo ove si dee fare il baratto.
        Io vi farò sin qui sentire i gridi
        di chi sarà presente al rio contratto. –
        Così dicea; né dicea cosa nuova
        all'un de' dui, che n'avea visto pruova.

79.   L'altro non l'ascoltava, se non quanto
        s'ascolti un ch'assai parli e sappia poco:
        ma Ricciardetto gli narrò da canto
        come fu per costui tratto del fuoco;
        e ch'era certo che maggior del vanto
        faria veder l'effetto a tempo e a loco.
        Gli diede allor udienza più che prima,
        e riverillo, e fe' di lui gran stima.

80.   Et alla mensa, ove la Copia fuse
        il corno, l'onorò come suo donno.
        Quivi senz'altro aiuto si concluse
        che liberare i duo fratelli ponno.
        Intanto sopravenne e gli occhi chiuse
        ai signori e ai sergenti il pigro Sonno,
        fuor ch'a Ruggier; che, per tenerlo desto,
        gli punge il cor sempre un pensier molesto.

81.   L'assedio d'Agramante ch'avea il giorno
        udito dal corrier, gli sta nel core.
        Ben vede ch'ogni minimo soggiorno
        che faccia d'aiutarlo, è suo disnore.
        Quanta gli sarà infamia, quanto scorno,
        se coi nemici va del suo signore!
        Oh come a gran viltade, a gran delitto,
        battezzandosi alor, gli sarà ascritto!

    78. – 1. *sussidi*: aiuti (lat.). – 4. *baratto*: lo scambio dei prigionieri con «la mancia». – 8. *l'un de' dui*: Ricciardetto.
        79. – 1. *L'altro*: Aldigieri. – 2. *sappia poco*: abbia poco senno; cfr. SALLUSTIO, *De con. Cat.*, V: «*Satis eloquentiae, sapientiae parum*». – 3. *da canto*: in disparte. – 7. *Gli... udienza*: gli prestò attenzione allora.
        80. – 1-2. *la Copia... corno*: l'Abbondanza versò (lat. *fudit*; cfr. XI, 43, 1) il suo corno; cfr. VI, 73, 8; *donno*: signore; cfr. XII, 59, 6. – 6. *sergenti*: servi; *pigro Sonno*: cfr. XX, 89, 6.
        81. – 1. *il giorno*: quel giorno. – 2. *udito dal corrier*: cfr. XXV, 5, 2 segg. – 3. *soggiorno*: indugio. – 8. *alor*: proprio allora; *ascritto*: imputato.

82.   Potria in ogn'altro tempo esser creduto
        che vera religion l'avesse mosso;
        ma ora che bisogna col suo aiuto
        Agramante d'assedio esser riscosso,
        più tosto da ciascun sarà tenuto
        che timore e viltà l'abbia percosso,
        ch'alcuna opinïon di miglior fede:
        questo il cor di Ruggier stimula e fiede.

83.   Che s'abbia da partire anco lo punge
        senza licenzia de la sua regina.
        Quando questo pensier, quando quel giunge,
        che 'l dubio cor diversamente inchina.
        Gli era l'aviso riuscito lunge
        di trovarla al castel di Fiordispina,
        dove insieme dovean, come ho già detto,
        in soccorso venir di Ricciardetto.

84.   Poi gli sovien ch'egli le avea promesso
        di seco a Vallombrosa ritrovarsi.
        Pensa ch'andar v'abbi ella, e quivi d'esso
        che non vi trovi poi, maravigliarsi.
        Potesse almen mandar lettera o messo,
        sì ch'ella non avesse a lamentarsi
        che, oltre ch'egli mal le avea ubbidito,
        senza far motto ancor fosse partito.

85.   Poi che più cose imaginate s'ebbe,
        pensa scriverle al fin quanto gli accada;
        e ben ch'egli non sappia come debbe

---

82. – 3-4. *ma ora... riscosso*: ma ora che bisogna che Agramante sia liberato dall'assedio col suo aiuto. – 5. *da ciascun... tenuto*: tutti crederanno. – 6. *percosso*: assalito, colto. – 7. *ch'alcuna... fede*: piuttosto che alcuna ferma convinzione d'abbracciare una fede migliore. – 8. *fiede*: ferisce; cfr. «pugna e fiede» a XXIII, 103, 4.

83. – 2. *de la sua regina*: da Bradamante, che è la regina del suo cuore; cfr. VII, 64, 1; XIX, 38, 8. – 3-4. *Quando... inchina*: cfr. PETRARCA, *Canz.*, CCLIV, 3-4: «Né so ch'i' me ne pensi o ch'i' mi dica, Sì 'l cor tema et speranza mi puntella». – 5-6. *Gli era... Fiordispina*: il pensiero di trovarla al castello di Fiordispina era risultato lontano dal vero, fallace. – 7. *come ho già detto*: cfr. XXII, 36 segg.

84. – 1. *le avea promesso*: cfr. XXIII, 34-36. – 2. *seco*: con lei. – 3-4. *Pensa... maravigliarsi*: pensa con timore che Bradamante abbia a giungere a Vallombrosa e che si meravigli di non trovarlo là.

la lettera inviar, sì che ben vada,
non però vuol restar; che ben potrebbe
alcun messo fedel trovar per strada.
Più non s'indugia, e salta de le piume;
si fa dar carta, inchiostro, penna e lume.

86.   I camarier discreti et aveduti
arrecano a Ruggier ciò che commanda.
Egli comincia a scrivere, e i saluti
(come si suol) nei primi versi manda:
poi narra degli avisi che venuti
son dal suo re, ch'aiuto gli domanda;
e se l'andata sua non è ben presta,
o morto o in man degli nimici resta.

87.   Poi sèguita, ch'essendo a tal partito,
e ch'a lui per aiuto si volgea,
vedesse ella che 'l biasmo era infinito
s'a quel punto negar gli lo volea;
e ch'esso, a lei dovendo esser marito,
guardarsi da ogni macchia si dovea;
che non si convenia con lei, che tutta
era sincera, alcuna cosa brutta.

88.   E se mai per adietro un nome chiaro,
ben oprando, cercò di guadagnarsi,
e guadagnato poi, se avuto caro,
se cercato l'avea di conservarsi;
or lo cercava, e n'era fatto avaro,
poi che dovea con lei participarsi,

85. – 4. *sì... vada*: in modo che giunga proprio a lei. – 5. *restar*: rinunciare a scrivere.

86. – 1. *discreti et aveduti*: accorti e di savio discernimento. – 3. *i saluti*: è la *salutatio*, secondo le buone norme della retorica classica. – 4. *nei primi versi*: nelle prime righe. – 5. *avisi*: notizie.

87. – 1. *ch'essendo... partito*: che trovandosi Agramante in tale frangente. – 8. *sincera*: pura, senza macchia; cfr. DANTE, *Par.*, VII, 130; XIV, 139; XXXIII, 52; *cosa brutta*: bruttura, macchia disonorante. Si notino i molti dettagli realistici della scena e il tono stilistico umile e borghese della lettera.

88. – 5. *or... avaro*: ora più che mai cercava di conservare il suo buon nome e ne era divenuto geloso; cfr. ORAZIO, *Ars Poet.*, 324: «*praeter laudem nullius avaris*». – 6-8. *poi che... lui*: poiché il suo buon nome, la sua fama, doveva essere riunita con

la qual sua moglie, e totalmente in dui
corpi esser dovea un'anima con lui.

89. E sì come già a bocca le avea detto,
le ridicea per questa carta ancora:
finito il tempo in che per fede astretto
era al suo re, quando non prima muora,
che si farà cristian così d'effetto,
come di buon voler stato era ogni ora;
e ch'al padre e a Rinaldo e agli altri suoi
per moglie domandar la farà poi.

90. «Voglio,» le soggiungea «quando vi piaccia,
l'assedio al mio signor levar d'intorno,
acciò che l'ignorante vulgo taccia,
il qual direbbe, a mia vergogna e scorno:
"Ruggier, mentre Agramante ebbe bonaccia,
mai non l'abandonò notte né giorno;
or che Fortuna per Carlo si piega,
egli col vincitor l'insegna spiega."

91. Voglio quindici dì termine o venti,
tanto che comparir possa una volta,
sì che degli africani alloggiamenti
la grave ossedïon per me sia tolta.
Intanto cercherò convenïenti
cagioni e che sian giuste, di dar volta.
Io vi domando per mio onor sol questo:
tutto poi vostro è di mia vita il resto».

quella di lei, che era destinata a divenire sua moglie e quindi a formare con lui
una sola anima. L'espressione è biblica ed è divenuta proverbiale; cfr. per es.
PETRARCA, *Canz.*, XLVIII, 6: «un'alma in duo corpi s'appoggia».

89. – 2. *le... ancora:* le ripeteva anche per mezzo di questa lettera. – 3-4. *finito...
re:* passato il tempo in cui era vincolato al suo re dal giuramento di fedeltà. –
4. *quando:* qualora. – 5. *d'effetto:* di fatto.

90. – 4. *vergogna e scorno:* cfr. PETRARCA, *Canz.*, CCI, 8: «Pien di vergogna et
d'amoroso scorno». – 5. *mentre... bonaccia:* finché Ruggiero ebbe la fortuna favorevole. – 7. *per Carlo si piega:* inclina a favorire Carlo. – 8. *col... spiega:* cambia
bandiera.

91. – 1. *Voglio... venti:* desidero che mi concediate quindici o venti giorni di
tempo. – 4. *ossedïon:* assedio (lat. *obsidionem*). – 6. *di dar volta:* di tornarmene via
dal campo pagano; oppure: di cambiare la mia fede.

92.   In simili parole si diffuse
    Ruggier, che tutte non so dirvi a pieno;
    e seguì con molt'altre, e non concluse
    fin che non vide tutto il foglio pieno;
    e poi piegò la lettera e la chiuse,
    e suggellata se la pose in seno,
    con speme che gli occorra il dì seguente
    chi alla donna la dia secretamente.

93.   Chiusa ch'ebbe la lettera, chiuse anco
    gli occhi sul letto, e ritrovò quïete;
    che 'l Sonno venne, e sparse il corpo stanco
    col ramo intinto nel liquor di Lete:
    e posò fin ch'un nembo rosso e bianco
    di fiori sparse le contrade liete
    del lucido orïente d'ogn'intorno,
    et indi uscì de l'aureo albergo il giorno.

94.   E poi ch'a salutar la nuova luce
    pei verdi rami incominciâr gli augelli,
    Aldigier che voleva essere il duce
    di Ruggiero e de l'altro, e guidar quelli
    ove faccin che dati in mano al truce
    Bertolagi non siano i duo fratelli,
    fu 'l primo in piede; e quando sentîr lui,
    del letto usciro anco quegli altri dui.

95.   Poi che vestiti furo e bene armati,
    coi duo cugin Ruggier si mette in via,
    già molto indarno avendoli pregati
    che questa impresa a lui tutta si dia;

92. – 7. *gli occorra*: gli capiti, gli si presenti; cfr. VIII, 3, 8.

93. – 3-4. *'l Sonno ecc.*: cfr. VIRGILIO, *Aen.*, V, 854-856: «*Ecce deus ramum Lethaeo rore madentem Vique soporatum Stygia super utraque quassat Tempora, cunctantique natantia lumina solvit*»; e anche STAZIO, *Theb.*, V, 195-200; UGOLINO VERINO, *Flammetta*, XX, 3-4: «*Tunc nec letheo mersit mea tempora sommus Rore*»; BENEDETTO ACCOLTI, Carme *Al sonno*, 9-10: «*Imbutumque gerens Lethaeo gurgite ramum Fac rore immadeant tempora victa levi*». – 5-7. *un nembo ecc.*: sono i fiori dell'Aurora; cfr. XII, 68, 3-4. – 7. *lucido*: luminoso. – 8. *l'aureo albergo*: cfr. XIV, 118, 5; XVII, 54, 4.

94. – 3. *il duce*: la guida. – 4. *de l'altro*: di Ricciardetto.

ma essi, pel desir c'han de' lor frati,
e perché lor parea discortesia,
steron negando più duri che sassi,
né consentiron mai che solo andassi.

96.   Giunsero al loco il dì che si dovea
        Malagigi mutar nei carrïaggi.
        Era un'ampla campagna che giacea
        tutta scoperta agli apollinei raggi.
        Quivi né allòr né mirto si vedea,
        né cipressi né frassini né faggi,
        ma nuda ghiara, e qualche umil virgulto
        non mai da marra o mai da vomer culto.

97.   I tre guerrieri arditi si fermaro
        dove un sentier fendea quella pianura;
        e giunger quivi un cavallier miraro,
        ch'avea d'oro fregiata l'armatura,
        e per insegna in campo verde il raro
        e bello augel che più d'un secol dura.
        Signor, non più, che giunto al fin mi veggio
        di questo canto, e riposarmi chieggio.

95. – 5. *frati*: fratelli. – 6. *discortesia*: contrario alle leggi della cavalleria. –
7. *steron negando*: persistettero nel negare.
    96. – 2. *Malagigi*: è sottinteso anche Viviano; *mutar... carrïaggi*: scambiare con
i doni preziosi recati sui carri (lat. *mutare aliquid aliqua re*). – 4. *scoperta... raggi*:
esposta ai raggi del sole. – 7. *nuda ghiara*: solamente ghiaia (lat. *glarea*); *umil*: basso;
cfr. XII, 87, 1. – 8. *culto*: coltivato.
    97. – 2. *fendea*: attraversava. – 3. *un cavallier*: è Marfisa. – 5-6. *il raro... dura*: la
fenice, quell'uccello raro e bello che vive più a lungo d'un secolo; cfr. XV, 39, 3-4.
Marfisa nell'*Innam.*, aveva come insegna «un drago verde che gettava foco» (I,
xviii, 4, 8). L'Ariosto, come ha mutato la natura del personaggio, ha cambiato
l'insegna; per il cui valore simbolico, cfr. XXXVI, 17-18.

CANTO VENTESIMOSESTO

Esordio: elogio di Bradamante. Il cavaliere della fenice si unisce a Ruggiero, Ricciardetto e Aldigieri nella loro impresa contro Lanfusa e i Maganzesi. Dopo la sconfitta dei Maganzesi e dei Saraceni e la liberazione di Malgigi e Viviano, il cavaliere della fenice si toglie l'elmo: è Marfisa. Si pongono tutti a banchettare presso una fonte. Malagigi spiega gli intagli con cui è decorata la fonte, opera di Merlino: vi sono esaltati personaggi del secolo XVI, insigni per liberalità e virtù. Sopraggiunge Ippalca, che narra come Rodomonte le abbia tolto Frontino. Ruggiero parte con Ippalca alla ricerca di Rodomonte. Nel frattempo Rodomonte, con Mandricardo, Doralice e il nano, arriva proprio alla fonte di Merlino. Mandricardo vede Marfisa, che ha indossato un abito femminile, e pensa di conquistarla e darla a Rodomonte in cambio di Doralice. Abbatte uno ad uno i difensori di Marfisa, ma non riesce ad abbatterla, che si è armata a propria difesa. Rodomonte interrompe il duello, ricordando a Mandricardo, e informando Marfisa, che Agramante ha bisogno del loro aiuto. Decidono di partire tutti alla volta di Parigi. Frattanto Ruggiero si divide da Ippalca, dopo averle affidato la lettera per Bradamante. E giunge a trovare Rodomonte, Mandricardo e Marfisa presso la fontana. Serie di sfide e liti fra Ruggiero e Rodomonte, Rodomonte e Mandricardo, Mandricardo e Marfisa. La Discordia è contenta e ritorna dai suoi monaci. La zuffa è interrotta da Malagigi che fa entrare un diavolo nel cavallo di Doralice. Questa fugge e Rodomonte e Mandricardo la inseguono. Anche Ruggiero e Marfisa partono, si congedano da Viviano, Malagigi, Aldigieri e Ricciardetto e vanno verso Parigi.

1.   Cortesi donne ebbe l'antiqua etade,
        che le virtù, non le ricchezze, amaro:

---

1. – 1. *Cortesi donne ecc.*: lo stesso inizio d'ottava nel XXII, 1; lo stesso tema, cioè l'elogio che va dato alle donne antiche e a quelle moderne, nel ca. XX, 1-3. –

al tempo nostro si ritrovan rade
a cui, più del guadagno, altro sia caro.
Ma quelle che per lor vera bontade
non seguon de le più lo stile avaro,
vivendo, degne son d'esser contente;
glorïose e immortal poi che fian spente.

2.   Degna d'eterna laude è Bradamante,
che non amò tesor, non amò impero,
ma la virtù, ma l'animo prestante,
ma l'alta gentilezza di Ruggiero;
e meritò che ben le fosse amante
un così valoroso cavalliero,
e per piacere a lei facesse cose
nei secoli avenir miracolose.

3.   Ruggier, come di sopra vi fu detto,
coi duo di Chiaramonte era venuto,
dico con Aldigier, con Ricciardetto,
per dare ai duo fratei prigioni aiuto.
Vi dissi ancor, che di superbo aspetto
venire un cavalliero avean veduto,
che portava l'augel che si rinuova,
e sempre unico al mondo si ritrova.

4.   Come di questi il cavalier s'accorse,
che stavan per ferir quivi su l'ale,
in prova disegnò di voler porse,
s'alla sembianza avean virtude uguale.

---

3. *rade*: rare. – 6. *de le... avaro*: l'avidità passata in costume nella maggior parte delle donne. – 7. *vivendo*: mentre vivono.

2. – 2. *tesor*: denaro. – 3. *prestante*: eccellente (lat.). – 5. *e meritò che ben*: e ben meritò che. – 8. *nei... miracolose*: che sembreranno mirabili, desteranno meraviglia nei secoli futuri.

3. – 4. *duo fratei*: Malagigi e Viviano. – 5. *Vi dissi*: cfr. XXV, 97. – 7-8. *l'augel... si ritrova*: la fenice; cfr. XV, 39, 3-4; XXV, 97, 5-6.

4. – 2. *stavan... su l'ale*: stavano ad ali librate, come uccelli pronti a calare sulla preda; fuor di metafora: erano in procinto di assalire; la stessa espressione *star su l'ali* è usata, ma in senso proprio, trattandosi dell'ippogrifo, a X, 67, 4. – 3. *in prova... porse*: cimentarsi. – 4. *s'alla... uguale*: se erano valorosi quanto mostravano all'apparenza.

－ È di voi － disse loro － alcuno forse
che provar voglia chi di noi più vale
a' colpi o de la lancia o de la spada,
fin che l'un resti in sella e l'altro cada? －

5. － Farei － disse Aldigier － teco, o volessi
menar la spada a cerco, o correr l'asta;
ma un'altra impresa che, se qui tu stessi,
veder potresti, questa in modo guasta,
ch'a parlar teco, non che ci traessi
a correr giostra, a pena tempo basta:
seicento uomini al varco, o più, attendiamo,
coi qua' d'oggi provarci obligo abbiamo.

6. Per tor lor duo de' nostri che prigioni
quinci trarran, pietade e amor n'ha mosso. －
E seguitò narrando le cagioni
che li fece venir con l'arme indosso.
－ Sì giusta è questa escusa che m'opponi, －
disse il guerrier － che contradir non posso;
e fo certo giudicio che voi siate
tre cavallier che pochi pari abbiate.

7. Io chiedea un colpo o dui con voi scontrarme,
per veder quanto fosse il valor vostro;
ma quando all'altrui spese dimostrarme
lo vogliate, mi basta, e più non giostro.
Vi priego ben, che por con le vostr'arme
quest'elmo io possa e questo scudo nostro;
e spero dimostrar, se con voi vegno,
che di tal compagnia non sono indegno. －

5. － 1. *Farei... teco*: mi proverei con te. － 2. *correr l'asta*: giostrare; cfr. IV, 17, 5; 22, 4 e qui, v. 6. － 4. *questa... guasta*: impedisce quest'impresa a cui tu m'inviti. － 6. *tempo basta*: il tempo ci permette.

6. － 2. *quinci*: per di qua, per questa via; *amor m'ha mosso*: cfr. IV, 29, 6. － 5. *escusa*: scusa (lat.).

7. － 1. *un colpo... scontrarme*: battermi per voi per dare un colpo o due (complemento di limitazione). － 3-4. *ma quando... vogliate*: ma una volta che mi vogliate mostrare il vostro valore ai danni di altri. － 6. *nostro*: mio.

8.   Parmi veder ch'alcun saper desia
il nome di costui, che quivi giunto
a Ruggiero e a' compagni si offeria
compagno d'arme al periglioso punto.
Costei (non più costui detto vi sia)
era Marfisa che diede l'assunto
al misero Zerbin de la ribalda
vecchia Gabrina ad ogni mal sì calda.

9.   I duo di Chiaramonte e il buon Ruggiero
l'accettâr volentier ne la lor schiera,
ch'esser credeano certo un cavalliero,
e non donzella, e non quella ch'ella era.
Non molto dopo scoperse Aldigiero
e veder fe' ai compagni una bandiera
che facea l'aura tremolare in volta,
e molta gente intorno avea raccolta.

10.   E poi che più lor fur fatti vicini,
e che meglio notâr l'abito moro,
conobbero che gli eran Saracini,
e videro i prigioni in mezzo a loro
legati e tratti su piccol ronzini
a' Maganzesi, per cambiarli in oro.
Disse Marfisa agli altri: – Ora che resta,
poi che son qui, di cominciar la festa? –

11.   Ruggier rispose: – Gl'invitati ancora
non ci son tutti, e manca una gran parte.
Gran ballo s'apparecchia di fare ora;
e perché sia solenne, usiamo ogn'arte:
ma far non ponno omai lunga dimora. –
Così dicendo, veggono in disparte

---

8. – 1. *veder*: notare nel volto dei miei uditori. – 6. *diede l'assunto*: diede l'incarico: quest'impresa di Marfisa al XX, 128. – 8. *ad ogni... calda*: così desiderosa
(*calda*: cfr. XVIII, 155, 6) di fare del male.

9. – 4. *e non... era*: e tanto meno Marfisa. – 5. *scoperse*: scorse. – 7. *che... volta*: che
l'aria faceva svolazzare.

10. – 8. *festa*: battaglia. Le metafore della mischia come una *festa*, come un
gran ballo (XXVI, 11, 3), come una *danza* (XXVI, 11, 8), erano tradizionali fra i
canterini ed erano riuscite particolarmente congeniali al Pulci, cfr. *Morg.*, XI, 26,
5; 32, 6; XXI, 135, 5-6; ecc.

11. – 1. *Gl'invitati*: gli invitati al ballo. – 6. *in disparte*: da un'altra parte.

venire i traditori di Maganza:
sì ch'eran presso a cominciar la danza.

12.   Giungean da l'una parte i Maganzesi,
e conducean con loro i muli carchi
d'oro e di vesti e d'altri ricchi arnesi;
da l'altra in mezzo a lance, spade et archi,
venian dolenti i duo germani presi,
che si vedeano essere attesi ai varchi:
e Bertolagi, empio inimico loro,
udian parlar col capitano Moro.

13.   Né di Buovo il figliuol né quel d'Amone,
veduto il Maganzese, indugiar puote:
la lancia in resta l'uno e l'altro pone,
e l'uno e l'altro il traditor percuote.
L'un gli passa la pancia e 'l primo arcione,
e l'altro il viso per mezzo le gote.
Così n'andasser pur tutti i malvagi,
come a quei colpi n'andò Bertolagi.

14.   Marfisa con Ruggiero a questo segno
si muove, e non aspetta altra trombetta;
né prima rompe l'arrestato legno,
che tre, l'un dopo l'altro, in terra getta.
De l'asta di Ruggier fu il pagan degno,
che guidò gli altri, e uscì di vita in fretta;
e per quella medesima con lui
uno et un altro andò nei regni bui.

---

12. – 6. *si vedeano... varchi*: vedevano che li si stava aspettando nel luogo convenuto per lo scambio. – 7. *Bertolagi*: il maganzese; cfr. XXV, 74, 4.

13. – 1. *di Buovo il figliuol*: Aldigieri; *quel d'Amone*: Ricciardetto. – 5. *L'un gli passa ecc.*: solita allegria della strage; cfr. VI, 66, 1; *'l primo arcione*: l'arcione anteriore; cfr. II, 7, 7. – 7. *n'andasser*: andassero all'altro mondo. Anche l'intervento deprecatorio e moralizzante del poeta era nella tradizione canterina.

14. – 2. *trombetta*: segnale. Si noti la rima interna (nella prima redazione aveva scritto *attende*). – 3. *l'arrestato legno*: la lancia messa in resta. – 5-6. *De l'asta... altri*: quegli che guidò la schiera saracena ebbe l'onore d'essere colpito dalla lancia di Ruggiero. – 7. *per quella medesima*: per opera di quella stessa lancia. – 8. *nei regni bui*: cfr. XVI, 83, 7-8; XXIII, 73, 6.

15.   Di qui nacque un error tra gli assaliti,
        che lor causò lor ultima ruina.
        Da un lato i Maganzesi esser traditi
        credeansi da la squadra saracina;
        da l'altro i Mori in tal modo feriti,
        l'altra schiera chiamavano assassina:
        e tra lor cominciâr con fiera clade
        a tirare archi e a menar lancie e spade.

16.   Salta ora in questa squadra et ora in quella
        Ruggiero, e via ne toglie or dieci or venti:
        altritanti per man de la donzella
        di qua e di là ne son scemati e spenti.
        Tanti si veggon gir morti di sella,
        quanti ne toccan le spade taglienti,
        a cui dan gli elmi e le corazze loco,
        come nel bosco i secchi legni al fuoco.

17.   Se mai d'aver veduto vi raccorda,
        o rapportato v'ha fama all'orecchie,
        come, allor che 'l collegio si discorda,
        e vansi in aria a far guerra le pecchie,
        entri fra lor la rondinella ingorda,
        e mangi e uccida e guastine parecchie;
        dovete imaginar che similmente
        Ruggier fosse e Marfisa in quella gente.

18.   Non così Ricciardetto e il suo cugino
        tra le due genti varïavan danza,

15. – 7. *clade*: strage (lat.).
16. – 2. *via ne toglie*: ne fa fuori, ne uccide. Anche qui la strage assume i soliti aspetti iperbolici. – 4. *scemati*: sottratti alla schiera, come nel XIV, 123, 6; oppure potrebbe intendersi: privati di questa o di quella parte del corpo, come nel XXIV, 5, 6. – 7. *a cui... loco*: alla quale gli elmi e le corazze non offrono resistenza.
17. – 1. *Se mai d'aver ecc.*: anche qui la strage suggerisce un'elaborata similitudine; cfr. XIII, 39 e XXV, 12. La similitudine da VIRGILIO, *Georg.*, IV, 13-17: «*Absint... Pinguibus ab stabulis, meropesque aliaeque volucres Et manibus Procne pectus signata cruentis; Omnia nam late vastant ipsasque volantis Ore ferunt dulcem nidis inmitibus escam*» e anche IV, 67-68; *vi raccorda*: vi sovviene. – 3. *'l collegio*: la comunità delle api; cfr. XX, 78, 4; *si discorda*: viene a lite.
18. – 1. *il suo cugino*: Aldigieri. – 2. *tra... danza*: alternavano l'assalto ora contro

perché, lasciando il campo saracino,
sol tenean l'occhio all'altro di Maganza.
Il fratel di Rinaldo paladino
con molto animo avea molta possanza,
e quivi raddoppiar glie la facea
l'odio che contra ai Maganzesi avea.

19. Facea parer questa medesma causa
un leon fiero il bastardo di Buovo,
che con la spada senza indugio e pausa
fende ogn'elmo, o lo schiaccia come un ovo.
E qual persona non saria stata ausa,
non saria comparita un Ettor nuovo,
Marfisa avendo in compagnia e Ruggiero,
ch'eran la scelta e 'l fior d'ogni guerriero?

20. Marfisa tuttavolta combattendo,
spesso ai compagni gli occhi rivoltava;
e di lor forza paragon vedendo,
con maraviglia tutti li lodava:
ma di Ruggier pur il valor stupendo
e senza pari al mondo le sembrava;
e talor si credea che fosse Marte
sceso dal quinto cielo in quella parte.

21. Mirava quelle orribili percosse,
miravale non mai calare in fallo:

una ora contro l'altra schiera. A differenza di Ruggiero e Marfisa essi avevano
un odio preciso e diretto contro i Maganzesi. – 5. *Il fratel di Rinaldo*: Ricciardetto.

19. – 1. *medesma causa*: l'odio contro i Maganzesi. – 2. *un leon fiero*: cfr.
XXV, 14, 3-4; *il bastardo di Buovo*: Aldigieri. – 3. *senza... pausa*: la formula
tautologica è di origine canterina. – 4. *come un ovo*: cfr. PULCI, *Morg.*, I, 68, 4;
XV, 42, 2: «a molti il capo ha schiacciato come uova». – 5. *ausa*: ardita (lat.
già in DANTE, *Par.*, XXXII, 63). – 6. *Ettor*: cfr. XVIII, 64, 5. – 8. *la scelta e 'l
fior*: cfr. X, 77, 4.

20. – 1. *tuttavolta combattendo*: mentre continuava a combattere. – 3. *paragon*:
la prova, il saggio; cfr. I, 61, 4. – 5. *pur*: nondimeno, sebbene ammirasse anche gli
altri. – 8. *quinto cielo*: il cielo appunto di Marte. Il riferimento a Marte, come quello
ad Ettore (XXVI, 19, 6) era caro alla tradizione cavalleresca; cfr. PULCI, *Morg.*,
X, 55.

parea che contra Balisarda fosse
il ferro carta, e non duro metallo.
Gli elmi tagliava e le corazze grosse,
e gli uomini fendea fin sul cavallo,
e li mandava in parte uguali al prato,
tanto da l'un quanto da l'altro lato.

22.   Continuando la medesma botta,
        uccidea col signore il cavallo anche.
        I capi dalle spalle alzava in frotta,
        e spesso i busti dipartia da l'anche.
        Cinque e più a un colpo ne tagliò talotta:
        e se non che pur dubito che manche
        credenza al ver c'ha faccia di menzogna,
        di più direi; ma di men dir bisogna.

23.   Il buon Turpin, che sa che dice il vero,
        e lascia creder poi quel ch'a l'uom piace,
        narra mirabil cose di Ruggiero,
        ch'udendolo, il direste voi mendace.
        Così parea di ghiaccio ogni guerriero
        contra Marfisa, et ella ardente face;
        e non men di Ruggier gli occhi a sé trasse,
        ch'ella di lui l'alto valor mirasse.

24.   E s'ella lui Marte stimato avea,
        stimato egli avria lei forse Bellona,

21. – 3. *Balisarda*: la spada incantata di Ruggiero. – 7. *in parte uguali*: tagliati
esattamente nel mezzo; cfr. XXIV, 69, 5; *al prato*: sul terreno. – 8. *tanto... lato*: sia
nella schiera saracena che in quella maganzese.
22. – 1. *Continuando... botta*: il colpo, che aveva diviso in due il cavaliere,
scendendo ancora più giù. Siamo in piena allegria iperbolica, eppure non viene
mai meno la netta precisione delle descrizioni. – 3. *alzava in frotta*: faceva volare
in gran numero per l'aria; cfr. XII, 80, 4. – 5. *talotta*: talvolta. – 6-8. *dubito che
manche ecc.*: cfr. DANTE, *Inf.*, XVI, 124-125; «Sempre a quel ver c'ha faccia di
menzogna De' l'uom chiuder le labbra fin ch'el pote». La citaz. dantesca anche nel
Cortegiano di CASTIGLIONE, II, XLI, dove si parla di verità «che hanno faccia di
menzogna»; *di più direi ecc.*: cfr. X, 4, 7.
23. – 1. *Turpin*: cfr. XIII, 40, 2; XXIII, 62, 1-2. – 5-6. *di ghiaccio... ardente face*:
cfr. XVI, 53, 1-2; ma qui si riferisce, oltre che al freddo della paura e all'ardore
dell'impeto, anche alla fragilità iperbolica dei Saraceni e alla facilità proverbiale
con cui i cavalieri li facevano dissolvere, sparire; cfr. XXIII, 82, 7. – 7-8. *e non
men... mirasse*: e attirò su di sé l'attenzione stupita di Ruggiero, non meno di
quanto ella avesse ammirato il valore di lui.
24. – 2. *Bellona*: il riferimento umanistico (cfr. XXVI, 19, 6 e 20, 8) è un po'

se per donna così la conoscea,
come parea il contrario alla persona.
E forse emulazion tra lor nascea
per quella gente misera, non buona,
ne la cui carne e sangue e nervi et ossa
fan prova chi di loro abbia più possa.

25. Bastò di quattro l'animo e il valore
a far ch'un campo e l'altro andasse rotto.
Non restava arme, a chi fuggia, migliore
che quella che si porta più di sotto.
Beato chi il cavallo ha corridore,
ch'in prezzo non è quivi ambio né trotto;
e chi non ha destrier, quivi s'avede
quanto il mestier de l'arme è tristo a piede.

26. Riman la preda e 'l campo ai vincitori,
che non è fante o mulatier che resti.
Là Maganzesi, e qua fuggono i Mori:
quei lasciano i prigion, le some questi.
Furon, con lieti visi e più coi cori,
Malagigi e Viviano a sciroglier presti;
non fur men diligenti a sciorre i paggi,
e por le some in terra e i carrïaggi.

27. Oltre una buona quantità d'argento
ch'in diverse vasella era formato,
et alcun mulïebre vestimento
di lavoro bellissimo fregiato,

più ricercato: Bellona era la dea romana della guerra, considerata sorella o moglie di Marte; cfr. VIRGILIO, *Aen.*, VIII, 703; BOCCACCIO, *Tes.*, IX, 12, 2; POLI-
ZIANO, *Stanze*, II, 8, 4. – 4. *alla persona*: all'aspetto. – 5-6. *emulazion... non
buona*: sarebbe nata tra loro una emulazione poco propizia a quella misera
gente.

25. – 2. *un campo e l'altro*: le due schiere, quella saracena e quella maganzese. – 4. *quella... sotto*: le proprie gambe. – 6. *in prezzo... trotto*: qui ha valore solo
il cavallo che va al galoppo. L'*ambio* e il *trotto* sono tipi più lenti di andatura
equina.

26. – 5. *e più coi cori*: e con i cuori ancor più lieti. Si riferisce ai *vincitori* (v. 1).
– 7-8. *non fur... carrïaggi*: e i paggi non furono meno solleciti a sciogliere i carichi
preziosi legati sulla schiena dei muli.

27. – 2. *in diverse... formato*: modellato in vasi e piatti di diverse forme. –

e per stanze reali un paramento
d'oro e di seta in Fiandra lavorato,
et altre cose ricche in copia grande;
fiaschi di vin trovâr, pane e vivande.

28. Al trar degli elmi, tutti vider come
avea lor dato aiuto una donzella:
fu conosciuta all'auree crespe chiome
et alla faccia delicata e bella.
L'onoran molto, e pregano che 'l nome
di gloria degno non asconda; et ella,
che sempre tra gli amici era cortese,
a dar di sé notizia non contese.

29. Non si ponno saziar di riguardarla;
che tal vista l'avean ne la battaglia.
Sol mira ella Ruggier, sol con lui parla:
altri non prezza, altri non par che vaglia.
Vengono i servi intanto ad invitarla
coi compagni a goder la vettovaglia,
ch'apparecchiata avean sopra una fonte
che difendea dal raggio estivo un monte.

30. Era una de le fonti di Merlino,
de le quattro di Francia da lui fatte,
d'intorno cinta di bel marmo fino,

---

5. *paramento*: arazzo. – 6. *d'oro... lavorato*: intessuto d'oro e di seta. Gli arazzi di Fiandra erano famosi.

28. – 3. *auree... chiome*: cfr. XXIV, 86, 7. – 8. *non contese*: non si rifiutò.

29. – 2. *tal*: così valorosa. – 4. *prezza*: stima; *par.* le sembra. – 7. *sopra una fonte*: sulle rive di una fonte. Il riposo dei cavalieri, presso una fonte, in un fresco *locus amoenus* (cfr. I, 35, 3) era un passaggio obbligato della letteratura arturiana; cfr. P. RAJNA, *Le fonti dell'«Orlando Furioso»* cit., pp. 376 segg.; ma anche BOCCACCIO, *Decam.*, III, Intr., 5-15. – 8. *che... monte*: che un monte proteggeva dai caldi raggi del sole.

30. – 1. *Merlino*: cfr. III, 9, 4. – 2. *le quattro*: di fonti costruite da Merlino, o connesse con la leggenda di Merlino, parla la letteratura arturiana; ma non è ben chiaro quali siano le altre tre – accanto a questa del *Furioso* – che l'Ariosto aveva in mente: sembra che due siano da identificare come la fonte dell'amore e quella dell'odio di cui parla il BOIARDO, anche se nell'*Innamorato* solo una è espressamente attribuita a Merlino (*Innam.*, I, III, 33), mentre per l'altra è negata l'opera del mago (*ibid.*, I, III, 38; ma cfr. anche II, XV, 43, 2-3; alle due fonti aveva già accennato l'Ariosto nel I, 78). La terza fonte potrebbe essere quella «del Pino» di cui parlano i romanzi brettoni e il Boiardo (*Innam.*, I, I, 27, 7-8), oppure anche la

lucido e terso, e bianco più che latte.
Quivi d'intaglio con lavor divino
avea Merlino imagini ritratte:
direste che spiravano, e, se prive
non fossero di voce, ch'eran vive.

31.   Quivi una bestia uscir de la foresta
parea, di crudel vista, odiosa e brutta,
ch'avea l'orecchie d'asino, e la testa
di lupo e i denti, e per gran fame asciutta:
branche avea di leon; l'altro che resta,
tutto era volpe: e parea scorrer tutta
e Francia e Italia e Spagna et Inghelterra,
l'Europa e l'Asia, e al fin tutta la terra.

32.   Per tutto avea genti ferite e morte,
la bassa plebe e i più superbi capi:
anzi nuocer parea molto più forte
a re, a signori, a principi, a satrapi.
Peggio facea ne la romana corte,
che v'avea uccisi cardinali e papi:

fonte istoriata di cui parla la *Spagna* (XIV, 44), che è uno dei poemi italiani che
l'Ariosto conobbe meglio e che proprio per questo episodio tenne a modello; cfr.
P. RAJNA, *Le fonti dell'«Orlando Furioso»* cit., pp. 384 segg. Non si trascuri il fatto
che di quattro fonti mirabili, anche se espressamente situate in luoghi esotici e
non in Francia, parlava il Petrarca in una sua canzone, seguendo gli scrittori
classici (cfr. *Canz.*, CXXXV, 46 segg.) e che una «fonte di marmo bianchissimo
e con maravigliosi intagli» descrive il Boccaccio nel *loc. cit.* (III, Intr., 5-15) del
Decameron. – 4. *lucido e terso*: cfr. DANTE, *Purg.*, IX, 95: «bianco marmo era sì,
pulito e terso». – 6. *imagini*: l'episodio delle immagini profetiche si colloca
accanto a quelli analoghi di XXXIII, 1-58; XLII, 79-86; XLVI, 77 segg. (cfr. n.
a XXXIII, 3, 7-8 e a XLVI, 77, 1) e ripete temi propri della letteratura classica
(per es., lo scudo di Enea in VIRGILIO, *Aen.*, VIII, 626-728) e di quella romanzesca, in cui si hanno numerosi esempi di padiglioni, palazzi e anche fontane
istoriati; cfr. P. RAJNA, *Le fonti dell'«Orlando Furioso»* cit., pp. 376 segg. –
7. *spiravano*: respiravano, cfr. DANTE, *Inf.*, XXVIII, 131; *Purg.*, II, 68; X, 39: «non
sembiava imagine che tace». – 8. *vive*: cfr. VIRGILIO, *Aen.*, III, 847-848; VI,
487-88; STAZIO, *Theb.*, II 216.

    31. – 1. *una bestia*: la bestia istoriata è «figura» della cupidigia o avarizia.
L'Ariosto ha avuto presente la lupa di Dante (*Inf.*, I, 49 segg.) e anche la descrizione di Gerione (*Inf.*, XVII, 1 segg.). Ma si tratta di figura composita, con gli
attributi dell'ignoranza (v. 3: *orecchie d'asino*), dell'insaziabilità (vv. 3-4: *la testa...
asciutta*), della violenza (v. 5: *branche... di leon*) e dell'astuzia (v. 6: *tutto era volpe*; con
cui cfr. DANTE, *Inf.*, XXVII, 75).

    32. – 4. *satrapi*: principi asiatici. – 5-6. *ne la romana corte... papi*: cfr. DANTE,
Inf., VII, 47-48.

contaminato avea la bella sede
di Pietro, e messo scandol ne la fede.

33.   Par che dinanzi a questa bestia orrenda
cada ogni muro, ogni ripar che tocca.
Non si vede città che si difenda:
se l'apre incontra ogni castello e ròcca.
Par che agli onor divini anco s'estenda,
e sia adorata da la gente sciocca,
e che le chiavi s'arroghi d'avere
del cielo e de l'abisso in suo potere.

34.   Poi si vedea d'imperïale alloro
cinto le chiome un cavallier venire
con tre giovini a par, che i gigli d'oro
tessuti avean nel lor real vestire;
e, con insegna simile, con loro
parea un leon contra quel mostro uscire:
avean lor nomi chi sopra la testa,
e chi nel lembo scritto de la vesta.

35.   L'un ch'avea fin a l'elsa ne la pancia
la spada immersa alla maligna fera,

---

33. – 2. *cada ogni muro... tocca*: cfr. ORAZIO, *Carm.*, III, XVI, 9-11: «*Aurum...
perrumpere amat saxa, potentius Ictu fulmineo*» e DANTE, *Inf.*, XVIII, 1-2: «la
fiera con la coda aguzza, Che passa i monti e rompe i muri e l'armi!». – 5-8. *Par
che agli onor ecc.*: i commentatori hanno interpretato di solito questi versi come
un attacco a coloro che esercitavano il ministero ecclesiastico (*onor divini*), ma
mi sembra persuasiva la proposta di Bigi di intendere invece: pare che la
nuova bestia sia assurta al rango di divinità degna di venerazione e che riesca
a farsi ubbidire anche dalla gente comune, presentandosi come una potenza
che ha la possibilità di aprire e chiudere le porte del cielo e della terra. Prima
sono stati attaccati gli esponenti del potere politico, militare ed ecclesiastico,
ora si parla degli strati più bassi della popolazione, la *gente sciocca*. Cfr. DANTE,
Inf., XIX, 112: «Fatto v'avete Dio d'oro e d'argento» e, per l'immagine delle
chiavi, *Inf.*, XXVII, 103-105.
34. – 1-2. *d'imperïale... cavallier*: un cavaliere con le chiome incoronate d'alloro. Si tratta di Francesco I, re di Francia, che porta la corona trionfale per la
vittoria riportata sugli Svizzeri a Marignano (13-14 settembre 1515). – 3. *tre giovini*: Massimiliano d'Austria, Carlo V ed Enrico d'Inghilterra; cfr. ottava seg.; *i gigli
d'oro*: si tratta della insegna di Francesco I assunta anche dagli altri tre nell'impresa contro il mostro, come simbolo di concordia d'intenti. – 6. *un leon*: il papa
Leone X, il quale aveva la stessa insegna anche perché era un Medici e i Medici
avevano ottenuto dal re di Francia Luigi XI di aggiungere i gigli d'oro al loro
stemma. – 7. *sopra la testa*: sull'elmo.

Francesco primo, avea scritto, di Francia;
Massimigliano d'Austria a par seco era;
e Carlo quinto imperator, di lancia
avea passato il mostro alla gorgiera;
e l'altro, che di stral gli fige il petto,
l'ottavo Enrigo d'Inghilterra è detto.

36.   Decimo ha quel Leon scritto sul dosso,
ch'al brutto mostro i denti ha ne l'orecchi;
e tanto l'ha già travagliato e scosso,
che vi sono arrivati altri parecchi.
Parea del mondo ogni timor rimosso;
et in emenda degli errori vecchi
nobil gente accorrea, non però molta,
onde alla belva era la vita tolta.

37.   I cavallieri stavano e Marfisa
con desiderio di conoscer questi,
per le cui mani era la bestia uccisa,
che fatti avea tanti luoghi atri e mesti.
Avenga che la pietra fosse incisa
dei nomi lor, non eran manifesti.
Si pregavan tra lor, che, se sapesse
l'istoria alcuno, agli altri la dicesse.

38.   Voltò Viviano a Malagigi gli occhi,
che stava a udire, e non facea lor motto:
– A te – disse – narrar l'istoria tocchi,

---

35. – 3. *Francesco primo*: re di Francia dal 1515. – 4. *Massimigliano*: imperatore dal 1486 (in realtà di una quarantina di anni più anziano degli altri due; la definizione di *giovine* deve intendersi, secondo Bigi, come «stilizzazione letteraria»); *a par seco*: al suo fianco. – 5. *Carlo quinto*: nelle due prime edizioni l'Ariosto aveva scritto «Carlo di Borgogna». Solo in C corresse attribuendo il titolo di imperatore a Carlo, per il quale scrisse anche l'elogio nel XV, 24-25. – 6. *gorgiera*: gola; cfr. DANTE, *Inf.*, XXXII, 120. – 7. *fige*: trafigge (lat. *figit*). – 8. *ottavo Enrigo*: re d'Inghilterra dal 1509. L'Ariosto li presenta tutti come campioni di magnificenza e munificenza.

36. – 1. *Decimo... Leon*: Leone X era stato eletto papa nel 1513. – 2. *al brutto... orecchi*: ha morso con i denti leonini le orecchie del lupo. – 4. *vi sono... parecchi*: molti altri, vista l'opportunità, si sono mossi all'assalto. – 6. *errori vecchi*: peccati d'avarizia consumati.

37. – 2. *questi*: questi personaggi. – 4. *fatti... mesti*: cfr. DANTE, *Inf.*, I, 51: «e molte genti fe' già viver grame». – 6. *non eran manifesti*: tali nomi non erano conosciuti.

ch'esser ne déi, per quel ch'io vegga, dotto.
Chi son costor che con saette e stocchi
e lance a morte han l'animal condotto? –
Rispose Malagigi: – Non è istoria
di ch'abbia autor fin qui fatto memoria.

39.   Sappiate che costor che qui scritto hanno
nel marmo i nomi, al mondo mai non furo;
ma fra settecento anni vi saranno,
con grande onor del secolo futuro.
Merlino, il savio incantator britanno,
fe' far la fonte al tempo del re Arturo;
e di cose ch'al mondo hanno a venire,
la fe' da buoni artefici scolpire.

40.   Questa bestia crudele uscì del fondo
de lo 'nferno a quel tempo che fur fatti
alle campagne i termini, e fu il pondo
trovato e la misura, e scritti i patti.
Ma non andò a principio in tutto 'l mondo:
di sé lasciò molti paesi intatti.
Al tempo nostro in molti lochi sturba;
ma i populari offende e la vil turba.

41.   Dal suo principio infin al secol nostro
sempre è cresciuto, e sempre andrà crescendo:
sempre crescendo, al lungo andar fia il mostro
il maggior che mai fosse e lo più orrendo.
Quel Fiton che per carte e per inchiostro

38. – 4. *per... vegga*: a mio giudizio (congiuntivo limitativo secondo l'uso lat.);
dotto: informato. Nella tradizione cavalleresca, e anche nel Pulci e nel Boiardo,
Malagigi era presentato come un dotto e sapiente mago. – 5. *stocchi*: spade. – 8. *di
ch'abbia*: di cui abbia.
    39. – 1-2. *che qui... nomi*: che hanno i loro nomi scritti in questo marmo; cfr.
PETRARCA, *Canz.*, LXXXII, 6-7: «Che 'l vosto nome a mio danno si scriva In alcun
marmo»; *Tr. Am.*, I, 63: «Che mai più saldo in marmo non scrisse». – 4. *secolo*:
tempo, età. – 6. *Arturo*: Artù; cfr. n. a IV, 53, 1-2.
    40. – 1-2. *uscì... 'nferno*: cfr. DANTE, *Inf.*, I, 110-111. – 3. *i termini*: i confini di
proprietà. I poeti latini ponevano l'inizio di molti mali alla fine delll'età dell'oro,
quando si fissò la proprietà; cfr. VIRGILIO, *Georg.*, I, 125 segg.; TIBULLO, I, III, 43-44;
OVIDIO, *Met.*, I, 135 segg. – 3. *il pondo*: il peso. – 7. *sturba*: porta turbamento. – 8.
i populari: la plebe (lat. *populares*).
    41. – 2. *sempre è cresciuto*: soggetto è *il mostro* (v. 3). – 5. *Fiton*: o Pitone, il

s'ode che fu sì orribile e stupendo,
alla metà di questo non fu tutto,
né tanto abominevol né sì brutto.

42. Farà strage crudel, né sarà loco
che non guasti, contamini et infetti:
e quanto mostra la scultura, è poco
de' suoi nefandi e abominosi effetti.
Al mondo, di gridar mercé già roco,
questi, dei quali i nomi abbiamo letti,
che chiari splenderan più che piropo,
verranno a dare aiuto al maggior uopo.

43. Alla fera crudele il più molesto
non sarà di Francesco il re de' Franchi:
e ben convien che molti ecceda in questo,
e nessun prima, e pochi n'abbia a' fianchi;
quando in splendor real, quando nel resto
di virtù farà molti parer manchi,
che già parver compiuti; come cede
tosto ogn'altro splendor, che 'l sol si vede.

44. L'anno primier del fortunato regno,
non ferma ancor ben la corona in fronte,
passerà l'Alpe, e romperà il disegno
di chi all'incontro avrà occupato il monte,
da giusto spinto e generoso sdegno,

celebre serpente, che fu generato dal fango dopo il diluvio, visse nelle grotte del
Parnaso e fu ucciso dalle frecce d'Apollo; cfr. OVIDIO, *Met.*, I, 438-444; STAZIO,
Theb., I, 562-69; *per carte... inchiostro*: secondo dicono i libri degli antichi scrittori;
cfr. PETRARCA, *Canz.*, XXIII, 99; CCCIX, 8. – 6. *orribile e stupendo*: tale da suscitare
orrore e maraviglia.
42. – 3-4. *quanto... effetti*: quanto la scultura mostra dei suoi malefici influssi,
è poco in confronto alla realtà. – 5. *di gridar... roco*: cfr. PETRARCA, *Canz.*, CXXXIII,
3-4; *Tr. Mor.*, II, 142: «di mercé chiamar già roco». – 7. *piropo*: cfr. II, 56, 1. – 8. *al
maggior uopo*: nel momento del maggiore bisogno.
43. – 1-2. *il più... sarà*: non ci sarà altri più molesto. – 3. *ecceda in questo*: superi
in questa lotta contro la lupa. – 5. *quando*: poiché. – 6. *manchi*: manchevoli. –
7. *compiuti*: compiutamente forniti di virtù; *cede*: viene meno; cfr. VII, 10, 8. –
8. *tosto... che*: non appena.
44. – 1. *L'anno primier*: nel 1515. – 2. *non ferma... fronte*: pur non avendo ancor
ben consolidato la sua autorità e il suo potere. – 3-4. *romperà... monte*: l'esercito
francese passò le Alpi attraverso il col Varo e l'Argentera, che erano considerati

che vendicate ancor non sieno l'onte
che dal furor da paschi e mandre uscito
l'esercito di Francia avrà patito.

45. E quindi scenderà nel ricco piano
di Lombardia, col fior di Francia intorno,
e sì l'Elvezio spezzerà, ch'invano
farà mai più pensier d'alzare il corno.
Con grande e de la Chiesa e de l'ispano
campo e del fiorentin vergogna e scorno
espugnerà il castel che prima stato
sarà non espugnabile stimato.

46. Sopra ogn'altr'arme, ad espugnarlo, molto
più gli varrà quella onorata spada
con la qual prima avrà di vita tolto
il monstro corruttor d'ogni contrada.
Convien ch'inanzi a quella sia rivolto
in fuga ogni stendardo, o a terra vada;
né fossa, né ripar, né grosse mura
possan da lei tener città sicura.

47. Questo principe avrà quanta eccellenza
aver felice imperator mai debbia:

invalicabili, e così sventò il piano di difesa di Prospero Colonna, che aveva collocato gli Svizzeri a guardia del Monginevro e del Moncenisio. – 6-8. *l'onte... patito*:
nel giugno del 1513 gli Svizzeri (presentati come rozzi pastori e bifolchi) avevano
sbaragliato i Francesi a Novara. Un rozzo *furore* era attribuito da PETRARCA ai
tedeschi: «'l furor de lassù» (*Canz.*, CXXVIII, 78). Su questo *topos*, cfr. P. AMELUNG,
Das Bild des Deutschen in der Literatur der italienischen Renaissance (1400-1559),
München, M. Hueber, 1964.
   45. – 3. *l'Elvezio spezzerà*: sconfiggerà l'esercito Svizzero, a Marignano. –
4. *d'alzare il corno*: espressione biblica, ma anche latina, a indicare atto di sfida e
di superbia; cfr. ORAZIO, *Epod.*, VI, 11-12: «*in malos asperrimus Parata tollo cornua*»;
PETRARCA, *Canz.*, XXVII, 3 e CXXXVIII, 10. – 5-6. *Con grande... scorno*: con grande
vergogna di Leone X, di Ferdinando il Cattolico e dei Fiorentini, in lega con gli
Svizzeri; per la coppia *Vergogna e scorno*, cfr. XXV, 90, 4. – 7. *il castel*: il castello di
Milano. Anche secondo GUICCIARDINI, *Storia d'Italia*, XII, 15, il castello di Milano
era «fortissimo, abbondante di tutte le provisioni necessarie a difendersi e a
tenersi, e dove erano dentro più di dumila uomini da guerra».
   46. – 2. *quella... spada*: l'arma con cui aveva debellato il mostro dell'avarizia.
Allude alla liberalità del re francese, che gli permise di attirare a sé i migliori ingegni e i più abili sostenitori. La grande «liberalità» del re Francesco I ricevette le lodi
anche di CASTIGLIONE (*Cortegiano*, I, 42) e GUICCIARDINI (*Storia d'Italia*, XII, 10).
   47. – 2. *felice imperator*: capitano abile e favorito dalla fortuna (lat. *felix im-*

l'animo del gran Cesar, la prudenza
di chi mostrolla a Transimeno e a Trebbia,
con la fortuna d'Alessandro, senza
cui saria fumo ogni disegno, e nebbia.
Sarà sì liberal, ch'io lo contemplo
qui non aver né paragon né esemplo. –

48. Così diceva Malagigi, e messe
desire a' cavallier d'aver contezza
del nome d'alcun altro ch'uccidesse
l'infernal bestia, uccider gli altri avezza.
Quivi un Bernardo tra' primi si lesse,
che Merlin molto nel suo scritto apprezza.
– Fia nota per costui – dicea – Bibiena,
quanto Fiorenza sua vicina e Siena. –

49. Non mette piede inanzi ivi persona
a Sismondo, a Giovanni, a Ludovico:
un Gonzaga, un Salviati, un d'Aragona,
ciascuno al brutto mostro aspro nimico.
V'è Francesco Gonzaga, né abandona
le sue vestigie il figlio Federico;
et ha il cognato e il genero vicino,
quel di Ferrara, e quel duca d'Urbino.

perator). – 3. *l'animo... Cesar*: la forza e l'ardire di Giulio Cesare; *la prudenza*: l'as-
sennatezza e la perizia. – 4. *chi*: Annibale. – 5. *la fortuna d'Alessandro*: in realtà la
fortuna fu favorevole a Francesco, solo nei primi anni del suo regno. L'Ariosto
lasciò tuttavia intatta questa ottava anche nell'ultima edizione del poema e si
limitò a correggere se stesso con un'ottava composta per un nuovo episodio aggiunto più tadi al *Furioso* (XLIII, 50). – 7. *lo contemplo*: lo vedo, guardando queste
sculture profetiche. – 8. *né paragon né esemplo*: né contemporaneo che possa pa-
ragonarsi a lui, né predecessore che gli sia stato d'esempio.
48. – 2-4. *d'aver... avezza*: di conoscere il nome di altri cavalieri, raffigurati
nell'atto di uccidere la bestia, che è solita uccidere gli altri. – 6. *apprezza*: loda. –
7-8. *Fia... Siena*: la città di Bibbiena, nel Casentino, dando i natali a costui, sarà
nota quanto le vicine Firenze e Siena. Si tratta di Bernardo Dovizi da Bibbiena,
che fu amico dell'Ariosto: cfr. CATALANO, *Vita*, I, p. 364 e DIONISOTTI, *Per la data
dei «Cinque Canti»*, in «Giorn. St. d. Lett. Ital.», 1960, pp. 1-40. Di lui l'A. dà giudizi
contrastanti: cfr. la lettera a B. Fantino del 7 aprile 1513; la *Sat.*, III, 181-83; in
Rime, la *Canz.* V, 163-69; *Cinque canti*, II, 52, 1-2.
49. – 2-3. *Sismondo... d'Aragona*: i cardinali Sigismondo Gonzaga, Giovanni
Salviati, nipote di Leone X, e Ludovico d'Aragona. – 5. *Francesco Gonzaga*: marchese di Mantova dal 1484, a cui succederà nel 1519 il figlio Federico; cfr. XIII,
59-60. – 7. *il cognato*: cognato di Francesco II era Alfonso I d'Este, la cui sorella

50.   De l'un di questi il figlio Guidobaldo
        non vuol che 'l padre o ch'altri a dietro il metta.
        Con Otobon dal Flisco, Sinibaldo
        caccia la fera, e van di pari in fretta.
        Luigi di Gazolo il ferro caldo
        fatto nel collo le ha d'una saetta,
        che con l'arco gli diè Febo, quando anco
        Marte la spada sua gli messe al fianco.

51.   Duo Erculi, duo Ippoliti da Este,
        un altro Ercule, un altro Ippolito anco,
        da Gonzaga, de' Medici, le péste
        seguon del mostro, e l'han, cacciando, stanco.
        Né Giuliano al figliuol, né par che reste
        Ferrante al fratel dietro; né che manco
        Andrea Doria sia pronto; né che lassi
        Francesco Sforza, ch'ivi uomo lo passi.

52.   Del generoso, illustre e chiaro sangue
        d'Avalo vi son dui c'han per insegna
        lo scoglio, che dal capo ai piedi d'angue
        par che l'empio Tifeo sotto si tegna.
        Non è di questi duo, per fare esangue

Isabella era andata sposa appunto al Gonzaga; *genero*: Francesco Maria della Rovere, duca d'Urbino, che aveva sposato Eleonora Gonzaga.
    50. – 1. *Guidobaldo*: della Rovere, figlio del duca di Urbino. – 3. *Otobon...
Sinibaldo*: i fratelli Ottobone e Sinibaldo Fieschi, di Genova. – 5-8 *Luigi da Gazolo
ecc.*: Luigi, figlio di Lodovico Gonzaga, detto «Rodomonte», conte di Sabbioneta e
Gazolo nel Mantovano; fu uomo d'armi e poeta, come è indicato qui simbolica-
mente dall'accenno alle frecce d'Apollo e alla spada di Marte; *il ferro... saetta*: ha
colpito con una freccia il collo della bestia e l'ha fatta calda di sangue; cfr. ORAZIO,
Serm., II, III, 136: «*In matris iugulo ferrum tepefecit acutum*».
    51. – 1-3. *Duo Erculi... Medici*: Ercole I e II d'Este, duchi di Ferrara; il cardi-
nale Ippolito I, a cui è dedicato il *Furioso* (cfr. I, 3, 1), e il cardinale Ippolito II, figlio
di Alfonso I, il cardinale Ercole Gonzaga e il cardinale Ippolito de' Medici. –
4. *stanco*: fiaccato. – 5. *Giuliano*: de' Medici, padre del cardinale Ippolito. – 6. *Ferrante*: Ferrante Gonzaga, fratello di Ercole (v. 2). – 6-7. *manco... pronto*: meno
pronto; *Andrea Doria*: cfr. XV, 30-34. – 8. *Francesco Sforza*: Francesco II, figlio di
Ludovico il Moro; cfr. XXXIII, 45, 1-2.
    52. – 2. *d'Avalo... dui*: Francesco d'Avalos, figlio di Alfonso (cfr. XXXIII, 33),
marchese di Pescara, e suo cugino Alfonso d'Avalos, marchese del Vasto (cfr. n. a
XXXIII, 27, 7). – 3-4. *lo scoglio... tegna*: il monte Epomeo, nell'isola d'Ischia, sotto
cui sta il gigante ribelle (*empio*) dai piedi avvolti di serpenti Tifeo (cfr. XVI, 23, 4;
XXXIII, 24, 5-6); «*anguipedes*» erano detti i giganti in OVIDIO, *Met.*, I, 184. Gli
Avalos erano signori d'Ischia. – 5. *fare esangue*: uccidere.

l'orribil mostro, che più inanzi vegna:
l'uno Francesco di Pescara invitto,
l'altro Alfonso del Vasto ai piedi ha scritto.

53. Ma Consalvo Ferrante ove ho lasciato,
l'ispano onor, ch'in tanto pregio v'era,
che fu da Malagigi sì lodato,
che pochi il pareggiâr di quella schiera?
Guglielmo si vedea di Monferrato
fra quei che morto avean la brutta fera;
et eran pochi verso gl'infiniti
ch'ella v'avea chi morti e chi feriti.

54. In giuochi onesti e parlamenti lieti,
dopo mangiar, spesero il caldo giorno,
corcati su finissimi tapeti
tra gli arbuscelli ond'era il rivo adorno.
Malagigi e Vivian, perché quïeti
più fosser gli altri, tenean l'arme intorno;
quando una donna senza compagnia
vider, che verso lor ratto venìa.

55. Questa era quella Ippalca a cui fu tolto
Frontino, il bon destrier, da Rodomonte.
L'avea il dì inanzi ella seguito molto,
pregandolo ora, ora dicendogli onte;
ma non giovando, avea il camin rivolto
per ritrovar Ruggiero in Agrismonte.
Tra via le fu (non so già come) detto
che quivi il troveria con Ricciardetto.

---

53. – 1. *Consalvo Ferrante*: Consalvo di Cordova, detto il Gran Capitano, conquistatore del regno di Napoli; *ove ho lasciato*: la formula retorica porta in primo piano l'Ariosto come narratore e ribadisce l'intento puramente encomiastico di tutto l'episodio, oltre che la particolare fiacchezza di questa ottava. – 5. *Guglielmo*: Guglielmo III, duca di Monferrato. – 7. *verso*: in confronto. – 8. *v'avea*: aveva lì, intorno a sé, rappresentati nel marmo.

54. – 1. *parlamenti lieti*: piacevoli conversari: sono le stesse attività della lieta brigata, nel *Decameron* del Boccaccio. – 2. *il caldo giorno*: le ore più calde della giornata. – 3. *finissimi tapeti*: cfr. X, 37, 1. – 6. *intorno*: addosso.

55. – 1. *Ippalca*: cfr. XXIII, 27-38. – 4. *onte*: ingiurie. – 6. *Agrismonte*: il castello di Aldigieri; cfr. XXV, 71, 7-8. – 7. *Tra via*: per via.

56.   E perché il luogo ben sapea (che v'era
           stata altre volte), se ne venne al dritto
           alla fontana; et in quella maniera
           ve lo trovò, ch'io v'ho di sopra scritto.
           Ma come buona e cauta messaggiera
           che sa meglio esequir che non l'è ditto,
           quando vide il fratel di Bradamante,
           non conoscer Ruggier fece sembiante.

57.   A Ricciardetto tutta rivoltosse,
           sì come drittamente a lui venisse;
           e quel che la conobbe, se le mosse
           incontra, e domandò dove ne gisse.
           Ella ch'ancora avea le luci rosse
           del pianger lungo, sospirando disse;
           ma disse forte, acciò che fosse espresso
           a Ruggiero il suo dir, che gli era presso.

58.   – Mi traea dietro – disse – per la briglia,
           come imposto m'avea la tua sorella,
           un bel cavallo e buono a maraviglia,
           ch'ella molto ama e che Frontino appella;
           e l'avea tratto più di trenta miglia
           verso Marsilia, ove venir debbe ella
           fra pochi giorni, e dove ella mi disse
           ch'io l'aspettassi fin che vi venisse.

59.   Era sì baldanzoso il creder mio,
           ch'io non stimava alcun di cor sì saldo,
           che me l'avesse a tor, dicendogli io
           ch'era de la sorella di Rinaldo.
           Ma vano il mio disegno ieri m'uscìo,
           che me lo tolse un Saracin ribaldo;

---

56. – 1. *sapea*: conosceva. – 2. *al dritto*: direttamente. – 5. *cauta*: accorta. –
6. *esequir*: eseguire (lat.); *ditto*: ordinato. – 7. *il fratel di Bradamante*: Ricciardetto. –
8. *fece sembiante*: finse.
    57. – 3. *conobbe*: riconobbe. – 5-6. *le luci... pianger*: cfr. PETRARCA, *Canz.*, C, 14:
«le luci mie di pianger vaghe». – 7. *espresso*: manifesto.
    59. – 1. *Era... mio*: ero così fiduciosa. Cfr. questa ottava con XXIII, 31, 2-8. –
5. *m'uscìo*: mi riuscì.

né per udir di chi Frontino fusse,
a volermelo rendere s'indusse.

60.　　Tutto ieri et oggi l'ho pregato; e quando
ho visto uscir prieghi e minaccie invano,
maledicendol molto e bestemmiando,
l'ho lasciato di qui poco lontano,
dove il cavallo e sé molto affannando,
s'aiuta, quanto può, con l'arme in mano
contra un guerrier ch'in tal travaglio il mette,
che spero ch'abbia a far le mie vendette. –

61.　　Ruggiero a quel parlar salito in piede,
ch'avea potuto a pena il tutto udire;
si volta a Ricciardetto, e per mercede
e premio a guidardon del ben servire
(prieghi aggiungendo senza fin) gli chiede
che con la donna solo il lasci gire
tanto che 'l Saracin gli sia mostrato,
ch'a lei di mano ha il buon destrier levato.

62.　　A Ricciardetto, ancor che discortese
il conciedere altrui troppo paresse
di terminar le a sé debite imprese,
al voler di Ruggier pur si rimesse:
e quel licenzia dai compagni prese,
e con Ippalca a ritornar si messe,
lasciando a quei che rimanean, stupore,
non maraviglia pur del suo valore.

63.　　Poi che dagli altri allontanato alquanto
Ippalca l'ebbe, gli narrò ch'ad esso

60. – 1. *Tutto ieri ecc.*: cfr. XXIII, 38, 1-4. – 3. *bestemmiando*: imprecando contro
di lui. – 7. *un guerrier*. Mandricardo; cfr. XXIV, 95 segg.
61. – 1. *salito*: balzato; cfr. VIII, 6, 3. – 4. *guidardon*: ricompensa. «Questo
accomularsi di sinonimi ti suggerisce l'idea delle preghiere insistenti e affannose
di Ruggiero» (Sapegno). – 7. *tanto che*: finché.
62. – 1-4. *A Ricciardetto... rimesse*: sebbene a Ricciardetto sembrasse scortese
concedere a un altro di condurre a termine l'impresa che spettava a lui, pure alla
fine si rimise al volere di Ruggiero. – 7-8. *stupore... pur*. non solo meraviglia, ma
stupore.

era mandata da colei che tanto
avea nel core il suo valore impresso;
e senza finger più, seguitò quanto
la sua donna al partir le avea commesso,
e che se dianzi avea altrimente detto,
per la presenzia fu di Ricciardetto.

64. Disse, che chi le avea tolto il destriero
ancor detto l'avea con molto orgoglio:
– Perché so che 'l cavallo è di Ruggiero,
più volontier per questo te lo toglio.
S'egli di racquistarlo avrà pensiero,
fagli saper (ch'asconder non gli voglio)
ch'io son quel Rodomonte il cui valore
mostra per tutto 'l mondo il suo splendore. –

65. Ascoltando, Ruggier mostra nel volto
di quanto sdegno acceso il cor gli sia,
sì perché caro avria Frontino molto,
sì perché venìa il dono onde venìa,
sì perché in suo dispregio gli par tolto;
vede che biasmo e disonor gli fia,
se tôrlo a Rodomonte non s'affretta,
e sopra lui non fa degna vendetta.

66. La donna Ruggier guida, e non soggiorna,
che por lo brama col Pagano a fronte;
e giunge ove la strada fa dua corna:
l'un va giù al piano, e l'altro va su al monte;
e questo e quel ne la vallea ritorna,
dov'ella avea lasciato Rodomonte.
Aspra, ma breve era la via del colle;
l'altra più lunga assai, ma piana e molle.

---

63. – 5. *seguitò*: continuò dicendo.
64. – 3-8. *Perché... splendore*: cfr. XXIII, 36.
65. – 3. *caro avria*: gradirebbe molto di avere. – 4. *onde venìa*: dall'amata Bradamante.
66. – 1. *non soggiorna*: non indugia. – 4. *giù... su*: torna appena accennato il tema del vagabondare e dell'intrecciarsi casuale di tante avventure del poema (cfr. IV, 44, 3). Con «arte ...che sembra svagata e astratta, mentre è maliziosa e mirabilmente accorta» (Sapegno), l'Ariosto avvolge le fila di tante avventure che tutte convergono alla scena centrale della discordia e della zuffa. – 5. *vallea*: vallata; francesismo, per cui cfr. DANTE, *Inf.*, XXVI, 29; *Purg.*, VIII, 98. – 8. *piana e molle*: agevolmente, dolcemente piana (lat. *mollis*); l'endiadi si oppone chiasticamente ad *aspra* (v. 7).

67.   Il desiderio che conduce Ippalca
        d'aver Frontino e vendicar l'oltraggio,
        fa che 'l sentier de la montagna calca,
        onde molto più corto era il vïaggio.
        Per l'altra intanto il re d'Algier cavalca
        col Tartaro e cogli altri che detto aggio;
        e giù nel pian la via più facil tiene,
        né con Ruggiero ad incontrar si viene.

68.   Già son le lor querele differite
        fin che soccorso ad Agramante sia
        (questo sapete); et han d'ogni lor lite
        la cagion, Doralice, in compagnia.
        Ora il successo de l'istoria udite.
        Alla fontana è la lor dritta via,
        ove Aldigier, Marfisa, Ricciardetto,
        Malagigi e Vivian stanno a diletto.

69.   Marfisa a' prieghi de' compagni avea
        veste da donna et ornamenti presi,
        di quelli ch'a Lanfusa si credea
        mandare il traditor de' Maganzesi;
        e ben che veder raro si solea
        senza l'osbergo e gli altri buoni arnesi,
        pur quel dì se li trasse; e come donna,
        a' prieghi lor lasciò vedersi in gonna.

67. – 5. *Per l'altra*: sottinteso: strada; *il re d'Algier*: Rodomonte. – 6. *con Tarta-ro... aggio*: Mandricardo, Doralice, il nano e il messo; cfr. XXV, 3.
68. – 2. *soccorso... sia*: si sia dato soccorso ad Agramante (costr. lat.: *succursum sit*). – 5. *successo*: seguito. – 6. *Alla fontana ecc.*: cfr. XXV, 4, 1-4; *è... via*: è diretto il loro cammino.
69. – 2. *veste da donna*: Marfisa, secondo il BOIARDO, *Innam.*, I, XVI, 29, 5-8: «al suo dio Macon se era avotata Con sacramento, la persona altiera, Mai non spogliasse sbergo, piastra e maglia, Sin che tre re non prenda per battaglia». Il Rajna (in *Le fonti dell'«Orlando Furioso»* cit., pp. 53-54) criticò la variazione introdotta dall'Ariosto; ma va osservato che un lieve tocco di femminilità era consono allo sfondo idillico e boccaccesco della lieta brigata che sta «a diletto» presso la fonte; inoltre che «il particolare giova soprattutto allo scopo di complicare la situazione, apportandole un elemento di sorpresa e di comicità, per cui essa agevolmente s'inserisce in quel complicato e vivacissimo "intrec-cio" di commedia, che è la discordia nel campo d'Agramante» (Sapegno). – 4. *il traditor de' Maganzesi*: Bertolagi di Baiona; cfr. XXV, 74. – 6. *gli altri... arnesi*: le altre parti dell'armatura.

70.   Tosto che vede il Tartaro Marfisa,
           per la credenza c'ha di guadagnarla,
           in ricompensa e in cambio ugual s'avisa
           di Doralice, a Rodomonte darla;
           sì come Amor si regga a questa guisa,
           che vender la sua donna o permutarla
           possa l'amante, né a ragion s'attrista,
           se quando una ne perde, una n'acquista.

71.   Per dunque provedergli di donzella,
           acciò per sé quest'altra si ritegna,
           Marfisa, che gli par leggiadra e bella,
           e d'ogni cavallier femina degna,
           come abbia ad aver questa, come quella,
           subito cara, a lui donar disegna;
           e tutti i cavallier che con lei vede,
           a giostra seco et a battaglia chiede.

72.   Malagigi e Vivian, che l'arme aveano
           come per guardia e sicurtà del resto,
           si mossero dal luogo ove sedeano,
           l'un come l'altro alla battaglia presto,
           perché giostrar con amenduo credeano;
           ma l'African che non venìa per questo,
           non ne fe' segno o movimento alcuno:
           sì che la giostra restò lor contra uno.

73.   Viviano è il primo, e con gran cor si muove,
           e nel venire abbassa un'asta grossa:

---

70. – 1. *vede... Marfisa*: Mandricardo vede Marfisa. – 2. *guadagnarla*: conquistarla con le armi. – 3-4. *in ricompensa... darla*: pensa di darla a Rodomonte in
cambio e in compenso di Doralice. – 5. *sì come... guisa*: come se l'Amore avesse
leggi tali. – 7. *né... attrista*: cosicché a torto egli s'attrista. Ma potrebbe anche essre
un congiuntivo insolito, e allora si dovrebbe interpretare: e non abbia ragione di
attristarsi, se ecc.
    71. – 1. *provedergli*: provvederlo. – 2. *quest'altra*: Doralice. – 5-6. *come... cara*:
come se Rodomonte potesse subito aver cara Marfisa al pari di Doralice. –
8. *chiede*: sfida.
    72. – 2. *del resto*: del resto della brigata; cfr. XXVI, 54, 5-6. – 4. *presto*: pronto.
– 6. *l'African*: Rodomonte.

e 'l re pagan da le famose pruove
da l'altra parte vien con maggior possa.
Dirizza l'uno e l'altro, e segna dove
crede meglio fermar l'aspra percossa.
Viviano indarno a l'elmo il pagan fere;
che non lo fa piegar, non che cadere.

74.
Il re pagan, ch'avea più l'asta dura,
fe' lo scudo a Vivian parer di ghiaccio;
e fuor di sella in mezzo alla verdura,
all'erbe e ai fiori il fe' cadere in braccio.
Vien Malagigi, e ponsi in aventura
di vendicare il suo fratello avaccio;
ma poi d'andargli appresso ebbe tal fretta,
che gli fe' compagnia più che vendetta.

75.
L'altro fratel fu prima del cugino
coll'arme indosso, e sul destrier salito;
e disfidato contra il Saracino
venne a scontrarlo a tutta briglia ardito.
Risonò il colpo in mezzo a l'elmo fino
di quel pagan sotto la vista un dito:
volò al ciel l'asta in quattro tronchi rotta;
ma non mosse il pagan per quella botta.

76.
Il pagan ferì lui dal lato manco;
e perché il colpo fu con troppa forza,
poco lo scudo, e la corazza manco
gli valse, che s'aprîr come una scorza.
Passò il ferro crudel l'omero bianco:
piegò Aldigier ferito a poggia e ad orza;

73. – 3. *famose pruove*: cfr. n. a XV, 31, 4-8. – 5. *Dirizza*: alza l'asta; *segna*: mira.
– 6. *fermar*: mettere a segno; cfr. XXIII, 67, 3. – 7. *fere*: colpisce.
74. – 2. *parer di ghiaccio*: cfr. II, 10, 7. – 3-4. *in mezzo alla verdura... in braccio*:
l'immagine ironica era già piaciuta ai canterini, al Pulci (*Morg.*, XXI, 58, 4-5) e al
Boiardo. – 5. *ponsi in aventura*: affronta il rischio; cfr. XLIII, 198, 4. – 6. *avaccio*:
subito.
75. – 1. *fratel*: Aldigieri; *cugino*: Ricciardetto. – 2. *salito*: saltato; l'impresa di
saltare a cavallo armati riusciva solo ai cavalieri più forti e gagliardi. – 3. *disfidato*:
dopo averlo sfidato. – 6. *vista*: visiera. – 8. *non mosse*: non si mosse.
76. – 4. *scorza*: fragile corteccia; cfr. XIV, 130, 7. – 6. *a poggia e ad orza*: l'espressione, d'origine marinaresca (cfr. II, 30, 1), era già stata usata da Dante (*Purg.*,

tra fiori et erbe al fin si vide avolto,
rosso su l'arme, e pallido nel volto.

77.　　Con molto ardir vien Ricciardetto appresso;
e nel venire arresta sì gran lancia,
che mostra ben, come ha mostrato spesso,
che degnamente è paladin di Francia:
et al pagan ne facea segno espresso,
se fosse stato pari alla bilancia;
ma sozzopra n'andò, perché il cavallo
gli cadde adosso, e non già per suo fallo.

78.　　Poi ch'altro cavallier non si dimostra,
ch'al pagan per giostrar volti la fronte,
pensa aver guadagnato de la giostra
la donna, e venne a lei presso alla fonte;
e disse: – Damigella, sète nostra,
s'altri non è per voi ch'in sella monte.
Nol potete negar, né farne iscusa;
che di ragion di guerra così s'usa. –

79.　　Marfisa, alzando con un viso altiero
la faccia, disse: – Il tuo parer molto erra.
Io ti concedo che diresti il vero,
ch'io sarei tua per la ragion di guerra,
quando mio signor fosse o cavalliero
alcun di questi c'hai gittato in terra.
Io sua non son, né d'altri son che mia:
dunque me tolga a me chi mi desia.

XXXII, 117) e dal Petrarca (*Canz.*, CLXXX, 5), per indicare: da una parte e dal-
l'altra, su un fianco e sull'altro. Il Pulci poi l'aveva usata come variazione leggermente ironica a indicare l'ondeggiare dei cavalieri colpiti; cfr. *Morg.*, VIII, 64, 5
(ove ricorrono anche le stesse rime di questa ottava). – 7. *tra fiori et erbe*: cfr. XXVI,
74, 3-4 (e anche VII, 7, 4). E si notino i bei particolari coloristici, tipicamente
ariosteschi.

77. – 2. *arresta*: mette in resta. – 4. *paladin*: prode, valoroso, come in VII, 20,
6: Ricciardetto non era mai prima comparso fra i dodici paladini di Francia. – 5-6.
ne facea... bilancia: ne avrebbe offerta a Mandricardo una prova chiara, se nello
scontro si fosse trovato in condizioni pari all'avversario. – 7. *sozzopra*: sottosopra.

78. – 1. *dimostra*: mostra, fa avanti. – 3. *de la giostra*: della giostra, come risultato della giostra. – 8. *di ragion di guerra*: per diritto di guerra.

79. – 1. *viso*: sguardo. – 7. *sua*: loro.

80. So scudo e lancia adoperar anch'io,
e più d'un cavalliero in terra ho posto. –
– Datemi l'arme, – disse – e il destrier mio –,
agli scudier che l'ubbidiron tosto.
Trasse la gonna, et in farsetto uscìo;
e le belle fattezze e il ben disposto
corpo mostrò, ch'in ciascuna sua parte,
fuor che nel viso, assimigliava a Marte.

81. Poi che fu armata, la spada si cinse
e sul destrier montò d'un leggier salto;
e qua e là tre volte e più lo spinse,
e quinci e quindi fe' girare in alto;
e poi, sfidando il Saracino, strinse
la grossa lancia e cominciò l'assalto.
Tal nel campo troian Pentesilea
contra il tessalo Achille esser dovea.

82. Le lance infin al calce si fiaccaro
a quel superbo scontro, come vetro;
né però chi le corsero, piegaro,
che si notasse un dito solo a dietro.
Marfisa che volea conoscer chiaro
s'a più stretta battaglia simil metro
le serverebbe contra il fier pagano,
se gli rivolse con la spada in mano.

83. Bestemmiò il cielo e gli elementi il crudo
pagan, poi che restar la vide in sella:
ella, che gli pensò romper lo scudo,
non men sdegnosa contra il ciel favella.
Già l'uno e l'altro ha in mano il ferro nudo,
e su le fatal arme si martella:

---

80. – 5. *in farsetto uscìo*: rimase un farsetto. – 6. *ben disposto*: robustamente modellato. – 8. *Marte*: cfr. 20, 8.
81. – 4. *girare in alto*: impennare. – 7. *Pentesilea*: regina delle Amazzoni, che combatté contro Achille; cfr. n. a XXXVII, 5, 1-6.
82. – 2. *superbo*: aspro, violento; cfr. XIX, 94, 4; *come vetro*: cfr. XVI, 49, 6. – 3. *chi*: coloro che. – 6-7. *s'a più stretta... pagano*: se il pagano si comporterebbe nello stesso modo, con tanta forza, quando si venisse al corpo a corpo.
83. – 3. *gli pensò romper*: aveva pensato di rompergli. – 6. *fatal*: fatate; *si*

l'arme fatali han parimente intorno,
che mai non bisognâr più di quel giorno.

84.   Sì buona è quella piastra e quella maglia,
        che spada o lancia non le taglia o fora;
        sì che potea seguir l'aspra battaglia
        tutto quel giorno e l'altro appresso ancora.
        Ma Rodomonte in mezzo lor si scaglia,
        e riprende il rival de la dimora,
        dicendo: – Se battaglia pur far vuoi,
        finiàn la cominciata oggi fra noi.

85.   Facemmo, come sai, triegua con patto
        di dar soccorso alla milizia nostra.
        Non debbiàn, prima che sia questo fatto,
        incominciare altra battaglia o giostra. –
        Indi a Marfisa, riverente in atto
        si volta, e quel messaggio le dimostra;
        e le racconta come era venuto
        a chieder lor per Agramante aiuto.

86.   La priega poi che le piaccia non solo
        lasciar quella battaglia o differire,
        ma che voglia in aiuto del figliuolo
        del re Troian con essi lor venire;
        onde la fama sua con maggior volo
        potrà far meglio infin al ciel salire,
        che, per querela di poco momento,
        dando a tanto disegno impedimento.

87.   Marfisa, che fu sempre disïosa
        di provar quei di Carlo a spada e a lancia,
        né l'avea indotta a venire altra cosa
        di sì lontana regïone in Francia,
        se non per esser certa se famosa

martella: cfr. XVIII, 40, 5. – 7. parimente intorno: entrambi addosso. – 8. bisognâr:
furono necessarie.
    84. – 3. seguir: continuare. – 6. riprende: rimprovera; dimora: indugio.
    85. – 6. messaggio: messaggero.
    86. – 3-4. figliuolo... Troian: Agramante. – 7. querela... momento: questione di
poca importanza.
    87. – 2. quei di Carlo: i paladini. – 5-6. per esser certa ecc.: cfr. XVIII,

lor nominanza era per vero o ciancia,
tosto d'andar con lor partito prese,
che d'Agramante il gran bisogno intese.

88.   Ruggiero in questo mezzo avea seguìto
indarno Ippalca per la via del monte;
e trovò, giunto al loco, che partito
per altra via se n'era Rodomonte:
e pensando che lungi non era ito,
e che 'l sentier tenea dritto alla fonte,
trottando in fretta dietro gli venìa
per l'orme ch'eran fresche in su la via.

89.   Vòlse che Ippalca a Montalban pigliasse
la via, ch'una giornata era vicino;
perché s'alla fontana ritornasse,
si torria troppo dal dritto camino.
E disse a lei, che già non dubitasse
che non s'avesse a ricovrar Frontino:
ben le farebbe a Montalbano, o dove
ella si trovi, udir tosto le nuove.

90.   E le diede la lettera che scrisse
in Agrismonte, e che si portò in seno;
e molte cose a bocca anco le disse,
e la pregò che l'escusasse a pieno.
Ne la memoria Ippalca il tutto fisse,
prese licenzia e voltò il palafreno;
e non cessò la buona messaggiera,
ch'in Montalban si ritrovò la sera.

91.   Seguia Ruggiero in fretta il Saracino
per l'orme ch'apparian ne la via piana,

133, 7-8; 134, 1-2; *era per vero*: corrispondeva a verità. – 7-8. *tosto... che*: non
appena.
    88. – 1. *in questo mezzo*: nel frattempo. – 5. *lungi... ito*: non poteva essere andato
troppo lontano. – 6. *'l sentier... fonte*: e che doveva aver preso il sentiero verso la fonte.
    89. – 1. *a Montalban*: verso Montalbano. – 2. *una giornata*: una giornata di
marcia. – 6. *ricovrar*: ricuperare.
    90. – 1-2. *la lettera... seno*: cfr. XXV, 85 segg. – 4. *l'escusasse*: facesse le sue scuse
presso Bradamante. – 5. *fisse*: impresse; cfr. VIRGILIO, *Aen.*, III, 250. – 7. *non cessò*:
non ristette, non si fermò. – 8. *ch'in*: finché in.

ma non lo giunse prima che vicino
con Mandricardo il vide alla fontana.
Già promesso s'avean che per camino
l'un non farebbe all'altro cosa strana,
né fin ch'al campo si fosse soccorso,
a cui Carlo era appresso a porre il morso.

92.   Quivi giunto Ruggier, Frontin conobbe,
e conobbe per lui chi adosso gli era;
e su la lancia fe' le spalle gobbe,
e sfidò l'African con voce altiera.
Rodomonte quel dì fe' più che Iobbe,
poi che domò la sua superbia fiera;
e ricusò la pugna ch'avea usanza
di sempre egli cercar con ogni instanza.

93.   Il primo giorno e l'ultimo, che pugna
mai ricusasse il re d'Algier, fu questo;
ma tanto il desiderio che si giugna
in soccorso al suo re gli pare onesto,
che se credesse aver Ruggier ne l'ugna
più che mai lepre il pardo isnello e presto,
non se vorria fermar tanto con lui,
che fêsse un colpo de la spada o dui.

94.   Aggiungi che sapea ch'era Ruggiero
che seco per Frontin facea battaglia
tanto famoso, ch'altro cavalliero

91. – 3-4. *non lo giunse prima che... il vide*: non lo raggiunse prima di vederlo.
– 6. *strana*: inattesa, contraria ai patti; oppure è da intendersi: da persona non
amica, quindi ostile. – 7. *si fosse soccorso*: cfr. XXVI, 68, 2. – 8. *a cui... morso*: che
Carlo era sul punto di catturare e domare (la metafora dall'atto di domare un
cavallo).

92. – 2. *per lui*: per mezzo di quello; cfr. XXII, 73, 2; *chi... era*: Rodomonte,
che lo cavalcava. – 3. *fe'... gobbe*: si curvò, si raccolse. – 5. *fe'... Iobbe*: fu più
paziente di Giobbe. La frase era proverbiale; cfr. PULCI, *Morg.*, XI, 93, 2;
XXVII, 141, 3; dove si hanno anche le stesse rime. – 8. *con ogni instanza*:
insistentemente.

93. – 6. *il pardo*: il ghepardo; cfr. I, 34, 4. – 7-8. *tanto... che fêsse... dui*: tanto da
scambiare con lui uno o due colpi di spada.

94. – 1-3. *sapea... famoso*: sapeva che era Ruggiero colui che voleva duellare

non è ch'a par di lui di gloria saglia,
l'uom che bramato ha di saper per vero
esperimento quanto in arme vaglia;
e pur non vuol seco accettar l'impresa:
tanto l'assedio del suo re gli pesa.

95.   Trecento miglia sarebbe ito e mille,
se ciò non fosse, a comperar tal lite;
ma se l'avesse oggi sfidato Achille,
più fatto non avria di quel ch'udite:
tanto a quel punto sotto le faville
le fiamme avea del suo furor sopite.
Narra a Ruggier perché pugna rifiuti;
et anco il priega che l'impresa aiuti:

96.   che facendol, farà quel che far deve
al suo signore un cavallier fedele.
Sempre che questo assedio poi si leve,
avrà ben tempo da finir querele.
Ruggier rispose a lui: – Mi sarà lieve
differir questa pugna, fin che de le
forze di Carlo si traggia Agramante,
pur che mi rendi il mio Frontino inante.

97.   Se di provarti c'hai fatto gran fallo,
e fatto hai cosa indegna ad un uom forte,
d'aver tolto a un donna il mio cavallo,
vuoi ch'io prolunghi fin che siamo in corte,
lascia Frontino, e nel mio arbitrio dàllo.
Non pensare altrimente ch'io sopporte
che la battaglia qui tra noi non segua,
o ch'io ti faccia sol d'un'ora triegua. –

con lui per Frontino, quel Ruggiero così famoso. – 4. *di gloria saglia*: salga in gloria.
– 8. *gli pesa*: gli rincresce, gli sta a cuore.
    95. – 2. *a comperar*: a procurarsi; la frase è proverbiale; cfr. PULCI, *Morg.*,
XVIII, 139, 1; XXII, 214, 1-2. – 5. *a quel punto*: in quell'occasione. – 6. *sotto le
faville*: sotto la cenere calda; cfr. OVIDIO, *Met.*, VII, 80: «*parva sub inducta latuit
scintilla favilla*»; leggermente diversa l'immagine del PETRARCA, *Canz.*, LV, 5: «ri-
coperte alquanto le faville».
    96. – 3. *Sempre che*: una volta che. – 4. *finir querele*: risolvere le sue questioni.
– 8. *mi rendi*: mi renda.
    97. – 4. *prolunghi*: rimandi. Regge *di provarti* (v. 1).

98.   Mentre Ruggiero all'African domanda
        o Frontino o battaglia allora allora,
        e quello in lungo e l'uno e l'altro manda,
        né vuol dare il destrier, né far dimora;
        Mandricardo ne vien da un'altra banda,
        e mette in campo un'altra lite ancora,
        poi che vede Ruggier che per insegna
        porta l'augel che sopra gli altri regna.

99.   Nel campo azzur l'aquila bianca avea,
        che de' Troiani fu l'insegna bella:
        perché Ruggier l'origine traea
        dal fortissimo Ettòr, portava quella.
        Ma questo Mandricardo non sapea;
        né vuol patire, e grande ingiuria appella,
        che ne lo scudo un altro debba porre
        l'aquila bianca del famoso Ettorre.

100.   Portava Mandricardo similmente
        l'augel che rapì in Ida Ganimede.
        Come l'ebbe quel dì che fu vincente
        al castel periglioso, per mercede,
        credo vi sia con l'altre istorie a mente,
        e come quella fata gli lo diede
        con tutte le bell'arme che Vulcano
        avea già date al cavallier troiano.

101.   Altra volta a battaglia erano stati
        Mandricardo e Ruggier solo per questo;
        e per che caso fosser distornati,

98. – 2. *allora allora*: in quello stesso momento. – 3. *e quello... manda*: e Rodomonte cerca di rimandare, di tirare in lungo, sia l'una che l'altra cosa, sia la restituzione del cavallo, sia il fermarsi a duellare. – 8. *l'augel... regna*: l'aquila; cfr. ORAZIO, *Carm.*, IV, 4, 1-2; DANTE, *Inf.*, IV, 95-96.
   99. – 1-4. *Nel campo azzur ecc.*: per l'origine troiana di Ruggiero, cfr. III, 17, 1-3; XXXVI, 70 segg. Si rammenti anche che l'aquila bianca era l'insegna degli Estensi. – 6. *patire*: tollerare.
   100. – 2. *l'augel... Ganimede*: l'aquila (cfr. IV, 47, 5); già il BOIARDO (*Innam.*, III, II, 6, 4-5), aveva raccontato che l'insegna dell'aquila era stata posta a ricordo del rapimento di Ganimede. – 3. *Come l'ebbe ecc.*: cfr. XIV, 31, 4-8. – 4. *per mercede*: come premio. – 6. *quella fata*: la fata di Siria. – 8. *cavallier troiano*: Ettore.
   101. – 1. *Altra volta ecc.*: secondo quanto racconta il Boiardo (*Innam.*, III, VI 39

io nol dirò, che già v'è manifesto.
Dopo non s'eran mai più raccozzati,
se non quivi ora; e Mandricardo presto,
visto lo scudo, alzò il superbo grido
minacciando, e a Ruggier disse: — Io ti sfido.

102. Tu la mia insegna, temerario, porti;
      né questo è il primo dì ch'io te l'ho detto.
      E credi, pazzo, ancor ch'io tel comporti,
      per una volta ch'io t'ebbi rispetto?
      Ma poi che né minaccie né conforti
      ti pôn questa follia levar del petto,
      ti mostrerò quanto miglior partito
      t'era d'avermi subito ubbidito. —

103. Come ben riscaldato àrrido legno
      a piccol soffio subito s'accende,
      così s'avampa di Ruggier lo sdegno
      al primo motto che di questo intende.
      — Ti pensi — disse — farmi stare al segno,
      perché quest'altro ancor meco contende?
      Ma mostrerotti ch'io son buon per tôrre
      Frontino a lui, lo scudo a te d'Ettorre.

104. Un'altra volta pur per questo venni
      teco a battaglia, e non è gran tempo anco;
      ma d'ucciderti allora mi contenni,
      perché tu non avevi spada al fianco.
      Questi fatti saran, quelli fur cenni;
      e mal sarà per te quell'augel bianco,

segg.), già altra volta Ruggiero e Mandricardo si erano sfidati a duello per ragione dell'insegna dell'aquila; ma erano stati impediti (*disturbati*: v. 3) dall'insorgere di una nuova questione, mossa da Gradasso, che si trovava presente e che contestava a Mandricardo il diritto di aspirare a far propria Durindana. – 5. *raccozzati*: incontrati.

102. – 2. *né questo... detto*: cfr. BOIARDO, *Innam.*, III, VI, 40, 1-2: «Chi vi ha concessa, cavallier, licenzia, Portar depènta al scudo quella insegna?». – 4. *rispetto*: riguardo. – 5. *conforti*: esortazioni.

103. – 1. *àrrido*: secco. – 4. *di questo*: di questo discorso. – 5. *stare al segno*: ubbidire i tuoi comandi; cfr. VIII, 63, 6.

104. – 3-4. *d'ucciderti... fianco*: cfr. *Innam.*, *loc. cit.*, 43-44. – 5. *cenni* minacce, avvertimenti; cfr. XXII, 61, 6. – 6. *mal... bianco*: quell'aquila sarà per te una sventura.

ch'antiqua insegna è stata di mia gente:
tu te l'usurpi, io 'l porto giustamente. –

105.   – Anzi t'usurpi tu l'insegna mia! –
rispose Mandricardo; e trasse il brando,
quello che poco inanzi per follia
avea gittato alla foresta Orlando.
Il buon Ruggier, che di sua cortesia
non può non sempre ricordarsi, quando
vide il Pagan ch'avea tratta la spada,
lasciò cader la lancia ne la strada.

106.   E tutto a un tempo Balisarda stringe,
la buona spada, e me' lo scudo imbraccia:
ma l'Africano in mezzo il destrier spinge,
e Marfisa con lui presta si caccia:
e l'uno questo, e l'altro quel respinge,
e priegano amendui che non si faccia.
Rodomonte si duol che rotto il patto
due volte ha Mandricardo, che fu fatto.

107.   Prima, credendo d'acquistar Marfisa,
fermato s'era a far più d'una giostra;
or per privar Ruggier d'una divisa,
di curar poco il re Agramante mostra.
– Se pur – dicea – déi fare a questa guisa,
finiàn prima tra noi la lite nostra,
convenïente e più debita assai,
ch'alcuna di quest'altre che prese hai.

108.   Con tal condizïon fu stabilita
la triegua e questo accordo ch'è fra nui.
Come la pugna teco avrò finita,
poi del destrier risponderò a costui.
Tu del tuo scudo, rimanendo in vita,

---

105. – 3-4. *quello... Orlando*: Durindana, che Orlando impazzito aveva abbandonata (cfr. XXIII, 133) e Mandricardo s'era presa (XXIV, 58 segg.). – 8. *lasciò...
strada*: per combattere ad armi pari.
106. – 1. *stringe*: impugna (lat.). – 2. *me'*: meglio. – 3. *l'Africano*: Rodomonte. –
6. *non si faccia*: non si venga ai fatti.
107. – 2. *più d'una giostra*: cfr. 73-85. – 3. *divisa*: insegna. – 7. *debita*: legittima.

la lite avrai da terminar con lui;
ma ti darò da far tanto, mi spero,
che non n'avanzarà troppo a Ruggiero. –

109.   – La parte che ti pensi, non n'avrai: –
rispose Mandricardo a Rodomonte
– io te ne darò più che non vorrai,
e ti farò sudar dal piè alla fronte:
e me ne rimarrà per darne assai
(come non manca mai l'acqua del fonte)
et a Ruggiero et a mill'altri seco,
e a tutto il mondo che la voglia meco. –

110.   Moltiplicavan l'ire e le parole
quando da questo e quando da quel lato:
con Rodomonte e con Ruggier la vuole
tutto in un tempo Mandricardo irato;
Ruggier, ch'oltraggio sopportar non suole,
non vuol più accordo, anzi litigio e piato.
Marfisa or va da questo, or da quel canto
per riparar, ma non può sola tanto.

111.   Come il villan, se fuor per l'alte sponde
trapela il fiume e cerca nuova strada,
frettoloso a vietar che non affonde
i verdi paschi e la sperata biada,
chiude una via et un'altra, e si confonde;
che se ripara quinci che non cada,

108. – 6. *avrai da terminar*: potrai terminare.
109. – 1-3. *La parte... vorrai*: Mandricardo, riallacciandosi all'espressione *non
n'avanzerà* dell'ottava precedente (v. 8), risponde: Non ci sarà bisogno che io spen-
da contro di te la gran parte delle mie forze come tu ritieni; che anzi in breve
tempo io ne userò abbastanza perché sembrino a te già troppe; e me ne avanze-
ranno ancora. – 4. *sudar... fronte*: cfr. BOIARDO, *Innam.*, I, VI, 30, 8: «Che tutto suda
dai piedi alla fronte». – 7. *seco*: con lui. – 8. *che la voglia meco*: che voglia venire a
misurarsi con me.
110. – 3. *la vuole*: vuole misurarsi; cfr. XXVI, 109, 8. – 6. *litigio e piato*: litigiosa contesa; *piato* era voce giuridica, già usata da DANTE, *Inf.*, XXX,
147 e dal BOIARDO, *Innam.*, I, I, 84, 5. – 8. *riparar*: arginare gli impeti
d'ira.
111. – 2. *trapela*: filtra, passando per sottili meati e fessure. – 3. *affonde*: inon-
di, sommerga (cfr. DANTE, *Par.*, XXVII, 121). – 4. *sperata*: in cui ha posto le sue
speranze (lat.). – 5. *si confonde*: si smarrisce (DANTE, *Par.*, XXIX, 74). – 6. *non cada*:

quindi vede lassar gli argini molli,
e fuor l'acqua spicciar con più rampolli:

112.   così, mentre Ruggiero e Mandricardo
         e Rodomonte son tutti sozzopra,
         ch'ognun vuol dimostrarsi più gagliardo
         et ai compagni rimaner di sopra,
         Marfisa ad acchetarli have riguardo,
         e s'affatica, e perde il tempo e l'opra;
         che, come ne spicca uno e lo ritira,
         gli altri duo risalir vede con ira.

113.   Marfisa, che volea porgli d'accordo,
         dicea: — Signori, udite il mio consiglio:
         differire ogni lite è buon ricordo
         fin ch'Agramante sia fuor di periglio.
         S'ognun vuole al suo fatto essere ingordo,
         anch'io con Mandricardo mi ripiglio;
         e vo' vedere al fin se guadagnarme,
         come egli ha detto, è buon per forza d'arme.

114.   Ma se si de' soccorrere Agramante,
         soccorrasi, e tra noi non si contenda. —
         — Per me non si starà d'andare inante, —
         disse Ruggier — pur che 'l destrier si renda.
         O che mi dia il cavallo, a far di tante
         una parola, o che da me il difenda:
         o che qui morto ho da restare, o ch'io
         in campo ho da tornar sul destrier mio. —

115.   Rispose Rodomonte: — Ottener questo
         non fia così, come quell'altro, lieve. —

l'acqua non trabocchi. — 7. *lassar*: cedere, aprirsi (lat.). — 8. *spicciar*: sprizzare,
sgorgare; *rampolli*: zampilli.
    112. — 2. *sozzopra*: sottosopra, agitandosi e intrecciando liti. — 5. *have riguardo*:
procura, si adopera. — 7. *ne spicca*: allontana uno dalla mischia. — 8. *risalir*: saltar
su, balzare avanti (lat. *resilire*).
    113. — 3. *ricordo*: consiglio; avvertimento. — 5. *al suo... ingordo*: bramoso di
curare solo i propri interessi. — 6. *mi ripiglio*: ritorno ad azzuffarmi.
    114. — 3. *Per me... starà*: per conto mio non si lascerà. — 5-6. *a far... parola*: a
dirla in breve.
    115. — 1. *questo*: di tornare al campo sul destriero. — 2. *non fia... lieve*: non sarà

E seguitò dicendo: – Io ti protesto
che, s'alcun danno il nostro re riceve,
fia per tua colpa; ch'io per me non resto
di fare a tempo quel che far si deve. –
Ruggiero a quel protesto poco bada;
ma stretto dal furor stringe la spada.

116.   Al re d'Algier come cingial si scaglia,
e l'urta con lo scudo e con la spalla;
e in modo lo disordina e sbarraglia),
che fa che d'una staffa il piè gli falla.
Mandricardo gli grida: – O la battaglia
differisci, Ruggiero, o meco fàlla –;
e crudele e fellon più che mai fosse,
Ruggier su l'elmo in questo dir percosse.

117.   Fin sul collo al destrier Ruggier s'inchina,
né, quando vuolsi rilevar, si puote;
perché gli sopragiunge la ruina
del figlio d'Ulïen che lo percuote.
Se non era di tempra adamantina,
fesso l'elmo gli avria fin tra le gote.
Apre Ruggier le mani per l'ambascia,
e l'una il fren, l'altra la spada lascia.

118.   Se lo porta il destrier per la campagna:
dietro gli resta in terra Balisarda.

così facile come restare qui morto. – 3. *ti protesto*: ti dichiaro solennemente. –
5. *non resto*: non tralascio. – 7. *protesto*: dichiarazione solenne. – 8. *stretto... stringe*:
si noti il gioco di parole.
    116. – 1. *Come cingial*: cfr. VII, 73, 8. – 2. *l'urta... spalla*: lo attacca là dove Rodo-
monte non se lo aspettava, cioè sulla sinistra, e invece di colpirlo colla spada, lo
colpisce con lo scudo e con la spada, e lo confonde e sconcerta (v. 3: *disordina e sbarraglia*). Non credo si tratti di una mossa insolitamente abile: i duelli cavallereschi
avevano delle regole precise. Piuttosto è questo un altro dei tanti elementi da commedia presenti nell'episodio: i cavalieri, perfino Ruggiero, diventano vittime del caso
e della loro stessa furia. E i due verbi del v. 3 sono la spia dell'ironia iperbolica del-
l'ottava. – 4. *gli falla*: gli esce (probabilmente congiuntivo). – 7. *fellon*: scortese, sleale.
    117. – 3. *la ruina*: l'impeto furioso. – 4. *figlio d'Ulïen*: Rodomonte. – 5. *ada-
mantina*: dura come il diamante; cfr. XXII, 66, 5. – 7. *Apre... ambascia*: cfr. BOIAR-
DO, *Innam.*, I, XXI, 30, 7-8: «Ranaldo le braccia al celo aperse Per la gran pena che
al colpo sofferse».
    118. – 1-2. *Se lo porta... Balisarda*: cfr. BOIARDO, *Innam.*, I, XV, 29, 5-6: «Sba-
lordisce Agricane, e smemorato Per la campagna il porta il suo destriero». –

Marfisa che quel dì fatta compagna
se gli era d'arme, par ch'avampi et arda,
che solo fra que' duo così rimagna:
e come era magnanima e gagliarda,
si drizza a Mandricardo, e col potere
ch'avea maggior, sopra la testa il fiere.

119.   Rodomonte a Ruggier dietro si spinge:
vinto è Frontin, s'un'altra gli n'appicca;
ma Ricciardetto con Vivian si stringe,
e tra Ruggiero e 'l Saracin si ficca.
L'uno urta Rodomonte e lo rispinge,
e da Ruggier per forza lo dispicca;
l'altro la spada sua, che fu Viviano,
pone a Ruggier, già risentito, in mano.

120.   Tosto che 'l buon Ruggiero in sé ritorna,
e che Vivian la spada gli appresenta,
a vendicar l'ingiuria non soggiorna,
e verso il re d'Algier ratto s'aventa,
come il leon che tolto su le corna
dal bue sia stato, e che 'l dolor non senta:
sì sdegno et ira et impeto l'affretta,
stimula e sferza a far la sua vendetta.

121.   Ruggier sul capo al Saracin tempesta:
e se la spada sua si ritrovasse,
che, come ho detto, al comminciar di questa
pugna, di man gran fellonia gli trasse,
mi credo ch'a difendere la testa
di Rodomonte l'elmo non bastasse,
l'elmo che fece il re far di Babelle
quando muover pensò guerra alle stelle.

4. *avampi et arda*: di sdegno, per la slealtà con cui hanno attaccato Ruggiero. –
7. *si drizza*: si volge. – 8. *fiere*: percuote.
   119. – 2. *vinto*: conquistato definitivamente per Rodomonte; *un'altra... appic-ca*: mette a segno un'altra percossa. Il verbo *appiccare* era caro ai canterini, ed era stato usato, con grande varietà semantica, dal Pulci; cfr. per es. *Morg.*, XVIII, 32, 7: «pèsche sanza nocciolo appiccava». – 3. *si stringe*: si avvicina. – 7-8. *l'altro... mano*: l'altro, che fu Viviano, mette in mano la propria spada a Ruggiero (non Balisarda: cfr. XXVI, 121, 2), che nel frattempo è tornato in sé.
   120. – 3. *non soggiorna*: non indugia.
   121. – 1. *tempesta*: cfr. Boiardo, *Innam.*, II, III, 6, 5; IV, 78, 7; ecc. – 3. *come ho detto*: cfr. XXVI, 117, 8. – 7. *il re... di Babelle*: cfr. XIV, 118, 4.

122.   La Discordia, credendo non potere
         altro essei quivi che contese e risse,
         né vi dovesse mai più luogo avere
         o pace o triegua, alla sorella disse
         ch'omai sicuramente a rivedere
         i monachetti suoi seco venisse.
         Lasciànle andare, e stiàn noi dove in fronte
         Ruggiero avea ferito Rodomonte.

123.   Fu il colpo di Ruggier di sì gran forza,
         che fece in su la groppa di Frontino
         percuoter l'elmo e quella dura scorza
         di ch'avea armato il dosso il Saracino,
         e lui tre volte e quattro a poggia e ad orza
         piegar per gire in terra a capo chino;
         e la spada egli ancora avria perduta,
         se legata alla man non fosse suta.

124.   Avea Marfisa a Mandricardo intanto
         fatto sudar la fronte, il viso e il petto,
         et egli aveva a lei fatto altretanto;
         ma si l'osbergo d'ambi era perfetto,
         che mai potêr falsarlo in nessun canto,
         e stati eran sin qui pari in effetto:
         ma in un voltar che fece il suo destriero,
         bisogno ebbe Marfisa di Ruggiero.

125.   Il destrier di Marfisa in un voltarsi
         che fece stretto, ov'era molle il prato,
         sdrucciolò in guisa, che non poté aitarsi
         di non tutto cader sul destro lato;
         e nel volere in fretta rilevarsi,
         da Brigliador fu pel traverso urtato,
         con che il pagan poco cortese venne;
         sì che cader di nuovo gli convenne.

122. – 1-4. *La Discordia... alla sorella*: la Discordia alla Superbia; cfr. XXIV,
114; *o pace o triegua*: coppia petrarchesca: *Canz.*, LVII, 9; CCLXXXV, 14; CCCXVI,
1. – 6. *i monachetti suoi*: cfr. XIV, 79-82.

123. – 3. *dura scorza*: la pelle di drago di cui era fatta la sua corazza; cfr. XIV,
118. – 5. *a poggia e ad orza*: cfr. 76, 6. – 8. *legata alla man*: cfr. BOIARDO, *Innam.*, I,
XXIII, 31, 1-2: «E se il suo brando non fosse legato Al destro braccio, come lui
portava»; *suta*: stata.

124. – 5. *falsarlo*: intaccare, ammaccare. Voce tecnica (franc.) che si trova anche nell'*Innam.*, II, III, 6, 4; «non puotea falsar quella armatura».

125. – 2. *molle*: bagnato. – 3. *non poté aitarsi*: non poté evitare. – 6. *pel traverso*:
di traverso. – 7. *con che*: con il quale Brigliadoro.

126. Ruggier che la donzella a mal partito
     vide giacer, non differì il soccorso,
     or che l'agio n'avea, poi che stordito
     da sé lontan quell'altro era trascorso:
     ferì su l'elmo il Tartaro; e partito
     quel colpo gli avria il capo, come un torso,
     se Ruggier Balisarda avesse avuta,
     o Mandricardo in capo altra barbuta.

127. Il re d'Algier che si risente in questo,
     si volge intorno, e Ricciardetto vede;
     e si ricorda che gli fu molesto
     dianzi, quando soccorso a Ruggier diede.
     A lui si drizza, e saria stato presto
     a darli del ben fare aspra mercede,
     se con grande arte e nuovo incanto tosto
     non se gli fosse Malagigi opposto.

128. Malagigi, che sa d'ogni malìa
     quel che ne sappia alcun mago eccellente,
     ancor che 'l libro suo seco non sia,
     con che fermare il sole era possente,
     pur la scongiurazione onde solìa
     commandare ai demonii aveva a mente:
     tosto in corpo al ronzino un ne constringe
     di Doralice, et in furor lo spinge.

129. Nel mansueto ubino che sul dosso
     avea la figlia del re Stordilano,
     fece entrar un degli angel di Minosso

126. – 4. *quell'altro*: Rodomonte. – 6. *come un torso*: cfr. XVIII, 16, 5-6. – 7-8. *se Ruggier ecc.*: se Ruggiero avesse avuto la sua spada irresistibile o Mandricardo non avesse avuto l'elmo incantato.

127. – 1. *si risente*: torna in sé; *in questo*: proprio in questo momento. – 5. *si drizza*: si rivolge. – 6. *aspra mercede*: dura ricompensa. – 7. *arte*: arte magica; *nuovo*: strano.

128. – 1-2. *Malagigi ecc.*: cfr. XXVI, 38, 4. – 3. *'l libro*: il libro degli incantesimi. – 4. *fermare il sole*: cfr. XV, 62. – 5. *scongiurazione*: formula di scongiuro. – 7. *un ne costringe*: ne fa entrare uno a forza.

129. – 1. *ubino*: cfr. XIV, 53, 7. – 3. *un... Minosso*: un diavolo. Minosse qui non è il re cretese della mitologia, ma piuttosto il demonio dantesco (cfr. *Inf.*,

sol con parole il frate di Viviano:
e quel che dianzi mai non s'era mosso,
se non quanto ubidito avea alla mano,
or d'improviso spiccò in aria un salto,
che trenta piè fu lungo e sedeci alto.

130. Fu grande il salto, non però di sorte
che ne dovesse alcun perder la sella.
Quando si vide in alto, gridò forte
(che si tenne per morta) la donzella.
Quel ronzin, come il diavol se lo porte,
dopo un gran salto se ne va con quella,
che pur grida soccorso, in tanta fretta,
che non l'avrebbe giunto una saetta.

131. Da la battaglia il figlio d'Ulïeno
si levò al primo suon di quella voce;
e dove furïava il palafreno,
per la donna aiutar n'andò veloce.
Mandricardo di lui non fece meno,
né più a Ruggier, né più a Marfisa nòce;
ma, senza chieder loro o paci o tregue,
e Rodomonte e Doralice segue.

132. Marfisa intanto si levò di terra,
e tutta ardendo di disdegno e d'ira,
credesi far la sua vendetta, et erra;
che troppo lungi il suo nimico mira.
Ruggier, ch'aver tal fin vede la guerra,
rugge come un leon, non che sospira.

V, 4 segg.). – 4. *il frate*: il fratello. – 7-8. *un salto... sedeci alto*: cfr. BOIARDO,
Innam., I, IV, 73, 7-8: «Sedeci piedi salì suso ad alto; Non fo mai visto il più
mirabil salto».

130. – 1. *di sorte*: tale. – 2. *che... sella*: da fare perdere le staffe ad alcun cavaliere. – 5. *come... porte*: in qualsiasi modo se lo porti il diavolo. – 7-8. *in tanta fretta...
saetta*: cfr. BOIARDO, *Innam.*, I, II, 20, 7-8: «Quel bon destrier che va con tanta
fretta, Ch'a pena l'avria gionto una saetta».

131. – 1. *il figlio d'Ulïeno*: Rodomonte. – 3. *furïava*: infuriava. Il verbo anche in
PULCI, *Morg.*, XVII, 85, 4: «Che mai non furiò sì tigre o orso». – 6. *nòce*: nuoce.

132. – 5-6. *Ruggier... rugge*: si noti il gioco antonomastico e si cfr. con XIII, 62,
2; ma qui siamo in atmosfera di commedia e non di poesia enconomiastica.

Ben sanno che Frontino e Brigliadoro
giunger non ponno coi cavalli loro.

133.   Ruggier non vuol cessar fin che decisa
col re d'Algier non l'abbia del cavallo:
non vuol quietar il Tartaro Marfisa,
che provato a suo senno anco non hallo.
Lasciar la sua querela a questa guisa
parrebbe all'uno e all'altro troppo fallo.
Di commune parer disegno fassi
di chi offesi gli avea seguire i passi.

134.   Nel campo saracin li troveranno,
quando non possan ritrovarli prima;
che per levar l'assedio iti seranno,
prima che 'l re di Francia il tutto opprima.
Così dirittamente se ne vanno
dove averli a man salva fanno stima.
Già non andò Ruggier così di botto,
che non facesse ai suoi compagni motto.

135.   Ruggier se ne ritorna ove in disparte
era il fratel de la sua donna bella,
e se gli proferisce in ogni parte
amico, per fortuna e buona e fella:
indi lo priega (e lo fa con bella arte)
che saluti in suo nome la sorella;
e questo così ben gli venne detto,
che né a lui diè né agli altri alcun sospetto.

136.   E da lui, da Vivian, da Malagigi,
dal ferito Aldigier tolse commiato.
Si proferiro anch'essi alli servigi

---

133. – 1-2. *fin che… cavallo*: finché non abbia decisa con Rodomonte la questione del cavallo. – 3. *quietar*: laciare in pace. – 5. *querela*: questione.
134. – 4. *il tutto opprima*: distrugga tutto l'esercito pagano. – 6. *averli a man
salva*: trovarli sicuramente. – 7. *di botto*: subito.
135. – 2. *il fratel… bella*: Ricciardetto. – 3. *in ogni parte*: in tutto. – 8. *sospetto*:
del suo amore per Bradamante.

di lui, debitor sempre in ogni lato.
Marfisa avea sì il cor d'ire a Parigi,
che 'l salutar gli amici avea scordato;
ma Malagigi andò tanto e Viviano,
che pur la salutaron di lontano;

137.   e così Ricciardetto; ma Aldigiero
giace, e convien che suo mal grado resti.
Verso Parigi avean preso il sentiero
quelli duo prima, et or lo piglian questi.
Dirvi, Signor, ne l'altro canto spero
miracolosi e sopraumani gesti,
che con danno degli uomini di Carlo
ambe le coppie fêr, di ch'io vi parlo.

---

136. – 4. *in ogni lato*: in tutto, in ogni occasione. – 5. *il cor*: il desiderio.
137. – 4. *questi*: Ruggiero e Marfisa.